BRETAGNE

Jochen Grashäuser

Walter Schäffer

Lektorat	Horst Christoph
Layout	Jochen Grashäuser
Fotografien	Autoren
Karten & Pläne	Judit Ladik

ISBN 3-923278-79-9

 Alfa Druck Göttingen.

3. aktualisierte Auflage 1993

Inhalt

Zeichenerklärung
Schnellstraße
Asphaltierte Straßen
Fußweg
Eisenbahn
Fährlinie
Flughafen
Busbahnhof/ Station
Parkplatz
Information
Kapelle/Kirche
Schloß
Dolmen
Menhir
Camping
Aussichtspunkt
Berg
Leuchtturm

Anreise

Mit dem Flugzeug

Aus dem deutschsprachigen Raum fliegt kein Pilot seine Passagiermaschine direkt in den Luftraum der Bretagne. Erst vom Pariser Flughafen Orly starten Flugzeuge nach Armorika - und die Preisunterschiede zu den einzelnen Zielflughäfen sind gewaltig.

Am Pariser Flugplatz *Charles-de-Gaulle* landen die internationalen Flieger. Reisende mit bretonischem Flugziel müssen sich nach *Orly* begeben (schnelle Airport-Busverbindung für etwa 30 DM. Rechnen Sie trotzdem ab der Landung bis Orly alles in allem etwa 3 Stunden).

Die bretonischen Flughäfen mit einer Direktverbindung von/nach Paris/Orly sind *Rennes, Lorient*, *Quimper* und *Brest*. Jeden Tag werden sie mehrmals angeflogen. Vom bundesdeutschen Gebiet nach Paris fliegen Sie zwischen einer und eineinhalb Stunden, von Paris nach Brest gut eine Stunde.

▶ **Linienflüge**: *Lufthansa* und *Air France* fliegen bis Paris, ab Paris halten Air France und ihre Tochtergesellschaft *Air-Inter* die Luftverbindung auf die Halbinsel aufrecht. Der Dschungel der Preise, Konditionen und Sonderangebote ist schier undurchdringlich. Sie können ein Flieg-und-Spar-

Ticket kaufen oder das Superspar-Billett, es gibt Ermäßigungen für Ehegatten, Kinder, Studenten, es gibt Sondertarife für Paketbuchungen (z. B. Flug/Hotel/Stadtrundfahrt), es gibt Preisnachlässe für Wochenendflüge und viele Sonderkonditionen mehr. Dazu kommen saisonabhängige Preisvarianten. Prinzipiell gilt: Ein One-Way-Ticket kostet fast dasselbe wie ein Retourbillett.

Grundsätzlich ist von drei Tarifen auszugehen: der normale Preis für die *Business-class* (1 Tag vorher buchen), das *Flieg-und Spar-Ticket* (die Termine für Hin- und Rückflug sind mindestens 7 Tage vor Abflug festzulegen), das *Jugend-* (bis 24 Jahre) und *Studententicket* (bis 26 Jahre). Einige Preisbeispiele (alle Preise inkl. Rückflug):

	Business-class	Flieg-und-Spar	Jugendliche
Frankfurt - Paris:	980 DM	392 DM	294 DM
Düsseldorf - Paris:	844 DM	387 DM	293 DM
München - Paris:	1244 DM	499 DM	374 DM

Die Preise von Paris zu den bretonischen Flughäfen sind in etwa ähnlich. Die meisten Flüge werden von Geschäftsleuten gebucht - deshalb sonntags kein Flugverkehr.

Paris - Rennes:	einfach 170 DM	retour 340 DM
Paris - Lorient:	einfach 165 DM	retour 330 DM
Paris - Brest:	einfach 177 DM	retour 354 DM

- **Charterflüge**: Günstige Charter- oder Campingflüge in die Bretagne gibt es nicht. Einzige Möglichkeit: per Charter nach Paris und dort ein Linienflugticket kaufen; oder billiger und fast genauso schnell mit dem TGV weiter.
- **Rail and Fly**: Mit der Rail-and-Fly-Karte können Reisende jeden Flughafen in der BRD auf dem Schienenstrang vergünstigt erreichen. Zwischen Hin- und Rückfahrt dürfen höchstens zwei Monate liegen. Beim Fahrkartenkauf müssen Sie das Flugticket vorzeigen. Für 99 DM können Sie 250 km in der 2. Klasse zurücklegen, ab 251 km kostet das Billett 140 DM. Jede weitere Person bekommt 50 % Ermäßigung, Kinder von 4 - 11 Jahren 75 % Ermäßigung (alle Preise hin/rück).

Mit dem Auto

Zwischen Straßburg, der östlichsten Großstadt Frankreichs, und Rennes als Tor zum äußersten Westen liegen etwa 820 Straßenkilometer, die Sie wahlweise auf gebührenpflichtigen Autobahnen oder den gottlob kostenlosen Nationalstraßen zurücklegen können.

An Papieren benötigen Sie nur den nationalen Führerschein und den KFZ-Schein. Der grüne Versicherungsschein wird empfohlen. Falls Sie nicht mit dem eigenen Fahrzeug unterwegs sind, benötigen Sie eine Vollmacht des Halters (Vordrucke gibt es z. B. beim ADAC, der diese auf Wunsch auch amtlich bestätigt und abstempelt. Für Frankreich ist diese Bestätigung allerdings nicht notwendig).
Zum Thema Autofahren in Frankreich/Bretagne (Pannenhilfe, Verkehrsregeln, Reparaturen usw.) siehe "Unterwegs/Mit dem Auto".

Anfahrtsrouten

Die französischen Autobahnen sind mautpflichtig. Wem es auf einige Stunden nicht ankommt und wer Geld sparen will, kann ohne einen einzigen Autobahnkilometer über die Nationalstraßen in die Bretagne gelangen - manche Strecken sind drei- bis vierspurig ausgebaut, andererseits sind die vielen Ortsdurchfahrten nicht jedermanns Geschmack. Tip: Zur Mittagszeit und in den Abendstunden ist das Verkehrsaufkommen merklich geringer. Hier zwei Streckenvorschläge, ohne Mautgebühren durch Frankreich zu fahren:

- **Vom Süden** (Österreich, Schweiz, Süddeutschland): Ab *Mühlhausen* zuerst ein Stück auf der Autobahn oder die N 466, dann weiter auf der N 83 nach *Belfort*; auf der N 19 nach *Vésoul* und immer weiter auf der N 19 in nordwestlicher Richtung über *Langres* und *Chaumont* nach *Troyes*. Von Troyes weiter auf der N 60 über *Montargis* nach *Orléans*. Von Orleans auf der N 157 nach *Le Mans*, immer noch auf der N 157 über *Laval* nach *Rennes*. Insgesamt etwa 715 km.
- **Vom Norden** (West- und Norddeutschland): Ab *Saarbrücken* nach *St. Avoid* und über die N 3 nach *Metz*; weiter auf der N 3 über *Verdun* nach *Châlons*. Nach Nordwesten auf der N 77 nach Troyes. Ab Troyes stimmt die Reiseroute mit der Anfahrt vom Süden überein. Insgesamt 840 km.
- **Über das Loire-Tal**: Der längste und stimmungsvollste Weg in die Bretagne. Von *Orléans* über *Bois*, *Tours*, *Saumur* und *Angers* nach *Nantes* und eventuell weiter zur *Loire-Mündung* bei St. Nazaire. Höhepunkte der gemütlichen Fahrt durch das Tal der Loire sind die zahlreichen Prunkschlösser, die Weine sowie das Essens- und Übernachtungsangebot. Der Sightseeing-Umweg lohnt nur, wenn Sie sich ausreichend Zeit lassen.

• *Mautgebühren*: Wer nur Autobahn fährt, zahlt auf der Südroute (Mühlhausen/Beaune/Paris/Le Mans/La Gravelle) mit dem PKW (inkl. Anhänger unter 500 kg zulässiges Gesamtgewicht) ca. 80 DM, auf der Nordroute (Saarbrücken/Metz/Paris/Le Mans/La Gravelle) ca. 70 DM.
Motorräder sind 40 % billiger als PKWs, für Kleinbusse (max. 9 Sitzplätze) gilt der PKW-Tarif. PKWs mit Anhänger über 500 kg zulässiges Gesamtgewicht zahlen in etwa das eineinhalbfache des PKW-Preises. Wohnmobile und Kleintransporter über 1,30 m Höhe (an der Vorderachse, vom Boden gemessen) zahlen je nach Streckenabschnitt einen Zuschlag von 60 - 90 %.

• *Zahlmodus*: Meist müssen Sie bei der Einfahrt das Ticket einem Automaten entnehmen; wenn Sie die Autobahn verlassen, zahlen Sie am Mauthäuschen an der Ausfahrt. Bei einigen Teilabschnitten zahlen Sie am Streckenbeginn - manchmal müssen Sie bei der Einfahrt Geld in einen Trichter werfen, damit sich die Schranke öffnet. Passendes Kleingeld in Francs ist hierbei aus Zeitgründen nützlich. Akzeptiert werden auch Visa-, Euro- bzw. Mastercard.

Mit der Bahn

Alle Wege führen über Paris. Vom Bahnhof Montparnasse bringt Sie die französische Staatsbahn direkt in die Bretagne - auf Wunsch ohne Umsteigen nach Brest, den westlichsten Bahnhof der Halbinsel.

Bis Paris dauert die Zugreise je nach Abreiseort in der BRD etwa zwischen knapp 7 Stunden (Frankfurt) und 10 Stunden (Hamburg). In Paris gehen die Züge in die Bretagne vom *Bahnhof Montparnasse* ab. Wer in Paris auf dem Bahnhof *Gare de'l Est* (Anreise vom Süden) oder *Gare du Nord* (Anreise vom Norden) ankommt, begibt sich mit Metro, Bus oder Taxi zum Bahnhof *Montparnasse*. Der Hochgeschwindigkeitszug *Atlantique* benötigt dann bis Rennes (ca. 350 km) nur noch zwei Stunden.

Preisbeispiele für die einfache Fahrt (Rückfahrttickets sind doppelt so teuer):

Frankfurt - Paris - Rennes:	1. Klasse 237 DM	2. Klasse 158 DM
München - Paris - Rennes:	1. Klasse 339 DM	2. Klasse 226 DM
Hamburg - Paris - Rennes:	1. Klasse 370 DM	2. Klasse 247 DM

▶ **Autoreisezug**: Von München aus bringt normalerweise zwischen Juni und Ende September ein Autoreisezug den fahrbaren Untersatz samt Besatzung nachts nach Paris. Doch Achtung: Der Gare de l' Est ist wegen Umbauarbeiten geschlossen, der Autoreisezugverkehr nach Paris liegt still. Ausweichroute in die Bretagne: 1 x wöchentlich München - Nantes. Freitag hin, Samstag zurück. Die Preise richten sich nach Fahrzeug, Anzahl der Mitreisenden und Reisezeit. Die Reservierung sollte einige Monate vor dem geplanten Reisetermin vorgenommen werden.

• *Preisbeispiele* München - Nantes: In der NS 1 PKW, 1 Fahrer, 1 Liegeplatz retour 1280 DM, jede weitere Person 154 DM; in der HS 1480 DM, pro Begleitperson 154 DM.

• *Schriftliche Informationen* über französische Autoreisezüge in Deutschland: SNCF, Westendstr. 24, 6000 Frankfurt/Main, Tel. 069/728 444. In Österreich: SNCF, Mariahilfstr. 84, A-1010 Wien, Tel. 01/937 588. In der Schweiz: SNCF, Effinger Str. 31, CH-3001 Bern, Tel. 031/251 101.

▶ **Transalpino/Twentours/Eurotrain**: Wer das 26. Lebensjahr noch nicht erreicht hat, darf sich nach Vorlage seiner gültigen Identitätskarte bei der Bahn ein Transalpino-Ticket oder in den DB-Reisebüros *DER* und *Ameropa* ein Eurotrain- oder Twentours-Ticket kaufen, das etwa 25 % günstiger als das reguläre Billett kommt.

▶ **Interrail**: Ein Angebot der Bahn für Menschen unter 26 Jahren, die seit mindestens 6 Monaten einen Wohnsitz in der BRD nachweisen können. Einen Monat lang kann im europäischen Ausland inkl. Türkei und Marokko hemmungslos Bahn gefahren werden, auf dem bundesdeutschen Streckennetz müssen zusätzlich 50 % des normalen Fahrpreises gezahlt werden, Resteuropa ist durch das Ticket abgedeckt: Kaufpreis 580 DM.

Mitfahrzentrale

Nach dem kostensparenden, doch zeitlich schwer zu kalkulierendem Trampen ist die Mitfahrgelegenheit (MFG) gegen Benzinkostenbeteiligung (BKB) die billigste Anreiseart. Unprofessionell z. B. an den Schwarzen Brettern der diversen Universitäten und ihren Einrichtungen (wie die Mensa), professionell bei den Mitfahrzentralen (MFZ).

Mittlerweile sind Mitfahrzentralen besonders unter Jugendlichen mit schmalen Geldbeuteln eine traditionelle Reisemöglichkeit, besonders Frauen und Mädchen machen davon Gebrauch - speziell bei den Zentralen, die mit "Frauen fahren mit Frauen" werben.

Die Kosten sind bei allen Büros einer Stadt relativ gleich, da sie einheitlich nach Kilometern abgerechnet werden. Der Fahrpreis setzt sich zusammen aus der Vermittlungsgebühr und eigentlichem Fahrpreis (pro Kilometer etwa 9 Pf.). Die Vermittlungsgebühr beinhaltet auch die Versicherungssumme, richtet sich nach der Entfernung und ist vor Fahrtantritt an die MFZ zu entrichten (etwa 3 Pf. pro Kilometer; Beispiel: ab Nürnberg nach Paris 63 DM). Der eigentliche Fahrpreis (6 Pf. BKB) ist direkt an den Chauffeur zu zahlen. Dabei darf dieser nicht mehr als einen bestimmten Höchstpreis verlangen, der von der MFZ festgelegt wird.

Um spätere Schwierigkeiten bei der Bezahlung am Ziel auszuschließen, sollte man sich unbedingt von der MFZ eine Quittung ausstellen lassen. Auf dieser Abrechnung sind der noch an den Fahrer zu zahlende Betrag, die schon gezahlte Vermittlungsgebühr sowie die Unterschriften der MFZ, des Fahrers und des Mitfahrers einzutragen. So abgesichert, bleibt eine Überraschung erspart.

Auch der Fahrer/die Fahrerin meldet sich einige Tage vor der geplanten Abfahrt im Büro und gibt Personenzahl, Fahrtziel und Abfahrtszeit bekannt. Die Plätze werden dann einzeln vom Mitfahrbüro verkauft.

Nach Rennes klappt die Verbindung erfahrungsgemäß recht gut und kostet pro Person insgesamt ab Nürnberg etwa 93 DM, nach Paris etwa 63 DM. In Frankreich kostet die einmalige Vermittlung etwa 15 DM, eine Jahreskarte für etwa 40 DM berechtigt zu beliebig vielen Vermittlungen zuzüglich Kilometerkosten.

Allostop Rennes: Centre Provoja-Allostop, Maison du Champs de Mars, Tel. 99/324 05.

Allostop Paris: Centre Provoja-Allostop, Passage Brady 84, Internationales Tel. 161/477 002 01, in Paris 42 460 066.

Wer alle MFZ-Adressen auf einen Blick für Deutschland und einige ausländische Staaten (inkl. Frankreich, Österreich und Schweiz) besitzen möchte, kann sich gegen 4 DM die Broschüre **"Nix wie weg"** vom Prolix Verlag, Neunlindenstr. 32, D-7800 Freiburg (Tel. 0761/507 959) bestellen. Bestellungen über das **Deutsche Jugendherbergswerk, Postfach, 4930 Detmold**. Die Broschüre enthält neben den genauen Anschriften auch Angaben über die Öffnungszeiten und diversen Gebührenregelungen aller aufgeführten Zentralen.

Geographie und Geologie

Eines der ältesten Festlandsgebiete der Erde sieht von weit oben aus wie ein längst ausgestorbenes Fabeltier: Wie ein riesiger ungeschlachter Drachenkopf schiebt sich die Halbinsel ins Meer - die Stirn bei der Rosa-Granitküste im Norden, die Halbinsel Crozon als bleckende Zunge, die Kehle zieht sich von Concarneau zur Loire-Mündung im Süden.

Geographisches: Die Bretagne als westlichster Punkt Frankreichs liegt auf dem 43. Breitengrad. Der Ärmelkanal im Norden und der Atlantik im Süden und Westen sind die Wassergrenzen der Halbinsel, die Landgrenze nach Osten ist eine historische, deren Verlauf immer wieder verschoben wurde: Sie verläuft vom Mont St. Michel am Ärmelkanal (heute Normandie) über die Grenzfesten Fougères und Vitré und weiter über Châteaubriant und Redon bis La Roche-Bernard an der Atlantikküste.

1798 wurde das bretonische Gebiet in fünf Départements eingeteilt, von denen eines kürzlich verloren ging: Die *Halbinsel Guérande* und die Stadt *Nantes* gehören seit der Gebietsreform von 1962 zum außerbretonischen Département Loire-Atlantique (Verwaltungssitz Nantes), die verbliebenen vier Départements sind: *Illes-et-Vilaine* (Rennes), *Côtes-du-Nord* (St. Brieuc), *Finistère* (Quimper) und *Morbihan* (Vannes). Verwaltungshauptstadt der gesamten Bretagne ist *Rennes*.

Die Landesfläche erstreckt sich auf genau 27.209 qkm (Hessen 21.114 qkm). Die Küstenluftlinie um die Bretagne beträgt nur 600 Kilometer, die sich etwa gleich lang von Nord nach Süd und Ost nach West aufteilen: vom Mont St. Michel bis zur Ile d'Ouessant ganz im Westen sind es 265 km. Wenn alle Landspitzen der vielen Halbinseln und Kaps angelaufen werden, schwanken die Ergebnisse: Von 2000 bis 3000 km reichen die von uns ermittelten Zahlen. Auf jeden Fall ist das Meer nie weit: Die weiteste Strecke zu ihm beträgt 125 km.

Die Oberfläche der Bretagne, teils hügelig, teils flach, wird von West nach Ost gegliedert durch die *Monts d'Arrée*, die *Montagnes Noires* und die *Heide von Lanvaux* (nach Osten verlängert vom *Sillon de Bretagne*). Die höchste Erhebung findet sich in den Monts d'Arrée (384 m). Der zerklüftete Küstenverlauf wird bestimmt durch felsige Steilküste, oft 50 - 70 m hoch, zahllose Mündungsbuchten, Halbinseln, Kaps und lange Dünenstrände.

Eine Menge von Flüssen durchziehen die Bretagne - doch die meisten sind weder lang noch breit oder gar reißend - gemächlich fließt das Wasser in zahlreichen kurzen Wasserläufen und vereinigt sich nur selten in einem größeren Bett: Die *Rance* im Nordosten, im Osten die *Aulne*, im Süden der *Blavet*, die *Odet*, der *Aven*, die *Ellé* und die *Vilaine* sind außer dem künstlichen *Nantes-Brest-Kanal* die nennenswerten bretonischen Wasserläufe.

▸ **Geologisches**: Unter den Geographen ist das *Armorikanische Gebirge* ein gängiger Name für die bretonische Halbinsel, der auf den Ursprung der

Granit - der Stein der Bretagne

Bretagne weist: Wo vor 350 Millionen Jahren nur eine endlose Wasserwüste war, begann sich eines Tages im Erdmittelalter die Erde zu heben, und es kam zur "Variskischen Gebirgsbildung" (nach den Variskern benannt, die zu Römerzeiten in der Gegend von Hof/Bayern lebten). Zusammen mit den heutigen deutschen Mittelgebirgen stieg das Armorikanische Gebirge hoch, das in seiner Jugend mit Erhebungen bis zu 4000 Meter von Südengland bis zum französischen Zentralmassiv verlief. Knapp 200 Millionen Jahre war das Armorikanische Gebirge ähnlich den Alpen ein auffälliger Gebirgsriese, dann senkte sich in den folgenden Millionen Jahren das Land wieder, und mit dem Ende der letzten Eiszeit verschluckte das Meer immer mehr Festlandsmasse. Der Ärmelkanal entstand, der Atlantik flutete den Golf von Morbihan; das anstürmende Wasser zerklüftete die Küste heillos, fraß sich durch weiches Gestein und drang durch Fjorde tief ins Landesinnere ein. Aus früheren Berggipfeln wurden vorgelagerte Riffe, Inselchen und Inseln, die *Belle Ile* mit 84 qkm die größte. Auch die Wattlandschaften, die heute nur für einige Stunden existieren, bevor sie wieder überspült werden, gehörten einst zum europäischen Festland.

In geschützten Lagen konnten sich auf der Halbinsel Sandstein und Schiefer halten, doch der Stein des Landes ist der Granit. Die ganze Bretagne ruht auf dem harten Gestein, das als Rest des Armorikanischen Gebirges das vorgeschobene Bollwerk des Festlands gegen das Meer bildet. Die Hauptbestandteile des Granits sind Feldspat, Quarz und Glimmer. Seine Färbung, von rötlich bis grau, wird vom Feldspat bestimmt.

Von durchschnittlich 1200 m hohen Erhebungen (vor 60 Millionen Jahren) wurde der Granit auf 300 m abgetragen. Dennoch ist das Innere der Bretagne trotz seiner geringen Höhe zum Teil gebirgsähnlich - enge Täler, kleine Schluchten und immer wieder Granitblöcke bilden eine oft verschlossene Kleingebirgslandschaft. Dieses häufigste Gestein der Erdkruste ist nicht nur der Schutzwall gegen das landverschlingende Wasser, sondern auch bevorzugtes Baumaterial für die meisten Häuser und etliche Kunstwerke in der Bretagne.

Klima

Seit fast 200 Jahren zieht die Bretagne Menschen an, die sich der Malerei verschrieben haben und die hier nicht nur zahllose Motive für ihre Bilder finden, sondern auch Lichtverhältnisse, die ihresgleichen auf der Welt suchen. Die hohe Luftfeuchtigkeit zaubert im Sonnenlicht Farbenspiele über eine Landschaft, über der im nächsten Augenblick dräuende Wolken aufziehen können, um gleich wieder vom Wind weggeschoben zu werden.

Der nah vorbeifließende *Golfstrom* beschert der Bretagne ein gemäßigtes ozeanisches Klima mit milden Wintern, in denen Schnee eine Seltenheit ist, und mit lauwarmen Sommern, in denen sich aber auch längere Schönwetterperioden durchsetzen können. Der viele Regen, den der ständig wehende Westwind vom offenen Meer mitbringt und den das ozeanische Klima über das ganze Jahr verteilt, sorgt für hohe Luftfeuchtigkeit. Die Südküste ist insgesamt etwas milder und regenärmer als der Norden, Kontinentalklima herrscht allein im Osten, im Becken von Rennes, das an die französische Festlandsmasse angebunden ist.

Die *Niederschläge* auf der Halbinsel fallen unterschiedlich aus: Im Westen regnet es durchschnittlich mehr als im Osten, im Inland fällt wieder mehr Regen als an der Küste. Beispiele: Ostbretagne 700 - 800 mm im Jahresdurchschnitt, Küstenzone 800 - 900 mm (Brest ca. 1130 mm, Vannes 750 mm), in den Monts d'Arrée und den Montagnes Noires in der Zentralbretagne regnen jährlich mehr als 1500 mm ab.

So unterschiedlich wie die Niederschläge sind die *Temperaturen*. Herrscht in Brest eine jährliche Durchschnittstemperatur von knapp 12 Grad, sind es in Roscoff schon knapp 17 Grad (zum Vergleich: Frankreich 11 Grad). Die Jahresdurchschnittstemperatur an der Küstenzone beträgt 11 - 12 Grad Celsius, damit ist es an der Küste über das Jahr durchschnittlich 1 - 2 Grad wärmer als im Inland. Nur im Sommer nicht: da klettert das Thermometer in der Innerbretagne höher als am Meer. Der Juli ist der wärmste Monat an der Küste, im August ist es im Landesinneren am wärmsten - hier erreicht das Thermometer im achten Monat 17 - 19 Grad, während es an der Küste schon im Juli bei durchschnittlich 16 Grad stehenbleibt.

Der Herbst läßt die Temperaturen sachte abkühlen und ist ansonsten die Zeit der Stürme aus Südost und Südwest. Knallt das Meer an den Granit der Küste, kann der Aufprall zum Teil noch in 30 km Entfernung gespürt werden. Im Winter beträgt der Temperaturmittelwert immer noch 6 - 7 Grad; der kälteste Monat an der Küste ist der Februar mit 6

Grad, in der Innerbretagne ist es im Januar am kühlsten: etwa 3 Grad. Durchschnittlich zehn Frosttage werden auf dem Festland jährlich gezählt (Ouessant: vier).
Ab April beginnt sich die Luft wieder zu erwärmen, und schon bald sind die angenehmen bretonischen Frühjahrstemperaturen erreicht: im Landesdurchschnitt etwa 16 Grad Celsius.
Zu den Wassertemperaturen siehe Wissenswertes/Baden.

Flora und Fauna

Die Pflanzenwelt des Küstensaums ist nicht dieselbe wie die des Landesinneren. Und unter dem Einfluß des Golfstroms sowie im milden Süden der Bretagne gedeihen sogar Gewächse, deren Heimat eigentlich das Mittelmeer ist: Steineiche, Erdbeerbaum oder Palme haben sich auch am Westrand Europas eingelebt, und auf der Ile d'Batz trägt der nördlichste Feigenbaum des europäischen Kontinents seine Früchte.

Neben diesen exotischen Bäumen sind als beliebte Schmuckpflanzen *Oleander* und *Rhododendron*, die *Geranie* und vor allem die *Hortensie* zu nennen, die zu ihren Blütezeiten Farbe in die bretonische Landschaft bringen. Direkt an der Küste wächst an ungeschützten Stellen wenig bis nichts - zu stet und zu heftig peitscht der Wind über das Land und trägt mit Hilfe des Regens bisweilen sogar das Erdreich ab, bis kahl und bloß der Fels offenliegt. Doch wo etwas wachsen kann, nutzen die Pflanzen dies aus: Von Mai bis September blüht rosa die gemeine Grasnelke (*Armeria maritima*), Strandkiefern (*Pinus pinaster*) und Monterey-Zypressen (*Cupressus macrocarpa*) bevölkern die Dünen und den angrenzenden Landstreifen hinter der Uferregion.

Landes, die Heidelandschaft, ist das botanische Bindeglied zwischen Küste und Inland. Die Heide, eine offene Landschaft auf nährstoffarmem Boden, entsteht meist durch Roden von Wald und anschließender Überweidung. Sie kann in der Bretagne unmittelbar an der Küste auftreten oder karge Berg- und Sumpfgebiete im Inneren bedecken. Typisch für die Heide sind die Zwergsträucher: *Besen-* und *Stechginster*, *Farn*, *Brombeersträucher* und *Heidekraut* bilden die Grundvegetation, in deren Schutz Blumen wie die *Heidenelke* weitere Tupfer setzen.

Die *Innerbretagne* ist die "grüne Bretagne". Über große Strecken präsentiert sich das Inland der Halbinsel als unübersichtliche Wiesen-, Feld- und Heidelandschaft mit schachbrettartigen Heckenformationen und dazwischengestreuten kleinen Forsten, die einen Hauch von Wald vermitteln. Während nach der Ausrottung des Walds ein großer Teil der *Landes* die Bretagne bedeckte, wurde seit der Industrialisierung erst langsam, dann immer rasanter ein Großteil der innerbretonischen Landesfläche kultiviert: Knapp 60 % der Bretagne, etwa 1,5 Millionen Hektar, sind heute landwirtschaftliche Nutzfläche. Im bunten Gemüsereigen - Spezialität: Frühgemüse - gedeihen besonders *Artischocken*, *Blumenkohl*, *Zwiebeln* oder *Kartoffeln* prächtig, dazu kommen ausgedehnte

Viehweiden, *Mais-* und *Weizenfelder*. Der *Buchweizenanbau*, einst ein führender Agrarzweig, hat an Bedeutung völlig verloren. Nur noch für die in der Bretagne gebackenen Galettes wird das Mehl benötigt. Geblieben sind dagegen die *Apfelbaumplantagen* als wichtigste Obstbaumkultur; Cidre wird unverändert gern getrunken und weiterhin exportiert.

Die wenigen verbliebenen *Wälder* (etwa 320.000 ha, das sind 10 % der bretonischen Landfläche) bestehen hauptsächlich aus *Eichen* und *Buchen*, *Ahorn*, *Kastanien* oder *Eschen*. Dichtes Unterholz und Kleingewächse wie *Eiben*, *Stechpalmen*, *Farn*, *Moos* oder *Flechten* machen die lichten, sonnendurchfluteten Wälder gleich neben dem Wegrand zu einem meist unwegsamen Gelände, in dem sich ungestört die alten Sagen über die Zeit gerettet haben. Das größte verschonte und sagenreichste Waldstück ist mit etwa 6300 ha der *Wald von Paimpont*.

▶ **Fauna**: Das Wildschwein hat Obelix so gut wie gut ausgerottet, auch das Großwild wurde mittlerweile eine Rarität. Über die Zeiten gerettet haben sich außer den Insekten nur Nutz- und Haustiere, dazu der Hase und die Eidechse - außerhalb der Zoos ist die Tierwelt auf der festen bretonischen Erde wenig aufregend.
Anders in der Luft und unter Wasser: Millionen Vögel geben sich ein Stelldichein, und ungezählte Fische und andere Wasserlebewesen bevölkern das nasse Element. Ab März schnäbelt und brütet das gefiederte Volk zur Freude der Ornithologen speziell in den Vogelreservaten der Küste oder in der ruhigen Grand Briére. Die Bewohner des Wassers können Sie trockenen Fußes in den Aquarien bestaunen oder appetitlich angerichtet verzehren.

Wirtschaft

Ein uraltes bretonisches Strukturproblem ist am Ende des 20. Jahrhunderts noch immer nicht beseitigt; der Westen der Bretagne ist der traditionell ärmere und vernachlässigtere Teil der Halbinsel: Die Infrastruktur ist schlechter, das Klima rauher, die Küste unwirtlich und der Boden karg.

Die industrielle Revolution ließ die Bretagne links liegen, und auch der später aufkommende Welthandel lief erst einmal an der Halbinsel vorbei. Nach wie vor ist die Bretagne eine bäuerliche Region, deren Bewohner vorrangig von der direkten Ausbeutung der Erde, des Meers und der dazugehörigen Nahrungsmittelindustrie leben - der einzig nennenswerte Exportzweig der Bretagne.
Bis 1950 konnte man die Bretagne zu den unterentwickelten europäischen Regionen zählen. Nur zögernd begann sich die Regierung in Paris um die bretonischen Hungerleider zu kümmern, und es dauerte ein Jahrzehnt, bis die Programme zu greifen begannen: Heute stehen 42 % der Gesamtbevölkerung in einem Arbeitsverhältnis. Wirtschaftlich muten die Erfolge, insbesondere auf dem Agrarsektor, auf den ersten Blick bestechend an. Die Bretagne ist in Sachen Fischfang, Erzeugung von Agrarprodukten und Viehhandel die französische Nummer eins.

Der seit Jahrzehnten herrschende Trend weg von den Erzeugnissen des Meers zu Agrarprodukten hält trotz der eindrucksvoll klingenden Fangzahlen weiter an, verstärkt entwickelt sich zudem eine Dienstleistungsgesellschaft. Die Küste hat durch den Niedergang der Handelshäfen an Bedeutung verloren, das Inland wurde durch die Ansiedlung von Industrie und die Verbesserung der Agrarstruktur aufgewertet. Trotzdem - pulsierende Zentren in Argoat sind nach wie vor selten, die blieben wie gewohnt an der Küste. Von wenigen Ausnahmen abgesehen, ist die größte Siedlungseinheit im Inland die Marktgemeinde.

Industriell sieht es nicht so rosig aus - rechts oben lauert Ankou, der Tod

▶ **Fischfang**: Als japanische und amerikanische Großunternehmer in diesem Jahrhundert moderne Großfänger auf die Weltmeere schickten, um den Dorsch mit Radar und gigantischen Schleppnetzen zu jagen, ging es mit den bretonischen Fangzahlen schnell und steil bergab. Der von bretonischen Fischern gepflegte Kampf "Mann gegen Fisch" im Tosen der Elemente war ökonomisch überholt, Mittel, die bretonische Flotte zu modernisieren, fehlten.
Ein weiteres Problem kam durch die Massenausbeutung des Meeres hinzu: Es leben weniger Fische im Ozean, die Boote müssen, wenn sie es z. B. auf Thunfisch abgesehen haben, bis nach Afrika fahren, um nach vielen Tagen halbwegs beladen in den bretonischen Heimathafen zurückzukehren.
Nachdem auch noch etliche nationale Hoheitszonen ausgedehnt und offen zugängliche Fanggründe verkleinert wurden, haben die bretonischen Fischer noch mehr Schwierigkeiten, effizient zu arbeiten. Einige trockene Zahlen:

In der Bretagne gibt es zwölf *Affaires maritimes*, administrative Zentren des organisierten Fischfangs. Die größten sind von Nord über West nach Süd: St. Malo, Morlaix, Brest, Douarnenez, Le Guilvinec, Concarneau und Lorient, wobei Concarneau der französische Hafen mit den höchsten Fangergebnissen ist.
Vom Gesamtumsatz im französischen Fischgeschäft entfallen 40 % auf die Bretagne, 60 % der französischen Fischkonserven werden hier ein-

gedost; 1988 wurden 152.000 t Fisch, 15.250 t Krustentiere (70 % aller französischen Meeresfrüchte) und 3000 t Jakobsmuscheln in den bretonischen Häfen angelandet. Doch nur wenige Arbeitnehmer sind heutzutage im direkten Fanggeschäft beschäftigt: 6712 professionelle Fischer arbeiteten 1988 auf 2340 Schiffen, die meisten davon, 2900, auf kleinen Kuttern, die nur für einen Tag ausfahren.
41 bretonische Schiffe von 150 bis 1000 Bruttoregistertonnen begeben sich noch auf die *Grande pêche* (Große Fangfahrt): Mehr als 20 Tage sind sie unterwegs, um ihre Laderäume zu füllen. Concarneau ist mit 29 Großfängern französische Spitze.
Die *Pêche au large* dauert mindestens drei Tage, sie ist die zweitverbreiteste Fangart. Schwerpunkte der Pêche au large sind Le Guilvinic, Concarneau und Lorient.

▶ **Landwirtschaft**: Der Agrarsektor blickt auf die erstaunlichste Entwicklung zurück. Wo 1950 noch etwa die Hälfte der Erwerbstätigen damit beschäftigt war, im Kleinstrahmen den Boden zu bestellen und einige Nutztiere zu züchten, arbeiten heute nur noch 13 % der Erwerbstätigen (130.000, Tendenz rückläufig), und die haben es innerhalb kürzester Zeit geschafft, die bretonische Landesfläche zum französischen Agrarmarktführer zu machen.
In den frühen 60er Jahren bewirkten mehrere Faktoren diesen rasanten Aufschwung. Die Bauern, bis dahin von Großhändlern abhängige Einzelkämpfer, begannen sich in Genossenschaften zusammenzuschließen, um gemeinsam eine bessere Vermarktung und effektivere Anbaumethoden zu erreichen. Daneben stieg man verstärkt vom traditionellen Getreideanbau auf Viehhaltung und die Zucht von Frühgemüse um. Mit sichtbarem Erfolg. Die auf den Druck bretonischer Bauern von Paris erlassenen Agrargesetze (1962) brachten Finanzspritzen in die Region, eine Art Flurbereinigung ordnete das zersplitterte Land und erlaubte moderne Bewirtschaftung. Aus dem bretonischen Kleinbauern wurde vielfach ein Agrarspezialist, der nur Erdbeeren anbaute oder täglich jede Menge Hühnereier sammelte. Die Durchschnittsgröße eines landwirtschaftlichen Betriebs beträgt heute etwa 20 ha (zum Vergleich: 1955 waren es 10 ha).
Fleisch, Milch und Eier: Die mit Abstand bedeutendsten Agrarzweige sind die Rinderhaltung (Milchkühe), die Schweine- und die Hühnerzucht. Der Anbau von Frühgemüse (Artischocken, Blumenkohl, Frühkartoffeln) folgt erst mit weitem Abstand, Getreide hat seine Rolle in der Bretagne so gut wie ausgespielt.
Die Landwirtschaft hat den größten Stellenwert im bretonischen Wirtschaftsleben: Von 25 Milliarden Franc Exporteinnahmen kamen 1988 knapp 10 Milliarden aus dem Agrarbereich.

Doch trotz der erheblichen Ausweitung der Produktion, Wegrationalisierung menschlicher Arbeitskraft und agrartechnischer Intensivierung wachsen die Gewinne nicht: Wie alle EG-Bauern stöhnen auch die bretonischen Landwirte über eine (Land-)Wirtschaftspolitik, die sie zu ewigen Verlieren macht. Die Agrarbeschlüsse aus Brüssel bewirkten bisher eine immer größere Produktion mit einhergehendem Preisverfall. Klaglos lassen sich die Bauern allerdings nicht ins Abseits drängen. Der protestierende bretonische Landmann, der mit seinem Traktor die Straße blockiert, gehört zum französischen Medienalltag.

▶ **Industrie**: 19 % der Beschäftigten, das sind knapp 200.000 Arbeitnehmer/innen, arbeiten im industriellen Sektor, der sich grob aufgliedern läßt in metallverarbeitende Industrie, Bauindustrie und Agrarindustrie. Die *Lebensmittelindustrie* ist gegenwärtig der einzig halbwegs florierende Industriezweig. Der große Boom, der die *Bauindustrie* an die Spitze des Industriegewerbes getragen hat, hat wieder nachgelassen: Die meisten Zweit- und Ferienwohnungen sind gebaut, die Städte haben momentan kein nennenswertes Wachstum mehr zu verzeichnen. Während Ende der 70er Jahre jährlich noch 25.000 Wohneinheiten (inkl. Ferienhäuser) hochgezogen wurden, waren es 1988 nur noch insgesamt 16.000 mit weiterhin rückläufiger Tendenz.
Die *metallverarbeitenden Industriebetriebe* sind die größten Arbeitgeber des Landes und erwirtschaften die höchsten Gewinne: Die bretonischen Ableger der Pariser Autobauer Citroën sorgen für den größten Einzelposten des bretonischen Exports: Sie setzten 1988 1,5 Milliarden DM von 8 Milliarden DM um. Nach Citroën (Rennes) sind die Werften in Brest und Lorient die bretonischen Großunternehmer, doch ihr Umsatz ist wie in der gesamten Branche rückläufig.

Im Zuge der französischen regionalen Förderungsgesetze hatten sich ab den Sechzigern etliche französische Firmen auch auf der Halbinsel angesiedelt, um in den Genuß von Subventionen, billigen Arbeitskräften und günstigen Grundstücken zu kommen. Viele dieser Unternehmen, die nie eine Bindung zur Halbinsel fanden, haben sich seit den frühen 80ern wieder aus der Bretagne zurückgezogen, als der Subventionsregen zu tröpfeln aufhörte. So ist der Industriesektor zur Zeit wieder einmal krisengeschüttelt: Die schwindenden Arbeitsplätze tragen unmittelbar zu einer verstärkten Abwanderung qualifizierter Fachkräfte bei. Momentan beträgt die Arbeitslosenquote in der Bretagne trotz Abwanderung 10 %.

▶ **Energiewirtschaft**: Nach der Stillegung des Atommeilers von Brennilis sind die beiden einzigen nennenswerten bretonischen Stromerzeuger das Kraftwerk am *Stausee von Guerlédan* und das Gezeitenkraftwerk an der *Rance-Mündung*, unterstützt von einigen Kraftwerken auf Erdölbasis. Weitere umweltschonende Gezeitenkraftwerke oder die Energieerzeugung durch Nutzung des Winds - beide Alternativen ideal der Bretagne angepaßt - sind nicht im Gespräch. Die französische Atomlobby ist stark und der Widerstand gegen die nukleare Energie gering.

▶ **Tourismus**: Die Saison ist kurz, doch das Geld, das die Touristen im Sommer auf der Halbinsel lassen, ist für das bretonische Bruttosozialprodukt beträchtlich. Nach der Côte d'Azur ist die Bretagne das meistbesuchte französische Feriengebiet. Jedes Jahr kommen etwa drei Millionen Gäste auf die Halbinsel, wobei die Franzosen unangefochten das

Gros stellen, gefolgt von Engländern, Holländern und schließlich Deutschen. Allein im August werden in den bretonischen Hotels knapp eine Million Übernachtungen gezählt, darunter etwa 750.000 französische und gut 60.000 deutsche. Der deutsche Anteil am ausländischen Tourismusaufkommen betrug 1988 übrigens 24 % nach England mit 32 %.

Im späten 19. Jahrhundert entdeckten finanziell gutgestellte Franzosen und Engländer das Urlaubsland vor ihrer Haustür, und seitdem boomt das Geschäft mit der schönsten Zeit des Jahres - auch Otto Normalverbraucher und seine Familie haben schon lange die Bretagen als Feriengebiet entdeckt. Die *Côte d'Emeraude* mit alteingesessenen Renommierorten wie Dinard oder St. Malo waren die ersten Adressen, die Massenurlaubsparadiese der *Halbinsel von Quiberon* und Umgebung, des *Golfs von Morbihan* und *La Baule* ganz im Süden sind neueren Datums. Im Inland geht es wesentlicher ruhiger zu als am Meeresgestade: 70 % des touristischen Geschehens spielen sich an der Küste ab, doch auch hier gilt wie für alle Wirtschaftszweige: Je weiter westlich, desto ruhiger.

Bevölkerung

Auf 5 % Prozent der französischen Staatsfläche gibt es 5 % aller französischen Hotels und leben 5 % der französischen Bürger/innen samt ihren Kindern. Doch der Nachwuchs ist nach einer 25-jährigen Phase der Fruchtbarkeit ein Problem, immer weniger Kinder werden geboren. Die jährlichen Neugeburten sanken von über 44.000 auf unter 36.000 Babies bretonnes.

Mit dem wirtschaftlichen Aufschwung der 60er Jahre einher ging ein Kindersegen über das Land, der der Bretagne seit langer Zeit wieder menschliche Zuwachsraten bescherte. Bretonen lieben Kinder: Von 1850 - 1950 hatten eine Million Bretonen ihre unterentwickelte Heimat verlassen, um in der Fremde ihr Glück zu machen, trotzdem sank die Bevölkerung wegen der starken Geburtenüberschüsse nicht wesentlich, und ab den sechziger Jahren stieg sie sogar leicht an. Seit dem letzten Jahrzehnt stagniert das Bevölkerungswachstum wieder, eine Entwicklung, die den Statistikern ernsthaft Sorge macht.

1990 wurde die letzte Volkszählung durchgeführt. Einige Ergebnisse: von 2,793 Millionen Bretonen sind 56 % Städter, Tendenz stark zunehmend - seit Mitte der Sechziger hat sich die Einwohnerzahl der Städte verdoppelt. Zwei Vergleichszahlen vom selben Jahr: in Frankreich lebten 73 % der Bevölkerung in Städten, in Deutschland waren es 85 %.
Auf einem Quadratkilometer siedeln im Schnitt etwa 100 Bretonen/innen, wobei die Bevölkerungsdichte sehr ungleich ist: in der Innerbretagne sind zum Teil nur statistische 40 Menschen auf 1 qkm seßhaft, in und um Rennes sowie in den größeren Städten an der Küste und deren Einzugsgebieten (Brest und Lorient) steigt die Zahl sprunghaft an - allein hier leben 20 % der bretonischen Bevölkerung; im Küstenbereich insgesamt wohnen 30 % aller Bretonen.

Binnenwanderung (hin zur dichtbesiedelten Küste und in die Großstädte) und Abwanderung (vielfach nach Paris, wo die heimwehkranken Bretonen rund um den Bahnhof Montparnasse einen eigenen Stadtteil bewohnen) sind die großen Probleme der Halbinsel: Von den 1269 bretonischen Gemeinden verlieren 541 stetig an Einwohnern, alle anderen stagnieren, nur die wenigen Großstädte verzeichnen einen Zuwachs. Viele junge Menschen verlassen mit Erreichen des erwerbsfähigen Alters wegen fehlender Arbeitsmöglichkeiten die Bretagne und kommen erst als Rentner wieder zurück.

Bretonen sind in Frankreich, ähnlich wie Ostfriesen und Österreicher im deutschen Sprachraum, Ziel der immergleichen Witze über holzschuhtragende, nicht gerade helle Hinterwäldler. Die Figur der etwas tumben *Bécassine*, die in der Weltstadt Paris nicht gerade den besten Eindruck macht, kam in Frankreich sogar zu Comic-Ehren. Im übrigen gelten die Bretonen laut weiterer Vorurteile als grobschlächtig-derb, unflexibel-bockig, abergläubisch und trinkfest. Eben das krasse Gegenstück zum weltoffenen, feinziselierten Pariser, der kurzfristig und massenweise in die Bretagne einfällt, das ursprüngliche, bäuerliche Leben ganz toll findet, sein Ferienhäuschen mit Schilf deckt und schwitzend einen Menhir im Gärtchen aufstellt. Zum Amusement der Bretonen - die spinnen, die Pariser.

Zwei Extremdaten zum Schluß: Der bretonische Alkoholkonsum steht in Frankreich an der Spitze der Statistik, und die Scheidungsrate Armorikas ist die niedrigste: Von vier Ehen wird in der Bretagne nur eine geschieden (Frankreich gesamt: drei). Ob aber alle Bretonen dauernd betrunken sind oder bretonische Ehen besonders glücklich, darüber verraten diese Zahlenspielereien nichts.

Geschichte

"Die Bretagne ist eine alte Rebellin. Jedesmal seit 200 Jahren, wenn sie sich erhoben hat, hatte sie Grund dazu. Gegen die Revolution oder gegen die Monarchie, gegen die Repräsentanten der Republik oder gegen die Statthalter der Könige, es ist immer derselbe Kampf, den die Bretagne austrägt." (Victor Hugo)

Über weite Strecken ist die überlieferte Geschichte der Bretagne die eines unterdrückten Volkes, das gegen übermächtige Gegner und Großreiche einen trotzigen, doch hoffnungslosen Kampf führte. Waren die ersten Fremdherrscher die Römer, die 500 Jahre lang die ferne gallische Provinz für ihre Zwecke verwalteten, mußten sich die Nachfahren eingewanderter Briten ständig mit Franken, Normannen, Engländern und Franzosen auseinandersetzen, die allesamt gerne die Halbinsel ihrem Besitz einverleibt hätten.

Frankreich gewann schließlich den Streit um den kleinen Nachbarn auf dem Granitbrocken, der sich zäh, doch letztendlich erfolglos gegen die völlige Übernahme durch Paris wehrte und noch immer wehrt - *Breiz libre*, freie Bretagne, hat als Parole noch immer nicht ausgedient. Nationalistische Sprühaktionen aufrechter Separatisten haben die militanten Bombenattentate aus den Jahren zwischen den Weltkriegen abgelöst, aber noch immer gilt: Die Bretagne ist französisch, doch nicht Frankreich.

Bretonen nehmen in der globalen Hitliste der Märchenerzähler einen der vordersten Plätze ein, und für die Bretonen ist die Bretagne der Nabel der Welt. So beginnt überhaupt die irdische Geschichte in einem Paradies, das von einem Bretonisch sprechenden Urpaar bewohnt wird; ein Seefahrer der Insel Bréhat hat Amerika entdeckt und die Weltstadt Paris trägt ihren Namen nach der legendären versunkenen Stadt Ys, nach bretonischer Meinung die prächtigste Stadt der Welt. Doch halten wir uns an die nachprüfbaren Fakten.

Frühzeit

Als während der *Altsteinzeit* (Paläolithikum) vor etwa 100.000 Jahren noch große Teile Nord- und Westeuropas von Eis bedeckt sind, ist die armorikanische Halbinsel eisfrei, nur der Boden ist dauergefroren. Neben Mammut, Wollhaarnashorn und Höhlenbär leben einige Altsteinzeitmenschen in der Bretagne, die sich unter anderem von genannten Tieren ernähren und simple Waffen und Gebrauchsgegenstände (aus Stein) sowie den Feuerstein benutzen.

Wir überspringen die folgende *Mittelsteinzeit* (Mesolithikum; etwa 8000 - 4000 v. Chr.), in der sich auf dem mittlerweile aufgetauten Boden der Halbinsel bis auf den langsamen Übergang der nomadisierenden Jägergemeinschaften zu seßhaften Bauern und Hirten wenig tut, und kommen zur *Jungsteinzeit* (Neolithikum), in der Bretagne auch als Megalithzeit bekannt (etwa 4000 - 2000 v. Chr.). Schätzungsweise leben in der Megalithzeit etwa 100.000 Menschen in der Bretagne, die eines Tages damit beginnen, riesige Steine aufzurichten, manche alleinstehend, andere in riesigen Steinfeldern, und ihre Fürsten in gewaltigen Steingräbern zu bestatten.

Nirgendwo auf der Welt gibt es so viele dieser Steinsetzungen wie in der Bretagne. Die - nach Messungen der Radio-Karbon-Methode - zwischen 4000 und 6500 Jahre alten Megalith-Denkmäler bereiten der Wissenschaft Kopfzerbrechen. Die meerumtoste, geheimnisvolle Bretagne am äußersten Ende der Weltscheibe vor dem unendlichen Ozean gilt vermutlich schon den Megalithikern als der erdnächste Punkt zum Jenseits - und dieser Glaube sollte sich unangefochten über Jahrtausende halten. Aber wie kommen die aufgerichteten Steine in die Bretagne? Hier eine wunderschöne, aber letztendlich etwas unbefriedigende und durch nichts zu beweisende Theorie: "*In vorgeschichtlicher Zeit begaben sich Volksstämme, die wahrscheinlich aus Asien kamen, auf eine Wanderung Richtung Europa. Man vermutet, daß diese Stämme die Sonne anbeteten und ihr deshalb nachzogen, wo sie im Westen der Bretagne versinkt. Die Bretagne muß eine Art mythischer Hafen gewesen sein, wohin sich die Seelen der Toten in Boote begeben haben, ihrem Gott auf seinem nächtlichen Weg zu folgen, das Jenseits zu erreichen. Auf ihrem langen Marsch zur Sonne haben diese Menschen hier und da riesige Steine aufgestellt, die Megalithen.*" (DuMont Kunstreiseführer Bretagne, S. 20).

Jedenfalls ist die Bretagne und insbesondere das Morbihan zweifellos Zentrum der *Megalithkulturen*, die besonders in Westeuropa, darüberhinaus aber auch von Skandinavien bis nach Griechenland und Marokko ihre Spuren hinterlassen. Sicher ist auch, daß die Megalithiker über eine irgendwie staatliche Organisation verfügen (mit weltlichen/geistlichen Fürsten oder Königen an der Spitze), astronomische Kenntnisse besitzen (nach Gestirnen ausgerichtete Steinreihen) und einen ausgeprägten Totenkult pflegen (Gräber).

Plausible oder mythische Spekulationen über die tatsächlichen Motive der jungen Steinzeitmenschen gibt es viele. So sind die Megalithen je nach nach Interpretation Sonnenkalender, Phallussymbole, magische Energiezentren, Symbole eines Fruchtbarkeitskultes, Sternflughäfen, Drachenwegweiser, Hinweiszeichen auf Grabstätten oder Wasserstellen, Leuchttürme und vieles mehr.

Wir schließen uns dem Gelehrten RICHARD PITTIONI an: "*Wer kann beweisen, daß es sich bei den Steinsäulen um Erinnerungssteine für Verstorbene, um Götterbilder oder Wahrzeichen anderer Art handelt?*" Eine simple, unanfechtbare Antwort auf die geheimnisumwitterten Granitarmeen fand GUSTAVE FLAUBERT, der Mitte des 19. Jh. genauso ratlos wie so viele andere die wundersamen Alignements von Carnac durchschritt: "*Die Steine von Carnac sind Großsteine - basta!*"

Wir bauen einen Menhir

Wäre Obelix, der weltbekannteste Hinkelsteinproduzent, nicht als Kind in den Zaubertrank gefallen, der es ihm ermöglichte, Felsblöcke aufzusammeln und mit der Handkante zu behauen, hätte auch er sich eines Megalithikertricks bedient, um die Granitblöcke aus dem Fels zu brechen: Holzkeile, in natürliche Felsritzen getrieben, werden mit Wasser übergossen; sie quellen auf und sprengen die Menhire und Deckplatten der Dolmen aus dem Fels. Mit Hilfe von Rollen, Gleitflächen und Hebeln aus Holz werden die Giganten (mittlere Steine wiegen eine bis drei Tonnen, die Schlußsteine der Alignements und Deckplatten der Dolmen 15 bis 20 t) von den Steinbrüchen aus mit Riemen und Seilen aus Tierhaut an ihre Standorte gezerrt und dort mit überlegter Menschenkraft (Hebel!) aufgerichtet. In einem Experiment kamen Wissenschaftler zu der Formel, daß für den Transport bzw. die Aufrichtung einer Tonne Granit zwischen 15 und 20 Personen benötigt wurden. Denkt man an den zerschmetterten Koloß von Locmariaquer, mit 20 m Höhe und 350 t Gewicht der größte Menhir der Bretagne, kann man sich eines nachträglichen Staunens nicht erwehren.

Vermutlich ununterbrochen bis zur keltischen Besiedlung leben die Neusteinzeitmenschen hier, allerdings hören sie schon etwa 1500 Jahre vor der Kelteninvasion auf, große Steine aufzurichten oder zusammenzufügen. Was nicht aus Stein ist, ist verschwunden, doch lassen schon die Äxte oder die Ritzungen in manchen Steinblöcken Rückschlüsse auf die Fertigkeiten und die hohe Kulturstufe einer rätselhaften Zeit zu.

Die Kelten

Über die Ursprünge des indogermanischen Volkes ist wenig bekannt. Wahrscheinlich waren die keltischen Urvölker im Nordosten Frankreichs und in Teilen des heutigen Deutschlands bis nach Österreich/ Böhmen beheimatet - irgendwo zwischen Rhein und Donau. Im siebten vorchristlichen Jahrhundert brechen sie aufgrund ihrer wachsenden Bevölkerung auf, um neue Siedlungsräume zu finden, vermehren sich weiter und siedeln sich u. a. in Spanien und England an. Ihr Erfolg beruht auf der Härte des Eisens - die Kelten kennen die Geheimnisse der Eisenherstellung, und das harte Metall, als Schild und Schwert kriegerisch eingesetzt, verschafft ihnen unbezahlbare Vorteile im Kampf gegen die rundum üblichen weicheren Bronzewaffen. Die frühesten schriftlichen Nachrichten über das keltische Volk stammen aus dem späten 6. Jh. v. Chr., ein römischer Chronist weiß zu berichten, daß *Celtae* in Gallien (Frankreich), Westspanien und Süddeutschland ansässig sind.
Im 5. Jh. v. Chr. beginnt die große Ausbreitung der keltischen Stämme, im 3. Jh. v. Chr. ist der Höhepunkt erreicht: Von den westlichen Inseln Europas (Irland/England) über Mitteleuropa und den Balkan bis hinab nach Kleinasien reicht der keltische Kulturraum - der istanbuler Stadtteil Galata (= Gallien) ist heute noch nach ihnen benannt. Allerdings liegt es den Kelten nicht, Staaten zu gründen oder größere Stammesverbände zusammenzuschließen. Jeder Kleinherrscher wurstelt ohne Bewußtsein für größere politische Zusammenhänge vor sich hin, und so dauert die Phase der großen Ausdehnung nicht lange: Von Süden her erobern römische Legionen den keltischen Siedlungsraum für die neue Weltmacht, im Norden drängen vorrückende Germanen die Kelten bis auf die Mainlinie zurück.

Etwa 500 Jahre v. Chr. erreichen Kelten die bretonische Halbinsel, besiedeln sie in großem Rahmen und nennen sie *Armor(ica)*. Fünf Stämme leben hier, der mächtigste die *Veneter* (Vannes), nordwestlich von ihnen die *Osismi* (Carhaix), im Norden die *Coriosolites* (Corseul), im Osten die *Redones* (Rennes). Sie vertragen sich nicht: Miteinander zerstritten und immer für einen Raubzug gegen die ungeliebten Nachbarn gut, streiten sie sich über 400 Jahre von außen unbeachtet auf der Halbinsel, dann benötigen die Römer Armorica für ihr Weltimperium.

Die römische Provinz Gallien

Auf eine gemeinsame Gegenwehr können sich die Keltenstämme nicht einigen. 56 v. Chr. ist Armorica unterworfen und gehört 350 Jahre lang zur Provinz Lugdunensis, bevor es kurz vor dem Ende Roms durch einen Verwaltungsakt der Provinz *Lugdunensis II* angegliedert wird.
Nach dem bewährten Prinzip Eliminiere-die-Oberschicht-und-du-

raubst-dem-Widerstand-die-Köpfe läßt Cäsar nach seinem Sieg über die Veneter (Vannes) die einheimische Aristokratie füsilieren. Doch Kelten sind stur: Während der Ostteil der gallischen Provinz bald römische Lebensart annimmt, ist über 200 Jahre lang ein Gutteil der etlichen zehntausend Legionäre, die eigentlich für ganz Gallien zuständig sind, damit beschäftigt, den Westen des kleinen Armorika am Weltenrand unter Kontrolle zu halten (siehe Asterix) - dann ist auch das heutige Finistère römisch-gallisch. Wirtschaftlich geht es den Bewohnern Armorikas gut, sie leben in befestigten Siedlungen (*oppida*) oder lose verstreut auf dem Land, auf dem die "Villa" mehr und mehr in Mode kommt. Ein feinnerviges Straßennetz wird aufgebaut, und wegen des Fehlens äußerer Feinde und der letztendlichen Anpassung der meisten Kelten an die römische Lebensart sind die Zeiten der Besatzung recht friedlich, doch die Romanisierung soll sich nicht lange halten.

300 n. Chr. beginnt das Römische Weltreich im Westen bedenklich zu wackeln, das zerbrechende Imperium hinterläßt ein Machtvakuum, und die Völker Europas beginnen wieder zu wandern. Einfallende unrasierte Barbaren setzen der römischen Provinz im Westen ein Ende und sorgen durch zwar planloses, doch effektvolles Metzeln und Plündern für einen immensen Bevölkerungsschwund. Als im 5. Jh. die ersten Neueinwanderer von Britannien eintreffen, ist der größte Teil Armorikas ein vermutlich kaum besiedeltes Gebiet, das die meisten Römer/innen verlassen haben und das nur noch von romanisierten Alt-Kelten (Galliern) spärlich bewohnt wird.

Die britische Einwanderung

Im 5. Jh., die Völker wandern weiter, dringen heidnische Sachsen, Angeln und Jüten auf Irland und die britische Insel vor, auch die gottlosen Pikten in Schottland zeigen Expansionsgelüste auf den Süden der Insel. Gut organisiert beginnen sich ab dem Ende des 5. Jh. unter der Leitung ihrer Stammesherrscher und Priester christliche Inselkelten in großem Rahmen abzusetzen. Ihr Ziel: die nahe Bretagne (= Kleinbritannien), nah an den geliebten Inseln und landschaftlich mit der Heimat eng verwandt.

Seit 391 ist das *Christentum* römische Staatsreligion. Die Kelten der Insel haben den Glauben an den Gott, dessen Sohn in Judäa für alle Menschen gestorben war, schon früh zu dem ihren gemacht. Mönche und Priester haben die Druiden ersetzt, aber den Einfluß der keltischen Priesterkaste behalten: Ihnen unterliegt nicht nur die Religionsausübung, sie sind traditionell auch für die Rechtsprechung zuständig. Diese Männer der Kirche beeinflußen vermutlich weit mehr als die weltlichen Führer die erneute Besiedlung der Bretagne. Das Anliegen der Gottesmänner ist nicht nur die Organisation der Übersiedelung, sondern auch die Bekehrung der armorikanischen Gallier - beide Aufgaben erfüllen sie trefflich.

Sieben Gründungsheilige kennen die Bretonen (siehe Wissenswertes/Heilige), doch in der Realität sind sehr viel mehr britannische/irische Mönche an der technischen Abwicklung der Auswanderung beteiligt. So erinnern die Namen etlicher Orte augenfällig an die Besiedlung (siehe Wissenswertes/Ortsnamen), die ab 460 etwa 200 Jahre lang in mehreren Wellen überall auf der Halbinsel vor sich geht: In vielen kleinen Verbänden, den Clans, setzen Britannier aufs Festland über. Angeführt werden diese Clans von Priestern, die auch die weltlichen Geschicke lenken. Um deren Wohnsitze, sei es eine Einsiedelei oder ein kleines Kloster, entwickeln sich die Keimzellen der neuen Siedlungen. Vielen Priestermönchen ist das nicht genug. Den wahren Glauben predigend ziehen sie durch das Land und ihre Mission ist von Erfolg gekrönt: Sie finden unter den Einheimischen immer mehr Anhänger und legen so den Grundstein der gemeinsamen christlichen Kultur.

Viel spricht dafür, daß die Halbinsel vor der zweihundertjährigen Invasion der Inselkelten kaum besiedelt war und sich die Landnahme meist friedlich und im Einverständnis der Urbevölkerung vollzieht. Nur von den gallorömischen Städten Rennes und Nantes weit im Osten wird gewaltsamer Widerstand gegen die Neuankömmlinge geleistet - für sie ist abzusehen, daß die Machtverhältnisse neu geordnet werden.

Am Ende des Verschmelzungsprozesses haben die Neueinwanderer das Keltentum wieder auf dem europäischen Festland heimisch gemacht - nur ihren alten Glauben haben sie gegen den Kult um den Christengott eingetauscht. So ist die Bretagne - bis in die Gegenwart - das einzige Gebiet auf dem europäischen Festland, in dem Keltenabkömmlinge wohnen, die sich den westlich gelegenen Inseln Irland und England noch immer durch eine gemeinsame Herkunft und Vergangenheit eng verbunden fühlen.

Die selbständige Bretagne

Die Bretagne, in der sich gerade ein neues Kapitel öffnet, ist auch für andere aufstrebende Reiche interessant: Die ersten Gegner der expandierenden Siedler sind außer den städtischen Gallorömern die Franken, die von Osten her versuchen, Armorica zu besetzen. Ihnen folgen die Normannen, die Franzosen als Nachfahren der Franken, und auch England macht Ansprüche auf den Granitklotz geltend. Die nächsten Jahrhunderte nach der Einwanderung sind ein einziges Wirrwarr an Eroberungsversuchen, Unterwerfungen, Ausdehnungen und Schrumpfungen der Landesfläche sowie erbitterten Auseinandersetzungen um die innere Führung. Einige Daten im Zeitraffer:

579: WAROC'H besiegt die Galloromanen bei Vannes. Die bretonische Vorherrschaft setzt sich endgültig durch.

Um 600: König GRADLON gründet das erste Königreich auf bretonischem Boden: das Königreich Cornouaille, das knapp 200 Jahre existiert.

799: Der Frankenkönig KARL DER GROSSE unterwirft ein Jahr vor seiner Kaiserkrönung die Bretagne. Er ernennt einen Markgrafen und legt eine ständige Truppe an die bretonische Ostgrenze.

818: Karls Nachfolger LUDWIG DER FROMME macht die Bretagne tributpflichtig, dann aber begeht er einen Fehler. Er ernennt NOMINOE, den Grafen von Vannes, zum Herzog der Bretagne. Nominoe verweigert weitere Tributzahlungen, ruft sich zum ersten Gesamtherrscher der Bretagne aus und schlägt die fränkischen Truppen bei Redon im Osten. Er gründet die erste etwa hundertjährige bretonische Herrscherdynastie, und die Bretagne expandiert nach Osten.

851: ERISPOE, Sohn des Nomisnoe, krönt sich zum bretonischen König, der Frankenkönig akzepiert mit seiner Unterschrift den neuen, unabhängigen Nachbarn.

857 - 874: Unter König SALAÜN erlebt die Bretagne die erste Blüte und ihre größte Flächenausdehnung: Anjou, Côtentin und Avrachin werden dem Machtbereich der Halbinsel einverleibt.

919: Die Normanneneinfälle beginnen, die Bretagne verliert die Kanalinseln Jersey und Guernsey. Normannen überfallen einige Jahrzehnte das Land und plündern bevorzugt Klöster - hier ist die meiste Beute zu holen, und hier können die Heiden aus dem Norden dem Christengott am besten Treffer zufügen.

952: Der letzte bretonische König, ALAN BARBE-TORTE, stirbt. Vorher hat er die Normannen verjagt und deshalb das Land mit Burgen übersät. Die neuen Burgherren, im Kampf gegen die Normannen streitgewohnt und sich ihrer Macht bewußt, lassen die Nachfolger von Alan Barbe-Torte (= Alan mit dem gezwirbelten Bart) nicht mehr souverän regieren. Das Land zersplittert in mehrere Grafschaften, die sich eigensinnig um die Oberhoheit rangeln. Die jeweils regierenden Herzöge haben einen schweren Stand und suchen Verbündete von außen: England und Frankreich beteiligen sich an den inneren Auseinandersetzungen. Eine Zeit verwaltet sogar der Engländer HEINRICH II. (1166) die Bretagne, und ein Abkömmling des englischen Königshauses wird bretonischer Herzog. Dann heiratet ein Karpetingersproß (Frankreich) ins Herzoghaus ein und wird selber Herzog: 1213 wird PIERRE DE DREUX gekrönt, er und seine ersten Nachfolger schaffen es, sowohl unabhängig zu bleiben als auch das Land wirtschaftlich aufleben zu lassen.

1341 - 1365: Der bretonische Erbfolgekrieg als Teil des französisch-englischen Hundertjährigen Kriegs (1339 - 1453) schafft neue Koalitionen und zehrt das Land fast 25 Jahre aus: Herzog JEAN III. ist 1341 kinderlos gestorben. Zwei Anwärter streiten sich um den verwaisten Thron und finden wieder bereitwillig Hilfe bei den umliegenden Großmächten: Frankreich unterstützt CHARLES DE BLOIS, einen angeheirateten Neffen des verstorbenen Herzogs, England und der bretonische Adel helfen zu JEAN DE MONTFORT, dem Bruder des Dahingegangenen. In alle Windrichtungen ziehen die verschiedensten Armeen über die geschundene Bretagne und hinterlassen ihre Blutspur, im ganzen Land wogt das

Gemetzel unter den Parteien hin und her. Ohne den jeweiligen Gegner entscheidend zu schwächen, plündern und brandschatzen die Söldner Dörfer und Städte und verwüsten das Land, bis es 1364 doch noch zur Entscheidungsschlacht bei Auray kommt: Jean de Montfort und seine englischen Verbündeten besiegen Charles und seine Franzosenfreunde, Charles selbst fällt. Der Sieger wird im *Vertrag von Guérande* als Herzog der Bretagne anerkannt.

Die Schlacht von Auray

Kurz zu den Hauptpersonen: KARL VON BLOIS, beim Volk beliebt, gilt als frommer Mann. JEAN DE MONTFORT wird als draufgängerische Spielernatur geschildert, DUGUESCLIN spielt den Part des treuen Recken. Die Schlacht in den Sümpfen von Kérzo bei Auray soll endlich die Entscheidung herbeiführen. Duguesclin, Feldherr der Karlschen Truppen, rät seinem Chef dringend von dem Unterfangen ab, umsonst.

Unter dem einfallsreichen Schlachtruf "Kein Pardon!" treten beide Seiten an. Die überlegenen Truppen Montforts, 2000 Mann, noch unterstützt von 1000 englischen Bogenschützen, schlagen fürchterlich zu. Am Abend sind die Sümpfe von Blut getränkt. Karl von Blois liegt, von einem englischen Dolch durchbohrt, im Sterben. Soldaten entkleiden den schwergepanzerten Leichnam und entdecken, daß Karl das Büßerhemd trägt. Jean de Montfort ist erschüttert von der schicksalhaften Ahnung seines frommen Vetters. Ja, er ist überwältigt von Trauer über den verwandtschaftlichen Verlust. Monsieur versinkt in Lethargie. Erst der nüchterne Denkanstoß eines Edelmannes - "Sie können nicht einen lebenden Vetter und die Bretagne besitzen, mon Sire!" - bringt ihn wieder ins Lot: Jean gibt fürs Erste den Auftrag, auf dem Schlachtfeld eine Kirche zum Gedenken an seinen gefallenen Blutsverwandten zu errichten, und zieht - Balsam für den Gemütskranken - als neuer Herzog der Bretagne von dannen.

Langsam beginnt sich die Bretagne zu erholen, ab 1399 beginnt mit den kontinuierlich regierenden *Herzögen von Montfort* eine Phase der relativen Ruhe und einer wieder aufblühenden Wirtschaft, die knapp 100

Jahre dauern soll. Geschickt lavieren die bretonischen Herzöge zwischen England und Frankreich, bis der letzte seines Geschlechts alles verspielt: Herzog FRANCOIS II. (1428 - 1488), aufrechter Kämpfer für die Unabhängigkeit seines Landes und erbitterter Franzosenfeind, macht aus seinem Hof in Nantes ein Verschwörernest gegen ANNE DE BEAUJOU, die für ihren unmündigen Bruder KARL VIII. die französischen Regierungsgeschäfte führt. Der Herzog fühlt sich stark genug, der französischen Krone die Stirn zu bieten und sucht die offene Konfrontation. Der 28. Juli 1488 läutet das Ende des autonomen Herzogtums ein. In der Schlacht von St. Aubin verliert er gegen den mittlerweile gekrönten KARL VIII. und kapituliert bedingungslos. Wenige Wochen später stirbt Francois als gebrochener Mann und hinterläßt als Nachfolgerin seine kleine Tochter ANNE, die Nationalheldin der Bretagne.

Anne, Herzogin der Bretagne - verliebt, verlobt, verheiratet

Die beliebteste Frau der Bretagne ist schon im zarten Alter von elf Jahren eine heiß umworbene Partie - mindestens sechs Freier aus besten Herrschaftshäusern werben nach dem Tod des Vaters um das Töchterlein des letzten bretonischen Herzogs. Doch Weh, nicht Liebe noch Mitleid treibt sie an. Durch nüchterne Heiratspolitik wollen sie lediglich ihren Besitz mit der schutzlos gewordenen Bretagne abrunden.

1490 schließt das Kind mit Maximilian, Erzherzog von Österreich, eine sogenannte Fernehe - sie gibt einem Stellvertreter des künftigen Kaisers ihr Ja-Wort. Der französische König Karl VIII. (17 Jahre alt), auf Anraten seiner älteren regierenden Schwester ebenfalls an dem verwaisten Kind interessiert, beruft sich auf den nach der Niederlage des Vaters geschlossenen Vertrag von Verger, in dem schwarz auf weiß steht, daß eine Ehe von seiner Zustimmung abhängt, und er stimme nicht zu. Im Gegenteil, er möchte selbst gern um Annes Hand anhalten. Seine Brautwerbung ist plump, doch erfolgreich: 1491 belagern seine Truppen die Frischvermählte, die nie ihren Maximilian sah, in Rennes, und diesem schlagkräftigen Argument haben die Berater der kleinen Herzogin nichts entgegenzusetzen: "Nimm ihn doch, schau, dein Volk hungert und will auch, daß du den französischen König heiratest, Max hin, Max her. Es wird schon nicht so schlimm werden."

Und angeblich geschieht das Wunder: Anne und Karl verlieben sich, berichten die Chronisten. Der Papst wird sanft überredet, Annes Fernehe mit dem Habsburger und Karls Verlobung mit der blutjungen Schwester Maximilians aufzulösen. Am 6. Dezember wird geheiratet, am 8. Februar 1492 wird die vierzehnjährige Anne zur Herzogin der Bretagne und Königin von Frankreich gekrönt. Anne zählt gerade 22 Lenze, als ihr Gemahl nach neunjähriger, letztlich kinderloser Ehe - vier Säuglinge sterben im Kinderbettchen - in Amboise leicht mysteriös verstirbt. Offiziell rumpelt er in seinem Schloß, mit Anne ins Gespräch vertieft, mit dem Kopf gegen einen niedrigen Türbalken. Tödlich.

Die junge Witwe muß in Sachen Wiederverheiratung keine eigene Entscheidung treffen, der Ehevertrag sieht die Regelung ihrer Zukunft vor: Sollte

Karl VIII. ohne Erben sterben, ist automatisch sein Bruder Ludwig XII. ihr nächster Gatte. Der verheiratete Ludwig zieht noch schnell seine Scheidung durch, und am 8. Januar 1499 steht Anne ein zweites Mal vor dem Traualtar. Ihrem neuen Gemahl schenkt sie eine Tochter, Claude, die später ebenfalls Königin werden wird. Als Anne 1515 stirbt, ist sie 38 Jahre alt.

Die Herzogin Anne ist neben den Heiligen die weltliche Kultfigur Nr. 1 der Bretagne. Warum wird der Herzogin, deren kurzes Leben von den Fäden europäischer Großmachtpolitik gelenkt wurde, und der nichts anderes blieb, als die Bretagne an das ungeliebte Frankreich zu übereignen, auf der Halbinsel dermaßen verehrt? Nur ein einziges Jahr hat sie - vor ihrer Wiederverheiratung - die Bretagne regiert und ihre Untertanen durch ihre einsam getroffenen und im Zweifelsfalle harten Entscheidungen mehr als einmal brüskiert. Daneben war Anne fromm, begab sich auf Wallfahrten und gab reichlich Geld für Kirchen- und Schlösserbau - lobenswert, doch nicht ungewöhnlich. Aber im Gegensatz zu den meisten Frauen ihrer Zeit war sie gebildet, schlauer als ihr Mann, der König, und wollte trotz widrigster Umstände und ihres Rangs als Königin von Frankreich partout nicht auf den Titel "Herzogin der Bretagne" verzichten - was den Bretonen vermutlich am besten gefällt. Denn Anne trug den letzten bretonischen Herzogstitel.

13. August 1532: Annes Tochter CLAUDE, Gattin des Königs FRANZ I., beendet den fünfzigjährigen Vorgang der Einverleibung der Bretagne an Frankreich. Sie tritt das Land in einem Staatsakt an die französische Krone ab, die bretonischen Landstände bestätigen das Vertragswerk und beschließen in Vannes die Union des Herzogtums mit Frankreich als französische Provinz. Einzige Bedingung: Respektierung ihrer bisherigen Privilegien. Die Bretagne erhält den Status einer autonomen Provinz, den andere französische Provinzen immerhin nicht besitzen.

Die autonome Provinz

Ab 1532 regiert nun ein von Paris entsandter Gouverneur als Präsident der bretonischen Landstände die autonome französische Provinz Bretagne. Das bretonische Ständeparlament - Adel, Klerus und Großbürgertum tagen seit 1554 unter Federführung des Adels in Rennes - versucht nur noch, seine versprochenen Privilegien zu hüten, darunter die für sie wichtigsten: die Höhe der Steuern selbst zu bestimmen und die Gerichtsbarkeit auszuüben.

Trotz anhaltender interner Zwistigkeiten und immer wieder aufflammender nationalistischer Bestrebungen, Bauern- und Bürgeraufstände sowie endloser gesamtfranzösischer Religionskriege beginnt eine Zeit des größten Wohlstands für die Bretagne: Durch die Anbindung an Frankreich floriert an den Küsten der weltweite Seehandel und das Gewerbe der Tuchmacher, die ihre Stoffe international umsetzen, wird zum wichtigsten Standbein des Wohlstands im Inneren der Halbinsel.

Sehr lange währt die Blüte nicht. Seit dem Anschluß an Frankreich versucht jeder französische König, die Bretagne auszubeuten und in ihren Rechten zu beschneiden, besonders die absolutistischen Herrscher LUDWIG Nr. XIII. und Nr. XIV tun sich hierbei keinerlei Zwang an. Kleine regionale Aufstände gipfeln 1675 in der Stempelpapierrevolte.

Die Stempelpapierrevolte - der bretonische Bauernkrieg

1675: Schwere Unruhen erschüttern die Bretagne. Sonnenkönig LUDWIG XIV., der für seine immer aufwendigere Hofhaltung in Versailles immer mehr Geld braucht, hat auf Anraten seines findigen Finanzministers COLBERT neue Steuern für die abgelegene, immer aufmüpfige bretonische Provinz beschlossen - ein Recht, das laut Vertrag von Vannes nur dem Ständeparlament von Rennes zusteht. In der erlauchten Kammer kommt es quer durch die Fraktionen zu schweren Auseinandersetzungen zwischen Adel, Klerus und Besitzbürgertum. Die politische Arbeit des bretonischen Parlaments, darauf ausgerichtet, die Aushöhlung der verbliebenen Privilegien und den Ausverkauf des bretonischen Ex-Herzogtums zu verhindern, steht in Opposition zum alles vereinnahmenden royalistischen Willen der Pariser Zentrale, nun aber bahnt sich eine Entwicklung an, die auch die eigenen Privilegien bedroht.

Die Erhöhung der Steuern auf Zinn, Zoll, Tabak, Mühlen, Fischerei und Schifffahrt - die die Bretonen mit zwei Millionen Livrees bereits vorab abgegolten hatten - sowie eine neue Steuer, die auf jede amtliche Beglaubigung (Stempelpapier) und öffentliche Handlung (wie Hochzeit, Taufe, Beerdigung) erhoben wird, provoziert den Aufstand der Bonnets Rouges, der Rotkappen.

Was mit Schmähreden gegen den Gouverneur der Krone als städtische Revolte in Rennes begonnen hatte, erfaßt bald das ganze Land: Die Révolte du Papier timbré, als unmittelbarer Kampf gegen weitere Ausbeutung begonnen, wird vor allem im nördlichen Finistère zur flächendeckenden Erhebung des Landvolks unter dem Banner revolutionärer neuer Ideen, die nicht nur gegen den blutsaugerischen König, sondern gegen die Ständegesellschaft allgemein gerichtet ist. Eine aus dem Boden gestampfte Bauernarmee von 20.000 Mann unter der Führung des Rechtsanwalts SEBASTIAN AR BALP kämpft erfolgreich gegen die verunsicherten Söldner Frankreichs. Von wütenden Bauern werden die ersten Châteaus des einheimischen Adels angezündet, und der ketzerische Code Paysan, von 14 Gemeinden zwischen Douarnenez und Concarneau unterschrieben, bildet die theoretische Grundlage der Revolte, die die herrschenden Verhältnisse grundlegend verändern will.

14 Artikel enthält das Bauerngesetzbüchlein, einer aufrührerischer als der andere. Nicht nur die neuen Steuern sollten zurückgenommen werden, gebührenfreie Gerichtsbarkeit und unabhängige Richter werden genauso selbstverständlich gefordert wie die Heirat zwischen Landadel und Bauern, Aufteilung des Feudalbesitzes und Abschaffung des Frondienstes.

Die bretonischen Stände zwischen den Fronten müssen sich entcheiden: Hie die revoltierenden Bauern, die Schlösser, Kirchen und Klöster plündern und brandschatzen und Rechte einfordern, die erst über 100 Jahre später geltendes Gesetz werden sollten, auf der anderen Seite die königlichen Repressionen: marodierende royalistische Truppen und ein Hagel von Erlassen zur Machtbeschneidung in der angeblich autonomen Provinz.

Adel verpflichtet. Im Kampf der Ausgebeuteten auf der untersten Stufe der mittelalterlichen Hierarchie gegen den Besitzstand schlagen sich die bretonischen Stände auf die Seite der königlichen Heere, die in Eilmärschen anrücken, um der lästerlichen Erhebung ein schnelles Ende zu bereiten. Die Bonnets Rouges haben keine Chance. Mit unglaublicher Brutalität wird unter dem Gouverneur DE CHAULNES ab Okober 1675 der Aufstand erstickt. Ar Balp wird von einem französischen Offizier erstochen. Daraufhin fehlt die Organisation im Bauernheer, das führungslos einem Gegner ausgeliefert ist, der sein Handwerk versteht: Das angeordnete Gemetzel unter den Bauerntruppen, wahllose Massenhinrichtungen in den Armenvierteln der Städte oder die systematische Beseitigung der Führer durch Erhängen, Rädern oder wenigstens Verbannung auf die Galeere sind nur einige probate Mittel königlicher Ordnungspolitik.

Selbst Madame SEVIGNE, tadellose Angehörige der Oberschicht und durch ihre ausführlichen Briefwechsel der Nachwelt bekannt, moniert in einem Brief an ihre Tochter: "Wie ich erfahre, tun sich unsere armen Bauern aus der Basse Bretagne zu Gruppen von 40 oder 50 auf den Feldern zusammen. Sobald sie Soldaten sehen, werfen sie sich auf die Knie und sagen Mea culpa. Das ist die einzige französische Redensart, die sie kennen." Umsonst. Die einzige Gunst, die ihnen unter Umständen gewährt wird, ist ein schnelles Ende. Nach dem Tod zehntausender Menschen jeden Alters und beider Geschlechter, deren einzige Gemeinsamkeit die Armut war, ist die Revolte niedergeschlagen.

Doch damit nicht genug. Zur Strafe werden einige Kirchtürme geschleift, und überhaupt ist man in Paris der Meinung, daß die bretonische Ständevertretung hinter dem Aufstand steckt. Das Parlament der störrischen Provinz wird für 15 Jahre nach Vannes verbannt, die bretonische Stände sind endgültig unterworfen und mucken nicht länger gegen neue oder höhere Steuern auf. Die pressen sie wie gewohnt aus den größten Verlierern der Revolte heraus - den Bauern.

1689 wird dem französischen Gouverneur der Bretagne zur Sicherheit ein königlicher Kommissar, Intendant genannt, beigestellt. Genau 100 Jahre lang können Gouverneur und Intendant die Bretagne, die wirtschaftlich immer weiter ins Abseits gerät, relativ unbehelligt regieren, bis die umwälzenden Ereignisse aus der Hauptstadt Paris die Bretagne erreichen und für eine weitere Zeit des Blutvergießens sorgen.

Die Französische Revolution

Sie beginnt 1789 in Paris mit dem Sturm auf die Bastille, Gefängnis für unliebsame Untertanen und Symbol königlicher Willkür: Nieder mit dem Adel, weg mit dem Klerus, Freiheit, Gleichheit, Brüderlichkeit lauten die unerhörten Parolen, die das Ende der Feudalgesellschaft einläuten und bald auch auf der Halbinsel zu hören sind.

Die Chouannerie

Der Waldkauz - Chat-Huant - gab den königstreuen Gegenrevolutionären der Bretagne seinen Namen: Der Käuzchenruf war die Parole der Chouans, die ihren König und ihre Priester wieder haben wollten und dafür über Jahre einen zähen Partisanenkampf führten, den sie am Ende doch verloren.

Einen "Krieg des lokalen Geistes gegen den zentralen" nennt Victor Hugo den Aufstand, der 1793 von der Vendée und der Bretagne ausgeht und anfangs beachtliche Erfolge zeitigt; die Grenzfesten Fougères und Vitré werden erobert, einflußreiche Republikaner ermordet und die Revolutionsarmee genarrt: Das unübersichtliche Land und die Hilfe der Bauern machen die Chouans fast unangreifbar.

Erst als die Revolutionstruppen die Heckenlandschaft in großem Stil roden und damit ihrer Verstecke berauben sowie alle verdächtigen Sympathisanten der Aufständischen malträtieren, kommen die ersten Rückschläge. Als 1795 eine großangelegte Landung königstreuer Antirevolutionäre bei Quiberon kläglich scheitert, ist die Sache der Monarchisten so gut wie verloren. Trotzdem wird hartnäckig weitergekämpft - auch gegen Napoleon. Der letzte bedeutende Anführer der Chouans, Georges Cadoual, wird 1804 nach einem mißglückten Attentat auf den Imperator hingerichtet.

Der Revolution, zuerst auch in der Bretagne begeistert begrüßt, steht bald ein Großteil der Bretonen quer durch die Stände skeptisch bis ablehnend gegenüber. Die überzeugten Katholiken der Halbinsel können es nicht gutheißen, wie antiklerikale Republikanerhorden ihre Kirchen und Klöster plündern und zerstören, und die bretonischen Nationalisten, die sich von der politischen Umwälzung eine Wiederherstellung ihrer Selbständigkeit erhofft haben, sehen sich bitter enttäuscht. 1793 liefert die allgemeine Zwangsrekrutierung für das republikanische Heer den letzten Auslöser für eine königstreue Erhebung. Wieder einmal sehen sich die Bretonen als ungeliebte Melkkühe Frankreichs ausgenutzt - ob ein König oder eine republikanische Regierung ihr Land ausbeutet, ist ihnen egal.

Die Gebietsreform von 1798 macht für die letzten bretonischen Patrioten das Maß voll: Die bislang zumindest offiziell autonome Bretagne wird in fünf von Paris direkt verwaltete Départements aufgeteilt. Die Autonomie ist endgültig dahin, der Name Bretagne verschwindet von der französischen Landkarte.

Während aber das städtische Bürgertum dem republikanischen Gedankengut immer noch aufgeschlossen gegenübersteht, befürchten Landadel und Klerus für ihre Pfründe das Schlimmste und versuchen, das Rad der Geschichte zurückzudrehen: Gestützt auf ihre gehorsamen, urkatholischen Bauern führen sie einen blutigen Kampf sowohl gegen die bretonischen Städte als auch gegen das französische Revolutionsheer - auf allen Seiten sind die Verluste an Menschenleben immens.

Die in Paris und anderswo so wirksam arbeitende Guillotine kommt in der Bretagne mit dem Kopfabschlagen nicht mehr nach, zu groß wird der Andrang der zum Tode verurteilten Monarchisten. In Nantes werden die Todeskandidaten der Einfachheit halber gruppenweise entsorgt: auf leckgeschlagenen Kähnen werden sie der Loire überantwortet, die der bissige Volksmund daraufhin "Badewanne der Nation" nennt.

Nach der endgültigen Niedergeschlagung des Aufstands der Royalisten 1815 gesellt sich zur weiter andauernden wirtschaftlichen Misere der ausgebluteten Region eine politische Grabesruhe: "*Das 19. und das 20. Jahrhundert stellen in der Geschichte der Bretagne eine Periode der Verdunkelung dar. Dieses zähe, kampflustige Volk schien sich in sein Schicksal ergeben zu haben*" (Jean Hureau).

Der Erste Weltkrieg

Der traurige Ruhm, den jüngsten Soldaten Frankreichs in den Ersten Weltkrieg geschickt zu haben, gebührt einem bretonischen Städtchen: Le Faouët. Vier lange Jahre wird dieser Krieg in den Schützengräben Westfrankreichs geführt, weit weg von der entlegenen Halbinsel, doch der Blutzoll, den die Bretagne zahlt, ist immens: Von den zwischen 1914 und 1918 gefallenen französischen Soldaten sind etwa 250.000 Bretonen (etwa 10 % der bretonischen Gesamtbevölkerung). Rigoros werden die wehrfähigen Männer der Städte und Dörfer ausgehoben, die nicht nur - wie traditionell üblich - die französische Flotte verstärken, sondern in allen Waffengattungen ihr Leben für das Vaterland geben, vorzugsweise in den Schützengräben. Angeblich werden viele Bretonen von ihren eigenen Landsleuten erschossen - wenn sie vom Patroulliengang zurückkehren und aufgrund mangelnder französischer Sprachkenntnisse die Frage nach der aktuellen Tagesparole nicht verstehen. Die langen Listen der Gefallenen zieren fast alle Fried- und Kirchhöfe der Bretagne.

Überall anzutreffen - das Gedenken an die Toten der beiden Weltkriege

Der Zweite Weltkrieg

Auch der vom Hitlerregime entfesselte nächste Krieg trifft die Bretagne, und das gleich zweifach: Von 1940 - 1944 fast kampflos von den Deutschen besetzt, werden wichtige Häfen (z. B. St. Malo, Brest, Lorient) für die Zwecke der deutschen Seekriegsführung zu waffenstarrenden Festungen ausgebaut und besonders die Südküste mit einem flächendeckenden Bunkersystem gepanzert - hier, so haben Wehrmachtsstrategen errechnet, könnten die Alliierten eine Invasion versuchen. Versuchen sie nicht, doch vier Jahre lang werden die Besatzer aus der Luft attackiert. Und Leidtragende der Bombardements sind zum größten Teil bretonische Zivilisten in den Küstenstädten.

Auch wo nicht offiziell gekämpft wird, sind Opfer zu beklagen: Die *Résistance* (Widerstand), die aus dem Untergrund den Besatzern schmerzliche Nadelstiche zufügt, wird von Wehrmacht, SS und Gestapo gnadenlos verfolgt. Wer nur im leisesten Verdacht steht, Mitglied der Widerstandsbewegung zu sein, wird hingerichtet, mehr noch: für einen getöteten deutschen Soldaten müssen zehn beliebig herausgegriffene Franzosen sterben.

1944: Die Befreiungsoffensive der Alliierten und der nun offen kämpfenden *Résistance* beendet die Zeit der deutschen Besetzung. Wo gekämpft wird, fließt Blut und wird zerstört: St. Malo, Brest, Lorient und St. Nazaire gehen im Bombenhagel und unter schwerem Artilleriebeschuß in Flammen auf, in wenigen Wochen sterben Tausende von Menschen.

Die Bretagne nach 1945

Vom Ende des Zweiten Weltkriegs bis in die sechziger Jahre werden die Schäden des Kriegs beseitigt - viel mehr geschieht nicht, die Bretagne bleibt eine der ärmsten und unterentwickeltsten Regionen Mittel- und Westeuropas. In den frühen 60ern beginnt sich das Bild zu wandeln: Aufgrund effizienterer Anbaumethoden und besserer Vermarktung erlebt die Agrarwirtschaft einen Aufschwung, der Staat kurbelt Industriegründungen auf der Halbinsel an, die Bauwirtschaft beginnt zu florieren: Die Städte wachsen, mit der Geburt des Massentourismus werden immer mehr Ferienhäuser gebaut, mehr und mehr Gäste kommen in die Bretagne, die sich zum Sommerurlaubsland umrüstet.

Kurz vor der zweiten nachchristlichen Jahrtausendwende steht Armorika seit nunmehr 30 Jahren im Aufschwung - wenn auch mit Strukturproblemen verhaftet. Die Bauern murren über die EG-Politik, die Fischerflotte schrumpft weiter und das Interesse der Industrie an der Halbinsel im Nordwesten ist merklich gesunken, seit der Staat keine Subventionen mehr zahlt.

Doch die Zeiten sind momentan zumindest für die Bretonen und die Bretoninnen friedlich. Die Bretagne hat gerade jetzt die historische Chance, sich von einem unterentwickelten Landstrich am Ende der Welt zu einer modernen Gesellschaft zu entwickeln: Auf der Grundlage einer ausgeprägten Agrarstruktur ohne die in Industrieländern übliche Zerstörung der Landschaft können in der Bretagne - zum Teil geschieht es schon - zukunftsweisende, menschenfreundliche Technologien entwickelt und eingesetzt werden, die der ruinösen Ausbeutung dieses Planeten ein Riegelchen vorschieben könnten.

Schließlich sind die Bretonen Nachfahren der Kelten, deren Naturverbundenheit so groß war, daß sie es nicht nötig hatten, Tempel für ihre Götter zu errichten. Ihnen genügte ein heiliger Platz - eine Quelle, ein Hain, ein Berg. Und die Druiden sind, begünstigt durch die zunehmende Auseinandersetzung mit der keltisch/bretonischen Kultur und durch die New-Age-Bewegung, wieder populär geworden.

Breiz libre - die bretonischen Nationalisten

Schwarz übermalte Ortschilder und die immer wiederkehrende Parole *Breiz libre* sind für Fremde und Touristen heutzutage der sichtbare Ausdruck eines bretonischen Nationalismus. Noch immer gibt es Bretonen, die sich als Mitglieder eines von Frankreich unterdrückten, aber im Prinzip eigenständigen Volkes ansehen und sich mit einer Fremdherrschaft nicht abfinden wollen. Sie blicken auf eine lange Tradition zurück:

Verstehen sich schon die bretonischen Chouans während der Revolutionsjahre des ausgehenden 18. Jahrhunderts nicht nur als Getreue des französischen Königs, sondern auch als Kämpfer für ihre Heimat, setzt die bretonische Regionalbewegung, die sich im 19. Jh. wieder unter der reaktionären Federführung des verbliebenen Adels und der katholischen Kirche etabliert, ein weiteres Mal auf den schlichten Patriotismus der bretonischen Landmänner. Mit dem Argument, bretonische Sprache, Kultur und Eigenheiten erhalten zu wollen, versuchen Großgrundbesitzer und Klerus, ihre gewohnte Macht und ihren Einfluß aus den guten feudalistischen Zeiten so gut wie möglich in die neue Ära zu retten. Die geplante Abschottung der Bretagne vom Rest der Welt gelingt indes nicht.

Andere nationalistische Zusammenschlüsse jeder politischen Coleur haben da erst einmal mehr Erfolg. Im 20. Jh. etablieren sich unabhängig von den rückwärtsgewandten Landzirkeln weitere, von den Strömungen der Zeit beeinflußte nationalistische Bewegungen, die den Traum einer unabhängigen Bretagne verwirklichen wollen.

Besonders in den Jahren zwischen den Weltkriegen machen die bretonischen Nationalisten in ganz Frankreich von sich reden - meist in Zusammenhang mit Anschlägen - und schließen sich zu den unterschiedlichsten Parteien und Gruppierungen zusammen. Teils kämpfen sie für eine sich frei entfaltenden Bretagne in einem Europa ohne Grenzen (linke Autonome), teils wollen sie eine Staatsgrenze zu Frankreich. Die radikalsten und einflußreichsten Nationalisten, die rechtsgerichtete *Nationalistische Bretonische Partei* (P.N.B.) mit ihrer Untergrundarmee *Gwen-ha-du*, arbeiten vor und während des Kriegs sogar mit den deutschen Faschisten zusammen.

Nach dem 2. Weltkrieg tauchen die Nationalisten allmählich wieder auf, doch ihr Protest ist leiser geworden und findet auch unter den Bretonen keinen großen Widerhall. Zeitgleich mit den internationalen Studentenunruhen in den Sechzigern machen auch bretonische Separatisten wieder verstärkt auf sich aufmerksam. Die *Bretonische Befreiungsfront* (F.L.B.) und die *Revolutionäre Bretonische Armee* (A.R.B.) formieren sich. Die linksradikale Partei wird verboten, erlaubt, wieder verboten, die A.R.B. arbeitet von Beginn an im Untergrund. Die letzten nennenswerten Attentate auf Sachgegenstände - traditionelles Ziel sind Sprengstoffanschläge auf antibretonische Denkmäler und französische Einrichtungen - finden bis Mitte der Siebziger statt, dann verschwinden die militanten Linksradikalen von der Bildfläche.

Gegenwärtig vertreten zwei legale bretonische Parteien regional-politische Ziele: die sozialistisch ausgerichtete UDP (*Union Démocratique Bretonne*) und die PSU (*Parti Socialiste Unifié*), ähnlich den Realos der deutschen Ökopartei. Die Erfolge dieser kleinen Parteien nehmen sich neben den Privatinitiativen in Sachen bretonischer Kultur jedoch sehr bescheiden aus. Seit 1951 Präsident DE GAULLE die Daseinsberechtigung der bretonischen Sprache akzepiert hat, darf die Bretagne die Wurzel ihrer Identität entdecken - und Außenstehende können zu dem Eindruck gelangen, daß nicht wenige Bretonen/innen von dieser Gelegenheit Gebrauch machen.

Die harten Separatisten sind heute eine Minderheit - und militant sind sie schon lange nicht mehr. Was aber einer großen Zahl von Bretonen gemeinsam ist, ist der Wunsch, im Rahmen des französischen Staates ihre eigene Kultur zu leben, und die Überzeugung, daß ein bretonisches Parlament mit weitreichenden Befugnissen die Halbinsel besser regieren kann als eine Regierung in Paris.

Angemerkt sei, daß im Osten der Bretagne der Regionalismus und/oder Nationalismus nie die Rolle wie im Westen der Halbinsel spielte: In der Hauptstadt Rennes, die nie eine bretonische Stadt war, wurde beispielsweise nie Bretonisch gesprochen - der Ostteil der Bretagne ist historisch eher mit den romanisierten Gallorömern verwandt und traditionell auf das Festland hin orientiert.

Verwaltung

1982 rang sich die Zentralregierung in Paris zu einigen Gesetzen zur Dezentralisierung des französischen Staatswesens durch. In Folge wurde für die vier Départements der Bretagne der *Conseil Régional* (Regionalrat) und das *Comité Economique et Social* (Wirtschafts- und Sozialbeirat) gegründet.
Im *Conseil Régional* bemühen sich seit 1986 von den bretonischen Wahlberechtigten gewählte Abgeordnete in dem von Paris gesetzten Rahmen um Förderung und Entwicklung der regionalen Wirtschaft, Kultur, Wissenschaft, Gesundsheitswesen und des Sozialnetzes sowie um den Erhalt der bretonischen Identität innerhalb der 95 französischen Départements. Der Conseil hat Entscheidungsbefugnis.
Das *Comité Economique et Social* besitzt eine beratende Funktion. Seine Abgeordneten, die bis auf drei - sie werden vom französischen Premier ernannt - von den beruflichen Organisationen und Genossenschaften ins Comité entsandt werden, sollen dem Conseil helfen, weise Beschlüsse zu fassen.

Wissenswertes von A - Z

Alignement

Alignement bedeutet etwa "Richtung" oder "ausgerichtete Fluchten" und steht für exakt in eine Richtung gesetzte Steinreihen, die die Angehörigen der Megalithkultur zu undurchsichtigen Zwecken anlegten. Die kleinsten Steine der Alignements sind nur 60 cm groß, die höchsten sechs bis sieben Meter. Auch die Zahl der aufgerichteten Steine schwankt stark - von heute unscheinbaren Steinreihen mit nur wenigen Blöcken bis zu riesigen Granitarmeen; die meisten ausgerichteten Steine sind bei *Carnac* versammelt, wo allein in den zwei größten Alignements 1099 bzw. 1029 Menhire aller Größen gezählt werden. Über das Warum dieser Steinfelder läßt sich, wie bei den meisten Hinterlassenschaften der Megalithkultur, nur rätseln. Mit ziemlicher Sicherheit ist aber davon auszugehen, daß sie kultischen Zwecken gedient haben.

Allée couverte

Französische Fachkreise nennen so die "Bedeckte Allee", von deutschen Forschern mit dem Begriff "Langgrab" völlig frei übersetzt. Mehrere Dolmen hintereinander bilden ein langes Megalithgrab, an dessen Ende der Fürst beigesetzt wurde. Zusätzlich können vom Langgrab noch Seitenkammern abgehen, in denen rangmindere Tote bestattet wurden. Die bekanntesten Langgräber sind der *Feenstein* bei Guerche-de-Bretagne und das *Langgrab von Mougau-Vihan* bei Commana.

Ankou

L'Ankou ist der Tod. Und doch nicht ganz, denn Bretonisch läßt sich nicht einfach hin und her übersetzen. Ankou ist mehr die menschliche Angst vor dem Unausweichlichen, das hemmende Gefühl, das überwunden werden muß, um nach dem Sterben frei und leicht in eine andere Dimension hinübergleiten zu können - der Zustand des Nicht-Seins ist den Kelten unbekannt.

Die Auseinandersetzung mit dem Tod und die Überwindung der Todesangst gehörte sozusagen zum täglichen Brot, und hier fanden die Missionare auch einen Hebel, keltisches Bewußtsein mit dem christlichen Glauben zu verschmelzen. Schnitter Tod, der Knochenmann mit Sense, ist seit der Christianisierung die übliche Darstellung des Todes, und die Botschaft lautet nun: der Tod ist unausweichlich, doch gibt es eine Auferstehung, und der Weg zu ihr führt über Jesus. So wurde für die Überwindung der Todesangst eine praktische Anleitung gegeben, die die Ex-Heiden besonders dankbar aufnahmen: Selten in der christlichen Welt ist der Tod so eng mit dem Glauben verbunden, zahllos sind die bretonischen Legenden und Abbildungen mit dem Tod als Hauptdarsteller.

Ankou, der Tod

Nun hat auch der Alltag des Computerzeitalters die Bretagne erreicht, und die in Industrieländern übliche Verdrängung des Sterbens ist auch auf die Halbinsel eingedrungen. Was für Touristen eine leicht gruselige Kulturattraktion darstellt - "*Schau, Herbert, da schaut der Tod vom Beinhaus!*" - hat für viele Bretonen aber noch Sinn. Zumindest am Sonntag können sie sich dem allgegenwärtigen Tod und den Symbolen der Vergänglichkeit nicht entziehen: Zuerst durchqueren sie, vorbei am Calvaire mit dem gekreuzigten Christus, den Friedhof und tauchen die Finger in ein Weihwasserbecken, über dem der Tod grinst, bevor sie die Kirche betreten: der Ort der Erlösung.

Aquarien

Ein beliebter Programmpunkt des französischen Urlaubsalltags. Entlang der gesamten bretonischen Küste sind sie anzutreffen, jeder bessere Badeort versucht sich mit ihnen zu schmücken, und in der Regel tummelt sich dasselbe, meist schläfrige Besichtigungsangebot hinter den Glasscheiben: heimische Krustentiere, Fische und Seesterne in mehr oder weniger liebevoll gestalteten Becken. Wer zwei oder drei größere Aquarien besucht hat, hat fast alles gesehen, aber darunter auch Meereslebewesen, deren Existenz zumindest bizarr erscheint.
Das neueste, größte, spektakulärste und teuerste Aquarium der Bretagne hat in Brest seine Pforten eröffnet: Seit der Saison 1990 ist *Ozeanopolis* der Meeresmuseums-Star. Kiemenatmer aus allen Wassern unserer Meere samt hundert weiteren Attraktionen rund um das Meer, präsentiert in einem betonkrabbenartigen Bau, sollen für lukrativen Gewinn in der aufkommenden Freizeitindustrie sorgen.

Architektur - Fachausdrücke

Neben der weltlichen Architektur wie Fachwerkhäuser, Schlösser oder Stadtmauern sind insbesondere die Kapellen und Kirchen der Bretagne der kulturelle Höhepunkt des tief gläubigen Landes. Schon lange bevor es möglich war, Kunst als Wissenschaft zu studieren, benutzten Kunstexperten wie Architekten eine Vielzahl von Fachausdrücken, um sich über gewisse Bauteile, Details der Inneneinrichtungen oder Formarten zu verständigen. Ein Kenntnis des Fachgrundwortschatzes ist auch für Laien nützlich. Eine Auswahl:

Apsis: Im Kirchenbau der halbkreisförmige Abschluß des Hauptschiffs hinter dem Chor, meist nach Osten ausgerichtet und von einer Halbkuppel überwölbt. Die *Nebenapsiden* schließen die Seitenschiffe einer Kirche ab. Die Baumeister der Gotik schaffen als neuartigen Abschluß einen Kranz von kleinen Apsiden, den *Chorumgang* oder *Kapellenkranz*.

Arkade: Der römische *Arcus* bedeutet Bogen, und auf römische Bautradition gehen die Arkaden- oder Bogengänge der christlichen Kultur zurück: Auf Säulen gestützte Bogen bilden einen einseitig offenen Gang (z. B. Kreuzgang, Laubengang auf der Straße), dienen als Raumteiler oder verzieren als sog. *Blendarkaden* die Fassade eines Gebäudes.

Basilika: Eine schon in der Antike beliebte Hausform (griechisch *basilikos* = königlich) steht hier für die Bezeichnung eines christlichen Kirchentyps: Das dominierende Hauptschiff wird von zwei schmaleren Seitenschiffen umrahmt, deren Dächer (Pultdächer) deutlich niedriger sind als das Dach des Hauptschiffs (Satteldach).

Chor: Der Name leitet sich vom liturgischen Gesangschor ab, der hier, auf dem erhöhten Abschluß der Kirche vor dem Halbrund der Apsis, den Gottesdienst mitgestaltete. Die sog. *Chorschranke*, vom niedrigen Geländer bis zum raumfüllenden *Lettner*, trennt den heiligen Chorraum, der den Geistlichen und der weltlichen Prominenz vorbehalten ist, von der Gemeinde im Langhaus ab. Seit dem 14. Jh. steht auch der Altar in der Regel im Chor, der seitdem auch Altarraum genannt wird.

Flamboyant-Stil: Die *Delonix regia*, unter Botanikern international auch *Flamboyant* (flammend) genannt, ist ein Caesalpiniengewächs aus Madagaskar - bis zu 12 Meter hoch flammen doppeltgefiederte, zierliche Laubblätter und scharlachrote, gelbgestreifte Blüten empor. Ähnlich der Flamboyant-Stil, eine Spielart der englischen und französischen Spätgotik (in der Bretagne etwa ab 1500), dessen Grundform die Fischblase bildet: Organisch züngelnde Formen, zwischen geometrischen Zierrahmen in miteinander wetteifernden Ornamenten zusammengefaßt, streben flammengleich in die Höhe. Die Spitzbogen der klassischen Gotik erhalten so im Flamboyant ihre ausgeprägteste Form.
Kein Wunder, daß der Flamboyant-Stil gerade in der Bretagne voll eingeschlagen hat: Ähnlich flammenartige Formen sind aus der keltischen Kunst und der irischen Buchmalerei wohlbekannt.

Gisant: Plastische Liegefigur aus Stein eines a) aristokratischen oder b) klerikalen teuren Verstorbenen. Gisants gibt es demnach in Kirchen, Klöstern und Burgen.

Karyatide: Eine weibliche, geschnitzte oder gemeißelte Figur, die anstelle eines gewöhnlichen Stützbalkens oder einer gemeinen Säule das Gebälk eines Bauwerks trägt. Von der Nixe bis zur Bäuerin tragen in der Bretagne Karyatiden aller Berufe seit Jahrhunderten in stoischer Ruhe ihre Last.

Kassettendecke: Die Künstler der Renaissance erinnerten sich an das antike Vorbild - die Decke eines größeren Raumes wird durch sich kreuzende Träger in kastenförmige, vertiefte Felder aus Holz, Stein oder Stuck unterteilt, die liebe- bis prunkvoll mit Schnitzwerk, Goldbelag oder Malerei ausgestaltet werden.

Kathedrale: *Cathedra* ist der Bischofsthron oder Bischofssitz, und die Kathedrale, die Bischofskirche, kommt von *Ecclesia cathedralis* - die zum Bischofssitz gehörige Kirche. Übrigens: Deutsche und Italiener sagen Dom zur Kathedrale.

Kenotaph: Das "leere Grab" (griechisch: *kenotaphion*) ist ein Gedächtnismal in Grabform für eine(n) Verstorbene(n), deren/dessen Gebeine an anderer Stelle beigesetzt sind.

Kreuzgang: Ein überdeckter Gang um einen normalerweise quadratischen Innenhof an der Südseite der Kirche in größeren Klosteranlagen. Der Kreuzgang als Mittelpunkt des Klosters bildete den Zugang zu den Klausurgebäuden und war Ort der alltäglichen Kommunikation unter der Klostergemeinschaft. Die Bezeichnung leitet sich vermutlich von den Kreuzprozessionen ab, die hier im abgeschirmten Innersten des Klosters abgehalten wurden.

Langhaus: Der gewöhnlich von West nach Ost ausgerichtete Hauptteil einer Basilika oder Hallenkirche - Chor und Apsis gehören nicht mehr zum Langhaus. Das Langhaus kann sich auch - bei größeren bretonischen Kirchen die Regel - aus mehreren sog. Schiffen (Haupt- und Seitenschiffe) zusammensetzen. Die im Mittelalter übliche strikte Trennung von Chor und Langhaus besorgten der *Triumphbalken*, die *Chorschranke* oder der *Lettner*.

Lettner: Das mittellateinische *Lectionarum*, das Lesepult, gab dem Lettner seinen Namen: Eine Holz- oder Steinkonstruktion der mittelalterlichen Leser- oder Sängerbühne, auf der zu besonderen Anlässen gepredigt oder gesungen wurde. Die langgezogene Tribüne, die hoch über der Gemeinde an der Grenze von Langhaus und Chor quer durch das ganze Schiff verläuft, ruht auf Säulen oder Bögen: eine ehrfurchtgebietende Grenze von heiligem Bezirk und Gemeinderaum. Die Flächen des Lettners können optimal zu Verzierungen genutzt werden - und diese Gelegenheit ließen sich die bretonischen Kunsthandwerker nicht entgehen: Filigrane Schmuckgebilde und ausgedehnte Bildgeschichten mit Aposteln, Heiligen, Passionsszenen oder zähnefletschenden Ungeheuern schmücken jede freie Stelle der Säulen und Tribünengeländer der medi-

Der Lettner von Kerfons

tativen, hölzernen oder granitenen Raumtrenner.
Ab dem 17. Jh. kam der in West- und Mitteleuropa beliebte Lettner, der in den bretonischen Kirchen im späten 13. Jh. seinen Einzug hielt, wieder aus der Mode - oft wurde er aus den Gotteshäusern entfernt.

Mausoleum: Ein prächtiges Grabmal für teure Verblichene. Der Kleinasiate MAUSOLOS gab um 350 v. Chr. dem Mausoleum seinen Namen. Als sein Grab fertiggestellt war, stellte sich heraus, daß es sich um die aufwendigste Grabstätte der damals bekannten Welt handelte, und alle Welt spricht seitdem vom Mausoleum.

Oratorium: Im frühen Mittelalter war das Oratorium ganz allgemein ein Kleinstgotteshaus, später wurde aus dem Oratorium die Hauskapelle oder der Betsaal in Klöstern, Spitälern oder Schlössern (*orare* = beten, bitten). Im Innenraum der Kirche ist das Oratorium eine meist dem Chor angegliederte kleine Kapelle im Bereich des Allerheiligsten, die den Laien verschlossen bleibt.

Pietà: Die Darstellung der trauernden Maria mit dem Leichnam Jesu auf dem Schoß. Michelangelo schuf die wohl berühmteste Pietà (Vesper- oder Andachtsbild; eigentlich: Frömmigkeit), doch katholische Künstler in Unzahl wählten vor und nach ihm dasselbe Motiv für ihre gottgefälligen Gemälde oder Plastiken: Seit dem 14. Jh. ist Marias Trauer eine bevorzugt behandelte Szene der Passionsgeschichte, das auch bretonische Maler und Bildhauer in den Kirchen und auf den Calvaires immer wieder variierten.

Refektorium: Das lateinische *refectorius* bedeutet erquickend. Im "Erquickungsraum" nahmen die Mitglieder eines Klosters ihre Mahlzeiten ein. Heute würde man ganz profan Speisesaal sagen.

Retabel: Das Retabel oder auch der Altaraufsatz kann vom Gemälde bis zum Flügelaltar (ein festes Mittelteil zwischen schwenkbaren Seitenflügeln) jede Art von schreinartigem Aufbau auf dem Altar sein.

Reliquiar: In diesem kostbaren Behälter ruhen die der Nachwelt bewahrten Reliquien (Überreste) einer(s) Heiligen. Größe und Art des Reliquiars sind dem Inhalt angepaßt: Neben Medaillons, Kästchen, Kreuzen, Figuren, Köpfen oder Büsten ist der oft als Goldschmiedearbeit ausgeführte Reliquienschrein das bekannteste Behältnis vollständiger Gebeine, Skeletteile, Kleidung oder Gebrauchsgegenstände verstorbener religiöser Autoritäten. Die Reliquienverehrung gründet sich auf den in vielen Religionen verbreiteten Glauben, in den Körperteilen oder einstigen Besitztümern heiliger Menschen sei deren Macht gespeichert, die durch entsprechende Verehrung (Prozession, Körperkontakt, Anrufung im Gebet) übertragen werden kann und noch Jahrtausende nach dem Tod der Verehrten Wunder wirkt.

Sablières: Bei der französischen Eisenbahn sind sie Bodenschwellen, jedoch wird Sablières auch mit Sandgrube übersetzt. Die Sablières, die am oberen Abschluß der Innenwände unterhalb der Dachkonstruktion das Kirchengemäuer umlaufen, lassen sich vielleicht mit "Oberschwelle" übersetzen: Lange Balken, wegen der erwünschten Elastizität zwischen Mauerwerk und dem hölzernen Dachgewölbe auf lockeren Sand gesetzt, verstecken die Schnittstelle von Wand und Dach.

Sarkophag: Ein aufwendiger Monumentalsarg aus Stein, Holz oder Metall, meist in einer Grabkammer, einer Krypta oder direkt in der Kirche aufgestellt. Von den Ägyptern über Griechen und Römer wurden ranghohe Verstorbene im Sarkophag bestattet, die Grabbaumeister des Christentums entdeckten ihn während der Renaissance neu.

Schiff: In der Architektur die Bezeichnung eines Innenraums der Kirche, der sich - durch Pfeiler oder Säulen getrennt, in mehrere Schiffe gliedern kann: das *Mittelschiff* wird dann von einem oder mehreren *Seitenschiffen* umgeben, oder ein *Querschiff* kann quer zwischen Langhaus und Chor liegen.

Triumphbalken: Zwischen Chor und Langhaus hoch über der Gemeinde zieht sich der in der Regel geschnitzte Balken quer über das Schiff, auf ihm eine Kreuzigungsgruppe - üblicherweise Jesus auf dem Kreuz, daneben in der Regel Maria und Maria Magdalena.

Wimperg: Das althochdeutsche *wintperga* heißt auf Neudeutsch schlicht und verständlich Zinne oder Giebel. Diese funktionslosen Ziergiebel setzten die Baumeister der Gotik als spitz zulaufenden Fassadenschmuck über Fenster und Portale.

Wurzel Jesse: Die Wurzel Jesse oder auch der Jessebaum ist die Darstellung des irdischen Familienstammbaums von Jesus. Zuunterst Isai oder auch Jesse vom Stamm Juda, aus dessen Körper der Baum drängt, dessen Zweige von den menschlichen Vorvätern des Gottessohns gebildet werden. Der jüngste Zweig - ganz oben - ist Maria, Jesus an der Spitze ist die Blüte des Baums.

Argoat

Coat ist der Wald, und *ar* bedeutet etwa an oder in. *Argoat*, Land des Waldes, nennen die Bretonen die innere Bretagne, die sich zur Zeit der britannischen Einwanderung unter fast einem einzigen Waldgebiet verborgen zwischen den Küsten der Halbinsel erstreckte.
Heute ist das Land des Waldes das baumärmste Gebiet Frankreichs; nur 10 % von Argoat sind noch bewaldet (zum Vergleich: 19 % Frankreichs sind Waldland). Trotzdem ist das heutige Argoat nach wie vor die grüne Bretagne: eine wellige, fruchtbare Bocage-Landschaft, durch Hügel und Hecken unübersichtlich. Oft sehen Sie das Dorf erst einige Meter vor der Ortseinfahrt.
Großartig, erhaben oder aufregend ist das Innere der Bretagne nicht. Im stillen, oft verträumten Argoat, wo ab und zu ein Kirchturm die Nähe von Menschen signalisiert, zeigt die Bretagne ihr friedliches Gesicht. Nichts deutet darauf hin, daß wenige Kilometer entfernt an der Küste eines der immerwährenden Naturschauspiele der Erde stattfindet.

Armor

Tief dringen die Fjorde ins Land, unterteilen kleine Halbinseln, schmale Landfinger und große Buchten in ein Gewirr von Wasser und Land, dem unzählige Riffe und Inselchen vorgelagert sind. Ginster, Granit und die anrollende See, sandige Strände und glucksende Wattlandschaften in einer sich ständig verändernden Urwelt - *Armor* ist das Land am Meer (*Mor* = Meer), seine Farben sind das Blau des Ozeans und des Himmels und das Braun des Küstenstrichs. Armor ist der winddurchzauste, vom Meer durchdrungene Küstengürtel der Bretagne, an dem sich seit der Frühzeit der Erdgeschichte jener Vorgang abspielt, der so gern als "Verschmelzung von Wasser und Land" beschrieben wird, und der im täglichen Kampf mit dem Meer nach den Gesetzen des Ozeans lebt.

Armorica

Die klassische Bezeichnung für die Bretagne, die die römischen Besatzer der keltischen Sprache entlehnten. Der Name hielt sich in Reise- und Intellektuellenkreisen - auf alten Landkarten gut ersichtlich - bis in die frühe Neuzeit, Geographen sprechen noch immer vom Armorikanischen Gebirge, und Armorica (*Armorique*) wird von Reiseschriftstellern immer noch gern benutzt, wenn sie "Bretagne" durch ein anderes Wort ersetzen wollen, um sich nicht ewig zu wiederholen.

Ausrüstung

Sie befinden sich in einem europäischen Land in einer europäischen Klimazone und benötigen nur das Reisezubehör, das Sie auch im deutschsprachigen Raum (z. B. Österreich) verwenden würden. Nur drei kleine Tips zur Urlaubsbereicherung: Das *Fernglas* und die *Taschenlampe*, sinnvoll in der Landschaft, in Kirchen, Höhlen und Langgräbern

eingesetzt, erhöhen - großes Indianerehrenwort - das visuelle Vergnügen einer Bretagnereise zusätzlich.
Eine *Bibel* in den Urlaub mitzunehmen, mag besonders Atheisten befremden. Doch die gezielte Lektüre des Buchs der Bücher verhilft Christen wie Nichtchristen vor Ort zu einem besseren Verständnis der zahllosen, meist neutestamentarischen Motive der bretonischen Kirchenkunst.

Aussichtspunkte

Welcher ist der schönste? Sind Blick und Stimmung auf den übereinandergeschichteten Steinplatten oben auf dem Kap Frèhel am eindruckvollsten? Oder doch ganz vorne an der Pointe du Raz? Bricht sich das Meer an der Pointe du Penhir am tollsten? Ist der Rundblick vom Menez Hom am aufschlußreichsten, oder bietet der vom Roc Trevezel landschaftlich mehr? Fragen über Fragen, die Sie nur für sich beantworten können. Angemerkt sei nur, daß es an Aussichtspunkten - gekennzeichnet mit *Pointe* oder *Panorama* - wahrlich nicht mangelt, und daß fast alle lohnenswerte Ziele sind.
Wenn es viel zu sehen gibt, sind an vielbesuchten Punkten dankenswerterweise Orientierungstafeln aufgestellt, die helfen, die jeweils charakteristischen Landschaftselemente zu benennen.

Baden

Die Bretagne besitzt eine der aufregendsten Küsten der Welt. Die Folge davon sind eine Unzahl von Stränden, der längste mit insgesamt 8 km Länge vor La Baule, der kürzeste sei zu seinem Schutz verschwiegen. Im Norden und Westen bestimmen meist Ebbe und Flut die täglichen Badezeiten (siehe Wissenswertes/Gezeiten) - gebadet wird bei Flut. An den Stränden im Süden sind die Gezeitenunterschiede nicht mehr so ausgeprägt, ansonsten gilt: bei Ebbe sind die Wege zum Wasser weit, bei Flut kann unter Umständen das Badetuch überspült werden.

Ab Juni erreicht das Meerwasser allmählich Badetemperaturen: 15 - 17 Grad genügen anscheinend nicht, eingefleischte Wasserratten um ihr Vergnügen zu bringen. Im August sind die Wassertemperaturen mit durchschnittlich 20 Grad Celsius am höchsten - vereinzelt werden in geschützten Buchten Spitzenwerte von 22 Grad erreicht. Der September bewahrt die Wärme noch eine Weile, bis der Atlantik schnell wieder abkühlt - etwa 10 Grad beträgt die winterliche Durchschnittstemperatur.

Vom nostalgischen Charme eines seit der Jahrhundertwende kultivierten Seebadstrands über den bevölkerten Dünenstrand in der tiefsten Provinz bis zu menschenleeren Buchten, tief eingeschnitten im Fels der Steilküste - es finden sich Strände in allen Größen und für alle Geschmäcker. Grob lassen sie sich so einteilen: an der *Nordküste* Sandstrände in Buchten, an der *Nordwestküste* Sand-/Kiesstrände, an der *Südküste* lange Sandstrände.
Beispiel einer vollständigen Strandinfrastruktur: Wasserwacht, Umkleidekabinen, Duschen/Toiletten, Sonnenschirm- und/oder Strand-

zeltverleih, Kinderclub (hier können Sie Ihren Nachwuchs aufbewahren), Club Nautique (Segel-, Surf- und Tauchschulen bzw. Verleih), Bar, Creperie; bei Stadtstränden hinter dem Strand und um ihn herum Hotels, Campings, Restaurants und eventuell das Kasino. Das eine oder andere Detail kann bei den Seebadstränden fehlen, doch Rettungsschwimmer sind zumindest im Sommer immer da.

Das Meer vor der Bretagne ist keine harmlose Wasserfläche wie das glatte Mittelmeer - starke Strömungen, scharfkantige Riffs oder die herantosende Flut können bei gedankenlosem Drauf-los-Schwimmen ins offene Meer bedrohliche Situationen heraufbeschwören. Gefährliche Strand- und Küstenabschnitte sind deutlich als solche gekennzeichnet, große Hinweistafeln machen im Bedarfsfall darauf aufmerksam, wann mit der Flut zu rechnen ist. Wir können nur darauf hinweisen, daß diese Schilder nicht grundlos in der Gegend herumstehen.
Detaillierte Strandbeschreibungen im Reiseteil.

Bocage

Das französische Wort entspricht etwa dem deutschen Hain und ist in ganz Frankreich die gebräuchliche Bezeichnung, mit der eine Heckenlandschaft beschrieben wird: Hohe Hecken grenzen die Anbauflächen ein, um sie vor dem Wind zu schützen. In einer agrarorientierten, windigen Region wie der Bretagne sind die blickeinengenden Bocage-Landschaften - trotz vordringender Flurbereinigung - noch weit verbreitet: Oft können Sie erst von einem höhergelegenen Punkt einen zusammenhängenden Teil Armoricas optisch erfassen.

Calvaire

Der französische *Calvaire* und der deutsche Kalvarienberg leiten sich ab vom spätlateinischen *locus calvariae*, der Schädelstätte (= Golgatha). Der Kalvarienberg bezeichnet im deutschen Sprachgebrauch einen Hügel oder Berg mit einer plastischen Darstellung der Kreuzigungsgruppe, zu dessen Spitze die Kreuzwegstationen hinaufführen. Doch ein Kalvarienberg und ein - welteinmaliger - bretonischer Calvaire sind zwei gänzlich verschiedene Dinge, deshalb haben wir im Text auf eine Eindeutschung verzichtet.

Der bretonische Calvaire, um 1480 im Geist der Renaissance geboren und bis zum 17. Jh. zur Blüte gebracht, ist ein Golgatha aus Granit, häufig gekrönt von drei Kreuzen und belebt durch steinerne Figuren, die Szenen aus dem Leben und Sterben Jesu erzählen. Neben der Kirche ragt dieser Berg der Verzweiflung empor, der anschaulich den Sieg der Auferstehung über den Tod symbolisiert. In die Stein gewordene Lebensgeschichte Christi, meist nicht chronologisch geschildert, aber immer in der Kreuzigung gipfelnd, sind scheinbar wahllos biblische und bretonische Episoden, Apostel und Ortsheilige in den bunten Bilderreigen eingestreut. Doch bekanntlich erfüllt alles einen Zweck: Wie ein Moritatensänger hielt der Ortspfarrer am Calvaire seine Predigt, zeigte

Kreuzigung am Calvaire von Pleyben - das Mittelkreuz vom Sturm geknickt

dabei mit seinem Stöckchen auf die passenden Szenen. Und wenn er auf die Gottlosen zu sprechen kam und vielsagend auf den Teufel deutete, der grinsend den Tod des sündigen Schächers erwartet, erschauerte wohl die ganze Gemeinde.
Nicht zufällig wurden die großen Calvaires in einer Zeit errichtet, als der besorgte katholische Klerus hugenottische sowie protestantische Verirrungen und heidnische Rückfälle unter der bretonischen Landbevölkerung feststellte und handelte. Die drastischen Darstellungen der Calvaires waren wesentlicher Bestandteil einer kühl geplanten Remissionierungs-Kampagne, um zweifelnde Schäflein auf den Weg des wahren Glaubens zurückzuführen.

Bis zu zweihundert Figuren - freistehend als Plastiken oder aus dem Reliefband gemeißelt, das den Sockel umziehen kann - vermitteln den Kern christlich-katholischen Glaubens. Die gängigsten Szenen aus dem Leben Marias und Jesu: Marias Vermählung, Verkündigung, Heimsuchung, Christi Geburt, Anbetung des Jesuskinds, Taufe Christi, Einzug in Jerusalem, Abendmahl, Fußwaschung, Gefangennahme, Jesus vor dem Hohepriester Kaiphas, Pontius Pilatus wäscht seine Hände in Unschuld, Geißelung, Dornenkrönung, Kreuztragung, Kreuzabnahme, Grablegung und Auferstehung. Auch die Hölle - zweimal wird die Katel Gollet vom Teufel geholt - ist bei den Großcalvaires ein beliebtes Thema (zu Katel Gollet siehe Guimiliau/Kasten).

Einige Calvaires sind so groß und figurenreich, daß sie erst nach längerer Betrachtung zu erfassen sind, andere einfach, ohne gestalterischen Aufwand und auf das Wesentliche konzentriert. Doch eines ist allen bretonischen Calvaires zu eigen: ihre Ausdrucksstarke, die in dem harten Granit über Jahrhunderte konserviert wurde. Die Patina, die der Stein annahm, die Flechten und das Moos sind das I-Tüpfelchen dieser bretonischen Auseinandersetzung zur Überwindung des Todes. Wohl nicht zu Unrecht gilt der Menhir, den die Kelten in ihren Glauben integrierten, und von dem einige Exemplare später vorsichtshalber christianisiert wurden, als einer der geistigen Väter der Calvaires.

Als schönste und größte Calvaires der Bretagne gelten u. a. die von *Guimiliau*, *Pleyben*, *Plougastel-Daoulas*, *Plougonven*, *Lanrivain* und *Guéhenno*. Hinweis: Calvaires im Regen oder unter einem trüben Himmel sind nur das halbe Vergnügen.

Cairn

Das bretonische Wort für "Bruchstein" bezeichnet ein *Fürstengrab* oder *Tumulus*, die gewaltige Grabstätte eines frühzeitlichen Fürsten in Form eines schließlich pflanzenbewachsenen Hügels: Über einen oder mehrere Dolmen wurden kleinere Steine gehäuft, oft entstanden um das Zentralgrab mehrere Nebengräber. Erde über der Steinaufhäufung und der folgende Pflanzenwuchs haben aus vielen Fürstengräbern kleine Hügel in der Landschaft gemacht. Die beiden größten ausgegrabenen Fürstenhügel sind die von *Gavrinis* und *Barnenez*.

Circuits Touristiques

Eine französische Erfindung der Urlaubsgestaltung. Die motorisierten Circuit-Teilnehmer werden von einem zentralen Ausgangspunkt zu einer Reihe von Zielen in der Umgebung gelotst, die oft unter einem gemeinsamen Motto angepriesen werden: *Kapellen*, *alte Steine*, *Heide*, *alte Häuser*, *Dolmen* und *Menhire*, oder die *Route des Ducs* und die berühmte *Calvaire-Tour*. In der Anzahl der Kilometer und hinsichtlich der Qualität sind erhebliche Differenzen festzustellen. Auf einer Länge von 20 bis 150 km können Sie sich auf Circuits begeben, die sich rundum lohnen (selten), die qualitativ sehr gemischte Stationen aufweisen (die Regel) oder die Sie sich sparen können (kommt auch vor). Circuitvorschläge liegen bei all den rührigen Gemeinden aus, die sich einen Rundkurs ausgedacht haben, einige finden Sie - zum Teil gekürzt - im Reiseteil.

Cromlech

Kramon ist die Krümmung, *Lec'h* heißt Ort. Mitunter haben die Menschen des Neolithikums Steine nicht in Reih und Glied aufgestellt, sondern mit ihrem Lieblingsmaterial, den Megalithen, einen gekrümmten Ort geschaffen, kreis- oder halbkreisförmig. Der bekannteste Cromlech ist der Steinkreis zu Stonehenge (England), bei dem eindeutig ist, daß er nach den Gestirnen ausgerichtet ist, und daß an seinem zentralen Stein während des Jahreslaufs kultische Handlungen stattgefunden haben. So dürfen wir uns einen Cromlech vielleicht als Freilichtkalender mit integrierter Kultstätte vorstellen, denn der Lauf der Gestirne blieb trotz ihrer erkannten Regelmäßigkeit ein magischer Vorgang. In der Bretagne sind, z. B. bei Carnac, einige kleinere Exemplare zu finden.

Diplomatische Vertretungen

- *Botschaft der Bundesrepublik Deutschland in Frankreich*: 75008 Paris, Avenue Franklin-D.-Roosevelt, Tel. 42 997 800.
- *Konsulat der Bundesrepublik Deutschland in der Bretagne*: 29200 Brest, Square du Commandant-L'Herminier 9, Tel. 98 443 559.
- *Botschaft von Österreich in Frankreich*: 75007 Paris, Rue Fabert 6, Tel. 45 559 566.
- *Botschaft der Schweiz in Frankreich*: 75007 Paris, Rue de Grenelle 142, Tel. 45 503 446/7.
- *Französische Botschaft in der Bundesrepublik Deutschland*: 5300 Bonn, Kapellenstr. 1a, Tel. 0228/362 031 u. 362 178.
- *Französische Botschaft in Österreich*: 1040 Wien, Technikerstr. 2, Tel. 0222/654 747.
- *Französische Botschaft in der Schweiz*: 3006 Bern, Schosshaldenstr. 46, Tel. 031/432 424.

Dolmen

Dol bedeutet Tisch und *Men* der Stein. Dieser Steintisch, in der Regel tragen zwei bis vier senkrechte Steinkolosse eine Deckplatte, ist die Keimzelle eines frühzeitlichen Fürstengrabs: Der Dolmen war die Grabkammer des verstorbenen Herrschers, um die Erdreich und Geröll aufgehäuft wurde. Mehrere Dolmen hintereinander bilden ein Langgrab (siehe Allée couverte), eine jüngere und ausgefeiltere Variante des Fürstengrabs. Der absolut größte Dolmen der Bretagne, der *Table des Marchands*, steht bei Locmariaquer.

Der Donjon zu Dinan

Donjon

Ein Donjon ist der zusätzlich befestigte Wohnturm einer Burganlage, der einer Belagerung am längsten standhielt. Die Formen des Donjons reichen von rund bis elliptisch, abweisend und wehrhaft ist er immer. Hier wohnte die Familie des Burgeigentümers und hier waren neben

Privatgemächern die repräsentativen Räume der Burg untergebracht: Empfangs- und Festsaal mit riesigen Kaminen, die vermutlich dennoch nur notdürftig die Kälte vertrieben haben.

Enclos paroissial

Franzosen bezeichnen so den umfriedeten oder auch abgeschlossenen Kirchenbezirk, wie es ihn nur im Nordwesten der Bretagne gibt. Auf seinem begrenzten Raum umfaßt er die Dimensionen Leben, Tod und Auferstehung, hier treffen die Lebenden auf die Welt der Toten und müssen sich mit dem eigenen Tod und dessen Überwindung auseinandersetzen - ein Teil keltischen Bewußtseins, der sich seinen Platz im Christentum bretonischer Prägung behauptete.
Grundsätzlich grenzt eine Mauer den Enclos von der Außenwelt symbolisch ab. Das Triumphtor in der Umfassungsmauer ist der Einlaß in den heiligen Bezirk, einer abgeschlossenen, Gott geweihten kleinen Welt. Vorbei an Beinhaus, Friedhof und Calvaire (dieser steht in der Regel dem Beinhaus gegenüber), evtl. noch an einer Kapelle und einem Brunnen, führt der Weg zur Kirche. Eine geschmückte Vorhalle, meist im sonnigen Süden gelegen und als Stätte der Vorbereitung auf das Zusammentreffen mit Gott gedacht, muß durchquert werden, bevor der Kirchenraum betreten werden kann, in dem der Tod schließlich durch das Heil überwunden ist.
In der Renaissancezeit vom 15. bis zum 17. Jh. entstanden die umfriedeten Pfarrbezirke. Nicht in den Städten wurden sie errichtet, sondern in unbedeutenden, doch wohlhabenden Dörfern, in denen der Klerus harte Überzeugungsarbeit zu leisten hatte und die um ihre Seelen besorgten Landadeligen, Händler und Großbauern zur Finanzierung der aufwendigen Bauvorhaben bewegen konnte (zu den Hintergründen siehe Calvaire-Tour).
Zwischen Elorn und Aulne, an den Grenzen von Cornouaille und Léon, saßen anscheinend die besorgtesten und reichsten Geldsäcke, und so sind hier die aufwendigsten und schönsten der umfriedeten Bezirke entstanden. Besonders hell am Enclos-paroissial-Himmel strahlt das Dreiergespann *Gumiliau*, *Lampaul-Guimiliau* und *St. Thégonnec* bei Landivisiau; ihre Enclos paroissiaux werden meist im Rahmen der Calvaire-Tour zusammen besichtigt, und Sie können sich selbst ein Urteil bilden, welche Gemeinde den Geschmack Gottes, dem die Bauarbeiten letztlich galten, am besten getroffen hat.

Ein- und Ausreisebestimmungen

Seit dem Inkrafttreten des Schengener Abkommen am 1. Januar 1993 sind alle Personenkontrollen zwischen Deutschland und Frankreich abgeschafft. Die Wiedereinreise nach Deutschland wird so erheblich vereinfacht. Weiterhin sollten Sie aber einen gültigen Personalausweis oder Reisepaß mit sich führen. Sollten Sie länger als drei Monate in Frankreich bleiben wollen, müssen Sie wie früher eine Aufenthaltsgenehmigung beantragen. Für Haustiere benötigen Sie ein Tollwutimpfzeugnis, das mindestens einen Monat alt sein muß, jedoch nicht älter als zwölf Monate sein darf.

Mit der Einführung des EG-Binnenmarktes 1993 ergaben sich für alle EG-Staaten sehr liberale Bestimmungen über die mitgeführten Freimengen im Reisegepäck der EG-Bürger. Grundsätzlich wird die Mehrwertsteuer im Erwerbsland, d. h. beim Kauf der Ware fällig. Bei der Ausreise sind weder Zollabgaben noch sonstige Steuern zu entrichten. Bedingung dafür ist, daß alle gekauften Produkte - wie Textilien, Pelze, Schmuck - nicht gewerbsmäßig benutzt, also weiterverkauft werden. Bei folgenden Mengen pro Person stellen die Behörden den "persönlichen Bedarf" nicht in Frage:

Alkohol: 10 l Spirituosen; 20 l alkoholische Zwischenerzeugnisse (Portwein, Sherry); 90 l Wein oder weinhaltige Getränke, davon höchstens 60 l Schaumwein/Sekt; 110 l Bier.
Rauchwaren: 800 Zigaretten; 400 Zigarillos; 200 Zigarren; 1 kg Tabak.

Ein Überschreiten dieser Richtmengen stellt kein Problem dar, wenn Sie glaubhaft versichern können, daß der gesamte Alkohol- und Zigarrettenvorrat zum Eigenverbrauch bestimmt ist.

Ermäßigungen

Kinder bis zu sieben Jahren haben es gut: sie erhalten überall, außer im Restaurant, einen Preisnachlaß von meist 50 %, und im Restaurant gibt es Kindermenus.
Studenten haben mit dem internationalen Studentenausweis oft bei Museen Erfolg: Bis zu 50 % billiger kann das Billett werden. Nicht alle Museen bieten diesen Studentenservice, private in der Regel nie.
Camper, die mit dem *Camping-Carnet* versehen (gibt es z. B. beim ADAC) im "Hotel de plein air" absteigen, können bei manchen Plätzen bis zu 10 % einsparen. Immer fragen.

Feste und Feiertage

Folgende arbeitsfreie staatliche und kirchliche Feiertage sind mit deutschen Feiertagen identisch:

1. Januar (Neujahr)
Ostermontag (Ostern)
Christi Himmelfahrt
1. Mai (Tag der Arbeit)
15. August (Mariä Himmelfahrt)
1. November (Allerheiligen)
25. Dezember (Weihnachten)

Spezielle französische Feiertage sind:

8. Mai (Waffenstillstand 1945)
14. Juli (Nationalfeiertag zum Gedenken an den Sturm auf die Bastille)
11. November (Waffenstillstand 1918)

Achtung: Fällt ein Feiertag auf Dienstag oder Donnerstag, sind in der Regel am Montag bzw. Freitag Behörden, Banken und Geschäfte geschlossen.

Fest Noz

Zahlreich sind im Sommer die Transparente, Anschläge und Zeitungsanzeigen - auch die kleinsten Dörfer laden ein zu ihrem Fest Noz, dem nächtlichen Fest des geselligen Tanzens und alkoholischen Trinkens.

Touristen sind überall willkommen, etliche Fremdenverkehrsorte planen das Fest Noz auch für das Sommerprogramm ihrer Gäste ein. Doch im Prinzip ist es eine urbretonische Art, ein vergnügliches Sommerfest auf dem Land zu feiern, die in den 60er Jahren nach langer Zeit einen neuen Aufschwung erlebte: Die Biniou- und Bombardespieler fanden wieder Auftrittsmöglichkeiten. Heute spielen fast alle Gruppen elektrisch verstärkt oder mit elektronischen Instrumenten, doch Stimmung und Alkoholausschank blieben gleich.

Fotografieren und Filmen

Filme und Filmzubehör sind in Frankreich wesentlich teurer als in der BR Deutschland. Angemerkt sei, daß in der Bretagne so viele Motive beheimatet sind, daß das mitgenommene Zelluloid - bis zu zehn Filme pro Kamera dürfen Sie legal einführen - rasch knapp werden kann.
Neben einem gängigen *Normalobjektiv* empfehlen sich ein *Weitwinkel* für die schmalen Gassen, die Landschaften und Küsten sowie ein *Tele* für Statuen, einzelne Gebäudeteile oder eine ahnungslose, trachttragende Bretonin mit Spitzenhäubchen. Ein Blitz erhellt die zahlreichen dunklen Räume, in denen sich ein Bild lohnt - doch bitte Vorsicht in alten, dunklen Kirchen mit mitgenommenen Malereien, denen das plötzliche Grell gar nicht gut tut. Hier hilft ein *Stativ* weiter, das lange Belichtungszeiten ermöglicht.

Fremdenverkehrsämter

• *Amtliches Französisches Verkehrsbüro* (Maison de la France) **in der BRD**:
6000 Frankfurt/Main 1, Westendstr. 47, Postfach 100 128, Tel. 069/756 0830.
4000 Düsseldorf 1, Berliner Allee 26, Tel. 0211/803 75.

In Österreich:
1030 Wien, Hilton-Center 259, Landstraßer Hauptstr. 2, Tel. 0222/757 062.

In der Schweiz:
8023 Zürich, Löwenstr. 59, Tel. 01/211 3085.
1211 Genève, Rue du Rhône 84, Tel. 022/212 749.

• *Verkehrsbüros in Frankreich*:
Syndicat National des Agents de Voyage, 75017 Paris, Rue Villaret-Joyeuse 6, Tel. 42 676 120.
Maison de la Bretagne, 75737 Paris Cedex 15, Rue de l'Arrivée 17, B.P. 1006, Tel. 45 387 315.

• *In der Bretagne*:
Délégation Régionale du Tourisme de Bretagne, 35069 Rennes Cedex, Rue d'Paris 74 b, Tel. 99 284 430.

Ille-et-Vilaine: Délégation Départemental du Tourisme, 35000 Rennes, Rue Martenot 1, Tel. 99 029 743.

Côtes-du-Nord: Comité Départemental du Tourisme, 22046 St. Brieuc, Rue des Promenades 29, Tel. 96 627 200.

Morbihan: Comité Départemental du Tourisme, 56009 Vannes Cedex, Rue St. Tropez, Tel. 97 540 656.

Finistère: Comité Départemental du Tourisme, 29104 Quimper, Rue Théodore Le Hars 14, Tel. 98 530 900.

Fußfischen

Ein einmaliges Zusammenspiel der Ur-Überlebensformen Sammeln und Jagen. *Pêche à pied*, fischen zu Fuß, ist in der Bretagne ein feststehender Begriff. Wenn sich das Meer zurückgezogen hat, schwärmen die Fußfischer/innen, mit Schaufeln, Harken, Netzen, Eimern oder Plastiktüten bewaffnet, in die für einige Stunden freigegebenen Fang-

Fußfischer

gründe aus und sammeln auf, was die Flut zurückgelassen hat: Muscheln, Krabben und natürlich die begehrten Schalentiere. Die gemeine Miesmuschel (*Moule*) klammert sich an Felsen, der Taschenkrebs (*Crabe vert*) versteckt sich gern im Tang oder unter Steinen, die Messermuschel verbirgt sich tief im Sand, doch verrät sie sich durch den feinen Wasserstrahl, mit dem sie auf Druckausübung antwortet.

Sie haben noch nie zu Fuß gefischt? Macht nichts. In den Badeorten können Sie sich wie ein Profi ausrüsten, bei ihren ersten Fußfischversuchen den langjährigen Anhängern dieser Tätigkeit auf die Finger schauen und ihnen sogar dumme Fragen stellen: "*Pardon, est-ce qu'on peut manger ce crabe?*" - Verzeihung, ist diese Krabbe eßbar?

Geld

Franzosen begleichen ihre Geldgeschäfte mit dem *Franc*, der von 100 *Centimes* gebildet wird. Banknoten gibt es im Wert von 500, 200, 50 und 20 FF (= Französische Francs), ergänzt von Münzen zu 10, 5, 2, 1, 1/2 FF, 20 c, 10 c und 5 c (= Centimes).

Wesentlich verbreiteter als in den alten und neuen deutschen Bundesländern ist das Bezahlen einer Rechnung mit Scheck oder Kreditkarte - ob an der Tankstelle, im Supermarkt, Hotel oder Restaurant. Die beliebteste Zahlkarte ist die *Carte bleue*, die internationale Visakarte.

Problemlos, doch des öfteren mit einem großen Sicherheits- und nur geringfügig kleinerem bürokratischen Aufwand, wird in Banken oder auf größeren Postämtern nichtfranzösisches Bargeld sowie Schecks anerkannter Geldinstitute gewechselt; am problemlosesten Euroschecks (bis 1200 FF) und Reiseschecks (z. B. American Express). Nur nicht am Montag - am Tag nach dem Wochenende sind fast alle Banken für den Publikumsverkehr geschlossen.

Das *Postsparbuch*: In zahlreichen Filialen der französischen Post (aktuelle Liste bei einem deutschen Postamt erhältlich) können Sie Geld von Ihrem Postsparbuch abheben - entweder einmal bis zu 1000 DM oder innerhalb von 30 Tagen bis zu 2000 DM (am Schalter *Retrait à vue*). Postfilialen, die Euroschecks und Kreditkarten annehmen, sind mit CB/VISA oder EC gekennzeichnet.

Der Kurs ist recht stabil. Wechselkurs 1993: Für 1 DM bekommt die tauschwillige Kundschaft 3,27 FF. Schecks haben oft einen günstigeren Wechselkurs als DM.

Ein- und Ausfuhrbeschränkungen: Bei der Einreise dürfen Sie soviel französisches Geld mitbringen, wie Sie wollen, bei der Ausreise darf nur eine Geldmenge bis 50.000 FF mit Ihnen das Land verlassen - es sei denn, Sie haben es vorher deklariert und sind im Besitz einer entsprechenden Bescheinigung.

Gesundheit

Falls Sie spezielle Medikamente benötigen, sollten Sie diese in ausreichender Menge mitnehmen, ansonsten ist eine normale Reiseapotheke gegen Wehwehchen und kleinere Verletzungen völlig ausreichend.

Zwischen der Bundesrepublik Deutschland und Frankreich besteht ein sogenanntes "zwischenstaatliches Sozialversicherungsabkommen". Ein dreifach Hoch der Bürokratie: Wer keine Auslands-Reisekrankenversicherung abschließt, muß bei seiner Krankenkasse einen Anspruchsausweis einholen (*Vordruck E 111*). Dieser wird im Bedarfsfalle in Frankreich zusammen mit dem französischen Behandlungsvordruck (*Feuille de Soins d'Assurance Maladie*), den Sie vom behandelnden Arzt erhalten und auf dem die Leistungen des Arztes bescheinigt sind, zur nächsten Ortskrankenkasse (*Caisse primaire d'Assurance Maladie*) gebracht. Diese erstattet Ihnen - in der Regel mit großer zeitlicher Verzögerung - die Kosten, die auch französische Patienten von ihrer Versicherung erhalten. Bei einer stationären Krankenhausbehandlung stellt die *Caisse primaire d'Assurance Maladie* gegen Vorlage einer ärztlichen Notwendigkeitsbescheinigung einen Kostenübernahmeschein aus.

Die exakten Regelungen und Adressen der *Caisses primaires d'Assurance Maladie* bekommen Sie von Ihrer Krankenkasse. Eine Liste von Ärzten und/oder Krankenhäusern erhalten Sie im Bedarfsfall auch von den Informationsbüros, in größeren Städten ist nachts der Notfalldienst (*Permanence médicale*) telefonisch erreichbar.

Die *Pharmacie* ist die Apotheke der Franzosen. In größeren Städten hat nachts und am Wochenende immer eine Pharmacie geöffnet, welche, steht in der Zeitung. Das Netz ist weit gespannt: Auch in kleineren Städtchen und größeren Dörfern gehört eine Apotheke meist zur Grundausstattung der Gemeinschaft. Jede rezeptpflichtige Arznei ist zuerst bar zu bezahlen, nur wenige Medikamente werden zu 100 % übernommen, in der Regel werden 40 % bis 70 % der Kosten erstattet.

Hinweise: Sie müssen beim Arzt zuerst die gesamte Rechnung in bar bezahlen, oft wird der Preis zwischen Arzt und Patient vereinbart. Eine einfache Konsultation ohne Extras (z. B. Röntgen, Medikamente) kostet etwa 25 DM. Der finanzielle Eigenanteil der Versicherten ist in Frankreich wesentlich höher als in der bundesdeutschen Republik. Krankenhauskosten werden bis zu 80 % erstattet. Ein Krankenrücktransport ist in der Versicherungsleistung nicht enthalten. Wer eine kurzfristige Auslandskrankenversicherung abschließt (1 Monat für etwa 15 DM), erspart sich viel Gerenne und im Ernstfall letztlich auch Geld.

Gezeiten

"*Überall hinterläßt es* (das Meer) *eine faszinierende Zwischenzone zwischen Feuchtem und Festem, deren Erforschung zu den Freuden des Strandlebens gehört und deren Durchwandern mit bloßen Füßen jeder Arzt empfiehlt.*" (Metkens/Aufseß, Bretonisches Reisebuch).

Ebbe und Flut verändern das Bild der bretonischen Küsten einschneidend. Wo sich noch vor einer Stunde eine felsdurchsetzte Sandbank ausbreitete, belecken nun die Wogen die Spitzen der Riffe, bevor diese ganz überflutet werden. Manche Hafenorte der Bretagne rühmen sich eines gezeitenunabhängigen Hafens, der jederzeit angelaufen oder verlassen werden kann, doch meist bietet sich das gleiche, für Binnenländler/innen ungewohnte Bild: Zweimal täglich neigen sich die Boote im Hafen sanft zur Seite, wenn sich das Wasser zurückgezogen hat, und mit derselben Regelmäßigkeit werden sie durch das eindringende Wasser wieder aufgerichtet.

Bedingt durch das Zusammenwirken von Schwer- und Fliehkräften, die bei der Bewegung des Mondes um die Erde und bei der Bewegung der Erde um die Sonne entstehen, kommt es zu Massebewegungen des Erdkörpers (die Erdkruste hebt und senkt sich minimal), der Atmosphäre (Schwankungen des Luftdrucks) und des Meers. Zweimal täglich, in der Regel alle 12 Stunden und 25 Minuten, steigt das Meer an (Flut) und sinkt es wieder ab (Ebbe). Bei Neu- und Vollmond sind die einwirkenden Kräfte am größten, es kommt zu den kräftig strömenden *Springtiden*, bei Halbmond hebt die Sonne einen Teil der Mondanziehungskraft auf, und es entstehen besonders schwache *Nipptiden*.

Die von Prielen durchzogene Wattlandschaft aus Sand und Schlick, die vom Meer regelmäßig freigegeben wird und doch nicht zum Festland gehört, ist Heimat einiger weniger Wattpflanzen und einer reichen Tierwelt: Schnecken, Muscheln, Garnelen, Krebse, Kleinfische und Vögel bevölkern diese Zwitterwelt. Im Nordosten der Bretagne ist das Spiel von Ebbe und Flut am ausgeprägtesten: In der Bucht von Mont St. Michel beträgt der Tidenhub - der Höhenunterschied zwischen Hoch- und Niedrigwasser - 14 Meter. Das Meer zieht sich 15 - 20 Kilometer zurück, um regelmäßig wie ein Uhrwerk einige Stunden später wieder

die Mauern des Klosters zu umspülen.
Die Berechnung der Gezeiten war den Menschen der gezeitenabhängigen Küsten ein lebenswichtiges Anliegen, und schon früh in diesem Jahrhundert wurde die Gezeitenmaschine, ein Spezialrechenapparat, entwickelt, die heute vom Computer abgelöst ist. Die aktuellen Gezeitenstände an den bretonischen Küstenabschnitten sind der bretonischen Tagespresse (unter der Rubrik *Marées*) oder den Broschüren zu entnehmen, die in den Informationsbüros der Küstenorte kostenlos erhältlich sind.

Heilige

"*Fast immer aber besteht eine Kluft zwischen der offiziellen Religion der Priester und volkstümlichen Vorstellungen und Bräuchen.*" (Meyers Taschenlexikon, Stichwort Religion).

So auch in der Bretagne. 7777 Heilige kümmern sich um das kleine Fleckchen Erde am Ende der Welt. Und es ist kein Wunder, daß sich die Bretagne unter dieser immensen Zahl von Heiligen sonnt, schließlich waren ja ADAM und EVA nicht nur die ersten Menschen, sondern auch die ersten Bretonen. Der Grenadier der Republik, LA TOUR D'AUVERGNE (siehe Carhaix/Kasten), führte den unwiderlegbaren ethymologischen Beweis: "*A tam*!" (bretonisch: ein Stückchen!), preßte der männliche Bewohner des Paradieses mühsam auf Bretonisch heraus, als ein Stück des Apfels in der Speiseröhre hängenblieb. Seine Gefährtin reagierte gelassen: "*Ev!*" (bretonisch: trink!).

Die HL. ANNA, Mutter der Jungfrau MARIA und natürlich ebenfalls Bretonin (siehe Ste.-Anne-La-Palud/Kasten), ist die nächste direkte Verbindung der Bretagne zum Christenhimmel, ihr und ihrer Tochter wird unter den Angeflehten die höchste Verehrung zuteil.
Der Reigen der Heiligen setzt etwa 500 Jahre nach Christi Geburt mit der Besiedlung der Inselkelten ein. Nach der Legende zeichnen sieben hochverehrte Gründungsheilige für die organisierte Landnahme und die Christianisierung der verbliebenen Gallier Armorikas ab dem 5. Jh. verantwortlich: ST. MALO, ST. BRIEUC, ST. POL, ST. TUGDUAL (Treguier), ST. SAMSON (Dol), ST. WAROC'H (Vannes) und ST. CORENTIN (Quimper) waren die ersten Bischöfe der sieben bretonischen Bistümer.

Zu diesen gesellten sich im Laufe der Jahrhunderte die weiteren 7770 Heiligen - berühmte wie ST. YVES, Schutzpatron der Rechtsanwälte, und ST. RONAN, der Bändiger der Elemente, oder die zahllosen lokalen Heiligen, die beispielsweise gegen Zahnschmerz helfen (ST. TUGEN und STE. APOLONIA), Säuglinge von Blähungen befreien (ST. ROCHUS) oder die Gartenarbeit gelingen lassen (ST. FIACRUS). Welteinzig ist ST. LANGUIS - der Heilige gegen Langeweile.

Sie haben missioniert, Wunder gewirkt, sind den Märtyrertod gestorben, sie helfen nach ihrem Tod gegen Wehwehchen, Beschwerden, Unglück oder Katastrophen - aber nur wenige Heilige wie St. Yves sind tatsächlich vom Papst in Rom heiliggesprochen worden. Eine erkleckliche

Anzahl gilt als "offiziöse Heilige", die ohne päpstliche Zustimmung von bretonischen Bischöfen anerkannt wurden. Die weitaus größte Zahl der Heiligen sind aber die inoffiziellen Heiligen, die ohne den Segen der katholischen Kirche allein vom Volk in den Heiligenstand befördert wurden. Die seit Jahrhunderten stattfindenden Pardons und die zahlreichen "Merci"-Schildchen an ihren Verehrungsstätten zeigen, daß ihre Anziehungskraft ungebrochen ist.

Doch das Verhältnis der Gläubigen zu ihren himmlischen Beschützern ist nicht immer problemlos, denn Heilige können launisch sein. Manche wollen nicht mehr helfen, andere können nicht mehr, haben ihre Kraft verloren. Wurde ein Schutzheiliger als Versager entlarvt, schreckten die Bretonen noch im letzten Jahrhundert vor nichts zurück: Seine Statue wurde mit Wasser überschüttet oder mit dem Gesicht zur Wand gedreht, wo er sich schämen mußte.

Information

Als *Office du Tourisme* (O.T., staatlich), *Syndicat d'Initiative* (S.I., städtisch) oder gleich als *Office du Tourisme Syndicat d'Initiative* (O.T.S.I., Mischform) haben während der Saison knapp 200 Informationsbüros ihre Pforten geöffnet und dienen nicht nur mit einer wahren Prospektflut. Urlaubstechnische und ortsbezogene Fragen werden beantwortet, Zimmer vermittelt, Hotellisten herausgegeben und die Lage der verstecktesten Campingplätze beschrieben. Sie können hier problemlos Veranstaltungen, Bootstouren und Ausflüge der diversen privaten oder städtischen Veranstalter buchen oder die Büros von zu Hause aus anschreiben, um sich Prospektmaterial oder Hotel- und Zimmerlisten schicken zu lassen. Wichtig hierbei ist die Beilage des internationalen Antwortscheins, der auf jeder bundesdeutschen Post erhältlich ist.

Etliche bretonische Informationsstellen bieten daneben während der Saison geführte Stadtrundgänge, Kirchenbesichtigungen, Wanderungen, Ausflüge u. v. m. an. Nähere Informationen sind problemlos vor Ort zu bekommen. Öffnungszeiten siehe gleichnamiges Stichwort, nach Möglichkeit sind sie im Reiseteil angegeben.

Kleidung

Hitze, Wind, Kälte, Regen - das Wetter ist zu allen Jahreszeiten in all seinen Spielarten vertreten, und dem sollten Sie Rechnung tragen. So sind auch im Hochsommer neben leichten Kleidungsstücken Pullover, Windjacke und Regenschutz ein Muß. Gummistiefel für Wattspaziergänge im Regen und/oder feste Schuhe für Klippenwanderungen können eine Bereicherung sein. Die steife Kleidungsetikette hat sich in der Bretagne verabschiedet: Höchstens im feinen Kasino ist eine Krawatte für den Herrn erwünscht.

Der höchste Kreisker in St. Pol-de-Léon

Kreisker

"*Die hohen schlanken Spitztürme (...) bezeugen die Vorliebe der Bretonen für Kirchtürme*" (dtv/Merian, Bretagne); "*(...) erreicht die Turmbesessenheit dieses Landes ihren absoluten Höhepunkt*" (Metken/Aufseß, Bretonisches Reisebuch); "*(...) hat die Turmbesessenheit der Bretonen ihren Höhepunkt erreicht*" (F. u. A. Rother, Die Bretagne). Usw. usw. Auch LUDWIG XIV. kannte seine widerspenstigen Untertanen: Als er nach der niedergeschlagenen Stempelpapierrevolte einige Kirchtürme niederreißen ließ, wußte er genau, daß er die Bretonen an einem empfindlichen Nerv traf.
Bretonen lieben also Türme, und viel älter als der Leuchtturm ist der Kreisker, das "Haus in der Mitte", der typisch bretonische Kirchturm: Meist zwischen Hauptschiff und Chor aufsteigend, vom Grundriß ein Quadrat, wird der Granitturm der Gotik zu seiner Spitze hin immer schlanker, wobei Ecktürmchen die oft luftig durchbrochene Spitze aus Stein umgeben können.

Leuchttürme

Wer zählt die Türme, nennt die Namen? Das Seegebiet vor der Bretagne ist stark befahren und obendrein gefährlich, schon in Urzeiten machten Feuer auf bösartige Klippen, Strömungen oder Hafeneinfahrten aufmerksam. Diese Leuchtfeuer wurden dann von Türmen abgelöst, die durch raffinierte Prismensysteme gebündeltes Licht in die Ferne schicken konnten.

Schließlich erfand Edison die elektrisch betriebene Glühbirne, nach und nach - bis weit in die Hälfte dieses Jahrhunderts - wurden die Türme umgerüstet und können heute ihren Lichtblitz manchmal bis zu 70 km weit über das Meer schicken.
Neben den feststehenden Navigationsmarkierungen wie *Leuchttürme*, *Signalstationen* (*Sémaphore*) oder *Baken* (meist ein Gerüst zur Kennzeichnung des Fahrwassers, das im Falle der Leucht- oder Richtfeuerbake oben ein Leuchtfeuer trägt), sind die *Bojen*, schwimmende Seezeichen, die jüngste Erfindung der Gewässermarkierung. Sie werden durch schwere Stahlketten an einem Betonklotz auf dem Meeresgrund in Position gehalten. Ihre Energie beziehen die modernsten Bojen aus Solarzellen.

Man unterscheidet zwischen aktiven und passiven Seezeichen: Die aktiven sind mit einem optischen und/oder akustischen Signalgeber ausgerüstet, passive Seezeichen machen nur mittels ihrer Form und unterschiedlicher Farben auf Gefahren oder Fahrrinnen aufmerksam. Ein Beispiel: Schippern Sie nach Ouessant, zeigt die Farbe Rot die Backbordseite (= links) in Richtung Hafen an, Grün die Steuerbordseite (seitliche Fahrrinnenbegrenzung). Gelb und schwarz gesteifte Markierungen zeigen Gefahrenstellen an und weisen die Richtung. Die Anordnung der Farben und der Richtungsmarkierungen gibt die Position des Seezeichens in bezug auf die Gefahrenquelle an.

Leuchtturmgucken kann an der bretonischen Küste zum Hobby werden, ein *Circuit des Phares* allerdings zum Lebenswerk: Allein das Leuchtturmamt von Brest ist verantwortlich für 23 Leuchttürme, 63 Leuchtfeuer, 14 Richtfunkstationen und 258 Bojen.

Zu den gelungensten bretonischen Leuchttürmen zählen der *Phare d'Ile Vierge* (bei Plougernau), *St. Mathieu* (bei Le Conquet), *Phare d'Eckmühl* (Penmarc'h) oder die rosa Granittürme von *Bréhat* und *Ploumanach.*

Märchen und Legenden

Ein Märchen: Sie sind ein Fischer, der noch nie eine Schule von innen gesehen hat. Es ist Sonntag, ein schauerlicher Winterabend. Sie sitzen in Ihrer armseligen Hütte und hören den auf- und abschwellenden Lärm der Brandung im pfeifenden Heulen des Windes. Sie haben den Kopf voll mit phantastischen Geschichten, die die Großmutter erzählte, in denen Grusel und Wunder eng verwoben waren. Heute morgen hat der Pfarrer anschaulich den grausigen Weg des ungläubigen, ständig betrunkenen Lozerech in die Hölle geschildert, und Sie sind noch immer beeindruckt. Sie verlassen Ihre Hütte, am Himmel rasen Wolkenfetzen über den Mond, silbriges Licht fällt hierhin, dorthin, irrlichtert kurz über den Schaum der Brandung, die gleich darauf im Dunkeln tost. Plötzlich löst sich aus den huschenden Licht- und Schattenspielen eine Heilige. Oder ein Kobold, der Teufel, eine Fee. Oder ist es Ankou, der Tod? Sie sehen es auf alle Fälle ganz deutlich.
Auf den Schreck müssen Sie natürlich etwas trinken, Sie bekreuzigen sich und machen sich auf den langen und nachts nicht ungefährlichen Weg ins nächste Dorf (am zweiten Wegkreuz spukt der ermordete Bruder des Fürsten). In der Schenke erzählen Sie, immer noch zutiefst aufgewühlt, was Sie gesehen haben: "*Ja, gleich zwei Meter neben mir, und geplaudert haben wir auch*". Das Erlebnis wird gebührend begossen, die Stimmung steigt mit dem Alkoholgenuß, und Sie werden frenetisch als Held und Hauptdarsteller gefeiert, dessen nächtliches Abenteuer bald die Runde macht. Und weil alle Leute hier gerne Geschichten hören, wird sie weiter- und weitererzählt. Und wenn Ihr Erlebnis völlig phantastisch und absolut unglaubhaft ist, hat es gute Chancen, Sie selbst um einige Jahrhunderte zu überleben.

Zahllos sind die skurrilen Geschichten, die in der Bretagne erzählt werden, oft brutal und derb, am Ende stehen Erlösung oder Verderben. Jungfrauen laufen mit abgehauenem Kopf unter dem Arm herum, wackere Kirchenmänner erschlagen Drachen, reihenweise sterben Liebespaare, und aus Vatermördern werden am Ende noch Heilige. Doch bei aller Vielfalt der Motive und Erzählweise lassen sich einige Grundelemente bestimmen.

Die *christlichen Legenden* haben drei Wurzeln: katholische Wundergeschichten um einen Heiligen oder die Jungfrau Maria, uralte, unausrottbare keltische Mythen, durch die Kirche in eine gottgefällige Handlung ohne offensichtliche Heiden-Elemente verwandelt, oder Legenden, die ungeschminkt vom Sieg des Christentums über die Druiden und Priesterinnen der Kelten berichten. Und dies ist auch der Tenor der meisten christlichen Legenden: die Überwindung des barbarischen Heidentums durch den wahren Glauben.

Viel älter sind die *nichtchristlichen Mythen*, von keltischen Einwanderern in die Bretagne mitgebracht, die hier, am Ende der Welt, einen idealen Nährboden gefunden haben. Geheimnisvolle Wesen mit magischen Fähigkeiten, gut und böse, verspielt oder mit wichtigen Aufgaben betraut, bevölkern phantastische Zwischenwelten, die den Elementen Luft, Erde, Wasser und Feuer zugeordnet sind:

Ste. Noyale trug ihr abgeschlagenes Haupt einige Kilometer nach Pontivy

Da ist der über die Ozeane herrschende *Meeresgott*, der in der Tiefe der Fluten den Ausrottungsfeldzug der Christen überlebt hat. Neben ihm leben gutmütige *Nixen* (mit und ohne Fischschwanz), algenbedeckte *Wassermänner* oder lockende *Sirenen* in der Unendlichkeit der Leben schenkenden und vernichtenden See. Menschen (in der Regel Fischer), die mit ihnen in Berührung kommen, können ihr Glück machen (wenige) oder sind verloren (die meisten).
Steine symbolisieren die Erde. Und die Existenz der rätselhaften Megalithen, die unbekannte Mächte in den Anfangstagen der Menschheit aufgestellt oder zu Totenmälern zusammengefügt haben, sorgte dafür, daß sich Kobolde in der Bretagne besonders wohl fühlen: Die *Korrigans*, scheue Kobolde und Zwerge, deren Späße oft derb sind und die in der Hauptsache ihre Ruhe haben wollen, haben sich mit Vorliebe um Menhire und Dolmen angesiedelt, die nachts besser zu meiden sind.
Feen sind die lichten Geister der Luft. Ihre Heimat ist meist der Wald, der sich zu Einwanderungszeiten fast flächendeckend von Küste zu Küste zog. Zeigen sie sich den Menschen, wirken sie zart und schön, doch ihre Magie ist am mächtigsten. Überhaupt sind Feen die moralisch höchststehenden der Elementargeister: Sie dienen dem Guten, und der schlimmste Schicksalsschlag, der sie treffen kann, tritt ein, wenn sie sich in einen Sterblichen verlieben. Ausgerechnet die sittlich reinen Feen mußten am meisten unter der Verfälschung der Kirche leiden: aus ihnen wurden abgrundtief böse Hexen, die mit dem Teufel nicht nur im Bunde standen, sondern mit dem Gehörnten auch wildeste Massenorgien feierten.
Der *Teufel*, der gefürchtete Fürst des Fegefeuers, kommt auch nicht zu kurz im bretonischen Sagenschatz. Immer gut gekleidet, aalglatt und

listenreich, versucht er, brave Bretonen aller Stände zu übertölpeln - soweit überliefert, gelingt es ihm kein einziges Mal. Nur abgrundtief böse Seelen, die für seinen himmlischen Gegenspieler ohnehin verloren sind, darf er unter Feuer und Dampf ohne Umweg in die Hölle befördern.

Megalith

Das griechische *megas lithos* heißt übersetzt "großer Stein". Das Wort Megalith wird demgemäß für die Riesensteine benutzt, die von den Menschen der sog. *Megalithkultur* zwischen 4500 und 2000 v. Chr. entweder einzeln aufgestellt oder zu einem noch größeren Ganzen zusammengefügt worden sind. In der Bretagne waren diese Frühzeitmenschen besonders rührig - heute werden etwa 1000 Dolmen und 5000 Menhire gezählt, mit Sicherheit nur ein Bruchteil der Granitriesen, die die Halbinsel einst übersäten.

Das Wissen über die Megalithkultur ist gering, dementsprechend viele Legenden ranken sich um die geheimnisvollen Hinterlassenschaften einer im Dunkeln liegenden Zeit. Der bretonische Volksglauben sah (und sieht) in den Megalithen wunderbare Kräfte schlummern, die z. B. heilen oder für erhöhte Fruchtbarkeit sorgen. Geister und Zwerge wohnen bei den Giganten, die zum Teil einstmals lebendige Menschen waren - durch Zauberei zu Stein verwandelt. Der Kirche war der Aberglauben um die magischen Kolosse suspekt, sie konnte nicht untätig zusehen, wie sich Frauen an den offensichtlichen Phallussymbolen inbrünstig rieben oder ganze Gemeinden sich zur Sonnwendfeier am Dorfdolmen trafen. So kamen zu den Zerstörungen der Zeit die durch den Klerus veranlaßten: Gräber wurden systematisch verwüstet, Menhire umgestürzt oder zumindest christianisiert - die eingemeißelten Kreuze oder Marterwerkzeuge sollten die heidnischen Kultsteine entschärfen. Doch der Blick ins Schaufenster eines Provinzfotostudios in Megalithnähe beweist: Brautpaare kriechen noch immer gern durch Dolmen, um ihre Ehe zu sichern oder umrunden kichernd einen Menhir, damit der Kinderwunsch bald in Erfüllung geht.

Menhir

Men ist der Stein, und *hir* heißt lang. Bis zu 20 Meter hoch waren die aufgerichteten Kolosse der Megalithzeit, die noch immer einzeln, als kleine Gruppe, im *Cromlec'h* oder im *Alignement* in den Himmel stechen. Über Sinn und Zweck der mühsam aufgestellten, oft kilometerweit herbeigeschafften Steinnadeln gibt es keinerlei Hinweise. Waren sie Teil eines nicht mehr nachvollziehbaren, umfassenden Netzes magischer Kraftquellen? Stehen sie im Zusammenhang mit den Gestirnen? Waren sie ursprünglicher Ausdruck eines Fruchtbarkeitkults? Plausibel ist die allgemein gehaltene These, daß der Menhir in Zusammenhang mit einem uns unbekannten Kult oder Glauben steht.
Die größten Menhire stehen bei *Dol* und bei *Kerlouas* oder liegen zerbrochen bei *Locmariaquer*.

Museum

Die Bretagne ist nicht nur das Land der Calvaires und Menhire, sondern auch das der Museen. Jeder Ort, der etwas auf sich hält, besitzt ein Heimatmuseum oder zumindest einen alten Bauernhof, der - als Ökomuseum ausgeschildert - Einblick in das Leben auf dem bretonischen Land geben soll. Etwa sechzig größere Museen sind amtlich erfaßt, die Dunkelziffer ist beträchtlich.

Etliche der Museen, so stellt sich nach einem Besuch heraus, sind enttäuschend: Eine Handvoll Exponate in einem historischen Gemäuer - das obligatorische *Lit clos* (truhenartiges, abgeschlossenes Bett der Bretonen), eine Tracht und ein paar alte Fotos als Pflichtrequisiten - rechtfertigen des öfteren das Eintrittsgeld nicht.

Das *Ethnologische Museum* (Volkskundemuseum) ist der bretonische Museumsspitzenreiter, gefolgt von den an der Küste beheimateten *Meeresmuseen*. Daneben widmen sich einige museale Unternehmen Themen, die im deutschen Sprachraum als ausgefallen gelten. Wir erwähnen im diesem Zusammenhang das *Cidre-Museum* auf der Halbinsel Crozon oder das *Leuchtturmmuseum* auf der Ile d'Ouessant (selbstverständlich im Leuchtturm).

Das aufschlußreichste und bestausgestattete Museum besitzt *Rennes*. Die *volkskundlichen Museen* von *Quimper* und *Vannes* oder die *Museen für Frühgeschichte* in *Carnac* und *St. Guénolé* sind danach zu nennen. Besuche lohnen sich auch im *Museum der Kap-Horn-Fahrer* in St. Malo, im *Puppenmuseum* in Josselin oder im *Bootsmuseum* in Douarnenez.

Musik

Das bretonische Volkslied lebt wieder. Uralte keltische Melodien, vermengt mit französischen oder schottischen Weisen, die irgendwann übernommen wurden, sind Bestandteil einer wieder lebendigen Musiktradition, die immer noch im Volk verhaftet zu keiner abgehobenen oder überlebten Folklore verkommen ist.

Bis nach dem 2. Weltkrieg, als die gesamte Bretagne in Apathie verfallen schien, war die bretonische Volksmusik fast ausgestorben. Man erzählt von gerade 63 bretonischen Dudelsackspielern, die vor Kriegsausbruch noch ihrem Gewerbe nachgingen. In den 70er Jahren, als ALAN STIVELL den *Celtic-Rock* weit über die Grenzen der Bretagne populär machte, drang auch aus deutschen Musikanlagen der Sound der Bretagne: Laut und schneidend dröhnen die Bombardes, der Biniou (Dudelsack) hält lässig mit, dazwischen klingt sanft die Harfe, die schon die Druiden zupften.

Die Zahl der bretonischen *Kirchenlieder*, der *Gwerziou* (Klage- und Heldenlieder) und der *Soniou* (lustige und lyrische Lieder) geht gegen unendlich. Neben den reinen Instrumentalstücken (Tanzlieder, Märsche) wird, außer zu den Kirchenliedern, zu allen Gesängen getanzt - selbst das tragischste Klagelied wird in Bewegung umgesetzt. Die Texte der

Gwerziou und Soniou entsprechen den weltweiten Inhalten der Volksmusik: Neben den ewigen Grundthemen Liebe, Krieg, Sexualität, Rausch und Tod werden auch lokale, zeitgebundene Ereignisse musikalisch kommentiert - zur Freude der Zuhöher oft deftig satirisch - und Heldenschicksale besungen.

Das klassische Kleinst-Instrumentarium von Biniou und Bombarde wurde in der Neuzeit erweitert. Eine kleine Übersicht der heute gebräuchlichsten Instrumente:

Le Biniou: Biniou ist der Dudelsack, doch in der Bretagne gibt es zwei Dudelsackarten; der *Biniou koz* (altes Biniou) ist der traditionelle Dudelsack mit dem durchdringenden, spitzen, scharfen, gellenden Ton, der nur eine einzige Begleitbaßpfeife besitzt. Der *Biniou bras* (großes Biniou) ist ein Nachbau des schottischen Dudelsacks, der in den 30er Jahren in die Bretagne kam und seit den 50ern den Biniou koz fast verdrängt hat. Aus dem Biniou bras dringt ein schwerer Ton aus insgesamt drei Pfeifen. Der Spieler des alten Binious spielt normalerweise im Duo mit einem Bombardespieler zusammen, der Großbinioubläser spielt alleine oder in der Sicherheit der sog. *Bagad*, der Gruppe, wo Trommler für den Rhythmus sorgen.

La Bombarde: Die traditionelle bretonische Oboe, eigentlich ein Vorläufer derselben, vom Klangbild gellend laut und hell. Bombardespieler suchen immer einen Dudelsackpfeifer zum gemeinsamen Musizieren.

La Harpe celtique: Auf Bretonisch *Telenn*; kleiner als die klassische Harfe, erlebt sie seit den 50er Jahren einen musikalischen Aufschwung. Traditionell wird seit gallischer Zeit zur Harfenbegleitung gesungen (siehe Troubadix).

La Treujenn Gaol: Eine Klarinettenart, auf Deutsch schlicht Kohlstrunk (*Tronc de chou*); das Instrument ist auf dem Land seit der Mitte des 19. Jh. populär geworden und wird nach wie vor gerne gespielt.
Akkordeon (*boueze*) und *Violine* sind neuere Begleitinstrumente.

Naturschutzgebiete

Die Bebauung und Nutzung der beiden bretonischen Naturparks unterliegt einer strikten Kontrolle mit dem Ziel, Landschaft und alte Strukturen zu erhalten.
Der *Naturpark von Armorique* ist ein lose zusammenhängendes Gebiet von etwa 110.00 Hektar mit 55.000 Einwohnern: Der *Archipel von Ouessant* (mit den Inseln Ouessant, Molène und Sein), die *Halbinsel von Crozon* samt der *Aulne-Mündung* und die *Monts d'Arrée* gehören zu dem Naturpark, der zu einer Schutzzone für Menschen, Tiere und Pflanzen erklärt wurde, und in dem zahlreiche kleine Ökomuseen Einblicke in die Vergangenheit der Bretagne verschaffen.
1970 wurde die *Grande Brière* auf der Halbinsel Guèrande mit demselben Ziel zum Naturschutzpark erklärt. Wir zitieren: "*Die Parkzone soll sich in einen Ort der Begegnung zwischen Stadt und Land und eine Schule zur Umweltentdeckung verwandeln.*"

Öffnungszeiten

Grundsätzlich gilt: Der Mittag ist den Franzosen auch an Werktagen heilig. In der ganzen Bretagne herrscht von 12 - 14 Uhr die Ruhe eines niederbayerischen Fleckens an einem verregneten Novembersonntag.

Banken: Am Montag sind die meisten französischen Banken für den Publikumsverkehr geschlossen. Die Öffnungszeiten sind unterschiedlich. Gehen Sie davon aus, daß Sie werktags in der Regel von 9.30 - 12 Uhr und 14 - 16 Uhr Geldgeschäfte tätigen können.

Behörden: Publikumsverkehr Montag bis Freitag 9 - 12 und 14 - 17 Uhr.

Geschäfte: In der Regel (Abweichungen können vorkommen) geöffnet von Dienstag bis Samstag von 9 - 12 und 14.30 - 19 Uhr, am Montag oft nur nachmittags. Große Supermärkte sind auch über Mittag geöffnet und schließen des öfteren erst um 20 Uhr (auch samstags), freitags um 22 Uhr.

Kirchen: Besonders in Landgemeinden sind die Gotteshäuser von 12 - 14 Uhr abgeschlossen. Manche Kirchen werden außerhalb der Hochsaison ständig verschlossen gehalten, einige abgelegene Exemplare aufgrund schlechter Erfahrungen auch im Hochsommer. In diesen Fällen ist der Schlüssel oft beim nächsten Gehöft oder Haus zu erhalten.

Museen: Meist von 9.30 - 12 und 14.30 - 18 oder 19 Uhr geöffnet. Manche Museen sind während der Saison ganztägig ohne Mittagspause geöffnet, manche haben außerhalb der Saison kürzere Öffnungszeiten oder Ruhetage, staatliche haben am Dienstag oft geschlossen. Eine halbe Stunde vor Besuchsende werden normalerweise die Kassen geschlossen. Genaue Öffnungszeiten im Reiseteil.

Post: Von Montag bis Freitag 9 - 19, samstags 8 - 16 Uhr. In kleineren Orten wird eine Stunde eher geöffnet, dafür ist eine Mittagspause üblich; am Samstag bleibt die Landpost oft geschlossen.

Touristeninformation: In touristischen Brennpunkten während der Hochsaison oft ohne Mittagspause den ganzen Tag bis zum frühen Abend, einschließlich das Wochenende geöffnet, andere Offices halten sich auch im August streng an die üblichen Geschäftsöffnungszeiten. In ausgesprochenen Sommerurlaubsorten sind die Informationsstellen nur für die Sommermonate eingerichtet, davor oder danach sind Auskünfte und - falls noch vorhanden - Prospekte auf dem Rathaus (*mairie*) zu erhalten. Büros in Großstädten oder ganzjährigen Reisezielen sind das ganze Jahr geöffnet, doch in der Regel außerhalb der Saison mit kürzeren Öffnungszeiten.

Ortsnamen

Tre-, *Lan-*, *Loc-*, *Ker-* oder *Plou-*: Plougastel, Ploumanach, Plouzedre, Kergrist, Kermaria, Kernascléden, Tredrez, Trégastel, Tregorff, Loctudy, Locquirec, Locronan, Lannilis, Lannion, Landivisiau - die Reihen lassen sich unendlich fortsetzen, und die sich konstant wiederholenden

Vorsilben können in den Köpfen wegsuchender Reisender Verwirrung stiften. Doch alles hat seinen Sinn:
Tre heißt Tochtergemeinde und manchmal schlicht und einfach Sand.
Lan ist die Einsiedelei; Sie können davon ausgehen, daß die Urzelle des Orts die Eremitage eines Ortsheiligen war, an der nach dessen Tod eine Kapelle gebaut wurde, um die herum sich die ersten Einwohner/innen ansiedelten.
Loc könnte man mit Zelle übersetzen, gemeint ist die Klause eines Eremiten in der Umgebung, der dem Ort seinen Namen gab.
Ker bedeutet einfach Dorf und *Plou* ist die Pfarrei, der Pfarrbezirk eines Gründungsmissionars oder Ortsheiligen im Priesterstand.

Ossuaire

Das Beinhaus, anfangs als Bauteil an die Kirche oder die Umfassungsmauer des Pfarrbezirks angelehnt, später ein eigenes Haus in Form eines Reliquienschreins, war notwendiger Bestandteil eines bretonischen Kirchenensembles: Aufgrund des notorischen Platzmangels auf den kleinen Friedhöfen um die Kirche - das Grab im heiligen Bezirk versprach Schutz vor der Verdammnis - mußten die Verstorbenen je nach Bedarf ihr Grab räumen, um Nachzüglern Platz zu machen. Was von ersteren übrig war, kam nun ins Beinhaus, die Aussparungen in der Fassade dienten dem ungehinderten Luftaustausch. Vom einfachen Knochensammellager im frühen 15. Jh. zum kleinschloßähnlichen Prunkbau der Renaissance erlebte das Beinhaus eine stete Steigerung der Ausgestaltung. Heute ist das Ossuaire meist leer, auch die Grabstätten sind ausgelagert, viele der alten Friedhöfe in Kirchbezirken sind in Rasenflächen verwandelt worden.

Pardon

Wörtlich übersetzt die Vergebung, ist der Pardon die katholische Wallfahrt bretonischer Prägung. Einmal im Jahr, zum Ehrentag von Maria, der Hl. Anna oder eines der zahlreichen Heiligen, machen sich die Gläubigen auf den Weg, um sich im Rahmen einer Pilgerfahrt ihre Sünden vergeben zu lassen. Nebenbei ergreifen sie oft die Gelegenheit, um Hilfe gegen Krankheit und Schicksalsschläge zu erbitten oder neue Kraft für den Beruf zu schöpfen.

Noch im 16. Jh. waren die Bretonen ängstlich darauf bedacht, sich einmal auf die 30tägige Pflichtwallfahrt *Tro Breiz* (Wallfahrt der Kathedralen) zu begeben - wer sie während seines Lebens unterließ, mußte sie nach seinem Tod zeitraubend nachholen: Unterirdisch bewegen sich die Särge mit den verstorbenen Nicht-Pilgern die 550-Kilometer-Strecke jährlich um eine Sarglänge vorwärts (etwa 1,80 m), bis die Wallfahrtstrecke zurückgelegt ist (205.555 Jahre und knapp 2 Monate).

Die *Tro Breiz* gibt es nicht mehr, auch werden Wallfahrtsmuffeln keine drakonischen Strafen mehr angedroht, doch im Land des tiefen Glaubens ist die Tradition des Pardons ungebrochen. Die aus den Schränken

Pardonschmuck in Josselin

hervorgeholten Trachten sind nur das äußerliche Zeichen der Verbundenheit der bretonischen Bevölkerung zu ihren christlichen Wallfahrten, die in ihrem Kern zum Teil noch immer keltisch-heidnische Elemente besitzen.

Am Vormittag findet der feierliche Prunkgottesdienst statt, Höhepunkt ist die nachmittägliche Prozession: Vorneweg die Priester (bei den größten Pardons ein bis mehrere Bischöfe), dann die Bannerträger und die jeweiligen Reliquien oder Statuen, gefolgt vom Pilgerzug, der je nach Größe der Wallfahrt aus der Dorfgemeinschaft oder aus Tausenden, zum Teil von weither angereisten Pilgern bestehen kann.
Ein kleiner Rummelplatz, fliegende Händler mit Wallfahrtszubehör oder irdischem Krimskrams sowie ausgedehnte Mahlzeiten gehören zum weltlichen Rahmenprogramm der meisten Pardons.

Auch hier hat der Tourismus zugeschlagen: Bei den großen Pardons, die sich wegen ihrer fotogenen Attraktivität des größten Zulaufs erfreuen, kann der Jahrmarktsrummel die kultische Handlung der tatsächlichen Wallfahrer/innen in den Schatten stellen.
Die größten und interessantesten Pardons gelten der Hl. Anna, der Jungfrau Maria und einigen bretonischen Heiligen. Sie werden gefeiert in *Ste. Anne-la-Palud*, *Ste. Anne d'Auray*, *Locronan*, *Le Folgoet*, *Rumengol*, *Perros-Guirec*, *Tréguier*, *Josselin* (Details im Reiseteil).

Presse

Die größten bretonischen Tagesblätter sind *Ouest France* (mit wechselndem Regionalteil) und *Télégramme de Brest* mit festem Regionalteil, das meist im Westen gelesen wird.

Bekannte Zeitungen mit Sitz in Paris werden u. a. auch in der Bretagne gelesen. Wir erwähnen *Le Monde*, *Le Figaro* und *France-Soir*.
Deutsche Zeitungen und Zeitschriften sind zumindest im Sommer in größeren Touristenorten erhältlich, während des ganzen Jahres in den größeren bretonischen Städten. Das Angebot beschränkt sich in der Regel auf überregionale Tageszeitungen (*Süddeutsche*, *FAZ*, *Welt*, *Bild*) und die bekanntesten Zeitschriften (*Spiegel*, *Stern*, *Quick*).

Post

Mit den Großbuchstaben P.T.T. für *Poste*, *Télégraphe*, *Téléphone* verrät sich von der Hauptpost bis zur kleinsten Filiale jedes französische Postamt. Neben dem Versand von Brief- und Paketsendungen halten sie die telefonische Verbindung ins In- und Ausland aufrecht. Die Zustellzeiten der ältesten Post der Welt entsprechen in etwa deutscher Norm.
Postkarten in die BRD, die Schweiz und nach Österreich müssen mit 2,10 FF freigemacht werden, Briefe bis 20 gr kosten in die BRD 2,30 FF, in die Schweiz und nach Österreich 2,50 FF. Hinweis: Zur Luftpost sagt der Franzose *par avion*.
Augen auf beim Wurf der Urlaubspost in den Briefkasten! Französische Briefkästen haben meist mehrere Schlitze. Da kann es den für die betreffende Stadt/das betreffende Département geben, und daneben seinen Konkurrenzschlitz, der "*autres destinations*" heißt (alle anderen Bestimmungsorte in In- und Ausland). Oft muß der Brief in den für ihn gedachten *Lettre*-Schlitz gesteckt werden, der Eilbrief in den *Par-Express*-Schlitz usw. usw.

An die Postämter können Sie sich problemlos Briefe oder Päckchen schicken lassen. Am "Poste-Restante-Schalter" erhalten Sie gegen Vorlage des Ausweises/Reisepasses und eine geringe Gebühr Ihre Sendung. Adressierbeispiel:

MUSTERLEIN, M.(ICHAELA)
Poste Centrale
Poste Restante
Postleitzahl, Name der Stadt

Wird die postlagernde Sendung nach 15 Tagen nicht abgeholt, geht sie zurück an den Absender.

Reisezeit

Die Tourismussaison in der Bretagne läuft von Juni (langsames Eintröpfeln) bis zum September (langsames Ausklingen). Absolute Hauptreisezeit sind die Monate Juli und August, wenn ganz Frankreich Ferien macht. Doch jede Jahreszeit hat ihre Reize, und gegen einen Regenguß ist auch im August niemand gefeit.
Im Frühjahr hat das Meer noch keine Badetemperaturen, doch die Monate, in denen die Natur erwacht, sind in der Bretagne besonders üppig; vergessene Kapellen sind unter blühenden Bäumen und Horten-

sienbüschen versteckt, kein Küstenpfad ist überlaufen. Vor allem Mai und Juni bieten sich aufgrund ihrer höheren Temperaturen und des mit der Natur zusammen erwachenden Tourismusangebots als Frühjahrsreisezeit an. Ornithologen/innen besuchen schon ab März die Halbinsel - da beginnen die Vögel, ihren Nachwuchs auszubrüten.
Für die Sommermonate Juli und August gilt: Das Meer ist am wärmsten, die Lufttemperaturen sind am höchsten, und alle Franzosen verlassen ihren ständigen Wohnort und schwärmen in ihre nationalen Urlaubsgebiete aus. So ist der bretonische Sommer die Badesaison mit der Gästespitzenzahl, und zu den französischen Urlaubern gesellen sich weitere zehntausende von englischen, deutschen und niederländischen Touristen. Hotelquartiere, Ferienwohnungen und etliche Campingplätze an den Brennpunkten des touristischen Geschehens sind oft ausgebucht, vorbestellen ist daher äußerst ratsam. Ebenfalls in den Sommermonaten ist die Zahl der kulturellen und sportlichen Veranstaltungen überall auf Armorika weitaus am höchsten.
Der Herbst lockt wieder verstärkt Kulturtouristen und Küstenliebhaber/innen ohne große Badeambitionen, die mit einem abgespeckten Tourismusangebot auskommen: Ab dem 31. August schließen bereits die ersten Campings, Hotels und Tourist-Infos, nach dem 15. September gehen die Veranstaltungen und Aktivitäten der Urlaubsorte gegen Null. Spätestens ab Mitte Oktober ist wieder die große Ruhe auf der Halbinsel zurückgekehrt, doch immer noch ist die Bretagne eine Reise wert: Herbststürme, die tiefen Farben des Oktobers und gemütliche Restaurants, in denen Sie wg. Gästemangels zuvorkommend bedient werden.
Unser Tip: Wer sich nicht nach deutschen Ferienzeiten richten muß und auf faule Strandtage auch verzichten kann, erlebt im späten Frühjahr und frühen Herbst ein nicht überlaufenes Land, in dem die Natur gerade farbenprächtige Weichenstellungen vorbereitet und problemlos Tisch und Quartier zu bekommen sind.

Schlösser und Burgen

Mit jeder Menge Fronarbeit und hohen Sondersteuern belegten die Aristokraten der Bretagne über Jahrhunderte ihre Bauern und Städte, denn auch der kleinste Landadelige lebt gerne angemessen.
Wehrburg oder schutzloses Prunkschloß - alle Wohnstätten des bretonischen Adels heißen *Châteaux*, und ihre Zahl im Land des Meeres und der Wälder geht gegen unendlich: Von der kümmerlichen Ruine bis zum Märchenschloß, vor dem Aschenputtel seinen Schuh verliert, reicht das Angebot. Wenn Sie alle gebührend besichtigen wollten, würde aus Ihrer Urlaubsplanung ein Auswanderungsvorhaben.
Viele Schlösser sind in Staatseigentum übergegangen, doch etliche werden noch bewohnt oder gehören zumindest einem Privatmann. Des öfteren weist das Schild "Privée" darauf hin, daß touristische Neugier hier auf ihre Grenzen stößt. Die meisten Châteaux, deren Besichtigung den Ferienalltag tatsächlich bereichert, sind gebührenpflichtig, dafür ist ein kleiner Blick hinter die Fassaden gestattet: Entweder ist die Innenein

richtung originalgetreu belassen oder ein kleines Museum in einem Saal untergebracht. Ein beschaulicher Spaziergang im eventuellen Schloßpark, der sich Versailles zum Vorbild nahm, kann den Besuch abrunden.

Sentiers des Douaniers

Auf Deutsch Zöllnerspfade. Wo früher einsame Zollbeamte versuchten, den lebhaften Schmuggel an der zerklüfteten und unübersichtlichen Küste durch sporadische Kontrollgänge am Rande des Meeres zu unterbinden, ergehen sich in der Gegenwart die Urlaubermassen. Der aufregendste Zöllnerspfad der Bretagne verläuft am rosa Fels-Chaos zwischen Perros-Guirec und Ploumanach, alle anderen sind weit weniger bevölkert und doch einen Spaziergang wert. Eine touristologisch einleuchtende Variante der Zöllnerspfade sind die *Sentiers côtiers* - im Prinzip die gleichen Wege, nur daß die örtlichen Fremdenverkehrbüros zu ihrem Leidwesen keine Zöllner ausfindig machen konnten, die hier einst ihrer Arbeit nachgegangen sind.

Souvenirs

Nichtverderbliche Mitbringsel sind neben nieder- und hochprozentigen Alkoholika (Cidre, Calvados) z. B. Kosmetik (speziell Parfüms), Schmuck (hochkarätiges Gold), Antiquitäten, Fayencen aus Quimper, bretonische Spitzenhäubchen (*Coiffes*), Bilder in Aquarell oder Öl (Motiv: die Bretagne) und daneben unendlich viel Kitsch. Angemerkt sei, daß sich über Geschmack streiten läßt und ästhetisch hochstehende Souvenirs ihren Preis haben - das Schnäppchen im unbedarften Bauernland ist nicht zu machen, weil es das unbedarfte Bauernland nicht gibt.

Sprache

"Unsere Sprache ist nicht nur Mittel zur Verständigung, sondern spirituelles Erbe. Nur mit ihr können sich keltische Geheimnisse vollständig erschließen." (Gwenc'hlan Le Souezek)

"Das Bretonische gehört zum keltischen Ast der indogermanischen Sprachen. Dieser Ast teilt sich nochmals in zwei Zweige: Der Zweig Q: das Gälische in Irland und Schottland. Der Zweig P: das Britische, das Walisische, das Cornische (bis zum 17. Jh. in Cornwall gesprochen) und das Bretonische, der Armorika umfaßt." (Joseph Abasq)

Als im 5./6. Jh. die Einwanderer von der britischen Insel nach Kleinbritannien kamen, fanden sie eine Halbinsel vor, in der durch die lange römische Besetzung die ursprünglich keltische Landessprache vom Gallischen verdrängt war. Es dauerte nicht lange, bis sich das Bretonische mit nur wenigen gallischen Einsprengseln und damit die verlorengegangene keltische Sprache wieder durchgesetzt hatte. Heute ist die Bretagne die einzige keltische Sprachbastion auf dem europäischen Kontinent, aber auch dies nur mehr eingeschränkt.

Eine imaginäre Linie etwa von St. Brieuc und leicht östlich von Vannes trennt die *Haute Bretagne* (Ober-Bretagne = östliches Armorika) von der *Basse Bretagne* (Unter-Bretagne im Westen). In der Ober-Bretagne, geographisch angebunden an die französische Festlandmasse, wurde das Bretonische entweder gar nicht gesprochen (wie in Rennes) oder fast völlig verdrängt, die Verständigung im Alltag wird ausschließlich über die französische Sprache abgewickelt. Anders in der Nieder-Bretagne, die traditionell abgeschiedener am Rand der westlichen Zivilisation lebt. Im gesamten Finistère sowie in den Westregionen von Morbihan und Côtes-du-Nord wächst ein Großteil der Bevölkerung noch immer zweisprachig auf - Französisch wird den Kindern in der Schule beigebracht, Bretonisch lernen sie in privatem Rahmen noch immer zu Hause.
Liberté, Egalité, Fraternité: Der französische Staat mühte sich über die Jahrhunderte redlich, den Bretonen ihre eigene Sprache auszutreiben und sie mit wirklich allen Mitteln zu braven Landeskindern zu erziehen. Ähnlich wie im kurdischen Teil der Türkei war die Benutzung der eigenen Sprache noch bis weit in dieses Jahrhundert ein schweres Vergehen an einer bretonischen Schule, das mit Prügel oder Ausschließung vom Unterricht geahndet wurde. Schüler/innen, die Klassenkameraden Bretonisch sprechen hörten, waren per Dekret zum Petzen verpflichtet - hielten sie dicht, konnten sie selbst bestraft werden. So ist es nicht verwunderlich, daß mittlerweile alle Bretonen Französisch sprechen, aber nur mehr ein knappes Drittel der eigenen Sprache halbwegs mächtig ist - höchstens 5000 Bretonen dürften ihre Sprache fließend beherrschen. Und doch kommt es im Nordwesten der Bretagne immer wieder vor, daß Sie mit einem älteren Menschen francais plaudern und sofort bemerken, daß nicht nur Sie eine Fremdsprache gebrauchen.
Seit den frühen 70ern ist die Sprachlandschaft wieder in Bewegung geraten: Begünstigt durch die Folkwelle, die von Irland aus über West-

und Mitteleuropa schwappte, begannen viele junge "Kelten" in Irland, Walis und der Bretagne, sich mit ihrer Identität als Nachkommen eines unterdrückten Volkes auseinanderzusetzen; wesentlichstes Element war neben der keltischen Musik die Sprache, um Zugang zur eigenen Kultur zu finden. Im ausgehenden 20. Jahrhundert sind bretonische Sprachkurse, Zeitungen oder Radiostationen natürlicher Bestandteil der Kulturlandschaft zumindest in der Basse Bretagne. Die staatlichen Einrichtungen werden wohl langsam nachziehen: Die ersten Lehrstühle in Sachen Bretagnistik und keltische Sprachen an den Universitäten von Rennes und Brest sind besetzt, an höheren Schulen ist die eigentliche Landessprache teilweise Wahlfach. Die Forderung bretonischer Nationalisten, Bretonisch als Pflichtfach auch in den Grundschulen einzuführen, ist in Paris bislang auf taube Ohren gestoßen.

Einige bretonische Wörter

Wenn deutschsprachige Menschen kleine Teile der Welt auf Bretonisch ausdrücken wollen, sollten sie die Wörter einfach so aussprechen, wie sie geschrieben werden. Ist ein Wort mehrsilbig, wird die vorletzte Silbe betont. Die Feinheiten bleiben einer ausgiebigen Beschäftigung mit dem keltischen Sprachzweig P vorbehalten.

aber	Flußmündung
ankou	der Tod
anaon	Seele der Toten
aod	Strand
avel	Wind
aven	Fluß
bag	Schiff
bara	Brot
beg	Landzunge
bihan	klein
brao	schön
braz	groß
bré	Hügel
breiz	Bretagne
bro	Gebiet
brug	Heidekraut
deiz	Tag
demat	Guten Tag
dol	Tisch
douar	Erde, Platz
dour	Wasser
du	schwarz
enez	Insel
feunteun	Brunnen
gallek	französisch
goat	Wald
goaz	Bach
guic	Weiler
gwenn	weiß
gwer	grün
gwerz	Lied
hen	alt
hent	Weg
hir	lang
ilis	Kirche
kaer	schön
kastell	Schloß
kemper	Zusammenfluß
kenavo	Auf Wiedersehen
koz	alt
kreac'h	Hügel
kreiz	Mitte
kroaz	Kreuz
lec'h	Ort, Stelle
len	See
loc'h	Teich
mad	gut
marc'h	Pferd
men	Stein
menez	Berg, Gebirge
meur	groß
milin	Mühle
mor	Meer
nevez	neu
noz	Nacht
park	Feld
pen	Kopf, Kap
pont	Brücke
porz	Hafen
poull	kleiner Teich
raz	Wassereng-stelle, Engpaß
roc'h	Felsen
roz	Anhöhe
ruz	rot
stang	größeres Bin-nengewässer
ster	Fluß
stivell	Quelle
toull	Loch
trez	Sand
tron (traon)	Tal
tro	Turm
trugarez	danke
ty	Haus
ya	ja
yec'hed mat!	Auf Ihr Wohl!, Prosit!
yen	kalt

Strom

220 Volt Wechselstrom. Der in Deutschland gebräuchliche zweipolige Stecker paßt in keine französische Steckdose; diese hat drei Löcher (eines für die Erdung). Adapter, die das Anschlußproblem sauber lösen, sind im gutsortierten deutschen Elektro-Fachhandel, aber ebenso bei der französischen Konkurrenz erhältlich.
Manche Campingplätze sind für deutsche Stecker gerüstet.

Telefonieren

Nichts leichter als das. Auf der meerumspültesten, felsigsten und abgelegensten Klippe können Sie noch eine Telefonzelle finden (außerhalb der Saison vielfach eingemottet). In die Schlitze der Münzsprechapparate passen 50 Centimes, 1-, 2- und 5-Franc-Stücke, immer mehr in Mode kommen Fernsprechzellen mit Telefonkarten (*Télécartes*), die in Postämtern und Tabacs erhältlich sind (50 Einheiten ca. 15 DM, 120 Einheiten knapp 30 DM).
Eine fernmündliche Zeiteinheit kostet 74 Centimes, in der Telefonzelle geht unter 1 FF nichts. Preisbeispiele: Im *Ortsnetz* telefonieren Sie je nach Tageszeit von der Telefonzelle aus für einen Franc zwischen 6 (Büroöffnungszeiten) und 18 Minuten (ab 22.30 Uhr), bei Telefonaten ins *Nachbardépartement* macht es alle 24 Sekunden klick, ins *restliche Frankreich* geht es doppelt so schnell. Eine Minute *Auslandsgespräch* in die BRD und in die Schweiz kosten je nach Tageszeit etwa 1 - 1,50 DM, nach Österreich teurer.
Zu denselben Tarifen können Sie von Postämtern aus telefonieren, das fernmündliche Gespräch von Hotels oder Campingplätzen aus kommt teurer, je nach Wirt bis zu 40 %.
Die Direktwahl ins Ausland ist nur von den internationalen Telefonzellen aus möglich.

Die angegebene Vorwahl ist in der Bretagne immer mitzuwählen, alle bretonischen Telefonanschlüsse sind immer achtstellig. Für das Département Côtes-du-Nord 96, Morbihan 97, Finistère 98 und Ille-et-Villaine 99.

Im Reiseteil sind diese ersten beiden Nummern unter dem Stichwort "Telefonvorwahl" angegeben und den im Text angegebenen sechsstelligen Nummern vorzuwählen.

Vorwahl von Deutschland, Österreich und der Schweiz **nach Frankreich**: 0033.
Die bretonischen Anschlüsse besitzen keine Nullen vorneweg, danach also gleich die Département-Vorwahl wählen.
Von **Frankreich nach Deutschland**: 1949
Von **Frankreich nach Österreich**: 1943
Von **Frankreich in die Schweiz**: 1941
Bei der folgenden Stadtvorwahl ist die erste Null zu ignorieren. Zu beachten ist die kleine Pause, die nach der Wahl der 19 einzulegen ist: ein kurzer Piepton zeigt an, daß in der internationalen Leitung Platz ist.

Telefonischer Auskunftsdienst (Renseignements téléphoniques): 12
Telegrammaufnahme (Télégrammes téléphones): 3655
Vermittlung von Auslandsgesprächen (Service international): 19 (Piepton) 3312/ Landesvorwahl (für BRD 49)
Vermittlung von Inlandsgesprächen (Service nationale): 12
Notruf Feuerwehr: 18
Notruf Polizei: 17

Thalasso-Therapie

Der Begriff taucht an der bretonischen Küste häufig in Verbindung mit luxuriösen Kurhotels auf. *Thálassa* sagt der Grieche zum Meer, und das Meer ist die Grundlage dieser Therapie, die in der Antike wohlbekannt war und in Vergessenheit geriet, bis im 19. Jh. Monsieur QUINTON diese Kur- und Heilform einem größeren Publikum wieder schmackhaft machte. Grundthese der Thalasso-Therapie: Alles irdische Leben kommt aus dem Meer, und das Urelement Salzwasser ist am besten in der Lage, Gebrechen zu lindern oder zu heilen, bzw. den menschlichen Körper und Geist zu regenerieren (PLATO: "*Das Meer wäscht alle Leiden vom Menschen ab*").

Die Kombination von warmem und kaltem Meerwasser, ständig frisch in die Bäder der Kurzentren gepumpt, Algen- oder Meerschaumpackungen, Gymnastik, Massagen und Spaziergänge in der reinen Atlantikluft wird erfolgreich eingesetzt u. a. zur Behandlung von rheumatischen oder orthopädischen Krankheiten, Kreislaufstörungen oder Störungen des Stoffwechsels und des vegetativen Nervensystems. Aber auch zur Rehabilitation oder einfach zum gemütlichen Streßlösen unter fachlicher Betreuung kommt ein zahlreiches und ebenso zahlungswilliges Publikum ohne akute Beschwerden.

Zentren für Thalasso-Therapie sind zur Zeit *Quiberon*, *Roscoff*, *St. Malo*, *Carnac*, *Douarnenez*, *Bénodet*, *Le Crouesty*, *Belle-Ile-en-Mer*, *Dinard*, *La Baule* und *Perros-Guirec*. Wer keine Kur gebucht hat, kann auch vor Ort in das Angebot einsteigen: Die Einrichtungen können durch den Kauf einer Tageskarte ohne weitere Verpflichtung genutzt werden.

Genaue Auskünfte erteilt: **Comité Régional du Tourisme**, Rue de Paris 74 b, 35069 Rennes, Tel. 99/284 430.

Volkskunst

Was in der frühen Gotik streng und schlicht begonnen hatte, blühte in der Renaissance üppig auf: Die Bretagne ist auf engstem Raum wie keine Region der Erde mit Kunst gesegnet. Kunst kostet Geld. Nach dem Anschluß an Frankreich hatten die inneren Zwistigkeiten der zerstrittenen Herzogtümer endgültig ein Ende, und die Bedürfnisse des französischen Marktes sorgten für erhöhte Produktivität und höheren Umsatz in der halbautonomen Bretagne.

Mit dem langsamen Erliegen der Wirtschaft in der fernen Provinz eines absolutistisch regierten Königreichs ab dem späten 17. Jh. war kein Geld mehr da, das in Kunst investiert wurde, doch zuvor hatten über 400 Jahre lang die heimischen Ateliers das kleine, eigenartige Land im Westen mit Kleinodien aller Art übersät.

Kirchen, Klöster, Châteaux, Stadtmauern und Stadthäuser - verspielt, trutzig, märchenhaft und gottesfürchtig - blieben aus dieser Blütezeit übrig, geschmückt und vollgestellt mit meisterlichen Kunstwerken, von denen größtenteils nicht bekannt ist, wer sie schuf.

Die meisten Werke in und an den aristokratischen, gutbürgerlichen und kirchlichen Bauten sind Arbeiten unbekannter Steinmetze und Kunsttischler - keine Künstler, sondern Handwerker, die einfach ihre Aufträge erfüllten, ohne große Namen starben und auch nach ihrem Tod nicht "entdeckt" wurden. Sie arbeiteten als feste Angestellte in städtischen Ateliers oder zogen vagabundierend über Land, um ihre Fertigkeiten anzubieten. Und sie tobten sich hemmungslos aus: Aus Treppenaufgängen machten sie ein Gesamtkunstwerk, geschnitzte Frauengestalten mußten stoisch lächelnd ein Haus tragen, funktionale Wasserspeier wurden zu zeitlosen Ungeheuern verwandelt. Vor allem in den Kirchen war kein Balken, keine Fassade und keine Nische vor ihnen sicher. Ihre Gestaltungsfreude und üppig wuchernde Phantasie schufen Ornamente, Heiligenporträts und Dämonenfratzen, Bauern, Drachen oder Hausschweine. Es entstanden blumige Erzählungen mit heiligen und unheiligen Darstellern, die betrunken, leidend, entrückt oder zähnebleckend seit Jahrhunderten in derselben Haltung und derselben Geschichte mitspielen. Eine Verwandtschaft der Fabelwesen bretonischer Prägung zu der halluzinogenen Peyote-Kunst der Kulturen Südamerikas ist festzustellen - beide Male intensive Symbolbilder eines tiefen Gefühls.

Die Trauer der Maria-Magdalena

Das Festhalten des Augenblicks und das Einfangen eines Gefühlszustands sind die Stärken der bretonischen Künstler, das magieverhaftete Bewußtsein ihr keltisches Erbe, das eng mit dem Tod verknüpfte Leben am meerumspülten Ende der Welt ihre Erfahrung. Und der härteste Stein der Erde, der Granit, war das geeignetste Material, Figuren,

Reliefs und abstraktes Schmuckwerk zu schaffen, denen die Zeit nicht geschadet hat - im Gegenteil. Gerade in ihrem sichtbaren Alter, teilweise ramponiert oder von Wasser und Salz zersetzt, dokumentieren die Kunstwerke in ihrer Dauerhaftigkeit ihre bleibende Ausstrahlung. Die in Stein gemeißelte Trauer ist ewig: Für alle Zeiten weint Maria-Magdalena um den gekreuzigten Jesus.

Bretonische Volkskunst wird von durch und durch gebildeten Kunstexperten oft als naiv oder bäuerlich beschrieben, ihre Darstellungen als einfältig, primitiv oder als abgeschautes Kunstmischmasch abgetan: "*Die Originalität dieser bretonischen Kunst besteht in der Gabe der örtlichen Kunsthandwerker, alle europäischen Kunststile der Epochen, die sie dank des regen Seehandels kennenlernten, in ihre Arbeiten zu integrieren.*" So ein Experte. Wir halten dagegen: und sich in ihren gelungensten Werken durch nichts beeinflussen zu lassen. Die Steinmetze oder Kunstschnitzer, denen es gelang, zeitloses Entsetzen oder nichtendendes Leiden in das Werksmaterial einzugraben, waren keinesfalls naiv. Die etwas herablassenden Ansichten der diplomierten Vertreter einer westlichen Zivilisation, die sich ungebrochen auf die griechische Antike gründet, sind keinesfalls der Nabel der Welt.

Schlußthese: Mit dem Meisel oder Schnitzmesser Bilder zu schaffen, scheint auf einen schwer ergründbaren Gestaltungsdrang im bretonischen Volk zurückzugehen. Bei den bretonischen Landpfarrern hielt sich der Zwang, Stein oder Holz in überquellender Schaffensfreude zu gestalten, anscheinend am längsten. Noch in diesem Jahrhundert arbeitete der Pfarrer von Rotheneuf wie besessen an seinen skurrilen Felsskulpturen, der Abbé von Cancale schnitzte nicht nur das "Gedicht an den Apfel", und der Seelsorger von Trégastel schuf zur Freude seiner Gemeinde einen riesigen Allvater aus Ton über dem örtlichen Aquarium. Die Reihe ließe sich fortsetzen.

Unterwegs in der Bretagne

Mit dem Auto

Frischankömmlinge aus England fahren anfangs noch gerne links, doch abseits der Nationalstraßen geht es meist ruhig zu. Die einzigen Autokolonnen, die Sie außerhalb der großen Einzugsgebiete unter Umständen sichten können, sind kleinere Blechkarawanen auf der Suche nach dem nächsten Anlaufpunkt eines lokalen Circuit touristique.

Für Familien oder Reisende, die mehr sehen wollen, ist das eigene Automobil in der Bretagne Trumpf. Zwei gebührenfreie Highways sind die schnellen *Hauptverbindungen* in der Region: Vierspurig führt die *N 165* von Nantes über Vannes/Lorient/Quimper nach Brest, die *N 12* verläuft ebenfalls auf vier Spuren von Rennes über St. Brieuc/Morlaix nach Brest.

Die französischen Straßen sind - auf den entsprechenden Schildern und Wegsteinen gut sichtbar - mit einem Buchstaben und einer Nummernkombination gekennzeichnet. Straßen mit dem *N* vor der Zahl sind gut ausgebaute *Nationalstraßen*, zum Teil drei- bis vierspurige Schnellstrecken, auf denen der Verkehr zügig rollen kann. Straßen mit dem *D* vor der Zahl sind die kleineren *Départementstraßen*, deren Zustand des öfteren mit den Worten holprig, schmal und unübersichtlich beschrieben werden kann.

▶ **Verkehrsregeln**: *Höchstgeschwindigkeit* innerhalb geschlossener Ortschaften 50 km/h, außerhalb 90 km/h (bei Nässe 80 km/h); auf Straßen mit baulich getrennten zwei Fahrbahnen in jede Richtung 110 km/h (bei Nässe 100 km/h); auf Autobahnen 130 km/h (bei Nässe 110 km/h); Führerscheinneulinge, die ihren Berechtigungsschein noch kein ganzes Jahr besitzen, dürfen generell höchstens 90 km/h schnell sein.
Die Straßenbahn hat immer Vorfahrt, bei Regen- und Schneefällen ist Abblendlicht vorgeschrieben, Promillegrenze 0,8 ‰.
Hinweis: Ertappte Verkehrssünder, auch ausländische, werden rigoros zur Kasse gebeten.

▶ **Verkehrsschilder**: Die Schilder entsprechen denen im deutschsprachigen Raum. Manchmal erhellt ein kurzer französischer Text den Grund des Verkehrszeichens. Neben *Déviation* = Umleitung, *Toutes (autres) directiones* = alle (andere) Richtungen, *Sortie* = Ausfahrt, *Péage* = Maut und *Centre ville* = Zentrum sind die wichtigsten schriftlichen Anmerkungen:

Passage interdit	Durchfahrt verboten
Route barrée	Straße gesperrt
Ralentir	langsam fahren
Serrez à gauche (droite)	links (rechts) fahren
Au pas	Schrittempo
Halte	Stopp
Danger (de mort)	(Lebens-)Gefahr
Virage (dangereux)	(gefährliche) Kurve
Limitation de vitesse	Geschwindigkeitsbegrenzung
Chantier	Baustelle
Traveaux	Straßenarbeiten
Chaussée déformée	unebene Fahrbahn
Gravier (Gravillons)	Rollsplit
Passage protégé	Vorfahrtsstraße
Priorité à droite	rechts hat Vorfahrt
Voie unique	einspurig
Voie sans issue	Sackgasse
Rappel	Erinnerung

▶ **Kreisverkehr**: Der im deutschsprachigen Verkehrswesen recht seltene *Rond point* ist die beliebte französische Variante einer oft ampelfreien Kreuzung. Es gilt - falls kein Verkehrsschild anderes behauptet - rechts vor links.

▶ **Schlafende Polizisten**: Es werden immer mehr. Vor Ortseinfahrten sind - manchmal mehrere hintereinander - Bodenschwellen in die Straße eingebaut, die dafür sorgen, daß auch der hirnrissigste Raser abbremst, wenn ihm sein Fahrzeug lieb ist.

▶ **Parken**: Großparkplätze, ob gebührenfrei oder kostenlos sind meist ausgeschildert. Die häufigen Kurzparkzonen in den Städten heißen *Zone bleue* und dürfen werktags in der Regel von 9.00 - 12.30 und 14.30 - 19.00 Uhr für eine Stunde genutzt werden (abweichende Zeiten sind an den Schildern angegeben). Zur Kontrolle dient die obligatorische Parkscheibe (*Disque de contrôle*). Auf dem Land ist die Sitte verbreitet, daß vom Monatsersten bis zum 15. auf der Straßenseite mit den ungeraden Hausnummern geparkt wird, spätestens um 21.30 Uhr des 15. muß bis zur Nacht des Monatsletzten auf die andere Straßenseite gewechselt werden. Ist der Randstein rot-weiß oder rot-gelb gestreift, entspricht dies einem Parkverbot. Auf Landstraßen dürfen Sie nur am nichtbefestigten Straßenrand anhalten.

▶ **Reparaturen**: Sie fahren ein französisches Auto? Sie haben es gut - in allen größeren menschlichen Ansiedlungen haben Renault und Citroën Vertragswerkstätten. Werkstätten für deutsche, amerikanische und japanische Autos finden sich nur in den größten bretonischen Ballungszentren: Rennes, St. Malo, St. Brieuc, Brest, Quimper, Lorient, St. Nazaire (schon Loire-Atlantique). Von Ihrer deutschen Lieblingsvertragswerkstatt oder auf Anfrage direkt vom Werk erhalten Sie aktuelle Werkstattlisten für Frankreich.

▶ **Pannenhilfsdienst**: Auf Autobahnen kann Pannenhilfe über die Notrufsäulen angefordert werden; auf Landstraßen, in Ortschaften oder Städten über den Polizeinotruf *Police Secours*, Tel. 17; außerhalb der Autobahnen hilft auch der *AIT-Fipa Assistance* weiter, Tel. 05 106 106 (24 Stunden im Einsatz, deutschsprachig).
Deutschsprachiger Notrufdienst des ADAC in Frankreich: Paris, Tel. 161/450 042 95; Sommer-Service-Telefon (1.6. - 31.8.) München, 089/767 626 86.

▶ **Benzin**: Schon mit der Golfkrise stieg der Benzinpreis im September 1990 stark an und machte auch 3 Jahre nach dem Waffenstillstand keine Anstalten, sinken zu wollen. Prinzipiell gilt: An den Zapfstationen am Rand der Autobahnen tanken Sie am teuersten, an der Tankstelle eines größeren Supermarkts am billigsten, doch letztere ist meist ohne jedweden Service: kein Wasser, keine Luft. Das Netz der Tankstellen mit bleifreiem Benzin ist flächendeckend. Durchschnittspreise 1993:

Diesel (Gazole):	ca. 1,07 DM
Normal bleifrei (95 Oktan; Essence sans plomb):	ca. 1,57 DM
Super bleifrei (98 Oktan; Super sans plomb):	ca. 1,57 DM
Super verbleit (98 Oktan; Super):	ca. 1,63 DM

▶ **Autoverleih**: In allen größeren Städten der Bretagne sind international bekannte Verleihagenturen und kleine regionale Vermieter zu finden. Voraussetzungen für das Mieten sind ein Mindestalter von 21 Jahren und der mindestens einjährige Besitz des Führerscheins. Eine Kaution in Höhe von mehreren hundert bis zu tausend Mark ist zu stellen, wenn Sie keine in Frankreich akzepierte Kredtitkarte besitzen.
In der Regel gilt: 1 Tag ist am teuersten, je länger Sie mieten, desto billiger wird der Tagespreis. Zu den verschiedenen Fahrzeugtypen gesellen sich die diversen Reisezeiten, die das Preisniveau stark schwanken lassen. Die Preise der nationalen Verleiher entsprechen etwa denen der internationalen. Ein Service der internationalen Verleihgesellschaften ist der Holiday-Tarif: Sie buchen schon zu Hause, und am Zielort steht ein Leihwagen für Sie bereit. Zum Teil günstiger als das Buchen vor Ort.

• *Preisbeispiele*: **Hertz** bietet beispielsweise für einen Tag einen Renault 5 an: 110 DM inkl. 200 Freikilometer.

Avis verlangt zur Ferienzeit von Juli bis Mitte September für einen Opel Korsa in der Kategorie A für 1 Woche etwa 800 DM, 14 Tage etwa 1300 DM. Ein Renault 21 Nevada der Kategorie K etwa 1600 DM bzw. 2600 DM.

Zum Vergleich: **Europcar** berechnet für den Renault 5 in der untersten Kategorie pro Woche etwa 750 DM, jeder weitere Tag (bis 2 Wochen) 80 DM. Der Renault 21 Nevada beläuft sich auf 1500 DM pro Woche, jeder weitere Tag 130 DM.

Ein **Wohnmobil** für 2 - 4 Personen bei Avis in der HS mit 100 täglichen Freikilometern in der Woche 1450 DM, in der NS 1000 DM. Der Kilometer extra zu jeder Saison 0,50 DM.

Mit dem Bus

Weit mehr als im industrialisierten Deutschland ergänzen in der Bretagne Busse das kleine Schienennetz - ein stark regional bezogenes Busnetz versorgt die abgelegenen Gemeinden im äußersten Westen und befördert hauptsächlich Schulkinder und Tagespendler.

Dementsprechend sind die Abfahrtszeiten der lokalen Strecken eingerichtet. An den Haltestellen der kleinen Ortschaften hält werktags oft nur zweimal täglich ein Bus: am frühen Morgen und am späten Nachmittag. Auf größeren Routen sind die Verbindungen meist häufiger - zumindest gibt es eine Mittagslinie. Nur auf den meistbefahrenen Routen quer durch die Bretagne, die nicht per Schienenstrang erschlossen sind, und auf den Wegen zu den größten Touristenattraktionen (wie Pointe du Raz oder Mont St. Michel) bewegen sich täglich mehr Busse - maximal bis zehn. An Sonn- und Feiertagen schlafen auch die Busfahrer aus - manche Fahrten fallen ganz aus, alle anderen Strecken werden weniger bedient. Trotzdem gilt prinzipiell für die gesamte Bretagne: Wer mit dem Bus reist, kommt ebenfalls an. Nur das Taxi ist schneller.

Mehrere Gesellschaften teilen sich - gegliedert nach Regionen - das Geschäft mit der Personenbeförderung. Neben den großen privaten Gesellschaften C.A.T., Tourisme Verney oder Couriers Bretons schneidet sich TER, die Busgesellschaft der Bahn, ein großes Stück des bretonischen Transportkuchens ab. Den Passagieren kann das egal sein: die Preise der Gesellschaften sind auf demselben Niveau.
Zugestiegen wird, wie beim Busfahren üblich, an Haltestellen (*Arrêts*), in größeren Orten am Busbahnhof (*Care Routière*), der im Falle eines Bahnanschlusses meist am Bahnhofsplatz oder zumindest in Bahnhofsnähe gelegen ist.

Mit der Bahn

5. Dezember 1989: 482 Stundenkilometer, Weltrekord. Der TGV "Atlantique", Hochgeschwindigkeitszug und Lieblingskind der französischen Bahn, hat die deutsche Inter-City-Konkurrenz um Längen geschlagen. Doch der Alltag verläuft auch in Frankreich langsamer, und in der Bretagne nimmt das Tempo noch mehr ab.

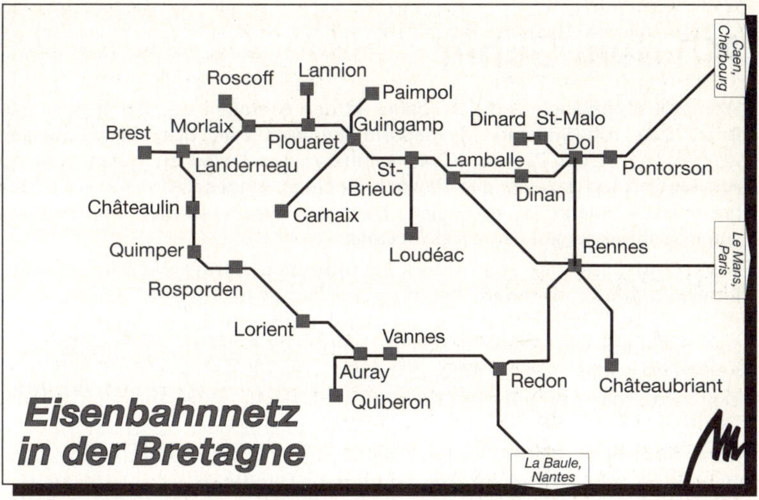

Eisenbahnnetz in der Bretagne

Auf der Neubaustrecke Paris - Le Mans erreicht der TGV mit 300 Stundenkilometern seine höchste Reisegeschwindigkeit, Richtung Nantes legt er dann nur noch 200 km zurück, und Richtung Brest, in den äußersten Westen Frankreichs, verringert sich seine Geschwindigkeit gar auf 160 km/h. Na also.

Nur wenige Haltestellen in der Bretagne unterbrechen die flotte Fahrt: Von *Nantes* rast der TGV die kurze Strecke über *La Baule* zum Sackbahnhof von *Le Croisic* oder er wendet sich westwärts - über *Rennes/St. Brieuc/Guingamp/Morlaix* nach *Brest*.

Die Fahrt mit dem TGV ist reservierungspflichtig, für die Neubaustrecken wird ein Zuschlag erhoben. Für alle Teilstrecken westlich von Le Mans (sozusagen in der Bretagne) wird nur die normale Reservierungsgebühr für Sitzplätze verlangt. In allen Kategorien ist das Preisniveau der französischen Eisenbahn SNCF dem der bundesdeutschen DB ähnlich, im Zweifelsfalle etwas günstiger.

Das innerbretonische Bahnnetz ist einfach zu beschreiben: Im Grunde führen nur zwei Schienenstränge von *Rennes* nach *Brest*: Im Norden über *St. Brieuc* und *Morlaix*, im Süden über *Redon/Vannes/Lorient/Quimper/Châteaulin*. Dazu führen im Norden einige Sackstränge z. B. nach *St. Malo* und *Roscoff* an die Küste, an der Südroute fährt die Bahn im Sommer auf die Halbinsel *Quiberon*.

• *Telefonische Auskunft und Reservierung:*
Rennes (Illes-et-Vilaine): Auskunft Tel. 99 655 050, Reservierung Tel. 99 651 865.
St. Brieuc (Côtes-du-Nord): Auskunft Tel. 96 945 050, Reservierung Tel. 96 940 479.
Vannes (Morbihan): Auskunft Tel. 97 425 050, Reservierung Tel. 97 541 148.
Brest (Finistère): Auskunft Tel. 98 805 050, Reservierung Tel. 98 807 102.

Mit dem Schiff

Was den Alpenländlern die Seilbahn, ist den Bretonen das Schiff oder das Boot. Das schwimmende Transportmittel wird zum Übersetzen zu den zahlreichen Inseln, für die Küstenschiffahrt von Hafen zu Hafen oder zu Ausflugsfahrten in eine der riesigen Buchten eingesetzt. Aber auch das bretonische Inland ist mit einem Netz von Wasserstraßen überzogen - zumindest Kähne gibt es überall im Land.

Der Schiffspassagier gehört zum bretonischen Alltag. Wo früher, wenn überhaupt, nur an einem bestimmten Tag in der Woche ein Boot die regelmäßige Verbindung zum Festland aufrechterhielt, legen heutzutage zumindest im Sommer täglich mehrere Schiffe an, die ihre lebende Fracht meist am gleichen Abend wieder mitnehmen.

Der Anteil der Freizeitschiffahrt ist mittlerweile überproportional hoch - weit mehr Vergnügungsschiffe als Fischkutter oder Lastkähne bevölkern die bretonischen Gewässer. Vom Kanu bis zur Autofähre sind alle Bootsklassen vertreten, und alle finden ihr Publikum.

▶ **Englandfähren**: Der größte Passagierhafen des Landes ist St. Malo. Zwei bretonische Häfen verbinden das europäische Festland mit der britischen Insel: Roscoff und St. Malo sind die Anlaufstellen für die Schiffe von Britanny Ferries, die von und nach Plymouth und Cork (Roscoff) bzw. von und nach Plymouth und Portsmouth schippern.

Die englischen Kanalinseln (u. a. Jersey) werden von St. Malo und Perros-Guirec aus angelaufen. Das Geschäft mit den Kanalinseln teilen sich mehrere Gesellschaften, z. B. Emeraude Lines (Autofähre) oder Condor, die die schnellen Tragflügelboote einsetzt.

Emeraude Lines: 35400 St. Malo, Gare Maritime du Naye.

Condor: 35400 St. Malo, Place du Poids du Roi 2.

▶ **Schiffsausflüge**: Das täglich Brot der Küstenurlauber/innen. Im Golf, zur Insel, den Fluß entlang, auf Wunsch im schwimmenden Restaurant - dem Erfindungsreichtum menschlichen Geistes sind auch beim Angebot der bretonischen Schiffsausflüge kaum Schranken gesetzt. Hingewiesen sei, daß im Sommer die Buchung einige Tage vorher erfolgen sollte, um sich ein langes Gesicht zu ersparen, wenn Sie ohne Billett am Kai stehen und das volle Schiff ohne Sie ablegt.

Die beliebtesten Ausflüge auf dem Wasser sind die Fahrten zu den Inseln *Bréhat*, *Batz*, *Ouessant*, *Sein*, *Groix*, *Glénan*, *Belle-Ile*. Bei den Ausflugsfahrten sind das Vogelschutzgebiet der *Sept Iles* und der *Golf von Morbihan* regionale Spitzenreiter. Im Inland liegen die Flußfahrten auf der *Odet* und der *Rance* ganz vorne. Konditionen und Preise im Reiseteil.

▶ **Hausboote**: Führerscheinfrei mit der erlaubten Höchstgeschwindigkeit von 6 km/h dürfen Sie den Kanal entlangtuckern, bevor sie in einen Fluß gelangen und auf rasante 10 km/h beschleunigen können. Dann wird mit Sicherheit bald die nächste Schleuse einen eventuellen Geschwindigkeitsrausch jäh beenden: Allein von Redon nach Lorient

sind auf 170 km 118 Schleusen zu bewältigen.
Von etwa 10.000 km Flußläufen und Kanälen sind etwa 600 km für Hausboote problemlos befahrbare Wasserstraßen. *Redon* an der Vilaine ist das Drehkreuz der bretonischen Wasserwege; direkt in den Norden nach St. Malo oder die Vilaine flußabwärts zum Atlantik; oder über den Nantes-Brest-Kanal nach Pontivy und über den Blavet hinunter nach Lorient. Eine andere Hausbootroute bietet das Aulne-Revier mit dem Hausbootzentrum *Châteauneuf-du-Faou*.
Der 360 km lange Nantes-Brest-Kanal, der nach seiner Fertigstellung im 19 Jh. parallel zur Küste die Hafenstädte verband, wurde 1920 unterbrochen: Aus einem Kanalabschnitt wurde ein Stausee. Heute wird überlegt, ein Schiffshebewerk zu installieren, um der wachsenden Kundschaft der Hausbootfahrer den Durchbruch von Ost nach West zu ermöglichen.

Tips für die Jungfernfahrt

• *Der richtige Bootstyp*: Die Vermieter nennen jeweils die maximale Belegungszahl. Man sollte sich den Grundriß der Boote genau ansehen, damit es an Bord nicht zu eng wird. Wenn es das Reisebudget erlaubt, lieber eine Nummer größer buchen.

• *Routenwahl*: Der Blick auf die normale Landkarte ist bei der Routenplanung wenig hilfreich. Wie weit man am Tag kommt, hängt davon ab, wieviele Schleusen man passieren muß. Bei Flußfahrten ist zu beachten, daß die Rückfahrt unter Umständen länger dauern kann - wenn es flußaufwärts geht. Die Vermieter kennen ihre Bootsreviere am besten und können ihre Kunden entsprechend beraten.

• *Fahrräder*: Zum Ausflug in die Umgebung von Wasserstraßen, aber auch zum Einkaufen sind Fahrräder ideal. Sie können bei den meisten Bootsbasen gemietet werden. In der Hauptsaison empfiehlt sich rechtzeitige Vorausbuchung.

• *Einwegmieten*: In den meisten Fällen müssen die Boote zum Ausgangspunkt zurückgebracht werden. Zweimal die gleiche Strecke fahren, muß nicht langweilig sein. Oft eröffnen sich bei der Rückfahrt neue Perspektiven. Um den Kundenwünschen Rechnung zu tragen, werden mittlerweilen auch Einwegmieten zwischen verschiedenen Bootsbasen angeboten.

Quelle: Tours de France, 1990.

• *Preise*: Sie richten sich nach Größe des Bootes, der Ausstattung und der Saison. Bei Argoat Plaisance kostet die kleine "Doerak", 6,70 m lang, 2,80 m breit, für 2 - 4 Personen (4 wird eng) 1 Woche zwischen 700 und 1400 DM. Die größere und schnittige "Pacific", 12,80 m lang, 3,70 breit, für 6 - 8 Personen kostet pro Woche zwischen 1000 und 2600 DM. Immer zuzüglich Treibstoff und Kaution (in der Regel ab 2000 FF).

• *Information*: Gutsortierte deutsche Reisebüros verfügen über ausführliches Prospektmaterial der diversen Verleiher. Einige Adressen bretonischer Hausbootunternehmen:

Argoat Plaisance, 29520 Châteauneuf-du-Faou, Port de Plaisance, B.P. 41, Tel. 98 817 211.

Leray Loisirs, 56120 Josselin, Rue de Caradec 14, Tel. 97 756 098.

Bretagne Plaisance, 35600 Redon, Quai Jean-Bart, Tel. 99 721 580.

Comptoir Nautique de Redon, 35600 Redon, Quai Surcouf 2, Tel. 99 714 603.

Eine allgemeine Auskunftstelle für Hausbootfahrten ist **Comité de Promotion Touristique des Canaux Bretons**, 35000 Rennes, Rue des Portes Mordelaises 9, Tel. 99 315 944.

Mit dem Fahrrad

Müde Drahtesel nach der Inseltour

Bescheidene 384 m über dem Meeresspiegel mißt die höchste Erhebung der Bretagne, doch wer nur sporadisch einen Drahtesel lenkt und seine Kondition einzig aus dem Betätigen einer Computer-Tastatur bezieht, wird immer wieder aus der Puste kommen: Dem lustigen Ab folgt unweigerlich ein mehr oder weniger zähes Auf. Und das am Ende noch mit Gegenwind.

Aber Spaß macht es. Ein Radwanderurlaub in der Bretagne ist sowieso eine tolle Idee, aber auch, wer mit dem Pedalo nur kleinere Strecken zurücklegt, genießt zumindest kurzfristig eine dem Land angemessene Fortbewegungsart: kaum Verkehr auf den schmalen Sträßchen neben den Hauptrouten, wirklich frische Luft und eine ruhige Landschaft, in der das langsamere Vorwärtskommen überhaupt nicht langweilig ist. Außerdem ist Radeln in Frankreich, der Heimat BERNARD HINAULTS, ein Volkssport. So radelt ein Gutteil der Bretagne-Reisenden durch Armor und Argoat, und die Tourismuslandschaft hat sich darauf eingestellt: Zahlreiche Gîtes d'Etappe bieten Tourenradlern preiswerte Unterkunft am Rand der Radstrecken, zahllose Verleiher, darunter auch die französische Bahn (stabile Peugeotfahrräder an den Bahnhöfen), vermieten Cycles - ab einer Stunde bis zu mehreren Wochen. Sie können normale Tourenräder, Rennräder oder Mountain-Bikes mit und ohne Körbchen mieten. Rechnen Sie je nach Saison, Gegend und Fahrradtyp 15 - 40 DM pro Tag.

Wer die Gelegenheit hat, ein Rad mitzunehmen, sollte diese nutzen, und wer sein Rad per Bahn in die Bretagne befördern will, muß dieses wenige Tage vorher als Expressgut im Fahrradkarton (gebrauchte haben deutsche Fahrradhändler, billige verkauft S.N.C.F. in Frankreich) auf die Reise schicken. Preisbeispiel: Nürnberg - Paris 21,60 DM bei Vorlage eines gültigen Fahrscheines in die französische Hauptstadt. Innerhalb der Bretagne kann das Fahrrad oft im selben Zug mitgenommen werden - Züge, die garantiert Drahtesel befördern, sind im Fahrplan anhand ihres Radsymbols zu erkennen.

• *Pauschalurlaubstip*: Sie radeln und malen gern? STB-Reisen bietet einen kombinierten neuntägigen Rad- und Malurlaub an, bei dem ein mitradelnder Profi den Hobbymalern sachkundig zur Seite steht. Täglich werden ca. 40 km zurückgelegt, damit Zeit fürs Malen bleibt, geschlafen wird in Wanderherbergen oder auf dem Campingplatz, der Preis inkl. Gepäcktransport, Frühstück, Abendessen und mittägliches Picknick beträgt ca. 1000 DM.
Kontaktadresse: STB-Reisen, 6000 Frankfurt/Main 1, Roßmarkt 12, Tel. 069/292 049.

• *Literaturtips*: **La France à bicyclette**; eine Broschüre mit 7 Tourenvorschlägen durch die gesamte Bretagne (in Französisch). Allesamt Mehrtagestouren, die anhand von Kartenmaterial, Teil- und Gesamtkilometerangaben beschrieben sind. Zu beziehen von: ABRI, 35000 Rennes, Rue des Portes Mordelaises 9.
A bicyclette en Haute Bretagne; von ABRI (15 DM); ausführliches Material zu 5 Streckenabschnitten auf 1250 km inkl. Transport- und Unterkunftsmöglichkeiten, gutes Kartenmaterial und Tips zur Ausrüstung.
A bicyclette en Bretagne Sud; von ABRI (15 DM); 7 Streckenabschnitte auf 1200 km von der Loire zum Blavet, selbe Aufmachung wie obengenanntes Büchlein und wie alle Broschüren von ABRI auf Französisch.

Mit dem Pferdewagen

Hüh hott. Selbst blutige Anfänger berichten, nach einigen Stunden hätten sie ihr gutmütiges 1-PS-Gespann unter Kontrolle gehabt. Nur bergab gab's noch kleine Schwierigkeiten mit dem Bremsen. Brrr.

Mit dem Pferdewagen, dem *Roulotte*, gemütlich durch den Wald oder auf ruhigen Treidelwegen einen Wasserlauf entlang. Wie einst die Marketender oder von Dorf zu Dorf fahrende Barbiere reisen Sie auf Väterart streßfrei (außer bei den ersten Bremsungen) in einer Gegend, die noch immer als romantisch zu bezeichnen ist.

Der gebotene Komfort des Einspänners liegt deutlich über dem aus Buch und Film bekannten Nomadenniveau. In der Regel sind vier Schlafplätze, ein Gasherd, ein Kühlschrank und die Küchengrundeinrichtung im Wagen eingebaut. Für das Wohl des Pferds sorgen Sie nach kurzer Einführung selbst, die vom Veranstalter festgelegte Strecke (Rundfahrt) wählen Sie vor Antritt der Reise. Rechnen Sie zwischen 8 und 15 km, die Sie pro Tag zurücklegen.

• *Preise*: Von Juni bis September werden die Roulottes vermietet. Die Preise der Veranstalter sind ähnlich, im Juli/August am höchsten: 1 Woche (7 Tage, in der Regel von Sonntag bis Samstag) in der Hauptsaison bei Les Chariots de l'Ouest ca. 1300 DM, 1 Woche in der Nebensaison ca. 1000 DM, ein Wochenende (2 Tage) in der Nebensaison etwa 400 DM.

Zwei Adressen im Finistère:
Roulottes de Bretagne, F-29218 Huelgoat/ Locmaria Berrien, Gare de Locmaria Berrien, Tel. 98 997 328; Espaces verts et bleus, F-Plougonven (bei Morlaix), Tel. 98 786 585.
Eine Adresse im Morbihan:
Attelages Morbihanais, Madame Le Cras, Ker Samuel F-56610 Le Saint, Tel. 97 230 606.
Eine Adresse in Ille-et-Vilaine:
Les Chariots de l'Ouest, F-35400 St. Malo, Avenue Ferdinand-Buisson 12, Tel. 99 400 839.

Mit den Füßen

An der Pointe du Raz endet/beginnt der europäische Fernwanderweg E 5. Von Verona quer über die Alpen, vorbei am Bodensee und durch Frankreich hindurch sind etwa 2000 km zu Fuß auf einer markierten Strecke zurückzulegen, bis der antike Weltenrand erreicht ist.

Ein Bretone hat 1990 mit seinem Eselchen den ganzen Weg in einem Stück abgewandert und erntete in den Medien seiner Heimat einen großen Achtungserfolg. Natürlich können Sie auch nur kurze Spaziergänge im nahen Umkreis Ihres Urlaubsorts unternehmen, doch angemerkt sei, daß die Bretagne ein beliebtes Wandergebiet mit einer entsprechenden Infrastruktur ist: Allein das Finistère verweist auf 1000 km Wanderwege, und einige der französischen Weitwanderwege - *Grandes Randonnées* (GR) - sind in der Bretagne beheimatet, der schönste davon der Küstenwanderweg Nr. 34 vom Klosterberg Mont St. Michel bis Morlaix, der auch auf kleinen Ausschnitten reizvoll bis atemberaubend sein kann. Sie erkennen einen GR an seiner rot-weißen Markierung. *Topo-Guides-Führer*, eine französische Wanderbuchserie mit gutem Konzept beschreiben auf Französisch die Routen der Fernwanderwege (Kostenpunkt 19 - 25 DM).

Neben den wenigen Grandes Randonnées (z. B. 34, 37, 38, 39 oder 380) gibt es zahllose *Petites Randonnées* - markierte Eintagesstrecken, die sich von der 2-Stunden-Promenade bis zur Tagestour dehnen können. Alle Gemeinden, die an einem Wanderweg liegen oder eigene Wanderwege unterhalten, besitzen zumindest Skizzenmaterial über die Strecken in ihrer Umgebung.

Die große Einsamkeit menschenleerer Gebiete herrscht in der Bretagne nicht, die Zivilisation ist immer nah, *Gîtes d'Etapes* (siehe Kapitel Übernachten) sind in ausreichender Anzahl an den Wegen verteilt - so erübrigt sich die Mitnahme von Verpflegung und einer mobilen Unterkunft. Leichte Wanderstiefel sind ausreichend. Gegen akuten Hunger und Durst sollten Sie bei längeren Strecken immer etwas dabei haben, ein kleines Zelt macht Sie schlaftechnisch unabhängig. Angemerkt sei, daß die Schäden, die die Herbststürme im Oktober 1987 im Inland angerichtet haben, nicht gänzlich beseitigt sind: Wege sind streckenweise noch immer nicht begehbar, Ausschilderungen fehlen zum Teil.

• *Adressen* für weitere Auskünfte:

ABRI, Rue des Portes Mordelaises 9, 35000 Rennes, Tel. 99 315 944.

FFRP, Boulevard Beaumont 14, 35000 Rennes, Tel. 99 305 515.

Délégation Finistère de la Fédération Francaise de Randonnée Pédestre, Coatufal, 29290 St. Renan, Tel. 98 849 210.

Union Bretonne pour l'Animation des Pays Ruraux, La Belle Etoile, 56860 Séné, Tel. 97 665 643-645.

Direction Départementale de la Jeunesse et des Sports, Rue de la Palestine 13, 2900 Quimper, Tel. 98 554 302.

Aufenthalt in der Bretagne

Übernachten

Die angemietete Urlaubswohnung und das "Hotel de plein air", deutschbanal der Campingplatz, sind die beliebtesten Quartiere Armorikas. Eine noble Variante der Übernachtung ist der Aufenthalt in einem Château-Hotel: schlafen und frühstücken wie die bretonische Aristokratie.

Jedes Jahr benötigen auf wenige Monate zusammengedrängt neben den knapp drei Millionen Bretonen ebensoviele Gäste nächtens ein Dach oder eine Zeltleinwand über dem Kopf. Wir dürfen den Verantwortlichen für die Lenkung des Tourismus ein Kompliment machen: Ohne die Landschaft völlig zu zerstören wie beispielsweise an den spanischen oder türkischen Küsten, gelang es, einem seit der Jahrhundertwende stetig wachsenden Gästestrom gerecht zu werden.

Die einzigen Hotel- und Résidencebunker in großem Rahmen gibt es momentan nur in La Baule, doch ist einschränkend festzustellen, daß die Bretagne, deren Landschaft sich weitgehend ohne Trabantenstädte, Industriezonen oder raumfressende Autobahnprojekte präsentiert, mehr und mehr zersiedelt wird - immer noch mehr Ferienhäuser kommen zu den schon bestehenden hinzu.

Hotels

Etwa 5 % der französischen Hotels liegen in der Bretagne - 1988 boten 1083 klassifizierte Hotels 25.241 Zimmer, in denen etwa 10 % der Bretagne-Urlauber/innen schlafen. In der Hochsaison gibt es viel zu wenige Etablissements, und doch müssen jedes Jahr Hotels schließen, die nicht durch neue Konkurrenz ersetzt werden - das Geschäft lohnt nicht für wenige Monate im Jahr. Hotelriesen sind, bis auf La Baule, in der Bretagne unbekannt; die meisten sind traditionelle Familienbetriebe mit nur wenigen Zimmern - ein 40-Zimmer-Hotel ist für bretonische Verhältnisse schon ein Riese.

Einzelreisende zahlen für ihr Zimmer meist denselben Preis wie ein Zweierpärchen - die französische Hotellerie ist ganz auf das Doppelzimmer ausgerichtet, und den Hoteliers ist es egal, ob dieses Zimmer von einer oder von zwei Personen bewohnt wird.

Das Doppelbett

Bett ist nicht gleich Bett. Das normale französische grand lit ist - warum, sei hier dahingestellt - für zwei Personen gedacht. In den französischen Schlafzimmern nebst den Hotelzimmern gehört es zur Grundausstattung und ist nicht jedermanns/fraus Sache. Es gilt: je älter, desto durchgelegener. Schlafpartner werden sich nachts unweigerlich in der Mitte treffen.

Für Singles unter den Hotelgästen ist das grand lit der Grund, warum sie meist genausoviel wie zwei Gäste zahlen müssen: schließlich muß das ganze Bett frisch bezogen werden.

Deutscher Standard ist besonders in Hotels der unteren Kategorien nicht zu erwarten, dafür sind die Übernachtungskosten in der französischen Herberge geringer als in den Übernachtungsbetrieben des deutschsprachigen Raums: Von etwa 35 DM für zwei Personen im schlichten DZ mit Etagensanitärs und einem knarzigen, durchgelegenen Bett vor einer von der Zeit nachgedunkelten Blümchentapete über das gediegen-bürgerliche Familienhotel (DZ 60 - 90 DM) bis zu den wenigen Luxusetablissements (DZ günstigstenfalls ab 150 DM) reicht das bretonische Hotel-Angebot. Frühstück (*Petit déjeuner*) kostet extra, etwa ab 8 DM aufwärts, und besteht meist aus einem Croissant, einer Weißbrotschnitte mit etwas Butter und Marmelade sowie einem heißem Getränk.

Die im Reiseteil angegebenen DZ-Preise gelten immer für zwei Personen, Halb- bzw. Vollpensionspreise (HP/VP) immer für eine Person.

Im Sommer ist bei Hotels mit angeschlossenem Restaurant Halb- oder auch Vollpension obligatorisch - und auch wenn offiziell kein Zwang zur Halbpension besteht, wird es nicht gern gesehen, wenn Hotelgäste nur auswärts essen, wo doch ein eigenes Restaurant im Hause ist. Wohnen Sie beispielsweise in einem 2-Stern-Hotel mit angeschlossenem Restaurant, kommt die Halbpension im Regelfall günstiger als die einfache Übernachtung plus ein gleichwertiges Menu auswärts.

Die Öffnungszeiten der Hotels sind unterschiedlich - manche sind ganzjährig geöffnet (die meisten Stadthotels), manche werden nur zur Hochsaison aufgesperrt (in ausgesprochenen Badeorten), etliche Hotels schließen vom Herbst bis ins Frühjahr (überall in der Bretagne).

Die meisten Hotels sind mit einem in Frankreich gültigen Sternchensystem durch das Tourismusministerium kategorisiert, die Einstufung richtet sich nach Komfort und Führung. Ein- und Zwei-Stern-Hotels machen das Gros der Herbergen aus.

Die Kategorien kurz im einzelnen

**** Luxushotel; wir schweigen in Ehrfurcht.

*** sehr komfortables Hotel; hier vermissen Sie nichts, gepflegte Atmosphäre und gediegener Komfort.

** Hotel mit gutem Komfort (1988 waren es 467 mit 12.338 Zimmern); gutbürgerlich bis bürgerlich; aus dem Bad kann die Duschzelle im Zimmer werden.

* bürgerliches Hotel mit mittlerem Komfort (1988 waren es 509 mit 8641 Zimmern); einfach, oft sind die Sanitäranlagen auf dem Gang.

S.E. *(Hotel tourisme sans étoile)* einfaches Hotel ohne Stern. Meist zu spartanisch für eine Kategorisierung.

▶ **Schloß- und Herrensitzherberge (Auberges du les Châteaux/Manoirs)**: Die vornehmste Spielart der Übernachtungsmöglichkeiten; zu Gast in der mondänen Villa am Meer oder im Schloß aus dem 15./16. Jh., genießen Sie einen stilvollen Aufenthalt in aristokratischer Umgebung nach dem Slogan "Hier gibt es keine Kunden, hier gibt es nur Gäste". In insgesamt 13 ausgewählten bretonischen Schlössern, Landsitzen oder Herrenhäusern werden Sie im Zimmer oder Appartement fürstlich verwöhnt, allerdings dinnieren Sie nur selten abends mit den Gastgebern, die, das sei angemerkt, ihren aristokratischen Lebensstil ins bürgerliche 20. Jh. gerettet haben und Sie in der Restaurantwahl ausgezeichnet beraten können. Rechnen Sie das DZ ab etwa 100 DM.

• *Information und Reservierung*: Seratour, 35000 Rennes, Boulevard Solferino 33, Tel. 99 350 102. In Deutschland Privatours, Haingraben 7, 6360 Friedberg, Tel. 06031/932 44.

Appartements/Häuser

Weit vor den Campingplätzen sind die Ferienwohnungen die beliebtesten Urlaubsdomizile der Bretagne: Etwa 65 % der Gäste mieten sich ein Privatquartier für die schönste Zeit des Jahres. Unter den Bezeichnungen *Studios*, *Meublées*, *Résidences* oder *Appartements* werden Ferienwohnungen und -häuser für zwei bis neun Bewohner/innen ab einer Woche aufwärts vermietet: Wohnzone, Schlafraum, Bad und ausgestattete Küche oder Kochnische gehören zur Grundausstattung, Kamin, Terrasse oder Swimmingpool sind beliebte Extras.

Die Preise schwanken stark nach Saison, Lage und Komfort, in der

Hauptsaison ist oft mit dem doppelten Preis zu rechnen. Eine Villa direkt an der Granitküste im Sommer ist wohl das teuerste, was in der Bretagne zu haben ist. Im Westen und in der Innerbretagne sind die Ferienhäuser am billigsten.

Zwei Preisbeispiele (Inter-Châlet): 3-Zimmer-Haus bei Trébeurden (Granitküste) für 5 - 6 Personen, 110 qm Wohnraum, Garten, Terrasse, etwa 1 km zum nächsten Strand, je nach Saison pro Woche 640 - 1230 DM. Nebenkosten: Wochenpauschale für Energie und Wasser ca. 12 DM pro Person, bei Bedarf Heizung extra, Kurtaxe. Endreinigung durch die Mieter. Kaution ca. 500 DM.

Oder ein 3-Zimmer-Haus bei Porspoder (Aberküste) für 4 - 6 Personen, 80 qm Wohnraum, kleiner Garten, etwa 500 m zum Strand, je nach Saison pro Woche 430 - 1130 DM. Nebenkosten: ca. 25 DM Wochenpauschale für Energie und Wasser, im Bedarfsfall 15 DM pro Tag für Heizung, Endreinigung 30 DM, Kurtaxe. Kaution ca. 300 DM.

Den bretonischen Ferienwohnungsaufenthalt sollten Sie frühzeitig planen und buchen. Wenn Sie den Hochsommer als Reisezeit gewählt haben, ist eine Reservierung mindestens 5 Monate vorher durchaus sinnvoll. Weitere Tips:

"Erkundigen Sie sich nach den Nebenkosten für Strom, Wasser Heizung, Telefon und Endreinigung, für Bettwäsche und Handtücher, die in besseren Häusern oft gemietet werden können.
Lassen Sie sich vom Veranstalter die Lage des Hauses beschreiben: Wie weit ist es zum Strand, zum Einkaufen, zum Restaurant, zum Bus? Sind Fahrräder zu mieten?
Eine Reiserücktrittsversicherung ist dringend zu empfehlen - falls jemand krank wird. Manchmal ist die Versicherung schon im Mietpreis enthalten.
Häuser von Privat zu mieten, z. B. auch über Zeitungsanzeigen, ist zwar manchmal billiger, aber immer ein Risiko. An wen soll man sich halten, wenn das versprochene Traumhaus sich als besserer Hühnerstall entpuppt?
Um Enttäuschungen auszuschließen: Im Urlaub schon das Haus für das nächste Jahr ausgucken." (SW 7/89).

Informationen und ausführliches, bebildertes Prospektmaterial über Ferienhäuser in der Bretagne erhalten Sie zum Beispiel von den bretonischen Fremdenverkehrsämtern, professionellen Ferienhausvermietern oder deutschen Reisebüros mit entsprechendem Programm.

• *Drei Adressen*: **Ferienhausvermittlung Annick**; Hasenweide 71, 5020 Frechen, Tel. 02234/52465.
Inter Châlet - Ferienhäuser & Ferienwohnungen; Kaiser-Joseph-Str. 263, 7800 Freiburg, Tel. 0761/210 077.
Jean Jacq; Honsellstr. 8, 7640 Kehl a. Rhein, Tel. 07851/3001.

▶ **Gîtes ruraux**: So nennt sich auf französisch die ländliche Spielart des Feriendomizils abseits des Küstentrubels. Wahlweise wohnen Sie auf dem Bauernhof oder mitten im Dorf. Auch hier haben Sie die Wahl zwischen der möblierten Wohnung oder dem eigenen (Bauern-)Häuschen. Der Standard der Gîtes ruraux ist in der Regel nicht so hoch wie in den Ferienhäusern, preislich sind sie günstiger.

• *Information*: Fédération Nationale des Gîtes ruraux de France, Rue Godot de Mauroy 35, F-75009 Paris.

Die günstigsten Dächer über dem Kopf

▶ **Privatzimmer**: Die *Chambres d'Hôtes*, meist in kleineren Orten oder gleich auf dem Land, stellen günstige Übernachtungsmöglichkeiten in familiärem Rahmen dar: Höchstens fünf, oft nur 2 oder 3 Zimmer. In den meisten wird Frühstück gereicht. Wie bei den Hotels oder Campingplätzen sind die Gästezimmer in vier Kategorien unterteilt - ab 23 DM pro Person, meist inkl. Frühstück, bekommen Sie ein Zimmer. Manchmal wird für den Gast gekocht, der dann gegebenenfalls im Kreise der Familie mitißt. Adressenlisten sind im Besitz der Informationsbüros, ausführliches Material wird - nach Départements aufgeteilt - von der Vereinigung Gîtes de France verschickt, wo Sie auch buchen können (Anschriften siehe unter Ferme-Auberge).

▶ **Ferme-Auberge**: Den deutschen Ferien auf dem Bauernhof vergleichbar - das Zimmer auf dem bewirtschafteten Bauernhof. Vom simplen Anwesen bis zum stattlichen Gut reicht die Palette. Preise und Leistung fast durchwegs aufwendiger als beim Chambre d'Hôtes, Spezialität ist oft die angebotene Mahlzeit.

• *Informationen und Buchungen*:
Ille-et-Vilaine: Gîtes de France, 35000 Rennes, Rue Martenot 1, Tel. 99 029 741. Katalog kostenlos.
Côtes du Nord: Gîtes de France/Loisirs-Acceuil, 22010 St. Brieuc, Rue Baratoux 5, B.P. 556, Tel. 96 621 240. Katalogpreis ca. 17 DM.
Finistère: Gîtes de France-Acceuil Rural Finistère, 29322 Quimper Cedex, Maison de l'Agriculture, Allée Sully 5, Tel. 98 524 800. Katalogpreis ca. 25 DM.
Morbihan: Gîtes de France, 56403 Auray Cedex, Rue du Château 2, B.P. 318, Tel. 97 564 812. Katalogpreis ca. 15 DM.
Loire-Atlantique: Gîtes de France, 44000 Nantes, Maison du Tourisme, Place du Commerce, Tel. 40 353 548. Katalogpreis ca. 11 DM.

▶ **Jugendherberge**: Die *Auberge de Jeunesse* ist eine auch in Frankreich weitverbreitete Einrichtung. Im Besitz eines gültigen Jugendherbergsausweises können die 45 Einrichtungen in der Bretagne genutzt werden. Vom gebotenen Komfort bis zur Freundlichkeit der Herbergsväter/mütter sehr unterschiedlich, allen gemeinsam sind die einfachen Schlafräume, Kochgelegenheiten, Aufenthaltsräume und die Möglichkeit, Bettwäsche bzw. Schlafsäcke gegen Gebühr auszuleihen. Eine Übernachtung kostet für ein Mitglied 13 - 20 DM, Frühstück 5 DM, Essen nach Anmeldung 15 DM.

• *Information*: Fédération unie des Auberges de Jeunesse, Rue Pajol 27, F-75018 Paris, Tel. 42 460 7001.

▶ **Gîtes d'Etappe**: Besonders an Wander-, Rad- und Wasserwegen im Inland sind die jugendherbergsähnlichen Unterkünfte verstreut und bieten einfache Unterkunft.
Reiter, Wanderer, Radler, Kanu- oder Hausbootfahrer treffen sich hier ab 16 Uhr für meist eine Nacht (höchstens zwei dürfen sie bleiben), bevor sie sich wieder auf ihre verschiedenen Wege begeben. In der Regel stehen die Herbergen unter kommunaler Verwaltung und sind oft in einem ausrangierten öffentlichen Gebäude untergebracht - ein Schleusenhaus, die alte Schule oder das Hospiz. Des öfteren ist ein

Kanu- oder Radverleih angeschlossen.
An Komfort bieten sie mindestens einen Gemeinschaftsraum, eine ausgestattete Küchenecke, einen oder mehrere einfache Schlafräume mit Betten und/oder Matratzenlagern (wahlweise oft Zimmer für 2 - 4 Personen) und meist einfache Sanitärs. Bettwäsche wird im Bedarfsfall gestellt. Die Aufnahmekapazität beträgt zwischen 15 und 30 Plätzen. Warme Mahlzeiten sollten Sie telefonisch vorbestellen (ca. 16 DM), das Frühstück kostet 6 DM, die Übernachtung im Schlafraum 10 DM, im Zimmer für 2 Personen 25 DM.
• *Information*: A.B.R.I. (Verein für Relais- und Wanderwege), Rue des Portes Mordelaises 3, F-35000 Rennes.

Camping

Offiziell gemeldete Plätze gibt es in der Bretagne etwa 850, das sind 11 % aller französischen Campings, doch dürfte ihre Zahl im Sommer, wenn Grundstücksbesitzer in Ferienhochburgen zur Linderung der größten Not ein zusätzliches Fleckchen Abstellfläche vermieten, weit höher sein. Auf den rund 100.000 registrierten Standplätzen herrscht während der Saison ein reges Leben, immerhin 15 % aller Urlauber/innen wohnen auf dem Campingplatz. Deutsche Campingurlauber haben die Briten überholt: sie stellen 30 % der ausländischen Klientel.

Die französische Campingkultur hat Tradition und ist in punkto Komfort sehr ausgeprägt: Meist sind Monsieur und Madame samt Enfants mit dem Wohnwagen, zumindest mit einem steilwandigen Familienzelt unterwegs. Kühlschrank und TV gehören zur Grundausstattung, Waschmaschinen im Vorzelt sind weiter auf dem Vormarsch, und im Grunde wird in der mobilen Wohnküche auf dem Camping so gelebt wie zu Hause, wenn man einmal Ruhe hat. Hinweis: Kleinzeltbesitzer/innen, aber auch Wohnmobilisten ohne Vordach können von perfekt ausgerüsteten Platznachbarn auch mal schräg angeschaut werden.

Sie haben kein eigenes Zelt, weder Wohnwagen noch -mobil und wollen trotzdem auf den Campingplatz? Dann mieten Sie sich eine feste Unterkunft auf dem Platz - ein Mobil-Home, ein Bungalow oder ein Holzchalet für 4, 6 oder 8 Personen wird auf etlichen größeren Plätzen angeboten. Sie verfügen meist über zwei getrennte Schlafzimmer, einen Wohnraum, Küche mit Kühlschrank und Geschirr, Baderaum mit Dusche/Badewanne und WC.

Beispiel eines vollausgerüsteten *Hotel de plein air*: Waschmaschine, Küche, Babywickelraum, Fernsehraum, Aufenthaltsraum (mit Animationsabenden), Ping-Pong-Saal, Tennis- und Minigolfplatz, Swimmingpool, Fahrradverleih, Kinderspielplatz, Lebensmittelladen, Bar, Restaurant. Die eigene Reitschule oder der Golfplatz sind selten. Ein Platz an der Küste kann zudem noch über einen eigenen Strand und eigene Wassersportmöglichkeiten (Verleih, Schulungen) verfügen.
Etliche Plätze bieten für Körperbehinderte Rampen und adäquate sanitäre Anlagen an. Elektrikanschlüsse und Brotverkauf während der Saison gehören bei Plätzen der 2-Sternkategorie meist zum Standard.

Gas in internationalen blauen Flaschen oder der französischen Marken (z. B. *Primagaz, Antargaz*) erhalten Sie problemlos an den mit (Markenname)-gaz ausgeschilderten Depots auf dem Campingplatz, im Supermarkt, an der Tankstelle usw.

Ob der Platz und die Ausführung der Einrichtungen Ihrem Geschmack entsprechen, müssen letztendlich Sie entscheiden, doch auf eines sollten Sie sich einstellen: Hygienische Verhältnisse oder Modernität wie auf bundesdeutschen, z. B. vom ADAC gelobten Plätzen sind in der Bretagne eher selten.

Die Plätze sind durch ein für ganz Frankreich gültiges Sternchensystem kategorisiert. Ein Stern steht für einen Platz mit Minimalausstattung, die Höchststernzahl beträgt 4, die absoluten Luxusareale bezüglich Lage, Gestaltung und Ausstattung bieten die Château-Campings, zusammengeschlossen im Verband *Castels & Camping Caravaning* (Adresse siehe unten). Die *Campings Municipaux*, meist in der zweiten Kategorie beheimatet, werden von den jeweiligen Gemeinden/Städten betrieben und sind in der Regel billiger und komfortloser als die private Konkurrenz (gilt nicht für die Innerbretagne). Neben den Sternplätzen gibt es noch Camping auf dem Bauernhof und Aire-Naturelle-Anlagen.

Die Preise richten sich nach Kategorie, Ausstattung und Lage, gehobene Plätze gewähren in der Nebensaison oft einen Preisnachlaß (bis 30 %). Zwei Personen mit Zelt/Campingbus zahlen je nach Sternchenzahl und Saison von 10 bis 40 DM pro Tag.

Die Kategorien im einzelnen

Die offiziell-verbindliche Einstufung legt fest, welche Rahmenbedingungen der jeweiligen Kategorisierung zugrunde liegen. Wir zitieren aus dem kleinen bretonischen Campingführer:

C.F. *Camping auf dem Bauernhof (Camping Ferme); maximal 6 Stellplätze pro Bauernhof, Wasserstellen, Wasserbecken, Duschen und Spülbecken.*

A.N. *Campinganlage in der Natur (Aire naturelle); in einem natürlichen Rahmen maximal 25 Stellplätze pro Hektar, 3 Wasserstellen, 3 Toiletten, 2 Spülbecken, tägliche Müllabholung, 3 Waschbecken, 1 Dusche mit Warmwasser (empfehlenswert).*

* *Total erschlossen, befahrbare Wege, Waschbecken, Duschen mit Kaltwasser, Toiletten, Pissoirs, Spülbecken für Geschirr und Wäsche, tägliche Müllabholung, Telefon.*

** *Gut erschlossen, 1-Sterne-Komfort + Duschen mit Warmwasser, Steckdosen für Rasierapparate und kleine Haushaltsgeräte, individuelle Waschbecken, Beleuchtung der öffentlichen Plätze, tagsüber Bewachung, Animationstreff, Kinderspielplatz, abgegrenzte Stellplätze, Umzäunung.*

*** *Komfortabel - 2-Sterne-Komfort + individuelle sanitäre Einrichtungen, Stellplätze mit Stromversorgung, Lebensmittelversorgung vor Ort oder in der Nähe, Getränkelieferung in der Hochsaison, Bewachung rund um die Uhr, nächtliche Beleuchtung der Campingwege, Parkplatz am Eingang.*

**** *Großer Komfort - 3-Sterne-Komfort + solide und komfortable Gemeinschaftseinrichtungen, bewaldet und begrünt, gemeinnütziger Versammlungsraum.*

Grundsätzlich festzustellen ist, daß gerade bei der am häufigsten verbreiteten 2-Stern-Klasse der Standardunterschied eindeutig zugunsten des Inlands ausfällt - die kategoriegleichen Plätze an den Küsten sind meist liebloser und sanitär bescheidener als ihre Kollegen im Argoat.

Von Juni bis Ende Sepember sind fast alle Plätze geöffnet - wenige schließen schon Mitte oder Ende August oder öffnen erst ab Juli. Die meisten Campings liegen - entsprechend dem Bedarf - an der Küste, mit Abstand die meisten sind an der Südküste zu Hause. Im Sommer, speziell zwischen Mitte Juli und Mitte August, sind begehrte Küstencampings oder 4-Sterne-Luxuscamps oft voll. Wollen Sie nicht riskieren, abgewiesen zu werden oder bevorzugen Sie einen bestimmten Platz, hilft hier die Reservierung, am besten einige Wochen vorher.

Wie reservieren Sie?

Reservierungen werden schriftlich oder telefonisch angenommen. Wenn Sie per Telefon reservieren, machen Sie genaue Angaben über Ihren Bedarf und besonders über:

- die gewünschten Ankunfts- und Abfahrtsdaten, mit eventuell möglichen Ausweichdaten
- den gewünschten Stellplatztyp
- andere besondere Wünsche.

Da es am Telefon zu Mißverständnissen kommen kann, sollten Sie vorsichtshalber Ihre Reservierung schriftlich bestätigen lassen, ohne zu vergessen, Ihren Namen und Ihre Adresse anzugeben. Bei Annahme einer Reservierung wird von der Campingplatzleitung meist um eine Anzahlung gebeten. Der Restbetrag ist einige Wochen vor der gebuchten Urlaubszeit zu bezahlen.

Quelle: Tour de France, Camping-Urlaub, 1990.

• *Information*: **Union Bretonne de l'Hotellerie de Plein-Air**, 56007 Vannes Cedex, B.P. 301, Tel. 97 425 583. Oder direkt bei den französischen Fremdenverkehrsämtern.

Castels & Camping Caravaning, Sekretariat 56007 Vannes, B.P. 301, Tel. 97 425 583.

Essen

Essen wie Gott in Frankreich. Wir wünschen gesegneten Appetit: Artischocken, Austern, Lamm und Hummer - die erlesensten Zutaten frisch auf den Tisch, lautet das einfache Grundrezept der bretonischen Küche. Gourmets dürfen sich die Hände reiben.

Das Angebot besonders an Meeresfrüchten ist reichhaltig, aber auch Lammkeule auf bretonische Art oder Hasenklein mit Möhrchen und Dörrpflaumen sind nicht zu verachten. Die süßen Crêpes und deftigen Galettes, die überall angeboten werden, sind sowieso in der Bretagne zu

Hause: Auf armorikanischem Boden wurde zum ersten Mal Buchweizenmehlteig hauchdünn ausgerollt und auf einer heißen Eisenplatte gebacken.

Das Volksgericht *Kig ha Fars* und die Volkswurst *Andouille* sprechen Bände: Der kräftige Eintopf aus Gemüse, Rindfleisch und Schweinshaxe oder die deftige Kaldaunenwurst stehen für eine Küche, die als bäuerlich gilt. Weder die raffinierte Art der Zubereitung noch die ausgefuchste Würzkunst Pariser Gaumenkünstler sind für die bretonische Küche entscheidend, sondern die Qualität der Rohstoffe und ihre Zusammenstellung. Doch das Weißbrot mit der gesalzenen Butter gehört zu allen Mahlzeiten, da sind Bretonen recht eigen.

Appetitanregendes Kartenstudium

Rustikal ist in. Der Ruf der bretonischen Küche - von (normannischen?) Neidern auf Crêpes und Galettes reduziert - gewinnt an Renommée: Besonders im Herbst suchen Feinschmecker/innen verstärkt die Halbinsel auf, um sich in aller Ruhe den hiesigen kulinarischen Genüssen hinzugeben - bevorzugt mit Meeresgetier aller Art.

▶ **Restaurants**: Bei 20 DM ohne Getränke beginnt die Palette der Rechnungen (ohne Trinkgeld) im armorikanischen Restaurant. Nach oben hin sind kaum Grenzen gesetzt.
Normalerweise ist die Speisekarte mit den Tagesgerichten und den Preisen an der Restaurantfassade befestigt. Ihren Platz suchen Sie nicht selbst aus. Sie sagen dem *Chef de Salle*, wie viele Personen Sie sind, und der Saalchef plaziert Sie nach seinem Gutdünken - Einspruch können Sie selbstverständlich erheben. Wenn Sie dann sitzen, knüpft im gehobenem Restaurant der *Sommeliers* Kontakt mit Ihnen. Der Meister der Weine reicht die Getränkekarte und erwartet Ihre Ordres.
Bestellen können Sie Gerichte *à la carte* oder ein *Menu*. A la carte - Sie stellen sich die Speisenfolge selbst zusammen - ist in der Regel teurer. Die vom Gastronomen angebotenen Menus besitzen eine von ihm festgelegte Speisenfolge und reichen vom einfachen Tagesgericht (*Plat du jour*) über das dreigängige *Menu touristique* bis zum *Menu royal* mit sechs edlen Gängen (ab 100 DM ohne Getränke).
Das klassische Essen beginnt mit einem Apéritif. Ihm folgt die Vorspei-

se (*Entrée* oder *Hors d'oeuvre*) - z. B. Salate, Wurst, Muscheln oder Pasteten. Das Hauptgericht aus Fleisch oder Fisch plus Beilagen wird bei teuren Menus in mehreren Gängen aufgetragen, beim Touristenmenu gibt es einen Teller. Beim großen Menu folgen nun Käse oder Obst, worauf der süße Nachtisch (*Dessert*) gereicht wird, beim einfachen können Sie oft nur zwischen Käse/Obst und einer Süßspeise wählen. Der abschließende Kaffee und der *Digestif* (Schnaps) werden extra berechnet.
Die Essenszeiten am Mittag (*Déjeuner*) sind in der Regel von 12 - 14 Uhr, das Abendessen (*Dîner*) wird zwischen 19 und 22.30 Uhr eingenommen. Wer nach 21 Uhr ein Restaurant betritt, kann bei der Speisenauswahl Schwierigkeiten haben.
Hinweis: Ist ein Restaurant im Gegensatz zu seiner umliegenden Konkurrenz zur Essenszeit leer, ist dies ein schlechtes Zeichen für Qualität und Frische der Speisen.
Noch ein Hinweis: Restaurants mit dem Schild "*Routier*" dienen der werktätigen französischen Bevölkerung. Sie servieren zu günstigen Preisen (etwa 15 - 20 DM inkl. Wein) Hausmannskost in einfacher Atmosphäre.

▸ **Pizzerias**: Die Pizzeria der bretonischen Halbinsel entspricht in etwa der mitteleuropäischen. Pizza ab etwa 10 DM aufwärts, dazu bietet die Speisekarte der bretonischen Durchschnittspizzeria Vorspeisen, Salate, Pasta, Dessert, Fleisch- und Fischgerichte. Auch die Preisgestaltung der Pizzabäcker ist ähnlich. Wer sich durch alle Gänge tafelt, zahlt mindestens genausoviel wie in einem Restaurant des unteren Preisniveaus.

▸ **Crêperies**: Der bekannteste kulinarische Exportartikel der Bretagne - in jedem deutschen Studentenstädtchen serviert mittlerweile eine Crêperie die hauchdünnen Pfannkuchen, die ihren Ursprung in der Bretagne haben und dort täglich in Unmenge als geschätzte Zwischenmahlzeit verzehrt werden.
Dünne *Crêpes* aus hellem, gezuckertem Weizenmehl, Eiern und Milch dienen als Untergrund für süße Beläge wie Marmelade, Schokolade, Früchte, separat oder in Kombination. Die bekannteste ist die *Crêpe Suzette*, bestrichen mit Orangenmarmelade und flambiert mit Grand Marnier.
Für *Galettes* wird gesalzener Teig aus dunklem Buchweizenmehl (*Blé noir*) und Wasser geknetet. Galettes sind etwas dicker, sie werden belegt mit pikanten und deftigen Beilagen: z. B. Käse, Schinken, Knackwurst, Meeresfrüchte, Spargel etc.
Preislich liegen Crêpes und Galettes zwischen 3 - 12 DM.

▸ **Spezialitätenläden**: Ladenschilder wie *Charcuterie*, *Traiteur* oder *Rôtisseur* machen darauf aufmerksam, daß Sie hier Wurst-, Fleisch-, Käse- und Fischspezialitäten sowie fertig zubereitete kulinarische Köstlichkeiten bekommen, von denen Sie teilweise nicht einmal gewußt haben, daß es sie gibt. Tip für Selbstversorger: Die vorgekochten Mahlzeiten sind meist excellent und einfach aufzuwärmen. Geld darf nur am Rande eine Rolle spielen.

▸ **Poissonnerie**: Hier werden ausschließlich Meeresprodukte verkauft. In den Todesbecken tummeln sich ahnungslose Hummer, auf gestoßenem

Eis erwarten grätenlose Thunfischfilets, Barben, Brassen und silbrige Sardinen ihr Schicksal. In der meerbezogenen Bretagne, in der die Fischmahlzeit zu den Grundpfeilern des Speiseplans gehört, ist die Zahl der Poissonneries ungleich höher als z. B. in Österreich, das Angebot umfangreich und immer frisch.

▶ **Alimentation**: Dieses Schild weist auf einen Lebensmittelladen hin, der oft im Tante-Emma-Stil geführt wird und nur über ein begrenztes Warenangebot verfügt. Grundnahrungsmittel, dazu eine kleine Auswahl an Käse, Wurst, Obst und Gemüse sowie Grundreinigungsmittel gehören aber in der kleinsten Alimentation zur Minimalausstattung.

▶ **Marché und Supermarché**: Der wöchentliche *Markttag* in Stadt und Land ist in der Bretagne noch heute lebendige Einrichtung. Hier wird zum Teil noch in althergebrachten Markthallen alles für den Bedarf der Bevölkerung verkauft: Gemüse, Fleisch, Fisch, Blumen, Haushaltsartikel, Textilien, Schallplatten u. v. m. Markthändler touren regelmäßig zwischen den Marktorten: Wundern Sie sich nicht, wenn Sie auf dem nächsten Markt die gleichen Gesichter sehen.

Große *Supermärkte* finden sich normalerweise vor den Toren der Städte oder am Ortsrand größerer Landgemeinden. Das Angebot ist aufgrund des geringeren Importvolumens beschränkter als in vergleichbaren bundesdeutschen Supermärkten, doch immer noch mehr als ausreichend. Käse, Wurst und Fleisch im Supermarkt hinken der Qualität im Fachhandel nicht hinterher. Hinweis: Im Nordwesten der Bretagne ist auch in den Regalen größerer Einkaufsparadiese kein geriebener Parmesan zu finden.

▶ **Boucherie**: Die Metzgerei verkauft, verglichen mit einem deutschem Fleischerladen, weniger Fleisch- und Wurstprodukte, doch das Angebot ist qualitativ bestechend: köstliche Pasteten, zarte Hinterschinken, Wild oder saftige Steaks. *Rilettes* sind Schweinehackfleischpasteten, die *Paté de Campagne* wird meist aus Geflügel- oder Schweineleber hergestellt, und die berühmte *Andouille* ist nicht jedermanns Geschmack: Die Kaldaunenwurst aus feingeschnittenem Fettdarm, Kutteln und Kalbsgekröse wird geräuchert und/oder gekocht verzehrt.

▶ **Boulangerie**: Die französische Bäckerei beliefert auch am Sonntagvormittag ihre Kundschaft mit frischem Backwerk: *Baguette* ist das lange schmale Stangenweißbrot, *Pain* das kurze dicke Weißbrot. Ebenfalls immer frisch sind *Croissant* (Hörnchen) und *Pain au chocolat* (Hörnchen mit Schokofüllung). Langsam essen die Franzosen auch mehr Graubrot, Bretonen verzehren es traditionell gern zu Meeresfrüchten. Schwarzbrot ist so gut wie unbekannt.

▶ **Pâtisserie/Confiserie**: Die Konditorei der Franzosen - für Freunde von süßem Naschwerk eine verhängnisvolle Falle. Die Leckereien sind durchwegs kleiner als in der BRD gewohnt, doch geschmacklich phantastisch. Einige bretonische Spezialitäten sind der *Kuign Amman* (Butterkuchen), der *Far breton* (Rosinen- und Dörrpflaumeneierkuchen) oder der *Câteau breton* (Sandkuchen mit Apfel- oder Pflaumenmus gefüllt).

Meeresfrüchte

Wir nennen in diesem Zusammenhang: Austern, Hummer, Langusten, Krebse, Seespinnen, Jakobs- oder die gemeine Miesmuschel. Die Zubereitungsarten variieren unendlich, jeder Koch hat seine Rezepte. Hummer und Langusten rangieren preislich ganz vorne, eine stattliche gemischte Meeresfrüchteplatte für zwei Personen ist ab etwa 100 DM zu haben.

Übrigens: *Homard à l'Américaine*, Hummer in scharfer Sauce mit Chayennepfeffer, Weißwein und Tomaten, der weltweit auf den Speisekarten gehobener Gastronomietempel angeboten wird, ist ein von amerikanischen Hummerköchen lancierter Sprachirrtum. Richtig heißt's *Homard à l'Armoricaine*.

Das Getränk zu den Meeresfrüchten ist ein trockener Weißwein.

Getränke

- **Cidre**: Der ganz leichte, spritzige Apfelwein aus vergorenen Äpfeln wird aus dicken Keramikpötten gerne zu Galettes und Crêpes getrunken. Es gibt mehrere Sorten: der apfelsaftähnliche *Cidre doux* mit 3,5 % Alkohol, der herbere *Cidre brut* mit 4,5 % Alkohol. Der süffige *Cidre bouché* ist der Champagner unter den schwach alkoholischen Apfelgetränken. Hergestellt wird Cidre im ganzen Land - viele Bretonen destillieren selbst, Bauern, die einige Apfelbäume besitzen, verkaufen ihren *Cidre de ferme* ohne Etikett an jedermann. Schilder machen darauf aufmerksam.

- **Muscadet**: Der einzige namhafte bretonische Wein, der im Süden an der Loire gekeltert wird. Verglichen mit französischen Spitzenweinen durchschnittlich. Trotzdem wird er in der Bretagne viel getrunken, besonders zu Austern und allen Fischgerichten. Die Flasche kostet im Laden etwa ab 7 DM.

- **Bier** *(Bierre)*: "Un demi!" versteht jeder Schankkellner als Aufforderung, Ihnen ein Bier zu geben, doch einen halben Liter dürfen Sie nicht erwarten - die französische Halbe hat nur etwa 0,3 l. Bier vom Faß (*à la pression*) ist billiger als Flaschenbier, getrunken wird ein buntes Sammelsurium aus bretonischen, französischen, belgischen und manchmal deutschen Marken.

Sport

Insgesamt 2400 Kilometer zerklüftete Küste und ständig Wind über den Wellen - die Bretagne ist ein Eldorado des Wassersports. Segelyachten in allen Preisklassen bevölkern Häfen und den Ozean, Surfer liegen stramm im Wind, während Taucher/innen unbeobachtet ihrem voyeuristischen Vergnügen nachgehen.

Natürlich wird in der Bretagne wie überall in Frankreich Boule gespielt. Doch im bretonischen Sportangebot geht dieses simple Wurfspiel, mit dem sich, einem Vorurteil zufolge, gauloiserauchende Schieberkäppis

Der Schlag vor dem Einlochen

die Zeit vertreiben, schier unter. Allein im Finistère verteilen sich auf 1000 km Küste 85 Centres Nautiques. Und nicht nur das Wasser in seinen Spielarten Meer, Fluß oder See wird zum Spielfeld, auch auf dem Land sind die Möglichkeiten sportlicher Betätigung überaus mannigfaltig. Schon 1985 konnte der Campingführer eines bekannten Automobilclubs befriedigt feststellen: "*Tischtennisplatten gibt es in ausreichender Anzahl auf den Campingplätzen*".
Die nötige Ausrüstung wird auf der festen Erde wie beim Wassersportangebot bei Bedarf gestellt. Mittels Tennis- und Golfschlägern, Pferden oder Paraglidern können sich die Gäste körperlich austoben.
In größeren Touristenorten ergänzen sich Wasser- und Landsportangebot: Schulungen auf dem Segelboot oder dem Pferd gehören ebenso zum Programm wie einwöchige Tauchkurse oder stundenweiser Verleih von Sportgerät. Der Einfachheit halber können Sie auf Wunsch Lehrgänge aller Art buchen, in denen Quartier und Verpflegung bereits enthalten sind. Unverändert beliebt bei alt und jung ist eine Runde Minigolf auf einem der zahlreichen Minigolfplätze.

Wassersport

▶ **Segeln**: Die Nummer eins des bretonischen Sportangebots. Von der Luxusyacht bis zum klitzekleinen Optimisten tummeln sich Segelboote und Yachten aller Größen und Preisklassen in bretonischen Häfen und Gewässern - über 130 Segelschulen (*Ecole de voile*) verteilen sich in den Badeorten der Küste.
Segelschulen bieten z. B. einwöchige Kurse für Kinder und Erwachsene, Anfänger und Fortgeschrittene, sie verleihen Material und Ausrüstung und sind im Notfall Ansprechpartner für ratlose Windjammerkapitäne.

Die zahlreichen Yachthäfen (*Ports de plaisance*) gewähren den Freizeitseglern (*Plaisanciers*) Unterschlupf: Liegeplatz, Sanitäranlagen, Strom- und Spritversorgung gehören zum Service wie Auskünfte über Gezeiten, Wetter und Fahrtrouten. Die Liegegebühren variieren stark. In der Regel für ein 10-m-Boot 15 - 30 DM täglich.
Ausgesprochene und geschützte Segelgebiete sind die *Reede von Brest*, die *Bucht von Douarnenez*, der *Golf von Morbihan* und rund um die *Iles de Glénan*.

• *Information*: Eine Liste der Segelschulen ist erhältlich über Comité régional du Tourisme, 35069 Rennes, Rue de Paris 74 b, Tel. 99 284 430.

▶ **Surfen**: Für das Gleiten auf dem Brett gilt ähnliches wie für das Segeln - die Bedingungen sind exzellent, die *Centres nautiques* bieten Schulungen und verleihen Boards. Im Verleihgeschäft tätig sind auch ausgesprochene Surfspezialisten und Sportgeschäfte vor Ort.
Die Nordwestküste ist ein wildes Surfrevier, gefährlich wird es an der Westküste, ideale Bedingungen herrschen entlang der Südküste: *Quiberon*, *La Baule* oder die *Pointe de la Torche* - wo auch Weltcup-Rennen ausgetragen werden - sind nur einige Gebiete, in denen es sich nach Herzenslust surfen läßt.

▶ **Tauchen**: Die Bretagne ist aufgrund der Gezeitenwechsel und Unterwasserströmungen ein schwieriges Tauchgebiet, in dem der Unterwassersport ein Leben am Rande des Sportangebots fristet. Einige Beschränkungen sind zu beachten: Die Unterwasserjagd mit Preßluftflasche ist verboten, nur sechs Fische bzw. Schalentiere pro Tag dürfen erlegt, doch nicht verkauft werden. Manche Tauchgründe sind als Fangschutzgebiete ausgewiesen. Ausländische Taucher ohne Mitgliedschaft in einem bretonischen Tauchklub müssen ihre Tätigkeit bei der Marineverwaltung (Hafenbehörde) anmelden.

• *Information*: Tauch- und Unterwasserjagdclub der Bretagne, 44600 St. Nazaire, Rue F.-Buisson 78.
Centre International de Plongée de Glénan, 29182 Concarneau, P.B. 75, Tel. 98 972 119.

▶ **Fischen**: Nicht nur an der Küste oder vom Schiff aus findet die Jagd auf Speise- und Raubfische statt. Auf insgesamt 10.000 km Flußlauf- und Kanallänge können - den Angelschein voausgesetzt - Lachse, Aale, Glasaale, Forellen, Hechte und viele Kiemenatmer mehr mit der Angel an Land gezogen werden, und zwar angeblich ununterbrochen: "*In der Bretagne kann der Angler 365 Tage im Jahr, bei Tag wie bei Nacht, seinen Lieblingssport ausüben*" (bretonischer Werbeprospekt).
Die tatsächlichen regionalen Bestimmungen sind unterschiedlich, konkrete Auskünfte geben die betreffenden Informationsbüros.

• *Informationen für Flußfischen im Finistère*: Fédération Départementale des Associatons Agrées de Pêche et Pisciculture, Rue du Poher 1, 29000 Quimper, Tel. 98 531 661.

Landsport

▶ **Tennis**: Im ganzen Land gibt es Plätze - von Hotels, Campings, Clubs, privaten Zentren oder der Gemeinde unterhaltene Anlagen. Der weiße Sport ist mittlerweile so beliebt, daß im Sommer Engpässe unvermeidlich sind: Die Reservierung einige Tage vorher ist ein Muß. Die Preise pro Stunde sind von der Exklusivität des Clubs und der Anlage abhängig. Sie schwanken zwischen 12 und 20 DM.

• *Information*: Ligue de Bretagne de Tennis, 29200 Brest, Rue du Château 29, Tel. 98 431 795.

Eine weitere Adresse im Finistère: Comité Départemental de Tennis, Rue Frégate-la-belle-Poule, 29200 Brest, Tel. 98 461 858 u. 98 434 465.

▸ **Reiten**: Der Pferdesport hat Tradition in der Bretagne, und so ist das Angebot für Anfänger und Fortgeschrittene entsprechend groß. Von der Reitstunde bis zum mehrtägigen Ausritt reicht die Palette, Sie können wählen zwischen dem organisierten mehrstündigen Spazierritt und zwei Wochen Reiterferien. Eine typisch bretonische Alternative ist das "Reiten auf dem Bauernhof".

• *Information*: Association Régionale de Tourisme Equestre de Bretagne (A.R.T.E.B.), 56120 Josselin, Rue de la Carrière 8, Tel. 97 222 262.

Die Broschüre "Accueil rural en Bretagne" verschickt: Maison des Agriculteurs, 35000 Rennes, Avenue Janvier 22, Tel. 99 797 912.

▸ **Golf**: Die Bretagne zählt zu den ersten Golfadressen; der Golfclub von Dinard-St. Briac ist der älteste Frankreichs, und 1992 wurde auf etwa 30 bretonischen Golfplätzen eingelocht - das Spiel mit dem kleinen Ball auf der gepflegten Rasenfläche erfreut sich auch in der Bretagne immer größerer Beliebtheit. Die meisten Plätze haben 18 Löcher. Die Preise pro Runde bewegen sich unabhängig vom Handicap von 40 bis 80 DM.

• *Information*: CDT, 35000 Rennes, Rue Martenot 1, Tel. 99 029 743.

Was haben Sie entdeckt ?

Haben Sie **den** Strand in der Bretagne gefunden, ein freundliches Restaurant weitab vom Trubel, ein nettes Hotel mit Atmosphäre, einen schönen Wanderweg?
Wenn Sie *ERGÄNZUNGEN*, *VERBESSERUNGEN* oder *NEUE TIPS* zum *BRETAGNE*-Buch haben, lassen Sie es uns bitte wissen!
Wir freuen uns über jeden Brief.

Jochen Grashäuser
Kennwort "*Bretagne*"
c/o Verlag Michael Müller
Gerberei 19
91054 Erlangen

Côte Emeraude

Mont Saint-Michel *(87 Einwohner)*

Das "Wunder des Abendlandes" ist eines der großartigsten Bauwerke der Welt: "Mit seiner Domtiara und seinem Festungspanzer ist der Mont Saint-Michel im Meer, was Cheops in der Wüste ist." (Victor Hugo)

Seit über tausend Jahren strömen die Menschen zum Heiligen Berg. Früher machten Gläubige dem Erzengel Michael ihre Aufwartung, heute kommen Touristen, die das Wunderwerk bestaunen. Über eine Million Gäste besuchen das berühmte Kloster im Meer alljährlich.
Der Mont St. Michel, der sich pyramidenförmig 157 m hoch über einer unendlichen, von Prielen durchzogenen Schlick- und Meerlandschaft erhebt, ist eine der herausragenden architektonischen Meisterleistungen des Mittelalters: Auf einem Granitblock - etwa 900 m Umfang und 75 m hoch - gestalteten romanische und gotische Baumeister einen Kloster- und Burgkomplex, dessen Silhouette zum unvergeßlichen optischen Erlebnis wird. Oft von dramatischen Wolkenformationen umschleiert, überragt die "Pyramide der Meere" (Victor Hugo) die amphibische Landschaft der Bucht.

Der ursprünglich bretonische Mont St. Michel gehört heute zur Normandie: Im Lauf der Zeiten änderte der *Couesnon*, der Grenzfluß zwischen den beiden Regionen, mehrmals seinen Lauf - der Mont liegt jetzt haarscharf "drüben". Ein in der Bretagne häufig zitiertes Sprichwort gibt dem launischen Fluß denn auch die Schuld am Verlust des für auf-

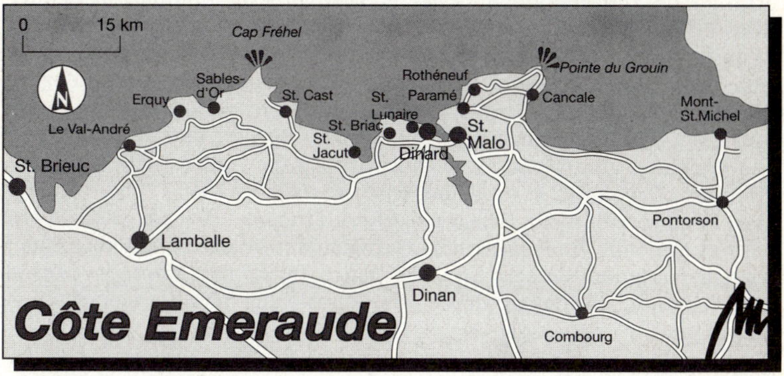

rechte Bretonen nach wie vor bretonischen Klosterberges: "*Le Couesnon dans sa folie mit le Mont en Normandie.*" (In seiner Verrücktheit hat der Couesnon den Mont in die Normandie verlegt).

Gewaltige Anstrengungen dürften nötig sein, um den von der UNO 1984 in die Liste der "Weltkulturdenkmäler" aufgenommenen Mont St. Michel in seiner Einzigartigkeit zu retten. Trotz des unglaublichen Gezeitenunterschieds von bis zu 14 Metern erreicht die Flut heute kaum mehr den unglaublichen Berg. Auch daran ist der Couesnon schuld: Schlick, Sand und Geröll, vom Fluß in die Bucht transportiert, bedrohen die einmalige Lage des Klosterberges. Ein für die Zukunft geplantes, gewaltiges Rückhaltebecken soll dafür sorgen, daß die Touristenattraktion nicht ganz mit dem Festland verwächst. Mußten die Pilger in früherer Zeit noch die Ebbe abwarten, um zum heiligen Berg zu gelangen, erreicht man ihn heute trockenen Fußes. Der 1880 fertiggestellte Damm bringt die Busladungen von Touristen ungefährdet bis zum großen Eingangstor.

Geschichte

Wir schreiben das Jahr 708. Bereits zweimal ist dem Bischof von Avranches, AUBERT, der Erzengel MICHAEL erschienen, um eine Kirche für sich anzumahnen. Der will anfangs nicht hören, doch einige schmerzhafte Kopfnüsse des streitbaren Engels überzeugen den Zweifler schließlich. Auf dem hoch aus dem Wald von Scissy ragenden *Mont Tombe* (Berg des Grabes, keltischer Bestattungsplatz) läßt er eine kleine Kirche zu Ehren des Erzengels errichten, doch kaum haben die Bauarbeiten begonnen, überrollt eine Springflut das Land. In einer riesigen Woge stürmt die See heran, taucht den Wald in die Fluten des Ozeans und überschwemmt das tiefgelegene Land. Fortan ist der Berg mit dem Kirchlein von Wasser umgeben.

Trotz Insellage - zahlreich wallfahrten die Menschen zum Mont St. Michel. Im 10. Jh. werden die Fundamente eines gigantisches Bauprojektes gelegt: Im Lauf zweier Jahrhunderte wächst auf der Felspyramide im Meer ein zunächst romanischer, ab 1212 gotischer himmelstürmender Klosterkomplex heran, für die damalige Zeit ein architektonisches Wunder. Immer mehr Pilger strömen auf den heiligen Berg und tragen zum Reichtum der Abtei bei. Das Kloster boomt, die Augenzeugenberichte über vollzogene Wunder auf dem Mont vergrößern noch sein Ansehen. Alle kommen, Adelige und reiche Bürger, Bauern und Arme, die Wallfahrt zum Mont St. Michel wird für die französische Christenheit fast obligat. Selbst im Hundertjährigen Krieg (1346 - 1450) versiegt der Pilgerstrom nicht. Die englischen Truppen, die auf dem 3 km entfernten *Mont Tombelaine* eine Garnison unterhalten und - abgesehen vom befestigten Klosterberg - die ganze Bucht des Mont St. Michel kontrollieren, verdienen durch die Ausstellung von Passierscheinen tüchtig mit.

Der Niedergang beginnt gegen Ende des 15. Jh. Mit der Einführung des Nießrechts können auch weltliche Herren als Äbte eingesetzt werden, und das Kloster verkommt langsam zu einer gut auszuplündernden Pfründe. Die mönchischen Sitten verrohen, die von den Pilgern überwiesenen Almosen fließen statt in die Kassen der Abtei in die Privatsäckel der Äbte. Die Mönche, sich selbst überlassen, führen ein mondänes Leben. Sie tragen Seide und Spitze, gehen zur Jagd, halten sich Konkubinen und pressen die Bauern im Umland aus. Während der Religionskriege brennt ein Abt mit der Kasse des Klosters durch, symptomatisches Zeichen für den Niedergang.

Die von den Humanisten des 16. Jh. und den Wissenschaften des 17. Jh. kritisierte Heiligenverehrung des Mittelalters sorgt für das Ausbleiben der Pilger und das Ende der Abtei - aus einer gutbesuchten Pilgerstätte wird ein ebenso gutbesuchtes königliches Gefängnis. Ab der Mitte des 17. Jh. besitzt der Mont St. Michel nur noch strafrechtliche Bedeutung, die tiefen, schlecht belüfteten Holzkerker und schweren Eisenkäfige werden zu traurigen Aufenthaltsorten für unbotmäßige Akademiker, kritische Literaten und aufmüpfige Revolutionäre. 1789 führt die Französische Revolution zum vollständigen Erliegen jeglichen religiösen Lebens. Der Mont St. Michel bleibt unter wechselnden Herrschaftsverhältnissen bis 1863 ein gefürchtetes Zuchthaus.

1865 bringt einen Neubeginn. Die Diözese von Coutances führt wieder eine Wallfahrt auf den so lange gemiedenen Berg durch. 1874 wird der Klosterberg als *Monument Historique* unter Denkmalschutz gestellt. Die heruntergekommenen Gebäude werden sorgfältig renoviert, ein Damm wird durch das Watt gebaut. Eine neue Ära für den Mont St. Michel beginnt: das Zeitalter des Tourismus.

- *Postleitzahl*: 50 166
- *Telefonvorwahl*: 33
- *Information*: Gleich hinter dem Eingangstor vor der Porte du Roi, einige Steinstufen hinauf bei den öffentlichen Toiletten; massig Prospekte und freundliche Auskünfte. Tel. 601 430.

- *Verbindung*: Mit dem **Bus** nach Pontorson über Beauvoir (ebenfalls Haltestelle) in der Saison bis zu 10 x täglich; letzte Abfahrt werktags 19.30 Uhr, Wochenende und Feiertage 18 Uhr. Danach bleibt nur noch das Taxi oder der Autostop.

Diverses

• *Bank*: In der Hochburg des Tourismus kann leicht das Geld ausgehen - Geldscheinautomat und Bankschalter sorgen für monetären Nachschub.

• *Einkaufen*: Konnten früher Reisende von antiquarischen Schnäppchen in den Mauern der Klosterburg berichten, listen wir nur gewissenhaft auf: 15 Souvenirläden mit einem Großangebot an Geschmacklosigkeiten drängen sich mit Restaurants und Imbißstuben die Grande Rue hinauf. Anschauen kostet nichts und ist gleichwohl vergnügsam. Unser Tip: Trinkgefäße aus Plastik in Totenschädelform.

• *Festival*: Juli und August jährlich die "Musikalischen Stunden von Mont St. Michel" unter dem Patronat des Ministers für Kultur. Klassische und liturgische Musik im feierlichen Rahmen der Abtei. Auskunft und Buchung beim SI in Avranches, Tel. 33/580 022. Eintritt 25 DM, ermäßigt 12 DM.

• *Gezeiten*: Wenn Sie das Kloster als Insel erleben wollen, sollten Sie die Zeit des Neu- oder Vollmonds (besonders flutreich die drei Tage danach) wählen - die Flut umspült dann mit Sicherheit die Meerespyramide.

• *Kinderhort*: Zwischen 15.6. und 15.9. können Sie kulturmüde Kinder durchgängig von 10 - 18 Uhr in der Hauptstraße am Fuß der Abtei abgeben (Hinweis: die Abteibesichtigung ist für junge Menschen anstrengend und auf Dauer wenig aufregend).

• *Messe*: In der Abteikirche versammeln sich außer im November täglich um 12.15 Uhr die noch verbliebenen Mönche des Klosterbergs zum öffentlichen Gottesdienst. Für 23 DM können Sie einem verstorbenen Angehörigen eine Messe lesen lassen, das Jahresabo (1 Messe pro Woche) kostet 1100 DM.

• *Pardon*: Große Wallfahrt zu St. Michael am dem 29.9. nächstliegenden Sonntag.

• *Parken*: Sie können wählen: entweder bewacht, gebührenpflichtig und flutsicher auf dem großen Asphaltparkplatz rechts vor dem Eingangstor oder unbewacht, gebührenfrei und flutbedroht im Areal davor.

• *Post*: Natürlich können Sie Ihre Postkarten mit einem "Wunder-des-Abendlands-Stempel" stempeln lassen - in der kleinen Post am Beginn der Grande Rue.

• *Shows & Ausstellungen*: **Visite Historique et Maritime**, **Archéoskop** (beide in der Grande Rue) und **Le Grévin** auf dem Weg zur Abtei bieten laut Prospekt "1000 Jahre Geschichte. 2 Besichtigungen + 1 Spektakel einzigartig auf der Welt." Schauspieler, Wachspuppen, Licht- und Toneffekte, dazu zahlreiche Exponate aus der Welt des Klosters und der Schiffahrt sorgen für "1 Stunde voller Entdeckungen und Emotionen." Pauschalkarte für alle drei Spektakel 30 DM, ermäßigt 20 DM, zwei kosten 20/15 DM. Vom 1.2. - 11.11. täglich von 9 - 17 Uhr, in der Saison eine Stunde länger.

Imaginaires du Mt. St. Michel: Vom 15.6. - 30.9. jede Nacht um 22 Uhr (außer Sonntag) beleuchtet ein erlesenes Lichtspektakel 2 Stunden lang ausgewählte Teile der Abtei - Säle, Krypten, Kapellen, Garten. Die romantische Entdeckung der Abtei bei Nacht kostet 20 DM, ermäßigt 12 DM, Kinder bis 12 Jahre gratis. Nicht so voll wie tagsüber.

Übernachten

In Mont St. Michel gibt es einige Hotels, die a) teuer und b) meist belegt sind (Vorbestellung). Etwa 2 km vor dem Kegel ist eine moderne Hotelsiedlung entstanden (Ardevon), weitere Hotels in Beauvoir, 4 km vom Mont. Ein Hotelschwerpunkt der Gegend ist Pontorson, 9 km entfernt. Die Hotels von Pontorson siehe unter Mont St. Michel/Umgebung.

• *Hotels auf dem Mont St. Michel*:

*** **Hotel de la Mère Poulard**: Das 27-Zimmer-Etablissement beherbergte bereits Könige, Präsidenten und berühmte Filmschauspieler. Bei Mutter Poulard schläft und speist die Prominenz. Menus 63 - 180 DM. DZ 130 - 280 DM, HP ab 230 DM, Frühstück 20 DM. Ganzjährig geöffnet. Tel. 601 401.

** **Hotel du Mouton-Blanc**: 28 Zimmer mit unterschiedlichster Ausstattung und Komfort. Empfehlenswertes Restaurant mit Menus zwischen 26 und 70 DM. DZ 60 - 170 DM, Frühstück 12 DM. Anfang Februar bis Ende November. Tel. 601 408.

* **La Vielle Auberge**: 13 Zimmer, teils mit Bad/Dusche und WC, einige kleine Zimmer mit Waschbecken. Brasserie/Restaurant, Menus ab 23 DM. DZ 50 - 100 DM, Frühstück 10 DM. Ganzjährig geöffnet. Tel. 601 434.

• *Hotels in Ardevon (2 km entfernt)*:

Ardevon ist Übernachtungsschwerpunkt der organisierten Bustouren. Die 5 Hotels entlang der Straße (Digue) sind alle mehr oder weniger gelungene, modern ausgestattete Neubauten. Ähnliches Preisniveau. Eine Auswahl:

*** **Le Relais du Roy**: Das zentrale Gemäuer aus dem Mittelalter ist von zwei verglasten Neubautrakts umringt. Stilvoll der Empfangsraum/Salon mit Kamin aus dem 15. Jh. und Holzbalkendecke. 27 Zimmer im Neubauteil, modern und funktional, Bad/Dusche/WC. Großes Restaurant mit Menus ab 24 DM. DZ 100 - 115 DM, Extrabett 30 DM, HP 75 - 110 DM, Frühstück 10 DM. Geöffnet vom 15.3. - 15.11. Tel. 601 425.

** **Hotel/Motel Vert**: Große Hotel-/Campinganlage an der Digue. Modernes 113-Zimmer-Hotel. Zimmer mit Bad oder Dusche/WC. In der Grünanlage etwas knapp kalkulierte, aber durchaus funktionale Bungalows für 3/4 Personen (Dusche, keine Kochgelegenheit). 500 Gedecke-Restaurant "La Rôtisserie" mit Menus ab 23 DM. DZ 65 - 100 DM, 3-Personen-Bungalow 70 DM, 4 Personen 90 DM. Geöffnet von Februar bis November. Tel. 600 933.

• *Hotels in Beauvoir (4 km entfernt)*:

* **Hotel Gué de Beauvoir**: Altes Schloßgebäude (Landhausstil), von schönem großen Garten mit alten Bäumen umgeben. 18 Zimmer mit solider Sanitärausstattung, meist Bad/WC. Restaurant mit Menus ab 26 DM. DZ nach Standard 80 - 115 DM Frühstück 10 DM. Ganzjährig geöffnet. Tel. 600 939.

Camping

Die nächsten Plätze liegen auf dem Weg nach Pontorson (D 976) in Ardevon (2 km) oder in Beauvoir (4 km). In der Hochsaison können diese Plätze voll belegt sein.

** **Camping-Caravaning du Mont St. Michel**: Der dem Mont nächstgelegene Platz. 350 Stellplätze auf Rasenterrain, teilweise Schatten, mehrere Sanitärblocks für die Platzreviere, die zentralen Anlagen gegenüber der Hotel-/Campingrezeption sind ganz in Ordnung. Spielplatz und Jahrmarktangebote für Kinder, Supermarkt und Restaurants an der Straße. Erwachsene, Zelt und und Auto je 4 DM, Kinder bis 7 Jahre 2 DM, Caravan 5 DM, Wohnmobil 7 DM, Motorrad 2,30 DM, Elektrik 4 DM. Geöffnet vom 15.3. - 15.11. Geöffnet von Februar bis 15.11. 50116 Le Mont St. Michel, Tel. 600 933.

** **Camping sous les Pommiers**: Umzäuntes Wiesengelände einige Schritte neben der Durchgangsstraße. 100 Plätze, zum Teil unter schattigen Apfelbäumen. Nicht unsympathisch, aber recht dürftige Sanitäranlagen. Snackrestaurant mit Tagesgerichten (11 - 14 DM). Erwachsene 4 DM, Kinder die Hälfte, Zelt 3 DM, Auto 2,80 DM Wohnmobil 6,30 DM, Motorrad 1,70 DM, Elektrik 4 DM. Geöffnet von April bis 30.9. Tel. 601 136.

** **Hotel/Camping Gué de Beauvoir**: Ungeschützte Wiese direkt an der Straße neben dem kleinen Château, erst nach hinten wird es ruhiger. Einige Obstbäume spenden etwas Schatten. Die spartanischen Sanitäranlagen sind höheren Belegungszahlen nicht gewachsen. Mensch 4 DM, Kind 2 DM, Auto 2,30 DM, Zelt 3 DM, Wohnwagen 4,50 DM, Motorrad 1,70 DM, Elektrik 4 DM. Tel. 600 923.

Weitere Plätze in **Pontorson** (siehe dort) und **Servon** (** Municipal, Tel. 33/602 797).

Essen

Die Bucht Mont St.-Michel ist bekannt für das **Prés Salés** genannte Fleisch: Lammfleisch mit dem besonders würzigen Geschmack der Salzweiden, auf denen die Schafe grasen. Eine andere, weltweit bekannte kulinarische Attraktion sind die nach dem Rezept der legendären Mère Poulard gefertigten Omeletts: Im schwindelerregenden Rhythmus schlagen bretonisch behaubte Damen gewaltige Eimassen in glänzenden Schüsseln schaumig und füllen das luftige Produkt in breite Omelettformen. Über Holzkohle gebraten, erfreute die Eierspeise schon Könige und Diplomaten. Zu bewundern ist das Schauspiel der Zubereitung im Restaurant de la Mère Poulard, zu genießen ebenfalls.

Sehenswertes

Befestigungsanlage: Den einzigen Zugang zum heiligen Berg bildet die *Porte de L'Avancée*, das Tor des mächtigen Vorwerks, das in den ersten befestigten Hof führt; hier befindet sich das ehemalige Wachgebäude aus dem 16. Jh. Die *Porte du Roi*, mit einem gefährlichen Fallgitter versehen, öffnet sich zu einem zweiten, fachwerkgesäumten Platz; rechts

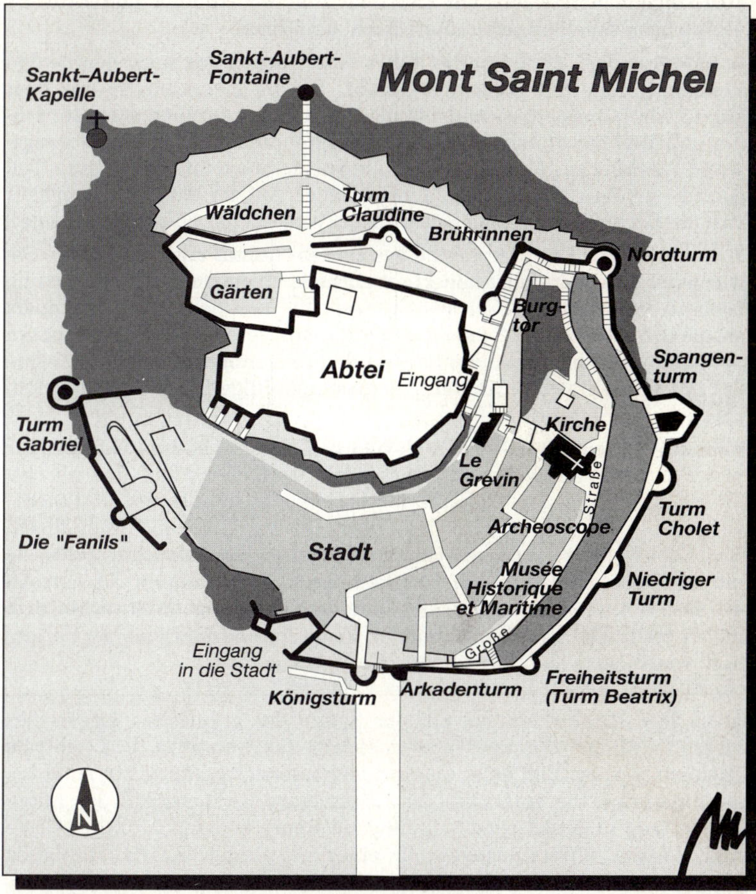

das *Maison de l'Arcade*, das einst den Soldaten des Abtes als Unterkunft diente. Gleich neben dem Arkadenhaus führt eine Treppe zur begehbaren Wehrmauer hinauf: Ausblicke rund um die Ostseite. Mehrere Türme mit Aussichtsplattformen erlauben dasselbe Vergnügen, am Ende, unterhalb der großen Treppenflucht, die zur Abtei hinaufsteigt, ist der *Nordturm* der beste Platz, um die einbrechende Flut zu beobachten.

Rechts der großen Abteitreppe gelangt man durch eine schmale Pforte in den *Klostergarten* auf der Nordseite. Ein Parkweg windet sich unter der abweisend-mächtigen Wand der Merveille zwischen alten Bäumen und bunten Blumenbeeten entlang und führt hinauf zur *Westplattform* vor der Klosterkirche. Bei Ebbe bietet sich ein außergewöhnliches Panorama: Tief unten, am Fuß des heiligen Berges, die granitene *Kapelle St. Aubert*, darüber zerfließt eine unendliche, von Prielen durchzogene Sandwüste am Horizont, und wo Himmel und Erde zu verwachsen scheinen, schimmert flach der Ozean.

Grande Rue: Die "Hauptstraße" führt hinter dem Platz nach den beiden Festungshöfen steil zur Abtei hinauf. Die Fachwerkhäuser aus dem 15./16. Jh. beherbergen Andenkenläden und Restaurants; statt der früher üblichen Devotionalien und Antiquitäten finden sich heute vorzugsweise Plastikschnickschnack und unmögliche Souvenirs. Im oberen Teil geht die gepflasterte Gasse in Treppen über. Auf der linken Seite erhebt sich die *Kirche St. Pierre*, ein Stück zurückversetzt das *Haus der Tiphaine*.

Eglise St. Pierre: Die Pfarrkirche des Dorfes stammt aus dem 11. Jh. Sie wurde im Lauf der Jahrhunderte mehrmals umgebaut, die Ausstattung besteht zum größten Teil aus Stücken, die aus dem Klosterkomplex ausgemustert wurden. Schön die lichtdurchflutete Apsis, in der rechten Seitenkapelle - hinter einem flackernden Kerzenmeer - eine versilberte St. Michaels-Statue. Schwere damastene Pilgerfahnen schmücken Empore und Seitenwände.

Haus der Tiphaine: 1360 wurde BERTRAND DUGUESCLIN zum Gouverneur von Pontorson ernannt und war damit weltlicher Chef des Mt. St. Michel. Im Haus der Tiphaine lebte seine Gattin TIPHAINE RAGUENEL, während er auf seinen Feldzügen unterwegs war. Von 1365 bis zu ihrem Tod 1374 wohnte Tiphaine hier; ihren Strohwitwenaufenthalt füllte sie mit wohlfahrtspflegerischen Tätigkeiten und dem Studium der Astrologie aus. Heute wird das alte Gebäude als Museum genutzt: echte Stilmöbel (zum Teil 14. Jh.), Gemälde, Wandteppiche und manche Seltenheit, von Pilgern dem Kloster zum Geschenk gemacht.
• *Eintritt*: Erwachsene 5 DM, Kinder/Studenten 3 DM, Schüler in Gruppen 1,50 DM.

Abtei: Der Klosterkomplex auf der Spitze des granitenen Kegels des Mont St. Michel entstand über mehrere Jahrhunderte. Das zentrale Problem war der Bau einer ausreichend befestigten Plattform rund um die Felsspitze, die einerseits das 100 m lange Kirchenschiff der Abteikirche trug und andererseits genügend Raum bot, um Mönche, Gäste und Vorräte unterzubringen. In einer gewaltigen Kraftanstrengung gelang den Baumeistern eine geschickte Lösung. Auf den Fuß des nackten Granits wurde nacheinander Stockwerk auf Stockwerk gesetzt, Gewölbe auf Gewölbe, bis der Kern der Felsspitze soweit verbreitert war, daß man die Kirche daraufsetzen konnte - eine Glanzleistung statischer Berechnung und architektonischer Gestaltung.
Drei Bauperioden und Stile lassen sich unterscheiden. Das Kloster der normannischen Herzöge wurde mit der Kirche *Notre-Dame-sous-Terre* 966 im karolingischen Stil begonnen. Die Kirche, zu Beginn des 11. Jh. in eine Krypta umgewandelt, bildete zusammen mit zwei anderen Krypten das Stützwerk für die *romanische Abteikirche der englischen Könige* (zweite Bauperiode 1017 - 1144). Der dritte Bauabschnitt begann 1212. Finanziert von französischen Königen, entstanden die gotischen Gebäude der *Merveille*, die kurz darauf wegen des Hundertjährigen Kriegs durch Befestigungen erweitert wurden, die das heiß umkämpfte, aber nie eroberte Kloster vor feindlichen Angriffen schützten.

La Merveille: Das Wunder. Der dreigeschossige Klosterbau auf der Nordseite des Mont, dessen Fundamente die Abteikirche mittragen, ist ein Meisterwerk gotischer Baukunst. Ermöglicht wurde es durch ausgiebige Schenkungen des französischen Königs PHILIPP-AUGUST, der die hochmütige Vormundschaft der Herzöge der Normandie über den Mont St. Michel beendete. In knapp zwanzigjähriger Arbeit erstand von 1211 - 1228 auf den teils durch einen Brand, teils durch bauliche Nachlässigkeiten stark in Mitleidenschaft gezogenen romanischen Bauteilen ein einzigartiger Gebäudekomplex: Hier wohnten die mönchische Belegschaft und hochgestellte Pilger, hier meditierten gläubige Brüder. Arme Pilger wurden in einem Gemeinschaftsraum verköstigt und untergebracht. Die Ostseite von oben nach unten: *Refektorium*, *Gästesaal*, *Almosenhalle*. Die Westseite: *Kreuzgang*, *Rittersaal*, *Vorratsräume* (darunter die Gruften des Kerkers). Den besten Eindruck der Merveille erhält man vom *Klostergarten* aus. Die mächtigen Strebepfeiler, die das gewaltige Bauwerk stützen, sind auf drei Etagen von hohen Fensterreihen durchbrochen, um das Innere der Merveille zu beleuchten. Flankiert wird der festungsähnliche Gebäudetrakt vom *Corbin-Turm* mit kegelförmigem Dach und engen Schießscharten. Die uneinnehmbaren Mauern des Chatelets, die die Gebäude der Merveille rechts davon umringen, sorgten für den Schutz der Klostergemeinde.

Die Merveille - eines der großartigsten Bauwerke des Abendlandes

Kreuzgang: Diese weitere Meisterleistung gotischer Architektur wurde 1228 fertiggestellt. Hier gelang die für die Gotik typische lichte Schwerelosigkeit. 227 schmucklos-schlanke Säulen tragen eine Doppelreihe spitzbogiger Arkaden, deren Rückseiten mit zartem Blattwerk und feinen Rankenmotiven geschmückt sind; dazwischen Fabelwesen und Menschenköpfe, an den Eckpfeilern biblische Szenen und ornamentales Dekor. Der Kreuzgang wird auf der Südseite durch ein zierliches Brunnenhaus (*Lavatorium*) unterbrochen, in dem früher die Mönche einmal wöchentlich das Ritual der Fußwaschung zelebrierten. Auf der Nordseite bietet sich das endlose Watt der Bucht von hoch oben dar.

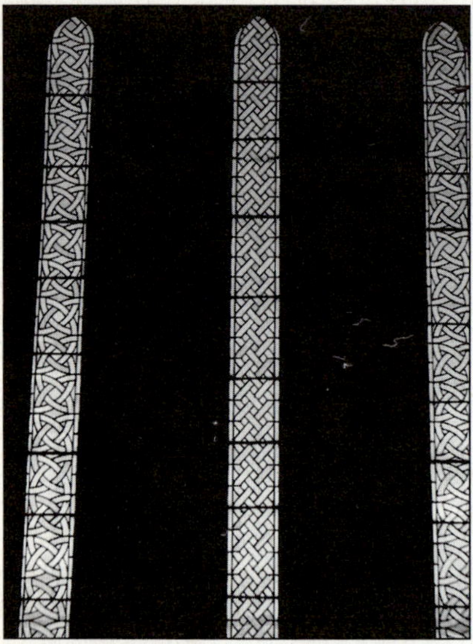
Fensterkunst am Mont St. Michel

Refektorium: Der ehemalige Speisesaal des Klosters wird durch 56 schmale, von schlanken Säulchen gerahmte Fensterschlitze in unwirklich-helles Licht getaucht. Die sich abwechselnden geometrischen Verzierungen der Buntglasmosaike bilden den einzigen Schmuck des weit und licht wirkenden Saales, in dem die Mönche schweigend ihre Mahlzeiten einnahmen; von einem Sitz, den der Architekt rechts in der Mauer ausgespart hat, rezitierte ein Bruder während des Essens heilige Texte.

Gästesaal: Zwischen 1208 und 1220 unter dem Abt Jourdain erbaut. Hier empfing der Klostervorsteher die reichen und berühmten Besucher und dinierte mit ihnen. Der 35 m lange Saal entfaltet die Pracht gotischer Baukunst: Eine Reihe eleganter Säulen und Spitzbogen teilt das ausladende Gewölbe, große Fenster beleuchten ihn. Zwischen den zwei riesigen Kaminen auf beiden Stirnseiten (sie dienten der Essenszubereitung) reihte man Tische aneinander, durch schwere Wandteppiche an der Nordwand wurde der Empfangsaal von den Latrinen für die Hochwohlgeborenen getrennt.

Rittersaal: Der Arbeitsraum (*Scriptorium*) der Mönche, hier wurde kopiert, studiert, geflüstert. Riesige Kamine beheizten den Raum (26 x 18 m), der durch schwere Wandteppiche in kleine Parzellen geteilt werden konnte. Seinen Namen erhielt der Saal vom Ritterorden des Hl. Michaels, von LUDWIG XI. 1469 gegründet. Weniger elegant als der Gästesaal, drei Reihen robuster Säulen mit blattwerkverzierten Kapitellen tragen die Decke. Über eine kleine Treppe (Nordwest) gelangt man vom Rittersaal hinunter in die Vorratskeller und den Almosensaal.

Almosensaal: In diesem durch eine einfache Säulenreihe aufgelockerten romanischen Gewölbe schliefen die weniger betuchten Pilger. Heute werden Postkarten, Bildbände, Dias und Filme verkauft. Ein Modell des Mont St. Michel instruiert den Besucher über den Verlauf der Führung.

Vorratsräume/Kerker: Die düsteren und dunklen Kreuzrippengewölbe, in denen die Vorräte des Klosters aufbewahrt wurden, ruhen auf zwei Reihen dicker Pfeiler. Ab 1472 wurde mit dem teilweisen Umbau der Keller begonnen; es entstanden schlecht gelüftete, mit schweren Holzbohlen versperrte Kerkerräume, die später noch durch massive Eisenkäfige erweitert wurden.

Kirche: Die Vierung der Kirche liegt direkt über der Felsspitze des Mont St. Michel. Um das Kirchenschiff zu tragen, wurde die Kirche *Notre-Dame-Sous-Terre* in eine Krypta verwandelt, deren mächtige Pfeiler den Chor tragen sollten. 1017 begannen die Bauarbeiten; in knapp 130 Jahren entstand eine gewaltige romanische Kirche, die zu Beginn des 13. Jh. neu "unterkellert" wurde und - durch die tragfähigen Fundamente der Merveille bedingt - erweitert werden konnte. Nachdem 1421 der Chor eingestürzt war, begann man 1446 mit dem Bau eines neuen Fundaments. Anstelle des romanischen Stützwerks wurden drei neue Krypten errichtet, deren berühmteste, die *Krypta der dicken Pfeiler* (zehn massige Stützpfeiler mit einem Umfang von jeweils fünf Metern), den neuen Chor trug. 1521 waren die Bauarbeiten vollendet - ein elegantlichtes spätgotisches Chor krönte das schlichte romanische Kirchenschiff. Leicht und anmutig erhebt sich der Turm der Kirche, eingefaßt von Strebewerk, Ballustraden und Türmchen. Der kupfervergoldete Erzengel, der auf der Turmspitze 157 m ü. d. M. seine Schwingen ausbreitet, stammt vom Bildhauer E. Frémiet, der ihn 1897 schuf.

• *Öffnungszeiten der Abtei*: Der Klosterkomplex kann nur geführt besichtigt werden. Mehrmals täglich 1- und 2stündige Führungen (französisch/englisch/deutsch). Französischsprachige Führungen in der Saison alle 20 Minuten, Fremdsprachentouren im Stundentakt. Vom 15.5. - 15.9 ist der Komplex durchgehend von 9.30 - 18 Uhr geöffnet. Den Rest des Jahres zumindest von 9.30 - 11.45 und 13.45 - 16.15 Uhr. Kurze Führung Erwachsene 11 DM, Kinder 5,50 DM, die lange 18/9 DM.

Mont St. Michel / Umgebung

▶ **Pontorson** *(2750 Einwohner)*: Wie der Klosterberg liegt das geschäftige Pontorson eben noch in der Normandie. Der hier kanalisierte *Cuesnon* tröpfelt träge durch das Städtchen, das seit Jahrhunderten von den Pilgern lebt, die von hier aus das letzte Stück ihrer Wallfahrt zurücklegen. Baugeschichtlich interessant ist die *Kirche Notre Dame*, auf Wunsch von Wilhelm dem Eroberer 1050 im romanischen Stil hochgezogen und später gotisch erweitert. Die Westfassade mit zwei romanischen Türmen ist in Europa einzigartig, ein vergleichbar architektonisches Kleinod läßt sich nur noch in Syrien finden. Ansonsten ist Pontorson für weniger betuchte Touristen interessant: Das Preisniveau für Übernachtung und Essen ist deutlich niedriger als am Mt. St. Michel und seiner unmittelbaren Umgebung.

• *Telefonvorwahl*: 33

• *Postleitzahl*: 50170

• *Information*: Die Angestellten des SI geben am Rathausplatz in der Nähe der Kathedrale Auskunft. Sehr hilfsbereit. Täglich 9.30 - 12, 15 - 18.30 Uhr. Sonntag nur 9 - 12 Uhr. Place de l' Eglise, Tel. 602 065.

Verbindung

Die **Busse** von Courriers Bretons halten und starten am Place de la Gare; Pontorson liegt verkehrsgünstig an den Strecken Rennes - Mont St. Michel (in der Saison zwischen 6.20 - 18.30 Uhr bis zu 9 x) und Fougères - St. Malo (3 - 4x täglich). Busse der Gesellschaft STN nach Cherbourg, Fougères, St. Malo, Dinard und Avranches.

Bus nach Mont St. Michel: Ganzjährig zur Klosterinsel ab Bahnhof, in der Saison bis zu 10 x. Aktuelle Abfahrtszeiten (Schwerpunkt am Vormittag) bei der Touristinfo oder am Bahnhof. Letzter Bus im Sommer um 19.40 Uhr. Fahrtdauer etwa 15 Minuten.

Zug: Verträumter SNCF-Bahnhof zwischen dem Place de la Gare und den beiden Bahnsteigen - relativ zentral, südöstlich der Ortsmitte an der Ausfallstraße nach Rennes. Direktzüge nach Dol/Rennes (werktags 4 x), Direktanschlüsse nach St. Malo, St. Brieuc, Nantes, über Dinard nach Paris Montparnasse. Tel. der Zugauskunft 600 035.

Diverses

• *Busausflüge*: Im Juli sowie im August führen organisierte Ausflüge u. a. an die Côte Emeraude, zu den Märkten der Region und zu den britischen Kanalinseln. Auskünfte und Buchung bei Courriers Bretons am Gare Routière beim Bahnhof, Tel. 601 143.

• *Fahrradverleih*: SNCF verleiht im Bahnhof Damen- und Herrenräder von Peugeot zu den üblichen Bedingungen. **Videloup** in der Rue Couesnon ist der ernstzunehmendste Privatkonkurrent der Bahn.

• *Markt*: Jeden Mittwoch.

Übernachten

** **Hotel Montgomery**: Im Jagdpavillon seiner Familie fühlte sich Charles Montgomery bereits 1521 wohl. Heute: Efeuumranktes 32-Zimmer-Hotel in einem Haus aus dem 16. Jh., Originalausstattung im Stil von Louis XIII. und Louis XIV. bis zurück ins 16. Jh. Viel gediegenes altes Holz in komfortablen Räumlichkeiten. Sehr stilvoll. Mit Terrasse, Blumengarten. Exquisites Restaurant mit 250 Gedecken (Menus 30 - 80 DM). DZ 70 - 150 DM, HP 83 - 105 DM, Frühstück 14 DM. Mitte Oktober für einen Monat geschlossen. Rue Couesnon 13, Tel. 600 009.

** **Hotel de Bretagne**: Fast am Ortsausgang, an der Straße zum Mt. St. Michel. 13 ordentliche Zimmer in einem familiären Hotel. Unterschiedliche Sanitärausstattung. Restaurant mit preisgünstigen Menus (23 - 60 DM). DZ 80 - 125 DM, Frühstück 10 DM. Geöffnet von Februar bis Mitte November und über Weihnachten. Rue Couesnon 59, Tel. 601 055.

** **Hotel de la Poste**: 32-Zimmer-Hotel in der Hauptstraße. Unterschiedlichster Sanitärkomfort, im Restaurant Tagesgerichte ab 16 DM, Menus bis 65 DM. DZ 40 - 95 DM, HP 95 DM. Ganzjährig geöffnet. Rue Couesnon 92, Tel. 600 045.

* **Relais Clemenceau**: 20 ordentliche Zimmer zwischen Bahntrasse und Hauptstraße. Unterschiedliche Sanitärausstattung. Restaurant, Menus ab 18 DM. DZ 30 - 100 DM, Frühstück 7 DM. Vom 15.1. - 15.2. geschlossen. Boulevard Clemenceau 40, Tel. 601 096.

* **Hotel du Châlet**: Schräg gegenüber vom Bahnhofplatz. 15 einfache Zimmer an der Durchgangsstraße. Zum Teil etwas laut, unterschiedliche Sanitärs. Auch Mehrbettzimmer (bis 5 Personen). Restaurant mit Menus ab 17 DM. DZ 30 - 100 DM, Etagendusche 5 DM. Place de la Gare, Tel. 600 016.

Hotel de France: Bahnhofshotel hinter der Bahnschranke, etwas prahlerisch mit dem Emblem der "Chaîne Hotelière des professionels de voyage" (Hotelkette der professionell Reisenden) geschmückt. Jugendtreff in der Erdgeschoßbar. 10 sehr einfache Zimmer. Mehrbettzimmer erhältlich. Etagenduschen (5 DM). EZ ab 23 DM, DZ 30 - 50 DM. Rue de Rennes 2, Tel. 602 917.

• *Jugendherberge*: In der Nähe des Campingplatzes (Richtung Mt. St. Michel, ausgeschildert); 50 Betten und 7 Familienzimmer, Kochgelegenheit. Übernachtung pro Nase 13 DM. Rue du Général Patton.

Camping/Essen

*** **Municipal**: Am Westrand des Orts, ausgeschildert. 110 Stellplätze auf einem 1991 eröffneten Wiesengelände am Ufer des normannisch/bretonischen Grenzflusses Couesnon. Gut ausgestattet, alles frisch, alles neu, aber noch kein Schatten. Bei gutem Wetter gesellen sich zu den Campern viele Moskitos. Erwachsene und Platz je 4 DM, Kinder und Auto je 2 DM, Elektrik 4 DM. In der Vorsaison 50 % Reduktion. Geöffnet von April bis Ende Oktober. Chemin des Soupirs, Tel. 600 018.

• *Essen*: Das kleine Pontorson im Hinterland ghdes Klosterbergs ist - wie viele andere Orte im Polderland der Küste - eine Hochburg des vorzüglichen Pré-Salés-Lamms: Die auf den Salzweiden gehaltenen Tiere besitzen durch ihre extravagante Ernährung ein vorzügliches, schon vorgewürztes Fleisch. Schlemmer reißen sich um diese Spezialität, ein Lokal sei empfohlen:

Hotel-Restaurant Montgomery: In der Hauptstraße. Zur Fachwerk-Atmosphäre siehe Übernachten. Zur Speisekarte: Pré-Salés-Lammkarree oder Tournedos mit Knoblauchcreme kosten etwa 40 - 45 DM. Natürlich bietet die Karte noch mehr Erlesenes aus Küche und Keller. Ausprobieren. Rue Couesnan 13, Tel. 600 009.

Fachwerk in der Grande Rue des Stuarts

Dol *(5000 Einwohner)*

Die Grande Rue des Stuarts gehört zu den besterhaltenen Altstadtstraßen der Bretagne. Sie wird gesäumt von geschichtsträchtigen Fachwerkhäusern, in denen wie eh und je die Alltagsgeschäfte getätigt werden. Nur werden im "Maison des Petits Palets", dem ältesten bretonischen Haus, heute Blumen statt kleiner Wurfscheiben verkauft.

Dol liegt auf einer etwa 20 Meter hohen Anhöhe, umgeben von den *Marais de Dol*, einem früheren Sumpfgebiet, das noch im 12. Jh. von den Fluten des Atlantiks überspült war. Zu Beginn des 6. Jh. war hier der britische Mönch SAMSON an Land gegangen und hatte ein Kloster gegründet, das zwischen dem 9. und 12. Jh. zu einem religiösen Zentrum anwuchs: Dol war die erste und über 350 Jahre lang mächtigste bretonische Bischofsstadt. Ihrem Erzbischof gehörten weite Ländereien und einträgliche Pfründe, uns so konnte die *Kathedrale von St. Samson* zu einer 100 m langen Kirchenfestung im Stil der normannischen Gotik heranwachsen. 1790 endete Dols glorreiche klerikale Vergangenheit: Die Revolutionäre enthoben den Bischof seiner Ämter und richteten ihn hin. Seitdem gehört die einstige Bischofsstadt zum Episkopat von Rennes. Bis ins 13. Jh. hinein führte Dol auch den Titel einer Hauptstadt: NOMINOE war in Dol 848 zum König der Bretagne gekrönt worden.

Dol ist heute ein ruhiges Landstädtchen, umgeben von einer Polderlandschaft, die durch den Deichbau von Gefangenen der Revolutionstruppen in eine grüne, häuschendurchsetzte Weidelandschaft unterhalb des Meeresspiegels verwandelt wurde. Hier weiden die berühmten Prés-

Salés-Schafe, deren würziges Fleisch zu den Doler Spezialitäten gehört. Neben der Kathedrale und den Gassen an der belebten, fachwerkgesäumten *Grande Rue-des-Stuarts*, steht im etwa 1,5 km entfernten *Champs Dolent* Frühgeschichtliches: Auf einem gepflegten Picknickgelände erhebt sich einer der schönsten Menhire der Bretagne. Eine umfassende Aussicht auf die Stadt und die sie umgebende Landschaft mit ihren 60 Kirchtürmen liefert der geschichts- und legendenträchtige *Mont-Dol*, der 3 km von Dol entfernt ganz allein 65 m hoch über der Ebene thront. Bis zur Silhouette des Mont St. Michel schweift der Blick.

• *Telefonvorwahl*: 99

• *Postleitzahl*: 35120

• *Information*: SI an der Hauptstraße, Grande Rue des Stuarts 3, Tel. 481 537.

• *Verbindung*: Mehrere **Busse** nach Combourg und Rennes. Im Sommer Anschlüsse nach St. Malo und zum Mont St. Michel.
Zug: Schnuckeliger Bahnhof etwa 1,5 km außerhalb des Zentrums an der Straße nach Combourg. Die Linien Rennes/St. Malo und Rennes-Pontorson/Mt. St. Michel verkehren mehrmals täglich in beide Richtungen, im Sommer Extrazüge. Verbindungen auch nach Dinan und St. Brieuc.

• *Fahrradverleih*: Sport Cycles Nicole (Cycles Goudange), Rue de Rennes 64, Tel. 480 320.

• *Festival*: Festival Folk Breton im August.

• *Markttag*: Samstag vormittag.

• *Parken*: Am problemlosesten zu jeder Tageszeit um die Kathedrale und am Place Châteaubriand, dem anderen Ende der Hauptstraße.

Übernachten/Camping

Dol ist meist nur eine Zwischenstation auf der Sightseeing-Tour. Drei 2-Stern-Häusern mit 70 Zimmern stehen 5 nichtklassifizierte Kleinsthotels gegenüber. Eine Auswahl:

** **Hotel la Bresche Arthur**: 24 Zimmer an der Umgehungsstraße um den Altstadtkern. Sanitär gut ausgestattet, vorzügliches Restaurant (siehe Essen), Garten. DZ 75 - 83 DM, HP 75 - 87 DM, Frühstück 10 DM. Ganzjährig geöfnet. Tel. 480 144.

* **Hotel de Bretagne**: 29 Zimmer im Zentrum. Lichte Räume an der Nordecke des Place Châteaubriand mit Blick über den Platz und breitgestreutem Sanitärstandard. Großzügiges, empfehlenswertes Restaurant, 4 wechselnde Menus von 18 - 45 DM, reiche Auswahl à la carte. DZ 30 - 75 DM; Frühstück 8 DM; HP 55 - 75 DM. Im Oktober geschlossen. Place Châteaubriand, Tel. 480 203.

* **Hotel de la Gare**: Das kleine Hotel in der Bahnhofstraße ist sanitär erweitert worden; 13 helle Zimmer und Restaurant mit "Caractère", in dem jederzeit Jean Gabin in der Rolle eines Eisenbahners aufkreuzen könnte. DZ mit Minimalausstattung ab 45 DM, DZ mit Badeluxus 70 DM, HP 60 - 73 DM. Ganzjährig geöffnet. Avenue Aristide Briand 21, Tel. 480 044.

Hotel Haye: Die Fassade verwahrlost und verrußt, doch der Eindruck trügt: Das Minihotel mit 1 kleinen Einbett- und 4 kleinen 2-Bett-Zimmern weiß im Inneren durch Putzigkeit zu gefallen. Kleines Innen- oder Hinterhofgärtchen und witziger Frühstücksraum. Etagendusche/WC. EZ 27 DM, DZ 40 DM, das Zimmer mit Dusche 43 DM, Frühstück 7 DM. Place Toullier, Tel. 480 582.

• *Camping*: **** **Le vieux Chêne**; von Lage und Gestaltung gelungener Platz 5 km östlich von Dol (1 km hinter Baguer-Pican an der RN 176), rund um einen stattlichen Bauernhof. Wer nicht direkt an der Straße steht, hat's ruhig. Sanitärs selbstverständlich in Ordnung. Weiher, Tennisplatz, Swimmingpools (ein Kinderpool), Ponyreiten, Bar, Restaurant. Lebensmittel, Landkost (Saumagen) und Spezielles (Entenpastete) aus eigener Produktion. Erwachsene 8 DM, Kinder die Hälfte, Platz 10 DM, Zelt 4 DM, Elektrik 4 DM. Juni 20 % Ermäßigung. Baguer Pican, Tel. 480 955.

**** **Castel des Ormes**: Auf der D 795 stadtauswärts Richtung Combourg, nach 7 km links ab in den Wald (ausgeschildert). Fürstliches Feriengelände oberhalb eines langgezogenen Sees mit Bischofsschloß aus dem 16. Jh. Der separate ehemalige Bediensteten-, Lager- und Stalltrakt wurde renoviert und den Erfordernissen eines modernen Camps angepaßt. Beheizter Swimmingpool, Planschbecken, Badestrand am Seeufer, Tennisplätze, Golfgelände zum Üben

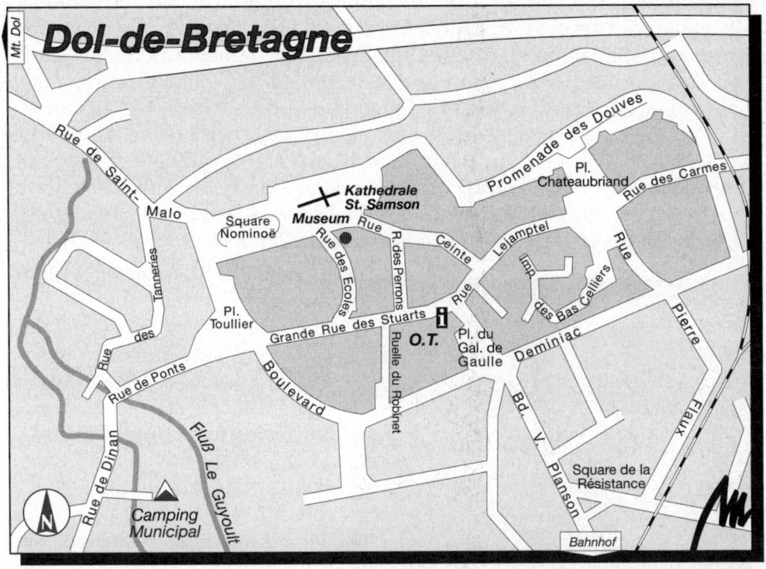

(halbe Stunde 17 DM, 4 Lektionen 50 DM), Laden, Bar, Restaurant, Disko, Waschmaschinen. Sehr gepflegte Sanitärs. Fahrräder, Reitpferde und Tretboot. Erwachsene 8 DM, Kinder die Hälfte, Platz inkl. Auto/Caravan oder Zelt 20 DM, Elektrik 5 DM. Von Ostern bis 30.9 geöffnet. Epiniac, Castel des Ormes, Tel. 481 019.

** **Municipal Les Tendières**: Großer 90-Parzellen-Platz stadtauswärts am Westrand von Dol, ausgeschildert. Am Eingang ein Weiherlein, durch das angenehme Gelände mit Bäumen fließt ein Bächlein. Efeuüberwachsene Sanitärs, an denen im Sommer Wartezeiten nicht auszuschließen sind - einfach, aber sauber. Erwachsene 3 DM, Kinder 2 DM, Platz 1,50 DM, Auto/Motorrad 1,50 DM, Wohnmobil 2,30 DM, Elektrik 3 DM. Rue de Dinan, Tel. 481 468.

Essen

La Grabotais: Schmuckes Fachwerkhaus in einer Seitenstraße der Rue Stuart, das auch innen seinen Stil behalten hat. Volltreffer für Leute, die Musketiere mögen. Frischebecken für Hummer und Fisch. Leckere Fischspezialitäten vom Holzkohlengrill über dem offenen Kamin, z. B. Hummer (16 DM/100 g). Meeresfrüchteplatte für 2 Personen 63 DM, 4 wechselnde Menus von 17 - 63 DM. Rue Ceinte 4, Tel. 481 989.

La Bresche Arthur: Das Hotelrestaurant an der Umgehungsstraße der Altstadt gilt als solide Speiseadresse. Mehrere Menus von 23 - 70 DM. Boulevard Deminiac 36, Tel. 480 144.

Sehenswertes

Grande Rue des Stuarts: Autos brausen durch die Idylle, doch die Hauptstraße, flankiert von weit vorkragenden Fachwerkhäusern, hat ihren Mittelalter-Charakter über die Jahrhunderte gerettet. Höhepunkt Haus Nr. 15 (der Blumenladen), das *Maison des Petits Palets*, von den Einwohnern schlicht *Plaids* (Klage, Prozeß) genannt - vermutlich wurden unter den schlichten romanischen Arkaden früher kleinere Gerichtssachen verhandelt. Hinter den Stützpfeilern des Erdgeschosses vom *Maison de la Goullotière* (13.-15. Jh.) hat sich ein Antiquitätenhändler niedergelassen; alte Sessel, Marienfiguren und Heiligenskulpturen am Bürgersteig, ein geharnischter Ritter glänzt über dem Schaufenster. Freunde der Unterwelt steigen im Haus Nr. 18 in die "Hölle" hinab: Aus romanischer Zeit stammt das *L'Enfer* genannte, düstere Kellergewölbe des Anwesens. Links oberhalb des Rathauses beginnt die *Rue Lejamptel*, die Verlängerung der Grande Rue zum Place Châteaubriand. Auch hier schöne Fachwerkhäuser, überwiegend Beige- und Brauntöne im Gebälk. Links halten und in die *Rue Ceinte*: In der schmalen Gasse, die zur Kathedrale führt, lebten die Kapitelherren. Besonders schön das 500 Jahre alte Bau-Ensemble am Restaurant *La Grabotais* (siehe Essen).

Kathedrale St.-Samson: Schon ihre Größe weist auf die frühere Bedeutung hin. Im Lauf von drei Jahrhunderten (12. - 15. Jh.) wuchs St. Samson zu einer mächtigen und düsteren Gottesfestung heran. Der linke Turm blieb unvollendet, der rechte wurde erst im 17. Jh. mit einer Spitze gekrönt. An der Südfassade springt die große gotische *Vorhalle* (13./14. Jh.) weit hervor und lockert die endlose Wand auf. Überwältigend der Innenraum der Kathedrale: Auf fast 100 m Länge überspannen gotische Bögen das steile, 21 m hohe und in drei Etagen gegliederte *Kirchenschiff*. Durch das hohe *Chorfenster* (spätes 13. Jh.) dringt dämmrig-bläuliches Licht, und beleuchtet gespenstisch die geschnitzten *Chorstühle* der Stiftsherren (14. Jh.). Das Fenster ist eines der ältesten bretonischen Buntglasfenster. Es überstand die Französische Revolution relativ unbeschadet und wurde mehrfach restauriert. Unter der Rosette in acht vertikale Reihen gegliedert, zeigen jeweils sechs kunstvolle, mit dem Opernglas gut auszumachende Medaillons heilige Geschichten in buntesten Farben. Für Kunsthistoriker erwähnen wir das *Grabmal des Bischofs Thomas James* im linken Querschiff - eines der ersten bretonischen Renaissance-Denkmäler, im frühen 16. Jh. von den Florentiner Bildhauerbrüdern GIUSTO gestaltet.

Museum: Das *La Trésorerie* genannte Granit-Anwesen am oberen Ende des Kathedralplatzes beherbergte einst die Wohnräume des Domherren, heute schützt es das Heimatkundemuseum. 19 Wachsfiguren erzählen Episoden aus der Stadtgeschichte, ein besonders trauriges Kapitel dabei die Schlachten rund um Dol während des Aufstands der Königstreuen mit 15.000 Toten. Neben Folterwerkzeugen und Seeräuberpistolen Holzskulpturen und Fayencen. Kurios: das "Versteck der Emigranten" und das Puppenkistendiorama - die Krönung Nominoes im Dom von Dol.

• *Öffnungszeiten*: Von Mai bis Oktober täglich außer Dienstag 9.30 - 18 Uhr. 40minütige Führungen, zum Teil deutschsprachig kommentiert. Erwachsene 7 DM, Kinder die Hälfte.

Dol / Umgebung

▶ **Menhir de Champ Dolent:** 9,30 m ist der Steinphallus hoch. Ein so gewaltiges Monument ist natürlich legendenumwoben. Als sich zwei feindlich gesonnene Brüder mit Waffengewalt um das Erbe ihres Vaters prügelten und das Blut der beiden bereits den Boden der Kampfstätte (*Champ Dolent* = Feld der Leiden) durchtränkte, soll der Granitbrocken vom Himmel gefallen sein, um die tobsüchtigen Rivalen zu trennen. Eine Zusatzlegende weiß, daß der Menhir jedes Jahr ein klein wenig tiefer in die Erde versinkt und daß das Jüngste Gericht tagen wird, wenn der riesige Monolith versunken ist.

• *Anfahrt*: An einem Picknickplätzchen unmittelbar neben dem Sträßchen nach Epiniac (D 4).

▶ **Mont Dol**: Auf der von Sagen und Geschichten umrankten Kuppe hat der Erzengel Michael gegen den Teufel gekämpft und gewonnen - er warf ihn den Berg hinab. Einsam, steil und unwirklich ragt inmitten der Polder die 65 m hohe Granitplatte aus der brettflachen Landschaft. Der gigantische Felsblock 3 km nördlich von Dol ist von lichtem Kastanienwald bestanden, eine schmale Straße führt von der Kirche des Weilers Mont Dols am Fuß des Bergs 16-%ig nach oben. Die *Wallfahrtskapelle Notre-Dame-de-l'Espérance*, eine Windmühle und ein schmales Granitstein-Anwesen mit *Restaurant/Crêperie/Café* krönen das Plateau. Von seiner Höhe aus bietet sich eine wunderschöne Aussicht über das Land. Bei klarer Sicht erkennen Sie: 40 Kirchturmspitzen, den blauen Strich des Atlantiks und den Kegel des Mont St. Michel am Horizont. Der Mont Dol wird heute als Picknickgelände genutzt: Zurückgelassene Plastiktüten und Abfälle verunzieren immer häufiger die romantische Idylle.

Auf dem Mont Dol

Wir zitieren, Sie sparen 2 Franc

In Auszügen: "Sie stehen mit 65 m über dem Meeresspiegel. Es überragt 25.000 ha Ebene. Diese Ebene liegt unter dem Meeresspiegel. Sie war schwer überflutet und bildet heute das Moor von Dol. Bei schönem Wetter erblicken Sie ein herrliches Panorama: Von der Bucht von Cancale bis zum Mont St. Michel. Links der Hafen von Cancale, die Landspitze von Grouin, der Leuchtturm von Erzal(?). In der Mitte, mit bloßen Augen sichtbar, die Insel Jersey, die den Horizont abschließt. Rechts heben sich deutlich die Landspitzen von Granville und Avranches ab, selbstverständlich auch eines der sieben Weltwunder, der Mont St. Michel. Mit Hilfe eines zweiten Teleskops, das auf das Landesinnere gerichtet ist und beim Kalvarium steht, können Sie die Umgebung bewundern. Circa 40 Kirchtürme sind, so sagt man, vom Mont Dol aus zu sehen. Der Mont selbst birgt zahlreiche Schätze. Eine beträchtliche prähistorische Ablagerung wurde 1872 entdeckt. Man fand Spuren von Jägern aus der Steinzeit. Diese pflegten das Wild zu erschrecken, so daß es vom Felsen in die Tiefe abstürzte. Man entdeckte außer den zahlreichen Handwerkszeugen aus Stein und Feuerstein Spuren vom Mammut, Elefanten, Rentieren, Löwen usw. Speziphinaussagen über das Thema und die Fauna, die hier in alten Zeiten lebte (?). Die Chapelle du Notre Dame der Guten Hoffnung aus dem 12. Jh. wurde auf den Ruinen des ehemaligen, der Diana, Göttin der Jagd, gewidmeten Tempel errichtet. Genau dahinter, so berichtet die Legende, trägt ein Felsen, der den Abgrund überragt, die Spur der Krallen und des (kurze Pause) erlauchten Hinterteils des Teufels. Gleichfalls ist die Fußspur des Heiligen Michael im Felsen eingeprägt. Der Turm, der auch zu Ehren der Guten Hoffnung der Mutter Gottes errichtet wurde, entstand im 19. Jh. In der Mühle erfahren Sie alles über den Beruf eines Müllers und sehen, welche Künstler die Handwerker damals waren. Die Sportlichen unter Ihnen steigen sicher gerne ins Unterholz hinab und entdecken dort die zahlreichen, in die Felsen eingehangnen (?) Grotten. Bevor Sie den Gipfel verlassen, werfen Sie bitte einen Blick auf die Kastanie, welche, wie man sich erzählt, im 17. Jh. von Seiner Hochwürden Toro, dem Bischof von Dol, gepflanzt wurde und die am Fuß einen Umfang von fast 13 m hat. Verlassen Sie den Mont Dol nicht, ohne die aus dem 12. Jh. stammende Kirche zu besichtigen. Sie werden es bestimmt nicht bereuen. Wir danken Ihnen dafür, daß Sie bei uns vorbeigekommen sind und wünschen Ihnen einen angenehmen Aufenthalt in unserer Gegend."

Dem ist nur eine Bemerkung des halboffiziellen Geldwechslers hinzuzufügen. Um im Fels die Spuren des Teufels und des Erzengels zu identifizieren (von der Bank neben den Fernrohren rechts runter und auf den Felsen zuhalten), bedürfe es "poucou de imagination", viel Vorstellungskraft.

• *Übernachten*: ** **Hotel du Tertre**; kleines, familiäres Hotel neben der Kirche von Mont-Dol, zu Füßen der Granitkuppe; 9 komfortable Zimmer mit z. T. antikem Mobiliar, Dusche /WC. Rustikaler Frühstückssalon. DZ 60 DM, Frühstück 10 DM. Mont-Dol, Tel. 482 057.

• *Camping*: Ein namenloser **Ferme-Camping** auf der anderen Seite Hügelseite. Sehr schönes Wiesengelände zu Füßen des Mont Dol rund um einen Bauernhof. Landleben für ruhige Naturen. Gute Sanitärs in der Scheune, Versorgung mit Agrarprodukten ab Erzeuger. Erwachsene 4 DM, Kinder 2 DM, Platz 2,50 DM, Auto 1,30 DM, Elektrik 3 DM.

Combourg *(4860 Einwohner)*

Schiefergedeckte Fachwerkhäuser unterhalb der turmbewehrten Schloßburg ducken sich an den Rand eines langgezogenen Teichs. In ihm spiegelt sich seit Jahrhunderten schleirig die Kulisse eines romantischen Märchens: die Dächer, Kegel und Türme eines Märchenchâteaus.

Die Bausubstanz des Orts ist teilweise wahrlich alt: Völlig efeuumrankt bietet sich eine Crêperie dem Auge dar, die 1987 wegen akuter Einsturzgefahr geschlossen werden domußte. Ansonsten ist Combourg ein sehr geschäftiges Städtchen, dessen Leben sich exakt innerhalb dem kurzen Stück zwischen der Kirche St. Gilduine und dem Château am anderen Ende der Hauptstraße abspielt. Zwei Meter daneben herrscht düsterste Provinz.

Combourg gewann in der Welt der Literatur einen Namen: Das Schloß war Wohnsitz von FRANCOIS-RENÉ DE CHÂTEAUBRIAND, der seine Jugend in Combourg erlebte und wohl nicht zu Unrecht behauptete, daß ihn dieser Ort zu dem gemacht habe, was er seinerzeit war - ein schwermütiger Romantiker. Combourg, das sich touristisch ganz auf seinen berühmten Sohn kapriziert, ist eine angenehme Zwischenstation auf dem Weg von Rennes zu den Fremdenverkehrsglanzlichtern an der Küste.

- Telefonvorwahl: 99
- Postleitzahl: 35270
- Information: S. I. im Maison de la Laterne (siehe Sehenswertes). Geöffnet vom 1.6. - 15.9. täglich 10.30 - 12.30 und 14.30 - 18.30 Uhr; Sonntag nur vormittags. Place Albert Parent, Tel. 731 393
- Verbindung: **Zug**; Bahnhof etwas außerhalb an der Straße D 796 Richtung Mont St.-Michel. Anschluß an die Linie Paris/Rennes - St. Malo, wochentags mindestens 6 x in beide Richtungen. Avenue de la Libération.
- Einkaufen: Hervorragende Wurstwaren gibt es beim Metzger Fauvel am Place Parent. Das Rezept für die meisterhafte Zubereitung geräucherter, bretonischer Kaldaunenwurst ("andouille") erhalten Sie gratis.
- Markt: Am Montag.

Übernachten/Camping

** **Hotel du Château**: Nettes, efeuumranktes Anwesen zwischen Schloß und Weiher. 28 Zimmer, einige luxuriöse Appartements, zum Garten hinaus sind die Räume besonders ruhig. Gepflegtes Restaurant mit guter Küche, Menus 23 - 80 DM, Ortsspezialität: Rinderfilet mit Sauce Châteaubriand. DZ 80 - 140 DM, Frühstück 13 DM. Weihnachten/Neujahr geschlossen. Place Châteaubriand 1, Tel. 730 038.

** **Hotel du Lac**: Gutbürgerliche Übernachtungsadresse unterhalb der Schloßmauer. 30 komfortable Zimmer, 10 sehr ruhig, mit Seeblick. Teils Duschkabinette, teils eigene Badezimmer. Gemütliches Restaurant mit breiter Glasfront zum Weiher hin (Menus 20 - 55 DM). DZ 30 - 95 DM, HP 43 - 75 DM, Frühstück 9 DM. Im November geschlossen. Place Châteaubriand 2, Tel. 730 565.

• *Camping*: ** **Le Vieux Châtel**; die ehemalige Municipal-Anlage ging 1989 in Privatbesitz über. Nett gestalteter, kleiner Platz am Weiher - doch das Ufer bleibt unerreichbar. Stellplätze durch Hecken parzelliert, genug Stromanschlüsse, schattig durch etliche Bäume. Pyramidenförmiger, futuristischer Sanitärpavillon mit Aufenthaltsraum. 2 Tennisplätze, Bouleplatz. Erwachsene 3,50 DM, Kinder die Hälfte, Auto 2 DM, Zelt 2 DM, Wohnmobil 3 DM, Elektrik 3 DM. Tel. 730 703.

Sehenswertes

Château de Combourg: Berühmt wurde das Schloß durch die Memoiren eines Bewohners. In seinen *Erinnerungen aus dem Jenseits* zeichnet der Dichter, Diplomat und erste französische Romantiker, FRANCOIS-RENÉ DE CHÂTEAUBRIAND, ein ausführliches Bild vom Leben auf Schloß Combourg, wo er die prägende Kindheit und Jugend verbrachte. Französische Gymnasiasten kennen seine literarischen Ergüsse: In düsteren Bildern erinnert sich der Erwachsene seiner vollen Hosen, als er eines Tages in einem Turm von einem früheren Schloßherrn erschreckt wurde, der sich in einen schwarzen Kater verwandelt hatte. Fortan hatte der Turm einen Namen (*Tour du Chat*) und der noch kleine René einen Heidenrespekt. Die leichteste Übung des späteren Dichterfürsten war der Blick unters Bett vor dem Schlafengehen und die Kontrolle der Schlafgemächer von Mutter und Schwestern, mit denen er, seit dem Tode des Vaters, allein hier lebte.

Nur der *Tour du More* wurde im 11. Jh. gebaut, der Rest der Außenfassade stammt von einer Erweiterungsaktion im 15. Jh. Der Innenausbau geht auf eine grundlegende Erneuerung im 19. Jh. zurück. Lange Zeit war die wehrhafte Burg im Besitz der Familie Duguesclin. Eine Liquiditätskrise zwang die mächtige Aristokratenfamilie Mitte des 18. Jh. zum Verkauf. Käufer und damit legaler Erwerber des vererbbaren Adelstitels wurde ein im Korsarengeschäft und im Sklavenhandel reichgewordener Reeder und Bürger von St. Malo, der Vater des späteren Dichters. Nach dessen Tod lebte die Mutter mit den beiden Töchtern und dem kleinen Francois-René alleine in dem düsteren Schloß. Châteaubriands Hang zu schwermütiger Romantik hatte, wie der Dichter in seinem umfangreichen Werk gesteht, in der schaurigen Atmosphäre des alten Gemäuers seinen Ursprung: "In Combourg bin ich das geworden, was ich bin . . ."

Noch heute befindet sich das Schloß im Besitz derer von Châteaubriand und wird von ihnen bewohnt. Um den großzügigen Wohnsitz im eigenen Park zu unterhalten, gestattet der Schloßherr das Flanieren im Park (inkl. Besichtigung der Kapelle) und den Besuch des früheren Salons, der spärliche Kuriositäten aus dem Leben des toten Dichters zeigt.

• Öffnungszeiten: Vom 1.4. - 31.10. täglich außer Dienstag von 9 - 12 und 14 - 18 Uhr. Innenbesichtigung (u. a. das Bett des Romantikers) nur nachmittags 14 - 18 Uhr. Hunde müssen draußenbleiben. Parkeintritt 3 DM, Totalbesichtigung 7 DM.

Maison de la Lanterne: Die schlichte Natursteinfassade und der nach hinten angesetzte Spitzturm machen den heutigen Sitz der Tourist-Info zu einer eigenen kleinen Sehenswürdigkeit. Das Haus, 1597 errichtet, diente früher als Wachhaus. Im flackernden Lichtkegel seiner Laterne wurden einst späte Stadtbesucher inspiziert. Die Laterne, die dem Haus seinen Namen gab, hängt am Ende des Eckplatzes zwischen Schloß und Weiher, direkt auf der Besichtigungstour durch das Städtchen.

Ebbe - Arbeitszeit für Austernzüchter

Cancale *(ca. 5000 Einwohner)*

Der Name Cancale bürgt seit Jahrhunderten für kulinarischen Hochgenuß: Cancaler Austern wurden in den Heerlagern des Julius Cäsar gefunden, sie wurden zweimal wöchentlich frisch an den Hof des Sonnenkönigs expediert oder begleiteten, geeist, den Zug Napoleons ins kalte Moskau.

Die großen Austernparks in der Bucht zwischen der *Jetée de la Fenêtre* (Hafendamm) und der *Pointe du Hock* sind Cancales größtes Kapital. Daneben haben sich in den letzten Jahren die Aufzucht der gemeinen Miesmuschel (Zentrum ist das 15 km entfernte *Viviers-sur-Mer*) und - dank des sanften Klimas - der Anbau edler Frühgemüse als weitere Erwerbsquellen entwickelt.

Touristisch tat Cancale 1990 einen Sprung nach vorn: Mit der staatlichen Klassifizierung zur *Station Littoral Ancienne* (alte Küstenstadt) erhielt Cancale die behördliche Genehmigung zur Einstellung eines staatlich bestallten Tourismusdirektors. YVES BEAUDOUIN verpricht sich von dieser Maßnahme neuen Schwung für die "Entwicklung hin zum professionellen Tourismus". Man mag zu diesem Konzept stehen wie man will: Noch ist Cancale ein sympathisches Küstenstädtchen mit dem provinziellen Flair des Exklusiven. Das touristische Leben, das sich zwischen den gemütlichen Restaurants, Bars, Hotels und Austern-Probierstuben entlang des Hafendamms abspielt, besitzt höchstens im Sommer jene geschliffene Professionalität, mit der Busladungen von Touristen durch das Austernprogramm geschleust werden. Und während sich im Schlick der schachbrettartigen Gehege betriebsam Traktoren, Züchter und Touristen tummeln, herrscht oben auf der Klippe über dem Hafen, wo sich alte Häuser um den Kirchplatz drängen, die träge Ruhe des einstigen Bauern- und Fischerdorfes.

- *Telefonvorwahl*: 99
- *Postleitzahl*: 35260
- *Information*: Verglaster Pavillon des Tourismusbüros, 100 m unterhalb der Kirche auf dem Weg hinab zum Hafen. Im Juli und August täglich von 8.30 - 19 Uhr, sonst 9.30 - 12.30 und 14 - 18 Uhr. In der Nebensaison Sonntag und Montag geschlossen. Rue du Port 44, Tel 896 372.

- *Verbindung*: Mehrere **Bus**haltestellen über die verschiedenen Ortsteile verstreut, z. B. am Hafen (Port de la Houle) und auf dem Kirchplatz im oberen Ortszentrum. Täglich bis zu 7 x über St. Coulomb/Parame nach St. Malo (40 Min.); Sonn- und Feiertag kein Busverkehr. Jeden Samstag startet ein Sonderbus der "Courriers Bretons" zum Markt nach Dol (45 Min.). Abfahrt an der Kirche.

Diverses

- *Bootsausflug*: In Cancale Zusteigemöglichkeit für die in Viviers sur Mer (15 km östlich) startende **Sirène de la Baie** - ein angeblich einzigartiges Amphibien-Bus-Boot-Restaurant. Zwischen Ostern und Oktober bis zu 5 x täglich eine 2,5-Stundentour, mehrere Stopps an Austernbänken, Muschelgründen und dem Heiligen Berg. Einfache Kreuzfahrt ohne Essen in dem nautischen Unikat Erwachsene 30 DM, Kinder 18 DM. Im Restaurant Menus ab 40 DM, das Dutzend Austern 16 DM; "Kreuzfahrt inklusive" 100 DM: eine halbe Flasche Champagner, Hummer und Meeresfrüchte + eine Überraschung des Küchenchefs. Buchungen über den Gare maritime in Viviers-sur-Mer (Hafen), Tel. 488 230.

  Der **Verein ABC** (Association Buisquine Cancalaise) bietet Fahrten auf einem rekonstruierten Krebsfänger aus dem 19. Jh. an. Die Halb- bzw. Tagesfahrt auf dem restaurierten Zweimaster "La Cancalaise" weiht in Segelmanöver und Tricks der Austern- und Hummerfischer ein. Ohne Verpflegung in der HS 80 DM, in der NS 60, Wochenende 190 DM. Mehrtägige Kreuzfahrten auf die anglo-normannischen Inseln, nach Südengland etc. für 120 DM/Tag. Auskünfte und Buchungen über das Bürgermeisteramt oder Tel. 897 787.
- *Fahrradverleih*: Mountainbikes und Tourenräder bei Ouest Location in einer Seitenstraße auf dem Weg nach St. Malo. Rue de l'Industrie.
- *Maritimes*: Alle Formalitäten, die mit dem Meer zu tun haben, können erledigt werden in der Rue de la Marine 23 (hinter der Kirche), Tel. 896 025.
- *Markt*: Wochenmarkt Sonntag vormittag auf dem Kirchplatz und in den kleinen Straßen dahinter (Rue de la Marine und Rue Cocan).
- *Parken*: Entlang der Hafenmole oder auf dem Platz vor der Kirche.
- *Schwimmen*: In der Bucht unterhalb der Kirche, nördlich der Austernbänke, ein etwas veraltetes Ebbe-/Flutbecken. Parkmöglichkeiten am Hafendamm.
- *Tennis*: Öffentlich bespielbare Plätze beim Stadion. Rue de Coubertin.
- *Wassersport*: Segeln und Wasserski am Plage de Port-Mer, Tauchschule am Plage de Port-Briac.

Übernachten

Fast ausschließlich an der Hafenzeile. Stilvoll mit viel Geschmack und Atmosphäre die Hotels am Ende des Quai Thomas.

*** **Hotel Continental**: Die gediegenste Herberge der Stadt. Direkt an der Uferpromenade. 18 schön möblierte Zimmer mit Bad und WC, Blick über die Bucht. Stilvoller Salon und schöner holzgetäfelter Speisesaal mit sorgfältig gedeckten Tischen, Menus 40 - 70 DM. Die Zimmerpreise steigen mit den Stockwerken (Lift). DZ 115 - 210 DM Frühstück 13 DM. Ganzjährig geöffnet. Quai Thomas, Tel. 896 016.

** **Hotel L'Emeraude**: Insgesamt 16 Zimmer, die meisten davon im Stammhaus an der Uferpromenade, einige ruhigere in einem Spitzturmgebäude auf den Klippen dahinter mit entsprechender Aussicht. Alle Zimmer mit Bad/Dusche/WC. Im holzgetäfelten Speisesaal traditionelle Meeresfrüchte-Küche. Im Sommer nur Halbpension. DZ nach Standard 90 - 195 DM, HP ab 100 DM, Frühstück 10 DM. Ganzjährig geöffnet. Quai Thomas, Tel. 896 176.

** **Hotel le Phare**: In Stil und Qualität dem benachbarten Emeraude ebenbürtig, nur etwas kleiner. 11 Zimmer, 1989 frisch renoviert und sanitär überholt (Bad/Dusche und WC). Ortsüblicher Ausblick. Im Panorama-Restaurant mit 2 Michelin-Gabeln kocht der Besitzer selbst: Austern, Hummer, Schalentiere, 4 Menuangebote 27 - 75 DM. DZ 80 - 140 DM, Frühstück 10 DM. Im Dezember und Januar geschlossen. Quai Thomas, Tel. 896 024.

* **Hotel Querrien**: Etwas zurückversetzt am Ende der Hafenmole. Die 9 Zimmer sind sanitär unterschiedlich, etwas klein, aber ordentlich. Der Besitzer ist Austernzüchter und betreibt eine bei der Gemeindejugend beliebte Pizzeria (ab 12 DM). DZ ohne Sanitärs 30 DM, mit Dusche 60 DM, mit Bad/WC 80 DM, Frühstück 8 DM. Geöffnet von Mitte Februar bis 15.11.. Quai Dugay Trouin 7, Tel. 896 456.

* **Hotel de la Houle**: Nettes kleines Familienhotel mit 11 Zimmern in der Mitte der Hafenzeile. Teilweise 3-/4-Bettzimmer. Ohne Restaurant, aber mit ansprechendem Frühstücksbuffet (10 - 15 DM). DZ 55 - 90 DM, 3-Bett-Zimmer 90 DM, 4-Bett-Zimmer 100 DM. Geöffnet von Februar bis Dezember. Quai Gambetta 18, Tel. 896 238.

Hotel la Cotriade: In einer Quergasse zum Quai Gambetta. Grill/Snack-Restaurant (Menus 17 - 23 DM). 13 Zimmer z. T. mit Hafenzeilen- und Meerblick. Unterschiedliche Sanitärausstattung, z. T. etwas spartanisches Mobiliar. DZ ab 55 DM, mit Bad/WC/Meerblick 85 DM, mit Dusche/WC ohne Panorama 65 DM. Quai Gambetta 23, Tel. 896 178.

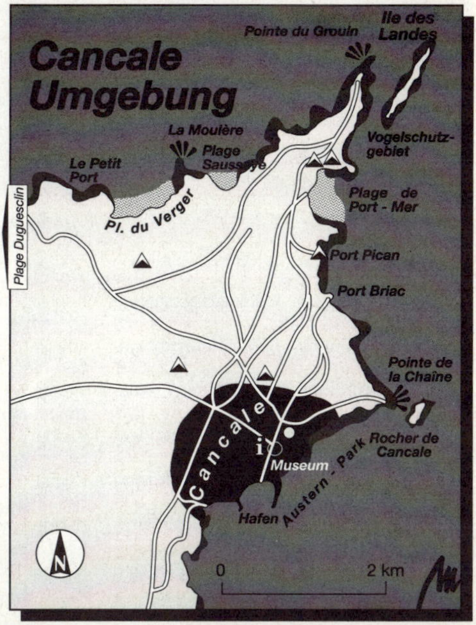

Camping

*** **Port Mer**: Rechts der Straße von der Pointe du Grouin nach Port Mer. Direkter Zugang zum Sandstrand. Windgeschützt auf einem steilen Hügel etwa 1,5 km außerhalb von Port Mer; schönes Wiesengelände, das zum Meer hin abfällt. Bar und Laden für Brot, Gebäck und schnelles Kochen. 2 ordentliche Sanitärblocks und ausreichend Stromboxen mit 220 Volt. Hunde brauchen Impfpapiere, sind an der Leine zu halten und haben Strandverbot. Pauschale (2 Personen, Platz und Auto) 18 DM, Extraperson 5 DM,

Kinder bis 7 Jahre 2,50 DM, Elektrik 4 DM. 85 Stellplätze. Geöffnet von Ostern bis 30.9. Tel. 896 317.

*** **Bel Air**: Im gleichnamigen Ortsteil, nördlich von Cancale links der Straße. Schattiger Platz 1 km vom Meer, von hohen Hecken eingerahmt und unterteilt. Beheiztes Schwimmbecken, TV-Raum und Tischtennis. Am Platzeingang stehen Wohncontainer zur Disposition. Etwa 600 m zum Ortszentrum. Platzpauschale (2 Personen samt alles) 23 DM, ansonsten Erwachsene 5 DM, Kinder 3 DM, Elektrik 5 DM. Rue du Herpin, Tel. 896 436.

** **Municipal du Grouin**: An die Bucht von Port Mer anschließend, hoch auf den Klippen hinter der Pointe Barbe Brulée. Terrassierte Wiesenfläche, durch schattenspendende Bäume etwas aufgelockert. Fahrradverleih. Zur Pointe du Grouin nur ein Katzensprung, Aussicht aufs Vogelschutzgebiet. Platzpauschale 13 DM, ansonsten Erwachsene und Platz je 3 DM, Kinder 1,50 DM, Auto 2,30 DM, Motorrad 1,20 DM, Elektrik 2 - 5 DM. 166 Stellplätze. Geöffnet von April bis September. Tel. 896 379.

Weitere Plätze entlang der Nordküste Richtung St. Malo. Z. B. *** **Notre Dame du Verger** (Platzpauschale 17 DM) etwas oberhalb des gleichnamigen Badestrandes und ** **Les Chevrets** kurz vor den Skulpturen von Rotheneuf.

Frische Austern professionell geknackt

Essen

Natürlich gibt es in der Austernstadt mehrere vorzügliche Restaurants, vorzugsweise am Quai Thomas. Für den delikaten Snack zwischendurch sorgen die Degustationslokale, die an derben Holztischen auf der Promenade ausschließlich Austern servieren: Das Dutzend (Größen nach Wahl), professionell frisch geknackt, wird mit Zitrone, bretonischem Landbrot, gesalzener Butter und einem Viertel gutgekühltem Muskateller aufgetragen. Portion 10 DM. Wohl bekomm's!

Cancale ist Treffpunkt renommierter, anonymer Testesser, die nach einem wunderbaren Abend des Gaumenkitzels großzügig mit Kochlöffeln und -mützen, Sternen und Gabeln um sich werfen - die Restaurantlandschaft ist zugepflastert mit Ehrungen aller Art. Ein beliebter Sammelplatz des tüchtigen Berufstands der Mützenverteiler sei kurz genannt:

Restaurant de Bricourt: Etwas oberhalb der Kirche an der Straße nach St. Malo. Gediegenes Ambiente vereint mit vorzüglicher Küche. Das dem Gourmet-Konzern Roellinger eingegliederte Restaurant bietet Menus der gehobenen Kategorie von 43 - 100 DM: Filet St. Pierre auf Kräutern, kleine, leichte Meeresfrüchtegratins und natürlich Hummer. Rue de Duguesclin 1, Tel. 896 476.

Austern

Hauptgrund für den Ruf Cancaler Austern ist der starke Gezeitenunterschied in der Bucht, der die Austernparks bei Flut mit genügend Nahrung versorgt und den angesammelten Schlick wegspült. Dazu kommt das eigentümliche Plankton des Meeres vor Cancale, das den Austern ihr besonderes Aroma verleiht. Grundsätzlich gibt es zwei Arten von Austern. Die ***Huître Plat*** (flache Auster) wird auf dem Grund des Meeres ausgesät und mit dem Schleppnetz abgefischt. Die ***Huître creuse*** (hohle Auster), auf Drahtzäune gesetzt, wächst in drei Jahren heran und wird regelrecht abgeerntet.

Bis Mitte des 19. Jh. bestimmten die flachen Austern, die am Meeresboden gediehen und die man bei Ebbe auch zu Fuß aufsammeln konnte, das kulinarische Angebot. Nur einmal im Jahr - man wollte die wildwachsende Resource nicht gefährden - zog *La Caravanne* durch die Bucht: Eine große Flotte von Cancaler Booten fischte mit Netzen den Meeresgrund ab und brachte die Austern auf die Tafeln französischer Könige, die sich dafür bei der Stadt mit immer neuen Privilegien erkenntlich zeigten. Bis in die 20er Jahre unseres Jahrhunderts vollzog sich das jährliche Ritual der großen Ausfahrt, dann bereitete eine mysteriöse Pilzerkrankung dem Austernparadies fast den Garaus. Nur durch den Import von Jungtieren aus dem Golf von Morbihan konnte die Ausrottung der wilden Bestände verhindert werden.
Das Zeitalter der industriellen Austernzucht kam 1960: Infolge mehrerer kalter Winter und der stärkeren Verschmutzung des Meeres drohte die Flachauster zu verschwinden. Durch die Aufhebung eines bis dahin bestehenden Zuchtverbots für die weniger anfälligen Hohlaustern nördlich der Villaine-Mündung konnte Abhilfe geschaffen werden. Der Import portugiesischer und besonders resistenter japanischer Austernsamen legte den Grundstock für die weitläufigen Austernparks und sorgte für wirtschaftlichen Aufschwung.
Heute werden die Austern wie Gemüse gezüchtet, und die gummistiefelgeschützten Männer zwischen den Zaunreihen des flachplanierten Meeresbodens mit ihren Traktoren und Limousinen gleichen eher Landwirten als Seebären. Die Anbaufläche der Austernparks (366 ha für *Huîtres creuses*, 713 ha für die Flachauster) ist in unzählige Segmente unterschiedlicher Größe aufgeteilt (*Etalages*). Den Besitzern ist es erlaubt, ihre Austern direkt ab Meer zu verkaufen. 1989 betrug die Produktion etwa 2000 Tonnen Hohl- und 400 Tonnen Flachaustern.

P.S.: Vor einigen Jahren ließ man die Tradition der *Caravanne* neu aufleben. Im Vierjahresrhythmus ziehen die Boote in tiefem Wasser wieder ihre Netze über den Grund und holen wilde Austern aus dem Meer. Bei der letzten Karawane im März 1989 betrug die Ausbeute innerhalb von drei Tagen 5000 Kilo.

Sehenswertes

Austernmuseum: Eine Entdeckungsreise durch das Königreich der Auster im Park St. Kerber am Plage de l'Aurore, südlich des Hafens. Welteinmalig! Die Diaporamashow führt durch die gesamte 350 Millionen Jahre lange Geschichte der Auster! Sie erfahren, warum François I. anno 1545 Cancale das Stadrecht verlieh! Austernbecken! Muschelbecken! Und Ökomuseum!

• Öffnungszeiten: 15.6. - 30.9. täglich 10 - 15.15 und 16.30 - 18 Uhr. Einstündige Führung, um 10 und 14.30 Uhr auf Englisch. Erwachsene 10 DM.

Volkskundemuseum: Das Museum in der alten aufgegebenen Kirche von St. Méen (18. Jh.) widmet sich vergangenen regionalen Ereignissen. Spärliche Exponate aus der Zeit der Windjammer, "Bisquines" und Austernfischer stehen oder hängen planlos herum. Interessant (in Französisch) die Erläuterungen zur Austern- und Muschelzucht. Amüsant die Auflistung angeblich aller Restaurants, die sich mit dem in Gourmet-Kreisen geschätzten Namen *Rochers du Cancale* schmück(t)en. Aktuelle und schon geschlossene Schlemmertreffpunkte auf dem blauen Planeten von Pnom Penh über Shanghai und L.A. ins zaristische Moskau des 19. Jh.

• Öffnungszeiten: Mitte Juni bis Ende August täglich außer Montag 10.30 - 12.30 und 15.30 - 19.30 Uhr. Im September nur Nachmittag. Eintritt 3 DM. Place St. Meen.

Musée des Bois Sculptés: Das Museum am Kirchplatz widmet sich ganz dem Kunstschaffen eines holzschnitzenden Abbés. Der Autodidakt und Gemeindepfarrer PRUDENT QUEMERAIS (1879 - 1955) schuf in über 30 arbeitsreichen Jahren 70 Wandtableaus mit über 300 Figuren. Bekanntester und gelungenster Ausdruck seiner Kunst ist die Eichentafel *Poème à la Pomme*, ein holzgeschnitztes "Gedicht" über den Apfel - von Kelten/Bretonen als heilige Frucht geschätzt. Einige Gemälde eines Neffen des Abbés vervollständigen die nicht allzu aufregende Sammlung. Eintritt 3 DM.

Kirche St. Méen: Ein Stück unterhalb des alten Gotteshauses erbaute man im 19. Jh. die heutige Ortskirche. Attraktion ist der über 189 Stufen zu erklimmende Turm, von dessen Aussichtsplattform man bei klarer Sicht 40 Kirchtürme ausmachen kann (hinauf und hinab zusammen 1,70 DM). Falls die Tür des Turmes versperrt sein sollte, wenden Sie sich an das Tourismusbüro.

Spazier-/Wanderweg: Der alte Zöllnerspfad von Cancale zur weitvorgestreckten *Pointe de Grouin* ist Teil des "Bretagne-Rundwanderwegs". Der Pfad windet sich von *Terralabouet* zwischen steilen, perlmuttfarbenen Klippen über die *Pointe du Hock* (Aussicht auf die *Rocher du Cancale*) bis zur Pointe de Grouin und mündet dann in die *Corniche de la Mer* - ein Küstenpfad, der bis St. Malo führt.

Pointe du Grouin: 50 m hoch schieben sich die steilen Felsen der schmalen Landzunge in den anbrandenden Ozean. Das von Heidekraut bewachsene Kap ist seit 1961 Naturschutzgebiet, die beiden *Inseln*, die das Kap säumen, gehören zu den größten Nistplätzen für Kormorane, Krähenscharben, Brandenten und verschiedene Möwenarten. Speziell von April bis August ist das Revier des Vogelreservats vom Lärmen der startenden und landenden gefiederten Schwärme erfüllt.
Am *Leuchtturm* lenkt eine Station der Küstenwache radargesteuert den gefährlichen Schiffsverkehr (15.000 Schiffe jährlich). Das Panorama

über dem Felsabsturz am Ende der Landspitze reicht von der fernen Pyramide des *Mont St. Michel* bis zu den Klippen des *Cap Fréhel*. Bei klarer Sicht verschwimmt *Chausey* am Horizont.

• Übernachten: ** **Hotel Pointe du Grouin;** Natursteinanwesen auf einem schmalen Streifen Fels im Atlantik - dementsprechende Aussicht aus allen Zimmern. Teilweise Balkons. Alle 18 Zimmer mit TV, sanitär sehr unterschiedlich. Sauber und adrett. Im Sommer unbedingt reservieren. Im großen Restaurant stehen Meeresfrüchte-Gerichte zur Auswahl (Menus 33 - 90 DM), in der windgeschützten Brasserie genießt man einen schönen Blick auf die Vogelwelt der Ile des Landes. DZ 85 - 120 DM, HP ab 90 DM, Frühstück 12 DM. Geöffnet von April bis Mitte Oktober. Pointe du Grouin, Tel. 896 055.

Baden

Rund um die Hafenmole und die Austernparks von Cancale keine Bademöglichkeit. Es empfehlen sich die Strände nördlich, die sich über die *Pointe du Grouin* herum bis *Rotheneuf* hinziehen. In fast jeder Bucht zwischen den steilen Felsklippen finden sich kleinere oder größere Kiesel- oder Sandstrände. Eine Auswahl:

Plage de Port Mer: Beliebt und am schnellsten vom Hafen aus zu erreichen. Der mit Felsen durchsetzte Sandstrand ist im Sommer oft überfüllt. Verschiedene Animationsangebote. Bootsanlegeplatz.

Plage de Saussaye: Die ruhige Sandbucht am Anfang des Landzipfels, der sich ins Meer hinausstreckt, gehört zur Kategorie kuschelig. Keine Parkmöglichkeiten, steiler Abstieg von der Küstenstraße aus.

Plage du Verger: Der große, langgezogene Sandstrand westlich der Pointe de Grouin, über dem die Kapelle *Notre Dame du Verger* thront, gilt als Surferadresse. Schmales Dünengelände, begrenzt von den Felsklippen der *Pointe de la Moulière*, an der sich Muschelliebhaber gerne herumtreiben. Der Parkplatz an der Küstenstraße wird gelegentlich als wildes Wohnmobilcamp genutzt.

Plage Duguesclin: Die etwa 1 km lange Bucht hinter dem Verger-Strand bietet auch bei Flut genügend Liegefläche. Vom Strandstreifen aus geht es relativ steil ins Wasser, Surfer haben optimale Bedingungen. Der Parkplatz an der Küstenstraße ist bei schönem Wetter zugeparkt. Wohnmobile wie am Plage du Verger.

Dinan *(ca. 14.700 Einwohner)*

Dinan ist eine der typischsten bretonischen Städte, eine Stadt mittelalterlicher Architektur mit Kultur und Geschichte, die schon seit langem Maler, Literaten und Künstler in ihren Bann zog. Victor Hugo über Dinan: "Eine schöne alte Stadt, angeklebt und zugemauert auf einem Hang über dem Abgrund wie ein Schwalbennest."

75 m hoch erhebt sich das Felsplateau über dem Fluß. Die Stadt besteht aus zwei Teilen, dem Hafen (*Le Port*) unten am Ufer der Rance, von dem aus eine der idyllischsten Gassen der Bretagne steil in die lebhafte Oberstadt hinaufführt. Diese wird von einem festen, fast kompletten

Mauerwall mit trutzigen Türmen und malerischen Toren umringt, hinter dem sich in winkligen Gassen noch über 100 Fachwerkhäuser drängen. Dinan ist als *Ville d'Art et d'Histoire* ein nationales Kulturdenkmal und bezeichnet sich nicht umsonst als die "am besten erhaltene bretonische Stadt". Um so unverständlicher ist es, daß die Stadt kein vernünftiges Verkehrskonzept entwickelt: Der gesamte Schwer- und Fernverkehr wird mitten durch Dinan geleitet. Eine Umgehungsstraße oder andere verkehrsbeschränkende Maßnahmen existieren nicht.

Geschichte

Historisch verbürgt ist die Stadt seit 1065: Der berühmte Wandteppich von Bayeux zeigt die von Wilhelm dem Eroberer belagerte Stadt. Ihre Ursprünge liegen wahrscheinlich in der gallo-römischen Zeit, damals dürfte sich am heutigen Hafen eine Furt befunden haben. Keimzelle Dinans ist die Abtei von Lehon, bereits zur Zeit der britannischen Invasion wichtige Pfarrgemeinde. Der Aufstieg zu einer der wichtigen Handels-, Kirchen- und Garnisonsstädte der Bretagne vollzieht sich ab dem frühen 12. Jh. Im Lauf des 13./14. Jh. wird die aufstrebende Stadt von den bretonischen Herzögen mit einem Stadtwall von 2600 m Länge, elf Türmen und vier Toren befestigt, Ende des 14. Jh. mit einem mächtigen Donjon bewehrt. Seit 1352 ist Dinan des öfteren Tagungsort der aristokratischen Ständeversammlung und zwangsläufig umstrittener Spielball herzöglicher Interessen: Mehrmals wird die Stadt von Engländern oder Franzosen belagert und 1359 von ihrem berühmtesten Helden gerettet (siehe Kasten Duguesclin).
Die Dinanais sind geschäftstüchtig und erfolgsorientiert, der Hafen floriert, die Handwerksbetriebe haben volle Auftragsbücher. Neben der Erzeugung hochwertiger Lederartikel gilt die Stadt als Spezialistin für die Produktion von Leinwand und Tuchen. Dinans prosperierende Geschäfte und politische Bedeutung erreichen gegen Ende des 15. Jh. den Höhepunkt: Unter der Regentschaft des friedfertigen Herzogs FRANZ II. blühen die Geschäfte, die wohlhabenden Bürger beginnen mit dem Bau schönster Fachwerkhäuser und Herzogin ANNE, Tochter Franz II., bezeichnet Dinan nicht ohne Grund als "Schlüssel meiner Schatztruhe". Sie ist es, die den gehorsamen und fleißigen Bürgern 1507 die Glocke für das neue Rathaus (*Tour d'Horloge*) spendiert und sich fürsorglich um die Stadt kümmert. 1585 beginnt unter dem französischen Gouverneur MERCOEUR der Ausbau des Schlosses, eine Befestigungsanlage, die weder von außen noch von innen geknackt werden kann. Der ängstliche Mann fürchtet die einflußreichen und sich immer heftiger gegen die französische Einflußnahme wehrenden Dinanais. Im Lauf des 17. Jh. entdeckt die katholische Kirche Dinan: Franziskaner, Benediktinerinnen und Dominikanerinnen quartieren sich in den gut geschützten Mauern ein.
1790 schlägt für Dinan eine schwere Stunde: Die Stadt, eine Bastion der französischen Krone und Sitz deren Senneschalls, leidet schwer unter den Ausschreitungen der revolutionären Truppen. Mit der Industrialisierung sinkt Dinans wirtschaftliche Bedeutung, ohne jedoch ganz zu

Im Zentrum Dinans

verschwinden. Die Händler und Handwerker, die Messen und Märkte, die Dinan über vier Jahrhunderte zur wichtigsten Wirtschaftskapitale im Pays de Rance gemacht hatten, können sich über die Zeit retten; und mit dem touristischen Zeitalter beginnt gar ein neuer Aufschwung.

- *Telefonvorwahl*: 96
- *Postleitzahl*: 22100
- *Information*: Das Hotel Kératry (16. Jh.) in der Nähe des Glockenturms ist an sich eine Sehenswürdigkeit. Im Erdgeschoßbüro liefert das O.T. ein komplettes Informationsprogramm. Im Juli und August starten hier zweimal täglich (10 und 15 Uhr außer sonntags) begleitete und kommentierte Stadtführungen (vorwiegend englisch oder französisch, Dauer 1,5 - 2 Stunden). In der NS täglich außer Sonntag nachmittag 9 - 12 und 14 - 18 Uhr. Im Juli/August durchgehend von 9 - 19 Uhr, sonntags 9 - 13 und 14 - 16.45 Uhr. Rue de l'Horloge 6, Tel. 397 540.

Verbindung

Zentrale **Bus**haltestelle vor dem Bahnhof. Nebenhaltestelle auf dem Place Duclos im Zentrum. 6 x täglich nach Dinard (30 Minuten), 4 x St. Malo, Sonn- und Feiertage 2 - 3 Busse. Richtung Rennes über Bécherel bis zu 6 x täglich. Tel. 392 105.

Zug: Dinan liegt an der Nebenlinie Dol - St. Brieuc. Werktags (inkl. Samstag) 5 x über Dol nach Rennes (90 Minuten) oder Pontorson (Mt. St. Michel), in den Sommermonaten auch an Sonn- und Feiertagen mindestens 3 Züge. Über Lamballe nach St. Brieuc (1 Stunde) mindestens 3 x täglich, im Sommer auch sonn- und feiertags. In der Hochsaison gibt es mehrmals täglich Anschluß an den Zug Rennes-Dinard. Place du 11. Novembre 1918, Tel. 392 239.

Diverses

- *Autoverleih*: Z. B. Europcar, Rue de Brest 48, Tel. 850 751.
- *Bootsausflüge*: Die Rance hinauf nach Dinard und St. Malo. Eine 25 km lange, romantische Bootsfahrt durch ein landschaftlich äußerst eindrucksvolles Flußtal - vorbei an Schlössern, Fischerdörfern oder der Insel der Mönche lernt man die Legenden der Bretagne ein Stück besser verstehen. Die Abfahrtszeiten richten sich nach den Gezeiten. Fahrtdauer 2,5 Stunden, einfach 27 DM (Kinder 17 DM), retour 38 DM (Kinder 23 DM). Rückfahrt

(Gezeiten!) oft nur mit dem Bus. Abfahrt am Hafenkai. Emeraude Lines, Tel. 391 804.

• *Einkaufen*: Dinan ist eine renommierte Stadt des Kunsthandwerks. Mehrere Spitzenbetriebe der Glasbläser-, Töpfer-, Seidenmaler-, Web- und Holzschnitzerkunst bieten ihre Produkte an. Vor allem in der Straße hinab zum alten Hafen haben sich etliche Meister ihres Handwerks niedergelassen.

• *Fahrradverleih*: **Cycles Peugeot** auf dem Weg zum Bahnhof, Rue Carnot 30, Tel. 392 194. Oder **Cycles Gautier**, Rue Deroyer, Tel. 850 764. Am südlichen Ende der Hafenzeile verleiht **Les Rossignol**, Tel. 391 148.

• *Feste*: Eine Fülle von Folklore-, Musik- und Marktfesten. Das Festjahr beginnt in der ersten Juliwoche mit dem **Festival de la Musique** (traditionelle Musik und Tänze), dessen Höhepunkt der Concours International de Harpe Celtique (Harfenwettstreit) am ersten Julisamstag ist. Das ausgefallenste Fest ist die **Fête des Remparts**, das Stadtmauerfest am letzten September- oder erstem Oktober-Wochenende mit mittelalterlichen Trachtenzügen (5000 Kostümierte), Turnieren und einem reichen Animationsprogramm in den Altstadtstraßen. Das erste Novemberwochenende gehört dem Apfel. Auf der **Fête de la Pomme** werden lokale Spezialitäten (Cidre und Schnaps) vorgestellt und prämiert. Ausgelassene Erntedankfeierlichkeiten.

• *Markt*: Großer **Wochenmarkt** auf dem Place du Champ und Place Duguesclin jeden Donnerstag 8 - 17 Uhr. Bunte Kulisse für einen netten Einkaufsbummel unter den Augen des Helden der Stadt. Ständiger **Fischmarkt** in der Halle aux Poissons zwischen Rathaus und der Kirche St. Malo. Am Samstag **Früchte- und Gemüsemarkt** in der Rue Carnot.

• *Parken*: Ein größerer Parkplatz liegt unterhalb des Schlosses (beschildert), und die Dinanais sind dankbar, wenn Sie Ihr Fahrzeug außerhalb der Stadtmauern parken - durch die Innenstadt wälzt sich sowieso der Schwerverkehr. Weitere Parkflächen in der Nähe der Post.

• *Schwimmbad*: Zwei Freibäder laden zur Erfrischung ein; altstadtnah das Piscine Municipal in der Rue du Champ Garel. Im Örtchen Lehon (siehe Umgebung) das Piscine des Pommiers, das "Apfelbaumbad" in Nachbarschaft des alten Klosters.

Übernachten

*** **Hotel Le d'Avaugour**: Hinter der eleganten Natursteinfassade aus dem 18./19. Jh. auf dem Marktplatz verbirgt sich ein komfortables Hotel mit hohen, lichten und nett möblierten Räumen. 27 Zimmer mit Bad/Dusche/WC. Schöne Gartenterrasse zu den Stadtmauern hin, Restaurant mit traditioneller Küche (Menus 30 - 80 DM). DZ 90 - 150 DM, Frühstück 13 DM. Ganzjährig geöffnet. Place du Champ 1, Tel. 390 749.

** **Hotel de Bretagne**: Am großen Kreisverkehr bei der Post. Klassisches Gebäude aus dem 19. Jh. mit gastronomischem Erdgeschoß (Restaurant, Bar, Pub). 46 hohe, lichte Zimmer. Zur Straße hin etwas laut. Mit Dusche oder Bad/WC. DZ 60 - 135 DM, HP 80 - 90 DM, Frühstück 9 DM. Ganzjährig geöffnet. Place Duclos 1, Tel. 394 615.

** **Hotel Marguerite**: Logis de France am Marktplatz. 19 Zimmer in einem typischen Bau des ausgehenden 19. Jh. (weiße Fassade, schmiedeeiserne Balkons). Helle, teils einfach möblierte Räume mit unterschiedlicher Sanitärausstattung. Restaurant mit altem Kamin und schnörkellosem Empire-Design (Menus 23 - 60 DM). DZ 53 - 100 DM, HP 85 - 100 DM. Dezember/Januar geschlossen. Place Duguesclin 29, Tel. 394 765.

** **Hotel Tour d'Horloge**: 12-Zimmer-Hotel in einer engen Altstadtgasse. Komfortabel eingerichtet, sanitär sehr gut ausgestattet, einige Zimmer mit Kochgelegenheit. Kein Restaurant. DZ 85 - 110 DM. Ganzjährig geöffnet. Rue de la Chaux 5, Tel. 399 692.

** **Hotel des Remparts**: Kurz vor dem Schloß an der N 176. 35 Zimmer, die meisten sind nach hinten und daher ruhig, mit unterschiedlicher Sanitärausstattung, ordentlich möbliert. Kein Restaurant. DZ 43 - 85 DM, Frühstück 9 DM. Vom 1.1. - 15.1. geschlossen. Rue du Château 4 - 6, Tel. 391 016.

Hotel le Régent: Am Ende des Marktplatzes, Richtung Kreisverkehr, eng an der Durchgangsstraße. Im Erdgeschoß trifft sich das junge Dinan nach der Schule in der "Bar sportif" zum Billard, Bowling, TV oder Videospiel. 15 einfach eingerichtete Zimmer unterschiedlicher Größe. Nach hinten raus ruhig, zur Straße hin rumpeln tagsüber die Lastwägen ziemlich laut. Etagenduschen und -WCs. Garage für Motor- und Zweiräder. DZ 33 - 70 DM, Extrabett 13 DM, Frühstück 8 DM. Ganzjährig geöffnet. Rue de la Ferronnerie 9, Tel. 392 223.

• *Appartements*: **Les Rossignols**; am südlichen Ende der Hafenzeile. Sehr schönes,

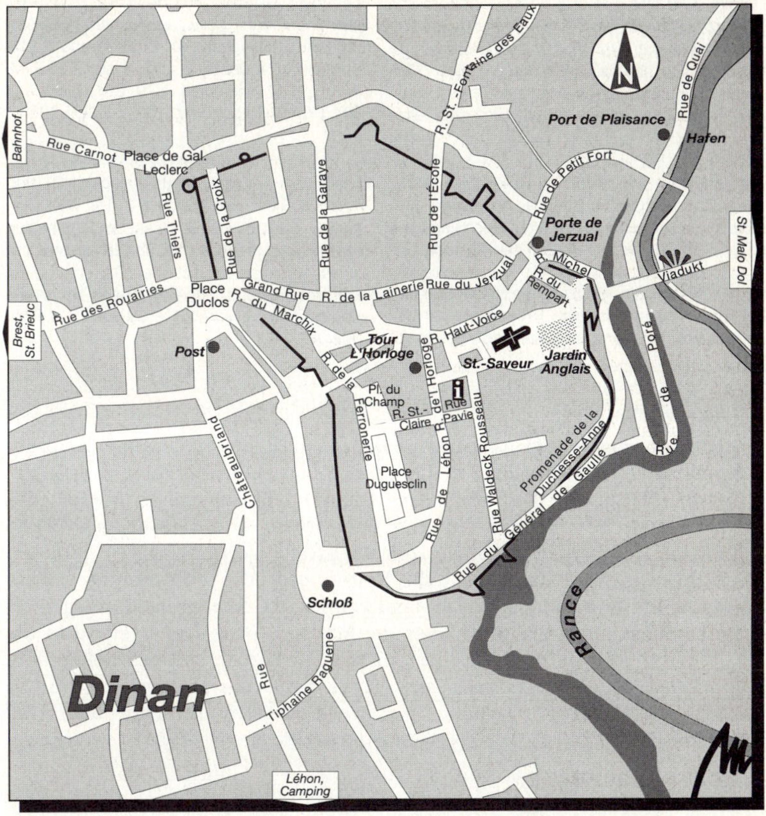

altes bretonisches Landhaus am Ufer der Rance, stilvoll und authentisch renoviert. Ruhiges und komfortables Wohnen in einem idyllischen Gemäuer. 6 Appartements mit 1 bzw. 2 Schlafzimmern, Küche (oder einfacher Kochgelegenheit), Aufenthaltsraum und Bad/WC. Im schönen Garten am Flußufer unter einem alten Nußbaum, alte Sulkys und ein zur Bar umgerüsteter, ehemaliger Sommerküchenpavillon. Keine Haustiere und möglichst keine Kinder unter 12 Jahren. DZ-Appartement ab 100 DM, Luxus-Appartement mit Kamin 220 DM, einfaches DZ mit Dusche und kleiner Kochgelegenheit 80 DM. Jede Extraperson kostet 40 DM. Wochenpreise 600 - 1000 DM. Le Port, Tel. 391 148.

• _Jugendherberge_: Etwa 2 km außerhalb, auf dem Weg zum Campingplatz von Taden. In der ehemaligen Mühle Moulin de Méen. 70 Zimmer, Selbstversorgerküche, Campiermöglichkeit im Park. Übernachtung 13 DM. Vallée de la Fontaine des Eaux, Tel. 391 083.

Camping

**** **de la Hallerais**: Etwa 4 km außerhalb, an der Landstraße D 12 kurz vor dem Dörfchen Taden (ausgeschildert). Großzügige 10-Hektar-Anlage mit 250 Stellplätzen in einer gerodeten Waldlichtung oberhalb der Rance. Insgesamt wenig Schatten, der Platz ist penibel aufgegliedert und wird von Teerstraßen durchzogen. Hecken und Blumenbeete lockern auf. 3 Top-Sanitäreinrichtungen, Waschmaschinen, Supermarkt, Pizzeria, vorgekochte Gerichte, Bar, TV-Saal und Spiel- und Leseräume. 3 Tennisplätze (überdachter Court), Minigolf. Erwachsene 5,30 DM, Kinder bis 7 Jahre die Hälfte, Platz 7 DM,

Auto 1,20 DM, Elektrik 4 DM. Geöffnet von März bis November. Taden, Tel. 391 593.

** **Municipal**: Unterhalb des Schlosses, an der Straße stadtauswärts nach Lehon. Kleines, nüchternes Rasengelände mit 50 zum Teil schattigen Stellplätzen. Einfache, aber gepflegte Sanitärs, die bei voller Belegung allerdings nicht ganz ausreichen. Geöffnet von März bis November. Erwachsene 3 DM, Kinder bis 7 Jahre 2 DM, Platz 2,70 DM, Auto 2 DM, Motorrad 1,70 DM, Elektrik 3 DM. Rue Châteaubriand 103, Tel. 391 196.

Essen

Restaurant La Mère Pourcel: Dinans berühmteste Speisegaststätte. In einem hervorragend restaurierten, alten Fachwerkhaus aus dem 15. Jh. im Herzen der Altstadt. Gemütlicher Speiseraum mit mittelalterlichem Flair (Naturstein, Holz und antike Möbel) und Restaurantterrasse zum Promenierplatz hin. 2 Michelinlöffel und mehrere Kochmützen für gediegene Küche. Menus zwischen 27 und 115 DM. Place des Merciers 3, Tel. 390 380.

Relais des Corsaires: Direkt am Hafenkai in einem Haus aus dem 15. Jh. Stilvoll-urwüchsiges Ambiente mit schöner Gartenterrasse. Mehrmals ausgezeichnete Küche mit preiswerten Menus von 23 - 50 DM. Le Port, 394 017.

Sehenswertes

Stadtspaziergang: Als Ausgangspunkt eines Stadtspaziergangs empfehlen wir den *Place Duguesclin*, den Marktplatz einen Katzensprung nördlich des Schlosses. Der Platz war vor gut 600 Jahren Schauplatz des Duells zwischen Duguesclin und dem Ritter von Canterbury (siehe Kasten). Heute wird er von stolzen Bürgershäusern aus dem 17./18. Jh. umringt, in der Mitte thront die Reiterstatue des Volkshelden (1902), eine Arbeit des durch den Erzengel von Mt. St. Michel berühmt gewordenen Bildhauers Frémiet. Über die *Rue Ste. Claire* linker Hand in die *Rue de l'Horloge*, eine der malerischsten Straßen, in der sich neben dem *Glockenturm* das *Maison du Gisant* (Haus des Grabsteinmetzen), ein mit einem Säulengang versehenes Fachwerkhaus (16. Jh.), und das *Hotel Kértatry* (1559), heute das Tourismusbüro, befinden.

Die Straße mündet auf den *Place des Merciers*: Gleich an der Ecke das wohl schönste Fachwerkhaus Dinans, das heutige Feinschmeckerlokal "La Mère Pourcel". Der Platz ist umrahmt von spitzgiebeligen Häusern, unter deren arkadengestützten, vorkragenden Obergeschossen die fliegenden Händler ihre Waren feilboten. In der *Rue de l'Apport*, die den Place des Merciers mit dem Place des Cordeliers verbindet, sind die drei für Dinan typischen Bauweisen der Fachwerkhäuser versammelt: Stützpfeilerhäuser (16. Jh.), *Maisons à vitrine*, Gebäude mit großen, hohen Fenstern, die von Schiffszimmermännern gefertigt wurden und an die Bug-Gallerien von alten Segelschiffen erinnern, und Fachwerkhäuser mit freitragenden Stufen zum Obergeschoß (15. Jh.). Links der Straße lohnt ein Blick in die verschiedenen kleinen Gäßchen, in denen die vorragenden Spitzgiebel nach oben hin zusammenzuwachsen scheinen.

Weiter über den *Place des Cordeliers*, an dessen Ende sich ein schönes gotisches Portal zum ehemaligen Franziskanerkloster öffnet. Heute ist hier eine Schule untergebracht, der alte, etwas überrenovierte Kreuzgang und der Ehrenhof können besichtigt werden. Zurück zum Place des Cordeliers, links über die Rue de la Lainerie geht es in Dinans idyl-

Blick auf den Hafen

lischste Straßenzeile: die *Rue du Jerzual*, bis zum Bau des Viadukts die Hauptverkehrsader zwischen Oberstadt und Hafen.

Die kopfsteingepflasterte, steil zum Fluß hinunterführende Gasse wird von restaurierten Fachwerkhäusern gesäumt, unterbrochen von der aus dem 13./14. Jh. stammenden *Porte du Jerzual*. Heute haben sich in den idyllischen Häuschen entlang der Gasse Dinans berühmte Kunsthandwerker niedergelassen. In den Ateliers und kleinen Magazinen können Sie den Meistern ihres Faches beim Glasblasen, Figurenschnitzen oder Weben zuschauen und das eine oder andere Souvenir erstehen. Kurz hinter dem "Gerberhaus" (im offenen Dachspeicher trockneten früher die stinkenden Häute) am steilen Ende der Gasse der *Hafen* am Fluß: Restaurants, Bars und Cafés, Ausflugsboote und Yachten liegen am Kai, malerisch überspannt das unlängst renovierte gotische Brücklein die Flußschleife der Rance.

Bertrand Duguesclin

Als der aristokratische Knabe 1320 in der Burg von La Motte-Broons 20 km südwestlich von Dinan geboren wird, glaubt niemand, daß aus dem häßlichen Balg eines Tages einer der berühmtesten Helden der bretonisch-französischen Geschichte werden soll. Das zehnte Kind eines kleinen Landadeligen hat eine schwere Jugend. Mit seinen krausen, schwarzen Haarbüscheln, der Knollennase und dem fliehenden Kinn ist er nicht nur die Zielscheibe des Spottes seiner Spielkameraden, auch sein Vater wendet sich wegen seiner Häßlichkeit von ihm ab. Ungeliebt, gehänselt und für nicht ganz voll genommen, muß sich der kleine Bertrand bereits in jungen Jahren gegen Gott und die Welt wehren. Immer in Händel und Auseinandersetzungen verstrickt, übt er sich schon früh in der zeitgemäßen Kunst der Fehde, trainiert er wie ein Besessener mit Lanze, Dolch und Schwert. Mit 17 beschließt er, das Glück in der Welt zu suchen. Auf einem Ackergaul zieht er nach Rennes, der Stadt der eleganten Ritter und der urwüchsigen Haudegen.
Die besten der Kriegsbranche geben sich hier alljährlich ein sportlich-kriegerisches Stelldichein. Bertrand, arm, aber ehrgeizig, sieht seine Chance: Er pumpt sich eine komplette Kampfmontur zusammen und tritt 1337 unbenannt und inkognito beim großen Turnier an. In sehenswerter Manier begeistert der namenlose Ritter das Publikum, besiegt alle Gegner und wird zum Helden des Tages. Als er das schwere Visier hochklappt, ist die Überraschung groß - und die Verachtung des Vaters für den häßlichen Sproß schlägt in Begeisterung für dessen Talent um. Mit den Worten: "Mein schöner Sohn, von nun an sollst Du nicht mehr von mir verachtet werden", drückt er ihn an seine stolz geschwellte Brust.

Der Ruf Bertrands eilt in alle Windrichtungen, seine unglaublichen kämpferischen Fähigkeiten machen ihn bald über die Grenzen des Landes hinaus bekannt. Er wird Söldner und entscheidet sich für KARL VON BLOIS, der gegen JEAN DE MONTFORT zum Kampf um die Bretagne antritt (siehe Geschichtskapitel, Erbfolgekrieg). Eine Entscheidung fürs Leben: Mehr als drei Jahrzehnte zieht er rastlos durch Westfrankreich und Spanien von Feldschlacht zu Feldschlacht, von Belagerung zu Belagerung. 1354 wird er zum Ritter geschlagen und sein Chef Karl von Blois ernennt ihn zum Feldherrn seiner Truppen.

1359 wird er in Dinan von den Engländern eingeschlossen. Ein weiterer Markstein seiner Karriere, der ihm neben der Achtung des englischen Gegners auch die Liebe einer schönen Frau einbringt. Dinan, bereits seit Wochen von einer gegnerischen Übermacht unter der Regie Lord LANCASTERS belagert, droht zu fallen. Duguesclin erreicht einen Waffenstillstand. Als sein Bruder außerhalb der Stadt von Lord CANTERBURY gefangengenommen wird, ist die Vereinbarung gebrochen. Das Fehderecht tritt in Kraft. Duguesclin fordert den rechtsbrüchigen Canterburry zum Duell; auf dem Champ Clos von Dinan verprügelt der Haudegen den eleganten Lord dermaßen, daß Lancaster, ganz loyaler englischer Sportsmann, die Belagerung aufgibt. Canterbury wird aus der Armee ausgeschlossen, und die schöne Bürgerstochter TIPHAINE RAGUENUEL verliebt sich während des Duells in die Kampfmaschine. Duguesclin heiratet Tiphaine, und neben dem privaten Glück geht es auch beruflich voran. 1360 wird Bertrand zum Gouverneur ernannt, 1364 zum Grafen.

1365 stehen Blois und Montfort in den Sümpfen von Auray vor der Entscheidung. Trotz der Warnung seines Feldherrn Duguesclin, der sich zurückziehen will, stellt sich Karl von Blois seinem übermächtigen Vetter. Der gewinnt (Karl stirbt), wird Herzog und kassiert Lösegeld für den gefangengenommenen Duguesclin.

Die Erbfolge ist geklärt, die militärischen Auseinandersetzungen und politischen Intrigen zwischen dem französischen und englischen König gehen jedoch weiter. Duguesclin führt etliche Feldzüge an, die den Besitz der französischen Krone vergrößern. Sein Söldnerheer zieht siegreich über die Pyrenäen, hat Rückschläge einzustecken, doch ist es letztendlich erfolgreich. Als König von Granada kehrt Duguesclin nach Frankreich zurück, sein König ernennt ihn zum Oberbefehlshaber der französischen Truppen. Der Krieg zwischen England und Frankreich geht weiter, und Duguesclin ist mit wechselndem Glück immer dabei. Am 14. Juli 1380 stirbt der getriebene Haudegen während seiner Lieblingsbeschäftigung. Bei der Einnahme von Châteauneuf-de-Randon im Zentralmassiv - es ist heiß, und die Sonne brennt unbarmherzig auf die schwere Rüstung - streckt ihn ein Herzschlag nieder.

Duguesclins letzte Odyssee beginnt. Als wollte er die Unrast seines Lebens weitertreiben, wird der Leichnam des Helden quer durch Frankreich geschafft. Er hatte sich testamentarisch eine Beerdigung in Dinan gewünscht - und damit gegen einen mittelalterlichen Brauch verstoßen. In der von Aberglauben durchsetzten Welt des Mittelalters war es üblich, den Leichnam eines Helden oder Königs stückchenweise an verschiedenen Orten zu begraben, möglichst viele sollten der glänzenden Aura seiner Taten teilhaftig werden, viele begehrten eine Reliquie ihres Idols. Duguesclins letzter Triumph: Könige wurden üblicherweise in drei Grabmälern beigesetzt, die sterblichen Überreste des Feldherrn aber ruhen an vier verschiedenen heiligen Stätten.

Stadtmauerspaziergang: Dinans Stadtmauer gilt als ältester und bedeutendster Stadtwall der Bretagne, im 13. Jh. errichtet und 100 Jahre später erweitert. Trotz einiger Lücken ist er so gut wie ganz erhalten, die 2600 Meter wehrhaften Steins umschließen etwa 30 Hektar, in die sich das alte Dinan zwängt. Der Stadtwall ist fast vollständig abzugehen, am schönsten auf der Ost- und Südostseite. Beginnen Sie Ihre Tour bei der Kirche *St. Sauveur*, an die sich der *Jardin Anglais* anschließt, ein vor allem an schönen Sommertagen von mittagspausierenden Angestellten und

Schülern bevorzugter Sonnenplatz, abgeschlossen von einer niedrigen Mauerbrüstung, hinter der die Mauer steil zum Hafen hinabstürzt. Auf der von Bäumchen und Bänken gesäumten *Promenade de la Duchesse Anne* in südlicher Richtung begleitet Sie ein reizendes Panorama: Malerisch windet sich die Rance zu Ihren Füßen, durch die Arkaden des Viadukts, die seit 1852 das Tal in 40 m Höhe auf 250 m Länge überspannen, gleitet der Blick zu den Ausflugsbooten im alten Hafen.

Château/Museum: Die ältesten Teile des Schlosses von Dinan gehen auf das 13./14. Jh. zurück: Die *Porte du Guichet*, der Südausgang der Stadt, flankiert von zwei Rundtürmen mit schmalen Schießscharten und der 34 m hohe *Donjon*, in dem sich das *Musée de Dinan* befindet. Die beiden Befestigungsteile wurden im 15. Jh. durch den mächtigen *Tour de Coëtquen* ergänzt, dem Ex-Gefängnis mit bis zu vier Meter dicken Mauern, in dessen feuchter Tiefe heute mehrere Liegefiguren versammelt sind, obskur beleuchtet und unheimlich.
Das Museum beherbergt in drei Sälen Exponate zur bretonischen und besonders zur Stadtgeschichte. Hinter der noch funktionierenden Zugbrücke des Donjons erwarten Sie am Eingang einige Heiligen- und mehrere Jesusskulpturen. Im ersten Stock drei Webstühle und eine Sammlung schlohweiser, feingebundener Hauben in allen Größen, nach Ortschaften und Regionen gegliedert. Im Saal der Wachen (Zwischenstockwerk) veranschaulichen bretonische Möbel und Regale mit alten Gewichten und Maßeinheiten das Alltagsleben. Im Obergeschoß (Saal des Konnetabel) berühmte Persönlichkeiten Dinans, darunter *Théodore Botrel* (Barde und Sohn der Stadt), *Auguste Pavie* (Forscher und Diplomat) und natürlich *Bertrand Duguesclin*, der Feldherr zu Pferd. Daneben gemalte Stadtansichten Dinans und die "Büste von Charlie", ein Kellner-Orginal, das am Anfang unseres Jahrhunderts in einer Pariser Künstlerbrasserie zu literarischen Ehren gekommen ist.
Die Plattform über dem Wehrgang erlaubt einen Rundblick: Markant ragen drei Türme aus dem grauen Dach- und Schornsteingewimmel Dinans in den Himmel, links der *Turm der Kirche St. Malo*, in der Mitte der *Tour de l'Horloge* und rechts die *Spitze der Basilika St. Sauveur*.
Tip: Ganz unten im Keller des Schloßturms befindet sich ein Wunschloch; in diesem liegen Geldstücke, eine Glasplatte verhindert den Zugriff. Durch ein rund ausgeschnittenes Loch können Sie dem Schatz einen weiteren Geldbetrag Ihrer Wahl zuführen und dürfen sich dabei etwas wünschen. Die Sache scheint zu funktionieren: Die Wünsche der beiden Autoren wurden Realität.

• *Öffnungszeiten*: Von Juni bis Mitte Oktober täglich von 10 - 18.30 Uhr. Sonst (außer Dienstag) von 10 - 12 und 14 - 18 Uhr. Mitte November bis Mitte März (außer Dienstag) von 13.30 - 17.30 Uhr. Eintritt 7 DM, Ermäßigte 3 DM.

Tour de l'Horloge: Von der Zeit seiner Fertigstellung (Ende 15. Jh.) bis zur Französischen Revolution war der 30 m hohe Turm Sitz der Ratsversammlung und Rathaus der Stadt. 158 Stufen führen hinauf zur Aussichtsplattform im Glockengestühl. Herrliches Panorama über die Stadtdächer und das Rancetal. Zwei Besonderheiten: Das mechanische Werk der ersten Turmuhr im Inneren des Glockenturms wurde in Nantes vom deutschen Uhrologen HAMZER 1498 gebaut, die helltönende Glocke war ein Geschenk von Herzogin ANNA an die von ihr geliebte Stadt (1507).

• Öffnungszeiten: Von Juni bis 30.9. täglich 10.45 - 13.15 und 15 - 18 Uhr. Sonntags 15 - 18 Uhr. Erwachsene 3 DM, Ermäßigte und Jugendliche bis 18 Jahre 2 DM.

Basilika St. Sauveur: Vom 12. bis zum 17. Jh. wurde an ihr gebastelt. Fassade und Südmauer sind romanisch-byzantinisch (12. Jh.), Kirchen- und Querschiff, Chor und die an die romanische Mauer angebaute Seitenkapelle (15. /16. Jh.) gotisch. Die Spitze des Glockenturms (17. Jh.) wurde nach einem Blitzschlag im 18. Jh. durch mehrere pyramidenförmige, schiefergedeckte Kuppeln ersetzt. Im Inneren gefallen die schönen *Buntglasfenster* mit Motiven der Evangelisten, ein granitener *Taufstein* (12. Jh.) mit Kariatydenschiff und der *Hauptaltar* (18. Jh.). Im nördlichen Querschiff der absolute Höhepunkt: der vielbesuchte *Kenotaph Bertrand Duguesclins*, unter dessen Platte verborgen das Herz des Volkshelden ruht (14. Jh.;18. Jh. restauriert). Die vergoldeten Lettern der Inschrift über dem Grabmal erzählen, daß der Held zeit seines Lebens "bertran du gueaq'ui" gerufen wurde.

Sehenswertes / Umgebung

▶ **Lehon**: Das aufgeräumte und herausgeputzte Dörfchen 2 km südlich vor den Toren Dinans wird überragt von den Gebäuden der alten *Benediktinerabtei St. Magloire*. Sie wurden zwischen dem 13. und 15. Jh. an Stelle eines Klosters errichtet, das bereits im 10. Jh. urkundlich Erwähnung fand. Die Kirche des alten Priorats wurde im 19. Jh. renoviert. In ihrem Inneren, beleuchtet vom diffusen Licht der kubistischen Buntglasfenster und - auf Knopfdruck - beschallt von einem Mönchschoral, ruhen mehrere berühmte Persönlichkeiten von Stand. Neben den Liegefiguren der Nichte Duguesclins und Marguerite d'Avaugours (Wohltäterin der Stadt im 13. Jh.) das Grabmal Jean V. von Beaumanoir: einer der Helden eines in die Geschichte als "Schlacht der Dreißig" eingegangenen Gemetzels (siehe Josselin/Kasten). Wie die Inschrift über dem Grabmal verrät, wurde er am 14. Februar 1385 durch zwei tödliche Schwerthiebe eines verräterischen Vertrauten niedergestreckt. Die ehemalige Klosteranlage links der Kirche ist teilweise verfallen, unter den gotischen Bögen des malerischen alten *Kreuzgangs* (17. Jh.) herrschen Ruhe und Frieden. Die 1990 begonnene Restaurierung des *Refektoriums* ist inzwischen erfolgreich beendet, der Speisesaal ist zur Besichtigung freigegeben.

▶ **Temple du Mars**: Neben einem momentan verfallenden Bauernhof steht der schon verfallene, angebliche Tempel des Kriegsgottes. Das einzig größere römische Überbleibsel der Bretagne wirkt noch armseliger als das bäuerliche Anwesen; der einst achteckige Turm hat nur noch vier Ecken, oben versucht eine gewagte Latten- und Bretterkonstruktion, den gröbsten Verfall aufzuhalten. Wenn Sie kein sehr ausgeprägtes Verhältnis zu den Resten der Antike besitzen, lohnt sich der Besuch nur, wenn Sie Kamille mögen.

• Anfahrt: Von Dinard über die D 794 Richtung Corseul. Etwa 2 km vor der Ortschaft ein schmales Teersträßchen zu einem aufgegebenen Bauernhof links ab (ausgeschildert). Nach etwa 500 m auf dem Hof des verlassenen Anwesens parken.

Saint Malo *(ca. 50.000 Einwohner)*

"Ni Français, ni Bretons: Malouin suis!" - "Weder Franzose noch Bretone, Bürger von St. Malo bin ich!" Über Jahrhunderte war den stolzen Bewohnern der Stadt dieser Wahlspruch Zeichen ihrer Eigenständigkeit: Die Malouins pflegten mit anderen Seemächten als Gleiche unter Gleichen zu verhandeln und waren von den Ordern bretonischer Herzöge oder französischer Könige wenig zu beeindrucken.

Zwischen dem 16. und 19. Jh. war St. Malo eine blühende Handelstadt. Haupterwerbszweig der Bürger war das Korsarentum. In dieser Branche verdienten sie sich einen erstklassigen Ruf, und noch heute ist diese Vergangenheit allgegenwärtig. An allen Ecken und Enden der nach dem Zweiten Weltkrieg sorgfältig wiederaufgebauten Festungsstadt begegnen dem Besucher die gefürchteten Seeräuber. Die Andenkenläden präsentieren Postkarten mit den geröteten Gesichtern verwegener Matrosen, deren Namen - *Borgne-fesse* (einäugige Hinterbacke), *Boit-sans-soif* (Säufer ohne Durst) oder *Cap't'n je pique* (Käptn Stich) - kalte Entschlossenheit demonstrieren. Über den Bars und Pubs prangen Blechschilder mit holzbeinigen Seebären und einarmigen Filibustern, Restaurants werben mit dem Konterfei des legendären SURCOUF. Ein Weltunikum ist der eingetragene "Verein der Nachkommen der Korsaren".

Der Stolz der Malouins ist wissenschaftlich belegt. CHATEAUBRIAND, einer der illustren Söhne der Stadt, berechnete, daß die *Ville close* von St. Malo - nicht größer als die Tuillerien von Paris - Frankreich mehr berühmte Persönlichkeiten geschenkt habe, als manch andere große Stadt. Der auf der *Ile du Grand Bé* begrabene Romantiker und Staatsmann hatte nicht unrecht. Neben den Kaperprofis erblickten in der stolzen Stadt gleich dutzendweise berühmte Entdecker, Physiker, Ärzte und Schriftsteller das Licht der Welt. JACQUES CARTIER entdeckte 1534 Kanada, MAUPERTIUS, Arktisforscher und Geologe, wurde von Friedrich dem Großen die Präsidentschaft der Berliner Universität übertragen, BROUSSAIS revolutionierte die neuzeitliche Medizin, F.-R. LAMMENAIS erschütterte mit seinen religiösen Streitschriften die katholische Kirche, und schließlich FRANCOIS-RENE DE CHATEAUBRIAND selbst. Die Leibspeise des zu seiner Zeit bekanntesten französischen Literaten (das nach ihm benannte, doppelt dick geschnittene Steak aus der Mitte der Rinderlende) verzückt noch heute die Gourmets auf dem blauen Planeten.

St. Malo präsentiert sich nach den Zerstörungen des Zweiten Weltkrieges heute wieder wie im 18. Jh. Die "granitene Zitadelle" (Châteaubriand) auf der nur durch einen künstlichen Damm mit dem Festland verbundenen Insel wird von einem abweisenden grauen Mauerwall umgürtet, hinter dem klassizistische Reedershäuser stolz aufragen. Die *Ville close*, auf drei Seiten von Wasser umspült (Rance, Hafenbecken und Ozean), ist eine jener befestigten Inselstädte, die trotz heftigster Belagerungen über Jahrhunderte nicht eingenommen werden konnten - erst durch die moderne Massenvernichtungsmaschinerie des 20. Jh. wurde das grau in grau gehaltene Bollwerk zerstört. Nach der gelungenen Stadtrestaurierung wurde St. Malo zum zweiten Mal in seiner Geschichte erobert: Jedes Jahr schwärmen Hunderttausende von Touristen über die Wälle und durch die Straßen und jagen der Korsaren- und Entdeckervergangenheit nach.

Geschichte

Die Ursprünge St. Malos liegen im Ortsteil St. Servan. Dort muß sich im 1. Jh. v. Chr. ein keltischer Versammlungsplatz befunden haben, auf dessen Grundmauern die Römer die gallorömische Stadt *Aleth* hochziehen, eine schnell wachsende Ansiedlung, in erster Linie als Nachschubbasis für die Invasion Britanniens genutzt. Im 6. Jh. läßt sich der Mönch AARON als Eremit auf der Landzunge nieder, kurz darauf folgt ihm aus Britannien der Missionar MACLOW (Malo). Malo, einer der sieben Gründerheiligen, geht eifrig ans Werk, errichtet zusammen mit seinem Clan ein Kirchlein und verbreitet das Christentum an den nördlichen Gestaden.

Im Lauf der folgenden vier Jahrhunderte wächst Aleth zum Bischofssitz, in der karolingischen Ära thront bereits eine ausladende Kathedrale über der Landzunge des heutigen St. Servan. Mitte des 9. Jh. beginnt eine schwere Zeit für die Bewohner Aleths; ständig von normannischen Plünderern bedroht, beschließt man, auf die Aleth gegenüberliegende Insel umzuziehen, die durch den Schutz des Ozeans mehr Sicherheit bietet. Das heutige St. Malo ist geboren.

Der große Aufstieg der zwischen dem 12. und 14. Jh. mit einer mächtigen Mauer bewehrten Stadt beginnt während des Hundertjährigen Krieges, in dem St. Malo, nunmehr schwer einzunehmen, sich ein hohes Maß an Selbständigkeit ertrotzen kann. Zur Zeit der Hugenottenkriege (1562 -

Korsaren

Im Gegensatz zum einfachen Piraten (Flibustier), der auf eigene Rechnung unter der schwarzen Totenkopfflagge die Weltmeere verunsicherte, waren Korsaren mit einem Kaperbrief ihrer Regierung (königlicher Freibrief) unterwegs, der es ihnen erlaubte, feindliche Schiffe aufzubringen und Besatzung inkl. Passagiere zwecks Lösegeldforderung zu verschleppen. Eine weitere Aufgabe der schnellen und wendigen Korsarenschiffe war der Geleitschutz der eigenen Handelsschiffe.

Die Malouiner Schiffskonvois mit weißem Kreuz auf blauer Flagge, die die Wogen der Meere durchpflügten, waren von allen Handelskapitänen gefürchtet - besonders von den englischen, die im ständigen Kampf um die Seehoheit mit Frankreich lagen. St. Malo wurde zur blühenden Korsaren- und Handelsstadt. Mitte des 17. Jh. hatte sich der Seeraub zum Gewohnheitsrecht entwickelt, die Piraterie war zum Akt der Staatshoheit geworden. Und die tollkühnen Malouins spezialisierten sich von nun an ganz auf die "Fahrt à la Course": Reiche Reeder und betuchte Aristokraten gründeten Aktiengesellschaften und rüsteten Korsarenschiffe aus. Kehrten die Schiffe zurück, waren die Aktionäre am prächtigen Gewinn beteiligt, klappte die Tour nicht, teilte man sich den Schaden.

Eine besonders lukrative, wenn auch risikoreiche Variante war der Commerce triangulaire, das Dreiecksgeschäft zwischen Afrika, Amerika und der Bretagne, zynisch als "Ebenholzhandel" bezeichnet. Mit Getreide und billigem Glitzer beladen, segelten die Schiffe zum Schwarzen Kontinent, tauschten dort ihre Ladung gegen Sklaven und verkauften das "schwarze Gold" in den Zuckerrohrplantagen der neuen Welt mit horrenden Gewinnen. Für die Rückfahrt wurden die Laderäume mit Gewürzen und Zucker gefüllt, und die Schiffe kehrten nach etwa einjähriger Fahrt in die Bretagne zurück.
Einige tatkräftige Malouiner arbeiteten denn auch bis ins mittlere Mannesalter als Korsaren. Nach erfolgreicher Fahrt und mit zunehmendem Alter stiegen sie zu Reedern mit eigenen Kontoren und Schiffen auf, die in den Kaperkrieg investierten und ungehörige Summen dabei gewannen.

Zu den bekanntesten Korsaren gehörte PORCON DE LA BARBINAIS (1639 - 1665), der nach gescheiterten Lösegeldverhandlungen mit dem Piratenscheich von Algier auf einen Mörser gespannt von einer Kanonenkugel zerfetzt wurde; RENE DUGUAY-TROUIN (1673 - 1736) eroberte Rio, und der Hollywoodheld ROBERT SURCOUF (1773 - 1827), der "Schrecken der Engländer", setzte sich nach 12jähriger Kapertätigkeit im Indischen Ozean in seiner Geburtstadt zur Ruhe und wurde zu einem der reichsten Reeder Frankreichs.

1598) übt die Stadt volle Selbstverwaltung aus und verhandelt als autonome Republik mit den europäischen Seemächten. Die Malouins gelten ab dieser Zeit für die folgenden drei Jahrhunderte als die wagemutigsten und stolzesten Seefahrer der bekannten Welt. 1534 bricht JACQUES CARTIER zur Entdeckung Kanadas auf, Ende des 16. Jh. statten

Malouiner Geschäftsleute ihre weithin gefürchteten Schiffe erstmalig für einen neuen Wirtschaftszweig aus: die Kaperei. Mit ihr beginnt St. Malos blühende Ära - der erste arabische Mokka, der in Frankreich eingeführt wird, ist von Malouiner Korsaren requiriert worden.

Nach den napoleonischen Kriegen und der Neuordnung Europas zu Beginn des 19. Jh. verschwindet das Korsarentum aus der Wirtschaftsgeschichte. Zwar gibt es noch vereinzelte Seescharmützel vor allem mit orientalischen Potentaten, doch die Ära der Kaperschiffahrt, die St. Malo reich und unabhängig gemacht hat, ist beendet. Neues Betätigungsfeld der Malouins wird Mitte des 19. Jh. die *Grande Pêche*, der friedliche Kabeljaufang vor Neufundland und Labrador, der bis zum Ersten Weltkrieg für St. Malos Wohlstand sorgt. Mit dem Niedergang der bretonischen Flotten zwischen den beiden Weltkriegen sinkt auch St. Malos Stern.

Zweiter Weltkrieg. Die deutschen Truppen, die St. Malo zum strategischen Stützpunkt ausgebaut haben, verschanzen sich im Sommer 1944 in der Ville close vor der Invasion der Alliierten und verteidigen die Stadt bis zum letzten Mann. Zwischen dem 1. und 14. August 1944 zerbomben alliierte Luftgeschwader die Stadt. St. Malo ist ein einziges Trümmerfeld. 700 Gebäude (80 %) sind zerstört, nur die Befestigungsanlagen und zwei alte Reedershäuser überdauern das Inferno relativ unbeschadet. Gleich nach dem Krieg beginnt der Wiederaufbau. Architekten und Kunsthistoriker wälzen die alten Stadtpläne und kennzeichnen in systematischer und aufwendiger Aufbauarbeit 130 unter Denkmalschutz stehende Häuser. Sie markieren in akribischer, teilweise unter Lebensgefahr einzelne Steine und Baufragmente und rekonstruieren so das St. Malo des 18. Jahrhundert. Seit dem Abschluß der Restaurierungsarbeiten 1952 säumen die klassizistischen Fassaden der Reedershäuser wieder die Straßen- und Gassenschluchten der traditionsreichen Stadt.

- *Telefonvorwahl*: 99
- *Postleitzahl*: 35400
- *Information*: In einem Pavillon bei der Porte St. Vincent, dem Haupttor zur Ville close. In der Saison 3 x täglich begleitete Führungen durch die Ville clos (10.30, 15 und 17 Uhr) für 8 DM, Kinder die Hälfte. Ganzjährig geöffnet. Montag bis Samstag 8.45 - 12 und 14 - 19 Uhr. In der Hochsaison durchgehend 8 - 20 Uhr, Port des Yachts, Tel. 566 448.

Weitere Informationsstellen in den Terminals vom Gare Maritime du Naye und Gare Maritime pour les Iles Anglo-Normandes am Quai de Trichet.

Verbindung

Bushaupthaltestellen vor der Porte St. Vincent oder am SNCF-Bahnhof. Bis zu 13 x täglich nach Dinard über den Rancedamm (30 Min.). Außerdem Busse in alle touristischen Ziele der näheren und weiteren Umgebung: bis zu 8 x St. Briac, mindestens 3 x Dinan, bis zu 7 x mal Cancale. Über Pontorson zum Mt. St. Michel (6 x werktags), 10 x Dol, 4 x Rennes, 2 x Fougères und bis zu 5 x Combourg.

Zug: Bahnhof stadteinwärts hinter dem Hafengelände. Täglich mehr als 10 x über Dol und Combourg nach Rennes. Sonn- und Feiertage mindestens 5 x. Nächster Umsteigebahnhof Richtung Westen ist Dol (Dinan, Lamballe, St. Brieuc). Auskunft Tel. 561 553.

Fähre: Regelmäßig über die Rancemündung nach **Dinard** (siehe Dinard). Vom Gare regelmäßige Fährverbindungen zu den anglonormannischen Kanalinseln Guernsey, Jersey und Sark. Außerdem große Autofähre nach Portsmouth. Preisbeispiel St. Malo - Jersey: retour an einem Tag Erwachsene 85 DM, Kinder 55 DM, Fahrtdauer je nach Schiffstyp 70 - 150 Minuten.

Flugzeug: Großraumflughafen gut 10 km außerhalb, südlich von Dinard. Verbindungen siehe Dinard.

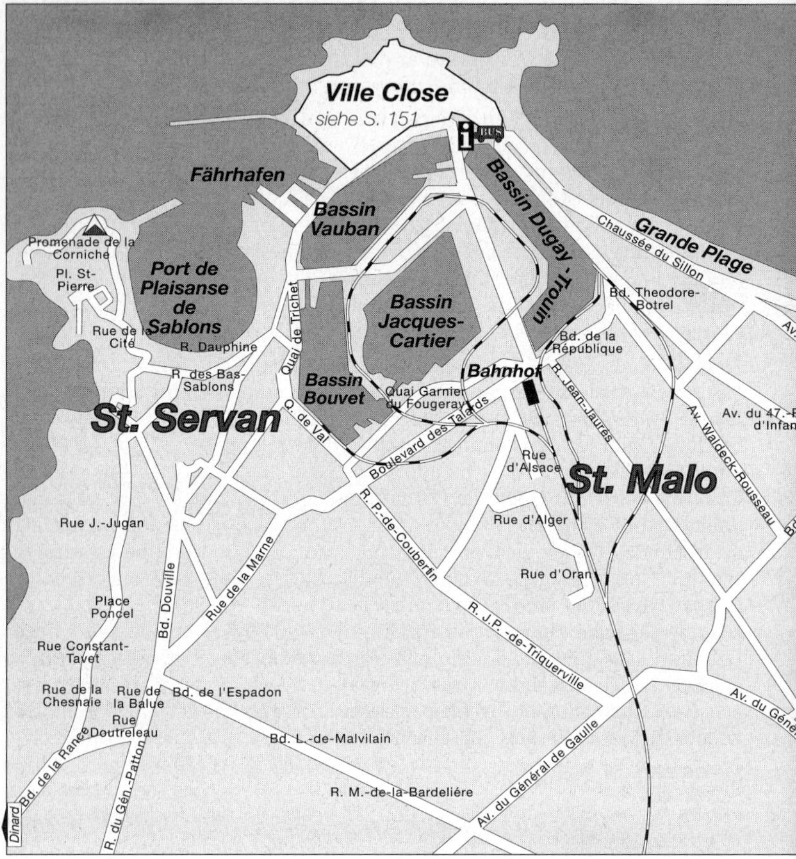

Diverses

• Autoverleih: Alle internationalen Autoverleiher haben ein Büro. Einige Adressen: **Avis**, Gare Maritime, Tel. 817 324, und am Bahnhof, Tel. 817 343. **Hertz**, Boulevard de la République 48, Tel. 563 161. **Europcar**, Boulevard des Talards 16, Tel. 567 517.

• Bootsausflug: Mehrere Gesellschaften bieten Bootstouren und Schiffsausflüge an. Abfahrt an der Hafenmole, Zwischenstopp in Dinard. Ausflugsprogramme und Preise siehe Dinard. Reservierungen bei **Emeraude Lines** im Gare Maritime de la Bourse, Tel. 404 840.

• Busausflug: Einzelheiten siehe Dinard. Zentrale Abfahrtsstelle ist die Porte St. Vincent. Zwei Adressen: **Cars Pansart**, Esplanade St. Vincent, Tel. 408 596; oder **Courriers Bretons**, Esplanade St. Vincent, Tel. 567 909.

• Fahrradverleih: Mehrere Anbieter. Am Gepäckschalter des Bahnhofs verleiht **SNCF** Peugeot-Tourenräder für 23 DM pro Tag (Kaution 170 DM). **Cycle Diazo** bietet eine große Auswahl an Tourenrädern und Mountainbikes; Kaution 170 DM oder Reisepaß; Tourenrad 20 DM/Tag, 90 DM/Woche. Quai Dugay-Trouin 47, Tel. 403 163. Räder und Mofas verleiht zu ähnlichen Bedingungen auch **Cycles Nicole**, Rue Robert Schumann 11, Tel. 561 106.

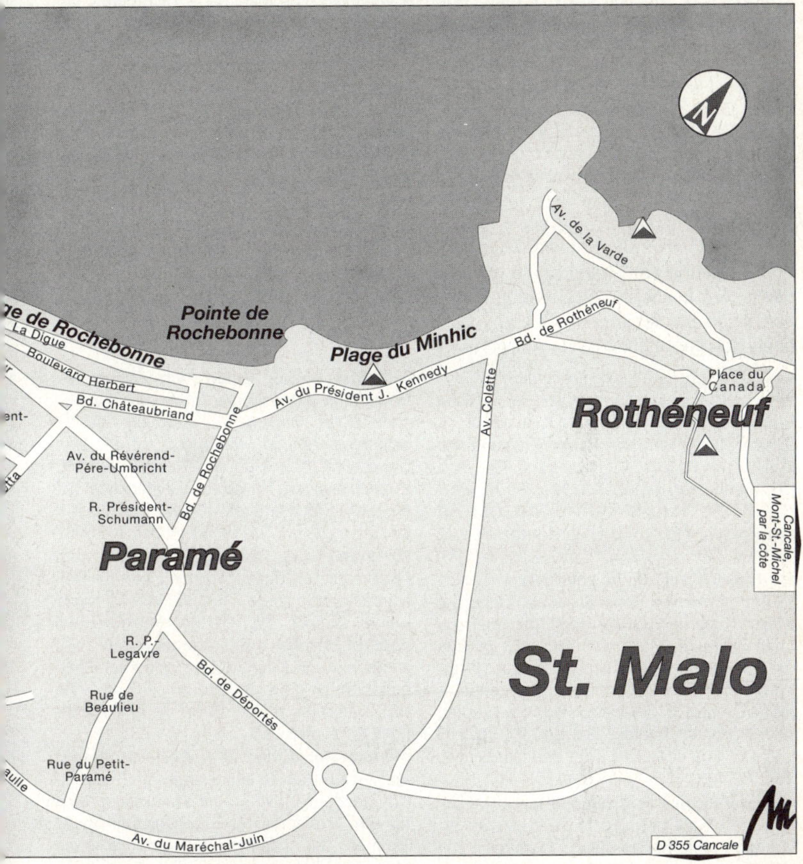

• _Feste_: Ab Mitte Juli einen Monat lang **Festival der geistlichen Musik** - Orgelkonzerte in der Kathedrale. Ebenfalls im Juli **Fête Clos Poulet**, eine folkloristische Veranstaltung mit bretonischer Musik und Tänzen. Daneben zahlreiche Veranstaltungen mit traditionellen Kostümen, am bekanntesten das **Festival Son et Lumière**, alljährlich (unterschiedliche Zeiten in der Hochsaison) im Burghof: eine spektakuläre Evokation vergangener Zeiten mit Feuerwerk, Korsarenüberfall und der Nachstellung historisch interessanter Begebenheiten aus der Stadtgeschichte (Eintritt 20 DM).

• _Kleiner Zug_: Tuut! Tuut! Ab Porte St. Vincent rollt le petit train 30 Minuten lang durch die Inselstadt. Erwachsene Mitfahrer zahlen 8 DM, Kinder 5 DM.

• _Markt_: Wochenmarkt Dienstag und Freitag vormittag in der Ville close und in St. Servan. In Paramé Mittwoch und Samstag vormittag. Fischmarkt Di., Mi., Fr., So. am Place de la Poissonnerie (intra muros).

• _Schwimmbad_: Das städtische Schwimmbad lockt bei schlechtem Wetter mit Europamaßbahnen beim Gare maritime. Das Piscine Olympique Minicipale ist ganzjährig geöffnet.

• _Wassersport_: Mehrere Anbieter für alle Arten von Wassersportmöglichkeiten: Tauch- und Segelkurs oder Strandsegeln. Im Sommer kann man direkt an den Stränden Ausrüstung mieten. Einige Adressen für die

Ausleihe von Zubehör: **Surf School**, Rue Courtoisville 7, Tel. 400 747; **Alfa** (Bootsvermietung), Port des Bas-Sablons, Tel. 820 078; **Cercle Nautique de Rothéneuf**, Cale du Havre, Tel. 561 633; **Centre de Voile**, Quai du Bajoyer (Strand der Ville close, Segelkurse), Tel. 408 442; **Technic Plongée Comarin** (Tauchausrüstung), Boulevard de la République 15, Tel. 566 333.

• *Yachthafen*: St. Malo hat 2 Yachthäfen; der Schleusenhafen **Port Vauban** liegt postkartenträchtig vor den Mauern der Ville close (Tel. 565 191), der **Port des Sablons**, gut vor atlantischen Winden geschützt, gehört zum Ortsteil St. Servan (Tel. 817 134). Beide Häfen mit den obligatorischen Einrichtungen. Preisbeispiel: Das 10-m-Boot kostet etwa 30 DM pro Liegetag.

Übernachten

Zahllose Hotels in und um St. Malo - meist Kleinbetriebe mit nur wenigen Zimmern und oft familiärem Charakter. In der Hochsaison geht ohne Vorbestellung trotzdem nichts. Sie können Ihren Standort wählen: direkt in der alten Korsarenstadt, im unauffälligen St. Servan, am Strand von Paramé oder noch weiter draußen im ländlichen Rothéneuf. Eine kleine Auswahl:

• *Hotels in der Ville close (intra muros):*

*** **Hotel Central**: Zentral bei der Grande Porte in einer Gasse Richtung Kathedrale. 46 Zimmer hinter repräsentativer Fassade mit Telefon und Farb-TV; gediegene Bar und Restaurant der gehobenen Klasse. Mit Garage. EZ 90 - 14 DM, DZ 110 - 160 DM, HP pro Person 110 - 160 DM. Grande Rue 6, Tel. 408 770.

*** **Hotel Elizabeth**: Im verwinkelten Teil St. Malos, unweit der Porte St. Louis. Eines der alten Häuser, stilvoll renoviert mit ebensolchen Zimmern: Von Louis XIII. - XV. grüßen die Kunstepochen Frankreichs in den 10 Appartements (Wohnraum, Diele, Bad, separates WC) und 7 Zimmern. Kein Restaurant, aber Farb-TV, Telefon, Garage. EZ ab 105 DM, DZ 115 - 165 DM. Rue des Cordiers 2, Tel. 562 498.

** **Hotel France et Châteaubriand**: Am belebtesten Platz der Ville close, trotzdem erstaunlich ruhig neben dem Geburtshaus von Châteaubriand. Alteingesessene Grand-Hotel-Atmosphäre, Wintergarten, Aufenthaltsraum, Speisesaal, 80 Zimmer. Meerblick mit Bad kostet extra: EZ ab 90 DM, DZ je nach Ausstattung und Lage 115 - 145 DM, Frühstück 10 DM, HP pro Person 200 DM. Place Châteaubriand, Tel. 566 652.

** **Hotel de L'Univers**: Am Place Châteaubriand gegenüber vom Hotel de Ville. Nah am Strand. Wer gerne Straßenszenen beobachtet, ist hier richtig. 62 ordentliche Zimmer in diversen sanitären Kategorien, Salon, Bar mit maritimem Ambiente und gepflegtes Restaurant (200 Gedecke). EZ je nach Sanitärstandard 75 - 90 DM, DZ 90 - 115 DM. Frühstück 10 DM, HP pro Person 85 - 100 DM, VP 115 - 130 DM. Place Châteaubriand 10, Tel. 408 952.

** **Hotel Bristol Union**: Am Fischmarkt; freundliche Atmosphäre in einem gemütlichen Hotel. Gediegene Rezeption und 27 wohnliche Zimmer, wahlweise mit Dusche, Dusche/WC oder Bad/WC. Kein Restaurant. Empfehlenswert. Im Winter geschlossen. DZ 65 - 100 DM, Extrabett 30 DM, Frühstück 8 DM. Place de la Poissonnerie 4, Tel. 408 336.

** **Hotel Le Croiseur**: Ebenfalls am Fischmarkt; einfaches, kleines Hotel für Reisende ohne große Ansprüche. 14 recht kleine Zimmer mit großen französischen Betten, Dusche oder Waschbecken, WC immer auf dem Gang. Kein Restaurant, kneipenähnlicher Frühstücksraum. DZ 53 - 85 DM, Frühstück 8 DM. Place de la Poissonnerie 2, Tel. 408 040.

** **Hotel-Restaurant de la Porte St. Pierre**: Vor der Bastion de la Hollande am Plage de Bon Secours, direkt an der Stadtmauer. Weit ab vom Trubel der Rue Jacques Cartier. 27 Zimmer mit Blümchentapeten, teilweise Meerblick. Alteingesessener Familienbetrieb, gute traditionelle Küche. EZ 65 DM, DZ 80 - 93 DM. Frühstück 8 DM. HP 90 DM, VP 100 DM. Place du Guet 2, Tel. 409 127.

** **Hotel de la Pomme d'Or**: Eines der wiedererstandenen Reedershäuser an der Grande Porte; Salon und Rezeption bersten schier vor Andenken und Nippes, dazu eine freundlich-familiäre Hotelbesitzerin, 15 Zimmer zum Teil mit Blick über das Bassin Vauban und ein netter Speisesaal. EZ 75 DM, DZ 85 DM, Frühstück 7 DM, HP 73 DM, VP 100 DM. Place du Poids du Roi 4, Tel. 409 024.

* **Hotel du Commerce**: Trotz seiner 42 Zimmer im "modernen" französischen Stil ein heimeliges Hotel, in einer ruhigen Gasse im Südosten, stadteinwärts um die Ecke vom Exotarium. Aufenthaltsraum wohnzimmer-

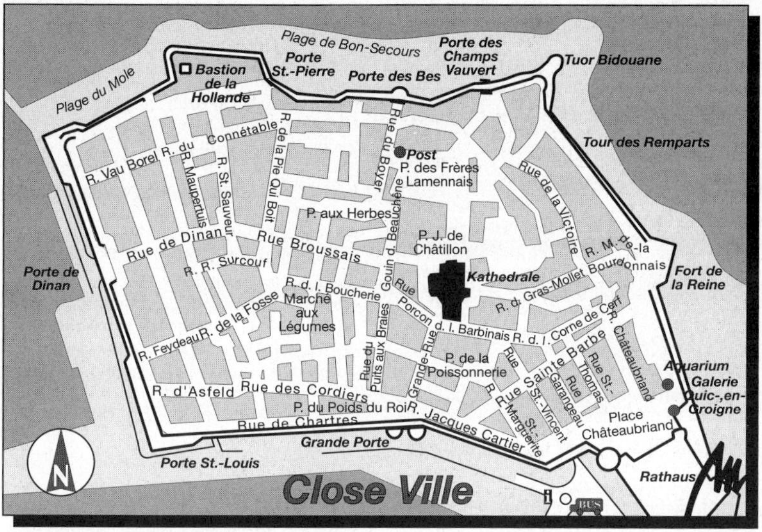

ähnlich, Frühstückssalon heiter, Zimmer sanitär unterschiedlich: EZ 33 - 70 DM, DZ 43 - 95 DM, heiß duschen auf der Etage 3 DM, Garage 8 DM. Kein Restaurant. Rue Saint Thomas 11, Tel. 408 556.

* **Le Victoria**: In einer Seitenstraße zwischen Rue Jacques Cartier und Fischmarkt; holzgetäfeltes Café mit Billardtisch und für den Preis 12 passablen Zimmern: EZ mit WC ab 40 DM, DZ mit Duschkabine 45 DM, mit Dusche/WC 60 DM. Frühstück 7 DM. Rue des Orbettes 4, Tel. 563 401.

Les Chiens du Guet: Direkt an der Porte St. Pierre, vor dem Strand Bon Secour; ein altes, sehr einfaches Haus mit einem Dutzend einfacher Zimmer, teilweise mit Meerblick und Sanitäreinrichtungen. Im Erdgeschoß gutes Restaurant. Wer wenig Wert auf Zimmerkomfort legt, aber beim Essen auf seine Kosten kommen will, ist hier gut beraten. DZ 33 - 80 DM, HP 53 - 70 DM, VP 75 - 95 DM. Place du Guet 4, Tel. 404 677.

• *Hotels in St. Servan:*

** **Hotel le Servannais**: Auf dem Weg vom Stadtzentrum hinunter zum Hafen. 46 Zimmer, komfortabel und sanitär modern. Schöner Blick auf die Bucht. EZ 33 - 70 DM, DZ 55 - 83 DM, HP 65 - 83 DM. Rue Amiral Magon 4, Tel. 814 550.

** **Hotel d'Aleth**: Nettes 10-Zimmer-Hotel an der Hafenzeile, familiäre Atmosphäre. Zimmer zum Teil mit Meerblick, unterschiedliche Sanitärausstattung. DZ 40 - 90 DM. Rue des Hauts-Sablons 2, Tel. 814 808.

• *Hotels in Paramé:*

**** **Grand Hotel des Thermes**: Gründerzeitpalast in bester Strandlage; 101 großzügig-komfortable Zimmer oder Appartements. Geräumige Salons, 3 Restaurants sowie eine Teebar der Jahrhundertwende-Haute-Volée. Neueren Datums sind das Diätrestaurant, die moderne Schwimmhalle und das angegliederte Meerwassertherapiezentrum. EZ 65 - 165 DM, DZ 105 - 375 DM, HP 150 - 330 DM. Ganzjährig geöffnet. Boulevard Hébert 100, Tel. 407 575.

** **Hotel Châteaubriand**: Direkt an der Digue; schnörkellose Fassade und schnörkellose 23 Zimmer, z. T. mit Meerblick. Holzgetäfelte Bar, Teesalon und ruhige Terrasse zum Strand hin. DZ je nach Sanitärstandard 60 - 130 DM, Frühstück 9 DM. Ganzjährig geöffnet. Boulevard Hébert 8, Tel. 560 119.

** **Hotel les Courlis**: Etwa 100 m vom Strand. Nach geglückter Renovierung 1990 hat das kleine Hotel einen Stern hinzugewonnen; 11 gemütliche Zimmer, alle mit Dusche bzw. Dusche/WC in einem stilvollen Haus mit familiärer Note. Freundliche Rezeption und Frühstücksraum. Kleiner Garten. DZ 60 - 80 DM, 3-Bett-Zimmer 85 DM, 4-Bett-Zimmer 100 DM, Frühstück 8 DM. Ganzjährig geöffnet. Rue des Bains 9, Tel. 560 015.

** **Hotel de l'Océan**: Am Hauptzugang des Strandes von Rochebonne, 200 m östlich des Zentrums von Paramé. 25 Zimmer, zum Teil mit Meerblick. Bar, Frühstücksraum. EZ ab 70 DM, DZ 80 - 100 DM, Extrabett 25 DM, Frühstück 8 DM. Boulevard de Rochebonne 93, Tel. 564 848.

* **Hotel les Charmettes**: Putziges, verwinkeltes Natursteingebäude direkt an der Strandpromenade neben dem Grand Hotel. 20 z. T. einfache Zimmer mit unterschiedlicher Sanitärausstattung. Teilweise Meerblick. Heller Frühstücksraum mit Panoramablick, Strandterrasse. Duschen und WCs auf der Etage. EZ ab 27 DM, DZ 40 - 100 DM, Frühstück 8 DM. Boulevard Hébert 64, Tel. 560 731.

• *Hotels in Rothéneuf*

* **Hotel du Centre et du Canada**: Im Ortszentrum. Gemütliches 23-Zimmer-Hotel. Die Zimmer sehr unterschiedlich möbliert, Sanitärs z. T. auf der Etage. EZ ab 30 DM, DZ 30 - 70 DM, HP 50 - 75 DM. Place du Canada 7, Tel. 569 616.

• *Jugendherberge*: **Centre de Rencontres Internationales (FUAJ)**; an der Hauptstraße Paramés. 270 Betten in 60 4- bzw. 6-Bett-Zimmern mit Minimalkomfort. Auch Besucher ohne Ausweis werden akzeptiert. Gartenanlage. Übernachtung inkl. Frühstück im 4-Bett-Zimmer 23 DM, im DZ 43 - 50 DM, HP 30 - 50 DM. Avenue du Père Umbricht 37, Tel. 402 980.

Maison Internationale Vacance (LFAJ): Südlich des Zentrums von Paramé, 2 km von der Ville close. Schönes Natursteinhaus mit Garten und Nadelbäumen. 4 Bungalows und 36 Zimmer mit Mehrbettbelegung. Schlafzelt. Selbstkocherküche. Bett 15 DM, mit Frühstück 18 DM, Zeltschlafplatz inkl. Frühstück 15 DM. Rue des Ecoles 13, Tel. 562 200.

Camping

** **Municipal la Cité d'Aleth**: Im Ortsteil St. Servan, mit dem kürzesten Weg zur Festungsstadt. Große Anlage auf der äußersten Spitze der Landzunge, z. T. Blick auf den Ozean bzw. auf St. Malo. Wiesenareal am Hang, durchsetzt mit Bunkeranlagen aus dem 2. Weltkrieg, die besten Plätze sind von Dauercampern besetzt. Sanitäranlagen ausreichend. Erwachsene 5 DM, Kinder die Hälfte, Platz 3 - 5 DM, Auto 2 DM, Zweirad 1 DM, Wohnmobil, Caravan 6 DM, Elektrik 4 DM, Hund 1,70 DM. 400 Stellplätze. Ganzjährig geöffnet. Place St. Pierre, Tel. 816 091.

** **Municipal des Nielles**: Liebloses Wiesengelände am Ortsausgang von Paramé; 95 schattenlose Stellflächen. Die Caravanabteilung direkt oberhalb des Meeres, steile Treppen führen hinunter zum Strand. Wenige Stromboxen und einfache Sanitäreinrichtungen. Bushaltestelle direkt vor dem Platz. Gleiches Preisniveau wie vorheriger Platz. Geöffnet vom 15.6. - 15.9. Avenue J. Kennedy, Tel. 402 635.

** **Municipal des Ilots**: Am Ortsausgang von Rothéneuf. 133 Stellplätze in einem von Bäumen umgebenen Wiesengelände. Niegelnagelneue Sanitärs, Stromboxen. St.-Malo-Municipalpreise. Geöffnet von Juni bis September. Avenue de la Guimorais, Tel. 569 872.

** **Municipal du Nicet**: Auf der gleichnamigen Landspitze im Ortsteil Rothéneuf, am Rand eines Wohnviertels. 250 Stellflächen oberhalb der Küste, wenig Schatten auf Wiesengelände. Sanitärgebäude neueren Datums. Preise wie die anderen Campings. Geöffnet von Ostern bis 15.9. Avenue de la Varde, Tel. 402 632.

Sehenswertes

Stadtmauerrundgang: Die Tour auf dem Stadtwall gehört zum touristischen Pflichtprogramm. Die zum Teil aus dem 12. Jh. stammenden Wehrmauern, die die Ville close umgürten, blieben während der Bombenangriffe im Zweiten Weltkrieg weitgehend unzerstört. Mehrere Treppenaufgänge führen an den Toren und Eckbastionen zu ihnen hinauf. In Höhe der Fensterfronten wandern Sie zwei Kilometer rund um die *Ville close* und bekommen so ein anschauliches Bild über die im klassizistischen Stil rekonstruierte Korsaren- und Handelsstadt.

Wir empfehlen die *Porte St. Vincent* als Ausgangspunkt. Der Weg führt zunächst rund um die grimmigen Mauern des *Châteaus*, unten der lebhafte *Place Châteaubriand* mit seinen Cafés und Restaurants. Hinter dem *Turm Quic-en-Groigne* hinab zur *Porte St. Thomas*. Das Tor öffnet sich zum *Plage de l'Eventail*, der bei Ebbe bis hinüber zum *Fort National* reicht. Zurück auf die Wehrpromenade. Über dem Aquariumsgebäude geht es zur ersten, weit vorspringenden Bastion, dem *Fort à la Reine*, von dort bei Ebbe sehr schöner Blick auf die wildzerklüfteten Riffe und Wellenbrecher. An den grauen Mauern der 1959 errichteten Seemannsschule für die Handelsmarine entlang zum *Tour Bidouane*, einem bei Flut von harten Brechern umbrandeten Bollwerk, das die Nord- und Westseite der Befestigungsanlagen kontrollierte. Der Turm ist vom ausladenden *Place du Québec* gesäumt - eine von einer Burgwarte flankierte Plattform, durch einen Graben von der Festungsmauer getrennt. Sie wurde in einen kleinen Garten umgewandelt, in dem die *Statue des legendären Surcouf* steht. Unter den flatternden Fahnen St. Malos, der Bretagne und Frankreichs deutet der steinerne Korsar nach England. Vorgelagert die *Ile du Grand Bé*, auf der Châteaubriand seine letzte Ruhe fand.

In den Gassen St. Malos

Die Westseite des Stadtwalls ist der älteste Teil (12. bis 14. Jh.) und schließt die Stadt gegen die Rancemündung und den Strand *Bon Secours* ab. Am Ende des Strandabschnittes öffnet sich die *Porte St. Pierre*, früher der einzige Zugang zur Stadt, der nachts unverschlossen, aber nicht unbewacht blieb; nach Schließung der anderen Stadttore ließ die Stadtwache hier scharfe Bulldoggen frei, die nicht selten Nachtschwärmer und unvorsichtige Spätheimkehrer zu Tode bissen. Hinter dem Tor erhebt sich die großzügig mit Blumenbeeten und Bäumchen geschmückte *Bastion de la Hollande*, der am weitesten in die Rancemündung vorgeschobene Aussichtsposten. Eine *Bronzefigur des Kanada-Entdeckers Jacques Cartier* gibt ihr historische Würze.

Die Südspitze der Stadtmauer bildet die *Bastion St. Philippe*, von der aus Neugierige den Schiffsverkehr im Hafen beobachten können. Die ganze Südfront des Befestigungsringes wird nur von der *Porte de Dinan* unterbrochen; geprägt wird der Wall von den wiederaufgebauten Reedershäusern aus dem 18. Jh. - granitgrau und abweisend beherrschen sie den Blick in die Stadt. An der *Bastion St. Louis* ein weiterer berühmter Sohn der Stadt: René Duguay-Trouin, tollkühner Korsar und Eroberer von Rio de Janeiro, steht elegant in der Haltung des reichen Reeders und Weltmannes über dem Bassin Vauban, dem heutigen Yachthafen. Die sich wiegenden Masten der Luxusboote begleiten den Weg über die mit zwei Türmen versehene *Grande Porte* (in einer Nische der Innenseite steht noch immer eine Marienfigur aus dem 14. Jh.) zurück zum St.-Vincent-Tor.

Kathedrale St. Vincent: Am 6. August 1944 wurde die Turmspitze von einer deutschen Granate getroffen. Eine Woche später sollte von der heiligen Stätte nur noch ein Gerippe mit wackligen Pfeilern übrig sein, nur die Kanzel und das Chorgestühl hatten in dem Meer von Schutt und Asche überlebt. Die Orgel war geschmolzen, die Kirchenfenster lagen in tausend Scherben. Das Baudenkmal aus dem 11. Jh. (bis ins 18. Jh. mehrmals um- und ausgebaut) wurde als nicht mehr reparabel eingestuft, die Aufräumtrupps benutzten die Reste des Gotteshauses als Pferdestall. 1972, nach einer 25jährigen Gewaltleistung der Restaurateure, wurde die weitgehend nach dem Original wiederaufgerichtete Kathedrale eingeweiht. Wie vor Jahrhunderten überragt die Kreiskerspitze wieder das Zentrum der alten Korsarenstadt.

Im Inneren wirkt die Kathedrale schmucklos und mächtig. Eine mehrstufige Treppe führt vom Portalvorbau hinunter in das grottenartige Hauptschiff. Gespenstisch dringt blaues Zwielicht im vorderen Altarraum durch die Buntglasfenster, die Fensterrose strahlt in Rottönen.
Die Kathedrale St. Vincent war immer St. Malos erste spirituelle Adresse. Hier wurden die berühmten Männer der Stadt getauft, und einige liegen hier begraben. Darunter Jacques Cartier und René Duguay-Trouin, dessen sterbliche Reste 1973 bei Bauarbeiten in der Pariser Kirche St. Roch ganz zufällig entdeckt wurden. In einem von hohen militärischen Ehren begleiteten Zug wurden die bleichen Gebeine des Seehelden 1973 in der Kathedrale St. Vincent beigesetzt: Balsam für die Seele bretonischer Nationalisten.

Château de la Duchesse Anne: Die fünfeckige Burg, ein über die Jahrhunderte bunt zusammengewürfelter Baukomplex, erhebt sich rechts der Porte St. Vincent. Zu Beginn des 15. Jh. bescherten die bretonischen Herzöge der mit dem französischen Königshaus konspirierenden Stadt die erste Befestigung, um die nach Autonomie strebenden Malouins besser zu kontrollieren. Vier Türme überragen den Burgkomplex: der *Donjon* oder *Tour Générale*, der *Tour des Dames*, der *Mühlenturm* und der Turm mit dem unaussprechlich scheinenden Namen: *Tour Quic-en-Groigne*. Das Burgensemble, in dessen ehemaligen Kasernengebäuden im Burghof sich heute das Bürgermeisteramt befindet, beherbergt mehrere Museen.

Stadtmuseum: Im einstigen Wohnturm des Gouverneurs dreht sich alles um die Stadtgeschichte. Auf vier Etagen wurden Hunderte von Exponaten zusammengetragen (französische Erläuterungen), die in bunter

Mischung St. Malos Aktivitäten auf den Weltmeeren beleuchten: die Entdeckungsfahrten Jacques Cartiers, die blühende Ära des weltweiten Tuch- und Stoffexportes, die ruhmreiche Zeit der Kaperfahrten und die neuzeitlichen Zerstörungen.

Im *Erdgeschoß* illustrieren Schiffsmodelle, Seekarten, Statuen und eine gediegene Sänfte, in der sich reiche Reeder zu Geschäftsterminen tragen ließen, das Savoir Vivre in der alten Korsarenstadt. Das *erste Stockwerk* ist dem St. Malo des 19. und 20. Jh. gewidmet. Bemerkenswert sind die riesige Galionsfigur eines Kaperschiffs, Aquarelle und Stiche, Stadtpläne, (Schatz-)Truhen, Kirchenglocken, Hausmodelle und Fotos der zerbombten Stadt. *2. Stock*: Die Helden St. Malos begutachten aus ihren Bilderrahmen heraus ehemalige Beutestücke, Schatztruhen und alte Globen. *3. Stockwerk*: Eine Truhe aus der Zeit der indischen Handelskompanie, in Nürnberg gefertigt und für Holland bestimmt, landete durch erfolgreiche Korsarenkunst letztendlich im Stadtmuseum von St. Malo. Daneben sorgt Sklavenzubehör (Handschellen und Ketten) für Gänsehaut. Die ältesten Stadtzeugnisse im *4. Stock*: ein Kettenhemd, ein Kanonenrohr, einige Schiffsteile, zersprungene Töpfe, ein hölzerner Mönch. Eine Vitrine mit dem Schaubild der Entdeckungsfahrten Jacques Cartiers erläutert St. Malos kometenhaften Aufstieg im ersten Drittel des 16. Jh. Eine schmale Treppe führt auf die Brüstung des Turms: Blicke wahlweise in den Burghof, auf St. Malo, die Hafenbecken oder hinüber nach Dinard.

Ethnographisches Museum: Das Erdgeschoß widmet sich ganz dem Schiff. Angefangen vom Leuchtturmparabol über Schiffswerkzeuge, Angel-zubehör und Flaschenzüge bis zu Ölbildern von Stapelläufen. Im 1. Stock wird das Alltagsleben im alten St. Malo dokumentiert: Meerschaumpfeifen, Trachten, Hüte, dazwischen Frauenportraits (achten Sie auf das ausdrucksstarke Bild "La Priseuse" - die Schnupferin - von 1841), ein prächtiger Schrank aus dem 17. Jh. und ein mächtiges Schrankbett aus massivem Nußbaum. Interessant "La Ste. Barbe", das Modell einer kostbaren Prozessionstrage in Festungsform, die die Kanoniere der Stadt zur alljährlichen "Fête Dieu" im feierlichen Aufzug herumgetragen haben. Duguay-Trouin brachte das Original 1711 als Beute aus Rio de Janeiro mit.

• *Öffnungszeiten der Museen*: 9.30 - 12 und 14 - 18.30 Uhr. Eintritt für beide Museen 4,50 DM, Kinder und Ermäßigte die Hälfte.

Tour Quic-en-Groigne (Wachsfigurenkabinett): Herzogin ANNE "beschenkte" St. Malo zu Beginn des 16. Jh. mit einer neuen Garnison, die die eigenbrötlerische Stadt schützen und zugleich überwachen sollte - für die stolzen, auf ihre Autonomie bedachten Malouins eine Herausforderung, der sie sich murrend beugen mußten. Die resolute Anne regierte mit straffen Zügeln und zwang den Rat der Stadt, eine Inschrift in den Turm zu setzen, die altfranzösisch, unmißverständlich und plakativ die königliche Autorität unterstrich: "*Qui qu'en groigne ainsi sera car tel est mon plaisir.*" - "Ihr mögt darüber murren, aber es soll so sein, denn es gefällt mir."

Im Wachsfigurenkabinett: Châteaubriand ergeht sich auf der Stadtmauer

Der Turm beherbergt heute ein Wachsfigurenkabinett. Im Raum an der Kasse werden zur Einstimmung zeitgenössische Zeugnisse, Zeitungsausschnitte, Bilder von Eskimos und anderen damals exotischen Menschen, Stadtpläne etc. präsentiert. Das Wachsfigurenmuseum selbst läßt in sechs Räumen historisches Personal auftreten, akustisch unterstützt von einem französischen Tonband. *Raum 1* zeigt symbolisch die Stadtgründung durch den heiligen Maclou und seine treue Mönchsschar. In *Raum 2* steht Jacques Cartier zusammen mit einigen Indianern in einem kanadischen Irokesenzeltdorf vor einem Kreuz mit der Aufschrift "Vive le Roi de France". *Raum 3* gilt René Dugauy-Trouin, der 1711 Rio de Janeiro eroberte. *Raum 4* zeigt eine Straßenszene aus dem vergangenen Alltagsleben der Stadt: Nobel gekleidete Honoratioren treten aus der *Auberge de la Malice* (Herberge der Bosheit) und werden von einem bleichen Priester um Geld angegangen. In einer kleinen Abteilung daneben vermißt soeben Maupertius, Geograph und Arktisforscher, den ersten Meridian. *Raum 5* zeigt Robert Surcouf bei der Arbeit: Zusammen mit seiner kühnen Mannschaft hält er an Deck eines Schiffes Ausschau nach einer englischen Prise. Der letzte Raum (6) ist dem ersten Literaten St. Malos gewidmet: René-Francois Châteaubriand lustwandelt mit zeittypischer Windstoßfrisur und Tracht auf den Befestigungsanlagen St. Malos, dazu erklingen aus dem Lautsprecher Zitate aus seinen Werken.

- Öffnungszeiten: Von April bis 30.9. tägl. 9.30 - 12 und 14 - 18 Uhr. Eintritt 6 DM, Kinder 3 DM.

Aquarium: Das Aquarium entlang des Place Vauban ist in die Stadtmauer integriert. Ein etwa 100 m langer Gang führt an knapp 100 Aquarien vorbei, die zum Teil in den Mauerwall eingelassen sind. In 20.000 l Wasser tummeln sich mehr als 1000 Arten und Spezies. Vom Ärmelkanal bis in die Tropen reicht die ursprüngliche Heimat der gefangenen Taschenkrebse, Seepferdchen, bunten Fische und blauen Hummer.

Exotarium: Gegenüber dem Aquarium. Hier schlafen Krokodile in einem heruntergekommenen Gebäudekomplex. 60 Terrarien, eine nette Kollektion von Reptilien: Krokodile, Schlangen, Leguane, Schildkröten u. v. a.
• *Öffnungszeiten*: 9 - 12 und 14 - 19 Uhr, in der Saison durchgängig von 9 - 23 Uhr. Eintritt für Aquarium und Exotarium zusammen 12 DM, Kinder von 7 bis 16 Jahre und Ermäßigte 10 DM. Eines von beiden 7 DM, ermäßigt 5 DM.

Fort National: Das Fort auf einer kleinen Felsinsel vor der Stadt wurde 1689 vom Festungsbaumeister VAUBAN und seinem Schüler GARANGEAU erbaut. Es sollte ähnlich dem Tour Quic-en-Groigne St. Malo schützen und seine stolzen Bewohner überwachen. Die Festung wurde nach der Französischen Revolution lange als Kerker genutzt. Noch 1944 saßen hier 381 Bürger von St. Malo ein; von den Deutschen als Geiseln genommen, sollten sie die Besatzer als lebende Schutzschilde vor alliierten Bombenangriffen schützen. Das Fort befindet sich heute in Privatbesitz. Neben den unterirdischen Kerkergewölben kann man zwei Wälle besichtigen.
• *Öffnungszeiten*: Das Fort ist nur bei Ebbe zugänglich. Halbstündige Führung täglich zwischen Juni und 30.9, zusätzlich Ostern und Pfingsten. Erwachsene 5 DM.

Ile du Grand Bé: Bei Ebbe können Sie die Stadtmauer an der *Porte des Champs-Vauvert* oder an der *Porte des Bés* verlassen und den *Plage de Bon Secours* überqueren; ein bei Flut überschwemmtes Sträßchen führt auf die Insel zum Grab von FRANCOIS-RENE DE CHATEAUBRIANDS, 1768 als zehntes Kind eines St. Maloer Reeders geboren. Nach seiner militärischen, staatsmännischen und literarischen Karriere starb er 1848 in Paris. Bereits vor seinem Tod hatte sich Châteaubriand die der Ville close vorgelagerte Insel als letzte Ruhestätte ausgesucht und mit größter Sorgfalt Form und Umfang seiner Grabstätte festgelegt. Unter einer groben, an den Seiten abgerundete Steinplatte ohne Inschrift, geschmückt allein von einem robusten, niedrigen Kreuz, sollten seine Gebeine ruhen, von seinem einfachen Grab aus wollte der Dichter nach seinem Tod den "Dialog mit dem Ozean" fortsetzen.

Noch ein anderer Grund könnte den berühmten Literaten zur Wahl seiner letzten Ruhestätte veranlaßt haben. Châteaubriand, von sich selbst mehr als überzeugt, hielt Napoleon für den einzigen ihm ebenbürtigen Zeitgenossen und wollte, wie dieser auf St. Helena, ebenfalls auf einer Insel die letzte Ruhe finden: ungestört und allein mit dem Meer. Das Grabmal ist auf drei Seiten von einem Eisengitter umgeben, nach Norden hin bleibt die Brüstung ungeschützt - der Fels fällt steil zum Meer ab. 1944, die deutschen Truppen hatten auf der Grand Bé ein Bunkersystem installiert, wurde das Grab bei einem Luftangriff der Alliierten teilweise zerstört, eine Granate hatte die Steinplatte, den Sockel des Kreuzes und die schmiedeeisernen Gitter gestreift. Anhand von alten, noch von Châteaubriand vorgelegten Plänen gelang es dem Chefarchitekten des St. Maloer Wiederaufbaus, Raymond Cornon, das Grabmal zu rekonstruieren.

St. Malo / Weitere Stadtteile

Gleich hinter den an die Ville close angrenzenden Hafenanlagen beginnt die Neustadt (*St. Malo extra muros*). Die bis in die späten 60er Jahre eigenständigen Gemeinden St. Servan, Paramé und Rothéneuf wurden im Zug einer Gebietsreform eingemeindet und werden seither zentral verwaltet. Die emsige Verbauung, das enge Straßennetz und die Neuanlage touristischer Komplexe haben die Gemeinden so eng miteinander verbunden, daß St. Malo eine dichte, urbane Agglomeration bildet: im Westen das durch Grünanlagen aufgelockerte *St.-Servan-sur-Mer*, im Nordosten die fast nahtlos an die Ville close und Neu-Malo angrenzende Bade- und Ferienmetropole *Paramé*, deren Ferienhäuschen langsam zum ländlichen Familienbadeort *Rothéneuf* hinüberwuchern.

St.-Servan-sur-Mer

Tour Solidor: Der Turm mit dem ovalen Grundriß auf dem äußersten Rand der Landzunge von St. Servan wurde Ende des 12. Jh. als kleine Befestigungsanlage konzipiert. Diese bestand zunächst aus einem Einzelturm und wurde 1322 schließlich durch zwei weitere Türme erweitert. Sein heutiges Dach bekam der Tour Solidor erst im 19. Jh. Heute dient der Turm als Museum (*Musée international du Longcours et des Cap Horniers*).

Eine einmalige Sammlung des Vereins der Kap-Horn-Fahrer zeigt in liebevoller Präsentation viele Details aus dem Leben der Männer, die auf ihren Segelschiffen das berüchtigte Kap Horn umfuhren. Fotos, Ausrüstungslisten, Schiffsmodelle, Navigationsbestecke im Wandel der Zeiten, ein riesiger, ausgestopfter Albatros, Souvenirs aus den Häfen der Welt, von Matrosen kunstvoll selbstgefertigte Gegenstände aus Horn, Elfenbein und allen Materialien, deren ein Seemann habhaft werden konnte. Von der Dachbalustrade aus der bewährte Rundumblick.

• Öffnungszeiten: Juli/August täglich 9.30 - 12 und 14 - 18.30 Uhr. In der NS täglich (außer Mittwoch) 10 - 12 und 14 - 17.30 Uhr. Eintritt 7,50 DM, Kinder und Ermäßigte die Hälfte.

Promenade de la Corniche: Der auch als *Corniche d'Aleth* bezeichnete Spazierweg oberhalb der Küste führt rund um die Landzunge von St. Servan. Er verläuft vom *Place St. Pierre* (Ruinen der ehemaligen Kathedrale von Aleth) hinunter zum *Hafen* (links der Tour Solidor) und folgt dabei der zerklüfteten, steilen Küste. Herrliche Ausblicke auf die der Landzunge vorgelagerten Riffe und Inselchen; hinter den schweren Bunkeranlagen des *Forts de la Cité* (Campingareal) Panoramablick auf die Rancemündung und die Ville close.

Paramé

Das eingemeindete Städtchen ist St. Malos erste Badeadresse. Über gut 2 km ziehen sich die beiden ineinander übergehenden Strände *Plage du Casino* und *Plage de Rochebonne* die Küste entlang. Die befestigte Strandpromenade (*La Digue*) begleitet den sommerlichen Badetrubel. Paramé besitzt ein großes Thalassotherapiezentrum und entlang der

Promenade eine Unzahl klassischer Gründerzeit-Etablissements - gediegene Fassaden, hinter denen zu Anfang unseres Jahrhunderts die meist englischen Feriengäste ein Urlaubsquartier fanden. Hübsch.

Rothéneuf

Im Ortszentrum herrscht provinzielle Beschaulichkeit. Das ländliche Rothéneuf schließt heute fast nahtlos an Paramé an. Ferienhäuschen und kleinere Residenzen entlang der *Avenue Kennedy* haben die alte Kirchengemeinde mit in das Ballungszentrum einbezogen. Der Küstenabschnitt hinter dem großen Strand von Paramé ist entschieden wilder und zerklüfteter, die steilen Felsen und Klippen werden von Heidekraut und zerzausten Krüppelkiefern überwuchert, dazwischen ruhen einige schöne Dünenstrände. Rothéneuf besitzt einige einfache Hotels und zwei öffentliche Campingplätze.

Rochers Sculptés: Östlich des Ortszentrum führt die *Rue Abbé Fouré* zu einem steil über den Klippen liegenden, mauergesäumten Anwesen mit kleinem Meeresaquarium. Durch die Gartenanlage gelangt man an den Rand eines felsigen Abgrunds, von dem aus glitschige Stufen zum Strand hinunterführen. Rechts und links der Treppe befindet sich Rothéneufs touristische Attraktion: die skulptierten Felsen des Abbé FOURE. In über 25jähriger Arbeit (von etwa 1875 bis zu seinem Tod 1910) meißelte der Gemeindepfarrer, der als Sonderling und Einsiedler galt, knapp 300 Figuren in den Granit - ein auf 500 Quadratmeter Fels verteiltes Bildwerk, in dem der Priester seinen eigenen Calvaire schaffen wollte. Die Skulpturen mit teils dämonischen Fratzen und wildverzerrten Gesichtern erinnern an die granitenen Schergen, die im Westen der Bretagne von den Calvaires herab die Zunge blecken. Zusätzlich inspiriert wurde der Abbé bei seiner Arbeit von der legendären Geschichte der "Letzten von Rothéneuf", einem Korsarenclan, dessen Mitglieder gegen Ende des 18. Jh. in blutrünstigen Aktionen nicht nur englische Schiffe auf-, sondern sich auch gegenseitig umbrachten. Doch nicht nur die Piraten und Mordgesellen mit den schiefen Mündern, die

Die Fabelwesen des Abbés Fouré

vor keiner Schandtat zurückschrecken, verwandeln den grauroten Granit der Felsklippe in einen grotesken Bilderreigen. Besonders eindrucksvoll: ein wutschnaubender Ehemann, der unter dem schadenfrohen Gelächter einer Nachbarin seine Gattin an den Haaren zerrt und ihr einen Fußtritt verpaßt.

Musée Jacques Cartier: Am südlichen Ortsausgang, schräg gegenüber dem Friedhof. In dem *Limoelou* (Kahler Hügel) genannten Landhaus (16. Jh.) setzte sich der Kanada-Entdecker Jacques Cartier zur Ruhe. Das kleine Museum ist dem berühmten Mann gewidmet. Restauriert und mit alten Möbeln bestückt, macht es verflossenes bretonisches Alltagsleben lebendig. Eine Diashow erläutert die Reisen des früheren Hausbewohners.

• Öffnungszeiten: Von Juni bis Ende September von 10 - 12 und 14 - 17.45 Uhr. Eintritt 5 DM, ermäßigt 3 DM. Rue David-Mac-Donald-Stewart.

Baden

Plage de Bon Secours: Der Hauptstrand von St. Malo auf der Westseite der Ville close (Rancemündung). Mehrere Tore führen durch die Stadtmauer hinaus auf den etwa 200 m langen Sandstreifen - bei Flut nicht mehr sehr breit, bei Ebbe weit ausgedehnt. Badefreunde können dann ins ältliche Ebbebecken (Sprungturm) eintauchen. Unterhalb der Stadtmauer gibt es Strandzelte und -schirme sowie Surf- und Segelausrüstung zu mieten, ein Kinderclub animiert die Kleinen.

Grande Plage: Der große Strand zieht sich von der Ville close über gut 2,5 Kilometer nach Osten. Begleitet von der langen Strandpromenade, ist er in drei ineinander übergehende Abschnitte geteilt. An den *Plage du Casino* schließt sich unmerklich der *Plage du Rochebonne* an, der, von einer Felsnase unterbrochen, zum schönsten Strandabschnitt führt: dem 800 m langen *Plage du Minihic*, dessen Dünensaum nicht mehr so stark von der Hotel- und Häuserzeile Paramés verbaut ist. Die beiden ersten Strandreviere haben alle für ein Seebad obligatorischen Einrichtungen, in den Hotels und auf den Caféterrassen entlang der Digue gibts Erfrischungen. Bei Ebbe dienen beide Strände Strandsurfern als hartsandige Rennbahnen. Der Strand von Minihic besitzt, abgesehen von den Anlagen des Yachtclubs und einiger Hotels, keine Infrastruktur, bietet aber an seiner Ostseite zwischen den Felsen unterhalb des *Forts de la Varde* lauschige Liegeplätze.

Plage du Val: Etwa 200 m langer, klippengesäumter und bei Flut 20 m breiter Strand, von den älteren Villen Rothéneufs eingerahmt, darüber ein zur Bar umfunktioniertes ehemaliges Grand-Hotel. Gemütliche Grünanlagen lockern die Atmosphäre auf. Surfer kommen hier auf ihre Kosten. Ordentliche Sanitäranlagen und Erste-Hilfe-Station.

Plage des Bas Sablons: Der Hauptstrand von St. Servan in der Hafenbucht, durch eine bei Ebbe aus dem Wasser aufragende Mauer vom Yachthafenbecken getrennt. 400 m lang, nicht allzu sauberes Wasser. Strandeinrichtungen entlang der Promenade.

Dinard *(9500 Einwohner)*

Das älteste bretonische Seebad und, zusammen mit La Baule, das einzige mit internationalem Format. Im Gegensatz zur betonierten Funktionalität des Konkurrenten der Südküste herrscht in Dinard noch die steife Eleganz der vergangenen Belle Epoque. Im Schatten der kolonialen Herrensitze, der Ferienvillen und filmreifen Grand-Hotels schlendern immer noch gutgelaunte englische Herrschaften auf der Mondscheinpromenade: "Isn't it lovely, isn't it?"

Anfang der 30er Jahre des letzten Jahrhunderts kamen die ersten Touristen nach Dinard. 1836 entdeckte ein pensionierter britischer Konsul den Ortsteil *Prieuré* als Sommerfrische, und 1852 mietete die englische Familie Faber die "Villa Beauregard" zum ersten Mal. Im Gefolge dieser Herrschaften kamen immer mehr distinguierte Leute: Nach der Jahrhundertmitte etablierten sich die ersten beiden Hotels, kurz darauf eröffnete das erste Casino. 1875 wurde der mondäne Yachtclub ins Leben gerufen und wenig später der berühmte Tennisclub von Dinard. 1880 schließlich fand sich eine Golfgemeinde zusammen, die heute zu den exklusivsten Frankreichs zählt.

Dinard prosperierte. Es gehörte zum guten Ton der feinen englischen Gesellschaft der Jahrhundertwende, eine Villa in Dinard zu besitzen, und zu Beginn des Ersten Weltkriegs hatte Dinard den Ruf gewonnen, berühmtestes und exklusivstes Seebad Europas zu sein. Entlang der traumhaften Strände an der zerklüfteten Küste waren neben den großzügigen Ferienvillen über einhundert Hotels aus dem Boden geschossen. Auf der *Claire de Lune* promenierte des Abends die standesbewußte Eleganz halb Europas, gefolgt von Parvenüs, die im Glanz berühmter Namen im Mondschein badeten.

- Postleitzahl: 35 800
- Telefonvorwahl: 99
- Information: Nobel und großzügig oberhalb vom zentralen Plage de l' Ecluse in zart verhauchter Art-Deko-Architektur. Professionell und jede Menge Hochglanzpapier. Auskunft auch in Englisch oder Deutsch. Ganzjährig geöffnet. In der Hochsaison jeden Tag durchgehend 9 - 20 Uhr. Boulevard de Féart 2, Tel. 469 412.

Verbindung

Der Bahnhof, weit oberhalb des Geschehens, ist außer Betrieb. Nur **Busse** halten die Verbindungen in die Welt aufrecht (Ausgangspunkt am Bahnhofsplatz). Der Verkehrsknotenpunkt für Dinard heißt St. Malo: stündlich 1 Bus über den Damm des Gezeitenkraftwerks (20 Min.) in die Piratenstadt und von dort weiter. Außerdem werktags im Sommer bis 8 x über Dinan nach Rennes und 4 x die Küste nach Westen über St. Lunaire nach St. Jacut (in der Vor- und Nachsaison nur bis Ploubalay). Gare SNCF, Tel. 461 004.

Fähre: Von 9.30 - 18.15 Uhr zumindest stündlich 1 Personenfähre nach St. Malo und wieder zurück. Ablegestelle des "Bus de Mer" am oberen Ende der Promenade Clair de Lune, einfach 6 DM, retour 10 DM (Kinder bis 12 Jahre 7 DM). Die Fahrt über die Rance-Mündung dauert 10 Minuten. Fahrpläne und Preise bei der Tourist-Info oder an der Anlegestelle bei Emeraude Lines, Avenue George V 27, Tel. 461 045. Fährverbindungen nach Guernsey und Jersey oder Portsmouth nur von St. Malo aus.

Flugzeug: Der Flugplatz des Großraums St. Malo/Dinard/Dinan liegt an der D 168, einige Kilometer im Süden Dinards. In der Saison täglich nach Paris. Von Ende März bis Ende Oktober zweimal täglich nach Jersey (20 Min.) und - nach Wunsch - über Jersey nach Guernsey (45 Min.) oder auf die britische Insel (Bournemouth, Exeter). Der Eintagesluftausflug nach Jersey und retour kostet je nach Gesellschaft und Monat 180 - 250 DM, nach Guernsey 220 - 300 DM. Auskunft Tel. 462 281.

Diverses

- *Autoverleih*: **Avis** außerhalb am Flughafen Dinard-Pleurtuit, Tel. 462 520, **Garage Citer** (Citroën) in der Rue de la Corbinais 21 (beim Bahnhof), Tel. 461 343.
- *Bridgeclub*: Sie sind in einem klassischen, von England beherrschten Seebad. Jeden Nachmittag "Parties libres" im Château de Port Breton. Kontakt-Tel. 462 045.
- *Bootsausflug*: Emeraude Lines am oberen Ende der Promenade Du Clair de Lune. 1-stündige "Entdeckung der **Bucht von St. Malo**" (Juli/August täglich außer Montag, Abfahrt 15.15 Uhr, Erwachsene 20 DM, Kinder 12 DM), oder in 2 1/2 Stunden gezeitenabhängig die **Rance** hinunter nach Dinan; Erwachsene einfach 28 DM/retour 35 DM, Kinder bis 12 Jahre 17/23 DM; Näheres unter Dinan oder St. Malo/Bootsausflug (Tip: Einfache Fahrt buchen und mit dem Bus zurück). 3stündiger Bootsausflug in der Saison 1 x täglich zum **Cap Fréhel**; Erwachsene 35 DM, Kinder bis 12 Jahre 23 DM. Juli und August mindestens eine, sonst unregelmäßige Fahrt nach **Cézembre**, die Insel vor der Küste zwischen Dinard und St. Malo; Erwachsene 16 DM, Kinder 11 DM. Im Juli und August täglich ein Ausflug zur **Ile Chausey** an; Abfahrt 8.15 Uhr, Rückfahrt 18.30 Uhr; Erwachsene retour 35 DM, Kinder 23 DM. Extraservice für Hochseefischer: mindestens 3 x wöchentlich halbtägige **Angelausflüge** (Angler/in 65 DM, Begleiter/in 43 DM, nichtangelndes Kind 25 DM). Auskünfte und Reservierung: Emeraude Lines, Avenue George V. 27, Tel. 461 045.
- *Busausflug*: Busrundfahrten über das Cap Fréhel nach Dinan (33 DM), zum Mt. St. Michel und Cancale (35 DM) oder zur Granitküste an. Außerdem Ganztagesfahrten nach Quiberon und Carnac (retour über Josselin) für 53 DM. Zentrale Auskunft im O.T., bei Evasion Voyages, Tel. 467 191, oder bei Jules Boutin, Tourisme Verney, Avenue George V. 40, Tel. 461 313.
- *Casino*: Das Casino Municipal "Palais d'Emeraude" steht Spielern und Schaulustigen von März bis November offen. Boule, Roulette und Black-Jack. Mehrere Bars und ein Terrassenrestaurant über dem Damm. Boulevard Wilson 4, Tel. 461 571.
- *Fahrradverleih*: **Cycles Duval**, Rue Gardiner 53, verleiht mittlerweile ganzjährig Fahrräder. **Pedalos** am Plage de l'Ecluse verdient vom 15.6 - 15.9. seine Brötchen in derselben Branche.
- *Golf*: Der Golfklub residiert 8 km außerhalb bei St. Briac-sur-Mer. Schön an der Küste gelegene 18-Loch-Anlage. Näheres siehe St. Briac-sur-Mer.
- *Markt*: Jeden Dienstag, Donnerstag und Samstag von 6 - 15 Uhr bei den Markthallen auf dem großen Platz bei der Post. Am Mittwoch noch ein Markt im Stadtteil St. Enogat bei der Kirche.
- *Reiten*: Reitzentrum etwa 1,5 km südlich des Zentrums an der RN 168. 26 Ponys (20 DM/Std.) und 35 Pferde (33 DM/Std.) können gezäumt werden. Günstigere 10-Stunden-Abonnements. J.-P. Briain, Rue du Val-Porée 20, Tel. 462 357.

• *Schwimmbad*: Beheiztes Meerwasserschwimmbecken mit 50-m-Bahnen in der Halle neben dem Casino. Geöffnet von Februar bis Dezember.

• *Taxi*: Zwei Nummern zur Auswahl: Tel. 466 674 und 461 724.

• *Tennis*: Tennisclub von Dinard oberhalb des Yachtclubs an der Avenue George V. 8 Plätze und eine Tennishalle. Stunde in der Saison ca. 15 DM pro Person. Rue A. Gerbault 9, Tel. 461 017.

• *Wassersport*: Segler- und Surfausrüstung beim **Wishbone-Club** am Plage de l'Ecluse oder bei **Pedalos** am Plage von St. Enogat. Preisbeispiele: 1 Stunde Funboard 27 DM, halber Tag 80 DM; 1 Stunde auf dem Standardbrett 20 DM, halber Tag 60 DM.

• *Yachthafen*: 500 Liegeplätze, geschützt in der Bucht von Prieuré. Alle üblichen Einrichtungen, zwei 5-t-Kräne. Einfahrt ist auch bei Ebbe möglich.

Übernachten

**** **Reine Hortense**: Von Lage, Architektur und Ausstattung vom Feinsten. Herrliche alte Ferienvilla, Flair der Belle Epoque am Rand des Plage de l'Ecluse. 10 komfortabelste Zimmer. Noble Terrasse zum Strand hin. DZ 250 - 400 DM, Frühstück 20 DM. Geöffnet vom 31.3. - 15.11. Rue de la Malouine 19, Tel. 465 431.

**** **Grand Hotel**: Elegant und hocherhoben über der Clair de Lune. 93 voll ausgestattete Zimmer. Zimmer mit Blick zum Meer oder auf den beheizten Swimmingpool. 8 Suiten (de Luxe). Salon, Restaurant, Bar, Park etc. Hauptsaison: DZ ab 225 DM, für die beste Suite müssen Sie mit 650 DM rechnen. HP 190 - 270 DM, Frühstück 20 DM. In der NS Preisnachlaß um 20 - 40 %. Geöffnet von März bis Januar. Avenue George V. 46, Tel. 461 028.

** **Emeraude Plage**: 59-Zimmer-Hotel in zweiter Reihe zum Hauptstrand (50 m). Klassisches Natursteingebäude mit langgezogenem Nebenflügel und neuerem Anbau. Fast alle Zimmer mit Bad oder Dusche/WC. Im Restaurant Menus ab 27 DM. EZ 43 - 83 DM, DZ 65 - 170 DM, HP 73 - 130 DM, Frühstück 9 DM. Geöffnet von Ostern bis 30.9. Boulevard Albert I. 1, Tel. 461 579.

** **De la Vallée**: Am Anfang bzw. Ende der Mondscheinpromenade Clair de Lune. 26 komfortable Zimmer mit unterschiedlicher Sanitärausstattung, 17 Zimmer mit Bad/WC und Meerblick. Sonst Dusche oder Waschbecken. Restaurant. DZ 43 - 130 DM, HP 85 - 105 DM, Frühstück 10 DM. Ganzjährig geöffnet. Avenue George V. 6, Tel. 469 400.

** **Hotel Printania**: Vis-à-vis vom Hotel de la Vallée. 59-Zimmer-Hotel. An das alte Gebäude an der Clair de Lune wurde ein neuer Block gesetzt. Schöne Aussicht auf die Rancemündung und St. Malo. Fast alle Zimmer mit Bad bzw. Dusche/WC. Fernsehsaal, Panoramabar und Restaurant mit Menus von 27 - 65 DM. DZ 65 - 130 DM, HP 70 - 105 DM, Frühstück 12 DM. Geöffnet von Mitte März bis 30.11. Avenue George V. 5, Tel. 461 307.

** **Les Tilleuls**: Unterhalb des Bahnhofs. Von außen nicht allzu attraktiv, innen frisch renoviert. Gartenterrasse, 500 m zum Strand. 53 zum Teil etwas enge Zimmer mit modernen Sanitärs. Gutes Restaurant mit 2 Speisesälen, Menus 25 - 55 DM. DZ 80 - 130 DM, HP 80 - 105 DM, Frühstück 10 DM. Ganzjährig geöffnet. Rue de la Gare 36, Tel. 827 700.

** **Hotel du Prieuré**: Natursteingebäude steil oberhalb des gleichnamigen Strandes. 8 geräumige Zimmer mit Blick über die Bucht und St. Malo, alle Zimmer mit Bad/Dusche/WC. Nettes Speiserestaurant mit ausgezeichneter Küche und familiärer Behaglichkeit, Menus ab 25 DM. EZ 60 DM, DZ 80 DM, HP 80 DM, Frühstück 8 DM. Geöffnet von Februar bis 30.11. Place de Gaulle 1, Tel. 461 374.

** **Hotel Beau Rivage**: Vis-à-vis vom vorherigen Hotel, diagonal über den Place de Gaulle. 17 Zimmer, alle mit Bad/Dusche und WC. Kein Meerblick, zur Straße hin etwas laut. Im Erdgeschoß Tabak- und Journalcafé. EZ 65 DM, DZ 75 DM. Ganzjährig göffnet. Place de Gaulle, Tel. 461 434.

* **Hotel de la Paix**: Gut 100 m oberhalb des Hauptstrandes, am zentralen Place de la République. Bürgerliches Haus mit 29 Zimmern. Unterschiedliche Sanitärausstattung (7 Räume mit Bad/WC), gemütliche Einrichtung. Im Erdgeschoß Bar und Restaurant, Menus 23 - 60 DM. EZ 40 65 DM, DZ 47 - 83 DM, HP 55 - 70 DM, Frühstück 8 DM. Geöffnet vom 15.3. - 15.11. Place de la République 6, Tel. 461 038.

* **Hotel de l'Arrivée**: Gegenüber dem Bahnhof. Einfaches Hotel mit unterschiedlich großen Zimmern (bis 4 Personen) und gemeinschaftlichen Sanitärs auf der Etage. Restaurant mit Plats du Jour für 17 DM, Menus ab 23 DM. DZ 40 DM, Zimmer mit 2 großen Betten 55 DM, HP 55 DM. Place de la Gare 5, Tel. 461 305.

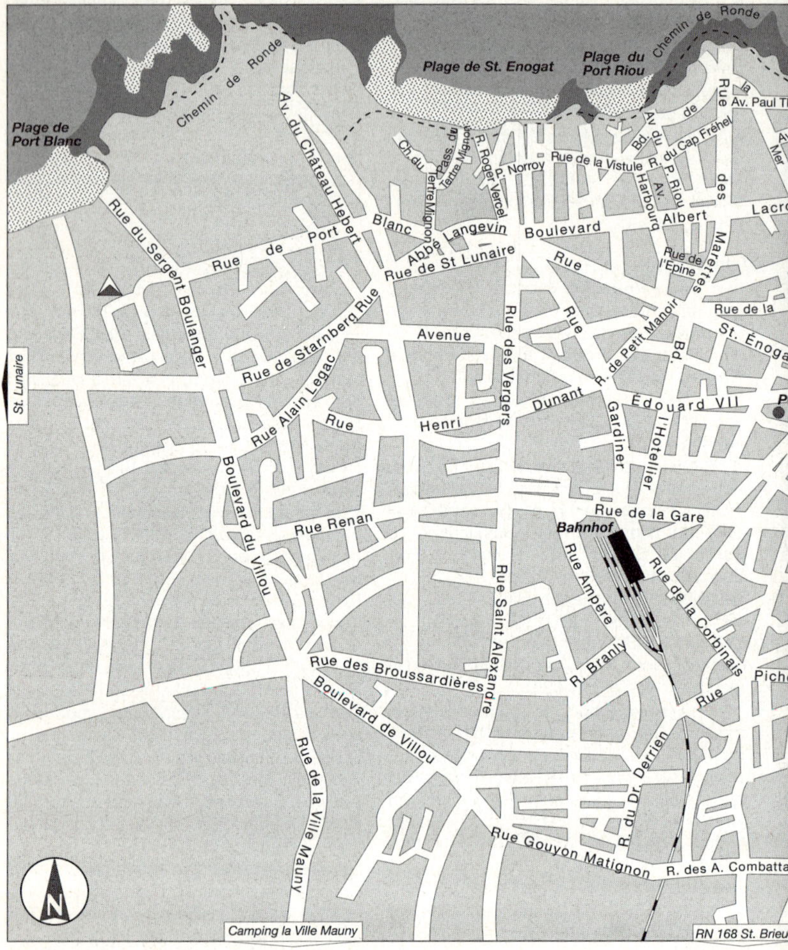

Hotel du Commerce: In der Straße zum Bahnhof hinauf. Sehr einfaches 17-Zimmer-Hotel mit unterschiedlich ausgestatteten Räumlichkeiten. Etagenbad (Vollbad 5 DM) und WC auf dem Gang. Restaurant. EZ mit Waschbecken 30 DM, DZ 30 - 35 DM, Frühstück 7 DM. Rue de la Gare 52, Tel. 461 119.

Hotel les Mouettes: Klein, nett, etwas von der Mondscheinpromenade zurückgesetzt, an einem engen Gasseneck. 10 kleine, niedliche Zimmer, 4 davon mit Dusche oder Dusch/WC-Abteil. Rustikaler Frühstücksraum. DZ 47 - 70 DM, Frühstück 7 DM. Geöffnet vom 15.1. - 20.12. Avenue George V. 64, Tel. 461 064.

Hotel Duchesse Anne: Am Marktplatz. Sehr einfaches Hotel mit 12 Zimmern, WC/Dusche auf der Etage. Einfache Bar und Speisesaal. EZ ab 27 DM, DZ 30 - 45 DM, Frühstück 8 DM. Rue Verdun 14, Tel. 462 608.

Hotel de la Poste: Ebenfalls am Marktplatz, in einem Natursteinhaus. Etwas freundlicher als vorheriges Hotel, ähnliche Sanitärbedingungen. Bar, Restaurant (Menu ab 20 DM).

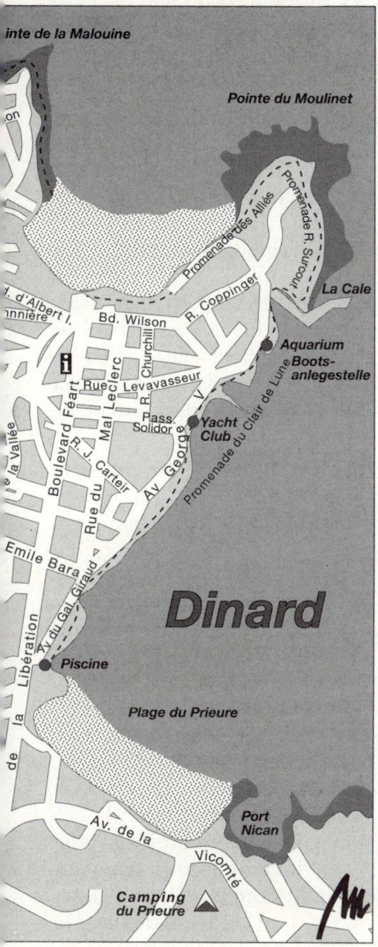

DZ ab 35 DM, mit Dusche 60 DM, HP 55 DM, Extrabett 19 DM, Dusche 7 DM, Frühstück 8 DM. Rue Verdun 6, Tel. 466 729.

Camping

**** **du Prieuré**: Oberhalb des gleichnamigen Strandes, durch die Straße vom Strand getrennt (200 m). Schattiges Rasenareal mit Hecken unterteilt, 100 Stellplätze. Mit 4 Sternen gut weggekommen, einige Zutaten erfüllen nur Alibifunktion. Laden, Waschmaschinen, verschiedene Spielmöglichkeiten. Erwachsene 7 DM, Kinder 3,50 DM, Platz 10 DM. Auto 3 DM, Elektrik 4 - 8 DM. Geöffnet von Ostern bis 30.9. Juli und August nur Vorbestellung für eine Woche. Avenue de la Vicomte, Tel. 462 004.

**** **de la Ville Mauny**: Etwa 3 km außerhalb, an der D 603 Richtung St. Briac. Großzügiges Wiesenareal am Rand eines Wäldchens: Hecken, Zierpflanzen und kleine Tannen lockern die 180 Parzellen auf. Lebensmittel, Snackbar, Restaurant, Waschmaschinen. Gepflegte, ausreichend konzipierte Sanitärblocks. Sport- und Freizeitangebote, zum nächsten Strand gut 3 km. Mietcaravans und -zelte, einige Bungalows. Preise wie Prieuré. Geöffnet von Ostern bis 31.10. Rue de la Ville Mauny, Tel. 469 473.

*** **Port-Blanc**: 600 Stellplätze unter Gemeindeverwaltung. In bester Lage am feinsandigen, felsgesäumten Plage de Port-Blanc am westlichen Ortsende, unterhalb des Sportgeländes. Herrliche Aussicht auf den Plätzen in der ersten Reihe. Mehrere terrassenförmige Ebenen, wenig Schatten und etwas veraltete Sanitärgebäude im Bunkerstil. Einkaufsmöglichkeiten an der platzeigenen "Basarzeile", verschiedene Animationsangebote. Erwachsene 3,30 DM, Kinder die Hälfte, Platz 5,50 DM, Auto 2,20 DM, Dusche 1,70 DM, Elektrik 4 DM. Geöffnet von April bis 30.9. Rue Sergeant Boulanger, Tel. 461 074.

Sehenswertes

Promenade: Dinard liegt teils über den Klippen und Felsen entlang der Rancemündung, teils blicken die noblen Ferienvillen oder modernen Appartementblocks aufs offene Meer. Unterhalb des felsigen Küstensaums, auf dem die Villen des Seebads ruhen, windet sich ein Pfad in die Klippen gehauen oder betonbefestigt die Küste entlang.

Der *Chemin de Ronde* (Rundweg) ist in mehrere Abschnitte gegliedert, der prominenteste davon ist die *Promenade du Claire de Lune*. Zwischen der *Moulinet-Landspitze* und dem *Plage du Prieuré* begleitet die Mondscheinpromenade die Rance auf ihren letzten Metern in den Ozean.

Abends schummrig beleuchtet und von Lautsprechern beschallt, lockt der blumengeschmückte Fußgängerdamm unterhalb der steil aufsteigenden Felsen, auf denen sich das Rokoko mit dem Stil der Jahrhundertwende trifft, nicht nur Liebespaare zu einem romantischen Spaziergang.

Hinter der kleinen Bootsanlegestelle beim Hotel de la Vallée erhebt sich die mit gediegenem Mauerwerk bebaute *Pointe du Moulinet* - Panorama auf St. Malo. Auf der Meerseite ist die Küste stark zerklüftet, dazwischen liegen drei feinsandige Badebuchten: allen voran Dinards Aushängeschild, der *Plage de l'Ecluse*. Der Spazierweg führt weiter in westliche Richtung. Begleitet von den Villen auf den Klippen, verläuft ein Küstenpfad rund um die verschiedenen Landspitzen: besonders schön die Aussichtspunkte hinter der *Pointe de la Malouine* und der *Pointe des Etêtés*. Im Ozean schwimmen die vorgelagerten Inselchen, unterhalb der Landspitze ligen die Terrassen des Parks von Port-Riou. Von dort ist bei klarer Sicht das Cap Fréhel zu erkennen. Über den Strand von *St. Enogat* gelangt man steil über die in den Fels gehauenen Treppen hinauf bis zum *Plage de Port-Blanc* am westlichen Stadtrand.

Aquarium: Mit Aussicht über die Rancemündung an der Claire de Lune. Das Aquarium, gleichzeitig auch Naturkunde- und Meeresmuseum, hält in 24 Becken Fische und Krebsgetier der bretonischen Küste gefangen. Daneben sehen Sie ausgestopfte Seevögel, Muscheln (Naturkundemuseum) und eine liebevoll gestaltete Abteilung (Meeresmuseum) zur Erinnerung an den Ozeanographen und Polarforscher CHARCOT, der 1936 mit dem legendären Expeditionsschiff *Pourqoui pas*? (Warum nicht?) im ewigen Eis versank.

• *Öffnungszeiten*: Zwischen Pfingsten und 15.9. täglich 10 - 12 und 14 - 18 Uhr. Eintritt 5 DM, Kinder und Ermäßigte die Hälfte.

Baden

Plage de L'Ecluse: Dinards Renommierstrand am Casino. Im Sommer von gestreiften Strandzelten gesäumt, zu jeder Jahreszeit dahinter die Fassadenfront repräsentativer Feriengebäude. Der 300 m breite Strandabschnitt mit Blick aufs offene Meer bleibt bei Flut gerade breit genug für die Sonnenanbeter, bei Ebbe geht es feinsandig und flach ins Wasser. Volle touristische Infrastuktur. Aus dem Angebot: Umkleidekabine, Dusche, Handtuch, Badeanzug je 3 DM, heißes Bad 5 DM, Strandzelt 20 DM/Tag oder 60 DM/Woche, Strandliege und Sonnenschirm 5 DM/halbtags.

Plage du Prieuré: Der 300-m-Strand am Ende der Mondscheinpromenade erstreckt sich ganz reizvoll vor den Klippen der Mündungsbucht. Da er noch in der Rancemündung gelegen ist, verschlickt der Strand bei Ebbe völlig. Schwimmbecken am Rand des Strandes. Bei höherem Wasserstand vielbesucht, alle Einrichtungen, vom Schirmverleih über Umkleidekabinen bis zur Erste-Hilfe-Station. Schöner Blick auf St. Malo.

Plage St. Enogat: Über dem 250 m langen, bei Flut noch gut 20 m breiten Strandabschnitt, ein Stück hinter der *Pointe des Átélés*, thronen private Ferienhäuser und Residenzen. Eingerahmt von Klippen, öffnet sich die Bucht zum Meer. Surf- und Segelrevier. Ausreichend Umkleidekabinen

Klassische Seebadatmosphäre am Hauptstrand von Dinard

und Sanitäranlagen, kleine Snackbars oberhalb. Zu erreichen über die Straße vom Zentrum oder - idyllisch - über den betonierten Strandpfad.

Plage de Port-Blanc: Am westlichen Ortsrand von St. Enogat (Richtung St. Lunaire, ausgeschildert) bietet der etwa 100 m breite Feinsandstrand gute Bademöglichkeiten. Optimal für Kinder, sehr flacher, bei Ebbe gut 250 m langer Weg zum Atlantiknaß. Hauptstrand für die Campinggäste vor Ort. Rettungsstation.

Dinard / Umgebung

▶ **Gezeitenkraftwerk**: Die *Usine Marémotrice* war das erste Gezeitenkraftwerk der Welt. Erste Pläne für den Bau wurden bereits 1941 geschmiedet, ausgeführt wurden sie 1961. Nach knapp sechsjähriger Bauzeit konnte die imposante Wasserkraftanlage 1966 von der staatlichen Elektrizitätsgesellschaft E.D.F. in Betrieb genommen werden. Das Prinzip des Kraftwerks beruht auf der Nutzung der riesigen Wassermassen, die die Rance in ihrem Unterlauf befördert (18.000 Kubikmeter pro Sekunde), und dem extremen Gezeitenwechsel, der in der Rance-Mündung einen Tidenhub von fast 14 m erreicht. Durch einen 750 m langen Damm zwischen der *Pointe de la Briantais* und der *Pointe de la Brebis* wird der Fluß zu einem 22 qkm großen See aufgestaut, dessen Wassergefälle über 6 Schleusentore so reguliert werden kann, daß die 24 Rohrturbinen im Inneren des Dammes bei Ebbe und Flut arbeiten. Sie erzeugen beim Durchlauf von 184 Millionen Kubikmeter Wasser rund 500.000 Kilowattstunden Strom.

Bei einem Besuch des Kraftwerks können Sie den gewaltigen Turbinensaal besichtigen. Über den Damm führt die Verbindungsstraße zwischen

St. Malo und Dinard, eine Plattform oberhalb der gurgelnden Strudel und Wirbel am Fuß der Turbinenanlagen erlaubt einen weiten Blick über das sich zum Ozean öffnende Rancetal. Auf der Westseite des Stausees regelt eine Hebebrücke und eine 65 m lange Schleuse den Schiffsverkehr zwischen Fluß und Atlantik.

• Öffnungszeiten: Mehrere begleitete Führungen (gratis) täglich 8.30 - 20 Uhr.

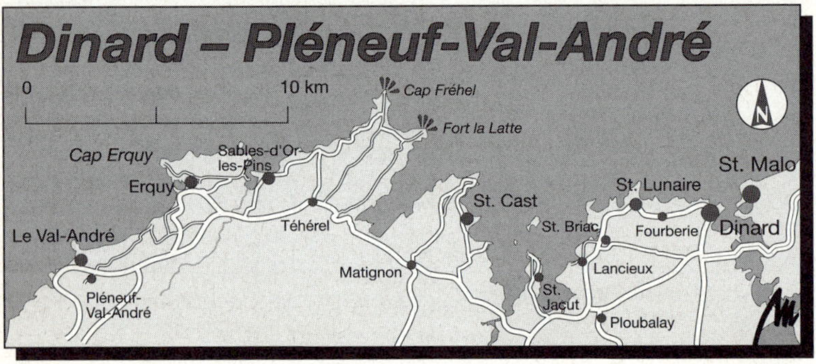

Von Dinard nach St.-Cast-le-Guildo

Der Küstenstreifen zwischen diesen beiden Seebädern an der Smaragdküste ist geprägt von steil-zerklüfteten Kaps und weiten Buchten, in die sich feinsandige Sandstrände schmiegen. Die Küstenstraße D 786 läuft von Dinard über *St. Enogat* nach *St. Lunaire* und von dort aus ziemlich kurvig quer über weitausgreifende Landzungen durch behäbige Urlaubsstädtchen. Stichstraßen auf der ganzen Route führen hinunter zum Meer. Die Orte rühmen sich ihrer legendenumwobenen Herkunft. Der ganze Küstenabschnitt war ein bevorzugter Landeplatz für die Missionare aus England, die sich im 5./6. Jh. aus ihrer Heimat absetzten und hier ihre ersten Stützpunkte gründeten - die Ortsnamen verraten auch, welcher heilige Mönch hier als erster seinen Fuß an Land setzte.

Die Orte an diesem schönen Küstenabschnitt der Côte Emeraude teilen das Schicksal vieler bretonischer Urlaubsörtchen im Schatten eines mondänen Seebads; neben den alten Villen, die sich am Rand der früheren Fischerorte angesiedelt haben und die heute oft zum Verkauf angeboten werden, schießen kleine, mehr oder weniger geschmackvolle Wochenend- oder Ferienhäuserkolonien aus dem Boden und zersiedeln den Küstenstreifen. Alte Hotels werden immer häufiger in Appartementhäuser oder Residenzen umgewandelt oder machen ihnen ganz Platz, im Winter glotzen verschlossene Jalousien aus den Häusern, in den Sommermonaten herrscht der hektische Urlaubsrummel vieler Duponts und fremdsprachiger Gäste.

St. Lunaire

Das kleine, neben dem weltläufigen Dinard ländliche St. Lunaire erwacht am Sonntagmorgen zu unerwartetem Leben. Rund um die Kirche (unter den Grabsteinen aus dem 12./15. Jh. der des Gründermönchs und Ortsheiligen St. Leonorus) findet der Wochenmarkt statt. Kirchgänger, Touristen und Trödler mischen sich durcheinander, mit skeptischem Blick überwacht der Gemeindegendarm das Getriebe.

St. Lunaire zieht sich die Strandstraße (*Rue de Grève*) entlang über den *Boulevard du Décollé* auf eine felsige Landspitze hinauf, die die beiden Ortsstrände voneinander trennt. Die *Pointe du Décollé* (der Geköpfte), weit ins Meer hinausragend, ist ein hervorragender Aussichtspunkt. Eine natürliche Felsbrücke führt über einen tiefen Felsspalt (das Katzenloch = *Trou de Chat*) zum letzten, steilabstürzenden Granitzipfel der Landspitze. Unterhalb entdeckt man die *Grotte der Sirenen*, hoch oben residiert in einem reetgedeckten bauerhausähnlichen Gebäude ein Café-Bar-Diskobetrieb mit Terrasse - windig, aber herrliches Panorama.

- *Telefonvorwahl*: 99
- *Postleitzahl*: 35800
- *Information*: Pavillon hinter dem Strand auf dem Weg zur Ortskirche. Von Juni bis September täglich außer Sonntag 9.30 - 12 und 14 - 18 Uhr. In der NS Auskunft in der Mairie. Boulevard Général de Gaulle, Tel. 463 109.
- *Verbindung*: Mehrmals täglich **Busse** nach Dinard/St. Malo und in die entgegengesetzte Richtung über die nachfolgenden Badeorte nach St. Cast.
- *Fahrradverleih*: Beim Camping Far West; Mountainbikes (Tag 30 DM) und Tourenräder(17 DM).
- *Markt*: Sonntag vormittag.
- *Minigolf*: An der Strandpromenade neben dem Tourismusbüro wird in kleinem Maßstab eingelocht. Eine Runde 4 DM.

Übernachten/Camping

* **Hotel le Relais Fleuri**: Nettes kleines Hotel neben der Kirche, eine ruhige Adresse mit dörflichem Flair. 17 kleine Zimmer, zum Großteil mit Bad oder Dusche/WC. Restaurant. 300 m zum Strand. DZ 53 - 65 DM, Frühstück 7 DM. Place de l'Eglise, Tel. 463 013.

* **Hotel de Longchamps**: Das Hotel auf halbem Weg vom Strand zur Landspitze hinauf sah schon bessere Tage, aber noch immer verbreitet es das Flair eines alten, familiären Seebadhotels. Zimmer sanitär einfach, wenige mit eigenem Bad bzw. WC. EZ ab 27 DM, DZ 30 - 100 DM. Boulevard du Décollé, Tel. 463 036.

Hotel Richmond: Kurz vor der Pointe du Décollé am Boulevard. Der Blick vom hellen Frühstücksraum auf den Strand hinab ist etwas verbaut, dafür gibt es stilvoll-verblichene Atmosphäre im verwinkelten Gründerzeit-Ambiente. Neben dem alten Hotelgebäude im kleinen Gartenpark führt eine Treppe in den Gästepavillon. Die meisten Zimmer bezüglich Mobiliar und Sanitärs sehr einfach. Während der Sommerferien gelegentlich von englischen Schulklassen ausgebucht. EZ 27 DM, DZ 40 - 70 DM, Extrabett 13 DM, Frühstück 8 DM. Boulevard du Décollé, Tel. 463 028.

- *Camping*: *** **Camping La Touesse**; zwischen St. Enogat und St. Lunaire 300 m vom La-Fourberie-étrand. Wenig Schatten, ordentliche Hygieneblocks, kleiner Laden, Bar, Restaurant und Waschmaschinen. Vermietung von Wohnwägen, Mobil-Homes und Fahrrädern. Erwachsene 6 DM, Kinder 3,50 DM, Platz 7 DM, Auto + Motorrad je 4 DM, Elektrik 4 DM. 25 % Ermäßigung in Vor- und Nachsaison. 135 Stellplätze. Geöffnet von April bis Ende September. Tel. 466 113.

*** **Camping Far West**: Durch die D 786 von St. Lunaire nach St. Briac (600 m zum Zentrum) von den Dünen des Longchamps-Strandes getrennt. Rund um den Platz Feriensiedlung. Ebenes, teils schattiges Areal. 3 ordentliche Sanitärblocks, Bar, Laden, Fahrradverleih, Restaurant. Surfertreff. Erwachsene 6 DM, Kind und Auto je 3 DM, Platz 5 DM, Motorrad 1,70 DM, Hund 1,70 DM, Elektrik 3 - 5 DM. 300 Stellplätze. Geöffnet von Pfingsten bis 15.9. Tel. 463 398.

• _Essen/Nachtleben_: Alles unter einem Dach: **La Chaumière**, sympathischer Multifunktionsbetrieb auf der Spitze des Geköpften. Garantiert außergewöhnliche Aussicht und durchgängiges Programm bis in die frühen Morgenstunden. 3 verschachtelte, ebenerdige Gebäude im Bauernhaus-Stil beherbergen 1 Restaurant (gegrillte Langusten 30 DM, Menus ab 23 DM), 1 Crêperie, 1 Diskothek (Eintritt 20 DM mit Getränkebon, jeder weitere Drink 16 DM) und einen separaten Nachtclub. Pointe du Décollé, Tel. 463 342.

Baden

Plage de St. Lunaire: Langgezogener breiter Sandstrand östlich der Pointe du Décollé, gut geschützt und auch für Kinder geeignet. Bei Flut bleiben 5 m trockener Sand für die Badetücher. Umkleidekabinen, Strandclub, in der Saison verschiedene Wassersportausrüstungsverleiher. Strandaufsicht und Rettungsstation.

Plage de Longchamps: 400 m Sandbucht auf der Westseite der Landspitze, von einem breiten, kahlen Dünengelände zur Straße nach St. Briac hin begrenzt (Parkplatz). Treffpunkt der Brett- und Bootssegler, die hier von der steifen Westbrise profitieren. Bei Flut mehr oder weniger ganz überspült. Neben der Segelschule einige Tenniscourts.

St.-Briac-sur-Mer

Die Straße von St. Lunaire nach St. Briac führt etwas oberhalb der Küste entlang mitten durch den schön gelegenen 60-Hektar-Platz des Golfclubs von Dinard. Vor dem alten Dorfkern mit seinen niedrigen, grauen Granitsteinhäuschen wachsen Neubauviertel im bretonischen Ferienhausstil - aus dem kleinen Fischerdorf an der *Frémur-Mündung* ist ein Familien-Badeort mit Fischerei- und Yachthafen geworden, in der auch das derzeitige Oberhaupt der Zarenfamilie residiert. Nach Wladimir Kirilowitsch wurde die *Chemin de Duc* benannt, die Statue seiner Mutter, der Enkelin der Königin Viktoria, steht mitten im Ort.
Rund um St. Briac bietet die zerklüftete Küste abwechslungsreiche Sandstrände - dank der geschützten Lage in der Trichtermündung sicher, bei Ebbe aber ohne Wasser. Vom *Croix des Marins* (Kreuz der Seefahrer) auf einem Hügel etwas außerhalb der Ortschaft genießt man einen herrlichen Ausblick über die Küste.

• _Telefonvorwahl_: 99

• _Postleitzahl_: 35800

• _Information_: Vor der Ortsmitte in einem kioskähnlichen Pavillon an der Durchgangsstraße. Nur während der Sommersaison. Grande Rue 49, Tel.883 247.

• _Verbindung_: Mehrmals täglich mit dem **Bus** Richtung Dinard bzw. St. Cast.

• _Fest_: Am 2. Augustwochenende **Fête des Mouettes** (Möwenfest). Folklore-Darbietungen mit ca. 600 Akteuren rund um den Hafen.

• _Golf_: Die Clubanlage des Golfclubs von Dinard ist eine der schönstgelegenen Anlagen der Bretagne. 60 ha Rasen unterhalb des Aussichtspunktes der Pointe de la Garde-Guérin, durchzogen von der Küstenstraße, dafür mit weitem Blick über den Strand von Port Hué. 18 Löcher zum Einputen.

Übernachten/Camping

*** **Marc Otel**: Erstes Haus am Platz; neues, solides Mittelklasse-Hotel mit 40 Zimmern, Gartenanlage und Restaurant. DZ 120 - 150 DM, HP 110 - 130 DM, Frühstück 13 DM. Ganzjährig geöffnet. Boulevard de la Houle, Tel. 880 063.

* **Hotel de la Houle**: Langgezogenes, einfaches Hotel an der Durchgangsstraße vor dem

Ortszentrum. 27 Zimmer, sanitär unterschiedlich ausgestattet. Im 1. Stock können Gäste auf einer Terrasse über der Straße frühstücken. Im Speisesaal Wintergartenatmosphäre. EZ nach Standard 30 - 60 DM, DZ 43 - 65 DM, HP 60 - 65 DM, VP 90 DM, Frühstück 8 DM. Geöffnet von März bis 31.12. Boulevard de la Houle 14, Tel. 883 217.

• _Camping_: *** **L'Emeraude**; ein an die South-Fork-Ranch erinnerndes Eingangsportal mit dem akkuraten Empfangspavillon führt auf das schattige 5-ha-Areal, dessen Blumendekoration mehrere nationale Preise gewann. Das Wiesengelände am Ortseingang ist umzäunt und von Hecken und Baumgruppen unterteilt. Ordentliche, gefließte Sanitärs mit ausreichend Dusch- und Waschgelegenheiten. Laden, Selbstkocherherde, Kinderspielplatz. Tennisplatz (4 DM pro Person und Stunde) und Minigolf (4 DM). 1,5 km zum Strand von Port Hue. Erwachsene und Platz je 5 DM, Kinder 3,50 DM, Elektrik 3,50 - 6 DM. 200 Stellplätze. Geöffnet von Ostern bis 30.9. Tel. 883 455.

** **Camping Municipal**: Ebenes Rasenterrain am Gemeindesportplatz oberhalb der Frémurmündung. Hecken unterteilen 200 Stellplätze. Einfache Sanitäranlagen, Stromversorgung. Zu den Stränden 2 km. Erwachsene 3 DM, Kinder 1,50 DM, Platz inkl. Auto und Zelt 5 DM, Elektrik 3,50 - 6 DM. Geöffnet vom 1.7. - 10.9. Le Pont Lorrain, Tel. 883 464.

Vor dem Pferderennen

Baden

Plage de Port Hué: Der von Dünen und dem Golfplatz eingerahmte 400 m lange Sandstrand garantiert ein gezeitenunabhängiges Badevergnügen und gilt besonders bei Wellenreitern und Bodysurfern aufgrund seiner gleichmäßigen Dünung als gute Adresse. Wenig Schatten, keine ausgesprochenen Strandeinrichtungen, Toiletten in einem alten Wehrmachtsbunker. Kleiner Kiosk und Snackservice mit Getränken und Crêpes. Nur während der Saison überwacht.

Plage de la Salinette: Der Südstrand in der geschützten Bucht wird vor allem von Bootsanlegern genutzt. Am Rand liegt malerisch eine kleine Landspitze mit Château und alten Kiefern. Bei Ebbe viel Schlick, nichts zum Baden. Erste-Hilfe-Station, Kinderclub, Umkleidekabinen und Toiletten. Einen Katzensprung weiter, in der nächsten Bucht, Oststrand mit ähnlichen Bedingungen. Sicheres Baden bei Flut.

Lancieux

Von St. Briac kommend führt eine neue, 300 m lange Brücke über den breiten *Frémur-Fluß* nach Lancieux, einem freundlichen, zersiedelten Fischerdorf. Im alten Ortskern auf dem Höhenkamm über der Frémur-Mündung findet sich der quadratische Kirchturm der *alten Ortskirche* gegenüber einem kleinen Hotel-Restaurant. Der D 786 leicht bergab folgend, gelangt man zur *neuen Kirche* (*Weihwasserbecken*, gehauen in einen Kilometerstein aus dem 4. Jh.). Ansonsten gibt es noch eine ländliche Allroundkneipe im Zentrum, das wars auch schon.
Zu den Stränden des familienfreundlichen Badeorts führen von der Ortsmitte aus mehrere Stichstraßen hinunter. Bei Ebbe kann man eine schöne Rundwanderung um die Halbinsel unternehmen (*Zöllnerspfad*), wo inmitten der Bucht die *Iles Hebihens* aus dem Wasser ragen. Neben dem *Plage du Rieul*, unterhalb der Brücke über den Fremur (kleiner Fischerhafen), und dem *Plage d'Islet* gegenüber der kahlen, gleichnamigen Insel (klein, putzig und gut geschützt) ist vor allem der *Plage de Saint Sieu* zu erwähnen. Der 1 Kilometer lange Sandstrand zwischen der *Pointe de Bouglais* und der Islet-Insel ist der Hauptstrand der Gemeinde und ein Windsurfer-Paradies. Provisorische Umkleidekabinen, Segelschule, Wachstation.

• *Telefonvorwahl*: 96

• *Postleitzahl*: 22770

• *Information*: Pavillon hinter der neuen Kirche am Ortsausgang. Nur im Sommer geöffnet, aber auch dann nicht immer besetzt. Square Jean Conan, Tel. 862 219.

• *Fahrradverleih*: Beim O.T. oder am Strand bei Cap Armor. 1 Stunde 7 DM, halber Tag 17 DM, 1 Tag 30 DM, 1 Woche 150 DM.

• *Markt*: Nur in den 3 Sommermonaten jeden Dienstag vormittag auf dem Parkplatz bei der Touristeninformation.

• *Wassersport*: Von April bis Mitte November vermietet der **Cercle Nautique** Segeljollen (halbtags 130 DM, ganztags 230 DM) oder Optimisten (160/300 DM). Boulevard de la Mer 5, Tel. 863 150. Surfbretter verleiht am St.-Sieu-Strand **Voilerie Propulsion**.

Übernachten/Camping/Essen

*** **Hotel des Bains**: Nähe Ortsmitte Richtung Strandboulevard; 14 Zimmer, zum Großteil mit Meerblick. Gartenpark, Restaurant. DZ mit Dusche/WC 100 - 130 DM, mit Bad/WC 130 - 160 DM, Suite 210 DM. Ganzjährig geöffnet. Rue du Poncel 20, Tel. 863 133.

* **Hotel de la Mer**: Im Ortszentrum oberhalb des Sieu-Strandes (ca. 300 m). Natursteinhaus mit 17 zum Teil kleinen, aber ordentlichen Zimmern unterschiedlichster Sanitärausstattung. Gemütliches Restaurant mit guter Küche (Menu mit Meeresfrüchten 30 DM, Kindermenu 11 DM). DZ 43 - 80 DM, HP 55 - 90 DM, Frühstück 8 DM. Geöffnet von März bis 31.12. Rue de la Plage 1, Tel. 862 207.

• *Camping*: ** **Municipal les Mielles**; 200 m vom Surfstrand. Ziemlich kahles, aber recht gut ausgestattetes 2,5-ha-Gelände. Waschmaschinen, Kinderspielplatz, behindertengerechte Sanitärblocks. Erwachsene 4 DM, Kinder die Hälfte, Platz nach Größe 2 - 4 DM, Auto 2 DM, Motorrad 1,30 DM, Elektrik 4 DM. 200 Stellplätze. In der NS 10 % Reduktion. Geöffnet vom 1.4. - 30.9. Tel. 862 298.

• *Essen*: Wir empfehlen Crêpe mit Aussicht, etwa 3 km außerhalb von Lancieux auf dem Weg nach St. Jacut bei Ploubalay. Der hoch aufragende **Wasserturm**, weithin sichtbar, ist ein beliebter Aussichtspunkt. Auf 104 m Höhe (Lift) beherbergt er eine Crêperie, von der aus man den gesamten Küstenabschnitt überblicken kann. Ganzjährig geöffnet. L'Ascenseur, Tel. 273 117.

St. Jacut-de-la-Mer *(ca. 1000 Einwohner)*

Der Ort geht zurück auf die Gründung des irischen Mönches ST. JACUT, der vor 1300 Jahren hier an Land gegangen sein soll. Seine Mutter war eine außergewöhnliche Frau: Um die Drillinge, die sie gebar, gleichzeitig und gerecht nähren zu können, wuchs ihr für die Stillzeit eine dritte Brust. Jacut und seine beiden Brüder dankten es ihr und wurden später allesamt Heilige.

Die Gemeinde zieht sich weitläufig über eine schmale, weit in die Bucht der *Frémur-* und *Arguenon-Mündungen* hinausreichende Landzunge *Pointe du Chevet* (Kopfkissen). Der alte Ortsteil mit seinen dunklen Granitsteinhäuschen liegt auf der höchsten Erhebung der Landspitze. Vom äußersten Punkt (Wiesenplateau) bietet sie eine wohlfeile Sicht auf die von kleinen, goldgelben Stränden eingerahmten Hebihens-Inseln mit dem Makrelenturm und die Bucht des Arguenons, in der bei Ebbe die Pfahlgehege der Austern- und Muschelbänke aus dem Schlick ragen.

St. Jacut gilt als preiswerter Familienbadeort, dessen Reiz vor allem im Fuß-Fischen und den Küstenpfaden besteht. Diese winden sich zwischen Felsklippen und Landabbrüchen an vielen kleinen Sandbuchten vorbei, den Küstensaum der grünen, von Tamarisken und Krüppelkiefern bestandenen Landzunge entlang. Die touristischen Einrichtungen wirken etwas improvisiert und bei Ebbe am Rande des Schlicks verloren, bei Flut läßt sich an den kleinen, flachen, die Halbinsel säumenden Stränden jedoch Wassersport in jeder Form treiben. Hauptstrände sind der *Plage Rougeret* am "Zipfel des Kopfkissens" und gleich nebenan der idyllische *Plage Châtelet* mit Segelboot- und Surfbrettverleih.

- *Telefonvorwahl*: 96
- *Postleitzahl*: 22750
- *Information*: Im alten Ortsteil gleich neben der Feuerwehr. Nur in der Sommersaison geöffnet. Rue du Châtelet, Tel. 277 191.
- *Verbindung*: **Bus**verkehr die Küste entlang Richtung Dinard/St. Malo und Richtung St. Cast. Mindestens 4 Busse täglich.
- *Markt*: Freitag vormittag.

Übernachten/Camping

** **Hotel le Vieux Moulin**: Ausgezeichnetes Quartier mit Stil und Geschmack in einer alten, frischrenovierten Windmühle an der Hauptstraße des alten Ortsteils. Verwinkelte Erker und viel Naturstein. 26 Zimmer, sanitär unterschiedlichst, alle aber mit viel Liebe zum Detail, sind teils im alten Rundturm, teils im turmartigen Nebengebäude auf der anderen Straßenseite untergebracht. In Empfangshalle und Restaurant schöne Stilmöbel und freundlicher Service. Ruhiger, von hohen Hecken geschützter Garten. Der Chef des Hauses kocht selbst und ausgezeichnet. Menus 27 - 50 DM. In der HS nur Halbpension. DZ 53 - 100 DM, HP 85 - 100 DM, Frühstück 12 DM. Geöffnet vom 15.3. bis Anfang Oktober. Tel. 277 102.

- *Camping*: ** **Municipal de la Manchette**; rund um den Fußballplatz, ein Stück nach der Kreuzung der D 786/D 26, die auf die Halbinsel von St. Jacut führt. 374 von niedrigen Hecken unterteilte Stellflächen, einfache Sanitärblocks mit Warmwasserduschen, Kinderspielplatz. Direkter Zugang zu zwei Stränden, die bei Flut unbeschwertes Badevergnügen erlauben. Erwachsene 4 DM, Kinder die Hälfte, Platz 2,50 DM, Motorrad/Auto 1,50 DM, Elektrik 2,50 - 5 DM. Geöffnet von Ostern bis 30.9. Rue de la Manchette, Tel. 277 030.

Gründerzeitidylle am Strand von St. Cast

St. Cast-Le-Guildo *(ca. 3200 Einwohner)*

Die Zahl der einheimischen Bevölkerung beträgt etwa 3200. In der Hochsaison schnellt sie auf das 10-fache an. Über dreißigtausend Kurzzeit-Bewohner belagern dann die Strände des Seebads oder schwärmen zu den obligatorischen Ausflügen aus.

Der Name St. Cast deutet auf den irischen Prinzen CADO hin, der im 6. Jh. das Gebiet um St. Cast christianisierte. Den Doppelnamen erhielt die Gemeinde erst 1972 durch eine Gebietsreform: In diesem Jahr wurde *Notre-Dame-le-Guildo* eingemeindet, das kleine Hafenörtchen 5 km südlich an der Mündung des Arguenon, das vor allem vom Holzhandel lebt. St. Cast selbst besteht aus drei Ortsteilen: das alte *Le Bourg* auf dem Höhenkamm hinter dem Hauptstrand, bis heute das Verwaltungszentrum; der touristische Ortsteil *La Garde*, der sich erst um die Jahrhundertwende am Südende des Hauptstrandes entwickelte und vor schmucken Ferienvillen, Hotels und dem Casino strotzt; und schließlich der Ortsteil *Isle St. Cast*, der sich mit seinen verwinkelten Gassen (Einbahnstraßen!) und alten Häusern steil über die Landzunge am Nordrand des Strandes hochzieht. Er war früher der Fischerhafen von Le Bourg und hat sich zum Vergnügungshafen gemausert. La Garde - Strandzeile und Fußgängerzone gehen nahtlos in den Ortsteil L'Isle über - ist heute das lebhafte Geschäfts-, Handels- und Urlauberzentrum.

St. Cast erfreut sich besonders lebhaften Urlauberzuspruchs: Einerseits gilt der Strand als einer der schönsten der Nordbretagne und ist von der touristischen Infrastruktur her voll ausgestattet, andererseits gilt St. Cast als preiswerte und akzeptable Alternative zum mondänen Dinard.

- *Telefonvorwahl*: 96
- *Postleitzahl*: 22380
- *Information*: Multipavillon an einer Kreuzung der zweiten Parallelstraße zum Strandboulevard: Gendarmerie, Post, Bushaltestelle, öffentliches WC und Tourismusauskunft - alles unter einem Dach. Ganzjährig geöffnet. In der Hochsaison von 9 - 12.30 und 14 - 19 Uhr. Place Charles de Gaulle, Tel. 418 152.

Verbindung

Zentraler **Bus**bahnhof auf dem Place Anatol le Braz im Ortsteil L'Isle. Weitere Haltestellen in Le Bourg (Kirche) und beim Tourismusbüro. Von Juli bis 15.9. mindestens 2 x täglich Richtung Lamballe bzw. St. Brieuc (über Fréhel, Sables d'Or, Erquy, Val-André). Richtung Dinard/St. Malo ebenfalls mehrmals täglich Busanschluß (über Notre-Dame-le-Guildo und St. Jacut die Küste entlang). Gare Routière, Tel. 419 124.

Diverses

- *Boule*: Die Association Bouliste Castine lädt während der Saison täglich zum Wettkampf ins öffentliche Boulodrôme. Ab 16 Uhr wird gegen einen Einsatz von 5 Francs um Geld gespielt. Donnerstags ab 15 Uhr doppelter Einsatz.
- *Busausflug*: Tourisme Verney bietet in Zusammenarbeit mit SNCF während der Hochsaison Rundtouren entlang der Smaragdküste an (rund ums Cap Frehel 25 DM). Daneben einen Busausflug an die Rosa-Granit-Küste (45 DM). Genaue Abfahrtszeiten und Buchung beim Tourismusbüro.
- *Fahrradverleih*: **Patrick Page** vermietet Tourenräder, Mountainbikes und Mofas gegen eine Kaution von 100 DM. Tourenrad pro Tag Erwachsene 17 DM, Kinder 10 DM, eine Woche 60 bzw. 50 DM. Mountainbike 33 DM/Tag, die Woche 130 DM. Rue de L'Isle 3 (Oberstadt), Tel. 418 771.
- *Golf*: Der 9-Loch-Golfplatz hinter dem Strand von Pen-Guen wurde 1990 neu gestaltet und mit 18 Löchern auf internationalen Standard erweitert. Die 16 ha große Rasenanlage bietet schöne Ausblicke über die Bucht von St. Cast und die Halbinsel von St. Jacut. Tel. 419 120.
- *Markt*: Von Mitte Juni bis Mitte September Montag vormittag großer **Wochenmarkt** auf dem Place des Fêtes rund um das Sportgelände beim Campingplatz. Großes Angebot an frischen Landprodukten, Haushaltswaren und Souvenirs. Freitag vormittag **lokaler Markt** auf dem Busbahnhofsplatz in der Oberstadt von L'Isle.
- *Tennis*: 12 Plätze (ein überdachter Court) stehen auf dem Tennisclubgelände im Ortsteil La Garde zur Disposition, daneben ein weiteres Dutzend Plätze von privaten Anbietern/Hotels. Stunde 23 DM. Reservierung beim örtlichen Tennisclub, Tel. 418 816 oder privat, z. B. Tel. 418 304 (Tennis du Chêne Vert).
- *Reiten*: Das Reitzentrum **Bois Bras** in einem kleinen Waldgelände etwas außerhalb des Ortsteils Le Bourg (Richtung Matignon) gibt Unterricht durch einen staatlich diplomierten Reitlehrer und organisiert diverse Ausritte entlang der Küste. Centre Equestre du Bois Bras, Le Bourg, Tel. 419 501.
- *Segeln/Surfen*: Die Segelschule vor den Klippen am Ende des Hafens bietet Tages- und Wochenkurse auf Segelbooten (Optimist, Katamaran) und Brettern an. Auskünfte bei Ecole de Voile, Port, Tel. 418 642.
- *Schwimmbad*: Überdachtes Meerwasserschwimmbad hinter der Strandpromenade (Höhe Fußballstadion).
- *Tauchen*: Am Plage de la Mare unterhalb des öffentlichen Campingplatzes residiert der Tauchclub CASAR. Tauchausflüge auf einem 35-Personen-Dampfer für Tauchprofis. Flaschenfüllstation und Verleih von Tauchausrüstungen. Maison Blanche, Tel. 418 140.
- *Yachthafen*: An der Hafenmole unterhalb der Klippen von L'Isle neben dem Fischereihafen. Pontons mit 224 Liegeplätzen für maximal 13-m-Boote bis zu einem Gewicht von 12 t. Süßwasser-, Strom- und Tankanschlüsse, Sanitärblock. Bis 24 Stunden kostenlos. 13-m-Boot ca. 30 DM/Tag. Bureau de Port, Tel. 418 834. Der örtliche Yachtclub residiert nicht im Vergnügungshafen. Er hat eigene Slipplätze und ein Club-Haus an der Pointe de la Garde. Tel. 419 177.

Übernachten

*** **Hotel des Arcades**: 32-Zimmer-Hotel am Ende des Grande Plage, voll im Zentrum des touristischen Geschehens. Der übliche Charme der Logis-de-France-Kette samt Restaurant und Terrasse. Alle Zimmer sind mit Dusche oder Bad/WC ausgestattet. DZ 105 - 150 DM, HP 95 - 120 DM, VP 130 - 155 DM, Frühstück 11 DM. Geöffnet von Ostern bis Allerheiligen. Boulevard Duc d'Aiguillon, Tel. 418 050.

** **Hotel les Mielles**: Im Zentrum der Fußgängerzone etwa 50 m zum Strand. 20 Zimmer, fast alle mit Bad bzw. Dusche/WC, teilweise etwas klein, aber ordentlich. Zum Großteil Meerblick. Eigener Hotelgarten mit Kinderspielgelände und Pingpongplatte. Restaurant mit Meerblick. DZ 50 - 100 DM, HP 65 - 93 DM, VP 90 - 120 DM, Frühstück 11 DM. Geöffnet von April bis November. Boulevard Duc Aiguillon, Tel. 418 095.

** **Hotel des Dunes**: Gutbürgerliches Haus gegenüber dem Tourismusbüro. 27 sanitär sehr ordentliche Zimmer (Bad/Dusche/WC) im Herzen des Ortes, 100 m zum Strand. Kleiner Garten, großer Tennisplatz. Gutes Restaurant (Menus von 30 - 100 DM). In der HS ist HP Pflicht. DZ 80 - 110 DM, HP 100 - 110 DM, Frühstück 11 DM. Geöffnet vom 15.3. - 1.11. Rue Primauget, Tel. 418 031.

** **Hotel Ker Louis**: Ein schönes 4-geschossiges Natursteingebäude etwas hinter dem Tourismusbüro. 28 sanitär unterschiedliche Zimmer, einige Erkerzimmer. Kleiner Garten mit Tischtennisplatte. Kein Restaurant. Snackbargrill und Brasseries im verglasten Erdgeschoßvorbau. DZ nach Standard 43 - 85 DM, Frühstück 8 DM. Geöffnet von Ostern bis 15.9. Rue Duguesclin, Tel. 418 077.

** **Hotel l'Espérance**: Gegenüber dem Tourismusbüro. 18 Zimmer, davon 16 mit Bad/ WC. In den Obergeschoßzimmern Buchtpanorama. Moderner, heller Speisesaal mit Restaurant (3 Menus zwischen 25 - 60 DM), Bar/Pub. Hoteleingang in der Fußgängerzone. DZ 65 - 83 DM, HP 73 - 85 DM, Frühstück 9 DM. Geöffnet von Februar bis 31.12. Boulevard Vieux-Ville, Tel. 418 113.

* **Hotel Chrisflo**: 18 Zimmer, 4 davon mit Dusche/WC. Die anderen einfach, aber ordentlich. Solides Restaurant mit Menus ab 22 DM. "Gastro-Rapid-Service" auf der spitzwinkligen Betonterrasse hinter dem Hotel: Meerblick, ein halbes Dutzend Austern mit Wein und Butterbrot 9 DM. DZ 50 - 70 DM, HP 70 - 80 DM, VP 85 - 95 DM, Extrabett 17 DM, Frühstück 9 DM. Geöffnet vom 1.2. - 15.11. Rue du Port, Tel. 418 808.

* **Hotel Bon Abri**: Familiäres, gutbürgerliches Hotel am Ortsausgang von L'Isle, 300 m oberhalb des Plage de la Mer. Ruhige Wohnatmosphäre in einem sympathischen Haus. 45 Zimmer mit unterschiedlichster Sanitärausstattung, alle ordentlich, von einigen Blick über die Bucht von Frenaye. Parkplatz, kleiner Gartenpark. Annexgebäude 50 m weiter. Gutbürgerliches Restaurant mit Menus ab 25 DM. DZ 45 - 75 DM, HP 55 - 75 DM, VP 80 - 85 DM, Frühstück 8 DM. Geöffnet über Ostern und von April bis Mitte September. Rue du Sémaphore, Tel. 418 574.

* **Hotel de France**: 17 einfache Zimmer in 3. Reihe zum Strand (ca. 200 m), an der Ecke Rue Dugay Trouin/Rue de la Mer. 9 Zimmer mit Naßzelle/WC. Düsterer Speisesaal, Bar mit ausladendem Rattanmobiliar. Kleiner Garten und Caféterrasse. DZ 43 - 70 DM, Extrabett 13 DM, HP 60 - 70 DM, Frühstück 8 DM. Rue de la Mer, Tel. 418 166.

* **Hotel du Centre et des Plages**: Nettes Natursteinhaus links oberhalb des Strandes mit 24 Zimmern, 23 mit Bad oder Dusche/ WC. Teilweise Meerblick. Restaurant. DZ 53 DM, HP 63 DM, Frühstück 9 DM. Geöffnet von Juni bis Mitte September. Rue de la Frégate-Laplace, Tel. 419 113.

Hotel de Paris: In 2. Reihe zum Grand Plage mit Barcharakter. Kleines, ganzjährig geöffnetes 13-Zimmer-Hotel, 9 Zimmer sanitär ausgestattet, sonst Waschbecken und Etagen-WC. DZ 30 - 50 DM, HP 53 DM, VP 73 DM. Boulevard Duponchel, Tel. 418 089.

Weitere nichtkategorisierte Hotels mit einfachen, zum Teil preiswerten Zimmern in den verwinkelten Einbahnstraßen, die vom Hauptstrand nach L'Isle hinaufführen.

• *Appartements*: Mehrere Agenturen bieten in Zusammenarbeit mit dem Tourismusbüro Immobilien an. Zwei der 5 Agenturen: Agence 2000, Place Charles de Gaulle, Tel. 419 013 oder Agence de la Plage in der Fußgängerzone, Tel. 418 075.

Camping

**** **Le Chatelet**: Top-Platz auf der L'Isle-Halbinsel oberhalb des Plage de la Pissotte. Rund um einen künstlich angelegten Weiher 190 zum Teil schattige Stellplätze und volle Infrastruktur. Mobilhome-Verleih, Bungalows, Swimmingpool, Tauchmöglichkeit. Erwachsene 7,50 DM, Kinder 4,50 DM, Platz inkl. Auto und Zelt 20 DM, Hund 3 DM, Elektrik 4 DM. Rue des Nouettes, Tel. 419 633.

** **Municipal les Mielles**: Etwa 200 m landeinwärts, vor dem Ortsteil La Garde an der Straße nach Notre-Dame-le-Guildo. Das ebene Gelände ist im Sommer voll belegt. Auch viele Jugendgruppen. Vereinzelte Bäumchen und Hecken unterteilen den Platz am Rand eines Wäldchens. Behindertengerechte, sauber gewartete Sanitärzentrale, die mit dem Sommeransturm fertig wird.

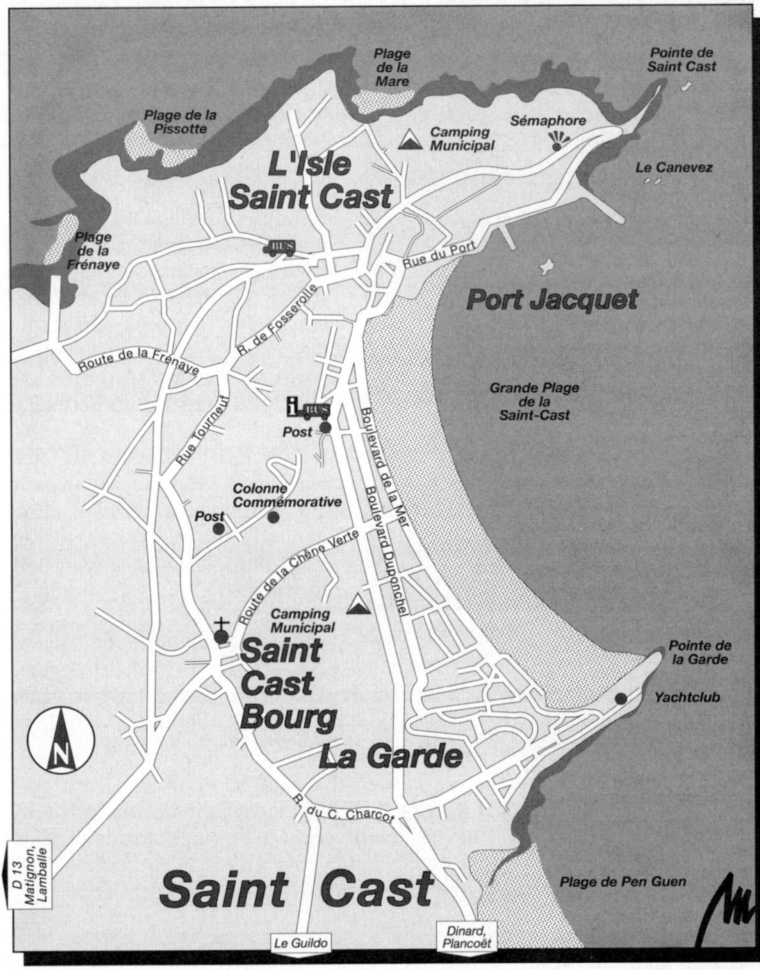

Waschmaschinen, Bügelraum, Selbstkocherküche. Baguettes und Gebäck in der Rezeption, Zeitungsverkäufer bringen die "Ouest-France", eine mobile Fast-Food-Station beliefert in der Saison Hungrige mit Crêpes und Eiskrem. In der HS Platzpauschale 40 DM für 2 Personen plus Zubehör. Ansonsten: Erwachsene 4 DM, Kinder die Hälfte, Platz 4 DM, Auto 2 DM, Zweirad 1 DM, Elektrik 3 DM. 160 Stellplätze. Geöffnet von Mai bis 15.9. Tel. 418 760.

** **Municipal de la Mare**: Links vom Leuchtturm am Ortsende von L'Isle. Schön oberhalb des kleinen La-Mare-Strandes gelegen, mit Blick aufs Fort la Latte auf der anderen Seite der Bucht von Frenaye. Die 250 fast schattenlosen Stellplätze fallen in Terrassen zum Meer hin ab. Ordentliche Sanitärs in ansprechenden Natursteingebäuden. Zum Strand hinab 100 m. Geöffnet von Juni bis 15.9. Preise unwesentlich niedriger als les Mielles. Rue de la Mare, Tel. 418 919.

La Colonne

Sehenswertes

La Colonne: Am 11. November 1758 wurde die Schlacht von St. Cast geschlagen. Die 18 m hohe *Säule* auf halbem Weg von L'Isle nach Le Bourg, auf deren Spitze ein schlanker Windhund einen Leoparden niederhält, gemahnt an dieses wichtige Datum der bretonischen Geschichte. Ein Märchen?: Die Schlacht schien für die bretonischen Truppen verloren. Trotzig stimmten sie ein keltisches Kampflied an - und die zwangsrekrutierten, walisischen Truppenteile des englischen Heeres liefen auf die Seite ihrer bretonischen Brüder über. Gemeinsam brachten sie dem englischen Restheer eine verheerende Niederlage bei. Der Sieg der vereinigten Söldner bedeutete das Ende der jahrhundertelangen englischen Invasionsbestrebungen in der Bretagne. NAPOLEON III. ließ zum hundertjährigen Jubiläum des für die Bretagne so wichtigen Ereignisses das Mahnmal errichten.

Monument de la Frégate: Ein granitenes Mahnmal oberhalb der Bucht des La-Mare-Strandes erinnert an eine Tragödie, die sich in der Sturmnacht des 16. Septembers 1950 in der Bucht von La Frenaye abspielte. Das meteorologische Forschungsschiff *Laplace* lief auf eine deutsche Mine aus dem Zweiten Weltkrieg auf. 50 Seeleute fanden dabei den Tod.

Baden

Grande Plage de St. Cast: Der Hauptstrand des Seebads, zwischen der Pointe de La Garde mit ihren Ferienhäusern und der steilabfallenden Landzunge von L'Isle mit dem Hafen; etwa 1,5 km lang und Zentrum hochsommerlichen Badevergnügens. Strandclubs, Umkleidekabinen, Kinderrutschbahnen, Strandzelte und Verleihstationen für Wassersportzubehör stehen zur Verfügung. Auch bei Flut noch Liegeplätze.

Plage de Pen-Guen: Hinter der Pointe de La Garde unterhalb der Straße nach Notre-Dame-Le-Guildo. 1 km feiner Sand, bei Flut noch genügend Platz für Badetücher. Trotz ähnlicher touristischer Infrastruktur intimer als der Hauptstrand. Beachclubs, Umkleidekabinen, ein Restaurant (abends Disco) und ein Windsurfverleih. Großer Parkplatz an der Straße.

Plage de la Mare: Der 150-m-Strand an der Westflanke des Kaps in der Bucht von Frenaye ist das Baderevier der Campinggäste des gleichnamigen Platzes. Der Sand des Strandes ist teilweise mit Felsbrocken durchsetzt. Die Bucht ist von steilen Klippen begrenzt und im Sommer ziemlich voll. Tauchclubstation. Surfertreff.

St. Cast / Umgebung

▶ **Notre-Dame-Le-Guildo**: Das kleine Hafenörtchen, das 1972 seine Selbständigkeit verlor und in die Großgemeinde von St. Cast eingegliedert wurde, liegt etwa 6 km südlich des Seebades malerisch an der Mündung des Arguenon-Flusses. Von St. Cast kommend führt ein schmales Sträßchen vor der Brücke über die Flußschleife hinab zu den Holzlagern des Hafens. Bei Ebbe können Sie dem mit Steinen besäten Flußufer folgen und nach etwa 200 m oberhalb des Schlicks die ersten *Pierres Sonnantes* entdecken - grünschwarze Amphiboliten, Steine, die auf Grund ihrer Festigkeit und Härte beim Zusammenklopfen einen hellen, metallisch klingenden Ton geben. Zurück zum Hafen: Hinter der Straßenbrücke, oberhalb der letzten Flußschleife vor den Gezeitenfluten des Atlantiks, erheben sich die stark in Mitleidenschaft gezogenen Ruinen einer alten *Burg*, die einem in der Bretagne wegen seiner Lebenslust und seinem tragischen Ende sehr beliebten Herren gehört hatte (siehe unten).

• *Son et Lumiere*: Licht- und Tonspektakel in den Ruinen der Gespensterburg jeweils an den Augustsamstagen um 22 Uhr.

Der galante Prinz

GILLES DE BRETAGNE ist ein sympathischer junger Mann mit herausragenden künstlerischen und galanten Fähigkeiten - er liebt es, seinem Publikum bretonische, keltische und französische Verse vorzusingen und adeligen Damen auf ritterliche Art den Hof zu machen. Kain und Abel: Sein älterer Bruder, Herzog FRANZ, unkreativ und eifersüchtig, haßt ihn wegen seiner Beliebtheit aus ganzem Herzen. Als Gilles dem einflußreichen Sieur ARTHUR DE MONTAUBAN erfolgreich ins Liebenswerben um eine reiche Erbin pfuscht, ist das Maß voll. Unter fadenscheinigen Gründen und gegen das Votum der königlichen Gerichte erheben der Herzog und Montauban Anklage wegen Konspiration mit England und kerkern den Prinzen ein. In einer stürmischen Aprilnacht des Jahres 1450 lassen die beiden Neider - Montauban ist gleich eigenhändig dabei - den Prinzen in seiner Zelle meucheln. Seine letzten Atemzüge nutzt der arme Prinz für einen tödlichen Fluch - binnen 40 Tagen sollen der Herzog und die feige Mörderbande vor Gottes höchstem Gericht erscheinen und sich für ihre ruchlose Tat verantworten. So geschieht es. Fast. Herzog Franz haucht kurz darauf sein Leben aus, und auch die gedungenen Mörder erleben Silvester 1450 nicht. Nur Arthur de Montauban, Hauptdrahtzieher und Vollstrecker, kommt ungeschoren davon - hochbetagt stirbt er als Erzbischof von Bordeaux. Das traurige Schicksal des lebenslustigen Prinzen rührte die Bretonen so sehr, daß sie Gilles de Bretagne zum heiligen Prinzen, le Saint Prince, erhoben. Auch in die französische Sprache hat er Eingang gefunden: "Courir le guilledou" ist eine Umschreibung für den galanten Umgang mit der Damenwelt.

Übernachten

Château du Val d'Arguenon: Kurz hinter dem Ortsausgang von Notre-Dame-Le-Guildo Richtung St. Cast geht ein Sträßchen rechts ab zum Schloß aus dem 16. Jh. Das große, teils bewaldete Gutsgelände reicht direkt bis zur Steilküste. Topadresse für Wohnen in der authentischen Atmosphäre eines aristokratischen Hauses. Die distinguierte Hausherrin betont, daß es sich um kein Hotel, sondern um ein familiäres Gästehaus handelt. Reiten im Park, Tennisspiel auf historischem Boden, Frühstücken im massivmöblierten Speisezimmer. Geschmackvolle DZ 130 - 220 DM, die geräumige 4-Personen-Familiensuite mit 2 Schlafzimmern, Salon und Bad 250 DM. Frühstück inkl. Tel. 410 703.

* **Hotel du Vieux Château**: Schmuckes Natursteingebäude an der Straße direkt oberhalb des Hafens mit behäbiger Provinzatmosphäre. Einfach möblierte Zimmer, zum Teil mit Dusche/WC. Restaurant mit altem Mobiliar, Caféterrasse zur Hauptstraße. DZ 43 - 60 DM. Le Port, Tel. 410 728.

Hotel Gilles de Bretagne: Kleines Hotel vis-à-vis des vorherigen Hotels, am Rand des großen Platzes neben der Brücke. Einfache Zimmer, einige mit Sanitärausstattung, ansonsten WC auf der Etage. Die Restaurantküche serviert bis 23 Uhr. DZ ab 30 DM, HP 57 DM, VP 70 DM, Frühstück 6 DM. Ganzjährig geöffnet. Tel. 410 708.

Von St. Cast nach Val-André

Fort la Latte

Auf dem Tour Echauguette

Die Filmburg mit dicken Türmen, Zugbrücke und festen Mauern krallt sich an die äußerste Spitze einer steilen Klippe - unter ihr tost der Atlantik, über ihr die Düsenjets der *Force de Frappe*. Letztere benutzen die markante Silhouette der Burg als Orientierungspunkt bei Aufklärungs- und Tiefflugübungen.

Die Anfänge der Burg gehen ins 13. Jh. zurück, als ein Herr von GOYON durch eine lukrative Heirat die finanziellen Mittel für den Burgbau bekommt. Die Burg wird im 14. Jh. mehrmals erweitert, von BERTRAND DUGUESCLIN eingenommen, wieder zurückgegeben und schließlich 1421 - die Goyons haben es bei Hofe zu etwas gebracht und siedeln nach Versailles um - von der Familie verlassen. Die Leitung der Burg übernimmt ein nachgeborener Sohn der Familie als Gouverneur, den Wachdienst verrichten Edle aus der Nachbarschaft und die

Bewohner der umliegenden Ortschaften. Unter LUDWIG XIV. erkennt der Baumeister VAUBAN die außerordentliche Lage der Burg: 1691 wird frisch renoviert, die Ausrüstung verbessert, die Kapelle auf Vordermann gebracht und eine Abschußrampe für Kanonen installiert. Während der Revolution ist die Burg Gefängnis für englische Spione, in dieser Zeit wird auch der noch sichtbare Ofen errichtet, in dem bis ins späte 19. Jh. hinein die Kanonenkugeln glutheiß gemacht werden, bevor man sie auf eine der zahlreichen Belagerungstruppen abfeuert. 1890 wird Fort la Latte aus dem Besitz des Kriegsministeriums ausgegliedert und zum *Monument Historique* erklärt. Die Burg ist heute Privatbesitz und kann zum Teil besichtigt werden. Besonders aufregend: der Blick vom *Echauguette-Turm* hinüber aufs *Cap Fréhel* und über die *Bucht von Frenaye.*

- Öffnungszeiten: Juni/Juli/August 10 - 12 und 14.30 - 18 Uhr. Eintritt 5 DM, Kinder 3 DM.
- Anfahrt: Über die D 16 A von St. Cast kommend. Hinter der Ortschaft La Motte den Wegweisern folgen. Die schmale Straße endet an einem Parkplatz, von dem ein schmaler Pfad ca. 500 m durch den Wald zur Küste führt. Am Ende des Waldes steht der Menhir "Finger des Gargantua", von dort aus erste Blicke auf die pittoreske Anlage unterhalb des Farndickichts.

Cap Fréhel

Cap Fréhel ist eines der imposantesten Naturdenkmäler und landschaftlich anregendsten Vogelschutzgebiete der Bretagne. 70 Meter tief stürzen die graurosa Sandsteinklippen hinab ins smaragdgrüne Meer, an den Felswänden tanzen Möwen und seltene Meeresvögel - Touristen mit Ferngläsern und Teleobjektiven belauern das beeindruckende Schauspiel in der steifen Brise des Atlantiks. Das von schäumender Gischt umtoste Kap ist mit einer einzigartigen Heide- und Torfmoorvegetation überzogen, die im Lauf des Jahres immer wieder ihr Farbenkleid ändert: Gelber Stechginster, seltene Drosera-Arten und sogar Orchideen blühen auf dem von Pfaden durchfurchten Fels. Auf der Felsformation *La Faucionnière* (Falknerei) - ein schwindelerregender Pfad führt auf der östlichen Seite des Kaps bis auf ein Paar Dutzend Meter heran - nisten unzählige Vogelarten: Kormorane, Silbermöwen, Lummen, Tord-Alken. Angemerkt sei, daß in der Hochsaison mehr Menschen als Vögel das Kap bevölkern.

Bereits zur Zeit der Römer wiesen Leuchtfeuer den Weg durch die Klippen und Riffe des Ärmelkanals. Einen ersten Leuchtturm erhielt das Kap 1687, als Malouiner Korsaren einen primitiven Turm mit Leuchtfeuer installierten. 1702 wurde der Baumeister VAUBAN auf das strategisch so wichtige Kap aufmerksam. Er ließ zum Preis von 7090 Livres Steine aus Chausey heranschaffen und legte den Grundstein des alten Leuchtturms. Gegen eine Jahresgage von 200 Livres wurde die Stelle des ersten Leuchtturmwärters eingerichtet.

1821 wurde der Turm mit der neuesten Finesse des französischen Physikers und Wellenforschers FRESNEL ausgestattet: Drehbare Parabollinsen reflektierten das Licht der Rapsöllaternen, das erste Intervall-Rotationsfeuer war erfunden. Der Turm funktionierte mehr oder weniger störungsfrei bis zum 11. 8. 1944. Genau vier Tage vor ihrer Kapitulation sprengen deutsche Soldaten vor den anrückenden Alliierten den Turm. Bereits 1948 wird einen Steinwurf vom alten - er bleibt als Mahnmal erhalten und beherbergt heute das Tourismusbüro - ein neuer Leuchtturm errichtet. Von seiner Plattform (145 Stufen) geniessen Besucher eine herrliche Fernsicht: im Westen die *Ile de Bréhat* mit der Bucht von St. Brieuc, im Osten das *Fort la Latte*, die *Ponte de Grouin* und, weit im Atlantik, die *Chausey-Inseln*.

• *Information*: Tourismusbüro im alten Leuchtturm. Informationen zur Geschichte des Kaps und seiner Leuchttürme, Interessantes über Flora und Fauna. Von Mai bis Ende September geöffnet. In der Hochsaison durchgehend von 10.30 - 18.30 Uhr.

• *Wandern*: Ausgangspunkt einer Wanderung um das Kap ist der gebührenpflichtige Parkplatz (2,50 DM) vor dem neuen Leuchtturm. Von hier führen Trampelpfade an einem Aussichtscafé-Restaurant vorbei zur Kapspitze. Mehrere Pfade verlaufen oft steil abfallend und schwindelerregend rings ums Kap. Eine Rundtour bis zum Fort la Latte dauert ohne Besichtigung hin und zurück etwa 4 Stunden (ca. 12,5 km).

Übernachten

** **Relais de Fréhel**: Efeuumrankter alter Bauernhof mit von hohen Bäumen umstandenem Gartenpark - authentische Musketier-Atmosphäre in ruhigster Lage. Etwa 2,5 km vom Kap (an der D 16 ausgeschildert), eine empfehlenswerte, kleine Übernachtungsadresse. 13 kuschelige Zimmer (9 mit Bad/Dusche und WC) und ein geschmackvoll eingerichtetes Restaurant im Landhausstil. 4 Menus stehen zur Auswahl (27 - 85 DM). DZ 73 - 90 DM, HP (Minimum 3 Tage Aufenthalt) 85 - 100 DM, Frühstück 10 DM. Geöffnet von 15.3. - 1.11. Tel. 414 302.

** **Hotel le Fanal**: Direkt an der D 16, die von Plevenon ans Kap führt (ca. 2,5 km). Moderner, holzverkleideter Neubau mit 9 Zimmern, teilweise geschmackvoll möbliert, alle mit Dusche/WC und Telefon. Crêperie für den kleinen Hunger. Keine Hunde erlaubt. DZ 73 - 90 DM, Frühstück 10 DM. Geöffnet vom 31.3. - 30.9. Tel. 414 319.

Sables-d'Or-Les-Pins

Der Badeort mit seinen weiten Sandstränden ist ein Kind der Neuzeit, 1922, zwei Jahre vor der Einweihung der Eisenbahnlinie von St. Brieuc und Lamballe, auf dem Reißbrett entworfen. Mit der Fertigstellung begann der unaufhaltsame Aufstieg des Retortenörtchens zu einem vielbesuchten Seebad, das allerdings nur im Sommer richtig lebt. Dann sind die unzähligen Ferienhäuser und Residenzen, die manchmal mühsam, manchmal gelungen die Patina vergangener Fachwerkzeiten imitieren, voll belegt, Hotels, Cafés und Restaurants haben Hochbetrieb.

Sables-d'Or-les-Pins trägt seinen Namen zu recht: Die goldgelben Sanddünen, die sich in die weitgezogenen Felsbuchten schmiegen, sind oberhalb des Küstenstreifens mit Pinien und Krüppelkiefern übersät und bieten für Campingfreunde schönste Quartiere. Im Sommer wimmeln die Strände nördlich zum Kap Fréhel denn auch von Wohnwagen, Zelten und Touristen. Ein gelungenes Panorama über Strände, Klippen, Heideland und Kap bietet sich von der Straße (D 34), die oberhalb der Küste über Pléhérel-Plage (3,5 km Superstrand) ans Cap Fréhel führt.

• *Telefonvorwahl*: 96

• *Postleitzahl*: 22240

• *Information*: In der Mitte des Hauptstrandes, links der Umkleidekabinenzeile. Nur in der Saison durchgehend geöffnet. Boulevard de la Mer, Tel. 415 381.

• *Verbindung*: Eine **Bus**linie führt von Lamballe oder St. Brieuc über Erquy ans Kap Fréhel. Sables d'Or ist daran angeschlossen. Haltestelle am Hafenboulevard.

• _Fahrradverleih_: Ein Großanbieter am Ende der Hauptstraße; ein weiterer Verleih am Municipal-Camping. Preisbeispiele: 1 Stunde 7 DM, Kinderrad 5 DM, halber Tag 20 DM.

• _Feste_: Im Sommer ist Festsaison auf dem großen Platz vor dem Tourismusbüro. Mehrmals wöchentlich gibt es Open-air-Konzerte, Folkloreveranstaltungen und Tanzabende auf dem Place des Fêtes.

• _Sport_: So ziemlich alle Sparten der körperlichen Ertüchtigung umfaßt die Palette des örtlichen Animationsprogramms. Kinderspielclub, Ping-Pong, Reiten, Tennis, Segeln, Surfen, Minigolf und Golf, klassische und moderne Ballspiele u.v.v.m. - alles ist vertreten. Kontakte über das Tourismusbüro oder in den jeweiligen Clubs und Vermietungsservices rund um Sables-d'Or-Les-Pins.

Übernachten/Camping

** **Hotel au Bon Accueil**: An der D 34, die innerorts Allée der Akazien heißt; nettes, ordentliches Hotel, 38 sanitär unterschiedliche Zimmer, 13 mit Dusche, 25 mit Bad, alle mit Telefonanschluß. Im Restaurant Menus von 23 - 50 DM. DZ 70 - 110 DM, HP 85 - 110 DM, Frühstück 10 DM. Geöffnet zu Ostern und vom 1.5. - 30.9. Allée des Acacias, Tel. 414 219.

** **Hotel Ajoncs d'Or**: Ebenfalls an der D 34, am oberen Ende des großen Parkplatzes. 60 Zimmer, die Hälfte mit Toilettenkabinett. 11 Zimmer mit Bad, ansonsten Etagenklos und -Bäder. Im Restaurant Menus von 25 - 80 DM. DZ 63 - 110 DM, HP 63 - 80 DM, VP 63 - 90 DM, Frühstück 9 DM. Geöffnet von Mai bis 30.9. Allée des Acacias, Tel. 414 212.

* **Hotel les Pins**: 22 Zimmer an der Hauptstraße; einfach, aber anständig. 11 Zimmer mit Dusche, 4 mit Dusche/WC. Restaurant (Menus ab 20 DM). DZ 45 - 100 DM, HP 70 - 85 DM, Frühstück 9 DM. Geöffnet von Ostern bis 15. 10. Allée des Acacias, Tel. 414 220.

• _Camping_: ** **Municipal de Pléhérel-Plage**; der riesige Platz inmitten des welligen Dünengeländes zwischen Pléhérel-Plage und Sable d'Or überzeugt durch seine Lage. Herrlich von Pinien beschattet, den smaragdfarbenen Ozean vor der Nase und 1 km Sandstrand. Versorgungslastwägen und Fast-Food-Busse bieten alles, was Camper zum Überleben brauchen. Trotz Mikrochipsteuerung und Computerkasse sanitär insgesamt dürftig, Wasserstellen und Stromanschlüsse sporadisch über das Gelände verteilt. Zeltler, die ihren Wagen auf dem Parkplatz lassen, finden in der NS tolle Plätzchen, in der HS ist der Platz brutal voll. Warme Duschen. Platzpauschale (1 Person, 1 Auto, 1 Zelt) 8 DM; jeder weitere Erwachsene 7 DM, jedes Kind 3 DM, jeder Hund 1 DM, Elektrik 2 DM; in der NS 25 % ermäßigt. Pléhérel-Plage, Tel. 414 045.

Erquy *(ca. 3000 Einwohner)*

Bucht und Kap von Erquy waren schon vor 4500 Jahren besiedelt, wie Grubenschächte in der Nähe der Ortschaft und mehrere Feuersteinfunde bezeugen. Dank der geschützten Lage werteten die Römer die verkehrsgünstig gelegene Bucht zur "Reginea" auf und statteten sie mit einem Hafen aus - einer der ältesten und schönsten Häfen der Bretagne und bis heute einer der aktivsten. Weitläufig ziehen sich Häuser an der halbkreisförmigen, tiefeingeschnittenen Bucht entlang und steigen dann steil den Hang zum Kap hinauf.

Der Arbeit seiner Fischerflotte verdankt Erquy seit 1963 auch den Titel "Hauptstadt der St. Jakobsmuschel". Die wohlschmeckende *Coquille St. Jacques*, von Feinschmeckern geschätzt, ist eine der Haupterwerbsquellen des Urlaubsstädtchens. Die andere ist der Tourismus, wobei Erquy von der außerordentlichen Naturlandschaft seines Kaps profitiert: Rosa, lila und gelb überzieht Heidekraut die Felsen, in die das Meer kleine, vom Muschelsand weißleuchtende Buchten genagt hat. Unbeschwerte Badefreuden, ausgedehnte Küstenspaziergänge, zwei kuriose Seen in den Klippen, Pinien, Dünen und Ozean - die Gegend um Erquy gehört zu den bevorzugten Bade- und Urlaubsgebieten der *Côte Emeraude*.

- *Telefonvorwahl*: 96
- *Postleitzahl*: 22430
- *Information*: An der Strandpromenade von Erquy. Freundliche Auskünfte, akkurate Informationen über Unterbringung und diverse Freizeitangebote. Regionalkarten mit Wandertouren. Im Juli/August 2 x wöchentlich begleitete Wanderführungen (französisch) über das Cap Erquy. Heimatkundler bieten Ausführliches über Flora, Fauna, Archäologie und maritime Geschichte. Im Sommer Montag bis Samstag von 9.30 - 12.45 und 14 - 19 Uhr. Sonntag 10 - 12/15 - 18 Uhr. Le Rial, Boulevard de la Mer, Tel. 723 012.
- *Verbindung*: Nur Regional**busse**. Zentrale Haltestelle bei der Kirche am Boulevard Clemenceau. Im Sommer 6 x täglich über Val-André nach St. Brieuc (ca. 1 Stunde), in die entgegengesetzte Richtung zum Cap Fréhel (25 Min.).

Diverses

- *Bootsausflug*: Vedettes de Bréhat läuft in der Hochsaison 1 - 3 x wöchentlich **Bréhat** an (160 Plätze). Abfahrt Erquy 7.45, retour ab Bréhat 18 Uhr. Erwachsene 45 DM, Kinder bis 11 Jahre 27 DM. Buchungen über das Tourismusbüro oder das Restaurant "Au Triton" im Hafen.
Emeraude Lines tuckert im Sommer 1 - 4 x wöchentlich zum **Kap Fréhel**. Der 2-Stundenausflug kostet 33 DM, für Kinder 20 DM.
- *Fahrradverleih*: Peugeot-Tourenräder bei **M. Ballan**, Les Hopitaux, Tel. 721 022. Mutige Pedalritter finden bei **Loca-Loisirs** gegenüber des Bouleplatzes an der Strandpromenade eine Vielzahl ausgefallener Modelle. U. a. Tandems, Känguruhs (4-Sitzer mit Sonnendach und Doppellenker) und "Rosalie", eine Elefantenversion des Känguruh-Typs mit 9 Sitzen. Konventionelle Räder pro Stunde 7 DM, der Tag 30 DM. Tandems 12 DM/Stunde, 40 DM/Tag. 1 Stunde auf dem Känguruh kostet 15 DM. Boulevard de la Mer, Tel. 721 022.
- *Markt*: Samstag vormittag.
- *Segeln/Surfen*: Surf- und Segelausrüstung, Kanus, Boote und Meeresscooter vermietet **Loca-Loisir** an der Standpromenade. Die Segelschule von Erquy (E.V.E.) bietet zwischen Mai und Oktober Speedsail-, Katamaran-, Segelboot- und Kajakkurse an. Mindestalter 7 Jahre. Infos im Haus des Klubs an der Strandpromenade, Tel. 723 262.
- *Tauchen*: Der Club Histoire d'Eau (Geschichte des Wassers) taucht zwischen Mai und Oktober in der Bucht von Erquy oder im Tauchbecken des Clubs ab. Tauchtaufe 43 DM, Tauchkurs mit 5 Séancen 270 DM. Boulevard de la Mer, Tel. 724 967.
- *Yachthafen*: 2 Hafenbecken für Yachten und Jollen neben dem Fischereihafen rechts am Ende der Bucht. 400 Liegeplätze. Capitainerie, Tel. 721 932.

Übernachten

Erquy besitzt 7 Hotels mit einer Kapazität von 106 Betten. Die meisten Hotels befinden sich an der Strandpromenade.

** **Hotel de la Plage**: Funktional-stilloser Neubau an der Strandpromenade. 25 Zimmer, z. T. mit verglasten Miniterrassen, etwas geschmacklos eingerichtet, sanitär aber gut in Schuß. 21 Zimmer mit Bad bzw. Dusche/WC. Restaurant. DZ 65 - 100 DM, HP 70 - 90 DM, VP 90 - 110 DM, Frühstück 10 DM. Geöffnet von Februar bis 31.10. Boulevard de la Mer 25, Tel. 732 009.

** **Hotel le Brigantin**: Schönes Garnihotel im Ortszentrum beim Stadthaus gegenüber der Post, 22 komfortable Zimmer mit ordentlicher Sanitärausstattung (Bad/Dusche und WC). Beheiztes Schwimmbad. Restaurant mit verschiedenen Menus ab 25 DM. Zimmer mit 3 bzw. 4 Betten sind möglich. DZ 83 - 90 DM, 3 Personen 100 - 120 DM, 4 Personen 120 - 145 DM, HP ab 90 DM, VP ab 100 DM, Frühstück 8 DM. Ganzjährig geöffnet. Place de l'Hotel de Ville, Tel. 723 214.

* **Hotel Beauséjour**: Nettes, kleines Hotel, etwas zurückversetzt in der zweiten Reihe der Strandpromenade. 10 Zimmer mit WC, z. T. mit Duschkabinett. Von den oberen Stockwerken eindrucksvolles Buchtpanorama. Restaurant. In der Hochsaison Halbpension obligatorisch. DZ 45 - 80 DM, HP 60 - 80 DM, VP 70 - 90 DM, Frühstück 9 DM. Geöffnet von Februar bis Anfang Dezember. Rue de la Corniche, Tel. 723 039.

Hotel Beauregard: Zentrale Lage im Service-Dreieck Boule/Tennis/Radverleih. 2-stöckige 17-Zimmer-Herberge mit einfachen DZ und ebensolchen 3-4-Bett-Zimmern. Sanitärs auf der Etage. Zum Teil Meerblick. DZ 35 DM, 3 Betten 50 DM, Duschgebühr 3 DM, HP 63 DM, VP 80 DM, Frühstück 8 DM. Boulevard de la Mer, Tel. 723 003.

Hotel des Voyageurs: Etwas abseits des Geschehens beim Kino. Sehr einfaches Rei-

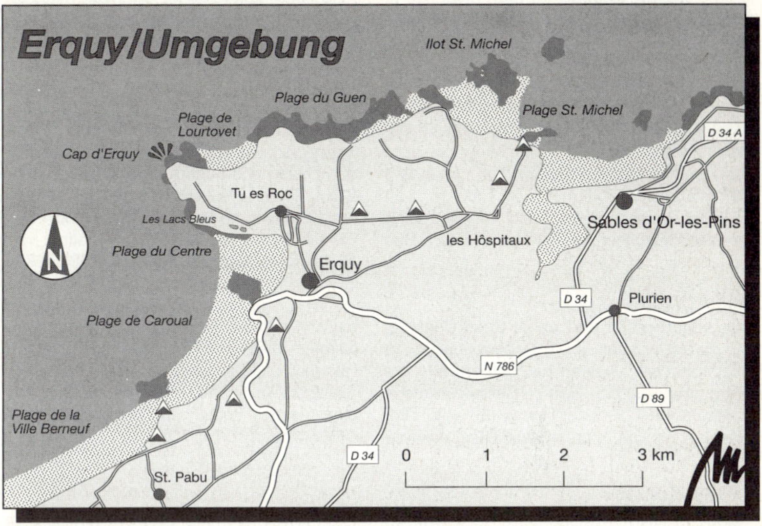

sehotel mit Minimalausstattung. DZ 40 - 45 DM, Frühstück 7 DM. Geöffnet von März bis Oktober. Rue Notre Dame 2, Tel. 723 025.

Hotel l'Eden: Das frühere "Chez Juliette" liegt gleich neben dem Voyageurs. 6 Zimmer mit Naßzelle, Restaurant und Spielsaal. DZ 47 - 53 DM, HP 47 - 70 DM. Ganzjährig geöffnet. Rue Notre Dame 4, Tel. 723 213.

Reflet de la Mer: Eigentlich kein Hotel, sondern eine Ferienzimmeranlage. 7 einfache Zimmer, z. T. mit Meerblick. Dusche/WC auf der Etage. In der gastronomischen Abteilung des Hauses gibts Snacks und Crêpes, die Eisdiele serviert kalte Köstlichkeiten. DZ 43 DM, Frühstück 8 DM. Geöffnet von April bis 30.9. Rue du Port, Tel. 720 095.

• *Appartements*: 3 Vermietungsagenturen, die mit dem Tourismusbüro zusammenarbeiten. Anfragen also an das Büro (wird weitergeleitet) oder z. B. an die Firma Erquy Extension, Rue Foch, Tel. 723 145.

Camping

Die Umgebung von Erquy ist Ziel vieler Campingtouristen, das Angebot an Zeltquartieren dementsprechend groß. Doch trotz der 11 Plätze unterschiedlicher Kategorie reichen die 1700 Campingparzellen in der Hochsaison kaum aus. In dieser Zeit empfiehlt sich - wollen Sie nicht im Abseits landen - rechtzeitige Reservierung.

*** **Camping de la Plage de St. Pabu**: Auf der D 786 Richtung Val-André etwa 2 km bis zur Kreuzung nach St. Pabu. Schmale Straße noch 1 km bis zum Meer hinab (ausgeschildert). Platz für ambitionierte Strandaktivisten und Stützpunkt für Drachenflieger. Das terrassenförmig planierte Rasen-/Sand-Areal wird nur durch eine kleine Straße vom Strand getrennt. Wenig Schatten, ausreichend Wasser- und Stromanschlüsse, ordentliche Sanitärs. Self-Service-Geschäft, Bar und Restaurant, Wasserrutsche, Segelboot- und Surfbrettverleih sowie mehrere Spielfelder (Volleyball, Fußball etc.). Erwachsene 4,50 DM, Kinder 2,70 DM, Platz/Auto/Zelt pauschal 8 DM, Hund 1,30 DM, Elektrik 4,30 DM. 350 Stellplätze. Geöffnet von April bis 30.9. Tel. 722 465.

*** **Camping les Pins**: Rechts oberhalb der Bucht von Erquy auf dem Kamm des Kaps. Schönes, schattiges Areal in einem Waldgelände, infrastruktureller Top-Platz. Beheizter Swimmingpool, Bar, Restaurant, Laden und TV-Raum. Selbstverständlich Ping-Pong und Tennis. 800 m bergab zum Strand von Pen Guen. Erwachsene 6 DM, Kinder 4 DM, Platz/Auto/Zelt pauschal 9 DM, Hund 1,30 Elektrik 4,30 DM. 300 Stellplätze. Geöffnet vom 15.6. - 15.9. Rue des Hopitaux, Tel. 723 112.

*** **Camping le Vieux Moulin**: Etwa 500 m vom vorherigen Platz, auf dem Kamm des Kaps entlang (ausgeschildert). Ebenfalls top, in ähnlicher Lage und mit ähnlicher Ausstattung. Der freundliche Besitzer gibt sich viel Mühe, alles in Schuß zu halten: 170 idyllische Plätze unter hohen Bäumen, ordentliche Sanitärblocks, beheizter Swimmingpool und Kinderspielplatz. Restaurant, Bar, Laden und Wohnwagen-/Zeltvermietung. 1200 m zum Strand. Preisniveau entspricht dem Camping les Pins. Geöffnet von April bis Oktober. Rue du Moulin, Tel. 723 423.

* **Camping Municipal St. Michel**: Etwa 5 km nordöstlich von Erquy (ausgeschildert), auf der anderen Seite des Kaps. Der große Gemeindeplatz liegt einen Katzensprung oberhalb des herrlichen Strandes. Etwas staubiges Gelände am unteren Rand eines Nadelwaldes, kaum Schatten, sanitär einer Vollbelegung nicht gewachsen. Vor allem bei jungen Leuten und Surfern beliebt. Erwachsene 3 DM, Kinder, Platz und Auto je 2 DM, Motorrad 1 DM, warme Dusche 2 DM, Hund 1 DM, Elektrik 3 DM. 200 Stellplätze. Geöffnet vom 15.4. - 15.9. Plage St. Michel, Tel. 723 767.

Essen/Disco

Gediegen essen und dabei Strandflaneure, Boulespieler und Segler beobachten im komfortablen **Restaurant l'Escurial** am Strandboulevard. Die Restaurantküche bereitet verschiedene Menus (30 - 85 DM, Kinder 21 DM) und vorzügliches Jakobsmuschelfrikasse. Feinschmeckermenu: Lauwarmer Jakobsmuschelsalat, 1/2 gegrillter Hummer, Goldbrasse, Dessert nach Wahl.

Am späteren Abend treffen sich kontaktfreudige junge Leute im angeschlossenen **Disco-Club 37°**. Tel. 723 156.

Sehenswertes

Wandern/Spazieren: Ein Wanderweg führt rund um das 170 ha große Kap Erquy, die 20-km-Tour dauert etwa sechs Stunden. Sie folgt dem alten Zöllnerspfad und führt, teilweise an den Trassen einer stillgelegten Bahnlinie, die Küste entlang. Der Heidespaziergang läßt Florafreunde auf ihre Kosten kommen. Aussichtspunkte helfen bei der Entdeckung Ihrer Lieblingsbadebucht. In der Hochsaison bietet das Tourismusbüro begleitete Führungen an (siehe Information).

Lacs Bleus: Die zwei blauen Seen in den bewaldeten Klippen 30 m über dem Meer sind alte Steinbrüche, in denen der rosa Sandstein von Erquy abgebaut wurde, und die sich nach ihrer Stillegung mit Wasser füllten. Der Blick von einem steilen Felsen oberhalb der Seen ist ein optischer Hochgenuß: In der Tiefe der ruhige, blaue Wasserspiegel eines Sees, eingerahmt vom harschen Felsgestein, an das sich verkrüppelte Nadelbäumchen klammern. Davor die weitgeschwungene Bucht von Erquy mit ihren smaragdgrünen Fluten und dem rot-weißen Leuchtturm des Hafendamms. Der Weg zu dem Panoramapunkt ist ausgeschildert.

Château de Bienassis: Die Allee, die von der Straße zwischen Erquy und Val-André (D 786) abzweigt, führt durch einen Garten direkt in die Musketier-Kulisse eines 400 Jahre alten Wasserschlosses. Umgeben von schönem Eichen- und Rotbuchenwald demonstrieren die zinnengekrönten Mauern aus rosa Sandstein repräsentatives Wohnen zur Zeit D'Artagnans. Bereits um 1400 ließ sich ein Seigneur der Bretagne das Schloß bauen, das in den Ligakriegen teilweise zerstört und 1620 wieder aufgebaut und erweitert wurde. Einzig sichtbares Relikt des Ursprungsbaus ist ein Kamin aus dem 15. Jh. Das Schloß war im Lauf der Geschichte im Besitz mehrerer hoher Herrschaften und während der Revolution ein Gefängnis. Seit 1880 gehört es der Familie von

Kerjegu. Der Besuch des Gartengeländes (Kapelle) ist möglich, zu bestimmten Zeiten auch ein Blick ins noch bewohnte Schloß: großer Gardesaal, Salon, Speisezimmer und Treppen.

• *Öffnungszeiten*: Von Ostern bis 30.9. täglich von 14 - 18.30 Uhr. Von Juni bis Mitte September zusätzlich von 10.30 - 12.30 (außer Sonn-/Feiertagsvormittage). Erwachsene 7 DM, Kinder 3,50 DM.

Über der Bucht von Erquy

Baden

Um Erquy gibt es sieben Strände, die schönsten davon rund um das Kap. Heideland überzieht die Felsen und Klippen, Stechginster und Heidekraut reichen bis hinunter zum Meer. Erquy bedeutet Baden auf feinem, weißem Muschelsand zwischen graurosa Granitblöcken oder Sonnenbaden in den Dünen inmitten mediterraner Flora. Zu den Stränden ringsum das Kap führen steile Stichstraßen hinab. Eine Auswahl der schönsten Tauch-, Bade- und Surfbuchten:

Plage du Centre: Bewachter Hausstrand des Städtchens und Zentrum organisierten Badens. Der langgezogene Sandstrand unterhalb der Uferpromenade wird begrenzt von der steilen Landzunge des bewaldeten Kaps mit dem Ortsteil *Tu-es-Roc* und von der *Pointe de la Haussaye* mit der ihr vorgelagerten Insel - eine ruhige Badebucht, die auch für Kinder sehr gut geeignet ist. Im Sommer lebhafter Betrieb mit Segeljollen und Kindertrampolin.

Plage de Caroual: 2 km südlich von Erquy im Anschluß an den gleichnamigen Ortsteil. Etwa 2 km feiner Sand zum Burgen bauen. Trotz seiner Größe intimer als der Zentralstrand.

Plage de St. Pabu: Direkt an den vorherigen Strand anschließend. Allerdings ist der Sand hier mit Steinen versetzt. Auf dem breiten Streifen, der auch bei Flut noch breit genug bleibt, toben gelegentlich Speedsailer und Drachenflieger. Surferdorado. Ausrüstung wird auf dem Campingplatz vermietet.

Plage le Guen: Nördlich des Zentrums, auf der Straße, die zu den Klippen emporführt, leitet eine Abzweigung zu vier "wilden" Stränden, die sich an den Küstensaum des Kaps schmiegen. Besonders nett der *Plage le Guen*: schöne Bade-Ecken zwischen hohen Felsriffen und Granittürmen. Der Nadelwald und das Heidekraut reichen fast ins Wasser.

Plage de St. Michel: Der krönende Abschluß der zu Erquy zählenden Strände. Felstorsos ragen aus dem weißen Sand einer sanftgeschwungenen Bucht, in deren Vordergrund eine idyllische Insel mit Kapelle ruht. Großer Parkplatz mitten in der Heide etwa 100 m oberhalb des Strandes, links vom Campingplatz. Surferparadies, in dem sich aber auch Ozeanophile ohne Brett hemmungslos austoben können.

Pléneuf - Val-André *(ca. 4000 Einwohner)*

In der Saison schnellt die Einwohnerzahl Val-Andrés alljährlich um das achtfache hoch - dann bevölkern fast 30.000 Urlauber die Großgemeinde aus drei Ortsteilen: das ländliche *Pléneuf* auf einem steil ansteigenden Hügel gut 2 km oberhalb der Küste, das fast schon städtische Seebad *Val-André* mit seinem großen, weitgeschwungenen Badestrand und als Anhängsel der geruhsame Ortsteil *Dahouet*, wo in der tief eingeschnittenen Mündung des Flusses *Flora* die Yachten im Hafenbecken ankern. Touristisches Zentrum ist Val-André, dessen Hotels, Restaurants und Appartement(hoch)häuser sich hinter der Strandpromenade die Bucht entlangziehen. Rund um das Casino wirbelt das Ferienleben, auf dem zwei Kilometer langen Fußgängerdamm *Promenade de la Digue* flaniert das Publikum, am breiten Sandstrand tobt das Animationsprogramm der Strandclubs und Segelschüler. In zweiter Reihe die Geschäfts- und Einkaufsstraße *Rue Admiral Charnier*, in der sich zu den Verkehrsstoßzeiten die Autos stauen.

Am rechten Ende des *Plage du Val-André* über dem Hafen schiebt sich die mit schmucken Villen und Kiefernparks belegte *Pointe de Pléneuf* zu der vorgelagerten Vogelinsel *Ile du Verdelet* ins Meer hinaus. Der Küstenpfad, der vom Hafen von Val-André rund um die Pléneuf-Landspitze zu führen scheint, endet im massigen Granit genau gegenüber der Verdelet-Insel. Um zum *Plage des Valleés* auf der anderen Seite der Landzunge zu gelangen, müssen Sie rechts vom Hafen ein Paar Stufen erklimmen. Der Weg führt steil nach oben, auf dem Kamm der Landspitze entlang (wunderbare Aussicht) und dann steil hinunter zur Küste. Links der Bucht von Val-André trennt die felsige *Pointe de la Guette* den belebten Badestrand von der Hafenzeile an der Floramündung im Ortsteil Dahouet. Unterhalb des Küstenpfades schmiegt sich die *Anse du Pissot*, eine kleine, intime Badebucht, mit grobkörnigem Sand zwischen mächtigen Felsen.

• Telefonvorwahl: 96

• Postleitzahl: 22370

• Information: Zentral am Hauptstrand neben dem Casino. Höchst professionell. Stadt- und Umgebungspläne, vielerlei Möglichkeiten zur Einschreibung für Animationsprogramme und Ausflüge. Vermittlung von Ferienimmobilien. In der Saison durchgehend von 9 - 18 Uhr. Rue Winston Churchill, Tel. 722 055.

• Verbindung: In jedem Ortsteil gibt es eine zentrale **Bus**haltestelle. In Pléneuf vor der Kirche, in Val-André an der Rotunde beim Casino, in Dahouet am Hafen. 3 - 6 x täglich nach St. Brieuc/Lamballe oder 3 x über die Badeorte nördlich zum Cap Fréhel.

Diverses

• Ausflüge: Vedettes de Bréhat bieten in der Saison 1 - 3 x wöchentlich Bootsausflüge nach Bréhat an. Abfahrt in Dahouet 8.30, retour Bréhat 18 Uhr, Erwachsene 45 DM, Kinder 27 DM. Die 45-minütige Inselumrundung kann für 10 bzw. 5 DM mitgebucht werden. Halb- oder ganztägige Busausflüge in verschiedene Regionen der Bretagne organisiert Tourisme Verney in Zusammenarbeit mit dem O.T.

• Casino: Zentral an der Strandpromenade. Rotundenbau mit Flügeln im Art-Deco-Stil. Bar, Terrasse und Kino machen "La Rotonde" zum Zentrum des Strand- und Nachtlebens. Roulette-Mindesteinsatz 5 Francs. Das Glücksrad dreht sich vom 30.6. - 2.9. zwischen 21.30 und 3 Uhr, einarmige Banditen berauben bereits ab 15 Uhr unglückliche Glücksritter. Eintritt 1 DM.

• Fahrradverleih: Tourenräder und Mountainbikes von **Cyclo Skiff** im Ortsteil Val-André, Rue Admiral Charnier 37. In Pléneuf **M. Chalmeau**, Rue Maréchal Foch 27, Tel. 722 334.

• Golf: Seit Juni 1992 wird auf der 18-Loch-Anlage mit Par 72 der kleine, weiße Ball geschlagen - kürzeste Bahn 140 m, längste 490 m. Oberhalb des Plage des Vallées, im englischen Parkstil gehalten, Übungsbahnen für blutige Anfänger.

• Markt: Dienstag vormittag der wöchentliche Gemeindemarkt in Pléneuf. In der Saison von Juni bis September jeden Freitag vormittag ein zusätzlicher, auf Selbstversorger zugeschnittener Markt in Val-André rund um den großen Parkplatz oberhalb der Rotunde.

• Minigolf: Nette Anlage mit schönem Strandblick im Casinogarten. Von Mitte Juni bis Anfang September wird eingelocht.

• Reiten: Zwei Reitclubs bieten zu ähnlichen Preisen Lehrstunden oder freie Ausritte an (2 Stunden 40 DM). Beide haben auch Ponys, 1 Stunde auf dem zarten Vierbeiner 17 DM. Aufgesattelt wird auf dem **Bauernhof La Jeanette** etwas außerhalb von Pléneuf (abseits der Straße nach Lamballe) oder im **Centre Equestre Nantois** am Ende des Vallée-Strandes.

• Segeln/Surfen/Tauchen: Es gibt zwei Wassersportzentren. Die **Base de Dahouet** auf dem Guette-Plateau oberhalb des Yachthafens (Tel. 729 528) ist ganzjährig geöffnet, die **Pointe Passion Plage** am Hafen von Val-André (Tel. 729 120) nur von April bis Ende September. Beide bieten zu ähnlichen Konditionen Segelkurse auf verschiedenen Bootstypen und Surflehrgänge bzw. -ausrüstung an. Preisbeispiele: 3 Stunden Segelséance auf dem Brett 60 DM, im

Meereskajak 40 DM, der halbe Tag auf dem Miet-Surfbrett 60 DM, 15 Minuten Wasserski 40 DM, ein ganztägig gecharterter Katamaran 170 DM.

• *Yachthafen*: Eine landschaftlich reizvolle Anlaufstation für Bootsbesitzer. Im tief-eingeschnittenen Hafenbecken des Ortsteils Dahouet gibt es 500 Plätze, 313 weitere an den Pontons. Wasser, Elektrik, 6-t-Kran und die üblichen Sanitärs. Preisbeispiel: 10-m-Boot 25 DM/Tag. Auskünfte im Hafenbüro, Tel. 728 285.

Übernachten

16 Hotels mit einer Kapazität von über 300 Betten. Schwerpunkt ist der Strand von Val-André, wo sich in zweiter Reihe zur Strandpromenade einige Mittelklassehäuser angesiedelt haben. Im Ortsteil Pléneuf rund um die Kirche gibt es mehrere ländlich-gemütliche Gasthöfe.

** **Grand Hotel du Val-André**: Durch die Promenade vom Strand getrennter Hotelbau mit 39 Zimmern - 36 haben Dusche bzw. Bad/WC. Komfortables Wohnen in alter Seebadatmosphäre. Restaurant mit Promenadenaussicht (Menus 30 - 120 DM). DZ 110 - 120 DM, HP 115 - 130 DM, Frühstück 12 DM. Geöffnet von März bis 15.11. Rue Admiral Charnier, Tel. 722 056.

** **Hotel Clemenceau**: Zentrale Lage im Casinoviertel. 23 sanitär gut ausgestattete Zimmer (Bad bzw. Dusche/WC). Komfortable Wohnqualität zu angemessenen Preisen. Kein Restaurant, Frühstückssalon. DZ 80 - 115 DM, Frühstück 11 DM. Ganzjährig geöffnet. Rue Clemenceau 131, Tel. 722 370.

* **Hotel de la Mer**: 13-Zimmerhotel in der 2. Reihe zum Strand. Nur 1 Zimmer mit Bad/WC, 4 mit Duschkabinett. Einfach möbliert. Sehr gutes Restaurant, in dem Halbpensionsgäste verwöhnt werden (Menus 23 - 80 DM, Kinderteller 14 DM). DZ 45 - 70 DM, HP 70 - 90 DM, Frühstück 8 DM. Ganzjährig geöffnet. Rue Admiral Charnier 63, Tel. 722 044.

* **Hotel Regina**: Nicht weit vom Hotel de la Mer, die Straße herunter Richtung Casino. Einfaches, sanitär dem vorherigen Hotel ähnlich. Restaurant. Zimmerpreise wie oben. Rue Admiral Charnier 45, Tel. 722 263.

Hotel de Commerce: Sehr einfaches 10-Zimmer-Hotel im Ortszentrum von Pléneuf. Mittagstisch für 16 DM. DZ 40 - 50 DM, Frühstück 7,50 DM. Ganzjährig geöffnet. Place du Lourmel, Tel. 722 248.

• *Appartements*: Eine Angebotsliste der diversen Ferienwohnungsagenturen gibt das Tourismusbüro in Zusammenarbeit mit den lokalen Immobilienvermittlern heraus.

Camping

*** **Municipal**: Etwas verwinkelte, teilweise steile Anfahrt (ausgeschildert). Oberhalb des Hauptstrandes (300 m), mit schönem Blick über die Bucht. 185 Stellplätze mit ausreichend Stromanschlüssen. Sanitär ordentlich bestückt, die Rasenterrains sind nummeriert und durch kleine Hecken und Stacheldraht abgegrenzt. Beheizter Swimmingpool, Kinderspielplatz. Übernachtungspauschale (Person, Platz, Auto) 13 DM, Extraperson 5 DM, Elektrik 3 - 6 DM. Geöffnet von März bis 30.9. Rue Jean Lebrun, Tel. 729 510.

*** **Le Minihy**: Weit oberhalb der Bucht auf dem Weg von Pléneuf nach Dahouet. 65 Stellplätze. Ähnliche Ausstattung und ähnliches Terrain wie der vorige Platz. 800 m zum Strand. Chalets in der HS pro Woche 470 DM. Platzpauschale (2 Personen plus Zubehör) 17 DM. Jeder weitere Erwachsene 5 DM, Kinder 3 DM. Geöffnet über Ostern und vom 1.6. - 15. 9.

*** **La Ville Berneuf**: Direkt oberhalb des gleichnamigen Strandes in der Nähe des Golfareals. Relativ kahles, heckenunterteiltes Gelände mit 57 Stellplätzen, 100 m zum Strand. Mobilhomes für 450 DM pro Woche, Waschmaschinen, Shop, Spielplatz. Erwachsene 4 DM, Kinder 2,50 DM, Platz 4 DM, Auto 2,50 DM, Hund 1,30 DM. Geöffnet von Ostern bis 30.9. Tel. 722 820.

* **Les Vallées**: Ein Platz mit direktem Zugang zum Meer am gleichnamigen Sandstrand rechts unterhalb von Pléneuf. Sanitär nicht allzu aufregend. 36 Stromboxen. Erwachsene 3 DM, Kinder die Hälfte, Platz 2 DM, Auto 2 DM, Duschjetons 1,50 DM. 100 Stellplätze. Geöffnet vom 1.6. - 30.9. Plage des Vallées, Tel. 728 871.

Essen

Hervorragend speisen Sie im **Restaurant au Biniou**, das auch einheimische Gourmets frequentieren. Stilvolle Holzfachwerk-Atmosphäre mit Bildern lokaler Künstler auf schweren Stofftapeten. Ausgezeichnete Fischgerichte (Spezialität: hausgeräucherter

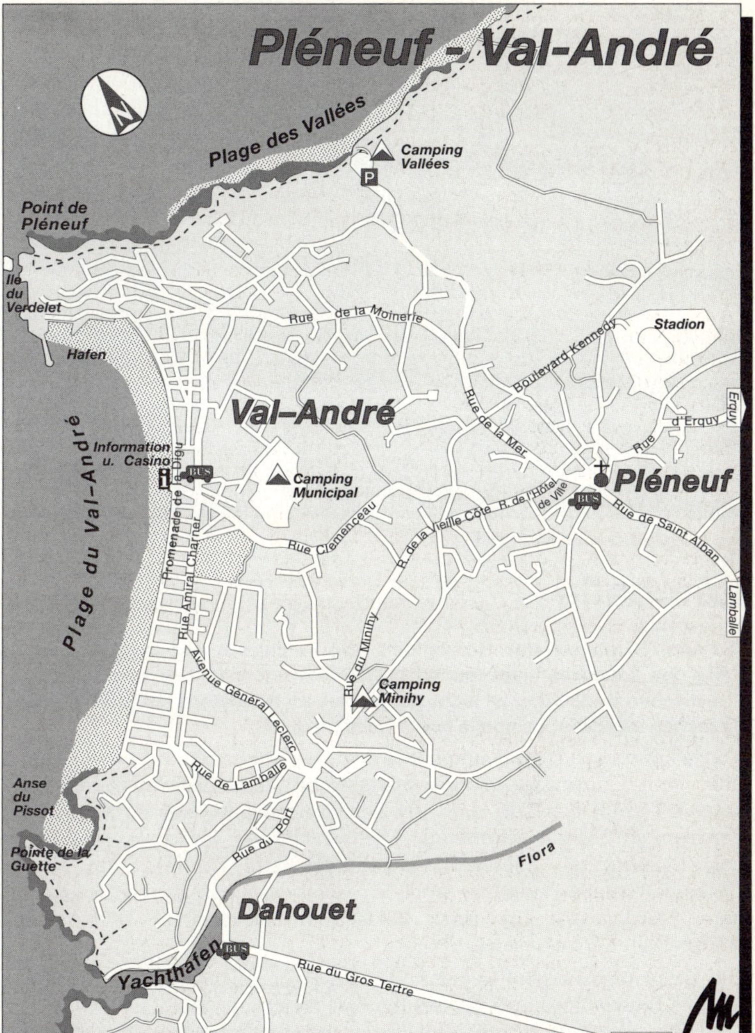

Fisch), Muschelvorspeisen und gediegene Meeresfrüchteplatten, erlesene Weinkarte (ab 17 DM das Fläschchen). Mehrfach und zu Recht mit dem "Diplome d'Honneur" für gute Küche/Service ausgezeichnet. Neben 3 täglich wechselnden Menus (27 - 63 DM) und einem "Vorschlag des Küchenchefs" gediegene Auswahl à la carte bis 100 DM; Kindermenu 16 DM. Donnerstag Ruhetag. Rue Clemenceau 121, Tel. 722 435.

Lamballe *(6100 Einwohner)*

Die alte Hauptstadt des Herzogtums von Penthièvre und heutige "Station Verte des Vacances" liegt touristisch etwas im Abseits, und auch von ihrer historischen Bedeutung ist nicht viel geblieben. Höchstens als Stadt der bretonischen Pferde ist Lamballe heute noch bekannt.

Von schöner Landschaft umgeben, liegt das Städtchen auf einem Hügel über dem *Gouessant-Fluß*, die Stiftskirche *Notre-Dame-de-Grande-Puissance* überragt das Tal, rund um den dreieckigen *Place du Martray* im Zentrum sind einige schöne alte Fachwerkhäuser verstreut. Überregionale Berühmtheit haben die jahrhundertealte Wallfahrt zur Notre-Dame-de-Grande-Puissance und der *Haras National*, das 1825 gegründete Pferdegestüt für stark belastbare Zugtiere im Dienste des französischen Postwesens.

Die Ursprünge Lamballes gehen auf ST. PAUL zurück, der im 6. Jh. ein kleines Kloster im heutigen Stadtgebiet errichtete. Aus *Lan Paul* wurde *Lamballia* und daraus Lamballe, das im frühen Mittelalter als wehrhafte Festung galt - hinter dem Stadtwall mit seinen 50 Türmen konnten in Kriegszeiten die Bewohner von 45 Kirchensprengeln Unterschlupf finden. 1420 wurde Lamballe auf Befehl JEANS V. zum ersten Mal geschleift. Der Herrscher hatte genug von den Eigenmächtigkeiten des Lamballer Herzogs und bestrafte ihn mit der Zerstörung der Festungsmauern der Hauptstadt. 1626 besorgte RICHELIEU den Rest; aufgrund familieninterner Zwistigkeiten - Ärger mit dem Schwiegersohn - ließ der Kardinal die Burg komplett schleifen.

Das Tourismusbüro weist darauf hin, daß Lamballe Geburtsort oder Tätigkeitsfeld interessanter bretonischer Persönlichkeiten war. So wurde hier LOUIS-MARIE LAVERGNE geboren, "der die Kartoffel in die Bretagne brachte". Und MARIE-VICTOIRE VON LAMBILLY, die "praktisch die erste Advokatin in Frankreich war". Die berühmteste Figur der Lamballer Geschichte war die Witwe eines früh verstorbenen Prinzen von Lamballe, die selbst nie in Lamballe war. Die junge Erlauchte lebte seit 1770 bei Hof und war das beliebteste Kammerfräulein der Königin Marie-Antoinette. Während der ersten Blutbäder an Adeligen im September 1792 wurde die Kammerjungfer auf bestialische Weise umgebracht; ihren Kopf spießten die Mordgesellen auf eine Pike und zeigten ihn der gefangengesetzten Königin. Diese verlor später bekanntlich unter der Guillotine ihren Kopf.

• *Telefonvorwahl*: 96

• *Postleitzahl*: 22400

• *Information*: Fremdenverkehrsamt zentral im schönsten Haus der Stadt (siehe Sehenswertes/Henkershaus). In der Nebensaison nur Dienstag und Freitag von 14.30 - 17.30 Uhr. Ostern und vom 1.6. - 15.9. täglich 10 - 12 und 14.30 - 18 Uhr, sonn- und feiertags 10 - 12 Uhr. Maison du Bourreau, Place de Martray, Tel. 310 538.

• *Verbindung*: **Bus**haltestelle am Bahnhof. Regelmäßig nach St. Brieuc und die Küstenorte der Côte Emeraude. 2 x täglich direkt Paris. Boulevard Jobert, Tel. 333 660.
Zug: Lamballe liegt an der Direktlinie Paris - Brest und am Nebenstrang St. Brieuc - Dol. 8 x täglich Richtung Paris/Brest, 11 x nach Rennes; 2 x täglich nach Dinan/Dol bzw. St. Brieuc. Bahnhof im Süden der Stadt, Boulevard Jobert, Tel. 945 050.

Diverses

• *Autoverleih*: Am Bahnhofsschalter (Tel. 310 056) oder bei 12-stündiger Vorbestellung Garage Badoual, Rue du Val 46, Tel. 310 050.

• *Einkaufen*: Die Region um Lamballe ist für ihre Töpfereiartikel bekannt. Der Lehm stammt aus dem Ortsteil La Poterie, etwa 3 km östlich Lamballes. In La Poterie dreht sich von dem "bol" (Frühstückstasse) bis zur "saloué" (Nachttopf) alles um den Topf, wie ein Lamballer Sprichwort sagt. Einmal im Jahr, Ende Mai/Anfang Juni, Tonflohmarkt in La Poterie.

• *Fahrradverleih*: Zu den üblichen Konditionen bei der SNCF am Bahnhof, Tel. 310 056.

• *Feste*: **Les Ajoncs d'Or**; beim großen Stechginsterfest Anfang August im "Park zum Hirschgeweih" (südlich der Stadt an der RN 12) erinnern sich die Lamballer und Lamballerinnen bester bretonischer Tradition: Folklore, Tanz und Wildschweinbraten im Grünen. Mit 10 DM sind auch Sie dabei (ohne Essen).
Alljährliches **Pferderennen** im Hippodrom von Kerrozen, südlich des Stadtzentrums. Letztes Wochenende im Juli. Ende August/ Anfang September das 3-tägige **Springreitturnier** von Lamballe. Im Anschluß an die Wettkämpfe das berühmte Defilée bretonischer Gespanne am Platz vor dem Gestüt. Hengste im Sonntagsputz, alte Kutschen und Karossen. Ende September/Anfang Oktober **Poneyfest** von "Haras National". Reiten für Groß und Klein.

• *Markt*: Jeden Donnerstag **Wochenmarkt** auf dem Place du Marché im Zentrum. Landwirtschaftliche Produkte aus der näheren Umgebung: Creme, Honig, Kaldaunenwurst und Cidre vom Bauernhof.
Auf dem Place du Champ du Foire (Messeplatz) vor dem Nationalgestüt mehrmals jährlich **Viehmärkte**. Ausgefuchste Pferdehändler tätigen Geschäfte. Schafs-, Ziegen-, Rinder- und Schweinehändler schlagen auf ihr Schnäppchen ein. Aktuelle Zeiten beim Touristbüro oder über den Stadtanzeiger.

• *Parken*: Entweder auf dem Messeplatz etwa 200 m nördlich vom Marktklatz oder, was die Stadtväter und ihre Kinder lieber sehen, auf dem Großparkplatz unterhalb der Kirche Notre Dame. 5 Minuten ins Zentrum.

• *Pardon*: Anfang September.

• *Reiten*: Im Club Hippique "Le Haras"; 17 Pferde, 10 Ponys, Reitschule, Tel. 313 795 oder, etwas außerhalb, im Centre Equestre Manoir des Portes, im Ortsteil La Poterie. 25 Pferde und Ponys, Tel. 311 266.

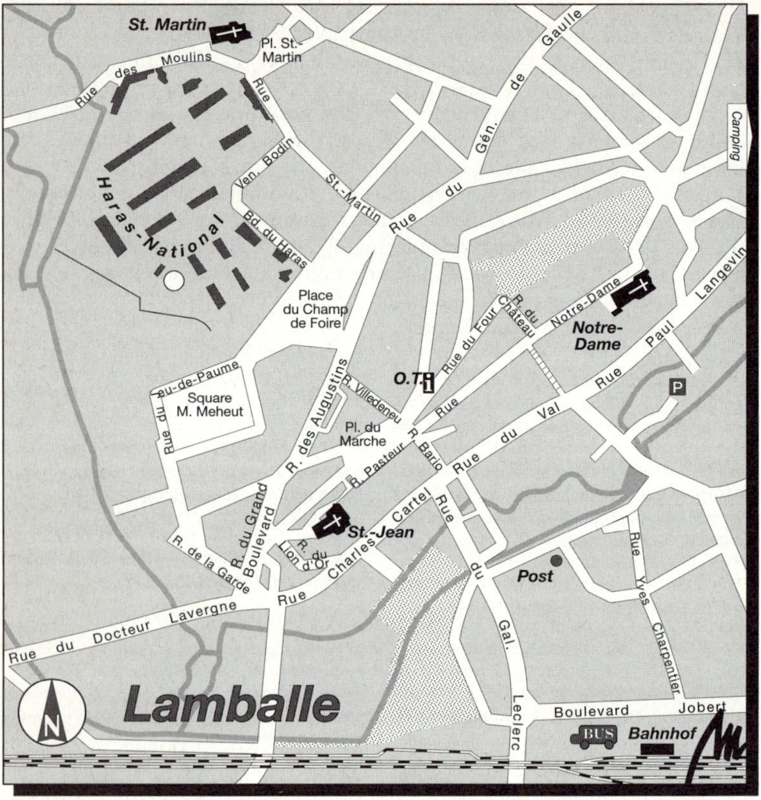

• _Schwimmen_: Beheiztes Freibad in der Grünzone am Plan d'Eau im Westen der Stadt. Öffnungszeit Juni bis September. Vormittags und am Sonntag geschlossen. Nachmittags 15 - 19 Uhr, im Juli/August bis 20 Uhr. Erwachsene 4 DM, Kinder 2,80 DM.

• _Taxi_: Zentrale Taxistation auf dem Bahnhofsvorplatz, Tel. 311 551.

Übernachten/Camping

*** **Hotel d'Angleterre**: Für bretonische Verhältnisse formloser Bau gegenüber dem Bahnhof, im Erdgeschoß mit einem Spiegelglasanbau verziert. 20 schalldichte (!) Zimmer mit Radio, Telefon und Doppelbett. Fast alle mit Dusche/WC bzw. Bad/WC. Großes Restaurant, Spezialität Lamballer Kalbsbraten auf Reis, Menus 25 - 70 DM. DZ 65 - 130 DM; Halbpension 95 - 110 DM, Frühstück 12 DM. Boulevard Jobert, Tel. 310 016.

** **Hotel les Alizes**: Moderner Betonzweckbau 2 km außerhalb im Industriegebiet von La Ville es Lan, an der RN 12. Geschäftsleute-Herberge mit Neonreklame und funktionalem Design, in dem sich "die alten Legenden der Bretagne mit der Ultramoderne treffen" (Prospekt). 32 Zimmer mit Bad/WC, Telefon und Farb-TV. Ordentliches Restaurant. Gerichte von 23 - 80 DM. DZ 83 - 93 DM. HP 75 DM, VP 95 DM, Frühstück 10 DM. La Ville es Lan, Tel. 311 637.

** **La Tour d'Argent**: In einem stillosen Langbau unterhalb der Kirche St. Jean, der einer tüchtigen Innensanierung unterzogen wurde. 16 Zimmer mit durchschnittlichem Mobiliar und guter Sanitärausstattung. In der NS ist die Rezeption gelegentlich nicht besetzt. Anmeldung über das gleichnamige

Ein-Stern-Hotel. DZ 47 - 100 DM, HP 65 - 100 DM, Frühstück 10 DM. Rue du Lion d'Or, Tel. 312 036.

* **La Tour d'Argent**: Natursteinhaus mit Giebelfenstern, Schieferdach und Efeuschmuck an der Ecke des Place du Beloir; 14 z. T. kleine Zimmer, unterschiedlich ausgestattet. Unterm Dach etwas verwinkelt und düster. Mehr Atmosphäre, weniger Sanitärkomfort als der 2-Stern-Ableger. Restaurant im Fachwerkanbau, Menu ab 27 DM, gegrillte Garnelen 60 DM (Spezialität: Jakobsmuscheln). DZ ab 47 DM, HP 65 - 100 DM, Frühstück 10 DM. Rue de Lavergne 2, Tel. 310 137.

* **Hotel La Tête Noire**: Windschiefes Fachwerk neben dem Tourismusbüro. Das idyllische Gebäude ist Teil des früher "Pranger" genannten Wohnviertels des Henkers. Innen total renoviert, 8 kleine Zimmer, 2 voll sanitär ausgestattet. In der Bar Videospiele und Billard, ordentlicher Hot-Dog-Pizza-Stullenimbiß der mittleren Preisklasse. DZ 33 - 65 DM. Rue du Four 8, Tel. 310 993.

Hotel de l'Arrivée: Gegenüber dem Bahnhof, links von den Gleisen. Typisches Reisehotel. Billig, einfach. Restaurant mit 110 Plätzen und begrenzter Auswahl, Menu ab 20 DM. DZ 30 - 55 DM. Frühstück 7 DM. Boulevard Jobert 23, Tel. 310 102.

• *Camping*: ** **Municipal**; im Ortsteil St. Sauveur, im nordöstlichen Stadtgebiet. Kleine Grünanlage mit 35 Plätzen, nur im Juli/August geöffnet. Rue St. Sauveur, Tel. 310 061 oder 347 433.

Auberge la Bonnaie: Knapp 2 km außerhalb, an der Straße nach Val-André. Gemütlicher Landhauscamping mit 25 Plätzen. Mit Landgasthof, der auch Zimmer vermietet. Geöffnet vom 15.6. - 15.9. Tel. 310 171.

Essen

Pizzeria Le Prieure: Schon beim Vorbeischlendern fällt die efeugeschmückte Fassade des alten medizinischen Kabinetts auf. Auf der Außenterrasse über dem Flußufer amüsieren sich junge Leute, innen geraffte Stoffbespannung, Kiefer furniert und Pflanzendschungel. Nette Angestellte servieren neben Pizzas (10 - 15 DM), Spaghetti (ab 12 DM) und italienischen Fleischgerichten (ab 15 DM) auch preiswerte Pferdesteaks (mit Frites und Gemüsepuree 12 DM). Außerdem jeden Tag wechselndes Mittagsmenu inkl. Wein 17 DM. Gegenüber der Hauptpost, Rue St. Jacques 19.

Sehenswertes

Collégiale Notre-Dame-de-Grande-Puissance: Die Stiftskirche zu Ehren der "Jungfrau der großen Kraft" erhebt sich steil über einen Felsen oberhalb des Gouessant-Flusses (schöne Aussicht von der Terrasse rechts der Kirche). Das Gotteshaus stammt aus dem 13. Jh., doch ist von den romanischen Bauteilen wenig erhalten; im Lauf der mehrhundertjährigen Bauveränderungen hat sich die Gotik als stilbeherrschendes Baumerkmal durchgesetzt. An der Außenfassade gefällt vor allem das *Südportal*, im Inneren der Kirche ein schön geschnitzter spätgotischer *Lettner*.

Haras National: Um seine Kavallerie und das öffentliche Transportwesen besser auszustatten, plante NAPOLEON den Ausbau eines Netzes kaiserlicher Pferdezuchtanstalten im ganzen Land. 1825 wurde der Plan des mittlerweile toten Kaisers auch in Lamballe verwirklicht und die Stadt zum nationalen Pferdedepot des Bezirks Nordbretagne ernannt. Schwerpunkt der Arbeit: Aufzucht von Nutztieren, insbesondere robuste Remonte- und schwere Zugpferde. Seinen Höhepunkt erlebte das Gestüt von Lamballe um die Jahrhundertwende: 1918 zogen 390 Lamballer Hengste im Staatsdienst französische Postkutschen über holprige Landstraßen. Heute ist das Gestüt von Lamballe das zweitgrößte Frankreichs und dem Landwirtschaftsministerium unterstellt. Noch etwa 80 Hengste verlassen jährlich die Stallungen. 70 Mitarbeiter sorgen sich um Aufzucht und Verwaltung der Pferde und heißen Besucher willkommen: Zu sehen sind Pferde bei der Arbeit, Ställe, Sattelkammer und Schmiede; außerdem schöne Wagen, Kutschen und herrliches Zaumzeug. Wer richtig auf Trab kommt, kann sich gleich in der gestütseigenen Reitschule anmelden.

• _Öffnungszeiten_: Täglich von 14.30 - 16.30 Uhr. Führungen in der Zeit vom 15.7 - 30.9., in der NS auf Anfrage. Eintritt frei.

Maison du Bourreau: Das über 500 Jahre alte Haus am Place Martray mit vorspringendem Schieferdach und zweireihigen Butzenscheiben, in denen sich harmlos Geranien spiegeln, ist der Kern des im Lamballer Volksmund *Hôte du Pilori* (Pranger) genannten Stadtteils. Das raffinierte Fachwerk und der Beruf seiner ehemaligen Bewohner (Henker) haben das heimelige Haus zu einem der bekanntesten Gebäude der Bretagne gemacht. Heute ist das Henkershaus Sitz des Fremdenverkehrsbüros und zweier Museen, die der Altstadtverein eingerichtet hat (siehe unten).

So schön wohnte der Henker von Lamballe

Musée d'Art Populaire du Pays de Lamballe: Das Volkskundemuseum bietet in eineinhalb Stockwerken neben landwirtschaftlichem Gerät, alten Fotografien und Kupferstichen vor allem Trachten und Hauben aus der Vergangenheit des Herzogtums Penthièvre, dessen Zentrum die Stadt einst war. Schön die Sammlung Lamballer Keramik, insbesondere die weihnachtlichen Krippenfiguren, die zusammen mit den Erzeugnissen provenzalischer Kunsthandwerker um die Gunst des französischen Publikums ringen.

Musée Mathurin-Méheut: Das Museum wurde zu Ehren eines berühmten Sohnes der Stadt eingerichtet. Der Maler MATHURIN MEHEUT (1882 - 1958) fand seine Motive vor allem im bretonischen Alltagsleben: expressionistisch gesehene Islandfischer, der Pferdemarkt von Lamballe und ruhige Landschaften. Seine Aquarelle, Zeichnungen und Gemälde gelten als solide französische Leinwandkunst.

• _Öffnungzeiten_ für beide Museen: 1.6. - 30.9. täglich außer sonntags 10 - 12 und 14.30 - 18.30 Uhr. Sonst nur Dienstag und Freitag 14.30 - 17 Uhr. Eintritt für beide Museen 7 DM, Kinder die Hälfte.

Bibliothek: In einem soliden Gebäude der *Rue Père-Ange-Le-Proust* am Ende des Weges vom Marktplatz östlich zum Fluß. Ein republikanischer Lesezirkel aus der Zeit der französischen Aufklärung war 1774 Geburtshelfer der heutigen Stadtbibliothek. Der Hafen der Ruhe und Kultur (Stadtwerbung) verfügt über 15.000 Bände und Zeitschriften, darunter einige Hundert schwere Folianten aus der Zeit der Vereinsgründer und 7 Originalhandschriften aus dem 13. Jh. Aus dem späten 20. Jh. stammen die 260 Compact-Disks (CD) mit Musik aller Stilrichtungen, die zum Spezial-Urlaubstarif von 13 DM verliehen werden.

• Öffnungszeiten: Täglich außer Dienstag und Sonntag von 14 -18 Uhr. Eintritt frei.

Lamballe / Umgebung

Lamballe ist Ausgangspunkt eines traditionellen *Circuit Touristique*, der wie die meisten seiner Brüder neben echten Höhepunkten auch harmlose Stationen ausweist, die man nicht unbedingt gesehen haben muß.

▶ **Moncontour** *(ca. 1000 Einwohner)*: Fast hochmütig wirkt das Städtchen, vor vielen Jahrhunderten hoch auf einem felsigen Steilhang am Zusammenlauf zweier Flüsse gebaut. Schwere, efeuüberwucherte Mauern schnüren den Stadtkern rund um die *Kirche St. Mathurin* ein. Mittelalter-Atmosphäre pur herrscht in der mittäglichen Ruhe zwischen den grauen Granit- und den dekorativen Fachwerkhäusern - jeden Augenblick kann das Pferdegetrappel einer eiligen Kutsche durch die kopfsteingepflasterten Gassen hallen.

Der Pardon des Ortsheiligen St. Mathurin

Moncontour zählte bereits seit dem 13. Jh. zu den wichtigsten Festungen des Herzogs von Penthièvre. 1626 wurden Burg und Stadtmauer in Richelieus Auftrag geschleift. Die Ausführung der Aktion war allerdings bezugs des Mauerrings dilletantisch. Noch heute trutzen 11 der 15 Türme in der Stadtumwallung dem Zahn der Zeit. Bis ins frühe 19. Jahrhundert war Moncontour eine wichtige bretonische Textilstadt, deren Justizverwaltung an die 8000 Leinweber unterstellt waren. Die Stadt führte ein weithin geschätztes, amtlich eingetragenes Markenzeichen für die in ihr produzierten Stoffe ein, die über St. Malo und Lorient in alle Welt exportiert wurden. Mit dem Niedergang des Textilgewerbes um die Mitte des 19. Jahrhunderts verblich Moncontours Stern. Seitdem schläft das Städtchen inmitten seiner hügeligen, grünen Landschaft einen von den Geschichtsläufen ungestörten tiefen Dornröschenschlaf.

Sehenswert sind die alten, zum Teil aus dem 16. Jh. stammenden *Fachwerkhäuser* in der Rue du Temple und der Rue des Dames, die granitenen *Hotels* (17. - 19. Jh.) wohlhabender Kaufleute rund um den Place Penthièvre und die aus dem 16. Jh. stammende *Kirche St. Mathurin*, die im 18. Jh. fast vollständig erneuert wurde. Höhepunkte im Inneren: italienisch anmutende, geriffelt-verdrehte Säulen und sechs ausgefallene, an flämische Meister erinnernde Buntglasfenster (16. Jh.), die Szenen aus dem Leben Jesu und verschiedener Heiliger erzählen, u. a. St. Yves und St. Mathurins.

• Telefonvorwahl: 96
• Postleitzahl: 22510
• Information: Ein kleines Zimmer im Rathaus hinter der Kirche beherbergt das bescheidene Tourismusbüro. Die Mittagsruhe ist heilig in Moncontour: Vom 1.7. - 30.8. täglich 9 - 12 und 14 - 18 Uhr. Rue Bel Orient, Tel. 734 105.

• Pardon: Jedes Jahr über die Pfingstfeiertage großer Pardon zu Ehren des Heiligen Mathurin. Er beginnt am Nachmittag des Pfingstsamstags mit der Wallfahrt der Kranken (insbesondere geistig Verwirrte, die Mathurins Segen einst heilte) und wird um 21 Uhr mit einem Fackel- und Freudenfeuerzug der Gläubigen fortgesetzt. Am Sonntag die große Prozession, am Pfingstmontag der profane Teil des sakralen Festes - Tänze und Gesänge auf der Schloßesplanade.

▶ **Trédaniel**: Etwa 500 m außerhalb des kleinen Dörfchens (2 km südöstlich von Moncontour) liegt gleich neben der Straße die *Kapelle Notre-Dame-du-Haut*. Sie wurde im 17. Jh. an der Stelle errichtet, an der die heilige Jungfrau einen Landedelmann rettete, der von Straßenräubern aufgeknüpft werden sollte. Seither gilt die Kapelle als Wallfahrtsort (großer Pardon am 15. August). Verehrt und angefleht werden sieben krank aussehende Holzstatuen, die die sieben heiligen Doktoren der Bretagne symbolisieren. Sie helfen bei Migräne, Angst, Koliken, Rheuma, Tollwut und Wahnsinn. 1985 wurden die Originalfiguren gestohlen, Kopien stehen an ihrer Stelle. Die Kapelle ist seither sorgsam vergittert und abgeschlossen. Den Schlüssel können Sie im Bauernhof 100 m vor der Kapelle erhalten.

▶ **Château de la Touche-Trébry**: Der wehrhaft-mittelalterliche Herrensitz derer von La Roche, die Ritter des Königsordens und Abgesandte des Adels beim Bischof von St. Brieuc waren. Schön zwischen einem Wald und einem Teich gelegen, mit Wassergräben und einer Umfassungsmauer bewehrt, macht das Schloß aus dem 16. Jh. einen etwas heruntergekommenen Eindruck, zudem ist ein Turm zerstört.
• Öffnungszeiten: Vom 1.7. - 31.8. täglich außer Sonn- und Feiertage 14 - 18 Uhr. Eintritt 5 DM.
• Anfahrt: Etwa 8 km östlich von Moncontour (der D 6 Richtung Collinée folgend, kurz hinter Trédaniel links ab auf die D 25) gleich hinter dem Weiler Trébry.

▶ **Abtei von Boquen**: Das 1137 gegründete Zisterzienserkloster am Rand des Waldes von Boquen (Gemeinde Plénée-Jugon, 6 km nordöstlich) war bis zur Französischen Revolution ein wohlhabender Glaubenshort und eine von Aristokraten hochgeschätzte Lehenspfründe. Nach der teilweisen Zerstörung durch Revolutionstruppen kehrte erst 1936 ein einsamer Mönch in die Ruinen zurück, heute hat sich hier ein Nonnenorden niedergelassen. Die *Abteikirche* (12. Jh.), *Fassaden*, *Kapitelsaal* und *Kreuzgang* der Klosteranlage wurden in bretonisch-normannischem Stil generalüberholt. Das Holztonnengewölbe und die schlichte Ausstattung verraten den romanischen Ursprung, die *Statue der Notre-Dame-de-Boquen* stammt wie der *Chor* aus dem 15. Jh. Eine Treppe vom linken Querschiff in die Schlafräume der Nonnen steht nur diesen offen. Von Mitte Juli bis Ende August führen die wohltätigen Schwestern von Bethlehem 45minütige Abteiführungen durch. Während der Gottesdienste kein Besichtigungsprogramm.

• *Anfahrt*: Von Lamballe über die D 14 in südlicher Richtung 18 km bis Le Gouray, im Ort links und ca. 5 km auf schmaler Landstraße (ausgeschildert).

Côte du Goëllo / Trégor

St. Brieuc *(ca. 60.000 Einwohner)*

Zwei stolze Viadukte überspannen die beiden tiefen Täler des Gouedic und des Gouet, die 3 Kilometer nördlich der Stadt in den Atlantik münden. Auf einem Hochplateau dazwischen liegt die alte Bischofsstadt - umgeben von Industriebetrieben, Kühlhäusern und dem umtriebigen Handelshafen.

Nur über eines der beiden Viadukte ist das Zentrum zu erreichen. Rund um die mächtige *Kathedrale St. Etienne* drängt sich etwas mittelalterliche Bausubstanz und kolonialer Gründerzeit-Klassizismus, ansonsten überwiegen funktionale Neubauten und gesichtslose Wohn- und Geschäftsviertel. St. Brieuc, die moderne, betriebsame Hauptstadt des Départements *Côtes-du-Nord* ist wirtschaftlich mit Abstand die Nummer Eins in der Region. Für Touristen ist die Metropole ohne besondere Sightseeing-Höhepunkte nur eine Zwischen- bzw. Umsteigestation zu den Badeorten in der Bucht von St. Brieuc.

Den Grundstein der Stadt legte im 6. Jh. der Mönch BRIOC - einer der sieben bretonischen Gründerheiligen und der erste Bischof der Stadt. Über seinem Grab wurde später die Kathedrale erbaut, und neben deren Portal erinnert eine Mahntafel an ein tragisches Zwischenspiel in der Stadtgeschichte: In der Nacht des 5. Brumaire des Jahres VIII (26./27. August 1799) starb unter den Bajonetten königstreuer Chouans der Republikaner und Bürgermeister POULAIN-CORBION. Mit dem Ruf "*Vive la République!*" hatte er sich gegen die Überzahl der anrückenden Waldkäuze gestellt, die er an der Übernahme der Stadt hindern wollte.

St. Brieuc - von Reisenden meist nur als Umsteigestation genutzt

- *Telefonvorwahl*: 96
- *Postleitzahl*: 22000
- *Information*: Groß und professionell, im Altstadtzentrum unweit des Place de la Résistance, das ganze Jahr über geöffnet. Montag bis Freitag 9 - 12 und 14 - 18.30 Uhr, im Juli/August auch Sonntag vormittag. Ebenfalls im Juli/August am Autobahnparkplatz Richtung Brest großer, sehr gut ausgestatteter Tourismuspavillon. Rue St. Gouéno 7, Tel. 333 250 oder 334 229.

Verbindung

Vom **Bus**bahnhof im Südosten der Stadt werden mehrere Regionalrouten bedient. Richtung Norden über Binic/St. Quay-Portrieux nach Paimpol bis zu 6 x werktags. Ebensooft über Val-André, Erquy und Sables-d'Or zum Cap Fréhel und weiter nach St. Cast. Nach Guingamp 2 x täglich, nach Lamballe 1 x. Gare Routière, Boulevard Waldeck-Rousseau, Tel. 333 660.

Zug: Der Bahnhof im Südteil der Stadt liegt an der Strecke Paris - Brest. Mehrmals täglich in beide Richtungen. Nach Paris (keine 3 Stunden mit dem TGV) über Lamballe (hier umsteigen Richtung Dinan, Dol, St. Malo) und Rennes. Nach Brest über Guingamp/Morlaix/Landerneau. Stichbahn nach Loudéac im Landesinneren 2 x täglich. Boulevard Charner. Tel. 940 479.

Flugzeug: Mit Brit-Air werktäglich von und nach Paris. Tel. 949 500.

Diverses

- *Autoverleih*: **Avis**, Boulevard Clemenceau 2, Tel. 334 414; **Hertz**, Rue de la Gare 53, Tel. 942 589.
- *Busausflug*: Tourismus Verney in Zusammenarbeit mit SNCF bietet in den Sommermonaten diverse Ausflüge quer durch die Bretagne an. Die Busfahrer sammeln ihre Passagiere in den Küstenorten auf (St. Brieuc, Binic, St. Quay-Portrieux, Erquy, Val André) und starten dann zur Tagesfahrt. Einige Preisbeispiele: Paimpol/Bréhat inkl. Überfahrt 42 DM, Rosa Granitküste + Trégor inkl. Eintritt ins Radom 55 DM, Mont St. Michel ohne Eintritt 47 DM. Nahausflüge führen rund um Quintin (23 DM) oder zum selben Preis ins Land der Chouans rund um Moncontour. Gare Routière, Tel. 333 660.
- *Fahrradverleih*: Tourenräder am SNCF-Bahnhof oder in der Jugendherberge.
- *Markt*: Mittwoch und Samstag vormittag rund um die Markthallen und dem Place Général de Gaulle der große Wochenmarkt.

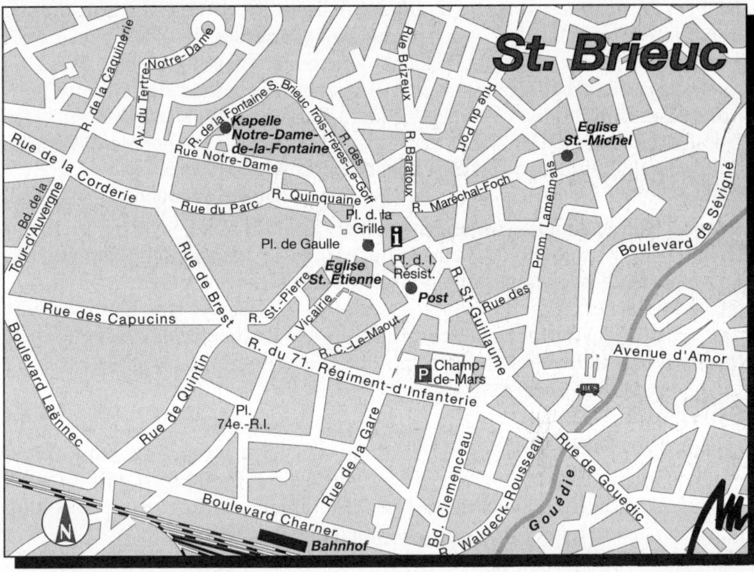

Einmal im Jahr, Ende September, großer **Michaelis-Markt** mit Rummelangebot. Er ist die regionale Wirtschaftsattraktion des Départements Côte du Nord.

• _Parken_: An der Verlängerung der Rue de Brest südlich des Stadtkerns stehen zwei große, gebührenpflichtige Parkflächen am Champ de Mars zur Verfügung.

Übernachten

23 Hotels mit über 400 Betten bieten ausreichend Übernachtungsmöglichkeiten in vorzugsweise Mittelklassehäusern. Schwerpunkt ist der Stadtkern rund um den Place de la Résistance und die Kathedrale.

*** **Hotel le Glisson**: Brieucs erste Hoteladresse. 3-Sterne-Haus westlich des Altstadtzentrums, 24 gut möblierte und sanitär wohlausgestattete Zimmer in einem gediegenen Anwesen mit Gartenpark. Ohne Restaurant. DZ 93 - 125 DM. Ganzjährig geöffnet. Rue du Gouët 36 - 38, Tel. 610 695.

** **Hotel Duguesclin**: Zwischen Stadtkern und Busbahnhof. Preis und Leistung stimmen. 17 ordentliche Zimmer mit Bad bzw. Dusche/WC. Restaurant mit verschiedenen Tagesmenus (ab 22 DM). DZ 58 - 90 DM, Frühstück 9 DM. Ganzjährig geöffnet. Place Duguesclin 2, Tel. 331 158.

* **Hotel L'Arrivée**: Einfaches Bahnhofshotel der unteren Kategorie. 9 Zimmer, z. T. mit Dusche. Etagen-WC. Preiswertes Restaurant, Tagesgericht 14 DM, Menus ab 20 DM. DZ 27 - 57 DM, Frühstück 7 DM. Ganzjährig geöffnet. Rue de la Gare 35, Tel. 940 530.

• _Jugendherberge_: Etwas außerhalb, in einem restaurierten Landhaus aus dem 15. Jh. untergebracht. Mit Fahhradverleih. Manoir de la Ville Guyomard, Tel. 787 070.

Sehenswertes

Kathedrale St. Etienne: 1225 wurde an der Stelle des Ursprungsklosters des Brieuc vom ersten bretonischen Heiligen Guillaume Pinchon die Kathedrale errichtet, zum Teil auf Pfahlwerk über einem Sumpf. Das wehrhaft-abweisende Gotteshaus mit den granitenen Ecktürmen, Schießscharten und Pechnasen wurde im Lauf der Jahrhunderte mehrmals umgebaut und restauriert. Zahlreiche _Grabmäler_ mit Liegefiguren schmücken das

Innere. Interessant das des heiligen Wilhelms - in einem aufwendigen *Reliquienschrein* darüber werden die Knochenreste des Heiligen aufbewahrt - und die fast lebensecht wirkende Liegefigur des Bischofs Mathias de Croing: Mit aufrechtem Oberkörper winkt der Bischof gönnerhaft-mahnend der Gemeinde seinen Segen zu. Weitere Höhepunkte: Der *Orgelprospekt* (16. Jh.), die *Kanzel* (18. Jh.) und die *Mariä-Verkündungskapelle* (südliches Schiff), in der ein kostbarer *Barockaltar* von YVES CORLAY, ein Riemenschneider der Bretagne, Eindruck macht.

Kapelle Notre-Dame-de-la-Fontaine: Nach langem Suchen erleben Besucher in der Rue Ruffelet oft eine herbe Enttäuschung. Die Kapelle, die auf dem Grund des ehemaligen Klosters des Heiligen Brieuc stehen soll, ist verschlossen. Die "Fontäne" spendet kein Wasser, der Brunnen mit der Marienfigur unter einem Vordach an der Rückseite der Kapelle liegt trocken. Insgesamt ein wenig erbaulicher Spaziergang.

St. Brieuc / Umgebung

▶ **Quintin** *(ca. 3200 Einwohner)*: Im Talgrund bildet das Flüßchen *Gouet* einen Teich, hinter den Terrassen der Ufergrünanlagen erhebt sich Quintin - hübsch und verschlafen im blumenaufgelockerten Granitkleid, folgerichtig auch als *Petite Cité de Caractère* kategorisiert.
Vor 300 Jahren war Quintin die wichtigste bretonische Textilstadt. 30.000 Leinweber produzierten in und um Quintin das damals weithin bekannte feine Quintiner Flachslinnen, das unter der Markenbezeichnung "Bretagne" speziell in der Hut- und Mützenbranche Verwendung fand und bis in die Neue Welt exportiert wurde. Vom Reichtum dieser Zeit zeugen die malerisch vorkragenden Fachwerkhäuser und granitenen Kaufmannshotels, die sich in den Gassen und Plätzen zu einer Musketierfilmkulisse aneinanderreihen.

Das *Schloß* von Quintin - seine Anfänge gehen auf das 13. Jh. zurück - liegt in einem Park oberhalb des Flusses und besteht aus zwei Komplexen. Der Bauabschnitt aus dem 17. Jh. konnte nicht vollendet werden, die Bauherrin mußte auf Befehl LUDWIGS XIV. die Arbeiten einstellen. Der König glaubte an ein protestantisches Komplott der schönen Gräfin mit dem mächtigen Bischof von St. Brieuc. Der neuere Teil des Schlosses wurde im 18. Jh. angefügt. Es beherbergt heute ein *Museum*, das neben den üblichen Exponaten zur Stadtgeschichte (Dokumente, Porzellan, Silberschmuck und Urkunden) während der Sommersaison international renommierte Ausstellungen zu originellen Themen organisiert, z. B. "Bretonische Puppen" oder "Nachttöpfe aus allen Jahrhunderten". Der Schloßkomplex kann besichtigt werden (Speisesaal, mehrere Innenräume, Gartenanlage und die 6 Räume des Museums).
Auf dem Weg zur *Basilika Notre-Dame-de-la-Délivrance* liegt ein *Brunnen* (15. Jh.), der Heiligen Jungfrau zur Empfängnis geweiht. Die Kirche zu ihren Ehren wurde erst im 19. Jh. errichtet. Neben der *Marienfigur* in der Vorhalle, verschiedenen *Liegefiguren* und dem *Weihwasserbecken* aus javanischen Muscheln beherbergt die Basilika einen *Reliquienschrein*, in dem ein Stück des Gürtels der Muttergottes aufbewahrt wird. Der erste

Schloßherr von Quintin soll das wertvolle Tuch 1252 vom Kreuzzug aus Jerusalem mitgebracht haben. Ihm werden heilige Kräfte zugeschrieben, Müttern soll er die Kraft für eine leichte Geburt schenken.

- *Telefonvorwahl*: 96
- *Postleitzahl*: 22800
- *Information*: Freundliche Auskünfte in einem Eckhaus im Altstadtzentrum. Geöffnet vom 15.6. - 30.9. täglich außer Dienstag und Donnerstag nachmittag 10 - 12 und 13.30 - 17 Uhr. Place 1830 Nr. 6, Tel. 740 151.

- *Verbindung*: **Busse** der CAT halten und starten am Bahnhof. 4 x täglich nach St. Brieuc, 2 x über St. Nicholas-du-Pelem/ Rostrennen nach Carhaix.

Zug: Bahnhof an der D 790 Richtung St. Brieuc. Eingleisig verkehrt 2 x täglich eine Stichbahn mit der Departmentshauptstadt.

- *Fahrradverleih*: In der Bar Le Pavillon.
- *Markt*: Dienstag vormittag im Zentrum.
- *Pardon*: Wallfahrt zu Ehren der "Notre-Dame-de-la-Délivrance" (Heilige Jungfrau der geglückten Entbindung) alljährlich am 2. Sonntag im Mai. Noch heute ist es Brauch, daß Gläubige ein Stück Stoff an der Marienstatue reiben, um es anschließend schwangeren Frauen über den Bauch zu legen. Diese Zeremonie soll eine unkomplizierte Geburt garantieren.
- *Öffnungszeiten von Schloß/Museum*: In der NS täglich außer Dienstag 10 - 12 und 14 - 17 Uhr; vom 1.6. - 1.11 täglich 10 - 19 Uhr. Eintritt Schloß inkl. Museum 8 DM, Kinder 3,30 DM.

Übernachten/Camping

** **Hotel Commerce**: Gemütliches 13-Zimmer-Hotel mit sanitär unterschiedlichen, komfortablen Zimmern. Restaurant mit mehreren Menuvorschlägen (Tagesgericht 17 DM, Menu bis 60 DM). DZ 43 - 70 DM, Frühstück 9 DM. Ganzjährig geöffnet. Rue Rochonen, Tel. 749 467.

Hotel de Bretagne: Etwas oberhalb des Stadtweihers. Einfaches, aber sauberes Übernachtungsquartier auf der Etappe. Einige Zimmer mit Bad bzw. Duschkabinett. Etagen-WC. Im Restaurant solide Menus ab 17 DM, einfach, reichlich, gut. DZ 33 - 65 DM.

• *Camping*: ** **Municipal le Vélodrome**; kleiner Gemeindeplatz am Flußufer mit 30 Stellplätzen. Von hohen Pappeln eingerahmtes Rasenterrain idyllisch unterhalb der Stadt. Kinderspielplatz, Tennisgelände und gut gewarteter Sanitärblock. Municipalpreise. Geöffnet von Ostern bis 31.10. Tel. 749 254.

Von St. Brieuc nach Paimpol

Binic *(ca. 2500 Einwohner)*

Binic gehört nicht zu den ersten Badeortadressen der Bretagne, doch erfreut sich das zweitklassige Seebad des regen Zulaufs eines weniger zahlungskräftigen Publikums - Familien mit Kind und Kegel bevölkern die zahlreichen Ferienhäuser, Residenzen und Appartementblocks. An den Stränden und entlang der Hafenesplanade herrscht im Sommer Hochbetrieb: Der sowieso florierende Love- und Jeffburgerumsatz erreicht dann schwindelnde Höhen.

Binic, am Kopf (*pen*) der Mündung des kleinen Flüßchens *Ic*, das betoneingefaßt über das Hafenbassin abgeleitet wird, gruppiert sich malerisch in die Nische einer gut abgeschirmten Bucht. Am Ende des weitgeschwungenen, seichten Hauptstrandes reihen sich niedrig-geduckte Häuser die Esplanade zum Hafen entlang, auf dem Hang hinter der Kirche verstecken sich Villen und Ferienhäuschen im Grün. Vor seiner Entdeckung als Familienurlaubsstädtchen war Binic einer der bedeutendsten Fischereihäfen Frankreichs, Heimathafen der legendären Islandfischer und Neufundlandfahrer, die bis ins erste Drittel des 20. Jh. den Lebensrhythmus Binics bestimmten.
Die Zeiten haben sich geändert. Heute rühmt sich das Städtchen des drittgrößten Yachthafens der Nordbretagne, und statt bärbeißiger Seewölfe belagert ein munteres Urlaubervölkchen die Bars und Cafés rund um den Hafen.

Geschichte

Binic ist bereits zu Cäsars Zeiten römisches Oppidum und wichtige Nachschubbasis für die Invasion Britanniens. Im 16. Jh. segeln die ersten Binicer Fischer (*Binicais*) zu den fangreichen Fischgründen Neufundlands. Sie begründen Binics Ruf als gute Adresse im Kabeljauhandel. Ein kurzes Zwischenspiel als Korsarenhafen nach der Revolution bringt Binic den großen Aufschwung. FRANCOIS LE SAULNIER, Binicer Fischer und Cousin des legendären SURCOUF, erzwingt 1821 auf Druck seines Verwandten von LUDWIG XVIII. die Stadtrechte für Binic. Eine

Ebbe im Hafen von Binic

neue Ära, die *Grande Pêche* genannte Zeit der Island- und Neufundlandfischer, beginnt. Zahlreiche steinerne Zeugen keltisch-römischer Vergangenheit, die nutzlos in der Heidelandschaft schlummern, versinken für immer im Meer - sie werden für den Ausbau der Hafendämme gebraucht. Binnen weniger Jahre wachsen 150 neue Gebäude rund um den Hafen, Unterkünfte, Werften, Lagerhäuser und Handelskontore, die sich um die Vermarktung der einträglichen Fischzüge kümmern.
1845 verläßt der erste große Segelschoner die Reede, um in halbjähriger Fahrt den Kabeljauschwärmen des Golfstroms zu folgen. Bald arbeiten mehr als 600 Bootsbauer an der Herstellung weiterer, *Terreneuvier* (Neufundländer) genannter Segelschoner, über 1800 Matrosen fahren auf Binicer Schiffen zur See. Die Binicais gelten neben den Basken als geschickteste Fischer im lukrativen, oft tödlichen Dorschgeschäft. In verschiedenen Ortschaften der Neufundland- und Labrador-Küste hinterlassen sie sogar einen speziellen Dialekt, der lange Zeit unter der dortigen Bevölkerung als Fachdialekt gesprochen wird: "*bénicasser la morue*", auf Binicer Art den Kabeljau beschwatzen.

Den Höhepunkt erreicht die *Grande Pêche* vor der Jahrhundertwende. Binic schickt fast 100 Schoner mit je 25 Mann Besatzung auf die von Februar bis Ende August dauernde große Fahrt. Das ganze 19. Jahrhundert hindurch ist Binic einer der größten Fischereihäfen Frankreichs, doch vom langsamen Niedergang der Schonerflotten nach dem Ersten Weltkrieg ist auch Binic betroffen. Doch nach dem Zweiten Weltkrieg beginnt langsam ein kleiner Aufschwung. Wie in so vielen Fischerstädtchen der Bretagne, bringt der stetig sich entwickelnde Tourismus des 20. Jh. einen wirtschaftlichen Ausgleich.

• *Telefonvorwahl*: 96
• *Postleitzahl*: 22520
• *Information*: Tourismusbüro rechts vom Hafenbecken, an der Ecke der Esplanade mit dem Quai Pordic. Alle Auskünfte zu maritimen Angelegenheiten, Reservierung und Vermittlung von Ferienimmobilien, Prospekte. Geöffnet von Juni bis Oktober täglich 9.30 - 12 und 14 - 18 Uhr. Sonntag nur vormittags. Esplanade de la Banche, Tel. 736 012.
• *Verbindung*: **Busse** bis zu 11 x täglich Richtung St. Brieuc bzw. St. Quay-Portrieux. Haltestelle an der Avenue Leclerc auf dem Parkplatz rechts vom Hafenbecken.

Diverses

• *Bootsausflug*: Vedettes de Bréhat nimmt in Binic Passagiere auf für die Fahrt die Goëllo-Küste entlang über Paimpol nach Bréhat. Die Ganztagestour auf dem Wasser kostet inkl. einer 60-minütigen Bréhat-Umrundung 53 DM, für Kinder 35 DM. Auskünfte beim Touristenbüro.
• *Bootsverleih*: **Marinarmor** am rechten Flußufer des Ic verleiht Segelboote und organisiert Fischfangtouren und Schiffsausflüge. Rue de L'Ic, Tel. 736 004.
• *Busausflug*: Tourisme Verney arbeitet auch in Binic betreffs Busausflüge mit der SNCF zusammen. Einzelheiten siehe St. Brieuc, Auskünfte und Treffpunkt beim O.T.
• *Fahrradverleih*: Tourenräder und Mountainbikes bei Cycles Ménier neben dem Minigolfplatz. Avenue Leclerc 33, Tel. 737 495.
• *Markt*: Donnerstag vormittag auf dem großen Parkplatz hinter dem Hafenbassin.
• *Minigolf*: 24 verdrechselte Pisten in der 2. Reihe zur Esplanade. Avenue Leclerc.

Übernachten

Das Familienseebad hat sich ganz auf den Immobilientourismus spezialisiert. 59 Betten in 5 Hotels stehen einem Ferienwohnungs- und Privatzimmerangebot von knapp 1000 Objekten gegenüber.

*** **Hotel Le Ben-Huyc**: Die beste Unterkunft Binics, erst im April 92 neu eröffnet, zentral mit viel Glas am langen Kai. 23 Zimmer großteils mit Blick über den Hafen, 2 Studios mit Küche. Speisesaal, kleiner Palmengarten. . . DZ 100 DM. Quai Jean Bart, Tel. 733 900.

** **Hotel Neptune**: Zentrales Eckhaus am Kirchplatz hinter dem Quai Jean Bart. 8 zum Teil etwas schmale, dunkle Zimmer mit unterschiedlicher Sanitärausstattung. Cafébar im Erdgeschoß, Restaurant mit solider Küche im ersten Stock. DZ je nach Standard 45 - 75 DM. Ganzjährig geöffnet. Place de l'Eglise, Tel. 736 102.

* **Hotel le Galion II**: Ein nicht ganz geglückter Art-Déco-Bau in zentraler Lage rechts vom Hafenbassin. 24 Zimmer, oft von Busgruppen ausgebucht, zum Hafen hin hell und teilweise mit kleinem Balkon. Sanitär unterschiedlich. Holz-Glas-Vorbau mit großem Speiserestaurant. Der Discobetrieb im Nebenhaus sorgt in der Hauptsaison für laute Nächte. DZ 45, 60 oder 70 DM. In der HS Halbpension erwünscht. Ganzjährig geöffnet. Avenue Foch 4, Tel. 736 130.

• *Häuser/Wohnungen/Studios* vermittelt das Tourismusbüro oder u. a. Agence Armor (allein 300 Angebote) am Boulevard Clemenceau 1, Tel. 736 220.

Camping

**** **Panoramique**: 3-ha-Platz an der D 786 nach St. Brieuc auf einem Hügel oberhalb des großen La-Banche-Strandes (500 m). Teilweise schattig, 150 heckenunterteilte Stellplätze zwischen hohen Bäumen. Langgezogener Verwaltungs-, Unterhaltungs- und Versorgungstrakt, Sanitärblocks mit Geschirrspül- und Wäschebecken. Warme Duschen und separate Waschräume. Nicht allzu berühmtes, beheiztes Schwimmbecken; der "Spielplatz" besteht aus 2 Kinderschaukeln. HS-Preise (in der NS 20 % Reduktion): Erwachsene 8 DM, Kinder 5 DM, Platz inkl. Auto/Zelt 12 DM, Elektrik 5 DM. Im Juli/August keine Hunde erlaubt. Geöffnet von März bis 15.10. Tel. 736 043.

** **Municipal Les Fauvettes**: Auf einem planierten, zur Küste hin abfallenden Rasengelände über dem Plage de l'Avant Port. Von der Kiche aus steil bergauf durch ruhige Wohngegend (ausgeschildert). 170 schattenlose Stellplätze mit städtischer Schmalausrüstung. 300 m zum Strand. Erwachsene 4 DM, Kinder 2,30 DM, Auto 1,70 DM, Platz 2 DM, Wohnmobil 4 DM, Duschjeton 2 DM, Elektrik 3 DM. Geöffnet von Ostern bis 15.9. Rue des Fauvettes, Tel. 736 083.

Baden

Bei Ebbe ist es etwas mühsam, ins Wasser zu kommen. Das Meer zieht sich weit zurück, und um die Fluten zu erreichen, muß ein 1-km-Fußmarsch über planen Sand oder glitschigen Schlick in Kauf genommen werden. Bei Flut schiebt sich das Meer über die seichte Küste weit zu den Felsen vor, die Liegeflächen für Sonnenanbeter schrumpfen auf klägliche Reste zusammen. Die drei Strände Binics sind über den Zöllnerspfad und die Quais miteinander verbunden.
Der Hauptstrand *Plage de la Banche* an der Esplanade rechts vom Hafenbassin besitzt ein Meerwasserbecken, Umkleidekabinen, Strandclub und Wachstation. Der *Plage de l'Avant Port*, durch die Hafenmole mit dem Leuchtturm vom Hauptstrand getrennt, liegt geschützt in einer Felsbucht unterhalb von Ferienhäusern und den Campingplätzen. Er ist 200 m lang und bei Flut noch 10 m breit. Der daran anschließende *Plage du Corps de Garde* wird westlich von Felsen begrenzt und ist bei Ebbe nur zum Fußfischen geeignet.

St. Quay - Portrieux *(ca. 3300 Einwohner)*

Das alte *Portrieux*, rund um den Fischerhafen natürlich gewachsen, strahlt trotz der Geschäftigkeit der Hafenzeile provinzielle Behäbigkeit aus. Während der Jahrhundertwende entstand nebenan das Seebad von *St. Quay*, dessen Casino, Hotels und Appartementhäuser sich hinter dem Strand zu einem quirligen Badeort aufblähen: Das Seebad mit dem Doppelnamen hat wirklich zwei Gesichter.

Vom gemächlichen Portrieux aus segelten früher die Fischerboote zum Dorschfang bis Neufundland, sein Name rührt von der reichen Ausbeute guter Fischfilets (*rieux*) her. Durch eine kleine Hauptgeschäftsstraße über den Kamm des Küstenvorgebirges ist es mit dem Tourismuszentrum in der nächsten Bucht verbunden. St. Quay hat seinem Partnerort inzwischen den Rang abgelaufen. Die Gemeindeverwaltung ist umgesiedelt und die Geschäftswelt macht ihre Einnahmen vorzugsweise in St. Quay, wo die Urlaubsgäste seit knapp 100 Jahren für auskömmlichen Wohlstand sorgen. Der Ortsteil St. Quay verdankt seinen Namen - wie sollte es anders sein - einem irischen Mönch, der bei der Landung in der Bretagne fast sein Leben eingebüßt hätte (siehe Kasten unten).

- Telefonvorwahl: 96
- Postleitzahl: 22410
- Information: 2 Organisationen mühen sich an der Strandpromenade um touristische Information: das agile, staatliche Office de Tourisme und das Syndicat d'Initiative, das städtisch-gewerbliche Fremdenverkehrsbüro, das sich v. a. um die Promotion für das örtliche Tourismusgewerbe kümmert. In beiden Stadtpläne, Hotellisten, Animationsprogramme. Vermittlung von möblierten Wohnungen und Häusern, Organisation von Ausflugsfahrten. Öffnungszeiten des O. T. in der Saison täglich 9 - 12.30 und 14 - 19.30 Uhr. O. T., Rue Jeanne d'Arc 17, Tel. 704 064. S. I., Rue de l'Yset 21, Tel. 704 602.

- Verbindung: **Busse** bis zu 11 x täglich nach Paimpol (über Plouha) bzw. nach St. Brieuc (über Binic). Sonntags kein Busverkehr. Haltestellen: am Hafen im alten Ortsteil und etwa 100 m oberhalb des Strandes von St. Quay, am Place de Verdun.

Diverses

• *Bootsausflug*: Mit den weiß-blauen Ausflugsschiffen von Ile de Bréhat an der Côte de Goëllo entlang über Paimpol nach Bréhat. Daten und Abfahrtszeiten am Kai von Portrieux sind gezeitenabhängig (Juni - September). Erwachsene 35 DM, Menschen bis 15 Jahre 25 DM. Reservierung beim O.T.
Emeraude Lines bietet u. a. eine 3-Stunden-Rundfahrt nach Cap Fréhel/Fort la Latte für 35 bzw. 23 DM an. In der Saison mehrmals wöchentlich.

• *Bootsverleih*: Die Firma **Loca Loisirs** an der Esplanade du Nouveau Port (Yachthafen) verleiht alles, was schwimmt. 2 Beispiele: halber Tag Motorschlauchboot 150 DM, 2 Stunden auf einem 5-Personen-Segler 80 DM. Tel. 704 555.

• *Busausflug*: Tourisme Verney arbeitet auch in St. Quay-Portrieux betreffs Busausflüge mit der SNCF zusammen. Einzelheiten siehe St. Brieuc, Auskünfte und Treffpunkt beim O.T.

• *Casino*: Das Glücksrad im verunglückten Casinogebäude am Hauptstrand dreht sich in der Sommersaison täglich von 21.30 - 3 Uhr. Mindesteinsatz bei Roulette oder Boule 5 Francs. Einarmige Banditen dürfen bereits ab 15 Uhr bedient werden, Billardprofis gewinnen zwischen 17 und 4 Uhr in der Billardbar. Boulevard de Gaulle, Tel. 704 036.

• *Fahrradverleih*: **M. Guyot** verleiht Zweiräder und Oldtimer in Zusammenarbeit mit dem Tourismusbüro. Place d'Armes, Tel. 704 064. Auch **Loca Loisirs**, der Wassersportexperte am Nouveau Port, vermietet vom Tourenrenner bis zum 6-Sitzer "Rosalie".

• *Feste*: Vielfältiges Veranstaltungsprogramm während des Sommes (Schwerpunkt August). Alles vom Wassersport über Folklore und Strandkonzerte bis zum Freudenfeuer.

• *Golf*: Der 6230 m lange Parcours mit seinen 18 Löchern (Par 72) liegt im 6 km entfernten Lantic. Er gehört dem Golfclub von St. Quay. Interessenten erhalten Auskunft über das O.T. oder unter Tel. 719 074.

• *Markt*: Montag vormittag in Portrieux am rechten Hafendamm (Quay Robert Richet). Freitag vormittag in St. Quay, rund um den Place de Verdun oberhalb vom Hauptstrand.

• *Minigolf*: Der Platz gleich oberhalb des Strandes gehört zum Casino. Geöffnet 10 - 12 und 14 - 23 Uhr. Preis pro Nase 6 DM.

• *Pardon*: Wallfahrt zu Ehren der Heiligen Anna mit Fackelprozession, Meeressegnung und Hafenfeuerwerk (Illumination) im Ortsteil Portrieux am letzten Juli-Sonntag.
Pardon für den Ortsheiligen St. Ké am 3. Sonntag im September.

• *Segeln*: Die städtische Segelschule **Les Vikings** mit festen Wochenprogrammen v. a. für Kinder und Jugendliche bildet am Quay Robert Richet im Ortsteil Portrieux zukünftige Jollenkapitäne aus. Kinder bis 16 zahlen für den Wochenlehrgang 160 DM. **C.V.P.X.** am Strand von St. Quay bietet einen Erwachsenen-Wochenkurs (täglich 5 1/2 Stunden Praxis und Theorie für 170 DM).

• *Surfen*: Die **Wikinger** oder Privatanbieter wie **Loca Loisirs** bieten an der Promenade des Hauptstrands Ausrüstung, Surfbretter, Funboards oder Standardbretter ab 50 DM/Tag, 200 DM/Woche. 2 Stunden Leih-Funboard kosten 26 DM. Leihsurfanzug 10 pro Tag.

• *Tennis*: Hoch oben im Verwaltungsviertel zwischen beiden Ortsteilen bietet der städtische Tennisclub in etwas verbauter Atmosphäre 9 Courts - 1 überdacht, mehrere Ascheplätze. Stunde 17 DM. Club Quinoceen, Parc de la Poste, Tel. 704 299.

• *Tauchen*: Der **Narco-Club** am Nouveau Port bietet auf dem Clubtauchschiff "Narcose" 19 Plätze für Tiefwassertaucher. Tel. am Land 730 579.

• *Yachthafen*: Im Ortsteil Portrieux. Die lang ins Meer hinausragende Mole beherbergt den Fischerei- und Yachthafen. 1990 wurde das alte Hafenbecken um ein neues erweitert. Die Kapazität der bisher 445 Liegeplätze ist auf fast 1000 (teils in tiefem Wasser) angestiegen und genügt den modernsten Anforderungen. Mit 5-t-Kran, Süßwasser-, Strom- und Spritanschlüssen sowie dem üblichen Sanitärangebot an der Mole. Die Capitainerie am Quai Richet ist täglich außer Sonntag geöffnet von 8.30 - 12.15 und 14 - 18 Uhr. Tel. 704 951.

Übernachten/Camping

*** **Hotel Ker Mor**: 1001-Nacht-Villa mit Zwiebeldach im Stil eines indischen Maharadscha-Palastes in bester Lage. Das Gebäude aus dem 19. Jh., am Rande einer steilen Felsklippe gegenüber der Ile de la Comtesse, wurde 1990 frisch renoviert. Gartenpark mit bunten Blumen, Pinien und einer Palme, 29 komfortable, helle Zimmer mit TV, Bad und Toilette. Individuelle Balkonterrassen mit herrlicher Aussicht. Im verspielten Garten-Restaurant reiche Auswahl an Meereskostlichkeiten. Menus 30 - 120

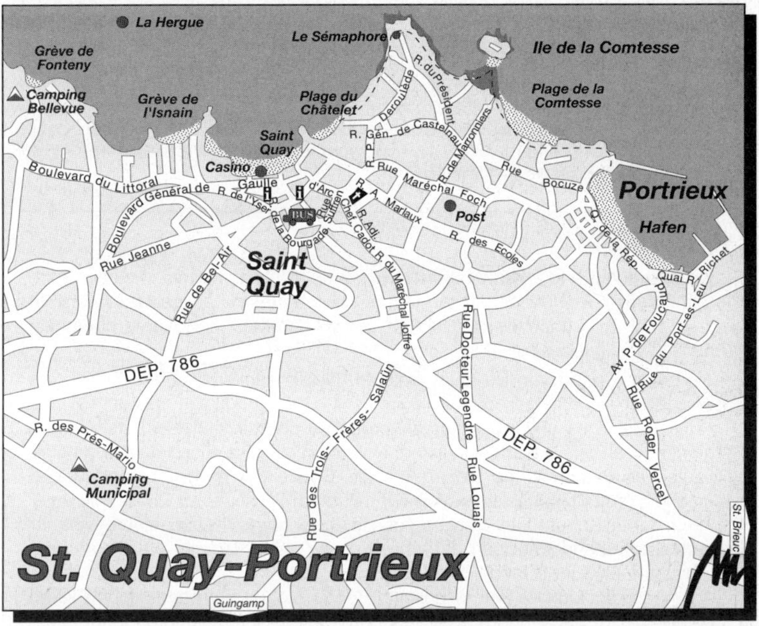

DM, die Meeresfrüchteplatte Royal für 2 (oder mehr) Personen à la carte 200 DM. DZ 130 - 180 DM, HP 140 - 153 DM, VP 180 DM, Frühstück 15 DM. Im Januar geschlossen. Rue du Sénégal 13, Tel. 705 222.

** **Le Gerbot d'Avoine**: Logis-de-France-Quartier zentral am Hauptstrand. 20 Zimmer im Natursteingebäude, sanitär unterschiedlich, z. T. Balkons. Salon mit altem Mobiliar und schwerornamentierten Tapeten, Restaurant mit ordentlicher Speisekarte und guter Küche. Fünf Menus inkl. Wein 23 DM - 80 DM. Kindermenus 18 DM. DZ vom Waschbecken bis zum eigenen Bad/WC und TV 53 - 100 DM. Etagendusche 5 DM, Frühstück 10 DM. In der Saison HP erwünscht (70 - 90 DM). Geöffnet von Februar bis Anfang November plus Weihnachten. Boulevard du Littoral 2, Tel. 704 009.

* **Hotel St. Quay**: Vom Hauptstrand bergauf zur Kirche; kleines, efeuumranktes Granitsteinhaus mit 10 Zimmern. Unterschiedliche Sanitärausstattung, ordentlich, zur Straße hin etwas laut. Schöner Speiseraum mit Holzbalkendecke und sorgfältig arrangierter Tischdekoration. Die freundliche Besitzerin sorgt auch in der Küche für das leibliche Wohl ihrer Gäste. Vier Menus ab 25 DM, Kinderteller mit Salat, Steak-Frites und Eisnachtisch 14 DM, Frühstück 10 DM. DZ 50 - 80 DM, HP 65 - 80 DM. Geöffnet von Februar bis Jahresende. Boulevard Foch 72, Tel. 704 099.

* **Hotel de Bretagne**: An der Hafenpromenade im Ortsteil Portrieux. 16 in Preis und Qualität angemessene Zimmer. Etagen-WC. DZ 57 - 70 DM, Frühstück 9 DM. Geöffnet von April bis Mitte November. Quai de la République 36, Tel. 704 091.

Hotel le Kreisker: Einen Katzensprung oberhalb des Hauptstrandes. Im Erdgeschoß Barbetrieb, Lotto, Toto, Pferdewetten und Tabakkiosk. 8 einfache Zimmer mit Waschbecken, 1 mit Dusche/WC über einem separaten Eingang neben der Bar im Obergeschoß. DZ 45 - 60 DM, Frühstück 8 DM. Ganzjährig geöffnet. Rue Jeanne d'Arc 18, Tel. 705 784.

• <u>Camping</u>: *** **Bellevue**; im Ortsteil Fonteny, etwa 500 m vom Zentrum den Boulevard Littoral entlang. Terrassenförmig angelegt auf einer rasenbedeckten Klippe über dem Meer, teilweise von Hecken und Bäumchen unterteilt. 3 ordentliche Hygieneblocks mit Warmduschen, Abspül- und Wäschebekken. Laden mit vorgekochten Gerichten, Waschmaschinen, Kinderspielplatz. Extra-

Service: Duschen für Hunde. Schöner Panoramablick. Ein Küstenpfad führt steil hinunter zum schmalen Strand von Fonteny. Erwachsene 5 DM, Kinder die Hälfte, Platz inkl. Auto und Zelt 7 DM, Wohnwagen 7 DM, Wohnmobil 7 DM, Elektrik 3 DM. 200 Stellplätze. Geöffnet von Ostern bis 15.9. Boulevard Littoral 68, Tel. 704 184.

Municipal: Einen Kilometer landeinwärts, im Ortsteil Ville Mario hinter der Mühle von St. Michel. Das Rasengelände mit sehr einfachen Sanitärs (keine Duschen) und vereinzelten Stromblocks gilt als Air naturelle. Erwachsene 2 DM, Kinder 1 DM, Auto 1,30 DM, Platz 1,70 DM, Wohnwagen und Wohnmobil 2 DM, Elektrik 1,70 DM. 25 Stellplätze. Geöffnet vom 15.6. bis 15.9. Prés Mario, Tel. 705 635.

Der Heilige Ké

KE, couragiert und erfindungsreich, verließ die britische Heimat in einem Boot, das für seine Zeit mit der letzten technischen Neuerung ausgestattet war: Ein steinerner Trog beschwerte den Kiel, stützte den Mast und diente obendrein als Süßwasserreservoir.

Als er am Strand von St. Quay anlegte, hielten zahlreiche Frauen, die zum Waschen hierher gekommen waren, das neumodische Gerät für die Nußschale eines bösen Geistes, verprügelten den Missionar fürchterlich und gingen woanders waschen. In seiner Not, allein am Strand und dem Tod nahe, flehte der zerschundene Mönch um die Gnade der heiligen Jungfrau. Die erschien prompt, kühlte seine Wunden mit dem Wasser einer Quelle, die unter ihrem himmlischen Fuß hervorsprudelte, und führte Ké zu einem von ihr herbeigezauberten riesigen Brombeerbusch, unter dem er vor Tieren und Waschfrauen Schutz fand.

Am nächsten Morgen wurde der schlafende Mönch vom demütigen Flehen der Weiber geweckt und um Vergebung gebeten - ihre seefahrenden Männer hatten sie von der Harmlosigkeit des neuartigen Schiffes und seines Kapitäns überzeugt. Ké erholte sich, blieb und baute eine Kapelle, die er der Heiligen Jungfrau zum Brombeerstrauch weihte.

Die Kapelle Notre-Dame-de-la-Ronce wurde rasch zum Wallfahrtsziel, doch 1875 zerstört. Bei den Abbrucharbeiten entdeckte man unter dem Altar einen überdimensionalen Brombeerbusch. Der steinerne Trog, dem Ké die Prügel zu verdanken hatte und der lange als Reliquie verehrt worden war, war allerdings verschwunden. An der Stelle der Kapelle steht heute das Tourismusbüro.

Sehenswertes

Sentier des Douanniers: Ein herrlicher Küstenpfad führt in 1 Stunde vom St. Quay-Strand zum Hafen von Portrieux - rund um die Landzunge mit steilen Klippen unterhalb des Leuchtturms, vorbei an alten Strandbadhäusern und Villen in Pinienparks mit dem altmodisch-charmanten Flair eines Kolonial-Seebads. Vor der steilabfallenden Spitze der Landzunge oberhalb des *Plage de la Comtesse* liegt verträumt die *Ile de la Comtesse*, deren einstige Besitzerin vor 150 Jahren für heftigen Wirbel in der Gemeinde sorgte. Die Comtesse, Geliebte eines Grafen tyrannisierte 50 Jahre lang die über ihren Lebenswandel empörte Gemeindeverwaltung. Insbesondere die diversen Bürgermeister, die sie ständig mit gerichtlichen Verfahren in Atem hielt. Die boshafte Dame genoß bald den Ruf einer "uneinnehmbaren Festung". Heute ist ihre Insel bei Ebbe problemlos zu Fuß zu erreichen.

Baden

Fünf feine Muschelsandstrände, ein Meerwasserschwimmbecken und eine Floßinsel stehen den Badegästen zur Verfügung. Der Küstenpfad verbindet die einzelnen, zum Teil malerisch zwischen Klippen, Felsen und Pinien gelegenen Strände, an denen die Gemeindeverwaltung auf einem absoluten Hundeverbot besteht.

Plage de St. Ouay: Der Hauptstrand des Badeortes ist 400 m lang und durch das Meerwasserschwimmbecken auf einer kleinen Klippe in zwei Abschnitte unterteilt. Begrenzt und damit gut geschützt wird er von der Felsflanke mit dem Leuchtturm. Alle Strandeinrichtungen, von Kinderclubs über Strandzeltverleih bis zu Umkleidekabinen und Erste-Hilfe-Station. Bei Flut nur noch knappe Liegeflächen.

Plage de la Comtesse: Vom Hauptstrand über den Küstenpfad Richtung Portrieux; der 200 m lange Sandstreifen unterhalb der Felsklippen des Villenviertels ist bei Flut noch etwa 15 m breit. Bei Ebbe ist das vorgelagerte Comtesse-Inselchen trockenen Fußes zu erreichen. Traumhafte Lage, etwas ältliche Strandeinrichtungen.

Plage de Portrieux: Die vielen Boote im Hafenbecken scheinen niemanden beim Baden zu stören. 300 m Sand, bei Flut 20 - 30 m breit. Kinderclub und öffentliche Toiletten.

St. Quay Portrieux / Umgebung

▶ **Plouha**: Ein ruhiger, unscheinbarer Ort auf einem Hochplateau etwas landeinwärts der steil abbrechenden Felsküste neben der D 786. Plouha ist ein beliebter Ruhesitz altgedienter Seeleute und Marinerentner, die in der schlafmützigen Atmosphäre der 4000-Seelen-Gemeinde einen ungestörten Lebensabend verbringen wollen. Rund um die Kirche der Marktplatz, zwei kleine Hotels und viele Einfamilienhäuschen.

Operation Bonaparte

1944. Ein einsamer Strand bei dem unscheinbaren Nest Plouha in einem gottverlassenen Winkel der Bretagne erhält eine Schlüsselrolle in den Aktivitäten der Résistance. Unter dem Decknamen Bonaparte organisiert die Widerstandsbewegung von Januar bis Juli 1944 den Transport abgeschossener allierter Piloten nach Plouha und ihre Flucht nach England. Vom heutigen Plage Bonaparte aus entkommen den Nazis schließlich 135 amerikanische und kanadische Flieger. Das Denkmal der Alliierten Flieger erinnert an die erfolgreiche Operation Bonaparte.

Etwa 1,5 km außerhalb von Plouha drängen sich an der Steilküste sechs Badestrände zwischen die Felsklippen, Stichstraßen führen zum Teil zu den Buchten. Hervorzuheben sind der *Plage Bonaparte*, durch einen Felstunnel zu erreichen, und der langgezogene *Le Palus-Strand*, eine schön von Felsen abgeschlossene Badebucht. Bevorzugter Aussichtspunkt alternder Seebären und Fischersfrauen jeden Alters ist das *Denkmal der Alliierten Flieger* oberhalb des Bonaparte-Strandes. Schöne

Sicht über die Bucht von St. Brieuc, rechts die 100 m hohen Klippen, die die Bucht von Port-Moguer begrenzen.

▶ **Kermaria-an-Isquit**: Der kleine Weiler an der D 21, 3 km nordwestlich von Plouha, besitzt eine außergewöhnliche *Kapelle* aus dem 13. Jh. - eine Stiftung des unversehrt aus dem Heiligen Land zurückgekehrten Kreuzritters HENRY D'AVONGOUR an die "heilende Maria". Im Lauf der Jahrhunderte wurden mehrmals bauliche Veränderungen vorgenommen, die Vorhalle mit den Holzaposteln war Schauplatz turnusmäßig stattfindender Gerichtsverhandlungen. Doch berühmt ist die Kapelle wegen eines in der Bretagne seltenen, etwas blassen Deckenfreskos aus dem 15. Jh., das einen makabren *Totentanz* darstellt und die tragischen Ereignisse der Pestzeit thematisiert: 47 Personen aus allen Gesellschaftsschichten (König, Ritter, Kardinal, Mönch, Bauer, Bettler, Wucherer und zwei Verliebte), voneinander getrennt und verbunden von der knöchernen Hand des Todes, tanzen einen erschreckenden Reigen im Dach des Kirchenschiffes. Zusätzlich gemahnt ein vermoderter Reliquienschrein mit dem Totenschädel eines Heiligen an die Vergänglichkeit des Seins.

- *Öffnungszeiten*: Im Sommer von 9 - 12 und 14 - 19 Uhr. Sollte abgesperrt sein, können Sie sich an Frau Droniou wenden. Sie wohnt etwa 80 m von der Kapelle entfernt (linker Hand vom Eingang). Frau Droniou begleitet die Besucher auch, ein Obulus für den Erhalt der gefährdeten Malereien wird gerne gesehen. Tel. 224 145.
- *Pardon*: Am 3. Sonntag im September findet ein großer Pardon statt.

▶ **Bréhec-en-Plouha**: Der familiär-gemütliche Strand mit der idyllischen Häuserzeile vor dem Markt-/Parkplatz ist vor allem am Wochenende fest in der Hand von Ausflüglern und Surf- und Segelfreunden. Die niedrigen Häuser schmiegen sich unterhalb der Felsküste in die überaus hübsche Bucht. An den kleinen Bootshafen (Segelschule) schließen sich ein paar Restaurants, Cafés und Lädchen an.

- *Segeln*: Interessierte zwischen 7 und 77 Jahren können sich nach Vorlage einer elterlichen Einverständniserklärung, eines medizinischen Zertifikats und eines Tauchnachweises (15 m mit dem Schwimmflügel für die Kleinen, 50 m freies Tauchen für die Großen) zu verschiedenen Wochenkursen mit theoretischer und praktischer Schulung einschreiben (Katamaran, Caravelle, Optimist und Kajak). 6 halbe Tage auf dem Meer 180 - 220 DM, die 2-Stunden-Seance im Kajak 24 DM. Centre de Voile de Bréhec, Tel. 226 266.

- *Übernachten*: * **Hotel de la Plage**; direkt an der Strandzeile. Das trotz abbröckelnder Fassade stimmungsvolle Hotel mit dem antiquierten Speisesaal (Schiffsmodelle auf den Tapeten, Deckenverputz wie eine Tropfsteinhöhle) bietet Zimmer mit "tout confort", zum Meer hin mit schönem Buchtpanorama. DZ ab 50 DM, Frühstück 9 DM.

▶ **Lanleff**: Der bäuerliche Weiler, 1 km abseits der D 7 zwischen St. Brieuc und Paimpol, beherbergt einen lange Zeit als archäologisches Mysterium geltenden Tempel. Etwas versteckt hinter dem Friedhof, fast an die Rückseite eines Hauses angelehnt, verwirrten die Ruinen des in der Bretagne seltenen Rundbaus die Wissenschaft. Die Hypothesen reichten vom keltischen Sonnentempel über eine gallo-römische oder merowingische Kultstätte bis hin zur Annahme, daß dem Teufel verfallene Ritter des Templerordens den Rundbau gründeten, um hier in blasphemischer Weise Baphomet den Hintern zu küssen.

Die Wissenschaft ist zu einem Ende gekommen. Vermutlich handelt es sich um eine im späten 11. Jh. gebaute und der Muttergottes geweihte romanische Kirche. Den zeituntypischen kreisförmigen Grundriß des Tempels brachten heimkehrende Ritter aus dem ersten Kreuzzug als architektonische Anregung aus dem Orient mit nach Frankreich. Um die Instandhaltung der so merkwürdigen Ruine hat man sich nur wenig gekümmert. Gut erhalten - wenn auch ohne Dachkuppel - ist noch die innere Rotunde (10 m Durchmesser) mit den Arkaden. Die Außenmauern, teils von Pflanzen überwuchert, bieten ein trauriges Bild. Es scheint, daß der äußere Ring des wuchtigen Rundbaus aus grau-rosa Granit einige Zeit als Steinbruch für die umgebenden Häuschen gedient hat.

Paimpol *(ca. 8400 Einwohner)*

Paimpol ist die Stadt der Islandfischer, die ein knappes Jahrhundert lang das Leben des Hafenstädtchens prägten und deren oft tragisches Schicksal Pierre Loti in seinem weltweit gelesenen Roman beschrieben hat. "Die alten Dächer erzählen vom jahrhundertelangen Kampf gegen den Westwind, gegen die Gischt, den Regen, gegen alles, was das Meer herausschleudert . . ." (Pierre Loti)

Die Fassaden der Häuser im Altstadtkern haben ihre charakteristischen Merkmale erhalten, auch wenn über dem *Café Tressoleur*, das die Islandfischer Pierre Lotis frequentierten, heute "Sport 2000" mit Neonschrift um Kundschaft wirbt. Die Gemeinde Paimpol umfaßt drei Ortsteile: *Paimpol*, *Kerity* und *Plounez*. Sehenswert neben dem alten Paimpol rund um den Hafen (durch eine breite Umfassungsstraße von Neu-Paimpol getrennt) sind die Ruinen der *Abtei von Beaugard* im Ortsteil Kerity. Die Strände rund um Paimpol sind für Bade- und Wassersportler nicht allzu einladend - flache, weite Buchten, bei Ebbe voll Schlick, und rund um den Hafen baggern Sandaushubschiffe. Badefreunde finden auf Bréhat bessere Möglichkeiten.

Geschichte

Die Gegend um Paimpol ist bereits in frühgeschichtlicher Zeit besiedelt. Nach den Römern lassen sich im 6. Jh. Bretonen in *Pemp-Poull* (Fünf Weiher) nieder - zur damaligen Zeit eine Halbinsel, die bei Flut bis rund um das heutige Bahnhofsgelände unter Wasser stand. Lange Zeit ist Paimpol Landungshafen für ein Missionskloster auf der vorgelagerten Insel St. Riom, seit 1202 dann Lehensdorf der Abtei von Beaugard. Paimpol, dessen Fischer bereits im 15. Jh. bis zu den Neufundlandinseln segeln, wird im 17. Jh. nach einer englischen Besetzung befestigt und steigt 1790 zum Hauptort des Kantons auf.

1852 bricht der erste *Terre Neuviers* (Neufundländer) zum großen Fang auf den Kabeljau auf und leitet damit eine für Paimpol ruhmreich-tragische Ära ein: die *Grande Pêche* (Großer Fang), die Paimpol zwar fast ein Jahrhundert lang Reichtum, seinen Bewohnern aber auch viel Leid bringt. Jedes Jahr im Februar zieht nach einer weihevollen Abschiedszeremonie eine Flotte von Islandfischern zum Fang auf den Dorsch aus und hinterläßt eine Stadt ohne Männer. Bei ihrer Rückkehr Ende August fehlen regelmäßig einige Schiffe, und die freudigen Feierlichkeiten der Heimgekehrten sind immer von einem Schatten der Trauer überzogen - allein zwischen 1864 und 1866 bleiben acht Schiffe auf See verschollen. Seinen Höhepunkt als erster Kabeljauhafen erlebt Paimpol kurz vor der Jahrhundertwende: 80 Schoner sind auf See. Nach dem Ersten Weltkrieg geht die große Zeit langsam, aber stetig zu Ende. Die Männer, die immer noch mit Leine und Haken fischen, haben den Anschluß an die neue Zeit verloren. Die atlantischen Fangflotten, die mit großen Schleppnetzen den Golfstrom abzufischen beginnen, entscheiden die Schlacht um den Dorsch für sich. 1935 brechen die beiden letzten Schoner zur *Grande Pêche* auf - nur einer kehrt in den Heimathafen zurück.
Heute wird in Paimpol wieder Küstenfischfang betrieben. Von den 147 Booten, die zur Fangflotte gehören, laufen ganze zwei weiter in den Atlantik aus. Neben dem Tourismus bringen vor allem extensiver Frühgemüseanbau und Austernzucht Geld in die Kassen.

- *Telefonvorwahl*: 96
- *Postleitzahl*: 22500
- *Information*: Tourismusbüro am Hintereingang vom Rathaus. Freundliche Damen geben Auskunft; Stadt- und Umgebungsplan, Hotelliste und Animationskalender. Vom 15.7. - 30.8. täglich 15 - 16 Uhr begleitete Stadtführungen (engl./franz./deutsch). Im Sommer täglich außer Sonntag 9 - 19.30, am Sonntag 10 - 13 Uhr geöffnet. In der NS werktags 9 - 12 und 14 - 17 Uhr. Rond Point du Goëllo, Tel. 208 316.

Verbindung

Busbahnhof auf dem Vorplatz des SNCF-Bahnhofs. Über die Badeorte der Goëllo-Küste bis zu 7 x täglich (außer Sonntag) nach St. Brieuc. 2 - 3 x täglich über Lézardrieux nach Tréguier und Lannion. Zur Pointe de l'Arcouest (Abfahrt nach Bréhat) 4 x täglich,

Pierre Loti

JULIEN VIAUD wird 1850 in Rochefort geboren, 1892 zum Mitglied der Academie Francaise ernannt und stirbt 1923 in Hendaye. Bereits in jungen Jahren bereist er als flotter französischer Marine-Offizier die Meere. Er kennt den Nahen und Fernen Osten, die Kriegsschauplätze der französischen Kolonialpolitik in Übersee und gilt als weltgewandter, schriftstellerisch hochbegabter junger Mann. Seine meisten Romane und Novellen spielen so auch in erster Linie in der exotischen Welt. In die Bretagne verschlägt es Viaud Anfang der 80er Jahre - für nur kurze Zeit, aber mit für ihn unerwarteten Folgen.

Der weltläufig-exaltierte Julien verliebt sich in eine hübsche bretonische Unschuld, die seinem Liebeswerben widersteht und ihn damit zu einem neuen Roman inspiriert. Gründliche Recherchen über das gefährliche Leben der Islandfischer (er deckt sich in den verqualmten Spelunken bei gestandenen Seeleuten mit Informationen ein) und die psychische Verarbeitung seiner schmerzlichen Niederlage bei der schönen Maid sind die Ingredenzien für sein Werk. Thema: Meer, Liebe, Tod. Titel: ***Les Pêcheurs d'Islande***, die Islandfischer. Viaud, er nennt sich fortan PIERRE LOTI, mischt seine eigenen Erfahrungen auf See mit den drastischen Beschreibungen der Islandfischer und verkehrt sein Liebesdrama in das Gegenteil: Die Heldin, die schöne, wohlhabende ***Gaud Mével*** ist unglücklich in Yann Goas verliebt, einem armen Islandfahrer, der ihr zunächst eigensinnig die kalte Schulter zeigt und behauptet, er sei mit der See verlobt. Diese holt ihn auch. Von seiner ersten Ausfahrt nach der Trauung mit Gaud - ja, sie hat ihn doch herumgekriegt - kehrt Yann nicht mehr zurück. Verzweifelt steht Gaud am Kreuz der Witwen und hält Ausschau nach dem verschollenen Schiff.

Loti, der mit diesem Roman zu Weltruhm gelangte, entwarf in den Islandfischern ein Gemälde der Bretagne im ausgehenden 19. Jh. ohne folkloristische Übertreibung. Trotzdem, oder gerade deswegen war der französische Schriftsteller bei den Bretonen nicht sonderlich beliebt. Das Bild der einfältigen, Holzpantinen tragenden Bevölkerung, die sich willenlos in ein gottgewollt-tragisches Schicksal ergibt, brachte Loti seitens der Bretonen oft den Vorwurf ein, ein verfälschtes Bretagne-Bild gezeichnet zu haben. Zwar ist in Paimpol einer der Quais nach dem Mann benannt, der Paimpol zu literarischem Weltruhm verhalf, ein eigenes Denkmal wie für seinen Künstlerkollegen *Botrel* findet man jedoch nicht.

vom 15.7 - 15.9. außer Sonntag bis zu 9 x.

Zug: Bahnhof im Südteil der Stadt, 300 m vom Hafendamm. Eine Stichlinie verbindet Paimpol mit Guingamp an der Hauptstrecke Paris - Brest. 3 - 4 x täglich über Pontrieux den Trieux-Fluß entlang nach Guingamp. Avenue Châteaubriand, Tel. 208 122.

Fähre nach Bréhat: Vedettes de Bréhat verbinden in der Saison stündlich (8.45 - 19.45 Uhr) die Pointe de l'Arcouest (6 km nördlich von Paimpol) mit der Insel Bréhat (ca. 20 Min.). Retour-Ticket 10 DM, Kinder 8,50 DM.

Diverses

• *Bootsausflug*: Gezeitenabhängige Bootstour den **Trieux-Fluß** hinauf bis zum Château La Roche Jagu (4 Stunden mit Besichtigung) für 28 DM/Person, Kinder 22 DM. Die Boote fahren ab Bréhat (22 DM), Pointe de l'Arcouest und Paimpol. Aktuelle Abfahrtszeiten

am Hafen, beim O.T. oder Tel. 558 699.
Die Rundfahrt um **Bréhat** erfolgt mit den Fährbooten von Vedettes de Bréhat. Im Anschluß an die normale Überfahrt bleiben die Rundfahrtgäste an Deck und tuckern in 1 Stunde um die Insel. Inkl. Übersetzen zahlen Erwachsene 20 DM, Kinder 14 DM.

• *Fahrradverleih*: Räder aller Art gibt es bei **Cycles du Vieux Clocher** am Place de Verdun (in der Nähe des alten Glockenturms). Tel. 208 358. Oder beim Verleih am Yachthafen neben der Capitainerie. Halber Tag 17 DM, ganztags 20 DM.

• *Feste*: Mitte Juli **Fête de Terre-Nuevas et des Islandais** in der Stadt und rund um den Hafen. Folkloristische Verneigung vor der ruhmreich-harten Vergangenheit.

• *Golf*: Der Golfclub von Paimpol locht 7 km außerhalb ein, im Schloßpark des Château de Coatguelen. 18-Loch-Anlage in herrschaftlicher Atmosphäre. Tel. 223 124.

• *Markt*: Dienstag vormittag auf dem Place Gambetta, ein Stück unterhalb des alten Glockenturms. Landwirtschaftliche Produkte. Hier sind auch die Fischhallen.

• *Minigolf*: Im Ortsteil Kérity, 2 km südöstlich der Kais. Schönes Gelände in der Bucht von Poulafret, umgeben von einem öffentl. Park.

• *Schwimmbad*: Überdachtes und beheiztes Schwimmbad mit Solarium in der Nähe der Jugendherberge im Ortsteil Kéroual (stadtauswärts Richtung Lézardrieux). Täglich 14 - 18 Uhr, sonntags 9.30 - 12 Uhr.

• *Wassersport*: **Das Centre Nautique des Glénans** am oberen Ende des Yachthafens offeriert Segelkurse, Tel. 209 280. **Centre Nautique du Trieux**, ein weiteres Wassersportzentrum, in Coz Castel 5 km außerhalb am Ufer des Trieux, gibt Windsurfing- und Segelunterricht auf verschiedenen Bootstypen, Tel. 220 766.
Force 8 an der Straße nach Lannion ist der Vermietungsexperte für alle Wassersportgeräte. Kaution wird gefordert. Wasserski (ohne Boot) 50 DM; 24 Stunden Standardboard 50 DM, Woche 200 DM; 24 Stunden Funboard 70 DM, die Woche 270 DM. Route de Lannion, Tel. 220 331.

• *Yachthafen*: Von den beiden Hafenbecken ist eines für Yachten reserviert. Das allererste Flutbecken entstand bereits anno 1842, 1902, als das Fischgeschäft noch boomte, wurde das Flutbecken für den heutigen Yachthafen angelegt: 320 Liegeplätze für Yachten bis 20 m. Wasser, Strom und Sprit an den Pontons. 2 Kräne (max. 6 t). Ein-/Ausfahrt 2 Stunden vor und nach der Flut. Preisbeispiel: 10-m-Boot 25 DM/Tag, 15 m 35 DM. Auskunft und Anmeldung im Maison des Plaisanciers, Quai Neuf, Tel. 204 765.

Übernachten

*** **Repaire de Kerroc'h**: Gutbürgerliches Reedershaus am Yachthafenbecken, eine gediegene Wohnadresse. Komfortable Zimmer mit ordentlichen Sanitärabteilungen. Schöner Blick über die Boote und das Geschehen auf der gegenüberliegenden Hafenzeile. Restaurant: à la carte 45 - 65 DM. DZ 85 - 190 DM, HP 150 DM. Ganzjährig geöffnet. Quai Morand, Tel. 205 013.

** **Hotel de la Marne**: Im neuen Stadtteil, 300 m vom Bahnhof. Ordentliches Stadthotel mit 16 Zimmern, zur Straße hin etwas laut. Ordentliche Hygieneeinrichtungen. Gutbürgerliches Restaurant, Menus 28 - 100 DM. DZ 47 - 90 DM, VP 75 - 90 DM, Frühstück 10 DM. Außer Dezember ganzjährig geöffnet. Rue de la Marne 30, Tel. 208 216.

** **Hotel le Goëllo**: Das stillose, blaßrosa gestrichene 32-Zimmer-Haus am Hafenkai gehört zum gesichtslosen modernen Teil der Hafenzeile. Ein Teil der sanitär unterschiedlichsten Zimmer mit Blick auf den Hafen. DZ 33 - 85 DM. Ganzjährig geöffnet. Quai Duguay-Trouin, Tel. 208 274.

** **Eurotel**: Etwa 1 km außerhalb der Stadt an der Straße nach Lanvollon. Der moderne Bau mit seinen 30 gut ausgestatteten Zimmern zählt zur gehobenen Mittelklasse in Paimpol. Empfehlenswertes Restaurant mit Menus von 23 - 80 DM, Kinderteller 12 DM. DZ ab 75 DM, VP 100 DM, Frühstück 10 DM. Ganzjährig geöffnet. Route de Lanvollon, Tel. 208 185.

* **Hotel Duguay-Trouin**: Schmales Haus an der Hafenzeile mit neuem Anbau, 16 einfache Zimmer mit unterschiedlichem Hygienekomfort. Teils Blick aufs Hafenbecken. Geschmackvoller Speisesaal (Menus ab 20 DM, à la carte bis 35 DM). DZ 33 - 55 DM, Frühstück 8 DM. Geschlossen vom 30.9. - 30.10. Quai Duduay-Trouin, Tel. 208 076.

* **Hotel des Chalutiers**: Am Hafenbecken des Fischereihafens; etwas eintöniges, mehrstöckiges Gebäude mit 21 Zimmern unterschiedlichsten Komforts, zum Teil mit Hafenblick. Lift. Kein Restaurant, aber Frühstück (8 DM). DZ 30 - 85 DM. Geöffnet von März bis November. Quai Morand 5, Tel. 208 215.

* **Hotel Berthelot**: Moderner Bau in einer Seitenstraße zum Hafen; 12 einfache, sanitär unterschiedliche Zimmer, zum Teil verwinkelt in engen Gängen. Kein Restaurant. Ganzjährig geöffnet. DZ 40 - 75 DM. Rue du Port, Tel. 208 866.

* **Hotel l'Origano**: Vis-à-vis vom Berthelot. Rezeption in einer Boutique im Erdgeschoß des kleinen Natursteinhauses. 7 Zimmerchen mit einfacher Ausstattung und kleinen Fenstern. DZ mit Bidet/Waschbecken ab 30 DM, mit Bad bzw. Dusche/WC ab 60 DM. Ganzjährig geöffnet. Rue du Quay 7, Tel. 220 549.

• *Jugendherberge*: Etwas außerhalb des Stadtzentrums zwischen Stadion und Gymnasium gibt es 80 Betten im Château de Kéraoul. Die Nacht kostet 13 DM. Campingmöglichkeit auf angeschlossenem Aire-Naturelle-Gelände. Größte französische Kajak-Schule. Organisation von Kursen. Vermietung von Booten. Geöffnet von Juli bis Mitte September. Tel. 208 360.

Camping

*** **Le Cap Horn**: 5 km östlich von Paimpol am Port Lazo, ein Ortsteil von Plouezec. 120 Stellplätze in einem leicht ansteigenden, heckenunterteilten 3-ha-Terrain oberhalb des Strandes. Wenig Schatten, Laden, Restaurant, Sport- und Spielsaal. Waschmaschinen, Tennisplatz, Surfbrett- und Fahrradverleih. Erwachsene 5 DM, Kinder 3 DM, Platz/Auto/Zelt 8 DM, Hund 1,70 DM, Elektrik 5 DM. Geöffnet von April bis Ende Oktober. Port Lazo, Tel. 206 428.

** **Camping Beauport**: Im Ortsteil Kerity nahe der Abtei von Beauport. Auf der N 786 von Paimpol kommend kurz nach der Kirche rechts ab. Einfacher Platz mit ebensolchen Sanitärs. Verwahrloster Kinderspielplatz mit abgewracktem Kicker neben der Rezeption. Zum Teil schützen hohe Bäume das in einer sanften Senke gelegene Wiesenterrain, das zum Wald hin ansteigt. Etwas teurer als der Gemeinde-Platz, aber nicht unbedingt besser. Erwachsene 2,30 DM, Kinder 1,30 DM, Platz 2 DM, Auto 2 DM, Hund 1 DM, Duschjeton 1,70 DM, Elektrik 3 DM. Tel. 220 987.

** **Camping Municipal de Cruckin**: Auf der anderen Seite der N 786, zum Meer hin leicht abfallendes Gelände mit 200 Stellplätzen. Die Sanitäreinrichtungen genügen den behördlichen Anforderungen und werden regelmäßig gewartet. Zum Meer etwa 200 m. Erwachsene 2,30 DM, Kinder die Hälfte, Platz 2 DM, Auto 1,50 DM, Motorrad 1 DM, Duschjeton 2 DM, Elektrik 3 - 4,50 DM. Geöffnet von Mai bis Ende September. Tel. 207 847.

Essen

Restaurant de la Vieille Tour: Eine gute Adresse in einem alten Haus in der Kirchstraße. Stilvoll eingerichtet, mit kleinen Tischen, hervorragende Bedienung und Top-Meeresfrüchte- oder Fleischgerichte. Menu 33 - 100 DM. Sonntag Abend und Mittwoch Ruhetag. Rue de l'Eglise 13, Tel. 208 318.

Pizzeria L'Arlequin: Gute italienische Teig- und Nudelgerichte beim Place de la République. Doch Achtung: Billig ist das Pizzavergnügen in ganz Paimpol nicht. Rue de St. Vincent 9, Tel. 205 522.

Sehenswertes

Stadtrundgang: Der Altstadtkern mit seinen engen Gassen und niedrigen Häusern besitzt noch viel vom Flair der alten Fischerstadt - trotz Musikuntermalung durch öffentliche Lautsprecher in der Fußgängerzone und am Hafen. Zentrum der Altstadt ist der *Place Martray*. In dem putzigen Fachwerkhaus (16. Jh.) mit dem zierlichen Eckturm am oberen Ende des länglichen Platzes (Ecke Rue d'Eglise) findet sich das *Hotel Michel*, in dem Pierre Loti abstieg, als er an seinem Roman über die Islandfischer arbeitete. Hier lebt, liebt und ängstigt sich auch die Hauptfigur der Geschichte, die gute Gaud Mével. Das *Quartier Latin* genannte Viertel, dessen Gäßchen nördlich des Platzes zum Hafenbecken hinausführen, spiegelt in den Fassaden der Häuser noch immer die Spur des vibrierenden Viertels, in dessen rauhen Spelunken bis Anfang dieses Jahrhunderts viel Seemannsgarn gesponnen wurde. In der *Rue des Huit*

Théodore Botrel

THÉODORE BOTREL, 1868 in Dinan geboren, verläßt nach karger Kindheit und Jugend wie soviele Bretonen die Heimat, um in Paris ein Auskommen zu finden. Als einfacher Bahnangestellter fristet er dort sein Leben. Ein stiller Hang zum bretonischen Bardentum und die Begeisterung für Pierre Lotis Roman Islandfischer treibt ihn Nacht für Nacht in die Kabaretts der Hauptstadt. Als er eines Abends aufgefordert wird, selbst etwas vorzutragen, kommt Théodores große Stunde: Heimweh, Stolz und schwermütige Erinnerung - in einer Nacht komponiert und textet er einen Ohrwurm, den ein Musikverleger sofort als potentiellen Hit erkennt. Die Paimpolaise, die nach Motiven der Islandfischer von der tragischen Liebe eines armen Fischerjungen zu seiner Paimpolaise (ortsansässiges Mädchen) erzählt und tödlich endet, wird durch geschickte Vermarktung binnen kurzer Zeit zum absoluten Verkaufsschlager (1898 bereits 2 Millionen gedruckte Exemplare) und Botrel zum vielgefeierten Star. 1896 kommt Botrel zum erstenmal nach Paimpol. Seine Popularität als Schöpfer der "Marseillaise des Meeres" verhilft ihm zu großzügigen Wohlstand, die bretonischen Bardenkreise verehren ihn, und Botrels Anwesenheit bei folkloristischen Feierlichkeiten hebt deren Bedeutung.

1914 schwappt eine neue Botrel-Welle über Frankreich hinweg. Mit bissig-grausamen Chansons feuert Botrel französische Soldaten in den Schützengräbe(r)n des ersten Weltkriegs zum Kampf gegen die Deutschen an. In der Bretagne - sie blutet am meisten unter den rigorosen Aushebungen der französischen Regierung - macht sich Botrel damit nicht nur Freunde. Sogar der Magistrat von Paimpol rückt vorübergehend von Botrel ab. Am 26. Juli 1925, wenige Wochen vor einem Kongreß, den der Paimpoler Heimatverein organisiert hatte, und zu dem auch Botrel eingeladen war - man wollte ihm verzeihen - stirbt Théodore Botrel in Pont Aven.

Patriotes steht noch die 500 Jahre alte Fachwerkfassade der alteingesessenen *Eisenwaren - und Schiffsarmaturenhandlung Jézequel*, über lange Zeit das Kaufhaus der Islandfahrer. Am Place de Verdun hinter dem Gassengewinkel ragt ein Glockenturm (1760) in den Himmel: das letzte Zeugnis der um 1550 erbauten Pfarrkirche, deren Ursprünge ins 13. Jh. zurückreichen. Am Fuß des Turms steht das Monument für den bretonischen Barden Théodore Botrel, dem Schöpfer der ungekürten, bretonischen Nationalhymne La Pampolaise - die Paimpolaiserin. Auf der Stirnseite des Denkmals blicken eine junge Fischersfrau und eine Mutter sorgenvoll-hoffend übers Meer. Auf der Rückseite intonieren drei Fischer fern der Heimat sehnsuchtsvoll das Lied, und es ist ihnen anzusehen, daß sie "*Paimpol und seine Felsküste, die Kirche und den großen Pardon - am meisten aber ihre Paimpolaiserin lieben, die sie erwartet im Pays breton*". Die erste Textstrophe der Hymne ist in französischer Sprache in den Granit des Denkmals geschlagen.

Mad Atao: Das schwimmende Museum ist ein alter Islandschoner mit Takelwerk. 1932 gebaut, wurde er nach der Einstellung der *Grande*

Pêche 1945 zum Sandaushubschiff umgerüstet und 1983 unter Denkmalschutz gestellt. Der Sandabbau vor der Küste war lange Zeit ein wichtiger Wirtschaftszweig in Paimpol. Er diente als Baumaterial und infolge des hohen Kalziumanteils auch als Düngemittel.

• Öffnungszeiten: Vom 1.6. - 31.8. können Sie täglich von 14 - 20 Uhr an Deck gehen und das verwehte Flair der Neufundlandfahrer schnuppern. Besichtigung gratis.

Meeresmuseum: Vom Quai Loti umgezogen in die Rue de la Benne rechts vom Hafenbecken I. Ausstellung über lokale Geschichte, Navigationsinstrumente, Bilddokumente zum alten Paimpol und natürlich ein Epos auf die Islandfischer, ihren Literaten Loti und ihren Musiker Botrel.

• Öffnungszeiten: Juni (außer Montag)/Juli/August täglich von 9 - 12.30 und 13.30 - 19.30 Uhr (Sonntag nur vormittags). Eintritt 5 DM, Kinder 3 DM.

Paimpol / Umgebung

▶ **Abtei von Beauport**: Die Klosterruine, in historischer wie architektonischer Hinsicht das bedeutendste Bauwerk der Region von Paimpol, überragt das Meer vom Hang eines kleinen Hügels aus. Gegründet wird die Abtei 1202 vom Grafen Alain de Penthievre, einem Anhänger des Prämonstratenser-Orden. Von Herzögen und Königen mit allerlei Privilegien versehen, ist Beauport über Jahrhunderte Zentrum der Region, wirtschaftlicher Motor für die Entwicklung Paimpols und gefürchteter Gerichtssitz. Die Äbte des Ordens regieren mit eiserner Faust - nicht nur im Kloster, auch in den ihnen unterstellten weltlichen Belangen. Ein Urteil aus dem Jahr 1650 belegt ihre rigide Machtausübung: Drei hungrige Fischer, die aus dem wohlgefüllten Magazin der Abtei ein Säckchen Getreide gestohlen haben, werden von den eisernen Mönchen zum Tode verurteilt. Nur dem Einspruch des bretonischen Parlaments verdanken die Diebe schließlich ihr Leben; die Todessrafe wird in jahrelangen schweren Kerker für die Delinquenten umgewandelt. 1790 endet die Ära prämonstratensischer Selbstherrlichkeit. Revolutionstruppen sengen und plündern die Abtei, verjagen die Ordensbrüder und verwandeln das Kloster in eine Pulverfabrik. 1845 gelangt das nun schon ziemlich ramponierte Gebäude-Ensemble in Privatbesitz. Teile der Anlage werden heute noch bewohnt.

Die Ruinen, exponiert auf der schmalen Halbinsel gelegen und durch alte, hohe Bäume vor neugierigen Blicken geschützt, illustrieren den Jahrhunderte währenden Kampf romanischer (normannisch) und gotischer Baukunst. Das Aufeinandertreffen normannischer Ornamentik und gotischer Spitzbogen und Gesimse im *Kreuzgang* verleiht dem efeuumrankten Baugemisch eine Spur Unheimlichkeit, gesteigert noch von mehreren *Liegegräbern* unter den Arkaden. Weiter sehenswert die Reste der *Klosterkirche* aus dem 13./14. Jh., das *Refektorium*, der *Fürstensaal* und der leere *Weinkeller* der Ex-Abtei.

• Öffnungszeiten: Juli bis September täglich 10 - 12 und 14 - 19 Uhr. Sonst nach telefonischer Vereinbarung, Tel. 96 208 159. Erwachsene 6 DM, Ermäßigte 4,30 DM.

• Anfahrt: Im Ortsteil Kérity, 2 km von Paimpol auf der D 786 Richtung St. Quay-Portrieux, dann kleiner Weg (ausgeschildert) links ab. Staubiger kleiner Parkplatz vor den Ruinen.

▶ **Ploubazlanec**: Der Wohn- und Arbeitsort Pierre Lotis, wo ein großer Teil der *Islandfischer* spielt, liegt nördlich Paimpols auf dem Weg zur *Pointe de l'Arcouest*. Der *Friedhof* auf einem Hügel im Ortszentrum beherbergt ein erschütterndes Monument, das drastisch die tödliche Härte des Kabeljaugeschäftes illustriert: die "Mauer der Verschollenen". Schwarze Gedenktafeln säumen die einfache Friedhofsmauer. *Perdu en mer* (Verloren auf See) lautet die lakonische Notiz, mit der an die über 2000 Seefahrer aus Paimpol und Umgebung gedacht wird, die seit 1852 nicht heimgekehrt sind. Vom 12jährigen Schiffsmoses bis zum Kapitän der *Pierre Loti*, unbarmherzig werden die Namen der im Islandmeer vermißten und verschollenen Seeleute aufgelistet - oft ganze Besatzungen. Daneben die Namen der verlorenen Schiffe.

▶ **Croix des Veuves (Kreuz der Witwen)**: An der Kreuzung der N 786 mit der Ortsstraße rechts abbiegen und bis zur Küste vorfahren, ausgeschildert. Oben auf der Landspitze, von der aus früher die Fischersfrauen sorgenvoll über die Einfahrt der Bucht von Paimpol blickten, steht das steinerne Witwenkreuz. Nur zu oft kehrte der Ehemann nicht zurück. Eine Mutter-mit-Kind-Statue gemahnt an das Leid und die Not der zurückgelassenen Familien und an die Gefahren des Dorschfischfangs.

▶ **Pointe de l'Arcouest**: Über die Stichstraße N 786 c zu erreichen. Die Landspitze etwa 6 km nördlich von Paimpol ist der Abfahrtshafen für die Schiffe nach Bréhat (siehe Verbindung Paimpol) und ein beliebtes Wandergebiet. Die 19 km lange Rundtour über die Landzunge bietet schöne Aussichtsplätze über die mit Riffen und Klippen bestückte Bucht, im Hintergrund die *Ile de Bréhat* mit ihren gelben Sandstränden und der zerklüfteten Küste. Auf dem Weg vom großen kostenlosen Parkplatz (500 Plätze) zur Anlegestelle (dort etwa 200 bewachte und zu bezahlende Parkmöglichkeiten) liegt zwischen Krüppelkiefern am Küstensaum versteckt ein *Gedenkstein für Madame Curie*, die öfters ihre Sommerferien hier verbrachte.

Übernachten/Camping

*** **Hotel le Barbu**: 20-Zimmer-Hotel direkt vor dem Hafenkai, ein gediegenes Übernachtungsquartier. Von den gut möblierten Zimmern schöner Blick zur Blumeninsel, ruhiger Garten mit Swimmingpool für die Gäste. Bar, Fernsehraum, Sauna und Solarium. Im Panoramarestaurant, bekannt für seine Meeresfrüchte, verschiedene Menus (45 - 100 DM). DZ 170 DM, HP 170 DM pro Person, Frühstück 17 DM. Ganzjährig geöffnet. Tel. 558 698.

• *Camping*: **le Rohou**; kleiner Platz 1 km von der Pointe de l'Arcouest inmitten der Pampa (ausgeschildert). Sanitär einfach, teilweise schattige Plätzchen. Kleiner Laden mit täglich frischem Brot und Croissants, Gastauschzentrale und Eisfächern, kleine Leihbibliothek mit internationalen Buchtiteln aus Urlauberbeständen. Erwachsene 5 DM, Kinder 3 DM, Platz 4 DM, Auto 3 DM, Motorrad 1,30 DM, Wohnmobil 6 DM, Elektrik 1 DM. Tel. 558 722.

Camping du Paou: Ganz im Abseits und nur dank der liebevollen Ausschilderung zu finden. Auf einer leicht abschüssigen Wiese über der Bucht können Camper in absolut ländlicher Umgebung die bei Ebbe wildzerklüftete Rifflandschaft genießen. Sehr klein (etwa 25 Stellplätze), minimale Sanitärausstattung. Wenig Stromboxen. Erwachsene 4 DM, Kinder die Hälfte, Platz 3 DM, Auto 3 DM. Kein Telefon.

Der Phare du Paon an der Nordostspitze Bréhats

Ile de Bréhat *(ca. 500 Einwohner)*

Dank des milden, trockenen Klimas blüht eine fast mediterrane Vegetation: Oleander, Eukalyptus, Mimosen, Palmen, Feigen, niedrige, geraniengeschmückte Granitsteinhäuschen verstecken sich hinter prächtig gedeihenden Hortensienbüschen.

Die Blumeninsel der Bretagne, nur einen 10-Minuten-Bootstrip vor der Küste, ist ein stark frequentiertes Ausflugs- und Ferienziel. Die 3,5 km lange und 1,5 Kilometer reite Insel ist durch einen Isthmus in zwei Teile geteilt, die seit dem 18. Jh. durch die *Pont ar Brat* (auch *Pont Vauban*) miteinander verbunden sind. Die stark zergliederte Felsküste mit ihren Buchten und breiten Sandstränden wird gesäumt von fast hundert Inselchen und Riffen.

Bréhat ist von einem wirren Netz schmaler Sträßchen und Trampel- oder Radlerwege überzogen, Autos sind nicht erlaubt. Den Transport von Gästen, Gepäck, Lebensmitteln, Baumaterial etc. übernehmen Handwagen oder die wenigen Traktoren, die in der Landwirtschaft eingesetzt sind. Die Bréhatiner leben heute vorwiegend vom Tourismus, ein kleiner Teil vom Gemüseanbau. Früher bezogen die Bewohner ihren kargen Reichtum aus dem Meer: entweder als Fischer oder als Matrosen bei der Kriegs- und Handelsmarine. Schon um 1450 sollen die als kühn und beherzt geltenden Bréhatiner zum "Großen Fang" auf den Kabeljau im ganzen Nordatlantik unterwegs gewesen sein.

Stolz erzählen ihre Nachfahren, daß es ein Bréhatiner Kapitän war, der KOLUMBUS acht Jahre vor der Entdeckung der Neuen Welt auf die rich-

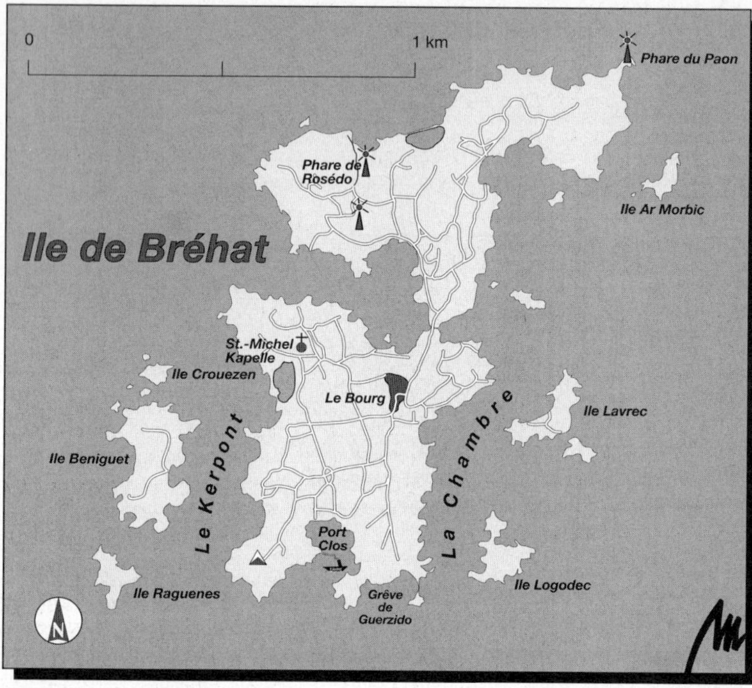

tige Spur nach Amerika brachte. Nach einigen Ballons schwersten Portweins in einer Lissaboner Hafenkneipe soll der betrunkene Bréhatiner dem stocknüchternen Kolumbus die Route der Kabeljaufischer nach Neufundland verraten haben.

Der Südteil der Insel, "*die Süße selbst*"(Tourismusprospekt), beherbergt die beiden Hauptortschaften, den Hafen *Port Clos* und einen Kilometer landeinwärts das alte *Bourg* mit den niedrigen Granitsteinhäuschen, die sich um den platanengesäumten Dorfplatz neben der Kirche reihen. Einen Katzensprung nordwestlich von Bourg erhebt sich auf einer felsigen Anhöhe die *Kapelle St. Michel*, im Zweiten Weltkrieg Kurzzeitrefugium für Flüchtlinge. Von hier aus bietet sich dem Auge ein selten schönes Panorama: die Ruinen einer alten *Flutmühle* mit dem *Teich von Birlot* im Vordergrund, dahinter der *Kanal von Kerpont* mit unzähligen rosa-orangen Granitriffen. Der Nordteil der Insel ist entschieden rauher, die Winde sind stürmischer, die Vegetation karger, die Küste zerklüfteter. Zwei Leuchttürme überragen das wilde Heideland, auf dem Schafe und vereinzelte Kühe weiden. Vom *Phare du Paon* auf dem äußersten Nordzipfel Bréhats hat man eine bemerkenswerte Sicht in den Abgrund der gischtumtosten Granitklippen.

- *Telefonvorwahl*: 96
- *Postleitzahl*: 22870
- *Information*: Freundliche Auskünfte, Inselplan und Prospekte gibt es im Erdgeschoß des Tourismusturms neben der Kirche. Ortsteil Bourg de Bréhat, Tel. 200 036.

• *Bootstour*: Eine 45 - 60minütige Inselumrundung (gezeitenabhängig) mit den Booten der Kompanie Vedettes de Bréhat kann man bereits an der Pointe de l'Arcouest buchen. Erwachsene 20 DM, Kinder bis 11 Jahre 14 DM.

• *Fahrradverleih*: Das normale touristiche Verkehrsmittel, abgesehen vom Laufen, ist das Rad. Mehrere Verleiher gleich hinter den Hotels von Port Clos auf dem Weg nach Bourg. Preise und Qualität der Velos unterscheiden sich nicht wesentlich. Für die Vermietung benötigen Sie ein offizielles Personaldokument oder Sie hinterlegen eine Kaution. Tourenräder für den halben Tag 13 DM, Mountainbikes 18 DM.

Übernachten/Camping

** **Hotel Bellevue**: 3-stöckiges Hotel gegenüber dem Hafen, gleich oberhalb der Mole in Port Clos. 18 Zimmer mit Dusche/WC, wahlweise mit Blick aufs Meer oder in den Garten. Restaurant (Menus 30 - 100 DM) mit Terrassen zum Hafen hinaus, Cafébar und Salon. In der Saison nur HP. DZ 90 - 110 DM, HP 110 - 125 DM, Frühstück 10 DM. Bis auf Januar ganzjährig geöffnet. Tel. 200 005.

** **Vieille Auberge**: Das verschachtelte, efeuumrankte Granitanwesen in der Gasse, die zum Dorfplatz von 2Bourg führt, vermittelt bretonische Ursprünglichkeit. Familiäres Quartier mit 15 Zimmern (Bad bzw. Dusche/WC), die nur mit Halbpension zu mieten sind. Rustikales Restaurant (Gerichte 17 - 100 DM). HP 100 - 130 DM, Frühstücksbuffet 14 DM. Geöffnet von Ostern bis 1.11. Tel. 200 024.

• *Camping*: ** **Aire Naturelle du Goareva**; im Kiefernwald der gleichnamigen steilen Landspitze hat die Gemeinde ein kostenloses Terrain zur Verfügung gestellt. Im Sommer viele Pfadfindergruppen und junge Naturliebhaber. Schönes Gelände unterhalb der Ruinen der Zitadelle, magerer Sanitärblock.

Baden

Es gibt mehrere Strände und kleine Badebuchten rund um die Insel. Im Nordteil ist das Meer rauher, schwerer zugänglich und wohl auch gefährlich. Besser im Süden, auf den dem Festland zugewandten Südzipfeln, rechts und links von Port Clos. Hauptstrand ist die *Grève de Guerzido*, weitere Möglichkeiten unterhalb der steilen Felsen des *Bois de Citadelle* (schöne Aussicht), einem Kiefernwald, in dem sich ein Air-Naturelle-Platz befindet.

Tréguier *(ca. 3500 Einwohner)*

Früher reichten die Niederungen der Stadt bis hinein ins salzige Wasser des Jaudy-Flusses. Bei Flut drang das Meer bis zu den Getreidespeichern vor, die heute, durch das Hafenbecken und einen Damm geschützt, die steilaufsteigende Rue Ernest Renan einrahmen.

Tréguier ist eines der wenigen Hügelstädtchen der Bretagne. Über der durch den Zusammenfluß der Flüsse *Jaudy* und *Guindy* entstandenen Halbinsel steigen steil die Dächer einer mittelalterlichen Kleinstadt empor, überwacht von der mächtigen *Kathedrale St. Tugdual*, dem Wahrzeichen der Stadt, in der der berühmteste bretonische Heilige, St. Yves, verehrt wird. Tréguier, die Hauptstadt des Trégor, ist nicht nur Ort tiefster bretonischer Religiosität, sondern auch eine Stadt der Philosophie und Literatur. Hier fand der bretonische Literaturmatador Anatol le Braz seine letzte Ruhe, und das Geburtshaus von Ernest Renan,

Regensonntag in Tréguier

Orientalist, Religionshistoriker und Schriftsteller, wurde, wenn auch spät, zum Renan-Museum in der Renan-Straße umgebaut.

Tréguier war im Lauf seiner Geschichte immer ein geistliches Zentrum und hat bis heute diese Identität bewahrt. Unter dem wuchtigen Haupt des uralten *Hastingturms* ducken sich noch immer die alten Klostergebäude und Fachwerkgiebel der Bürgerhäuser um den *Place du Martray*, und selbst das Standbild des ketzerischen Philosophen Renan vor der Kathedrale vermag die spirituelle Atmosphäre der alten Bischofsstadt nicht zu stören.

Geschichte

Tréguiers Geschichte beginnt vor 1400 Jahren, als einer der sieben bretonischen Gründungsheiligen, der Mönch TUGDUAL an dieser idyllischen, gut geschützen Flußkreuzung landet und ein Kloster gründet. *Landreguer*, das Kloster der drei Flüsse (bretonisch; Tréguier ist eine französische Verballhornung), entwickelt sich unter Tugdual und seinen Abtsnachfolgern zu einem spirituellen Zentrum und wird im 9. Jh. zu einem der neun Bischofssitze des Herzogtums Bretagne. Und Tréguiers Ruf als geistliches Zentrum wächst weiter.

Gegen Ende des 13. Jh. wirkt der Pfarrer und Richter YVES HELORI so segensreich in der Stadt, daß er als einer der wenigen bretonischen Heiligen von der römischen Kurie anerkannt wird. Seine Heiligsprechung 1348 und die damit verbundenen Festlichkeiten begründen eine bis heute erhaltengebliebene Tradition: der großen Pardon zu Ehren des Hl. Yves (siehe Minihy, Kasten St. Yves). Mit ihm ist der Grundstein für eine dynamische religiöse Entwicklung gelegt. Rund um die peu à peu erweiterte Kathedrale erblüht die Bischofsstadt zu "einem großen Kloster" (Ernest Renan).

Anders als anderswo ist den frommen Bewohnern Handel und Wandel ein Greuel, selbst der so günstig gelegene Hafen am Jaudy führt nur ein Schattendasein. Haupttätigkeitsfeld der Trégorer ist das Geschäft mit Wort und Glauben. Auf Magistratsbeschluß hin erhält Tréguier 1585 eine Druckerei und das erste typographische Atelier der Bretagne. Tréguier wird zur Stadt der Buchdrucker, Typographen, Kopisten und Devotionalienhändler, in der der *Catholicon*, das erste bretonisch-französisch-lateinische Wörterbuch verlegt wird.

Einer so frommen Stadt drohen mit der Französischen Revolution schlechte Zeiten. 1794 wütet das berüchtigte Revolutionsbataillon *d'Etampes* gegen alles Pfäffische in der Stadt, Teile der Kathedrale gehen zu Bruch, Grabmäler werden geschändet, halb Tréguier wird ein Raub der Flammen. Der Bischof kann gerade noch nach England fliehen, und für Tréguier beginnen eiserne Zeiten. Zwar kommen nach dem Sturz Napoleons die Herren mit den schwarzen Soutanen wieder zurück, doch der Bistumstitel, das lohnende geistliche Geschäft ist verloren. Es dauert einige Zeit, bis sich die Bürger besinnen: Mitte des 19. Jh. wird der Flußhafen ausgebaut - seine Ausstattung ist bis dahin auf einige Schifferspelunken vor dem Stadttor beschränkt - und ein träger Handel mit Getreide beginnt.

• *Postleitzahl*: 22220

• *Telefonvorwahl*: 96

• *Information*: In einem kleinen, dem Rathaus angeschlossenen Gebäude hinter dem Kathedralenplatz. Stadtplan und Informationsbroschüre (deutsch) für den Bummel durch die Stadt. Vom 1.6. - 15.9. täglich (außer Sonntag nachmittag) von 9.30 - 12.30 und 14 - 19 Uhr, im Juli/August auch an Sonn- und Feiertagen von 9.30 - 12.30 Uhr. Außerhalb dieser Zeit informiert die Rathausverwaltung. Place Général Leclerc, Tel. 923 019.

Verbindung

Tréguier liegt als regionale Zwischenstation auf der **Bus**-Hauptstrecke Lannion - Paimpol (mindestens 3 x werktags in beide Richtungen, Sonntag kein Verkehr). Außerdem Lokalbusse über Plougrescant/Port Blanc/ Penvénan im Rundlauf zurück nach Tréguier. Haltestellen auf dem Place de la République (Oberstadt, unweit der Kathedrale) und am Hafen in der Unterstadt.

Diverses

• *Einkaufen*: Tréguiers Kunsthandwerker genießen einen guten Ruf; besonders das Holzhandwerk ist zu loben. Bretonische Möbel und Holzskulpturen zu angemessenen Preisen

• *Markt*: Jeden Mittwoch vormittag verwandelt sich der Platz vor der Kathedrale in einen lebhaften Handelsplatz (v. a. Kleidung und Gebrauchsgegenstände). Am Jaudy-Hafen zur gleichen Zeit der Markt für landwirtschaftliche Produkte.

• *Parken*: Große Parkplätze entlang des Jaudy-Ufers in der Unterstadt. Wer unbedingt mit dem Wagen in die Oberstadt muß, parkt am besten am Place de la Republique oberhalb der Kathedrale.

• *Pardon*: Tréguier feiert mehrere Pardons, u. a. einen zu Ehren des St. Tugdual und einen für St. Yves. Der internationale Pardon zum Gedenken des Anwalts der Armen ist ein bewegliches Datum im Kirchenkalender. 1992 wurde er am 19. Mai begangen, das Jahr zuvor im August. Die feierliche Riesenprozession führt vom knapp 2 km entfernten Minihy-Tréguier, dem Geburtsort des Heiligen, zur Kathedrale von Tréguier und wird begleitet von Richtern, Rechts- und Staatsanwälten aus aller katholischen Herren Länder. In ihren farbenfrohen Talaren geben sie der Wallfahrt ein besonders buntes Gepräge.

• *Schwimmbad*: Wetter schlecht? Im Stadtosten, Richtung Lannion, gibt es ein beheiztes Hallenbad im Sport-, Stadion- und Freizeitkomplex Gilbert Lemoine.

• *Yachthafen*: 330 gezeitenabhängige Liegeplätze am Ufer des Jaudy.

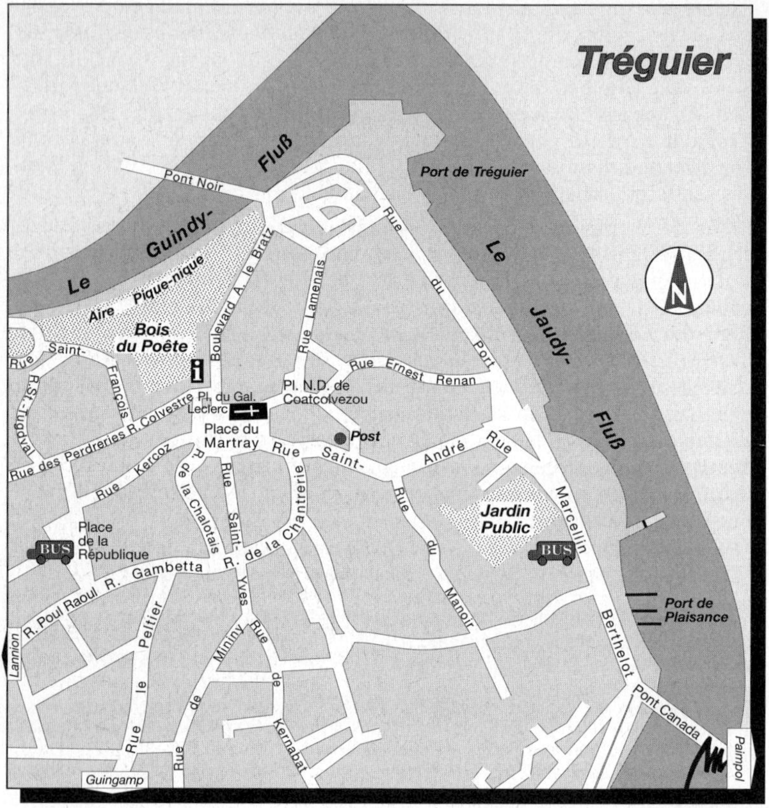

Übernachten/Camping

** **Hotel Kastell Dinec'h**: Moderneres 15-Zimmer-Hotel, ein Stück außerhalb an der Straße nach Lannion. Gartenpark mit Swimmingpool. Im Restaurant Menus von 25 - 60 DM. DZ nach Standard 60 - 80 DM. Route de Lannion, Tel. 924 939.

* **Hotel de l'Estuaire**: Gegenüber den Kais im Hafen der Unterstadt, neben den alten Getreidespeichern; schönes, altes Natursteinhaus mit rustikalem Holzfachwerk-Glasvorbau neueren Datums. Vom Restaurant im Obergeschoß beschaulicher Blick über den Jaudy-Fluß, während die weitgelobten Jakobsmuschel-Spieße verzehrt werden. 15 Zimmer, sanitär unterschiedlich, eine Handvoll mit Bad/WC und TV. DZ 35 - 70 DM, HP 68 - 80 DM. Ganzjährig geöffnet. Place du Général de Gaulle, Tel. 923 025.

* **Hotel Saint-Yves**: Zwischen alten Fachwerkhäusern zentral am Kathedralplatz in einem mehrstöckigen Granitsteingebäude; 10 einfache Zimmer. DZ 43 - 57 DM, Frühstück 6 DM. Rue Colvestre 4, Tel. 923 349.

• *Camping*: Die alte Bischofsstadt hat bis heute keinen Campingplatzbesitzer hervorgebracht. Ein malerisches, halboffizielles Übernachtungsgelände für Wohnmobile/Caravans findet sich unterhalb des Poetenwäldchens am Ufer des Guindy. Keine Sanitärs.

Die nächsten Plätze liegen an der Küste, z. B. in Plougrescant oder Port Blanc.

St. Yves

YVES HELORI DE KERMARTIN wird 1253 auf dem Herrensitz von Kermartin als achtes Kind eines Landadeligen geboren und teilt das Schicksal vieler Buben seiner Zeit. Für den nachgeborenen, männlichen Sprößling wird die klerikale Laufbahn bestimmt, um den schmalen Familienbesitz nicht durch Erbteilung zu gefährden. Yves, ehrgeizig und gescheit, geht sein Schicksal zielstrebig an. Als Schüler fällt er durch seine außergewöhnlichen Geistesgaben auf, als Student der Theologie und der Rechte in Paris und Orléans erwirbt er allerbeste Zensuren. Mit 27 Jahren wird er zum kanonischen Richter ernannt, zum Priester geweiht und - gegen seinen Willen, ihm schwebt Höheres auf der Karriereleiter vor - in verschiedenen kleinen Landpfarreien des Departments Côtes-du-Nord eingesetzt. Die niedere Stellung tut seinem Tatendrang keinen Abbruch. Bald verbreitet sich sein Ruf als gerechter, mildtätiger Richter, der die Armen gegen die Hoffart der Reichen verteidigt. Der Bischof horcht auf, ruft Yves nach Tréguier, und der kleine Landgeistliche, der so entschieden und klug die kleinen Streitereien seiner Gemeinde schlichtete, wird zum Anwalt der Kirche gegen die Besitzansprüche der weltlichen Herren. Durch salomonische Urteilssprüche weist er aristokratischer Willkür die Schranken und bekräftigt seinen Ruf als Verteidiger der Armen und Fürsprecher der Entrechteten, der ihn über die Diözese hinaus berühmt und beliebt macht. Doch der Job ist hart und nervenaufreibend. Mit 44 Jahren quittiert Yves den Dienst und zieht sich in sein Geburtshaus zurück, um sich ganz der Meditation und der Fürsorge seiner oft mittellosen Klientel zu widmen. Nach einer mehrwöchigen, kräftezehrenden Wallfahrt zu verschiedenen Pilgerstätten im Finistère kehrt Yves 1303 todkrank nach Kermartin/ Minihy zurück, wo er am 19. Mai stirbt.

Bald nach seinem Tod beginnt der Heiligsprechungsprozeß für den Verstorbenen. Erster Fürsprecher für ihn wird der Herzog der Bretagne selbst. JEAN V. läßt eine Liste von 79 bezeugten Wundertaten des Richters erstellen und sendet sie nach Rom. Über 17 Jahre zieht sich das Kanonisierungsverfahren hin, doch 1347 wird der geistliche Richter als einer der wenigen bretonischen Heiligen von der römischen Kirche anerkannt. Seit dieser Zeit gilt Saint Yves als internationaler Patron der Juristen, sein Todestag wird in Tréguier mit einem großen Pardon gefeiert.

Sehenswertes

Kathedrale St. Tugdual: Aus der demütig-einfachen Klosterkirche, die St. Tugdual 540 errichtete, ist eine der schönsten französischen Kathedralen geworden. Das Gotteshaus mit den imposanten Ausmaßen wurde seit dem 11. Jh. aus Caener Stein, Schiefer und Granit in mehreren Abschnitten erbaut. Abgesehen vom alles überragenden, 63 m hohen Spitzturm mit seinem durchbrochenen Helm, der erst im späten 18. Jh. angebaut wurde, lassen sich drei Epochen unterscheiden: der normannische *Hastingsturm* mit der schnörkellosen Würde der Romanik (einziges Überbleibsel aus dem 11. Jh.), das *Kirchenschiff* und der *Chor* im Stil der Gotik

Turmensemble von St. Tugdual

des 14. Jh.; die *Porche des Cloches* (Vorhalle der Glocken) stammt zusammen mit der *Chapelle au Duc* und dem *Kloster* aus dem 15. Jh. und ist im Flamboyant-Stil gehalten.

Durch das *Portal der Diebe und Aussätzigen* auf der Westseite schreiten Sie in das Innere. Zunächst fällt die Ausgeglichenheit der Proportionen des gewaltigen Raumes auf. Das Licht der Buntglasfenster mit ihren typischen Motiven bretonischer Heiligenverehrung beleuchtet die 46 Stühle des Renaissance-Chors. Im linken Seitenschiff flackert ein Meer von Kerzen vor dem monumentalen *Grabmal von St. Yves.* Die Totenstätte aus weißem Stein, schmiedeeisenumrankt von neugotischen Spitzbogen und von Merci-Tafeln umrahmt, wurde zwischen 1885 und 1890 vom Baumeister Devrez ausgeführt. Ganz dem Jahrhundertwende-Zeitgeschmack verpflichtet, wurde sie nach einem ausladenden Modell des ursprünglichen Grabes geschaffen, im 15. Jh. von Herzog Jean V. gestiftet, während der Revolution geschändet. In der *Chapelle au Duc* im stillen nördlichen Seitenschiff liegt der Herzog selbst begraben. Unter einem alten reichverzierten Baldachin ruht seit 1945 die moderne Liegefigur des Förderers des Heiligen - er wünschte sich angeblich nichts sehnlicher, als neben ihm begraben zu werden.

Vom nördlichen Seitenschiff aus gelangt man zur *Sakristei*, in der der Kirchenschatz aufbewahrt wird. Neben einem originellen Meßgewandmöbel mit Drehschubladen (17. Jh.) und verschiedenen Reliquienschränken kann man ein verwittertes Blatt aus dem Gebetbuch des Hl. Yves (13. Jh.) und Manuskripte aus dem Kanonisierungsverfahren für ihn bewundern. Höhepunkt des Schatzes ist der reichverzierte Eichenschrein mit den sterblichen Überresten des Heiligen. Über dem Heiligtum hängt eine berühmte, in der ganzen Bretagne kopierte Figurengruppe: St. Yves zwischen dem hochmütigen Reichen und dem demütigen Armen.

Rechts neben der Sakristei führt eine Pforte zum *Kreuzgang*. Die Arkaden (15. Jh.) sind Zeugen des spätgotischen Flamboyant. Unter den flammenden Spitzbogen wurden seit 1920 Sarkophage, Liegefiguren und Basreliefs aus diebstahlgefährdeten Kapellen und Klöstern aufgestellt.

• Öffnungszeiten: Schatzkammer und Kreuzgang vom 1.7. - 31.8. täglich von 9 - 18.30 Uhr. In der Nebensaison täglich 9 - 11 und 14.30 - 18 Uhr. Erwachsene 4 DM, Kinder 3 DM.

Ernest Renan

ERNEST RENAN wird am 27. Februar 1823 in Tréguier geboren. Mit fünf Jahren verliert er seinen Vater, einen Kapitän, durch ein Schiffsunglück. Auf Wunsch seiner Mutter und etlicher geistlicher Herren soll der begabte Jüngling Priester werden. Der 15jährige wird nach Paris geschickt, um dort sein Studium fortzusetzen und sich der Subdiakonatsweihe zu unterziehen. Weit weg von der geistlich-gelehrten Atmosphäre seiner Heimatstadt, konfrontiert mit den Verlokkungen und dem Wirbel der Großstadt, löst sich der junge Mann vom Klerikalismus und läßt den Weihetermin platzen. Stattdessen stürzt er sich auf ein neues Betätigungsfeld: semitische Sprachen und Orientalistik. Auf der Grundlage seiner theologischen Ausbildung und seiner Nahost-Kenntnisse erwirbt sich Renan in Fachkreisen bald einen Namen und wird zweimal im Auftrag der Regierung zu Ausgrabungen nach Palästina beordert.

Unter dem Eindruck der biblischen Landschaft verfaßt Renan sein glänzend geschriebenes Werk ***La Vie de Jesus***, eine psychologisierende Lebensgeschichte, in der er das Leben Jesu als einen Weg zum Anarchismus wertet und die Wundertätigkeit des Gottessohnes einer rationalistischen Deutung unterzieht. Das Werk löst im französischen Klerus einen Sturm der Entrüstung aus und führt dazu, daß Renan seiner Professur im College de France enthoben wird. Damit nicht genug. In seiner streng-katholischen Heimatstadt verliert der ketzerische Sohn bald jede Reputation und gilt als Nestbeschmutzer und Defätist - im Krieg von 1870/71 hatte er sich zu allem Überfluß gegen den Deutschenhaß der Franzosen verwehrt. Trotz weltweiter Publikationen und intellektueller Anerkennung spaltet Renan die Bürgerschaft. Selbst nach seinem Tod am 2. Oktober 1892 - er war inzwischen rehabilitiert und 1878 sogar zum Mitglied der Académie Francaise gewählt worden - wirbelt das Andenken an den berühmten Sohn noch mächtig Staub in der Lokalgeschichte auf. Als 1903 das Ernest-Renan-Denkmal auf dem Platz vor der Kathedrale enthüllt werden soll, kommt es zu schweren klerikalen Protesten. Umsonst: Die Statue des fülligen Philosophen, über dessen Altershaupt sich eine weibliche Gestalt mit Strahlenkranz und Lorbeerzweig emporreckt, blickt ketzerisch zur Kathedrale auf. Trotz vollendeter Tatsachen gibt sich die Kurie nicht geschlagen. Ein Jahr später findet der Protest gegen die Renan-Partei ihre künstlerische Entladung; im Park am Jaudy-Ufer wird der Calvaire de la Protestation eingeweiht.

Museum Ernest Renan: Die schmale Straße mit den schmalbrüstigen Fachwerkgiebeln, die vom Chorhaupt hinunter zum Hafen führt, beherbergt das Geburtshaus Ernest Renans (Nr. 20), dessen Biographie allerdings weit aufregender ist als das von der Stadtverwaltung für ihn eingerichtete Museum. In dem stattlichen Haus aus dem 16. Jh. erwarten Sie spärliche Exponate aus dem Arbeitsleben des Philosophen: Bibliothek und Arbeitszimmer, Manuskripte und Bilder und seit dem Einzug der neuen Medien eine Videoshow über das ereignisreiche Leben des Stadtsohnes.

• *Öffnungszeiten*: Juni bis August täglich 10 - 12 und 14 - 18 Uhr. April, Mai und September täglich außer Dienstag und Mittwoch zu den gleichen Zeiten. Eintritt 7 DM, Ermäßigte 4 DM.

Alte Häuser: Der mittelalterliche Stadtkern mit seinen Fachwerkhäusern und kopfsteingepflasterten Gassen aus dem 16./17. Jh. ist noch erhalten. Die schönsten Gebäude liegen rund um den *Place du Martray* (z. B. das Haus der Madame Taupin an der Ecke zur Rue Kercoz), in der *Rue Ernest Renan* (dessen Geburtshaus) und in der *Rue Colvestre*, in der neben dem Hotel de Coetivy (Stadthaus alten bretonischen Adels) vor allem das Haus des Duc Jean V. mit seinen Spitzbogen hervorsticht. In ihm soll der Herzog während seiner länger dauernden Aufenthalte in Tréguier gewohnt haben.
Am Ufer des Jaudy führt die Straße an einer idyllischen Gebäudezeile aus dem 17. Jh. vorbei. Die viereckigen Türme, die die Rue Ernest Renan einrahmen, waren einst das Hafentor zur Stadt und wurden bis in die jüngste Zeit als Getreidespeicher genutzt.

Bois de Poète: Das Dichterwäldchen, das sich vom Ufer des *Guindy* bergan zur Kathedrale erstreckt, wurde von der Stadtverwaltung zum Picknickgelände umgerüstet. Daß dieser idyllische Teil des Städtchens noch nicht baulich verunstaltet wurde, verdanken die Bürger Tréguiers einem Vertrag von 1920. Anläßlich des Erwerbs des Bischofssitzes (heutiges Rathaus) und seiner Ländereien verpflichtete sich der Käufer (Stadt) gegenüber dem früherem Eigentümer (Bischof), den Bischofswald als natürliches Flaniergelände zu belassen. Seinen heutigen Namen erhielt das Wäldchen erst später. ANATOL LE BRAZ, berühmter bretonischer Literat, verehrte sein Vorbild Ernest Renan so sehr, daß er sich testamentarisch wünschte, in dessen Heimatstadt begraben zu werden. Sein Wunsch war der Stadtverwaltung Befehl. Das mit einem keltischen Kreuz geschmückte Grabmal, in dem der Dichter seine letzte Ruhestätte fand, gab dem Ex-Bischofspark einen neuen Namen: *Bois de Poète* - Dichterforst.

Tréguier / Umgebung

Von Tréguier aus führt der *Circuit des Ajoncs*, die Ginster-Rundfahrt, oberhalb der Jaudy-Mündung nach Plougrescant und von dort aus weiter die Trégor-Küste entlang (ca. 40 km). Mehrere Stichstraßen stoßen hinab ans Meer, wo in Fischer- und Urlaubsdörfchen wie *Port Blanc* ausgespannt werden kann. Aber auch für graue Urlaubstage bietet das Trégor lohnenswerte Kurzweil. Ausgefallene Kirchenbauten wie die Templer-Kirche von *Runan* oder die Kapelle St. Gonery in *Plougrescant* gehören ins Programm.

▶ **Minihy-Tréguier**: Der Geburtsort von ST. YVES liegt etwa 1,5 km außerhalb Tréguiers. Das verschlafene Dörfchen erwacht einmal im Jahr zu regem Leben, wenn die Wallfahrt zu Ehren des Heiligen für wenige Stunden Massen gläubiger Pilger aus aller Welt in den Ort spült. Minihys Geschichte beginnt mit dem Bau des Herrensitzes von Kermartin, in dem die Vorfahren des Heiligen lebten. Als YVES HELORI DE KERMARTIN 1253 geboren wurde, war Minihy ein größerer Gutshof mit Hauskapelle. An der Stelle der früheren Schloßkapelle steht heute eine sehenswerten *Kirche* (15. Jh.) im Mittelpunkt der Handvoll granitgrauer niedriger Häuser. Sie ist von einem *Friedhof* umgeben, auf dem sich die Gläubigen um einen kleinen *Calvaire* und einen *Steinaltar* drängen. Der bogenförmige Altar, als ursprüngliches Grabmal des Heiligen bezeichnet, vermutlich aber nur ein Teil des alten Kapellenaltars, ist der Mittelpunkt der Wallfahrt: Knieend rutschen die Pilger, Richter, Staats- und Rechtsanwälte durch den niedrigen, schmalen Bogen (Korpulente rutschen rechts oder links vorbei) und bitten um die Fürbitte ihres Idols. Im Inneren der Kirche fällt ein überdimensioniertes *Ölbild* in einem meisterlich verzierten Holzrahmen aus dem 16. Jh. auf - eine kunstvolle Abschrift des 1297 verfaßten Testaments des Heiligen.

Sicher wohnen in La Roche Jagu

▶ **Château la Roche Jagu**: Eine doppelreihige Linden-/Pappelallee führt zur Umfassungsmauer mit dem Eingangsportal und dem dahinterliegenden Schloßgarten, in dem über einer sanften Biegung des *Trieux-Flusses* stolz das aus dem 15. Jh. stammende Schloß thront. Die Doppelfunktion von Wohn- und Wehrbau wird bei einem Rundgang um das Schloß deutlich. Die Türme, der Wehrgang und die Wachräume der Ostfassade lassen die strategisch wichtige Flußschleife überblicken, die mit Skulpturen verzierten 19 Kamine im spätgotisch-anglonormannischen Stil sind Zeugen behaglicher, aristokratischer Wohnlichkeit. Hinter dem Schloß führt ein steiler Spazierweg hinab ins Flußtal, wo sich Yachten spiegeln oder bei Ebbe metallisch der Schlick glänzt. Eine Innenbesichtigung des Schlosses, heute im Besitz des Départments, ist möglich. Neben den 19 Kaminen sind im Erd- und Obergeschoß gediegene mittelalterliche Wohnausstattung und Gemälde zu bewundern. Eine Videoshow und ständig wechselnde Ausstellungen zeitgenössischer Künstler vervollständigen das Besichtigungsprogramm. Für den kleinen Hunger danach bietet ein gemütliches Restaurant im alten Schloßverwaltergebäude Crêpes und Menus an.

• *Öffnungszeiten*: Von Ostern bis November täglich 10 - 12 und 14 - 18 Uhr. Vom 15.6. - 15.9. täglich 10 - 13 und 14 - 19 Uhr. Erwachsene 10 DM, Ermäßigte und Kinder 5 DM.

• *Anfahrt*: Mit eigenem Fahrzeug von Tréguier kommend über die D 786 nach Lézardrieux (10 km), vor der Trieux-Brücke rechts auf die D 787 Richtung Guingamp. Nach 9 km links in die Schloßallee einbiegen. **Mit dem Boot**: Vedettes de Bréhat bietet in der Hauptsaison mehrmals wöchentlich (gezeitenabhängig) eine "Trieux-Tour" an. Der Bootstrip führt den Fluß hinauf bis zum Schloß und dauert etwa 3 Stunden. Abfahrtshäfen sind die Pointe de l'Arcouest, Paimpol oder Bréhat. Erwachsene 28 DM.

▶ **Pontrieux** *(ca. 1300 Einwohner)*: Der Ort liegt am Beginn der fjordartigen Trichtermündung des Trieux-Flusses und gehört zur Kategorie der *Petite Cité de Caractère*. Der Fluß ist bis Pontrieux schiffbar. Der Hafen der Stadt, heute ein ansehnlicher Yachthafen, war bereits im Mittelalter ein wichtiger Verkehrsknotenpunkt für den Handel zwischen Armor und Argoat. Das Städtchen, das sich langgestreckt in das schmale Flußtal schmiegt, besitzt einen alten Stadtkern mit zwei dreiecksförmigen Plätzen, die von Fachwerk- und Natursteinhäusern umgeben sind. Auffälligstes Gebäude ist das *Tour-Eiffel*-Fachwerkhaus (16. Jh.) am Place le Trocquer, wo auch ein in der Bretagne einmaliges Exemplar eines granitenen *Barockbrunnens* aus dem 18. Jh. sprudelt.

• *Telefonvorwahl*: 96
• *Postleitzahl*: 22260
• *Information*: Tourismusbüro in einem alten Haus am zentralen Ortsplatz. Von Juni bis 15.9. werktags täglich 9 - 12 und 14 - 17 Uhr. Place le Trocquer, Tel. 956 031.

• *Fahrradverleih*: Tourenräder und Mountainbikes bei Service Loisirs am Hafendamm. Rue du Quai 5, Tel. 951 471.
• *Markt*: Wochenmarkt am Montag vormittag, vor allem landwirtschaftliche Produkte.
• *Wassersport*: Der Wassersportclub am Hafen organisiert Kanu- und Kajakfahrten auf der Trieux. Vermietung von Booten. Auskünfte über das O. T.
• *Pardon*: In der Nacht des 3. Julisonntags wird die Statue der "Notre-Dame-des-Fontaines" aus der Kirche geholt und in einer Fackelprozession durch den Ort geführt.

▶ **Runan**: Von Pontrieux über die D 21 in westlicher Richtung, nach 5 km ist die kleine Ortschaft erreicht. Eine imposante Kirche überragt das Hochplateau, ihr kantiges Grau im Sommer von üppigen, weißblühenden Hortensienbüschen geschmückt. Die *Kirche Notre-Dame* (15. Jh.) wurde im Auftrag des Templerordens errichtet und später von den Johannitern übernommen. Sie besitzt einen umfriedeten *Pfarrbezirk*, ein *Beinhaus* (1552) und eine große *Außenkanzel* (15. Jh.), die belegt, daß Runan zu dieser Zeit eine vielbesuchte Pilgerstätte war. Die Südfassade der Kirche, aufgelockert durch vier spätgotische Fenster, ist reich mit Skulpturen und Ritterswappen verziert. Im Inneren beleuchtet das eindringende Licht diffus die reich ornamentierte Holzdecke mit ihren Heiligenfiguren. Das Fenster im Chor ist eine Meisterarbeit aus dem Jahr 1423. In der Taufkapelle rechts vom Eingang ein Retabel mit ausgefallenen Figuren aus blauem belgischen Stein.

▶ **Plougrescant** *(ca. 700 Einwohner)*: Kirchenpatron und Ortsheiliger ist der britische Eremit und Fieberheiler St. Gonery, der im 6. Jh. hier lebte, und für den im 10. Jh. eine Kapelle errichtet wurde. Um die *St. Gonery-Kapelle* hat sich etwas oberhalb der fjordartigen Mündung des Jaudy-Flusses ein kleiner Ortskern entwickelt, der Rest der Gemeinde ist auf viele weitverstreute Einzelgehöfte verteilt.

Von der Ursprungskapelle des St. Gonery blieb nur der seltsam geknickte Glockenturm auf dem Kirchenschiff. Ob die bleigedeckte Turmspitze aus dem Jahr 1612 von einem Blitz getroffen oder von der Hand des Teufels verbogen wurde, ist ungewiß. Die Einheimischen erzählen grinsend, daß der Turm wieder gerade wird, wenn das erste jungfräuliche Mädchen des Ortes vor den Traualtar tritt.

Das Mauerwerk der Kapelle stammt im Kern aus dem 14./15. Jh. Der schön von Bäumen beschattete Pfarrbezirk im Ortszentrum wird von einer niedrigen Mauer umfaßt, drei Kreuze bewachen die Eingangsstufe. Ihr Inneres ist einer der Höhepunkte bretonischer *Deckenmalerei*. Ein unbekannter einheimischer Künstler bemalte im 15. Jh. (im 18. und 19. Jh restauriert) die Kielbogendecke mit Motiven aus dem biblischen Paradies. Vor blinkenden Sternen auf rotem Grund erzählt er in ikonenhaften Bildern schamhaft von Adam in der Blätterjacke und Eva, den nackten Körper unterm Umhang verborgen. Mit naiver Lust ergeht er sich in fremdartigen Konfektionen, malt orientalische Mützen, spitze Turbane und exotische Trachten. Einen Eindruck vom originellen Kunstschaffen des Meisters geben das Bild von der Erschaffung der Tiere und der genaue Blick aufs Abendmal: der Tisch wird aus der Vogelperspektive gezeigt.

Zugang: Falls die Kapelle nicht geöffnet ist, wenden Sie sich an Mme. Richard, die im Haus mit dem kleinen Antikladen gegenüber der Kapelle wohnt.

- *Postleitzahl*: 96
- *Telefonvorwahl*: 22820
- *Information*: Auskünfte im Rathaus in der Ortsmitte. Tel. 925 118, von Montag bis Freitag 8.30 - 12 Uhr/13.30 - 17.30 Uhr.
- *Verbindung*: Mit dem **Lokalbus** mehrmals täglich nach Tréguier. Abfahrt bei der Kapelle St. Gonnery im Zentrum. (7 km, ca. 30 Min.)

- *Feste*: In der Hauptsaison veranstaltet ein örtliches Festkomitee jeden Samstag "La Boum", die große Sause. Höhepunkt der Festsaison der Sommernachtsball des Komitees, der 1990 unter dem Motto "Nachtvögel und Feuerkunst" stand, 1992 unter dem Motto "UFO".
- *Wandern*: 4 Rundwanderwege, von der Gemeindeverwaltung instand gehalten; zu empfehlen ist die 16 km lange "Ballade autour de Plougrescant" (4,5 Stunden), die an allen wesentlichen touristischen Höhepunkten vorbeiführt, z. B. die "Baie d'Enfer" (Höllenbucht) mit Austernbänken und Rennstrecke oder "Le Gouffre" (Abgrund) mit dem berühmten Haus zwischen den Felsen. Wanderkarten gibt es im Rathaus oder an den Rezeptionen der Campingplätze.
- *Wassersport*: Plougrescant besitzt neben Brest einen Hochgeschwindigkeitsstützpunkt (Base de Vitesse) für alle Arten von Brettseglern. Bei praktisch jedem Wind lassen sich in der Höllenbucht auf dem 500 m langen, schnurgeraden Rennkurs Wettbewerbe austragen. Die Leitung des Campings Beg-Vilin bietet im Juli/August auch Kajakkurse an.

Camping

*** **Camping Le Varlen**: Etwa 2 km außerhalb von Plougrescant (ab Kirche ausgeschildert). Funktionaler Wiesenplatz, freundliche Leitung und familiäre Atmospäre. Für 3 Sterne simple Sanitärs und einfaches Platzangebot. Erwachsene 5 DM, Kinder 3 DM, Platz 4,30 DM, Auto 2,30 DM, Elektrik 4 DM. 65 Stellplätze. Ganzjährig geöffnet. Tel. 925 215.

** **Camping Municipal de Beg-Vilin**: Etwa 2 km außerhalb von Plougrescant (ab Kirche ausgeschildert) am Ufer der Höllenbucht, seit 1981 ein idyllischer Gemeindeplatz weit ab vom Schuß. Rasengelände mit Hecken und Baumbestand, in Wohnwagen- und Zeltabteilung aufgeteilt, von der Lage für einen gemütlichen Aufenthalt prädestiniert. Elektroanschlüsse, gefliester Sanitärblock mit heißen Duschen (Jetons). Erwachsene 2,20 DM, Kinder 1,30 DM, Auto 1,30 DM, Platz 1,65 DM, Elektrik 2,60 DM, heiße Dusche 1,50 DM (5 Min.). Pointe de Moulin, Tel. 925 615.

Eines der beliebtesten Motive - das Haus zwischen den Felsen

▶ **Le Gouffre**: Der "Abgrund" genannte Aussichtspunkt ist gut ausgeschildert (ca. 2 km vom Ortszentrum von Plougrescant). Panoramablick und eines der meistfotografierten Häuser der Bretagne: Zwischen zwei mächtigen Granitblöcken eingezwängt, hinter denen die Fluten in Felsspalten gurgeln, duckt sich das Schieferdach eines weißen Häuschens und spiegelt sich im seichten Wasser eines Salzweihers, den die aufgebrachte Brandung der Atlantikstürme hier hinterlassen hat.

▶ **Port Blanc**: Auf der Suche nach kreativer Abgeschiedenheit entdeckten französische Künstler um die Jahrhundertwende den kleinen Fischerort an der Trégor-Küste. Unter ihnen einer der Heroen der bretonischen Literatur, ANATOL LE BRAZ und der französisch-amerikanische Schriftsteller und Pathologe ALEXIS CARREL, der auf der vorgelagerten Insel *St. Gildas* den Bestseller *Der Mensch, das unbekannte Wesen* schrieb. Das malerische, fast mediterran wirkende Hafendörfchen Port Blanc, der Gemeinde von Penvénan angegliedert, liegt weit ab vom Animationsrummel der großen Seebäder. Nur zu den Stoßzeiten beleben Ausflügler die Strandzeile mit ihren Hotels, sonst herrscht im Zentrum der zersiedelten Region behäbige Ruhe.

Ein bizarres Granitensemble in der Mitte des Ortsstrandes, von einem kleinen *Marienoratorium* gekrönt, bestimmt Port Blancs Meerseite. Dahinter liegen die kleinen Hotels der Strandpromenade, die westlich über den bürgersteigähnlichen Damm zum Hafen führt. Weiter landeinwärts, etwas erhöht, umfriedet ein Enclos Paroissial mit Kalvariensockel die *Kapelle Notre-Dame* mit ihrem bis zum Boden reichenden Dach. Die im 16. Jh. errichtete Kapelle variiert in ihrem Inneren (nur während der Messe zugänglich) ein bretonisches Motiv: Auf einem Altar im rechten Seitenschiff thront der Heilige Yves zwischen dem Reichen und dem Armen.

Port Blanc besitzt mehrere Strände. Der Ortsstrand vor der Hotelzeile ist malerisch, auf dem schmalen Sanddreieck unterhalb des Oratoriums lassen sich bei Flut nur noch schmale Badetücher ausbreiten. Hier ist der Sitz der Segelschule, die auch Surfbretter verleiht. Besser zum Baden, wenn auch klein, ist der weiße Sandstrand etwa 500 m westlich der Hotels. Der *Plage des Dunes*, noch einen Kilometer weiter (Campingplatz), ist bei Ebbe extrem flach, bei Flut bleibt nur wenig Liegefläche. Statt großzügiger Dünen Felsen, Sand und Kiesel in einer optisch reizvollen Bucht.

• *Pardon*: Auf der vorgelagerten Insel St. Gildas findet alljährlich ein weithin bekannter Pardon statt. In seinem Mittelpunkt steht St. Gildas, Beschützer der Pferde. Am Pfingstsonntag, wenn die Ebbe den Weg auf die Insel freigibt, werden die Pferde im Festtagsputz durch das Watt geritten und dreimal um die Kapelle des Heiligen geführt. Nach der Segnung erhalten sie Brot, das am Leib der Gildas-Figur gerieben wurde. Es soll die Tiere übers Jahr vor Bauchgrimmen und Durchfall schützen.

Übernachten/Camping

** **Hotel le Rocher**: Etwas verwinkeltes Anwesen, von Anbau zu Anbau stetig vergrößert. Rund um den blumengeschmückten Innenhof 10 Zimmer, sanitär unterschiedlich ausgestattet. Frühstücksbar, kein Restaurant. DZ mit Waschbecken 57 DM, mit Dusche 70 DM, mit Bad/WC 77 DM, Frühstück 8 DM. Geöffnet von Juni bis 15.9. Rue de la Sentinelle, Tel. 926 497.

* **Hotel des Iles**: Niedliches 35-Zimmer-Hotel von Logis-de-France in einem Natursteingebäude an der Promenade. 14 Zimmer, teilweise etwas klein, dafür meist Meerblick und mit Bad/Dusche/WC. Im Restaurant in Holzfachwerk und Naturstein Meeresfrüchte bester Qualität, Menus 25 - 65 DM. DZ 47 - 77 DM, Frühstück 8 DM. Geöffnet von April bis 30.9. Boulevard de la Mer, Tel. 926 649.

* **Grand Hotel du Port Blanc**: Langgestrecktes Gebäude an der Strandpromenade, von den Frontzimmern schönes Panorama auf den Oratoriumsfelsen. Restaurant/Bar im Glasvorbau, auf dem Strandboulevard ein Terrassencafé. 30 Zimmer mit Bad bzw. Dusche, einige inkl. WC. DZ mit Dusche 53 - 70 DM, DZ mit Bad/WC 68 - 90 DM, Frühstück 8,50 DM. Boulevard de la Mer, Tel. 926 652.

• *Camping*: **des Dunes**; sandiger Platz mit dürrer Strandvegetation am gleichnamigen Strand 1,5 km westlich von Port Blanc Zentrum (ausgeschildert). Schattenlos, trotz des neuen Sanitärpavillons etwas verloren. Erwachsene 2,30 DM, Kinder 1 DM, Platz 1,70 DM, Auto 1,70 DM, Wohnmobil 3,30 DM, Duschjeton 1,60 DM, Elektrik 2,60 DM. Vom 15.5. - 15.9. geöffnet.

Sauvage-Halbinsel: Die Halbinsel zwischen den Mündungen des Jaudy und der Trieux liegt touristisch ziemlich im Abseits - was ihren Reiz nicht schmälert. Eine gemütliche 50-km Rundfahrt kann die Sauvage-Halbinsel erschließen. Über den Ort *Lezardieux* an der Trieux führt die Touristenroute zu einer verfallenen Flutmühle (*Ancien moulin de marée*), zum *Phare du Bodic* (ein Stück links steht eine für jeden erklimmbare Plattform mit Sichtgarantie) und zur Landspitze *Sillon de Talbert*. Die Orientierungstafel *Creac'h Maout* an einem Gefallenendenkmal linkerhand der Spitze erlaubt die Benennung der markanten Landschaftszeichen. Zurück nach Tréguier über *Pleubian* (Kirche mit beachtenswerter Außenkanzel) und den Aussichtspunkt an der Jaudy-Mündung mit dem treffenden Namen *Bellevue* (in Kerbors vor der Kirche rechts ab): u. a. Blick hinüber nach Tréguier.

Die Flasche

Granitküste

Gelber Ginster, Heidekraut, wilder Brombeer und rotblühende Zwergsträucher übersäen den kargen Boden des offenen Heidelands. Dazwischen türmt sich im Sonnenuntergang rosa glühender Granit zu einer dramatischen Felslandschaft, an der sich die Fluten des Atlantiks brechen.

Die bizarren Formen der über 350 Millionen Jahre alten, von Wind und Wasser erodierten Felsblöcke, deren zartes Rosa vom hohen Feldspatgehalt herrührt, reizten schon immer die Phantasie der Betrachter und haben zu einem außergewöhnlichen Wettstreit der beiden "Granit-Rose-Städtchen" *Ploumanach* und *Trégastel* geführt: Wer hat das skurrilste Stück Fels? Wer die schönste Granitformation? Ist es der *Hut Napoleons*, der in der Weltgeschichte eine bedeutende Rolle spielte, ist es die *Flasche*, der *Totenkopf*, die *Hexe*, *Bastille* oder *Teufelsburg*? Die Meinungen darüber sind Legion, die Ansichten der jeweiligen Bewohner eindeutig. Nichtsdestoweniger gehört die *Côte de Granit Rose* von Perros-Guirec bis Trébeurden zu den absoluten Höhepunkten einer Bretagne-Reise. Während sich das Seebad *Perros-Guirec* zum infrastrukturellen Hauptort entwickelt hat, bieten Ploumanach und Trégastel noch sympathisch-verschlafene Provinzionalität und dörflichen Charme.

Hinter Trégastel werden die rosa-farbenen Granitformationen und bizarr aus dem Wasser ragenden Riffe seltener, und *Trébeurden*, am Ende/Anfang der Granit-Rose-Tour, steht trotz seiner Stammkundschaft bereits etwas abseits des Geschehens.

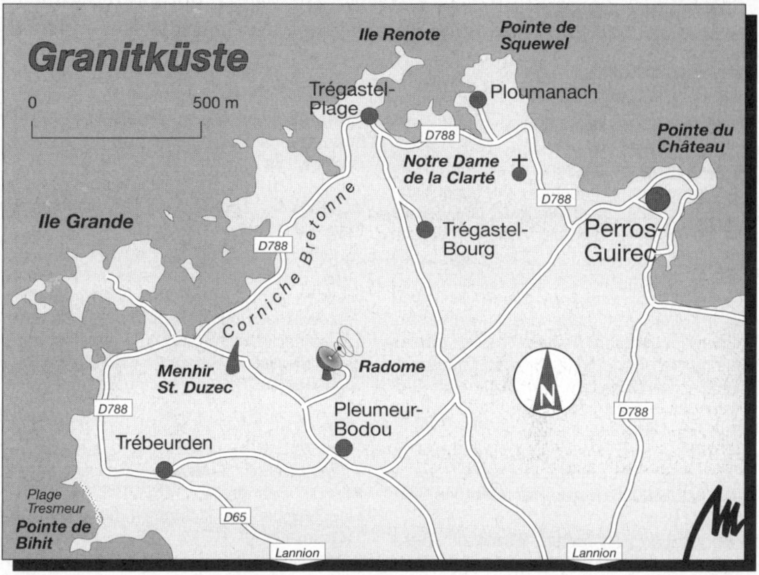

Durch die verschiedenen Orte der Granitküste führt eine der wohl eindrucksvollsten, bretonischen Küstenstraßen, die *Corniche Bretonne*, die auf ihren rund 30 Kilometern zwischen Perros und Trébeurden oft genug Anlaß gibt zu erstaunlichen Ausblicken. Deren einladende Parkplätze sind denn auch meist von schaulustigen KFZ-Besitzern belegt.

Perros-Guirec *(ca. 7500 Einwohner)*

Der kleine Fischerhafen, dessen weißgekalkte Häuschen mit den Giebelkaminen sich vor hundert Jahren noch in der Bucht des heutigen Yachthafens zusammendrängten, hat sich seit der Entdeckung des Urlaubslandes Bretagne zu Beginn des 20. Jh. in ein fast mondänes Reiseziel verwandelt. Der Ort ist über die zerfranste, fast 50 m hohe Landspitze der *Pointe du Château* hinaus bis ans Ende der nächsten Bucht gewachsen und ist hinter Dinard das bedeutendste Seebad der Nordküste.
Ferienhäuser, Residenzen, Hotels und Villen in Kiefernparks hoch über der Küste bestimmen das Weichbild der Stadt, im Sommer quirlig belebt von Tausenden von Touristen. Perros-Guirec besteht aus mehreren Ortsteilen, die im Lauf des Jahrhunderts zusammengewachsen sind: die von neuen Betonhäusern flankierte Promenade des heutigen Yacht- und früheren Fischerhafens (*Unterstadt*), das Verwaltungs- und Geschäftszentrum entlang der Hauptstraße auf dem Hügel oberhalb der Küste (*Oberstadt*) und das Ferienzentrum am *Tréstraou-Strand* mit seinen Beachclubs, einer Kongreßhalle und dem seit 1924 bestehendem Casino.
Auf einem Hügel im Westen erhebt sich die Kirche des Ortsteils *Clarté*, unterhalb der Pointe du Château lassen es sich Badegäste am Strand

Tréstrignel gut gehen. Perros bietet seinen Gästen ein buntes Animationsprogramm: Bootsausflüge zu den der Küste vorgelagerten sieben Inseln, Surf- und Segelregatten, Strandkonzerte. Die Palette der touristischen Möglichkeiten ist schier unerschöpflich.

• *Telefonvorwahl*: 96
• *Postleitzahl*: 22700
• *Information*: Im Ortszentrum der Oberstadt gegenüber vom Rathaus; eine Unzahl von Hochglanzbroschüren informiert über Perros und die Rosa Granitküste. Videofreunde und Cineasten können sich mit einem englisch-/französischsprachigen Video auf die Rosa-Granit-Küste einstimmen. Juli/August täglich von 9 - 20 Uhr, von September bis Juni werktags 9 - 12 und 14 - 19 Uhr geöffnet. Place de l'Hôtel de Ville 21, Tel. 232 115.

Verbindung

Zentraler **Bus**bahnhof am Hafen der Unterstadt, direkt vor dem Bassin du Linkin. Außerdem mehrere Haltestellen im ganzen Stadtgebiet, u. a. direkt vor dem Tourismusbüro in der Oberstadt. Die Busse von CAF verbinden die verschiedenen Orte der Granitküste mit Lannion, dem nächstgrößeren Verkehrsknotenpunkt. Täglich bis zu 7 x nach Lannion (25 Minuten) und 8 x nach Ploumanach, Trégastel, Trébeurden und das Radom von Pleumeur-Bodou zurück nach Lannion.

Diverses

• *Autoverleih*: **Europcars**, Place de l'Hôtel de Ville, Tel. 232035; **Hertz**, Traou Morgan Bian, Tel. 232 035.

• *Bootsausflug*: Vedettes Blanches bietet vom 15.3. - 30.9. **Ausflüge zu den 7 Inseln** an. Die Bootstour im Vogelschutzreservat dauert etwa 2 1/2 Stunden. Ein Landgang ist nur auf der Ile aux Moines (Mönchsinsel) möglich. Abfahrt am Kai des Tréstraou-Strandes. Erwachsene 27 DM, Kinder 17 DM. Reservierungs-Tel. 232 247.
Ein weiterer **Bootsausflug** führt 75 Minuten lang **durch das Vogelschutzgebiet**. Erwachsene 7 DM, Kinder 5 DM.
30 Minuten "Aquavision" auf einem Boot mit Plexiglasdurchsicht zum Entdecken der Meeresfauna und -flora kosten 18 DM.

• *Bridge*: Sie befinden sich in einem ehemaligen britischen Seebad; distinguierte Damen und Herren treffen sich Dienstag und Donnerstag von 14 - 18 Uhr im Hotel Printania zum stilvoll-ungezwungenen Spiel.

• *Busausflug*: In Zusammenarbeit mit SNCF organisiert Tourisme Verney einmal wöchentlich Halbtagestouren die Rosa-Granitküste entlang - die wichtigsten touristischen Höhepunkte bis Lannion inkl. Ile Grande (Erwachsene 27 DM). Daneben eine Trégor-Rundfahrt (43 DM) und eine Calvairetour nach St. Thégonnec, Guimiliau und Morlaix (40 DM). Anmeldung problemlos im Tourismusbüro.

• *Casino*: Das Casino am Tréstraou-Strand hat von Ostern bis Ende September täglich ab 21 Uhr geöffnet. Bereits ab 14 Uhr rauben die einarmigen Banditen des Casinos unglückliche Glücksritter/innen aus.

• *Fahrradverleih*: **Location Vélos**, Boulevard Aristide Briand 41, Tel. 910333. In der Hauptsaison 1 - 2 Tage vorher bestellen; Tagesmiete ca. 30 DM.

• *Golf*: Der Golfclub von Perros residiert außerhalb im Ortsteil St. Samson auf dem Weg nach Pleumeur-Bodou. Auf einer stilvollen 18-Loch-Anlage kann eingelocht werden.

• *Markt*: Unterhalb der Oberstadtkirche findet jeden Freitag vormittag auf dem Place du Marche der Wochenmarkt statt.

• *Minigolf*: Gesellige Partien nach dem Segeln, Surfen oder Sonnenbaden direkt am Tréstraou-Strand.

• *Pardon*: Großer Pardon am 15. August zu Ehren der Notre Dame de la Clarté in und um die gleichnamige Kapelle. Der Pardon beginnt bereits am Abend des Vortages mit einer Nachtwache zu Ehren der heiligen Jungfrau zur Klarsicht und einer anschliessenden Freudenfeuerprozession auf dem Hügel hinter der Kapelle. Am Morgen des eigentlichen Festtages werden fünf Messen in der Kapelle gelesen. Nach einer weiteren Messe unter freiem Himmel auf dem Kirchhügel beginnt die große Prozession und Segnung auf dem Kirchplatz.

• *Parken*: Große Parkplätze am und rund um den Hafen (Unterstadt), in der Oberstadt links und rechts der Hauptstraße (ausgeschildert). Da die Parkplätze am Tréstraou-Strand oft voll belegt sind, empfiehlt sich für Spaziergänger und Wanderer durch die Rosa-Granit-Welt ein Parkplatz in der Oberstadt. Bei der Rückkehr bringt Sie der Bus direkt zu Ihrem Wagen. Für Eilige, die dann meist doch länger bleiben, gibt es einen Parkplatz unterhalb des Campingplatzes Ranolien zwischen Perros und Ploumanach an der Küste. Ein Katzensprung zum Felschaos.

- *Radeln*: Radler werden vom Tourismusbüro verwöhnt. Brauchbare Tourenkarten gibt es gratis. Empfehlenswert die 25-km-Tour Vieilles Pierres (alte Steine) mit dem Schwierigkeitsgrad grün.
- *Segeln*: Die Segelschule von Perros ist spezialisiert auf die Ausbildung junger Jollenkapitäne, die vorzugsweise während 1- bis 2-wöchiger Ferienkurse getrimmt werden. Tel. 232 562.
- *Surfen*: Am Tréstraou-Strand vermieten beide Beachclubs Bretter und Ausrüstung. Am Tréstriguel-Strand der Club Hippocamp.
- *Taxi*: Allo Taxi, Tel. 230 698.
- *Veranstaltungen*: Im Sommer rummelt es insbesondere am Tréstraou-Strand mehrmals wöchentlich. Regatten, Folkloreabende, klassische Strand- oder Rockkonzerte unter freiem Himmel. Höhepunkt der Saison ist das große Hortensienfest (**Grande Fête des Hortensias**) am zweiten Sonntag im August. Auf mehreren Bühnen in der Stadt bieten bis zu 500 Musiker, Tänzer und Sänger bretonische Folklore. Den Abschluß der Fête bildet der Triumpfzug der Bläser, anschließend wird ein Fest-Noz auf dem Rathausplatz gefeiert. Das Fest-Noz ist kostenlos, einige Konzerte sind gebührenpflichtig (z. B. Alain Stivell 12 DM).
- *Yachthafen*: Gutgeschützter Gezeitenhafen mit schließbarem Flutbecken, das jeweils 1,5 Stunden vor und nach Flut geöffnet wird. 600 Liegeplätze für maximal 15-m-Boote. 40-t-Kran. Strom, Wasser und Sprit direkt am Ponton. 10 Duschen/Toiletten im Hafenbüro an der Schleuse. 10-m-Boot 32 DM, 15-m-Boot 43 DM. Nähere Informationen über die Capitainerie an der Hafenzeile, täglich von 8.30 - 12 und 13.30 - 21 Uhr. Tel. 233 782.
- *Zugausflug*: Le Petit Train, der kleine Zug, rollt auf seinen kleinen Rädern in der HS 3 x am Nachmittag von Perros-Guirec nach Ploumanac'h und zurück. Zusteigen am Hafen von Perros, am Rathaus und am Tréstraou-Strand. Erwachsene 12 DM, Kinder 5 DM.

Übernachten

32 Hotels mit 770 Zimmern, dazu eine Unzahl möblierter Zimmer und Appartements - Perros ist das Beherbergungszentrum der Granitküste. Schwerpunkte sind der Hafen in der Unterstadt, der Boul. A. Briand (Hauptstraße der Oberstadt) und der Tréstraou-Strand. In der Saison bieten viele Hotels nur Zimmer mit Halbpension. Eine Auswahl:

*** **Grand Hotel de Tréstraou**: Das ehemalige Seebadhotel beherrscht mit seiner kolonialen Würde den Baderummel zu seinen Füßen. Das 65-Zimmer-Hotel mit den großen, etwas stillosen Aufenthaltsräumen besitzt 60 Badezimmer und ein Restaurant mit 300 Gedecken. DZ 100 - 150 DM, HP 100 - 130 DM, VP 130 - 170 DM, Frühstück 11 DM. Ganzjährig geöffnet. Boulevard J. de Bihan, Tel. 232 405.

*** **Hotel le Sphinx**: Schmucke, hochgeschossige, alte Villa auf der Landspitze oberhalb des Trestriguel-Strandes; 20 mit Bad/WC/TV ausgestattete Türmchen- und Erkerzimmer und Panoramablick über die Bucht. Hotel und Gartenpark im angestaubten Charme eines englischen Aristokratenetablissements. Ausgezeichnete Diners im Hotelrestaurant. In der Hochsaison nur Halb- bzw. Vollpension. DZ 130 - 160 DM, HP 150 - 170 DM, VP 180 - 200 DM, Frühstück 15 DM. Geöffnet vom 1.4. - bis 5.1. Chemin de la Messe 67, Tel. 232 542.

*** **Hotel le Printania**: Renommierhotel in neuem Glanz. Von den ursprünglich 38 Zimmern blieben nach einer Totalrenovierung 1990 noch 33 erhalten - in Topzustand. Panoramarestaurant mit hervorragendem Ruf. HP im Sommer Pflicht. DZ ab 135 DM, HP ab 130 DM, VP ab 170 DM, Frühstücksbuffet 15 DM. Ganzjährig geöffnet. Rue des Bons Enfants 12, Tel. 232 100.

*** **Hotel les Feux des Iles**: Freistehendes Natursteingebäude am Anfang der Oberstadthauptstraße, steil über den Klippen; 17 Zimmer mit prächtiger Aussicht, alle mit Bad/WC/TV und sehr komfortabel. Neben dem hoteleigenen Tennisplatz überzeugt vor allem das mehrfach ausgezeichnete Hotelrestaurant mit seinen Schlemmereien. Im August HP. DZ 100 - 210 DM, HP 130 - 170 DM, VP ab 160 DM, Frühstück 13 DM. Geöffnet von März bis Dezember. Boulevard Clemenceau 53, Tel. 232 294.

** **Hotel Ker Mor**: Das mit Türmchen verzierte "Haus am Meer" liegt neben dem Kongreßzentrum direkt am Tréstraou-Strand. Frühe Reservierung und Halbpension im Sommer sind bei dieser Lage selbstverständlich. 29 unterschiedlich große und ausgestattete Zimmer, z. T. mit Meerblick. Solides Restaurant mit Terrasse und Aussicht auf den Baderummel. DZ 70 - 150 DM, HP ab 80 DM, VP ab 100 DM, Frühstück 7 DM.

Geöffnet vom 15.2. - 1.11. Rue du Marechal Foch 38, Tel. 231 419.

** **Hotel de la Mairie**: Das preisgünstigste 2-Sterne-Hotel der Stadt, 22 schallschutzgedämpft Zimmer zum Rathausplatz hin. Der rechtwinklige Natursteinbau hat eine Betonbalkonzeile und eine Erdgeschoßbar. Keine Hunderln, Katzen oder Wellensittiche. 18 Zimmer mit Dusche bzw. Bad/WC. 4 Zimmer mit Waschbecken und Bidet. DZ 43 - 70 DM, Frühstück 8 DM. Ganzjährig geöffnet. Place de l'Hotel de Ville 28, Tel 232 241.

** **Hotel de France**: Oberhalb des Stadtrands auf einer weit vorgeschobenen Landzunge im Grünen liegt das schieferverkleidete Empfangs- und Wohngebäude mit seiner granitgerahmten Fensterfront, die aufs Meer hin blickt. 30 sanitär voll ausgestattete Zimmer (Bad bzw. Dusche/WC), die sich im Preis nur durch ihre Lage unterscheiden. Überdachte Aufenthaltsterrasse, ruhiger Garten und Restaurant. DZ 70 - 110 DM, HP 85 - 95 DM, VP 85 - 115 DM, Frühstück 11 DM. Rue Rouzig 14, Tel. 232 027.

** **Hotel St.-Yves**: 20 Zimmer unterschiedlichster Ausstattung in einem weißgetünchten, familiären Bürgershaus mit neuzeitlichem Fachwerkanbau (Restaurant) und Caféterrasse. Oberhalb von Rathaus/S.I. direkt an der Hauptstraße führt die Einfahrt in den Hof-

parkplatz. DZ mit Waschbecken/Bidet 43 DM, DZ mit Bad/WC/TV 80 DM, HP 65 - 80 DM, VP 77 - 100 DM, Frühstück 8 DM. Ganzjährig geöffnet. Rue A. Briand 11, Tel. 232 131.

* **Le Gulf Stream**: Kleines 1-Stern-Hotel am Ende des Tréstraou-Strandes, oberhalb der steilabfallenden Klippen. 12 mit altmodischem Flair ausgestattete Zimmer, die eine Bombenaussicht über die Bucht gestatten. Nettes Restaurant. 4 Zimmer besitzen Bad/WC, ansonsten Etagenklos und -duschen. DZ mit Waschbecken 43 DM, mit Bad/WC 80 DM, HP ab 65 DM, Frühstück 8 DM. Geöffnet von März bis Mitte November. Rue des Sept Iles 26, Tel. 232 186.

* **Hotel le Surtoit**: Zweistöckiger Eckbau stadtauswärts an der Hafenzeile (Unterstadt), 14 einfache Zimmern und ebensolcher Barbetrieb. 3 Zimmer mit Bad. Tagsüber emsiger Straßenverkehr. DZ 40 - 100 DM, Frühstück 9 DM. Rue Ernest Renan 81, Tel. 232 383.

* **Hotel les Violettes**: Nettes Familienhotel in einem verwinkelten Gebäude-Ensemble mit geraniengeschmückten Balkönchen abseits der Oberstadt-Hauptstraße. Von den 17 einfachen, aber zweckmäßig eingerichteten Zimmern haben 5 Bad/Dusche/WC, 3 zusätzlich TV. Solides Restaurant. DZ 42 - 65 DM, HP 55 - 75 DM, Frühstück 7 DM. Ganzjährig geöffnet. Rue du Calvaire 19, Tel. 232 133.

La Bonne Auberge: Nettes, etwas schmalbrüstiges Natursteingebäude im touristischen Abseits im Ortsteil La Clarté (3 km zum Strand) vis-à-vis der Kapelle Notre Dame. Während des großen Pardons im August allerdings befindet sich die Herberge für 2 Tage im Zentrum des Geschehens. Dann hilft nur rechtzeitige Reservierung. 7 einfache Zimmer, Salon und kleines Restaurant. DZ je nach Standard 43 - 60 DM, HP 55 - 65 DM, VP ab 80 DM, Frühstück 8 DM. Place de la Chapelle, Tel. 914 605.

Hotel l'Angleterre: Auf dem Weg vom Tourist-Büro hinab zum Tréstraou-Strand; simples Kleinhotel. Restaurant. DZ 43 - 60 DM, HP ab 57 DM, VP ab 70 DM, Frühstück 7 DM. Rue du Maréchal Foch, Tel. 231 884.

• Appartements/Häuser: Neben privaten Zimmeranbietern (Informationen über das S.I.) drei große Mietwohnungs- und Häuseragenturen - vom 2-Personen-Studio bis zur 10-Zimmer-Villa (Kontakte über das S.I.). Preisbeispiele: 4-Bett-Studio nah am Strand HS ca. 650 DM/Woche, NS ca. 400 DM; möblierte 3-Zimmerwohnung (6 Personen) mit Meerblick in der HS ca. 1000 DM/Woche, in der NS 600 DM. Anbieter z. B. **Agence Villeneuve**, Place de la Mairie 9, Tel. 232 262.

Camping

Über 1500 Stellplätze, doch im Sommer wird es eng. Vorbestellung empfohlen.

**** **Le Rannolien**: An der D 787 zwischen Perros und Ploumanach, das Felsenchaos des Teufelsschlosses auf der Pointe Squewel liegt gleich ums Eck. Von Lage und Ausstattung einer der schönsten Campingplätze der Bretagne. 10 ha bewaldetes Heideland, in dem wild verstreut riesige Felsblöcke schlummern, bieten lauschige Plätzchen für ca. 1000 Gäste. Sehr gepflegte Sanitärausstattung und breites Animationsangebot: Minigolf, Tennis, Segelkurs, beheiztes Schwimmbad mit Planschbecken, Folkloreabende und Ausflüge. Tabak, vorgekochte Schnellgerichte, Zeitungen, Tiefkühltruhen, Waschmaschinen, Reinigung, Restaurant und Selbstbedienungsladen gehören zum Service. Platzpauschale in der HS für 2 Personen inkl. Zelt und Auto 33 DM, in der NS 23 DM. Ansonsten ein Erwachsener 9 DM, Kinder bis 7 Jahre 5 DM, Auto 4 DM, Elektrik 6 DM. Luxusplätze mit Wasser/Abwasser 5,30 DM Aufschlag. Für Juli und August ist Platzreservierung zwingend. Geöffnet von Februar bis November. Chemin du Rannolien, Tel. 914 358.

*** **Camping Ernest Renan**: Gegenüber der Landzunge von Perros-Guirec auf der Strecke von Perros nach Louannec (D6), ruhig an einer langgezogenen, gutgeschützten Lagune. Die Gemeindeverwaltung von Louannec zeichnet verantwortlich. Originalton der Eigenwerbung: "Bar, voge-richtete Speise, Eisstücke zum erkühlen, Eis zum Essen. Für die Kindern: Rutsche, Schaukel, Strandund ein Meerwasser See. Auf diesem Meerwasser See können Sie durch die Stadtlicher Segeln Schule Kurze oder ein Einführung zu Segeln haben (Segelnbrett oder Segelnboot)." Klar, daß die "viele Grassanlage", die 1989 frisch mit Blumen und wenigen Bäumchen bepflanzt wurde, auch sanitär sehr gut ausgestattet ist. Fazit: Der nette Municipal-Camping von Louannec braucht dringend einen Germanisten. Erwachsene 4 DM, Kinder bis 4 Jahre 1,50 DM, Zelt und Platz 7 DM, Auto 4 DM, Wohnwagen und Wohnmobil je 7 DM, Elektrik 4 DM. Route de Louannec, Tel. 231 178.

*** **Camping Tréstraou**: Hinter der Küstenboulevard/Hotelzeile des gleichnamigen Strandes. Die ziemlich weitläufige Anlage ist eingerahmt von 3 Hotelkomplexen, die nachts hell strahlen und deren werte Gästen tagsüber von den Zimmerbalkons in die Kochtöpfe der Freiluftkollegen schielen. Die gut 180 Stellplätze auf gepflegtem Rasen sind teilweise mit Hecken unterteilt. Das schmale Freizeitangebot (Tischtennis, Kicker) wird vom noch schmaleren Lebensmittelangebot des Supermarkts im Empfangsgebäude unterboten (Dosen, H-Milch); ca. 200 m zum Strand. Pauschale für 2 Personen inkl. 10-qm-Parzelle 30 DM. Ansonsten 1 Erwachsener 13 DM, Kinder bis 7 Jahre 7 DM, Jugendliche bis 18 Jahre 10 DM, Elektrik 7 DM. Geöffnet von Juni bis Oktober. Avenue du Casino, Tel. 230 811.

*** **Camping la Claire Fontaine**: Das Hotel de Plein Air ist ein schattiges, rasenbedecktes Areal am südlichen Ortsrand weit oberhalb der Küste, etwa 1 km vom Tréstraou-Strand. 180 Plätze für Leute, die nicht auf Rummel stehen und die es nicht stört, daß das Meer nachts nicht rauscht. Die Sanitäranlagen werden ordentlich gepflegt, Warmduschen im Preis inbegriffen. Erwachsene 4,60 DM, Kinder 3 DM, Platz 5 DM, Auto 3 DM, Wohnmobil 5 DM, Motorrad 2 DM, Hund 1,70 DM, Elektrik 5 DM. Geöffnet vom 15. 6. - 15. 9. Rue Pont Hele, Tel. 230 355.

Essen

Le Printania: Das Restaurant im gleichnamigen Hotel oberhalb des Tréstraou-Strandes ist eine der besten Speiseadressen der Stadt. Hinter der großen Fensterfront genießen Feinschmecker nicht nur eine königliche Meeresfrüchteplatte (110 DM), sondern auch exzellente Aussicht über die 7-Insel-Bucht. Rue des Bons Enfants 12, Tel. 232 100.

Les Feux des Iles: Im gepflegten, geschmackvollen Hotelrestaurant mit 7-Insel-Panorama ist der Hotelchef auch Meister der Küche. Kulinarisches ab 30 DM (Menu), Spezialitäten wie Norweger-Lachs und Krustentiere (à la carte).

Pizzeria An Ker Bleu: Für den schnellen Hunger zwischen Strand und Kasino. Meeresfrüchtepizza (17 DM), Tortellini oder sonstige Pasta (ab 11 DM) direkt am Badeboulevard. Viel Glück im Kasino. Boulevard Bihan, Tel. 911 469.

Sehenswertes

Kirche St. Jacques: Die Besonderheit der aus rosa Granit gebauten Kirche von Perros sind zwei Kirchenschiffe aus verschiedenen Epochen. Die romanische Westseite aus dem 12. Jh. wurde im 14. Jh. um ein gotisches Kirchenschiff erweitert. Turm und Chor stammen aus dem 17. Jh. Im Inneren ist das Altarblatt beachtenswert: Auf drei Etagen verteilt, zeigt es über 20 Figuren aus der Heiligengeschichte.

Die uralte Kirche des Badeorts

Wachsmuseum (Musee de Cire): Hinter dem Bassin de Linkin am Hafen stellen einige berühmte Franzosen (*Boishardy*, *Napoleon*, *Cadoudal*, *Renan* und *Botrel*) Szenen aus der französischen Geschichte dar. Daneben pergamentene Dokumente und Stiche aus der Lokal- und Regionalgeschichte. Eine Haubensammlung aus der Niederbretagne rundet den nicht allzu aufregenden Besuch ab.

- Öffnungszeiten: Von Juni bis September täglich 10.30 - 13 und 14.30 - 19.30 Uhr. 30-Minuten-Führung, Erwachsene 6 DM, Kinder und Jugendliche bis 13 Jahren 3 DM.

Zöllnerspfad (Sentier des Douaniers): Rechts vom Tréstraou-Strand steigt die Straße steil nach oben. Hier beginnt der Zöllnerspfad (beschildert), ein sehr schöner Spazierweg von etwa 3,5 km Länge, der knapp über der Brandung die Küste entlang nach Ploumanach führt. Nach anfänglicher Skepsis (wo ist das Chaos?), wird die Wandertour immer verrückter. Kreuz und quer türmen sich vor dem Hintergrund der blauen Atlantikfluten in der gelb und lila blühenden Heidelandschaft gewaltige, rosa schimmernde Felstorsos zu immer bizarreren Formationen. Den ersten gewaltigen Höhepunkt der Rosa-Granit-Tour erleben Sie nach etwa 2,5 km an der *Pointe du Squewel* (*skler well* = schöne Aussicht): das *Château du Diable* (Teufelsschloß), eine mächtige Granitburg aus der Zauberkiste der Natur. Weitere Sensationen unter Ploumanach/Sehenswertes.

Chapelle Notre Dame de la Clarté: Die Kirche im Ortsteil Clarté wurde 1445 in Auftrag gegeben und aus dem rosaschimmernden Granit der Perroser Steinbrüche eiligst hochgezogen. In diesem Bethaus sollte künftig die heilige Jungfrau zur Klarsicht verehrt werden, die dem Spender auf so wundersame Weise geholfen hatte (siehe Kasten). Der Turm der Kapelle wurde erst im späten 16. Jh. hinzugefügt. Zu seinem Bau verwandte man praktischerweise Baumaterial aus dem von Royalisten während der Ligakämpfe zerstörten Ploumanacher Schloß. Im Innern der Kirche imponieren die *Kreuzwegstationen* (zwölf Jugendstilbilder des bretonischen Künstlers Maurice Denis), mehrere *Holzapostel* und die 1946 mit einer goldenen Krone versehene *Marienfigur*, die im Mittelpunkt der alljährlichen Wallfahrt steht.

Die Jungfrau der Klarsicht

Die Entstehung der Kapelle geht auf ein lebensgefährliches Abenteuer eines hier ansässigen Marquis von BARRACH zurück, der vor 600 Jahren als Kommandant einer französischen Marineeinheit von einem Raubzug aus England zurückkehrte. Kurz hinter den Sieben Inseln geriet seine Staffel in dichtesten Nebel. Es war unmöglich, sicher zu steuern, Wind und Strömung hätten die orientierungslosen Schiffe unweigerlich in den tödlichen Riffen zerschellen lassen. Demütig kniete der gläubige Marquis auf den Planken nieder und flehte um die Fürbitte der heiligen Jungfrau. Sollten er und seine Flotte gerettet werden, wollte er ihr eine Kapelle stiften, versprach er. Der Graf fand gnädiges Gehör. Ein Sonnenstrahl brach durch den Nebel und zeigte den sicheren Weg in den Hafen von Perros. Der adelige Herr war ein Ehrenmann. Gleich nach seiner Ankunft ließ er an der Stelle, die der himmlische Strahl beschienen hatte, eine Kapelle errichten. Um an das Wunder in der Nebelsuppe zu erinnern, nannte er die Kapelle ***Notre Dame de la Clarté*** - Jungfrau der Helle, der Klarsicht. Ihre Aufgabe ist es, Fischer und Seeleute sicher zu leiten und Menschen aller Berufe vor dem Übel der Blindheit zu schützen.

PS.: Solide Heimatforscher melden bei der Geschichte Zweifel an - trotz gewissenhafter Nachforschungen in Marinearchiven und Stammbüchern konnte die Existenz eines seefahrenden Marquis von Barrach nie nachgewiesen werden.

Le Tertre: 100 m oberhalb der Kapelle erhebt sich *Le Tertre* (der Hügel) über den Ort. Der beliebte Aussichtspunkt gibt einen prachtvollen Panoramablick auf die Sieben Inseln frei, im Rücken die großen Weltraumlauscher und das gleißendweiße Radom von Pleumeur-Bodou. Der Orientierungstisch auf dem Hügel ist aus heimischer Keramik.

Sieben Inseln: Die Inseln vor der Küste sind Frankreichs ältestes Vogelschutzgebiet. Eine Bootstour zwischen den Inseln (von West nach Ost: *Bono*, *Rouzic*, *Aux Moines*, *Malban*, *Plate*, *Le Cerf*, *Les Constans*) gehört nicht nur für Ornithologen zum festen Programm (siehe Bootsausflug). Der Rundtrip dauert etwa 2,5 Stunden und führt quer durch eine außergewöhnliche Meereslandschaft, in der sich neben zahlreichen Möwenvölkern und Baßtölpel-Kolonien auch ausgefallenes Federvieh zum Nisten niederläßt. Wir erwähnen Austernfischer und Papageientaucher. Ein Landaufenthalt ist nur auf der *Ile aux Moines* (Mönchsinsel) gestattet. Auf ihr sorgt ein malerischer Leuchtturm und die Vauban-Festung aus dem 18. Jh. für touristische Kurzweil.

Baden

Plage de Tréstriguel: Unterhalb der Landspitze *Pointe du Château* schmiegt sich der 300 m lange, feinsandige Strand in die villenbestückte Bucht. Reger Badebetrieb, Strandclub, bei Flut kaum Platz für die Handtücher. Bei schönem Wetter ist der Parkplatz voll belegt.

Plage de Tréstraou: 500 m Sand und wirbelndes Badeleben mit komplettem Strandprogramm: Von öffentlichen Duschen und Umkleidezeile über Surfen, Segeln, Kindertrampolin bis zum Asphaltboulevard mit seinen Pizzerias, Cafés und dem Casino bietet der Hauptstrand von Perros alles. Parken an der Strandpromenade kann schwierig werden.

Ploumanach

Ebbe und Vollmond: Die spiegelglatte See ist durchsetzt von violettschimmernden, rundgeschliffenen Felswesen. Vor dem Oratorium des heiligen Guirec geben sie eine gespenstische Kulisse für das Zauberschloß auf der Insel ab. Polanski läßt grüßen. Ploumanach gehört zum touristischen Muß. Das Panorama der traumhaften Bucht inspirierte 1989 sogar die französische Eisenbahnverwaltung: In Größtformat zierte das Konterfei des Costaëres-Schlosses die Plakatwände der Pariser Untergrundbahn.

Die Gegend um Ploumanach war bereits vor 2000 Jahren besiedelt. Aus einer losen keltischen Siedlung entwickelte sich mit Hilfe römischer Besatzungstruppen ein gallo-römischer Hafen, den im 6. Jh. aus England kommende Mönche anliefen. Sie gründeten die Pfarrgemeinde (*Plou*) vom Mönchsmoor (*Manach*) und gaben dem Ort seinen Namen. Anfang des 20. Jh. wurde das Fischerdorf vom Tourismus entdeckt. Aus der einst eigenständigen Pfarrei, die heute von Perros weltlich verwaltet wird, kirchlich aber noch immer dem Bischof von Dol untersteht, hat sich im Schatten des lebhaften Seebads von Perros bis heute ein reizend-beschaulicher Badeort entwickelt, der Ploumanach zu einer der nicht selbst ernannten Perlen der Bretagne macht.

- <u>Telefonvorwahl</u>: 96
- <u>Information</u>: Nur im Sommer in einem Häuschen in 2. Reihe zum Strand. Geöffnet von 10.30 - 12 und 14.30 - 17.30. Rue St. Guirec.
- <u>Verbindung</u>: Ploumanach liegt an der **Bus**strecke Lannion/Granitküste. Mindestens 4 x täglich wahlweise über Perros-Guirec oder Pleumeur-Bodou nach Lannion.
- <u>Parken</u>: Großer, bei regem Sommeransturm aber viel zu kleiner Parkplatz direkt vor dem Ortsstrand.
- <u>Pardon</u>: Am Himmelfahrtstag feiert Ploumanach seinen großen Pardon für St. Guirec, der mehrere Wunder vollbracht und Kinder, Lahme, Fieberbefallene und Eiteraussätzige dadurch geheilt haben soll, daß er sie in

seinem Bett herumrollte. Die Prozession für St. Guirec führt auch zum Oratorium des Heiligen. Die unverheirateten weiblichen Festgäste verzichten heutzutage auf den alten Brauch, dem Heiligen mit einer Nadel in die Nase zu pieken.

• *Yachthafen*: Allein die wohl welteinmalige Hafeneinfahrt zwischen dem Leuchtturm Menez Ruz und dem Costaëres-Schloß lohnt für Bootsbesitzer oder Charterseeleute den Besuch. Ein Flutbecken mit 200 Liegeplätzen für maximal 14-m-Boote, Ponton mit Wasser, Strom und Elektrik stehen zur Verfügung. Preisbeispiele: bis 8 m 22 DM/Tag; 14-m-Yacht 40 DM/Tag. Informationen im Hafenbüro, Tel. 914 431.

Übernachten/Camping

** **Hotel St. Guirec**: Der grausam-schieferverkleidete Restaurant-Anbau des alten Natursteinhotels unterhalb des Granitchaos zerstört die beschauliche Lage am Strand. Großer Trubel durch Schaulustige, die ebenfalls das 1-A-Panorama, das ein Großteil der 25 Zimmer (21 mit Bad/WC) bietet, genießen wollen. Restaurant. In der HS Vorbestellung und HP unumgänglich. DZ 43 - 85 DM, HP 70 - 100 DM, VP 80 - 125 DM, Frühstück 8 DM. Geöffnet von April bis November. Plage de St.-Guirec, Tel. 914 089.

** **Hotel des Rochers**: Hinter der Naturparkanlage (Bastille), vis-à-vis vom Hafen. 15-Zimmer-Hotel mit dem etwas postmodernen Schick greller Farben und rustikaler Holztäfelung in Aufenthaltsraum und Restaurant. Sanitär gut eingerichtet, alle Zimmer mit Bad bzw. Dusche/WC. DZ 90 - 130 DM, HP ab 130 DM, Frühstück 13 DM. Geöffnet von April bis 30.9. Port de Ploumanach, Tel. 914 449.

** **Hotel du Parc**: Zentrale Lage vor den touristischen Höhepunkten und dem Parkplatz. Schönes Natursteingebäude mit einem flachen Anbau und blumengeschmückten Dachgiebelfenstern. 11 gut möblierte, z. T. mit Bad/Dusche/WC ausgestattete Zimmer. Restaurant und Bar. DZ 50 - 85 DM, HP 70 - 85 DM, Frühstück 9 DM. Geöffnet von April bis 30.9. Parking de Ploumanach, Tel. 914 080.

An der vom Strand aus zum Ortsausgang führenden Hauptstraße (Rue de St. Guirec) sich in Ausstattung und Komfort wenig unterscheidende, kleine, aber ordentliche 1-Stern-Hotels wie z. B. * **Hotel Pen ar Guer** oder * **Hotel Roch'Hir** (DZ ab 40 DM, HP ab 55 DM) und das unkategorisierte, sehr einfache **Hotel Men Ru** (DZ 40 DM).

• *Camping*: ** **West Camping**; unweit der Kreuzung der Küstenstraße (D 788) mit der Hauptstraße, die von Ploumanach herausführt, bietet ein bewaldetes Terrain etwa 50 Stellplätze mit ziemlich einfacher Infrastruktur. Komplettarrangement (2 Erwachsene, Auto, Platz, Zelt) 17 DM; jeder weitere Erwachsene 5 DM, Kinder bis 7 Jahre 3 DM, Hund 1,70 DM, Strom 5 DM. Geöffnet von Mai bis 30.9. Carrefour de Ploumanach, Tel. 914 382.

Sehenswertes

Zöllnerspfad: Die Hauptattraktion des früheren Fischerdörfchens. Der Weg von der nördlich liegenden *Pointe de Squewel* (siehe Perros-Guirec) über den *Leuchtturm von Meen Ruz* und den Ortsstrand hinüber zur mächtigen *Bastille* ist als Naturpark ausgewiesen. Nachdem Sie das irrsinnige Teufelsschloß (siehe Perros-Guirec), das jeden Moment einzustürzen droht, hinter sich gelassen haben, führt der Pfad die Küste entlang quer durch das von Granitblöcken versperrte Heideland und bietet ständig neue Perspektiven: die *Felserne Flasche*, *Napoleons Hut*, chaotische Türme, Variationen in rosa Gestein. Hinter der Seerettungsstation (kleine Ausstellung über die lokale Geschichte des Vereins französischer Lebensretter) duckt sich zwischen riesigen Felsblöcken die *Villa Ker Wel* des berühmten französischen Architekten GUSTAV EIFFEL. Rechts der *Leuchtturm von Meen Ruz* und dann, nach einem etwas holprigen Abstieg, der Höhepunkt: die Bucht von Ploumanach mit der bei Flut nur knapp aus dem Wasser ragenden Andachtsstätte des heiligen Guirec und dem märchenhaften Quo-Vadis-Schloß auf einer Granit-Insel im Vordergrund. Am Ende des Strandes türmen sich gewaltige

Auf dem Zöllnerspfad

Blöcke zu einer 25 m hohen Zitadelle aus Fels, die im Volksmund schlicht *La Bastille* heißt. Klettererprobte mit vernünftigem Schuhwerk können von oben ein mehr als außergewöhnliches Panorama bestaunen.

• Tip: Es lohnt sich, den Spaziergang bereits in Perros-Guirec zu beginnen. Die optischen Attraktionen steigern sich (Näheres siehe Perros-Guirec/Zöllnerspfad).

Schloß Costaëres: Die zauberhafte Silhouette des Schlosses auf einem Felsinselchen inmitten der Bucht ist eines der meist fotografierten Motive der Bretagne. Eingerahmt von rosafarbenen Granitblöcken und bizarren Riffen, umspült von den blauen Wogen des Atlantiks, gilt ein Blick hinüber zum Märchenschloß als touristische Topattraktion der *Côte de Granit rose*.

Das Schloß wurde 1892 im Auftrag des polnischen Ingenieurs Bruno Abakanowicz gebaut. Er hatte den Baugrund von einem hier kartoffelzüchtenden Perrosser Zöllner erworben und plante für sich und seinen illustren Bekanntenkreis aus Künstlern und Schriftstellern eine Arbeitsklause und elegantes Feriendomizil. Auch der Romancier Henry Sienkiewicz hat sich einige Wochen hier aufgehalten. Ob er seinen Weltbestseller *Quo Vadis* zum Teil hier geschrieben hat oder ob er nur Urlaub gemacht hat - die Henry-Sienkiewicz-Forschung ist sich in diesem Punkt nicht einig. Einerlei: Bei Insidern ist das Schloß als *Château Quo Vadis* ein stehender Begriff.

In den 70ern übernahm ein japanisch-französisches Firmenkonsortium die Eigentümerrechte und schickte Manager und verdiente Verkaufstalente zum Abspannen auf die Insel. Der vorläufig letzte Eigentümerwechsel vollzog sich 1989. Didi Hallervorden, Komiker, Philosoph, Mehrheitsaktionär und Geschäftsführer einer Liechtensteiner Firma, erwarb die Wohnrechte. Doch er sollte wenig Glück mit seinem Kauf

Schloß Costaëres

haben: Am Morgen des 7. Septembers 1990 verwüstete ein Brand zwei Stockwerke und das Dach des Walt-Disney-Schlosses. Herr Hallervorden hat die damals zugesagte Renovierung mittlerweile abgeschlossen.

Das Betreten der Schloßinsel ist für Ungeladene untersagt, das Fotografieren nicht. Das unglaublichste Panorama bietet sich von der Spitze der "Bastille" genannten Felsformation gegenüber der Insel.

Oratorium: Bei Ebbe ragt die kleine, überdachte Andachtsstätte, dem heiligen GUIREC geweiht, aus dem ruhigen Wasser der Bucht. Vor über 1400 Jahren soll hier der hochverehrte englische Mönch an Land gegangen sein, um die heidnischen Völker zu missionieren. Zum Gedenken an ihn wurde im 12. Jh. ein mit seinem hölzernen Standbild versehenes Oratorium errichtet, das bei Flut bis zu den Säulchen verschwindet und nur bei Ebbe trockenen Fußes zu erreichen ist. Um die Gedenkstätte des Guirec entwickelte sich im Lauf der Zeiten ein eigentümlicher Brauch, der vor allem die jungen Damen des Ortes auf erklärliche Weise anzog: Sollte doch dem Mädchen, das der Holzfigur des Heiligen mit einer Nadel in die Nase stach, noch übers Jahr ein besonders gutaussehender Bräutigam begegnen. Die zahlreichen nasestechenden Bittstellerinnen machten mit der Zeit aus dem Gesichtserker des Heiligen ein Loch. Kein Wunder, daß die geplagte Holzskulptur vor Jahren durch ein granitenes Standbild ersetzt werden mußte, das allerdings in der Nasengegend auch schon deutliche Spuren der Verwüstung zeigt.

Baden

Plage de St. Guirec: Der Stadtstrand von Ploumanach wird zum Ort hin begrenzt von Hotels, Caféterrassen und dem Oratorium. Zum Meer hin brechen die vorgelagerten Felsen und Riffe den Ansturm der Wogen und glätten die See. Der 300 - 400 m breite Sandstreifen, den die Gezeiten schaffen, ist auch für Kinder ein sicheres Baderevier in optisch eindrucksvoller Lage: Rosa Felswesen, ein Oratorium und ein Märchenschloß bilden die Kulisse des Planschvergnügens.

Plage de la Bastille: Unterhalb der 25 m hohen Felszitadelle, die die beiden Strände von Ploumanach trennt. Auf der vorgelagerten Insel das Costaëres-Schloß. Kleiner als der Hauptstrand, aber mindestens ebenso schön. Für Kinder sehr geeignet, ruhiges Meer. Beide Strände sind bei Ebbe ein hervorragendes Revier zum Fußfischen: Muscheln, Schnecken und Krustentiere im grünen Algenteppich zwischen Sand und Fels.

Trégastel *(ca. 2000 Einwohner)*

Die steingewordenen Zeugen reger bretonischer Phantasie, die *Schildkröte*, die *Hexe*, der *Totenkopf* und die *Palette eines Malers* gehören ebenso zu den Attraktionen Trégastels wie der mahnende Zeigefinger des Ewigen Vaters auf dem Aquarium.

Trégastel besteht aus zwei Ortsteilen. Die schmalen Granithäuser des alten *Bourg* auf einem Hügel ducken sich um den zentralen Kirchplatz (mehrmals restaurierte Kirche aus dem 12. Jh., Beinhaus aus dem 17. Jh.), in den winkligen Gassen herrscht die Beschaulichkeit vergangener Zeiten. Unten am Strand drängen sich zwischen Villen, Ferienhäusern und Hotels die Urlauber: *Trégastel-Plage*, in den Gründerjahren des Tourismus rund um den schwachbrüstigen alten Hafen entstanden, ist der modernere Ortsteil und auch in der lebhaften Hochsaison noch mit dem leisen Flair des gepflegten Familienseebads versehen; die schmucke Häuser- und Hotelansiedlung unterhalb des Gradlonfelsens besitzt diskreten Charme, und die steinernen Fabelwesen, die Zauberwelt des rosa-farbenen Granits als Kulisse für ein unbeschwertes Badevergnügen rechtfertigen den empfindsamen Stolz der Bewohner und Gäste, wenn man auf die Konkurrenz mit Ploumanach zu sprechen kommt.

Tip: Den schönsten Gesamteindruck und die beste Orientierung gewinnen Sie, wenn sie an der Hauptstraße (D 788) dem Schild "Panorama" folgen und vom Granitensemble "König Gradlons Krone" (*Couronne du Roi Gradlon*) in der Heide den Blick ins Rosa/Blaugrün schweifen lassen.

- <u>Telefonvorwahl</u>: 96
- <u>Postleitzahl</u>: 22730
- <u>Information</u>: Hauptbüro an der Hauptstraße vor der Kapelle Ste. Anne bietet Stadtplan, Hotel-/Campingliste und eine Menge Broschüren über die Granit-Küste. Täglich außer Sonntag von 9 - 12 und 14 - 18 Uhr geöffnet. Place St. Anne, Tel. 238 867. Eine Zweigstelle befindet sich in der alten Flutmühle (Moulin à Marée) an der Ortsgrenze zu Ploumanach. Neben den obligaten Prospekten kann gratis altes Mühleninventar besichtigt werden. In der Saison starten von hier aus 4 x wöchentlich begleitete Führungen ins Traouiero-Tal. Juni - September, Öffnungszeiten wie das Hauptbüro.

Verbindung

Der nächstgrößere Verkehrsknotenpunkt ist Lannion (30 Min. mit Bus ab Trégastel). Von dort aus regelmäßige **Bus**verbindung mit den Ortschaften der Granitküste. Die Lokalbusse halten auf ihrer Rundtour in der Hochsaison bis zu 12 x täglich in Trégastel. 3 Haltestellen: Am Place Ste. Anne an der Durchgangsstraße, am Parkplatz des Strandes Coz Pors (Trégastel Plage) und vor der Kirche im Ortsteil Bourg (1,5 km landeinwärts).

Diverses

• *Fahrradverleih*: **Agence Le Guern** an der Hauptstraße kurz vor der Abzweigung nach Trébeurden; Tourenräder ab 15 DM/Tag oder 90 DM/Woche. Rue Charles Le Goffic, Tel. 238 774.

• *Markt*: Montag vormittag am Place St. Anne.

• *Parken*: Zentral und häufig überfüllt am asphaltierten Platz vor dem Plage du Coz Pors. Besser und trotzdem nur einen Katzensprung vom Geschehen neben dem Aquarium oder auf der Landenge vor der Ile Renot.

• *Reiten*: Aufgesattelt wird am Ortsausgang des alten Ortsteils Bourg direkt gegenüber dem Kalvarienberg.

• *Segeln/Surfen*: Kurse in beiden Disziplinen, z. B. in der Base Nautique auf der Landspitze zwischen Grève-Blanche- und Grève-Rose-Strand (ca. 170 DM). Außerdem Kajaks und ein schneller 8-m-Katamaran.

• *Tennis*: Neben dem städtischen Tennisclub (5 Courts und 2 Hallenplätze) offeriert das Hotel Armoric 3 Plätze. 1 Stunde 20 DM.

Übernachten/Camping

*** **Hotel Armoric**: Etwas verblichener, hufeisenförmiger Hotelkomplex aus der Gründerzeit des Tourismus direkt am Hauptstrand Coz-Pors. Die 50 Zimmer des Bettenriesen sind über 2 Stockwerke in 3 Gebäudeteilen verteilt und besitzen alle Bad bzw. Dusche/WC sowie teilweise Kleinstbalkone. Im Restaurant Menus von 40 - 80 DM. In der Hochsaison Reservierung und Halbpension obligatorisch. DZ 100 - 170 DM, HP 90 - 150 DM, VP 110 - 170 DM, Frühstück 13 DM. Geöffnet von Mai bis 30.9. Place du Coz-Pors, Tel. 238 816.

*** **Hotel Bellevue**: Ruhiges 31-Zimmer-Hotel mit stilvoll-repräsentativer Fassade und herrlichem Garten, etwas zurückversetzt unterhalb des Panoramahügels. Hohe, helle Räume mit Bad oder Dusche/WC. Im Restaurant Menus von 30 - 95 DM. DZ 105 - 150 DM, HP 105 - 150 DM pro Person, VP 130 - 175 DM, Frühstück 13 DM. Geöffnet von April bis Oktober. Rue des Calculots 20, Tel. 238 816.

** **Hotel Beauséjour**: In erster Reihe am Coz-Pors-Strand. Ein langgezogener Bau, im Erdgeschoß mit Eiscafé/Snackbar/Restaurant-Terrasse, in der 2. Etage mit 17 z. T. etwas düsteren, sanitär voll ausgerüsteten Zimmern. Teils Meerblick, teils Blick auf die Skulptur des Ewigen Vaters über dem Aquariumsfelsen. DZ 80 - 100 DM, HP 90 - 110 DM, Frühstück 12 DM, Menus ab 28 DM. Geöffnet von April bis 30.9. Place de Coz-Pors, Tel. 238 802.

** **Hotel de la Grève Blanche**: Der gesichtslose Anbau aus den späten 70ern stört etwas die ehemalige Strandhotelatmosphäre des älteren Gebäudeteils. Exzellente Lage hinter der Badekabinenzeile des Stadtstrands. 28 Zimmer nach vorne raus mit unverstelltem Meerespanorama, 16 davon mit Dusche/WC. 4 Zimmer ohne WC. Großer Panorama-Speisesaal mit Menus von 43 - 70 DM. Im Juli/August nur mit Halb-/Vollpension. DZ 65 - 110 DM, HP 85 - 115 DM, Frühstück 12 DM. Geöffnet vom 15.4. bis November. Avenue de la Grève Blanche, Tel. 238 827.

** **Grand Hotel de la Mer**: Absolut zentrale Lage am Coz-Pors-Strand und in Preis und Leistung dem 3-Sterne-Nachbarn ebenbürtig. Hinter der Fensterfront im Erdgeschoß großes Restaurant (Menu 32 - 100 DM), darüber 22 zivilisiert eingerichtete Zimmer mit Bad oder Dusche/ WC. DZ 80 - 120 DM, HP 85 - 110 DM, Frühstück 12 DM. Geöffnet von Februar bis 15.11. Place de Coz-Pors, Tel. 238 803.

** **Hotel des Bains**: An der Bucht von St. Anne, nur durch die Straße zum Aquarium vom Meer getrennt. Mehrere verschachtelte Gebäudeteile mit einfach möblierten Zimmern unterschiedlichster Sanitärausstattung. Im Hotelrestaurant Menus von 25 - 50 DM an. DZ (Etagenklo) 55 DM, DZ "Grand Luxe" 100 DM, HP ab 70 DM, VP ab 95 DM, Frühstück 10 DM. Geöffnet von April bis 5.10. Rue de Général de Gaulle 11, Tel 238 809.

* **Hotel de la Corniche**: Familiäres Natursteinhotel 500 m vom Strand, vor der Abzweigung der Hauptstraße nach Trébeurden. 18 einfache Zimmer zum Großteil mit Bad/Dusche/WC, 4 Zimmer mit Waschbekken und Etagen-WC. Im Erdgeschoß nettes Restaurant hinter hohen Bogenfenstern (Menu 25 - 50 DM). DZ 40 - 110 DM, HP 55 - 75 DM, Frühstück 10 DM. Geöffnet von April bis 30.9. Rue Charles le Goffic 38, Tel. 238 815.

* **Hotel le Caboteur**: Gegenüber dem Platz Ste. Anne, ein weißgetünchter, L-förmiger Bau mit Fenstereinfassungen aus rosa Granit, etwa 500 m vom Strand. Einfache Möblierung und Sanitärs. Etagen-WC. 4 Zimmer mit Dusche. Das Restaurant rühmt sich seiner selbstgefertigten Enten- und Wildpasteten (Menus 27 - 55 DM). DZ ab 53 DM, HP

ab 60 DM, VP ab 80 DM, Frühstück 10 DM. Rue Abbé Bouget, Tel. 238 833.

Auberge de la Vieille Eglise: Der Gasthof ist der einzige Übernachtungsbetrieb im Ortsteil Bourg. Im sympathisch verwinkelten Gebäude älteren Datums gegenüber der Kirche gibt es 8 sehr einfache Zimmer und ein gutbürgerliches Restaurant mit bretonischer Küche, Spezialität Meeresfrüchte (Menus 23 - 80 DM). DZ 43 - 53 DM, HP ab 75 DM, Frühstück 9 DM. Ganzjährig geöffnet. Place de l'Eglise (Bourg), Tel. 228 831.

Camping

*** **Tourony Camping**: Von Ploumanach kommend am Ortseingang links hinter der Flutmühle. Der Platz am Flußlauf des Traouiero besitzt einfache Sanitärblocks, alter Pinienbestand spendet Schatten. Auf ebenen Rasenflächen gut 100 Stellplätze. Der gleichnamige Strand ist zum Baden nicht so geeignet. Erwachsene 4,30 DM, Kinder 2,30 DM, Platz 6 DM, Auto 2,50 DM, Motorrad/Zweirad 2,30 DM, Elektrik 4 DM. Geöffnet von Mai bis September. Rue de Poul-Palud, Tel. 238 661.

*** **Camping le Golven**: An der RN 786, etwa 1 km außerhalb von Trégastel-Plage Richtung Trébeurden. Heckeneingefaßtes Gelände mit dürrem Heidegrasteppich und mittelprächtigen Sanitäranlagen, in der Hochsaison stark beansprucht. Direkt vor dem Campingplatz befindet sich eine Bushaltestelle, die Snackbar und ein ungepflegter Sport/Spiel-Platz. Vermietung von Wohncontainern (Mobil-Homes). Der etwa 200 m entfernte Strand (über die Straße) in einer tiefeingeschnittenen Bucht eignet sich nur bedingt zum Baden. Erwachsene 5 DM, Kinder 3 DM, Platz 7 DM, Auto 3 DM, Nebensaison 10 % Ermäßigung. 160 Stellplätze. Route de Trébeurden, Tel. 238 777.

Sehenswertes

Aquarium: Die Grotten unter den zyklopischen Granitblöcken des Aquariums erfüllten im Lauf der Zeit verschiedene Funktionen: Sie waren Bleibe von Höhlenbewohnern, Ort der Gottesverehrung, Munitionslager, Behausung verarmter Fischer, Tummelplatz eines bildhauernden Abbés und prähistorisches Museum. Nachdem ein Großteil der Exponate in der feuchten Höhlenkulisse verrottet war, entschlossen sich die Stadtväter zu einer der Umgebung angemesseneren Form der Nutzung.

In 27 kleinen, in die Felswände eingelassenen Aquarien tummeln sich heute ausgefallene Exemplare der atlantischen Meeresfauna und lethargische, mittelmeerische Seekarpfen. Über den wuchtigen Granitkolossen des Aquariums droht auf einer Plattform (über eine schmale Metall-Leiter zu besteigen) mit erhobenem Zeigefinger die weithin sichtbare, weiße Skulptur des an Buddha erinnernden *Père Eternel* (Ewiger Vater), den ein in Trégastel praktizierender Pfarrer vor Jahren in Ton gebrannt hat. Vorsicht mit dem Kopf beim Eingang in die niedrige Grotte. Erschrecken Sie nicht.

• Öffnungszeiten: Ostern bis 30.9. von 10 - 12 und 14 - 18 Uhr; Juli/August durchgehend 9 - 20 Uhr. Eintritt 6 DM, Kinder bis 7 Jahre 1,30 DM, bis 14 Jahre 3 DM. Rue de l'Ile Renot.

Traouiero-Tal (*Vallée du Traouiero*): Die Talschlucht ist ein Traumplatz für Botaniker und Liebhaber bretonischer Mythen und druidischer Legenden. Danach lebten zwischen den 300 Millionen Jahre alten, bemoosten Granitblöcken, die sich entlang des Flüßchens Traouiero (sprich Troiero) türmen, die *Korrigans* (Zwerge) - ständig in Gefahr, von dem wackligen Chaos über ihren Zwergenmützen erschlagen zu werden. Der Wanderweg durch das schmale Tal ist gesäumt von seltenen Farnen, seltsamen Moosen und sonderbaren Pflanzen, aus denen Druiden einst ihre Zauberdrinks mixten. Auch heute noch sollen die kleinen und etwas verschrobenen Helfer der alten Weisen im Tal herumhuschen: An der früher mit einem schweren Granitblock verschlossenen Höhle *Karreg an arc'Hanteg* bewachen sie den unsichtbaren (!) Schatz einst befreundeter Piraten. Und im Höllenloch (*Toll en Ifern*) halten sie den in Fels gemeißelten Engel der Aussätzigen gefangen.

• Wanderung: Sie dauert etwa drei Stunden und sollte nur mit vernünftigem Schuhwerk unternommen werden. Wer sich nicht allein in das Zwergenreich traut, kann sich in der Hauptsaison 4 x wöchentlich einer vom Tourismusbüro organisierten Führung anschliessen. Treffpunkt ist die alte Flutmühle (Montag, Mittwoch, Freitag um 9 Uhr, Samstag 15 Uhr; im Juni und September Mittwoch und Samstag 15 Uhr; Erwachsene 3 DM).

Der Totenkopf von Trégastel

Zöllnerspfad: Der Pfad verbindet die kleinen und großen Strände von Trégastel, der Spaziergang durch die bizarr zerfressenen und durchlöcherten Granitmassive mit ihren bildhaften Namen ist touristische Pflicht. Der Weg führt vom *Grève Rose* über den weißen Sand des *Grève Blanche* zum Panoramafelsen in der Mitte des Kaps von Trégastel.

Die Felsformation mit Orientierungstafel soll die *Krone des Königs Gradlon* darstellen und bietet einen herrlichen Blick über die feinsandigen Strände mit ihren Granittorsi, die bei Ebbe aus dem spiegelglatten Blaugrün ragen. Weiter zum Strand von Coz-Pors mit dem berühmten Würfel (*Le Due*), der im Vordergrund gewagt auf einem Felsriff ruht: vorbei am *Totenkopf* mit seinem ausgehöhlten Auge und den aufgeschichteten *Galettes* hinüber zum Naturpark der einstigen Insel *Ile Renot*. Heute ist sie mit dem Festland verbunden, doch an ihrem Ende türmt sich wie eh und je das große Chaos des rosa Granits von Trégastel.

Allée Couverte de Kerguntuil: Unweit des Campingplatzes Le Golven. Die Zeugin der frühgeschichtlichen Besiedlung des Landfingers von Trégastel ist ein nicht allzu aufregendes Erlebnis und wohl nur für Spezialisten interessant. Sie sehen: einen einzelnen Dolmen und ein bedecktes Langgrab. Von der D 788 links vor dem Camping in die Rue du Dolmen abbiegen, danach erste Straße rechts (*Dolmen*), leicht bergan bis zu einem Bauernhof (dahinter *Allée*).

Calvaire: Auf einem Hügel am Ortsende des alten Trégastel-Bourg, direkt neben dem Jugendferienlager, erhebt sich ein neuzeitlicher (spätes 19. Jh.) Calvaire in ungewöhnlicher Form. Die turmähnliche, von außen über eine Wendeltreppe zu besteigende Gedenkstätte aus grobbearbeitetem Granit wird gekrönt von einem gekreuzigten Jesus. Am Wendelgang und im Innenraum dokumentieren zahlreiche weiße Votivtafeln den Dank der Gläubigen.

Baden

Die Tourismusprospekte Trégastels werben mit 12 Stränden, die unbeschwerte Badefreuden bescheren sollen. Die Zahl klingt etwas übertrieben, lassen sich doch nicht alle angegebenen Buchten als Baderevier betrachten. Trotzdem: hier einige Bombenstrände aus dem Angebot.

Plage du Coz-Pors: Der Ortsstrand von Trégastel-Plage wird eingerahmt von Hotel-/Restaurant-/Café- und Souvenir-Betrieben. Sein großer, asphaltierter Parkplatz reicht bis zu den zum Strand hin abgesetzten Umkleidekabinen. Der 300 m lange, feinsandige Strand wird bei Flut durch ein bizarres Granitlabyrinth vor der Brandung geschützt. Bei Ebbe zieht sich das Meer bis hinter den berühmten Felswürfel zurück und hinterläßt eine Menge Muscheln, Schnecken und anderes See-Kleingetier zum Sammeln. Neben Kinderspielclubs und Sportgeräteverleihern hat der Strand auch eine Rettungsstation.

Grève Blanche: Trégastels erste Badeadresse; 500 m feinster, weißer Sand, auch bei Ebbe zum Baden geeignet. Umkleidekabinen und Strandanimation. Zum Ort hin ist der Strand begrenzt von der felsigen *Krone des Königs Gradlon*, nach Westen von der bei Ebbe mit dem Land verbundenen *Ile aux Lapins* (Haseninsel).

Grève Rose: Ein knapp 20 m breiter, rosaschimmernder Streifen, der bei Flut die Wogen begrenzt, gab dem Strand seinen Namen. Der Strand ist das Aktionsfeld der Segel- und Tauchschule, aber trotzdem ruhiger und intimer als der weiße Nachbarstrand. Keine Strandclubs.

Grève de Toul-Drez: Der Strand auf der mit dem Festland verbundenen *Renot-Halbinsel* (Naturpark mit Picknickplätzen unter Pinien und Kiefern) liegt zum offenen Meer hin, die Fluten abgebremst vom vorgelagerten Felsriff des großen Molochs (*Grande Gouffre*), dessen glattgespülter Granit bei Ebbe trockenen Fußes zu erreichen ist. Einsame Badenischen im Schatten bizarrer Steinriesen, in die gelegentlich die blaugrüne Brandung einbricht. Parkplatz auf der Landenge beim Picknickgelände.

Trébeurden *(ca. 3200 Einwohner)*

Die zersiedelte, langgestreckte Gemeinde an der östlichen Spitze der Halbinsel von Lannion gilt als Anfangs- bzw. Endpunkt der *Corniche Bretonne*. Die typischen Felsformationen der Granitküste schimmern hier weniger spektakulär und weniger rosa, doch auch Trébeurden hat sich mit Haut und Haar dem Tourismus verschrieben - in der Saison sind die schönen Strände stark frequentiert. Das Zentrum *Le Bourg* liegt etwas landeinwärts an der D 788. Rund um die Kreuzung der Durchgangsstraße mit der Straße hinab zum Hafen und den Stränden liegen Rathaus, Post und Touristenbüro, oberhalb bei der Kirche der Supermarkt. Nahtlos führt die Bebauung zum Meer, wo *Le Chalet*, eine von Granitblöcken übersäte Landzunge, den langgezogen Hauptstrand *Tresmeur* von den Yachten des Hafens trennt. Hinter der Hotel- und Residenzenzeile des Tresmeur-Strandes ziehen sich im Grün der Kiefernparks und Gärten schmucke Villen und Ferienhäuser den steilen Hang hinauf.

Etwa 2,5 km südöstlich des Ortszentrums (ausgeschildert) streckt sich die steil zum Meer hin abfallende Landspitze *Pointe de Bihit* weit hinaus in die Bucht von Lannion. Die Straße führt an einen großen Parkplatz mit Orientierungstafel und eindrucksvollem Panorama: Rechts die sanfte Dünung des Hauptstrandes, begrenzt von *Le Chalet* und der vorgelagerten *Ile de Milliau*, links die zackigen Felsen der Steilküste, zwischen denen golden kleine und größere Sandbuchten herausschimmern. Noch ein Stück weiter die hoch über der Küste verlaufende Straße entlang, und Sie erreichen den *Strand von Pors Mabo* unterhalb eines bewaldeten Hangs, eine der besten Badeadressen der Umgebung. Überhaupt genießen die Strände von Trébeurden vor allem bei Surfern einen guten Ruf.

- Telefonvorwahl: 96
- Postleitzahl: 22560
- Information: Tourismusbüro direkt an der großen Kreuzung im Ortsteil Le Bourg. Von Juni bis September 9.30 - 12 und 14 - 19 Uhr. Vorsaison 10 - 12 und 14.30 - 16 Uhr. Place de Crech-Hery, Tel. 235 164.
- Verbindung: Regelmäßige **Bus**verbindung (5 x täglich) nach Lannion (9 km) und in die entgegengesetzte Richtung zu den Badeorten der Granitküste. Hauptbushaltestelle an der Kreuzung im Ortszentrum.

Diverses

- Fahrradverleih: An der Shell-Tankstelle gibt's Tourenräder für 25 DM/Tag, Guezennec, Tel. 235 261.
- Markt: Dienstag vormittag.
- Reiten: Im Moorland von Quélen links neben der Hauptstraße vor der Ortseinfahrt werden echte Camarque-Pferde für den Strandausritt bereitgehalten. Interessenten erhalten im Relais Equestre d'Armor Auskunft, Tel. 236 395. Preisbeispiel: Wochenkurs mit Unterbringung und HP ca. 550 DM.
- Segeln/Surfen: Am Tresmeur-Strand vermietet **Ecole de Voile** Segelboote, Wasserski und Surfbretter (80 DM/Tag). Tel. 235 135.
- Tauchen: Mit Flasche in der Goas-Trez-Bucht. Gut ausgebauter Stützpunkt neben der Hauptstr. Ein Tauchgang + Flasche 30 DM, Wochenkurs 450 DM. Tel. 235 135.

Übernachten

*** **Hotel de Lan Kerellec**: Hoch über dem Meer gelegenes 15-Zimmer-Hotel im Landhausstil, Trébeurdens beste und teuerste Adresse. Alle Zimmer mit Bad/WC und Blick über Bucht und Inselchen. Kleiner Hotelpark und ein Salon, in dem sich vorzüglich (bretonisch) speisen läßt. Spezialität: Filet St. Pierre in Cidre oder über Holzkohle gegrillter Hummer mit Korallenbutter (Menus 60 - 120 DM, Kindermenus 35 DM). DZ ab 170 DM (nur NS), in der Hauptsaison nur Halbpension 210 - 400 DM; HP Nebensaison 170 - 350 DM, Frühstück 20 DM. Geöffnet vom 15.3. - 15.11. Lan Kerellec, Tel. 235 009.

** **Hotel Family**: Im Ortszentrum an der Durchgangsstraße, 1 km zum nächsten Strand; 25 Zimmer unterschiedlichster Ausstattung (18 Bäder/3 Duschen/4 Waschbecken/21 Toiletten) in einem älteren Eckgebäude. Solides Restaurant mit Menus von 30 - 70 DM. DZ 43 - 80 DM, HP in der Hochsaison 75 - 110 DM, VP 95 - 120 DM, Frühstück 10 DM. Außer November ganzjährig geöffnet. Place Crech-Hery, Tel. 235 031.

** **Hotel Toeno**: Oberhalb der Surf- und Tauchbucht von Goas Trez, neben dem Tauchclub links der Hauptstraße etwa 2 km vom Ortszentrum. Gehobener 2-Sterne-Standard in 17 sanitär vollausgestatteten Zimmern. Das Restaurant (nur für Hotelgäste) serviert nur zum Diner, incl. Wein 27 - 35 DM. DZ 80 - 90 DM, HP 85 - 115 DM,

Frühstück 9 DM. Ganzjährig geöffnet. Corniche Goas Trez, Tel. 236 878.

** **Hotel Ker an Nod**: Gutbürgerliches Haus oberhalb des Pors-Termen-Strandes mit ausreichendem Komfort. 20 Zimmer, 9 mit Bad/WC, 4 mit Duschen. Im Restaurant Gerichte von 27 - 45 DM, Kinder-Steak-Frites und Nachtisch 17 DM. DZ 43 - 100 DM, HP 70 - 95 DM, Frühstück 9 DM. Pors Termen, Tel. 235 021.

Hotel Glann ar Mor: Im Ortsteil Bourg bei der Kirche. Kleines Hotel mit 8 einfachen Zimmern, die Sanitäranlagen sind auf dem Gang. Für die untere Kategorie eine nette Übernachtungsadresse. Das Restaurant bietet solide bretonische Küche und lohnt den Besuch. DZ 42 DM, Frühstück 10 DM. Rue de Keravin, Tel. 235 081.

Hotel Ecume de Mer: Unweit des Strandes von Goas Trez. 43 Zimmer, davon 2 mit Bad/WC, 16 mit Dusche. DZ 60 - 90 DM, HP 70 - 80 DM, VP 75 - 90 DM, Frühstück 8 DM. Geöffnet von Ostern bis 15.9. Corniche Goas Trez, Tel. 235 060.

• Jugendherberge: Links der Hauptstraße, etwa 1,5 km vor der Ortseinfahrt oberhalb des Strandes Goas Trez (Ortsteil Toëno). 56 Betten. Campingmöglichkeit auf dem Herbergsgelände. Tel. 235 222.

Camping

Zeltfreunde und Wohnmobilisten zieht es zum Pors-Mabo-Strand etwa 2,5 km südlich von Trébeurden-Bourg. Dort gibt es 3 Plätze steil über der Küste, die zum Teil für Gespanne fast unzugänglich sind.

*** **Camping Armor-Loisirs**: Von den Plätzen der Pors-Mabo-Bucht der höchstgelegene auf dem Bergkamm der Steilküste. Wenn nicht Hecken, Bäume oder Wohnwagen den Blick verstellen, hat man eine wunderbare Aussicht. Wiesengelände mit schattenspendendem Baumbewuchs, 72 Wohnwagenplätze mit Wasser-, Kanalisations- und Stromanschluß; Sanitärs etwas altmodisch und knapp, dafür gut gewartet. Spielplatz, Tischtennis in der Scheune, Billard und Spielautomaten, Waschmaschine, Bar, Fertiggerichte und ein Restaurant-Eck. Keine Hunde. Gut 1 km hinab zum Strand. Erwachsene 6 DM, Kinder bis 7 Jahre 3 DM, Zeltplatz 4 DM, Wohnmobilparzelle 5 DM, Auto 3 DM, Elektrik 4 DM. 122 Stellplätze. Geöffnet von 15.5 - 15.9. Route de Pors-Mabo, Tel. 235 231.

*** **Camping Kerdual**: Der Weg ist ausgeschildert, aber für Gespanne ein Problem - die engen Kurven einer schmalen Teerstraße führen steil hinunter/hinauf zu dem schön gelegenen Platz über dem Pors-Mabo-Strand. Das abschüssige Gelände ist terrassiert, von fast allen Stellplätzen kann die Aussicht auf die Bucht von Lannion genossen werden. Direkter Zugang zum Strand (100 m). Sanitär gut ausgestattet, 32 Stellflächen. Pauschalpreis 3 Personen mit Zelt/Wohnwagen und Auto 24 DM, spezieller Jugendtarif. 2 Personen mit kleinem Zelt und Auto 18 DM. Extraperson 5,30 DM, Kinder 3 DM, Elektrik 4 DM. Geöffnet von Mai bis 15.9. In der HS unbedingt vorbestellen. Plage de Pors-Mabo, Tel. 235 486.

** **Camping Roz-ar-Mor**: Direkt oberhalb des vorherigen Platzes und damit fast die gleichen Probleme bei der Anfahrt. Ebenfalls terrassiert und Bombenpanorama. 35 Stellplätze, 2 Sanitärblocks mit warmen Duschen. Etwa 200 m zum Strand. Erwachsene 5 DM, Kinder 3 DM, Platz inkl. Auto 7 DM, Wohnmobil 7 DM. Geöffnet von Ostern bis 15.9. Plage de Pors-Mabo, Tel. 235 812.

Baden

Rund um Trébeurden gibt es sieben Strände, die nach Auskunft der Tourist-Info köstlichstes Badevergnügen garantieren. Eine Auswahl:

Plage Goas Trez: Von Trégastel kommend knickt die Hauptstraße vor der Landspitze Toeno links ab und gibt den Blick frei über die Surfer- und Taucherbucht von Goas Trez. Provisorische Parkplätze links und rechts der Hauptstraße, bei Flut praktisch keine Liegeflächen.

Plage de Tresmeur: Der Hauptstrand von Trébeurden und einer der schönsten Badestrände der Granitküste. Malerisch die *Ile de Milliau* im Vordergrund, rechts begrenzt von den rundgewaschenen Granitblöcken der Landzunge von *Le Chalet*. Bananenförmig zieht sich die Bucht 800 m weit, bei Flut allerdings bleibt nur ein schmaler Sandstreifen. Umkleidekabinen, Beachclubs, Sprungturm und verschiedene Animationsangebote sorgen für ausgelassenen Baderummel. Mit Strandaufsicht.

Plage de Pors Termen: Der kleine, etwa 100 m lange Sandstrand rechts der Hafenbucht ist Tummelplatz für Familien mit Kindern. Umkleidekabinen, Strandaufsicht und Kinderclub an der bebauten Hafenzeile.

Plage de Pors-Mabo: Etwa 3 km außerhalb von Trébeurden, südlich die Teerstraße entlang, die oberhalb der Küste zu den Campingplätzen führt. Parkplatz 200 m oberhalb des Pors-Mabo-Strandes. 300 m Sand durchsetzt mit Felsriffen, eingezwängt von der steilen Felsküste, an die sich Heidekraut und Krüppelkiefern klammern. Schöne Lage, bei Flut nur wenig Liegefläche. Bei Ebbe hervorragendes Revier für Muschelsammler.

Pleumeur-Bodou *(ca. 3500 Einwohner)*

Daß das Gemeindegebiet von Pleumeur-Bodou schon in frühgeschichtlicher Zeit fruchtbares Siedelland war, interessiert touristisch wenig. Ein überdimensionaler Ballon leuchtet gleißend weiß im Sonnenlicht, riesige Parabolschirme lauschen ins All: Pleumeur-Bodou ist Frankreichs Ohr in den Weltraum, eine irreale Science-Fiction-Vision im Herzen des welligen, farbenfroh blühenden Heidelandes. In der Umgebung Pleumeur-Bodous treffen mehrere Kulturschichten aufeinander. Die Prähistorie begegnet der Neuzeit, Keltisches verbindet sich mit dem Christentum.

Sehenswertes / Umgebung

▶ **Radom**: Die riesige weiße Kuppel des Radoms ist das Wahrzeichen des Ortes. Unübersehbar etwa 2 km vom Zentrum entfernt, hat sie einen Durchmesser von 64 m. Unter der 9 mm dünnen Spezialfolie fand am 11. Juli 1962 um 0 Uhr 47 eine Weltpremiere statt, die Pleumeur international bekannt machte: die erste interkontinentale Fersehübertragung via Satellit, an die ein moderner Menhir vor der weißen Kuppel als Gedenkstein erinnert. Seither ist Pleumeur Frankreichs Zentralstation für Satellitenübertragungen.
Das Radom, dessen Hornantenne über einem großen Reflektor einst die magnetischen Wellen des Satelliten Telstar empfing, ist heute ausgemustert. Seine Aufgabe haben die Parabolantennen (Reflektordurchmesser 30 m) rings um die Kuppel übernommen, die mit Hilfe modernster Computer bis aufs Hundertstel-Grad ausgerichtet werden können. Gegen sie wirkt das Eisen-Zahnrad-Trichter-Monster, das sich heute auf dem Betonsockel in der Mitte der Kuppel nur noch zu Demonstrationszwecken laut quietschend dreht, wie das Science-Fiction-Szenario des Raumschiffs Orion. Das Radom ist heute ein Technikmuseum, das sich der Erklärung und Präsentation moderner Telekommunikation verschrieben hat.

• *Öffnungszeiten*: Nur Gruppenführungen in Französisch, Dauer 1 Stunde. Neben historischen Exponaten der Telekommunikation und einer Videodokumentation (erste Satellitenübertragung) gilt die Aufmerksamkeit der veralteten Anlage. Vom 16. Oktober bis 31. März täglich täglich außer Samstag/Sonntag 13.30 - 17.30 Uhr. April/Mai/Juni und September bis 15. Oktober täglich außer Samstag 10 - 18 Uhr. Juli/August täglich 9 - 19 Uhr. Erwachsene 12 DM, Kinder bis 5 Jahre gratis, bis 17 Jahre 8 DM.

▶ **Planetarium**: Nur wenige 100 m vom Radom (ausgeschildert). Unter seiner Kuppel kann man "*das faszinierende Schauspiel des Himmels und das Ballett der Planeten und der Sterne*" (Informationsbroschüre) genießen. Im 315 Personen fassenden Hemisphärensaal werden zehn ständig wechselnde Programme gezeigt. Sie simulieren u. a. eine Reise durch das Sonnensystem, den Himmel unter dem Kreuz des Südens, eine Sonnenfinsternis und die alles verschlingenden Nebel eines Schwarzen Lochs.

• Öffnungszeiten: Juli/August täglich von 10.45 - 17.45 Uhr, im Juni 2 Vorstellungen am Nachmittag, das Restjahr nur eine. Erwachsene 11 DM, Kinder bis 15 Jahre und Studenten 6 DM.

▶ **Village Gaulois**: Der wahrheitsgetreue Nachbau eines gallischen Dorfes unterhalb des Planetariums ist vor allem für Kinder interessant. Frühgeschichtliches Ambiente mit Kinderspielplatz in freier Natur. Ponyreiten und kleine Snacks. Im Sommer von 10 - 18 Uhr täglich geöffnet. Eintritt für groß und klein 3 DM. Kinder bis 5 Jahre zahlen nichts.

▶ **Menhir von St. Duzec**: Etwas erhöht neben der schmalen Straße inmitten des kargen Heidelands ragt der Hinkelstein auf: Eines der bemerkenswertesten frühgeschichtlichen Zeugnisse der Bretagne versinnbildlicht die Verschmelzung keltischer Mythen mit der christlichen Religion. Der uralte Felsblock, an dem sich einst kinderlose Frauen rieben, und mit dem die bretonischen Bewohner allerhand Aberglauben und Zauber verbanden, wurde im 17. Jh. durch einen exorzistischen Handstreich dem christlichen Glauben einverleibt. Ein anonymer einheimischer Steinmetz schlug 1674 im Auftrag des Bischofs ein Kreuz in die Spitze des der Geistlichkeit verhaßten Symbols und verzierte die Front mit christlichen Reliefs.

Auf diese Weise entstand das in der Bretagne einzigartige Monument. Die unbefangene, fast kindliche Ausführung der in den Stein getriebenen Reliefs vermittelt den Eindruck einer viel früheren Entstehungszeit und erinnert an ein indianisches Totem. Die ganze handwerkliche Inbrunst gilt neben der Darstellung der Gottesmutter und dem Hahne Petri besonders den Werkzeugen, die für die Kreuzigung Jesu notwendig waren: Hammer, Zange, Leiter, Lanzen und der Stab mit dem Essigschwamm.

• Anfahrt: Von der Küstenstraße D 788 kommend in Penvern kurz vor der Abzweigung zur Ile Grande auf die D 21 nach Pleumeur-Bodou abbiegen. Nach etwa 300 m links ab (ausgeschildert St. Uzec) und noch etwa 1 km auf schmaler Teerstraße.

▸ **Ile Grande**: Höchstens bei Flut, wenn sich das Wasser unter der kurzen Brücke sammelt, die das Festland mit der Ile Grande verbindet, erinnert sie an eine kleine Insel, etwa 2 km lang, 1 km breit und ziemlich flach. Die schmale Straße über die Brücke führt an eine Kreuzung, an der sich zwei kleine Gasthöfe angesiedelt haben. Sie bilden das Zentrum der langgestreckten Ortschaft, an deren höchster Erhebung der Glockenturm einer granitenen Kapelle in den Himmel ragt. Das karge Heideland ist stark mit Ferienhäuschen bebaut. Einzig einträglicher Wirtschaftszweig der Inselgemeinde ist - neben dem Tourismus - der Granitabbau, wegen seiner eigentümlichen Farbe als exklusives Baumaterial seit 1926 gebrochen. Für Touristen ist Ile Grande interessant wegen seines Vogelreservats (Beobachtungsposten ist die *Station Ornithologue* rechts vom Restaurant de Bretagne, sie organisiert auch Bootsausflüge) und wegen seiner drei Campingplätze, von denen einer in den Sanddünen des Inselstrandes liegt.

• *Camping*: *** **Camping L'Abri Côtier**; das 2-ha-Areal am rechten Rand der Insel ist ein typischer Familienplatz. Ruhig im Grünen, umgeben von Ferienhäuschen, die oberen Stellplätze mit Blick aufs Meer. 2 gut gewartete Sanitärblocks mit Warmwasser und Duschkabinen. Der Platz liegt 200 m vom Strand (über die wenig befahrene D 21), der sich zum Baden nicht allzusehr eignet. Erwachsene 5,30 DM, Kinder bis 7 3 DM, Platz und Zelt 5,30 DM, Auto 2,30 DM, Hund 1,70 DM, Elektrik 3 DM. 135 Stellflächen. Tel. 919 203.

** **Camping Municipal Dourlin**: Bei den Sanddünen am linken Inselrand, dementsprechend sandig. Sanitär recht einfach ausgestattet und schattenlos, dafür aber dicht am Hauptstrand. Erwachsene 2,50 DM, Kinder 1,20 DM, Platz und Zelt 3 DM, Platz und Wohnmobil 5 DM, Auto 3 DM, Elektrik 3 DM. 100 Stellplätze. Tel. 919 241.

Lannion *(ca. 17.500 Einwohner)*

Wo einst die städtischen Hutmacher im Kleinbetrieb produzierten und verkauften, wird aktuelle Damen- und Herrenmode feilgeboten. Die Häuser sind die alten geblieben, die Geschäfte haben sich der Zeit angepaßt: Hinter großzügigen Schaufenstern sorgen Boutiquen, Pubs und ein Reisebüro für die Befriedigung einer aufgeklärten Kundschaft des Atomzeitalters.

Das alte Flußhafenstädtchen liegt am breiten Flußbett des *Leguer*, das hier, kurz vor der Mündung ins Meer, ins Spiel der Gezeiten einbezogen ist. Östlich des Leguers zieht sich hinter dem großen Parkplatz die Altstadt hangaufwärts. Dem ebenen Westufer geben ein Park und das Kloster *St. Anne* einen großzügigen Rahmen, dahinter erstreckt sich das moderne Lannion.

Die Touristen kommen wegen einer angenehmen, intakten Stadt mit alten Häusern, guten Einkaufsmöglichkeiten und der *Kirche von Brélévenez*. Doch für Nostalgie im Folkloresinn ist in Lannion wenig Platz. Die Bewohner parlieren zwar auf der Straße oft Bretonisch und leben weiterhin ihre Traditionen, doch ihr Blick ist in eine Zukunft wirtschaftlicher Prosperität gerichtet. Das Nationale Forschungszentrum für Fernmeldetechnik (*CNET*) und die Fabriken in der Umgebung haben Lannion zu einem modernen Verwaltungs-, Handels- und Industrie-

Mitten in Lannion

zentrum gemacht, das trotz seiner geringen Einwohnerzahl eine wichtige Rolle in der bretonischen Ökonomie spielt - trotz gegenwärtiger industrieller Rezession.

Lannion, unmittelbar vor der Granitküste gelegen, ist ein möglicher Ausgangspunkt für zahlreiche Ziele, die es kulturell, architektonisch oder landschaftlich in sich haben.

- *Postleitzahl*: 22300
- *Telefonvorwahl*: 96
- *Information*: Das Fremdenverkehrsamt informiert professionell - auch deutschsprachige Broschüren erhältlich - in einem Pavillon am Rand des großen Parkplatzes am Leguer-Fluß. Quai d'Aguillon, Tel. 370 735 u. 464 100.

Verbindung

Kleiner **Bus**bahnhof stadtauswärts Richtung Guingamp am rechten Leguer-Ufer, an der Allée du Palais-de-la-Justice hinter der Rue de Kermaria. Die Busse von CAT bedienen 3 - 5 x täglich die Orte der Granitküste, die Strecke nach Paimpol (werktags mind. 3 x), nach Tréguier (werktags mind. 4 x) sowie nach Guingamp und St. Brieuc. Tel. 370 240.

Zug: Bahnhof an der Avenue du Général de Gaulle, hinter dem linken Leguer-Ufer Richtung Ploubezre. Züge nach Plouaret (14 km südlich), dort umsteigen auf den Hauptstrang Rennes/Brest. Reservierung Tel. 370 301.

Flugzeug: Kleiner Flughafen an der Straße nach Trégastel nördlich von Lannion. Täglich 2 Flüge nach Paris. Tel. 484 292.

Diverses

- *Autoverleih*: **Europcar**, Gare Routiére, Tel. 370 217; **Hertz**, am Flughafen, Tel. 480 010.
- *Busausflug*: **Tourisme Verney** bietet neben Perros-Guirec, Trégastel, Ploumanach und Trébeurden auch in Lannion sein breitgefächertes Ausflugsprogramm an. Einzelheiten siehe Perros-Guirec/Busausflug. Buchung und Information in Lannion bei der Tourist-Info oder direkt bei Tourisme Verney am Busbahnhof, Gare Routière, Parking Bolloch, Tel. 370 240.
- *Einkaufen*: Würste und Likör aus Lannion haben einen guten Ruf.
- *Fahrradverleih*: Neben der Jugendherberge (siehe dort) verleiht SNCF Räder (Bahnhof).
- *Markt*: Jeden Donnerstag.
- *Parken*: Am Leguer-Fluß sind einige gebührenpflichtige Großparkplätze angelegt.

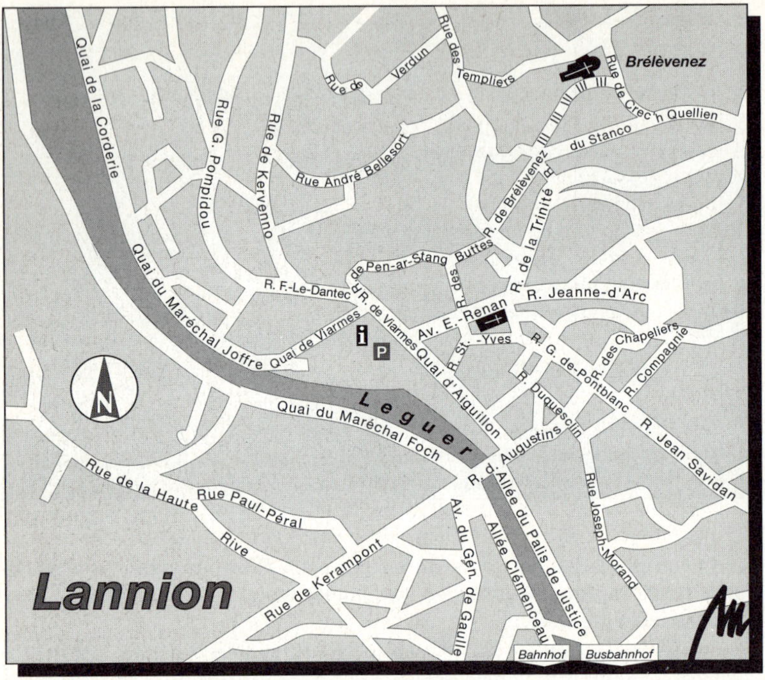

Übernachten/Camping

Lannion ist eine Stadt der Kurzbesuche, entsprechend gering ist das Hotelangebot. Die Campings der Stadt liegen weit außerhalb an der Leguermündung.

** **Hotel Porte de France**: Kleines Garni-Hotel in der Oberstadt mit 10 Zimmern. Ordentliche Einrichtung und Sanitärausstattung. Kein Restaurant. DZ 73 - 80 DM, Frühstück 8 DM. Ganzjährig geöffnet. Rue J. Savidan 5, Tel. 465 481.

** **Hotel de la Bretagne**: 28-Zimmer-Hotel beim Bahnhof. Typisches Reisehotel mit einfachen Räumlichkeiten und unterschiedlicher Sanitärausstattung. DZ 55 - 75 DM, HP 75 - 100 DM, Frühstück 9 DM. Ganzjährig geöffnet. Avenue de Gaulle 32, Tel. 370 033.

• *Jugendherberge*: Das ganze Jahr über werden 70 Betten angeboten, im Sommer besteht auf dem kleinen Grundstück der Herberge Zeltmöglichkeit. Fahrradverleih. Rue du 73e Territorial, Tel. 379 128.

• *Appartements/Häuser*: Das Touristbüro ist Herausgeber einer Liste von 300 Appartements und Häusern für 2 - 10 Personen, wahlweise an der Küste oder im ruhigen Landesinneren. Weitere Informationen vom Fremdenverkehrsamt.

• *Camping*: *** **de Beg Leguer**; der stadtnächste Platz, etwa 4 km außerhalb von Lannion an der Ostseite der Leguermündung. Am Rand einer Wohnzone hoch über dem Meer, aber ohne Blick auf dasselbe. 200 Stellplätze, 3 Sanitärblocks, kleiner Laden, Waschmaschine, Bar, Restaurant, TV, kleiner Kinderspielplatz, Minigolf und 2 Tennis-Courts. Erwachsene 4,30 DM, Kinder 2,50 DM, Platz 4 DM, Auto 2,50 DM, Wohnmobil 6,30 DM, Elektrik 4 DM. Geöffnet vom 1.5. - 30.9. Beg Leguer, Tel. 472 500.

* **Les Pins**: Gleich daneben, mit nur 20 Plätzen und - dem einsamen Sternlein entsprechend - völlig anspruchslos. Erwachsene 2 DM, Platz 1,70 DM, Auto 1,20 DM. Geöffnet vom 15.6. - 15.9. Tel. 472 517.

140 + 4 + 2

Bei unserer Recherche über die Kirche von Brélévenez fiel uns etwas Merkwürdiges auf. Wichtigstes und umstrittenstes Detail der Kirche, so entnahmen wir der Lektüre diverser Kunst- und Reiseführer, scheint die Zahl der Treppen zu sein, die zu dem romanisch-gotischen Bau hinaufführen. Eine Auswahl an Zitaten:

"Am Fuße der 143 Steinstufen . . ." (dtv/Merian), "Eine schwindelerregende Treppe mit 140 Stufen . . ." (Hureau), "Man erreicht die Kirche über eine Treppe mit 142 Stufen . . ." (Michelin), ". . . über 144 Granitstufen erreichbar" (Velbinger), ". . . 142 Stufen hinaufführen." (Oppens), ". . . eine eindrucksvolle Treppe mit etwa 400 Stufen" (Knaurs Kunstführer), "Zu ihr führt eine aus 142 Granitstufen bestehende Treppe" (Verkehrsamt Lannion), ". . . eine Treppe mit 140 Stufen (zur Sicherheit zweimal gezählt)" (Goldstadt Reiseführer).

Selbstverständlich gingen wir der Sache nach. Hier unser Ergebnis: Von der ersten Granitstufe am Treppenbeginn führen 140 Stufen den Hang hinauf, es folgen vier abgesetzte Stufen in den Kirchenbezirk hinein, zwei weitere führen zum Portal der Vorhalle.

Wir hoffen, mit unseren Forschungen einen Beitrag geleistet zu haben, der die Diskussion um die Stufenzahl von Brélévenez sinnvoll bereichert.

Sehenswertes

Kirche von Brélévenez: Die ursprünglich romanische Kirche aus dem 12. Jh. in dem schon lange eingemeindeten Vorort Lannions hoch über der Stadt gehörte einst den Templern, die - offiziell aufgelöst und aus der Geschichte verschwunden - als Geheimorganisation immer noch die Geschicke der Welt lenken sollen. Während des Aufstiegs zur Kirche entlang einer mit alten Granithäuschen nur einseitig bebauten, stufig hochführenden Gasse vergrößert sich Schritt für Schritt das Panorama von Lannion.

Vom romanischen Ursprungsbau ist die *Apsis* erhalten - in ihrer genial-einfachen Ausgewogenheit eine der schönsten der Bretagne. Das *Schiff*, an dem immer wieder Änderungen vorgenommen wurden, ist nunmehr der Gotik zuzurechnen, das gelungene *Südportal* mit den drei schlanken Pfeilern wurde dabei zum Blickfang; der *Turm* ist ein Werk des 15. Jh. Das interessanteste und älteste Detail des düsteren Inneren ist ein umfunktioniertes steinernes *Getreidemaß*, in dem einst der Zehnte, die feudalistische Form der Kirchensteuer, abgemessen wurde. Aus dem Meßtrog wurde später ein *Weihwasserbecken* mit einer jetzt halbverwitterten lateinischen Inschrift.

Alte Häuser: Die beiden schönsten Häuser Lannions schmücken den *Place du Centre* (= *Place Leclerc*) an der Ecke zur *Rue des Chapeliers.* Von oben bis unten schieferverkleidet, gleißt die grau-schwarze Fassade der Nr. 29 seit 500 Jahren silbrig-hell im Sonnenlicht, schlanke Karyatiden umrahmen die Fenster der Nr. 31. An der aufwärtsführenden *Rue des Chapeliers* (Straße der Hutmacher) neigen sich alte Fachwerkhäuschen über dem Kopfsteinpflaster gegeneinander und münden in die ebenso malerischen, etwa 100 Jahre jüngeren Häuserzeilen des oberen Marktplatzes. In der *Rue Geoffrey-de-Pontblanc* am nordöstlichen Ende des Place du Centre finden Sie neben weiterer Altbausubstanz (Nr. 1 + 3) an einer Wand ein Granitkreuz; genau hier wurde der Ritter GEOFFREY DE PONTBLANC während einer Schlacht um Lannion von englischen Schwertern niedergestreckt.

Lannion / Umgebung

▸ **Château de Coatfrec**: Die Ruinen der Burg zwischen *Ploubezre* und *Buhulien*, etwa 7 km südöstlich von Lannion, haben Förderer gefunden - von Pflanzen befreit, werden die Trümmer der einst stattlichen Anlage aus dem 15./16. Jh. jetzt für die Nachwelt aufpoliert. Ein eigener Verein kümmert sich um die mutwillig zerstörte Burg, die die bretonischen Generalstände aus Angst vor dem berüchtigten Räuber LA FONTANELLE 1592 niederreißen ließen. Dieser hatte seinen widerrechtlich angeeigneten Sitz für einen kurzen Raubzug verlassen, und die Stände nutzten die Gunst der Stunde.

• *Anfahrt*: Z. B. ab Lannion über die D 767 Richtung Guingamp, bei Buhulien rechts ab Richtung Ploubezre, nach dem Kleinweiler Pont-Keriel links.

▸ **Kerfons**: Landidylle. Kastanienbäume beschatten die schlichte Kapelle aus dunkelgrauem Granit, ein kleiner Calvaire streckt sich im Kapellenbezirk, nebenan gackern die Hühner eines altbretonischen Bauernhofs. Kein Mensch würde in dieser Abgeschiedenheit ein Kunstwerk vermuten. Doch der *Holzlettner* aus dem späten 15. Jh. in der einstigen Grabkapelle der Grafen von Coëtmen zählt zu den schönsten der Bretagne.

Vor dieser Schranke, Symbol der Ständetrennung, stand das einfache Volk im Schiff der Kapelle, die Adligen, der reiche Schneider und die Geistlichen durften im Altarraum dem Gottesdienst sitzend beiwohnen. Doch beide Parteien konnten sich in die meditative Bilderwelt des Lettners versenken: Vor dem Hintergrund der üppigen Schnitzereien und

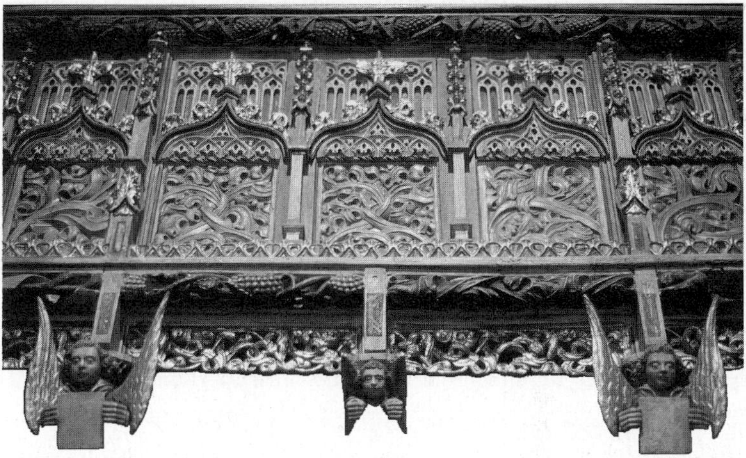

Der Lettner von Kerfons

Täfelungen, mit Gold und bunten Farben überzogen, blicken von der Empore die volkstümlich liebevoll gestalteten *Jungfrau Maria*, *Johannes* oder die *Apostel* und die *Hl. Barbara* (die einzige Heilige ohne gleichnamigen Schein) beidseitig auf die Gemeinde hinab, gruselige Dämonenfratzen und sanfte Engelsgesichter illustrieren eindringlich einige Schrecken der Hölle und die Freuden des Himmels.
Der Lettner erstrahlt seit seiner Restauration 1980 in neuem Glanz - neue Farben wurden nach altem Vorbild aufgetragen, nur das Kruzifix, das ihn krönte, fehlt noch immer - es wurde 1907 gegen 13 Goldkronen an einen Privatmann aus Perros verkauft.

Genau zwischen Altar- und Gemeinderaum bezeichnet eine in eine Bodenplatte gemeißelte Schere das "*Grab des Schneiders*". Als reichster und angesehehenster Nichtadeliger wußte er nie so genau, wo sein Platz in der Kirche war: Für das Volk zu vornehm, für die Grafen ein Standesfremder, wurde er nach seinem Tod zwischen den Ständen an der magischen Trennlinie des Lettners beigesetzt. Bunte *Glasfenster* (15. Jh.), ein italienischer *Rokoko-Altar* aus Eichenholz (1686), ein Nebenaltar (17. Jh.) und die *Nixen* im Balkenwerk der Dachkonstruktion gehören zur weiteren sehenswerten Ausstattung.

- Öffnungszeiten: In der Saison bis in den September hinein von 11 - 12 und 15 - 18 Uhr. Deutschsprachige Führung 4 DM.
- Anfahrt: Ab Lannion auf der D 11 nach Ploubezre, etwa 1 km weiter links ab (beschildert).

Château de Tonquédec: Mitten im verschwiegenen Wald hoch über dem Flußtal des Leguer erheben sich die Ruinen einer der einst mächtigsten Burgen der Bretagne. Gewaltige Ecktürme flankieren den Wall, der die trapezförmige Grundfläche immer noch lückenlos umschließt. Erst nach dem gebührenpflichtigen Eintritt ins Innere der Anlage wird das ganze Ausmaß der Zerstörung sichtbar. Im frühen 15. Jh. wurde Tonquédec von den Grafen von Coetmen auf den Grundmauern einer älteren Burg errichtet, 1622 gab Kardinal RICHELIEU wieder einmal einen seiner Lieblingsbefehle: er ließ das Château schleifen. Eine provisorische Crêperie im Burghof bietet Erfrischungen, ein Gang auf einen der Türme bei entsprechendem Wetter eine umfassende Sicht: Unbehindert blicken Sie über die Wipfel der Bäume hinweg.

• *Öffnungszeiten*: April bis Oktober täglich 14 - 19 Uhr, Juli und August 10 - 19 Uhr, sonst 15 - 19 Uhr. Eintritt 4 DM, Kinder 3 DM. Galettes extra.

• *Anfahrt*: Ab Lannion auf der D 11 nach Ploubezre, nach der Abzweigung nach Kerfons links ab und dann auf einem Serpentinensträßlein zum Schloß hoch.

▶ **Château de Kergrist**: Typ Märchenschloß der trutzig-putzigen Art mit landwirtschaftlichem Betrieb. An der Fassade tobten sich im Lauf der Zeit die Epochen und ihre Stile aus und schufen die "Perle des Trégor": Ab dem 14. Jh. wurde an dem Schloß gebaut; der sichtbar älteste erhaltene Teil ist der Ehrenhof, die Nordseite präsentiert sich gotisch, der letztgestaltete Bauabschnitt, die Fassade des Wohntrakts aus dem 18. Jh., prunkt im französischen Barock. Der weitläufige Garten wurde in derselben Zeit im selben Stil angelegt und ist - neben einigen Räumen im Schloß - zur Besichtigung freigegeben.

• *Öffnungszeiten*: Im April und Mai 14 - 18 Uhr, Juni bis September 10.30 - 18.30 Uhr. Innenbesichtigung + Garten 7 DM, nur Garten 5 DM.

• *Anfahrt*: Ab Lannion auf der D 11 nach Ploubezre/Plouaret, ein Stück vor der Kreuzung mit der D 30 die Stichstraße nach links.

Die Siebenschläfer von Ephesus

Eine frühchristliche Legende aus Kleinasien, die verschieden erzählt wird, doch im Kern gleich bleibt: Sieben männliche Christen (Jünglinge, Brüder, Legionäre) werden auf Befehl von Kaiser DECIUS persönlich von römischen Legionären in einer Höhle nah der Großstadt Ephesus eingemauert. In manchen Versionen haben sie sich in die Höhle geflüchtet und sind erschöpft eingeschlafen, in anderen werden sie gewaltsam hineingebracht. Jedenfalls schlafen sie ein, und sie schlafen einen 200 Jahre währenden Schlaf. Als sie im Jahr 431 pünktlich zum Konzil von Ephesus erwachen, ist das Christentum längst oströmische Staatsreligion geworden und Kaiser THEODOSIUS II. läßt über dem Ort des Wunders eine Wallfahrtskirche erbauen.

▶ **Chapelle des Sept Saints (Siebenschläferkapelle)**: Über einem Dolmen aus vorchristlicher Zeit treffen sich Christen aus Orient und Okzident. Seit 1954 pilgern am vierten Julisonntag zum Pardon der Siebenschläfer auch Abgesandte der oströmischen Kirche nach *Vieux-Marché* und feiern gemeinsam mit den Westeuropäern die Wallfahrt zu den sieben Heiligen, deren Verehrung aus dem fernen Ephesus (an der türkischen Mittelmeerküste) vermutlich von Kreuzrittern an das westliche Ende der Welt gebracht wurde.

Kreisförmig umgeben Bäume die relativ junge Kapelle aus dem Jahr 1703, solide verschlossen hinter einem Eisengitter steht unter dem

Bodenniveau der uralte Dolmen, der als Krypta dient, und über dem die Kapelle errichtet wurde. Die sieben naiven Holzbilder der Heiligen sollen auf wundersame Weise (Engel? Eigenbewegung?) zum Dolmen gelangt sein - wieder einmal wurde ein heidnischer Kultort zu einer christlichen Glaubensstätte verwandelt. Das Denkmal am Platz vor der Kapelle gilt Professor MASSIGNON, der Initiator der gemeinsamen Wallfahrt. Falls abgeschlossen ist - im Nachbarhaus wird der Schlüssel verwahrt.

• Anfahrt: Ab Lannion auf der D 11 nach Ploubezre/Plouaret, etwa 2 km vor Plouaret links ab und auf kleinen Sträßchen zur Kapelle.

▶ **Château de Rosanbo**: Das beliebte Ausflugschâteau wird vom heutigen Marquis DE ROSANBO bewohnt, dem Oberhaupt einer über 1000 Jahre alten Familie. Aus der Eigenwerbung: "*Rosanbo, errichtet im 14. Jh. von der Familie der Rosanbos auf den Ruinen einer alten Burg, reflektiert bretonischen Lebensstil und Traditionen.*" Wohl wahr, jedenfalls für eine Minderheit. Ab dem 14. Jh. bastelten die Besitzer Rosanbos an ihrem geschmackvollen Wohnsitz auf einem Fels über dem *Bo* (*ros* = Fels, *an* = über), nach einschneidenden Veränderungen im 15. und 17. Jh. wurde der Bau erst im 19. Jh. vorläufig abgeschlossen.

In den zur Besichtigung freigegebenen Sälen (inkl. Billardsaal) im Erdgeschoß können Sie neben Wandteppichen, Möbeln, sakralen Kunstwerken und Luxusgeschirr 8000 Bücher in einer gemütlichen Privatbibliothek bewundern. Ein Spaziergang durch den Park gehört zum Besuch. Ergehen Sie sich im "*Theater*", im "*Salon des Dreiecks*" oder im "*Salon der Jahreszeiten*" - eine künstliche Gartenlandschaft mit einem Hauch von Versailles. Übrigens: Wer nichts zahlt, der sieht nicht viel, die Mauer um den Besitz ist für Blicke Neugieriger undurchdringlich.

• Öffnungszeiten: Juli/August von 10.30 - 18.30 Uhr, das restliche Jahr von 14 - 18 Uhr. Nur geführte Besuche, letzte Führung 18 Uhr; die aktuellen Zeiten der jeweils nächsten Führung sind am Eingangstor der Schloßparkmauer angeschlagen. Erwachsene 8,50 DM, Kinder 5,30 DM.

• Anfahrt: Ab Lannion auf der D 11 nach Plouaret, in Plouaret rechts ab die D 32 nach Lanvellec. Weiter nach Westen durch den Ort und dann rechts (beschildert).

Von Lannion nach Morlaix

Über die Hauptroute D 786 ist die Strecke zwischen den beiden Städten schnell und sensationslos nach 35 Kilometern zurückgelegt. Wer Zeit hat, kann die kleinen Küstenstraßen an der **Côte des Bruyères** (Heidekrautküste) benutzen und wird es nicht bereuen: Kleine Badeorte wie *St. Michel-en-Grève* oder *Locquirec* laden zu einem Aufenthalt ein, Kirchenkunst gibt es z. B. in *St. Jean-du-Doigt* oder *Trédréz*. Der kulturelle Höhepunkt ist das frühzeitliche *Fürstengrab von Barnenez*, der landschaftliche begleitet Sie auf der ganzen Fahrt: Die vielfach zerrissene Küste ist nicht mehr so imposant wie bei Ploumanach und Trégastel, doch im launenhaften Spiel des Lichts und im stetigen Wechsel der Gezeiten ein reizvoller Abschnitt des bretonischen Gestades. Im Folgenden einige Stationen der Côte des Bruyères.

Le Yaudet

Eine gelungene Kombination von Kapelle und Aussichtspunkt hinter dem Dörfchen Le Yaudet. Spielzeugboote ankern in der tief eingeschnittenen Mündung des *Leguer*, der Fels der Küste fällt zügig ab und bildet rechts und links der Mündung eine Bucht wie aus dem Bilderbuch.
Zwei Tips: Besonders anmutig ist die Bucht, wenn sich die Morgennebel lösen oder abends die Sonne im Meer versinkt. Sie können auch laufen: Auf schmalen Pfaden gelangen Sie beispielsweise zu zwei kleinen Stränden oder zu einem kleinen Hafen und haben immer wieder schöne Blicke.
Die Anhöhe war seit Menschengedenken besiedelt. Wo Bronzemenschen und auch Kelten gesiedelt hatten, errichteten Römer die befestigte Siedlung *Lexovia* und die Bretonen einen Weiler. Der spätere Bischofssitz wurde leider im 9. Jh. von den Dänen heimgesucht. Die *Kapelle Notre-Dame-du-Yaudet* birgt eine seltene Darstellung: Maria und ihr Neugeborenes ruhen auf einem mit Spitzen bedeckten Bett, über ihnen schwebt die Taube des Heiligen Geistes, Gottvater wacht zu ihren Füßen.

• Anfahrt: Von Lannion auf der D 786 Richtung Morlaix, bei Ploulec'h auf die D 88 meerwärts ab, durch Le Yaudet hindurch bis zum Parkplatz bei der Kapelle.

Ploumilliau

In Ploumilliau tobte ANATOLE LE BRAZ, der bretonische Schriftsteller, als Kind, in der Kirche in der Ortsmitte wohnt der Tod - in Form einer eigentümlich-seltsamen Holzskulptur. Der Knochenmann ist neben seiner Sense zusätzlich mit einem Spaten ausgestattet. Bei der Recherche 1990 war Ankou, der Tod, gerade nicht da, doch hatte er am Kirchenportal eine nette Nachricht hinterlassen: "*Ich bin in Österreich, auf Schloß Sallaburg bei Wien. Aber liebe Freunde, ich vergesse niemand, rechnet mit meiner Treue. Ich komme zurück. Der Tod.*" Der Tod hielt Wort. Er ist wieder da.

• Anfahrt: Von Lannion etwa 7 km auf der D 786 Richtung Morlaix, dann die D 88 A ca. 2,5 km landeinwärts.

Tredrez *(ca. 1000 Einwohner)*

Ein verschlafenes Nest einen Kilometer hinter der Küste hoch über dem Meer. Die im nachhinein bedeutendsten sieben Jahre der 1000-Seelengemeinde liegen über 900 Jahre zurück, als ST. YVES der hiesige Ortsgeistliche war. Der Bau der ihm geweihten *Ortskirche* war im Jahr 1500 vollendet, ihr Pfarrbezirk ist großteils erhalten. Innerhalb der Umfassungsmauer breitet sich der Friedhof um die Kirche aus, im schlichten Beinhaus sind heute Zementsäcke statt Totenschädel gestapelt, und über dem Seiteneingang klebt ein Schwalbennest, auf das reglos die Apostel schauen. Den kühlen Innenraum unter der Holzdecke mit engel-verzierten Sablieren schmücken einige feine Sakralarbeiten: u. a. ein Granittaufbecken mit geschnitztem Holzdach (15. bzw. 17. Jh.), die Altartafeln des Seitenaltars (17. Jh.) und ein gekreuzigter Jesus (13. Jh.).

• Anfahrt: Von Lannion etwa 8 km auf der D 786 Richtung Morlaix, dann die D 88 meerwärts und nach etwa 1,5 km links ab auf die D 88 B.

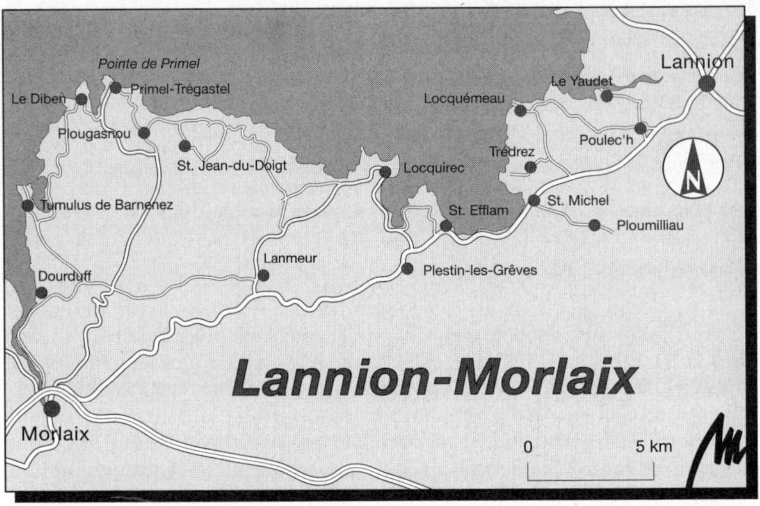

St. Michel-en-Grève *(ca. 400 Einwohner)*

Der kleine Ort, im Winter Heimat für etwa 400 Erdenbürger, gruppiert sich in Grau und Weiß um seine kleine Kirche gleich oberhalb des langgezogenen Strandes und verliert sich dann zögernd landeinwärts. Im Sommer wird aus dem Dörflein ein Badeort, dessen Anziehungspunkt die sogenannte Strandmeile ist, die *Lieue de Grève* - mehr als 4 km feiner, weißgelber Sandstrand in einer sanft geschwungenen, weiten Bucht.

Der Ortsstrand am östlichen Ende der Lieue de Grève ist mit Strandclub und Umkleidekabinen ausgestattet, die restlichen Kilometer nur Sand und Wasser gleich neben der D 786. Bei Flut bleibt kaum noch Platz für ein Handtuch, bei Ebbe zieht sich das Wasser weit zurück und der harte Sand kann für Landsportarten genutzt werden - z. B. für Pferderennen.

Bei jedem Gezeitenstand lohnend ist der Weg auf den *Grand Rocher*: Auf der Spitze des alleinstehenden *Großen Felsens*, der sich etwa in der Mitte der Bucht gleich neben der Straße auf 80 m hinauftürmt, sind Sie nach einem kurzen Aufstieg zu Fuß Panorama-König (besonders schön, wenn die Flut einsetzt).

- *Postleitzahl*: 22300
- *Telefonvorwahl*: 96
- *Information*: Das Syndicat hat ein Büro neben dem Rathaus, Tel. 357 441.
- *Verbindung*: St. Michel-en-Grève liegt an der **Bus**strecke Morlaix - Lannion. Bis zu 4 Anschlüsse täglich in beide Richtungen.

Übernachten/Camping

** **Hotel de la Plage**: Direkt am Strand neben der Kirche, die Strandterrasse gleich neben dem Friedhof. Typ englisches Oma-Hotel für die Nachsaison - außen die schlichte Eleganz eines einfallslosen Betonbaus, innen 38 ordentliche Zimmer im diversen Sanitärstandard und ein großer Speisesaal mit Menus von 35 - 75 DM. DZ 53 - 100 DM, HP 75 - 90 DM, Frühstück 8 DM. Ganzjährig geöffnet. Tel. 357 443.

Hotel-Restaurant Au Bon Acceuil: Das ländliche Anwesen, im meerabseitigen Ortsteil gelegen, ist preislich wie komfortmäßig die einfachere Alternative zum Strandhotel. Ebenfalls mit Restaurant. Route de Lannion, Tel. 357 411.

• *Camping*: **** **Les Capucines**; etwa 1 km vom Meer in abgeschiedener Lage. Vom Swimmingpool bis zum Fahrradverleih rundum ausgestatteter gepflegter, 4 ha großer Platz, durch Lebensbäume und Kiefern in Parzellen gegliedert. 50 Stellplätze. Geöffnet von 15.5 - 5.9. Tel. 357 228.

** **La Pinède**: 85 Stellplätze in der Pampa zwischen St. Michel und Tredrez (beschildert); recht heimeliges, heckenunterteiltes Areal mit Tennis, Pingpong und Minigolf. Erwachsene 3 DM, Kinder die Hälfte, Platz 2,30 DM, Auto 1,30 DM, Elektrik 3 DM. Geöffnet vom 15.6. - 15.9. Tel. 354 456.

Corniche de l'Armorique

Die Corniche gibt sich als Konkurrentin der *Corniche Bretonne* an der Granitküste aus, doch so ganz kann sie nicht mithalten: Die D 42 und die D 64 führen von *St. Efflam* bis zum Aussichtspunkt *Marc'h Sammet* hinter Locquirec auf etwa 7 km Länge an wilden Felsformationen, Steilabstürzen und eingestreuten Sandstränden entlang. Im Zusammenklang mit dem Meer wirkt der angenagte Küstenstrich beileibe auf Auge und Gemüt, doch der Superlativ an Steinlandschaften bleibt nun einmal die rosa Granitküste. Apropos: Vom *Pointe de Plestin* können Sie im Nordosten den Verlauf der Côte du Granit einsehen.

Camping

Hinter Plestin-les-Grèves folgen einige Campingplätze dem Verlauf der Corniche de l'Armorique. Von Ost nach West:

*** **Kerallic**: Ein betriebsamer, gut ausgestatteter Platz für 60 Campingeinheiten. U. a. Laden, Restaurant, Fahradverleih, Tennisplatz und Fahrradverleih. Busreisenden stehen Bungalow-Studios zur Verfügung, Camper finden Bocage-Flächen mit Hecken, Bäumen und zwei Sanitärblocks. Platzpauschale in der HS 24 DM, in der NS 12 DM. Reservierung für den Sommer möglich. Geöffnet vom 15.6. - 15.9. Tel. 356 149.

** **de la Corniche**: Auf einem kleinen Kap, durch frisierte Hecken und Nadelbäume windgeschützt, einfach, in schöner Lage, aber ohne Strand. Erwachsene 2,70 DM, Kinder die Hälfte, Platz 1,70 DM, Auto 1,50 DM, Elektrik 3 DM, heiße Dusche 1,70 DM. 50 Plätze, Öffnungszeiten wie Kerallic. Tel. 354 499.

** **Hortensias**: Etwa 1 km westlich vom Camping de la Corniche, bei Kerdroheret. Ebenso einfach oberhalb der Küste, doch kleiner (40 Stellplätze) und mit vielen Hortensien freundlich gestaltet. Erwachsene 5 DM, Kinder 2,70 DM, Platz 4 DM, Auto 2 DM, Motorrad und Hund je 1 DM, Elektrik 3 DM. Geöffnet vom 1.6. - 1.9. Tel. 356 158.

Locquirec *(ca. 1500 Einwohner)*

Mildes Klima, mediterrane Flora und angenehme Wassertemperaturen: Locquirec, der alte Fischerhafen, an dem einst die Malteser einen Stützpunkt unterhalten haben, wurde zwischen den Weltkriegen von reichen Parisern entdeckt und ist nunmehr der gediegenste Badeort zwischen Lannion und Morlaix. Wald und Heide umgeben trotz der zahlreichen Villen und einfachen Feriendomizile noch immer die neun größeren und kleineren Sandstrände an der meist unbebauten Felsküste der klobigen Landzunge. Aussichtspunkte, Spazierwege, das einsame Hinterland oder die zahlreich angebotenen Sport- und Unterhaltungsmöglichkeiten - Freizeitgestaltung wird in dem meist von Familien besuchten Seebad leicht gemacht.

• *Postleitzahl*: 29241

• *Telefonvorwahl*: 98

• *Information*: O.T. im eigenen Häuschen, zentral am Place du Port. Tel. 674 083.

• *Verbindung*: Locquirec, direkt an der **Busstrecke** Morlaix - Lannion, hat bis zu 4 Anschlüsse täglich in beide Richtungen. Haltestelle zentral am Place du Port.

• *Markt*: Am Mittwoch buntes Markttreiben.

• *Sport*: Ob im Wasser oder lieber auf der festen Erde - Tennis, Minigolf, Segeln, Surfen (mit Schule). Näheres weiß das O.T. In der Saison werden im Revier vor Locquirec Segelregattas ausgetragen.

Übernachten/Camping

* **Grand Hotel des Bains**: Tradition in bester Lage am Meer, aber heutzutage nicht mehr so mondän wie einst. 60 einfache, sanitär unterschiedliche Zimmer. Tennisplatz, Restaurant. In der Saison nur Halbpension. DZ 57 - 70 DM. Rue de l'Eglise, Tel. 674 102.

* **Hotel du Port**: Gemütliches 10-Zimmer-Hotel am Hafenbecken mit netten Räumlichkeiten. Blick über das Getriebe in der Bucht. Kein Restaurant. DZ je nach Sanitärstandard 60 - 75 DM. Geöffnet von Ostern bis April bis 30.9. Place du Port, Tel. 674 210.

• *Zimmervermietung*: Im ehemaligen **Hotel de Pen Enez** im Ortszentrum. Gartenanlage. 26 schlicht möblierte Zimmer mit meist einfachen Sanitäranlagen, zum Teil Meerblick. 1 km zum Strand. DZ je nach Sanitärstandard 45 - 67 DM. Geöffnet von April bis 30.9. Pen Enez Locquirec, Tel. 674 221.

• *Camping*: ** **Municipal Les Pines - Toul Ar Goué**; ein langgezogenes Areal zweier zusammengewachsener Plätze für 170 Camping-Familien am Ortseingang von Locquirec. Stellpätze direkt an der Strandlinie (sehr sandig) oder im dahinter ansteigenden Pinienwäldchen (nicht so sandig und schattig). Sehr einfache Sanitäreinrichtungen. Campeur 4 DM, Kind bis 7 Jahre 3 DM, Auto 1,30 DM, Motorrad 0,50 DM, Platz 4 DM, Elektrik 3 - 4 DM. Geöffnet vom 1.4. - 15.9. Tel. 674 085.

** **de Rugany**: Auf der anderen Straßenseite gegenüber von Les Pines - nur ein äußerst simples Ausweichgelände für die Hochsaison. Einziges Plus der Blick über die Bucht. Fast dieselben Preise wie Les Pines. 80 Stellplätze. Tel. 674 106.

** **Moulin de la Rive**: Über dem Atlantik; einfach, doch wegen seiner Lage angenehm. Schlichte Sanitärs, Wasserzapfstellen und Stromblocks. Richtung Primel, dann den Hinweisschildern auf den Berg folgen. Schöner Blick auf das Meer und die Corniche. immer heißes Wasser. Platz 4,50 DM, Campeur 5 DM, Kind 3,30 DM, Auto 2,20 DM, Elektrik 4 DM. 44 Stellplätze. Ganzjährig geöffnet. Tel. 793 039.

** **Bellevue**: Noch weiter westlich außerhalb, direkt an der Küste. Kleiner schlichter Platz mit Bar und Lebensmittelladen für 45 Zelte oder Wohnmobile. Ähnliches Preisniveau wie die vorigen Plätze. Geöffnet vom 15.6. - 10.9. Tel. 788 080.

Sehenswertes / Spaziergang

Kirche: In der Ortskirche aus dem 12. Jh., unmittelbar hinter dem Place du Port, verrichteten einst die Malteser ihre Andacht. Im 17. Jh. wurde das Gotteshaus umgebaut und auf drei Schiffe erweitert, die getäfelte Holzdecke wurde bemalt. Der *Altaraufsatz* (16. Jh.) erzählt die Passionsgeschichte, die *Pietà* (Maria und Kind) aus Alabaster (16. Jh.) ist eine schöne Arbeit, und der *Figur der Notre-Dame-de-Bon-Secour* (15. Jh.) in einer Nische im Chor wird die meiste Verehrung zuteil. Der Weg vom Tor des Pfarrbezirks zur Kirche wurde mit alten Grabplatten (um 1800 und später) bepflastert, um Platz im kleinen Pfarrbezirk zu schaffen.

Pointe de Locquirec: Ein gemütlicher Spazierweg, der hinter der Ortskirche beginnt, führt in etwa 30 kurzweiligen Minuten um die Spitze der Landzunge. Bei klarer Sicht überblicken Sie die ganze Bucht von Lannion. Laufen Sie westlich weiter, gelangen Sie zum Strand Les Sables Blancs, im Osten können Sie an der Corniche de l'Armorique entlangwandern.

Baden

Rund um die Landspitze von Locquirec wimmelt es von Sandstränden, insgesamt neun Sandflächen in allen Größen. Der Ortsstrand *Plage du Fond de la Baie* am nordöstlichen Ortsende ist der größte, die Strände *des Sables Blancs* und *du Moulin* sind landschaftlich die angenehmsten, besitzen keine Strandeinrichtungen und liegen westlich des Orts.

▶ Nach Locquirec den Hinweisschildern "*Route touristique*" folgen und Sie bleiben - bis auf einen eventuellen Ausflug nach St. Jean-du-Doigt - zumindest in Meeresnähe.

St. Jean-du-Doigt *(ca. 650 Einwohner)*

In dem Dorf wäre der Hund begraben, würde die Kirche nicht eine ganz seltene Reliquie aufbewahren: ein Fingerglied von Johannes dem Täufer. Bis 1420 war die Kirche dem Heiligen Meriadec geweiht, doch gegen so mächtige Konkurrenz konnte der Ortsheilige nicht mithalten: Nach dem ersten Kreuzzug gelangte die Reliquie nach Frankreich und landete 1420 ausgerechnet in dieser verschlafenen Gemeinde im nördlichen Finistère. Sofort wurde mit dem Bau einer angemessenen Kultstätte begonnen, doch erst 1505 schritten die Arbeiten zügig fort: Herzogin Anne war von dem Fingerglied von ihrem Augenleiden geheilt worden und zeigte sich entsprechend großzügig. So entstand im Stil des Flamboyant ein aufwendiger Kirchenbezirk. In diesem Jahrhundert schlug das Schicksal zweimal zu: 1925 traf ein Blitz den Turm, 1955 brannte die ganze Kirche. Sie wurde in ihrer ursprünglichen Gestalt zwar wieder aufgebaut, doch ihre Ausstattung ist für immer dahin. Trauriger Notbehelf: wo vor dem Feuer Heiligenfiguren standen oder Bilder hingen, erzählen ersatzweise nüchterne Kopien von vergangener Pracht. Der Kirchenschatz und die kostbare Reliquie konnten gerettet werden.

Ein vollkommener *Enclos paroissial*: Ein leicht beschädigtes *Triumphtor* führt in den geschlossenen Bezirk, dahinter sprudelt vor den Gräbern und einem kleinen *Calvaire* Wasser aus einem *Renaissance-Brunnen* mit dem biblischen Motiv der Taufe von Jesus. Über den drei übereinanderliegenden Becken des Brunnens segnet ein wohlwollender Gottvater die heilige Handlung. Unterhalb des Turms nahmen früher gleich zwei *Beinhäuser* die Skelette der Toten auf, beide klein, eines gotisch, das andere im Renaissance-Stil. Daneben eine offene *Betkapelle* mit derb verziertem Fries. Das Kircheninnere ist bis auf einige Steinstatuen schmucklos nackt, die Spuren des Brandes sind deutlich zu erkennen. Im *Kirchenschatz* finden sich u. a. ein Renaissance-Kelch, bei dem an Materialkosten nicht gespart wurde, ein Prozessionskreuz und neben zwei weiteren Reliquiaren natürlich der Reliquienschrein mit der Daumenkuppe von Johannes dem Täufer.

Vor oder nach der Besichtigung: Etwa 1 km außerhalb von St. Jean-du-Doigt liegt ein kleiner Strand - ein breiter Sandstreifen und ein Parkplatz.

• *Pardon*: Am letzten Junisonntag findet die große Wallfahrt statt. Gläubige Augenleidende pilgern zum "Pardon des Feuers" nach St. Jean-du-Doigt.

• *Übernachten*: * **Hotel le Ty-Pont**; 32 ruhige Zimmer in der Ortsmitte, 18 davon mit Bad oder Dusche/WC. Kinderspielplatz, Bar, solides Restaurant mit Menus von 20 - 70 DM. DZ je nach Sanitärstandard 35 - 60 DM, HP pro Person 55 - 65 DM, VP 68 - 77 DM, Frühstück 8 DM. Place Robert Le Meur, Tel. 98 673 406.

Plougasnou *(ca. 3500 Einwohner)*

Das Zentrum eines größeren Umlands ist noch ländlich genug. Mit Abstand der größte Bau Plougasnous ist die *Kirche* (16. Jh.) im Zentrum mit dem nachträglich eingearbeiteten Renaissance-Vorbau. Etwa 2 km vom Meer entfernt, versteht sich die Gemeinde als Seebad, weil die vorgelagerten Strände zum Gemeindegebiet gehören. Empfehlenswert ist der Strand gleich östlich von Plougasnou - lang und geschützt in einer klippenreichen Bucht, die Felsriffs im Wasser sorgen für optische Reize. Manchmal der Kirche wegen, meist aber ganz profan wegen der Banken, der Läden und des Supermarkts kommen die Touristen tagsüber in den Ort. Wer abends Plougasnou aufsucht, will nur eines: In einem der Restaurants eine Mahlzeit einnehmen.

• *Postleitzahl*: 29228

• *Telefonvorwahl*: 98

• *Information*: Das Syndicat d'Initiative besitzt ein Häuschen hinter Kirche. Rue des Martyrs, Tel. 673 188.

• *Verbindung*: 2 - 3 **Busse** tägl. nach Morlaix.

• *Markt*: Im Sommer am Freitag vormittag.

Übernachten/Camping

** **Hotel de France**: Im Ortszentrum; 20 Zimmer, die Hälfte mit Bad bzw. Dusche/WC, teilweise auch mit Terrasse. Bar, Restaurant (Menus 23 - 73 DM). DZ 43 - 73 DM, HP 55 - 73 DM, Frühstück 8 DM. Place Général Leclerc, Tel. 673 015.

** **Hotel de l'Abbesse**: An der Pointe de Diben, einer malerischen Landspitze im gleichnamigen Ortsteil. 15 Zimmer mit eigenem Sanitärbereich, Swimmingpool im Garten, Bar, Restaurant (Menus 25 - 80 DM, Kinderteller 14 DM). DZ 57 - 63 DM, HP 57 -

63 DM, Frühstück 8 DM. Le Diben, Tel. 723 243.

* **Hotel Roc'h Velen**: Sehr einfaches 10-Zimmerhotel im Ortsteil Samson, abseits vom Meer. Etagensanitärs, Restaurant (Menus ab 20 DM). DZ 50 - 60 DM, HP 60 DM, VP 70 DM, Frühstück 8 DM. Samson, Tel. 723 058.

• _Camping_: *** **de la Baie de Terenez**; siehe Primél-Trégastel.

** **Municipal Milin Ar Mesqueau**: Im Landesinneren, 5 km zum Meer, an einem Plan d' Eau (Kunstweiher). 100 Plätze in der Pampa, mit Bar, Tennisplatz, kleinem Swimmingpool und eigenem Strand am Weiherufer. Erwachsene 2,50 DM, Kinder die Hälfte, Platz 1 DM, Auto 2 DM, Elektrik 2,50 DM, Duschjeton 1 DM. Schließt am 30.9. Tel. 673 745.

** **du Tregor**: Ebenfalls landeinwärts, ein Privatplatz im Ortsteil Kerjean; kleiner (60 Plätze) und weniger aufwendig eingerichtet als das Municipal-Gelände. Erwachsene und Platz jge 2,50 DM, Kinder und Auto je 1,40 DM, Elektrik 3 - 4 DM, Duschjeton 1,70 DM. Geöffnet vom 1.6. - 30.9. Tel. 673 764.

Primel-Trégastel

Auch der kleine Badeort Primel an seinem felsdurchsetzten Gestade hat sich die Granitküste zum Vorbild genommen und seinem Namen das "Schloß im Sand" (*Tregastel*) hinzugefügt. Das Felschaos, das sich besonders kompakt auf einer heidebewachsenen, schmalen Landzunge am Ostende der Bucht darbietet, setzt sich im Meer fort. Bei Ebbe werden die Zacken der zahlreichen Riffs schnell vom Wind getrocknet. Ein zehnminütiger Spazierweg führt zu dem Felsenlabyrinth der *Pointe de Primel*, das sich trotzig ins Meer schiebt. Der Strand an der geschützten Bucht gleich vor dem Ort ist für das Sonnenbad zuständig.

Primel-Trégastel / Umgebung

Diben: Der Ort gleich neben Primel-Trégastel ist eine Hochburg der Meerwasserbecken für Krustentiere (*Vivières*) und Fischfabriken - eine Besichtigung ist möglich. Der Ort ist durch die Ferienhäuschen recht zersiedelt, der Hafen ein nüchternes Areal der fischverarbeitenden Betriebe. Die *Pointe de Diben* ist die westliche Begrenzung der Bucht von Primel-Trégastel - ebenfalls viel Fels, doch flacher.

Wären die vielen Ferienhäuschen nicht, wären beide Gemeinden wesentlich kleiner. Hotels gibt es nicht, Durchreisende ohne festen Wohnsitz sind auf den Ortscamping, die Plätze in der Umgebung oder die Hotels in Plougasnou angewiesen.

Camping

*** **Baie de Terenez**: Weit außerhalb direkt an der D 76, kurz vor dem Cairn von Barnenez irgendwo im Nichts. Durchschnittlich angelegt auf einem ziemlich schattenlosen Wiesengelände, von Bäumen und Sträuchern eingegrenzt, aber gut eingerichtet: Bogenschießanlage, Waschmaschine (8 DM die Trommel), Swimmingpool, Minigolf, Restaurant, TV etc. Über die Straße geht es zum nächsterreichbaren Strand (viele Kiesel, bei Ebbe verschlickt). Zum Baden besser an den Plage de Terenez, 1,5 km oberhalb der Austernbänke. Reservierung möglich. Pauschale für 2 Personen samt Zubehör 23 DM. Ansonsten Erwachsene 6 DM, Kinder 4 DM, Stellplatz inkl. Fahrzeug 10 DM, Elektrik 3 DM. Geöffnet bis 30.9. 29252 Plouezech, Tel. 672 680.

** **Municipal de la Mer**: Rasenplatz neben dem Parkplatz vor dem Felsenlabyrinth. Schöne Lage am Strand, nur niedrige Hecken, deshalb fast schattenlos und windig. Mensch 2,50 DM, Kind 1,30 DM, Platz 1,20 DM, Auto 1,20 DM, Elektrik 2,50 DM, heiße Dusche 1 DM. 100 Stellplätze, geöffnet Ostern bis 30.9. Tel. 723 706.

Fürstengrab in schönster Lage - der Cairn von Barnenez

Cairn von Barnenez

Der Cairn von Barnenez ist das letzte gewaltige Überbleibsel etlicher Megalithbauten, die zwischen 4500 und 2000 v. Chr. auf der Halbinsel entstanden. Könnten die Seelen auf normal-europäischen Friedhöfen vor Neid erblassen, sie würden es: Auf der *Halbinsel von Kernéléhen* haben Menschen der Vorzeit ihren Fürsten ein aufwendiges Grabmal in phantastischer Lage errichtet. Auf einem Hochplateau der schmalen Landzunge über der Bucht von Morlaix ruhten die Verstorbenen unter dem für ewig gehaltenen Schutz eines monumentalen Steinhügels, den die Abendsonne über dem Ozean in ihr flammendes Licht taucht.

Im modernen Kassengebäude vor dem Fürstenhügel die ersten Eindrücke: Bilder, Aufrisse und Modelle. Nach dem Einlaß auf das Gelände das freigelegte Original: ein in mehreren Stufen massiv aufgeschichteter, 70 m langer und 8 m hoher Hügel aus ungeschlachten Granitbrocken; aufgereiht wie an einer Perlenschnur bildeten klobige Dolmen im Inneren des Kolosses - als Grundgerüst, um die die Steine aufgehäuft wurden - die Grabkammern von elf Fürsten der Megalithzeit.

Zwei Kollektivbegräbnisse fanden hier in 500 Jahren Abstand statt, deutlich lassen sich die beiden Bauabschnitte unterscheiden: Grüngrauer Granit wurde gegen 3800 v. Chr. für die erste, ältere Kammer mit sechs Dolmen verwendet, daran schließt sich nahtlos der helle Stein der kleineren unteren Kammer an - für sie mußte sogar der Hügel aufgeschüttet und planiert werden.

Bei Dolmen D an der Ostseite ist das Grabmal angeknabbert: 1954 wollte ein Bauunternehmer den erdbedeckten Steinhügel als Stein-

bruch nutzen und mußte nach einigen Lastwagenladungen feststellen, daß sein ergiebiger Steinbruch eine archäologische Rarität war. Bis 1968 dauerten dann die eigentlichen Ausgrabungsarbeiten, bei denen der Tumulus nach allen Regeln der Kunst freigelegt wurde. Doch außer Keramikscherben wurde nichts gefunden; der stark säurehaltige Boden hatte alles zersetzt.
Nicht nur von außen ist der Cairn zu besichtigen: Durch die Gänge der Dolmen D und C dürfen Sie gebückt den Tumulus durchqueren.
• Öffnungszeiten: 10 - 13 und 14 - 18.30 Uhr, letzter Eintritt 17.40 Uhr. Eintritt 8 DM, ermäßigt 5 DM, Kinder bis 7 Jahre 2 DM.

Côte du Léon

Morlaix *(ca. 20.000)*

Auf den steil ansteigenden Hügeln des Hinterlands und unten im Tal liegt der Kern der Stadt. Vom Alter verzogene, schiefergedeckte Fachwerkhäuser, ansehnliche Bauten aus der Hochzeit des Tabakgeschäfts am Morlaix-Fluß und ein Eisenbahn-Viadukt aus dem vergangenen Jahrhundert - jede Epoche drückte Morlaix ihren Stempel auf.

Wo sich die *Queffleuth* mit dem *Jarlot* trifft und sich mit ihm zum *Morlaix-Fluß* (*Rivière de Morlaix* oder auch *Dossen*) vereinigt, ist aus der Ex-Hafenstadt im Wandel der Jahrhunderte eine lebhafte bretonische Verkehrsdrehscheibe geworden, die an ihre weltoffene Rolle in der Vergangenheit anzuknüpfen sucht. Die Fährverbindung von Roscoff, die Urlaubsdomizile in der klippenübersäten Bucht von Morlaix und ihre Lage als Ausgangspunkt etlicher Ausflugsfahrten bringen ein internationales Publikum in die Stadt.

Die letzte große Bauwelle mußte notgedrungen nach dem 2. Weltkrieg einsetzen, der auch Morlaix nicht ungeschoren ließ und das Stadtbild einschneidend veränderte. So führen breite Avenues vorbei an großzügigen Plätzen durch die Innenstadt, während sich an den Hängen gedrängt die alten Viertel ducken. Ein Bummel durch die Stadt und ein Apéritif mit Blick auf das säulchenverzierte Rathaus ist das Pflichtprogramm, die Kür findet im *Maison de la Duchesse* statt.

Geschichte

Die Gegend um Morlaix wählten schon Menschen in grauer Vorzeit als Siedlungsgrund. Als Urzelle der Stadt nachgewiesen ist ein römisches Lager (*mons relaxus* = Morlaix) über dem Zusammenfluß der Queffleuth mit dem Jarlot. Um das Jahr 1000 erinnert sich ein Adliger aus Tréguier an die strategisch günstige Lage des Vorgebirges und errichtet eine Burg, um die sich Fischer, Handwerker und Händler niederlassen. Speziell der Fisch läßt den Ort wohlhabend werden, was den Bau einer ersten Stadtmauer erfordert. Bis 1277 ist die Marktgemeinde Privateigentum des Grafen von Léon, erst dann wird sie zu einer souveränen bretonischen Stadt.

In den unruhigen Zeiten des bretonischen Mittelalters ist Morlaix und seine Umgebung Schauplatz zahlreicher Feldzüge und Schlachten, doch die Stadt blüht auf, und 1506 erscheint im wohlhabenden Morlaix hoher Besuch: ANNE, Herzogin der Bretagne und Gemahlin des französischen Königs LUDWIG II., macht im Rahmen einer ausgedehnten Dankwallfahrt für die Genesung ihres Gatten der Stadt ihre Aufwartung. Höhepunkt der Feierlichkeiten wird das liebevolle Geschenk der Stadt an die Herzogin: ein gezähmtes Hermelin, ein funkelndes Diamantband um den Hals, tippelt brav der Regentin entgegen. Anne ist gerührt.

Der Hafen ist über die folgenden Jahrhunderte der sicherste der *Basse Bretagne*, die Gewinne der Korsaren sowie die Produktion und der Verkauf von Stoffen, Schiffen, Goldschmiedearbeiten und später Tabak sorgen für kontinuierlichen Wohlstand. Besonders mit Holland, Hamburg, Spanien und Portugal wird reger Handel getrieben. 1736 öffnet eine Tabakmanufaktur der Westindischen Kompanie ihre Tore, die bald 25.000 Zentner Rauchstoff jährlich herstellt und Auslöser einer großangelegten Tabakschmuggelei wird.

Doch wie fast alle bretonischen Städte verliert Morlaix mit Beginn des industriellen Zeitalters seine wirtschaftliche Stellung. Die Fabrik gibt es, wenn auch weniger groß, heute noch - sie hat sich auf Zigarren, Kau- und Schnupftabak spezialisiert. Der Hafen hat seine Bedeutung verloren, Wirtschaftszweige wie die Piraterie sind ausgestorben, nur die Kunsthandwerker erinnern noch an die einst blühende Handwerkerstadt.

1809 stirbt CHARLES CORNIC, genannt der "Blaue Offizier", eines der berühmtesten Stadtkinder von Morlaix. Der Seemann, der sich vom Schiffsjungen zum gefürchteten Korsarenkapitän hochgearbeitet hatte, hatte sich im besten Mannesalter frustriert pensionieren lassen, weil er als Angehöriger des Bürgertums von seinen aristokratischen Kollegen in der Flotte nur Spott und Hohn erfuhr. Kurz vor seinem Tod will die neue Republik dem Greis in Anerkennung seiner Leistungen ein neues Kommando geben, doch Charles Cornic lehnt aus Altersgründen ab.

Das letzte bedeutende Ereignis der Stadtgeschichte ist blutig und leidvoll: Am 29. Januar 1943 wird die von deutschen Truppen besetzte Stadt von alliierten Verbänden bombardiert, natürlich sind die Opfer unter der Zivilbevölkerung höher als in der deutschen Wehrmacht. Der *Place des Otages* (Platz der Geiseln) erinnert an die hingerichteten Bretonen - für einen getöteten deutschen Soldaten mußten bis zu hundert Menschen sterben.

Morlaix heute ist eine verkehrsreiche, lebendige Stadt, durch seine Fabriken in der *Zone Industrielle* und die Schnellstraße Brest - Rennes an die französische Ökonomie angebunden. Ein Bürger der Stadt war sogar schon einmal im Weltall: Der erste französische Astronaut, der 1982 seine Runden über die Erde drehte, heißt JEAN-LOUP CHRÉTIEN und stammt aus einem Vorort von Morlaix.

Ungebetene Gäste

1522 erscheint unwillkommener Besuch in Morlaix: JEAN DE COETANLEM, Pirat und Bürger von Morlaix, hat gerade mit seinen Angestellten das englische Bristol geplündert. Im Gegenzug tauchen 60 englische Segler vor Morlaix auf, die eine fast verlassene Stadt vorfinden: Die überregionale Messe in Guingamp und der große Markt in Noyal-Pontivy finden am selben Tag statt. Die Engländer haben leichtes Spiel und plündern die Stadt. Doch der disziplinlose Haufen beginnt an Ort und Stelle, die verderbliche Beute (Alkohol und Lebensmittel), zu vernichten. In den Wäldern von Styval vor den Toren der Stadt fallen den Zechern schließlich die Augen zu. Jetzt hat die zurückkehrende männliche Bevölkerung leichtes Spiel und bringt gnadenlos alle Engländer um, die nicht rechtzeitig wieder nüchtern werden und fliehen.
Damit so etwas nicht wieder passiert, schützt das wehrhafte Château du Taureau auf einer Insel in der Bucht die Einfahrt nach Morlaix.

- *Postleitzahl*: 29600
- *Telefonvorwahl*: 98
- *Information*: Professionelles Office de Tourisme in einem kleinen, reich ausgestatteten Pavillon in Viaduktnähe. U.v.a. ausführliche Zimmervermietungsliste mit Preisen. Von Juli bis September am Dienstag und Donnerstag ab 14.30 Uhr begleitete Stadtführungen. In der NS geöffnet von 9 - 12 und 14 - 18.30 Uhr, im Juli und August durchgehend von 9 - 19.30 Uhr. Place des Otages, Tel. 621 494.

Verbindung

Busbahnof zentral am Place Cornic beim Viadukt. Busse von S.N.C.F. bedienen ab dem Bahnhof die Strecken Roscoff (täglich 3 x) und Huelgoat/Carhaix (täglich 2 x).

Zug: Über dem Talkessel fährt die Eisenbahn auf dem zweistöckigen Viadukt zum Bahnhof und von da weiter über St. Pol-de-Léon zum Sackbahnhof Roscoff. Oder sie dampft ostwärts nach Rennes (8 x täglich; nach Lannion umsteigen in Plouaret) bzw. nach Westen über Landivisiau/Landerneau nach Brest (8 x täglich). Auskunft und Reservierung Tel. 635 624.

Flugzeug: Auf drei kurzen Pisten - die längste 1285 m lang - starten und landen kleinere Flieger im Dienst des gehobenen Tourismus und der immer eiligen Geschäftswelt. Auskunft Tel. 621 022.

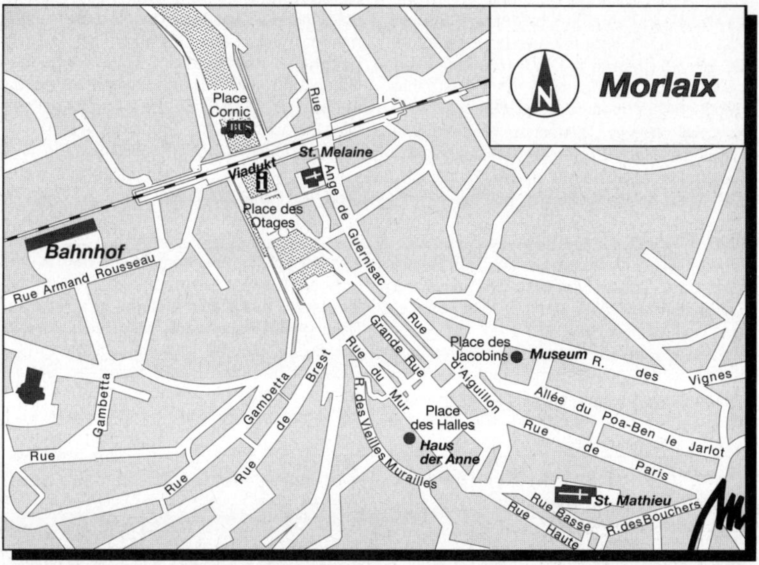

Diverses

• *Autoverleih*: Etliche Agebturen; z. B. **Europcar**, Rue des Lavoirs, Tel. 621 194; **Hertz**, Place Cornic 15, Tel. 880 685; **interRent**, Place Cornic 25, Tel. 884 666; **Malgorn JJ**, Rue du V. Pinard, Tel. 880 725.

• *Fahrradverleih*: Der Monsieur mit dem schönen Namen Henri **Le Gall** (Heinrich der Gallier) vermietet Vélos in der Rue de Carnac, Tel. 886 047.

• *Feste*: Am 2. Wochenende im August hält das große **Volksfest von Léon und dem Trégor** die Stadt in seinem Bann.
Jeden Mittwoch im Juli/August **Festival des Arts** in den Straßen der Stadt. Von 17 - 24 Uhr Performances und Artistik von internationalen Künstlern und Zirkusleuten. Gebührenpflichtige Abendvorstellung auf dem Place Allende 13 DM.

• *Markt*: Immer am Samstag bis in den späten Nachmittag.

• *Kino*: In zwei Lichtspielhäusern flimmert Zelluloid; **Le Rialto**, Chemin de l'Hospice, und **La Salamandre**, La Boissière.

• *Pardon*: Ende September/Anfang Oktober.

• *Parken*: Während der Geschäftszeiten herrscht in der Innenstadt Parkplatzmangel. Gebührenpflichtige Plätze rund ums Viadukt vom Place de Gaulle bis zum Rathaus am Place des Otages sowie am Place des Halles. Kostenlose Plätze am Place du Pouliet und Place de Callac an der Route de Paris.

• *Rundflug*: Der Aéroclub de Morlaix bietet für jeweils 2 - 3 Personen 3 Luft-Circuits an. Carantec pro Person 50 DM, Insel Batz 2 Personen 150 DM, Locquirec 3 Personen 170 DM. Oder Sie sagen, wohin Sie geflogen werden wollen, und vereinbaren einen Preis. Der Club empfiehlt, den Fotoapparat nicht zu vergessen. Flugplatz von Ploujean, Tel. 621 609.

• *Theater*: Rue de Brest/Rue Gambetta.

• *Waschsalon*: Stilgerecht in der Rue des Lavoirs steht **Lavomatique** täglich von 8 - 20 Uhr zu Diensten. 4,5 kg Dreckwäsche kosten im Selfservice 5 DM. Tel. 620 224.

• *Yachthafen*: Ruhig und geschützt vor den Toren der Stadt. 130 Pontons, 30 Plätze am Kai, 20- und 30-t-Kran, übliche Segler-Facilities. Tel. 621 314.

Übernachten

** **Hotel d'Europe**: Im Stadtzentrum. Erste Übernachtungsadresse der Stadt. 62 schallisolierte Zimmer mit unterschiedlichster Sanitärausstattung und Möblierung. Restaurant mit Menus ab 30 DM. DZ 50 - 200 DM, HP 78 - 85 DM, Frühstück 11 DM, Hund 7 DM. Ganzjährig geöffnet. Rue Aiguillon 1, Tel. 621 199.

* **Hotel des Halles**: In der Fußgängerzone. Einfache 14 Zimmer in ruhiger Lage. Etagen-WC und -Duschen. Preiswertes Restaurant. DZ 30 - 45 DM, HP 45 DM pro Person, Extrabett 13 DM, Frühstück 8 DM. Ganzjährig geöffnet. Rue du Mur 23, Tel. 880 386.

* **Hotel Calvez**: Einfaches Reisehotel in Bahnhofsnähe. 8 Zimmer mit Dusche/WC. DZ ab 45 DM, Extrabett 14 DM, Frühstück 7 DM. Place St. Martin 25, Tel. 880 329.

Hotel St. Mélanie: In der Nähe des Viadukts unterhalb der gleichnamigen Kirche. 14 Zimmer mit einfachem Sanitärkomfort, 2 Dreibettzimmer mit eigenem Bad. Etagenduschen und -WC. Restaurant mit günstigen Menus (ab 17 DM). DZ 27 - 55 DM, HP 47 DM, Extrabett 10 DM, Frühstück 7 DM. Rue Ange de Guernisac 77, Tel. 880 166.

• *Jugendherberge*: Billige Schlafplätze in der Route de Paris 3, Tel. 881 363.

Essen/Trinken

Ein für Morlaix typisches Gericht heißt **Morue**; zwei zarte Crêpes verhüllen Stockfisch und Langustenschwänze, darüber gibt man etwas Béchamelsauce.

Einst war Bier aus Morlaix weithin bekannt. Seit 1985 hält die Brauerei Coreff die alte Tradition wieder aufrecht und braut dunkles, aleähnliches Bier (Malzhefe), das in kurzer Zeit wesentliche Marktanteile auf dem bretonischen Biermarkt erobern konnte. In der **Brasserie des Deux Rivières** in einer alten Seilerei am Place de la Madeleine können Sie dieses Gebräu genießen (Sonntag Ruhetag). Kostenlose Besichtigung der Brauerei von Montag bis Mittwoch, 10.30, 14 und 15.30 Uhr. Mit Freibier!

Am Place des Halles

Sehenswertes

Der Stadtbummel *Circuit de Morlaix* erschließt die verbliebenen Sehenswürdigkeiten der Stadt, von denen das Laternenhaus der Herzogin Anne mit seiner für die Bretagne wohl einmaligen Wendeltreppe die größte ist. Startpunkt wäre am Place des Otages, wo Sie den besten Eindruck vom Viadukt haben. Am Ende des Rundgangs sind Sie am Hafen auf der anderen Seite der Eisenbahnüberführung. Die interessantesten Stationen:

Viadukt: Der offensichtlichste Blickfang der Stadt hat Morlaix viel von seinem eigentlich anheimelnden Charakter genommen; etwas aufdringlich dominiert seit 1864 die gewaltige Eisenbahnbrücke aus hellen Steinquadern, 59 m hoch und 284 lang, die Häuser des Talkessels. Selbst die Kirche St. Mélaine steht wehrlos im Schatten des Kolosses. Seit 1992 dürfen Sie auf der ersten Etage des Viadukts promenieren, ein netter Spaziergang mit Blick über die Dächer der Stadt.

Kirche St. Mélaine: Außerhalb der Kirche halten zwei Engel die große Inschrift aus Stein: "*Im Jahre 1489 wurde der Bau dieser Kirche in Gottes Willen begonnen*". Aus dem Granit der Insel Batz schufen die Baumeister der Familie BEAUMANOIR als Nachfolgebau einer zu klein gewordenen Kapelle das spätgotische Gotteshaus, dem HL. MELAINE, Bischof von Rennes, geweiht. 1943 wurde auch die Kirche bombardiert, so sind die nördlichen Seitenkapellen völlig neu entstanden. Die *Kirchenportale* sind geschmückt mit Pflanzen, Tieren, Menschen- und Engelsgesichtern, im Innenraum prangen Goldsternchen auf der blauen *Holztonnendecke*, eine vielstimmige *Orgel* thront auf der Empore. Kuppel und Säulen des *Taufbeckens* sind eine schöne Schnitzarbeit: reiche Verzierungen in dunklem Eichenholz.

Rue Ange-de-Guernesac: Gleich hinter der Kirche St. Mélaine beginnt die stilvolle Heimat einiger Artisanats, eine gemütliche kurze Gasse mit viel Schieferschindeln und Fachwerk. Auch die Nebengäßchen atmen noch den Hauch einer auch in Morlaix vergangenen Zeit.

Museum: Bretonischer Alltag, Kunst und Volkskunst, sakrale und moderne Gemälde. Die Palette des städtischen Unternehmens in der alten Jakobinerkirche aus dem 15. Jh. ist weit gestreut, hat aber einen gemeinsamen Nenner: Morlaix und die Bretagne. Archäologische Funde aus der Umgebung, Stilmöbel, Gebrauchsgegenstände und Stadtansichten, längst verblichene Honoratioren oder Heiligenfiguren in der ethnographischen Abteilung, dazu der Höhepunkt - die bunt gemischte Gemäldesammlung mit flämischen und italienischen Künstlern sowie Werken von Monet, Courbet oder Boudin.

• *Öffnungszeiten*: In der Nebensaison täglich außer Dienstag von 10 - 12 und 14 - 18 Uhr. Juli und August jeweils eine halbe Stunde länger. Eintritt 8 DM.

Kirche St. Mathieu: Die Kirche oberhalb der Altstadt wurde mit Ausnahme des Turms im 19. Jh. neu aufgebaut und ist als Bauwerk weniger interessant. Im Inneren bewahrt sie eine sogenannte *Statue Ouvrante*, eine der seltenen Marienfiguren, die sich aufklappen lassen: Das Innenleben Marias (16. Jh.) birgt eine Dreieinigkeits-Skulptur.

Haus der Anne de Bretagne (Maison de la Duchesse Anne): In der Rue du Mur 33 (sprich rüdümür) wohnte angeblich die Herzogin Anne während ihres Aufenthalts in Morlaix. Außen ein wunderschönes, dreifach vorkragendes Fachwerkhaus mit Karyatiden und kunstvoll geschnitztem Balkenwerk - Dämonen und Heilige schneiden Fratzen oder blicken ernst auf die Fußgänger hinab. Doch erst innen zeigt sich die wahre Attraktion des "Laternenhauses". Bei diesem Haustyp, über Spanien nach Morlaix gekommen, führen von einem glasüberdachten Innenhof mit riesigem Kamin die Zugänge vor Wind und Wetter geschützt zu den benachbarten Häusern.

Einmaliges und kunstvollstes Detail des "Laternenhofs" ist die elf Meter hohe *Säule* der Treppe, die zu drei Stockwerken hinaufführt - ein einziges, mächtiges Stück schwarzes Eichenholz, ausgiebigst verziert mit Figuren und Kapitellen. Eine besonders gelungene Holzskulptur auf der Ballustrade sei erwähnt: ein Akrobat im Handstand, direkt aus dem tragenden Balken herausgearbeitet.

• Öffnungszeiten: In der Saison außer Sonntag täglich von 10.30 - 18 Uhr, in der NS mit Mittagspause. Sie geben freiwillig, was Ihnen der Besuch wert scheint.

Place des Halles und Grande Rue: Der alte Marktplatz und die einstige Hauptstraße des Kerns von Morlaix weisen die meiste mittelalterliche Bausubstanz auf - sanft liegt ein Hauch von Idylle über dem früheren Zentrum. Speziell die herausgeputzte Grande Rue verweist auf eine dahingegangene Butzenscheiben-Epoche, in der die Kunsttischler zeitaufwendig und verspielt an der Fassadengestaltung mitarbeiten durften.

Zigarrenmanufaktur: Am Quai de Léon beim Yachthafen erinnert die altehrwürdige Fassade der Manufaktur an Morlaixs ausgezeichneten Ruf in der Welt des blauen Dunstes. Bei der Gratisbesichtigung werden die vier Arbeitsgänge vom Tabakblatt bis zur Fleur de Savane, Reinita oder Havanito vorgestellt. Nebenbei: Die 250 Arbeitnehmer der Manufaktur produzierten anno 1991 324 Millionen kleine Zigarren und dicke Kippen mit dem gallischen Helm. Besichtigung Montag - Freitag auf Anfrage, Tel. 881 532.

Hafen: Von der Grundlage einstigen städtischen Wohlstands zum gemütlichen *Port de Plaisier* degradiert. Wo einmal die Schiffe der Weltmeere ihre Fracht löschten und angesehene Schiffsbauer Fregatten und Dreimaster vom Stapel laufen ließen, haben nun maximal 300 Privatyachten im Schatten alter Reederhäuser einen sicheren Liegeplatz gefunden. Gelegentlich legen kleine Frachter an, doch die umgeschlagenen Tonnen sind unbedeutend.

Morlaix / Umgebung

▶ **Rivière de Morlaix (Morlaix-Fluß)**: Auf den landschaftlich schönsten Ausflug um Morlaix sei hingewiesen; sowohl das linke wie das rechte Ufer des sich sanft ins Meer schlängelnden *Morlaix-Flusses* sind bei Ebbe wie bei Flut ein Augenschmaus. Und schließlich öffnet sich die schmale, langgezogene Mündungsbucht, die *Rivière de Morlaix* mit ihren Klippen und Felsen . . . Fototip: Sonnenuntergang bei *Dourduff*.

▶ **Plougonven** *(ca. 3300 Einwohner)*: Der Ort besitzt einen der ältesten bretonischen umfriedeten Pfarrbezirke mit *Kapelle*, *Beinhaus* (1532), *Calvaire* (1554) und einer *Kirche* (1523), die zu Beginn dieses Jahrhunderts fast völlig abbrannte, doch wenig später originalgetreu aufgerichtet wurde - in alter Eleganz eilt der Turm wieder in die Höhe.
Höhepunkt des Ensembles ist der *Calvaire*, einer der ältesten, größten und schönsten Armorikas. Auf einem achteckigen Sockel gruppieren sich in zwei Stockwerken die Figuren, die nicht nur in der Passionsgeschichte mitspielen - auch St. Yves zwischen dem Reichen und dem

Armen gibt sich die Ehre. Drei Kreuze steigen hoch, auf dem mittleren zweigen noch vier Äste ab: Johannes und Maria stehen still auf den beiden oberen, unter ihnen überwachen zwei römische Reiter die Hinrichtung. Einige Passionsszenen wurden nur auf diesem Calvaire gestaltet, und besonders gelang die Versuchung Jesu in der Wüste. Ein meditativgelassener Jesus widersteht einem unendlich bösartigen Teufel.

• _Anfahrt_: Von Morlaix etwa 12 km auf der D 9 nach Süden.

Morlaix ist ein günstiger Ausgangspunkt für die sogenannte *Calvaire-Tour* (Umfriedete Pfarrbezirke), der meistbefahrene Circuit der Bretagne. Wir starten unsere Route von Landivisiau; die Calvaire-Tour wird in diesem Buch ganz hinten im Kapitel "Calvaire-Tour" beschrieben.

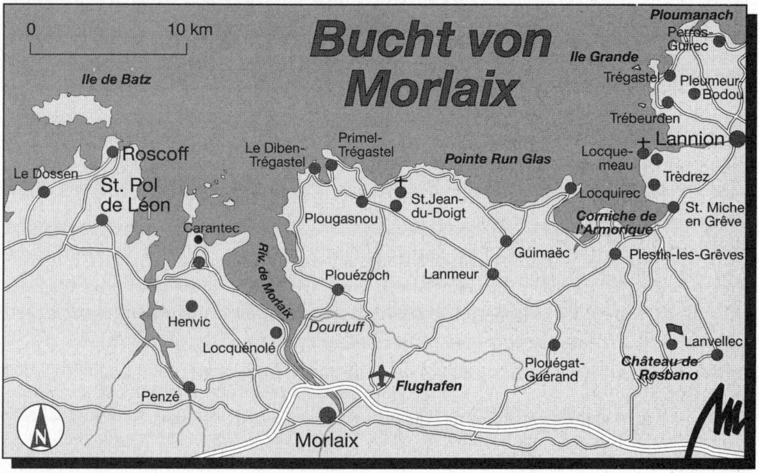

Carantec *(ca. 2500 Einwohner)*

Kleine Badebuchten schmiegen sich in den Granit der Steilküste, darüber schlängeln sich Spazierwege zwischen Ginster und Kiefern. Inselchen und nackte Felsriffs übersäen das Meer, das während der Ebbe zum Fanggrund der Fußfischer wird.

Solche geographischen Voraussetzungen ziehen naturgemäß erholungsbedürftige Menschen an. Den Ortskern des alten Dorfes locker umrahmend, hat die Besiedlungszone den größten Teil der Halbinsel erobert. Im sicheren Hafen an der Nordostspitze unterhalb des Zentrums ankern mittlerweilen mehr Yachten als Fischerboote. Das Familien-Seebad auf einer Landspitze zwischen den Flußmündungen des *Morlaix-Flusses* und der *Penzé* ist - neben dem eher städtischen Roscoff - der angenehmste und bestausgestattete Badeort weit und breit. Laut Prospekt werden in Carantec "*Ihre Freuden jodhaltig sein*", und "*jeder kann seinen Sport mit Maßen ausüben oder seine Leidenschaften völlig ausleben*". Wir drücken die Daumen.

Die Ile Louët

Von seinen touristischen Einrichtungen und der gesunden Luft abgesehen, besitzt Carantec in der Bucht von Morlaix Austernzuchtanlagen, die auch nach der kurzen Urlaubssaison ein Auskommen garantieren. Hummer und Langusten werden ebenfalls ganzjährig angelandet.

- Postleitzahl: 29226
- Telefonvorwahl: 98
- Information: In einer Seitenstraße des Place de la Liberation arbeitet die Dame des örtlichen Office de Tourisme. Auskünfte aller Art, Buchungen und Exkursionen. Ganzjährig mit einer Stunde Mittagspause geöffnet, während der HS auch am Sonntag vormittag. Rue Louis Pasteur 4, Tel. 670 043.
- Verbindung: Carantec hat zwei **Bus**haltestellen - am Rathaus und am Plage du Port. Täglich 3 - 5 Busse nach St. Pol-de-León/ Roscoff und nach Morlaix.

Diverses

- Ausflüge: Schiffs- (Château du Taureau, Vogelreservate, Insel Batz, Roscoff) und Busausflüge (abwechselnde Ziele in der nahen und weiten Umgebung) können im Tourismusbüro gebucht werden. Hier gibt es auch die entsprechenden Unterlagen.
- Fahrradverleih: Über das Tourismusbüro; halbtags 17 DM, Tag 30 DM, Woche 75 DM. In der Saison meist Reservierung notwendig.
- Markt: In der Nebensaison am Vormittag des ersten Donnerstags im Monat, in der Saison jeden Donnerstag vormittag.
- Pardon: Am Pfingstmontag Pardon von Notre-Dame-de-Callot auf der Ile Callot. Am 3. Julisonntag Pardon von St. Carantec. Am Sonntag nach dem 15. August Pardon von Notre-Dame-de-Callot (der größte). Am 31. Dezember bzw. am 1. oder 2. Januar Pardon von Notre-Dame-de-Callot.
- Segelschule: Am Plage du Kelenn; Wochenkurse für Kinder (auf einem Optimisten 170 DM) und Erwachsene (versch. Bootstypen). Vermietung von Surfbrettern (1 Stunde 20 DM), kleinen Karavellen (1 Stunde 27 DM) und Katamaranen (1 Stunde 55 DM). Ganzjährig geöffnet, Tel. 670 112.
- Tauchen: Am Plage du Kelenn; Kurse und Verleih von Ausrüstung sowie Atemluftverkauf. Tauchgang mit Leihausrüstung ab 45 DM. Tel. 670 112.
- Tennis: 3 Courts beim Sportplatz vom **Tennisclub 2 Baies**. 1 Stunde 8 DM, Tel. 679 359. Oder beim größeren Konkurrenten **Pen al Lann** am östlichsten Ortszipfel Carantecs. 1 Stunde freies Spiel 10 DM, 1 Lehrstunde 50 DM, Tel. 670 047.
- Veranstaltungen: Im Sommer etliche Segelregattas, Boule- und Tennisturniere.

Übernachten

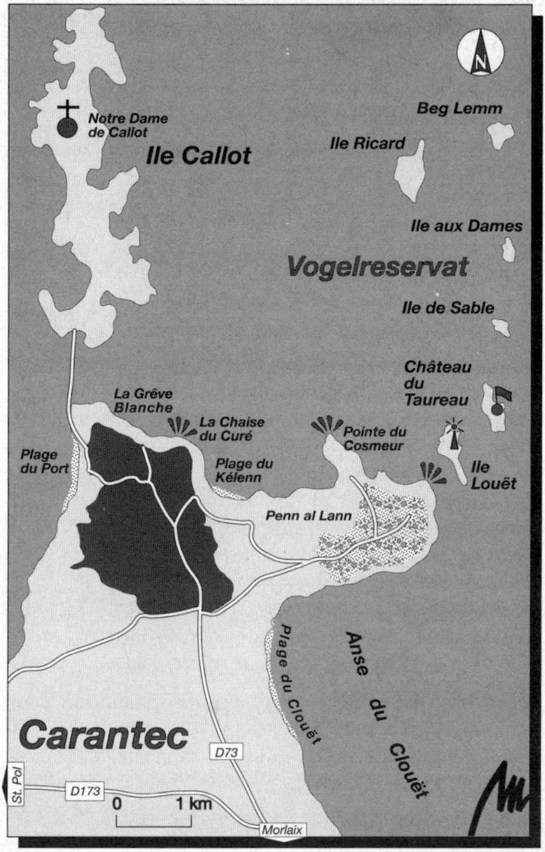

Vier Hotels der unteren Kategorie, alle mit Salon und Bar, Fernsehraum und Parkplatz ausgestattet, vermieten insgesamt 76 Zimmer.

* **Pors Pol**: Eine gute Adresse. Zentral und ruhig. 30 Zimmer, die meisten mit Bad, knapp die Hälfte mit Meerblick. Salon, Bar, Garten, Restaurant. DZ 70 - 80 DM, HP 53 - 75 DM, VP 70 - 90 DM. Geöffnet von Ostern bis Ende September. Rue Surcouf 7, Tel. 670 052.

* **La Falaise**: Hinter dem Plage du Kelenn. Altmodisches Badehotel mit eigenem Strandabschnitt. 24 Zimmer, 12 mit Meerblick. Kein Restaurant. DZ 48 - 80 DM. Geöffnet von Ostern bis 30.9. Plage du Kelenn 20, Tel. 670 053.

* **Le Relais**: 20 Zimmer mit unterschiedlichen Sanitärbedingungen. Etagen-WC, Barbetrieb. DZ 33 - 50 DM, HP 55 - 65 DM, VP 65 - 70 DM. Ganzjährig geöffnet. Rue Albert Louppe 17, Tel. 670 042.

Ty an Heol: Nicht klassifiziertes 11-Zimmer-Hotel mit einfacher Ausstattung unweit des Ortszentrums (Richtung Chaise du Curé). Etagen-Sanitärs, Küchenabteilung auf der Etage für Selbstkocher. Keine Hunde. Kein Restaurant, aber Barbetrieb. DZ 27 - 43 DM. Ganzjährig geöffnet. Rue Foch, Tel. 670 616.

• *Privatzimmer*: Chambres d'Hotes vermieten in Carantec selbst: Madame **Coat**, Place de la Liberation, Tel. 670 017; Madame **Maillard**, Rue Pasteur 14, Tel. 679 190; Madame **Marzin**, Rue Pasteur 16, kein Telefon. Die DZ kosten mit Frühstück 60 - 80 DM.

• *Ferienimmobilien*: Über das Office de Tourisme oder direkt bei **Plouescat Immobilier** (Tel. 679 220) können insgesamt 83 Ferienwohnungen für 2 - 10 Personen gemietet werden. Saisonale Preisbeispiele: 4-Personen-Appartement pro Woche in der NS 300 DM, in der HS 600 DM.

Camping

**** **les Mouettes**: Oberhalb der Penzé-Mündung westlich von Carantec, nicht direkt am Meer. Bei Flut Bademöglichkeit am Kiesstrand. Hui, hier läßt es sich leben: durch Hecken unterteiltes 2,5-ha-Wiesengelände, warmes Abspülwasser (!), Babywickelraum, Bar/Restaurant, erfrischender Swimmingpool und und und. In der Saison voll bis auf die letzte Stellfläche. Platz 20 DM, Erwachsene 7 DM, Kind bis 7 Jahre 4,50 DM, Hund 4 DM, Elektrik (5 Ampere) 5 DM. Ostern, Mai und September 20 - 35 % Preisnachlaß. 220 Stellplätze. Geöffnet vom 15.5 - 30.9., schon ab Dezember Platzreservierung möglich. Carantec, Tel. 670 246.

** **La Chaise du Curé**: Oberhalb der Küste nördlich des Zentrums mit schönem Panoramablick über die abwechslungsreiche Bucht von Morlaix. 45 Plätze in einer Wohnzone, kein Schatten, windig, einfache Ausstattung u. a. mit TV, Grundnahrungsmittelverkauf und kostenlosen heißen Duschen. Über Treppen zum Strand. Platz 4 DM, Erwachsene 4 DM, Kind 2 DM, Hund 1 DM, Auto 2 DM, Elektrik 3 DM. Ganzjährig geöffnet. Tel. 679 176.

Ausflug / Spaziergang

Ile Callot: Eine Ferien- und Wallfahrtsinsel, auf der im Winter vielleicht 20, im Sommer etwa 1000 Menschen leben. Bei Ebbe kommen Sie zu Fuß auf die der Landzunge vorgelagerten Insel hinüber, die Straße ist bis zur Halbflut begehbar, bevor sie völlig überspült wird. Die Spazierwege werden gerne abgegangen, die Inselränder sind vielbesuchtes Revier für Angler und Fußfischer. Die *Kapelle Notre-Dame* aus dem 16. Jh. (1808 neu gestaltet) mit ihrem gelungenen Turm und einer wunderwirkenden Madonnenstatue ist das religiöse Zentrum des Inselchens: Gleich mehrere Wallfahrten finden jährlich statt, die größte am Sonntag nach dem 15. August zu Ehren der Jungfrau Maria von Ile Callot, deren Höhepunkt die Segnung des Meers ist.

Chaise de Curé *(Pfarrersstuhl)*: Hier sitzen nicht nur Geistliche gerne. Der Felsen mit Aussichtsplattform im Norden Carantecs erlaubt freie Sicht auf die Bucht von Morlaix und verschafft einen Überblick über die Ortsstrände von der Gréve Blanche bis zum Plage du Cosmeur auf Pen-al-Lan. Gleich links voraus liegt die Ile Callot.

Pointe de Pen-al-Lan: Etwa 1,5 km südlich vom Zentrum führt ein kurzer Fußweg durch Kiefern zu dem Aussichtspunkt, ein kleiner Landstreifen, der in die Bucht von Morlaix ragt. Die Ile Louët und die dahinter schwimmende Festung Taureau können von hier aus nächster Nähe genossen werden. Die Landspitze gegenüber im Osten ist die Halbinsel von Barnenez mit dem Fürstengrab.

Festung Taureau: Hinter der *Ile Louët* mit ihrem Leuchtturm umspült das Meer die abweisenden Mauern der Inselfestung. Das beliebte Fotomotiv wurde 1542 nach einem englischen Überfall auf Morlaix (siehe Morlaix/Kasten) zur Sicherung der Bucht von Morlaix auf einem kahlen Stück Fels errichtet, war während der Französischen Revolution ein ausbruchsicheres Gefängnis und dient heute einer Segelschule. Die Küste der Legenden kündigt sich an: Die Gerüchte, daß in den Mauern der Meerfestung auf dem öden Eiland Alchimisten ihrem gottlosen Handwerk nachgehen, wollten über Jahrhunderte nicht verstummen.

Baden

Die diversen Strände und kleineren Buchten gleich unterhalb der Siedlungszone sind das Grundkapital Carantecs. Der *Plage du Kelenn* ist der repräsentativste und bestbesuchte der fünf größeren Badeflächen: 300 Meter lang, mit Rettungsstation, Mickey-Club, Segel-, Surf- und Tauchschule, Crêperies und Eissalon, bei Flut bleiben noch 10 m Breite. Die *Greve Blanche* im Nordosten vom Plage du Kelenn unterhalb der alten Befestigungsanlagen ist mit knapp 100 m Länge der zweite Großstrand Carantecs. Neben diesen beiden großen umziehen weitere Strände und Kleinbuchten mit Sandstrand die gesamte Halbinsel, wobei die Bademöglichkeiten an der Penzé-Mündung im Osten die schlechteren sind.

St. Pol-de-Léon *(ca. 8000 Einwohner)*

Die Nadelspitze der Chapelle Notre-Dame-du-Kreisker sticht nicht mutterseelenallein in den Himmel über St. Pol: Zusammen mit den kürzeren Türmen der großen Kathedrale bildet der weithin sichtbare Kreisker eine einzigartige Silhouette.

Ebbe vor dem höchsten Kreisker

Das Rathaus ist im alten Bischofspalais überaus passend untergebracht: St. Pol ist eine ernste Stadt, über Jahrhunderte geprägt vom bretonischen Katholizismus. Die *Rue General Leclerc* mit ihren vielen Kleingeschäften verbindet die beiden außergewöhnlichen Gotteshäuser St. Pol-de-Léons. Noch immer dreht sich in der ehemaligen Bischofsstadt das Leben um die Kirchen - und nicht nur zum Pardon. Ohne die zahlreichen Besucher, die wegen der einzigen französischen Kathedrale aus der Spitzbogenepoche und dem höchsten Kreisker der Bretagne kommen, würden die Bewohner des Städtchens ein wesentlich beschaulicheres Dasein führen. Doch das Geld, das die Touristen dalassen, kommt auch St. Pol zugute: Zum Großteil frisch herausgeputzt präsentieren sich die alten Häuser des 16. bis 18. Jh., die die Straßen des kleinen Zentrums säumen - vor einigen Jahrzehnten sahen dieselben Gebäude noch sehr marode aus.

Geschichte

Menschen der Stein- wie der Eisenzeit lebten nachweislich in und um St. Pol-de-Léon, römische Soldaten legten während der Besetzung Galliens ein Lager an, das nach ihrem Abzug von einheimischen Zivilisten

Artischockenkrieg im Goldenen Gürtel

Die alte Landschaft Léon ist ein Teil des Goldenen Gürtels (Ceinture Dorée), der sich als landwirtschaftliche Gunstzone die Küste entlang nach Westen ausdehnt und intensiv für Gemüseanbau genutzt wird: Heute dominiert der Blumenkohl - drei Viertel aller französischen Blumenkohle 'wachsen' im Goldenen Gürtel. Die Artischocke, einst das wichtigste Gemüse der Region, hat an Bedeutung verloren, deckt aber nach wie vor neun Zehntel des französischen Artischockenmarktes ab. Zwiebeln, Kartoffeln, Karotten, im Fruchtwechselrhythmus angebaut, runden das fast ganzjährige Gemüsesortiment mit dem Schwerpunkt Frühgemüse ab.

1960 brach zwischen wütenden bretonischen Bauern und dem französischen Staat der Artischockenkrieg aus, den - es sei vorweggenommen - die Landmänner gewannen. Was war passiert?
Die Bauern, damals noch kaum genossenschaftlich organisiert, verkauften wie gewohnt ihre Ernte zum Großteil an private Großabnehmer, die im Rahmen eines festgesetzten Mindestpreises die Preise diktierten. 1960 kamen zwei Ereignisse zusammen: Die Regierung hatte die Preisbindung aufgehoben, und nach einer ausgesprochen guten Ernte waren jede Menge Artischocken zu haben. Als Folge purzelten die Preise in den Keller. Der Mensch lernt durch Erfahrung und durch Leidensdruck, so auch die bretonischen Artischockenbauern. Sie zogen aus zur berühmten "Artischockenschlacht", nahmen die öffentlichen Gebäude in St. Pol-de-Léon und Roscoff ein, errichteten Straßenbarrikaden und verbrannten über 20 Millionen Artischocken auf riesigen Scheiterhaufen - den Rest der Ernte verkauften sie vom Traktor herab.

Das Landwirtschaftsministerium kapitulierte, und ein Jahr später war der Krieg vorbei: 3000 Bauern schlossen sich zur S.I.C.A. (Société d'Intéret Collective Agricole) zusammen, die den Verkauf der Feldfrüchte organisierte und sich in Paris als starke Lobby in die Agrarpolitik einmischte - das Förderungsgesetz von 1962, das die Landwirtschaft durch finanziellen Großeinsatz des Staates tatsächlich modernisierte, war der schönste Sieg der bretonischen Sturköpfe.

übernommen wird. Die Geschichte der heutigen Stadt beginnt damit, daß der begeisterte Einsiedler St. Pol Aurélien im 6. Jh. von seinen Kirchenoberen aufgefordert wird, die Insel Batz zu verlassen und nebenan auf dem Festland eine Bischofsstelle anzutreten. St. Pol findet eine halbverlassene, in Trümmern liegende römische Siedlung vor. Tatkräftig macht der erste Bischof der Basse Bretagne aus der lethargischen Gemeinde die *Cité sainte*, die heilige Stadt, religiöses und auch weltliches Zentrum eines traditionell konservativen Landstrichs.

1790 wird das Bistum von der Republik aufgelöst, doch der Kreisker kann sich gottlob als Leuchtturm bewähren - nur deshalb lassen die Republikaner die Nadel Gottes unversehrt. Nach der Revolution sinkt St. Pol-de-Léon zu einer hochachtbaren Provinzstadt, die mittlerweile als gutbesuchte Touristenstadt und Zentrum eines reichen Agrarlands von ihrer Vergangenheit und dem Gemüse des Umlands lebt.

- *Postleitzahl*: 29250
- *Telefonvorwahl*: 98
- *Information*: Office de Tourisme hinter der Kathedrale an einem weiten Platz beim Rathaus. Nur wenige Hochglanzbroschüren, aber fachkundige Hilfe. Im Juli/August von Montag bis Samstag 9 - 12 und 14 - 18 Uhr, in der NS samstags geschlossen. Place de l'Eveché, Tel. 690 569.

- *Verbindung*: St. Pol liegt auf den **Bus**linien Roscoff - Morlaix und Roscoff - Brest (nach Brest 1 1/2 Stunden). Die 5 km nach Roscoff und die 20 km nach Morlaix werden mind. 2 - 4 x täglich von Bussen der S.N.C.F. bedient, werktags im Sommer bis zu 7 x. Nach Carantec nur 1 - 2 x täglich. Busbahnhof am Place Michel Colombe hinter der Kreisker-Kapelle.

- *Markt*: Am Dienstag ganztägig.
- *Parken*: Um die große Kathedrale oder auf dem Platz hinter der Kreisker-Kapelle.
- *Wassersport*: Gleich neben dem Strand von Ste. Anne ist das **Centre Nautic** von St. Pol-de-Léon. U. a. Kurse für Katamaran, Surfbrett, Optimist. Beispiel: 6 Lektionen zu je 3 Stunden auf einer Caravelle 150 DM. Tel. 690 709.

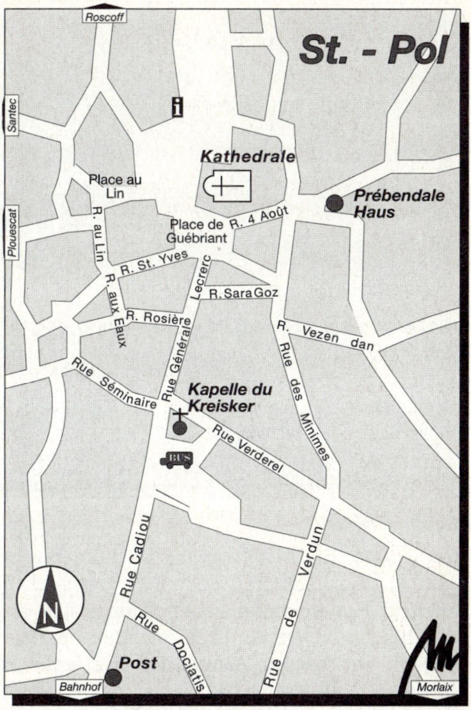

Übernachten/Camping

** **Hotel de France**: In einer Parallelstraße zur Hauptachse Kathedrale-Kreisker; 24 Zimmer mit guter Sanitärsausstattung und z. T. Blick aufs weit entfernte Meer. Garten, Restaurant, 2 Suiten. DZ 90 - 200 DM, 3-Bettzimmer 120 DM, HP 110 - 117 DM. Rue des Minimes, Tel. 291 414.

* **Hotel du Cheval Blanc**: Zentral in einer Seitenstraße gleich südöstlich der Kathedrale. 14 Zimmer, mit Restaurant. DZ 47 - 67 DM, Frühstück 10 DM. Ganzjährig geöffnet. Rue Au Lin 6, Tel. 690 100.

* **Hotel le Pasiflore**: In der Verlängerung der Hauptstraße nach Süden, in Nähe der Post. Günstiges Routiers-Restaurant. DZ 60 - 70 DM, HP 63 DM, Frühstück 8 DM. Rue Pen-Ar-Pont 28, Tel. 690 052.

- *Privatzimmer*: Im O.T. ist eine Liste von Vermietern in und um St. Pol erhältlich.
- *Camping*: *** **Ar Kleguer**; etwa 2 km außerhalb am abseits gelegenen Stadtstrand von St. Pol. Zeltler haben es schön auf der Landspitze der Halbinsel - Waldboden, Pinien zwischen Felsen und ringsum vom Atlantik umgeben. Caravans und Wohnmobile müssen mit einem schattenlosen Wiesengelände vorlieb nehmen. Mit Bar, kleinem Spielplatz und beheiztem Schwimmbad. Erwachsene 6 DM, Kinder 4 DM, Platz 8 DM, Auto leicht über 2 DM, Elektrik 4 DM. In der Nebensaison 20 % Reduktion. 70 Stellplätze. Geöffnet vom 1. April bis Ende September. Le Vrennit, Tel. 691 881.

** **Municipal Trologot**: Gleich um's Eck am Kiesstrand mit eigenem Strandabschnitt und Bootsslipanlage; flaches Heckengelände mit Blick auf die Hochseeschiffe im Hafen von Roscoff. 114 Stellplätze, simple, wenige Sanitärs, Erwachsene 2 DM, Kinder die Hälfte, Platz 1,30 DM Auto 1,30 DM, Elektrik 3 DM, Duschjeton 1,50 DM. Geöffnet vom 15.5. - 30.9. Trologot, Tel. 690 626.

Sehenswertes

Kathedrale: Bis 1790 war die Basilika Bischofskirche, 1901 wird sie den Minoriten zugeeignet, doch ihre Geschichte reicht weit über 800 Jahre zurück: Ein normannischer Baumeister aus Caen beginnt im Auftrag des Bischofs Derrien 1230 den Bau des Hauptschiffs und verwendet in diesem entlegenen Winkel der Bretagne seinen heimischen, elfenbeinfarbigen Kalkstein. 1331 wird die Kathedrale nach über 100 Jahren Bauzeit geweiht, doch ist sie noch lange nicht vollendet. Bis über die Mitte des 16. Jh. wird an ihr gebastelt, wobei im Chor, der Apsis und den Seitenkapellen der helle Kalkstein der ungeliebten Normannenkonkurrenz ersetzt wird: 1431 markieren bretonische Gesellen ihre behauenen Steine, dunkler einheimischer Granit, trotzig mit dem regionalen Zunftzeichen.

Schließlich ist trotz der Länge der Bauzeit und der Konkurrenz der ausführenden Handwerker ein wohlproportioniertes Gebäude entstanden, nicht besonders groß, nicht besonders prächtig, aber in der klaren Form gotischer Idealarchitektur: Spitzbogenarkaden und Bündelpfeiler sorgen für schlichte Eleganz, Seitenkapellen durchbrechen raumgreifend die Fassadenführung, zwei Türme, etwa 50 m hoch, schließen vollendet die Westseite ab. Die exponierte Vorhalle auf der Südseite ist heute der Haupteingang, auf ihrer Brüstung gab einst der Bischof der Gemeinde seinen Segen.

Nach dem Eintritt - das *Weihwasserbecken* ist ein Sarkophag - offenbart sich die wahre Pracht des Doms. Blaurotes Licht dringt durch die *Fensterrosetten* im Querschiff, Bilderfenster erzählen strahlend ihre frommen Geschichten. Im Dämmerschein unter dem erhabenen Gewölbe des Gotteshauses prunken die angehäuften Schätze der Bischöfe von

Léon: eine Fülle von Altären, Skulpturen, Bischofsgräbern, Bildern und mittendrin - vor dem Hochaltar - der größte Schmuck: das stolze *Chorgestühl* aus Eiche (1512) mit phantastischen Schnitzereien, Szenen aus dem Leben von St. Pol, Blinde, Musikanten, Paralytiker, dazwischen eine musizierende Ente. Über dem Altar aus schwarzem Marmor erhebt sich schlank das sogenannte *Kolumbarium*, eine geschnitzte Darstellung eines Palmzweigs, dessen gebogenes Ende den Hostienbehälter barg.
Selten ist das *Wandgrab* im Chor: 34 beschriftete Kästchen mit ausgewählten Totenschädeln von Honoratioren der Stadt, die posthum vom Friedhof in die Kirche übersiedelt wurden. Gegenüber der *Reliqiuenschrein* mit Überresten des St. Pol Aurélien.

• *Führung*: Im Juli und August täglich. Informationen im Office de Tourisme. Fotokopien (auch deutsch) mit Skizze des Inneren samt kurzer Inhaltsangabe liegen in der Kathedrale aus und geben einen umfassenden Überblick über die Inneneinrichtung und die Fensterbilder.

Kapelle Notre-Dame-du-Kreisker: Um die Entstehung der Kreiskerkapelle rankt sich eine kleine Legende; eine Näherin verstieß laufend gegen das 5. Gebot und arbeitete auch an Sonn- und Feiertagen. Ein werkelnd verbrachter Festtag zu Ehren der Jungfrau Maria wurde ihr schließlich zum Verhängnis, ihre Strafe bestand aus einer Ganzkörper-Lähmung. Nach aufrichtiger Reue wurde sie von ST. KIREG geheilt und stiftete der Jungfrau ihr Häuschen, das nach ihrem Willen in eine Marienkapelle umgebaut wurde, die schon bald die Händler und Seefahrer der Stadt als Zunfts-Andachtsstätte aufsuchten.

Tatsache ist, daß die erste Kapelle 1375 von den Engländern so beschädigt wurde, daß ein Neubau nötig war. 1668 wurde nach Blitzschäden die Kapelle so gestaltet, wie sie sich heute zeigt: der ganze Granitbau leicht nach rechts geneigt, das Innere im sanften Licht der Buntglasfenster im Barockschmuck ausgestattet, der Turm, aus der Mitte der Großkapelle aufragend, das große und unerreichte Vorbild der folgenden Kreiskergenerationen; 77 m über der Erde endet der schwerelos in die Höhe strebende Kreisker in einer zart durchbrochenen Filigranspitze, in deren luftigen Ornamenten die Sonne spielt.
1992 war der Turm wg. Restaurationsarbeiten eingeschalt und nicht zugänglich. Ansonsten kann er - vermutlich schon 1993 - prinzipiell bestiegen werden. Angemerkt sei, daß sich die 163 Stufen sich so eng hinaufwinden, daß Menschen mit ausgeprägten Körperproportionen Schwierigkeiten bekommen. Besonders bei Gegenverkehr. Oben auf der Brüstung völlig ungehinderter Rundblick.

• *Öffnungszeiten* des Turms: Während der Saison täglich außer zu Gottesdienstzeiten. Besteigung 2 DM.

Baden

Der *Stadtstrand Ste. Anne*, etwa 2 km vom Zentrum, breitet sich kiesdurchsetzt und wenig aufregend vor der Mole des kleinen Yachthafens und Wassersportzentrums aus. Ringsum sind einige ebensowenig aufregende kleinere Strände wie der *Strand von Kersaliou* beim Municipal-Camping. Bei Ebbe aber ideales Revier für Fußfischer.

St. Pol-de-Léon / Umgebung

▸ **Château de Kergornadéach**: Plötzlich weisen etliche Hinweisschilder auf den halbamtlichen Besichtigungspunkt inmitten einsamster Landschaft unmittelbar neben der Straße hin. Völlig zerfallen, dämmern die Reste der allerletzten in Frankreich gebauten Wehrburg (1630) neben einem Herrenhaus von einem Tag zum nächsten. Privatbesitz.

• *Anfahrt*: Ab St. Pol-de-Léon auf der D 788 nach Südwesten. 2 km nach Berven in Mengleuz auf die D 30 nach links und gleich das nächste Sträßchen nach rechts (beschildert).

Eine halberotische Novelle

Natürlich beginnt die Geschichte in Italien. RENE BARBIER, Herr von Kerjean, weilte in Florenz bei MARIA VON MEDICI und mußte das unsittliche Treiben der italienischen guten Gesellschaft mitansehen, wo es in buntem Reigen so ziemlich jede mit jedem trieb. Nur Monsier wollte nicht mittanzen. Seine Ehe mit der wunderschönen FRANCOISE, so erzählte er leicht angewidert den florentinischen Schürzenjägern, sei eine wahre monogame Gemeinschaft, rein im Sinne der Moral und des Glaubens.

Er erzielte mit seiner Geschichte bei Hof einen großen Lacherfolg, die leichtlebigen Italiener glaubten jedoch kein Wort, und der erboste Bretone ging mit vier Hofschranzen eine törichte Wette ein: Sie wollten nach Kerjean reisen, mal eben seine Gattin verführen und als Beweis einige intime Gegenstände zurückbringen. Top, die Wette galt. Übermütig gab ihnen der siegessichere brave Bretone sogar noch jede Menge Tips mit, und vier erfolggewohnte Aufreißer machten sich auf den Weg in die Bretagne. Und kehrten nicht mehr zurück.
Langsam aber trafen nacheinander die verabredeten Gegenstände ein, so daß René Barbier schließlich sorgenvoll, überstürzt, in Zweifeln verloren und von Eifersucht geplagt nach Hause fuhr, wo er eine gutgelaunte Francoise vorfand, die ihm mit den Worten "René! Endlich!" freudig in die Arme fiel.
Die vier Höflinge waren auch noch da. Eingesperrt in einem Raum, vertrieben sie sich mit Weiberarbeit die Zeit: Die Schloßherrin war hinter das üble Spiel gekommen und hatte die Edelleute dazu verdonnert, solange Tuch für sie zu weben, bis ihr Gemahl wieder zurück war und sich mit eigenen Augen von der sexuellen Standhaftigkeit seiner Gattin überzeugen konnte.

▸ **Château de Kerjean**: Ein weitflächiger, grasgrüner Park, mächtige Bäume, ein Schloß: Erker, Türmchen, Kolonnaden und weiße Fensterrahmen im düstergrauen Granit gestalten die Fassade einer robust-verspielten Behausung eines neureichen bretonischen Landadeligen. Um 1550 legte LOUIS BARBIER, Neffe des Abtes von St. Mathieu, das großzügige Erbe seines Onkels in gehobener Wohnkultur an. Das einstige "Versaille von Léon" galt bis 1710 als Muster-Renaissance-Château des Regierungsbezirks Léon. Dann brannte es ab, wurde geplündert und erst spät - bis auf den rechten Seitenflügel - originalgetreu restauriert, wirkt aber durch die noch nicht beseitigten Zerstörungen und leeren Fenster, die nur ein Stück des Himmels rahmen, unausgewogen. Die rechte Seite fehlt dem Auge doch.

In einem Teil des Inneren ist ein kleines Heimatmuseum, spezialisiert auf Möbel, untergebracht. Die Kapelle ist ebenso zu besichtigen wie das Zimmer, in dem FRANCOISE BARBIER vier aufdringliche Italiener aufbewahrte.

• *Öffnungszeiten*: Das Schloß kann ganzjährig besucht werden. Öffnungszeiten sehr variabel, neben der Jahreszeit auch abhängig von diversen Veranstaltungen. Von Juli bis 15.9. täglich 10 - 19 Uhr. Führungsdauer 1/2 Stunde. Erwachsene (Schloß, Ausstellung, Park) 8 DM, ermäßigt 5,30 DM, Kinder 1,70 DM.

• *Anfahrt*: Ab St. Pol-de-Léon auf der D 788 nach Südwesten. Über Berven, Plouzévédé, St. Vougay über kleine Nebenstraßen nach Kerjean (teils beschildert).

• *Veranstaltungen*: Im Juli und August ist Kerjean mit seinem wechselnden Veranstaltungs- und Ausstellungsprogramm am bretonischen Kultursommer beteiligt. 1990 widmete sich die Ausstellung "An Taolennoú" - Die Sünde in Bildern - anhand der sog. Missionsgemälde den Sündenpredigten. 1992 gab es bretonische Bauernmalerei des 18. Jh.

In den "Nächten von Kerjean" (jeden Freitag abend 4 x) finden spektakuläre "Reisen in die Vergangenheit" statt. Erwachsene 22 DM, Kinder 10 DM.

Roscoff *(ca. 4000 Einwohner)*

Die Zwiebel sorgte für das Image der Roscovites auf der britischen Insel: Die "Zwiebeljohnnies" aus Roscoff brachten im 19. Jh. ihre tränentreibenden Knollen lieber im Direktverkauf in England unters Volk, da war die Gewinnspanne höher. Taktvoll erinnert die Rue de Johnies an alte Geschäftsverbindungen.

Der Zwiebelexport ist im Rahmen der Europäischen Gemeinschaft wieder aufgelebt, doch in der Jetztzeit fallen nunmehr die Engländer, und zwar gleich mit ganzen Schiffsladungen, (friedlich) in Roscoff ein. In der Bretagne ist neben St. Malo nur die kleine Hafenstadt Anlaufstelle der englischen Fährschiffe.

Im Sommer wohnen 12.000 Menschen in und um Roscoff, dem Geburtsort der Thalasso-Therapie und seitdem von treuen Kurgästen bevölkert. Daneben sorgen England-Fähren und Batz-Inseltourismus für viel Laufkundschaft, der der Ort Rechnung trägt: Zahlreiche Bars und Verköstigungsbetriebe aller Preisklassen sowie etliche Hotels versorgen den kontinuierlichen Gästestrom. Weniger von touristischem, dafür von erheblichem wissenschaftlichen Interesse ist das Meeresinstitut von Roscoff, eines der größten Ozean-Forschungszentren Europas mit einem angeschlossenen Aquarium.

Abseits der touristischen Infrastruktur ist Roscoff eine alte Hafenstadt mit ursprünglichem Ortsbild - in enger Verbundenheit suchen die dunklen Häuser trutzig zusammengeschart am Ende einer ins Meer ragenden Felsklippe Schutz gegen die Fluten des Ozeans.

Geschichte

"*Schlaf, schlaf deinen tiefen granitenen Schlaf, Du Loch der Piraten, altes Korsarennest*" (Tristan Corbiere). Wagemutige Korsaren und investitionsfreudige Kaufleute bildeten die Grundlage des Wohlstands im 16. Jh. - da galt Roscoff als besonders berüchtigtes Piratennest. Nichtsdestotrotz landete am 13. August 1548 Maria Stuart im zarten Alter von fünf Jahren in Roscoff, blieb einige Tage und reiste nach Morlaix weiter, wo sie sich mit dem französischen Thronprinz Franz II. verlobte. Die Tage dieses Besuchs sind das wichtigste von den Chronisten vermerkte Ereignis der Stadtgeschichte.

Im 19. Jh., Korsaren gab es keine mehr, muß Roscoff eine düstere Stadt vor einer klippenreichen Küste gewesen sein, die nur in England bekannt war: In monatelangen Verkaufstouren zogen die Roscoviter Gemüsehändler auf der britischen Insel herum, bis sie im mühsamen Kleinhandel ihre Bootsladungen, vor allem Zwiebeln, losgeschlagen hatten.

1899 bereitete die Erfindung der Thalassotherapie, eine Kur gegen Knochenleiden und Beschwerden des vegetativen Nervensystems (siehe Wissenswertes/Thalassotherapie), einen neuen Aufschwung vor - die ersten Hotels wurden errichtet, und die ersten Gäste kamen zum Wohl ihrer Gesundheit. Seitdem ist die Stadt in einem stetigen Aufwärtstrend begriffen, der internationales Flair in die alten Mauern brachte.

Roscoff, früher nur als als Hafen von St. Pol-de-Léon von Bedeutung, ist seit 1973 in Eigenregie "ein Tor zur Bretagne": In dem gezeitenunabhängigen Handels- und Fährhafen werden neben Engländern die für den Export bestimmten Agrarprodukte des Goldenen Gürtels umgeschlagen.

- *Postleitzahl*: 29680
- *Telefonvorwahl*: 98
- *Information*: O.T. neben der alten Kapelle Ste. Anne, am Rand des alten Zentrums am Kai. Auskünfte, Reservierungen, Buchungen, wechselnde Ausstellungen zu landeskundlichen Themen. Zu den Öffnungszeiten immer gut besucht. In der Saison von Montag bis Samstag 9 - 12 und 14 - 19 Uhr, Sonntag 10 - 12 Uhr. Rue Gambetta, Tel. 697 070.

Verbindung

Busse immer über St. Pol Léon Richtung Brest (täglich 2 - 3 x) oder nach Morlaix (täglich 3 - 4 x).

Zug: Wegen der Englandfähre wurden die Geleise bis nach Roscoff verlegt; Stichbahnhof im Süden des Zentrums an der Rue Hoche. Über St. Pol-de-Léon und Morlaix direkt nach Brest oder über Morlaix Richtung Lannion/Guingamp. Auskunft Tel. 697 020.

Fähre zur Insel Batz: Die Boote legen hinten am Kai ab, wo ein 1 km langer Steg (L'Estacade) bei Ebbe zu den Booten führt.

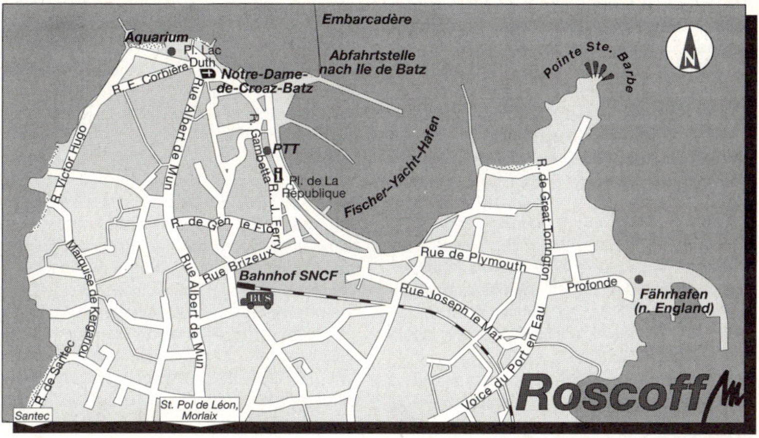

Vom 1.7. - 9.9. von 8 - 20 Uhr stündlich (letzte Abfahrt Batz 19.30 Uhr); vom 10.9. - 30.6. täglich bis zu 7 x (letzte Abfahrt Batz 18.30 Uhr). Dauer der Überfahrt etwa 15 Min., Retourticket pro Person 9 DM.

Fähre nach England: Der moderne Fährhafen Gare Maritime de Bloscon, ein gezeitenunabhängiger Tiefwasserhafen, liegt etwa 2 km vor der alten Stadt (Anfahrt beschildert). Mit British Ferries über Plymouth nach Santander/Spanien, direkt in 19 Stunden nach Cork/Irland oder in 6 Stunden nach Plymouth/England - die kürzeste und frequentierteste Strecke. Brittany Ferries, Tel. 617 547.

Diverses

- *Bootsausflug*: Am Kai des Fischer- und Yachthafens unmittelbar vor der Stadt legen während der Saison die Vergnügungsboote von Compagnie Armein (Tel. 617 775) oder Vedettes de Batz ab (Tel. 617 966). Angeboten werden an wechselnden Wochentagen z. B. Ausflüge durch die **Bucht von Morlaix** mit ihren Vogelinseln (Dauer 3 1/2 Stunden, 23 DM pro Person) oder - für das gleiche Geld - eine Fahrt zum **Château Taureau** oder zum **Cairn von Barnenez**. Billiger ist die **Rundfahrt um die Insel Batz**: 12 DM. Auskunft und Buchung im Tourismusbüro.
- *Fahrradverleih*: Die Firma **Desbordes** in der Rue Brizeux 13 vermietet Räder zu üblichen Bedingungen. Tel. 697 244.
- *Feste*: Am dritten Augustsonntag läuft das Breiz-Rosko-Fest.
- *Markt*: Am Mittwoch vormittag.
- *Pardon*: Am dritten Julimontag zu Ehren der Ste. Barbe.
- *Parken*: Am günstigsten auf den Stellplätzen am Kai vor dem Fischer- und Yachthafen.

Übernachten

Zahlreiche Hotels - Schwerpunkt bürgerliche Mittelklasse - bevölkern das Stadtgebiet von Roscoff. Eine Auswahl durch die Kategorien:

*** **Hotel le Brittany**: Das 25-Zimmer-Hotel direkt am Meer mit eigenem Schwimmbad ist Roscoffs gediegenste Übernachtungsadresse. Zimmer teilweise mit Meerblick, sanitär sehr gut ausgestattet. Restaurant mit Menüs ab 45 DM. DZ 110 - 180 DM, HP 115 - 160 DM, Frühstück 12 DM. Geöffnet vom 15.3. - 15.11. Boulevard Ste. Barbe, Tel 697 078.

** **Le Triton**: Gutbürgerliches Garni-Hotel mit 45 Zimmern. Schöne Gartenanlage. Gut 100 m zum Meer. Sanitär gut ausgestattet, mit Bad oder Dusche/WC. DZ 70 - 110 DM, Frühstück 12 DM. Geöffnet von Februar bis 31.12. Rue Dr. Bagot, Tel. 612 444.

** **Les Tamaris**: Garnihotel mit 27 Zimmern mit komfortabler Sanitärausstattung, schöne Aussicht. DZ 70 - 100 DM, Frühstück 8 DM. Geöffnet vom 15.3. - 31.10. Rue E. Corbière, Tel. 612 299.

** **Les Alizes**: Unweit des Hafens. 18 Zimmer mit unterschiedlichen Sanitärkabinetten. DZ mit Dusche 47 DM, mit Bad und WC bis 80 DM. Ganzjährig geöffnet. Rue Amiral Courbet 37, Tel. 697 222.

** **Hotel du Centre**: 16 Zimmer am Busbahnhof. Reisehotel für schnelle Stopovers. Etagen-Sanitärs, 11 Zimmer mit eigener Dusche/WC. DZ 50 - 100 DM. Ganzjährig geöffnet. Rue Gambetta 5, Tel. 612 425.

* **Les Arcades**: In der Nähe des Hafens. 27 sanitär sehr unterschiedliche Zimmer (Waschbecken bis Dusche/WC) in einem schönen, efeuumrankten Gebäude mit Arkaden. Teilweise Blick auf die abfahrenden/ankommenden Fährschiffe. Schönes Restaurant mit Außenterrasse und Meerespanorama (Menu ab 25 DM). DZ 30 - 85 DM. Geöffnet von Mitte April bis Mitte Oktober. Rue Amiral Réveillière 15, Tel. 697 045.

Camping

** **Manoir de Kerestat**: Im Inland südlich vor Roscoff, westlich der Straße von Morlaix beim gleichnamigen Herrenhaus. Zum Längerbleiben weniger idyllisch. 45 Stellplätze. Erwachsene 6 DM, Kinder die Hälfte, Platz 9 DM, Auto 3 DM, Elektrik 4 DM. Ganzjährig geöffnet. Tel. 697 192.

** **Municipal Penharidy**: 2,5 km Richtung Westen vor der Pointe de Penharidy; recht gut eingerichtetes Stützpunktcamp, aber ziemlich trauriges Areal - am Ende der Saison gut abgewirtschaftet. Lieblos. Erwachsene 3 DM, Kind 2 DM, Platz 2 DM, Auto 2 DM, Wohnmobil 3 DM, heiße Dusche 2 DM, Elektrik 5 DM. In der NS 20 % Reduktion. 200 Stellplätze und 30 gut ausgestattete Bungalows (NS 300 DM pro Woche, HS 470 DM). Geöffnet von Ostern bis 15.10. Tel. 697 086.

Sehenswertes

Kirche Notre-Dame-de-Kroaz-Baz: Stolze Bürgerhäuser flankieren den Platz um die Kirche Unserer Lieben Frau vom Balkenkreuz, lassen selbst das säulchengegliederte Beinhaus mit dem steilen Dach verblassen, aber gegen den *Glockenturm* kommen sie nicht an: Wie die Kirche im ersten Übergang von der strengen Gotik zur verspielten Renaissance im 16. Jh. erbaut, wird er, vierfach abgestuft, von zwei Balkons und von zierlichen Laternentürmchen spielerisch zu seiner Spitze getrieben. Vier Glocken schwingen auf zwei Stockwerken luftig im Freien.

An der Kirchenfassade verwittern *Segelschiffreliefs* mit Kanonen. Von gläubigen Korsaren in Auftrag gegeben, erzählen sie vom Zusammenspiel der Kirche mit heimatliebenden Freibeutern und stellen wieder einmal klar, daß der Korsarenberuf, heute geächtet und verfemt, einst ein ehrbares Handwerk war.

In der Saison ist die Kirche vor und nach der Mittagspause zu besichtigen. Der größte Schatz des Inneren sind sieben *Reliefs* aus Alabaster mit Stationen aus dem Leben Christi (15. Jh., an einem Altar im rechten Seitenschiff). Besonders gelang dem Künstler die Himmelfahrt, die er aus dem Blickwinkel des unten Zurückbleibenden darstellt - nur die Füße des entschwebenden Gottessohns sind noch zu sehen

Aquarium: Das Schwergewicht bilden die Krustentiere - hier können Sie lebendig sehen, was in den Fischrestaurants gesotten und gebacken serviert wird. Zwei Fußminuten hinter der Kirche, am Place Georges Tessier neben dem bereits 1872 gegründeten biologischen und ozeanographischen Institut von Roscoff ist das Aquarium des Instituts in einem wuchtig klassizierenden Granitgebäude mit Turm untergebracht. Die Becken selbst sind wieder aus Glas und erlauben den Blick auf 300 verschiedene Lebensformen des Meeres. Das dazugehörige ozeanographische Museum ist für den theoretischen Teil des Besuchs zuständig.

• *Öffnungszeiten*: In der Hauptsaison täglich von 10 - 12 und 13 - 18 Uhr, in der Nebensaison von 14 - 18 Uhr. Erwachsene 8 DM, Studenten 7 DM, Kinder 4 DM.

Steinsegelschiff an der Kirche Notre-Dame-de-Kroaz-Baz

Haus der Maria Stuart: *Rue de Maria Stuart*, *Chapelle de Maria Stuart* (1934 bis auf den Eingang abgerissen), *La Tourelle de Maria Stuart* (kleiner Turm der alten Stadtmauer) oder gleich beim Kai in der Rue Admiral-Réveillère 25 das *Maison de Maria Stuart*, ein türmchenartiges Granithaus aus dem 16. Jh., in dem die Fünfjährige auf die Weiterreise nach Morlaix gewartet haben soll: Die unglückliche Thronanwärterin war in Roscoff und sorgte hier unabhängig von Schiller für eine bleibende Erinnerung.

Feigenbaum: Der milde Einfluß des Golfstroms läßt in und um Roscoff exotische Früchte gedeihen. Hier und auf der Insel Batz wachsen die nördlichsten Feigenbäume Europas, der älteste (1610 von Kapuzinermönchen gepflanzt) trug bis vor kurzem noch jede Menge Früchte (Ernten bis zu 400 kg/Jahr), überlebte aber die letzten Jahrzehnte nur dank eines Betonkorsetts. Inzwischen ist der betagte Baum doch verstorben. Er stand im Hof des *Maison familiale de Vacances*, Rue des Capucins 6 (möglicherweise abgeschlossen). Ersatzweise verweisen wir auf die Feigenbäume im exotischen Garten auf der Insel Batz.

Baden

Rund um Roscoff sind sieben Badestrände ausgewiesen. Der Hauptstrand *Plage de Roc'h Kroum* ist 100 m lang, von Umkleidekabinen bis zum Schirmverleih voll ausgestattet, als Zugabe gibt es ein Meerwasserschwimmbecken. Die besten Strände ohne Infrastruktur auf der Landzunge zwischen Bucht und offenem Meer. Schöner weiter Strand in der *Bucht von Le Pouldu*, westlich der Pointe de Penharidy. Bei Ebbe sind, wie überall hier an der Küste, die Fußfischer freudig zugange - da hat sich das Meer weit von Roscoff zurückgezogen. Schlechtwetter-Tip: Im beheizten *Meerwasserschwimmbad* stören weder Wind noch Regen.

Roscoff / Umgebung

▶ **Château de Kerouzére**: Hinter dem von zwei Löwen flankierten Tor führt eine Allee zum wehrhaften Burgschlößchen mit schwarzen Kegeldächern - den ehemaligen Park bedecken Ackerflächen. 1425 erbaut, stehen noch drei von vier Ecktürmen und tragen mit ihren Pechnasen massiv zum abweisenden Burgcharakter bei. Das Lustwandeln im Nutzgarten ist erlaubt, Innenbesichtigung (Stilmöbel) ist nur nach vorheriger Vereinbarung mit dem Châteaubesitzer zwischen Anfang Juli und Mitte September möglich. Tel. 98 299 605.

• *Anfahrt*: In Sibiril, etwa 11 km südwestlich von Roscoff an der D 10, nach Norden (rechts), dann nach 500 m links.

▶ **Insel Batz**: Am Ende des 20. Jahrhunderts herrscht auf der Insel noch streng geschlechtliche Arbeitsteilung: Gemüseanbau und Tangsammeln weiblich, Schiffahrt und Ackerbau traditionell männlich. 750 Menschen haben ihren ständigen Wohnsitz auf dem flachen Felsrücken unweit des Festlands. Das 357-Hektar-Eiland, 3,5 km lang und 1,5 km breit, ist die einzige frucht- und bewohnbare Insel des riffdurchpflügten Ozeans vor Roscoff, im Winter völlig abgeschieden, im Sommer ein vielbesuchtes Muß für die Besucher des Nordfinistère. Diese besichtigen die *romanische Kapelle* mit christianisiertem Dolmen, stehen am Schlangenloch (*Toul al Serpent*) an der Stelle, wo St. Pol den Drachen ins Meer schickte, lassen es sich bei Spaziergängen und Radtouren gut gehen oder baden. Der schönste Strand, *Aod Venn*, liegt im Nordosten hinter den Häusern von Porz Melloc. Im Süden wird das Bad durch Strömungen gefahrvoll.

St. Pol Aurélien

Der Heilige Pol oder Paul, einer der Gründungsheiligen der Bretagne des 6. Jh., erhielt den Beinamen Aurélien, um Verwechslungen auszuschließen. Er lebte bis zum Jahr 530 mit zwölf Gefährten (!) in Wales als Kaplan des legendären Königs Tintagel, doch diese Stelle füllte ihn nicht aus - neue Seelen für seinen Gott wollte er gewinnen. Er kündigte und landete auf der Insel Ouessant, wo seine missionarischen Bemühungen auf den noch unfruchtbaren Boden der Inselheiden fielen. Auf Batz, seiner nächsten Station, fand St. Pol klimatisch wie bekehrungstechnisch günstige Bedingungen vor und machte durch Wunderheilungen bald überregional von sich reden. Spätestens nach seiner Drachendressur war er eine Berühmtheit, und die Leute erzählen die Geschichte so:
Ein hungriger, fleischfressender Drache (das Heidentum?) tyrannisierte die Inselbewohner, und der Häuptling beauftragte den Kirchenmann mit der Entfernung des Untiers. St. Pol zog los. Als er mit dem Monster zusammentraf, kämpfte er nicht, sondern schlang seine Stola (der wahre Glauben?) um den Drachenhals, führte seinen willenlosen Gefangenen an den Inselrand, der Drache sprang auf Zuruf ins Meer und wurde nie mehr gesehen (Sieg des Christentums?).

PS: Die Original-Stola des St. Pol ist in der Kirche zu bewundern. Angemerkt sei, daß der Stoff eine morgenländische Arbeit aus dem 12. Jh. ist und St. Pol im 6 Jh. lebte. Ein weiteres Wunder.

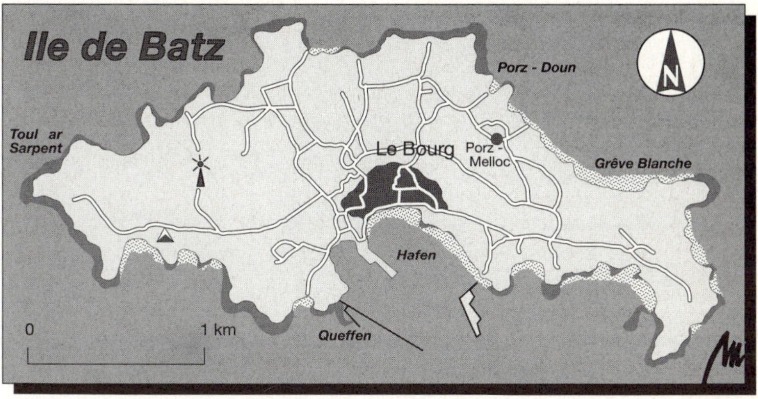

• _Information_: Bei der Anlegestelle eine Infotafel, Auskünfte in Le Bourg, Tel. 617 570.

• _Fähre_: Siehe Roscoff/Bootsausflug.

• _Fahrradverleih_: In der Saison an der Anlegestelle, in der NS in Bourg. Übliche Konditionen, pro Tag etwa 30 DM. Tel. 617 765.

Übernachten/Camping/Essen

Grand Hotel Morvan: Größtes und bestes der drei Insel-Etablissements. 38 Zimmer in diversem Sanitärstandard, großzügiger Speisesaal mit 150 Gedecken, Terrasse mit Meerblick. DZ 53 - 60 DM, Vollpension pro Person 70 - 90 DM. Geöffnet von Anfang Februar bis Ende November. Pors Kernoc, Tel. 617 806.

Hotel Roch Ar Mor: An der Anlegestelle ebenfalls am Inselrand mit bescheidenen 10 Zimmern, doch das große Restaurant für 120 Gäste ist zu den Essenszeiten im Sommer gut ausgelastet. DZ 47 DM, VP pro Person ab 70 DM. Geöffnet von Ostern bis 30.9. Le Débarcadere, Tel. 617 828.

Hotel Kernoel: 9-Zimmer-Hotel mit einfachster Ausstattung. Etagensanitärs, Restaurant. DZ 40 DM, 3-Bettzimmer 60 DM, 4-Bettzimmer 70 DM, Frühstück 8 DM. Tel. 617 998.

• _Camping_: Die Gemeinde hat ein kleines Gelände zur Verfügung gestellt - neben dem Hauptort direkt am Strand. Einfach, aber bevorzugte Lage. 50 Plätze, die Formalitäten (z. B. Anmeldung oder zahlen) werden im Rathaus abgewickelt. Tel. 617 776.

• _Essen_: Die meisten Verköstigungsbetriebe der Insel haben nur in der HS geöffnet. **Restaurant-Crêperie du Port**, Pors Kernoc, Tel. 617 669; einfacher und abseits die **Crêperie Ti Yann**, am Ostzipfel der Insel, Tel. 617 669.

Von Roscoff nach Plougerneau

Das weltweite Problem der Fremdenverkehrsämter an Meeresgestaden - wie nenne ich meine Küste griffig - machte auch den Public-Relation-Experten zwischen Roscoff und Plougerneau zu schaffen. Die *Küste der Heiden* - hier stießen die britannischen Missionare auf derartigen Widerstand, daß sie ihren Tod einkalkulieren mußten - war auch im Gespräch, konnte sich jedoch nicht so recht durchsetzen. Klingende Begriffe wie *Smaragdküste* oder *Rosa-Granitküste* waren schon vergeben. Aber *Küste der Legenden* (*Côte des Legendes*), obwohl es wenig aussagt, klingt für das immer näher rückende Ende der Welt auch nicht schlecht, dachten sich findige Tourismus-Manager, und plötzlich warben die Nachfahren der mühsam bekehrten Kelten vor Ort mit dem eingängigen Slogan.

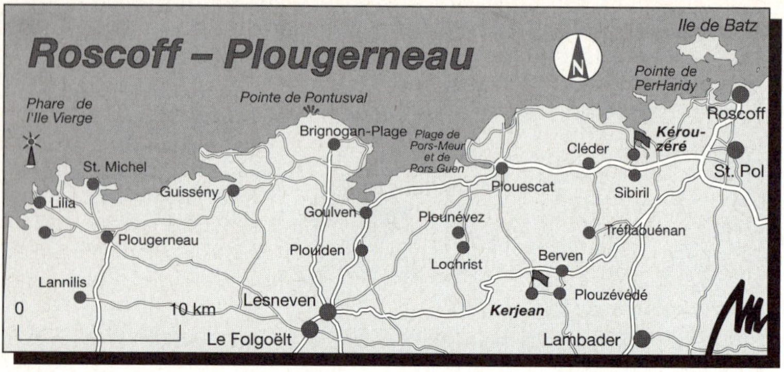

Von Roscoff über Plouescat hinaus bestimmen die Zwiebel- und Artischockenfelder des Goldenen Gürtels das Bild. Dann setzt sich langsam die passende Kulisse für die Küste der Legenden durch: eine wellige Bocage-Landschaft, in der Erdwälle die Äcker notdürftig schützen, windiges Heideland, kleine, mühsam zu befahrende Straßen, lange Dünenstrände und immer mehr Felsen. Die wenigsten Menschen pro Quadratkilometer wohnen ab hier bis an die *Aber-Küste* im äußersten Westen, bei vielen älteren Leuten merkt man, daß ihr Französisch eine erlernte Zweitsprache ist - allmählich dringen Sie ins wahre Finistère ein.

Auch in der Hochsaison hält sich der Touristenansturm in Grenzen. *Plouescat*, *Brignogan* und *Plougerneau* sind die einzigen drei Gemeinden, die sich auf viele Gäste eingestellt haben, und das aus zwei Gründen: Erstens liegen die Strände dieses Küstenabschnitts, die besten und meisten bei Brignogan, um diese Gemeinden, die zweitens ideale Standorte für Ausflüge in den Westen zur Aber-Küste oder ins südliche Inland sind: zu den Schlössern im Léon, nach *Le Folgoët* mit seiner Wallfahrtskirche, das moderne *Brest* oder die *Calvaire-Tour* - alles gut machbar.

Aber große Zentren, gar mit einem Hauch internationalen Flairs, sind auch diese Badeorte nicht geworden - trotz des milden Golfstromklimas ist die Nordwestküste der Bretagne rauh, und Bildungstouristen kommen kaum auf ihre Kosten: großartige Architektur oder Kunst ist - abgesehen von den Schlössern westlich von Roscoff/St. Pol de Léon - mangels Masse nicht zu bewundern.

Plouescat *(ca. 4000 Einwohner)*

Der etwas abgelegene Place Wanfried im Süden Plouescats erinnert schon einige Jahre an die Partnerschaft mit der gleichnamigen deutschen Stadt, und im September 1990 war wieder ein Besuch in Wanfried fällig - angenehm sei er wieder verlaufen, hört man. Die alte *Markthalle* aus dem 16. Jh. im Zentrum gegenüber der Kirche ist das Schmuckstück Plouescats: Tief zieht sich das schwarze Schieferdach, gestützt auf ein ausgeklügeltes Balkenwerk aus dunklen Eichen, über die an den Seiten offene Halle fast bis zum Boden.

Plouescat, das sich von der Neusteinzeit bis heute gemächlich über die Jahrtausende brachte, liegt drei Kilomter hinter dem Meer und wird während der Saison tagsüber mit Musik beschallt. So ist die Marktgemeinde eines größeren ländlichen Einzugsgebiets im Sommer gutbesuchter Mittelpunkt einer beliebten Urlaubsregion: Von *Cleder* 5 km östlich an der D 10 bis zu den Stränden im Norden Plouescats verteilen sich die Quartiere. Und die besten Strände der Region sind gleich um Plouescat herum, einige Kilomter außerhalb im Norden oder Westen: Über den *Plage de Poul Fouen* und den Kleinstrand *Cam Louis* zu den Stränden von *Pors Guen* und *Pors Meur* - lange Sandstreifen, vor denen sich das Meer bei Ebbe weit zurückzieht. Die geschützte Bucht von Kernic ist zum Baden fast zu seicht.

- *Postleitzahl*: 29430
- *Telefonvorwahl*: 98
- *Information*: Syndicat Initiative hinter der Kirche in der Nähe der Post. Werktags 9 - 12.30 Uhr und 14.30 - 19.30 Uhr. In der Vor- und Nachsaison im Rathaus fragen. Rue St. Julien 3, Tel. 696 218.
- *Verbindung*: Plouescat liegt an der **Bus**verbindung Brest - Roscoff. Von Montag bis Samstag 1 - 2 x täglich in beide Richtungen.

- *Einkaufen*: Plouescat ist Einkaufszentrum eines größeren Umlands; neben den vielen Kleinläden der diversen Sparten haben sich zwei Supermärkte angesiedelt.
- *Fahrradverleih*: **Cycles Le Duff** verleiht Zweiräder in der Rue de Brest 4, Tel. 698 873.
- *Markt*: Am Samstag vormittag.
- *Minigolf*: Am Pors-Guen-Strand.
- *Tennis*: Insgesamt verteilen sich 8 Courts auf Plouescat und Pors Guen. Anfänger und Fortgeschrittene pro Stunde 13 DM. Anfragen und Reservierung Tel. 698 636.
- *Wassersport*: Am Strand von Pors Guen wird geschult und verliehen; Segel-Wochenkurs ab 220 DM, Einzelséance ab 47 DM. Centre Nautic, Tel. 696 325.

Übernachten/Camping

** **La Caravelle**: Das Tophotel Plouescats, 16 Zimmer mit eigenem Sanitärbereich, gutes Restaurant. DZ 60 - 70 DM, 3-Bettzimmer 90 DM, jedes Extrabett 13 DM. HP 70 DM, VP 90 - 110 DM. Ganzjährig geöffnet. Rue du Calvaire, Tel. 696 175.

* **Hotel de la Baie du Kernic**: Mit Parkplatz. 23 Zimmer, Restaurant. DZ in diversem Standard 30 - 80 DM, HP 70 - 80 DM, VP 80 - 90 DM, Frühstück 8 - 10 DM. Ganzjährig geöffnet. Rue de Brest 100, Tel. 696 341.

* **Hotel-Restaurant L'Azou**: Wird jährlich kleiner. 1992 nur noch 5 Zimmer. Im Restaurant heißt die Spezialität Fisch. DZ 53 - 70 DM, HP 80 DM, VP 90 DM, Frühstück 9 DM. Ganzährig geöffnet. Rue Général-Leclerc 8 bis, Tel. 696 016.

Hotel Le Tréas-Glaz: 20 Zimmer im Maison Iven-Marc. Parkplatz, Bar, Restaurant. Ähnliches Preisniveau wie im L'Azou. Ganzjährig geöffnet. Rue de Brest 102, Tel. 696 209.

Hotel-Restaurant Aux Pompiers: 6 schlichte Zimmer. DZ 40 DM, HP 50 DM, VP 60 DM. Ganzjährig geöffnet. Rue Général-Leclerc, Tel. 696 027.

- *Camping*: Plätze im unteren Ausstattungsniveau an den Stränden um Plouescat.

** **Municipal de la Baie du Kernic**: Anfahrt ab Plouescat beschildert; der Platz liegt auf einem Dünengelände auf einer Landzunge. Reizvolle Lage, viel Sand, Felstorsos, bei Ebbe kaum Wasser zum Baden. Einfache Ausstattung. Erwachsene 3 DM, Kind 2 DM, Platz 1,50 DM, Auto 1,20 DM, Wohnmobil 2,30 DM, Elektrik 3 DM. 243 Stellplätze. Geöffnet vom 15.6. - 31.8. Tel. 698 660.

* **Poul Fouen**: Simpler Platz nördlich von Plouescat am Strand von Poul Fouen. Erwachsene 2,50 DM, Kinder 2 DM, Platz 1,10 DM, Auto 1 DM, Wohnmobil 2,30 DM, Elektrik 3 DM. 88 Stellplätze. Geöffnet vom 15.6. - 31.8. Tel. 698 180.

Plouescat / Umgebung

▶ **Menhire**: Um Plouescat stehen etliche Zeugnisse der Megalithkultur. Die diversen Menhire und Langgräber-Reste dürften nur für Megalithsüchtige interessant sein - klein, beschädigt oder verfallen bereichern die Steine die Landschaft nur wenig. Interessierte erhalten beim Office de Tourisme eine Skizze der Umgebung, auf der einige Megalithen eingetragen sind. Der größte Stein, der *Menhir von Kergouarat*, steht 7 m hoch auf einem Feld einige hundert Meter vor der Küstenzeile von Pors Guen. Zwei zerfallene, unscheinbare *Langgräber* liegen am Strand von Pors Meur.

Brignogan *(ca. 1000 Einwohner)*

Der alte Fischerort (exakt: *Brignogan-Plages*) hat seit Aufkommen des Badetourismus in seinem Umkreis kräftig expandiert; überall wirr in die bizarre Fels- und Heidelandschaft hineingesetzt, klecksen Häuschen ihr leuchtendes Weiß in das Grau und Grün einer kaum kultivierten Wildnis mit Druidencharakter.

Das Zentrum von Brignogan, die langgezogene Avenue du Général de Gaulle hinauf zum Dreigestirn Rathaus, Bar und Kirche, entfaltet auch an den sonnigsten Tagen keinen Reiz. Dieser ist der Küstenlandschaft und den Stränden um den Badeort vorbehalten: Riesige Felsklötze, einsam versprengt oder sich gegenseitig zusammentürmend, zersetzen archaisch-wuchtig die harmlose Welt der Pflanzen, der Untergang des Sonnenballs hinter den ins Meer auslaufenden Felsbänken des Plage du Phare führt an den Anfang der Zeit.

- *Postleitzahl*: 29890 Brignogan-Plages
- *Telefonvorwahl*: 98
- *Information*: Kleines Syndicat d'Initiative in der Gemeindebibliothek gleich hinter dem Rathaus. In der Saison werktags 9 - 13 und 16 - 19 Uhr. In der NS nur noch werktags 11 - 12 Uhr. Rue de l'Eglise 10, Tel. 834 108.
- *Verbindung*: Der Platz der **Bus**haltestelle liegt westlich unmittelbar neben der Geschäftsstraße. Brignogan ist 3 - 5 x täglich Start- und Zielpunkt der Strecken nach Landerneau und Brest.

- *Fahrradverleih*: Hinter dem Busplatz bei **Legall Depot**, J. B. Castel. In der Saison von 8 - 14 und 18 - 20 Uhr. Tel. 834 598. Oder in der Route du Port im alten **Ty Trouve Tout**

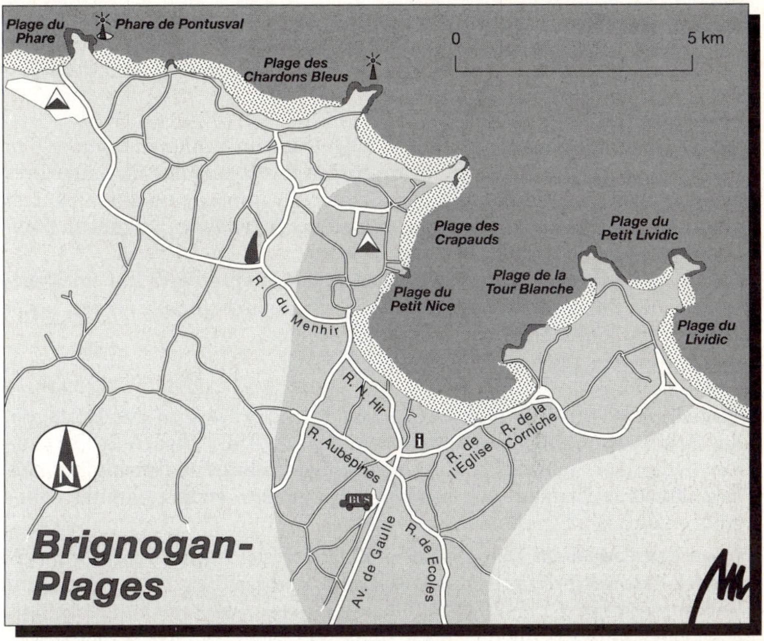

(Du findest alles). Tourenräder pro Tag 17 DM, Mountainbike 27 DM, in der Woche 60 bzw. 100 DM, Kaution 250 DM. Tel. 830 967.

• _Markt_: Im Sommer am Freitag vormittag.

• _Wassersport_: Am Plage des Crapauds; u. a. Segel- und Surfschule (auch Hochseesegelkurse), Optimisten, Katamarane, Kajaks, Fischen. Beispiel: 5 Tage Surfkurs 140 DM, Katamarankurs 180 DM, 1 Stunde Optimist oder Surfbrett inkl. Anzug 23 DM. Club Nautique Brignogan, Tel. 834 476.

Übernachten/Camping/Nachtleben

** **Hostellerie Castel Regis**: Gemütliches kleines Hotel mit gutem Service und guter Ausstattung an der östlichen Landzunge der Hafenbucht - die beste und schnuckeligste Adresse Brignogans liegt auch schön. 21 Zimmer, gutes Restaurant, Meerwasser-Swimmingpool, Tennis, Sauna. DZ 80 - 130 DM, HP 120 - 160 DM. Geöffnet vom 8.3. - 1.10. Le Garo, Tel. 834 022.

* **Ar Reder Mor**: Ein simples Stadthotel an der Durchgangsstraße Brignogans; 26 Zimmer, Restaurant. DZ 48 - 80 DM, HP 65 - 80 DM. Geöffnet vom Mai bis November. Avenue du Général de Gaulle 35, Tel. 834 009.

• _Camping_: Mehrere Plätze um den Ort. Die beiden besten am Meer:

** **Municipal Keravezan**: Die Straße trennt den Platz am Plage des Crapauds in zwei ungleiche Teile. Das kleinere Areal unmittelbar hinter dem Strand ist das begehrtere Stück mit Dünencharakter und zuerst belegt; die Plätze auf einer größeren Freifläche gegenüber der Straße neben dem Sportplatz sind rein funktional. Immer schattenlos, einfache, aber noch halbfrische Sanitärblocks. Erwachsene 4,50 DM, Kinder 3 DM, Platz + Auto jeweils 1,50 DM, heiße Dusche 2 DM, Elektrik 2,50 DM, Hund 2 DM. 150 Stellplätze. Geöffnet vom 15.6. - 30.9. Tel. 834 165.

** **Du Phare**: Gleich hinter dem gleichnamigen Strand in schöner Lage. Hohe Hecken gliedern das weitgehend naturbelassene Gelände, das auch in der Hauptsaison nur selten überlaufen ist. Freundlicher Betreiber, Grundnahrungsmittelverkauf, ordentliche Sanitärs, Waschmaschine. Erwachsene 3 DM, Kind 1,50 DM, Platz 6 DM, heiße Dusche 1,70 DM, Elektrik 3 DM. Auch Bungalow-Vermietung (HS 550 DM pro Woche, NS 300 DM). 144

Stellplätze. Geöffnet vom 1.5. - 25.9. (danach eingeschränkter Betrieb). Tel. 834 567.

• *Nachtleben*: Der Freizeitmulti Brignogans: **Le Bacardi** in der Avenue du Général de Gaulle ist nicht nur Bar, Pizzeria und Restaurant, nein, Le Bacardi ist im Sommer auch die Ortsdiskothek mit heißer Ortsdiskothekenmusik. Pizza 10 - 18 DM. Tel. 834 001.

Sehenswertes / Spaziergang

Men Marz: An einem aufgerichteten Megalithstein, schlank und über 8 m hoch, wurde an der ursprünglichen Spitze das Kreuz der Christen herausgemeißelt, um die heidnischen Geister für immer zu bannen. Neben einem Haus direkt an einer Kreuzung an der Straße von Brignogan/Zentrum zum Strand von Le Phare im Westen.

Pointe de Pontusval: Mit Leuchtturm und Felsen, etwa 2 km im Nordwesten des Zentrums (ausgeschildert); ein exponierter Punkt mit schönen Blicken, besonders zum Sonnenuntergang.

Baden

Brignogan ist das letzte größere Seebad im Nordwesten der Bretagne, der Sand vermischt sich mehr und mehr mit Kies; etwa zehn Strände umgürten das Gebiet von Brignogan-Plages, einige davon mit kinderfreundlichem Zugang und seichter Brandung, andere rauher, aber wildromantisch. Eine Auswahl:

Plage des Crapauds: Der eigentliche Ortsstrand, nach Südosten ausgerichtet, ist der größte, bestausgestattete und bestbesuchte Strand mit Rettungsstation, Kinderclub und dem gut ausgerüsteten Club Nautique. 300 m lang und bei Flut 10 m breit; hinter dem städtischen Campingplatz.

Plage du Petit Nice: Der Klein-Nizza-Strand ist ebenfalls nach Südosten ausgerichtet; 150 m gelber Sand, bei Flut noch 15 m breit, erlaubt der Strand in seiner ruhigen Bucht auch Kindern den Zugang ins Wasser.

Plage du Phare: Ein langer Dünenstrand im Nordwesten Brignogans. Ein zur Residence umfunktioniertes Großhotel der Gründerzeit und eine Kapelle mit kleinem Leuchtturm bereichern architektonisch das Granitgewirr am Ostrand, dem *Plage Chardons Bleues*. Eine Bar verkauft Snacks, Drinks und "*Bière allemande de Luxe*", vor den Riffs träumen Segelschiffe im seichten Wasser. Hier ist die Brandung nicht mehr so gemäßigt wie an den vorher genannten Stränden. Allwettertip: Strandspaziergang.

Plougerneau *(ca. 5300 Einwohner)*

An der Ostseite der Aber-Wrac'h-Mündung kündet schon das eher rauhe und verschlossene Ortsbild von Plougerneau den äußersten Nordwesten der Bretagne an. Das Zentrum der Marktgemeinde präsentiert sich kahl und dunkel, die Pfarrkirche am großzügigen *Place de l'Europe* streng und abweisend. Der erste Blick läßt nicht erkennen, daß Plougerneau im Sommer ein Badeort ist - und doch:

Plougerneau, nicht nur günstiger Ausgangsort zur Aber-Küstentour, entfaltet als rühriger Mittelpunkt einer vielfach aufgesplitterten Badezone in der Saison diverse Aktivitäten, um neben der Stammkundschaft auch die Gäste zu unterhalten, die vielleicht nur wegen des höchsten Steinleuchtturms der Welt auf der nahen *Ile Vierge* gekommen sind. Um letztendlich doch einige Tage in der wilden Landschaft zu bleiben.

Zu den Stränden: Der *Plage de Corréjou* (mit Strandinfrastruktur) zwischen Plougerneau und St. Michel sowie die *Greve Blanche* hinter St. Michel Richtung Lilia sind die Hauptstrände der Gemeinde; weiter östlich ist noch der lange Strand von *Vougot* erwähnenswert, bei Lilia liegen die Strände von *Kervenny* (von der Wasserqualität der beste) und *St. Cava* gegenüber von Aber Wrac'h - ein felsdurchsetztes, flaches Sandgestade. Außer Vougot alle Strände mit Dusche/WC.

Abendstimmung an der Jungfraueninsel

- Postleitzahl: 29880
- Telefonvorwahl: 98
- Information: Modernes Office de Tourisme mit Prospekten über die ganze Region und weit entfernten Teilen der Bretagne in einem Informationshäuschen am Kirchenplatz. In der Saison Montag bis Samstag 9.15 - 12.30 und 13.45 - 19 Uhr, am Sonntag vormittag geöffnet. Place de l'Europe, Tel. 047 093.
- Verbindung: Über Lannilis gute **Bus**verbindung von und nach Brest. Zentrale Zusteigemöglichkeit am Hauptplatz. Mindestens 5 Busse werktags über Plougerneau von Lilia/St. Michel nach Lannilis und retour.
- Pardon: Am letzten Junisonntag die St.-Michael-Wallfahrt zu Ehren von Peter und Paul.
- Wassersport: **Centre Nautique** schult am Hafen von Corréjou. Wochensegelkurs ab 170 DM. Tel. 045 046.

Übernachten/Camping

** **Castel Ac'h**: 5 km außerhalb von Plougerneau am Strand von Lilia (D 71). Komfortables Mittelklassehotel in einem langgezogenen Gebäude neueren Datums. 29 Zimmer, nach vorne heraus mit Meeresblick. Gutes Restaurant mit Menus von 26 - 80 DM. DZ 53 - 85 DM, HP pro Person 70 - 85 DM, Frühstück 10 DM. Lilia, Tel. 047 011.

- Camping: ** **Municipal de la Grève Blanche**; im Ortsteil St. Michel, unweit der St. Michael-Kapelle auf der Straße von St. Michel Richtung Lilia. Schutzloser Platz für 100 Campingeinheiten in guter Lage am Meer mit wunderschönem Blick, z. B. auf den Leuchtturm. Sanitärs nicht toll. Erwachsene 3 DM, Kinder die Hälfte, Zelt 2 DM, Auto 1,50 DM, Wohnmobil 2 DM, Elektrik 3 DM, heiße Dusche 1 DM. Geöffnet von Ostern bis 15.9. Tel. 047 035.

** **Curnic Vougut**: Ein ebenso einfacher, doch kleinerer Platz neben dem Strand von Vougut nordöstlich von Plougerneau. Ähnliche Preise wie der Municipal. 55 Stellplätze, geöffnet vom 15.6. - 15.9. Tel. 256 151.

Plougerneau / Umgebung

▶ **Phare de l'Ile Vierge (Leuchtturm)**: Etwa 1,5 km ist die kleine Jungfraueninsel der zerfledderten Küste vorgelagert. Der Stummel des kleinen weißen Leuchtturms, der - ausgemustert - nur noch die Antenne des Funkfeuers trägt, steht seit 1902 ganz im Schatten seines Nachfolgers: Die elegante Nadel-Silhouette des höchsten gemauerten Leuchtturms der Welt sticht alles in allem unerreichte 82,50 m in die Wolken (letzter Stein auf 77 m), die Innenwand besteht aus Milchglas, die Außenfassade wurde aus Kersanton-Granit hochgezogen. Erst 1956 wurde das Leuchtfeuer elektrifiziert. Zwei sich unablässig drehende Windräder decken den Energiebedarf, der nötig ist, einen weißen Blitz im 5-Sekunden-Abstand 27 Meilen weit durch die Nacht zu tragen. In zehn Minuten fahren die Fischer auf Nachfrage und gegen Entgelt Touristen auf die Leuchtturminsel.

▶ **Lilia**: Kleiner Hafen und das nächste Stück Festland zum Jungfrauen-Leuchtturm. Durch zersiedelte Landschaft mit einem extravaganten Wohnturm führt die Straße zu einer Küste, an der der Begriff "Ende der Welt" wieder neu durchdacht werden kann: Der Atlantik pflügt sich durch ein Chaos aus Granit, wasserumspültes Urgestein der Erde, das sich langsam im uferlosen Meer verliert.

• *Essen*: Zwei Restaurants gleich am Hafen; das bessere und teurere gehört zum **Hotel Castel Ac'h** (siehe Plougerneau/Übernachten).

▶ **St. Michel**: Die Amüsier-, Aufenthalts-, Wassersport- und Badezone von Plougerneau, mittendrin die Kapelle, die dem Ort den Namen gab. Weißgetünchte Häuschen, Disco, Camping - alles weit verstreut und immer nah am Meer. Hauptanziehungspunkte sind die zwei Strände von St. Michel, darunter der Gemeinde-Renommierstrand *Plage de Coréjou* mit dem Centre Nautique.

• *Verbindung*: Busse von und nach Plougernau und Lilia.

▶ **Le Grouanec**: Der umfriedete Pfarrbezirk mit dem *Brunnen Notre-Dame-de-la-Clarté*, einem kleinen *Calvaire* (beide 17. Jh.) und der niedlichen *Kirche* direkt am Straßenrand der D 32 bildet ein ausgesprochen harmonisches Ensemble bretonischen Kirchenbaus. Die kleine schlichte Kirche der Jungfrau Maria von Grouanec aus dem Jahr 1503 wurde 1954 restauriert. Bei genauerer Betrachtung des Innenraums fallen die modernen Fenster von Max Ingrand, die geschnitzten Balken des Stützwerks und die naiv-andächtigen Kreuzwegstationen auf Keramikkreuzen auf.

• *Anfahrt*: Knapp 4 km südöstlich von Plougerneau am Ortsende von Le Grouanec an der D 32 nach Lesneven.

Le Folgoët *(ca. 3000 Einwohner)*

Ein Verrückter, ein Ave Maria und eine Lilie: aus diesen Zutaten werden hier Legenden gemacht, deren Anziehungskraft kurz vor der zweiten Jahrtausendwende nach Christi Geburt ungebrochen ist. Pünktlich am ersten Sonntag im September pilgern Scharen von Katholiken zum Pardon zu Ehren Salaüns, des heiligen Narren.

Itron Varia ar Fol Coat heißt die Wallfahrtskirche auf Bretonisch, Kirche Unserer lieben Frau vom Narren im Wald, und jedes Jahr am 8. September wimmelt der Pardonplatz mit den zahlreichen Lokalen von Besuchern, die sich ameisengleich zu einem der berühmtesten Pardons der Bretagne eingefunden haben.

Den Rest des Jahres, ausgenommen die Mai-Sonntage und den letzten Sonntag im Juli (siehe unten Pardon), ist es still in Le Folgoët, der riesige Rasenplatz wirkt kahl, die Restaurants sind nur mäßig besucht. Sofort nach dem Fest ist der Ort wieder in seine tiefe Provinzialität versunken, die nur ein kirchenkunst- und legendeninteressiertes Publikum anlockt: Die Wallfahrtskirche, obwohl sichtlich von ihrem Alter und den Zerstörungen der Revolution mitgenommen, ist unter den vielen bretonischen Kirchenperlen eine besonders kostbare. Und der granitene Lettner im Inneren ein kleines Wunder aus behauenem Stein.

Geschichte

Folgoët - der Wald des Narren - heißt die Gemeinde seit dem bezeugten Wunder der beschriebenen Lilie. Im frühen 14. Jh. lebte hier SALAÜN im Wald, elternlos, gutmütig, zurückgeblieben, zu nichts nutze. Die Leute mochten ihn, versuchten sogar, ihm schulisch weiterzuhelfen, vergeblich: Salaün war und blieb blöde, wohnte allein an seiner Quelle, wo er sein zusammengebetteltes Brot verzehrte und das einzige, was er je sagte, war "*O itron guerhet Mari*" - Gegrüßet seist du, erhabene Maria (das Ave Maria). Bei jeder Gelegenheit, immer freundlich lächelnd, gab er Zeit seines Lebens nur den Anfang des Englischen Grußes von sich.

Mit vierzig Jahren starb der Narr am Rande der Gesellschaft, er wurde beerdigt, und bald darauf geschah es: Aus seinem Grab wuchs eine nie gesehene Lilie, und ganz in Gold standen die Worte "Ave Maria" auf den Blütenblättern. Menschen waren schon immer neugierig, so wurde der Sarg geöffnet. Als jeder sehen konnte, daß die Lilie im Mund des Salaün entsprang, begann die Verehrung des gottgefälligen Verrückten, durch den der Himmel ein Zeichen setzte.

1364: Das Ende des bretonischen Erbfolgekrieges ist das Geburtsjahr der Wallfahrtskirche. Jean de Montfort hatte sich verpflichtet, im Falle seines Siegs über seine Thronwidersacher der Jungfrau Maria im Wald des Narren eine würdige Kirche zu stiften. 1364 hatte er die entscheidende Schlacht von Auray gewonnen, und versprochen war versprochen. 1423 beendete sein Sohn die Bauarbeiten an der Kirche über der Quelle Salaüns, und Pilger kamen in Strömen, das Wunderwerk zu bestaunen und andächtig vor dem Wunder der Lilie zu erschauern. Nur vier Jahre später brannte es in Le Folgoët, die Kirche wurde das erste Mal beschädigt, aber wieder restauriert und erfreute sich auch unter der klerikalen und weltlichen Prominenz großer Beliebtheit: Der Papst verlieh der Wallfahrtskirche den Titel *Basilika minore*, die Herzogin Anne liebte die Wallfahrt nach Le Folgoët, und zahlreiche französische Könige verliehen durch ihre wohlwollende Anwesenheit dem Pilgerort weitere Ehre. Bis auf Ludwig XIV. Der Sonnenkönig schenkte in seiner Raffinesse die Kirche den Jesuiten von Brest, von denen er genau wußte, daß ihnen Wallfahrten mit dem Ruch heidnischen Aberglaubens ein Dorn im wissenschaftlich geschulten Katholikenauge waren. Trauriger Höhepunkt des systematisch eingeleiteten Niedergangs war die Revolution: Die Kirche wurde geplündert, was im Sinne des neuen Geistes unbrauchbar oder ganz einfach zu schwer war, wurde zerstört, der Innenraum zum riesigen Schweinestall umfunktioniert.

Die ansässigen Bewohner konnten sich nicht mit diesem erbärmlichen Zustand ihrer Kirche abfinden. Einige Bauern der Gegend schlossen sich zusammen und kauften das Objekt, das zum Abbruch vorgesehen war. Notdürftig gesäubert, die Reste des Mobiliars und die gerettete Madonnenstatue hineingestellt, wurden die Pardons wieder aufgenommen, als sei nichts gewesen. Als gar Kunsthistoriker aus der fernen Hauptstadt Paris feststellten, daß die Kirche ein erhaltenswertes Gesamtkunstwerk sei, wurden Mitte des 19. Jh. großzügig Gelder zur Verfügung gestellt, mit denen eine umfassende Restaurierung finanziert werden konnte.

• *Pardons*: Von Frühjahr bis Herbst finden mehrere Pardons in Le Folgoët statt. Am ersten Septembersonntag pilgern etwa 20.000 Menschen zum Grand Pardon de Notre-Dame-du-Folgoët. Fällt der 8. September auf einen Sonntag, ist dies der Wallfahrtstag.
Ihr Wagen macht Schwierigkeiten? Kein Problem. Wir empfehlen am 4. Sonntag im Juli die Wallfahrt zu Ehren des Hl. Christopherus inkl. Segnung der Kraftfahrzeuge. Jeden Sonntag im Mai, dem Monat der Jungfrau Maria, finden in Gegenwart von etwa 3000 Pilgern feierliche Weihemessen statt, auf bretonisch Pemp-Sull genannt.

Sehenswertes

Kirche Notre-Dame: Mit den Ausmaßen einer kleinen Kathedrale liegt die Kirche an ihrem weiten Platz gegenüber vom alten Pfarrhaus und der angegliederten Pilgerherberge. Die Heiligkreuzkapelle, *Chapelle de la Croix* (15. Jh.), die mit ihrem von den zwölf Jüngern geschmückten Apostelportal wie ein Querschiff neben dem Chor südlich aus dem Langhaus ragt, gibt dem spätgotischen Bau seinen winkelförmigen Grundriß. Insgesamt steigen drei *Türme* hoch, einer über dem Chor, ein Stummelturm plump-kräftig neben dem schlanken Nordturm (15. Jh.),

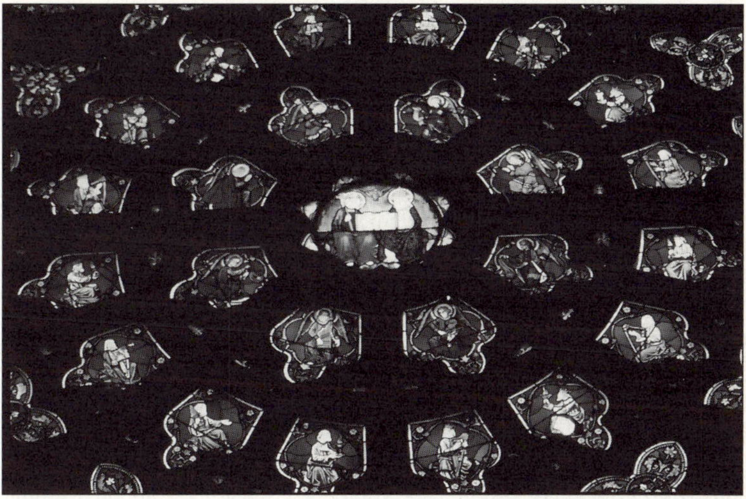

Die große Fensterrose von Le Folgoët

letzterer 56 m hoch und im hochstrebenden Flamboyant der schönste von allen. Auf der Nordseite der Kirche fließt Wasser aus einem unscheinbaren *Brunnen* mit Marienfigur, an der die Pilger trinken und mitgebrachte Behälter abfüllen: Die Quelle soll genau unter dem Hauptaltar liegen und schon Salaün zur Labung gedient haben. An der aufwendig gestalteten *Südfassade* posieren Statuen und Skulpturen, Schmuckwerk und eine Sonnenuhr verzieren das Mauerwerk, fein wie Spitze gemeißelte Granitemporen, schlanke Türmchen und Wimpergen sorgen für die aufstrebende Eleganz.

Im Kirchenschiff filtern die farbigen Fenster in der Apsis und der Heiligkreuzkapelle das Tageslicht; die große *Fensterrose* hoch oben in der Chorwand, ein Symbol der göttlichen Sonne, verwandelt das Licht in dunkle Blautöne, und läßt es gedämpft auf die Statuen, Altäre und den *Granitlettner* fallen. Auch er hat durch die Revolution Schaden genommen, u. a. wurden Heiligenfiguren abgeschlagen, doch blieb er mit seinem aus dem Stein gehauenen Zierrat ein meisterliches Werk, trotz des harten Materials schwerelos und filigran gearbeitet. Drei Spitzbögen, auf vier Steinpfosten gestützt und von Wimpergen noch weiter in die Höhe gezogen, tragen die Balustrade aus rotem Granit. Eine Glastür mit Chromschloß verunziert den Lettner seit einigen Jahren.
Wie am Lettner gehört in der ganzen Kirche das Lilienmotiv zum Grunddekor, werden immer wieder Szenen aus dem Leben des Narren geschildert, an den Fenstern auf buntem Glas, an der *Predigtkanzel* in Eiche geschnitzt; Salaün beim Balanceakt an einem Baum, Salaün wird von zwei Soldaten kontrolliert, die Heilige Anna erscheint dem Narren, prächtig sprießt die wundersame Lilie aus Salaüns Grab. Der Humor kommt bei den Salaün-Geschichten nicht zu kurz.

Neben dem Lettner beten Fürst und Mönch (*Skulpturen*), auf einem Altar rechts die wundertätige *Madonnenstatue* der Schwarzen Maria von Le Folgoët. Über der Quelle, an der Salaün gewohnt hat, der *Hauptaltar*, hinten an der Chorwand weitere fünf *Altäre* aus dem blau-schwarzen Granit von Kersanton, eine stark ramponierte *Ölleinwand* mit Salaüns Grab hängt an der rechten Seite des Schiffs. In einer hermelingeschmückten grauen *Tonvase* erinnert keltische Erde aus Schottland, aus der Picardie und der Bretagne seit 1937 an die schwere Schlacht von Boiselle (1915) - keltische Waffenbrüderschaft im 20. Jh. Originell ist die zwölfminütige audiovisuelle Show links vom Hauptportal: Die Wallfahrtskirche zu Le Folgoët - ihre Ursprünge, die Basilika und der Pardon. Klingelbeutel unter dem Großbildschirm, eine Spende ist wie immer willkommen.

Dekanat und Pilgerherberge: Gleich gegenüber der Kirche. Im Garten Torsos hinter Hortensien, eine verrostete Kanone und trutzig-dunkle Bauten; zusammen mit der Krönungskapelle (alte, zum Teil von französischen Revolutionären geschändeten Heiligenfiguren aus Sandstein und Granit) gehören die herrschaftlich wirkenden Gebäude neben der Wallfahrtskirche zum Komplex der Pilgerstätte. Im kleinen *Museum* in der Pilgerherberge sehen Sie einige bretonische Möbelstücke, einige bretonische Trachten, einige Heiligenfiguren und einige weitere Gegenstände.

• Öffnungszeiten des Museums: Vom 20. Juni bis 10. September täglich außer Sonntag vormittag 10 - 12 und 14 - 18.30 Uhr. Eintritt 3 DM.

Le Folgoët / Umgebung

▶ **Lesneven** (*ca. 7000 Einwohner*): "Lesneven trägt stolz den Titel »die Stadt mit der höchsten Einschulungsquote«" (Stadtprospekt). Der Hauptort der Umgebung sei trotzdem an zweiter Stelle behandelt, denn touristisch kann sich die durchaus nette Gemeinde mit ihrer phantastischen Einschulungsquote (auf 7048 Einwohner kamen 1990 über 5000 Schüler und Studenten!) nicht mit der Wallfahrtskirche von Le Folgoët messen. Doch in dem Landstädtchen mit dem hübschen historischen Altstadtkern ist vom Office de Tourisme bis zu den Hotels all das untergebracht, was Reisenden in dieser abseits gelegenen Region des Finistère nützlich sein kann. Übrigens zweigen vom Denkmal des Generals Le Flo, Sohn der Stadt, General und Botschafter, alle Verkehrsverbindungen der Stadt nach Brest, Roscoff oder direkt zur Küste ab, worauf das offizielle Lesneven ebenfalls stolz ist.

• Postleitzahl: 29260

• Telefonvorwahl: 98

• Information: Zentral am Marktplatz in einem Ex-Wachhaus des 19. Jh. Material und Auskünfte für die Region: "Die Empfangsstewardessen offerieren das ganze Jahr über allerlei Dienstleistungen." Juli/August am Montag 9 - 19 Uhr, Dienstag bis Samstag 9 - 13 und 14 - 19 Uhr. In der NS werktags außer Dienstag am Vormittag nur bis 12 Uhr, am Donnerstag nur bis 17.30 Uhr. Place le Flo 14, Tel. 830 147.

• Verbindung: **Bus** nach Brest oder Roscoff 1 - 2 x täglich.

• Markt: Großer Markt am Montag. Freitag vormittag Gemüse-, Fisch-, Blumenmarkt.

• Waschsalon: Ganzjährig und täglich geöffnet ist die "Münz Wascherei" mit Münzmaschinen für 10 kg (eine Maschine) bis hinab zu 4 kg (drei Maschinen). Rue Duguesclin 9.

Aber-Küste

Penn ar Bed, das bretonische Ende der Welt im äußersten Westen des Finistère: einsame, karge Landschaft, versunkene Flußtäler, Wind, Meer und endlose Dünen. Das baumlose Land verliert sich sacht in den Wellen des Atlantiks, während die Flut das Meer in den ehemaligen Flußbetten der Abers tief ins Land spült.

Aber, bretonisch für weite Mündung, bezeichnet ehemalige Flußläufe, die das Meer erobert hat und die sich jetzt als gezeitenabhängiger Meeresarm fjordartig und flach weit ins Land hinein winden. Drei dieser Abers am Nordwestzipfel Frankreichs gaben der wenig besiedelten *Pays des Abers* ihren Namen: *Aber Wrac'h*, *Aber Benoit* und *Aber Ildut* sind die größten der überfluteten Täler, die auf viele Kilometer das Bild der Küste prägen. Das Gras wächst an diesem windzerzausten Weltende nur kurz, Steilküsten gibt es kaum - meist flach und widerstandslos geht das Festland in Wasser über. Felsen und Inselchen sorgen für den letzten Schliff der badeunfreundlichen Küstenlinie, die optisch an vielen Stränden zum Bade lädt, doch Vorsicht: die Meeresströmungen verhindern am nördlichen Gestade bis auf wenige Ausnahmen ein lustvolles Planschvergnügen. So bleiben reine Badegäste der Aber-Küste fern, passionierte Windsurfer, Muschelsammler, Spaziergänger oder Naturliebhaber ohne Spezialhobby können sich hingegen hemmungslos austoben.

Landschaftlich kann sich der zahmere Südteil der Aber-Küste insgesamt mit dem rauhen Norden nicht messen. Etwa bei Portsall dreht sich die Küstenlinie, die ab dem Kloster Mont St. Michel konsequent von Ost nach West verlief, und es beginnt die bretonische Südküste, die von nun an in Richtung La Baule, dem Ultra-Seebad, mit wenigen Ausnahmen immer touristischer werden wird.

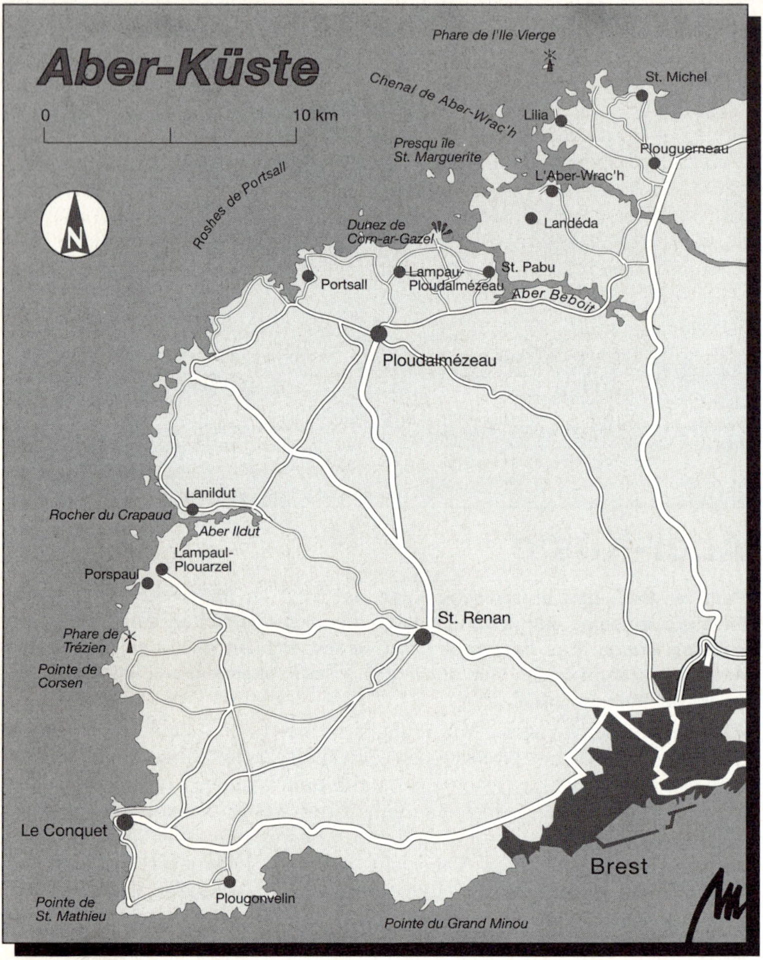

Der Tang, woanders nur unerwünschter Strandbelag, ist an der Aber-Küste ein traditioneller Wirtschaftsfaktor. Noch immer sind in dieser Region der Bretagne häufig Tang- und Algensammler anzutreffen, die den angeschwemmten Tang auf Karren laden, oder Baggerschiffe vor dem Küstensaum zu beobachten, die punktuell das Meer abgrasen. Aus der Asche der Algen wird seit vielen Jahrhunderten Dünger gewonnen, aus Blasentang wird Viehfutter gemacht; weitere Verwendungszwecke in der Neuzeit finden die Algen als Alginsäure (Kunststoffaserproduktion, Eindickungsmittel für Speiseeis und lustigerweise wieder als Appetitzügler) oder in der Kosmetikindustrie.

▶ **Aber Wrac'h**: Die in ihrer Mündungsbucht felsdurchsetzte Hexenmündung (*Wrac'h* = Hexe) reicht stolze 10 km ins Land und ist damit der beachtlichste Aber. Etwas im Inneren der Halbinsel, zwischen Aber Wrac'h und Aber Benoit, liegt der Hauptort *Lannilis* mit Touristinfo und Versorgungsmöglichkeiten, an der westlichen Aber-Küste der Fischerort *Aber Wrac'h* direkt an der 2 km breiten Mündung. Der Ort versteht sich im Sommer als Badeort, doch die Wasseraktivitäten erstrecken sich mehr auf Segeln als Schwimmen - Yachthafen, Segelschule, kein Strand. Hinter Aber Wrac'h vorbei an der *Engelsbucht* (*Baie des Anges*) mit Klosterruinen geht es zu den *Dunes des Marguerites* an der Spitze der Halbinsel, deren goldgelber Sand hinter den spärlich bewachsenen Dünenhügeln flach im Meer ausläuft.

Übernachten

** **Hotel des Anges**: Sympathisch wirkendes Haus an der Engelsbucht direkt an der Straße. Kein Restaurant, aber Meerblick. DZ mit Toilette 27 DM, mit Dusche 55 DM, mit Bad/WC 70 - 90 DM, Frühstück 15 DM. Geöffnet von Ostern bis 31.10. 29870 Landeda, Tel. 98 049 004.

Auberge des Abers: Einfaches Hotel im Ortszentrum von Lannilis. Bar. Restaurant. DZ ab 30 DM. Place Général Leclerc 5, Tel. 040 029.

Hotel Grand Cerf: Kleines Hotel-Restaurant in der Nähe des Rathauses von Lannilis. Simpel ausgestattet. DZ ab 30 DM. Rue de la Mairie 18, Tel. 040 024.

Camping

Einige Campingplätze von 1 - 3 Sternchen am Nordende der Engelsbucht.

*** **des Abers**: Die Lage ist unwiederholbar: Rundum frißt sich das Meer in tiefen Buchten ins Festland, zahllose Inselchen schwimmen davor. Ansonsten: brauchbarer terrassierter 4-ha-Platz auf der Halbinsel Marguerite, in vorderster Reihe vor einem langen Sandstrand. Gut ausgestattet, warmes Wasser auch zum Geschirrspülen, Waschmaschinen, Lebensmittel, Pizzas, Crêpes, Surfbrettverleih. Der Bus nach Brest hält vor der Haustür. Erwachsene 5 DM, Kinder 3 DM, Auto 2 DM, Platz 6 DM, Duschjeton 1,70 DM, Elektrik 3 DM. 180 Stellplätze. Ab Lannilis/Landeda ausgeschildert. Geöffnet vom 1.5. - 30.9. 29870 Landeda, Tel. 98/049 335.

* **Port Cezon**: In den Dünen der Halbinsel oberhalb der Küste (Anfahrt beschildert). Simple Naturanlage, mit niedrigen Erdwällen der kargen Landschaft angepaßt. Aus dem Reitangebot des Platzes: Stunde 20 DM, Tag mit Picknick 100 DM. Der Platz selbst wesentlich billiger: Erwachsene 2,50 DM, Kinder 1,80 DM, Platz 3 DM, Elektrik 3 DM, heiß duschen 1,40 DM. 36 Stellplätze. Geöffnet vom 1.7 - 30.9. Tel. 98/049 346.

* **Municipal Pen Enez**: An den gleichnamigen Dünen (ab hinterer Engelsbucht beschildert); ebenso schattenlos weit vorn an der Küste, schlichtes Erdwall-Dünen-Gelände. Erwachsene 2,30 DM, Kind 1,30 DM, Platz 2,50 DM, Auto 1,50 DM, Wohnmobil 3 DM, Elektrik 2,30 DM, heiße Dusche (Jetons) 1,50 DM. 100 Stellplätze. Geöffnet vom 15.6. - 22.9. Tel. 98 049 982.

▶ **Aber Benoit**: Vor *Tréglonou* überquert die D 28 den 7 km langen *Aber Benoit* (= Gesegnete Mündung) und wendet sich nach dem Dorf scharf nach Westen Richtung Ploudalmézeau/St. Pabu. Vom kleinen *St. Pabu* am westlichen Aber-Ufer führt die Straße zum Ende des Mündungstrichters bei den *Dunes de Corn Ar Gazel*: 500 m feinster weißer Sand, von Felsen flankiert, und von Heidekraut übersäte Dünenlandschaft, soweit das Auge reicht. Für Faule: Ein Touristensträßchen erlaubt immer wieder Blicke aufs Meer. Im winzigen *Lampaul-Ploudalmézeau*, etwa 3 km südwestlich, versammeln sich im Friedhof die Kirche mit gelungenem Renaissance-Glockenturm von 1639, ein Brunnen und eine Kapelle zu einem Granit-Ensemble des bretonischen Glaubens.

Ploudalmézeau, 4 km im Inland, ist die größte Ortschaft des Gesegneten Abers, Zentrum der touristischen Aktivitäten (Tennis, Segelschule, Kanu-, Kajakvermietung, organisierte Wanderungen etc.). Der Turm der Ortskirche wurde von der Public-Relation-Abteilung der Gemeindeverwaltung zur Sensation ausgebaut: "*Er ist der letzte in Frankreich gebaute Kirchturm, dessen Stil noch direkt der französischen Gotik verpflichtet ist.*" Spektakulärer ist allerdings der nichtgotische Wasserturm des Orts, in dem ein Restaurant in luftiger Höhe seine Menus anbietet und auch Neugierige ohne Hunger einen umfassenden Rundblick genießen.

- *Telefonvorwahl* am Aber Benoit: 98
- *Information*: In 29830 Ploudalmézeau, Place de l'Eglise, Tel. 481 188.
- *Aussicht/Essen*: Essen mit Weitblick in 50 m Höhe, 116 Meter über dem Meeresspiegel der Aberküste im Wasserturm-Panorama-Restaurant von Ploudalmézeau. Menus ab 20 DM, Finistère-Rundblick inkl. Die Restaurant/Eisbar/Crêperie Le Château d'Eau ist vom 31.3. - 30.9. täglich von 10 - 23 Uhr geöffnet (Küche ab 12 Uhr). Sportliche Esser gelangen über 278 Stufen in den Speisesaal, schwerfällige oder eilige Gourmets benützen den Aufzug. Reservierung Tel. 481 588.
- *Markt*: Montag vormittag in Ploudalmézeau.
- *Reiten*: **Ranchclub B**, in St. Pabu am Meer. 1 Stunde hoch zu Roß 23 DM, 1 Tag 80 DM. Tel. 898 609.

- *Camping*: ** **Corn Ar Gazel**; nordwestlich von St. Pabu an der einsamen Küste; Landschaft und die Initiative des Besitzers haben einen netten Platz in den Ausläufern der Düne Corn Ar Gazel geschaffen. Für 2 Sterne gut eingerichtet: Snackbar, Fahrradverleih, Menhir, TV, Brotverkauf und Gemischtwarenhandlung. Organisation von Wanderungen, Reiten oder Wassersport. Hauptsaisonpauschale für 2 Personen 17 DM, in der NS die Hälfte. 200 Stellplätze. Geöffnet von April bis Oktober, das restliche Jahr können Sie ohne Seviceleistungen den Platz nutzen. Tel. 98/898 411.

Öl

Am 16. März 1978 lief auf den Klippen vor der Küste, den in der Schiffahrt bekannten Rochers de Portsall, der Riesentanker AMOCO-CADIZ auf und brach auseinander. 220.000 Tonnen Öl machten aus 360 Kilometer Küste - bis hinauf nach Mont St. Michel - einen teerverklebten Streifen, eine Todesfalle für ungezählte Tiere, auf Jahre hinaus verseucht und verpestet.
Natürlich zog die Ölpest wirtschaftliche Folgen nach sich: Küstenfischer und Austernzüchter wurden arbeitslos, die Touristen wollten ihre schönsten Tage nicht an einem verseuchten Meer verbringen und blieben weg. Die betroffenen Gemeinden, Muschel- und Austernzüchter, Gastronomen, Umweltschützer und der französische Staat klagten gemeinsam gegen den Verursacher, die Standard Oil of Indiana. Nach 10 Jahren sprach das zuständige Gericht von Chicago sein Urteil, und es war das erste Mal, daß der Verursacher einer Umweltkatastrophe zur Kasse gebeten wurde. Doch gerade mal 138 Millionen US-$ mußte der Trust zahlen, 30 Millionen US-$ Gerichtskosten sind hiervon noch abzuziehen. Vier Fünftel vom Rest gingen an den französischen Staat, den Rest erhielten die bretonischen Kläger. So gelangten kaum mehr als 20 Millionen US-$ "Wiedergutmachung" in die geschädigte Region.
Zu Beginn der 90er wird natürlich an allen betroffenen Küstenorten mit Badestränden versichert, daß das Meer wieder so sauber sei wie vor der Katastrophe. Tatsächlich wird die Wasserqualität hier besonders häufig kontrolliert: Dreckiger als anderswo ist das Meer in der Tat nicht, und die bretonischen Strände an der Westküste schneiden insgesamt durchschnittlich bis gut ab.

▶ **Portsall**: Ein paar Schiffe im kleinen Hafenbecken einer geschützten Bucht, ein Kirchlein gleich hinter der Hafenzeile, gegenüber ein kleiner gemütlicher Sandstrand, am Ortsausgang Richtung Kersaint die Ruinen einer uralten Burg. Ein ruhiges Hafenörtchen wie so viele, kaum einer Erwähnung wert, wäre hier nicht eine der größten Umweltkatastrophen Europas passiert (siehe Kasten vorherige Seite).

• *Information*: In 29830 Ploudalmézeau, Place de l'Eglise, Tel. 98/481 188.

• *Verbindung*: **Busse** von Cat bedienen ab Brest die schleifenförmige Linie Côte des Legendes Brest/St. Renan/Porspoder/Portsall/Ploudalmézeau/St. Renan/Brest. Werktags 3 x in beide Richtungen, sonntags und an Feiertagen 1 x.

▶ **Porspoder** *(ca. 1300 Einwohner)*: Ein ländlicher Stützpunktort im westlichsten Frankreich, gegen den beispielsweise Dachsbach bei Neustadt/Aisch eine Weltstadt am Puls der Zeit ist. Die Gäste wohnen meist in den Ferienhäusern um die Ortschaft, mehr angelockt von dem langen Dünenstrand als von der kleinen *Kirche* (16. Jh.), in deren Innerem der Altar besichtigt werden kann. Sie wollen bretonische Atmosphäre pur schnuppern? Dann besuchen Sie das Café vor der Kirche.

Die Gegend um Porspoder ist uraltes Siedelland. Etwa 9 km südlich, vor dem Ort *Melon*, steht auf einem vorgelagerten Inselchen ein Dolmen im Gras - bei Ebbe zu Fuß erreichbar.

• *Verbindung*: **Busse** von Cat bedienen ab Brest die schleifenförmige Linie Côte des Legendes Brest/St. Renan/Porspoder/Portsall/Ploudalmézeau/St. Renan/Brest. Werktags 3 x in beide Richtungen, sonntags und an Feiertagen 1 x.

• *Camping*: **A.N. Municipal**; ein trauriger Dünenplatz ohne Schatten vor der Küste am nördlichen Ortsende, mobile Rezeption im Wohnwagen, spartanische Minimalsanitärs, das war's auch schon. 245 billige Stellplätze - Platzpauschale 2 Personen, Zelt und Auto 8 DM, mit Wohnmobil 11 DM, Dusche 2 DM, Elektrik 3 DM. In der Nebensaison noch einmal 30 % günstiger. Geöffnet vom 1.5. - 30.9. Tel. 98/899 129.

▶ **Aber Ildut**: Sanft ergießt sich das Meer im eroberten Flußbett ins wellige Land. Der letzte und friedlichste Aber, nach dem Hl. Ildut benannt, ist auch der kürzeste. Einige Erdkundedaten: Nur 20 km sind es von hier nach Ouessant, es wird wieder intensiv Landwirtschaft betrieben, hier endet der Ärmelkanal, und es beginnt geographisch der Atlantik. Hauptort am Aber-Ufer ist das Örtchen *Lanildut* (Campingplatz) an der Verbindungsstraße D 27. Der Hafen *Rocher du Crapaud* mit seiner Fischfangflotille, benannt nach dem Felsklotz an der Mündung, liegt vorne an der Trichtermündung des Abers. In Brélès führt ein Sträßchen knapp 4 km landeinwärts zum *Schloß Kergroadès* ab: ein wehrhafter, restaurierter Bau aus dem 17. Jh. (keine Innenbesichtigung).

• *Fähre nach Ouessant*: Vom Hafen Rocher du Crapaud verkehrt in der Hauptsaison 3 x wöchentlich eine Fähre über Molène nach Ouessant. Retourticket 43 DM, Kinder die Hälfte.

▶ **Plouarzel**: Das aufgeräumte Dorf, knapp drei Kilometer hinter der Küste, ist die am längsten bewohnte Ansiedlung der Gegend. Wo etliche Megalith-Hinterlassenschaften auf eine emsige Bronzezeit schließen lassen, gründete der Hl. Armel schon früh ein Kloster. Heute ist Plouarzel im Sommer Versorgungszentrum seines Ablegers *Lampaul-Plouarzel* an der Küste. Wer an Superlativen seine Freude hat: 16. Juli 1988. Unter tätiger Mithilfe der Bürgerschaft entsteht auf dem Marktplatz die größte Crêpe der Welt, die mit ihrem Durchmesser von 6 m und der Grundfläche von 28,36 qm anstandslos ins Guinnessbuch der Rekorde aufgenommen wird. An der Stelle der gigantischen Ofenplatte erinnert heute eine ungleich kleinere Plakette an das denkwürdige Backereignis.

• *Postleitzahl*: 29810
• *Telefonvorwahl*: 98
• *Information*: O.T. bei der Kirche. Neu und großzügig, wechselnde Ausstellungen zu lokalen Themen. In der HS täglich außer Sonntag 9 - 19 Uhr. Rue de la Mairie, Tel. 896 946.

• *Fahrradverleih*: Das O.T. verleiht auch Räder. Tourenrad halber Tag 10 DM, Mountainbike 17 DM. Kaution 100 DM.
• *Golf*: Im Ortsteil Kerhoaden ist die bisherige 9-Loch-Golfanlage seit Frühling 1993 auf 18 Löcher ausgebaut. Der Tag auf dem Platz kostet 40 DM, 4-Tage-Kurs (16 Lehrstunden) 500 DM). Tel. 896 833.
• *Reiten*: Die **Ranch Blue Nash** im Ortsteil Ruscumunoc (Porsmoguer) verleiht Pferde (Stunde 20 DM) und organisiert Ganztagesausritte (mit Reiterfrühstück 100 DM). Tel. 893 005.
• *Wassersport*: Die Base Nautique in Porsman ist der Spezialist in diesem Aber-Eck. 5 Tage Segelkurs 120 DM, 2 Stunden Surfen oder Segeln 21 DM. Tel. 841 114.

▶ **Menhir von Kerlouas** (*Kervéatoux*): Ein weiterer Superlativ. Der Menhir 3 km landeinwärts von Plouarzel ist mit seiner Länge von 12 Metern der höchste stehengebliebene Menhir der Bretagne. Dem schlanken Granitbrocken an einem Feldrand scheint ein Teil der Spitze abhanden gekommen zu sein; der schmale Fußweg vom Parkplatz zum Menhir kann durch den Kot von Primanern und Vierbeinern eine geruchliche Zumutung werden.

• *Anfahrt*: Ab Plouarzel beschildert; wenn Sie denken, Sie hätten sich verfahren, noch ein kurzes Stück und an einem kleinen Parkplatz am Sträßchen parken.

Wer ab Plouarzel zur *Pointe de Corsen* die Küstenstrecke wählt, sollte Zeit haben und Richtungsfehler einkalkulieren: Die Sträßchen führen durch unübersichtliches welliges Gelände, berühren die Küste, ziehen sich wieder zurück und werden ständig von weiteren Sträßchen ohne Beschilderung gekreuzt, so daß es überhaupt nicht klar ist, welches Sträßchen Sie weiterbringt.

▶ **Lampaul-Plouarzel** ist ab Plouarzel noch spielend zu finden. Die alte Siedlung um ein Kloster von St. Pol ist heute ein eigenständiger Bade-Vorort von Plouarzel im Reihenhauscharakter an der Küste. Von da über *Porspaul* in einer Bucht mit Dünenbegrenzung ein Stück an der Küste entlang, bis die Straße nach *Trézien* mit seinem Leuchtturm landeinwärts führt. Nun wieder Richtung Meer halten, bis Sie Ihr Fahrzeug am Parkplatz der *Pointe de Corsen* abstellen können.

Camping/Essen

• *Camping*: ** **Municipal Lampaul-Plouarzel**; in Lampaul-Plouarzel beim Fußballplatz ein Stück hinter dem Meer. Tristes schattenloses Areal mit neueren Sanitäreinrichtungen. Erwachsene 3 DM, Kind 2 DM, Platz 2 DM, Auto 1 DM, Elektrik 3 DM, heiße Dusche 1 DM. Geöffnet vom 15.6. - 15.9.

Weiter südwärts bei Porspaul der **Municipal-Platz von Plouarzel**: etwas schattiger, etwas besser. Pauschale für 2 Personen, Auto und Zelt 13 DM, mit Wohnmobil 15 DM, Elektrik 3 DM, heiße Dusche 1,20 DM.

• *Essen*: Eine der gediegensten Speiseadressen der Aber-Küste ist die **Auberge du Kruguel** in Lampaul-Plouarzel (Ortsteil Quesnel). Spezialitäten des überregional bekannten Hauses sind die Lachspfanne mit Kohl, der Meeresfrüchtesalat und der ausgezeichnete Nachtisch-Wagen. Menus 50 - 100 DM. Reservierung unter Tel. 98/840 166.

▶ **Pointe de Corsen**: Der westlichste Punkt der französischen Festlandsmasse, und dazu ein sehr exponierter. 50 Meter fällt das Land steil zum Atlantik hinab, weit schweift der Blick über die Küste und die vorgelagerten Inselsplitter. Südlich der Landspitze folgen noch zwei größere Strände: gleich anschließend der von *Porsmoguer*, weiter südlich der Strand von *Ploumoguer*, dem gleichnamigen Dorf etwa 6 km landeinwärts.

▶ **St. Renan**: Das attraktivste und eher ruhig-gediegene Ziel im Inland der Aber-Region beschränkt sich auf das alte Städtchen im Westen der französischen Landmasse. St. Ronan, der sich später bei Locronan ansiedelte und dort berühmt wurde (siehe dort), legte mit seiner ersten Klause während der frühen Einwanderungsphase den Grundstein St. Renans, das einmal die Hauptstadt des unteren Léon und herzoglicher Gerichtssitz war. Diese Vergangenheit war sicher aufregender. Etwas Fachwerk, etwas Granit, eine junge schmucke Kirche (18. Jh.) mit Barockturm und rundherum Behäbigkeit.

• *Information*: Les Halles/Rue Saint Yves, 29290 St. Renan, Tel. 98/842 378.

• *Verbindung*: **Busse** von Cat bedienen ab Brest die schleifenförmige Linie Côte des Legendes Brest/St. Renan/Porspoder/Portsall/Ploudalmézeau/St. Renan/Brest. Werktags 4 x, sonntags und an Feiertagen 2 x.

• *Markt*: Samstag vormittag.

Le Conquet *(ca. 2000 Einwohner)*

Das einstmals gefürchtete Korsarennest ist ein respektierliches Städtchen geworden, seine Seefahrer mittlerweile brave Angehörige der christlichen Seefahrt: 1990 wurde unter dem minutenlangen Tuten der Schiffssirenen und den Klängen der Ortskapelle sowie in Anwesenheit eines französischen Kriegsschiffs samt Admiral der neue Hafen eingeweiht.

Le Conquet liegt am letzten Aber der Aber-Küste, der hier jedoch nur noch schlicht *Le Croaé* heißt, weil er gar so kurz ist. Den besten Blick auf das Hafenstädtchen hält die gegenüberliegende *Pointe de Kermorvan* bereit: Nur der schmale Wasserstreifen des *Croaé*, auf dem ruhig und geschützt die Boote dümpeln, trennt die schmale, sich weit ins Meer ziehende Felszunge von Kermorvan vom gegenüberliegenden Le Conquet.
In der Hafenbucht herrscht lässiger Betrieb, nur das Schiff nach Ouessant oder das Löschen eines Fischkutters bringt kurze Geschäftigkeit. Das kleine Zentrum Le Conquets liegt hoch über dem Mündungstrichter - ein kleiner Marktplatz und enge, planlos verwinkelte Gassen, die steil zum Hafen hin abfallen.

Das letzte Mal, und das gründlich, wurde die Stadt 1558 von Engländern zerstört. Seitdem wurde es ruhiger in Le Conquet, das seit römischen Zeiten häufiges Opfer von Eroberern und Plünderern gewesen war, und dessen eigene Seefahrer auch nicht gerade den friedlichsten Ruf hatten. Heute hat kein Bretagne-Tourist Angst vor Piraten, und so ist Le Conquet zu einem festen Anlaufpunkt im Finistère geworden. Die Stippvisitler kommen wegen der Schiffsverbindung zur nahen *Ile d'Ouessant*, die Urlaubsmöglichkeiten um Le Conquet herum ziehen eine eigene Gästeschar an, die sich angenehm die Zeit vertreiben können: Spaziergänge auf der Halbinsel *Kermorvan*, Baden in einer der vier Buchten der *Plages des Blancs Sablons* oder ein Ausflug zur *Pointe St. Mathieu* mit ihrem berühmten Leuchtturm im Kloster. Bei schlechtem Wetter kann in der Saison das kleine *Musée de Beauséjour* bei der Tourist-Info oder die *Kirche Notre Dame* besucht werden. Das Gotteshaus aus dem 15. Jh., beim englischen Überfall ebenfalls ein Raub der Flammen, wurde im 19. Jh. originalgetreu wieder aufgerichtet.

- *Postleitzahl*: 29217
- *Telefonvorwahl*: 98
- *Information*: S.I. gleich am Ortseingang an der Route de Brest oberhalb der Trichtermündung beim kleinen Museum. Geöffnet vom 15.6. - 15.9. Beauséjour, Tel. 891 131.

- *Verbindung*: Von Montag bis Samstag 6 **Busse** nach Brest, an Sonn- und Feiertagen 3 x. Fahrtdauer 40 Minuten.
- *Fähre nach Ouessant*: Von Brest über Le Conquet und die Insel Molène wird die westlichste Insel Frankreichs angelaufen. Zusteigen auf die langsamere **Enez Eussa**, die von Brest kommt (Fahrtdauer 2 Stunden), oder - in der Saison - in 1 1/2 Stunden mit der **Fromveur** nach Ouessant. In der Hauptsaison 4 x täglich, in der Nebensaison 1 x. Aktuelle Abfahrtszeiten in Le Conquet an der Embarcadère, Zwischenstopp und Aussteigemöglichkeit auf Molène (1/2 Stunde vor Ouessant). Rückfahrkarte (1 Tag gültig) 43 DM. Auskünfte und Buchungen im Gare Maritime, Tel. 890 212.

- *Einkaufen*: Wer von der Aber-Küste kommt oder dahin will und sich selbst verpflegt - das beste und größte Angebot westlich von Brest, inkl. Supermarkt, gibts in Le Conquet.
- *Markt*: Jeden Dienstag vormittag rund um den Place Llandeilo.
- *Pardon*: Am 2. Sonntag im September.
- *Parken*: In der Saison manchmal problematisch. Beim Rathaus oder bei der Tourist-Info sind einige Stellplätze, weitere an der Fähranlegestelle ganz hinten am Hafen.

Übernachten/Camping

** **Hotel Ste. Barbe**: Gesichtsloser Bau an der Landspitze von Le Conquet an der Pointe Ste. Barbe. 49 Zimmer, Restaurant (siehe Essen), Bar. DZ je nach Sanitärstandard 55 - 190 DM, HP pro Person 90 - 160 DM. Geöffnet vom 1.2. - 31.12. Tel. 890 026.

* **Hotel de Bretagne**: Direkt im kleinen Zentrum in der Hauptgasse. 17 einfache Zimmer, Restaurant. DZ 33 - 65 DM, HP pro Person 55 - 90 DM. Geöffnet von März bis 15.11. Rue Lt.-Jourden 16, Tel. 890 002.

• _Camping_: ** **Municipal le Theven**; großzügiger Platz auf der Halbinsel von Kermorvan, optimal für Badefreunde: Nach einem kleinen Spaziergang sind die letzten beiden Buchten der Plages des Sables Blancs zu Fuß zu erreichen. Ordentliche Sanitärs, Waschmaschine (Trommel 7 DM). Erwachsene 4 DM, Kinder 2,80 DM, Platz 3 DM, Wohnmobil 6 DM, Elektrik 4 DM. 450 Stellplätze. Geöffnet vom 15.6. - 15.9., danach mindestens noch zwei Wochen eingeschränkter Betrieb (kein Brotverkauf, einige Sanitärhäuschen geschlossen). Les Blancs Sablons, Tel. 890 690.

Les Blancs Sablons: Kleiner, intimer Privatplatz am Anfang der Halbinsel von Kermorvan. Mitten in der Heide oberhalb der Strände, rund um ein altes Fort, in dem die Sanitärs untergebracht sind. Nur Juli/August geöffnet. Achtung: Für die Saison 1993 hat Monsieur Dewailly noch keine Konzession! Erwachsene 4 DM, Kinder 3 DM, Platz 5 DM, Auto 2 DM, Hund auch. Tel. 890 164.

Quere: Im Südosten Le Conquets an der Route touristique nach St. Mathieu. Kleines, anspruchsloses Gelände nah am Meer. Portzliogan, Tel. 891 171.

Essen

Restaurant Ste. Barbe: Im gleichnamigen Hotel auf der gleichnamigen Landspitze. Mit 2 Hermelinen ausgezeichnetes Restaurant, dessen raffinierte Menus unter Kennern der bretonisch/französischen Küche einen guten Ruf genießen. Billigste Speisenfolge 27 DM, das erlesenste Menu kostet ohne Getränke 220 DM. Bon Appetit.

Relais du Vieux Port: Wem das Restaurant St. Barbe zu teuer ist, kann beispielsweise am Kai des Fischereihafens einkehren. Vorzügliche Crêpes und Galettes (10 - 15 DM) und - besonders empfehlenswert - der Salat Chavignol, Blattsalat mit Nüssen und gegrilltem Ziegenkäse auf Himbeeressig. Entrecôte mit Frites 20 DM. Tel. 891 591.

Baden

Plages des Blancs Sablons: Fußwege durch Dünen führen steil bergab zu vier nebeneinanderliegenden, bei Flut von Felsvorsprüngen getrennten Buchten an der Nordseite von Kermorvan - allesamt vom Feinsten. Zusammengerechnet 2,5 km Strand ergeben das Badeparadies von Le Conquet, neben Urlaubern am Wochenende auch verstärkt von Brestiens aus der nahen Großstadt aufgesucht. Keine Strandeinrichtungen.
Einige weitere Strände entlang der Küste Richtung St. Mathieu, z. B. *Le Bilou*, *Portzliogan* oder *Grève Bleu*.

Le Conquet / Umgebung

▶ **Pointe de Kermorvan**: Heide zieht sich flächendeckend über den schmalen Finger, Kormorane verstecken sich in Weltkriegsbunkern, an der Landspitze leuchtet ein Turm. Das Spazierareal Le Conquets - die steil abfallenden Ränder der Landzunge - bietet Ausblicke nach allen Seiten: Ganz nah Le Conquet, im Norden die Pointe de Corsen, draußen auf dem Meer die Inseln, weit weg Molène und Ouessant. Wer sich allerdings am Wochenende auf Kermorvan ergehen will, wird wie an den Blancs-Sablons-Stränden den Genuß mit vielen Menschen teilen müssen - Kind und Hund und Kegel entsteigen den Kraftfahrzeugen, die in Stoßzeiten Stoßstange an Stoßstange den Rand der Straße säumen, die an einem überfüllten Parkplatz endet.
Tip: Die Fußgängerbrücke *Paserelle du Croaé* führt unweit vom Campingplatz über den *Croaé*. Wer von/nach Le Conquet läuft oder radelt, spart viele Autokilometer.

St. Mathieu

▶ **St. Mathieu**: Ein Leuchtturmensemble und eine verfallene Abtei unmittelbar oberhalb einer schroff abstürzenden Steilküste, dazu Möwengeschrei und die Wellen des Atlantiks am zweitwestlichsten Punkt des französischen Festlands ergeben eine der ungewöhnlichsten Kulissen der bretonischen Küste.

Das *Kloster*, schon im 6. Jh. gegründet, bewahrte laut bretonischen Chronisten das Haupt des Hl. Matthäus auf und war einst das Kulturzentrum des äußersten Westens - St. Mathieu, das heute unscheinbare Dorf, war vor 600 Jahren eine wichtige Stadt in dieser Region. Erhalten ist aus dieser Zeit nur die *Fassade der Abteikirche*. Die ältesten Teile stammen aus dem 12. Jh., der *Wehrturm* neben dem Chor zeigt die stete Abwehrbereitschaft. Der *Glockenturm* der Abtei war der erste Leuchtturm, der 1740 eine verglaste Laterne mit 60 Spiegeln erhielt, die 1821 durch eine Argand-Lampe mit acht Reflektoren ersetzt wurde. 1865 wurde der heutige, 37 m hohe *Leuchtturm* gebaut. Sein Signal - alle 15 Sekunden ein Blitz - reicht 29 Meilen weit und ausgebildete Navigatoren wissen Bescheid: Aha, der Blitz kommt von St. Mathieu, sieben Seemeilen westlich des Goulet von Brest.

Als Zugabe zum Spaziergang auf der Landspitze, der stimmungsvollen Ruinenbesichtigung und einem eventuellen Leuchtturmaufstieg (im Sommer 3 DM) gibt es ein Restaurant, eine Bar, einen angemessenen Parkplatz und ein *Denkmal zu Ehren der Gefallenen der Weltkriege*. Von letzterem sind die verfallene Kultstätte und die in sie integrierte maritime Signalstation im Ganzen optisch erfaßbar.

▶ **Pointe du Petit-Minou**: Klingt putzig und ist putzig. Schön liegt der Leuchtturm in einer stillen Küstengegend, wo die Ebbe kleine Sandstrände freigibt und im Süden die nahe Halbinsel Crozon sich ins Wasser schiebt. Auf einer Klippe ragt der Stummel auf, davor ein kleines Küstenfort. Sie müssen draußenbleiben: Für Zivilisten aller Nationen sowie für nichtfranzösische Uniformträger ist der Zutritt untersagt - damit Sie nicht versehentlich Frankreich erobern. Tip: Spaziergänge entlang der Küste. Pfad vorhanden.

▶ **Plougonvelin**: Das 2000-Seelen-Städtchen ist im Sommer der überlaufene Mittelpunkt der *Bucht von Bertheaume*. Überragt vom gleichnamigen stillgelegten *Fort*, spielt sich das Leben entlang der Strandpromenade ab. Bei Schlechtwetter wird der zugängliche Flügel des militärisch einst bedeutsamen Forts besonders gern besichtigt.

- *Postleitzahl*: 29217
- *Telefonvorwahl*: 98
- *Information*: Freundlich und kompetent. Trez Hir, Tel. 483 018.
- *Verbindung*: 6 x täglich nach Brest bzw. Le Conquet, an Sonn- und Feiertagen 3 x in beide Richtungen.
- *Fahrradverleih*: **PLG Loisirs** vermietet Tourenräder für 13 DM/Tag und 63 DM/Woche; Mountainbikes 27 bzw. 100 DM; Kaution 100 DM. Zac de Toulibil, Tel. 482 337.
- *Wassersport*: Das **Centre Nautique** am Trez-Hir-Strand bietet Surfstunden ab 50 DM und Wochensegelkurse ab 180 DM an. Ein weiterer Anbieter, **GMAP** am Plage de Bertheaume, verleiht zu ähnlichen Konditionen.

Übernachten/Camping

** **Hotel-Restaurant le Mariana**: 28-Zimmer-Hotel an der Hafenzeile von Trez Hir. Alle Zimmer mit Dusche oder Bad/WC. DZ 65 - 80 DM, HP 70 - 75 DM. Geöffnet von April bis November. Trez Hir, Tel. 483 002.

- *Camping*: Drei 2-Sterner mit insgesamt 250 Stellplätzen verteilen sich über das dicht bebaute Siedlungsgebiet oberhalb von Trez Hir oder oberhalb der Bucht Bertheaume. ** **Camping Bertheaume** (110 Stellplätze, Rue Perzl, Tel. 483 237), unweit davon der ** **Camping de l'Iroise** (62 Stellplätze, Rue Bertheaume, Tel. 483 931). In Trez Hir der ** **St. Yves** (60 Stellplätze, Trez Hir, Tel. 483 211). Alle Plätze sind vom 15.5. - 15.9. geöffnet, alle liegen im selben Preisniveau.

Ile d'Ouessant *(ca. 1000 Einwohner)*

Das Meer haßt den Granitklotz an der Grenze zwischen dem offenen Atlantik und dem Ärmelkanal, der die rollenden Wogen an seinen Felszacken in helle Gischt zerstieben läßt. Unentwegt branden die Wellen gegen das einsame Eiland an, dessen vorgelagerte Riffe Seefahrern aller Generationen zum Verhängnis wurden.

Das Leben auf Ouessant wird von der See bestimmt. Leuchtturmwärter, Fischer oder aktives Mitglied der französischen Marine, die Männer der Insel sind zum Großteil in einem maritimen Gewerbe beschäftigt. Früher waren auch Schiffbrüche eine wichtige Einnahmequelle der Ouessantines - selbst ihre Möbel stellten sie aus Wrackteilen her.
Fromrust und *Fromveur* heißen die beiden kräftigsten Strömungen, die die Insel umspülen, besonders der Fromveur mit einer Durchschnittsgeschwindigkeit von 13 Kilometern pro Stunde macht den Schiffsbesatzungen das Leben schwer. Doch die Havarien sind weniger geworden, obwohl der Verkehr stark gewachsen ist. Mehr als 50.000 Schiffe schwimmen jährlich an der Insel vorbei, nunmehr sicher geleitet von einem der aufwendigsten Signalsysteme der Weltmeere.

Les Rochers an der Nordwestküste Ouessants

Enez-Eussa (= legendenumwobene kahle Insel am Ende der Welt) ist der bretonische Name für Ouessant, geographischer Mittelpunkt von Oslo, Afghanistan, Rabat und New York und zudem westlichster Punkt Frankreichs - knapp eine Stunde später als in Straßburg geht hier die Sonne unter. Geformt wie eine Krabbenzange, ist die Insel 1558 Hektar groß, 8 km lang und an ihrer dicksten Stelle 4 km breit.

Erst seit dem 19. Jh. darf nach einem Regierungserlaß Getreide angebaut werden, aber die Ackerflächen der Insel sind ohnehin gering. Schafe weiden auf den kargen Heideflächen, in kleinen Gärten wird etwas Gemüse angebaut. Über das ganze Eiland sind planlos die Häuschen hingekleckert. Das traditionelle leuchtende Blau und Grün der Fensterläden weicht mehr und mehr weißem oder braunem Lack, obwohl die Insel als ein Teil des Naturparks Armorique einigen Schutzbestimmungen unterliegt, die ihren Charakter erhalten sollen.

Die meisten Besucher lassen es bei einem Tagesbesuch bewenden - es ist mehr der Kitzel, sich auf einem exponierten, meerumtosten Stück Land zu befinden, der die Leute anzieht, als der Reiz Ouessants selbst. Wer aber bleibt und sich in aller Ruhe von der Sprödheit des kargen Eilands einfangen läßt, kommt auf seine Kosten. Überhaupt entfaltet sich das Wesen der Insel sowieso erst außerhalb der Hauptsaison und bei richtigem Sauwetter. Hinweis: Bei Sturm kann sich das Wegkommen von der Insel verzögern.

• *Postleitzahl*: 29242
• *Telefonvorwahl*: 98
• *Information*: Auskünfte, Buchungen und Reservierungen zu den üblichen Büroöffnungszeiten in dem kleinen Häuschen des Syndicats bei der Kirche in Lampaul. Freundlich und kompetent. Bei Sturm manchmal geschlossen. Tel. 488 583.

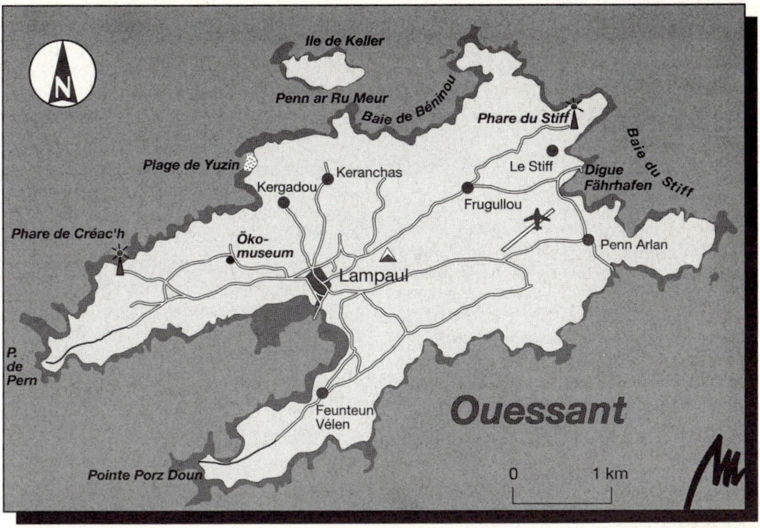

Verbindung

Pünktlich zu den An- und Abfahrten der Fähren (Fährverbindung siehe Le Conquet oder Brest) bedient der **Inselbus** die Längsverbindung von Ouessant zwischen Lampaul und der Anlegestelle der Fähre in der Baie du Stiff. Mit den **Inseltaxis** können Sie Rundfahrten unternehmen oder sich komfortabel zwischen Hotel und Fährschiff hin und her fahren lassen (z. B. von Dominique Etienne, Tel. 488 490). Ansonsten ist das Rad das Hauptverkehrsmittel.

Fähre: Siehe Le Conquet/Verbindung. Tel. des Service maritime départemental an der Anlegestelle (Débarcadère): 488 013.

Diverses

• *Fahrradverleih*: Vom Schiff auf den Drahtesel - gleich an der Anlegestelle bieten mehrere Verleiher ihre Räder an: vom robusten Mountain-Bike bis zum eleganten Damenrad, auf Wunsch mit Körbchen. Wer sich nicht gleich entscheiden will: Familie Malgorn verleiht auch am Kirchenplatz in Lampaul, Tel. 488 344. Preisbeispiel: Mountain-Bike (empfehlenswert für die Küstenstrecken) pro Tag 30 DM, normale Herren- und Damenräder von Peugeot knapp 15 DM für einen Nachmittag.

• *Pardon*: Bei der Kapelle Notre-Dame-de-Bon-Voyage findet am 1. oder 2. Septembersonntag ein kleinerer Pardon statt.

• *Reiten*: Begleitete Gruppenausflüge hoch zu Roß für Anfänger und Fortgeschrittene bietet **Ty Crenn Equitation**. Reservierung erwünscht. Stang ar Glen, Tel. 488 358.

• *Unterhaltung*: Das Eiland-Cinema ist in einem profanisierten Gebetshaus untergebracht. Der Projektor wird nur in der Hochsaison angeworfen, aber dann flimmert die Leinwand jeden Abend.

Wer nach dem westlichsten Kino Frankreichs noch nicht genug hat, kann sich in der westlichsten Disko Frankreichs **Le Keo** den Amüsierrest geben - Tanz bis in den Morgen und dann zum Sonnenaufgang in die Felsen. Eigenwerbung: "Jeden Tag bis 4 Uhr geöffnet."

Übernachten/Camping

Die allesamt einfachen Hotels sind im Hauptort Lampaul le Bourg versammelt.

Hotel-Restaurant Le Fromveur: In der Ortsmitte einige Meter von der Kirche zum Meer. In zwei einfachen, brauchbaren Nachbarhäuschen bieten 14 Zimmer "tout comfort". Im Restaurant mit Barbetrieb feste Essenszeiten, Menu von 30 - 50 DM. Spezialität: Fleisch vom Salzlamm (prés-salés). Halbpension obligatorisch, pro Person je nach sanitärer Leistung 63 - 100 DM. Geöffnet vom 15.3. - 31.12. Lampaul, Tel. 488 130.

Hotel-Restaurant L'Océan: Gleich gegenüber ums Eck. Bröckelige Dispersionsfarbe gibt dem schlichten 14-Zimmerhotel ein wenig gemütliches Äußeres. 11 Zimmer mit Meerblick, Bar, Restaurant für 60 Gäste. Vom Zimmer mit Waschbecken + Bidet bis zum Zimmer mit Bad. DZ 43 - 85 DM, Frühstück 9 DM, HP 63 - 70 DM, VP 73 - 90 DM. Ganzjährig geöffnet. Tel. 488 003.

Hotel-Restaurant Roch Ar Mor: Das letzte, beste, kleinste und teuerste in der Herbergenzeile. Beste Lage steil über den Klippen, alle 5 Zimmer mit Meerblick, Terrasse zum Ausruhen, Menus im 180-Gedeck-Restaurant ab 32 DM aufwärts. DZ 35 - 45 DM, HP 65 DM, VP 80 DM, Frühstück 8 DM. Geöffnet von März bis Ende November. Tel. 488 019.

Hotel La Duchesse Anne: Unterhalb der anderen Etablissements, ebenfalls gleich am Meer. Einfaches Haus mit ebensolchen Zimmern. Spezialität neben den ordinären Meeresfrüchten: Jakobsmuscheln am Spieß. DZ 30 - 47 DM, HP 60 DM, VP 70 DM, Frühstück 9 DM. Tel. 488 025.

• Privatzimmer: **Madame Avril** vermietet gleich neben den Strandrestaurants in Le Bourg 5 Zimmer mit Dusche und reicht dazu das Frühstück. Kleiner Garten. DZ etwa 50 DM. Ganzjährige Vermietung. Tel. 488 008 u. 488 565.

• Camping: ** **Municipal Pen Ar Bed**; ein Stück außerhalb von Le Bourg neben der Straße zur Anlegestelle umgibt eine Steinmauer den kahlen Platz für 120 Zelte. Unidyllisch einfach. Municipalpreise. Rezeption sozusagen im Rathaus. Geöffnet von März bis November. Tel. 488 006.

Der Heiratsantrag

Herren, Achtung: Die Männer Ouessants waren die Herrscher der Meere, doch die Frauen der Insel, sich ihrer ständigen Überzahl bewußt, hatten eine weniger schwache Stellung wie ihre Geschlechtsgenossinnen auf dem europäischen Festland. Unter anderem entschieden sie nach eigenem Gutdünken, wer ihr Liebster sein sollte, und ihr Heiratsantrag sah dann so aus: Sie buken und backten, bis ein leckerer Kuchen fertig war, mit dem sie sich ins Elternhaus des Auserwählten zum Kaffeetrinken einluden. Nach nervösem Small-Talk kam dann der bange Augenblick: nahm der junge Mann eine Kuchenschnitte von seiner Verehrerin an, war er so gut wie verlobt. Weigerte er sich, - "Nö du, ich bin mehr der Wursttyp" - flossen wohl nachts in einem kleinen Haus mit blauen Fensterläden die bitteren Tränen einer abgewiesenen jungen Frau. Im Grunde waren die Ouessanterinnen doch brave Mädels. Und solide Hausfrauen.

P.S.: Wenn heute von einheimischen Damen männlichen Hominiden Kuchen serviert wird, hat das überhaupt nichts zu bedeuten. Diese Art der Liebeswerbung ist ausgestorben.

Sehenswertes / Spaziergang

Phare du Stiff (Leuchtturm): Hoch über der *Baie du Stiff* ist der Leuchtturm vom Schiff aus das erste sichtbare Bauwerk Ouessants. An seiner klobigen Architektur ist seine Verwandtschaft mit Kriegstürmen zu erkennen: Wo Baumeister VAUBAN 1695 zwei kegelstumpfförmige Wachttürme errichten ließ, wurde knapp 200 Jahre später der Leuchtturm hochgezogen. Über 32 m ist er hoch, seine Lampe aus dem Jahr 1926 hat eine Reichweite von 24 Meilen. Alle zwanzig Sekunden macht der Phare du Stiff mit zwei roten Blitzen die Steuerleute auf das Nordostende der Insel aufmerksam.

Lampaul: Alle Wege führen zu dem Hauptort der Insel in der zangenförmigen Bucht von Lampaul. Das "Kloster von Pol" erinnert an den kurzen Aufenthalt des Gründungsmissionars, der seine Arbeit auf Ouessant jedoch bald frustriert aufgab und auf die Insel Batz umzog (siehe Kasten/ Batz). Kleiner Hafen, Kirche mit Friedhof, wenige rustikale Hotels und die Häuschen der Lampauler - unspektakulär, doch in sich stimmig.

Friedhof: Weiße Christusfiguren auf schweren Kreuzen aus schwarzem Granit übersäen den Friedhof unterhalb der Kirche - eng an eng ruhen die Toten der Insel. Auch wer unauffindbar ertrank, bekam auf Ouessant einen Platz unter den Seinen: Ein kleines mausgraues Mausoleum mitten unter den Gräbern beherbergt Wachskerzen in Kreuzform (bretonisch *proella*, zu deutsch Rückkehr in die Heimat), die nach der üblichen Trauernacht symbolisch für verschollene Seefahrer beigesetzt wurden. So haben die Seelen der Toten einen Ruheplatz zu Hause.

Ökomuseum: Das *Maison des Techniques et Traditions ouessantines* in Niou-Uhella ist in einem aufgemöbelten Alt-Bauernhof zu Hause. Innen Originalmöbel und Gebrauchsgegenstände, Trachten und Handwerkszeug. Zum Ökomuseumsensemble gehören des weiteren Heuschober, Backhaus, blaue Türen, blaue Fenster und eine Natursteineinfassung.

• Öffnungszeiten: Von Juni bis Oktober täglich 10.30 - 18.30 Uhr. Erwachsene 5 DM, Kinder von 8 - 14 Jahren 3 DM. Vorsicht beim Eintritt, niedrige Pforte.

Leuchtturmmuseum (Phare de Créac'h): Das Museum für Seewegmarkierungen im Leuchtturm von Creac'h widmet sich der Geschichte und Entwicklung der maritimen Signalisation. U. a. Reflektoren, Vitrinen, Spiegel etc. Und das alles in einem stattlichen, aktiven Leuchtturm.

• Öffnungszeiten: 1.4. - 30.5. außer Montag 14 - 18.30 Uhr; 1.6. - 30.9. täglich 10.30 - 18.30 Uhr; 1.10. - 31.3. außer Montag 14 - 16 Uhr. Eintritt 8 DM, ermäßigt 4 DM, Studenten 5 DM.

Nordwestküste: Hier tobt auf breiter Front der tägliche, ununterbrochene Kampf der Urelemente. Von der Westspitze Ouessants, der *Pointe de Pern*, bis etwa zum Strand von *Porz Yusin* ist das aufregendste Stück Küste der Insel dem ständigen Anprallen des Atlantiks ausgesetzt, am wütendsten zwischen dem *Phare de Créa'h* und Porz Yusin. *Les Rochers*, die Felsen, heißt treffend die spitzgezackte Formation der Nadelfelsbastion, die sich dem Wasser entgegenstemmt.
Wissenschaftsgeschichte: Vor der *Pointe de Pern* steht am Inselrand eine zerfallene *Kapelle*, Aufenthaltsraum für Schafe und 1866 Testort für die *Trompette de Porzaziou*: Zwei Pferde trieben ein Pumpe an, die ihrerseits ein Nebelhorn zum Tuten brachte. Bald wurden die Pferde durch eine Dampfmaschine ersetzt - die freilebenden Inselpferde zeigten sich völlig unkooperativ und wollten partout nicht stur im Kreis laufen. Dennoch war das Experiment erfolgreich: Ab 1885 tutete direkt an der Pointe de Pern eine stärkere, dampfbetriebene Trompete.

Pointe de Porz Doun: Die untere Krabbenzange der Insel, die zusammen mit der Pointe de Pern die Bucht von Lampaul bildet, ist weniger grandios als die Nordwestküste, doch nicht ungemütlich. Vorbei an einigen kleinen Stränden führt der Weg auf die Spitze, von der die zangenförmige Bucht samt Pointe de Pern und dem gemütlichen Lampaul im Panorama überblickt werden kann.

Baden

Wegen der Wasserverhältnisse keine umwerfenden Möglichkeiten. Die See ist meist rauh, die Küsten felsig, ungeschützt und steil. Bester Strand die kleine Bucht von *Porz Yusin* an der Nordwestküste nordöstlich von Lampaul im Anschluß an die gezackten Felspyramiden von *Les Rochers*. Weitere Bademöglichkeiten auch an der Bucht von Lampaul.

Ouessant / Umgebung

▶ **Ile Molène**: Winzige Zwischenstation der Schiffe auf der Ouessant-Route und Heimat von 500 Menschen. Wenn Sie im Sommer die Insel passieren, sehen Sie vielleicht ein Tangschiff, das zum Bruttosozialprodukt des Inselchens maßgeblich beiträgt. Neben dem Tang ist der Fisch die wichtigste Erwerbsquelle auf dem flachen Fleckchen Land, das an der höchsten Stelle 6 m hoch, gerade 1200 x 800 m groß, 1,8 km lang und 50 m bis 500 m breit ist.
Lieben Sie kurze Strandspaziergänge oder gar Inselumrundungen? Sie können aussteigen - Unterkunft finden Sie im Inselhotel oder auf dem Inselcampingplatz.

Übernachten/Camping/Essen

- *Übernachten*: ** **Hotel Kastell An Daol**; 10 Zimmer mit "tout comfort" und Hafenblick. Restaurant mit 80 Gedecken, ganzjährig geöffnet. Tel. 98/073 911.
- *Camping*: **Municipal**; 40 einfache Stellplätze auf beschränktem Areal. Anmeldung und Kostenbegleichung im Rathaus, werktags von 10 - 12 Uhr. Unterste Municipalpreise. Tel. 98/073 905.
- *Essen*: **Restaurant L'Archipel**; am Kai, geöffnet von Ostern bis Ende September. Tel. 98/073 856.

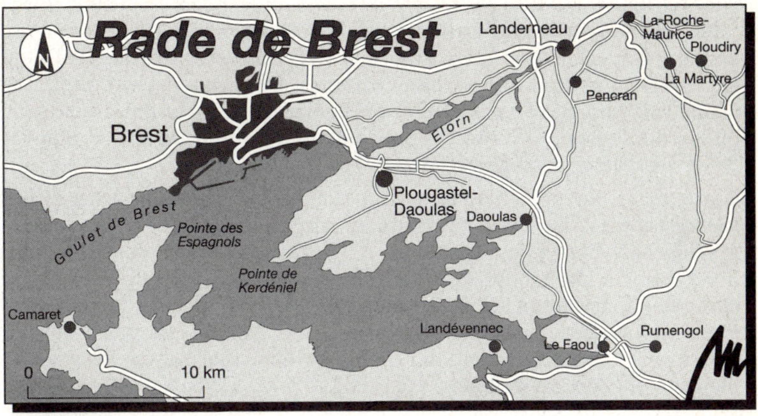

Rade de Brest

Brest *(ca. 170.000 Einwohner)*

Wie wichtig die strategische Lage ihrer Stadt war, bekamen auch ihre zivilen Bewohner im Lauf der Jahrhunderte schmerzhaft zu spüren, das letzte Mal im Zweiten Weltkrieg. Die von der deutschen Wehrmacht besetzte Hafenstadt wurde von den alliierten Streitkräften innerhalb weniger Wochen zusammengebombt.

So kann die Stadt nichts dafür, daß sie sich im Zentrum ausgesprochen nüchtern und kühl präsentiert, während die umliegenden Viertel nichtssagend bis heruntergekommen wirken. Nach einem nüchtern-geometrischen Gesamtplan wurde Brest wiederaufgebaut. Haupteinkaufsader ist die schnurgerade *Rue de Siam*, wo sich Busse sanft den Weg zum Rathaus freiklingeln. Großzügig gestaltete Plätze lassen viel Raum, die Stilrichtungen der Bauten reichen von einer Art Nachkriegs-Deco-Empire über platten Säulen-Klassizismus bis zum hypermodernen Kulturzentrum *Le Quartz* aus Glas und Spiegel. Und die moderne Stadt ruht sich nicht auf ihren Lorbeeren aus, sondern schreitet den begonnenen Weg konsequent weiter. 1990 legte eine Volksbefragung den Grundstein für die Revolution des öffentlichen Verkehrssystems, eine innerstädtische Magnetbahn.

Wie das Leben so spielt - nicht nur Gefahr und Tod brachte die Gunstlage der Hafenstadt an der nach ihr benannten Bucht, auch den Wohlstand verdanken die Bürger und Bürgerinnen von Brest dieser Riesenlaune der Natur. Die *Rade de Brest* mit einer Wasserfläche von 150 qkm ist einer der größten Naturhäfen Europas - in der Bucht von Brest würden alle europäischen Kriegsschiffe Platz finden. Von der sicheren Bucht führt nur eine schmale Einfahrt ins offene Meer, der *Goulet de Brest*, knapp zwei Kilometer breit zwischen der Halbinsel Crozon und dem Nordwestzipfel des bretonischen Festlands. Den schmalsten Punkt, und damit vor dem Raketenzeitalter von beiden Seiten aus gut zu sichern, bilden die *Pointe des Espagnols* der Halbinsel Crozon im Süden und die *Pointe de Portzic* westlich von Brest.

Brest, einer der großen Kriegs- und Handelshäfen Frankreichs, zweitgrößte bretonische Universitätsstadt, Sitz eines bedeutenden Ozeanographischen Forschungszentrums (*CNEXO*) und, nach den schweren Zerstörungen, die modernste Stadt der Bretagne, wird von den Reisenden, die überwältigende Landschaften oder schnuckelige Fachwerkidylle bevorzugen, links liegen gelassen. Wer kommt, ist meist auf der Durchreise und kann sich mit hauptsächlich maritimen Programmpunkten die Zeit vertreiben.

Geschichte

Seit 2000 Jahren dient die Bucht von Brest als idealer Ankerplatz der heidnischen und christlichen Seefahrt, und immer wieder ist Brest ein heiß umkämpfter Zankapfel. 1341 im bretonischen Erbfolgekrieg entzweit die Stadt sogar Verbündete: JEAN DE MONTFORT läßt sie durch englische Truppen besetzen, die dann nicht mehr abrücken wollen. Glücklos versucht er, Brest zurückzuerobern, auch fünf Anläufe des französischen Königs scheitern. Erst 1397 bringt die Tochter des englischen Königs durch ihre Heirat mit KARL VI. die Besitzrechte der Stadt als Mitgift nach Frankreich mit.

Immer aufwendiger und den jeweiligen Kriegstechniken angepaßt, werden die Befestigungsanlagen stetig verstärkt, der beste der königlichen Baumeister, VAUBAN, kümmert sich persönlich um die zeitgemäße Gestaltung der Stellungen.

RICHELIEU beginnt mit dem Ausbau des Hafens in der Penfeld-Mündung, sein Nachfolger COLBERT erhebt Brest im 17. Jh. zur Seehauptstadt Frankreichs. Mehrere Seefahrtsschulen werden eröffnet, in denen neben Marinekadetten und Baumeistern für maritime Festungswerke auch Kanoniere eine fundierte Ausbildung erhalten. Colbert ist auch der Initiator der *Seerolle*, in der bis heute alle männlichen französischen Küstenbewohner eingetragen sind, die beruflich mit dem Meer zu tun haben und so gezielt für den Dienst auf See rekrutiert werden können.

Der stattliche Hafen, inzwischen die Heimat von *la Royale*, der königlichen Flotte, zieht neben prominenten Besuchern und Kauffahrern aus aller Welt auch seßhafte werktätige Menschen an. Kunsttischler und Blattgoldspezialisten kommen hierher und verdienen sich durch ihre schmückenden Arbeiten an den Schiffen der französischen Flotte eine goldene Nase. Seit 1750 kommen auch jede Menge Sträflinge, die ebenfalls tüchtig arbeiten, doch nichts verdienen: Das *Bagno von Brest* (Arbeitslager) mit einer Kapazität von 500 Häftlingen ist bis zur Regierung von NAPOLEON III. eines der gefürchtesten der französischsprachigen

Das alte Arsenal an der Recrouvance-Hebebrücke

Welt. Der Kriegsmarine unterstellt, werden die Gefangenen für alle harten und lebensbedrohlichen Arbeiten eingesetzt oder warten auf ihre Zwangsverschiffung in die noch schlimmeren Arbeitslager der Kolonien.

Im Zweiten Weltkrieg richtet sich ab 1940 die deutsche Wehrmacht in der kampflos eroberten Stadt ein: Die französische Kriegsmarine hat vorher ihre noch schwimmfähigen Schiffe abgezogen und die Hafenanlagen sowie die restlichen Schiffe gesprengt. Den Deutschen ist das recht, sie verbunkern die ganze Gegend und machen aus dem Hafen einen stark befestigten U-Boot-Stützpunkt, der vier Jahre lang immer wieder angegriffen wird, aber nicht eingenommen werden kann. 1944 landen die Alliierten in der Normandie, umgehen den deutschen Atlantikwall von hinten und befreien unter hohem Blutzoll auch Brest. Nach 43 Tagen Belagerung und Bombardement kapitulieren am 18. September die deutschen Besatzer vor der alliierten Übermacht - die Innenstadt und das Hafenviertel von Brest gibt es nicht mehr.

Die letzte Katastrophe geschieht 1947, als im Handelshafen ein norwegischer Frachter voll mit Ammoniumnitrat explodiert. Etliche Todesopfer, Hunderte von Verletzten und 5000 zerstörte Häuser und Behelfsquartiere im sowieso schon geschundenen Hafenviertel werden gezählt. Brest wird wieder aufgebaut und avanciert mit dem neu angelegten *Arsenal* hinter dem Strand von Lanilon ein weiteres Mal, diesmal zusammen mit Toulouse, zum größten Kriegshafen Frankreichs, doch der größere Stellenwert kommt dem Ausbau des Handelshafens zu. Ausländer dürfen die Kriegsschiffe nur aus der Ferne sehen - der (geführte) Besuch ist französischen Staatsbürgern vorbehalten. Der *Port de Commerce* dagegen ist auch ausländischen Zivilisten zur Besichtigung freigegeben.

• *Postleitzahl*: 29200
• *Telefonvorwahl*: 98
• *Information*: Im Kulturpalast der Stadt beim Place de la Liberté. Ein verglaster und verspiegelter Kubikbau namens Le Quartz aus der Serie "Neopostmoderne" oder "Wiesichderfranzösischearchitektsciencefiction-vorstellt." Innen solide Auskünfte und professionelles Bemühen um die Kundschaft. Avenue Georges-Clémenceau 8, Tel. 442 496.

Verbindung

Busbahnhof vor dem Bahnhof am Place du 19e RIC. Busse von Cat bedienen ab Brest die schleifenförmige Linie "Côte des Legendes": Brest/St. Renan/Porspoder/Portsall/Ploudalmézeau/St. Renan/Brest. Werktags 3 x in beide Richtungen, sonntags und an Feiertagen 1 x. Ebenfalls Cat unterhält die Strecken nach Quimper (werktags mindestens 5 x über Daoulas und Le Faou) oder über Plougastel-Daoulas nach Le Faou (werktags mindestens 5 x). Les Cars du Kreisker werktags mindestens 2 x über Lesneven/Plouescat nach St. Pol Léon/Roscoff. Mindestens 6 Busse täglich von Les Cars des Abers nach Lannilis. Beste Verbindung nach Plougastel-Daoulas mit dem Stadtbus Nr. 25. Auf die Halbinsel Crozon mit Endstation Camaret schickt TER mindestens 2 Busse täglich.

Zug: Der Bahnhof, ein Rundbau passend zur Stadt, am Place du 19e RIC. Zwischen 5.38 und 23.10 Uhr verlassen rund 30 Züge den westlichsten Bahnhof Frankreichs Richtung Osten. Z. B. direkt über Morlaix/ Guingamp/ St. Brieuc nach Rennes/Paris, oder über Châteaulin/Quimper/Lorient nach Vannes und weiter nach Nantes. Dazu kommen zahlreiche Regionalzüge Richtung Morlaix oder Quimper.

Flugzeug: Aérodrome Brest-Guipavas südöstlich der Stadt; mehrmals täglich nach Paris. Lufttaxis nach Ouessant: S.A.E.M unterhält regelmäßige Flugverbindungen zur Insel Ouessant. Mindestens 2 x täglich, Flugdauer etwa 30 Minuten. Erwachsene einfach 100 DM, Kinder von 2 - 12 Jahren die Hälfte, Gepäck bis 10 kg umsonst, darüber 10 DM, Hund/Katze 10 DM. Tel. 846 487.

Fähre nach Le Fret (Halbinsel Crozon): Von April bis September täglich 4 x (morgens, mittags, später Nachmittag). An Sonn- und Feiertagen die erste Abfahrt 2 Stunden später. Fahrtdauer 40 Minuten. Aktuelle Zeiten in der Touristinfo oder bei Vedettes Armoricaines im ersten Bassin des Handelshafens (1er Bassin, Tel. 98/444 404); oder in Le Fret an der Abfahrtsstelle. In Le Fret Anschluß an die Busse nach Camaret, Morgat und Crozon.

Fähre nach Ouessant: Neben Le Conquet, der kürzesten Verbindung, bedient Brest über Le Conquet und Ile Molène die Wasserverbindung zur Insel. Abfahrt im ersten Bas-

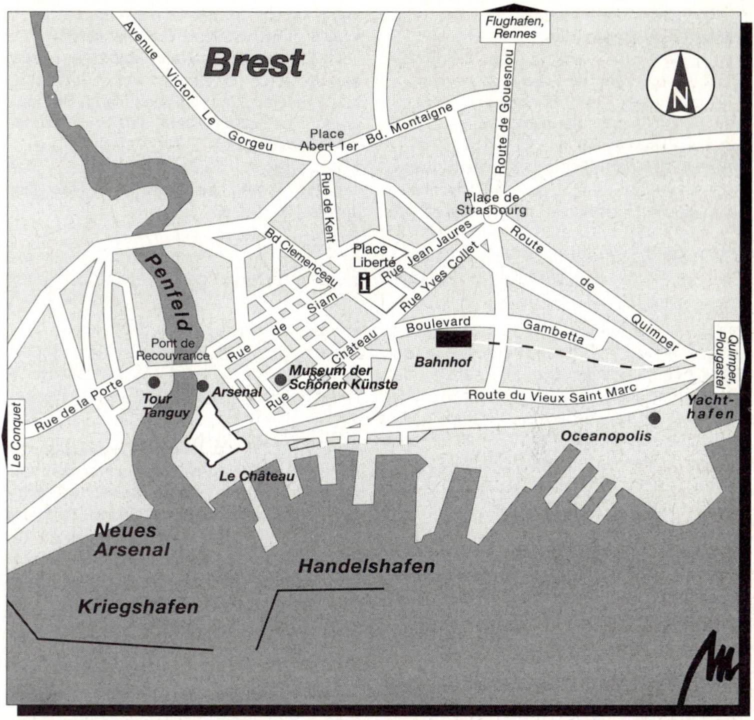

sin des Handelshafens. Täglich 1 x am Vormittag, Fahrtdauer ca. 2 1/2 Stunden. Rückfahrkarte (1 Tag gültig) 50 DM. Service Maritime Départemental, 1er Bassin, Port de Commerce, Tel. 802 468.

Stadtverkehr: Die weißgelben Stadtbusse sollen durch ein neues Verkehrssystem auf der Schiene ergänzt werden - 1990 stand eine Bürgerabstimmung ins Haus, die positiv entschieden wurde. Doch auf absehbare Zeit verbindet noch die Busline 72 Place Libertè, Bahnhof, Handelshafen und Port de Plaisance (Ozeanopolis). Städtische Busdrehscheibe ist der Place Liberté.

Taxi: Radios Taxis Brestois. Zentrale in der Rue Jean-Jaurès 220, Tel. 804 343.

Diverses

• _Autoverleih_: **Avis**, Boulevard des Francais-Libres 3, Tel. 433 773, am Bahnhof und am Flughafen; **ABL** Rue Loscat 53, Tel. 474 700; **ADA**, Rue Victor-Hugo 13, Tel. 444 488; **CITER**, Rue Jean-Jaurés 260, Tel. 415 797; **Europcar**, Rue Voltaire 43, Tel. 446 688; **Hertz**, Rue Colbert 14, Tel. 801 151.

• _Bootsausflug_: In der Vor- und Nachsaison 2 x täglich, von Juni bis August 3 x täglich, starten am ersten Bassin des Port de Commerce (unterhalb des Châteaus) Ausflugsboote zu einer **Rundfahrt in der Reede von Brest** (aktuelle Zeiten im Office de Tourisme erhältlich). Dauer etwa 1 1/2 Stunden. Sie sehen u. a. die Schutzreede, den Militärhafen mit Umrissen der Kriegsschiffe, die U-Boot-Basis (ebenso von fern), den Leuchtturm von Portzic, die Hafeneinfahrt und ihre Befestigungen. Erwachsene 27 DM, Kinder bis 11 Jahre 17 DM. Vedettes Armoricaines, 1er Bassin, Port de Commerce, Auskünfte und Reservierungen Tel. 444 404 u. 807 015. Die Gesellschaft Azénor beim Océanopolis bietet zwischen April und September **Schlemmerkreuzfahrten** in der Rade de Brest an. 3 Stunden Schiff zum Mittag- bzw. Abendessen kosten (bei einer Auswahl zwischen 4 Menus) für erwachsene Esser 70

- 100 DM, Kinder zahlen 50 DM. Port Plaisance de Moulin Blanc.

• *Einkaufen*: Bis auf 24-mm-Weitwinkel-Objektive fast alles, was das Herz begehrt.

• *Fahrradverleih*: Am Bahnhof von S.N.C.F. (Tel. 805 050) oder bei **MBK Lennez**, Place Maurice-Gillet 10, Tel. 445 718.

• *Feste*: Ab dem Freitag vor dem ersten Augustsonntag dreitägiges internationales Festival des Dudelsacks mit Hunderten von in- und ausländischen Dudelsackpfeifern.

• *Markt*: Die einzelnen Stadtviertel haben diverse Markttage; zentraler Markt am Freitag am Place de la Liberté. Jeden Vormittag Marktgeschäfte im Marktbau Halles St. Louis an der Rue Louis Pasteur, eine Parallelstraße zur Rue de Siam.

• *Waschsalon*: Selber waschen oder waschen lassen; **Lavclub** in der Rue Jean Jaurés 175, Tel. 461 027

Übernachten/Camping/Essen

Etwa 25 Hotels verteilen sich in und um Brest, viele davon in den oberen Kategorien angesiedelt. Eine kleine Auswahl:

*** **Hotel des Ajoncs d'Or**: Eine gediegene, ruhige Adresse im Stadtteil Kerbonne an der westlichen Mündungsseite der Penze an der Porte Grand Rivière nah an der Route de la Corniche. Stilvolles Anwesen, 17 modern eingerichtete Zimmer mit Bad/WC, Farb-TV und Telefon. Feines Restaurant, Tennisplatz, zwei Saunas. DZ 80 - 100 DM. Ganzjährig geöffnet. Rue Admiral Nicol 1, Tel. 451 242.

** **Hotel de la Gare**: Zentral Richtung Place de la Liberté in Bahnhofsnähe. Funktionales, frisch aufgemöbeltes Hotel mit 24 funktionalen Zimmern. Alle Zimmer mit Radio, Farb-TV und Telefon, wahlweise Dusche/WC oder Bad/WC. Einige Zimmer mit Meerblick. Parkmöglichkeit. DZ nach Standard ca. 55 - 90 DM. Ganzjährig geöffnet. Boulevard Gambetta 4, Tel. 444 701.

** **Hotel Agena**: Einige Fußminuten östlich unterhalb des Handelszentrums beim Bahnhof, gleich am Square Alphonse Juin. 21 sachlich-moderne Zimmer, Bar und salon à la disposition des clients. DZ je nach Standard 43 - 80 DM. Ganzjährig geöffnet. Rue Frégate la Belle Poule, Tel. 442 388.

* **Hotel de la Rade**: Exponiert in der Rue de Siam; mit 44 recht einfachen Zimmern ein großes Etablissement. Kein Restaurant. DZ nach Standard 30 - 70 DM. Ganzjährig geöffnet. Rue de Siam 6, Tel. 444 776.

• *Jugendherberge*: In der Nähe von Ozeanopolis am Yachthafen von Moulin Blanc; 12 DM pro Nacht. Mit dem Bus Nr. 72 Verbindung in die Innenstadt. Rue de Kerbriant, Tel. 419 041.

• *Camping*: ** **du Goulet**; Lanhouarec, St. Anne du Portzic, westlich vom Zentrum. Simpler, winziger Großstadtplatz. Immerhin gibt es Stromanschlüsse. Buslinie 71 ist die nächste Verbindung in die Innenstadt. Erwachsene 5 DM, Kinder 2,70 DM, Platz 4 DM, Auto 1,70 DM, Elektrik 3 - 5 DM. Ganzjährig geöffnet. Tel. 458 684.

** **de St. Marc**: In der Nähe der gleichnamigen Kirche im Viertel St. Marc oberhalb des Yachthafens. Kleiner, ordentlicher Stadtplatz. Mit Buslinie 3 Verbindung in die Innenstadt. Rue de Kérampéré 45, Tel. 023 064.

• *Essen*: Wir machen Hamburger-Süchtige und Fast-Food-Junkies darauf aufmerksam, daß **McDonalds** eine Filiale in Brest betreibt. In der Rue Jean-Jaurès.
Davon abgesehen, ist die Brester Küche für drei Spezialitäten bekannt: Goldbrassen mit Crevetten und Schalotten (**dorade aux crevettes et échalotes**), Stockfisch mit Porrée (**morue au poireau**) und schließlich Wurst mit Sahne und Zwiebeln (**boudin à la cème et aux oignons**).

Sehenswertes

Tanguy-Turm *(Stadtgeschichtliches Museum)*: Der *Tour de la Motte Tanguy* in der Rue de la Tour am rechten Penfeld-Ufer gehörte einst zu dem Festungswerk der Hafenstadt, wurde 1944 zerstört und 1974 über seinen Grundmauern originalgetreu aufgebaut. Heute steht er vereinsamt da und beherbergt das kleine *Musée du Vieux-Brest*. Thema: Brest vor der Revolution (1. Stock) und Brest nach der Revolution (2. Stock).

• *Öffnungszeiten*: Im Juli und August täglich 10 - 12 und 14 - 19 Uhr, Juni und September täglich 14 - 19 Uhr, Oktober bis Mai Mittwoch und Donnerstag 14 - 17 Uhr, am Wochenende eine Stunde länger. Eintritt frei.

Château *(Marinemuseum)*: Aus einem römischen Lager an der Mündung des Penfeld-Flusses entwickelte sich ab dem 12. Jh. die mittelalterliche Befestigungsanlage in Trapezform. Dicke Mauern und viele Kanonen schützten das Schloß der Herren von Brest und - unterstützt vom Tour Tanguy am Nordufer - die Einfahrt in den Penfeld so gut, daß die Anlage als uneinnehmbar galt. Seit 1923 ist das Château ein *Monument historique*. Nicht der Zahn der Zeit nagte kräftig an der Festung, sondern das Dauerbombardement von 1944. In einem ersten Bauabschnitt wird die *Bastion Sourdeac* mit dem *Donjon* hinter der Hafeneinfahrt des Handelshafens seit Ende 1991 für etwa 1,5 Millionen DM restauriert.

Im Château unterhält die französische Marine in einigen Türmen ein gut bewachtes *Museum*, das der Geschichte der französischen Marine gewidmet ist. Schiffe, Bilder, Dokumente, Ausrüstung, dazu die Geschichte des Châteaus und des Bagnos von Brest.

• *Öffnungszeiten* des Museums: Täglich außer Dienstag 9.15 - 11.30 und 14 - 17.30 Uhr. Der Billettverkauf wird um 11 bzw. 17 Uhr eingestellt. Eintritt 8 DM, ermäßigt 4 DM. Die Festung selbst ist als Sitz der Préfecture Maritime Militärgebiet, zur Besichtigung freigegeben sind einige Türme und Teile des Walls.

Lebensart

Vor Brest kam es im Lauf der langen englisch-französischen und französisch-sonstigen Kriege zu vielen Seekämpfen. Von den vielen Gefechten sei ein, vergleichbar harmloses Treffen erwähnt.

Wir schreiben das Jahr 1778. Während des amerikanischen Unabhängigkeitskriegs, stößt die *La Belle Poule* aus Brest auf die feindliche *Arethusa* unter englischer Flagge. Das folgende Gefecht beendet die angeschlagene Arethusa, indem sie Reißaus nimmt. Frankreich kann wieder einmal stolz auf seine Flotte sein, und ein Figaro aus Paris feiert in der Damenwelt des Hofs Triumphe mit seinem Modehit "à la Belle Poule" - in einer ausgesparten Nische des hochgetürmten Haars halten Klammern - voila - ein Segelschiffchen.

Museum der schönen Künste *(Musée Municipal)*: Wenig aufregende Ausstellungsräume in der Rue Traverse 22. Der Schwerpunkt der städtischen Bildersammlung liegt auf Werken des 17. und 18. Jh.: Italiener, Holländer und Franzosen. Dazu Künstler aus dem 19. Jh., u. a. aus der Schule von Pont Aven.

• *Öffnungszeiten*: Täglich außer Dienstag und Sonntagvormittag 10 - 11.45 und 14 - 18.45 Uhr. Eintritt frei.

Cours Dajot: Unterhalb des Châteaus beginnt diese schattige, etwa 600 Meter lange Promenadenstraße mit dauerndem Blickkontakt zu den Anlagen und Schiffen des Handelshafens sowie über die Reede von Brest. 5 km lang und knapp 2 km breit, verlängern die Mündungsbuchten von Aulne und Elorn die Fläche des riesigen Naturhafens von 15.000 ha Wasserfläche. Für das Lustwandeln auf der Promenade geben wir Ihnen noch die Information mit auf den Weg, daß die Straße unter Leitung des Ingenieurs DAJOT 1769 von Sträflingen des berüchtigten Bagnos von Brest angelegt wurde.

Monument Américain de Brest: Geschmacklos-monumentaler Turm an der Promenade über dem Handelshafen, an einem exponierten Aussichtspunkt. Gleich nach dem Krieg klotzte Onkel Sam den nutzlosen, die meiste Zeit des Jahres abgesperrten Denkmalsturm in die Ruinen des zerbombten Brests, um die Leistung der vereinigten Flotten von Frankreich und den USA nicht in Vergessenheit geraten zu lassen. Historisch gebildete Amerikaner können Brest traditionell sowieso gut leiden: die Franzosengeneräle ROSAMBEAU und DE GRASSE ließen sich mit ihren Männern von Brest aus einschiffen, um am Unabhängkeitskrieg der Amerikaner teilzunehmen, den sie schließlich erfolgreich mitbeendeten. Eine Tafel erinnert daran.

Handelshafen *(Port de Commerce)*: Mitte des 19. Jahrhunderts war die Penfeld-Mündung als Kriegs- und Handelshafen überlastet, so daß eine Ecke weiter der Bau eines eigenen Zivilhafens nötig wurde. Heute schwimmen vom Kutter bis zum Ölriesen alle Schiffstypen vor den Hafenanlagen des Port de Commerce. Jährlich werden über zwei Millionen Tonnen Ladung umgeschlagen, im eigenen Ölhafen werden die Tanker gelöscht. Mächtig sind auch die Docks; im größten finden Schiffe bis 500.000 t Aufnahme.

Recouvrance-Hebebrücke: Die Stahlkonstruktion aus dem Jahr 1954 gilt noch immer als die größte Hebebrücke Europas und funktioniert nach dem Fahrstuhlprinzip: Zu festen Zeiten wird das 87 Meter lange und 530 Tonnen schwere Mittelteil der Fahrbahn in zweieinhalb Minuten um 26 Meter hochgehoben, damit kein Hochseedampfer anschrammt. In Sekunden wird das Tragwerk dann herabgelassen und der Landverkehr kann weiterfließen.

Albert-Louppe-Brücke: 880 m lang überspannt sie seit 1930 am Nordostende der Bucht von Brest in drei gewaltigen Bögen den Elorn und erspart damit 25 km Landweg. Die beiden Brückenenden werden symbolträchtig von insgesamt vier *Statuen* geschmückt: eine Frau von der Küste bei Brest, ein Mann aus Léon und ein Paar von der Halbinsel Plougastel. ALBERT LOUPPE, Präsident des *Conseil général de Finistère*, war der Initiator des Bauwerks.

Aquarium: 1990 öffnete am Yachthafen *Ocèanopolis* seine Kasse - und war damit das größte und auch bestausgestatte Aquarium Europas. Der Architekt hat eine Krabbe stilisiert und in Beton nachgebaut. Im Inneren des Komplexes ist auf 2600 qm jede Menge zu sehen und zu erleben: die ganze Palette der noch lebenden Fauna und Flora der Atlantikküste, Robben, Vögel, Fische aus Übersee, Vorführungen, Filme, Vorträge rund um das Meer und und und. Trotz des satten Eintrittspreises empfehlenswert.

• *Öffnungszeiten*: Vom 1.5. bis 30.9. täglich 9.30 - 18 Uhr. Im restlichen Jahr Montag 14 - 17 Uhr, die restlichen Werktage 9.30 - 17 Uhr, Wochenende und Feiertage bis 18 Uhr. Eintritt 15 DM, von 4 - 17 Jahren 8 DM, von 18 - 25 Jahren 12 DM.

• *Anfahrt*: Ozeanopolis liegt am Yachthafen von Moulin-Blanc (stadtauswärts Richtung Daoulas-Halbinsel) und ist dank der überaus reichen Beschilderung den Hafen entlang schier nicht zu verfehlen. Oder einfach mit Bus Nr. 72 vom Zentrum zur Endhaltestelle.

Landerneau *(ca. 15.000 Einwohner)*

"Das wird in Landerneau wieder Lärm machen" gehörte in Frankreich einst zum Sprichwortschatz. Doch es ist still geworden in Landerneau - auch die lärmenden Polterabende der Witwenhochzeiten, für die die Stadt weit über ihre Grenzen berühmt war, werden heute geziemend ruhig im familiären Rahmen begangen.

Landerneau, die einstige Hauptstadt Léons und Grenzstadt zur Grafschaft Cornouaille, ist weltpolitisch zur völligen Bedeutungslosigkeit abgesunken und steht nunmehr in jeder Hinsicht im Schatten des nahen Brest. Im 16./17. Jh. war die Stadt im Machtbereich der Fürsten von Rohan noch bedeutender Umschlag- und Lagerplatz für Brest sowie Standort von Segeltuch- und Ledermanufakturen, deren Produkte für den Export bestimmt waren. Dann sank Landerneaus Stern. Die geringe Entfernung zur Großstadt an der Küste läßt Landerneau jedoch seit einigen Jahrzehnten wieder prosperieren. Mit Brauerei, Düngemittelfabrik, Kühlhallen, Milch- und Schlachthof ist die Stadt in der Jetztzeit ein gut eingerichtetes, wohlhabendes Zentrum seines bäuerlichen Umlands, das sich auf Obst- und Gemüseanbau sowie Lachs- und Forellenzucht spezialisiert hat.

Daß Landerneau an der Schnittstelle der alten Grafschaften Léon und Cornouaille liegt, daran erinnern noch der *Quai de Léon* und der *Quai de Cornouaille* am rechten und linken Elorn-Ufer. Und seit Jahrhunderten wird der Fluß, genau bis Landerneau Ebbe und Flut unterworfen, in der Ortsmitte rund um die häuserumbaute *Pont de Rohan* von den blühenden Fassaden solider Bürgerhäuser gesäumt.

Wer durch Landerneau kommt und sich etwas Zeit nimmt, erhält - neben einem kleinen Bummel - die bleibendsten Eindrücke auf der Außenterrasse des Café-Treffs *Le Goéland* neben dem Tourismusbüro auf der Rohanbrücke - hier kommt auch die Nase auf ihre Kosten.

- *Postleitzahl*: 29800
- *Telefonvorwahl*: 98
- *Information*: Office de Tourisme du pays de Landerneau et de Daoulas in einem kleinen Häuschen am Rand der Rohan-Brücke. Gute Auskünfte und freundliche Hilfe. Im Sommer begleitete Führungen, 10 und 14.30 Uhr, Treffpunkt am O.T. Ganzjährig geöffnet von Montag bis Freitag 9 - 12 und 14 - 18 Uhr, in der Hochsaison auch am Sonntag von 10 - 13 Uhr. Pavillon Pont de Rohan, Tel. 851 309 u. 216 560.

- *Verbindung*: **Bus**haltestellen am S.N.C.F.-Bahnhof und am Elorn-Ufer bei den Parkplätzen. Busse in alle Richtungen der Region.

Zug: Bahnhof knapp 2 km nordwestlich oberhalb des Zentrums. Landerneau liegt am Schnittpunkt der Schnellstrecken Brest/Rennes/Paris und Brest/Vannes/Nantes, dazu fahren noch die Regionalzüge Brest/Morlaix und Brest/Quimper über Landerneau. Gute Verbindungen in alle Richtungen.

- *Einkaufen*: Die Agrarprodukte des Umlands - Obst und Gemüse, Lachs und Forellen.
- *Fahrradverleih*: Alain Daniel, Tel. 215 062.
- *Markt*: Am Quai de Léon und Place du Marché; am Dienstag vormittag, am Donnerstag vormittag (nur Obst und Gemüse) und am ganzen Samstag.
- *Parken*: Großparkplätze am Quai de Léon.

Übernachten/Camping/Essen

** **Hotel Ibis**: Am Quai nordöstlich stadtauswärts in Stadtrandlage. 42 Zimmer mit guter Sanitärausstattung, Restaurant, Gartenterrasse. DZ 93 DM, HP 115 - 120 DM. Ganzjährig geöffnet. Tel. 213 132.

** **Hotel Le Clos du Pontic**: Von Logis de France. 38 Zimmer, Restaurant. DZ 85 - 93 DM, HP 75 - 80 DM, Frühstück 9 DM. Ganzjährig geöffnet. Rue du Pontic, Tel. 215 091.

** **Hotel L'Amandier**: 8 Zimmer. Restaurant (Meeresfrüchteplatte 50 DM, Plat du Jour 15 DM, Menu 45 - 60 DM). DZ nach Standard 60 - 80 DM, Frühstück 12 DM. Ganzjährig geöffnet. Rue de Brest 55, Tel. 851 089.

Le Bretagne: 11 einfache Zimmer gegenüber vom Bahnhof. Snackbar. DZ 43 DM, Frühstück 7 - 9 DM. Ganzjährig geöffnet. Avenue Matthieu-Donnart 5, Tel. 850 644.

Hostellerie du Bon Conseil: Unsere einfachste Empfehlung. 15 einfache Zimmer ohne Schnickschnack. DZ 40 DM, Frühstück 8 DM. Rue des Déportés 17, Tel. 850 790.

- *Camping*: ** **Municipal du Calvaire**; im Freizeitpark der Stadt - Tennis, Schwimmbad, Fußballstadion am Elorn-Ufer. Der Platz selbst: Hecken schützen vor neugierigen Blicken, Pappeln beleben die Rasenflächen. Splitwege, Stromblocks, rudimentäres Sanitärgebäude. 2 Personen/Platz/Auto oder Caravan + heißes Duschwasser für 10 DM, Extraperson 2,30 DM, Kind 1,70 DM, Elektrik 4 DM. 40 Stellplätze. Geöffnet vom 15.6. - 15.10. Rue du Calvaire, Tel. 216 659.

- *Essen*: Spezialität des Städtchens ist Fisch aus dem Elorn - Forelle und Aal.

Sehenswertes

Der vom Office de Tourisme angebotene *Circuit de Landerneau* ist beim besten Willen bald erledigt - in etwa einer halben Stunde können es die Langsamsten schaffen. Die Höhepunkte:

Flach überspannt die **Rohan-Brücke** in sechs Bögen seit 1336 den Elorn, ihre heutige Form erhielt sie im Jahr 1510: Die Häuschen mit den Schieferfassaden zu beiden Seiten der niedrig-massiven Steinkonstruktion nehmen der Pont de Rohan jeden Brückencharakter.

Die **Kirche St. Houardon** ist großteils ein Werk des vergangenen Jahrhunderts. Der *Turm* und die *Renaissance-Vorhalle* (1604) sind die ältesten und auch schmucksten Partien. Das in eine Kapelle umfunktionierte

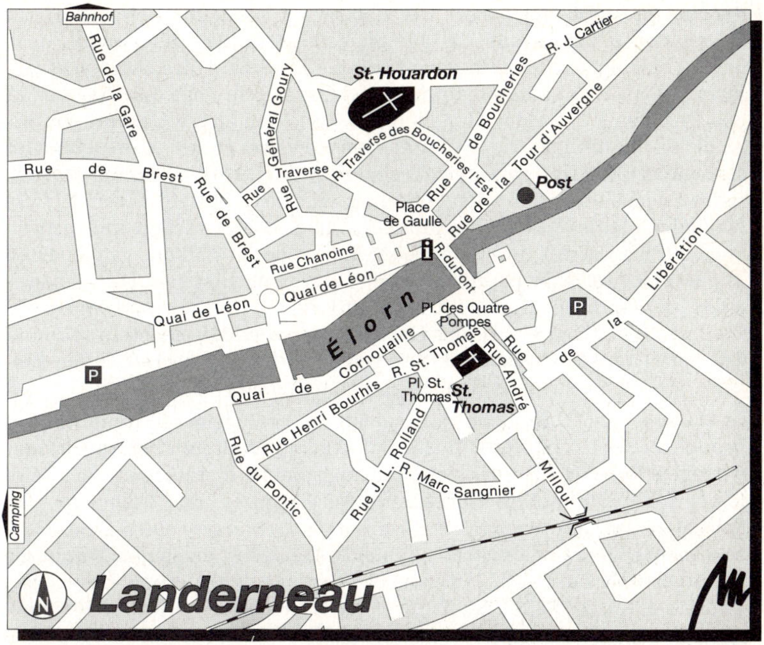

Beinhaus (1635) und der *Glockenturm* der **St.-Thomas-Kirche** aus dem 16. Jh., Thomas Becket, Erzbischof von Canterbury geweiht, sind die wichtigsten Sehenswürdigkeiten der anderen Uferseite.
Die meisten **alten Häuser** versammeln sich hinter dem Quai de Léon am rechten Elorn-Ufer um den Place du Général-de-Gaulle, darunter natürlich auch ein schieferverkleidetes *Maison d'Anne* (17. Jh.) am de-Gaulle-Platz 9. Am anderen Ufer weitere Altbausubstanz um die St.-Thomas-Kirche. Besonders putzig die *Herberge der 13 Monde* schräg gegenüber der Kirche, in deren Fassade kleine Erdtrabanten aus dem Stein herausgearbeitet sind.

Landerneau / Umgebung

Neben Morlaix und Landivisiau ist Landerneau ein idealer Startpunkt für die Calvaire-Tour. Rund um Landerneau, besonders am linken Elorn-Ufer, wimmelt es von kleinen Ortschaften, deren Pfarrbezirke sich an Prunk zwar nicht mit der Calvaire-Tour-Konkurrenz vergleichen können, doch zumindest kleine Attraktionen bieten. Wir verweisen in diesem Zusammenhang vor allem auf die Todesdarstellungen, vor denen sich Bretagne-Reisende so gerne gruseln.
Als Ergänzung und Abrundung zur Calvaire-Tour kann die Besichtigung einiger dieser Landkirchen in diesem stillen Teil der Bretagne ein durchaus vergnügliches wie lehrreiches Urlaubserlebnis werden.

▶ **Pencran** *(ca. 1000 Einwohner)*: Der Enclos von Pencran (= Holzkopf) mit *Triumphtor*, *Beinhaus* und *Calvaire* ist kein gewaltiges Monument, doch gelang hier ein in sich fein abgestimmtes Ensemble, das sich kunstvoll-unaufdringlich in seinen bäuerlichen Rahmen schmiegt. Im Pfarrbezirk des Dörfchens auf einer Hügelkuppe wurde der ältere Calvaire einmal nicht als Figurengruppe gestaltet - an den drei locker nebeneinander stehenden Kreuzen an den Treppen zum *Enclos paroissial* sterben soeben Jesus und die beiden Schächer; aufgelöst, in tiefer Trauer blickt Magdalena zum Gekreuzigten hinauf. Die Sakristei verfällt unbeachtet, auch die Kirche mit ihrem doppelstöckigen, durch Balkons gegliederten Turm leidet sichtbar an ihrem Alter. Doch Granit ist zäh. Die *Eingangspforte der Vorhalle* (1553) ist noch immer ein Gesamtkunstwerk aus Stein. Neben Fragmenten der Geburtsszene und den Aposteln schmükken verwitternde Granitminiaturen mit viel Liebe zum Detail den Eingang. Haben Sie schon einmal einen betrunkenen Noah gesehen?

▶ **La Martyre** *(ca. 600 Einwohner)*: Ein düsteres, dreibogiges Triumphtor mit begehbarer Brüstung führt in den aufwendig gestalteten Pfarrbezirk des winzigen Orts. Hoch über dem Eingang die schmerzverzerrten Steinleiber der traditionellen Sterbeszene des Calvaires. Das *Triumphtor* und der *Calvaire* mit nur wenigen Figuren sind in La Martyre eines: Drei Kreuze entsprießen der Ballustrade, in der Mitte Jesus, an seinen Seiten die niedrigeren Kreuze der Schächer, auf deren Ableben schon Engel bzw. Teufel warten, zu Füßen des Kreuzes des Herrn trauert eine Pietàgruppe. Die Anlage muß einmal viel Geld gekostet haben, doch La Martyre konnte sich eine repräsentative Andachtsstätte leisten: Vom 14. bis zum 18. Jh. richtete der Ort die größte Messe Westfrankreichs aus, neben den Stammgästen aus England, Holland und Irland verschlug es sogar arabische Geschäftsleute in das Nest.

Die älteste Vorhalle Léons

Der Märtyrer, dem diese Kirche geweiht ist, ist entweder Salaün, Vorgänger des Königs Gradlon und angeblich im Jahr 421 genau an der Stelle des Altars ermordet, oder ein zweifelhafter Salaün, der letzte bretonische König, der 400 Jahre später lebte, seinen Vorgänger aus dem Weg geschafft hatte, später ebenfalls am Altar umgebracht worden sein soll und nach seinem Tod vom Papst trotz aller Sünden heiliggesprochen wurde. Am *Beinhaus* von 1619 gibt die ebenerdig angebrachte, fast lebensgroße Karyatide der Fachwelt Rätsel auf: Die Frauengestalt mit unverhülltem Oberkörper ist ab dem Nabel bis zu den Füßen bandagiert. Eine Sirene? Eine überlebende römische Göttin? Oder eine beliebige Phantasiefigur? Über dem Eingang verweisen von Engeln gehaltene Spruchbänder, auf denen die Hölle in schöner keltischer Tradition ein Ort dauernden Frierens ist, ans unvermeidliche Sterben: "Der Tod, das Jüngste Gericht, die eisige Hölle..."

Die Kirche entstand gemächlich zwischen dem 14. und dem 16. Jh. Die *Vorhalle*, aus der Mitte des 15. Jh. und damit die älteste von Léon, ist überreich mit Figurenschmuck ausgestattet. Böse grinst der Tod am Weihwasserbecken des Seitenportals, unter dem Arm einen Schädel eingeklemmt, die andere Knochenhand hält den Todespfeil. Im Tympanon (Giebelfeld über dem Eingangsportal) ist die mutwillig zerstörte Geburtsszene von Nazareth eingemeißelt: Ochs und Esel blicken neugierig vom Bildrand hinein, die stillende Maria mit unbedeckten Brüsten hält ihre Arme in Wiegestellung, doch das Jesuskind ist längst verschwunden. Der künstlerische Höhepunkt des Inneren sind die *Sablières* - an den langen, bunt bemalten Balken unter dem Holzgewölbe haben sich genußvoll die von der Gemeinde bestellten Kunsttischler ausgetobt. Abstrakte Ornamente wechseln mit biblischen und alltäglichen Szenen. Die Fenster des Chorraums mit den hell-bunten und doch grausam-realistischen Passionsszenen gelten als Vorbild der Fenster von La Roche Maurice.

- *Pardon*: Am 2. Mai- und am 2. Julisonntag.
- *Camping*: Zur Not auf dem winzigen Municipal-Platz für 9 Campingeinheiten. Von Landerneau kommend, 500 m vor Le Bourg rechts. Die ersten drei Nächte sind kostenlos. Anmelden und Zahlen werktags auf der Mairie, Tel. 98/251 319.

▶ **La Roche Maurice** *(1400 Einwohner)*: Die malerische Ruine einer Burg erhebt sich über dem Ort, der sich hangaufwärts zieht und von Burg und Kirche gekrönt wird. Die Kirchgänger/innen der Ortschaft wissen lange schon Bescheid: "*IE VOUS TUES TOUT*" - Ich töte euch alle. Scherenförmig über dem Weihwasserbecken des *Beinhauses* (1640, eines der größten der Bretagne) macht Ankou seine zum Spruchband stilisierten Beinknochen breit. Unmittelbar neben dem Beinhaus wächst die Kirche (16. Jh.) in den Himmel, der zweigeschossige Turm wirkt bei dieser Enge überdimensioniert. Durch die üblich geschmückte *Vorhalle* mit ihren kleinen Aposteln geht es ins Innere. Ein großes *Chorfenster* von 1539 mit einer Renaissancedarstellung der Passion beleuchtet den fröhlich-bunten Raum, dessen größter Schatz der vielfigurige *Renaissance-Holzlettner* mit Triumphbalken ist: Apostel, Päpste und Heilige geben sich die Ehre, am Kreuz leidet Jesus für die Menschheit, beweint von zwei betenden Frauen.

- *Pardon*: Am 15. August Pardon de Pont-Christ zur Kapelle Notre-Dame-de-Bon-Secours.

▶ **Ploudiry** *(ca. 700 Einwohner)*: Dem Tod entkommt nun einmal niemand. In Ploudiry bedroht Ankou an der Fassade des Beinhauses im Pfarrbezirk mit seinem langen, unfehlbaren Pfeil des Todes fünf herausgemeißelte Köpfe vom Bauern bis zum Bischof - Sinnbild für alle Stände, die nur vom Tod letztendlich gleich behandelt werden. Wie das Beinhaus stammen auch die Vorhalle der Kirche und die Altäre im Inneren aus der Zeit der bretonischen Renaissance (17.Jh.) und sind einen Blick wert.

Plougastel-Daoulas *(ca. 9500 Einwohner)*

Der Hauptort der Halbinsel Plougastel wurde schöner: 1990 wurde der zentrale Place de l'Eglise vor der Kirche aufgerissen, um völlig neu gestaltet zu werden - etwas fehl am Platz stand der berühmte Calvaire im Lärm der Preßlufthämmer neben der Großbaustelle. Doch jetzt ist Plougastel-Daoulas wieder verschlafen wie immer.

Nachdem die Umbauarbeiten abgeschlossen sind und wieder Ruhe eingekehrt ist, ist Plougastel-Daoulas wieder, was es die letzten Jahrhunderte über war: eine unauffällige Kleinstadt mit einem christlichen Kunstwerk, das dafür sorgt, daß neben einheimischen Bretonen, die Plougastel als Versorgungszentrum und Umschlagplatz nutzen, sich auch Touristen zu einem Kurzaufenthalt einfinden. Selten ist eine Region so nah an einer Großstadt wie Brest so provinziell und ruhig wie diese Halbinsel inklusive ihres Hauptorts, trotzdem: Tempora mutantur, die Zeiten ändern sich. Wer noch vor zehn Jahren die Halbinsel Plougastel besuchte, konnte seine Freude an den traditionellen Gewändern besonders der Frauen haben - Plougastel galt als eine Oase bretonischer Tracht. Im heutigen plougasteler Alltag sind die Häubchen, Westen und Zipfelmützen ziemlich verschwunden, nur an Festtagen wird die Kleidung einer auch für Plougastel vergangenen Zeit aus dem Schrank geholt.

Zusammen mit der Muschel ist die Erdbeere das Stadtwappen Plougastels, wobei letztere auch das Erzeugnis ist, das die Halbinsel berühmt gemacht hat und ihr zu dem in Frankreich geläufigen Beinamen *Erdbeer-Halbinsel* verhalf.
Neben Erdbeeren und der Jakobsmuschel der Brester Bucht, das zweite Symbol des Wappens, sind Tomaten, Blumen, Melonen und Gemüse die weiteren Geldquellen der agrarorientierten Halbinsel. Tourismus findet für bretonische Küstenverhältnisse nur in bescheidenem Rahmen statt. So ist Plougastel ein ruhiges Spaziergebiet mit Panoramapunkten über die Bucht von Brest, mit einigen Kapellen und Fischerdörfern, von älteren Herrschaften und Familien mit Hund begangen, oder von eiligen Reisenden schnell mit dem Auto abgehakt. Nur den *Calvaire von Plougastel-Daoulas* wollen wirklich viele Leute sehen.

- *Postleitzahl*: 29470
- *Telefonvorwahl*: 98
- *Information*: Neben der Post am Rand des zentralen Place du Calvaire. Täglich 9.30 - 12.30 und 14 - 19 Uhr, sonntags 10 - 12 Uhr. Rue de l'Eglise 16, Tel. 403 498.
- *Verbindung*: Von und nach Brest am besten mit dem Stadtbus Nr. 25. Dazu kommen werktags mindestens 5 Busse nach Le Faou oder Brest.

- *Einkaufen*: Erdbeeren. Vor allem während der Erdbeererntezeit im Mai und Juni, doch noch bis spät in den September rollt der Erdbeernachschub aus den Erdbeertreibhäusern. Verkauf z. B. vor der Haustüre der Erdbeerpflanzfamilien.
- *Feste*: Am dritten Junisonntag großes Erdbeerfeest. Mit Umzug und Folkloregruppen.

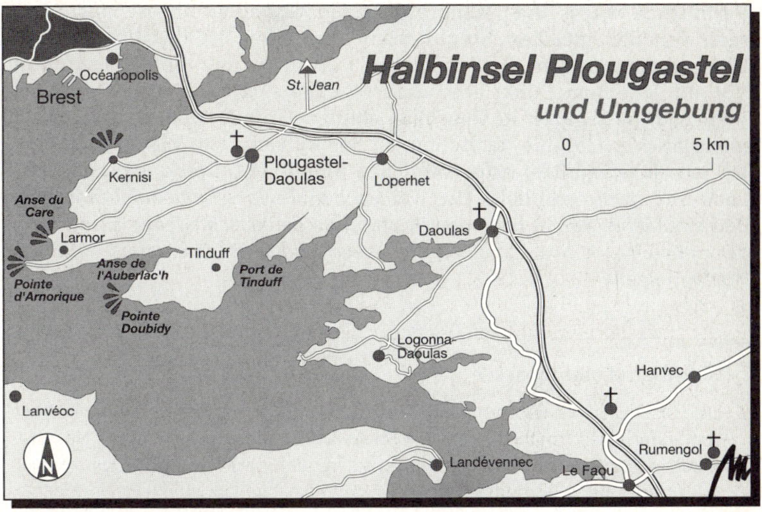

Übernachten/Essen/Camping

** **Hotel Kastel Roc'h**: Die feinste Adresse Plougastels, westlich außerhalb beim Weiler Roc'h Kerezen (von der Nationalstraße Brest - Quimper Ausfahrt Plougastel-Daoulas). Französischer Mittelklasse-Schick zwischen funktional und neobarock. Parkplatz, Garten, Bar, 45 Zimmer. DZ mit Bad/WC 70 - 110 DM, HP 70 DM, VP 90 DM, Hund 8 DM, Frühstück 10 DM. Roc'h Kerezen, Tel. 403 200.

Hotel-Restaurant Les Balladins: Ebenfalls im Weiler Roc'h Kerezen und gleich nebenan; kleiner und weniger aufwendig. Im Restaurant Menus von 22 - 42 DM. DZ mit Dusche/WC 60 DM. Roc'h Kerezen, Tel. 406 870.

Hotel-Restaurant Les Voyageurs: Unterhalb vom Zentrum; einfaches Stadthotel. Preisgünstiger Mittag- und Abendtisch, Menu 23 - 30 DM, Spezialität des Hauses sind neben Meeresfrüchten Fondues. DZ 50 DM, Frühstück 8 DM. Rue Mathurin-Thomas 2, Tel. 403 756.

• Camping: Mit Campings ist es auf der Halbinsel schlecht bestellt. Einziger Platz der Gegend einige Kilometer oberhalb von Plougastel-Daoulas der ** **St. Jean** am Ufer des Elorn direkt an der Küste. Schattig, heckenunterteilt, Laden, eigener Strandabschnitt am Elorn-Ufer, kleiner Kinderspielplatz, Mobilhomeverleih. Erwachsene 4 DM, Kinder 2 DM, Platz 3 DM, Auto 2 DM, Wohnmobil 6 DM, Elektrik 3 - 5 DM. 120 Stellplätze. Ganzjährig geöffnet. Tel. 403 290.

Sehenswertes

Calvaire: Die Schutzheiligen gegen die Pest, St. Sebastian und St. Rochus in einer Nische der Basis, erinnern daran: 1598 wurde der Calvaire wegen der gerade wütenden Seuche in Auftrag gegeben, zwischen 1602 und 1604 nach ihrem Abklingen erstellt; 1944 wurde er wie die Kirche durch Granaten beschädigt und wieder restauriert. Über 180 Granitfiguren stellen 20 Szenen dar, deren Mittelpunkt, die Passion, durch kleine Extra-Geschichten umrahmt wird. Alle Stationen des Kreuzwegs sind minutiös festgehalten, der Engel schwebt über dem reuigen Schächer, der Teufel wartet auf den Tod des unbelehrbaren Sünders; und auch in Plougastel-Daoulas holt der Teufel die Katel Gollet, wobei es fast den Anschein hat, als ob die personifizierte Sünde das auch noch genießt (siehe Guimiliau/Kasten Katel Gollet).

Vermutlich wurde der Calvaire dem von Guimiliau abgeschaut, eventuell von den gleichen Steinmetzen geschaffen, zu deutlich sind die Übereinstimmungen des jüngeren Calvaires mit dem berühmten Vorbild. In einem Punkt aber unterscheidet sich der Calvaire deutlich: Während die Figuren in Guimiliau steingewordene Momentaufnahmen menschlicher Gefühle darstellen, ist der Calvaire von Plougastel-Daoulas ein unterkühltes, unpersönliches Monumentalwerk, das sich erst nach und nach erschließt: "*Sie werden den Calvaire siebenmal umrunden und eine achte Runde beginnen müssen, um die verschiedenen Szenen, die der behauene Stein erzählt, zu entdecken und wertzuschätzen*", weiß der Stadtprospekt.

Strawberryfields forever?

Die Geschichte der Erdbeere auf Plougastel zeigt, wie wendig der bretonische Landmann, geschmäht als sturer Dickschädel, unflexibel und allem Neuen wenig aufgeschlossen, sich verhalten kann. 1715 wurde die Erdbeere von Südamerika nach Europa gebracht. Einige Exemplare landeten auch in Brest, wo sich zuerst nur einige aufgeschlossene Botaniker über die neue Frucht freuten. Im Verlauf des späten 18. Jh. - mit dem Weben von Segeltuch war nur noch wenig Geld zu machen - wurden einige Bauern von Plougastel auf die Idee gebracht, sich mit der Erdbeere eine neue Existenz aufzubauen. Und siehe, immer mehr Einwohner stiegen in das Geschäft ein und gaben dem Exoten aus Übersee eine neue Heimat - Erdbeerfelder über Erdbeerfelder überzogen im Verlauf von 50 Jahren das Gebiet der Halbinsel.

Das Klima, ausgeklügelte Düngemethoden und der nahe Welthafen Brest waren die Garanten eines ertragreichen Anbaus und guten Absatzes, und der Erfolg gab den experimentierfreudigen Erdbeerzüchtern recht. Ab Mitte des 19. Jh. florierte das Geschäft, vor allem Pariser und Engländer konnten gar nicht genug von der süßen Frucht kriegen. Eigene Schiffe der Erdbeer-Genossenschaft, schon 1897 gegründet, belieferten von Brest aus die britische Insel, wo die Beeren schon zwei Tage nach der Ernte in London reißenden Absatz fanden.

Etwa hundert Jahre lang, bis zur Mitte dieses Jahrhunderts, verdienten sich die Erdbeerbauern der Halbinsel goldene Nasen, dann ging der Umsatz zurück. Zum einen waren auf England die einheimischen Anbauflächen stark erweitert worden, und überhaupt wurde das handarbeitsintensive Geschäft im Maschinenzeitalter zu unlukrativ - bäuerliche Arbeitskräfte wanderten scharenweise in die Industrie ab. Wurden 1950 noch 6000 t angebaut, waren es auf Grund der konstant gesunkenen Nachfrage 1989 nur noch etwa 1000 t.

Die Plougasteler waren also wieder einmal in Zugzwang und konterten geschickt: Teure Gewächshäuser und billige Folientunnels hielten Einzug, in denen besonders Tomaten und Blumen die Erdbeere ablösten. 3000 t Tomaten sind die jährliche Ernte, und da in Frankreich und der EG eigentlich schon genug Tomaten im Umlauf sind, haben die ansässigen Bauern für ihre Expansionsgelüste einen neuen Markt im Auge: Amerika.

Plougastel-Daoulas / Umgebung

▶ **Rundfahrt auf der Halbinsel**: Die Blicke von der Straße abseits der Küste bleiben beschränkt - hohe Hecken schützen die Kulturen, verbergen die Häuser und parzellieren die Halbinsel in eine unübersichtliche Kleinstlandschaft, in der nur das Glas der Gewächshäuser Akzente im undurchdringlichen Grün setzen kann.
Die Anlaufpunkte an der Küste bieten allesamt Panoramablicke auf die Bucht von Brest. **Kernisi** an der Nordwestküste beginnt auf einer Hügelspitze mit dem Aussichtsreigen. In der gemütlichen Bucht von **Le Caro** einige Kilometer unterhalb verändert sich der Blickwinkel. Neben *Brest* ist die *Pointe des Espagnols* der Halbinsel Crozon am engen Südende der Riesenbucht gut auszumachen. Die noch vom letzten Weltkrieg befestigte **Pointe de Kerdéniel** ist der Höhepunkt des netten Spiels "Was gibt es hier zu sehen?". Vom unteren Ortsteil ist der Fußweg beschildert, und dann: die *Mündungen von Faou* und *Elorn*, *Brest*, die *Pointe des Espagnols*, die *Ile Longue* und als Zugabe im Landesinneren der *Menez-Hom*. Den letzten Aussichtspunkt bildet ein Stück hinter dem Meer das erhöht liegende Panorama von **Keramenez** an der *Bucht von L'Auberlac'h*, wo eine Orientierungstafel die exakte Bestimmung der einzelnen Punkte erlaubt. Hier sehen Sie neben dem Südteil der Bucht von Brest auch Teile der Halbinsel Plougastel im Überblick.

▶ **Daoulas** *(ca. 1000 Einwohner)*: Im Sommer sind die Parkplätze unterhalb der alten *Abtei* gut gefüllt. Um die romanische Klosterkirche aus dem 12. Jh. entstand der *geschlossene Pfarrbezirk* für die Gemeinde von Daoulas, die zum Kirchgang von ihren Häusern im Tal ein Stück aufwärts laufen müssen.

Schon im 5. Jh. gründeten die Mönche des Hl. Columban hier ein erstes Kloster, das nach etlichen Wikingerüberfällen immer mehr herunterkam und von den Brüdern schließlich knapp 500 Jahre später verlassen wurde. Bis 1125 dämmerten die Ruinen von sich hin, als der Herzog von Léon ein gottgefälliges Werk unternahm: Er finanzierte einen romanischen Neubau, den er dem Augustinerorden übereignete. Der nannte schon bald eine stattliche Abtei sein eigen, die er geschmackvoll erweiterte und reich ausstattete - neben dem Ausbau der Kirche lag der Mönchsgemeinschaft die Bibliothek besonders am Herzen. 1790 vertrieben Revolutionäre die Bewohner des Klosters und verwüsteten die Abtei, die erst ab 1880 zum Teil wieder aufgebaut wurde. Ein *Torhaus*, das verpflanzte und umgebaute einstige Südportal der Kirche, führt in den Pfarrbezirk mit *Friedhof*, *Grabkapelle* und kleinem *Calvaire*. Die *Kirchenvorhalle* aus dem 16. Jh. - der heutige Eingang - schmücken Apostel, das Innere ist eine Rekonstruktion des romanischen Stils: düster, kahl und fast schmucklos. Prunkstück der Klosteranlage ist der beschädigte *Kreuzgang* vom Ende des 12. Jh. Sein Dach und die seitliche Begrenzung sind verschwunden; geblieben sind elegante Arkaden und Kapitelle mit fein gemeißeltem Ornamentschmuck. Zentral ein *Brunnen* mit Dämonen, an dem sich die Mönche mit gemischten Gefühlen laben konnten. Das ehemalige Kloster ist heute als *Museum* Heimat für wechselnde Ausstellungen. 1990 waren "Schätze Kolumbiens" zu bewundern, 1992 "Antiquitäten aus China".

- *Öffnungszeiten* für Kreuzgang und Museum: In der Saison täglich 9 - 19.30 Uhr, Erwachsene 13 DM, Kinder 4 DM.
- *Information*: Syndicat d'Initiative vom 4.6. - 31.8. täglich 10 - 12 und 14 - 18 Uhr. Neben dem Rathaus, Tel. 98/258 444.
- *Markt*: Am Sonntag vormittag am Place St. Yves.

▶ **Le Faou** *(ca. 1500 Einwohner)*: Le Faou (bretonisch die Buche), einst eine wichtige Hafenstadt auf halber Strecke zwischen Brest und Quimper, ist ein uraltes Städtchen mit heimeligem Ortsbild. Die geschäftigen Zeiten sind vergangen, doch nicht ohne positive Folgen: Le Faou wurde in die Liste der schönsten Dörfer Frankreichs aufgenommen. Hinter der Brücke über den Faou-Fluß ist die *Kirche* (16. Jh.) gleich neben dem eingefaßten Flußbett ein beliebtes Motiv für Maler und Fotografen. Alte Häuser mit Schieferfassaden, im Erdgeschoß Einzelhandelsgeschäfte und Restaurants, säumen die anschließende Hauptstraße, auf der es sommers zu Geschäftszeiten munter summt und brummt.

- *Camping*: ** **Le Seillou**; außerhalb des Orts an der Straße Richtung Halbinsel Crozon, kahl und trist direkt an der Bucht. Erwachsene 3 DM, Kinder und Auto je 1,50 DM, Platz 3 DM, Elektrik 3 DM, Jeton für die heiße Dusche 1,30 DM. 120 Stellplätze.

▶ **Rumengol**: An der D 42, knapp 3 km östlich von Le Faou, ist die Kirche von Rumengol mehrmals jährlich das Ziel der Wallfahrer zur *Notre-Dame-de-Tout-Remède*. Einer der bekanntesten und größten Pardons der Bretagne findet hier am Wochenende von Trinitatis statt (zwischen Pfingsten und St. Johanni). Am 15. August Pardon zu Ehren Königs Gradlon. Die Kirche selbst ist eine typische Pilgerkirche mit überladenem Inneren, den besten Eindruck hinterlassen ihre Außenmauern.

Crozon-Halbinsel

Wehrmachtsbunker und Befestigungsanlagen aus den Anfängen des französischen Absolutismus übersäen die Ränder des zerklüfteten Landzipfels - die Crozon-Halbinsel war vor der Raketen-Ära strategisch ein äußerst exponierter Punkt, wer sie beherrschte, hatte die Herrschaft über die Bucht von Brest.

Der große Kriegshafen von Brest liegt gleich gegenüber, und die *Ile Longue*, eine flache Landzunge bei Le Fret, ist ein streng abgeschirmter Marinestützpunkt (nicht fotografieren). Doch momentan sind die Zeiten in diesem Teil der Welt friedlicher. Atlantikfluten, Kormorane und Strände mit blitzblankem Sand (schön, aber gefährlich: oft gekennzeichnete *plages dangereuses*), besonders aber die vielen Aussichtspunkte sind gefahrlos zu genießen.

Wie ein Anker schwingt sich die wilde Halbinsel mit Felstoren, Grotten, steilabfallenden Klippen, schroffen Kaps und Spitzen, tief eingeschnittenen Fjorden und windigem Heideland ins Meer. Kurz vor den Felsformationen der *Pointe de Penhir*, der Spitze der langgezogenen Halbinsel, krallen sich noch zwei Flügel mit der *Pointe des Espagnols* und dem *Cap de la Chèvre* in die beiden Buchten um Crozon, bilden die schmale Einfahrt in die Bucht von Brest oder schwingen sich weit in die Bucht von Douarnenez im Norden.

Zum Baden gibt es schönere Strände als auf Crozon, doch so viele Kaps und Landspitzen der feinen Art sind nirgendwo in der Bretagne so eng versammelt. Eine gemütliche Rundfahrt entlang der Küste oder noch besser ausgedehnte Spaziergänge zu und an den Pointes bilden einen angenehmen Erholungsbeitrag mit eingestreuten Superlativen. Manche Leute meinen, daß die Pointe de Penhir auf Crozon der berühmten

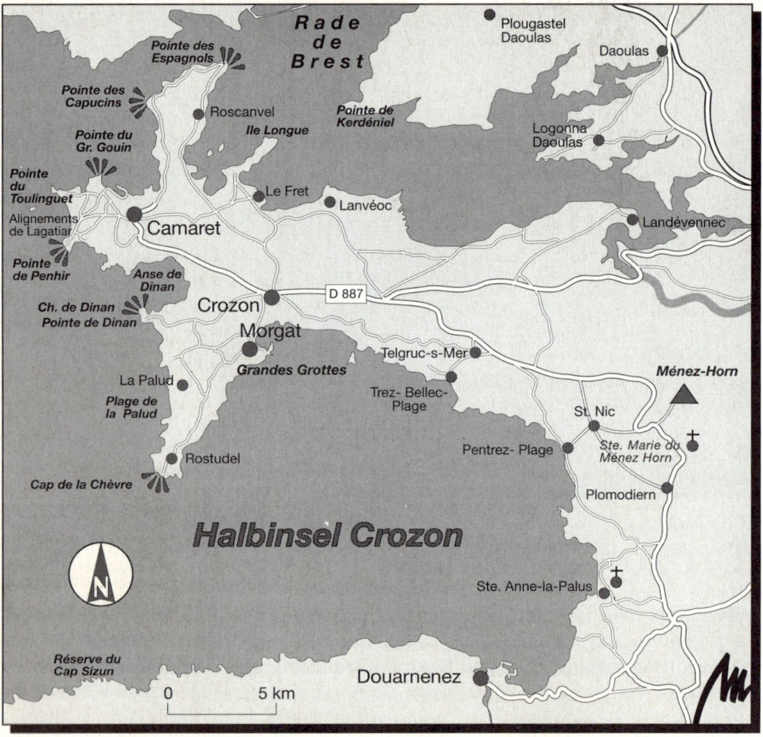

Pointe du Raz landschaftlich überlegen sei. Jedenfalls ließ der Aufenthalt auf dem verwunschenen *Château de Dinan* schon etliche Besucher/innen vergessen, daß sie an diesem Tag eigentlich noch viel vorhatten.

Am Wochenende schwärmen verstärkt Brestiens über die Halbinsel aus, doch auch in der höchsten Saison gilt: Crozon wird gut besucht, ist aber nicht überlaufen. Der größte Gästeandrang auf der Halbinsel herrscht in Camaret und Crozon/Morgat, die sich ganz auf den kurzen Sommertourismus eingestellt haben. Meist französische Campingfamilien belegen mit Vorliebe auch die Standquartiere von Telgruc sur Mer und St. Nic an der Bucht von Douarnenez.

Landevennec *(ca. 400 Einwohner)*

Hinter Le Faou sehen Sie an einem Aussichtspunkt an der D 791 das neue Kloster Landevennecs schon nah vor sich. Aber erst müssen Sie mit Hilfe der *Pont de Térénez* (mit 272 m eine der längsten Hängebrücken Frankreichs) über die Aulne hinüber auf die zerklüftete Halbinsel und sich dann bogenförmig zum verschlafenen Landevennec in den letzten Ausläufern der Bucht von Brest durchschlagen. Die traurigen Wracks in der Aulne heißen offiziell Schiffsfriedhof.

Palmen wiegen sich sanft vor dem Kreisker der alten Ortskirche (16. Jh.), träge klatscht das Wasser an die Ufermauern, und genauso ist die Stimmung im Dorf. Es tut sich wenig in Landevennec, und noch weniger wäre los, gäbe es das Kloster des Hl. Guénolé nicht. Die alte Abtei, einst einer der Ausgangspunkte für die Missionierung der Bretagne, ist verfallen und lockt nur Kurzbesucher an, doch seit 1958 leben in einer einfachen, rosa verputzten Anlage nebenan wieder die Mönche von Landevennec. Die Benediktiner halten gut besuchte zweisprachige Messen (auf Bretonisch und Latein), organisieren neben ihren christlichen Beschäftigungen die Besichtigung der Abteiruine und sind für ihre Fruchtpasteten bekannt - die religiöse Anziehungskraft der frühchristlichen Stätte an der Aulne-Mündung ist ungebrochen.

- *Postleitzahl*: 29146 Telgruc/Mer
- *Telefonvorwahl*: 98
- *Information*: Auskünfte über Touristisches im Rathaus. In der Saison werktags 9 - 12 und 14 - 18 Uhr, Samstag 9 - 12 und 18 - 19 Uhr. Tel. 277 265.
- *Parken*: Ein Großparkplatz am Ortseingang läßt keine Parksorgen aufkommen.

Übernachten/Camping

** **Hotel le Beau Séjour**: In Bourg de Landevennec an der Straße Richtung Kirche. Im Restaurant vier Menus von 25 - 55 DM zur Auswahl. DZ je nach gewünschtem Standard 33 - 83 DM, HP kostet den Zimmerpreis plus 25 DM pro Person, Frühstück 8 DM. Rue St.-Guénolé, Tel. 273 536.

** **Hotel le St. Patrick**: In derselben Straße; teils Etagenduschen, teils eigene Sanitärs. 6 Zimmer auf zwei Etagen, kleiner Salon mit TV für Hotelgäste. Im Restaurant als Menu z. B. Muscheln, Jägerhuhn und Nachtisch. DZ mit Waschbecken/WC 50 DM, HP 55 DM, Frühstück 8 DM. Rue St.-Guénolé, Tel. 277 083.

- *Camping*: * **Municipal Le Pal**; simpler, kleiner Platz, buchtabgewandt an der allerletzten Aulne-Schleife am Fluß mit schönem Blick. 25 Stellplätze. Geöffnet vom 15.4. - 31.10. Tel. 277 265.

Sehenswertes

Abtei: 1988 wurde die alte Abtei ausgerechnet von American Express mit dem "Prix Europa nostra" geehrt, doch kaputt bleibt kaputt: Außer den Ruinen der Klosterkirche unmittelbar hinter der Küste hat von der Anlage kein Stein die Zeiten überstanden.

485 von St. Guénolé, dem Ratgeber des legendären Königs Gradlon (siehe Quimper/Geschichte und Douarnenez/Kasten Ys) gegründet, wuchs die Abtei über 500 Jahre zu einem blühenden Gemeinwesen und einer fruchtbaren Zelle des Katholizismus, wohlgelitten von den weltlichen Herrschern und wirtschaftlich gesichert durch die Warenzölle der Aulne-Schiffahrt. Gottlose Wikinger, die 913 als erste über das Kloster herfielen, läuteten eine Ära der Raubzüge ein. Die Abtei erhob sich zwar nach 23 Jahren in neuem Gesicht wie Phönix aus der Asche und gelangte zu neuem Reichtum und Ansehen, doch die regelmäßigen Heimsuchungen englischer Plünderer in den folgenden Jahrhunderten machten ein ruhiges Leben unmöglich. Das endgültige Aus war die Revolution. Die Mönchsgemeinschaft wurde zwangsaufgelöst, das Kloster weit unter Wert verkauft, die Steine der überflüssig gewordenen Anlage schließlich peu à peu nach Brest geschafft, wo sie recycelt wurden.

Nur die unteren Mauerreste der romanischen Klosterkirche (11. Jh.) sind übriggeblieben - leere Fensterbögen in der niedergerissenen Fassade und

Ein Opfer der Revolution - Kloster von Landevennec

Säulenstümpfe im freiligenden Innenraum. Die ältesten Bauteile entstammen der karolingischen Zeit, keltisches Schmuckwerk auf verbliebenen Kapitellen bildet eine künstlerische Rarität. Das Mausoleum am Anfang des rechten Seitenschiffs ist angeblich das Grab Gradlons.
Im Juni 1990 wurde das neue Museum eröffnet, in dem eine Diashow über die Klostergeschichte informiert, Statuen zusammengetragen worden sind oder Kleinfunde in Vitrinen ihre Geschichten erzählen.
• Öffnungszeiten: Tägl. 10 - 19 Uhr, Sonntag 12 - 19 Uhr. Abtei/Museum 8 DM, ermäßigt 4 DM.

Le Fret

Lanveoc, *Le Fret* und *Roscanvel* an der Nordküste sind die kleineren Urlaubsdomizile auf Crozon. Von den drei bescheidenen Küstenorten hauptsächlich erwähnenswert ist das adrett gelegene Le Fret in einer heimeligen Sichelbucht wegen seiner Schiffsverbindung nach Brest und der Aussicht zur Erdbeerhalbinsel Plougastel. Die bei Le Fret anschliessende *Ile Longue* ist nicht zugänglich - die flache Halbinsel ist ein schwer bewachter Stützpunkt für französische Atom-U-Boote.

• *Fähre nach Brest*: Von April bis September täglich 3 x (morgens, mittags, später Nachmittag). An Sonn- und Feiertagen die erste Abfahrt 2 Stunden später. Dauer 40 Minuten. Aktuelle Zeiten in Brest, Touristinfo oder bei Vedettes Armoricaines im Handelshafen, 1er Bassin, Tel. 98/444 404, oder in Le Fret an der Abfahrtsstelle.

Übernachten/Camping

** **Hostellerie de la Mer**: Logis de France am Bootshafen. 31 Zimmer. Im Restaurant können auch Nicht-Gäste speisen: Menus zu 30, 42 und 60 DM, dazu Gerichte à la carte. DZ mit Dusche/WC 70 DM, mit Bad/WC 100 - 125 DM, HP 85 - 100 DM, VP 110 - 120 DM. Ganzjährig geöffnet. Port du Fret, Tel. 98/276 190.

• *Camping*: ** **Gwel Kaer**; Areal vor der großen Brücke. Klein, steil am Hügel, mit großen Bäumen. Für zwei Sterne gut eingerichtet: Lebensmittel, Restaurant, Fahrradverleih. 70 Stellplätze. Geöffnet vom 15.6. - 15.9. Tel. 98/276 106.

** **Municipal La Cale**: Bei Lanveoc östlich von Le Fret vor der Pointe de Lanveoc. 70 Stellplätze. Etwas teurer wie der Roscanvel-Platz (siehe unten). Geöffnet vom 15.6. - 15.9. Tel. 98/275 021.

** **Municipal Roscanvel**: Im nordwestlichen Nachbarort von Le Fret, nette Lage in der Bucht hoch über Roscanvel. Terrassiertes Bocage-Gelände ohne Schnickschnack. Auch sanitär. Campeur 3 DM, Kind 2 DM, Platz 3 DM, Auto 1,40 DM, Elektrik 3 DM, Hund 1 DM, Zweirad 0,55 DM.

Camaret *(ca. 3000 Einwohner)*

Ein einst bedeutender Langustenhafen, der aufgrund der geschrumpften Fanggebiete wirtschaftlich zu kämpfen hat, eine kleine, nicht mehr zeitgemäße Werft und ein prosperierender Yachthafen - eine Standardsituation für etliche bretonische Hafenorte, die vom Fisch allein nicht mehr leben können. In den Sommermonaten hat sich Camaret erfolgreich dem Tourismus verschrieben, der wesentlich zum Bruttosozialprodukt des Orts beiträgt. Der Hafenort Nummer eins der Halbinsel hat sich auf sein zahlreiches Publikum eingestellt: Die Hafenzeile wurde zu einer Restaurantmeile, auf der mit Blick auf die hautnah dümpelnden Fischkutter am Kai gespeist wird.

Ein schmaler Naturdamm, der *Sillon*, schiebt sich 600 m lang in die Hafenbucht, beherrscht von einer Kapelle und einem Wehrturm - der Umschlagplatz für die Pilger des im Hundertjährigen Krieg englisch besetzten Umlands benötigte eine religiöse Einrichtung, und die neuralgische Lage an der Bucht von Brest machte den klobigen Tour Vauban nötig.

Geschichte

Die offizielle Geschichte des Orts ist eine Anhäufung von Eroberungsversuchen, die seit der Installation der Verteidigungsanlagen rund um die Halbinsel mit Ausnahme des 2. Weltkriegs wirksam unterbunden wurden. Als die vereinigten Engländer und Holländer sich 1694 an diesen Festungswerken blutige Nasen geholt hatten, war erst einmal Ruhe, doch die Stadtchronisten zehren immer noch von dem Ereignis des 18. Juni 1694, bei dem das eben fertiggestellte Bollwerk auf dem Damm und der freiwillige Kampfeinsatz der männlichen Bevölkerung von Camaret laut örtlicher Geschichtsschreibung die Garanten für den überwältigenden Sieg Frankreichs waren: 45 eigene Verwundete, 1200 feindliche Gefallene.

Eine kleine Anekdote am Rande: 1801 baute der amerikanische Ingenieur FULTON ein Unterseeboot inklusive einer Vorrichtung, mit der sich unter Wasser ein Sprengsatz an einem nichtsahnenden Schiff befestigen ließ. Er lief aus der Bucht von Camaret aus und wollte der französischen Regierung durch die Versenkung eines englischen Schiffes beweisen, daß so ein U-Boot eine tolle Sache ist. Mr. Fulton kam nicht dazu, seine Ladung zu zünden, weil der gesichtete Engländer rechtzeitig verschwand. Die französische Marine zeigte sich fortan desinteressiert und ließ das Projekt des Spinners aus Übersee platzen.

• *Postleitzahl*: 29570 Camaret sur Mer

• *Telefonvorwahl*: 98

• *Information*: O. T. am Kaianfang. Im Juli/August Montag bis Samstag 9 - 12.30 und 14.30 - 19.30. Sonntag 10.30 - 12.30 Uhr. In der NS nur werktags. Quai Toudouze, Tel. 279 360.

• *Verbindung*: Camaret ist die Endstation der Presqu'île-Linien nach Brest bzw. Quimper. Werktags über Roscanvel/Crozon/Telgruc/Landevennec mindestens 4 x nach Brest und über Crozon/Le Fret/Telgruc/St. Nic ebensooft nach Quimper.

Diverses

• *Bootsausflug*: In der Saison bietet Vedettes Sirènes auf der Sirène IV einen 1-1/2-stündigen Ausflug zur Pointe de Penhir und dem Vogelreservat an den Felsen Tas de Pois an. Ab 15. Juni (1 x am Nachmittag) steigern sich die Abfahrten auf täglich 2 bis Mitte Juli, in der Hochsaison 3 x, von Ende August bis 15.9. wieder 1 x am Nachmittag. Tickets am Hafen im Büro von Vedettes Sirènes oder über das Tourist-Office. Erwachsene 23 DM, Kinder von 4 - 10 Jahren 13 DM.

• *Feste*: Vivaldi, Bach und Telemann. 1992 fand schon die 20. Auflage des **Festival du Musique** von Camaret statt. Fast jeden Sonntag im Juli und August, den Lundis Musicaux, wird um 21 Uhr abwechselnd entweder in der Kirche oder in der Kapelle klassische, traditionelle und christliche Musik vorgetragen - vom Duett bis zum 50-köpfigen Chor, doch normalerweise meist hochkarätige Ensembles. Aktuelles Programm in der Tourist-Info.

• *Pardon*: Am ersten Sonntag im September Pardon Notre-Dame-de-Rocamadour mit Segnung des Meers.

• *Tennis*: Der Tennisclub von Camaret residiert im Stade Municipal, besitzt außerdem eine Bitumenanlage und eine Halle und verlangt pro Stunde 17 DM (Bitumenplatz 13 DM). 1.7. - 31.8, von 9 - 21 Uhr. Anfragen und Reservierung Rue du Stade, Tel. 278 433.

• *Veranstaltungen*: Camaret ist an das Sommerprogramm der Halbinsel angeschlossen. Einzelheiten siehe Crozon/Veranstaltungen.

• *Wassersport*: Der **Club Nautique von Camaret** und der **Club Léo Lagrange** bieten ihre Ausrüstungen (u. a. Tauchen, Kajak) und Schulungen am Nordostende des Hafens am Quai Téphanie an. Tel. 279 220.

• *Yachthafen*: 300 Plätze hat der gut ausgestattete Yachthafen auf Le Sillon zur Verfügung, Reparaturen können von Fachkräften vor Ort ausgeführt werden. Tel. des Hafenkapitäns 279 599.

Übernachten/Camping/Essen

** **Hotel Thalassa**: Der Riese von Camaret. 45 Zimmer, zum Großteil mit Blick aufs Meer. Restaurant. DZ 80 - 130 DM, HP pro Person 85 - 120 DM, VP 110 - 140 DM, Frühstück 14 DM. Geöffnet vom 1.4. - 30.9. Tel. 278 644.

** **Hotel de France** (Bellevue): 22 Zimmer. Mit Restaurant. DZ je nach Standard 65 - 120 DM, HP pro Person 73 - 125 DM, Frühstück 11 DM. Geöffnet vom 1.4. - 15.11. Tel. 279 306.

** **Hotel du Stivel**: 14 Zimmer. Mit Restaurant. DZ 40 - 80 DM, HP pro Person 73 - 85 DM, VP 85 - 100 DM, Frühstück 9 DM. Ganzjährig geöffnet. Tel. 279 274.

* **Hotel Vauban**: 14 Zimmer. Kein Restaurant. DZ mit Waschbecken/WC 45 DM, mit Dusche/WC 50 - 70 DM, mit Bad/WC 80 DM, Frühstück 8 DM. Geöffnet vom 1.2. - 30.11. Tel. 279 136.

• *Jugendherberge*: Am Ortsausgang vor der Pointe de Toulinguet. In einem ausgemusterten Leuchtturm in einem kleinen Park. 18 Zimmer, Küche, Aufenthaltsraum. Schlafplatz 10 DM. Geöffnet vom 15.6. - 15.9. Route du Toulinguet, Tel. 279 824.

• *Camping*: **** **Lambézen**; in der Heide oberhalb der gut sichtbaren Atlantikküste nordöstlich von Camaret beim Weiler Lambézen. Recht gute Infrastruktur mit kleinem Laden, einfachen Speisen und Swimmingpool. Erwachsene 7 DM, Kinder 4 DM, Platz und Auto zusammen 12 DM, Elektrik 5 DM. In der NS 20 % Reduktion. 85 Stellplätze. Geöffnet von Ostern bis 30.9. Tel. 279 141.

*** **Trez Rouz**: Am gleichnamigen Strand, 3 km nordöstlich von Camaret auf einem Wiesengrundstück (Ortsteil Roscanvel); direkt neben der Straße gleich am Meer. Ebenfalls passabel eingerichtet (z. B. Brotdepot und Waschmaschine) und zum Teil Schatten. Erwachsene 6 DM, Kinder 4 DM, Platz 5 DM, Auto 2 DM, Elektrik 3 DM. 80 Stellplätze. Geöffnet von Ostern bis 1.10. Tel. 279 396.

** **Municipal du Lannic**: Oberhalb des Zentrums Richtung Pointe de Penhir (Anfahrt beschildert), in der Nähe des Alignements von Lagatjar. Ein vom Gelände ansprechender Platz neben dem Sportzentrum. Steil über der Küste, hohe Baumreihen im welligen Areal und lustige moderne Sanitärblocks. Duschen mit Jetons, und Brot gibt es vom "Kunstbäcker". Erwachsene 2,50 DM, Kinder 1,50 DM, Platz 3 DM, Auto 1,70 DM, Elektrik 4 DM. 140 Stellplätze. Geöffnet vom 15.6. - 15.9., danach noch bis 30.9. eingeschränkter Betrieb. Tel. 279 131.

• *Essen*: Eine Spezialität der örtlichen Küche ist die Jakobsmuschel (coquille St. Jacob). Im Herbst und im Winter werden sie frisch aus der Bucht von Brest gefischt - dann schmecken sie am allerbesten.
Die Restaurants sind fast allesamt am Hafenkai. Wer aus dem ewigen Hummereinerlei ausbrechen möchte oder keine Jakobsmuscheln mag, kann eine der beiden Pizzerias in Meernähe aufsuchen, beide in Preis und Leistung ähnlich: **Pizzeria Abri du Marin**, Rue Abri du Marin 4, Tel. 279 310, oder **Pizzeria del Mare**, Quai Toudouze 16, Tel. 279 722

Sehenswertes

Tour Vauban: Drei vieleckige Stockwerke wälzen sich auf dem schmalen Naturdamm im Hafen von Camaret massiv in die Höhe. Der Lieblingsbaumeister des französischen Königshauses gab dem Turm seinen Namen, der ab 1689 zu den effektivsten Verteidigungseinrichtungen der Halbinsel gehörte und schon fünf Jahre später bei dem legendären Großangriff auf Camaret eine bedeutende Rolle spielte - VAUBAN selbst koordinierte von dem noch nicht fertiggestellten, dachlosen "Roten Turm" die Verteidigung.
Im Inneren ist ein kleines Museum untergebracht, das *Musée Historique et Naval*, das sich während der Saison in bescheidenem Rahmen der geschichtlichen Aufarbeitung des Seewesens annimmt: Bilder, Stiche, Schiffsmodelle und natürlich die Schlacht um Camaret.

Kapelle Notre-Dame-de-Rocamadour: Ebenfalls auf dem Sillon-Damm trägt die Nachfolgekapelle dreier Vorgängerbauten zur Silhouette des Damms bei. Zwischen 1610 und 1683 errichtet, wurde der Turm beim Angriff von 1694 zusammengeschossen und nicht wieder aufgebaut. Die meerumschlungene Kapelle, eine Zwischenstation bretonischer Pilger auf ihrer Wallfahrt nach Rocamadour en Querzy, die im Hundertjährigen Krieg den Landweg vermeiden wollten, widmet sich auch im Inneren der Schiffahrt und besitzt neben Schiffsmodellen als größte Kostbarkeit ein altes Kreuz.

Alignement de Lagatjar: Zwei Kilometer westlich oberhalb des Hafenkerns stehen seit 1928 wieder 143 kleinere Menhire aus weißem Quarzit in drei Reihen neben der Straße - nur ein spärlicher Rest eines einst riesigen Megalith-Felds, in dem vor etwa 200 Jahren noch über 800 Steine aufrecht standen, die in ihrer Gesamtheit eindeutig auf das Sternbild Plejade zeigten.

Baden

Meist ist Kies der Liegeuntergrund. Der kleine Sandstrand *Plage du Correjou* an der alten Hafenmole ist die ortsnächste Badestelle. Um die Ortschaft verteilen sich drei größere Sand-/Kiesstrände ohne Strandeinrichtungen, der ungefährlichste und bestbesuchte ist der *Plage de Trez Rouz* 3 km im Nordosten. Der *Strand von Pen Had*, zwischen Pointe Toulinguet und Pointe Penhir, ist abgelegen, schön und gefährlich; Camping interdit. Dasselbe gilt für den *Plage du Veryac'h* östlich der Pointe de Penhir.

Aussichtspunkte um Camaret

Um Camaret liegen so viele Felskaps mit Fernssicht und Flair wie sonst nirgendwo in der Bretagne. Im folgenden von Süd nach Nord:

▶ **Pointe des Espagnols**: Der nicht alltägliche Blick auf eine riesengroße Bucht, eine stattliche Großstadt und einen leibhaftigen Kriegshafen machen die Pointe des Espagnols, aus früheren Zeiten immer noch außerordentlich stark befestigt, zu einem gut angefahrenen Panoramapunkt. Weißglänzend schmiegt sich *Brest* in das grüne Küstenland, davor der *Goulet*, die schmale Einfahrt in die Rade de Brest, weit hinten am Ende der Bucht die *Albert-Louppe-Brücke* und die *Halbinsel Plougastel*. Teleobjektiv sinnvoll, Tip: der sonnige Mittag bietet das beste Licht auf Brest.
1589 landeten 400 katholische, spanische Söldner auf der Halbinsel, um für ihre verbündeten katholisch-bretonischen Glaubensbrüder die Einfahrt nach Brest zu blockieren. Südlich der Pointe mußten Einheimische aus Roscanvel eine Stellung errichten, die erst nach zähem Kampf von den französisch-königlichen Truppen genommen werden konnte. Die Historiker sind sich nicht ganz einig: elf oder auch nur acht Spanier überlebten das Landeunternehmen, das der Pointe des Espagnols ihren heute unverfänglichen Namen schenkte.

▶ **Pointe des Capucins**: Wasser und Wind feilen stetig an den Felsformationen - schwarz und rot und braun stürzen links die Felsen steil zum Meer ab, rechts unterhalb nistet ein düsterer Wehrmachtsbefehlsstand im Granit. Der Blick reicht bis zur *Pointe de St. Matthieu* im Nordwesten.

▶ **Pointe de Grand Gouin**: In der Vielzahl der Panoramapunkte steht die ortsnächste Landspitze, die den Westrand der Bucht von Camaret bildet, weniger spektakulär da. Doch häßlich ist sie selbstverständlich nicht, und sie erlaubt die schönste Sicht auf die *Anse de Camaret*.

▶ **Pointe de Toulinguet**: Die westlichste Landspitze Crozons wird von einem Leuchtturm überragt. Hoch über einem Traumstrand verweilend, genießen Sie vor allem ein Nah-Panorama vom Feinsten. Die *Felsen von Toulinguet*, der im Südosten anschließenden *Strand von Pen Had* und die *Pointe de Penhir* sind die markantesten Punkte der näheren Umgebung. Für die gelungene Fernsicht ist die *Pointe de Penhir* zuständig.

▶ **Pointe de Penhir**: Das 70 Meter hohe, gespaltene Felskliff aus hellem Granit ist eines der aufregendsten bretonischen Kaps. Wellen tosen, in Felsschluchten gurgelt tief unten grünes Wasser, in kleinen Buchten schäumt wütende Gischt. Der zerklüfteten Spitze vorgelagert sind die *Tas de Pois* (Erbsenhaufen), drei harmonisch kleiner werdende Felsklötze im Meer, einem flüchtenden Zyklopen nachgeworfen.
Gemeinsam mit den *Tas de Pois* ist die Landspitze ein Vogelschutzgebiet, markiert durch ein Denkmal für die Toten der Armee von Général de Gaulle. Nach einem kurzen Spaziergang vergrößern dankenswerterweise einige fest installierte Ferngläser die Höhepunkte des Panoramas: In der Ferne die Striche der Inseln *Ouessant* (Nordwest) und *Sein* (Südwest), im Süden das *Cap Sizun* mit der *Pointe du Raz*. Der vorspringende Punkt im West-Finistère ist die *Pointe de St. Mathieu*, die nahe *Pointe de*

Toulinguet liegt gleich links, auf der anderen Seite sehen Sie die *Pointe de Dinan* und das *Ziegenkap*. Der östlich unterhalb anschließende *Plage de Veryac'h* ist ein langer Sandstrand mit modernem Thallassozentrum im Stil der bretonischen Postmoderne, die Erhebung im Inland der *Menez-Hom*.

Je nach Mut, Geschick und Schwindelfreiheit darf auch geklettert werden - besonders auf der Südseite des Kaps erlaubt der Fels das Eindringen in eine Welt, in der die Strudel mit unwiderstehlichem Sog am nackten Stein nagen. Und das Meer hat seine Gefährlichkeit nicht verloren: 1990 zierte ein havarierter Schiffsleichnam eine Aushöhlung der Pointe de Penhir - rostig-grüner Wasserschaum und ein zerfressenes Eisenskelett zwischen dem stoischen Granit.

Tas de Pois - der Erbsenhaufen

Crozon *(ca. 7900 Einwohner)*

Im Sommer ist Crozon zu den Geschäftsöffnungszeiten ohnehin immer gut besucht, am Markttag aber quellen die Sträßchen gänzlich über, wird das Vorwärtskommen nicht nur für die plötzlich zahlreich herumkurvenden Kraftfahrzeuge zur Geduldsprobe. Der Hauptort der Halbinsel, zwei km landeinwärts vom Atlantik, ist für Touristen hauptsächlich wegen seines Warenangebots, der Verkehrsanbindung und seiner kleinstädtischen Infrastruktur interessant - hier residiert auch das zentrale Office de Tourisme für die gesamte Halbinsel. Außerdem schmeckt ein Kaffee nach einem Einkaufsbummel oder einem Küstenausflug in dem alten Städtchen mit den engen Gassen besonders gut. Ein Stück Kultur, das wesentlichste der Halbinsel, bietet die *Ortskirche* mit einem Altarretabel, das in Thematik und Ausführung wohl konkurrenzlos dasteht.

- *Postleitzahl*: 29160
- *Telefonvorwahl*: 98
- *Information*: Informationsstelle für die gesamte Halbinsel im großzügigen Maison de Tourisme, außerhalb des Zentrums an der Durchgangsstraße am Großparkplatz/Bushaltestelle. Vom 1.7. - 15.9. Montag bis Samstag 9 - 20 Uhr, Sonntag 9.30 - 13 Uhr, nach dem 15.9. Montag bis Samstag 9 - 12.30 und 14 - 18 Uhr. Boulevard de Pralognan, Tel. 261 718.
- *Verbindung*: **Bus**bahnhof gleich an der D 8 beim Maison de Tourisme; Crozon liegt an den Busstrecken Camaret - Brest und Camaret - Quimper. Werktags mindestens jeweils 4 Busse täglich in alle Richtungen.

Diverses

• *Einkaufen*: Crozon ist - siehe oben - das Einkaufsparadies der Halbinsel. Supermärkte, Einzelhandel, alles da.

• *Fahrradverleih*: Räder gibt es bei **Cycles Failler**. Stundenweise, halbtages- und tagesweise (vormittags billiger), am Wochenende, zu Einzel- oder Familientarifen. Preisbeispiel: Erwachsener pro Tag 30 DM, das Wochenende 50 DM. Rue de Poulpatré, Tel. 270 635. Zu denselben Konditionen arbeitet **Nature et Evasion** am Boulevard de la France Libre, Tel. 262 211.

• *Markt*: Das ganze Jahr über am Samstag bis in den späten Nachmittag.

• *Parken*: Am problemlosesten neben der D 8 beim Maison de Tourisme.

• *Reiten*: Ferme de Lescoat, Stunde 23 DM. Route du Fret, Tel. 271 749.

• *Tennis*: Spielen wie Steffi; der Tennisclub von Crozon vermietet Courts und führt Kurse durch. Route du Loc'h, Tel. 272 487.

• *Veranstaltungen*: Im Juli und August ist das Veranstaltungspaket der Halbinsel prallvoll; Konzerte, Regattas, Son et Lumière, Strandclubfeten, Ausstellungen, organisierte Rad- und Fußausflüge. Ausführliche Informationen bei den Touristenbüros.

• *Wassersport*: Siehe Morgat.

Übernachten/Camping

** **Hotel le Moderne**: Ein Glied der Logis-de-France-Kette unterhalb von Tourist-Info/Busbahnhof in der Nähe der Post. 37 ordentliche Zimmer mit TV und Direkttelefon hinter einer einfachen Fassade, dazu ein rustikales Restaurant. Tiere erlaubt. DZ nach Standard 50 - 100 DM, HP pro Person 60 - 80 DM. Ganzjährig geöffnet. Rue Alasace Lorraine 61, Tel. 270 010.

• *Camping*: *** **Les Pins**; südwestlich von Crozon neben der D 308 (am Intermarché vor Crozon ab; Anfahrt beschildert). Schattiges Waldgelände (Pinienwäldchen), triste Sanitäranlagen, u. a. Gasservice, Spielplatz, Lebensmittel, Restaurant, aber kein Strand. Erwachsene 4,50 DM, Kinder 3 DM, Auto 2 DM, Platz 5 DM, Hund 1,50 DM, Elektrik 3,50 DM. 120 Stellplätze. Geöffnet vom 5.6. - 15.9. Route de Dinan, Tel. 272 195.

*** **La Plage de Goulien**: Beim gleichnamigen Strand; zum Teil Schatten, Laden, Waschmaschine und kleiner Kinderspielplatz. Erwachsene 6 DM, Kinder die Hälfte, Auto 2 DM, Wohnmobil 6 DM, Elektrik 5,50 DM. 90 Stellplätze. Geöffnet vom 5.6. - 15.9. Kèrnavéno/Crozon, Tel. 271 710.

** **Pen Ar Menez**: Der stadtnächste Platz in der Nähe des Maison de Tourisme neben der D 8 oberhalb des Zentrums. Fahrradverleih. Erwachsene 4,50 DM, Kinder 2,70 DM, Platz 3 DM, Auto 2 DM. 130 Stellplätze. Geöffnet 16.6. - 15.9. Argol, Tel. 271 236.

Sehenswertes

Kirche: Die Ortskirche am Marktplatz ist seit Jahrhunderten der Aufbewahrungsort eines typischen Exemplars "bäuerlich"-bretonischer Kirchenkunst. Im Jahr 1603 wurde mit Begeisterung und viel Phantasie die einzigartige *Altarwand* geschnitzt und bemalt: 400 Figuren auf 29 Tafeln stellen das Martyrium von 10.000 christlichen Legionären auf dem Berg Ararat dar, die auf Befehl Kaiser Hadrians wegen ihres Glaubens gekreuzigt oder in Dornbüsche geworfen worden waren. Bunt, naiv und in der Aussage kompromißlos - wahre Gläubige erdulden für ihren Gott alle Qualen, denn das Paradies wird ihnen sicher sein.

Morgat

In Morgat blickt der Tourismus auf seine längste Geschichte auf Crozon zurück: Der Großunternehmer ARMAND PEUGEOT, der Nachwelt bekannt durch die gleichnamige Automobilmarke, rief gegen Ende des 19. Jh. in dem seinerzeit windigen Fischerdörfchen einen Verein zur Förderung des Fremdenverkehrs ins Leben. Eine wagemutige Entscheidung, da Morgat, tatsächlich noch am Ende der Welt, nur mühsam erreichbar war und den ärmlichen Standard eines abgelegenen Fischerdorfs zu bieten hatte. Der Mann hatte nicht nur bei Kraftfahrzeugen Weitblick: Heute ist Morgat mit seinem großen Strand und den mannigfaltigen Wassersportmöglichkeiten die erste Badeort-Adresse der Halbinsel.

Direkt an Crozon angrenzend, hat sich das kleine Morgat seine Eigenständigkeit bewahrt. In einer tief eingeschnittenen Bucht der Steilküste, beherrscht vom *Beg Ar Gador*, dem schützenden Felskap im Süden, liegt der von kleinen Wäldchen umgebene Ort hinter seinem langen Strand. Am Südrand der Bucht unter dem Kap der große Yachthafen; Fischerboote laufen ein und aus, doch den Verkehr beherrschen im Sommer die Ausflugsboote zu den Grotten von Morgat.

- *Postleitzahl*: 29160 Crozon-Morgat
- *Telefonvorwahl*: 98
- *Information*: Office de Tourisme in einem kleinen Häuschen an der Straße von Crozon nach Morgat, nach einer Tankstelle rechts. Im Juli/August Montag bis Samstag 9 - 19, Sonntag 9 - 12 Uhr. Vom 1.9. - 15.9. Montag bis Samstag 9.30 - 12 und 14 - 18 Uhr. Boulevard de la Plage, Tel. 270 792.
- *Verbindung*: Der Busbahnhof von Crozon (s. o.) ist die nächste Anschlußstelle an den öffentlichen Verkehr.

Diverses

- *Bootsausflug*: Mehrere Veranstalter tuckern zu den **Grottes Marines** de Morgat. Gezeitenabhängige Abfahrt von Mitte Juni bis Ende August, die Besichtigungsfahrt dauert 45 Minuten, angelaufen werden vier Grotten. Erwachsene 15 DM, Kinder von 4 - 10 Jahre 10 DM. Außerdem im Angebot unregelmäßige Ausflüge um das **Cap de la Chèvre**. Eine Adresse: Vedettes Sirènes, am Hafen, Tel. 272 250. In der Nebensaison in Crozon, Rue Amiral-Linois, Tel. 272 250.
- *Fahrradverleih*: In Crozon. Siehe dort.
- *Veranstaltungen*: Morgat ist an das Sommerprogramm der Halbinsel angeschlossen. Einzelheiten siehe Crozon/Veranstaltungen.
- *Wassersport*: **Club Nautique CNCM**, Tel. 270 198, und der **Point Passion Plage**, beide am Plage de Morgat, halten die Wassersportfäden in ihren Händen. Die gesamte Palette inkl. Fall- und Gleitschirmfliegen.
- *Yachthafen*: 585 Yachten finden Unterschlupf im geräumigen Port de Plaisance von Morgat, dem größten der Halbinsel. Verschmutzte Crews finden löbliche sanitäre Anlagen, ansonsten übliche Einrichtungen. Tel. der Capitainerie 270 197.

Übernachten

** **Hotel la Ville d'Ys**: Der Riese von Morgat neben dem Quai Kador auf dem Weg zum Hafen. Mit Restaurant. 42 Zimmer. DZ 70 - 125 DM, HP pro Person 75 - 100 DM, Frühstück 12 DM. Geöffnet von Ostern bis 15.10. Port de Morgat, Tel. 270 649.

* **Hotel le Julia**: Bei der Schule an der Strandpromenade ein Stück landeinwärts. Im robusten Landhausstil mit Restaurant. 25 Zimmer in unterschiedlichstem Standard. DZ 53 - 85 DM, HP 65 - 80 DM. Ganzjährig geöffnet. Rue de Tréflez 43, Tel. 270 589.

* **Hotel de la Baie**: Eine einfache Unterkunft am zentralen Place d' Ys hinter dem Strand. Ohne Restaurant. 25 Zimmer, DZ mit Dusche 65 - 100 DM, Frühstück 8,50 DM. Geöffnet von Ostern bis 30.9. Boulevard de la Plage, Tel. 270 751.

* **Hotel les Grottes**: An der Verbindungsstraße von Morgat nach Crozon. Mit Restaurant. DZ mit Waschbecken 50 DM, mit Bad/WC 80 DM, Frühstück 10 DM. Boulevard de la Plage, Tel. 271 584.

- *Camping*: siehe Crozon/Camping.

Sehenswertes

Grotten (Les Grottes de Morgat): Ein Bootsausflug zu den Felsgrotten nördlich und südlich der klassisch-halbrunden Bucht zählt zum festen Programmpunkt eines ausgedehnteren Morgatbesuchs; die größte und beeindruckendste Wasserhöhle, die *Grotte de l'Autel*, wurde vom Atlantik 15 m hoch und 80 m lang in den Fels der Steilküste getrieben und löst von den vier angelaufenen Grotten bei den Passagieren die meisten Ahs und Ohs aus. Die aus dem Wasser aufragenden Felsen im Inneren gaben ihr den Namen "Altargrotte". Die sogenannten *Kleinen Grotten* in den Felsen zwischen dem großen Strand und dem von Portzic können bei Ebbe zu Fuß aufgesucht werden - ein schöner Spaziergang.

Baden

Plage de Morgat: Direkt vor Morgat breitet sich der große Hauptstrand aus. 900 m lang, von den Felsen der Bucht von Morgat begrenzt, bei Flut bleiben noch bis zu 30 m feinster Sand. Volle Strandinfrastruktur von der Umkleidekabine über das Strandzelt zum Kinderclub.

Plage de Portzic: Gleich nebenan in einer 200 m langen Felsausspülung, bei Flut bleibt ein bis zu 10 m langer Sand-/Kiesstreifen. Kinderfreundlich. Über Treppen vom hochgelegenen Parkplatz zum Strand hinab.

Aussichtspunkte um Morgat/Crozon

▶ **Pointe de Dinan**: Die Pointe de Dinan ist die Landspitze mit dem üblichen Panorama, doch die eigentliche Attraktion ist das *Château de Dinan* kurz vor dem Kapende. Eine während der Flut durchspülte Natursteinbrücke erlaubt den Übergang auf den Steinklotz im Meer, einer zyklopischen Burgruine ähnlich. Hier lebten nach Auskunft des Volksmunds einstmals barbarische Riesen, die sich bevorzugt von Seefahrern ernährten und deren einzige ernsthafte Widersacher die Korrigans waren. Zwerge, die ihren Wohnsitz an der Steilküste bei Morgat in der Grotte der Korrigans hatten. Der Aufenthalt auf dem legendenumwobenen Felsschloß ist reizvoll. Kleine Spaziergänge, kurze Klettertouren oder ein Picknick an einer windgeschützten Stelle lassen die Zeit wie im Flug verstreichen. Festes Schuhwerk oder Turnschuhe sind auf den schmalen Pfaden und im Fels hilfreich.

▶ **Cap de la Chèvre**: Namenswirrwarr - das französische Ziegenkap leitet sich vom bretonischen *c'hawr* (Ziege) ab, doch weder hat die Landzunge die Form einer Ziege noch weiden hier welche. Nein, hier lebte in grauer Vorzeit der böse Riese KAWR, was aber die französischen Besetzer nicht wußten oder ignorierten. Auf die Pinienwäldchen um Morgat folgt Heideland, kurz vor dem Kap duckt sich links der Straße der Weiler *Rostudel* in die Heide - die niedrigen zusammengedrängten Granithäuschen lassen erahnen, wie abgeschieden und bescheiden das Leben hier noch vor einigen Jahrzehnten war. Und dann das Ziegenkap, ein steil abfallendes Kliff am Ende des Festlands mit Rundumblick: Imposante 100 m stehen Sie über dem glitzernden Meeresspiegel und sehen bei klarem Wetter die nahe *Pointe de Penhir*, die Pointe *du Van*, die vorbleckende *Pointe du Raz* auf der Halbinsel Sizun und weit draußen den Strich der *Ile Sein*.

Telgruc sur Mer

Knapp drei Kilometer sind es vom Dorf zur Küste, doch weil der Strand von *Trez-Bellec* zum Gemeindegebiet gehört, versteht sich der Ort, Domizil zahlreicher Ferienwohnungen, als Badeort. Am *Trez-Bellec-Plage*, besonders bei Surfern beliebt, läuft die Straße auf einem Damm direkt hinter dem Strand der kleinen Bucht, damit das Wassersportzubehör nicht so weit getragen werden muß. Verglichen mit dem *Plage de l'Aber* unterhalb von *Tal Ar Croaz* - die nächste Bucht nach Nordwesten - ist der Strand von Trez-Bellec weniger spektakulär. Ein Flüßchen mit dem simplen Namen *Aber* mäandriert sich dort durch die Mitte der Bucht zu den Stranddünen des Schwemmlandgebiets. Wer Ruhe sucht, kann sie dort finden, z. B. auf dem erhöht gelegenen Campingplatz.

• Postleitzahl: 29560
• Telefonvorwahl: 98
• Information: In der Ortsmitte, Tel. 277 806.
• Fahradverleih: Beim Centre Nautique am Trez-Bellec-Strand.
• Reiten: Centre Equestre de Luzéoc, Tel. 277 168.
• Wassersport: Das Centre Nautique de Telgruc hat sein Domizil ganzjährig am Strand von Trez Bellec. Kurse für Kinder und Erwachsene, Anfänger und Fortgeschrittene und Verleih von Segel- und Surfgerät. Preisbeispiel: Surfen - 1 Lektion etwa 40 DM, 5 Lektionen etwa 170 DM. Tel. 273 383.

Camping

• bei Trez-Bellec: **** **Le Panoramique**; an der Straße von Telgruc zum Trez-Bellec-Strand. Hotel de Plein-Aire nennt sich der Platz stolz - zurecht. Eine gehobene Anlage mit touristischer Rundum-Struktur für Freunde des gepflegten Zeltens. Service wird groß geschrieben. Erwachsene 7 DM, Kinder die Hälfte, Platz 10 DM, Auto und Hund je 3 DM, Elektrik 7 DM. 173 Stellplätze. Geöffnet vom 15.5. bis 15.9. Tel. 277 841.

** **Armorique**: Auf der anderen Straßenseite. Gespanne Achtung: steile Anfahrt, steile Verbindungswege zu den einzelnen Terrassen des Platzes. 1 km Luftlinie zum Strand, der vom Platz aus nicht zu sehen ist - hohe Bäume spenden Schatten und verbergen das Meer. Vom Areal her angenehm. 1990 wurde der Platz mit seinen heruntergekommenen Sanitärs von einem agilen Familienvater und Selfmademan übernommen, der sich an die Ausgestaltung gemacht hat und seit 1991 einen frischen Camping präsentiert - neue Sanitärblocks, Bar etc. Fahrradverleih, Tennis, Spielsalon, Wohnwagenvermietung. Erwachsene 4 DM, Kinder 3 DM, Platz 5,20 DM, Auto 2,30 DM, Elektrik 4 DM. 170 Stellplätze. Geöffnet vom 15.5. - 15.9. Tel. 277 733.

** **Les Mimosas**: Der erste der vier Plätze an der Straße von Telgruc hinunter zum Strand von Trez-Bellec. Blick wahlweise auf die umgebenden Wohnhäuser oder einen Zipfel des Meers weit unten. Hecken. Erwachsene 5,30 DM, Kinder 4 DM, Platz 4 DM, Auto 1,70 DM, Elektrik 3 DM. 50 Stellplätze. Geöffnet vom 15.3. bis 15.10. Tel. 277 606.

** **Pen Bellec**: Blasses, schattenloses Wiesengelände neben dem Centre Nautique an der Straße, der Surferstrand direkt vor der Haustür. Erwachsene 3 DM, Kinder 2 DM, Auto 1,50 DM, Platz 3 DM, heiß duschen 1 DM, Elektrik 3 DM. 50 Stellplätze. Geöffnet vom 15.5. - 20.9. Tel. 273 187.

• bei Tal Ar Groaz: ** **de l'Aber**; nordwestlich von Telgruc sur Mer oberhalb des Aber-Strandes. Bei Tal Ar Groaz meerwärts auf der D 887. Üblicher 2-Stern-Normplatz neben der Straße in Hanglage mit gigantischer Sicht über die Bucht. Mit Bar und Restaurant. Person 5 DM, Kind 2,70 DM, Platz 4,30 DM, Auto 2 DM, Elektrik 4 DM, Hund 3 DM, Besucher 1,60 DM. 100 Stellplätze. Tel. 270 296.

St. Nic *(ca. 750 Einwohner)*

Klingt fast so flott wie St. Trop, doch die beiden Badeorte trennen Welten. Badezone der bäuerlichen Landgemeinde ist *Pentrez-Plage*, ein selbstständiger Ortsteil mit Bar, Hotel-Restaurant und einigen Campingplätzen. Versorgungszentrum ist *Plomodiern* mit seinem Ecomarché. Für St. Nic selbst bleibt außer einer Diskothek und einem gelungenen Kirchturm schier nichts, und frivole Glitterwelt um den Kirchenplatz fehlt im Gegensatz zu St. Trop völlig.

Landidylle bei St. Nic

Angemerkt sei, daß da, wo heute die Häuser St. Nics stehen, in längst vergangenen Zeiten eine zentrale Kultstätte der keltischen Druiden war. Was St. Trop von sich nicht behaupten kann. Der Strand zieht sich von Pentrez-Plage bis *Lestrevet* über die ganze lange Bucht - 4 km Sand, bei Ebbe ist es weit zum Wasser, bei Flut dringt das Naß bis zur Straße vor.

• *Wassersport*: Der Club Nautique de Plomodiern verleiht am Pentrez-Strand Wassersportzubehör zu - zum Teil - recht günstigen Preisen. Surfbrett oder Kajak auch in der HS 15 DM pro Stunde.

Camping

Vier Plätze nebeneinander am Ortsausgang von Pentrez-Plage, gleich hinter der Straße etwa 20 m hinter der Strandzone. Der erste ein Dreisterner, die nächsten standardgleiche 2-Sternplätze mit ähnlichem Gelände - hohe Hecken grenzen die Rasengelände ab und parzellieren sie ein wenig, einfache Sanitärs dienen der Hygiene.

*** **Ker Ys**: Ein mauerumfaßtes Grundstück am Nordrand von Pentrez-Plage. Gut ausgestattet mit modernen Sanitärs (Warmwasser auch im Waschbecken), Waschmaschine, kleiner Bibliothek, Kinderspielplatz und Spielraum. Erwachsene 4,30 DM, Kinder 2,70 DM, Platz 4,50 DM, Auto 2 DM, Wohnmobil 7 DM, Elektrik 3 DM. 130 Stellplätze. Geöffnet vom 1.5. - 15.9. Tel. 98/265 395.

** **Le Manoir de Kervangard**: Daneben, langgezogen und schmal für 100 ganz passable Stellplätze, einfache, doch brauchbare Sanitärs. Erwachsene 4 DM, Kinder 2 DM, Platz 3 DM, Auto 1,70 DM, Motorrad 1,30 DM, Wohnmobil 5 DM, Elektrik 3 DM. Geöffnet vom 1.5. - 30.9. Tel. 98/265 248.

** **Tamaris**: Gleich daneben. Sehr ähnlich, auch preislich, etwas kleiner: 70 Stellplätze. Geöffnet vom 1.5. - 15.9. Tel. 98/265 375.

** **Menez Bichen**: Daneben. Das größte Areal mit 280 Stellplätzen. Aufgrund seiner offen dargebotenen Größe das einfallsloseste Gelände und fast schattenlos. Selbes Preisniveau wie die 2-Stern-Nachbarn. Geöffnet von Ostern bis 30.9. Tel. 98/265 082.

• *Campings bei Lestrevet*: Am Ostende der Bucht von Pentrez, beim Streudörfchen Lestrevet, sind eine Reihe weiterer Plätze.

*** **L'Iroise**: Gepflegtes 2,2-ha-Areal 200 m vom Strand mit Meerblick. Neben der regulären, ordentlichen Ausstattung Mobil-Home-Verleih und Photodepot - Dias in 48 Stunden.

Nette Bar (Frühstück 8 DM). Erwachsene 5,30 DM, Kinder 2,70 DM, Platz 6 DM, Auto 2 DM. 132 Stellplätze. Geöffnet von Ostern bis 30.10. Plage de Pors Ar Vag, 29127 Plomodiern, Tel. 98/815 272.

** **Goulit Ar Guer**: Die auch preislich etwas schlichtere Alternative gleich oberhalb von L'Iroise, aber teilweise schattig und ebenfalls mit kleinem Laden. 100 Stellplätze. Geöffnet von Ostern bis 1.10. Tel. 98/815 271.

Halbinsel Crozon / Umgebung

▸ **Menez Hom**: Einsam und kahl, nur flankiert von zwei niedrigeren Kuppen, ragt der letzte Ausläufer der *Montagnes Noires* einige Kilometer hinter dem Atlantik auf. Der mit satten 330 m höchste Berg weit und breit bietet eine entsprechende Rundsicht, die von einem großen Publikum dankbar genossen wird. Eine Orientierungstafel erlaubt die Identifizierung der Bretagne zwischen der *Pointe de St. Matthieu* und dem Südende der *Bucht von Douarnenez* sowie der markanten Punkte im weiten Hinterland.
Mythisches: Auf seiner Flucht aus dem versinkenden Ys (siehe Douarnenez/Kasten Ys) ritt König Gradlon auf die Erhebung, löschte eigenhändig die Feuer der bis dahin hier oben aktiven Druiden und ließ postwendend eine Kapelle auf dem Gipfel errichten - der Menez Hom, der dem bretonischen Himmel am zweitnächsten ist, ist mehr als eine einfache Hügelkuppe.

▸ **Kapelle Ste. Marie-du-Menez-Hom**: Im Schatten des Menez-Hom unterhalb der Hügelkuppe stürmt der Turm des dunklen Kirchleins dem Himmel entgegen. Ein Tor führt in den ulmenbeschatteten Pfarrbezirk mit dem verstümmelten *Calvaire* (1544), dessen zwei Schächerkreuze fehlen. Im Inneren sind die geschnitzten Deckenbalken (16. Jh.) mit Tieren und Geschichten geschmückt, doch Prunkstück ist die bilderfreudige *Altarwand*. Das flächendeckende Altarretabel (18. Jh.) an der Ostmauer wurde frisch restauriert, was auch dringend nötig war. Finanziert vom Komitee zur Rettung der Kapelle, strahlen seitdem die Apostel in neuem Glanz. Den Schlüssel erhalten Sie bei Bedarf in dem gegenüberliegenden Gasthaus.

▸ **Ste. Anne-la-Palud**: Einsam steht die große, graue Kapelle aus dem letzten Jahrhundert an einer Wiesenfläche hinter dem Dorf gleich vor den Dünen der Küstenlinie - untrügliche Indizien für einen großen Pardon.
Und in der Tat - der Pardon von Ste. Anne ist eine der bedeutendsten bretonischen Feierlichkeiten, die sich zu einem touristischen Muß entwickelt hat. So mengen sich am Festtag zwischen den einheimischen Trachten und Kirchenbannern zahllose Amateurfotografen auf der Jagd nach einem "*motif folklorique*".
Eine eher unscheinbare, angemalte *Granitstatue der hl. Anna* (16. Jh.) ist das jährliche Ziel Tausender von Pilgern, die schon am Samstag die Messe besuchen, bevor sie sich abends zu einer Lichterprozession sammeln. Das Programm der nächsten Tage (bis Dienstag) ist ähnlich: Gottesdienste und der feierliche Großumzug als Abschluß der Großwallfahrt.

• Pardon: Am letzten Augustsonntag große Wallfahrt zu Ehren der Hl. Anna.

Die Großmutter von Jesus Christus

Ste. Anne ist die Schutzheilige der gesamten Bretagne, ihr sind zahlreiche Kirchen geweiht, vor ihren Altären und Statuen im ganzen Land brennen besonders viele Kerzen. Warum? In den Adern von Jesus floß - natürlich - bretonisches Blut. Anna, die Mutter der Jungfrau Maria, war nach bretonischer Überlieferung eine waschechte Bretonin, eine Prinzessin der Landschaft Cornouaille, die mit einem maßlos eifersüchtigen Mann verheiratet war, der seine Frau nicht einmal mit eigenem Nachwuchs teilen wollte. Als sie dennoch in andere Umstände kam, befürchtete der Himmel von dem unbeherrschten Triebmenschen offenbar Schlimmes: In Nullzeit wurde die Schwangere von Engeln nach Nazareth versetzt, wo sie ihre Tochter Maria gebar, die später bekanntermaßen den Tischler Joseph heiratete. Nach der Geburt kehrte sie in die Heimat zurück und durfte viele Jahre später sogar ihren Enkel in der Bretagne begrüßen. Bevor Jesus nach Jerusalem einzog, so eine ganz ausgefallene Variante, hatte er noch eine kurze Stippvisite zu seiner Großmutter unternommen.

Vermutlich kam die Verehrung der Anna über zurückkehrende Kreuzritter aus dem Heiligen Land ans Ende der Welt und fiel sofort auf fruchtbaren Boden. Herzogin Anne war natürlich vom aufkommenden Annenkult begeistert und unterstützte ihn nach Kräften. Seitdem ist Ste. Anne ebenso wie ihre Tochter etlichen gläubigen Bretonen erschienen, um sie durch ein Wunder darauf aufmerksam zu machen, daß sie hier gerne eine Kirche hätte.

PS: Diese gern erzählte Version der Biographie der Hl. Anna hält die Bretonen nicht ab, ihren namentlich bekannten Macho-Gatten zu verehren: In der Wallfahrtskirche Ste.-Anne-d'Auray flackert auch vor der Statue des Hl. Joachims, immerhin Verursacher ihrer himmlischen Entführung ins gelobte Land, ein Lichtermeer. Und hätte Jesus nicht so einen bösartig-eifersüchtigen Großvater gehabt - er wäre sicher Bretone geworden.

An den Ufern des Atlantiks nördlich und südlich von Ste. Anne-la-Palud locken immer wieder Badefreuden: Fünf akzeptable Strände verteilen sich in beide Richtungen, für Zulauf sorgen hauptsächlich die Gäste der umliegenden Campingplätze.

Camping

Im Norden Ste. Annes, am Ty-Anquer-Plage und am Plage Treguer, liegen drei Plätze - allesamt die gewohnten einfachen 2-Stern-Areale der Küste, wahlweise am Meer oder in zweiter Reihe:

** **Ty Anquer**: Terrassierter Platz auf einem Hügelchen, Hecken separieren das Terrain. Erwachsene 4 DM, Kinder die Hälfte, Platz 4,50 DM, Auto 2 DM, Duschjeton 1,70 DM, Elektrik 4 DM. 60 Stellplätze. Geöffnet vom 15.6. - 15.9. Tel. 98/815 296.

** **La Mer**: Am Ty-Anquer-Plage. Einfaches Gelände mit ebensolchen Sanitärs. Erwachsene 3 DM, Kinder 2 DM, Platz 3 DM, Auto 2,30 DM, Elektrik 4 DM, Duschjeton 1,70 DM. 65 Stellplätze. Geöffnet vom 15.6. - 15.9. Tel. 98/815 294.

** **Treguer**: Weiter südlich am gleichnamigen Strand. Gleiches Preisniveau und gleiche Öffnungszeiten wie der vorherige Platz.

** **St.-Anne-Pilgercamp**: An der Kreuzung D 67 mit der Straße nach Trefeuntec ist - natürlich - der spartanischste der hiesigen Campings. Im Prinzip nur während des Pardons bevölkert. Selbes Preisniveau. 100

Stellplätze. Geöffnet von Ostern bis 15.9., Tel. 98/925 117.

Weitere Plätze am Plage de Kervel zwischen St. Anne-la-Palud und Douarnenez:

**** **International de Kervel**: Ein Campingdorf oberhalb vom Meer und der Ortschaft Kervel, mitten in der Einsamkeit. Recht weit zum Strand, das große Gelände ist so toll nicht, doch voll ausgestattet - der Luxus beginnt bei der holzgetäfelten, mehrsprachigen Rezeption. Erwachsene 7 DM, Kind 4 DM, Hund 3 DM, Platz 12 DM, Auto 4 DM, Elektrik 3 - 6 DM. 250 Stellplätze. Geöffnet vom 15.4. - 15.9, Vollbetrieb vom 15.6. - 15.9. 29550 Plonevez Porzay, Tel. 98/925 154.

** **De la Baie**: Ein Stück unterhalb vom Kervel auf der anderen Sraßenseite; fast schon ein Ferme-Camping mit lauschigen Plätzen auf dem kleinen Gelände - allerdings leicht ansteigend. Erwachsene 4 DM, Kind 3 DM, Platz 4 DM, Auto + Hund je 2 DM, Elektrik 4 DM, Dusche inkl. 80 Stellplätze. Geöffnet vom 1.6. - 30.9. Tel. 98/925 297.

** **Ville d'Ys**: Der meernächste. Flache Terrassen auf einem steilen Hügel direkt über dem langen, breiten Strand und einer Crêperie. Einfach, aber gute Lage.

Côte de Cornouaille

Locronan *(ca. 800 Einwohner)*

Ein bretonisches Musterstädtchen: Weber, Glasbläser, Töpfer, Lederhandwerker in antiqiert gestylten Ateliers bieten im nostalgisch-verzuckerten Granitrahmen handgearbeitete Waren feil. Doch was vermögen sie gegen den Hl. Ronan auszurichten, der sich diesen Ort als letzte Ruhestätte aussuchte: Im 6-Jahres-Rhythmus vereint er Tausende von Pilgern zur Grande Troménie, eine der größten Wallfahrten der Bretagne.

Aber auch die alljährlich stattfindende *Petite Troménie* zu Ehren des Heiligen zieht Scharen von gläubigen und neugierigen Besuchern an, und der Alltag des Städtchens ist sowieso ganz auf weltliche Touristen abgestellt. Das sauber herausgeputzte Locronan mit den vielen freundlich stimmenden Blumenkästen ist eine einzige belebte Fußgängerzone: Touristenautos parken auf Großparkplätzen vor dem Ort, die Kunsthandwerker erfreuen sich regen Zuspruchs, Restaurants und Cafés sind gut besetzt, und ein gedämpftes Gemurmel ist das Hintergrundgeräusch in der Kirche des Hl. Ronan.

Das winzige Locronan mit den hochoffiziellen Auszeichnungen *Petite Cité de Charaktère* und *Un des plus beaux Villages de la France* hält des öfteren als Originalkulisse für Kino- und Fernsehproduktionen her. Dann nimmt auch die Guillotine auf dem Grande Place ihre blutige Arbeit vor den Augen der Neugierigen wieder auf: Philippe de Broca drehte hier *Chouans*, Roman Polanski den Kassenflop *Tess* mit Nastasja Kinski. Kein Neubau stört das miteinander verschmolzene Häuserensemble um den Kirchenmittelpunkt. Nur die Ladenschilder und Verkehrszeichen müssen abgenommen werden, schon ist das braun-graue

Sankt Ronan, o Patron!

Das Ronanlied, zum großen Pardon gesungen, erzählt die Legende eines heiligen Lebens, das sich weniger durch Weisheit und kosmische Liebe auszeichnete als durch wundersame Hau-Ruck-Methoden. Schon mit seinem ersten bretonischen Auftritt bestach der aus Irland eingewanderte Heilige: Auf einem Felsstück, das ihm als Boot diente, steuerte er zum Schrecken der einheimischen Fischer flugs auf die Küste von Léon zu. Beim ersten Bodenkontakt verwandelte sich der Fels übergangslos in einen Schimmel, auf dem Ronan ans trockene Ufer ritt, wo er den verdutzten Augenzeugen erst einmal eine flammende Predigt hielt. Es nutzte nichts - die Leute wollten vom Christentum nichts wissen. Ronan ließ sich in einer Einsiedelei in der Wildnis in der Nähe des heutigen Locronan nieder, wo er wegen seines eigensinnigen Umgangs mit den Naturgesetzen und seines aufbrausenden Wesens eher gefürchtet als geliebt wurde. So schreibt Ernest Renan treffend: "Unter den Heiligen der Bretagne ist niemand origineller als er. Er war mehr Erdgeist als Heiliger. Seine Macht über die Elemente war fürchterlich. Sein Charakter war heftig und ein wenig bizarr; man wußte niemals im voraus, was er tun würde, was er wollte. Man achtete ihn, aber seine Hartnäckigkeit, allein seinen Weg zu gehen, flößte eine gewisse Furcht ein."

Der weitere Inhalt des Ronanlieds ist eine der vielen Hymnen vom Sieg des Christentums über die dunklen heidnischen Mächte, in denen die Wunder des Himmels über die finsteren Ränke der gottlosen Druiden triumphieren:

Ebenfalls im Wald von Nevet, in der Nachbarschaft des Eremiten, wohnte KEBEN, eine böse Hexe, der die Anwesenheit der christlichen Konkurrenz zuwider war. Bei König Gradlon klagte sie Ronan überzeugend wg. Verwandlung in einen Werwolf und des damit verbundenen Mordes an ihrer Tochter an. Der verdächtige Einsiedler wurde zwecks Vollstreckung des Todesurteils in die Hauptstadt Quimper gebracht, wo er von zwei wilden Hunden zerfleischt werden sollte. Als die Bestien den Heiligen jedoch sanft umschnurrten, war es Gradlon klar, daß Ronan unschuldig sein mußte. Als der Eremit gar das von Keben selbst getötete Kind - es fand sich nach seinen Hinweisen in einer Truhe des Hexenhaushalts - wieder zum Leben erweckte, drehte sich wie im Holywood-Prozeß-Film der Spieß um: Das entlarvte Böse, Keben, entging später seiner gerechten Strafe nicht (siehe unten).

Ronans letzter Auftritt war ebenfalls eines irischen Heiligen würdig. Nach seinem Tod in St. Brieuc hätten alle großen Städte der Bretagne gern seinen Leichnam in ihren Kirchen gehabt, doch man kannte den Verstorbenen: Gefiel ihm die getroffene Wahl nicht, war ein Erdbeben wohl die kleinste Katastrophe, die er noch vom Himmel aus anrichten würde, so die übereinstimmende Meinung. Vorsichtshalber wurde der Tote auf einen von zwei Ochsen gezogenen Karren gelegt, damit er selbst seinen letzten Ruheplatz aussuchen konnte. Nach einigen Tagen wurde klar, daß das Ziel des Leichengespanns die alte Einsiedelei Ronans in den Wäldern der Cornouaille sein mußte. Am Ostersonntag erreichte die Prozession, die dem Wagen folgte, das Grundstück der Keben, die gerade den Feiertag mißachtete und ihren Waschtag hatte. Fröhlich sang sie ein Spottlied über ihren verblichenen Erzfeind, der tot und scheinbar wehrlos an ihr vorbeirumpelte. Doch als die Ochsen den Leichnam mitten durch ihre Wäsche zogen, schlug ihre Häme in Wut um. Keifend und den Toten bespuckend schlug sie mit dem Waschholz einem Zugtier ein Horn ab, und das Maß war endgültig voll: Auf der Stelle wurde sie von der Hölle verschlungen - das Kreuz der Keben bezeichnet den Ort, an dem die Erde sich öffnete. Vor diesem Kreuz bekreuzigt sich kein Bretone.

Nach diesem Zwischenfall trotteten die Ochsen noch ein Stück in die Wildnis und hielten schließlich an. In einer ganz phantastischen Schlußversion versteinerte das Gespann und wurde zur ersten Grabkapelle Ronans. Ein anderer, nüchterner Schluß berichtet, daß an dieser Stelle eine Kapelle gebaut wurde.

Fußgängerzone Locronan

Granitstädtchen, seit dem 17. Jahrhundert einschließlich Kopfsteinpflaster baulich nicht mehr verändert, ein mustergültiger Hintergrund für Mantel- und Degenfilme aller Art.

Das Handwerk, heute von Touristen am Leben erhalten, hat Tradition in Locronan: 400 Webstühle schnurrten hier einst und lieferten begehrtes Segeltuch und Leinen, bis der Beginn der Industriellen Revolution mit dem Aufkommen der Manufakturen den Anfang vom Ende des Wohlstands markierte. Die Dampfschiffahrt machte schließlich die letzten verbliebenen Weber arbeitslos, die jetzigen Kunsthandwerker siedelten sich erst in den letzten Jahrzehnten wieder an.

Höhepunkt des Gästestroms ist die *Troménie* (*Tro minihy* = Weg um das Kloster), bei der in der Neuzeit Schaulustige und Pilger verschmelzen. Bei der kleinen Troménie pilgern die Wallfahrer die 5-km-Strecke, die

Ronan jeden Morgen betend abschritt - natürlich zu jeder Jahreszeit barfuß. Die große Troménie im 6-Jahresrhythmus, die den langen Weg nachvollzieht, den der Heilige am sechsten Tage ging, ist eine der größten Wallfahrten der Bretagne. Am Samstag abend bereitet das feierliche "Mysterium des Hl. Ronan" mit über 100 kostümierten Mitwirkenden auf die fünfstündige Wallfahrt vor. Tags darauf bewegt sich der festliche Zug mit Bannerträgern, hoher Geistlichkeit, der zerbeulten Messeglocke des Heiligen und seinen Reliquien auf 12 Kilometern zu den 12 Stationen um den Berg. Gute Kondition ist unbedingt empfehlenswert: Das letzte Stück zur zehnten Station auf dem *Hügel des Horns* - hierhin flog das von KEBEN abgeschlagene Horn des Ochsen - wird im Eilschritt zurückgelegt, bevor nach der kurzen Schlußpredigt des Bischofs der lange Heimweg angetreten wird. Die letzte Station beider Troménies vor dem Einzug in Locronan ist das unheilige *Kreuz der Keben*, das einzige, vor dem sich nicht bekreuzigt wird (siehe Kasten St. Ronan).

- *Postleitzahl*: 29180
- *Telefonvorwahl*: 98
- *Information*: Kleines Office de Tourisme im alten Gemäuer beim Rathausplatz; kompetente mündliche Auskünfte, Prospekte, Zimmervermittlungslisten und, gegen Gebühr, aufschlußreiches Hintergrundmaterial über Stadt und Kirche. Ein kleines angeschlossenes Museum zeigt bretonische Motive und alte Locronan-Photographien (4 DM). Geöffnet von 10 - 19 Uhr. Place de la Mairie, Tel. 917 014. In der Vor- wie in der Nachsaison sind Auskünfte und verbliebenes Material im Rathaus erhältlich, Tel. 917 005.

Diverses

- *Einkaufen*: Die Erzeugnisse des örtlichen Kunsthandwerks werden in den Artisanats zum Kauf angeboten. Handweber, Seidenmaler, Schnitzer, Schuster, Töpfer produzieren bretonische Keramik, Heilige aus Holz, klassisch-verspielte Stickereien, moderne Ledermodelle u.v.m.
- *Fahrradverleih*: **Roue Libre** verleiht beim O.T. seine Velos; halber Tag 17 DM, ganzer 30 DM. Auch die Organisation von Ausflügen hoch zu Stahlroß gehört zum Aufgabenbereich der Agentur. Tel. 917 171.
- *Feste*: Im Juli und August Festival der klassischen Musik. Ganzjährig Sakralmusikkonzerte in der St. Ronankirche. Auskünfte und Kartenbestellungen beim hiesigen Touristenbüro oder dem in Douarnenez.
- *Pardon*: Jährlich am 2. Julisonntag wird die kleine Troménie begangen. Große Troménie alle 6 Jahre am 2. und 3. Julisonntag. Die nächsten finden 1995 und 2001 statt.
- *Parken*: Aus Richtung Douarnenez kommend für 3 DM auf dem Großparkplatz vor dem Ort. Wir zitieren: "Die Parkgebühren sind Ihre Beteiligung an der Erhaltung der Landschaft, um unser Erbgut zur Geltung zu bringen, und an der Verbesserung des Empfangs der Besucher. Der Gemeindevorstand dankt Ihnen für Ihr Verständnis." Die Ortsdurchfahrt ist für Nicht-Anlieger gesperrt.

Übernachten/Camping/Essen

** **Hotel de Prieure**: 14 Zimmer zentral im Ort. Sanitär gut ausgestattet. Garten und gemütliches Restaurant (Menu 20 - 65 DM, Kindermenu ab 10 DM). DZ mit Dusche/WC 80 DM, mit Bad/WC 100 DM. Ganzjährig geöffnet. Tel. 917 089.

** **Hotel Bois du Névet**: Außerhalb der Stadtumfriedung; 33-Zimmer-Hotel mit guter Sanitärausstattung, Garten und gutbürgerlichem Restaurant. DZ 70 - 170 DM, HP 70 - 100 DM, VP 100 - 130 DM, Frühstück 10 DM. Route du Bois du Névet, Tel. 917 067.

- *Camping*: ** **Municipal**; großzügiges Wiesengelände mit schönem Blick hinter dem östlichen Ortsende von Locronan (Anfahrt beschildert). Erwachsene 2,70 DM, Kinder die Hälfte, Platz 2,10 DM, Auto 1,60 DM, Duschjeton 1,70 DM. 155 Stellplätze. Geöffnet vom 1.6. - 30.9. Tel. 918 776.
- *Essen*: **Restaurant au Fer à Cheval**; mittig am Kirchplatz; das frühere Hotel hat auf voll auf Speisen umgestellt. Atmosphäre wie aus dem Film "Die drei Musketiere". Menus 25 - 50 DM. Place de l' Eglise, Tel. 917 074.

Sehenswertes

Kirche St.-Ronan: Im Jahr 1031 ließ ein bretonischer Herzog an der Stelle der ersten Grabkapelle eine romanische Kirche errichten, die 1420 einem christlichen Renommierprojekt weichen mußte. Die Herzöge der Bretagne finanzierten den neuen Bau, königliche und herzogliche Erlasse zur Beteiligung am Salzgewinn der Halbinsel Guérande stellten neben den Einnahmen aus Pilgerbörsen bis zur Revolution den Wohlstand der florierenden Großwallfahrtsstätte sicher. Die Eignungsberechtigten - das hiesige Benediktinerkloster und die Zunft der Weber - profitierten gleichermaßen vom Wohlwollen des hohen Adels und der Frömmigkeit des Volks.
In einem Guß wurde die Kirche des St. Ronan zwischen 1420 und 1480 hochgezogen - vollendete bretonische Spätgotik in dunklem Granit. Aber man war nicht ganz zufrieden. 1485 erhielt der Werksmeister der Kathedrale zu Quimper den Auftrag, im Süden der Ronan-Kirche eine Kapelle anzubauen, zum Kirchenschiff weit geöffnet und würdig für das Grab des Heiligen. PIERRE LE GOARAGUER zeigte sich dem Vorhaben gewachsen, 30 Jahre nach Auftragseingang war Ronans letzte Ruhestätte vollendet: Neben dem mächtigen Turm der Kirche erhob sich das zierliche Türmchen der Kapelle, neben dem monumentalen Portal lud das neue der Grabkapelle zum Eintritt, der Bogen geschmückt mit filigranen Steinmetzarbeiten. Der hohe Spitzhelm des auf vier Pfeilern ruhenden Kirchturms wurde 1808 vom Blitz getroffen und aus Geldmangel einfach abgetragen, doch sonst blieb alles, wie es war: Zusammen mit der *Chapelle du Pénity* bildet die Ronankirche inmitten des mittelalterlichen Häuserensembles eine architektonische Einheit.

Im Mittelpunkt der künstlerischen Ausstattung steht der Hl. Ronan. Schon in der *Vorhalle* am großen Portal dient die Figur des Eremiten als Blickfang. Etwa zehn Medaillons am *Predigtstuhl* (1707) schildern bunt und drastisch einige Ereignisse aus seinem Leben, breiten Raum nimmt dabei seine Auseindersetzung mit der bösen Keben ein. In der Kapelle Pénity steht sein *Grabmal*, auf dem er mit der Rechten den Segen spendet, während die Linke den Krummstab in den Rachen eines Ungeheurs stößt. Sechs Granitengel tragen die streitbar-heilige Liegefigur aus dem frühen 15. Jh. aus kersantoner Granit, über ihr wird auf einem Altar der *Reliquienschrein* mit den Überresten des Heiligen aufbewahrt.
Neben den Ronan-bezogenen Kirchenschätzen ist der dämmrige Innenraum von Kirche und Kapelle reichlich mit Statuen, Grabmälern, Wappenschildern und Altären ausgestattet. Die bemalten Steinfiguren der *Kreuzabnahme* (16. Jh.) in der Pénity-Kapelle in teilweise zeitgenössischen Gewändern strahlen Trauer und Ergriffenheit aus; am *Hauptaltar* mit Holzschnitzereien aus dem 17. Jh. tragen zwei Engel eines Tabernakels ein vergoldetes Kreuz. Hinter dem Altar zeigt das große *Fenster* (um 1480) 17 Episoden der Passionsgeschichte; der Bilderreigen beginnt symbolträchtig mit der Auferweckung des Lazarus und endet ebenso symbolträchtig mit einem Besuch des auferstandenen Christus bei Adam und Eva in der Hölle.

Douarnenez *(ca. 18.000 Einwohner)*

Der Fisch und sein Fang ist bis auf den heutigen Tag die Lebensgrundlage der Stadt in der Bucht von Douarnenez. Jeden Tag werden riesige Mengen an Sardinen, Makrelen, Thunfisch und Langusten an Land gebracht, von denen ein großer Teil sofort in die Konservenfabriken wandert. Die Folge: ständiger Fischgeruch in Hafennähe, doch die Nase gewöhnt sich daran.

Douarnenez, gelegentlich mit dem Doppelnamen *Douarnenez-Tréboul* bezeichnet, besteht aus vier völlig unterschiedlichen Stadtteilen. Vier eigenständige Gemeinden mit eigenständigem Charakter wurden nach Kriegsende 1945 durch einen Verwaltungsakt zusammengefaßt und haben 50 Jahre später von ihren persönlichen Noten wenig verloren. *Pouldavid* und *Ploaré* mit dem *Plage du Ris* sind ländlich unauffällig, *Tréboul* mit den *Plages des Sables Blancs* hat aus der Fischerstadt ein meist von französischen Gästen besuchtes Seebad gemacht - doch im Zentrum von Douarnenez selbst ist davon nichts zu spüren.

Hinter dem hochgelegenen Zentrum von Douarnenez führen Gäßchen verwinkelt die Steilküste hinunter zu den Hafenanlagen. Der *Port nouveau* mit seinen modernisierten Anlagen, von einer 700 m langen Mole gegen Meeresunbill gut geschützt, ist der fünftgrößte französische Fischerhafen, der alte *Port Rosmeur* daneben, von vereinzelten alten Häusern umrahmt, ist wirtschaftlich unbedeutend und der nostalgischste Flecken von Douarnenez. Ein Besuch der Häfen, Zuschauen bei einer Fischversteigerung oder der Gang ins *Bootsmuseum* sind die einschneidendsten touristischen Erlebnisse in Douarnenez selbst. Kirchen- und Kapellenliebhaber können sich die *Kirche des Ortsteils Ploaré* aus dem 16./17. Jh. mit hohem Turm und geschnitztem Hochaltar sowie die *Kapelle Ste. Hélène* nah am Hafen von Rosmeur mit zwei Originalfenstern aus dem 16. Jh. vormerken.
Die grünüberwucherte kleine *Tristansinsel* in der Bucht unmittelbar vor Douarnenez, geheimnisumwitterter Schauplatz legendenhafter Ereignisse und Wohnort eines berüchtigt-grausamen Räubers, ist vom Besichtigungsprogramm ausgeschlossen: Das Eiland ist in Privatbesitz.

Die Mündung des *Pouldavid-Flusses*, der tief in die Felsen eingeschnittene *Port Rhu*, trennt die Innenstadt von Douarnenez vom Ortsteil *Tréboul* auf der gegenüberliegenden Seite, der sich im Schatten einer baumbestandenen Anhöhe ausbreitet. Tréboul mit dem Hauch eines Seebads ist ganz auf den Meerestourismus ausgerichtet - Yachthafen, Segelschule, Thalassotherapie und, als Grundlage, natürlich der Strand. So wohnt in und um Tréboul auch das Gros der Gäste.

Geschichte

Eher dem Sagenkreis als der Historie zuzurechnen sind die überlieferten Geschichten rund um Douarnenez. Sicher ist, daß Douarnenez die Ex-Hauptstadt der Cornouaille war, bevor Quimpers Stern aufging - bei

Gewitterstimmung über Douarnenez

Plomarc' am Plage du Ris soll ein König MARC'H in einer längst verfallenen Burg residiert haben, jener, der mit dem Sagenkönig Marke aus dem Tristan-und-Isolde-Stoff identisch sein soll (siehe Huelgoat, Kasten/Tristan und Isolde). Und nach Quimper zog es auch König GRADLON auf seiner Flucht aus der versinkenden Stadt Ys, die vielleicht an der Bucht von Douarnenez lag (siehe Kasten/Ys). Auch die kleine Tristansinsel unmittelbar vor der Mündung des Pouldavid-Flusses hat ihre Rolle gespielt. Auf ihr landete sanft der suizidgefährdete TRISTAN, der mit einem Sprung von der Steilküste des Festlands seinem liebestollen Leben ein Ende setzen wollte, jedoch von seinem Mantel wie auf Schwingen sanft zur Insel getragen wurde. So etwas gefällt den Bretonen: 1520 änderten die Bewohner nach kurzer Debatte ihren Ortsnamen von *St. Michael* in "*Tristansinselweiler*" um. Doch lang hielt sich der Name nicht: Schon 1541 verfügte der Rat der Stadt die offizielle Umbenennung in *Douarnenez* - Erde der Insel.

Gegen Ende des 15. Jh. erlebte Douarnenez seine unglücklichste Zeit: Der Großräuber LA FONTENELLE, der selbst den König von Frankreich zu Zugeständnissen zwingen konnte, nistete sich ausgerechnet auf der Ile de Tristan ein. Aus Teilen der von ihm geschleiften Stadtmauer von Douarnenez ließ er sich hier seinen befestigten Hauptwohnsitz schaffen. Von hier zog er auch los, um das wohlhabende Penmarc'h zu plündern. Zeitgenössischen Quellen zufolge kostete allein dieser Raubzug 5000 Bauern das Leben, und die Beute mußte auf 300 Booten zur Tristansinsel befördert werden. Als La Fontenelle schließlich doch gefaßt und 1602 auf dem Rad gestorben war, wurde allseits in der Gegend aufgeatmet.

Ys - das Atlantis der Kelten

Vorneweg: Süffisant bemerken Bretonen, daß Par-Is nichts anderes heißt als "wie Ys". Der Standort der legendären, uralten Stadt, von dem kein Lebender mehr Zeugnis geben kann, ist naturgemäß umstritten: Lag sie spektakulär in der Baie des Trépasses oder gar vor der Pointe du Raz? Gab es sie überhaupt? Oder deuten die Geschichten doch mehr auf die Bucht von Douarnenez? Egal. Stellen Sie sich eine große Stadt vor; reich, prächtig, für die Ewigkeit aus unzerstörbarem Granit erbaut, mit gepflasterten Straßen, Müllabfuhr und Kanalisation. Mutig am Ende einer Bucht lag der Traum einer Märchenstadt, ein mächtiger Damm schützte das stolze Menschenwerk vor den Fluten des Meers. Dann versank Ys, und weil der König allein den Goldenen Schlüssel in Verwahrung hatte, mit dem der Damm geöffnet werden konnte, werden viele wundersame Geschichten um den Untergang der Stadt Ys erzählt.

In unserer christlichen Version spielen mit: König GRADLON (gut), seine Tochter DAHUT (verkommen), der TEUFEL (böse) und ST. CORENTINUS (heilig). Ort und Zeit der Handlung: Ys, die Hauptstadt der Cornouaille im 6. Jahrhundert nach Christus.

Ys erlebt unter der Regentschaft des gütigen Königs Gradlon einen Wirtschaftsboom ungeheuren Ausmaßes. Doch Geld verdirbt. Ys wird das Sodom und Gomorrha der Bretagne, über die Schwellen der Kirchen wächst langsam Gras. Alle Bürger und Bürgerinnen mit Ausnahme des standhaften Königs Gradlon treiben es rundum schlimm, und am allerschlimmsten treibt es Dahut, die mißratene Tochter des Regenten.
Natürlich wittert der Teufel hier die Chance, seinen Gegenspieler mit wenig Aufwand um etliche Seelen zu bringen. Als galanter Verehrer gewinnt er schnell Macht über Herz und Körper des lustbetonten Mädchens. Und schickt mitten in der Nacht die sexuell abhängige Königstochter los, den Goldenen Schlüssel zu entwenden. Mit diesem öffnet der Teufel die Schleusen des Damms, Ys versinkt, alle Menschen sterben - bis auf König Gradlon. Der wird von seinem Besuch, dem Einsiedler Corentinus, geweckt, wirft sich auf ein Pferd, zieht sein verstörtes Kind hinauf und flieht. Doch Dahut darf nicht entkommen: Die Flut droht die Flüchtenden einzuholen, und der Bischof empfiehlt Gradlon, seine Tochter abzuwerfen. Das eigene Kind? Nein! Was der Vater nicht fertigbringt, erledigt Corentinus; mit seinem Bischofsstab holt er Dahut vom Pferd, die im gurgelnden Wasser versinkt. Gradlon ist gerettet.
Der einzige Überlebende von Ys braucht natürlich eine neue Hauptstadt. Zusammen mit Corentinus begibt sich König Gradlon nach Quimper, das er zu seinem Regierungssitz ausbaut. Hier regiert er noch viele Jahre sein Königreich Cornouaille so herzensgut, daß er nach seinem Tod als Heiliger verehrt wird.

Dahut hat den Anschlag des Corentinus überlebt - als Nixe geistert sie in und auf den Wogen der See, und wer sie sieht, ertrinkt, weil die Betörten der Nixe unbedingt ins tiefe Wasser folgen wollen. Eine winzige Erlösungschance indes wurde der Prinzessin eingeräumt: Wenn am Karfreitag in Ys eine Messe für sie gelesen wird, kann ihre Seele in Frieden ruhen.

• *Postleitzahl*: 29172

• *Telefonvorwahl*: 98

• *Information*: Das städtische Office de Tourisme informiert umfassend, zentral und ganzjährig; Privatzimmervermittlung, Anmeldungen für Veranstaltungen, Ticketreservierungen etc. In der Saison jeden Mittwoch und Freitag begleiteter Criée-Besuch (8 DM). Im Juni, Juli und August täglich 8.30 - 12.30 und 13.30 - 19 Uhr, den Rest des Jahres nur werktags 9 - 12.30 und 14 - 18 Uhr. Rue du Docteur Mevel 2, Tel. 92 13 35.

• *Verbindung*: Mit dem **Bus** nach Quimper wochentags mindestens 9 x, zur Pointe du Raz über Audierne während der Woche mindestens 4 x täglich.

Diverses

• *Einkaufen*: Sardinen.

• *Fahrradverleih*: Zwei Verleiher arbeiten zu üblichen Bedingungen; **La Bécane** in der Avenue de la Gare 42 (Tréboul), Tel. 742 007; **Cycles Carric** in der Rue Ernest-Renan 4 (Douarnenez), Tel. 921 031.

• *Feste*: Am 3. Sonntag im Juli, dem Tag des Pardons, wird in der Stadt auch das weltliche Möwenfest gefeiert.

• *Kino*: Zwei cinematographische Unternehmen mit eingängigen Namen bieten Leinwandträume; **Le Club** in der Rue Berthelot 39, **Le Rex** in der Rue Louis-Pasteur.

• *Markt*: Frische Agrarprodukte jeden Vormittag in den Markthallen am Place de Tréboul. Montag und Freitag Markt auf dem Großparkplatz des Zentrums, am Mittwoch auf dem Place de Tréboul.

• *Veranstaltungen*: 1992 fand das 15. **Festival des Minorités** statt, ein Filmfestival, das sich gegen Ende August eine Woche lang unterdrückten Minderheiten widmet. Thema 1990: Palästinenser, 1992: Nordirland. Informationen und Termine beim O.T.

• *Wassersport*: **Bihan Surf School** verleiht Equipment und lehrt Segeln und Surfen am Plage des Sables Blancs in Tréboul.

• *Yachthafen*: Das olympische Trainingszentrum für Jollensegler besitzt gezeitenunabhängige 700 Plätze, davon 86 für Gästesegler. Bureau du Port de Plaisance am Yachthafen von Tréboul, Tel. 740 256.

Übernachten

17 Hotels von der Drei-Stern-Kategorie bis zur nicht mehr kategorisierten Klasse - gehäuft in Tréboul oder in der Innenstadt von Douarnenez. Eine Auswahl:

*** **Hotel Thalasstonic**: Gediegener Luxus am kleinen Park ein Stück hinter dem Plage des Sables blancs; alle Einrichtungen für eine Thalassokur. 50 wohnliche Zimmer, Restaurant (auch mit Diätgerichten) und Garten. DZ nach Standard 70 - 140 DM, HP pro Person 90 - 140 DM. VP 120 - 170 DM, Frühstück 12 DM. Ganzjährig geöffnet. Rue des Professeurs-Curie, Tel. 744 545.

** **Grand Hotel de la Plage des Sables blancs**: Beste Lage in erster Reihe hinter dem Hauptstrand von Tréboul; mit 95 Zimmern der Riese von Douarnenez-Tréboul. Restaurant, Terrassen, Salon, große Bar. Das simpelste DZ mit Waschbecken 45 DM, das teuerste mit Bad/WC 110 DM, HP pro Person 75 - 90 DM, VP 90 - 120 DM, Frühstück 10 DM. Geöffnet von Mai bis Oktober. Plage des Sables blancs, Tel. 740 021.

** **Hotel Bretagne**: Mitten in Douarnenez an einer der Hauptschlagadern; 27 Zimmer und Aufzug, kein Restaurant. DZ je nach Standard 33 - 80 DM, Frühstück 7 DM. Ganzjährig geöffnet. Rue Duguay-Trouin 23, Tel. 923 044.

** **Hotel de France**: An einer Hauptader der Innenstadt von Dournenez; ebenfalls 27 Zimmer, aber mit Restaurant und Hofterrasse. Bar, Salon, großzügige Rezeption. Jedes Zimmer mit integrierten Sanitärs, TV und Telefon. DZ 80 - 90 DM, HP 100 - 120 DM, Frühstück 10 DM. Ganzjährig geöffnet. Rue Jean-Jaurès 4, Tel. 920 002.

* **Hotel le Sporting**: Gegenüber vom France; kleine 14-Zimmerherberge mit Bar, ohne große Extras, ohne Restaurant. DZ je nach sanitärem Standard 33 - 63 DM, Frühstück 8 DM. Ganzjährig geöffnet. Rue Jean-Jaurès 7, Tel. 920 559.

* **Hotel la Ville d'Ys**: In Tréboul, einige Reihen hinter dem Weißsandstrand; 10 Zimmer, Restaurant. DZ 45 - 55 DM, HP pro Person 43 - 75 DM, VP 65 - 90 DM, Frühstück 7 DM. Ganzjährig geöffnet. Rue des Sables-blancs 39, Tel. 740 087.

Auberge des Roches blancs: Hinter dem Westende des Strands von Tréboul; unsere kleinste Empfehlung mit nur 5 Zimmern (3 mit Dusche) und gutem Restaurant mit wunderschönem Blick über das Meer. DZ 53 - 60 DM, Halbpension pro Person 57 - 65 DM, VP 75 - 85 DM, Frühstück 8 DM. Route des Roches blancs 5, Tel. 740 333.

Camping/Essen

Vier Plätze, allesamt im Ortsteil Tréboul, teilen sich das Geschäft im Caravan- und Zeltgewerbe. Alle Plätze bewegen sich auf demselben Preisniveau (siehe Municipal-Platz unten). Hinter dem Fußballplatz der ** **de Croas Men** (80 Stellplätze, geöffnet von Ostern bis 15.9., Tel. 740 018). ** **de Kerleyou** (100 Stellplätze, geöffnet vom 19.5. - 15.9., Tel. 741 303) und ** **de Trezulien** (mit Bar und Videoraum, 200 Stellplätze, geöffnet vom 5.4. - 15.9., Tel. 741 230) noch weiter landeinwärts. Ein Platz hat besonders gefallen:

** **Municipal du Bois d'Isis**: Schattiges Gelände mit hohen Bäumen hoch über der Bucht, 400 m zum Strand, angenehm und reich ausgestattet. Barbetrieb, Fahrradverleih, Lebensmittel und Kleingerichte (im Sommer), kleiner Kinderspielplatz, Waschmaschinen, sauber gekachelte Sanitärs, Sonnenenergie liefert Warmwasser. Erwachsene 4 DM, Kinder 2,50 DM, Platz 4 DM, Auto 2 DM, Wohnmobil 7 DM, Elektrik 3 DM. 150 Stellplätze. Geöffnet von Ostern bis 15.9. Tel. 740 567.

• *Essen*: Haben Sie schon einmal Sardinensuppe mit Sauerampfer (soupe aux sardines et à l'oseille) gegessen oder Suppe mit Speck und Buchweizen (soupe au lard et au sarrasin) probiert? Beides sind lokale Spezialitäten aus Douarnenez, weit über die Stadtgrenzen bekannt ist der Kouign-Amman, der bretonischste der bretonischen Kuchen.

Sehenswertes

Schiffsmuseum *(Musée du Bateau)*: Wo früher die Handelsschiffe der seefahrenden Nationen angelegt haben, hält ein sammlerwütiger Freundeskreis ein für Frankreich einzigartiges Museum in Betrieb. Beim Port Rhu vor der Mündung in die Bucht von Douarnenez, am kleinen *Place de l'Enver*, macht ein Boot auf das Musée des Bateaux aufmerksam, dessen einziges Thema das Boot ist - seine Konstruktion, seine Geschichte und sein Gebrauch. Ein historischer Überblick wird ebenso ausführlich und anschaulich gegeben wie der Einblick in diverse Fischfangtechniken von Norddeutschland bis Italien.

Wer seine Bootserfahrungen vertiefen will, kann während der Saison an vom Museum organisierten Ausflügen teilnehmen, oder sich in einem 2-Wochenkurs selbst ein kleines Boot basteln. Nähere Auskünfte darüber bei: Musée du Bateau, Place de l'Enver, Tel. 926 520.

• *Öffnungszeiten*: Täglich von 10 - 12 und 14 - 18 Uhr. Von Juni bis September durchgängig von 10 - 19 Uhr. Eintritt 8 DM.

Spaziergänge: Ein Spaziergang am *Port Rhu*, über die Panoramastraße *Boulevard Jean-Richepin* oberhalb des *neuen Hafens* vorbei zum alten *Hafen Rosmeur* und durch die Gassen am Steilhang wieder hinauf ins Zentrum bietet die schönsten Eindrücke von Douarnenez. Ein weiterer, etwas längerer Spazierweg führt über den Küstenpfad *Sentier des Plomarc'h* vom *Hafen Rosmeur* hoch über dem Meer zum *Plage du Ris*.

Baden

Plage de Ris: Vom Hafen Porsmeur windet sich ein zwei Kilometer langer Küstenpfad zu dem breiten Strand mit feinem Sand. Sein größter Nachteil: die Algen und der Geruch. Sein Plus: die schöne Lage.

Plage des Dames: Eine kleine, steingefaßte Bucht ums Eck vom Port Rhu bildet den netten Stadtstrand von Douarnenez, der trotz seiner recht geringen Aufnahmekapazität und seiner Hafennähe im Sommer erstaunlich gut besucht ist. Besonders beliebt bei Familien mit noch jungem Nachwuchs.

Plage St. Jean: Im Ortsteil Tréboul vor dem Plage des Sables. Bei Ebbe gibt's viel Platz Richtung Meer. Eingeklemmt zwischen Felsen unterhalb der gleichnamigen Kapelle lockt der kleine, nur 50 m breite Strand viele Familien an - betont kinderfreundlich wird das Wasser tiefer.

Plages des Sables Blancs: Der Renommierstrand des Ortsteils Tréboul - großzügige, bis zu 300 m lange, weiße Sandfläche und ihre Seebadzugaben: Park, Tennisplätze, Hotels. Erfrischungen, Rettungsstation und Kinderclub sind selbstverständlich.

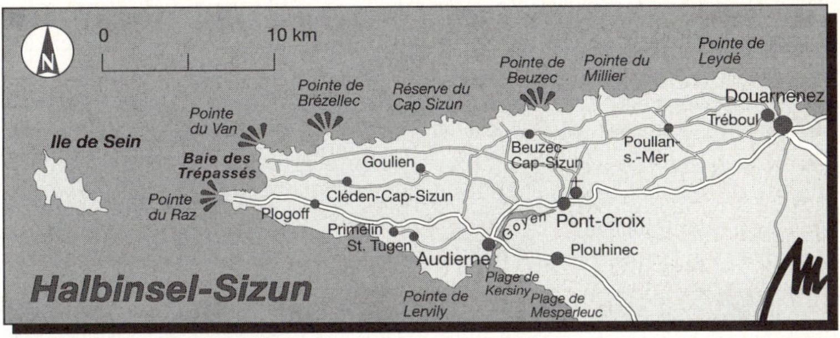

Halbinsel Sizun

Der Hafen Audierne ist im Sommer auch Standort der Gästemassen, Pont-Croix wird wegen seiner Kirche aufgesucht, für das Vogelschutzgebiet der Halbinsel schwärmen Ornithologen/innen, doch Anziehungspunkt Nummer eins ist die westliche Landspitze der Halbinsel, die Pointe du Raz, die den Kelten das Ende der Welt bedeutete.

Nicht nur das urzeitliche Kliff zog und zieht die Menschen an. Die Pointe du Raz war der exponierte Punkt im äußersten Westen der bekannten Welt, der Insel der Feen und der Toten - der *Ile de Sein* - in Sichtweite und am nächsten gelegen. Hier, am endgültigen Weltende, vor der Unendlichkeit des Ozeans, wo der Mensch dem Lauf der Sonne nicht mehr folgen konnte, war er der anderen Welt, der glückseligen Region der Unsterblichen, am nächsten.
Die Spitze der Felshalbinsel, an der die *Pointe du Raz* und die *Pointe du Van* die *Baie des Trépassés* umrahmen, früher ein Ort der Gefahr und der Legenden, ist nunmehr zumindest im Sommer eines der bretonischen Muß-Ziele mit allen Konsequenzen. Doch schon einige Meter daneben ist die Welt des wilden Kaps Sizun, kurz *Le Cap*, wieder in Ordnung, leben die recht wenigen Menschen wie seit alters her in überschaubaren Einheiten zusammen oder versteckt in Einsiedelhöfen.

Von Douarnenez bis zur Pointe du Raz trennt eine durchgängige Steilwand von 70 - 80 Meter Höhe das Festland vom heranwogenden Ozean, immer wieder ragen Kaps ins Meer, bilden sich Buchten mit wirbelndem Wasser, das donnernd gegen die Felsen schlägt. Haupteinnahmequelle der Region ist, trotz des Rummels an der Pointe du Raz, immer noch das Fischereigewerbe. Verschwiegene Ortschaften mit ihren Kirchen und Kapellen verstreuen sich im Inneren der Halbinsel, gegen das Kap-Ende im Westen werden die Häuser immer niedriger und erreichen bei *Plogoff* ihre geringste Höhe. Die beiden größten Orte sind der Hafen *Audierne* und das Landstädtchen *Pont-Croix* mit seiner Kirche, deren Turm in die Kirchenbaugeschichte eingegangen ist.

Das badetechnische Angebot Sizuns ist schmal: Die besten Badeplätze sind bei Audierne, ein weiterer Strand folgt bei *Primelin* zwischen Plogoff und Audierne am Südrand der Halbinsel, die *Baie des Trépassés* ist für Surfer interessant, das war's auch schon. Das eigentliche Erlebnis auf Le Cap ist der Aufenthalt an der frischen Luft und das genußreiche Beobachten der Naturelemente Wasser, Erde, Luft im Licht des Sonnenfeuers.
Hinweis: Natürlich gibt es auf Sizun noch mehr Aussichtspunkte als die weiter unten beschriebenen, z. B. die *Pointe de Brézellec* im Norden, doch die genaue Beschreibung vor dem Hintergrund der überwältigenden Pointe du Raz erübrigt sich: Hinfahren und anschauen.

Camping auf der Halbinsel

Außerhalb von Douarnenez und Audierne verteilen sich nur relativ wenige Plätze bis vor zur Kapspitze, die meisten schlichte Zweckareale für Kurzgäste. Eine Auswahl:

**** **Pil Koad**: Bei Poullan-sur-Mer (ausgeschildert); der luxuriöseste, komfortabel ausgestattete Stützpunktplatz der Halbinsel. Beheizter Swimmingpool, zwei gediegene Sanitärblocks, Bar, Fahrradverleih, Minigolf, Tennis. Erwachsene 7 DM, Kinder und Hunde je 4 DM, Platz 17 DM, Elektrik 5 DM. In der NS 20 % Reduktion. 110 Stellplätze. Geöffnet vom 1.4. - 30.9. 29100 Poullan-sur-Mer, Tel. 98 742 639.

** **Pors Perron**: Gehört zur Gemeinde Beuzec-Cap-Sizun; von Poullan-sur-Mer kommend, die D 7 zwischen den Ortschaften verlassen und auf der D 407 meerwärts ab. Einfach ausgestatteter, kleiner Platz vor der Küste nahe dem Vogelschutzgebiet, 14 Stromanschlüsse. Erwachsene, Platz und Elektrik je 4 DM, Kinder die Hälfte. 47 Stellplätze. Geöffnet vom 1.5. - 30.10. 29790 Beuzec-Cap-Sizun, Tel. 98 704 001.

* **Municipal de Kerros**: Bei Goulien ein kurzes Stück Richtung Meer; simpler Winzplatz, doch immerhin mit drei Warmwasserduschen und Elektrik. Municipalpreise. 25 Stellplätze. Geöffnet vom 1.7. - 31.8. 29770 Goulien, Tel. 98 700 604.

** **de la Baie**: Bei Cleden-Cap-Sizun Richtung Baie des Trépassés; auch winzig, kleiner schlichter Sanitärblock, 12 Stromanschlüsse für 27 Stellplätze. Preise wie der Pors-Perron-Camping. Ganzjährig geöffnet. 29770 Cleden-Cap-Sizun, Tel. 98 706 428.

Réserve du Cap Sizun *(Vogelreservat)*

Zwischen der *Pointe de Beuzec* im Osten und der *Pointe de Brézellec* im Westen hat der Mensch in den wilden Klippen von *Castel-Ar-Roc'h* einigen Vogelarten eine etwa 70 m hohe Schutzzone zugestanden. Schwärme von Kolkraben, Krähen-Scharben, Silber-, Mantel- oder Dreizehenmöwen haben zusammen mit Tord-Alken, Alpenkrähen und anderen Federträgern einen vorübergehenden Wohnsitz in ungebändigter Natur. Die beste Zeit, den gefiederten scheuen Freunden mit dem Fernrohr aufzulauern, ist während des Nestbaus von Mitte April bis Mitte Juni. Ab Mitte Juli fliegen die Zugvögel aus, die letzten suchen im August das Weite.

• *Öffnungszeiten*: Das Reservat ist zugänglich von März bis August jeweils am Vor- und Nachmittag. Eintritt 3 DM.

Auf dem Weg zur Pointe de Van

Pointe du Van

Ein Riesenparkplatz in der Heide. Dann ein ausgetretener Pfad zur kleinen, uralten *Kapelle St.-They* mit ihrem von Wind und Wetter zernagten Glockenturm über der *Baie des Trépassés* und erste, vorbereitende Blicke auf den schwarzen Felsstrich der *Pointe du Raz*. Sie können die Kapelle, die seit dem 15. Jahrhundert die Bittgebete bang wartender Seemannsfrauen gehört hat, aufsuchen oder links liegenlassen und direkt zur Landspitze weitergehen - der etwa zehnminütige Weg zur Pointe du Van ist auf jeden Fall eine gelungene Einstimmung auf die Landspitze hoch über dem Atlantik.

Die nördliche Begrenzung der "Bucht der Verschiedenen" ist weniger spektakulär als ihr südlicher Nachbar, das Meer stürmt hier weniger theatralisch gegen das Land an, doch der Aufenthalt auf der Pointe du Van ist rundum gemütlich, Spaziergänge bieten unerwartete Einblicke in den Küstenverlauf, und die Sicht von ganz vorne gehört in die Abteilung "außergewöhnlich": rechts *das Cap de la Chèvre* und die *Pointe de Penhir* der Halbinsel Crozon, weit entfernt die *Pointe St. Mathieu*; links draußen im Meer die *Ile de Sein*, der *Leuchtturm la Vieille* und der Felsklotz der *Pointe du Raz*.
Sie können auch pricklnde Kletterpartien wagen, um tiefer in die Felsen des Kaps einzudringen und die Grenze zwischen Wasser und Land in vorderster Front zu inspizieren. Wie immer sind bei solchen Unternehmungen Vorsicht und akzeptables Schuhwerk die Garanten eines unbeschwerten Vergnügens.

Baie des Trépassés

Wütend wogt der Ozean in der Bucht, knallt gegen die beengenden Felsen, verläuft sich kraftlos geworden im Sand. Im unruhigen Fackelschein unter dem wolkenzersetzten Sternenhimmel wird der Leichnam eines Druiden in ein Boot gebettet und von kräftigen Ruderern hinaus zur Insel der Toten gebracht, der Zwischenzone zwischen Hier und Drüben.

Die Bretagne wäre nicht die Bretagne, gäbe es über die "Bucht der Verschiedenen" nicht verschiedene Versionen über die Herkunft ihres Namens. Wurden von hier die verstorbenen Druiden der Kelten zu ihrer letzten Reise auf die Insel Sein übergesetzt? Wurden hier besonders viele Ertrunkene vom Meer ans Land getragen? Lag hier Ys, dessen Bewohner vom Meer verschlungen wurden? Wurden hier mit trügerischen Lichtsignalen Schiffe in den Untergang gelockt? Oder handelt es sich gar um sprachliche Schlamperei, weil die Kelten gar nicht *boe an anaon* sagten, Bucht der Seelen in Not, sondern ganz profan *boe an aon* - Bucht des Bachs? Wahrscheinlich. In dieser urweltlichen Bucht am Ende der antiken Welt erfüllt der schaudermachende Name jedenfalls seinen Zweck, hier könnten sich in der Tat die schauer- oder feierlichen Ereignisse abgespielt haben, die ihr zugeschrieben werden.

Auf den Sandstrand der 300 m langen Bilderbuchbucht folgen Dünen, darauf Sümpfe und kleine Teiche in den kargen Hügeln - ein einsamer, unwirtlicher Landstrich, erst durch den Tourismus der Nutzung durch die Menschheit zugeführt. Bei Flut ist die Baie des Trépassés ein vorzügliches, entmythologisiertes Surfareal, Fußgänger am Strand hören den hereinbrechenden Ozean am lautesten in der Nähe der Felsen, Angler können ihr Glück auch in der Strandmitte versuchen. Die beiden Hotels in den Dünen hinter dem Strand entmythologisieren ebenfalls etwas, liegen aber unbestritten in Top-Lage.

Übernachten

** **Hotel-Restaurant le Relais de la Pointe de Van**; in erster Reihe in den Dünen hinter dem Strand. 25 Zimmer, Restaurant, Bar, Salon de Thé, Brasserie. DZ 75 - 140 DM, HP pro Person 85 - 105 DM, VP 120 - 130 DM. Geöffnet vom 1.4. - 30.9. 29770 Cleden-Cap-Sizun, Tel. 98 706 279.

** **Hotel-Restaurant de la Baie des Trépassés**: 27 Zimmer, die Speisekarte im Restaurant mit Panormablick lebt von Fisch und Meeresfrüchten (Menu 27 - 80 DM). DZ 53 - 100 DM, HP 70 - 105 DM, VP 105 - 130 DM. Januar geschlossen. 29770 Plogoff, Tel. 98 706 134.

Pointe du Raz

Der Granit ist hart, doch letztendlich machtlos und vergänglich. Der Wind hat den Fels kahl gefegt, pausenlos brandet der Atlantik gegen den stummen Stein. Seine Wellen brechen im Sekundenabstand an den kantigen Riffen, unaufhörlich graben die Fluten tiefe Spalten und schäumende Nischen in die wirr aufgetürmte Felsbastion.

Spektakulärer als hier wird der europäische Kontinent nirgends vom Meer berannt, die Folge sind zur Hochsaison mindestens ebenso spektakuläre Besuchermassen, die sich 72 Meter über dem Meer auf die

Strudel an der Pointe du Raz

Landspitze ergießen. Tip: Besuch bei Sturm. Kein Gedränge, keine Weitsicht, aber wütendes Meer und peitschender Wind - eine dramatische Inszenierung aus der Gattung der Naturschauspiele.

Hinter den Großparkplätzen das respektlos hingeklotzte, abartige *Centre Commercial* mit Snackbars, Restaurant und Raz-Museum. Von dort führt der Weg zum *Leuchtturm*, ein Stück weiter im nackten Stein ein den Schiffbrüchigen gewidmetes *Monumental-Denkmal* mit einer überdimensionalen Maria, und die Spannung wächst. Schließlich das Chaos der so aufregend zerklüfteten Spitze der Halbinsel, deren letzte Felstürme sich gischtbesprüht im Meer verkleckern. Weit hinter den Felsen und den Leuchttürmen *La Vieille* und *Tévennec* schwimmt die *Ile de Sein*, dahinter taucht an klaren Tagen der Strich des *Phare Ar Men* auf.

Richtig zu genießen ist das Weltenende auf einem Rundgang um die Kapspitze. Auf einem teilweise schwindelerregenden Felspfad nah am Abgrund können Sie sich zur endgültigen Spitze vorarbeiten und nach einem angemessenen Aufenthalt auf der vordersten Felsplatte auf der anderen Seite zurückkehren. Schwierige Stellen sind mit Seilen gesichert.

• Verbindung: Von weltabgeschieden kann überhaupt keine Rede mehr sein - werktags mit mindestens 4 **Bussen** an die Welt angeschlossen. Über Audierne/Pont-Croix/Douarnenez direkt nach Quimper. Außerdem im Ausflugsprogramm aller Busreiseveranstalter von Quimper bis Concarneau.

• Führung: Der schmale, teilweise unbequeme Klippenpfad mit kurzen Kletterpartien um die vorderste Spitze ist das A und O der Raz-Visite, aber nicht jedermanns Sache. Offizielle Guides (Büro im Centre Commercial) bieten deshalb gegen Bezahlung ihre hilfreiche Begleitung an.

Übernachten/Essen

* **Hotel-Restaurant Relais de l'Atlantique**: Das Ein-Sterne-Haus in vorderster Front beim "Einkaufszentrum" bietet 7 Zimmer mitten im Raz-Rummel. Großer Restaurant-

betrieb, Touristenmenus ab 23 DM. DZ 60 DM, HP 70 - 75 DM, VP 80 - 90 DM. 29770 Plogoff/Pointe du Raz, Tel. 98/706 598.

* **Hotel Kermor**: Zwischen Plogoff und Primelin, etwas oberhalb des Plage du Loch. Nettes 18-Zimmer-Haus mit unterschiedlicher Sanitärausstattung und gutem Restaurant (Menus 26 - 80 DM). DZ 47 - 80 DM, HP 73 DM, VP 80 DM. Ganzjährig geöffnet. 29770 Plogoff, Tel. 98/706 206.

Hotel de l'Iroise: In der Streugemeinde Plogoff (durchfragen); 10 Zimmer, meist einfache Sanitärs, Etagen-WC, Frühstücksalon (6,50 DM das Petit Déjeuner). DZ 43 - 60 DM. 29770 Plogoff, Tel. 98/706 465.

• Essen: **Relais de l'Ile de Sein**; mutterseelenallein neben der Straße zum Landende, hoch über der Baie des Trépassés. Menus gibt's von 23 - 50 DM. Geöffnet vom 1.7. bis 30.9. 29770 Plogoff, Tel. 98/706 067.

Nukleel? Nann Trugarez!

Atomkraft? Nein danke! 1976 wurde bekannt, daß die französische Regierung erwägt, bei Plogoff, fünf Kilometer hinter der Pointe du Raz, ein Atomkraftwerk zu errichten. Vermutlich war weniger die Angst vor einem eventuellen GAU für den folgenden Proteststurm ausschlaggebend als die Umsiedlungspläne und der drohende Verlust eines Stücks ungebändigter Natur und damit eines Publikumsmagneten ersten Ranges: Schon die ersten vorbereitenden Bodenproben konnten nicht ohne Widerstand der Bevölkerung entnommen werden.

In der letzten Phase des Widerstands 1980 kamen Zehntausende von Atomkraftgegnern zusammen, die das Projekt zum Teil auch gewaltsam bekämpften - neben Kundgebungen und Demonstrationen kam es auch zu Besetzungsaktionen und Straßenschlachten. 1981 lenkte Präsident Mitterand ein, das Unheil vor der eigenen Haustür war abgewandt worden, doch letztlich war es für die wehrhaften Atomgegner ein Schausieg: Bei Brennilis in den Monts d'Arrée, in einer weniger spektakulären Gegend abseits der großen Tourismusgebiete, belieferte schon seit 1966 ein Atommeiler das französische Stromnetz. 1987 wurde diese Anlage als zu klein und veraltet abgeschaltet, seitdem ist die Bretagne wieder ohne Nuklear-Kraftwerk.

Pont-Croix *(ca. 1800 Einwohner)*

Oberhalb des Flußtals des *Goyen* erhebt sich die stolze Kirche, vom kleinen *Place de l' Eglise* zum weiten *Place de la République* führt noch flach eine unscheinbare Gasse, dann senken sich die Häuschen von Pont-Croix zügig zum trägen Goyen-Fluß hinab. Wer den Spaziergang machen will: die *Grande* und die *Petite Chère* sind die nettesten und stufigsten Gäßchen am Hang.

Das alte Städtchen am Ende der Goyen-Mündung war einst bekannt für seinen Handelshafen, seine Messen und seine Kirche. Der Hafen hat seine Bedeutung völlig verloren, die Messen finden nicht mehr statt, doch die *Kirche* zieht noch Ortsfremde an, die sich das Vorbild der Türme der Kathedrale von Quimper aus der Nähe anschauen wollen. Die Zugabe, das stille Ortsbild von Pont-Croix, wird meist noch im Schnellrundgang erledigt, bevor die Autotüren knallen und die Motoren zur Weiterfahrt gestartet werden.

• _Information_: Kleines Office de Tourisme gegenüber der Kirche; nur Juli/August von 9 - 12 und 15 - 18 Uhr geöffnet. Place de l'Eglise, Tel. Rathaus 98/704 066 u. 704 688.
• _Verbindung_: Mit dem **Bus** mindestens 4 x täglich Richtung Quimper oder über Audierne zur Pointe du Raz.
• _Pardon_: Am 15. August mit Fackelumzug.
• _Camping_: ** **Municipal Langroas**; ein wenig frequentierter Platz 1 km im Norden des Städtchens beim Stadion (Richtung Cap Sizun). Schattig, ruhig, Spielplatz. Erwachsene 4 DM, Kinder 2,70 DM, Platz 2,30 DM, Auto 2 DM, Motorrad 1 DM, Elektrik 3 DM. 100 Stellplätze. Geöffnet vom 15.6. - 15.9. Tel. 98/704 066.

Sehenswertes

Kirche Notre-Dame-de-Roscudon: Im frühen 13. Jh. wurde der Bau begonnen, 1290 wurde der Chor vergrößert, 1450 wegen des neuen, 67 m hohen *Turms* das Querschiff umgebaut - insgesamt dauerten die Umbauarbeiten bis ins 16. Jh. Der Turm mit den zarten Galerien und den ausladenden Wasserspeiern wurde zum Vorbild der Türme der Kathedrale zu Quimper, aber das reich verzierte *Portal* vom Ende des 14. Jh. mit seinen drei spitzgiebeligen Wimpergen über dem Eingang ist das eigentliche Prunkstück der Fassade; über dem mittleren der kleeblattgeschmückten Giebel thront die *Steinfigur der Notre-Dame-de-Roscudon*. Aus der Kirche wurde aufgrund der langen Bauzeit eine romanisch-gotische Stilmischung, doch das Kirchenschiff und der Chor mit eleganten Arkaden und leichtfüßigen Pfeilern blieb romanisch und in ständiges Halbdunkel gehüllt; nur aus dem Chor und den Seitenschiffen dringt gedämpftes Licht in das Innere. Ein Renaissance-*Taufbecken*, ein geschnitztes *Abendmahl* (17. Jh.) in der Apsidialkapelle und mehrere *Fenster* - neben gotischen auch moderne - sind die künstlerischen Höhepunkte im Innenraum.

Schönste Gotik - das Südportal

Audierne *(ca. 3000 Einwohner)*

Wo der *Goyen* ins Meer mündet, schmiegt sich Audierne entlang seiner Ufer in die grünen, baumbestandenen Hänge. Die Häuser allesamt schmal, viele Fassaden weiß, reihen sich geradlinig am Fluß auf, gruppieren sich eng um das kleine Zentrum hinter dem *Place de la Liberté* und verlieren sich dann langsam im Grün der Anhöhen über dem Flußtal.

Weil die Hafenstadt Audierne traditionell Küstenfischerei betrieb, verbreiteten böse Zungen aus der Nachbarschaft, nur feige Fischer würden die Küstengewässer abfischen und vor längeren Fahrten auf den rauhen Ozean zurückschrecken. Doch warum in die Ferne schweifen, wenn das Gute nahe liegt?
Noch immer macht von April bis Oktober die Küstenfischflottille von ihrem Heimathafen aus Jagd auf die Jakobsmuschel, ganzjährig wird normaler Speisefisch sowie der begehrte Thun und die Languste angelandet; in den etwa 30 Meerwasserbecken werden gefangene Krustentiere in immensen Stückzahlen bis kurz vor dem Verzehr aufbewahrt. In der Neuzeit hat sich rund um den geschützen Hafen in der Mündung des Goyen etwas fischbezogene Industrie angesiedelt: Konservenfabriken, eine Eisfabrik und zwei kleine Werften stellen den Broterwerb eines nicht geringen Teils der Bevölkerung sicher.

Audierne ist auf Gäste eingestellt: Baden an den Stränden vor Ort und in der Umgebung, Ausflüge auf das *Cap Sizun* und in die Region sowie der fast obligatorische Besuch der *Ile de Sein*, dazu das Veranstaltungsprogramm mit Folkloreschwerpunkt und einige Segelregattas im Sommer - mit diesem Angebot wartet das freundlich-rührige Städtchen seinen Besuchern auf.

- *Postleitzahl*: 29770
- *Telefonvorwahl*: 98
- *Information*: S.I. in einem Pavillon am Hafenkai. Auskünfte, Prospekte, Hotellisten und Zimmervermittlungen für Stadt und Umland. Vom 15.6. - 15.9. von 9 - 19.30 Uhr, am Sonntag von 10 - 12 Uhr. Im Restjahr nur vormittags. Place de la Liberté, Tel. 701 220.

Verbindung

Werktags vier **Busse** über Pont Croix nach Douarnanenez/Quimper, in die Gegenrichtung 4 x Pointe du Raz. Kurzstreckenlinie nach Pont L'Abbé und Pont Croix. Etliche regionale Busse ab Audierne zur Pointe du Raz. 2 x pro Woche fährt Cars Troadec die Baie des Trépassés und die Pointe du Van an.
Fähre zur Ile de Sein: Mehrere Boote halten den Passagierbetrieb aufrecht. Ab der zweiten Juliwoche bis Ende August 6 x täglich (je 2 x Vormittag, später Mittag, Nachmittag), ansonsten 2 x (Vormittag). Rückfahrt von der Ile de Sein früher Mittag, Nachmittag und früher Abend bzw. nur am frühen Abend. Fahrtdauer etwa 70 Minuten, aktuelle Abfahrtszeiten bei der Tourist-Info oder direkt bei Vedette Biniou bzw. Service Maritime Départemental. Ablegestelle (Lieu d'Embarquement) von Service Maritime Départemental 3 km außerhalb von Audierne am Plage Ste. Evette. Rückfahrbillett 30 DM, Kinder bis 10 Jahre die Hälfte. Service Maritime Départemental, Quai Jean-Jaurés, Tel. 700 237 u. 700 238. Vedette Biniou, Tel. 702 115 u. 701 378.

- *Markt*: Obst und Gemüse gibt es jeden Mittwoch frisch vom Erzeuger. Am Samstag breiten sich die Stände des Großen Marktes auf dem Place de la Liberté und dem Place de la République aus.
- *Veranstaltungen*: Vielfältige kulturelle (Konzerte), sportliche (Schwerpunkt Wasser) oder ausflugstechnische Angebote offeriert das Touristinfo für die beiden Hochsommermonate - für jeden ist etwas dabei.

Übernachten

Die Hotels haben sich direkt hinter dem Plage Ste. Evette oder im Zentrum Audiernes niedergelassen. Ein Beispiel bretonischen Hotelsterbens: 1978 gab es noch acht Quartiere, heute sind es nur noch fünf.

*** **Hotel le Goyen**: In Audierne-Ville, südlich vom Zentrum Richtung Plage Ste. Evette an der Mündung des Goyen. 30 Zimmer, gepflegtes Restaurant und die Annehmlichkeiten der gehobenen Klasse. DZ 90 - 230 DM, Halbpension pro Person in der Saison 125 -

230 DM, in der NS 125 - 180 DM. Tagesgerichte 50 - 140 DM. Geöffnet vom 15.3. bis 15.1. Tel. 700 888.

** **Hotel Cornouaille**: In der Nähe; 10 Zimmer in heimeliger Atmosphäre ohne Restaurant. DZ je nach Standard 60 - 120 DM. Geöffnet von Anfang Juli bis 30.9. Tel. 700 913.

** **Hotel les Dunes**: Hotel von Logis de France gleich hinter dem Plage Ste. Evette; 20 Zimmer avec tout comfort, doch in diversem Sanitärstandard. Parkplatz. Im Panoramarestaurant kosten Tagesgerichte 23 - 55 DM. DZ 33 - 70 DM. Geöffnet von Mai bis Oktober. Tel. 700 119.

** **Hotel Roi Gradlon**: Auch beim Strand; 20 Zimmer, Restaurant (Hausmenu 40 DM). DZ 70 - 90 DM, Halbpension pro Person 95 DM, Vollpension 110 DM. Geöffnet vom 1.3. - 15.1. Tel. 700 451.

** **Hotel l'Horizon**: Ebenfalls in Audierne-Plage; mit seinen 50 unterschiedlichen Zimmern ist der Riese des Städtchens die preiswerteste und einfachste Übernachtungsadresse. Ordentliches Restaurant mit Menus von 20 - 40 DM. DZ je nach Standard 33 - 80 DM, Halbpension pro Person 83 - 80 DM, VP 100 DM. Geöffnet von Mitte März bis Mitte November. Tel. 700 991.

Camping

Mehrere schier standardgleiche Plätze um Audierne und der Nachbargemeinde Plouhinec im Osten versorgen Campeurs und ihre Familien. Die Preise sind überall die gleichen. Eine Auswahl:

** **de Kerhoun**: Im ruhigen Stadtviertel über dem Strand Ste. Evette, von Häuschen umsäumt und einer Hecke eingerahmt. Anfahrt ausgeschildert. Kleiner, anspruchsloser Standardplatz ohne Extras. Erwachsene 4 DM, Kinder 2 DM, Platz 4 DM, Auto 2 DM, Motorrad 1,30 DM, Hund 1 DM, Elektrik 3 - 4 DM. 50 Stellplätze. Geöffnet vom 1.4. - 30.9. Tel. 701 091.

** **de Kerivoas**: An der Straße nach Esquibien im Westen Audiernes. Komfortmäßig und preislich in etwa standardgleich mit dem Kerhoun-Platz, aber mit Laden und noch kleiner. 30 Stellplätze. Geöffnet vom 1.6. bis Ende September. Tel. 702 686.

* **Municipal de Locqueran**: Unmittelbar bevor die Straße von Plouhinec zielsicher in die Brücke zum Zentrum von Audierne mündet, rechts ab und ein Stück hangaufwärts (beschildert). Machen wir es kurz: ein liebloser Null-Platz. Angegebene 19 Stellplätze. Geöffnet vom 15.6. - 15.9. Tel. 700 947.

** **de Larenvoi**: Ein etwas abschüssiges Gelände links neben der Straße von Plouhinec nach Audierne. Wer im Inneren des Wiesenareals mit Bäumen einen Platz findet, ist vor Lärm etwas geschützt. Hinweis: Die flachen der 100 Stellplätze sind zuerst besetzt. Geöffnet vom 1.6. - 15.9., danach eingeschränkter Betrieb. Tel. 708 938.

** **Municipal de Kersiny**: Das meernächste Areal. Ein offener Platz am Hang über dem Atlantik, niedrige Hecken schützen zumindest die Füße vor Wind. Kleiner Laden, kleiner Spielplatz, kleine Gerichte. 100 Stellplätze. Geöffnet vom 15.6. - 15.9. Tel. 708 244.

Baden

Plage Ste. Evette *(Plage d'Audierne)*: Ein knapp 1 km langer, bei Flut noch bis 50 m breiter, im Sommer gut besuchter Strand unterhalb der Strandpromenade. 2 km westlich vom Zentrum in geschützter Südlage mit allen Einrichtungen: Umkleidekabinen, Segelschule, Kinderclub etc.

Plage de Kersiny: Etwa 4 km südöstlich von Audierne unterhalb von Plouhinec. In jeder Hinsicht zweite Wahl nach dem Stadtstrand. Der Dünenstrand vor Felsriffen ist knapp 400 m lang, bei Flut noch 50 m breit und ohne Infrastruktur.

Plage de Penhors: Ein Stück südlich vom Kersiny-Strand, eine Stichstraße führt von Plouhinec an die Küste. Mehrere Kilometer karge Küste mit eingestreuten Ferienhäuschen. Viel Wind, bei Ebbe jede Menge Sand und bei Flut gewaltig viel Meer. Ideal zum Baden und für längere Strandspaziergänge, auch in der Hochsaison relativ einsam.

Halbinsel Sizun / Umgebung

▶ **Ile de Sein**: Etwa 500 Menschen leben wegen der ungünstigen Erwerbsbedingungen steuerfrei auf dem flachen, baumlosen Eiland, das sich 7 km vor der Pointe du Raz wie ein langschwänziges Fabeltier im Meer windet. Gerade 1 qkm groß ist das gut durchlüftete Inselchen, Anbauflächen gibt es keine, nur das Meer liefert seinen Fisch. Schon früh haben sich Menschen der starken Strömung des felsgespickten *Raz de Sein* ausgesetzt und die Insel im Sonnenuntergang besucht, auf der später die Kelten eine Kultstätte hatten und vielleicht ihre Druiden begruben; ein Dolmen und einige Menhire bei der Kirche erinnern an die Frühzeit des Homo sapiens. Nun dümpeln Boote im Hafen, ducken sich die Häuser von *Le Bourg* zum Schutz vor dem Wind eng zusammen, werden Hummer gezüchtet und weist der Leuchtturm nachts die Passage - für viel mehr wäre auch kein Platz. Vielleicht ist es die Überschaubarkeit des winzigen Landfleckens, der für die Anziehungskraft der Insel sorgt - in der Saison drängen sich die Tagesgästescharen in den Gassen von Le Bourg.
Im Zweiten Weltkrieg blieben neben Frauen und Kindern nur der Pfarrer und der Leuchtturmwärter auf der von deutschen Soldaten besetzten Insel zurück. Der Rest der männlichen Bevölkerung, 144 Seefahrer, schloß sich der Exilarmee von General de Gaulle an, der dies nach Soldatenart mit einem markigen Spruch zu honorieren wußte: "*Wieviele seid ihr?*" "*144, mon Général!*" "*Sein ist also die Hälfte Frankreichs!*" Von dieser Hälfte kehrten 36 nicht mehr zurück.
In früheren Zeiten galten die Bewohner der kargen Insel, die sich nie autark ernähren konnten, als Piraten und Strandräuber. Die Tourismusmanager des Finistère legen heute Wert auf die Feststellung, daß ihnen a) nichts zu beweisen ist und sie sich b) mittlerweile in "aktive Lebensretter" verwandelt haben.

• Übernachten: **Hotel les Trois Dauphins**; das Inselhotel mit 7 Zimmern und einem Restaurant, dessen Spezialität Hummerragout ist. DZ 50 - 90 DM, Frühstück 9 DM. Geöffnet von Ostern bis Oktober. Tel. 98/709 209.

Quimper *(ca. 60.000 Einwohner)*

Rechtzeitig vor der Jahrtausendwende hat sich Quimper in einen kulturellen Renovierungsreigen gestürzt: Kaum stellt nach mehrjährigen Restaurationsarbeiten das Volkskundemuseum seine Exponate wieder aus, schließt für zwei Jahre das benachbarte Kunstmuseum zwecks Generalüberholung. Die Kathedrale gegenüber, im Chor momentan eine Großbaustelle, soll bis 1994 saniert sein.

15 Kilometer von der Küste, wo die Flüsse *Steir* und *Odet* sich vereinigen, liegt Quimper (bretonisch *Kemper*, Zusammenfluß), die Hauptstadt des Finistère. Viele Jahre schon mündet der Steir im Zentrum Quimpers unterirdisch in den größeren Fluß, der für Stunden kärglich rinnt,

bevor er wieder sein Bett ausfüllt - die Gezeiten des Meeres reichen bis hierher. Die aktive Bischofs- und ehemalige Residenzstadt der Cornouaille, im Zweiten Weltkrieg glimpflich davongekommen, gilt als die bretonischste der größeren Städte der Bretagne, und dieser Ruf sorgt für entsprechenden Zulauf.

Mittagsruhe auf der Odet

Um das recht kleine Zentrum mit einigen bunt gemischen Häuserzeilen des Mittelalters und der Renaissance hat sich selbstverständlich viel Gesichtsloses angesammelt. Ab den sechziger Jahren dieses Jahrhunderts verdoppelte sich innerhalb eines Jahrzehnts die Einwohnerzahl - und der Fachwerkstil ist längst passé. Doch wie seit alters her überragen nur die Türme der Kathedrale die Stadt, und die vielen Brücken über die Odet - netterweise sind die meisten für Fußgänger/ innen gedacht - lockern dank ihres bunten Blumenschmucks das steingefaßte Flußbett der einstigen Lebensader der Stadt freundlich auf.

Die *Altstadt* - das sind erbauliche Plätze, frisch herausgeputztes Fachwerk in historischen Gassen, etwas Repräsentationsarchitektur späterer Zeiten und das Wahrzeichen Quimpers, die *Kathedrale St. Corentin*. Der berühmte Blick durch die *Rue Kéréon*, die Schusterstraße, zum Portal der doppeltürmigen Bischofskirche ist seit der Erfindung der Fotografie eines der beliebtesten bretonischen Stadtmotive und das Beobachten der Fotografen von der Wahl des Ausschnitts bis zum erlösenden "Klick" eine vergnügliche Studie.

Die Quimperois stehen auf Tradition und verschließen sich doch nicht der Moderne: Als die alte Markthalle abgebrannt war, wurde sie ohne Zaudern durch eine moderne ersetzt. Heute kaufen die Kunden in einem weder historisierenden noch futuristischen Marktbau ein, der trotz seiner luftigen Konstruktion mit zeitgenössischen Materialien auf dem kleinen Platz nicht als Fremdkörper wirkt.

Der Tradition verhaftet sind dagegen die *Fayencen* aus Quimper - bemaltes Porzellannippes, auf dem der bretonische Landmann und sein liebes Weib im traditionellen Blau, Grün und Rot fröhliche Urständ feiern. Die heute hergestellten Stücke halten sich in Form und künstlerischer Ausführung eng an die überlieferten Folklore-Motive, die das Bürgertum des ausgehenden 19. Jh. so schätzte.

Geschichte

In römischer Zeit lag an dem strategisch wichtigen Platz der Mündung zweier Flüsse zumindest ein Wachtposten, um den sich eine kleine Siedlung entwickelte, doch erzählfreudigen Bretonen ist dies egal. Für sie beginnt die Geschichte Quimpers mit dem Untergang der Stadt Ys (siehe Douarnenez/Kasten Ys), als König GRADLON Quimper zur Hauptstadt seines Reichs machte und den Eremiten CORENTINUS (St. *Guénolé*) zum Bischof seiner neuen Residenz ernannte. Gradlon wird noch heute hoch verehrt, und sein bester Freund und Ratgeber St. Corentinus blieb der Schutzheilige Quimpers.
Viele Wunder werden von dem Heiligen berichtet, besonders wunderlich die berühmte Fischmahlzeit des Corentinus, Symbol für das unerschöpfliche, nahrungsspendende Meer: Täglich schwamm ihm ein Fisch zu, von dem der anspruchslose Heilige soviel verspeiste, bis er satt war. Den angenagten Rest warf er ins Wasser zurück, und am nächsten Tag war der Fisch wieder heil und bot sich erneut zum Verzehr an.

Auch um Gradlon ranken sich viele Sagen, und noch vor 250 Jahren wurde der legendäre Stadtgründer am Gradlonstag auf seltsame Art gefeiert: Ein schwindelfreier Bursche versah den steinernen König auf seinem Roß über dem Portal der Kathedrale mit einer Serviette und (scheinbar) mit einem Glas Wein. König Gradlon leerte (scheinbar) sein Glas, das der schwindelfreie Bursche (der den Wein selbst getrunken hatte) anschliessend von oben in die händereckende Menge warf. 100 Taler zahlte der Magistrat zähneknirschend dem glücklichen Fänger und hoffte dabei insgeheim, daß es nächstes Jahr wieder Scherben geben würde.

Zur nachprüfbaren Stadtgeschichte: Etwa um 500 löst Quimper Douarnenez als Hauptstadt der Cornouaille ab, und jahrhundertelang regieren von hier die Grafen der Cornouaille ihren Besitz, bis Quimper dem Herzogtum Bretagne eingegliedert wird. Ab dem 13. Jh. entwickelt sich Quimper zu der mittelalterlichen Stadt, deren Überbleibsel im Altstadtkern heute das Touristenauge erfreuen - nur die Mauern des einstigen Stadtwalls sind bis auf einen winzigen Rest neben dem alten Bischofspalais abgetragen.

Quimper als eine der wenigen mittelalterlichen Metropolen der Bretagne erlebt hautnah alle Stürme der Zeiten mit, ist im Erbfolgekrieg und den Religionskriegen immer wieder Ziel von Belagerungen und Plünderungen, von hier ziehen die Parteien in den Kampf, es werden Pläne geschmiedet und Verträge unterzeichnet, bis der französische Absolutismus auch den bretonischen Adel mundtot gemacht hat.
Am Ende des 17. Jh. erblüht ein neuer Industriezweig in der Stadt, der zumindest in Fachkreisen noch immer geschätzt wird und noch heute seine zerbrechlichen Waren produziert: Die beiden verbliebenen Fayencen-Manufakturen Quimpers bieten, wenn auch nun in kleinerem Rahmen, seit 200 Jahren Arbeitsplätze und pflegen so das Image der einzigen und letzten bretonischen Fayencen-Stadt. Die Vorkommen an Tonerde an den Odet-Ufern sind noch lange nicht erschöpft.

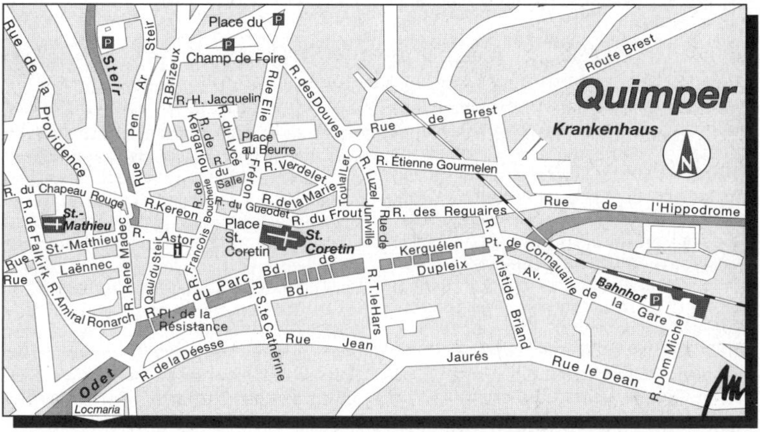

- *Postleitzahl*: 29000
- *Telefonvorwahl*: 98
- *Information*: O.T. in einem Pavillon am Ufer der Odet. Modern und absolut kompetent in allen denkbaren touristischen Belangen. Geführte Stadtrundgänge vom 15.6. - 15. 9. täglich außer Sonntag um 10 und 17.30 Uhr. Geöffnet im Juli/August von Montag bis Samstag 8.30 - 20 Uhr, in der NS 9 - 12 und 14 - 18 Uhr. Place de la Résistance, Tel. 950 469.

Verbindung

Mit dem **Bus** nach Douarnanez wochentags mindestens 9 x, weiter über Audierne zur Pointe du Raz mindestens 4 x. Weitere gute Verbindungen nach Brest, über Concarneau nach Quimperlé, dazu Busse nach Pont-l'Abbé. Busbahnhof am Bahnhof (siehe unten), diverse Haltestellen in der Stadt.

Zug: Gute Anschlüsse nach Norden und besonders gute in den Südosten. Quimper liegt an der Schnellstrecke Brest - Nantes, dazu kommt die Direktverbindung nach Rennes und Redon (beide über Lorient/Auray/Vannes). Bahnhof etwa 2 km südöstlich des Zentrums, an der Ausfallstraße nach Lorient. Avenue de la Gare, Tel. 902 621.

Flugzeug: Der Flughafen der Stadt, der Aéroport de Quimper Pluguffan, liegt 7 km westlich des Zentrums von Quimper. Flüge nach Paris und über Brest nach London. Flughafen Tel. 943 030.

Diverses

- *Autoverleih*: **Ada**, Avenue de la Gare 2, Tel. 522 525; **Hertz** in der Avenue de la Gare 19, Tel. 531 234.
- *Bootsausflug*: Ab der Embarcadère Cap-Horn unterhalb von Locmaria lädt Vedettes L'Odet zur **Odet-Flußfahrt** nach Bénodet (beschrieben unter Quimper/Umgebung). Im Juli und August 4 x täglich, im September 3 x, von Oktober bis Dezember noch seltener. Fahrtdauer einfache Strecke 1 1/4 Stunden, die Fahrt kann in Bénodet unterbrochen werden. Erwachsene retour 30 DM, Kinder 15 DM. Wer das Mittagsboot wählt, kann ein exquisites Croisière-Déjeuner einnehmen: wahlweise über 70 DM und 80 DM (Ticket inkl.). Auf dem Abendboot am Samstag können Sie exquisit dinieren: umfangreiches Croisière-Diner für 100 DM (Ticket inkl.). Auskünfte und Billetts beim Office de Tourisme oder bei Vedettes L'Odet an der Embarcadère Cap-Horn, Tel. 529 841.
- *Busausflug*: Drei Busgesellschaften veranstalten im Sommer (etwa von Juni bis Anfang September) zahlreiche halb- und ganztägige Ausflugsfahrten zu diversen Zielen in nah und fern. Nah z. B. von **Tourisme Verney** das Angebot Bénodet/Concarneau/Pont Aven (27 DM) oder die Pfarrbezirkstour ins Argoat (35 DM). Längere Fahrten wären die Besuche von Mont St. Michel (80 DM) oder St. Malo/Dinard (65 DM). Die weiteren Veranstalter sind **Voyages Castric** und **Atlantour**, Erkundigungen und Buchungen problemlos beim Office de Tourisme oder bei Tourisme Verney, Boulevard de Kerguélen, Tel. 950 236.

• *Einkaufen*: Wem die Keramik aus Quimper gefällt, sitzt hier natürlich an der Quelle. Direktverkauf (auch 2. Wahl) in den Fabrikationsstätten. Preisbeispiele: Herzchen mit Blumenschmuck ca. 25 DM, Nippes-Kacheln mit Landmann/frau 80 DM, 2.-Wahl-Teller nach Originalmotiven aus dem Museum ab 25 DM. Zwei Adressen: Der Marktriese **HB-Henriot** im Ortsteil Locmaria, Allées de Locmaria Route de Bénodet (Montag bis Freitag 9 - 17 Uhr); viel kleiner die Firma **Keraluc**, Rue du Président Sadate 71, (geöffnet werktags von 9.30 - 12 und 14 - 18.30 Uhr).
Bretonisches Tuch schneidert Le Glazik in der Nähe vom O.T. Blousons, Pantalons und Original-Fischertrachten. Rue de 19 Mars Dixneufcentsoixantdeux 9, Tel. 522 928.

• *Parken*: Problemlos auf den zwei Großparkplätzen im Norden der Innenstadt; der kleinere am Place du-Champ-de-Foire, auf einer Riesenparkfläche westlich können 1300 Gefährte abgestellt werden.

• *Stadtrundfahrt*: In der Kindereisenbahn durch die Innenstadt. Erwachsene 10 DM, Kinder 7 DM.

• *Taxi*: Z. B. Station de la Gare Tel. 901 645, oder Radiotaxis quimpérois Tel. 902 121.

• *Veranstaltungen*: In der Woche vor dem letzten Julisonntag schwärmen Tausende von Teilnehmern des **Festival de Cornouaille** in der Stadt aus. Trachten, Konzerte, Lesungen, Schauspiele und und und. Höhepunkt ist der Sonntag: am Vormittag großer Trachtenumzug mit etwa 2500 Trachtenträger/innen aus allen Regionen der Bretagne, nachmittags der Aufzug der Tanz- und Musikgruppen.
Im Juli und August wird einmal in der Woche (1992 am Donnerstag um 21.15 Uhr) im alten Bischofsgarten neben der Kathedrale im Rahmen der **Jours de Folklore** getanzt. Aktuelle Daten und Programm beim Tourist-Info.

• *Wäscherei*: Wäsche dreckig? Macht nichts. **Lav'Seul** betreibt eine Automatensalonfiliale in der Rue Locronan 9.

Übernachten/Camping

Die beiden 3-Stern-Hotels sind zusammen mit einem 2-Stern-Kollegen im Ortsteil Locmaria zuhause. Hotelschwerpunkt mit Billig- und Mittelklassequartieren am Bahnhof. Weitere Hotels im großen Kreis um das Zentrum verstreut. Eine Auswahl:

*** **Hotel le Griffon**: In Locmaria an der Ausfallstraße nach Bénodet; das günstigere und wesentlich kleinere der beiden Top-Hotels Quimpers. 50 Zimmer mit vollem Komfort erlauben angemessenes Wohnen zu angemessenen Preisen, im Restaurant gehobene Menus und Gerichte à la carte. DZ nach Standard 95 - 125 DM. Ganzjährig geöffnet. Route de Bénodet, Tel. 903 333.

** **Hotel Gradlon**: Im Südosten des Zentrums bei der Bahnlinie; altmodisches Anwesen mit 24 ebensolchen, nichtsdestotrotz netten, blümchengemusterten Zimmern, altmodischer Salon und ruhiger Innengarten. Bar, Fernsehraum. Hunde sind nicht erlaubt. DZ je nach Komfortwunsch 100 - 130 DM. Ganzjährig geöffnet. Rue de Brest 30, Tel. 950 439.

** **Hotel la Tour d'Auvergne**: In der nördlichen Parallelstraße des Odet-Boulevards, auf dem Weg vom Bahnhof zur Kathedrale; 44 Zimmer, Restaurant. DZ je nach Standard 90 - 130 DM, Halbpension pro Person 110 - 140 DM. Ganzjährig geöffnet. Rue des Réguaires 13, Tel. 950 870.

** **Hotel Dupleix**: Am gleichnamigen Boulevard am südlichen Odet-Ufer schräg unterhalb der Kathedrale. 29 Zimmer, Restaurant. DZ je nach Komfortwunsch 100 - 130 DM, HP pro Person 85 - 95 DM. Ganzjährig geöffnet. Quai Dupleix, Tel. 905 335.

** **Hotel Arcade**: Großes Hotel gegenüber vom Bahnhof. 63 ziemlich standardgleiche Zimmer mit integrierten Sanitärs, 3 salles de réunion. Ganzjährig geöffnet. DZ 80 - 95 DM. Rue de la Gare 21, Tel. 903 171.

* **Hotel Pascal**: Neben dem Arcades, deutlich kleiner, einfacher und billiger. 20 Zimmer in weit gestreutem unterschiedlichen Standard, Restaurant. DZ 30 - 70 DM, Halbpension pro Person 50 - 60 DM. Ganzjährig geöffnet. Avenue de la Gare, Tel. 900 081.

* **Hotel Terminus**: Der standardgleiche Nachbar vom Pascal; 25 Zimmer, kein Restaurant. DZ 30 - 65 DM. Avenue de la Gare 15, Tel. 900 063.

• *Jugendherberge*: 60 einfache Betten im Westen des Zentrums, an der Avenue des Oiseaux 6, Tel. 554 167.

• *Camping*: ** **Municipal**; bei der Jugendherberge am westlichen Stadtrand (Richtung Audierne) im Parc de l'ancien Séminaire, einem schönen, alten Parkgelände. Großzügige Stellflächen, sanitär gut gewartet. Erwachsene 2,50 DM, Kinder und Auto je 1,40 DM, Zelt 1 DM, Wohnmobil 1,50 DM, heiß duschen 2 DM, Elektrik 4 DM. Parc de l'ancien Séminaire, Tel. 556 109.

**** **Orangerie de Lanniron**: 4 km nördlich vom Zentrum. Wo einst die Bischöfe von Quimper residierten, ist an der ehemaligen

Residenz am Ostufer der Odet ein gepflegter 17-ha-Luxusplatz entstanden. Schwimmbad und Tennis, Laden, Schatten, Restaurant, Uferpark - alles da. Erwachsene 7 DM, Kinder die Hälfte, Platz 12 DM, Auto/Motorrad 5 DM, Hund 3 DM, Elektrik 6 DM. 100 Stellplätze. Geöffnet vom 1.5. - 15.9. Route de Bénodet, Tel. 906 202.

Essen

Quimpers Küche bietet mehrere Spezialitäten. Z. B. Makrele in Apfelwein oder mit Senf (maquereau au cidre oder à la moutarde).

Restaurant le Capucin Gourmant: Der erste Gourmet-Tempel der Stadt heißt zu Deutsch "Der verfressene Kapuziner" und wird vom Meisterkoch Christian Conchon geführt. Auf den Tisch kommen die obengenannten Spezialitäten und vieles mehr. Preisgekrönte Menus ab 50 DM. Rue des Réguaires 29, Tel. 954 312.

Restaurant-Pizzeria Carpaccio: Auf dem Boulevard hinter dem O.T.-Pavillon; besonders an sonnigen Tagen ist die Terrasse mit Blick auf die Kathedrale Treffpunkt vieler hungriger Mäuler. Das Restaurant zeichnet sich vor allem durch seine Fischgerichte (Rötlinge an Spinatbett 20 DM) und seinen Haushit aus - Entencarpaccio mit frischen Egerlingen und dünnen Parmesanscheiben 25 DM. Pizza ab 13 DM. Rue Jean-Jaurès, Tel. 533 310.

Die Erfindung des Stethoskops

RENE LAENNEC, 1781 in Quimper geboren, hätte nach seinem Medizinstudium wohl bis zum Ruhestand eine normale Arztpraxis unterhalten, wäre er nur nicht so schüchtern gewesen. Doch wie das Leben spielt - was für andere ein Handicap ist, machte ihn berühmt.

Ein anscheinend normaler Arztalltag im Jahr 1815. "Die nächste, bitte!" Die Patientin tritt ein, und Docteur Laennec verschlägt es die Sprache. Eine Schönheit, ein Traum von einer Frau steht vor ihm. Dr. Laennecs Puls rast. Als sie auch noch über Herzschmerzen klagt, ist der Mediziner nervlich am Ende.

Der Arzt müßte nun, wie er es gelernt und bis jetzt tadellos praktiziert hat, seinen Kopf auf die Brust der Schmerzgeplagten legen, um das Herz abzuhören. Doch der 34jährige Mann ist wie gelähmt. Nie, nie könnte er sein Ohr an den Busen dieser Unantastbaren pressen. Fieberhaft überlegt er nach einem schicklichen Ausweg, und er weiß gar nicht, was er tut, als er völlig verlegen ein Stück steifes Papier zu einem Rohr rollt. Ein Rohr? Aber natürlich! Das war es, ein Rohr könnte es zur Not tun und würde den so dringend nötigen Abstand schaffen. Hoffentlich hat die Patientin nichts gemerkt.

Baff ist wohl das zutreffendste Wort für Dr. Laennecs Zustand, als er die Herztöne so laut und deutlich wie noch nie in seinem Leben hört.

Nein, er hat die schöne Patientin nicht geheiratet, wie es sich für ein richtiges Happy-End gehört, doch bald hatte der Arzt die abendländische Ärzteschaft von seinem Hörrohr überzeugt und widmete sich der systematischen Erforschung der Auskultation, des Abhorchens: aus dem ersten primitiven Papierrohr entwickelte sich schnell das heute unverzichtbare Stethoskop ("Bitte nicht atmen!").

Nach dem verdienten Ruhestand siedelte Dr. Laennec nach Douarnenez um. Als er 1826 starb, wurde er am Friedhof von Ploaré (Douarnenez) beigesetzt. So sonnt sich auch Douarnenez im Ruhm des bedeutendsten Sohnes Quimpers. Sein Denkmal in Quimper steht auf dem Laennec-Platz, etwas verloren unter den Blechkarossen zwischen Dom und den Museen.

Sehenswertes

Kathedrale St. Corentin: 1990 wurde mit der umfassenden Restauration der Bischofskirche begonnen, 1994 sollen die Arbeiten beendet sein - bis dahin bittet die Diozöse um Verständnis für "*die Verkürzung dieses Besuchs*". Der Grundstein der Kathedrale wurde 1240 gelegt. Zuerst wurde der *Chor* in Angriff genommen, der sich nicht lotrecht ans *Hauptschiff* anschließt, sondern leicht nach links geneigt ist - kirchenmythologisch symbolisiert der Knick das zur Seite geneigte Haupt Christi am Kreuz, bautechnisch gesehen wich man wohl einer Grabkapelle aus, die man wegen des Neubaus nicht abreißen wollte. Im 15. Jh. nahmen *Längs-* und *Querschiff* sowie die leichtfüßig aufstrebenden *Türme* ihre heutige Gestalt an. Letztere waren größere Kopien des Turms der Kirche von Pont Croix, und erst 1856 bekamen sie dank des Corentin-Pfennigs, den der Bischof von Quimper seiner Diözese fünf Jahre lang auferlegte, ihre langen, lichtdurchlässigen *Spitzen* und mit diesen ihre endgültige himmelstürmende Eleganz. Unbekümmert wurde so das Gotteshaus im wechselnden Stil der Zeiten hochgezogen, strenge Früh- und ausgefeilte Spätgotik treffen auf den hier glücklich nachahmenden Neoklassizismus, der sich an die frühen gotischen Pläne hielt.
Das enge Zusammenspiel von Kirche und aristokratischem Staat wird an der *Westfassade* sichtbar, auf der sich die Herzöge von Montfort, Herrscher über die Cornouaille und Herzöge der Bretagne, in Stein verewigen ließen; hoch über dem Portal reitet der weltliche Stadtgründer König Gradlon auf seinem steinernen Roß. Fast zwangsläufig werden die Jahre der Revolution die bitterste Zeit des Gotteshauses. 1789 werden Stifterwappen, Grabmale und die unteren, gut erreichbaren Fenster beschädigt oder zerschlagen und die Kunstschätze geraubt. Vier Jahre später, gemeinerweise am Festtag des Hl. Corentinus, werden die Holzstatuen der Kathedrale öffentlich verbrannt. Die heutige Ausstattung, nach Abklingen der antiklerikalen Zerstörungsaktionen zusammengesammelt, entspricht nicht mehr der ursprünglichen Pracht.

Im Inneren der Kathedrale herrscht die Geschäftigkeit eines weltlich-religiösen Kulttempels: Kulturtouristen und gläubige Katholiken mengen sich zu einer Gemeinde, von der ein Teil christliche Kultur inspiziert und murmelnd seiner Bewunderung Ausdruck verleiht, während der andere Teil still im Gebet versunken ist oder kreuzschlagend weitere Lichter im Meer der Kerzen entzündet.
Dezent bemalte Stoffvorhänge schirmen die derzeitige Baustelle in Chor und Apsis stimmungsvoll ab. Motiv: der Chor. Das Kircheninnere ist nun fast um die Hälfte kleiner, Haupt- und Querschiff drängen sich unproportioniert zusammen und vermitteln gegenwärtig einen verzerrten Eindruck der tatsächlichen Raumgestaltung. Die Höhepunkte der reichen Ausstattung: Nach dem Eintritt von der Nordseite die *Taufkapelle* mit dem *Taufbecken* und einer *Alabasterstatue von Johannes dem Täufer*, eine englische Arbeit aus dem 15. Jh. Anschließend an der hell beleuchteten Westwand eine Gipskopie der *Grablegung von Bourges*. An der Südfassade neben der Pforte flackern Kerzen und Totenlichter

vor einer Nachbildung der *Grotte von Lourdes* - die Madonna steht auf aufgehäuftem Felsgestein und wird von einer Knienden angebetet.
Im Querschiff *Bischofssitz* und *Kanzel* (1679), auf deren Medaillons das Leben des Corentinus skizziert wird. Im nördlichen Querschiff ein ausgefallenes Thema: Die Hl. Anna, Nationalheilige der Bretagne, bringt der halbwüchsigen Maria das Lesen bei (Statue aus dem 17. Jh.).
Hinter dem Altar wird der *Hl. Jean Discalcéat* (1279 - 1349) alias *Santik Du* verehrt. Die Statue des "kleinen schwarzen Heiligen" ist das einzige Stück, das die Revolution unversehrt überstanden hat. Als Reliquie verehrt wird ein Stück des Schädels des Hl. Jean, der dem bodenständigen Maurershandwerk nachging, bevor er in Rennes Theologie studierte und bei den Minoriten Ordensbruder und Priester wurde. Der Barfußläufer erfüllte äußerst gewissenhaft die strengen Ordensregeln, pflegte während einer Epidemie in Quimper Pestkranke und starb selbst am Schwarzen Tod. Er gilt als Schutzheiliger der armen Leute. An seiner Statue wurde Brot deponiert, das sich der nächste Bedürftige aneignen konnte.
Die erhaltenen *Fenster* in der oberen Reihe des Haupt- und Querschiffs (meist 15. Jh.) zeigen vielfach bretonische Ritter, Kirchenmänner oder Fürsten, verwoben in Szenen aus dem Leben bretonischer Heiliger.

Alte Häuser: Im Rahmen eines schleifenförmigen Rundgangs durch die obere und untere Altstadt erschließt sich die brisanteste mittelalterliche Bausubstanz, die das 20. Jahrhundert noch erleben durfte. Die bemerkenswertesten Stationen:
Wo am Nordende des *Place St. Corentin* die große *Rue Ellie-Fréron* abgeht, links ab in die *Rue Guéodet*, und Sie stehen bald vor dem *Haus der Karyatiden*, dessen Figuren ihr Dasein recht lustig finden. Das *Maison Minuellou* sticht in der *Rue du Sallée* auf dem Weg zum ehemaligen Buttermarkt heraus, der *Place au Beurre* selbst, ein winziges Plätzchen, lädt zu einem Päuslein (Bar!).

Am Place Terre-au-Duc

Die kurze *Rue Kéréon* wird durchgängig von adrett geputzten Geschäftshäuslein aus dem romantischsten Mittelalter gesäumt; über den Köpfen der Fußgänger verehrt ein geschnitzter und buntbemalter Quimperois Tag und Nacht sein angebetetes weibliches Pendant auf der anderen Gassenseite, das ihm schon seit Jahrhunderten Hoffnung macht.

Am *Place Terre-au-Duc*, wo der Steir im Schatten eines Wachtürmleins sich in sein unterirdisches Bett begibt und früher Gericht und Kerker der bretonischen Herzöge beheimatet waren, steht mitten im malerischsten Platz-Ensemble das lustigste Haus Quimpers - ohne Nachbarn, schief, verzogen und ungemein heiter.

Museum der schönen Künste *(Musée des beaux arts)*: Am Place St. Corentin bei der Kathedrale. Seit 1991 wegen Restaurierung für zwei Jahre geschlossen. Nach der Neueröffnung 1993 wird das umfangreiche Bilderangebot das ursprüngliche sein: Maler vom 16. bis zum 20. Jh., bretonische Motive im "Bretonischen Saal", etliche Werke der Schule von Pont Aven, darunter *Emile Bernard* und *Paul Sérusier*, wahrscheinlich wieder ein Extrasaal für Bilder und Originalmanuskripte von *Max Jacob*. Der gebürtige Quimperer ging um 1900 nach Paris, um in der Großstadt zu finden, was Quimper nicht bieten konnte: Anschluß an die Surrealisten- und Avantgardeszene und damit Anregungen für sein eigenes Schaffen.

Volkskundemuseum *(Musée Départemental Breton)*: Gleich neben dem Gemäldemuseum. Seit 1991 hat es nach dem mehrjährigen Umzug vom Bischofspalast in sein neues Heim wieder geöffnet. Alte Exponate in neuer Pracht und didaktischer Anordnung geben einen Überblick über Geschichte, Kulturschaffen und Alltagsleben seit der römischen Besetzung im Finistère und der Cornouaille. Ein Glanzpunkt ist der 3 m hohe *Menhir von Kernuz* mit eventuell gallischen Gravierungen. Die *Fayencen-Abteilung* ist aus verständlichen Gründen besonders üppig.

• Öffnungszeiten: In der Saison durchgehend von 10 - 18 Uhr. In der NS mit Mittagspause. Eintritt 7 DM, ermäßigt die Hälfte.

Kirche Notre-Dame-de-Locmaria: Der Stadtteil Locmaria, knapp 2 km unterhalb des Kerns von Quimper auf der anderen Seite der Odet, in frühen Quellen als *Aquilonia* erwähnt, versteht sich als Ursprungsort des späteren Quimpers. Hier unterhielten Benediktiner ein Kloster, und hier sollen die ersten Bischöfe residiert haben, bevor die Diözesenleitung nach Quimper umzog. Erst spät wurde Locmaria eingemeindet und lange pochte es auf seine Unabhängigkeit und seine Rechte: Es war Sitte, daß jeder frischbestallte Bischof seine Aufwartung bei der Äbtissin des Frauenklosters von Locmaria machte; in einem immergleichen Zeremoniell vertraute er Pferd, Mantel und Handschuhe der Priorin an, bevor er fragte, ob er hier in Gottes Namen die Nacht verbringen dürfte.
Die letzten Nonnen verließen das Kloster 1792, als es zwangsaufgelöst wurde. Die romanische *Klosterkirche Unserer Lieben Frau von Locmaria* - ursprünglich *Sta.-Anna-Maria-in-Aquilonia-Civitate* - bei den Fayencenmanufakturen neben dem Odet-Ufer ist der einzige klerikal genutzte Rest der Abtei: Vermutlich im 11. Jh. wurde die Kirche erbaut, der Chor wurde im 19. Jh. einschneidend restauriert. Der äußere Eindruck ist der eines düsteren Gotteshauses, das von seinem dicken Turm niedergehalten wird. Das Innere ist ungewohnt hell, die Wände fast kahl, der umgebaute Chor säulchengegliedert. Höhepunkt der kargen Ausstattung ist der *Triumphbalken* mit einem Christus, der mit einer roten Robe bekleidet ans Kreuz geschlagen ist.

Fayencen

Fayenceries sind Keramikwerkstätten, die Fayence eine weißglasierte, bemalte Irdenware, benannt nach Faenza, einem Hauptort der italienischen Fayencenproduktion. Werkstücke aus feingeschlemmten Tonsorten werden an der Luft getrocknet, darauf in Öfen bei 800 - 900 Grad verfestigt, dann in ein mit Zinnoxid angereichertes Glasurbad getaucht und in noch feuchtem Zustand blau, grün, mangan, gelb oder rot bemalt. In einem zweiten Brand verschmelzen bei hohen Temperaturen (bis etwa 1100 Grad) die weißdeckende Glasur und die sich in ihr einbettenden Scharffeuerfarben zu einem glänzenden Überzug.

Schon Jahrzehnte vor Beginn der Produktion in Quimper wurde die Tonerde der Odet-Ufer zur Weiterverarbeitung nach Locronan verschifft, um 1690 machte ein Südfranzose, der den Grundstoff der Bequemlichkeit halber vor Ort verarbeiten wollte, die erste Manufaktur in Quimper heimisch. Die Bemalung war anfangs eine Stilverschmelzung aus tradierten Motiven von Rouen und Nevers - den namhaftesten Werkstätten Frankreichs - und dem Morgenland. Eine Qualität wie Delfter Porzellan oder Fayencen aus dem türkischen Iznik wurde in Quimper nie erreicht; hergestellt wurde solide, wenig ausgefallene Keramik für eine wohlhabende Kundschaft, die sich wegen des Geschirrs keine extravaganten Ausgaben zumuten wollte.
Ab dem Ende des 18. Jh. begannen englische Manufakturen, das europäische Festland mit billigem Steingut zu überfluten - die Fayencen verschwanden fast völlig vom Markt. Der Jugendstil verhalf der Fayencenherstellung zu einem neuen Aufschwung, der sich auch in der fernen Bretagne bemerkbar machte: Ab 1880 wird in Quimper mit der Massenproduktion von Keramik begonnen, die bis heute zum größten Teil mit bretonischen Themen dekoriert ist und, je nach Geldbeutel, in jedes gut- bis kleinbürgerliche Wohnzimmer paßt.

Fayencenmuseum: In Locmaria im Hause HB Herbot untergebracht und von der Firmenleitung des unangefochtenen Marktführers in Sachen Kitsch und Kunst verwaltet. Der geführte Gang durch die Werkstätten verschafft einen Einblick in die Produktionsweise; die Ergebnisse der aktuellen Arbeiten sowie alte Prachtstücke, von denen man sich nicht trennen wollte, sind in den Ausstellungsräumen zu bewundern: funktionale Keramik, als künstlerisch wertvoll deklarierte Staubfänger, dazwischen wirkliche Kunst. Flache Teller, Suppenteller, Kaffeegeschirr, Vasen, Schüsseln oder Platten in allen Größen, Puppen, Figurengruppen, Uhren, edle Tiere (z. B. stolzer Schwan und scheues Reh) und viele andere Kostbarkeiten mehr.

• *Öffnungszeiten*: Siehe Einkaufen. Halbstündiger, geführter Besuch der Manufaktur Erwachsene 4 DM, Kinder 2 DM.

Quimper / Umgebung

▶ **Flußfahrt auf der Odet**: Wir laden ein zu einer romantischen Fahrt auf einem romantischen Fluß. Kurvenreich, still und blau schlängelt er sich durch sein liebliches, grünwucherndes Tal, bis er sich kurz vor seiner Mündung ins Meer respektabel weitet. An den Ufern aristokratische Schlößchen in gepflegten Parks, großzügige Villen betuchter Zeitgenossen, Bürgershäuser in bevorzugter Lage, ab und zu ein Seitenarm oder eine Anlegestelle.

Die *Vire-Court* genannten Schleifen, in denen die Odet hinter der seeartigen *Baie de Kérogan* nach Quimper ihrer großzügigen Mündung entgegenzieht, ist Höhepunkt der Fahrt. An der engsten Stelle der Odet ragen Felsen auf, einer davon der *Jungfernsprung* (*Saut de la Pucelle*) - hier verfolgte angeblich ein sexuell amoklaufender Mönch eine Maid, die mit einem gewaltigen Sprung von einem Felsen zum anderen übersetzte. Der Mönch sprang nach und stürzte ab. Den *Bischofsstuhl* (*Chaise de l'Evêque*), eine andere Felsformation in den Flußschleifen, formten Engel für St. Corentin, der hier gerne saß und meditierte. Kurz darauf die engste Kurve: Hier traute sich einst eine spanische Flotte, deren Plan es war, Quimper heimzusuchen, nicht mehr weiter und trat resigniert den Rückweg an. Kurz vor Bénodet wird noch schnell die *Cornouaille-Brücke* von unten besichtigt, die 610 m lang die Odet überspannt, und dann öffnet sich die Mündung des Flusses endgültig zu einer Bucht im Atlantischen Ozean.
Zu den technischen Einzelheiten der Flußfahrt siehe Quimper, Bénodet, Concarneau/Stichwort Bootsausflug.

▶ **Site du Stangala**: Der Aussichtspunkt, 70 m über einer engen Schleife des sich sanft schlängelnden Flußlaufs der *Odet*, erlaubt einen Blick der lieblichen Art. Durch Wald geht es hinauf zu dem bekannten Panoramapunkt auf einer von Büschen umrahmten Felsplattform, und dann: die Odet unten im Vordergrund, am Talhang die Häuser von Tréazon, etwas störend die Kommunikationsanlage. Links weit voraus der *Mont de Locronan* mit seiner Kapelle auf der Kuppe.

• *Anfahrt*: Von Quimper im Ortsteil Locmaria Richtung Autobahn, aber davor links ab Richtung Quéllenec/St. Guénolé. Bei Quéllenec wieder links ab und parken.

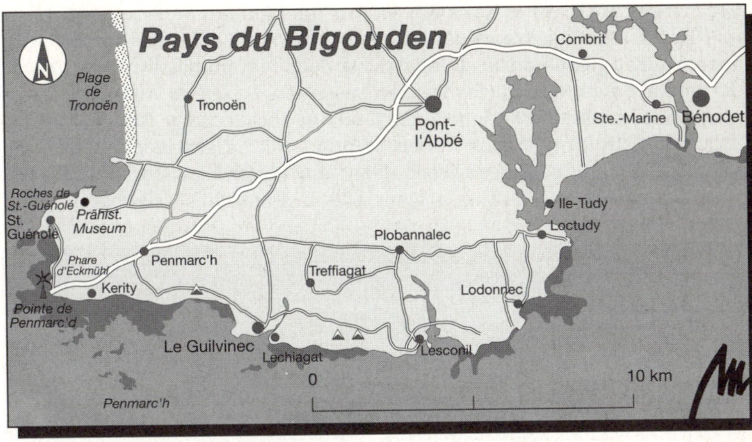

Das Bigoudenland *(Pays de Bigouden)*

Das Bigouden-Häubchen, die traditionelle Kopfbedeckung der hiesigen weiblichen Bevölkerung, gab dem Bigoudenland seinen klingenden Namen. Nach offiziellen Angaben tragen heute noch etwa 3000 Frauen die hohe Spitzenhaube, die dazugehörigen gelb- und rotbestickten Trachten lassen allerdings auch sie im Schrank hängen - diese werden nur zu Festtagen ausgepackt.

Das *Pays de Bigouden* erstreckt sich über die *Halbinsel Penmarc'h* zwischen den Ufern der *Odet* und des *Goyen* in der Bucht von Audierne. Bis zum 16. Jh. war die Halbinsel mit der Hauptstadt *Pont l'Abbé* einer der wohlhabendsten Landstriche der Bretagne. Dann schlug das Schicksal zu: Die Kabeljauschwärme wanderten ab, einheimische Großräuber und plündernde Engländer brandschatzten immer wieder das Land, das mehr und mehr verarmte und am Rande der westlichen Zivilisation nur mehr eigensinnig vor sich hindämmerte.

Die Bewohner des Bigoudenlands gelten als eigener Schlag unter den Bretonen, und viele Klischees werden über sie verbreitet: Mehr der Vergangenheit als der Zukunft zugewandt sei die bretonische Sprachinsel, derb, stolz, auf Eigenständigkeit bedacht. Daran scheint etwas zu sein: "*Wir Bigoudins stehen in dem Ruf, eben anders zu sein. Das muß wahr sein, denn alle sagen es, nicht zuletzt wir selbst. Nur, wir sagen es etwas anders als alle*" (Pierre Jacques Hélias, Bigoude).

Über das flache Land sind zahllos die spitzgiebeligen Häuser verstreut, die weiß in der Sonne glänzen. Die Äcker werden bis nahe an den Atlantik bestellt. Die Küste des Bigoudenlands ist felsig, von Riffen umgeben und durchsetzt von kleinen Häfen. Der Fischfang spielt trotz intensiver Landwirtschaft die Hauptrolle im Wirtschaftsleben. Die vielen kleinen Küstenorte von *St. Guénolé* bis *Loctudy* sind allesamt rege Fischerhäfen, die einen beträchtlichen Teil zur bretonischen Fischfangstatistik beitragen.

Viele, wenn auch unspektakuläre Megalithdenkmäler und einige Kirchen und Kapellen, allen voran der *Calvaire von Notre-Dame-de-Tronoën*, sind das kulturelle Erbe dieses Landstrichs, doch Hauptanziehungspunkt ist die Küste. Segler und Surfer werden besonders zu einem Aufenthalt animiert, aber an den Stränden von Le Guilvinec bis Loctudy - lange, für den Atlantik charakteristische Dünenstrände - fühlen sich auch Badegäste und Fußfischer gut aufgehoben. Fazit: ein klassisches, für Südküstenverhältnisse eher noch ruhig-provinzielles bretonisches Urlaubseck.

Notre-Dame-de-Tronoën

Im Heideland hinter breiten Dünen in Sichtweite des Meers steht eine Crêperie, ein Stück dahinter in den Dünenausläufern die schlichte *Kapelle Notre-Dame-de-Tronoën*, deren Kapellentürmchen zierlich aus der Dachmitte in den Himmel ragt. Gleich neben der Kapelle aus dem frühen 15. Jh. trotzt der älteste *Calvaire* der Welt den Zeiten - seit 1450 ist er dem Erosionsprozeß ausgesetzt. Die Figuren im hellgrauen Stein sind verwittert, Regen und Wind haben manche Gesichter geglättet und unleserlich gemacht. Auch Marias Konturen, die so gut wie nackt im Bett liegt, und die des Jesuskindes sind verwaschen. Doch geschadet haben Wasser, Salz und Wind der Ausdruckskraft nicht.
Drei Kreuze erheben sich vom Sockel, auf zwei Ebenen lehnen sich die unterschiedlich großen und gestalteten Figuren (zwei Künstler?) an eine Steinplatte. Zwei Szenen der Passionsgeschichte wurden nur auf diesem Calvaire ausgeführt: Nur in Tronoën erscheint der wiederauferstandene Jesus als verkleideter Gärtner der überraschten Maria-Magdalena, und nur in Tronoen tragen die Schächer, hinter Jesus hergehend, gleich dem Gottessohn ihre Kreuze eigenhändig auf den Schädelberg hinauf.

• Pardon: Am 3. Sonntag im September.

Pointe de la Torche

Hier greift der Atlantik auf breiter Front an. Zwischen St. Guénolé bis vor Audierne zieht sich ein etwa 25 km langer, dünenbegrenzter Sand-/Kiesstreifen, an den ein meist unruhiges Meer anbrandet - für Badende gefährlich, doch ideal für Surfer. Die einsam ins Meer bleckende Landspitze teilt die lange Strandzone in zwei riesige weißsandige Badebuchten mit exzellenten Gleitbedingungen. Hier, in dem Worldchampionship-Revier bei der Pointe de la Torche trifft man sich jedes Jahr zum Fun-Board-Festival. Als Zugabe zum kleinen Spaziergang an die Landspitze gibt es am Ziel alte Kult- und neuere Militärarchitektur: Unter einem frei zugänglichen *Langgrab* mit einigen Seitenkammern auf der Kuppe der Pointe de la Torche duckt sich unterhalb, aber dominierend ein betonierter, verschlossener *Wehrmachtsbunker*.

• Fahrradverleih/Surfen: Base de Loisirs Plomeur la Torche verleihen und schulen an der Pointe. Sitz der nautischen Basis ist in Plomeur, Tel. 98/585 620.

St. Guénolé

Gierige Möwen, Fischfabriken, eine Handvoll Hafenbars - St. Guénolé ist nach Concarneau und Lorient einer der größten bretonischen Sardinenhäfen. Der Fang wird, für alle Menschen ohne Schnupfen unschwer festzustellen, gleich vor Ort verarbeitet. Weitere Sensationen: Der Kabelstrang, der Europa mit Amerika telefonisch verbindet, verläßt am *Pors-Carn-Strand* das Wasser, und das *vorgeschichtliche Museum* von St. Guénolé ist nach dem von Carnac immerhin das zweitbedeutendste seiner Art in der Bretagne. Kleinsthotels und Campings sind die Anzeichen, daß St. Guénolé auch im Tourismus seine kleine Rolle spielt. Die Felsen von St. Guénolé, einfach *les rochers*, sind dem stärksten Ansturm des Atlantiks ausgesetzt - nirgendwo sonst in der Bretagne können die Wellen mit solcher Gewalt an das Land donnern. Neben den Felsen beginnt der lange Dünenstrand zur Pointe de la Torche - das kinderfreundlichste Stück in einer kleinen Bucht nah den *Rochers*.

Übernachten/Camping

** **Hotel de la Mer**: Am Schlenderboulevard von Guénolé; 15 Zimmer in solider Mittelklasse, zum Teil mit Meerblick, Restaurant. DZ 70 - 90. HP 95 - 115, VP 115 - 130 DM, Frühstück 11 DM. Geöffnet vom 1.3. bis 15.1. Tel. 98/586 222.

** **Hotel le Sterenn**: Alle Zimmer mit Bad/WC, Restaurant. DZ 90 DM, Frühstück 12 DM, HP 110 DM. Rue de Joie, Tel. 586 036.

• Camping: ** **de la Joje**; der einzige Platz bei St. Guénolé/Penmarc'h in Meernähe. Hinter der Durchgangsstraße gegenüber einer BP-Tankstelle. Großer, schlichter Normplatz mit einfachen Sanitärs, Hüttenvermietung. Erwachsene 4 DM, Kinder 3 DM, Platz 5 DM, Auto 2 DM, Wohnmobil 6 DM, Motorrad 1 DM, Elektrik 3 DM. 260 Stellplätze. Geöffnet von Ostern bis 15.10. Tel. 98/586 324.

Sehenswertes

Prähistorisches Museum *(Musée préhistorique finistérien)*: Megalithen vor dem Bau kündigen an, worum es bei der pädagogisch strukturierten Sammlung geht. Die Exponate aus dem gesamten Finistère mit Schwerpunkt Halbinsel Penmarc'h umspannen die Jahrtausende von der Steinzeit bis zur römischen Besetzung. Die Gräber und Menhire sind aus

Platzgründen im Garten, die zahlreichen Funde aus der Frühgeschichte des Menschen werden in zwei Ausstellungsräumen gezeigt. Aufsehenerregend in Saal 1 die Totenstadt aus der Eisenzeit.

- Öffnungszeiten: Vom 1.6. - 30.9. täglich außer Dienstag 10 - 12 und 14 - 18 Uhr. Eintritt 5 DM.

Penmarc'h *(ca. 6500 Einwohner)*

Der Verwaltungsort der umliegend verstreuten Kleingemeinden unmittelbar hinter der *Pointe de Penmarc'h* besitzt im Ortsteil *Kérity* ein Wahrzeichen: Kantig und braun wächst am Ende der Hauptstraße kurz vor dem Meer der düster gemauerte Leuchtturm mit dem schönen Namen *Phare d'Eckmühl* über die Hausdächer hinaus. Mit 65 m Höhe ist er einer der höchsten Leuchttürme Frankreichs, benannt hat ihn die noble Stifterin nach ihrem Vater, LOUIS NICOLAS DAVOUT, Fürst von Eckmühl, ein General Napoleons. Neben dem Leuchtturm steht seit Jahrhunderten die *Kapelle Notre-Dame-de-la-Joie* gefährlich nah am Gestade; eine Mauer muß das Meer zurückhalten, der Glockenturm ist verwittert wie der Calvaire von Notre-Dame-de-Tronoën.

Im Zentrum von Penmarc'h gilt die klassisch-gotische *Kirche St. Nonna* mit dem zierlichen Glockentürmchen als eine Musterkirche des bretonischen Flamboyant. 1508 von einheimischen Reedern gestiftet, wurde sie in der Blütezeit Penmarc'hs hochgezogen. Am dicken Westturm, nie vollendet, sind noch typische Reliefs der Küste erhalten: Schiffe und Fische. Als der Räuber LA FONTENELLE, der mit seinen Gesellen am Ende des 16. Jh. zum Zwecke der Brandschatzung eine Rundreise über die Halbinsel unternommen hatte, 3000 Bauern samt ihren Familien töten ließ, die sich in der Kirche sicher wähnten, war das wirtschaftliche Schicksal der Gemeinde auf Jahrhunderte besiegelt. Erst der Aufschwung nach dem 2. Weltkrieg brachte wieder mehr Leben in diese Region.

Hinweis: "*Die frische und jodhaltige Luft fördert das Wachstum der Kinder und läßt den Erholungsurlaub der Erwachsenen gelingen*" (Eigenwerbung).

- Postleitzahl: 29760
- Telefonvorwahl: 98
- Information: Putziges Office de Tourisme im Zentrum nah der Kirche. Auch zuständig für St. Guénolé. Während der Saison geöffnet von 10 - 19 Uhr, Sonntag geschlossen. In der NS nur am Vormittag. Place Jules-Ferry, Tel. 588 144.
- Feste: Jedes Jahr am zweiten Sonntag im August steigt das Kormoran-Fest.

Le Guilvinec *(ca. 4000 Einwohner)*

An den beiden Ufern einer tiefeingeschnittenen Flußmündung, die als Hafen dient, haben sich zwei Orte angesiedelt. Le Guilvinec am westlichen Ufer ist der größere, ein lebhaftes Fischerstädtchen mit Hafenreede, Konservenfabriken, Campings und einem Hotel. Wenn die Boote am Nachmittag wieder heimkommen, finden sich an der *Criée*, der Fischversteigerungshalle, Schaulustige, Kleinkunden und Großhändler gleichermaßen ein. Anziehungspunkt von Le Guilvinec ist sein langer Strand - ein 5 km langer Sandstreifen Richtung Penmarc'h schließt sich westlich von Le Guilvinec an - ruhig-geschützte Plätze in den Dünen oder nur ruhige am Strand.

- *Postleitzahl*: 29730
- *Telefonvorwahl*: 98
- *Information*: Das kleine Syndicat d'Initiative am Hafen hat nur im Sommer von 10 - 18.30 Uhr geöffnet. Abri du Mairie, Tel. 582 929.
- *Fahhradverleih*: **Peuziat** in der Rue de la Paix verleiht zu gängigen Kondtionen Velos. Tel. 582 017.
- *Markt*: Jeden Dienstag bunter Wochenmarkt am Place de l'Eglise.

Übernachten/Camping

* **Hotel-Restauraunt du Centre**: Mitten im Ort mit kleinem Gartenbetrieb, familiärem Restaurant und 17 Zimmern, fast alle davon mit Dusche/WC ausgestattet. Monsier Le Mann ist auch der Chef einer gehobenen Küche, Spezialität: Meeresfrüchte à la carte oder im Menü. DZ 73 DM, HP 85 DM, VP 100 DM, Frühstück 10 DM. Ganzjährig geöffnet. Rue Penmarc'h 16, Tel. 581 044.

- *Camping*: *** **la Plage**; westlich der Ortschaft nach dem Abzweig Penmarc'h/Zentrum am Meer. Riesiges, sehr gut ausgestattetes Areal, auch als längere Bleibe geeignet. Minigolf. 2-Personenpauschale 17 DM, ansonsten Erwachsene 8 DM, Kinder, Hunde und Auto je 3 DM, Elektrik 4 DM. 410 Stellplätze. Geöffnet von Ostern bis 30.9. Ster Poulguen, Tel. 98/586 190.

** **Municipal de la Grève blanche**: Am Ortseingang Richtung Penmarc'h. Kahles Gelände zwischen Dünen und Straße, ordentliche Sanitärs. Erwachsene 4 DM, Kind, Auto und Hund je 2 DM, Elektrik 4 DM. 100 Stellplätze. Geöffnet vom 15.6. - 15.9. Tel. 98 589 313.

Lechiagat

Das kleine Anschlußdorf von Le Guilvinec direkt hinter der Brücke bildet zusammen mit *Treffiagat* eine Gemeindeeinheit unter treffiagatischer Oberhoheit. Das ruhigere Lechiagat mit seinem kleinen Yachthafen ist der touristischere der beiden Orte an den Mündungsufern. Ebenfalls ein längerer Sandstrand mit Dünenbegrenzung unterhalb der *Rue des Dunes* schließt sich an Lechiagat an - 4 km weißer Sand in allen Körnungen. Der Abschnitt gleich hinter Lechiagat fällt wegen seiner Algen und seiner Enge bei Hochwasser gegenüber den folgenden Kilometern ab.

- *Markt*: Jeden Samstag vormittag am Place du Marché.

Übernachten/Camping

** **Hotel du Port**: 40 Zimmer und ein Restaurant am Hafenbecken stehen ganzjährig der Klientel zur Verfügung. DZ je nach sanitärem Standard 70 - 100 DM, HP 100 DM, Vollpension 115 DM, Frühstück 13 DM. Ganzjährig geöffnet. Tel. 98 581 010.

- *Camping*: ** **des Ormes**; östlich von Lechiagat unterhalb der Straße nach Lesconil. Flaches, heckengesäumtes Wiesengelände, 300 m zum Strand. Brotverkauf, Waschmaschine u. a. Erwachsene 3 DM, Kind, Auto und Hund je 2 DM, Platz 3 DM, Elektrik 3 DM, heiße Dusche 1,50 DM. 76 Stellplätze. Geöffnet vom 15.6. - 30.9. Tel. 98 582 127.

** **Karreg Squividen**: Kurz danach, Heckenplatz, passable Sanitärs, Anschluß zum Bauernhof, 200 m zum Strand. Gespanne haben es schwer, enge Zufahrt. 75 Stellplätze. Ähnliches Preisniveau wie "des Ormes". Geöffnet vom 15.6. - 15.9. Tel. 98 582 278.

** **Municipal le Merlot**: 800 m landeinwärts an der Verbindungsstraße; ruhig. Dieselben Preise wie die Konkurrenz. 125 Stellplätze. Geöffnet vom 15.6. - 15.9. Tel. 98 580 309.

Lesconil *(ca. 3000 Einwohner)*

Weit ins Land windet sich der Meeresarm *Le Steir*, der von vier kleinen Flüßchen Zulauf erhält. Am Ende des Fjords liegt Lesconil. Eine Fischfabrik, viele Neubauten und einige Hotels: Der Fischereihafen an der Westmündung des Meeresarms wird jeden Sommer für wenige Wochen ein touristisches Nebenzentrum im Schatten des größeren Loctudy, dann zieht wieder die Ruhe des Bigoudenlands ein. Im Hafen ist Platz

für 30 Fischkutter, werktags täglich um 17.30 wird der Fang vor Ort versteigert, dann ist - ausgenommen den Pardon am dritten Augustsonntag - immer am meisten los in Lesconil.
Gebadet wird am *Grande Plage* - 1 km lang und schneeweiß zieht sich der beliebte Strand ab der Mündung des Steir nach Westen hin.

• *Postleitzahl*: 29740 Plobannalec-Lesconil
• *Telefonvorwahl*: 98
• *Information*: Syndicat d'Initiative am Hafen. Sehr rührig, informiert auch über die in den beiden Sommermonaten recht zahlreichen Veranstaltungen, deren Termine und eventuelle Kosten. In der Hochsaison geöffnet von 10 - 12 und 16.30 - 18.30 Uhr, in der Nebensaison nur Mittwoch und Samstag 10 - 12 Uhr. Place du Port, Tel. 878 699.

Übernachten/Camping

** **Grand Hotel des Dunes**: 50-Zimmer-Hotel mit Seebadatmosphäre und guter Sanitärausstattung, die Zimmer meist mit Meerblick. DZ 90 DM, HP 100 DM, VP 130 DM, Frühstück 12 DM. Geöffnet von Juni bis Oktober. Rue Laënnec, Tel. 878 303.

** **Hotel du Port**: Hafenhotel mit 30 Zimmern unterschiedlichster Sanitärausstattung. Restaurant. DZ 55 - 100 DM, HP ab 75 DM, VP ab 83 DM, Frühstück 9 DM. Geöffnet von Mai bis Oktober. Rue du Port 4, Tel. 878 106.

• *Camping*: *** **La Grande Plage**; am westlichen Ortseingang an der Straße und 200 m vor dem Wasser. Gut eingerichteter Platz mit ordentlichen, behindertenfreundlichen Sanitärs, Laden, Fahrradverleih, Fernsehraum, Minigolf etc. Erwachsene 5 DM, Kinder 3 DM, Platz 7 DM, Auto/Motorrad 2,20 DM, Duschjeton 1,70 DM, Elektrik 4 DM. 80 Stellplätze. Geöffnet von Ostern bis 30.9. Tel. 878 364.

*** **des Dunes**: Gleich daneben; vom Platz her ein wenig bescheidener, doch gleichfalls nett eingerichtet. Preise knapp über dem Niveau des 3-Stern-Nachbarn. 90 Stellplätze. Geöffnet von Ostern bis 30.9. Tel. 878 178.

** **Keralouet**: Unidyllischer Platz am östlichen Ortsende neben der Straße. Campeur 3 DM, Kinder/Auto je 2 DM, Platz 4 DM, Dusche 1,70 DM, Elektrik 3 DM. 45 Stellplätze. Geöffnet vom 15.6. - 15.9. Tel. 822 305.

Loctudy *(ca. 3500 Einwohner)*

Zusammen mit der gegenüberliegenden Halbinsel *Ile Tudy* bildet die Landspitze von Loctudy den schmalen Einlaß in die *Mündungsbucht des Pont-l'Abbé*. Neben den Anwesen der Einheimischen und dem schon historischen Hafen bestimmen Villen und lauschige Gärten das Ortsbild des Fischer- und Urlaubsorts. Loctudy ist steinalt: Eine gallische, zwei Meter hohe *Grabstele* (Grabmal in Form einer aufrechtstehenden Platte oder eines Steins) im Friedhof wurde vor vielen Jahrhunderten christianisiert, die *Kirche* stammt im Kern aus dem 12. Jh. und wurde im 15. und 18. Jh. zweimal umgestaltet. Von Kunstliebhabern wird sie wegen der keltischen Motive an Kapitellen und Sockeln der Säulen des Chorumgangs besucht, doch den immer noch romanischen Innenraum beschreiben auch ahnungslose Kirchen- und Kunstmuffel als sehenswert.
Direkt vor und um Loctudy am westlichen Ende der Bucht von Bénodet hat die Natur einige Strände eingerichtet: der Hauptstrand *Plage de Langoz*, 400 m Sand mit Felsriffen, ist am ortsnächsten, am besten ausgerüstet und am meisten besucht. Die Strände von *Kervizec* und *Lodonnec* schließen sich an.

• *Postleitzahl*: 29750
• *Telefonvorwahl*: 98
• *Information*: Das kleine Syndicat d'Initiative informiert in der Ortsmitte beim Hafen. In der Saison von Montag bis Samstag 9.30 - 12.30 und 14 - 19 Uhr, in der Nebensaison außer Dienstag und Freitag täglich von 14 - 17 Uhr. Place de la Mairie, Tel. 875 378.

• *Bootsausflug*: Vedettes L'Odet lädt zur **Odet-Flußfahrt** nach Quimper (beschrieben unter Quimper/Umgebung). Nach der ersten Juliwoche bis 31. August tuckert das Ausflugsboot 1 x täglich, vom 1.9 - 9.9 je einmal am Sonntag, Mittwoch und Freitag. Die Fahrt führt nicht ganz nach Quimper - an der Baie de Kérogan dreht der Dampfer um. Das ganze Vergnügen dauert etwa 3 1/2 Stunden. Erwachsene 30 DM, Kinder 15 DM. Auskünfte und Billetts bei Vedettes L'Odet im Hafenbüro, Tel. 874 563.

Übernachten/Camping

** **Hotel Tudy**: 9-Zimmer-Hotel, Zimmer teilweise mit Kochnische für Selbstversorger. Meerblick. Gute Sanitärausstattung. DZ 70 - 100 DM. Ganzjährig geöffnet. Tel. 874 299.

* **Hotel de Bretagne**: Einfaches 15-Zimmer-Hotel. Kein Restaurant. Sanitär unterschiedlich, Etagen-WC. DZ 43 - 53 DM. Geöffnet von Juni bis 30.9. Tel. 874 021.

• *Camping*: Einige Plätze gleich nördlich vom Ortskern in Meernähe mehr oder weniger hintereinander, z. B.: ** **Municipal Kergall**; gleich neben der Segelschule, 100 Stellplätze, geöffnet von Ostern bis 30.9., Tel. 874 593. ** **Les Hortensias**; direkt am Meer bei der Pointe de Kergall, 100 Stellplätze, geöffnet vom 28.6. - 1.9., Tel. 874 664. ** **Les Mouettes** in der Rue Penhador ist der am besten ausgestattete und teuerste Platz (Erwachsene 5 DM, Kinder die Hälfte, Platz 7 DM, Auto 2 DM, Elektrik 3 DM.

Weitere Campings auf der anderen Seite der Mündung bei und um Ile Tudy.

Ile Tudy

Die nahe Halbinsel auf der anderen Seite der Mündungsbucht des Pont-l'Abbé mit ihrem langen Dünenstrand ist ein geschätztes Baderevier: eine lange Landzunge mit viel Sand, etlichen Häuschen und kleineren Kiefernbeständen - landeinwärts eine stille Lagune, auf der anderen Seite der Atlantik. Kleine Boote befördern während der Hochsaison laufend Gäste über die kleine Meerenge zwischen Loc- und Ile Tudy, in der Nebensaison entsprechend seltener oder gar nicht.

• *Postleitzahl*: 29980

• *Telefonvorwahl*: 98

• *Information*: Das O.T. im Hauptort Ile Tudy informiert in der HS von 9 - 12 und von 14 - 19 Uhr. In der NS werktags außer Mittwoch von 13.45 - 16.45 Uhr. Rue des Saules, Tel. 563 014 oder in der NS 564 257.

• *Fahrradverleih*: Loca Loisirs, Avenue des Sports, Tel. 564 354.

• *Minigolf*: Anlage in der Nähe des O.T. in der Rue des Saules.

• *Wassersport*: Loca Loisirs vermietet Boote, Bretter und sonstiges Wassersportzubehör. Avenue des Sports, Tel. 564 354.

Camping

*** **Pen ar Pallud**: 60 windgeschützte Stellplätze in Strandnähe beim Hotel Euromer. Fahrradverleih, Tennis, Reiten, Restaurant, Laden. Erwachsene 6 DM, Kinder, Auto und Hund je 3 DM, Platz 9 DM, Elektrik ab 4 DM. Avenue Théven 6, Tel. 563 927.

** **Municipal le Sillon**: Direkt am Ile-Tudy-Strand, mit über 150 Stellplätzen. Weniger auffällig als der Pen ar Pallud, doch günstiger: Erwachsene 3 DM, Kinder 2 DM, Platz 4,50 DM, Elektrik 3 - 4 DM. Geöffnet vom 10.4. bis 15.9. Tel. 564 339.

Pont-l'Abbé *(ca. 8000 Einwohner)*

Ihren Namen erhielt die Stadt beidseits eines Meeresarms von der ersten Brücke, die ein Abt von Loctudy im 7. Jh. hier schlagen ließ. Pont-l'Abbé 1400 Jahre später: das sind immerhin zwei Brücken, ein Château, die Stadtkirche, eine kerzengerade Hauptstraße vom Schloß wegführend mit Geschäften, Bars und Restaurants. Und um die Zentrumsachse das niedrige Häusergewirr einer betagten Kleinstadt, die bis ins 16. Jh. eine bedeutendere Rolle auf der Geschichtsbühne spielte:

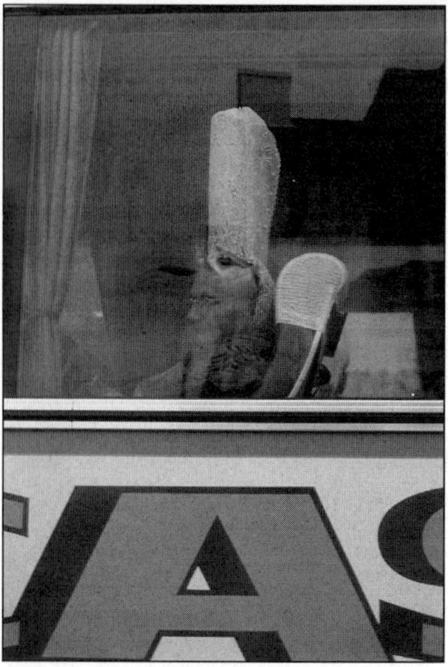

Tradition im Bigoudenland

In Pont L'Abbé, der einstigen Hauptstadt des damals reichen Bigoudenlands, liefen die Fäden politischer und wirtschaftlicher Macht zusammen. Während der Stempelpapierrevolte 1675 (siehe Geschichtskapitel/ Kasten Stempelpapierrevolte), an der die Bauern um Pont-L'Abbé maßgeblich beteiligt waren, hatten die repräsentativen Bauten der Stadt dementsprechend zu leiden: Das Schloß und die Kirche von Lambourg am anderen Ufer der *Rivière* gingen nach Ausbruch des Aufstands in Flammen auf.

Das alles ist Vergangenheit. Der behäbige Kleinhafen in der *Rivière de Pont L'Abbé*, vor 450 Jahren ein emsiger Umschlagplatz, dient nun hauptsächlich der Freizeitschiffahrt als Refugium. Das wiederaufgebaute *Schloß* der einflußreichen Barone du Pont, die von ihrem Wohnsitz neben der Brücke seit dem 12. Jh. die Stadtgeschicke lenkten, wurde nach der Revolution ganz und gar verbürgerlicht: Zuerst war die Aristokratenbehausung ein Gefängnis, seit 1836 wickelt der Magistrat der Kleinstadt seine Amtsgeschäfte im noblen Rahmen ab, und 1955 teilte er sich mit dem Museum des Bigoudenlands brüderlich die Räumlichkeiten des einstigen Herrschaftssitzes.

"*Hebken*" - "So sind wir und so bleiben wir" ist das Motto der traditionsbedachten Stadt. Auch wirtschaftlich: Ein immer noch Früchte tragender Geschäftszweig ist die alteingesessene Möbelfabrikation, nach wie vor bekannt ist Pont-l'Abbé für feine Stickerei- und Spitzenarbeiten, von den einheimischen Ateliers für einen überregionalen Markt gefertigt.

- *Postleitzahl*: 29122
- *Telefonvorwahl*: 98
- *Information*: Ein gediegenes Château-OTSI im Schloß im Museumsvorraum. Nur in der Saison täglich von 9 - 12 und 14 - 18.30 Uhr. In der Nebensaison zu den Geschäftszeiten im Rathaus. Tel. 872 444.
- *Verbindung*: **Busse** halten an der Pont-neuf und in der Rue Jules-Ferry, einer Seitenstraße der Hauptstraße Rue du Général-de-Gaulle, auf. Anschlüsse in Richtung Loctudy, Quimper, Bénodet/Fouesnant/Concarneau.

- *Einkaufen*: Häubchen.
- *Fahrradverleih*: Unweit des Schlosses bei Le Loch. Tel. 871 241.
- *Feste*: Passend zur Hauptstadt des Bigoudenlands am zweiten Julisonntag la **Fête des Brodeuses**; mehrere tausend Besucher feiern das rauschende Fest der Stickerinnen, die für den guten Ruf der Stadt mitverantwortlich waren: Ein vollgestopfter Tag mit Trachten-Defilé, Tänzen, Gesängen und dem nachmittäglichen Höhepunkt: die Krönung der Königin der Stickerinnen, die später im Prunkzug zum Château geleitet wird. Den Abschluß bildet das obligatorische Fest Noz

ab 21 Uhr, mit dem der Tag selig ausklingt. Am vierten Sonntag im September steht das **Tréminou-Fest** auf dem Programmkalender.

• _Markt_: Jeden Donnerstag ganztägig an den Plätzen Gambetta und de la République.

• _Pardon_: Am Sonntag nach dem 15. Juli Wallfahrt zur Notre-Dame-des-Carmes.

• _Parken_: Großparkplatz an der Pont-neuf, weitere zentrale Parkmöglichkeiten am Quai St.-Laurent und am Place de la République.

Übernachten/Camping

** **Hotel-Restaurant de Bretagne**: Westlich der Rue Général-de-Gaulle an einem großen Platz. 20 Zimmer, Restaurant. DZ 70 - 100 DM, HP 85 - 105 DM, VP 95 - 115 DM, Frühstück 11 DM. Ganzjährig geöffnet. Place de la République 24, Tel. 871 722.

** **Hotel de la Tour d'Auvergne**: Zwischen dem Place de la République und dem Place Gambetta. 30 Zimmer unterschiedlichster Ausstattung, zum Teil mit Etagen-WC. DZ 30 - 48 DM, HP 70 - 80 DM, Frühstück 10 DM. Place Gambetta 22, Tel. 870 047.

* **Hotel-Restaurant Les Voyageurs**: Gleich gegenüber vom Schloß am Quai. 19 einfache Zimmer mit ausgelagerten Sanitärs, Restaurant. DZ 50 DM, HP 70 DM, Vollpension 100 DM, Frühstück 10 DM. Ganzjährig geöffnet. Tel. 870 037.

* **Hotel du Lion d'Or**: In der Hauptstraße vom Schloß aus in Richtung Loctudy; 16 Zimmer, kein Restaurant. DZ 43 - 65 DM. Geöffnet von Ostern bis 1.10. Rue Général-de-Gaulle 32, Tel. 870 160.

• _Camping_: ** **Municipal de Pors Moro**; am gegenüberliegenden Mündungsufer (vom Schloß über die Brücke und rechts). Platzpauschale für 2 Personen 7 - 9 DM, Kind 1,70 DM, Duschjeton 1,70 DM, Elektrik 3 - 5 DM. 77 Stellplätze. Geöffnet vom 15.6. - 30.9. Quai de-Pors-Moro, Tel. 872 444.

Sehenswertes

Château: Direkt am Nordufer des Meerarms wohnten seit dem 13. Jh. standesgemäß die Barone du Pont gleich neben der zollpflichtigen Brücke, die zu ihren reichlichen Einkünften maßgeblich beitrug. Im 14. Jh. begannen die Arbeiten an der Schloßanlage, aus dem 15. Jh. stammt der unverändert wehrhafte Wohnturm. Erhalten sind der _Donjon_, das vorgesetzte, schlanke Uhrtürmchen _Tour de Gouet_ und der angebaute _Wohntrakt_. Im 18. Jh. veränderten grundlegende Renovierungsarbeiten - dringend notwendig nach der Zerstörung durch die aufständischen Bauern im Jahr 1675 und einem weiteren Großbrand im 18. Jh. - das Gesicht der Schloßburg einschneidend: Im Zusammenspiel von luftigem Barock und abweisendem Mittelalter prägen nun große Fenster die einst lichtscheue Fassade und versorgen die Rathausbediensteten im Gegensatz zu den früheren Bewohnern mit ausreichend Tageslicht.

Museum: Das _Musée Bigouden_ im Schloß widmet sich in vier übereinanderliegenden Sälen des Donjons ausschließlich der regionalen Volkskunde. Der Schwerpunkt ist im 3. Stockwerk zu bewundern: die _Haube_ in ihren prächtigsten und reichgesticktesten Variationen. Daneben bieten Trachten, Mobiliar, Handwerkszeug, Skulpturen, Bilder, Pläne, eine Bootsabteilung und Tonbanderläuterungen (Text von Jakez Hélias, Bigoude und Schriftsteller) einen kleinen Einblick über den vergangenen Alltag bretonischer Bauern, Seeleute und Bürger in einer immer noch traditionsverhafteten Region.

• _Öffnungszeiten_: Ostern bis 31. Mai täglich außer Sonn- und Feiertage 14 - 18 Uhr; von Juni bis Ende September täglich außer Sonntag von 9 - 12 Uhr und 14 - 18.30 Uhr. Letzter Eintritt 45 Minuten vor Schließung. Eintritt 3 DM, ermäßigt die Hälfte.

Kirche Notre-Dame-des-Carmes: Aus der Kapelle eines Karmeliterklosters wurde die Pfarrkirche von Pont L'Abbé. 1411 entstand der heutige Bau, der 1603 seinen Glockenturm bekam und bei dieser Gelegenheit leicht verändert und dem Zeitgeschmack angepaßt restauriert wurde. Eine Marienfigur, Statuen von Johannes und St. Sebastian sowie die Kreuzigungsszene in der Mitte der Kolonnaden (linke Seitenwand des Hauptschiffs) sind die erwähnenswerte Ausstattung des kühlen Inneren. Das Licht flutet aufsehenerregend durch die große Rosette (15. Jh.) im Chor: 7,20 m Durchmesser, ihre Bilder sind renoviert. Die acht unteren Fenster zeigen heiliggesprochene Angehörige des Karmeliterordens.

Monument aux Bigoudens: Am 7. September 1931 wurde am Quai St.-Laurant unweit der Kirche Notre-Dame-des-Carmes das "*Poème de granit et de bronze*" des Bildhauers FRANCOIS BAZIN enthüllt, der dafür den begehrten "Prix National" in Gold einheimste. Nahtlos anknüpfend an das althergebrachte Image der Bigoudenhauptstadt, zeigt es von der Großmutter bis zur Enkelin vier trauernde Frauengestalten und ein Mädchen, die die menschlichen Lebensalter symbolisieren, während sie sich um ihre abwesenden Männer sorgen, die auf den Wellen des Ozeans gegen die Stürme des Lebens kämpfen.

Pont-l'Abbé / Umgebung

▶ **Ökomuseum**: Das alte *Gut von Kervzégan* außerhalb des Städtchens wurde mitsamt seinen Wirtschaftsgebäuden im Stil der bretonischen zwanziger Jahre restauriert, mit passendem Mobiliar, bäuerlichen Gebrauchsgegenständen und Hausgeräten ausgestattet, und trägt seitdem als *Maison du Pays Bigouden* wesentlich zur sommerlichen Kulturlandschaft von Pont-l'Abbé bei. Ab Pont L'Abbé 2 km Richtung Loctudy.

• *Öffnungszeiten*: Vom 1.5. bis 30.9. täglich außer Sonn- und Feiertagen von 10 - 12.15 und 15 - 18.30 Uhr. Eintritt 3 DM.

▶ **Château Kerazan**: Im 16. Jh. entstand das lang L-förmige Manoir, 200 Jahre später wurde ein Seitenflügel angefügt, der zu Beginn dieses Jahrhunderts noch einmal erweitert wurde und dem Gebäude die L-Form bescherte. Die Fondation Astor stiftete das Schloß 1929 dem Institut de France, das im Sommer einen Teil des Châteaus in seinem dann schattigen Park zur Besichtigung freigibt: antike französische Möbel (Ludwig XV.) und alte (17. Jh.) wie moderne Gemälde (20. Jh.) von französischen, flämischen und holländischen Malern.

• *Öffnungszeiten*: Museum und Park sind nur vom 1.6. - 15.9. täglich außer Dienstag von 10 - 12 und 14 - 18 Uhr geöffnet. Eintritt 7 DM.

Von Pont-l'Abbé bis Concarneau

Das Bigoudenland unterhalb der Pointe du Raz gibt sich touristisch alle Mühe, doch auf absehbare Zeit wird es dabei bleiben: Der große Strom der Urlauber zieht sich von La Baule bis Bénodet. Bei Bénodet beginnt die wahre bretonische Südküste - die Unterkunftsorte häufen sich, die Strände werden länger, die Küstenzone, klimatisch begünstigt und stärker zersiedelt als im Norden, ist weniger den Gezeiten unterworfen.
Die Küste zwischen Pont-l'Abbé und Concarneau ist ein weitauseinandergezogenes Urlaubsareal mit versteckten Campingplätzen und bekann-

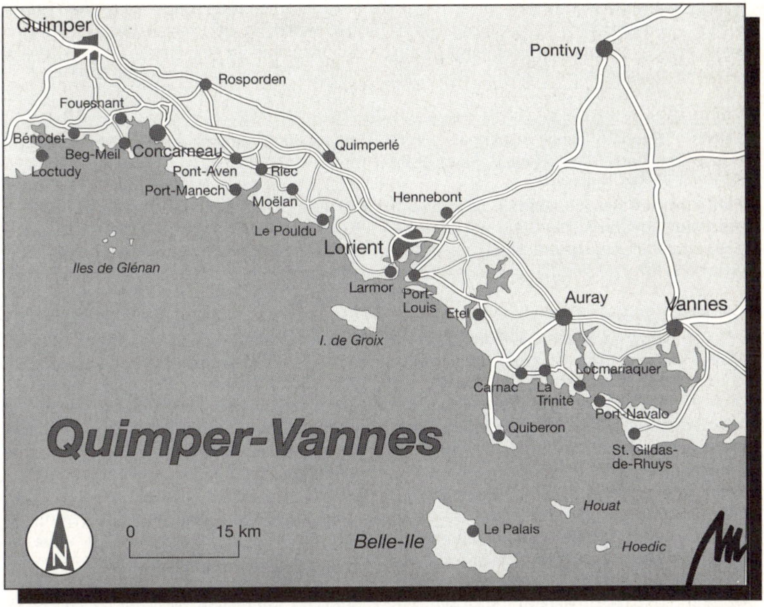

ten Badeorten, das Hinterland zwischen der Küste und der Metropole Quimper liegt ganzjährig ruhig. Touristische Hauptstationen der kilometermäßig kurzen Strecke sind das gänzlich für seine Gäste erschlossene *Bénodet* sowie *Fouesnant*, das seine ländliche Herkunft nicht im geringsten verleugnet. Wer mag, verliert sich irgendwo im Gestrüpp zwischen *Mousterlin* und *Beg Meil*.

Bénodet *(ca. 2100 Einwohner)*

Ein Fluß, eine Lagune und das Meer sind die Wasserflächen Bénodets am Ende der Odet-Mündung. Der Atlantik, der den *Trez-Strand* bespült, stillt alle Wassersportträume, die charmante *Odet*, von Bénodet bis nach Quimper schiffbar, befriedigt romantische Flußfahrtbedürfnisse. Dazu trennt eine langgezogen-schmale Düne am Ortsende hinter dem Stadtstrand eine stille, flache Lagune vom offenen Meer ab, in der Anfänger surfen und Kinder baden. So wurde aus Bénodet ein Urlaubsparadies, in dem es an nichts mangelt. Wir erwähnen: einen kleinen Kreisker unter Palmen, die Villen der Betuchten, das Casino für einen verspielten Abend, einen Yachthafen und Eisdielen für den Appetit auf gekühltes Süßes.
Als einziger Ort des Küstenabschnitts verdient Benodet wirklich den Namen Seebad - Hotels, Restaurants, Thalassotherapie-Zentrum, Leuchtturm, Strandpromenade und natürlich die Badestrände sind im Sommer ausnehmend gut besucht. Wer gerade nicht badet, konsumiert oder einen Ausflug macht, kann auch den Leuchtturm *La Pyramide* besteigen (192 Stufen), auf der *Promenade* über dem Strand wandeln oder entlang der *Corniche de l'Estuaire* am Meer spazierengehen.

- *Postleitzahl*: 29118
- *Telefonvorwahl*: 98
- *Information*: Zentral ein Stück landeinwärts hinter dem Hafen beim Rathaus. Das Office de Tourisme hilft in allen touristischen Belangen weiter. In der Saison von 9 - 19 Uhr, Sonntag und in der Nebensaison nur vormittags. Place de la Mairie, Tel. 570 014.

Verbindung

Etliche **Busse** nach Quimper, über Fouesnant nach Concarneau, nach Pont-l'Abbé über Ste. Marine.

Fähre zu den Iles de Glénan: Die Fahrt zu der vorgelagerten Inselgruppe wird von Vedettes L'Odet organisiert. Nach der ersten Juliwoche bis 31. August starten die Boote an Vor- und Nachmittagen je einmal zu ihrer etwa 1-1/2-stündigen Überfahrt, vom 7. - 20.9 am Sonntag, Dienstag und Donnerstag vormittags und mittags. Erwachsene 30 DM, Kinder 15 DM. Adresse und Telefon siehe Bootsausflug, Informationen über die Glénan-Inseln siehe Concarneau/Umgebung.

Diverses

- *Bootsausflug*: Vedettes L'Odet lädt zur **Odet-Flußfahrt** nach Quimper (beschrieben unter Quimper/Umgebung). Im Juli und August 9 x täglich, im September bis zu 4 x, von Oktober bis Dezember seltener. Fahrtdauer einfache Strecke 1 1/4 Stunden, die Fahrt kann in Quimper unterbrochen werden. Erwachsene retour 30 DM, Kinder 15 DM. Wer das Mittagsboot wählt, kann ein exquisites Déjeuner Croisière einnehmen: wahlweise 70 DM und 80 DM (Ticket inkl.). Auf dem Abendboot am Mittwoch und Freitag können Sie exquisit dinieren: umfangreiches Croisière-Diner für etwa 100 DM (Ticket inkl.). Auskünfte und Billetts beim Office de Tourisme oder bei Vedettes L'Odet im Hafen- und im Ortsbüro, Tel. 570 058.
- *Fahrradverleih*: **Cycletty** mitten im Ort in der Nähe der größeren Rue de Cornouaille (100 m landeinwärts vom Handelshafen); Rue Charcot 20, Tel. 571 832.
- *Segelschule*: 2 Schulen, die beide eng mit der Gemeindeverwaltung zusammenarbeiten, bieten zwischen Juni und September Segel- und Surfkurse an. In der **Ecole de Voile du Letty** am gleichnamigen Strand 6-Tageskurs für Anfänger auf einem Catamaran (New Cat 14) etwa 300 DM, Fortgeschrittene auf einem Hobie Cat 16 350 DM. Surfkurse (5 Scéancen von 2,5 Stunden) 150 DM. Die neugegründete **Ecole de Voile du Coq** am Plage du Coq bildet in 5 Sitzungen (jeweils 2 Stunden) künftige Freizeitkapitäne auf dem Catamaran für 170 DM aus, Surfanfänger erlernen ihr Handwerk für 150 DM (ebenfalls 5 Sitzungen von 2 Stunden). Kinder-Segel- oder - Surfkurse (8 - 13 Jahre) ca. 140 DM. Informationen und Reservierungen für beide Segelschulen ab 15. Mai bei UCPA "Le Letty", Corniche de la Mer (neben dem Camping Le Letty), Tel. 570 326.

Übernachten

Zahlreiche Hotels aller Kategorien in und um den Ort. Eine Auswahl:

*** **Hotel Ker Moor**: Ausladender Hotelkasten an der Strandpromenade, von einem Pinienpark (Schwimmbad, Tennisplatz) umgeben. Zusammen mit dem Hotel Kastel Moor (angegliedert) 87 Zimmer der gehobenen Klasse mit Bad bzw. Dusche und WC, teilweise mit Balkon. Im Restaurant Menus von 40 - 140 DM. DZ 130 - 180 DM, HP 140 - 170 DM, Frühstück 15 DM. Geöffnet von Ostern bis 30.9. Avenue de la Plage, Tel. 570 448.

** **Hotel des Bains**: 32-Zimmer-Hotel in einer ruhigen Seitenstraße oberhalb des Handelshafens mit eigenem Swimmingpool. Ordentliche Räumlichkeiten mit unterschiedlicher Sanitärausstattung. DZ 75 - 130 DM, HP 80 - 100 DM, VP 105 - 125 DM, Frühstück 10 DM. Geöffnet von Ende März bis 15.11. Rue de Kerguélen 11, Tel. 570 341.

** **Hotel de la Poste**: Zentral und etwas laut, trotzdem ganz sympathisch. 19 Zimmer mit unterschiedlicher Ausstattung, meist mit eigenem Bad/WC. Restaurant mit Menus ab 25 DM. DZ 70 - 100 DM, Frühstück 10 DM. Rue de l'Eglise, Tel. 570 109.

** **Le Minaret**: Direkt an der Corniche. 21 Zimmer mit gediegener Einrichtung und Sanitärausstattung. Schöner Garten mit prächtigem Panorama. Restaurant mit Menus ab 30 DM. DZ je nach Standard und Lage 80 - 125 DM, HP 80 - 125 DM, Frühstück 10 DM. Geöffnet von Ostern bis 30.9. Corniche de l'Estuaire, Tel. 570 313.

* **Hotel Beau Rivage**: In Hafennähe. 16 zum Teil sehr einfach ausgestattete Zimmer, teilweise mit Blick über die Odet-Mündung. Restaurant mit Menus ab 20 DM. DZ 43 - 70

DM, HP 60 - 70 DM. Geöffnet vom 15.3. bis 15.10. Avenue de Kercreven, Tel. 570 022.

* **Hotel de l'Arrivée**: Unweit des Beau Rivage, ruhig gelegen. 20 Zimmer mit unterschiedlicher Sanitärausstattung (Waschbecken bis eigenes Bad). Großzügiges Restaurant mit Menüs ab 20 DM. DZ 45 - 70 DM, HP 70 - 80 DM, VP 80 - 90 DM. Geöffnet von Mitte April bis 30.9. Avenue de Kercreven, Tel. 570 375.

• Appartements/Häuser: 3 Agenturen bieten Ferienwohnraum aller Größen und diverser Preisklassen in und um Bénodet. 2 Adressen: **Cabinet Bocquet**, Corniche de la Plage, Tel. 570 077; **Agence de Cornouaille**, Rue Charcot 10, Tel. 570 379.

Camping

7 Plätze um Bénodet mit einer Kapazität von über 2200 Campingeinheiten; auf den gehobenen Großanlagen ist auch im höchsten Sommer ein Plätzchen frei. Bénodets Zwei-Sterner sind infrastrukturell überdurchschnittlich gut ausgestattet. Eine Auswahl:

** **du Trez**: Südöstlich vom Zentrum, in der Reihe der folgenden Plätze der zentrumsnächste, in Kasinonähe auf einem Hügel hinter dem Stadtstrand im Häuschengewirr. Kleines, gartenähnliches Gelände in dritter Reihe. Etwa 500 m zum Strand, futuristische Sanitärpavillons. Ähnliches Preisniveau wie "de la Plage" (siehe unten). 200 Stellplätze. Geöffnet vom 15.6. - 15.9. Rue des Peupliers, Tel. 571 594.

** **de la Plage**: Hinter der Hotelzeile. Mit Spielplatz, beheiztem Kleinswimmingpool mit Kinderrutsche und Planschbecken. Mehrere Sanitärblocks, Laden, etliche Wohncontainer und verschiedene Verleihangebote: Fahrrad ab 17 DM pro Tag, Windsurfbrett 60 DM, Fischerzubehör 13 DM. Hohe Bäume bedecken einen Teil des Geländes mit Schatten. Im unteren Areal viele Wohncontainer (2 Zimmer, 6 Schlafstellen, Küche/Bad pro Woche 700 DM). Erwachsene 7 DM, Kinder 3 DM, Platz 7 DM, Auto 3 DM, Elektrik 4 DM. 300 Stellplätze. Geöffnet vom 15.5. - 30.9. Rue Poulquer, Tel. 570 419.

** **du Poulquer**: Auf der anderen Straßenseite von de la Plage; Heckenareal mit ordentlichen Sanitärs und Pseudospielplatz, Swimmingpool und klitzekleinem Kinderplanschbecken. Ähnliches Preisniveau wie der Nachbar. 250 Stellplätze. Geöffnet vom 1.6. - 30.9. Rue Poulquer, Tel. 570 419.

*** **la Pointe St. Gilles**: Ein wahres "village de l'plein aire", ein Campingdorf an einem Sträßchen direkt am Meer, Zufahrt über die Rue Poulmic. Schwimmbecken und die ganze Ausrüstung eines gehobenen Campings für Langzeitgäste. Erwachsene 7 DM, Kinder 4 DM, Platz 12 DM, Auto 3 DM, Elektrik 5 DM. 486 Stellplätze. Geöffnet vom 1.5. - 30.9. Via Rue Poulmic, Tel. 570 537.

**** **du Letty**: Der letzte Platz in der Reihe am Ausgang der Lagune, ebenso wie die 3-Stern-Konkurrenz ein riesiges Urlaubsdorf. Eigener Strandabschnitt an der flachen Lagune, viel Schatten auf dem unterteilten 10-ha-Areal und selbstverständlich alle Einrichtungen der Luxuskategorie, allerdings kein Swimmingpool. Segelschule angeschlossen (siehe Segelschule). Erwachsene 6,50 DM, Kind + Auto + Hund je 3 DM, Platz 10 DM, Elektrik 5 - 6,50 DM. 493 Stellplätze. Geöffnet vom 21.6. - 6.9. Tel. 570 469.

Baden

Plage du Trez: Der Stadtstrand mit voller Infrastruktur, darunter gleich mehrere Kinderclubs, erfreut sich dank seiner Gunstlage in der sich tief öffnenden Mündungsbucht der Odet eines Riesenzulaufs. Einen halben Kilometer lang zieht er sich ein Stück unterhalb der Promenade hin, bei Flut bleiben immer noch 30 - 50 m Sandfläche vor dem endgültigen Naß.

Fouesnant *(ca. 5500 Einwohner)*

Mit "Wald und Meer" wirbt die Gemeinde. Der Hauptort Fouesnant etwas landeinwärts und die Nachbargemeinde *La Forêt Fouesnant* am Ende eines kleinen Fjords inmitten riesiger Apfelbaumbestände, sind dank ihrer Strände im Umland im Sommer beliebte Urlaubsorte - an manchen Tagen blähen sich Hunderte von Segeln in der halbkreisförmigen *Baie*

Bretonische Trauer

de la Forêt. Kleiner und viel ländlicher als Bénodet, bieten beide Orte außer dem grünen Hinterland und Cidre aus eigener Herstellung blumenüberwucherte Häuser und beachtenswerte Kirchen:

Das Kirchenschiff der *Pfarrkirche von Fouesnant* aus dem 12. Jh. gilt Kunstgeschichtlern als das tollste romanische der Bretagne: Zwar wurde die Kirche im 18. Jh. baulich verändert, doch blieben die Grundform des Gebäudes, die Tonnengewölbe unter dem Dach und die fünf Joche, in denen oberhalb der Arkade je ein schmales Fenster Licht einläßt. Vor der Kirche weint eine steinerne Bretonin um die Soldaten des Orts, die aus dem Krieg nicht mehr heimkamen.

In **La Forêt Fouesnant** ist es der stimmungsvolle *Pfarrbezirk* mit Kirche, Calvaire und gefaßter Quelle aus dem 16. Jh., der zum Gebet und zur Besichtigung aufgesucht wird. Altar und Taufkapelle, beide aus Holz, sind der größte Schmuck des dreischiffigen Inneren. Der *Hafen* der Gemeinden ist *Port-La-Forêt* östlich unterhalb von La Forêt Fouesnant, daran schließt sich der Hauptstrand von La Forêt Fouesnant an, der *Plage de Kerleven*: 1 km lang, gut erschlossen, mit üppigem Wassersportangebot.

- *Postleitzahl*: 29170
- *Telefonvorwahl*: 98
- *Information*: Das Office de Tourisme von Fouesnant ist in Rathausnähe an einem kleinen Platz an der Rue Armor. In der Saison täglich von 9 - 19 Uhr, in der NS täglich bis 18 Uhr, am Sonntag geschlossen. Rue Armor 5, Tel. 560 039.
- *Verbindung*: Mit dem **Bus** problemlos mehrmals täglich Richtung Bénodet/Quimper und Concarneau. 6 x täglich fährt der Lokalbus nach Cap Coz und Beg Meil.

Fähre zu den Iles de Glénan: Die Fahrt zu der vorgelagerten Inselgruppe wird von Vedettes L'Odet organisiert. Vom 7.7. - 31.8 starten die Boote am Vor- und Nachmittag je einmal zu ihrer etwa 1-1/2-stündigen Überfahrt am Port-La-Forêt unterhalb von Forêt-Fouesnant, nehmen noch Gäste in Beg Meil und tuckern zu der Inselgruppe weiter. Vom 1.9. - 16.9. Sonntag, Dienstag und Donnerstag ab Beg Meil. Erwachsene 30 DM, Kinder 15 DM. Auskunft und Buchung bei den Touristeninformationen (La Forêt- Fouesnant für Port-La-Forêt, Fouesnant für Beg Meil) oder an den Ablegestellen. Tel. von Vedettes L'Odet in Beg Meil 949 794.

- *Feste*: Am 3. Julisonntag das Apfelbaumfest mit vielen Trachtenträgern und Trachtenträgerinnen.

- *Camping*: Knapp 3 Plätze am Cap Coz:

** **Les Mimosas**: 800 m zum Strand, Küstennormplatz ohne Extras. Erwachsene 4 DM, Kinder 2,20 DM, Platz 5 DM, Auto 1,70 DM, Elektrik 3 DM. 90 Stellplätze. Geöffnet vom 1.6. - 15.9. Tel. 98 565 581.

** **Pen-an-Cap**: 400 m zum Meer, ähnlicher Standard wie Les Mimosas. Erwachsene 3

DM, Kinder und Auto je 1,80 DM, Platz 4 DM, heiß Duschen 2 DM, Elektrik 3 - 4 DM. 100 Stellplätze. Geöffnet vom 15.5. - 15.9. Tel. 98 560 923.

** **La Plage**: Hinter dem Strand. Preisgleich mit dem Pen-an-Cap. 170 Stellplätze. Geöffnet vom 1.6. - 15.9. Tel. 98 560 059.
Weitere Plätze siehe Fouesnant/Umgebung.

Fouesnant / Umgebung

▶ **Cap Coz**: Auf dem 2 km langen schmalen Landstreifen Cap Coz zwischen Beg Meil und Fouesnant wurde in den 70ern ein Tourismuszentrum mit Schiffsanlegestelle aus dem Boden gestampft. Mittlerweile ist Cap Coz der gutbesuchte Hausstrand von Fouesnant - der sandige Strand zur offenen Buchtseite ist ebenso lang wie das Halbinselchen.

▶ **Beg Meil**: In den Dünen hinter dem kilometerlangen sandigen Küstensaum stechen Kiefern hoch, veredeln das Strandvergnügen und spenden den Blechkarossen Schatten. Das kleine Beg Meil hinter der *Pointe de Beg Meil* hat einen guten Namen unter Wassersportaktivisten und Erholungssuchenden: Gern wird darauf verwiesen, daß in den frühen Jahren dieses Jahrhunderts schon MARCEL PROUST (Literatur) und SARAH BERNHARDT (Schauspiel) dem Ort zur Saison die Ehre gaben.
Seit dieser Zeit hat sich Beg Meil - logisch - einschneidend verändert. Eine Art Reihen-, Appartement- und Einzelhausidylle im Grünen hinter dem eigentlichen Streuort ist heute die Gästezone von Beg Meil. Fast einen eigenen Ortsteil bildet der Fischerhafen mit seiner langen Mole. Die langen Strände *Grande Plage* (= *Plage des Dunes*) und *Plage du Sémaphore* hinter einem Kieferngürtel in den Dünen sind gut ausgestattet. Weitere Strände ohne Infrastruktur an der Hafenmole von Beg Meil und weiter in Richtung Cap Coz.

• *Fährverbindung*: Von Ende Juni bis Mitte September verbindet 3 - 5 x täglich ein Boot Beg Meil mit Concarneau, Fahrtdauer 25 Minuten. Erwachsene einfach 8 DM, Kinder 5 DM. Abfahrt direkt im Hafen von Beg Meil.

▶ **Mousterlin**: Flach und sandig schiebt sich die *Pointe de Mousterlin* ins Meer, weit schweift der Blick, und der Strand lockt zum Bad. Mousterlin selbst ist ein kleiner Ort hinter der Pointe im hier trockengelegten, kultivierten Sumpfland. Der optisch bestechende *Kerlosquen-Strand* im Osten der Pointe Richtung Beg Meil, ein etwa 4 km langer Sandstreifen unterhalb hoher Dünen, empfiehlt sich auch für ausgedehnte Strandspaziergänge ohne Wasserberührung.

Camping

Eine Vielzahl von Plätzen (23) versteckt sich in dem teils sumpfigen Gelände zwischen der Pointe de Mousterlin und dem Cap Coz bis Fouesnant. Einzige Chance, sie in dem unübersichtlichen Gebiet zu finden: sich an die Beschilderungen halten. Eine kleine Auswahl der Plätze um Mousterlin und Beg Meil:

** **Kost Armor**: Recht schattiger, fast familiärer 1-ha-Platz, 400 m hinter den Stranddünen von Beg Meil. Für zwei Sterne gut ausgerüstet mit Brotdepot, Laden, Fernsehraum, Bar, Volleyballplatz usw. Etwas altertümliches Sanitärgebäude. Erwachsene 5 DM, Auto + Kind je 2,50 DM, Platz 6 DM, Elektrik 3 DM, Abwasseranschluß für Caravans 7 DM. 60 Stellplätze. Geöffnet vom 1.4. - 30.9., voller Service vom 20.6. - 30.8. 29170 Fouesnant, Tel. 98/560 416.

** **de Cleut Rouz**: Eingezäunter Heckenplatz auf freiem Feld, etwa 200 m vom Strand von Beg Meil. Auch gut ausgestattet. Besucher zahlen ab dem 2-Stunden-Besuch 4 DM, ansonsten selbe Preise wie Kost Armor. 100 Stellplätze. Ganzjährig geöffnet. Tel. 98/565 319.

****** de l'Atlantique**: Im grünen Hinterland, irgendwo zwischen Mousterlin und Beg Meil (beschildert, gut zu finden) - 400 m zum Strand von Mousterlin und 2 km nach Beg Meil. Abgeschiedener, luxuriöser Top-Camping mit allem Zubehör und 80-m-Rutsche in den Pool. Erwachsene 7 DM, Kinder 3 DM, Platz und Auto 22 DM, Hund 3 DM, Elektrik 5 DM. In der NS 30 % Reduktion. 150 Stellplätze. Geöffnet von Ostern bis 30.9., voller Service von Mitte Mai bis 15.9. Pointe de Mousterlin, Tel. 98/561 444.

***** Le Vorlen**: Bei den großen Dünen von Beg Meil. Gut ausgestattetes 10-ha-Gelände mit 600 Stellplätzen, etwa 200 m vom Strand von Kérambigorn und 1 km von Beg Meil. Erwachsene 6 DM, Kinder 4 DM, Platz 9 DM, Elektrik 4 DM. Geöffnet vom 20.5. - 20.9., voller Service im Juli/August. Kerambigorn, Tel. 98/949 736.

Concarneau *(ca. 18.000 Einwohner)*

Gleich einer schwimmenden Festung liegt die völlig ummauerte Ville close im stattlichen Becken des Fischerhafens. Nur eine kleine Brücke trennt die touristisch aufbereitete Enklave einer vergangenen Zeit von der alltäglichen Geschäftigkeit des Hafenviertels.

Concarneau, bretonisch *Konk Kernew*, Ecke der Cornouaille, breitet sich an der Mündung des *Moros-Flusses* in der *Bucht von La Forêt-Fouesnant* aus. Aus einer der wichtigsten bretonischen Festungen des Mittelalters wurde bis zum 19. Jh. ein ordinärer Sardinenhafen, der zu Beginn dieses Jahrhunderts seine bitterste Zeit erlebte. Mit dem plötzlichen Ausbleiben der Sardinenschwärme verlor die Stadt ihre Lebensgrundlage, nur durch Spendenaktionen konnte die Not etwas gelindert werden.

Seitdem hat Concarneau, genau an der Schnittstelle zwischen Cornouaille und Morbihan, wieder einen Aufschwung erlebt. Dank des Yachthafens, der Tauchschule auf den nahen *Iles de Glénan* und dem Sportangebot an den südlichen Stränden gilt die Stadt als bedeutendes Wassersportzentrum, doch die direkte Ausbeutung des Meeres hat nach wie vor Vorrang: Concarneau ist nach Boulogne und Lorient der drittgrößte Fischereihafen Frankreichs, seine Flotte, die sich zur *Grande pêche* aufmacht (siehe Kapitel Wirtschaft), die größte Frankreichs.
Der Hafen gliedert sich in zwei Areale. Das vordere nimmt private Sportboote und Ausflugsschiffe auf, der dahinterliegende *Arriére-Port* ist der Heimathafen der Fischer. Die den Fangquoten angemessene Versteigerungshalle am Quai Carnot wird einmal täglich zum Mittelpunkt des wirtschaftlichen Lebens.

In die Stadtmitte kommen die Touristenscharen nur wegen der denkmalgeschützten befestigten Inselstadt, gern als der kleine Bruder St. Malos bezeichnet. Das moderne Concarneau um den Hafen herum wird nur so nebenbei mitgenommen. Das Gros der Urlauber hält sich an den erschlossenen langen Stränden um die Stadt, speziell am östlichen Ufer der *Baie de la Forêt* und im Feriengebiet an der *Baie de Cabellou* im Süden auf. Meist brechen sie nur zur Stippvisite, zum Einkaufen oder zum gehobenen Essen nach Concarneau auf.

Fischfang - die Lebensader Concarneaus

- *Postleitzahl*: 29110
- *Telefonvorwahl*: 98
- *Information*: Der Pavillon des städtischen Office de Tourisme steht neben der Ville close am Hafen. Tourist-Info mit allem Drum und Dran, Buchung von Ausflügen, Zimmervermittlung usw. In der Saison durchgängig geöffnet von 9 - 20 Uhr, in der Nebensaison von 9 - 12 und 14 - 18 Uhr. Quai de Aiguillon, Tel. 970 144.

Verbindung

Busbahnhof am oberen Ende des Quai d'Aiguillon am Fischerhafen. Zahlreiche Anschlüsse, die meisten nach Quimper. Corncarneau ist Endstation der Linien von Quimper bzw. Rosporden mit guten Anschlüssen in beide Richtungen. Über Pont Aven nach Quimperlé, außerdem Busse nach Süden.

Fähre zu den Iles de Glénan: Die Fahrt zu der vorgelagerten Inselgruppe wird z. B. von Vedettes L'Odet organisiert. Ab der zweiten Juliwoche bis 31.8. starten die Boote am Vor- und Nachmittag je 1 x zu ihrer etwa 1-1/2-stündigen Überfahrt, vom 1. - 23.9. am Sonntag, Dienstag und Donnerstag vormittags und mittags. Erwachsene 30 DM, Kinder 15 DM. Noch schneller geht es mit den Hydro-Jets, die während der Saison zusätzlich eingesetzt werden: 25 Minuten. Adresse und Telefon siehe Bootsausflug.

Ein weiterer Veranstalter mit ähnlichen Konditionen: Vedettes Glenn beim Yachthafen, Avenue du Docteur-Nicolas 17, Tel. 971 031.

Fähre nach Beg Meil: Im Sommer in 25 Minuten über die Bucht an die Strände von Beg Meil. 3 - 5 x täglich, Erwachsene 8 DM, Kinder 5 DM.

Diverses

- *Bootsausflug*: Vedettes L'Odet lädt auch zur **Odet-Flußfahrt** nach Quimper (siehe Quimper/Umgebung). Nach der ersten Juliwoche bis 31. August 1 x täglich, vom 1. - 14.9. am Montag, Mittwoch und Freitag. Die Fahrt führt nicht ganz nach Quimper - an der Baie de Kérogan dreht der Dampfer um, trotzdem dauert das Vergnügen etwa 4 1/2 Stunden. Erwachsene 27 DM, Kinder 13 DM. Auskunft und Billetts beim O.T. oder bei Vedettes L'Odet im Büro Hydrojet am Yachthafen, Tel. 507 212. Vedettes Glenn ist zu ähnlichen Bedingungen ebenfalls im Odet-Geschäft vertreten. Adresse siehe oben.
- *Fahrradverleih*: **Cycletty** gegenüber der Ville close; Avenue Dr. Nicolas 12, Tel. 506 066.
- *Feste*: Am vorletzten Augustsonntag beginnt für eine Woche **la Fête des filets bleus**, das große Fest der blauen Fischernetze, eine großangelegte Folkloreveranstaltung an den Quais vor der Ville close, die ihren Ursprung in einer Solidaritäts- und

Spendenaktion am Anfang dieses Jahrhunderts für notleidende Sardinenfischer hat. Heute: Trachten, Tänze, bretonischer Ringkampf usw. Die Netze sind übrigens wegen der Farbe des Meeres blau, damit sie den Fischen unsichtbar bleiben.

• *Markt*: Die Markthalle gegenüber der Ville close ist täglich ohne Rücksicht auf Sonn- und Feiertage von 8 - 12.30 geöffnet.

• *Parken*: Großparkplätze vom Yachthafen bis zur Tourist-Info vor den Hafenbecken.

• *Tauchschule*: **Centre International de Plongée de Glénan**; die international renommierte Organisation hat sich mit Haut und Haar dem Tauchsport verschrieben und unterhält auf St. Nicolas auf den Iles de Glénans eine Schule (eine Art Tauchinternat). Büro in Concarneau: B. P. 75, Tel. 972 119.

• *Segelschule*: Ebenfalls auf den Glenan-Inseln lehrt das **Centre Nautique de Glénan** die hohe Kunst des Segelns. Adresse in Concarneau: Rue Alfred-Le-Ray 4, Tel. 971 484.

• *Wäscherei*: **Lav'Seul** mit einer Automatensalonfiliale zentral am Place de-l'Hotel-Ville.

• *Wassersport*: Schulen und Verleih von Wassersportgerät an den Stränden von Tregunc und Cabellou.

• *Yachthafen*: Der gut ausgestattete Port de Plaisance bietet an 276 Pontons Platz für insgesamt 665 Yachten. Elektrik und Wasseranschluß auf den Pontons, WC's und Duschen auf dem Festland. Capitainerie Tel. 975 796.

Übernachten

Hotels in der Stadt, am stadtnahen Plage des Sables Blancs oder beim Cabellou-Strand im Süden. Eine Auswahl am Plage des Sables Blancs und in der Innenstadt:

*** **Hotel de l'Océan**: Zimmer mit Meerblick am Plage des Sables Blancs; 40 komfortable Räume, ebensolches Restaurant mit exquisiten Gerichten (Menus ab 50 DM), beheiztes Schwimmbecken, Spielsaal usw. DZ 115 - 150 DM, Halbpension pro Person 95 - 125 DM, in der Hauptsaison etwas teurer. Ganzjährig geöffnet. Plage des Sables Blancs, Tel. 505 350.

** **Hotel Les Sables Blancs**: Der Name des Logis-de-France-Hotels - der Riese von Concarneau - verrät die Lage; 49 ordentliche, vom Standard unterschiedliche Zimmer sowie das Restaurant in einem langgestreckten Anwesen direkt am Meer. Die Räume sind zum Teil mit einer Kochgelegenheit ausgestattet. DZ in der Hochsaison 55 - 110 DM, Halbpension pro Person 80 - 110 DM, in der NS etwas günstiger. Geöffnet vom 1.4. - 4.11. Plage des Sables Blancs, Tel. 970 139.

** **Hotel Ker Mor**: Ebenfalls direkt am Weißsand-Strand; wesentlich kleiner und übersichtlicher als letzteres, nur 17 Zimmer ohne Restaurant, doch auch hier können Sie den Komfortgrad wählen: DZ 100 - 130 DM. Ganzjährig geöffnet. Plage des Sables Blancs, Tel. 970 296.

** **Hotel le Jockey**: Im Angesicht des hinteren Hafenbeckens mitten in der Stadt; mit 14 Zimmern noch kleiner als letzteres, ebenfalls kein Restaurant, aber Fernsehraum und preislich günstiger, weil etwas einfacher: DZ 55 - 75 DM. Ganzjährig geöffnet. Avenue Pierre-Guégin 11, Tel. 973 152.

** **Hotel des Halles**: Ebenfalls völlig zentral beim Hafenbecken am Rathaus; 24 Zimmer, TV-Raum, kein Restaurant. Weit gespanntes Wohnangebot: die günstigen Räume akzeptabel, die guten Zimmer recht komfortabel. DZ 65 - 100 DM. Ganzjährig geöffnet. Place de l'Hotel-de-Ville, Tel. 971 141.

** **Grand Hotel**: Das nächste an der Ville close; älteres Gebäude mit 33 Zimmern und Fernsehraum, kein Restaurant. Unterschiedlicher Standard von sanitär einfach bis gut. DZ 47 - 100 DM. Geöffnet vom 1.4. - 10.10. Avenue Pierre-Guégin 1, Tel. 970 028.

** **Résidence des Iles**: Ein gediegen-luxuriöses Schmankerl in der Ville close; Voranmeldung ist unbedingt ratsam: nur 5 Zimmer mit TV, kein Restaurant. In der Hochsaison DZ 125 - 140 DM, den Jahresrest etwa 15 DM billiger. Ganzjährig geöffnet. Rue St.-Guénolé 15, Tel. 973 016.

* **Hotel Renaissance**: Auch zentral, in der nördlichen Verlängerung der Kai-Straße; 25 simple Zimmer, kein Restaurant. Preis nach Leistung: DZ 30 - 63 DM. Ganzjährig geöffnet. Avenue de la Gare 56, Tel. 970 423.

Camping

Etliche Plätze verteilen sich links und rechts der Stadt, weitere bei Tregunc im Süden und noch weiter südlich am Cabellou-Strand. Die stadtnächsten von Concarneau:

*** **les Prés Verts**: 200 m hinter dem kleinen Strand von Kernous. Geschützte Anlage mit u. a. Laden, kleinem Spielplatz, Videospielen. Erwachsene 9 DM, Kinder 7 DM,

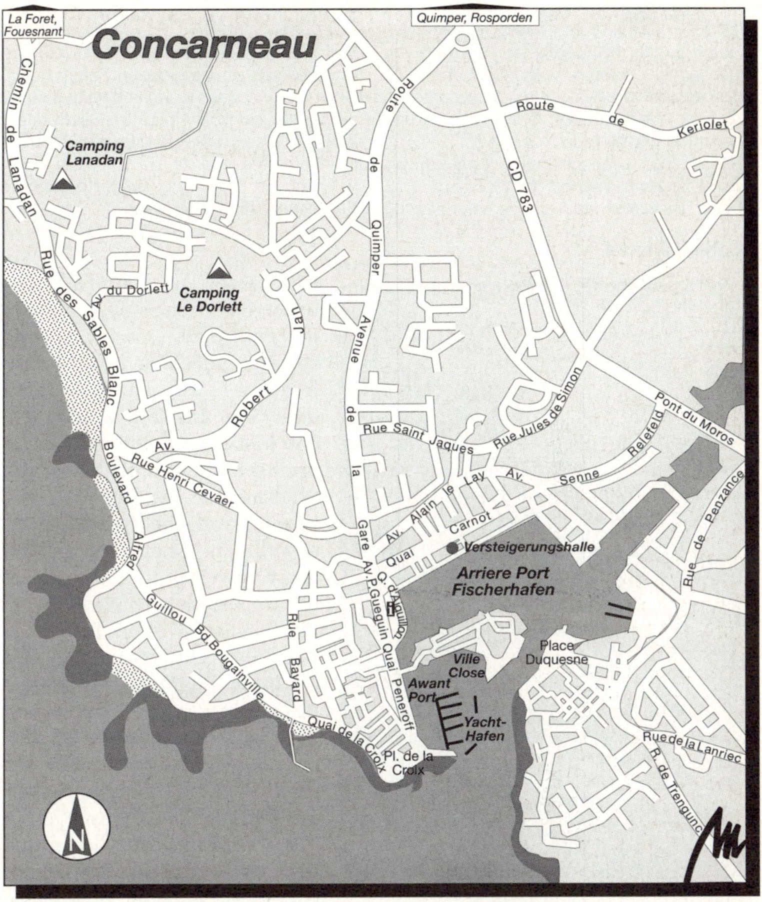

Platz 10 DM, Auto und Hund je 3 DM, Elektrik 5 DM. 150 Stellplätze. Geöffnet von Ostern bis September. Kernous, Route de la Forêt-Fouesnant, Tel. 970 974.

** **Lanadan**: Ein Stück stadteinwärts an der Meerseite der Verbindungsstraße, 250 m zum Renommierstrand von Concarneau, dem Plage des Sables blancs. Ein wenig aufwendiger Platz ohne Extras mit 110 Stellplätzen. Erwachsene 3 DM, Kinder und Auto je 2 DM, Platz 4 DM, Elektrik 3 DM. Geöffnet von Mitte Juni bis Mitte September. Route de la Forêt-Fouesnant, Tel. 971 778.

** **le Dorlett**: Wieder ein kleines Stück stadteinwärts, auf einem Hügelchen an der anderen Straßenseite; nur die Straße hinunter geht es zum nahen Strand. Das leicht abschüssiges Terrain ist durch Bäume und hohe Hecken gegliedert, das Sanitärhäuschen ist älteren Datums und schlicht. In der ersten Reihe Blick über die Bucht. Mit Bar und einfachem Restaurant im Sommer. Mensch 4 DM, Kind + Auto je 2 DM, Platz 6,50 DM, Elektrik 3 DM. 150 Stellplätze. Geöffnet vom 1. Juni bis Ende September. Avenue de Dorlett, Tel. 971 644.

** **du Moulin**: Auf der östlichen Seite der Moros-Mündung im Ortsteil Tregunc, 50 m vom Meer. Erwachsene 6 DM, Kinder die Hälfte, Platz 5 DM, Elektrik 3 DM. Geöffnet von Ostern bis 30.9. Rue du Tregunc 49, Tel. 970 937 u. 505 308.

Essen

Besonders für ein Gericht ist die Küche von Concarneau bekannt - Thunfisch mit Reis, Karotten und Weißwein (thon au riz, carottes et vin blanc). Klingt konventionell und schmeckt exzellent.

Restaurant-, Crêperie- und Snackschwerpunkt ist konkurrenzlos die Ville close. Das beste: **Le Galion** am Ostende beim Tour du Port, Rue St. Guénolé, Tel. 973 016. Gemütlich bretonisch mit regionalen Schmankerln. Unter 50 DM ohne Getränke bekommen Sie nichts, darüber können Sie Ihr Geld bedenkenlos anlegen: abwechslungsreich-raffinierte Menus und delikate Gerichte à la carte. Berühmt von Mitte April bis Mitte Juni die Spargelspitzen mit Langusten.

Sehenswertes

Der Uhrturm der Close Ville

Ville close: Die Keimzelle des heutigen Concarneaus. Von der *Pont du Moros* im Norden des Hafenbeckens ist eine umfassende Bestandsaufnahme über die Inselstadt möglich. 350 Meter lang und 100 Meter breit schiebt sich die befestigte Stadtinsel in das Hafenbecken, rundum von ihrer hohen, turmbewehrten Mauer umgeben, die Südwestspitze seit alters her unbesiedelt.

Am *Uhrturm* vorbei führt das Brücklein zur *Torbastion*, erst dahinter beginnt die zusammengedrängte Wohnzone um die Hauptachse *Rue Vauban*: Schmale Granithäuschen säumen das Kopfsteinpflaster, das ehemalige *Arsenal* (heute Fischmuseum), die *Kirche* und das alte *Hospiz* sind seit ihrer Erbauung die einzigen größeren Anwesen des noch immer vollkommen abgeschotteten Städtchens. Die *Stadtmauer* - das charakteristischste Element der Insel - ist nicht völlig erschlossen (Konditionen für den Rundgang siehe unten). Der Halb-Rundgang gibt Einblicke in das kleine Gemeinwesen und über den Hafen, den es in seine zwei Areale teilt: Auf der Südpartie des Walls schwanken die Masten der Yachten, die Nordseite ist den weniger eleganten Fischkuttern und der langen Auktionshalle vorbehalten.

Im 14. Jh. begannen die Arbeiten am Schutzwall, ihr jetziges Aussehen erhielten sie im 17. Jh. unter VAUBAN, dem Stararchitekten des französischen Königshauses. Die Türme, Bastionen, Tore oder der Uhrturm am Stadteingang sind hauptsächlich sein Werk. Wo Soldaten eine Festung wittern, wird gebombt: Im Zweiten Weltkrieg litt auch die Ville close, weil die deutsche Wehrmacht den Alliierten nicht kampflos weichen wollte. Ähnlich wie in St. Malo wurde rekonstruiert, was zerstört war, doch die Schäden in Concarneau waren wesentlich geringer. Und über den wiederaufgebauten Häusern liegt schon wieder die Patina von beinahe fünfzig Jahren. Die meisten Gebäude haben das 16. Jh. noch erlebt und ließen sich damals sicher nicht träumen, daß man sie im 20. Jh. zu gutgehenden Andenken-, Schmuck- und Bekleidungsläden, Galerien, Restaurants, Crêperies oder Snackbars umfunktionieren würde: Die kurze Strecke von der Rue Vauban über den Place St. Guénolé zur Rue St. Guénolé ist auf engstem Raum mit knapp 20 auf Touristen ausgelegten Einkaufsmöglichkeiten sowie über 15 Eßtempeln mit Schwerpunkt Crêperies gepflastert.

• Stadtmauerrundgang: Für den kleinen Gang auf der Stadtmauer der Ville close - nur Teile sind freigegeben - werden Tarife von A - D erhoben. Interessant für Individualreisende Tarif A (Erwachsene) 1,30 DM und Tarif C (Kinder) 0,60 DM. Nur von Ostern bis Ende September 10 - 12 und 14 - 18 Uhr, in der HS durchgängig bis 19.30 Uhr.

Fischmuseum *(Musée de la Pêche)*: In der Hauptgasse der Ville close im alten Arsenal (früher ein Gefängnis) untergebracht, beschäftigt sich das Museum mit dem Fisch, seinem Fang und der Rolle Concarneaus in diesem Gewerbe. Neben geschichtlichen Fragen wird geklärt, wie der Wal und der Hering gefangen werden, oder Sie spielen Kapitän im großen Saal der kommerziellen Hochseefischerei. Ferner sind geboten: Aquarium mit 40 Becken, in einem döst der Stolz des Museums, ein gekidnapter Quastenflossler. Dazu 80 Schiffsmodelle, der echte 36-m-Chalutier *Hémérica*, Fotografien, Dioramas, Kleinboote, Pläne, Statistiken u. v. m.

• Öffnungszeiten: Ganzjährig täglich von 10 - 12.30 und 14.30 - 19 Uhr (im Winter bis 18 Uhr, im Juli/August 9.15 - 19 Uhr). Erwachsene 10 DM, Kinder 7 DM.

Marinarium: Ein düsterer Bau an der Nordspitze Concarneaus am Ende des Yachthafens widmet sich in seinem Inneren ganz dem Meer. Neben den obligatorischen Aquarien veranschaulichen aufschlußreiche Dia- und Video-Shows, daß der Ozean, der den größten Teil dieses Planeten bedeckt, Heimat für eine unendliche Anzahl von Lebewesen und wichtiger Teil des globalen Gesamtsystems ist.

• Öffnungszeiten: Ostern bis Sept. 10 - 12 und 14 - 18.30 Uhr. Eintritt 6 DM, ermäßigt 3 DM.

Baden

Um Concarneau tummeln sich jede Menge Strände, doch zu den schönsten der Bretagne zählen sie mit Sicherheit nicht. Ihre größten Mängel sind Algen, Schmutz und ein unidyllisches Hinterland. Trotzdem im Sommer gut besucht. Die besten Bademöglichkeiten an der *Baie du Cabellou*.

Plage du Miné: Der stadtnächste größere Strandflecken vor dem Plage des Sables Blancs unterhalb des Boulevard Katherine-Wyllie; bei Flut ein kleiner, eingezwängter Flecken Sand, bei Ebbe auch nicht ansehnlich.

Plage des Sables Blancs: Knapp 3 km vom Zentrum Richtung La Forêt-Fouesnant. Der 400 m lange Stadtstrand ist auch für sportliche Aktivitäten wohl gerüstet - vom Tretboot bis zum Surfbrett kann der Kunde wählen. Gleich daneben der *Plage des Petits Sables Blancs* - weitere 200 m Sand unter einer Steinmauer.

Plage de Cabellou: In einer für den Tourismus gänzlich erschlossenen Bucht 7 km südlich von Concarneau dreht sich neben dem normalen Wasserbad alles um den Wassersport: Hier wird in großem Rahmen geschult und vermietet. Der Strand selbst ist 800 m lang, die Flut läßt noch sichere 30 m übrig. Essen und Trinken vor Ort sind ebenfalls gesichert. Weitere kleinere Strände verteilen sich rund um die Bucht von Cabellou.

Concarneau / Umgebung

▶ **Iles de Glénan**: Etwa 20 km im Süden Cocarneaus schwimmen die Inselchen der Gruppe im offenen Meer, und um sie herum schwimmen im Sommer jede Menge Wasserfahrzeuge. Die sieben Inselsplitter sind ein Eldorado für Wassersportler, die sich hier hemmungslos austoben. Die Tauchschule auf *St. Nicolas*, dem Anlegeort der Fähre, dazu die Segelschulen auf *Penfret*, *Drennec* und *Cigogne* mit seiner Festung können über mangelnden Publikumszuspruch nicht klagen. Die Inseln *Brunec* und *Loch* sind Privatbesitz, *Giautec* ist als Vogelreservat ausgewiesen. Gemein ist allen Inseln ihr gelungener Übergang vom Land ins Wasser und ihre winddurchwehte Heidefläche.

• Segeln/Tauchen: Adressen siehe Concarneau.

Pont Aven *(ca. 3300 Einwohner)*

Gauguin war hier, und daraus schlägt das Städtchen bis heute Kapital: Ateliers, Galerien, Expositiones, ein Museum, das ganz der "Schule von Pont Aven" verpflichtet ist, dazu der Spaziergang im Liebeswäldchen oder der Ausflug nach Nizon - Gauguin war hier.

Seit 1860 zog es Maler nach Pont Aven, die langsam die ersten bretonische Sujets in die Malerei einführten. Zehn Jahre später logierte hier eine Gruppe amerikanischer Maler, die die illustre Anziehungskraft des Orts noch vergrößerten. Als 1886 die "Ecole de Pont Aven" gegründet wurde, war der Höhepunkt erreicht. Namen wie GAUGUIN, BERNARD, SERUSIER, SCHUFFENECKER, SEGUIN und viele mehr stehen für eine Kunstrichtung, die durch Beschränkung und Hervorhebung des Wesentlichen das Ganze durch ein Teil ausdrücken will. Nicht mehr Landschaften der Bretagne sollten gemalt werden, sondern die ganze Bretagne in einer Landschaft enthalten sein. "*Beeinflußt von Volkskunst, Glasmalerei und dem japanischen Farbholzschnitt, entwickelten sie eine nichtillusionistische Darstellungsweise, bei der Umrißlinien und Farbflächen die elementaren Ausdrucksträger sind.*" (Meyers Enzyklopädisches Lexikon)

Der Maler Gauguin, der die Bretagne durchstreifte und in Pont Aven zeitweise seinen ersten Wohnsitz hatte, fand hier eine wilde, naive Primitivät der Bevölkerung, er war begeistert vom Licht und den Farben, die den profansten Gegenstand veredeln können. In und um Pont Aven entdeckte er eine Landschaft, die seiner romantischen Vorstellung der Idylle entsprach.

Leider kein Original

Von wilder, naiver Primitivität der Menschen kann heute keine Rede mehr sein, auch der überlieferte Spottvers "*Pont Aven ist eine Stadt, die 14 Mühlen und 15 Häuser hat*" hat jegliche Grundlage verloren. Doch die putzige *Ortsmitte* von Pont Aven, der *Hafen*, der *Aven-Fluß* und sein *Tal*, die verbliebenen *Mühlen* oder das *Liebeswäldchen* in ihrer lichtdurchtränkten Anmut lassen auch Laien ahnen, was Bilderbesessene hier noch immer finden können.

Noch heute werden Maler magisch von diesem Ort angezogen, doch das Gros der vielen Touristen hat mit Pinsel und Farben nichts zu schaffen - sie wandeln auf den Pfaden Gauguins, bestaunen das Original des "Gelben Jesus" oder entziffern die Gedenktafel am *Maison de la Presse*, der ehemaligen Pension der guten Madame GLOANNEC, die nur 65 Fr pro Monat verlangte - und auch nur dann, wenn die pinselnden Hungerleider gerade flüssig waren.

- Postleitzahl: 29123
- Telefonvorwahl: 98
- Information: Das Syndicat d'Initiative in der Ortsmitte kümmert sich um alle touristischen Belange. Im Sommer Dienstag bis Samstag täglich 4 begleitete Führungen inkl. Museumsbesuch (Erwachsene 10 DM, Kinder 6 DM); 1 x monatlich Busausflug "Circuit Route des Peintres" nach Trémalo, Nizon und Riec s. Bélon, wo Austern gekostet werden können (Erwachsene 20 DM, Kinder 13 DM). In der Saison 9 - 13 und 14 - 19.30 Uhr, den Jahresrest 10.30 - 12 und 14 - 16 Uhr. Place de l'Hotel-de-Ville 5, Tel. 060 470.
- Verbindung: Pont Aven liegt auf der **Busstrecke** Moelan-sur-Mer/Quimperlé - Concarneau/Quimper; mindestens 6 x werktags Anschlüsse in beide Richtungen.

- Bootsausflug: Von Anfang Juni bis Ende September fahren Ausflugsschiffe mehrere Touren auf dem Aven-Fluß. Z. B. in insgesamt 1 1/2 Stunden von Pont Aven bis zum Meer und wieder zurück, Erwachsene zahlen 18 DM, Kinder von 4 - 10 Jahren 10 DM. Oder in 2 1/2 Stunden zu den Austerngründen des Bélon (25 DM/16 DM). Stark wechselnde

Abfahrtszeiten, manchmal mehrtägige Pause. Aktuelle Auskünfte bei der Tourist-Info oder am Béloner Hafen bei Vedette de l'Aven-Bélon, Port de Bélon, 29360 Moelan-sur-Mer, Tel. 711 459.

• *Feste*: Am ersten Augustsonntag die **Fête des Ajoncs d'Or** (Goldenes Stechginsterfest), 1905 von dem Barden Théodore Botrel ins Leben gerufen (siehe Paimpol/Kasten Botrel), als Höhepunkt der sommerlichen Veranstaltungen. Wallfahrt, Kunst und Folklore.

• *Parken*: Parkplätze am Aven-Fluß beim Hafen, ein weiterer Großparkplatz am westlichen Ortsende.

Übernachten/Camping

Ausnahmslos gute Mittelklasse bestimmt das Hotelbild. Man wohnt zentral oder am Hafen. Camper müssen ausweichen - die nächsten Plätze bei Nevez (siehe unten) oder Le Pouldu (siehe Pont Aven/Umgebung).

*** **Hotel le Roz-Aven**: Ein gediegenes Haus am Parkplatz am oberen Hafenende. Flußblick, kein Restaurant. 17 DZ im Sommer je nach Standard 100 - 170 DM, in der NS 90 - 170 DM. Frühstück 13 DM. Geöffnet vom 15.2. bis Mitte November. Quai Théodore-Botrel 11, Tel. 061 306.

*** **Hostellerie de Rosmadec**: Zentral in wunderschöner Lage beim Place Paul-Gauguin neben dem Aven-Fluß. Reservierung sinnvoll: nur 4 Zimmer und 1 Appartement sind zu vergeben. Restaurant in der angeschlossenen Moulin de Rosmadec (siehe Essen). DZ im Sommer 157 DM, ansonsten 150 DM. Frühstück 13 DM. Ganzjährig geöffnet außer Februar und die zweite Oktoberhälfte. Venelle de Rosmadec, Tel. 060 022.

** **Hotel Ajoncs d'Or**: Zentral beim Rathaus. 24 Zimmer, Restaurant (am Sonntag geschlossen) mit Menus von 30 - 110 DM. DZ je nach Standard 67 - 80 DM, Frühstück 10 DM; HP 80 - 85 DM pro Person, VP 105 - 115 DM. Ganzjährig geöffnet. Place de l'Hotel-de-Ville 1, Tel. 060 206.

** **Hotel Les Mimosas**: Ein kleines Anwesen ein Stück stadtauswärts nach dem Hotel le Roz-Aven. 9 Zimmer, kein Restaurant, aber Frühstücksraum und Flußblick. DZ je nach Standard 80 - 120 DM, Frühstück 12 DM. Ganzjährig geöffnet. Square Botrel 22, Tel. 060 030.

• *Camping*: Etwa 10 Plätze mit 2 - 4 Sternen bei Nevez südlich von Pont Aven. Hier 3:

**** **Le Raguenez**: Ein vollausgebauter Luxusplatz direkt am Meer. Erwachsene 8 DM, Kinder 4 DM, Platz 10 DM, Auto und Elektrik je 4 DM. 290 Stellplätze. Geöffnet von Ostern bis 30.9. Tel. 068 069.

*** **l'Océan**: Etwa 300 m vom Strand entfernt, gut ausgerüstet. Erwachsene 5 DM, Kinder 3 DM, Platz 5 DM, Auto 2,50 DM, Elektrik 3 DM. 150 Stellplätze. Geöffnet vom 15.5. - 15.9. Tel. 068 713.

** **Le Vieux Verger**: Beim Océan-Camp; Erwachsene und Platz je 3 DM, Kind und Auto je die Hälfte, heiß duschen 1,30 DM, Elektrik 2,50 DM. 100 Stellplätze. Geöffnet von Ostern bis 30.9. Tel. 068 317.

Essen

Entsprechend seiner touristischen Attraktivität ist Pont Aven von der Snack-Bar über die Crêperie bis zu Restaurants in allen Preisklassen mit zahlreichen Magenfüllstationen versehen. Wenn schon, denn schon: Exquisite Küche in bester Lage am Flußufer, im lauschigen Ambiente einer alten Mühle bietet **Moulin de Rosmadec**; Feinschmeckermenus 53 - 90 DM. Eine Spezialität: Barben auf Austerncreme. Venelle de Rosmadec, Tel. 060 022.

Exotische und chinesische Gerichte in der Bretagne? Im **Tahiti** sind Sie ab 20 DM (ohne Getränke) dabei. Rue de la Belle-Angèle 21, Tel. 061 593.

Sehenswertes

Spuren von Gauguin und Botrel: Außer den bekanntesten bretonischen Motiven des Malers Gauguin machen nur einige stille Gedenktafeln/ Steinbüsten auf die beiden bedeutendsten Gäste Pont Avens aufmerksam. Wo heute Zeitungen in der Ortsmitte verkauft werden, war früher vor der *Herberge der Madame Gloanec* das Künstlercafé des Städtchens und der Treffpunkt der illustren Künstlerszene (Gedenktafel). Am ehemaligen *Hotel Julia* an der Straßenecke zwischen Rathausplatz und Rue

L.-Lomenech erinnert eine weitere Gedenktafel an "*la bonne Hôtesse*" *Julia Guillou*, die sich ebenfalls rührend um ihre chronisch verschuldeten Gäste kümmerte. Neben dem Namen Gauguin kann das Städtchen auch auf den unvergessenen Liedermacher THÉODORE BOTREL verweisen, der sich im Alter hier niederließ, das erste Stechginsterfest Pont Avens organisierte, vom Ortsgeistlichen Bretonisch lernte und in Pont Aven verstarb. Am Hafen steht eine Statue des Chansonniers.

Museum: Alljährlich pilgern um die 50.000 zahlende Besucher/innen an den Gemälden des modernen Ausstellungsgebäudes hinter der Mairie vorbei. Die wechselnden Ausstellungen sind der Schule von Pont Aven sowie regionalen Malern gewidmet, einige Bilder bleiben dauerhaft hängen. Ein Lichtbildervortrag und ein kleines Dokumentationszentrum vermitteln Hintergründe.

• *Öffnungszeiten*: Ganzjährig von 10 - 12.30 und 14 - 18.30 Uhr. Eintritt 7 DM, ermäßigt 4 DM.

Pont Aven / Umgebung

▶ **Kapelle von Trémalo**: Ein Muß jeder Gauguin-Wallfahrt. Von Buchen umschattet, bei einem Gehöft inmitten eines lichten Wäldchens liegt das dunkle gotische Kapellchen, das Gauguin oft besuchte. Der buntbemalte gekreuzigte Christus mit den gestreckten Armen und dem leicht zur Seite geneigten Kopf (17. Jh.) im Inneren gilt als Vorbild des berühmten *Gelben Christus*, den Gauguin 1889 malte. Auch das Original des leidenden Jesus, von einem unbekannten Kunsthandwerker geschaffen, ist Kunst. Abgeschlossen? Der Schlüssel wird im Bauerhof aufbewahrt.

• *Weg*: Von der D 27 nach Rosporden an der Steigung stadtauswärts den ersten Weg rechts und durch den Wald (beschildert). Ein schöner Spaziergang.

▶ **Nizon**: 3 km im Westen Pont Avens ist der *Calvaire* (17. Jh.) vor der Pfarrkirche (15. Jh.) in Nizon-Mitte ein weiteres Ziel der Gauguin-Pilger. Die steinerne Pietágruppe am Fuße des mittleren Hauptschafts des Calvaires - drei Frauen mit dem eben vom Kreuz genommenen Jesus - wurde von GAUGUIN aus ihrer angestammten Umgebung herausgelöst und im "*Grünen Christus*" vor eine Dünenlandschaft gesetzt. Gauguin gehört zu den ersten, die die bretonischen Calvaires als gelungene Kunstform zu würdigen wußten. Er übersteigerte die Ausdruckskraft des Calvaires in eine noch größere Einfachheit. Doch auch der Bretone hat seine Grenzen: Als Gauguin dem Pfarrer von Nizon "*Jakobs Kampf mit dem Engel*" schenken wollte, wollte der das Kunstwerk, in seinen Augen eine Obszönität, um Himmelswillen nicht haben. Dieses Bild, entstanden 1888, gilt heute als Gauguins erstes Werk mit persönlicher Note abseits vom Impressionismus.

▶ **Moelan-sur-Mer** *(ca. 6500 Einwohner)*: Etwa 12 km südöstlich von Pont Aven liegt neben der D 24 das Großdorf mit der *Kapelle St.-Philibert-et-St.-Roch* am südöstlichen Ortsrand (Anfahrt beschildert). Die Kapelle ist gleich zwei Heiligen geweiht und besitzt einen wundertätigen Brunnen. Die Patrone des gotischen Gotteshäuschens in bester Lage werden gleichermaßen verehrt, beide haben ihren eigenen Pardon. ST. PHILIBERT ist

Paul Gauguin

"Wenn meine Holzschuhe auf den granitenen Boden aufschlagen, höre ich jenen dunklen und kräftigen Laut, den ich in der Malerei suche," schrieb Paul Gauguin aus Pont Aven. Die kunstinteressierte Nachwelt erfreut sich vor allem an den Südseebildern des Malers, doch seinen persönlichen Stil fand er in der Bretagne. Und sein letztes Bild, das er kurz vor seinem Tod auf den fernen tropischen Marquesas-Inseln malte, war eine bretonische Winterlandschaft.

Am 7. 6. 1848 in Paris geboren, stirbt er am 8. 5. 1903 in Atuo auf der Insel Hiva Oa - dazwischen liegt das Leben eines Mannes, der von der Malerei besessen ist. Mit 35 Jahren gibt Gauguin seine bis dahin in geordneten Bahnen verlaufende bürgerliche Existenz mit allen Konsequenzen auf: Er kündigt seinen Job als Börsenkaufmann, wird von seiner dänischen Frau verlassen, die alle fünf Kinder mitnimmt, und steht ohne Geld und soziale Bindungen auf der Straße. Jetzt kann er unbeschwert malen.

1886 geht er in die Bretagne - dort ist das Leben spottbillig und ohne großstädtische Ablenkung. In Pont Aven findet er eine Schar gleichgesinnter Verrückter mit demselben Lebensziel. Bald ist der nicht mehr jugendliche Gauguin unter den meist viel jüngeren Kollegen ein bekannter Name: "Hier ist auch ein Impressionist mit Namen Gauguin, ein merkwürdiger Bursche. Er ist 36 Jahre alt und zeichnet und malt sehr gut" (Emile Bernard).

Aus den oft hitzig verlaufenden Abendmahlzeiten im Hotel der Madame Gloanec - Gesprächsstoff: das gute Bild - entsteht die innovative Schule von Pont Aven. Insgesamt zehn Pont-Aven-Schüler, darunter der blutjunge Emile Bernard, Paul Serusier und Gauguins Oberfan Charles Laval, finden sich unter der Leitung Gauguins einige Sommer zusammen, um ihr Leben gemeinsam unter das Banner der Malkunst zu stellen. Es wird debattiert, gemalt, getrunken, gestritten und wieder gemalt, das ganze Herzblut der Gruppe fließt frei von irgendwelchen Nebensächlichkeiten in die Theorie und Praxis des Bilderschaffens.

Besonders mit Bernard verbindet Gauguin eine enge Beziehung, über ihn lernt er Van Gogh kennen, den er in Arles besucht, und es ist anzunehmen, daß

Bernard und Gauguin gemeinsam den neuen Stil der Schule von Pont Aven entwickelten. Nach dem Durchbruch der beiden als anerkannte Künstler wird passieren, was so oft passiert: jeder beansprucht die geistige Vaterschaft für sich, die Folge sind jahrelanger Streit und viel grundloser Haß auf beiden Seiten.
Zu diesem Durchbruch fehlen noch einige Jahre, doch 1888 beginnt die Schule von Pont Aven von sich reden zu machen - unbeachtete Malerkollegen ziehen zögernd den Hut, neugierige Touristen kommen, um die wilden Künstler zu bestaunen. Doch Geld bringt die erste Berührung des Malers mit einem größeren Publikum nicht, im Gegenteil.

1889 zieht der mittellose Gauguin ins nahe Le Pouldu an die Küste um - die Touristen haben das Preisniveau Pont Avens für ihn unerreichbar gehoben und die Ruhe aus dem Städtchen vertrieben. Der zivilistionsmüde Gauguin findet wohl auch nicht in der Bretagne, was er an unverfälschter Einfachheit sucht. 1891 zieht es ihn nach Tahiti. Eine für ihn naturverbundene Ursprünglichkeit der Südseemenschen und die Farben der Tropen locken ihn in die französische Palmenkolonie, wo er beginnt, die Bilder zu malen, um die sich heutzutage große Museen und millionenschwere Privatsammler reißen.

1893 kehrt er nach Paris zurück, kommt für einen Kurzbesuch in ein Pont Aven, das sich ihm entfremdet hat, und muß länger bleiben: Bei einer Prügelei in Concarneau bricht er sich ein Bein. 1895 setzt er sich wieder nach Tahiti ab, zieht dann 1901 vorsichtshalber auf die Marquesas-Inseln um, um größere Differenzen mit der Kolonialverwaltung zu vermeiden, die nicht gut auf den verschuldeten Querschädel zu sprechen ist. Zwei Jahre später stirbt er.

Gauguins Frühwerk ist noch vom Impressionismus geprägt, die persönliche Formfindung gelingt ab 1888 in der Bretagne: Die Wendung hin zu einem Stil betont-deutlicher Abgrenzung der Flächen, die expressiv gesteigerte, knallbunte Farbigkeit seiner Bilder ging als Synthetismus, ein Wegbereiter des Expressionismus, in die Kunstgeschichte ein.
Sérusier brachte 1888 den bemalten Deckel einer Zigarrenkiste nach Paris, um der malenden Großstadtszene zu illustrieren, welche Revolution in der hinterwäldlerischen französischen Provinz soeben stattfand. Zu sehen war "eine durchaus synthetische und somit formlos dargestellte Landschaft in Violett, Zinnoberrot, Veronesergrün und anderen unvermischten Farben, wie aus der Tube gespritzt, fast ohne Zugabe von Weiß."
Gauguins überlieferte "Malstunde im Bois d'Amour" zeigt, worauf es dem Ex-Börsianer farbtechnisch ankam: "Wie sehen Sie diesen Baum? Ist er grün? Also los, malen Sie grün, das schönste Grün Ihrer Palette, und dieser Schatten, ist er nicht eher blau? Nur Mut, malen Sie ihn so blau, wie Sie nur können!"

der ältere Heilige. Erst seit der Pestepidemie von 1598 pilgern die Bürger/innen Quimpers nach Moelan-sur-Mer, um auch ST. ROCHUS ihre Reverenz zu erweisen.
Im Inneren sind die *Skulpturen* aus dem 16. und 17. Jh. erwähnenswert. Der helle, einfache *Calvaire* (16. Jh.) vor der Kapelle zeigt eine Besonderheit: Oben auf dem Kreuz ist auf beiden Seiten ein Christus, doch nur einer ist gekreuzigt. Die gefaßte *Fontaine St. Roch* am Rand des

Kapellenbezirks, früher der Ortsbrunnen, hilft Kleinkindern gegen Blähungen. Rezeptur: Ein Erwachsener muß im Wasser der Quelle das Leibchen des betroffenen Kindleins waschen, das dem kleinen Wesen anschließend (trocken) übergezogen wird.

• Öffnungszeiten der Kapelle: Vom 15.6. - 15.9. täglich von 10 - 12 und 15.30 - 19 Uhr.

• Pardon: Für jeden Heiligen einen; 1. Pardon am zweiten oder dritten Augustsonntag, 2. Pardon am folgenden Sonntag.

▶ **Le Pouldu**: Eine wildzerklüftete Klippenküste säumt Le Pouldu, drei feinsandige Strände schmiegen sich in die Felsen. Die Gemeinde besteht aus den Ortsteilen *Le Pouldu-Plage* und *Le Pouldu-Port*, touristisch zusammengeschlossen mit *Clohars-Carnoët* und *Doëlan*, allesamt unauffällige Dörfchen für den Familienurlaub. Le Pouldu wurde vor 100 Jahren von Gauguin "entdeckt", der von Pont-Aven hierherzog. Eine Gedenktafel neben der *Kapelle Notre-Dame-de-la-Paix* oberhalb des *Plage Grands Sables* erinnert an den berühmten Maler. Die Kapelle aus dem 15./16. Jh. stand bis 1958 in Nizon, ruinös und von Brombeersträuchern überwuchert. In einer aufwendigen Transportaktion wurde sie Stein für Stein nach Le Pouldu gebracht und hier wieder aufgerichtet.
Dem Badeort fehlt ein eigentliches Ortszentrum. Der größte Teil des Geschehens spielt sich an der Durchgangsstraße oberhalb des Grands-Sables-Strandes ab. Die Umgebung ist mit Campingplätzen gespickt, die einst ländliche Idylle von Ferienhäusern zersiedelt. Trotzdem finden sich - vor allem entlang der *Laita* - reizvolle Ecken. Ein Spazierweg führt vom Hafen aus (Sackstraße) die Mündung der Laita hinauf, wo 1343 die Truppen des spanischen Ludwigs verheerend geschlagen wurden. Von 3000 spanischen Söldnern konnten nur 300 entkommen.

• Telefonvorwahl: 98

• Postleitzahl: 29360

• Information: Pavillon des O.T. oberhalb des Strandes Grands Sables. In der HS täglich 10 - 12 und 14 - 18 Uhr. Ostern bis Ende Juni täglich außer Sonntag 10 - 12 und 14 - 17 Uhr, September bis Ostern 13.30 - 17.30 Uhr. Boulevard de l'Océan, Tel. 399 342.

• Verbindung: siehe Quimperlé.

• Fahrradverleih: Fa. Fontaine an der Durchgangsstraße, Tel. 399 008.

• Wassersportausrüstung: Fa. Fontaine.

Übernachten/Camping

** **Hotel des Bains**: Direkt über dem Hauptbadestrand. 49 Zimmer in einem älteren Strandhotel. Unterschiedliche Sanitärausstattung, zum Teil etwas düster. Im Panorama-Restaurant Menus von 27 - 90 DM. DZ 53 - 100 DM, Frühstück 10 DM. Geöffnet von Ostern bis 30.9. Boulevard de L'Océan, Tel. 399 011.

** **Hotel Panoramique**: Oberhalb des Kerou-Plage. Komfortable Übernachtungsadresse mit 25 Zimmern, alle mit Bade- oder Duschkabinett inkl. WC. Salon, Bar mit Kamin, kein Restaurant. DZ 70 - 100 DM, HP 75 - 90 DM, Frühstück 9 DM. Geöffnet von April bis 15.10. Kerou-Plage, Tel. 399 349.

• Camping: *** **du Quinquis**; an der D 49 etwas landeinwärts. Nettes, schattiges Areal unweit der Kapelle Notre-Dame-de-la-Paix. 300 m zum Strand. Heckenunterteilte Stellplätze mit viel Grün. Ordentliche Sanitärs. Laden. Nebenan Minigolf und nutzbarer Swimmingpool. Vor dem 30. Juni 25 % Ermäßigung. Erwachsene 5 DM, Kinder die Hälfte, Platz 9 DM, Auto 2 DM, Elektrik 4 DM, Hund 1 DM. Tel. 399 240.

*** **Embruns**: Oberhalb der Ortschaft zwischen Häuseransiedlung. Zum Strand 500 m. 200 Stellflächen in einem teils heckenunterteilten 2,5-ha-Areal. Komfortable Hygieneblocks (Warmduschen mit Jetons). Volleyball-Platz, Minigolf. Erwachsene 4 DM, Kinder 2,50 DM, Platz samt Auto 8 DM, Elektrik 4 - 5 DM. Geöffnet von April bis 20.9. Tel. 399 107.

** **du Kerou**: Oberhalb des gleichnamigen Strandes (beschildert). Sehr schöne Aussicht, wenig Schatten, gut eingerichtet (Bar,

Caféterrasse), am Empfang thront ein Dolmen. Fahrradverleih (30 DM/Tag). 700 m bergab zum Strand. Erwachsene 3,50 DM, Kinder 2 DM, Platz 4 DM, Auto 2,50 DM, Motorrad 2 DM, Elektrik 4 DM. 235 Stellplätze. Tel. 399 257.

** **Grands Sables**: Direkt neben der Kapelle Notre-Dame-de-la-Paix, oberhalb des großen Strandes von Le Pouldu. Umgeben von Ferien- und Wohnhäusern. Nicht weiter unterteiltes Wiesenareal, das in eine Mulde abfällt. Zum Teil schattige Plätze unter Bäumen, einfache Sanitärs. 200 m zum Strand. Erwachsene 3 DM, Kinder 2,30 DM, Platz 3,50 DM, Auto 2,20 DM, Elektrik 5 DM. 150 Stellplätze. Von Ostern bis 30.9. geöffnet. Tel. 399 443.

** **Le Vieux Four**: 500 m außerhalb des Zentrums, links der D 49. Camping auf dem Bauernhof. Schmale Zufahrt für Gespanne. Schöner, etwas abschüssiger Platz in einem typisch bretonischen Agraranwesen. Apfelbäume spenden Schatten. Einfache Sanitärs in einem Nebengebäude des Bauernhofes. Auf Wunsch Versorgung mit frischen Landprodukten (empfehlenswerter hausgemachter Cidre). Erwachsene 2,80 DM, Kinder 2,20 DM, Platz 3 DM, Auto 1,80 DM, Warmdusche 1 DM. 50 Stellplätze. Geöffnet von Ostern bis Mitte September. Tel. 399 434.

Quimperlé *(ca. 11.500 Einwohner)*

Die städtische Tourismusbroschüre bezeichnet Quimperlé als den Mont St.-Michel des Landes. Und richtig: Die steil vom Fluß zur Kirche hinaufstrebenden Häuser beschreiben eine pyramidenförmige, vom Kirchturm gekrönte Silhouette, der des berühmten Klosterbergs im Atlantik nicht unähnlich.

Quimperlé - die Pyramide der Erde

Das beschauliche Quimperlé am Zusammenfluß von *Ellé* und *Isole*, die unter dem Namen Laita zum Atlantik weiterfließen, gliedert sich in zwei Teile. Die Oberstadt, von der *Kirche Notre-Dame* überragt, zieht sich vom Quai Brizeux aus einen steilen Felssporn hinauf, die Unterstadt breitet sich auf der Insel aus, die die beiden Flüsse bilden. Sie ist die Wiege des Städtchens. Vor über 1300 Jahren gründete der Mönch Guthiern eine Missionstätte, um die der Ort *Anaurot* heranwuchs. Anaurot wurde um 900 von Normannen geplündert und vollständig zerstört. Zwei Jahrhunderte später erlebte Quimperlé einen Neuanfang. Der Comte ALAIN DE CORNOUAILLE hatte über der kleinen Festlandsinsel ein goldenes Kreuz untergehen sehen und verstand das göttliche Zeichen. Er schenkte dem Propst von Redon das heilige Fleckchen zwischen den Flüssen. Rund um die eiligst errichtete *Abtei Ste. Croix* entstand das neue Quimperlé.

Seine Hochblüte erlebte die Stadt zur Zeit der bretonischen Herzöge, bis in die Mitte des 18. Jh. galt Quimperlé, inzwischen verwaltet von Benediktineräbten, als die Pforte zur Cornouaille. Zwischen den Fachwerkhäusern, die sich zum Teil noch in der Unterstadt zusammendrängen, entstanden die Verwaltungsgebäude und die eleganten Renaissancebauten reicher Herren. Quimperlé heute: keine Stadt großer Sensationen, aber immer wieder lauschige Ecken und unerwartete Ausblicke.

• *Telefonvorwahl*: 98
• *Postleitzahl*: 29300
• *Information*: O.T.-Pavillon vor der Brücke in die Unterstadt. Saisonal bedingte Öffnungszeiten. Rue du Bourgneuf, Tel. 960 432.
• *Markt*: Freitag vormittag ländlicher Wochenmarkt am Place St. Michel bei der Oberstadtkirche.

Verbindung

Zentrale **Bus**haltestelle am Bahnhofsplatz, eine weitere Haltestelle am Quai Brizeux in der Unterstadt. Werktags 6 x über Pont-Aven, Concarneau nach Quimper, sonn- und feiertags 4 x. Regelmäßig nach Lorient. Von Juli bis Ende August werktags 2 bzw. 3 Busse nach Le Pouldu, sonst nur an Schultagen am frühen Morgen. Jeden Mittwoch ein Extrabus zum Markt nach Lorient. Tickets und Auskunft bei M. Jegou am Bahnhofsplatz, Tel. 960 008.
Zug: Bahnhof in der Oberstadt. Quimperlé liegt an der Linie Redon-Vannes-Lorient-Quimper. Nach Quimper mindestens 8 x täglich, Richtung Vannes und Redon-Rennes mindestens ebenso oft. Boulevard de la Gare, Tel. 392 424.

Übernachten/Camping/Essen

** **Hotel Novalis**: Etwa 1,5 km außerhalb des Oberstadtzentrums an der Straße nach Concarneau. Nicht besonders anregender Neubau, trotzdem: funktionales 24-Zimmer-Etablissement mit komfortablen Räumen und moderner Sanitärausstattung. Cafébar, kein Restaurant. DZ 75 - 85 DM, Frühstück 9 DM. Ganzjährig geöffnet. Route de Concarneau, Tel. 392 400.

Hotel l'Europe: Einfaches Reisehotel ohne Restaurant am Bahnhofsboulevard. 22 unterschiedlich ausgestattete Zimmer, für den Kurzaufenthalt ausreichend. DZ 30 - 60 DM. Ganzjährig geöffnet. Boulevard de la Gare 32, Tel. 960 002.

• *Camping*: ** **Municipal**; einfacher Platz, dem Sportzentrum angeschlossen. 45 Stellplätze auf ebenem Rasengelände mit wenig Schatten. Die knappen, aber gut gepflegten Sanitäreinrichtungen gehören zu den Umkleidekabinen für die SportlerInnen. Übliche Municipalpreise. Offiziell geöffnet vom 15.6. - 15.9. Route de Concarneau, Tel. 393 130.

• *Essen*: Ausgezeichnete französische und bretonische Küche bietet das **Bistro de la Tour** in der Unterstadt. Mehrere Menus von 25 - 65 DM (Wein inkl.). Rue Dom Morice 2, Tel. 392 958.

Pizzeria Roma: Empfehlenswert, in einem restaurierten alten Fachwerkhaus. Geschmackvoll eingerichtet, geweißte Wände, schöner Kamin. Gute Salate (ab 10 DM) und ausgezeichnete Pizzas (12 - 18 DM). Rue Brémond d'Ars 2, Tel. 393 852.

Sehenswertes

Eglise Notre-Dame de l'Assomption: Die Kirche auf der Spitze des Hügels, deren vierkantiger Turm die pyramidenförmige Silhouette der Oberstadt bestimmt, wurde zwischen dem 13. und 15. Jh. gebaut. Sie verbindet gelungen romanische Strenge mit gotischer Eleganz, Renaissance-Steinmetze haben die Vorhalle reich mit Laubwerk und Figuren verziert.
Ein Stück unterhalb der Vorhalle führt ein Tor im Strebewerk des Turms auf den *Place Gambetta*, von dem aus die *Rue Savary*, von Geschäften und Boutiquen gesäumt, steil zum Fluß abfällt. Links vor dem Tor, im Haus Nr. 6, erblickte am 29. Januar 1789 der beste Bombarde-Spieler aller Zeiten das Licht der Welt: der blinde MATHURIN FURIC alias MATHURIN L'AVEUGLE. Am 14. 9. 1859 verstarb der auf Volksfesten und Truppen-

aufmärschen gefeierte Musiker in seinem Geburtshaus. Eine Gedenktafel in Bretonisch/Französisch erinnert an ihn.

Eglise Ste. Croix: St. Guthiern hatte im 6. Jh. hier eine erste Gebetsstätte gebaut, die heutige Kirche wurde im 11./12. Jh. nach dem Plan der Heilig-Kreuz-Kirche in Jerusalem errichtet. Auch mit dem neuen klotzigen Campanile - 1848 war der alte Glockenturm eingestürzt und hatte große Teile der Kirche niedergerissen - blieb sie eines der schönsten romanischen Bauwerke der Bretagne, ein Rundbau mit drei Apsidialkapellen und einer Vorhalle. Unter der Kuppel, im Zentrum des kreuzförmigen Grundrisses, wo die Messe zelebriert wird, liegt die *Krypta* der alten Abtei. Unbeschadet vom Turmeinsturz, von zwei romanischen Säulenkränzen umrahmt, schließt sie die beiden *Grabmäler* (15. Jh.) des Kirchengründers und des Abtes Lesperevez ein. An die Fassade lehnt sich ein *Renaissancealtar*. Das steinerne Kunstwerk zeigt die vier Evangelisten über ihr Schreibzeug gebeugt, der Stimme von oben lauschend, während Jesus zum Himmel aufsteigt. Das lebensgroße *Grablegungsensemble* aus Kalksandstein (16. Jh.), das sich hinter dem Seitenausgang zum alten Klostergebäude (heute Polizeipräfektur) versteckt, ist stark verwittert und von Menschenhand beschädigt.

Altstadtviertel: Hinter der *Kirche Ste.-Croix* führt die *Rue Brémond d'Ars* an mehreren alten Fachwerkhäusern vorbei. Die Straße galt früher den Krautjunkern als erste Wohnadresse, wappenverzierte Portale öffnen sich zu den einstigen Stadtquartieren der Landadeligen. Ein Stück hinter der Freitreppe des ehemaligen *Gerichts* (1680), an den Ruinen der *Kapelle St. Colomban*, links in die *Rue Dom Morice*. Unter anderem illustren Fachwerk steht hier das schönste Haus der Stadt, das *Maison des Archers* (1470). Auf beiden Etagen mit mehreren Kaminen ausgestattet, war es einst das Quartier der Bogenschützen (*archers*), die damals die Gendarmen stellten. In fünf Jahren liebevoll restauriert, befindet sich heute das Heimatkundemuseum in seinen Räumen. Nicht allzu aufregende Trachten und Dokumente früherer Quimperléer Aktivitäten (Juli/August von 10 - 12 und von 14 - 18 Uhr, Eintritt 3 DM).

Côte du Morbihan

Lorient *(ca. 70.000 Einwohner)*

L'Orient - der Orient: Die auf dem Reißbrett entworfene Stadt sollte für ein gutes Jahrhundert Frankreichs Tor zur Welt sein - eine durch geschäftstüchtige Kolonialmanager und clevere Sklavenhändler rasch reich gewordene Handelsmetropole.

1664 erhielt die Stadt ihren Namen, im Jahre 1666 wurde sie auf königlichen Befehl erbaut. LUDWIG XIV. folgte den Einflüsterungen seines Finanzministers COLBERT, der, um den königlichen Säckel weiter zu füllen, die Gründung einer Handelskompanie vorgeschlagen hatte. Ihre Aufgabe sollte es sein, Frankreich am gewinnbringenden Geschäft mit den pazifischen und indischen Kolonien teilhaben zu lassen, und die dafür gegründete *Compagnie des Indes Orientales* verdiente bald Unsummen. Lorient wurde binnen kürzester Zeit eine blühende Wirtschaftsmetropole. Skrupellose Geschäftemacher, Korsaren und Merkantilisten verdienten sich goldene Nasen an einem zeittypischen Dreiecksgeschäft. Mit billigem Schund beladen, liefen die Schiffe die afrikanischen Kolonialhäfen an, wo sie den glitzernden Plunder gegen schwarzes Gold eintauschten: Negersklaven, die in die Übersee-Plantagen verfrachtet und dort gegen einträgliche Importartikel weiterverhökert wurden. Bei der Rückkehr der Schiffe nach Lorient raschelte das Papiergeld, Aktienanteile wurden fällig, Optionen realisiert. An den Hafenkais duftete es nach Gewürzen und Tee, in den Lagern und Magazinen stapelte sich orientalisches Porzellan und chinesische Seide.
Mit dem Verlust der indischen Kolonien 1757 drohte Lorient der wirtschaftliche Ruin. Doch bereits 1770 gewann die Stadt ihr Leben zurück, Lorient wurde zum königlichen Arsenal für den Bau und die Reparatur von Kriegsschiffen umfunktioniert, und NAPOLEON I. gründete um 1800 den großen Militärhafen von Lorient.

Nach dem Ersten Weltkrieg bekam Lorient seinen Fischereihafen, heute der zweitgrößte Frankreichs. Nach der Besetzung der Stadt durch deutsche Truppen im Juni 1940 bauten die Nazis die Hafenanlagen zwischen 1941 und 1943 mit 900.000 t Beton zu einer gewaltigen U-Boot-Basis aus. Während der Luftangriffe alliierter Bomber wurde die bis Mai 1945 besetzte Stadt zu 85 % zerstört. Ironie der Geschichte: Die *Base-des-Sous-Marine* überstand die Angriffe mehr oder weniger unversehrt - noch heute beherbergt sie die U-Boote der französischen Marine. Ein Besuch der Basis und des Arsenals ist nur französischen Staatsbürgern gestattet. Nach dem Krieg baute man Lorient schnell wieder auf - der Not der Zeit gehorchend, überwiegend funktional. So bietet Lorient wenig; abgesehen vom Hafen und den Verkehrsanbindungen ist die Stadt touristisch uninteressant: Ein nach dem Weltkrieg wie Phönix aus der Asche wiedererstandener "*rauchender und rasselnder Polyp*" (Hermann Schreiber), der nicht nur die Trichtermündung des *Scorff*, sondern auch das gegenüberliegende *Port-Louis* mit seiner Zitadelle aufgesogen hat.

- *Telefonvorwahl*: 97
- *Postleitzahl*: 56100
- *Information*: Im Maison de la Mer beim Kongreßzentrum. Moderne Informationsmöglichkeiten über Minitel. In der NS von Montag bis Samstag von 9 - 12 und 13.30 - 18 Uhr geöffnet. Juli/August wochentags durchgehend von 9 - 19 Uhr, zusätzlich Sonntag von 14 - 18 Uhr. Quai de Rohan (beim Yachthafen), Tel. 210 784.

Dem O.T. ist das **Meeresmuseum** angeschlossen - täglich außer Dienstag von 9 - 12 und 14 - 18 Uhr (Sonntag nur nachmittags). Eintritt 4 DM, Kinder die Hälfte.
Das Tourismusbüro führt in der Hochsaison begleitete Führungen durch: **Hafentour** (2,5 Stunden, Erwachsene 8 DM, Kinder 4 DM); **Kreuzfahrt** durch die Bucht von Lorient (Besuch von 5 Häfen, inkl. Museum der indischen Kompanie, 21 DM, Kinder 14 DM).

Warten auf die Fähre

Verbindung

Regelmäßige **Busse** nach Pont Scorff, Hennebont, Le Faouët, Pontivy und Qimperlé. Außerdem nach Carnac/Trinité-sur-Mer und alle touristisch interessanten Orte der Südküste. Mehrere Haltestellen, zentraler Umsteigebahnhof Gare d'Echanges, Cours de Chazelles (beim Bahnhof), Tel. 212 829.

Zug: Hauptlinie Paris-Rennes-Quimper. 6 - 7 x täglich Direktverbindungen nach Paris oder Quimper. Nahverkehrszüge nach Hennebont, Quimperlé, Auray und Carnac. Bahnhof in der Nordstadt an der Hauptstraße nach Vannes. Rue Beauvais, Tel. 425 050 oder 425 010.

Fähre: Regelmäßige Personenfähren über die Scorff-Mündung. Über Locmiquélic nach Port-Louis (jeden Tag stündlich 5 - 20 Uhr, retour 8 DM) und weiter nach Gavres auf dem Zipfel der südlichen Landzunge der Rade von Lorient. Vedettes Jaunes, Abfahrt/ Ankunft am Quai des Indes in der Nähe des O. T. oder am Fischereihafen, Tel. 334 055. Regelmäßige Fährverbindungen (Auto- und Personen) zur Ile de Groix mit der Compagnie Morbihannaise de Navigation. Ganzjährige Verbindung, in der Hochsaison bis zu 8 x täglich, in der NS noch 4 (April) bzw. 5 x. Fahrtdauer 45 Min., retour 26 DM, Kinder 17 DM. Wer sein Auto mitnehmen möchte, sollte reservieren (Platzkapazität 20 - 25 PKW, einfach 55 - 125 DM). Zusätzlich: Schiffstaxi (30 Min.), das im Juli/August den Verkehr auch nachts aufrecht erhält. Abfahrt am Fischereihafen. Tel. 210 397 oder 865 444. Auskunft/Reservierung auf Groix: Compagnie Morbihannaise, Port Tudy, Tel. 868 037.

Flugzeug: Aéroport de Lann-Bihoué 10 km westlich des Zentrums. Air Inter bietet 3 bzw. 4 Flüge täglich nach Paris an (Sonntag 1 Flug). Auskunft, Tel. 863 239 oder bei Air Inter Nantes, Tel. 40. 480 970.

Diverses

- *Autoverleih*: Zwei internationale Adressen; **Hertz**, Rue de la Belle-Fontaine 2, Tel. 212 031 oder **ADA Location**, Cours de Chazelles 16, Tel. 217 506.
- *Fahrradverleih*: Cycles Soiteur in der Rue de Belgique 227, Tel. 830 368.
- *Feste*: Kelten aus allen Ländern - **Festival Interceltique** Anfang August. Bretonische, irische, walisische Folklore, interessante Konzertveranstaltungen etc.
- *Markt*: An den Markthallen von Merville und Saint-Louis jeden Vormittag. Mittwoch und Samstag regelmäßiger Wochenmarkt rund um die Cours de Chazelles, die Hauptverbindungsstraße zwischen Bootsanlegekai und dem Bahnhofsviertel.

Übernachten/Camping

** **Hotel Christina**: Einfache Mittelklasse hinter dem Bahnhof. 15 sanitär unterschiedliche Zimmer, die meisten ganz komfortabel. Kein Restaurant. DZ 35 - 80 DM, Frühstück 9 DM. Ganzjährig geöffnet. Rue Poulorio, Tel. 213 392.

** **Hotel Léopol**: Zwischen Kirche und Bahnhof, links in einer Seitenstraße des Cours de Chazelles. 32 geräumige Zimmer, die meisten mit separatem Bad/WC. Gemütliche Wohnatmosphäre. Kein Restaurant. DZ 27 - 70 DM, Frühstück 7 DM. Ende Dezember geschlossen. Rue Walldorf-Rousseau 11, Tel. 212 316.

* **Hotel d'Arvor**: Ein Logis-de-France-Hotel in einer Seitenstraße am Beginn des Cours de Chazelles. Nettes bürgerliches Haus mit 16 Zimmern. Unterschiedliche Sanitärs, gepflegte Gemeinschaftseinrichtungen, Bar. Empfehlenswertes Restaurant mit gutbürgerlicher Küche (Menus 23 - 30 DM). DZ 30 - 57 DM, Frühstück 7 DM. Ganzjährig geöffnet. Rue L. Carnot 104, Tel. 210 755

• *Jugendherberge*: Im Süden etwas außerhalb der Stadt, direkt beim Ter-Fluß. 104 Betten, meist Mehrbettzimmer. Campingmöglichkeit (20 Plätze). Geöffnet von Februar bis 23. 12. Rives du Ter, Rue Victor Schoelcher, Tel. 371 165.

• *Camping*: ** **Municipal de Kervenanec**; unweit des Ter-Flusses im Süden der Stadt (ausgeschildert, Nähe U-Boot-Basis). Einfacher, teilweise schattiger Platz mit 65 Stellflächen. 5 km zum Strand von Larmor-Plage. Municipalpreise. Ganzjährig geöffnet. Rives du Ter, Tel. 373 498.

Lorient / Umgebung

▶ **Larmor-Plage** *(ca. 6300 Einwohner)*: Genau gegenüber der Zitadelle von Port-Louis erhebt sich der granitene, strauchbewachsene Glockenturm der gotischen *Ortskirche Notre-Dame-de-la-Clarté* (15./16. Jh.) in den Himmel. In der Vorhalle begrüßen zwölf steinerne Apostel die Besucher. Das Kirchenschiff ist mit bemaltem Tafelwerk ausgeschmückt, im Chor steht neben dem reichverzierten Hauptaltar aus dem 17. Jh. der sogenannte *Judenaltar*. In sein Altarblatt sind gut 40 Figuren geschnitzt, im flämischen Stil ausdrucksstark gestaltete Personen versammeln sich am Hang des Kalvarienberges, wo Jesus zum letzten Mal seinen Vater anruft. Notre-Dame-de-la-Clarté war einst für die spirituellen Belange der französischen Kriegsmarine zuständig. Jahrhundertelang feuerten die in den Kampf ziehenden Kriegsschiffe beim Auslaufen aus der Bucht von Lorient drei Kanonensaluts ab, denen die Glocken der Kirche antworteten. Dazu flatterten auf der Kirchturmspitze die Farben der Trikolore und der Ortsgeistliche nerflehte Gottes Segen für eine gerechte Sache.

Die Kirche mit ihrem wuchtigen Kreisker steht zwar noch im geographischen Ortsmittelpunkt, ist aber nur noch zu Gottesdienstzeiten und am 24. Juni, dem Tag der Schiffssegnung, Zentrum des Geschehens - in Larmor-Plage dreht sich heute alles um das Badevergnügen. Die drei Strände *Plage de Toulhars*, *Port-Maria* und *Kerguelen* direkt vor der Haustür ziehen Weekend-Gäste aus Lorient wie erholungssuchende Urlauber an. Neue Ferienhäuser zersiedeln den Küstenabschnitt rund um Larmor-Baden, Reste der Bunker- und Befestigungsanlagen des Zweiten Weltkriegs betonieren an vielen Stellen die Dünenlandschaft.

• *Telefonvorwahl*: 97

• *Postleitzahl*: 56260

• *Information*: Im Rathaus in der Nähe der Kirche. Im Sommer Montag bis Samstag 9 - 12 und 14 - 19 Uhr. Tel. 337 002.

• *Fahrradverleih*: Sport Océan am Place Notre Dame, Tel. 655 919.

• *Markt*: Sonntag vormittag im Zentrum.

• *Schiffssegnung*: Große Wallfahrt alljährlich am 24. Juni. In der bunten Prozession der Bénédiction des Courreaux durchpflügen zahlreiche Boote den Meeresarm, der die Ilede-Groix vom Kontinent trennt.

- *Wassersport*: Das Centre Nautique de Kerguelen am gleichnamigen Strand verleiht nach Ticketsystem; das 800-Francs-Paket beinhaltet 10 Tickets. Ein Beispiel: Surfen am Vormittag kostet 3 Tickets (45 DM).

Übernachten/Camping

** **Hotel Les Mouettes**: In der Bucht von Kerguelen; 21 sanitär gut ausgestattete Zimmer, zum Großteil mit Meerblick. Garten, Restaurant, Barbetrieb. DZ 90 - 115 DM. Ganzjährig geöffnet. Anse de Kerguelen, Tel. 655 030.

- *Camping*: *** **Municipal des Algues**; hinter der Strandzeile wurde 1990 der Campingplatz neu gestaltet. Neben neuen Sanitärpavillons entstand auch ein "Centre Polyvalente", eine Mehrzweckhalle für Sport und Spektakel. Wenig Schatten, 100 m zum Strand. Erwachsene 4,50 DM, Kinder 2,50 DM, Platz samt Auto 9 DM, Elektrik 4 DM. 180 Stellflächen. Geöffnet von Mitte Juni bis 15.9. Rue de Port Maria, Tel. 655 547.

** **Camping Municipal de la Rade**: Einfacher Platz am nördlichen Ortsrand etwas landeinwärts, 800 m zum Strand des Hafens in der Bucht von Lorient. Erwachsene 3 DM, Kinder 1,50 DM, Platz samt Auto 12 DM, Elektrik 4 DM. 90 Stellflächen. Geöffnet vom 1.5. - 15.9. Boulevard Roger, Tel. 337 534.

▸ **Ploëmeur**: Das Städtchen südlich des Flughafens ist die viertgrößte Kommune der Region. 18.000 Menschen leben in dem 4000 Hektar großen Gemeindegebiet, an dessen etwa 15 km langen Küstenabschnitt die Ferien-Kleinzentren *Fort Bloqué*, *Kerroch* und *Kerpape* liegen. Feine, langgezogene Sandstrände wechseln sich mit Felsklippen ab, Reste von Bunkeranlagen und Betonbefestigungen begrenzen auf langen Strecken den Dünenstreifen. Entlang der Küstenstraße D 152 von Guidel nach Larmor-Plages finden sich Ferienhauskolonien und meist sehr einfache Campingplätze, dazwischen kleine Fischereihäfen.

Die Westgrenze der Großgemeinde bildet das vielbesuchte Badeörtchen *Fort Bloqué*, das seinen Namen dem bei Flut vom Meer umspülten, von schweren Mauern geschützten Fort verdankt. Der 1 km lange *Plage de Fort Bloqué* (Segelschule) nördlich der Retortensiedlung ist ein Dorado für Surfer; günstige Brisen aus Südwest sorgen für schnittige Fahrt, Architekten bauen Strandburgen, inspiriert von der Silhouette des Forts.
In südöstlicher Richtung weitere Strände: malerisch der *Plage du Couregant*, begrenzt von der gleichnamigen Landspitze mit dem kleinen Hafen. Weitläufig zersiedelt von Campingplätzen und Wohnwagenparzellen mit Hausnummern, die *Pointe de Talut*, eine breite Felsnase, schwer befestigt mit einem mächtigen Bunkerwall, auf der Familie Dupont im Sommer Blumenbeetchen hegt und der etwas muffige Duft einer Schrebergartenkolonie herrscht. Auf der klippigen Westseite das alte *Kerroch* mit seinem Hafen, auf der Ostseite zwängt sich der *Plage du Perello* zwischen die Felsen. Ein Stückchen weiter am Rand der Großansiedlung *Lomener* die Bucht von Stole (*Anse du Stole*). Den südlichen Abschluß des zu Ploëmeur zählenden Küstenstreifens bildet die Badestation von *Kerpape* oberhalb der flachsandigen Bucht von Kerguelen. Für den gesamten Abschnitt gilt: viel Betrieb während der Ferienzeit. In der Nebensaison und im Winter sind die Jalousien der Ferienhäuschen, Residenzen, Hotels und Restaurants heruntergelassen.

- *Telefonvorwahl*: 97
- *Postleitzahl*: 56270
- *Fahrradverleih*: Locapoint, Zone artisanal de Kerdroual, Tel. 852 473.
- *Markt*: In Ploëmeur Bourg Sonntag und Mittwoch vormittag. Im Ortsteil Kerroch Dienstag morgen, in Fort Bloqué während der Sommersaison jeden Freitag vormittag.

Camping

** **Pen er Malo**: Am Nordrand des Plage de Fort-Bloqué in der Heide am Atlantikwall. 08/15-Platz mit 132 Stellflächen und Bunker an der Straße zum Meer. Kein Schatten, magere Sanitäreinrichtungen. Waschmaschinen (5 DM). 100 m zum Strand. Erwachsene 4 DM, Kinder die Hälfte, Platz 2,80 DM, Auto 1,50 DM, Elektrik 4 DM. Ganzjährig geöffnet. Route Cotière, Tel. 059 986.

** **Municipal de Saint-Jude**: Am südlichen Ortsrand von Fort-Bloqué. Völlig kahles, trostloses Gelände, durch die D 152 von der felsigen Küste getrennt. Sanitäreinrichtungen im Bunkerstil. Keine Stromblocks. Municipalpreise. 200 Stellplätze. Nur Juli/August geöffnet. Tel. 059 986.

** **Camping Municipal le Talut**: Am Ortsrand von Kerroch. Vor dem öffentlichen Campinggelände kommen die langzeitvermieteten Wohnwagen-Parzellen mit ihrem Gartenhauscharakter. 200 eingezäunte Stellflächen in Bunkergegend. Knappe Sanitärs, wenig Schatten, keine Elektroblocks. Felsige Küste. Zum Baden an den Plage du Perello gut 500 m. Pauschal für 2 Personen samt Zubehör 17 DM, Elektrik 4 DM. Geöffnet nur Juli und August. Tel. 829 190.

** **Camping Kerbel**: Unweit des vorherigen Platzes. 45 Stellplätze, ähnliche Bedingungen. Kinderspielplatz, Strom und Wasser für Wohnmobile. Kein Schatten. Von März bis November geöffnet. Tel. 829 173.

** **Municipal Anse du Stole**: In der gleichnamigen Bucht, direkt über dem Strand. Einfacher Gemeindeplatz mit 200 zum Teil schattigen Stellflächen. Preislich etwas günstiger als der Talut-Platz (siehe oben). Geöffnet von Mitte Juni bis Mitte September. Tel. 829 376.

*** **de Kerpape**: 260 Stellplätze mit direktem Zugang zum Strand von Kerguelen. Großzügiges Gelände, allerdings nicht viel Schatten im Heideland. Wasser- und Stromversorgung für Wohnmobile und Caravans. Laden, Kinderspielplatz, knapp ausreichende Sanitärs. Erwachsene 5 DM, Kinder und Auto je 3 DM, Platz 9 DM, Elektrik 4 DM. Geöffnet von Juni bis 15.9. Lomener, Tel. 829 455.

▶ **Ile Groix** *(ca. 2500 Einwohner)*: *"Qui voit Groix, voit sa joie"* (Wer Groix sieht, sieht seine Freude) - das Sprichwort der französischen Fischer umschreibt treffend die freundliche Atmosphäre, die die Besucher im Hafen *Port Tudy* empfängt. Angemerkt sei, daß an schönen Sommertagen die Parkplätze auf dem Festland bei weitem nicht ausreichen - bis zu 15.000 Besucher überschwemmen täglich die Ile Groix. Diese ist 15 km vom Kontinent entfernt, 8 km lang und 3 km breit. Ihr Westteil stürzt in z. T. über 40 Meter hohen Klippen ins Meer ab; Felsnadeln, Grotten und winzige Buchten bieten Vögeln Nistplätze. Die granatfarbenen Felsen, Quarzadern, Schieferablagerungen und besonders das blaue Glaucophan, vor 300 Millionen Jahren durch die unterirdische Kollision zweier gewaltiger Felsplatten in der Erdrinde aus dem Meer getrieben, machen Groix zu einem interessanten Aktionsfeld für Mineralogen.

Im Inselinneren überwuchern Heide, Pinienwäldchen und grüne Täler das Millionen Jahre alte Gestein, aufgelockert von Ackerflächen, Weilern und den schnuckeligen Anwesen des kleinen Ortes *Locmaria* im Südosten. Ost- und Südteil sind flacher und besitzen mehrere feinsandige Badestrände, darunter der *Plage des Grands Sables*: Eine weitgerundete, einer konvexen Linse ähnlichen Sandzunge, die sanft ins Meer leckt, im Sommer von knapp bekleideten Gästen bevölkert, die im Sand nach Edelsteinen (Granat) suchen können.

Der Hafen *Port Tudy* mit seiner Betriebsamkeit wächst nahtlos mit dem Hauptort *Bourg de Groix* zusammen. Hier leben die meisten der Inselbewohner, die früher als ausgezeichnete Thunfischfänger galten und Groix zu Anfang des Jahrhunderts zu einem der ersten Häfen für die gefährliche Islandfischerei aufsteigen ließen. Einziges Relikt dieser Vergangenheit ist heute ein Thunfisch, der statt des Wetterhahns die Spitze des Kirchturms schmückt. In einer alten Konservenfabrik in Port Tudy hat die Gemeinde ein kleines *Ökomuseum* eingerichtet: Brauchtum, Geschichte und Geologie der Insel (in der Saison täglich von 9.30 - 12.30 und 15 - 19 Uhr).

- *Telefonvorwahl*: 97
- *Postleitzahl*: 56590
- *Information*: Fremdenverkehrsbüro an der Hafenzeile in Port Tudy. Von der Wohnungsvermittlung bis zu mineralogischen Exkursionen. S.I., Port Tudy, Tel. 865 308.

Diverses

- *Autoverleih/Taxi*: Im Café du Port am Quai von Port Tudy bietet M. Gattefosse seine Dienste an. Tel. 868 157.
- *Fahrradverleih*: Mehrere Anbieter am Quai oder auf dem Weg nach Bourg, z. B. Localoisirs in Port Tudy mit großer Auswahl an Tourenrädern und Mountainbikes. Halber Tag 13 - 17 DM.
- *Reiten*: Centre Equestre du Haut Grognon im kleinen Ort Quelhuit (Nordwestspitze).

Übernachten/Camping

** **Hotel de la Marin**: Stilvolles Haus mit 22 z. T. antik möblierten Zimmern in Bourg de Groix. Unterschiedliche Sanitärausstattung. Garten, Café-Terrasse, gemütliches Ambiente. Restaurant mit 120 Gedecken, Menus 20 - 35 DM. DZ 55 - 120 DM, HP 65 - 90 DM, Frühstück 10 DM. Januar geschlossen. Rue Général de Gaulle 7, Tel. 868 005.

** **Hotel Ty Mad**: 12 Zimmer-Hotel der Ilotels-Gruppe, direkt am Hafen. Aussicht über das Hafengetriebe und das Meer. Das Restaurant gilt als exzellente Speiseadresse. Menus von 23 - 80 DM. DZ (inkl. Frühstück) 47 - 100 DM, HP 60 - 100 DM. Ganzjährig geöffnet. Tel. 868 019.

* **Auberge du Pêcheur**: Ein alteingessener kleiner Familienbetrieb am oberen Ende der Rue Général de Gaulle. 7 rudimentär ausgestattete Zimmer, Etagensanitärs. DZ ab 30 DM. Tel. 868 014.

- *Camping*: *** **Sables Rouges**; unweit des Leuchtturms an der Südostspitze der Insel. 120 Stellplätze fast direkt am Meer (100 m), Stromboxen, ordentliche Sanitärs. Versorgungsmöglichkeiten in Groix (3 km), Kinderspielplatz, Swimmingpool. Im August unbedingt reservieren. Erwachsene 6 DM, Kinder 3 DM, Platz 7 DM, Auto 2,30 DM, Elektrik 4 DM. Geöffnet von Juni bis 15.9. Tel. 868 132.

** **Camping Municipal**: Einfaches Gelände an der Pointe du Spermec, 1 km östlich von Groix Bourg. Municipalpreise. Fort du Mené, Tel. 868 015.

▶ **Hennebont**: Von der alten Bausubstanz innerhalb des mächtigen Stadtwalls ist nicht viel geblieben. Am 7. August 1944 bombardierte die deutsche Artillerie auf dem Rückzug vor den Alliierten die Stadt am Ufer des *Blavet* zu 75 % in Schutt und Asche, Hennebont verlor sein Gesicht einer mittelalterlichen Festungs- und Handelsstadt. Von der *Ville Close* mit den Stadtmauern aus dem 13. Jh. steht neben einem sorgsam gepflegten und von Blumenbeeten gesäumten Mauerrest nur noch die *Porte Broërec*, einstiges Haupteingangstor und zeitweiliges Stadtgefängnis. Ein weiteres Kleinod, das den Krieg halbwegs unbeschadet überstand, ist die *Basilika Notre-Dame-de-Paradis* mit ihrem 65-m-Turm oberhalb des Place Maréchal Foch, 1524 eingeweiht und ein imposantes Zeugnis bretonischer Flamboyant-Architektur. Diagonal über den Platz der *Renaissance-Brunnen* mit elegantem Schmiedeeisen; er diente früher als Trinkwasserreservoir der Stadt.

Hennebont war während des Mittelalters Zentrum der Region, verlor aber im späten 17. Jh. mit dem Ausbau des Hafens von Lorient seine Bedeutung. Bereits im Erbfolgekrieg ging es in Hennebont hoch her.

Hartnäckig verteidigte die legendäre JEANNE DE FLANDRE alias JEANNE LA FLAMME anstelle ihres vom französischen König eingesperrten Gatten JEAN DE MONTFORT den Familienbesitz gegen CHARLES DE BLOIS.

Zur Zeit des Ancien Régime bis zur Französischen Revolution war Hennebont Sitz des Senneschalls (Kronbeamter) für die Region. In der Mitte des 19. Jh. bekam Hennebont den *Haras National*, das staatliche Pferdegestüt, das noch bis heute den guten Ruf der Stadt in der Pferdewelt ausmacht. Zu diesem Zweck kaufte der Staat das Gelände der *Abtei de la Joie-Notre-Dame*, ein Zisterzienserkloster, dessen Ruinen im 24-Hektar-Park des Gestüts besichtigt werden können.

- *Telefonvorwahl*: 97
- *Postleitzahl*: 56700
- *Information*: Place Foch 1, Tel. 362 452.

Verbindung

Bushaltestelle außerhalb der Altstadt an der Route de Port-Louis am Blavet-Ufer. Die Linien 27/29/37 verkehren auf der Strecke Lorient-Carnac. Sie halten an allen touristisch interessanten Orten der Südküste. Mindestens 5 x täglich Richtung Carnac, nach Lorient mindestens 1 x die Stunde. Nach Pontivy 2 x täglich. Auskunft und Reservierung, Tel. 360 464.

Zug: Hennebont liegt an der Hauptlinie Rennes-Redon-Vannes-Lorient-Quimper. Mindestens 6 x werktags und 4 x mal sonn- und feiertags in beide Richtungen. TGV-Anschluß ab Lorient. Rue de la Gare, Tel. 362 008.

Diverses

- *Fahrradverleih*: **G. Marcarini** verleiht in der Avenue de la République 5, Tel. 361 660; **G. Rosnarho** arbeitet im selben Geschäft in der Rue M. Joffre 87, Tel. 362 187.
- *Markt*: Jeden Donnerstag von 9 - 12 Uhr.
- *Pardon*: Letzter Septembersonntag Wallfahrt zu Ehren der Notre-Dame-de-Voeu.
- *Reiten*: Entweder in der Gestütsreitschule von Haras National (40 Pferde und Poneys stehen zur ständigen Verfügung), Rue Victor Hugo, Tel. 362 027; oder bei Evasion Ouest im Ortsteil Le Boutiez, Impasse du Boutiez, Tel. 364 926.

Zwischen Mitte Juli und Anfang Oktober finden mehrmals täglich Führungen auf dem Gelände statt (Eintritt 5 DM, Menschen bis 16 Jahre gratis). Die Besucher können 85 Zuchthengsten bei der Arbeit zusehen oder sich in der Reitschule selbst auf den Rücken eines Vollblüters setzen.

Camping

** **Municipal de St. Caradec**: Am linken Blavet-Ufer (Nordrand der Stadt). Ein gemütlicher Platz, zum Teil schattig. Sanitärs mit fließend Warmwasser. Erwachsene 2,30 DM, Kinder 1,10 DM, Platz 1,70 DM, Auto 1,30 DM, heiß Duschen 1,30 DM, Elektrik 4 DM. 150 Stellplätze. Geöffnet von Juni bis 30.9. St. Caradec, Tel. 362 173.

▶ **Port-Louis** *(ca. 3300 Einwohner)*: Heute gehört Port-Louis zum Naherholungsgebiet Lorients, durch ein Tor in der Wehrmauer an der *Promenade des Patis* gelangen Badegäste zum sommers vielbevölkerten, sandigen Strand. Früher hieß Port Louis genau wie der Fluß - *Blavet* - und war ein regional bedeutender Fischereihafen, der zur Zeit der Ligakriege am Ende des 16. Jh. von den Spaniern mit einer mächtigen Zitadelle befestigt wurde.

Kardinal RICHELIEU ließ hier ein erstes Handelskontor für die geplante Ostindische Kompanie einrichten, und Blavet wurde, dem Herrscher LUDWIG XIII. zum Gefallen, in Port-Louis (Ludwigshafen) umgetauft. Weil die dazugehörige Handelsflotte leider fehlte, gingen die Geschäfte nicht allzu gut, und als Finanzminister Colbert 1666 den neuen Handelshafen Lorient auf der gegenüberliegenden Seite der Bucht bauen ließ, ging es mit Port-Louis endgültig bergab. Einen vorübergehenden Höhenflug erlebte das Städtchen Mitte des 19. Jh. als Sardinenhafen.

Wie der große Nachbar Lorient wurde Port Louis im Zweiten Weltkrieg schwer zusammengebombt und großteils zerstört. Einzig die wehrhaften Mauern der *Zitadelle*, die sich auf die äußerste Landspitze der Halbinsel drängt und die Einfahrt in die *Rade de Lorient* überwacht, haben den Zahn der Zeit und die Bomben überstanden. Seit 1984 beherbergt die Zitadelle fünf verschiedene Museen.

Zitadelle/Museen: Die Festung, die sich im Westen des Städtchens um den Küstensaum legt, wurde 1591 errichtet, 1614 erweitert und schließlich 1636 im Auftrag der französischen Krone zu einem abweisenden Bollwerk ausgebaut. Zwei Brücken und ein halbrunder Vorwall bilden für potentiele Gegner die erste Barriere. Im Mittelpunkt der rechteckigen Anlage liegt der geräumige Exerzierplatz. An den Flanken und Ecken springen keilförmig schwere Bastionen ins Meer vor, ein Wehrgang führt über die Befestigungsmauern. Die Gebäude der Zitadelle stammen großenteils aus dem 19. Jh. und beherbergen heute mehrere Museen.

Im Eingangspavillon (Donjon) widmet sich das kleine *Musée de Port-Louis* der Heimatgeschichte. In einem renovierten Saal des Ex-Arsenals gibt das *Musée de L'Arsenal* an Hand zahlreicher Schiffsmodelle einen Überblick über die Vergangenheit der Marineschiffahrt. Im *Musée d'Armes Navales*, dem Pulverturm der Zitadelle, wird anhand von schweren Mörsern, Torpedos und Seeminen die Entwicklung von Schießmaterialien und Artilleriegeschossen seit dem 17. Jh. erläutert. In einem Nebenraum die Nachstellung eines dramatischen Seerettungseinsatzes auf dem SOS-Boot von Roscoff. Im Südwestflügel der Kaserne dokumentiert das *Musée des Bateaux* mit Modellen von Fischerschiffen die friedliche Küstenschiffahrt im Atlantik.

Den Höhepunkt des Museumskomplexes bildet das *Musée de la Compagnie des Indes*, das im Nordwestflügel der Lourmel-Kaserne die Geschichte der Handelsgesellschaft erzählt. Präsentiert werden alte Stiche, Bilder, Möbel, Seekarten und Mannschaftslisten, daneben ausgewählte Kostbarkeiten vom Fernhandel: Porzellan, Seide, wertvolle Lackarbeiten, Edelsteine. Aufschlußreich die verschiedenen Nachbildungen berühmter Handelsschiffe des 18. Jh., darunter die "Comte d'Artois", die 1758 zu einer 18monatigen Rundfahrt aufbrach. Mit ihr werden Personal und Ausstattung eines schwimmenden Handelsriesen vorgestellt: 300 Figuren (Mannschaften und Passagiere), der mit allerlei Handelsgütern gefüllte Schiffsbauch, Proviant und Bewaffnung - alles was für den Abenteuerausflug nötig war. Im Erdgeschoß stimmt eine vertonte Diaschau auf den jahrhundertealten Traum von der Straße des Goldes und der Gewürze ein.

• *Öffnungszeiten*: Dienstag ist Ruhetag. Von April bis Ende Mai 13.30 - 19 Uhr, Oktober bis Ende März 13.30 - 18 Uhr. Juni bis Ende September 10 - 13 und 14.30 - 20 Uhr, Juli/August zusätzliches Nachtprogramm jeden Donnerstag bis 22 Uhr. Erwachsene 7 DM, Kinder und Ermäßigte die Hälfte.

Halbinsel Quiberon *(ca. 7000 Einwohner)*

Wie ein Wellenbrecher teilt die Halbinsel die Atlantikfluten - im Osten sanft abfallend, sandig und ruhig im Spiel der Gezeiten die weite, flutgeschützte Bucht von Quiberon, im Westen die den Strömungen und Winden ausgesetzte Côte Sauvage (Wilde Küste) mit ihren steilen Klippen über einer gefährlichen See.

Über 2000 Stunden Sonnenschein und weniger als 650 mm Niederschläge im Jahr machten die 14 km weit in den Atlantik vorgeschobene Landzunge zum Top-Feriengebiet der Bretagne. An der schmalsten Stelle - ein 25 m breiter Landstreifen - der durch Sandanschwemmungen entstandenen Halbinsel ist gerade noch Platz für die Straße und das Bahngleis, bewacht vom mächtigen, mehrmals zerstörten und im 19. Jh. wiedererstellten *Fort Penthièvre*. Quiberon ist dicht besiedelt, zwischen den einzelnen Orten haben sich besonders seit den 70ern Ferienhauskolonien angesiedelt, im Sommer verfünfzehnfacht sich die Einwohnerzahl - dann leben über 100.000 Menschen auf der Halbinsel.

Hauptort der Halbinsel ist das quirlige, halbmondäne Bade- und Kurstädtchen *Quiberon* mit seinen Häfen *Port Maria* (Sprungbrett nach Belle-Isle) und *Port Haliguen* (Yachten und Fischerei). Hier spielt sich der Hauptrummel der Sommersaison ab. *St. Pierre-Quiberon*, im Nordteil der Halbinsel, ist die zweite Hauptgemeinde, im Ortskern herrscht fast noch authentisch bretonische Provinzatmosphäre. Ihr angegliedert sind im Norden *Kerhostin* (winziger alter Ortskern mit winzigen Gassen, umgeben von Ferienhäusern) und das alte *Portivy*. Die Häuseransammlung rund um den ruhigen Hafenkern ist das letzte Örtchen vor der *Pointe du Percho*, einer steil abfallenden, sehenswerten Felsspitze, hinter der die unter Naturschutz stehende *Côte Sauvage* beginnt. Im Süden geht St. Pierre fast nahtlos in den Ortsteil *St. Julien* über, im Prinzip schon ein Vorort von Quiberon. Von hier ab über *Port Haliguen* bis zur *Pointe du Conguel*, der südöstlich am weitesten vorgeschobenen Landspitze der Halbinsel, gibt es mehrere Campingplätze, Bade- und Wassersportreviere. Der Ortsteil *Penthièvre* nördlich der Landenge ist eine Retortensiedlung - Villen, Appartementhäuser und Vermittlungsagenturen in rechtwinkligen Straßenzügen. Schräg gegenüber des alten malerischen Forts erstrecken sich in einem sandigen, vom Wind zerzausten Kiefernwald entlang der Dünen mehrere Campingterrains an einer 3 km langen Sandbucht.

Côte Sauvage

Scharfe Klippen, Felsschlünde, Grotten und Spalten - bizarr stürzt das von Heidekraut und Grasnelken überzogene Land ins Meer ab. An den malerischen kleinen Buchten mit feinem Sand herrscht absolutes Badeverbot - zu gefährlich ist die See (Grundsee!). Die Côte Sauvage ist Naturschutzgebiet und deshalb von der emsigen Bauwut, die den Rest der Halbinsel zersiedelt, verschont geblieben. Die Panoramastraße, die

Quiberon - auch Treffpunkt der Yachtbesitzer

von Portivy aus etwas landeinwärts durch die Ginster- und Bruyère-Heide der Küste folgt, wird von zahlreichen Parkplätzen begleitet. Ein *Wanderpfad* (ca. 2 Stunden), von Menhiren, Stelen, unzähligen Hinweisschildern und Badeverbotstafeln gesäumt, windet sich oberhalb der Steilküste den aufregenden Felskamm entlang und bietet immer neue, immer überraschende Aussichten: das massive *Felsentor von Port Blanc*, durch das die Flut tobt, die *Teufelsgrotte*, ein sagenumwobener Felsschlund, in dem es gurgelt und dröhnt, oder das *Loch des Souffleurs* (*Trou du Souffleur*) vor der mit einem herrlichen Panorama gesegneten *Pointe Beg er Lan*. Der gigantischste Aussichtspunkt ist die *Pointe du Percho*, eine steil ins Meer abfallende Landnase westlich von Portivy: im Rücken das geschichtsträchtige Fort Penthièvre und die Hafenzeile, davor und darunter die furchigen Strömungen und Strudel, die spritzende Gischt der Côte Sauvage.

Quiberon *(ca. 5000 Einwohner)*

Seit 1924 als Fremdenverkehrs- und Luftkurort staatlich klassifiziert und mit Frankreichs ersten Thalassotherapiezentrum zum Thermalbad aufgestiegen. Adrett und aufgeräumt, die Boutiquen, Bars und Geschäfte haben Hochkonjunktur. Mittelpunkt der Stadt ist der *Place Hoche* zwischen dem *Fährhafen Port Maria* und dem *Grande Plage*, auf dem eine Bronzestatue an den jungen Revolutionsgeneral erinnert, der 1795 ein royalistisches Landeunternehmen vereitelte. Von hier führt der *Boulevard Chanard*, flankiert von Geschäften und Bars, zum Bahnhof hinauf. Westlich vom Zentrum reihen sich mehrere Strände bis zur zerfransten *Pointe du Conguel*, der Südspitze der Halbinsel. Hier liegen Campings und die Beton- und Glaspaläste des Kurzentrums. Weniger Trubel herrscht im östlich gelegenen, alten Fischerhafen von *Port Haliguen*, heute vorzugsweise von Yachten belegt. Nördlich davon folgen eine Reihe von Campings und Stränden (*Ortsteil St. Julien*); fast nahtlos geht die Bebauung über den nationalen Segelstützpunkt von *Beg-Rohu* und das Windsurfzentrum von *Port-Orange* bis in die Gemeinde *St. Pierre-Quiberon* über.

- *Postleitzahl*: 56170
- *Telefonvorwahl*: 97
- *Information*: 200 m oberhalb des Grande Plage in der zentralen Geschäftsstraße vom Hafen zum Bahnhof. Multiprogrammbüro für alle touristischen Belange - von der Einschreibung zur Tennisstunde bis zur Vermittlung einer Ferienvilla. Ausführliche deutschsprachige Informationsbroschüre. Geldwechsel. Im Juli/August werktags durchgehend von 9 - 19 Uhr. An Sonn- und Feiertagen 10 - 12 und 17 - 19 Uhr, in der NS mit Mittagspause und ohne Wochenendverkehr. Rue de Verdun 7, Tel. 500 784.

Verbindung

Die **Bus**linien 23 und 24 von Cars du Morbihan bieten Anschluß nach Auray und Vannes. Haltestellen am Hafen und vor dem Bahnhof SNCF. Die Busse halten auf der Halbinsel außerdem im Zentrum von St. Pierre, in Kerhostin (Isthmus) und am Fort Penthièvre. Über Carnac, St. Philibert und Trinité-sur-Mer nach Auray und Vannes. Fahrtdauer bis Auray ca. 1 Stunde. In der Saison bis zu 10 x täglich (Schwerpunktzeiten Ankunft- und Abfahrt der Fähre nach Belle-Ile).

Zug: Eine Stichbahn verbindet die Halbinsel vom 15.6. - 15.9. mit Auray. Bahnhof ein Stück oberhalb des Touristenbüros in der Nähe der Kirche. In der Hochsaison bis zu 8 x täglich mit dem Bummelzug (5 Stationen auf der Halbinsel) über Plouharnel-Carnac nach Auray. Fahrtdauer 30 - 60 Minuten. Sonderleistung der SNCF für die Hauptreisezeit: Direktverbindung nach Paris, zum Teil in komfortablen Nachtzügen.

Fähre nach Belle-Ile: Abfahrt am Gare Maritime Port Maria. Großer Parkplatz am Hafenkai, der im Sommer oft nicht ausreicht. Es gibt 2 Anlegehäfen in Belle-Ile, Sauzon und Le Palais. In der Saison täglich bis zu 10 Boote, in der Nebensaison entsprechend weniger. Schnellboote (nur Personenverkehr) in 30 Minuten nach Sauzon. Hin- und Rückfahrt 27 DM, Kinder bis 4 Jahre 3 DM, 4- bis 17jährige zahlen 23 DM. Die Passage nach Le Palais mit den größeren, auch für Fahrzeuge tauglichen Fährschiffen 26 DM, für Kinder 17 DM. Wer motorisiert auf die Insel will (nur für einen Langzeitaufenthalt interessant), muß unbedingt vorbuchen - es stehen pro Fahrt nur ca. 20 Fahrzeugplätze zur Verfügung. Preisbeispiele (Hin- und Rückfahrt): Autos je nach Größe 110 - 200 DM, Wohnmobile 250 DM, Caravans 270 - 500 DM. Fahrräder 11 DM, Motorräder über 125 ccm 100 DM. Jedes Surfbrett 27 DM. Auskünfte Gare Maritime, Tel. 500 690.

Fähre nach Houat und Hoëdic: Abfahrt am Port Maria. In der Hochsaison 6 Personenfähren nach Houat (Saint-Gildas, Fahrtdauer 1 Stunde). Von dort nochmals 2 x täglich auf die Ile de Hoëdic (Port de l'Argol, Fahrtdauer ab Houat ca. 40 Minuten). In der Nebensaison und ab Mitte September nur noch 1 bzw. 2 Boote die zu den Inseln. In den Wintermonaten muß man sich vorher vergewissern, ob man noch ein Retourboot am selben Tag zurück nach Quiberon bekommt. Erwachsene nach Houat und zurück 26 DM, nach Hoëdic 39 DM. Hin- und Rückfahrt zwischen beiden Inseln 13 DM. Beide Inseln werden in der Hochsaison auch von Le Palais/Belle Isle aus angesteuert. Auskunft Gare Maritime, Tel. 500 690.

Diverses

- *Autoverleih*: Zum Beispiel Hertz in der Rue de la Gare 10, Tel. 502 192.
- *Ausflug*: Das Tourismusbüro bietet eine **Belle-Ile-Rundfahrt** an. Sie beinhaltet den Fährpreis plus eine Inselrundfahrt mit dem Bus und ein Mittagessen. Abfahrt mit dem Boot um 9.30 oder 11 Uhr. Erwachsene 73 DM, Kinder von 4 - 9 Jahren 43 DM. Anmeldung beim O.T. Eine Morbihan-Rundfahrt zu Wasser hat Navix (Port Haliguen, Tel. 503 120) im Programm; 4 Stunden auf dem **Golf von Morbihan** kosten 30 DM (Kinder bis 17 Jahre 23 DM), das Mittagessen auf dem Deck ab 40 DM. Weitere Ausflüge organisiert Quiberon Voyages, z. B. nach **Quimper und Locronan** (60 DM inkl. Mittagessen) oder über **Rennes zum Mont. St. Michel** (60 DM). Daneben Ausflüge nach

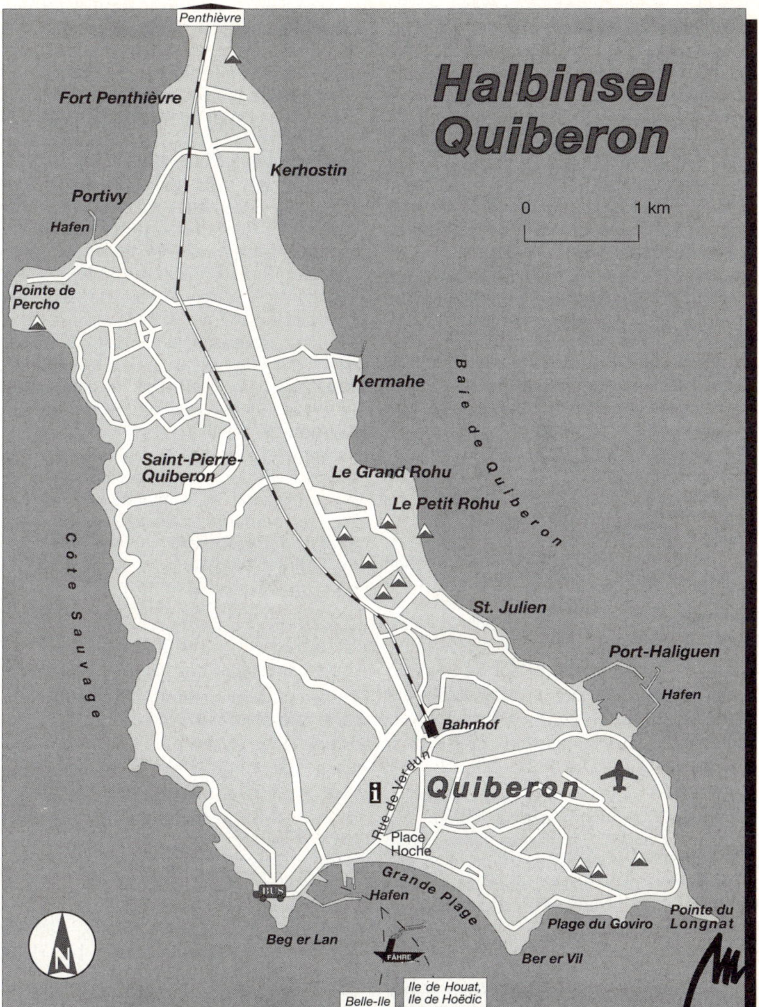

Carnac (Megalithtour, 30 DM) oder die **Rosa-Granit-Tour** (50 DM). Quiberon Voyages, Place Hoche, Tel. 501 530.

• Casino: Glücksspielzentrale am Grande Plage. Roulette, Boule und Black-Jack für Zocker und Verzweifelte täglich ab 21 Uhr.

• Fahrradverleih: Mehrere Anbieter mit großer Auswahl an Tourenrädern und Mountainbikes. Daneben Funmodelle mit Sonnendach, Tandems, Mofas (50 DM + Kaution) und Roller (60 DM + Kaution). Keine Unterschiede in Preis und Qualität. Halber Tag 17 DM, ganzer Tag 30 DM. Zwei Anbieter: **Cyclomar**, Place Hoche (oberhalb des Grande Plage), Tel. 502 600, oder **Cycles Loisirs**, Rue Victor Golven 3 (linke Straße hinter dem Touristenbüro), Tel. 501 069.

• Kleiner Zug: Der Petit Train bricht ab Place Hoche oder Palais des Congrès 4 x täglich zu seiner 2-Stunden-Rundfahrt auf - Pointe de Conguel, Haliguen, Côte Sauvage, Port Maria und zurück. Erwachsene 12 DM.

• *Markt*: Jeden Samstag vormittag großer Wochenmarkt rund um den Place Hoche. Bunte Mischung aus Souvenirs, Secondhand, Kunsthandwerk, Lebensmittel, Obst, Gemüse. Am Mittwoch Markt in Kerhostin, am Donnerstag in St. Pierre-Quiberon.

• *Reiten*: Jeder Ortsteil hat seine Arena für Ausbildung und Wettkampf. Zusätzlich Promenaden und wilde Ausritte an der Côte Sauvage oder an den weiten Stränden. Aufgesattelt wird u.a. bei **La Grande Randonnée** in Kergroix (Ortsteil St. Pierre) oder im **Reitzentrum beim Château d'Eau** (von Quiberon stadtauswärts rechts der Straße).

• *Rundflug*: Aérodrom südlich von Port-Haliguen. Der Fliegerclub offeriert atemberaubende halb- bzw. ganzstündige Rundflüge über den Golf von Morbihan und das Küstengebiet von Quiberon. Belle-Ile, Houat und Hoëdic aus der Vogelperspektive. Auskunft/Anmeldung beim O. T. oder am Flugplatz.

• *Segeln/Surfen*: Die extrem exponierte Halbinsellage prädestiniert Quiberon zum Segel- und Surfdorado. Mehrere Segelschulen bieten in beiden Disziplinen Kurse für Anfänger- und Fortgeschrittene. Sie verleihen - neben privaten Anbietern - auch Ausrüstung und Boote. Preisbeispiel: Wochenkurs für Surfer (fünf halbe Tage) ab 180 DM, Catamaransegeln ab 300 DM. 10-m-Boot im Yachthafen von Haliguen 750 DM die Woche (NS). Der halbe Tag auf dem Surfbrett minimal 27 DM. Informationen über das O.T. oder z. B. **Europ Yachting**, Port Haliguen, Tel 501 557.

• *Schwimmen*: Das auf 27° aufgeheizte Meerwasser des ersten französischen Thalassotherapiezentrums wird auch für Nicht-Kurgäste eingelassen. Im Sommer täglich zwischen 12 - 15 Uhr. Eintritt 13 DM.

• *Tauchen*: Tauchclub in Port Haliguen. Dort ankert auch das Tauchschiff "Gwalarn".

• *Tennis*: Tennisclub hinter dem Kongreßpalast, mehr als ein Dutzend Plätze und eine Tennishalle. Ein Court unter freiem Himmel 17 DM/Std, in der Halle 27 DM. Rue de St. Clément, Tel. 510 044.

• *Yachthafen*: Im alten Hafen von Port Haliguen auf der Ostseite Quiberons. 800 Liegeplätze für Boote bis 35 m, 2-t-Kran und 13-t-Lift, alle Sanitäreinrichtungen, Strom, Sprit, Spiritus. Preisbeispiel: 15-m-Jolle 42 DM/Tag. Tel. 502 056.

Übernachten

Neben einer Unzahl von Privatzimmern und Residenzen rund 30 Hotels mit über 1200 Betten. Starke Preisschwankungen in der Hochsaison (ca. 10 - 20 %), in mehreren Häusern ist dann Halbpension obligatorisch und Voranmeldung ratsam. Mehrere Hotels bieten auch Studios mit Kochnische und Mehrbettzimmer oder Appartements an. Die angegebenen Preise sind NS-Preise. Eine Auswahl:

• *Hotels in Quiberon/Ort*:

**** **Hotel Sofitel**: Die beiden Luxushotelkomplexe über dem Plage de Goviro sind neueren Datums. Im weißen Kasten (133 Zimmer, 17 Appartements, alle mit Bad/WC, TV, Telefon und Meerespanorama) ist das Thalassotherapiezentrum untergebracht, im grauen das Diäthotel (78 Zimmer mit gleichem Komfort). Beide Renommierhotels mit Tennis, Park, Salon und Konferenzraum, im Thalasso-Sofitel das Meerwasserhallenbad, im Diététique-Hotel ein Diät-Restaurant. Thalasso: DZ in der HS 350 - 440 DM. Im Diététique gilt derselbe Preis. Beide Hotels von Februar bis 31.12. geöffnet. Boulevard de Goulvars, Tel. 502 000.

*** **Bellevue**: Auf der verbauten Landspitze zwischen Grande Plage und Goviro-Strand. 2-stöckiger Hotelneubau mit 43 sanitär voll ausgestatteten Zimmern. Garten mit beheiztem Swimmingpool. Ruhig und gediegen. Restaurant (Menus 37 - 65 DM, Kindermenu 22 DM). DZ 120 - 200 DM, HP 120 - 150 DM, Frühstück 12 DM. Geöffnet vom 29.3. - 1.11. Rue Tiviec, Tel. 501 628.

*** **Ker Noyal**: Für die Klasse gehobener Komfort. Nobles Hotel 100 m oberhalb des großen Strandes, 102 bestausgestattete Zimmer, hell und zum Strand hin mit Balkonterrassen. Restaurant mit Menus ab 53 DM. Nur DZ mit Halbpension 150 - 190 DM pro Person. Geöffnet von März bis 31.10. Rue de St. Clément, Tel. 500 841.

*** **Le Gulf Stream**: Durch den Boulevard vom Strand getrennt. Traditionelles Haus mit sehr schönen, großen Zimmern. Angenehmes und ruhiges Wohnen garantiert. Schöner Innenhof. DZ 75 - 180 DM, HP 120 - 130 DM, Frühstück 13 DM. Geöffnet von Februar bis 15.11. Boulevard Chanard, Tel. 501 696.

** **Hoche**: 39-Zimmer-Hotel am gleichnamigen Platz im Herzen der Stadt. 32 Zimmer mit Dusche/Bad/WC, im Hinterhof kleiner Garten mit Sonnenschirmen und Bäumen. Komfortabel. Im Restaurant Menus von 26 - 53 DM. DZ 90 - 130 DM, HP 100 - 120 DM,

Frühstück 12 DM. Geöffnet von Februar bis 30.9. Place Hoche, Tel. 500 773.

** **Les Druides**: Postmodernes Gebäude mit langer Restaurantmarkise, zentral vor dem Place Hoche. Einige der 30 Zimmer (alle mit Bad/Dusche/WC) haben Balkons, die darunterliegenden Zimmer sind etwas dunkel. Insgesamt komfortabel. Restaurant (Mai bis September) mit guten Fischgerichten, Menus 26 - 60 DM, Kindermenu 17 DM. DZ 80 - 120 DM, Frühstück 11 DM. Geöffnet von Februar bis 15.11. Rue Port Maria 6, Tel. 501 474.

** **Le Neptune**: Direkt an der Hafenzeile. 4-stöckiger Neubau mit 22 sanitär voll ausgestatteten Zimmern. Teilweise Balkons mit Blick auf Hafen und Meer. Im Restaurant Menus von 25 - 70 DM. DZ 80 - 110 DM, Frühstück 12 DM. Geöffnet von Ostern bis Anfang November. Quai de Houat 4, Tel. 500 962.

** **La Mer**: Gleich daneben. Traditionelles Hotel mit granitsteingefaßten Fenstern. 27 Zimmer mit Bad/Dusche/WC. Zwar keine Balkons, aber teilweise Meerblick. Beheizter Swimmingpool. Restaurant. DZ 85 - 130 DM, HP 93 - 130 DM. Ganzjährig geöffnet. Quai de Houat 8, Tel. 500 905.

** **Men er Vro**: Beim oberen Stadtzentrum, in der Nähe von Kirche und Bahnhof. 2 Gebäude. 20 z. T. etwas enge Zimmer, die meisten mit eigenem Bad/WC-Kabinett. DZ ab 70 DM. Ganzjährig geöffnet. Rue de Haliguen 20, Tel. 501 608.

* **L'Océan**: Logis de France hinter dem Hafen. Charmantes, schon 1897 gegründetes Hotel. Gutbürgerliche Jahrhundertwendefassade, 35 Zimmer in unterschiedlichem Sanitärstandard. Restaurant, 19 mit Dusche/WC, sonst Etagen-Toiletten. Im Restaurant Menus von 23 - 50 DM. DZ 48 - 77 DM, HP 57 - 73 DM. Geöffnet von Ostern bis Allerheiligen. Quai de Houat 7, Tel. 500 758.

* **Le Relais**: Am Stadtrand etwas abseits der Straße nach Port Haliguen. 800 m zum Meer. 26 Zimmer, die meisten mit Bad/WC in einem einfachen Gebäude. Familiäre Atmosphäre, gemütlicher Garten, Parkplatz, preiswertes Restaurant (Menus 17 - 48 DM). DZ 50 - 75 DM, HP 70 - 77 DM. Im Dezember geschlossen. Rue du Roch-Priol 64, Tel. 501 056.

* **Le Corsaire**: Zwischen Grande Plage und Hafen mit Blick auf die Fähren. 22 einfache Zimmer in einem älteren Gebäude. Sanitär ziemlich rudimentär. Restaurant (Menus 25 - 33 DM) und Bar mit kleiner, blumengeschmückter Terrasse hinaus zum Boulevard. DZ 43 - 63 DM, HP 60 - 73 DM. Ganzjährig geöffnet. Quai de Belle Isle 24, Tel. 501 505.

• *Hotels in den Ortsteilen Port Haliguen, St. Julien und St. Pierre*:

*** **Europa**: Stilloses Gebäude-Ensemble am südlichen Ortsausgang von Port Haliguen; 56 komfortable Zimmer und 12 Studios mit Küche. Außen nichtssagend, innen sehr komfortabel und großzügig. Alle Zimmer mit Bad/Dusche/WC. Hallenschwimmbad und Grünanlage. Restaurant (Menus 30 - 65 DM). Über die Straße direkt zur Bucht von Conguel. DZ 120 - 150 DM, HP 125 - 140 DM, Frühstück 13 DM. Geöffnet vom 15.3. - 15.11. Boulevard de la Teignouse, Tel. 502 500.

** **Navirotel**: Über dem Hafen von Haliguen. Durch eine Mauer ist die Café-Bar-Terrasse vom Trubel abgesetzt. 21 unterschiedliche Zimmer (Größe, Aussicht, Möblierung, Sanitärs). Restaurant mit diskret getöntem Speisesaal. DZ 45 - 130 DM, HP 70 - 105 DM. Geöffnet von April bis 1.10. Place de Port Haliguen, Tel. 305 764.

** **La Baie**: Im Ortsteil St. Julien, knappe 100 m vom Strand. Klein, ruhig, 19 unterschiedlich ausgestattete Zimmer, die Hälfte mit Bad/WC. Schattige Terrasse, Frühstückssalon. Kein Restaurant. DZ 60 - 90 DM, Frühstück 9 DM. Geöffnet von Ostern bis 30.9. Rue de la Petit-Côte, Tel. 500 820.

* **Au Vieux Logis**: In St. Julien neben der Kirche. Ländlich-familiäre Gastlichkeit im rustikalen Ex-Bauernhof aus schwerem Granit. 22 Zimmer unterschiedlicher Größe und Ausstattung, 14 davon mit Bad/Dusche/WC. Fernsehsaal, Blumenterrasse. Das Restaurant, hübsch mit alten Möbeln, Kamin und Fachwerkdecke, ist eine gute und preiswerte Speiseadresse (Menus ab 23 DM). DZ 52 - 75 DM, HP 70 - 75 DM, Frühstück 9 DM. Geöffnet von Ostern bis 30.9. Place de la Chapelle, Tel. 501 220.

*** **de la Plage**: Direkt an der Küstenstraße in St. Pierre. Mehrstöckiger Neubau mitten im Ort, über die Straße zum betonierten Hafenstrand. Gemütlich-komfortables Wohnen in 49 geschmackvoll möblierten, hellen Zimmern, z. T. mit Balkonterrasse und Meerblick, alle mit Bad/Dusche/WC. Restaurant mit Menus ab 27 DM. DZ 70 - 175 DM, HP 85 - 140 DM, Frühstück 13 DM. Geöffnet von Ostern bis Oktober. Quai d'Orange, Tel. 309 210.

** **Bretagne**: Im Ortsteil St. Pierre, gegenüber dem Rathaus. Granitsteinfassade mit hohen Fenstern und einem auf ländlich getrimmten Restaurant im Erdgeschoß. 21 Zimmer mit Bad/Dusche/WC. 100 m zum Hafen. DZ ab 80 DM. Geöffnet von Ostern bis 30.9. Rue de Gaulle, Tel. 309 147.

• *Residenzen/Ferienwohnungen/Häuser*: Über 10 Agenturen offerieren ihren Service, meist in enger Zusammenarbeit mit dem O. T. Über 2000 Objekte, vom einfachen Gastzimmer bei einer Familie über das 2-Zimmer-Studio mit Kochnische bis zur großzügigen Villa mit eigener Bootsanlegestelle und Park stehen zur Auswahl. Adreßliste der Agenturen und deren Angebote über das O. T.

• *Sonderservice*: Das Fremdenverkehrsbüro vermittelt Voll-/Halbpensionswochen (Sonntag Abend bis Sonntag Morgen) bzw. Weekends (Freitag Abend bis Sonntag Abend) in Hotels der verschiedenen Kategorien zu Pauschalpreisen. Darin enthalten sind eine Fahrt nach Belle-Ile (inkl. Inselrundfahrt mit Mittagessen) und verschiedene Animationsprogramme. Preisbeispiele: 1 Woche im 3-Sterne-Hotel in der HS bei Vollpension 1000 DM, in der NS 800 DM. In der 1-Stern-Klasse 600 bzw. 520 DM. Ein Wochenende in Quiberon in der nicht klassifizierten Kategorie 170 DM, in der 2. Klasse ab 300 DM. Nähere Auskünfte über das O.T.

• *Jugendherberge*: Etwas abseits der Straße von Quiberon nach Port Haliguen. Knapp 60 Betten, Selbstversorgerküche und Campgelegenheit. Nacht 13 DM. Ganzjährig geöffnet. Les Filets Bleus, Roch Priol, Tel. 502 023.

Camping

18 Campingplätze säumen die Küste der Halbinsel - 2- und 3-Sternplätze mit sehr unterschiedlicher Ausstattung. Schwerpunkte sind das Gebiet um den Flugplatz südlich von Port Haliguen und die langgezogene Bucht von Quiberon zwischen Port Haliguen und St. Pierre auf der Ostseite der Halbinsel. An der Côte Sauvage haben sich - wohl auch in Folge des Badeverbots - nur einige Plätze an der Nordspitze rund um Portivy angesiedelt. Die genannten Preise sind HS-Preise, in der NS geben alle Plätze mindestens 20 % Preisnachlaß. Eine Auswahl:

*** **Camping les Joncs du Roch**: Neben dem Aerodrom südlich von Port Haliguen auf dem Weg zur Pointe du Conguel - die Flieger gehören zum Platzleben. Rasengelände, von hohen Hecken umgrenzt. Wenig Schatten, aber ordentliche Sanitärs, Stromblocks, Abwasser für Wohnwagen, Waschmaschinen und Bügelraum. Zum Meer etwa 500 m. Erwachsene 6 DM, Kinder 4 DM, Platz mit Auto und Zelt 10 DM, Elektrik 4 DM. 147 Stellflächen. Geöffnet von Ostern bis 1.10. Rue de L'Aérodrome, Tel. 502 437.

*** **Do.Mi.Si.La.Mi**: Am nördlichen Ortsausgang von St. Julien, über die Straße zum Strand. 170 Stellplätze zwischen gepflegten Hecken, Blumenbeeten und Bäumchen. Ordentliche Sanitärs mit Warmwasserduschen. Laden, Sandwichbar-Restaurant, Selbstkocherküche, Aufenthaltsraum mit TV und Fahrradverleih. Platz inkl. Auto und Zelt 12 DM, Erwachsene 5 DM, Kinder 4 DM, Elektrik 4 DM. Geöffnet vom 1.4. - 1.10. Plage St. Julien, Tel. 502 252.

*** **Bois d'Amour**: Aus dem schlichten alten Municipalplatz wurde ein aufgepepptes Privatunternehmen, doch das Areal blieb dasselbe. Großer Platz hinter dem Thalassozentrum, etwa 150 m vom Sandstrand von Goviro. Sandiges Dünengelände mit Heidekraut. Der Liebeswald besteht aus wenigen Bäumen und ein paar Hecken. Kinderspielplatz, 2 Sanitärblocks. Erwachsene 7,50 DM, Kinder 5 DM, Platz samt Auto 14 DM, Elektrik 5 DM. 335 Stellflächen. Geöffnet von Juni bis November. Rue St. Clément, Tel. 501 352.

** **Beausèjour**: Einen Katzensprung nördlich vom Do.Mi.Si.La.Mi, durch die Straße vom Strand getrennt. Das Gelände ist von hohen Hecken umgeben, sonst nicht unterteilt. Sanitärblocks mit gratis Warmwasser, Stromblocks, Lebensmittel, Wohnwagenvermietung, Fahrradverleih. Etwas schlichter und etwas günstiger als sein 3-Stern-Nachbar. 150 Stellplätze. Geöffnet von Ostern bis 30.9. Boulevard du Parco (Küstenstraße von St. Julien nach St. Pierre), Tel. 304 493.

** **de la Baie**: Kurz vor Rohu, direkt neben dem Meer. Schmaler Sand-Wiesen-Streifen mit einfachen, halbwegs ordentlichen Sanitärs. Warmduschen gratis. Surfertreff. Pauschale für Auto, Platz und Zelt 11 DM, Erwachsene 4,30 DM, Kind 2,70 DM, Elektrik 4 DM. 100 Stellplätze. Geöffnet von Mai bis 30.9. Le Petit Rohu, Tel. 500 212.

** **Municipal du Goviro**: Gleich daneben vor der Kapelle. Welliges Dünengelände mit Bäumen und Hecken, die die Hälfte der 200 Stellplätze unterteilen. Zum Strand etwa 100 m, über die Straße. Große, brauchbare Sanitäranlagen, Warmduschen 6 Francs. Kinderspielplatz. Erwachsene 3 DM, Kinder 1,50 DM, Platz und Auto je 2 DM, Elektrik 3 DM. Ganzjährig geöffnet. Boulevard du Goviro, Tel. 501 354.

** **Municipal du Conguel**: Weitläufiges Areal kurz vor der gleichnamigen Landspitze.

Versorgungszentrum Quiberon - am Place Hoche

Welliges Gelände, in dem sich Sand- und Rasenflächen abwechseln, Kiefern und hohe buschige Hecken. Einfache Sanitärs. Warmduschen per Jeton. Mehrere direkte Uferzugänge. Selbe Preise wie Goviro. 165 Stellplätze. Geöffnet vom 15.6. - 1.9. Boulevard de la Teignouse, Tel. 501 911.

** **Municipal de Rohu**: Zwischen St. Julien und St. Pierre im gleichnamigen Ortsteil. Etwas kahl und trostlos auf einer dürren Düne in erster Reihe zum Ozean. Ziemlich windig, was insbesondere Surfer nicht stört. Einfachste Sanitärs, Warmduschen mit Jetons (1 DM). Erwachsene 4 DM, Kind und Auto je 2 DM, Platz 3 DM, Wohnmobil 4,50 DM, Elektrik 3 DM. 165 Stellplätze. Geöffnet von Ostern bis 30.9. Rue des Campeurs, Petit Rohu, Tel. 502 785.

** **Municipal Sables Blancs**: Weites Dünengelände vor der Landenge zwischen Kerhostin und Penthièvre in der Bucht von Plouharnel - über 500 Stellflächen. Wenige windzerzauste Kiefern direkt am Strand (Sand und Kies, oft Algen). Die Einkaufszeile aus kleinen Holz-Beton-Baracken bietet in der Hochsaison Tabak, Fisch, Lebensmittel, Plats Cuisiniers, Bar, Bäcker und Metzgerei, Minigolf, Poststation und Zuganschluß (100 m). Einfache Sanitärblocks, im Sommer ausgelastet. Jetons für Warmduschen. Erwachsene 3,30 DM, Kinder 1,70 DM, Auto 2 DM, Platz 1,80 DM, Wohnmobil 5 DM, Elektrik 3 DM. Geöffnet von Ostern bis 30.9. Allée du Camping, Tel. 523 715 u. 523 090.

** **Camping Port Blanc**: 500 m südlich von Portivy, kurz vor der Pointe du Percho. Flaches, rasen- und heidekrautdurchsetztes Sand-Terrain, von zerzausten Hecken und einem Drahtzaun umgeben. 2 sehr einfache Sanitärblocks, Warmduschen mit Jetons. Etwa 300 m zur Küste. Erwachsene 3 DM, Kinder 2 DM, Platz 2,30 DM, Auto 2 DM, Wohnmobil 4 DM, Elektrik 4 DM. 150 Stellplätze. Geöffnet vom 15.6. - 30.9. Rue de Port Blanc, Tel. 309 130.

** **L'Océan**: An der Durchgangsstraße in Portivy (südlich aus dem Ort), hinter dem Kinderferiendorf. Viel Sand und wenig Schatten, groß und weitläufig, aber schlecht ausgerüstet. Minimalkomfort, 100 m zum Strand, der sich aber nicht sonderlich zum Baden eignet. Preise wie Camping Port-Blanc.

** **Municipal de Kerné**: Oberhalb der Côte Sauvage, 1 km vom Ortsrand von Kerné; kahles, leicht abfallendes Wiesengelände ohne Schatten an einem künstlich angelegten Weiher. Erwachsene 5 DM, Kinder die Hälfte, Platz und Auto je 2,70 DM, Elektrik 3 DM. 60 Stellplätze. Geöffnet von Juli bis September. Village de Kerné, Tel. 500 507.

Baden

Absolutes Strandverbot für Vierbeiner, Badeverbot für alle an der *Côte Sauvage*. Strände entlang der Ostküste, rund um die *Pointe du Conguel* und in Quiberon und im nördlichen Teil der Halbinsel, noch vor der Landenge bei Penthièvre: Dünenstrände, von Kiefernwäldchen begrenzt.

Grande Plage: Der Hauptstrand des Städtchens in einer weiten, zum Meer hin offenen Bucht, gesäumt vom Strandboulevard mit seinen Geschäften, Cafés und Residenzen. Etwa 1,5 km lang und selbst bei Flut noch 30 - 50 m breit. Wenn sich bei Ebbe das Meer weit zurückzieht, tauchen Sandbänke und Felsriffe auf. Stark besucht und mit allen Strandeinrichtungen versehen.

Plage du Goviro: Der 200 m lange Dünenstrand unterhalb des Thalassotherapiezentrums besitzt sauberen, feinen Sand und läßt auch bei Flut noch ausreichend Platz für Badetücher. Ohne Strandeinrichtungen. Die an den Goviro-Strand anschließenden Badebuchten ziehen sich rings um die felsige Landspitze von Conguel herum - weniger besucht, etwas rauher und von kleinen Riffen und Felsen durchsetzt. Auf dem äußersten Zipfel der Pointe du Conguel gibt es einen speziellen Vierbeinerstrand.

Plage de Port Haliguen: Der 250 m lange Strand beim Yachthafen wird bei Flut ziemlich eng. Etwas klein und verbaut. Für die Badegäste stehen die Sanitäreinrichtungen des Hafens zur Verfügung. Besserer Strand etwas südlich beim Hotel Europa, parallel zur Küstenstraße. 1 Kilometer langer, vor der Brandung bestens geschützter seichter Sandstrand mit Dünenabschluß. Surfer- und Seglerrevier.

Plage de St. Pierre: Nördlich von Port Haliguen, zwischen St. Julien und St. Pierre, ziehen sich Dünen den Küstensaum entlang. Bei Ebbe sind die einzelnen Strandabschnitte miteinander verbunden, bei Flut durch kleine Landnasen begrenzt und noch 20 - 30 m breit. Campings, Ferienhäuser, mobile Sportausrüstungsverleiher, Surfer und Segler. Mehrere Strandabschnitte haben Strandclubs, teilweise Umkleidekabinen, Toiletten und Duschen. Am Nordende, unterhalb des alten Ortskerns (Beg Rohu), befindet sich eine Station der nationalen Segelschule.

Plage des Sables Blancs: Nördlich von St. Pierre und Kerhostin. 3 km lang, von einem Kiefernwald begrenzt und sehr flach. Bei Flut wird es eng. Gut geschützt, die Brandungswellen verrollen friedlich im weißen Sand. Mehrere Campingplätze und Wassersportausrüster.

Plage de Penthièvre: Der breite Dünenstreifen mit dem spärlichen Heidekrautüberzug, der sich auf der Meerseite kilometerweit zum Festland streckt, geht extrem flach in den Atlantik über. Bei Ebbe optimales Revier für Strandsegler. Surfausrüstung und Wassersportartikel im gleichnamigen Retortendorf.

Quiberon / Umgebung

▶ **Ile d'Houat** *(ca. 390 Einwohner)*: Die größere der beiden Inseln, die wie eine Verlängerung der Quiberon-Halbinsel aus dem Ozean auftauchen. Houat, 15 km vom Festland entfernt, etwa 5 km lang und 1 km breit, erhebt sich

30 m aus dem Meer, bedeckt von einer abgeschoren wirkenden Grasnarbe aus Heidekraut und maritimer Flora (besondere Spezies: wilde Lilien und Strohblumen). Besucher kommen im kleinen, malerischen Hafen *St. Gildas* an. An der Mole stapeln sich die Cassiers der Krebs- und Hummerfänger; wenn die Boote einlaufen, herrscht kurze Geschäftigkeit. Der Hauptort *Centre Bourg* liegt ein Stück oberhalb. Die weißgetünchten, blumengeschmückten Häuschen gruppieren sich entlang der winkligen Gassen rund um den Kirch- und den Dorfplatz mit seinem Brunnen. Haupterwerbsquelle der Houatais ist der Fisch- und Krustentierfang. 1972 wurde eine Hummerzuchtstation unweit vom *Plage de Salus* auf der Südwestseite gegründet, die den Bestand an Krustentieren fördern soll, zusätzlich bringt der Tourismus etwas Geld. Auf der Insel sind gerade zehn motorisierte Fahrzeuge zugelassen (meist landwirtschaftliches Gerät), für Fremde kommt eine Erkundung also nur mit dem Rad oder per Pedes in Frage. Noch ein großer Strand lädt zum Bad: Weitgeschwungen und von Sanddünen begrenzt, klebt der *Plage Coured* an der Westseite, im Vordergrund die Nachbarinsel Hoëdic. Den alten Hafen am südlichen Strandende zerstörte ein Unwetter in den fünfziger Jahren.

- *Telefonvorwahl*: 97
- *Postleitzahl*: 56170 Quiberon, Ile d'Houat
- *Übernachten*: * **Hotel des Iles**; einfaches 7-Zimmer-Hotel oberhalb des Hafens. Sanitär unterschiedlich ausgestattet. Restaurant mit 100 Gedecken. Geöffnet von Pfingsten bis November. Tel. 306 802.
- *Camping*: Kleiner Air Naturel auf Gemeindegrund. Einfache Sanitäreinrichtungen.
- *Essen*: Neben dem Restaurant **Le Vieux Port** an der Straße zum Hafen (von der Sonnenterrasse schöner Blick über den Grande Plage) die Restaurant-Crêperie **Le Vallon** und die auf Frühstück, Fastfood und Austerndégustation spezialisierte Snack-Bar **Le Siata** im Ortsteil Centre Bourg.

▶ **Ile de Hoëdic** *(ca. 100 Einwohner)*: 7 km südöstlich von Houat und 22 km vom Kontinent liegt die kleine, von mehreren feinsandigen Buchten umringte und von feinem Dünensand überzogene Granitinsel - etwa 2,5 km lang und maximal 800 m breit. Die Vegetation ähnelt der Houats, wird aber durch Tamarisken, Feigenbäume und Zypressen bereichert. Hoëdic besitzt drei kleine Häfen (*Port Croix* im Süden, *Port Guen* im Westen), in denen im Sommer die Yachten ankern. Anlegestelle für die Fährboote ist *Port d'Argoal* (Norden), der gemütliche Fischer- und Fährhafen. Oberhalb der Mole verteilen sich etwas landeinwärts die kleinen, niedrigen Häuser des Hauptorts *Le Bourg* in Dreier- und Vierergruppen über ein flaches Plateau. Hoëdics Bewohner leben fast ausschließlich vom Tourismus. Die Inselerforschung mit dem Fahrrad oder zu Fuß dauert etwa drei Stunden. Die Pfade, die sich durch das niedrige Heidekraut winden, führen unweigerlich zum *Fort d'Hoëdic*, das sich in eine Mulde der Heidekraut- und Dünenlandschaft duckt: imposante Militärarchitektur aus dem letzten Jahrhundert, in dem das *Conservatoire de l'Espace Littoral* (Naturschutzverein) einen Wassersportstützpunkt eingerichtet hat.

- *Telefonvorwahl*: 97
- *Postleitzahl*: 56170 Quiberon, Ile de Hoëdic
- *Übernachten*: * **Hotel Les Cardinaux**; kleines 10-Zimmer-Hotel, ganzjährig geöffnet. Unterschiedliche Ausstattung. Restaurant. Tel. 523 727.
- *Camping*: ** **Municipal**; ein einfacher Platz im Heideland der Insel. Ausgewiesene 150 Stellflächen, einige Wasserstellen und einfache Sanitärblöcke. Untere Municipalpreise. Auskünfte, Anmeldung und Bezahlen im Rathaus.

Weg von der Hektik des europäischen Festlands

Belle-Ile-en-Mer *(ca. 4500 Einwohner)*

Die Überfahrt zur "Schönen Insel im Meer" dauert nur eine dreiviertel Stunde. Herrschte in Quiberon noch ganz Geschäftigkeit und Rummel, scheint beim Ausstieg im Ankunftshafen Le Palais nur noch der Rhythmus der Gezeiten das Leben zu bestimmen. Mit den wenigen von Bord rollenden Autos verschwindet schließlich die letzte kontinentale Hast. Zumindest in der Nebensaison.

Belle-Ile, mit über 8400 Hektar die größte bretonische Insel, gehört zu den bevorzugten Reisezielen in der Bretagne. Das Schieferplateau, das über 60 m hoch aus dem Meer aufragt, ist 17 km lang und fünf bis neun Kilometer breit. Das Inselinnere ist geprägt von ginsterbestandenem, windgepeitschtem Heideland, in das sich Getreidefelder und Äcker mischen. Von hier führen Dutzende kleiner Bachtäler zur Küste hinunter, tief eingeschnitten, grün, von Wiesen, Wäldern und Gärten gesäumt. Belle-Ile ist nur dünn besiedelt. Neben *Le Palais*, dem Anlegehafen der Fähren mit verwinkelten Gassen und der mächtigen Zitadelle gelten nur noch *Locmaria* (ein kleines Dörfchen unter uralten Bäumen oberhalb der Ostküste), das Bauerndorf *Bangor* (der einzige Ort im Inselinneren) und der *Hafen von Sauzon* als eigenständige Ortschaften. In den sich zu fjordartigen Buchten öffnenden Tälern verteilen sich Gehöfte, Weiler und neuerdings - am Ausgang der Täler - einzelne Hotels. Die *Ports*, die sich rund um die Insel reihen, sind keine Häfen im Wortsinn - die Einbuchtungen und Einschnitte der Bachtäler, bretonisch *porz*, wurden zum französischen *port* verballhornt.

Belle-Ile ist in erster Linie eine landschaftliche Attraktion. Im Norden und Nordosten geschützte Badebuchten, im Süden und Nordwesten, steil abfallend und von der Atlantikgischt umtost, die *Côte Sauvage* mit ihren Felsnadeln, Grotten und Aussichtspunkten. Ein sternförmiges Straßennetz überzieht die Insel, die Hauptkreuzung liegt beim Flughafen im Landesinneren zwischen Le Palais und Bangor. Von hier führen nur wenige Stichstraßen direkt ans Meer, so daß vor der Erfrischung oft ein kleiner Fußmarsch oder eine Kletterpartie bewältigt werden muß. Unproblematisch ist der Zugang zum Meer auf der der Quiberon-Halbinsel zugewandten Ostseite. Hier führt die Straße ein kurzes Stück direkt am Küstensaum entlang bis zur *Pointe de Kerdonis*. Tip: Wer die Ruhe und Schönheit Belle-Iles erleben möchte, sollte die Insel im August meiden.

Geschichte

Belle-Ile, die Schöne Insel, gilt in der keltischen Mythologie als ein Geschenk wundertätiger Feen an die Bretonen. Als die edlen Damen ihr Zauberreich am Meer verlassen mußten, waren sie so traurig, daß sie mit ihren salzigen Tränen den heutigen Golf von Morbihan unter Wasser setzten. Dann rissen sie sich in ihrer grenzenlosen Verzweiflung ihre Haarkränze vom Kopf, warfen sie ins Meer und verwandelten sie in Inseln und Riffe. Der Kopfschmuck der Feenkönigin trieb mit der Tränenflut weit hinaus aufs offene Meer und erstarrte zur größten und schönsten Insel der Bretagne: Belle-Ile.

Historisch belegt ist, daß Belle-Ile seit dem 9. Jh. Lehensgut der Abtei Ste.-Groix in Quimperlé war und 1572 von den Mönchen an das Geschlecht der Gondi de Retz verkauft wird. Die Herren bauen die 1549 errichtete Schmalspurfestung zur Zitadelle aus, und 100 Jahre später erwirbt Nicolas Fouquet die Insel. Der erste Finanzbeamte und Schatullenverwalter Ludwigs XIV. braucht einen sicheren Platz für seine eigenen Millionen. Er läßt *Le Palais* weiter befestigen, bestückt die Zitadelle mit 200 Kanonen und richtet sich prachtvoll ein - zu prachtvoll. Der Sonnenkönig fühlt sich von Fouquets schillernder Hofhaltung provoziert. 1661 muß der Minister zurücktreten und landet im Gefängnis von Nantes. Belle-Ile fällt an die Krone und bleibt, trotz einiger holländischer und englischer Eroberungsversuche während des 18. Jh., fest in französischer Hand.

Ende des 19. Jh. wird Belle-Ile touristisch entdeckt, impressionistische Inselbilder des Malerfürsten Claude Monet bezaubern das Pariser Publikum. Proust und Andre Gide kommen zur Stippvisite, die Tragödin Sarah Bernhardt verbringt von 1893 an über 40 Jahre lang ihren Sommerurlaub auf Belle-Ile. Sie läßt sich eigens das alte Fort an der Nordwestspitze der Insel zum Refugium ausbauen.

- *Telefonvorwahl*: 97
- *PLZ*: 56360 Le Palais/Belle-Ile-en-Mer
- *Information*: Fremdenverkehrszentrale am Fährhafen von Le Palais; bunte Prospekte, Wanderkarten und Hotellisten. Ganzjährig geöffnet, in der Hochsaison durchgehend von 9 - 19 Uhr. Tel. 318 193.

Diverses

- *Autoverleih*: Mehrere Anbieter, alle in Le Palais; z. B. die Agentur **Locatourisle**, Quai Bonnelle, Tel. 318 356.
- *Fahrradverleih*: Mehrere Verleiher, kein Unterschied in Preis und Qualität. Der Halbtagestrip auf dem Tourenrad 17 DM, Moun-

tainbike 27 DM. Z. B. **Cyclotour**, Quai Bonelle 3, Tel. 318 068.

• *Golf*: 18-Loch-Platz in schöner Küstenlage, bei Loch Nr. 2 ist vorsichtige Spielweise angesagt: Ein zu weiter Schlag - und der Ball wird vom Meer verschluckt. Beim Dîner im Clubhaus können die Einlochungen analysiert werden. Les Poulains, Sauzon, Tel. 316 465.

• *Inselrundfahrt*: Die wichtigsten Sehenswürdigkeiten; kommentierter Busausflug mit großen Mercedesbussen. Mittagessen "La Roche Percée" bei den Apothekergrotten. 2 Anbieter: Cars Bleus oder Cars Verts offerieren eine Halb-/Ganztagesrundfahrt. Reservierungen entweder im Gare Maritime von Port Maria in Quiberon oder in Le Palais im Hotel de la Frégate (8 - 19.30 Uhr), neben der Bootsanlegestelle. 53 DM. Tel. 318 188.

• *Reiten*: Reitstunden, begleitete Promenaden oder Alleinausritte beim Centre Equestre "La Licorne", im Heideland von Borgroix unweit von Sauzon. Reservierung im Sommer unbedingt empfehlenswert. Ganzjährig geöffneter Reitstall mit Manege. Tel. 317 189 oder 317 364.

• *Wassersport*: Mehrere Segelschulen, Yachtclubs, Bootsverleiher und Surfausrüster. Zentrum ist der Quai von Le Palais.

Übernachten

Für die Hochsaison gilt: unbedingt reservieren. Die meisten Etablissements können in dieser Zeit nur mit Halbpension gemietet werden.

• *In Le Palais*:

** **Hotel de l'Atlantique**: Neurenoviertes Hotel beim Fährhafen, 22 gut ausgestattete Zimmer mit Dusche/Bad/WC. DZ 80 - 150 DM, HP 95 - 125 DM. Januar geschlossen. Quai de l'Acadie, Tel. 318 011.

** **Le Bretagne**: Das 29-Zimmer-Hotel der Ilotels-Gruppe an der Hafenmole gefällt durch seinen traditionellen Stil. Mehrzahl der Zimmer mit Bad/WC. Das Restaurant gilt als solide Speiseadresse, Menus ab 30 DM. DZ ab 50 DM, im Sommer ausschließlich HP: 85 DM pro Person, VP 100 DM. Ganzjährig geöffnet. Quai Macé, Tel. 318 014.

Zwei nichtklassifizierte Billighotels im Stadtkern sind **La Frégate** (7 Zimmer, Tel. 315 416) und **Le Belle Islois** (9 Zimmer, Tel. 318 486). Das DZ kostet je nach sanitärer Ausstattung 30 - 60 DM, Frühstück 6 DM.

• *In Sauzon*:

*** **Le Cardinal**: 400 m vom Hafen auf der Pointe de Cardinal. Moderner Bau inmitten der Heide. 80 etwas kleine, funktionale Zimmer (Bad/Dusche/WC), Superaussicht über das Meer oder die Inselheide. Restaurant. Nur HP für 130 - 150 DM, VP 140 - 155 DM. Geöffnet von Mai bis Oktober. Pointe de Cardinal, Tel. 316 160.

** **Les Tamaris**: 1990 eröffnet; kleines Hotel, 500 m vom Hafen, mit 15 freundlichen Zimmern mit Dusche/WC. Kein Restaurant. DZ 70 - 87 DM, Frühstück 10 DM. Tel. 316 509.

• *In Port Goulphar*:

**** **Castel Clara**: Topübernachtungsadresse der Insel. Herrlich gelegen in einem schloßähnlichen Gebäude mit Blick über den Schlupfhafen und die Felsküste. 43 Zimmer/Wohneinheiten (11 Appartements mit getrenntem Wohn- und Schlafraum) bieten ausgezeichneten Komfort. Aussichtsterrasse, Gartenanlage, Tennisplatz, beheizter Meerwasser-Swimmingpool. Gediegenes Restaurant (Menus ab 70 DM). In der Saison nur Halbpension. HP 230 - 270 DM, VP 300 DM, Frühstück 15 DM. Geöffnet von März bis 30.11. Tel. 318 421.

*** **Manoir de Goulphar**: Oberhalb des Hafens. Etwas weniger luxuriös wie das Castel Clara, doch auch sehr behaglich. 55 Zimmer mit zeitgemäßer Ausstattung und großteils ausgezeichneter Aussicht. Garten, Sonnenterrasse. Restaurant mit à la carte-Gerichten von 50 - 90 DM. DZ 80 - 150 DM, HP 140 DM, Frühstück 12 DM. Geöffnet von Mai bis November. Tel. 318 010.

** **Grand Large**: Kleines Hotel mit 19 neu herausgeputzten Zimmern in schöner Lage. Schönes Panorama. DZ 95 - 115 DM, HP 110 DM, VP 120 DM. Goulphar, Tel. 318 092.

• *Jugendherberge*: 50 Doppelzimmer mit getrennten Betten. Möglichkeit für VP bzw. HP. Ordentliche Ausstattung. Gemeinschaftsduschen und Etagenklos. Ganzjährig geöffnet. Haute Boulogne, Tel. 318 133.

Camping

Belle-Ile in seiner ganzen Naturschönheit ist ein beliebtes Campingparadies. Fast ein Dutzend meist sehr einfacher Anlagen mit über 700 Stellplätzen reicht für den alljährlichen Sommeransturm jedoch nicht aus. Die Reservierung im Juli und August ist mehr als empfehlenswert.

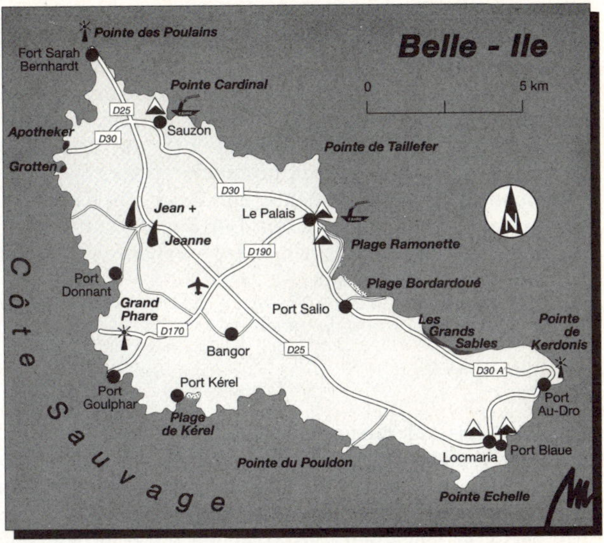

• *In Le Palais*: *** **Camping de Bordeneo**; 1,5 km außerhalb von Le Palais, landeinwärts, 700 m zum Meer. Heckenunterteilt, z. T. Schatten. Ordentliche Sanitärs. Laden, Tennis- und Spielplatz, Aufenthaltsraum mit TV, Waschmaschine, Radverleih. Erwachsene 5 DM, Kinder, 3 DM, Platz 6 DM, Auto 2,30 DM, Elektrik 3 DM. 165 Stellplätze. Geöffnet von Juni bis 30.9. Tel. 318 896.

** **Municipal Les Glacies**: 100 Stellplätze abseits der Küste. Sehr einfach, nicht für Wohnwagen geeignet. Spielplatz. Erwachsene 3 DM, Kinder 1,50 DM, Platz 3 DM, Auto 2 DM, Zelt 2 DM. Geöffnet von April bis 30.10. Tel. 314 176.

• *In Sauzon*: ** **Municipal Le Pen Prad**; Schöne Buchtaussicht von der geschützten Mulde am östlichen Ortsrand. 200 m zum Meer, 300 m nach Sauzon. 100 Stellplätze auf 1,5 ha Wiesenfläche. Sanitärs rudimentär (Waschrinnen und Spülbecken mit fließend Kaltwasser), Warmduschen (8 Naßzellen, Jeton 2 DM). Stromboxen. 12 Bungalows werden vermietet. Preise wie der Les Glacies. Geöffnet von April bis 30.10. Tel. 316 279.

• *In Locmaria*: ** **Municipal de Lannivrec**; Etwas abseits des Ortes. 135 Stellplätze mit wenig Schatten. 2 Tennisplätze, Spielplatz und Fahrradverleih. Einfache Sanitärgebäude. Erwachsene 4 DM, Kind und Platz je 2 DM, Auto 1,10 DM, Elektrik 2,50 DM. Geöffnet von Juni bis 15.9. Tel. 317 092.

* **Municipal de Port-An-Dro**: Knapp 100 Stellplätze in unmittelbarer Nähe zum gleichnamigen Strand. Absolut einfach, ohne Schnick-Schnack und Schatten. Nicht für Wohnwagen geeignet, keine Stromboxen. Geöffnet von Juli bis 30.9. Tel. 317 092.

Essen

Restaurant La Forge: An der Straße nach Port Goulphar. Ein weitgerühmtes gastronomisches Etablissement, das vor allem durch seine marinierten Muschelgerichte besticht. Hervorragende Küche zu angemessenen Preisen: Menus 33 - 80 DM. Empfehlenswert: Apfelgratin mit Cidrebutter zum Nachtisch. Le Petit Cosquet, Tel. 315 176.

Restaurant Le Contre-Quai: Das kleine Speiselokal beim Hafen von Sauzon gilt als eine gute Adresse betreffs Service und Qualität. 36 Gedecke. Spezialitäten sind u. a. Gurkensalat mit Austern auf Kräutercreme oder Lammnierchen mit Schalotten. Gerichte à la carte von 50 - 80 DM. Rue St. Nicolas, Tel. 316 060.

Le Palais *(ca. 2600 Einwohner)*

Der doppelte Festungsring hinter den Quais zeugt von Le Palais' strategischer Bedeutung im Lauf der Geschichte. Schwere Mauern umrahmen das Städtchen, das mit seinen weißgetünchten Häusern und engen Gassen so gar nicht militärisch wirkt. Im Haupt- und Verwaltungsort der

Insel befinden sich die meisten touristischen Anbieter, beschützt von der massig-spitzwinkligen *Zitadelle*, von HEINRICH II. 1549 in Auftrag gegeben und von Stararchitekt VAUBAN 1687 zu einem uneinnehmbaren Bollwerk ausgebaut. Nach der Revolution diente die Festung lange Zeit als Gefängnis, 1961 ging sie in Privatbesitz über.
Heute können Zivilisten aller Nationen auf den alten, großzügigen Parade- und Exerzierplätzen promenieren oder sich im kleinen *Musée Historique* über die Geschichte der Insel - besonders aber über ihre berühmten Gäste - informieren. Der Zugang zur ersten Ringmauer ist kostenlos, die zweite Mauer mit der exzellenten Aussicht kann nur per Führung besichtigt werden.

• *Öffnungszeiten*: Täglich. Juni bis 30.9. von 9 - 19 Uhr. Oktober bis Mai 9 - 12 und 14 - 18 Uhr. Erwachsene 9 DM, Kinder die Hälfte.

Inseltour

Von Le Palais aus bieten sich zwei Rundfahrten an. Die in erster Linie für Badefreunde interessante Tour über die Pointe de Kerdonis und Locmaria zurück nach Le Palais beträgt etwa 33 km. Wenn Sie Le Palais auf der Avenue Camot durch die Porte Locmaria verlassen, gelangen Sie, begleitet von mehreren Stränden (*Plage de Ramonette*, der Stadtstrand, *Plage de Bardardoué* und schließlich der gutgeschützte und größte Inselstrand, *Plage des Grands Sables*), zur *Pointe de Kerdonis* mit Leuchtturm und Blick auf die Passage zwischen Belle-Ile und Hoëdic. Hier knickt die Straße oberhalb des Küstensaums nach Süden ab, führt über *Port An-Dro* (steiler Fußweg zum 300 m langen Sandstrand am Ausgang eines Bachtales) ins kleine, vom Tourismus fast unberührt gebliebene *Locmaria* mit seiner 1714 erbauten Kirche. Von Locmaria aus führen zwei Stichstraßen steil zum Meer hinab in die beiden Talbuchten *Port Maria* (idyllischer Strand bei Ebbe) und *Port Blanc*. Ein Stück weiter südlich liegt die wildzerfurchte *Echelle-Landzunge*. Von hier aus wenig atemberaubend auf der D 25 quer über die Insel 13 km nach Le Palais zurück.

Touristisch und landschaftlich interessanter ist die Tour über den *Nordwestteil* der Insel - etwa 50 Kilometer auf teils ausgebauten, schmalen Straßen. Zu den Sehenswürdigkeiten entlang der Küste gelangt man meist nur über Spazierwege oder schmale Küstenpfade. Von Le Palais aus führt die Route über die D 30 zuerst nach *Sauzon*, einem kleinen, von vielen Yachten und Booten frequentierten natürlichen Anlegehafen, der sich reizvoll am Westufer des gleichnamigen Flüßchens entlangzieht. Vom Hafen aus führt ein knapp zweistündiger Fußweg (hin und zurück) zur und um die *Pointe du Cardinal*, einem schönen Aussichtspunkt mit Blick über die Hafeneinfahrt und das gegenüberliegende Festland.
Pointe de Poulains, die Nordwestspitze der Insel, wird bei Flut gänzlich von der Insel abgetrennt. Ein Leuchtturm weist den Spazierweg ab dem großen Parkplatz an der Straßenkreuzung D 25/D 30. Rechts das *Fort Sarah Bernardt*, zeitweiliger Urlaubssitz der berühmten Tragödin. Mme. Bernardt widmete sich hier mit einem Heer jährlich wechselnder Be-

wunderer dem bretonischen Landleben, schlug im Butterfaß gesalzene Butter und genoß das romantisch-wilde Ambiente. Hier beginnt die *Côte Sauvage*, die in ihrer wilden Tücke und Zerklüftung ihrer Namensvetterin auf der Quiberon-Halbinsel in nichts nachsteht.

20 Fußminuten westlich vom Parkplatz liegt die *Apothicairerie-Grotte*, ein Hauptziel jeder touristischen Exkursion auf der Schönen Insel. Die Grotte verdankt ihren Namen den Apothekergefäßen ähnlichen, bauchigen Kormoran-Nestern, die die graue Felswand bedeckten - doch die Nester sind fast gänzlich verschwunden. Die großen Vögel, die einst hier nisteten, sind den menschlichen Besuchern gewichen. Trotzdem: Die Grotte unterhalb einer hohen Klippe, in die donnernd die Meeresbrandung dringt, ist einen Besuch wert. Man erreicht die dunkle Höhle über eine glitschige, bei Flut von der Gischt bespritzte Felstreppe (Vorsicht!).
Mitten im Heideland, links und rechts der Straße nach Port Donnant (äußerst schöner, aber sehr gefährlicher Badestrand, von hohen Felsen eingerahmt und wellenumspült), stehen zwei außergewöhnliche *Menhire*: Jeanne und Jean, zwei Liebende, die von einer (guten? bösen?) Hexe in Stein verwandelt wurden, weil sie ihrem Sexualtrieb freien Lauf ließen und sich bereits vor der Hochzeitsnacht einander hingaben.

Kurz vor Port Goulphar erhebt sich der *Grand Phare* einen Kilometer landeinwärts über der Küste, knapp 50 m hoch und mit einem der lichtstärksten Leuchtfeuer Europas ausgestattet (Reichweite knapp 60 km). Die Aussichtsterrasse liefert den schönsten Blick über die Insel und die von Klippen und Felsen zerfurchte Côte Sauvage mit ihren tückischen Strudeln in der aufgewühlten See.

Hinter einem gastronomisch genutzten Landhaus fällt die Straße steil zum Meer hin ab und endet in der reizvollsten Bucht Belle-Iles: *Port Goulphar*, ein kleiner Hafen mit ausgezeichneten Beherbergungsbetrieben entlang einer schmalen Bucht, vor der mehrere kleine Inselchen und Riffe liegen. Einen Katzensprung westlich, von der Straße über den Klippen gut zu sehen, ragen die Felsnadeln von *Port Coton* (*Aiguilles de Port Coton*) wie surrealistische Torsos aus dem Meer; ihr Name rührt von dem fast watteartigen Schaum, den die Strömungen der Wilden Küste hier aufwirbeln. Zurück nach Port Goulphar und von dort über das Hochplateau nach *Bangor*, dem einzigen Dörfchen (600 Einwohner) im Inselinneren. Eine Stichstraße führt 3 km nach *Port Kérel*, einem schönen, vielbesuchten Strand in einer von Felsen geschützten Bucht. Zurück nach Bangor und von dort über die D 190 zurück nach Le Palais.

Carnac *(ca. 4000 Einwohner)*

Das Königreich der Steine: Die einzigartigen Steinreihen, die sich nördlich des Ortes die Straße entlangziehen, gelten als eines der Mysterien der frühen menschlichen Geschichte, aus dem sogar die ortsansässigen Bäcker Kapital zu schlagen wissen. Statt der bei uns üblichen Granatsplitter zieren aus Hefeteig und Kokosflocken gebackene Menhire die Vitrinen.

Abendstimmung in den Megalithfeldern

Carnac ist der Mittelpunkt der Megalithkultur, in dem Archäologen und Enthusiasten der Vorgeschichte ein unüberbietbares Repertoire für Spekulationen und Theorien finden. Die rund 4000 granitenen Hinterlassenschaften in der näheren Umgebung - Steinalleen, Tumuli, Dolmen und Menhire - zeugen von einer ausgeprägten vorgeschichtlichen Zivilisation. Carnac besteht aus drei Ortsteilen: 1 km landeinwärts *Carnac-Ville* oder *Carnac Bourg*, das alte, ursprüngliche Dorf mit der Kirche St. Cornély. *Carnac-Plage* ist das vielbesuchte Seebad mit seinem langen, weißen Strand und den Kolonialstilvillen, Hotels und Residenzen in schönen Pinien- und knorrigen Kiefernparks. Westlich der beiden Ortsteile, getrennt durch das alte Salzmoor, heute der Gemeindesee, ducken sich die windschiefen Granitsteinhäuschen des Weilers *Saint Colomban* auf die zum Meer hin abfallende, von Stränden gesäumte Landzunge.

Carnac, im Sommer eines der meistbesuchten bretonischen Städtchen, profitiert vom Kultur- wie vom Badetourismus. Zwar wirkt das Seebad Carnac-Ville durch seine Gärten und Parks harmlos wie eine Sommerfrische, doch langsam - speziell in regenarmen Sommern - bekommt die Gemeinde enorme Schwierigkeiten mit dem Menschenansturm in der Hochsaison. Zigtausende von Feriengästen bedrohen die frühgeschichtlichen Monumente, den Wasserhaushalt und die öffentliche Ordnung. Die Verwaltung will dem nicht tatenlos zusehen und hat u. a. einen mehrsprachigen "Brief an die Sommerurlauber" in Umlauf gebracht, der die Probleme erkennen läßt. Wir zitieren in Auszügen: "*Die Gemeindeverwaltung ist in Bezug auf die Sicherheit an Land und auf dem Meer kompromißlos. Im Fall eines schweren Verstoßes benachrichtigen Sie bitte ohne zu zögern die Gendarmerie. Niemand braucht 3 Duschen am Tag. Niemand darf einen Wasserhahn tropfen lassen. Wenn Sie Carnac lieben, ersetzen Sie die verschwundenen Bäume und respektieren Sie die übriggebliebenen.*"

- Telefonvorwahl: 97
- Postleitzahl: 56340
- Information: Professionelles Hauptbüro im Ortsteil Carnac-Plage. Ganzjährig geöffnet, täglich außer Sonntag 9 - 12 und 14 - 18 Uhr. Avenue des Druides 74, Tel. 521 352. Von Ostern bis Ende September Zweigstelle im alten Ortsteil neben der Kirche.

Verbindung

Mit den **Bus**linien 23 und 24 der Cars du Morbihan nach Quiberon (mit Anschluß auf die Fähre zur Belle-Ile), nach Auray und Vannes. Werktags bis zu 8 x täglich in beide Richtungen. Zentralhaltestelle in Carnac-Plage neben dem Tourismusbüro. In Carnac-Ville unterhalb der Kirche, an der Avenue de la Poste. Vom 15.6. - 15.9. der beliebte **Minibus-Service** zwischen Carnac-Ville und Carnac-Plage. Täglich außer Sonntag von 9.30 - 19 Uhr. Einfache Fahrt 2 DM, Zehnerticket 14 DM (Sie sparen 6 DM).

Diverses

• *Fahrradverleih*: Mehrere Anbieter mit ähnlichem Angebot - Zweiräder vom Mofa bis zum Fun-Rad Känguruh. Tourenrad halbtags 13 DM. Zwei Adressen: **Cycl'Up**, Avenue des Druides 40, Tel. 529 176, oder **Le Randonneur**, in der selben Straße Nr. 20. Eine weitere Adresse: **Lorcy** in Carnac Ville, Rue de Courdiec, Tel. 520 973.

• *Markt*: Mittwoch und Sonntag.

• *Minigolf*: Hinter dem Diana-Hotel beim Yachthafen, 2. Reihe zum Grande Plage. Avenue de Port en Dro.

• *Pardon*: Vielbesuchte Wallfahrt zu St. Cornelius am 2. Sonntag im September.

• *Reiten*: Centre Equestre des Menhirs in Le Manio, Tel. 557 345.

• *Tennis*: Mehrere Clubs und Hotels bieten über 30 Plätze. Der lokale Tennisclub mit 10 Courts am östlichen Ende des Grande Plage. Die Stunde 14 - 20 DM. Tennis Club de Carnac, Avenue d'Orient, Tel. 529 353.

• *Wassersport*: Vom Surfbrett bis zum Tauchkurs, alles ist zu haben. Zentrum der Aktivitäten sind der Grande Plage und das Areal am Yachthafen Port en Dro. Eine Allroundadresse für Wassersportler ist **Carnac Location Loisirs** (Tel. 580 013), gegenüber des Yachtclubs (Boote, Surfausrüstung, Hobie Cat, Zodiacs etc.). Preisbeispiele aus dem reichhaltigen Angebot weiterer Anbieter: Hydrospeed 20 DM, Flug mit Para-Gleiter 70 DM, Wasserski 40 DM.

Übernachten

**** **Hotel Diana**: Erste Adresse in Carnac. Zentral am Grande Plage, in einem parkähnlichen Areal am Strandboulevard. 33 großzügige Zimmer bzw. Appartements mit komfortablen Balkons zum Meer. Hotel-Minigolf, Swimmingpool und Tennis. Gediegenes Restaurant, Menus von 70 - 100 DM. DZ 175 - 300 DM, Frühstück 17 DM. Geöffnet von Ostern bis 15.11. Boulevard de la Plage 21, Tel. 520 538.

*** **Novotel**: Funktionaler Hotelkasten am unteren Ende des "Etang", 200 m zum Meer. Zentrum für Thalassotherapie mit Meerwasserhallenbad. 110 moderne Zimmer. Restaurant mit mehreren Menus um 50 DM. DZ 145 - 170 DM, HP ab 120 DM, Frühstück 15 DM. Im Januar geschlossen. Avenue l'Atlantique, Tel. 523 354.

*** **Le Plancton**: 3-geschossiger Flachbau am Strandboulevard mit langer Fensterfront zur Bucht. Komfortables Wohnen in 35 modern ausgestatteten, hellen Südzimmern mit Loggias. Alle Zimmer mit Bad/WC. Restaurant mit Menus ab 35 DM, Kindermenu 23 DM. DZ 117 - 150 DM, Frühstück 13 DM. Geöffnet von März bis 1.11. Boulevard de la Plage 12, Tel. 521 365.

*** **Le Celtique**: Zwischen Strandpromenade und Hauptstraße. Kolonialzeitferienvilla in ruhigem, von Bäumen beschattetem Park. Gartenterrasse mit Sonnenschirmen. 49 ruhige Zimmer mit gemütlicher Wohnatmosphäre. Gute Sanitärausstattung mit Dusche/WC bzw. Bad/WC. DZ 130 - 170 DM. Geöffnet von April bis Mitte November. Avenue de Kermario 17, Tel. 521 149.

** **Ker Moor**: Gemütliches 12-Zimmer-Hotel am Strandboulevard. 8 Zimmer mit Dusche/WC, 4 Zimmer ohne eigene Toilette. DZ 90 - 120 DM. Geöffnet von Juni bis 30.9. Boulevard de la Plage 13, Tel. 521 084.

** **Lann Roz**: Hotel mit Blumengarten an der Verbindungsstraße zwischen Carnac-Plage und -Ville; 13 ordentliche Zimmer (Bad bzw. Dusche/WC), ausgezeichnetes Restaurant mit Menus ab 40 DM (siehe Essen). DZ 100 - 110 DM, HP 120 - 140 DM, Frühstück 10 DM. Im Januar geschlossen. Avenue de la Poste 36, Tel. 521 048.

** **Hotel de la Marine**: In Carnac-Ville, gleich beim Museum. 30 Zimmer mit moderner Ausstattung (Bad/WC). Gartenterrasse. Gutes Restaurant mit Menus ab 33 DM, Kinderteller 17 DM. DZ ab 110 DM, Frühstück 12 DM. Geöffnet vom 15.2. - 31.12. Rue de la Chapelle 4, Tel. 520 733.

** **Le Tumulus**: Am Fuß des Tumulus von St. Michel in Carnac-Ville. Großbürgerliche Ferienvilla in schönem Gartenpark; 25 Zimmer, zum Großteil mit Bad oder Dusche/WC.

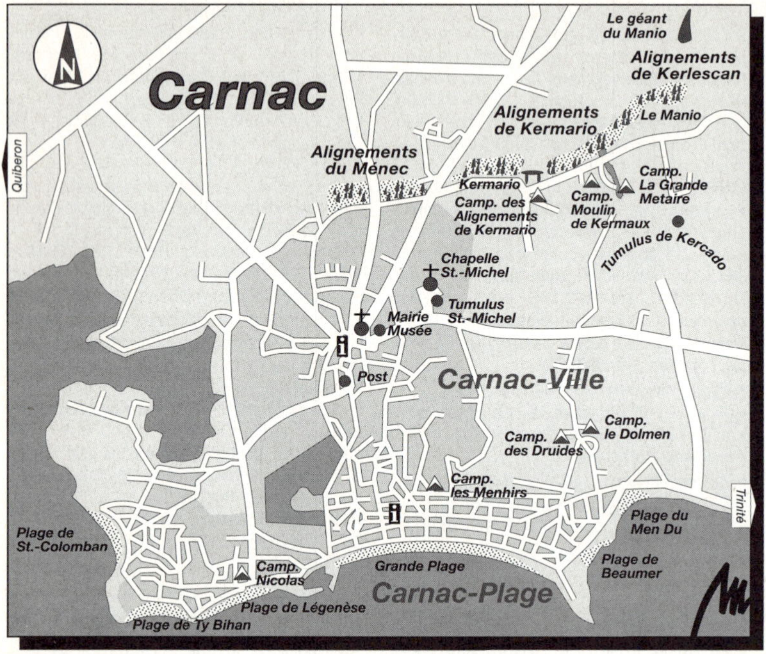

Swimmingpool, Restaurant. Halbpension erwünscht. DZ 85 - 115 DM. Geöffnet Ostern bis 15.10. Rue du Tumulus 31, Tel. 520 821.

** **Les Alignements**: Solides Hotel an der Hauptstraße von Carnac-Ville nach Lorient (D 781), 1 km von den Menhirfeldern. 27 ordentliche Zimmer mit Bad bzw. Dusche/WC. Preisgünstiges Restaurant, Menus 23 - 45 DM. DZ 85 - 100 DM, HP ab 100 DM, Frühstück 11 DM. Geöffnet April bis 30.9. Rue St. Cornély 45, Tel. 520 630.

* **Hotel HO-TY**: Zwischen Strandpromenade und Hauptstraße in Carnac-Plage. Kleines Hotel in kleinem Gartenpark. 11 sanitär unterschiedliche Zimmer. DZ mit Waschbecken 50 DM, mit Bad/WC 80 DM. Geöffnet von Ostern bis 15.11. Avenue de Kermario 15, Tel. 521 112.

Camping

Rund 20 Plätze aller Kategorien mit knapp 2000 Stellplätzen. Trotzdem kann es speziell im August eng werden. Schwerpunkte entlang der Straße der Alignements und am östlichen Stadtrand von Carnac-Plage. Keine Campingmöglichkeiten direkt am Meer. Oft starke Preisunterschiede zwischen Haupt- und Nebensaison. Eine Auswahl:

**** **des Menhirs**: Luxusplatz 250 m oberhalb des Grande Plage. Großes, fast schattenloses Areal, 250 Stellplätze in Reih und Glied. Gepflegte Sanitärs, Wasser- und Abwasseranschlüsse für Wohnwagen/-mobile. Restaurant, Bar, Laden, Waschmaschinen, Reinigung, Tennis, Sauna (10 DM), Fahrradverleih. Wohncontainer-Vermietung (1 Woche für 6 Personen saisonabhängig 400 - 1000 DM). 60-m-Rutschbahn in den Pool (7 Partien 5 DM), Spielplatz, Planschbecken und Swimmingpool. Pauschale für Auto, Platz, Zelt/Wohnwagen 40 DM, Erwachsene 8 DM, Kinder und Elektrik je 5 DM. In der NS 4 % Ermäßigung. Geöffnet von Mai bis 1.10. Allée St. Michel, Tel. 529 467.

**** **Grande Métairie**: Unterhalb der Alignements an einem Weiher, fast parkartig in einer Talmulde. Großzügiges, schattiges Wiesenterrain, teilweise von Hecken, hohen Bäumen und Büschen unterteilt. Gute Sanitärs. Swimmingpool, Waschmaschinen, vielfältiges Animationsangebot von Tennis über Reiten bis Minigolf. Restaurant, Laden.

Pauschalarrangement in der HS 30 DM. Ansonsten Erwachsene 7 DM, Kinder und Auto je 3 DM. 25 % Ermäßigung in der NS. 350 Stellplätze. Geöffnet vom 31.5. - 15.9. Tel. 522 401.

*** **des Druides**: Am östlichen Ortsende von Carnac-Plage, 500 m zu den Stränden. Gepflegtes Gelände in ländlicher Umgebung. 90 Stellplätze, ordentliche Sanitärblocks, etwas wenig Infrastruktur, Spielplatz. Erwachsene und Platz je 5 DM, Kinder und Auto je 3 DM, Elektrik 4 DM. Geöffnet von Ostern bis 15.9. Rue de Beaumer 55, Tel. 520 818.

*** **Nicolas**: 100 m oberhalb des Légenèse-Strandes, umgeben von Wohn- und Ferienhäusern. Winziges Rasengelände, von niedrigen Hecken unterteilt und von einigen Bäumen beschattet. Kinderspielplätzchen, Waschmaschinen (eine Ladung 5 DM, auch für Nicht-Gäste), Schalter für vorgekochte Fertiggerichte. Erwachsene 6 DM, Kinder 3 DM, Platz (inkl. Zelt/Auto) 9 DM, Elektrik 3 DM. Nur knapp 30 Stellflächen. Geöffnet von März bis Ende Oktober. Avenue des Mouettes, Tel. 529 542.

*** **Moulin de Kermaux**: In einem Kiefern- und Pinienwäldchen unterhalb der Menhirfelder von Kermario. Nettes Gelände mit Kinderspielplatz, beheiztem Swimmingpool, Laden und Plats Cuisiniers. Ordentliche Sanitärs. Erwachsene 6 DM, Kinder 4 DM, Platz 17 DM, Elektrik 3 DM. 120 Stellplätze. Geöffnet von April bis 15.9. Route des Alignements, Tel. 521 590.

** **Alignements de Kermario**: Parkähnliches Gelände an der Alignement-Straße; schöner, alter Baumbestand. Ruhige Lage, einfache Sanitärs mit Duschblocks. Laden, vorgekochte Gerichte. Kinderspielplatz. Erwachsene 5 DM, Kinder und Auto je 3 DM, Platz 9 DM, Motorrad 2 DM, Elektrik 4 DM. In der NS 30 % Nachlaß. 125 Stellplätze. Geöffnet von Mai bis 30.9. Route des Alignements, Tel. 521 657.

** **le Dolmen**: Neben dem Druidencamp. Sehr einfaches Gelände, an dessen Eingang ein Dolmen steht. Sehr einfache Ausstattung. Kinderspielplatz. Keine Hunde oder sonstigen Haustiere. Erwachsene und Platz je 4 DM, Kinder 2 DM, Auto 3 DM. Geöffnet von Mai bis 1.9. Rue de Beaumer, Tel. 521 235.

Essen

Eine Vielzahl von Crêperien, Pizzerias, Snackbars, Schnell- und gediegenenen Restaurants verteilt sich über das Stadtgebiet, gehäuft in Carnac-Plage. Zwei bekannte Speiseadressen:

Hotel-Restaurant Lann Roz: Zwischen Carnac-Plage und Carnac-Ville in der Nähe der Post. Der Michelin-Führer für gehobene Gastronomie bescheinigt dem Restaurant eine ausgezeichnete Meeresfrüchteküche und 1-A-Fleischspezialitäten. Nicht zu Unrecht. Menus 40 - 85 DM. Avenue de la Poste 36, Tel. 521 048.

Auberge de Kerank: 3 km außerhalb Richtung Plouharnel; alte "Auberge bretonne" mit Kamin und derben Eichentischen, Holzfachwerk und Granit. Ambiente Marke Musketier, Bedienung in bretonischer Tracht. Mehrfach preisgekrönte Holzkohlegerichte. Menu 43 - 95 DM. Route de Quiberon, Tel. 523 536.

Sehenswertes

Kirche St. Cornely: Der Bau der Kirche im Zentrum des alten Carnac wurde 1639 mit der Errichtung eines mächtigen, viereckigen *Turmes* mit achteckiger Spitze begonnen, der in der südlichen Bretagne viel Aufsehen erregte und später oft kopiert wurde. Über dem Eingangsportal thront die *Figur des Heiligen* in segnender Pose zwischen zwei naiven Bildtafeln, die zwei Ochsen inmitten von Menhiren und Dolmen zeigen. Der Kirchenheilige gilt als zuverlässiger Schützer des Hornviehs, und noch bis zum Ersten Weltkrieg trieben die Bauern der Umgebung ihr Vieh zur Segnung vor das Eingangsportal. Über der nördlichen Vorhalle schmückt ein einzigartiger *Baldachin* das Seitenportal. 1792 angefügt, symbolisiert er die Märtyrerkrone des Hl. Cornelius. Von den Kunstschätzen im Inneren sind besonders erwähnenswert die fünf *Altäre* (17./18. Jh.), die beiden *Reliquienbüsten* des Heiligen aus vergoldetem Holz (17./19. Jh.), die aus Schmiedeeisen fein gearbeitete *Kanzel*, das *Chorgitter* und die *Orgel*, die wegen ihres Klanges gerühmt wird. Das

St. Cornelius, der Schutzheilige des Hornviehs

Tonnengewölbe des Hauptschiffs und der beiden Seitenschiffe, im 18. Jh. von einem Künstler aus Pontivy bemalt und 1962-65 komplett renoviert, zeigt in vier thematisch abgeschlossenen Zyklen Szenen aus dem Leben des Kirchenheiligen, die Geschichte von Johannes dem Täufer, die Mysterien des Rosenkranzes und den Zyklus über das Leben Jesu.

Musée de la Préhistoire: Das Museum für Vorgeschichte unweit der Kirche von Alt-Carnac besitzt die umfangreichste Sammlung früh- und vorgeschichtlicher Funde in der Bretagne. Das Museum, 1881 von dem schottischen Hobbyarchäologen J. Miln und seinem französischen Freund und Frühgeschichtler Zacharie Le Rouzic gegründet, wurde 1985 völlig neu gestaltet. Zahlreiche Exponate dokumentieren die regionale Geschichte über die Zeitspanne von 450.000 Jahren vor Christus bis zum frühen Mittelalter (8. Jh.) abgedeckt. Seltene Schmuckstücke aus Stein, Werkzeuge, Faustkeile und Äxte aus der Jungsteinzeit, wiederaufgerichtete Grabstätten (aufschlußreich das rekonstruierte Grab einer Frau mit Kind aus dem Mesolithikum) und gravierte Steine aus Hünengräbern. Eine vertonte Diamontage informiert (auch in deutsch) über die verschiedenen Interpretationen der bis heute rätselhaft gebliebenen Funde von Carnac und seiner Umgebung.

• *Öffnungszeiten*: In der NS (Oktober bis Ende Mai) täglich außer Dienstag von 10 - 12 und 14 - 17 Uhr (Juni und September bis 18 Uhr). Juli/August an den Werktagen keine Mittagspause, dafür bis 18.30 Uhr. Eintritt 10 DM, Kinder bis 10 Jahre gratis, 10-16jährige 4 DM.

Tumulus von St. Michel: Der 120 m lange, 60 m breite und 12 m hohe Grabhügel am nördlichen Ortsrand ist eines der ältesten menschlichen Bauwerke. Nach Messungen mit der Radio-Karbon-Methode wurde der

Ein Papst flieht nach Carnac

Die Historiker sind sich einig: St. Cornelius, der erste der römischen Aristokratie entsprossene Papst, bekleidete nur ein kurzes, aber wichtiges Pontifikat. Seine Hauptaufgabe sah er im Kampf gegen die Götzenverehrung seiner Zeit. Zwangsläufig legte er sich mit dem Kaiser Roms an, der ihn aufforderte, dem antiken Götterhimmel zu huldigen. Cornelius weigerte sich und wurde darauf nach Civitavecchia verbannt, wo er anno Domini 292 an Erschöpfung und geistiger Auszehrung starb.

Soweit die nüchterne Wissenschaft. Nach Einschätzung legendenverliebter Bretonen ist das aber alles Humbug: Cornelius, begleitet von einem kräftigen Stier, der sein weniges, in erster Linie sakrales Gepäck trug, konnte fliehen und wurde von römischen Truppen bis nach Carnac gejagt. Dort holten ihn die Verfolger ein. Der Heilige, nur noch die Fluten des Ozeans vor sich, wandte sich seelenruhig um und verwandelte die Tausende von Legionären in Steine. So heißen die berühmten Menhire von Carnac, die mit etwas gutem Willen an eine römische Schlachtreihe erinnern können, bis heute bei den Bretonen "soldats de St. Cornély".

Fürstenhügel vor 6000 Jahren errichtet. Der Tumulus, eine Aufschichtung von über 35.000 Kubikmetern Erdreich, Schlamm und Bruchsteinen, wurde 1862 von René Galles, einem Archäologen aus Vannes, angegraben. Durch Zufall führten seine Arbeiten direkt zum Eingang des Fürstengrabes, wo ein Jadebeil, Ohrringe und über 100 Halskettenperlen aus Türkis einen ersten Hinweis auf die Wichtigkeit des Fundes gaben (alle in den Museen von Carnac und Vannes). 1864 entdeckte Galles ein weiteres Grabgewölbe mit ineinander vermischter menschlicher und tierischer Asche sowie mehrere sogenannte Steinkistengräber, die wahrscheinlich dem fürstlichen Personal bzw. seinen Liebsten vorbehalten waren. Der Tumulus kann von einer Öffnung am Fuß des Hügels betreten werden, schmale, niedrige Gänge führen durch das aufgeschichtete Gestein. Auf dem Gipfel des Grabhügels mit *Kapelle* (17. Jh.) und kleinem *Steinkreuz* (16. Jh.) genießt man die Aussicht über die Menhirfelder und die Küste.

• *Öffnungszeiten*: In der Saison täglich 9.30 - 19.30 Uhr. Führungen alle 15 Minuten, maximal 20 Besucher. Deutscher Infotext. Erwachsene 2 DM, Ermäßigte (Frühgeschichtler, Konservateure und Menschen von 10 - 16 Jahre) die Hälfte.

Tumulus von Kercado: Der Grabhügel in einem Wäldchen zwischen der D 781 und der Route des Alignements (von beiden aus zu erreichen, in unmittelbarer Nähe des gleichnamigen Schlosses, Spazierweg) gilt als der älteste der Region von Carnac - gut 6000 Jahre alt und in relativ gutem Zustand. Das etwa 4 m hohe Fürstengrab beherbergt eine von einer riesigen Felsplatte abgedeckte Grabkammer. In der linken, hinteren Ecke zeigen die Tragsteine einige schwache Gravuren.

• *Öffnungszeiten*: In der Saison täglich 9 - 12 und 14 - 18 Uhr. Ansonsten kann man im Schloß von Kercado einen Schlüssel erhalten. Taschenlampe nicht vergessen.

Die Megalith-Felder

Die letzte Zählung ergab genau 2792 Hinkelsteine, die sich über die drei Alignements nördlich von Carnac verteilen. Über eine Länge von knapp 4 km dehnen sich die Steinalleen von *Ménec*, *Kermario* und *Kerlescan* aus. Die Größe der geheimnisumwitterten Steine ist unterschiedlich (0,80 - 6,50 m), ebenso ihre Anordnung. Das Heidekraut, das einst zwischen den Reihen wucherte, ist inzwischen von den Besucherheeren niedergetrampelt, der Boden, der die Steine über die Jahrtausende hielt, erodiert. Die Folge: Immer mehr Megalithe drohen umzukippen. Die Denkmalschutzbehörde denkt bereits über eine Kontingentierung des Besucherstromes nach - venezianische Verhältnisse in Carnac.

Alignements de Ménec: Elf parallel verlaufende Steinreihen mit 1099 Steinen auf einer Länge von über einem Kilometer und einer Breite von rund 100 Meter bilden die größte Menhirallee der Welt. Die Steine wachsen nach Westen hin (bis zu 4,5 m Höhe) und werden von einem halbkreisförmigen Chromlech aus 70 Steinen begrenzt.

Alignements de Kermario: 1029 Felsblöcke, die größten über 6 m, schließen zehnreihig an die vorige Allee an und enden auf dem *Grabhügel von Le Manio*. Interessantestes Exemplar ist der *Menhir aux Serpents* am östlichen Ende der Allee, an dessen Fuß fünf Schlangenzeichnungen eingeritzt sind. Den nördlichen Abschluß der Steinallee bildet - etwas im Wald versteckt und gemütlicher über einen Waldweg vom Reitstall aus zu finden - der *Gigant von Manio* (*Géant de Manio*), ein Koloß von knapp 6 m Höhe, unterhalb dessen ein vierseitiger, fast quadratischer *Chromlech* aus 39 niedrigen Steinen aus dem Waldboden ragt.

Alignements de Kerlescan: Die 549 Felsblöcke in 13 Reihen auf einer Länge von 880 m sind am besten über den Spazierweg zu erreichen, der vom Reitstall an der *Route des Alignements* abzweigt. Im Südosten, durch die Straße und ein Stück Heidegelände heute von der größeren Steinallee von Kerlescan getrennt, früher aber wohl mit ihr vereint, richten sich die weniger bedeutenden Felsblöcke des *Petit Ménec* auf.

Baden

Carnac liegt im Herzen der Bucht von Quiberon. Die Kreiselströmung in der Bucht - verursacht durch die weit vorgeschobene Halbinsel - hat feinsandige und sanft in die Fluten abfallende Bilderbuchstrände aufgeschüttet, die zu den badefreundlichsten in der Bretagne gehören. Ein Problem, das den Tourismusbehörden seit einigen Jahren durchschwitzte Sessel beschert, sind die Algen. Diese vermehren sich rasend schnell und sind, haben sie sich erst einmal in Felsspalten angesiedelt, kaum mehr zu beseitigen. Eine Gruppe von Gemeindearbeitern ist eifrig damit beschäftigt, die Strände zu säubern. Der unangenehme Geruch, den die grünen Teppiche beim Trocknen verbreiten, läßt sich allerdings nicht beseitigen. Die Strände von West nach Ost:

Plage de St. Colomban: 400 m lang, ziemlich flach und mit einem etwa 20 m breiten Sandgürtel. Am Strand kann man Zelte mieten, Kinderclub mit üblichem Animationsprogramm, Toiletten. Keine Boote. Am *Boulevard de l'Océan*, der den Colomban-Strand begrenzt, können sich Hungrige und Durstige versorgen.

Plage de Ty Bihan: Von zwei Felsnasen begrenzt, 250 m feiner, seichter Strand mit Kinderclub und Sprungturm. An der Straße Versorgungsmöglichkeiten und Toiletten. Bei Flut knapp 20 m breit.

Plage de Légenèse: Flach und seicht. Pinienparks mit Ferienhäusern und Grünanlagen mit Baumbestand begrenzen den 400-m-Strand, der durch den Yachthafen vom Grande Plage getrennt ist. Vielbesucht und von den Wassersportartikel-Anbietern bestens versorgt (Surfbretter, Tretboote, Springturm). Kinderclub und Zeltverleih. Keine Hunde.

Grande Plage: Der Hauptstrand. 1,5 km lange, auch bei Flut noch knapp 50 m breite Badebucht, die sich ab dem *Port de Plaisance* unterhalb der Strandpromenade entlangzieht und in die spitze, weit ins Meer hinausreichende *Pointe Churchill* ausläuft. Eine gediegene Hotel- und Ferienhäuserzeile in schattigen Pinienwäldchen säumt den Boulevard. Alle Strandeinrichtungen eines modernen Seebades und turbulentes Badeleben im Sommer.

Plage de Beaumer und **Plage Men Du**: Die beiden kleinen, geschützten Strände liegen auf der Ostseite der Pointe du Churchill, durch einen schmalen Grünanlagen-/Häuserstreifen voneinander getrennt. Bei Ebbe ausgedehnte Wattlandschaft, bei Flut noch 10 - 20 m breit. Oberhalb der Strände Parkplätze, Pinien und der Strandboulevard. Verschiedene Strandeinrichtungen, Cafés, Restaurants und Crêperien.

Carnac/Umgebung

▶ **Erdeven**: Für Anreisende aus dem Westen der Auftakt zur Megalith-Tour von Carnac. Südlich von Erdeven entlang des flachen Küstenstreifens liegen mehrere einfache Campingplätze und seichte, langgezogene Strände. Gleich hinter der Ortschaft, links der D 781 (Parkplatz), liegt die mit 1129 Menhiren größte Steinallee der Umgebung, das *Alignement de Kerzérho*. Die Steine sind in zehn Reihen aufgerichtet, die größten sind bis zu fünf Meter hoch.

• Camping: ** **Le Croez Vilieu**; 120 Stellplätze an der Stichstraße nach Kerhilio (Strand). Schattiges Areal mit einfacher Infrastruktur. Wohnwagen- und Mobilhomeverleih. Erwachsene 4,30 DM, Kinder die Hälfte, Platz 4 DM, Auto 1,50 DM, Elektrik 3 DM. Geöffnet vom 1.5. - 30.9. Route de Kerhilio, Tel. 97/813 167.

▶ **Crucuno**: Einen Kilometer hinter Erdeven geht es von der D 781 rechts ab zu dem kleinen Weiler, dessen granitene Häuschen den Eindruck erwecken, sie könnten aus prähistorischer Bausubstanz gemauert sein. An die Giebelwand eines grauen Anwesens gelehnt, erhebt sich der *Dolmen von Crucuno* - nur noch die Grabkammer ist erhalten, 11 aufrechte Hinkelsteine tragen eine mächtige, in zwei Stücke geborstene Deckplatte. 500 m weiter landeinwärts, von einem Kiefernwäldchen verdeckt, der *Dolmen Mané Groh*, ein schmales Ganggrab mit Seitenkammern. Mit dem Auto bequem zu erreichen über die D 768 von Plouharnel nach Auray. Nach der Benediktinerinnen-Abtei von Kergonan links ab, etwa 500 m. Links und rechts der Straße D 768 gibt es weitere Dolmen.

▶ **Trinité-sur-Mer**: Am westlichen Ufer des Flusses *Crach* erhebt sich die Ortschaft leicht erhöht auf einer Landzunge. Trinité ist bekannt für seine Austernparks im fjordartigen Mündungsbecken des Flusses. Haupttätigkeit und erste Einnahmequelle ist - noch vor dem Tourismus - die Gewinnung von Austernbrut. Das Zentrum der 1500-Seelen-Gemeinde ist rund um den Hafen angesiedelt, südlich zersiedeln Ferienhäuser die schmale, bewaldete Landzunge oberhalb des Flußufers. Der nach Süden zum Meer hin offene, 400 m lange *Strand von Kervillen* ist die beste Badeadresse (Parkplatz, Toiletten, 2 kleine Campingplätze am Rand). An ihn schließt sich noch vor der gleichnamigen Landzunge der *Plage de Kerbihan* an. Die Strände entlang der Flußmündung sind wegen Algen und Gezeiten nur bedingt zum Baden geeignet, die Zufahrtswege meist privat. Auf der 300 m langen Brücke *Pont de Kerisper* (D 781 Richtung St. Philibert und Locmariquer) über den Fluß bekommt man einen Überblick über das weit eingeschnittene Flußtal und das geschäftige Hafenzentrum mit seinen Bootswerften.

• Telefonvorwahl: 97

• Postleitzahl: 56470

• Information: O.T. am Hafen; in der Saison täglich außer Sonntag 9 - 12 und 14 - 18 Uhr. Mole Loic Caradec, Tel. 557 221.

• Verbindung: **Bus**haltestelle beim Fischmarkt am Hafen. Von 7.30 - 17.30 Uhr Anschlüsse nach Carnac/Quiberon und Auray/Vannes mit den Linien 23 und 24. Sonntags kein Busverkehr.

• Bootsausflug: Navix bricht in der Zeit vom 156. bis 15.9. täglich um 8.15 Uhr zu einer ganztägigen Rundtour (Erwachsene 43 DM, Kinder 27 DM) bzw. um 14 Uhr zu einer Nachmittagskreuzfahrt in den **Golf von Morbihan** auf (27/16 DM).

Ebenfalls täglich in der Saison und ebenfalls um 8.15 Uhr tuckert das Ausflugsschiff nach **Belle Ile**; Erwachsene zahlen 57 DM, ermäßigte Tickets kosten 43 DM.

• *Markt*: Dienstag und Freitag.

• *Yachthafen*: Elegante Yachten, Katamarane und exklusive Schnellboote im Hafenbecken des Ortszentrum. Trinités Hafen gilt als feine, geräumige Anlegeadresse. Natürlich ist alles da, was der Vergnügungs-Seemann braucht.

Übernachten/Camping

** **Hotel le Panorama**: 25 Zimmer in der Nähe der Expressroute, etwas außerhalb vom Ort; eintönige Kastenarchitketur aus den 70ern. Gartenanlage, Restaurant. DZ 67 - 80 DM, HP 75 - 80 DM, Frühstück 9 DM. Geöffnet von Ende März bis Ende September. Tel. 550 056.

• *Camping*: 5 Campingplätze in der näheren Umgebung, 3 davon im Landesinneren, nördlich von Trinité (Abzweigung auf die D 186 vor der Brücke über den Crach führt zu drei 3-Sterne-Plätzen). Die beiden anderen Plätze auf der Landzunge im Süden links und rechts des Plage de Kervillen, mehr oder weniger direkt am Meer.

**** **Camping de la Baie**: 170 Stellflächen in einem schattigen Wäldchen in besiedelter Vorstadtgegend. Freundlicher Platz, gute Infrastruktur. Laden, Vorgekochtes, Restaurant, Swimmingpool mit großer Rutsche, Kinderspiel- und Tennisplatz, Fahrradverleih. Erwachsene 8 DM, Stellplatzpauschale 28 DM, Elektrik 4 DM. In der NS 30 % Nachlaß. Geöffnet vom 15.5. - 15.9. Tel. 557 342.

**** **de la Plage**: 200 Stellplätze in ähnlichem Terrain wie der vorherige Platz, ähnliche Infrastruktur, ähnliches Preisniveau. Gleiche Öffnungszeiten. Tel. 557 328.

*** **Park Plijadur**: An der Straße nach Carnac; schattig, sehr gut ausgestattet, große Rutsche ins Schwimmbecken, insgesamt empfehlenswert. Erwachsene 6 DM, Kinder 3 DM, Platz 10 DM, Auto 2,30 DM, Elektrik 4 DM. 200 Stellplätze. Geöffnet von Juni bis Oktober. Tel. 557 205.

*** **Kervilor**: Im gleichnamigen Ortsteil; dem Park Plijadur sehr ähnlich, ähnlich empfehlenswert und dasselbe Preisniveau. 200 Stellplätze. Geöffnet von Mai bis September. Tel. 557 675.

▶ **St. Philibert**: Weitverstreut zwischen zwei Fjordbuchten, gegenüber von Trinité, liegt der kleine, ländliche Ort. Im Vergleich zu Carnac und Trinité eine Urlaubsadresse 2. Klasse. Der Ortskern mit Kapelle und Brunnen liegt malerisch vor der Wattlandschaft. Mehrere Strände säumen südlich der Ortschaft die Küste. Allerdings sind die Buchten rund um die Landnase ziemlich veralgt und bei Ebbe schlickig. Der *Strand von Kerneveste*, auf der Trinité gegenüberliegenden Uferseite des Crach, ist ein etwa 300 m langer, von Wald begrenzter Dünensaum, bei Flut noch 10 m breit. Der *Plage de Men er Bellec*, gekrönt von einem Supermarkt-/Appartementareal, ist wenig einladend, flach und seicht. Starke Veralgung.

Tip: Statt nach der Brücke auf der D 781 zu bleiben und auf gerader, doch ereignisloser Strecke einen Kilometer weiter links nach St. Philibert abzubiegen, lohnt es sich, "par côte" zu fahren; die schmale D 28 führt gleich hinter der Brücke (rechts) rund um die Landnase, man erreicht beide Strände und die Campingplätze.

• *Markt*: Im Sommer jeden Sonntag.

• *Camping*: *** **Au vieux Logis**; im Landesinneren, rund um ein bretonisches Bauernanwesen. Spielplatz, große Tennisanlage, Norm-Tischtennis, Waschmaschine, Spielplatz, Versorgung ab Erzeuger. Erwachsene 5 DM, Kinder 3 DM, Platz 6 DM, Auto 2 DM, Wohnmobil 8 DM, Elektrik 4 DM. St. Philibert, Tel. 97/550 117.

** **de la Pointe**: Direkt oberhalb des Strandes von Kerneveste in einem Waldareal. Einfache Sanitärblocks. Kleiner See in unmittelbarer Nähe. Campeur 2,50 DM, Kind und Auto je 1,50 DM, Platz 1,70 DM, Elektrik 3 DM.

** **Municipal de Ker Arno**: Großes, ebenes Wiesengelände an der Durchgangsstraße, etwas landeinwärts. Gleiches Preisniveau, ähnliche Ausstattung.

Abendstimmung am Golf

Golf von Morbihan

"Mor Bihan", das Kleine Meer. Nach der bretonischen Legende überschwemmten die Tränen trauriger Feen, die einst hier lebten und vor den Menschen aus ihrem Zauberreich fliehen mußten, das Festland. Ihre Haarkränze verwandelten sich in 365 Inseln, die im Tränenmeer zu schwimmen scheinen. Für jeden Tag des Jahres eine.

Geologen sehen die Sache nüchterner: Die 12.000 Hektar große Wasserfläche ist das Resultat einer relativ jungen Verschiebung zweier gigantischer Platten in der Erdrinde, die den Meeresboden senkte und das Fast-Binnenmeer entstehen ließ - nur durch einen schmalen Abfluß ist die 20 km lange und bis zu 17 m tiefe Bucht mit dem Atlantik verbunden. Der gewaltige Sog von 10 Knoten Fließgeschwindigkeit an dieser Engstelle besorgt im Spiel der Gezeiten den Wasseraustausch und verhindert eine Versalzung und Verlandung der Bucht. Zahlreiche Flüsse, besonders der *Auray*, der ungeheure Mengen Sand und Geröll anschwemmt, zergliedern die Küste in tief einreißende Mündungsarme mit dazwischen weit vorspringenden Landzungen, die sich flach in das sanft gekräuselte Kleine Meer hinausschieben.

Zweimal am Tag verändert sich das Antlitz dieser außergewöhnlichen Meer-/Insellandschaft. Während bei Flut die flachen, bewaldeten Inseln schemenhaft auf dem Meer schwimmen, verwandelt die Ebbe den Golf in weite, von Prielen, Sandbänken und Austernparks durchzogene Schlicklandschaften, die sich aus der spiegelglatten Wasserfläche des "Kleinen Meeres", wie von Zauberhand hervorgeholt, herausheben.

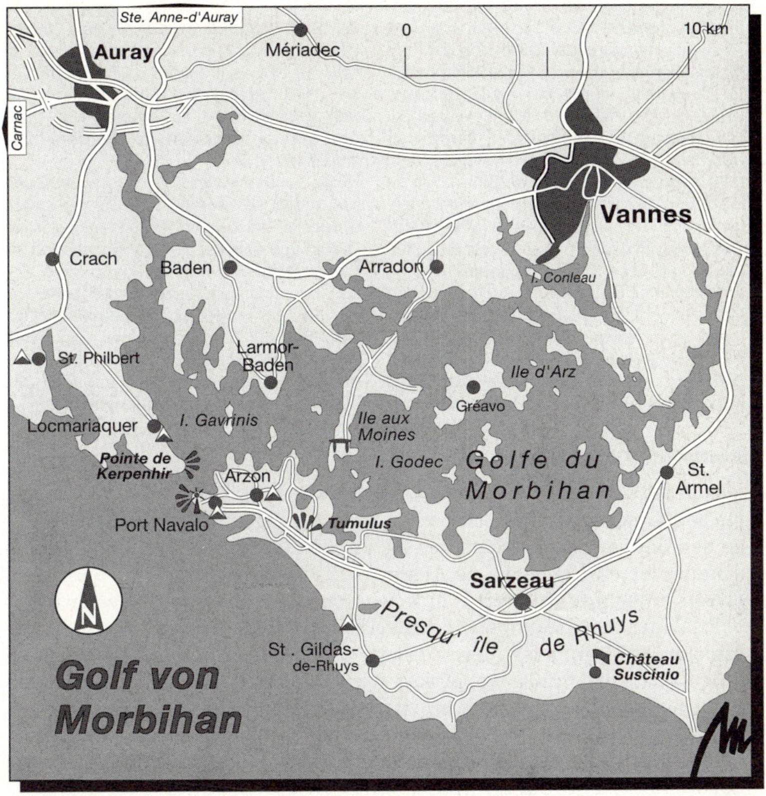

Naturfreunde finden im Golf eine fast mittelmeerische Vegetation, in der neben Palmen sogar Orangen- und Zitronenbäume gedeihen. Von den 365 Inseln und Inselchen des Golfes sind etwa 40 bewohnt, die größten sind die *Ile aux Moines* und die *Ile d'Arz*. Kulturhistorisch aufregend ist die *Ile Gavrinis*, auf der das interessanteste Fürstengrab der Bretagne, der Tumulus von Gavrinis, ruht.

Der Golf von Morbihan ist eines der größten Vogelreservate Europas: Myriaden von Flugenten, Stelzenvögeln und Möwenarten beleben den Himmel, auf ihrem Flug in den Süden machen hier alljährlich die großen Zugvögel eine Pause, und ein Fünftel des Weltbestandes an Kurzschnäblern gibt sich in der Brutsaison ein Stelldichein.
Auf dem Wasser erschließt sich der Golf von Morbihan am besten, zahlreiche Schiffsgesellschaften bieten ihre Dienste an.

• Fährverbindungen: Zwischen Mai und Oktober 9 x täglich Personenfähre zwischen den beiden Landspitzen am Eingang zum Golf. Die Fahrt zwischen Locmariaquer und Port Navalo kostet retour 17 DM. Weitere regelmäßige Verbindungen zwischen Larmor-Baden und der Insel Gavrinis (10 DM retour), zwischen Arradon und der Ile aux Moines sowie der Ile d'Arz. Auskünfte in den Hafenbüros der verschiedenen Gesellschaften.

• *Schiffsausflüge*: Eine Unzahl von Angeboten erschließt den Golf von Morbihan inkl. Auray-Flußmündung per Schiff. Von der Fähre zwischen zwei Häfen über die kommentierte Panoramarundfahrt bis zur gastronomischen Golfkreuzfahrt ist alles zu bekommen. Haupthäfen sind Locmariaquer, Auray, Larmor-Baden, Vannes und Port Navalo. Von den Inseln werden die Mönchsinsel, die Ile d'Arz und Gavrinis regelmäßig angelaufen. Insgesamt unterscheidet sich das Preis-/Leistungsverhältnis der Gesellschaften kaum. Aus der Fülle der Angebote ein beachtenswertes Beispiel: Unter dem Motto "Le Golfe en Liberté" (Freie Fahrt im Binnenmeer) bietet Navix zwischen April und Oktober Rundfahrten an, bei denen der Passagier selbst die Abfahrts-/Ankunftshäfen bestimmen kann. Ein Tag bei freier Wahl des Abfahrtshafens 30 DM für Erwachsene, 20 DM für Kinder und Jugendliche bis 17 Jahre. Der halbe Tag (14 Uhr Stichzeit) kostet 20 bzw. 10 DM am Vormittag, 27 bzw. 13 DM am Nachmittag. Auskünfte/Buchungen in den verschiedenen Hafenbüros der Navix oder bei der Zentrale in Vannes, Gare Maritime, Parc du Golfe, Tel. 637 999.

Navix-Sonderservice: Eine lukullische Kreuzfahrt, bei der 60 km Golf absolviert werden. Fahrtdauer ca. 4 Stunden. Zwischen Ostern und Oktober 1 - 3 x wöchentlich ab Vannes, entweder zum Mittagessen von 12 - 15.30 Uhr oder zum Kerzenschein-Dinner von 20 - 24 Uhr. Stopps in den üblichen Häfen. Die Fahrt auf den großzügigen Panorama-Restaurant-Schiffen kostet solo 30 DM, Kinder bis 12 Jahre 23 DM. Menus sind für 30 - 100 DM zu haben. Auskünfte siehe oben.

Locmariaquer *(ca. 1300 Einwohner)*

Die ländliche Gemeinde besitzt eine lange Tradition in der Austernzucht. Nach den Römern genossen bretonische Herzöge und französische Könige den Jet-set-Snack. Mitte des 19. Jh. beauftragte Napoleon III. einen renommierten Biologen, die Austernkultur der Region zu professionalisieren, und über hundert Jahre war das Austerngewerbe wichtigstes wirtschaftliches Standbein Locmariaquers. Nach einigen bösen Rückschlägen zu Beginn der 70er - Parasiten dezimierten die Bestände, japanische Zuchtware mußte importiert werden - gelang es den Austernzüchtern, die ostasiatische Brut so zu veredeln, daß sie unter der Markenbezeichnung *Creuse de Bretagne* wegen ihres speziellen Geschmacks zu einem Marktrenner wurde. Heute produzieren 45 Zuchtbetriebe rund 3000 t Austern pro Jahr.

Locmariaquer liegt auf einer Halbinsel, die sich zwischen der *Crach-* und *Auray-Mündung* weit ins Meer hinausschiebt und zusammen mit dem gegenüberliegenden Port Navalo das Tor des Golfs bildet. Die weißgestrichenen Häuser drängen sich auf der Golf-Seite zusammen und bieten in den Sommermonaten das Bild eines provinziell-gemütlichen Urlaubsparadieses: Abseits der Turbulenzen großer Seebäder amüsieren sich die Gäste entlang des fast 15 km langen, flachen Küstensaums mit seinen insgesamt 6 km feinen Sandstränden und meist einfachen Campings.

Berühmtheit erlangte Locmariaquer wegen seiner bedeutenden prähistorischen Monumente, die zur Carnac-Gruppe gerechnet werden und zwischen Jungsteinzeit und Frühbronzezeit errichtet wurden. Die Halbinsel war eine der beliebtesten Begräbnisstätten frühzeitlicher Sippenchefs. Zahlreiche Dolmen, darunter der gewaltige *Table des Marchands* oder der *Feenstein*, der mächtigste Menhir der Welt, bezeugen die außerordentliche Rolle der Halbinsel im Totenkult der Megalithiker: Von der *Pointe de Kerpenhir*, der einzigen Verbindungsstelle des "Kleinen Binnenmeeres" mit dem Ozean, glitten im Strom der Gezeiten die Boote mit den Seelen der Vorfahren hinüber zur Göttin des Jenseits.

• *Telefonvorwahl*: 97
• *Postleitzahl*: 56740
• *Information*: Kleines Büro am Rathausplatz; nützlich eine grobe Skizze mit den wichtigsten Sehenswürdigkeiten und Campings. Nur in der Saison. Place de l'Eglise, Tel. 573 330.

• *Verbindung*: Ein **Bus** der Linie 24 verbindet Locmariaquer (Haltestelle im Ortszentrum) 1 x wöchentlich (!) mit Auray. Wer schneller den Ort verlassen will, muß ca. 4 km außerhalb Locmariaquers an der Kreuzung der D 781 mit der D 28 zusteigen (Linie Lorient - Auray). Taxis halten die Verbindung vom Hafen zur Kreuzung aufrecht.
Fähre: Regelmäßige Fährverbindung mit Port Navalo auf der gegenüberliegenden Landspitze (15 Minuten). Bis zu 9 x täglich verkehren die "Vedettes Lez V" im Einstundenrhythmus. Einfach 10 DM, retour 17 DM, Kinder die Hälfte. Räder können mitgenommen werden.

• *Bootsausflüge*: Golfrundtouren siehe oben. Im Sommer jeden Sonntag eine Überfahrt nach Belle-Ile. Abfahrt 8.30, retour 18.45 Uhr, 53 DM, Kinder 30 DM. Auskunft/Buchung am Hafen. Kilometerrundfahrten (30 bzw. 50 km im Golf) von Navix kosten 27 bzw. 35 DM.
• *Markt*: Dienstag und Samstag vormittag.

Übernachten/Camping

** **Hotel Lautram**: 29-Zimmer-Hotel am Platz vor der Kirche; gutbürgerliches Haus mit gemütlicher Atmosphäre, unterschiedliche Ausstattung. Im Restaurant Menus von 21 - 65 DM. DZ 53 - 90 DM, HP ab 70 - 90 DM, Frühstück 11 DM. Geöffnet von April bis 30.9. Place de l'Eglise, Tel. 573 132.

** **Hotel l'Escale**: Nettes kleines Hotel direkt am Hafen mit schöner Aussicht und kleinem Gartenpark. 12 unterschiedlich ausgestattete Zimmer. Behagliches Restaurant mit traditionellen Gerichten von 23 - 50 DM, Kindermenu 11 DM. DZ 65 - 110 DM, HP 65 - 90 DM, Frühstück 10 DM. Geöffnet von April bis Ende September. Place Dariorigum, Tel. 573 251.

• *Camping*: ** **Municipal de la Falaise**; an der Südwestspitze der Halbinsel, durch die Straße vom Hauptstrand (flach, veralgt) getrennt. 313 Stellplätze auf ebenem Terrain. Ordentliche Sanitärs, Laden, Kajak- und Kanuverleih. Erwachsene 4,50 DM, Kinder die Hälfte, Platz 2,80 DM, Auto 2,30 DM, Wohnmobil 5 DM, Motorrad 1,70 DM, Elektrik 4 DM. Geöffnet von Mai bis 15.9. Tel. 573 319.

** **Kerpenhir**: Schattenloses, von Hecken und einem Zaun eingefaßtes Rasenterrain unweit der gleichnamigen Landspitze. Einfache Sanitärs. Auf der anderen Straßenseite gutbürgerlich speisen im Hotel-Restaurant Le Relais. Ähnliche Preise wie der Municipal-Platz. 95 Stellplätze. Geöffnet Mai bis Anfang Oktober. Tel. 573 192.

** **La Ferme Fleurie**: Unweit der aufregendsten Megalithen, am nördlichen Ortsrand etwas landeinwärts. Kleiner, schattiger Platz, sanitär ausreichend. Vermietung von Bungalows, Zelten und Caravans. Laden, Spielplatz. Erwachsene 4 DM, Kinder 2,30 DM, Platz inkl. Auto 5 DM, Elektrik 4 DM. 30 Stellplätze. Ganzjährig geöffnet. Tel. 573 406.

Sehenswertes

Die Megalith-Zeugnisse am Ortseingang erregen seit Mitte des 19. Jh. die wissenschaftliche Neugier - und in ihrer Folge die Phantasie der Touristen. Ähnlich wie in Carnac taten sich besonders der Vanner Archäologe R. Galles und der "Vater der Megalithen", Z. Le Rouzic, bei den Ausgrabungsarbeiten im letzten Jahrhundert hervor. 1986 wurde mit archäologischen Grabungen größeren Ausmaßes rund um den *Table des Marchands* begonnen, wobei Hinweise auf eine noch frühere Kultstätte und Besiedelung gefunden wurden. Seitdem ist das Gelände rund um den großen Menhir eingezäunt und von Suchgräben durchfurcht. Wertvolle Fundstücke befinden sich in den Museen von Vannes und Carnac. Für die Erkundung der dunklen Granit-Mausoleen ist eine Taschenlampe erforderlich.

Dolmen Mané Lud: Der *Hügel der Leichen* (bret. *Mané Nélud*) war das erste Ganggrab, das 1863/64 angegraben wurde: 5,50 m hoch, 80 m lang, 50 m breit und von einer dünnen Erdschicht überzogen. Das Fürstengrab aus aufgeschichteten Steinen besitzt eine ovale Grabkammer, in deren Mittelpunkt R. Galles einen Bestattungs- oder Opferplatz ausmachte (menschliche Asche in einem geschlossenen sog. Steinkistengrab). Grabkammer wie Gang weisen Ritzungen und Muster auf. Frei und gratis zu besichtigen.

Table des Marchands: Der *Tisch der Händler* trägt seinen Namen zurecht: Die 3 DM Eintritt für die Besichtigung (inkl. die vier schweren Brocken des großen Menhirs) grenzen an Wucher. Dem deutschen Dichterjournalisten HEINRICH HEINE, der im Zuge seiner Recherchen über Elementargeister Anfang des 19. Jh. Locmariaquer besuchte, galt das mächtige Ganggrab noch als Wohnstatt der Korrigans. Heute besitzt das Mausoleum mit der fast 1 Meter dicken und 5,72 m auf 3,95 m großen "Tischplatte" ein viel profaneres Aussehen: Von Ausgrabungsbaggern umringt, wirkt das Ex-Totenhaus geheimnislos. In ihrer feinen Bearbeitung außergewöhnlich sind die Gravierungen und Reliefs des hinteren spitzbogigen Tragsteines. Der besonders bei megalithischen Monumenten in Spanien und Portugal vorkommende Strahlenkranz (Symbol der Sonnengöttin) und die 56 Hakenstäbe (sie symbolisieren vielleicht ein ährenschwangeres Kornfeld) beweisen in den Augen der Wissenschaftler, daß die ackerbautreibenden armorikanischen Megalithiker Sonnen- und Fruchtbarkeitsrituale in den Mittelpunkt ihres Glaubens rückten.

Grand Menhir: Ebenfalls auf dem Ausgrabungsgelände. 25 m vom Kaufmannstisch liegen die vier schweren Brocken des großen Menhirs. Über seinen Zweck gibt es nur Spekulationen. Der ursprünglich 20,30 m hohe *Men-er-Hroec'h* (Feenstein) besitzt ein Gewicht von 350 t und dürfte erst relativ spät aufgerichtet worden sein - unter den Bruchstücken fand man gallo-römische Spuren. Unklar ist, wann und warum der stolze Stein in Trümmer ging. Stürzte er bereits beim Aufrichten um, schlug der Blitz ein oder wurde er in Stücke gehauen? Einigkeit herrscht dagegen darin, daß der Granitriese über eine längere Entfernung hierher transportiert wurde, mit ziemlicher Sicherheit aus einem Steinbruch an der Côte Sauvage (Quiberon).

Pierres Plates: Die knieförmig geknickte *Allée couverte* liegt an einem kleinen Steilufer etwa 1,5 km westlich der Pointe de Kerpenhir. Das von elf flachen Steinen überdachte Ganggrab stammt aus dem 3. Jahrtausend vor Christus. Ein *Menhir indicateur* (Hinweismenhir) zeigt die Grabanlage an und bestärkt die Vermutung, daß die Pierres Plates auch eine Orientierungshilfe für die Küstenschiffer gewesen sein könnten. Nicht allzu aufregend, gratis zu besichtigen.

Pointe de Kerpenhir: Hinter der flachen Landspitze am Eingang zum Golf von Morbihan kräuseln sich die Strömungen, die im Gezeitenrhythmus den Wasseraustausch zwischen Golf und Atlantik besorgen. Die strategisch wichtige Pointe ist noch immer von der Zeit des Zweiten Weltkriegs gezeichnet: Hinter dem Denkmal einer Fischersfrau mit Kind, die nach dem Familienvater Ausschau hält, ragt eine verrostete MG-Lafette aus dem grauen Fundament. Auf der anderen Seite des Kanals, einen knappen Kilometer entfernt, der Leuchtturm von Port Navalo.

Auray *(ca. 10.000 Einwohner)*

Das so friedlich wirkende Städtchen am Ufer des *Loch* oder *Auray-Flusses* hat eine bewegte Geschichte. Von der Burg, am Anfang des 13. Jh. auf einem steilen Felshügel über dem Loch erbaut, ist nichts mehr erhalten: HEINRICH II., König von Frankreich und Sohn der Herzogin Anne de Bretagne, ließ sie 1526 gnadenlos schleifen und verwendete die Steine für den Bau der Festung Le Palais auf der Insel Belle-Ile.

Von den Grundmauern der Burg führt heute die romantische *Promenade du Loch* in spitzkehrigen Serpentinen hinunter nach *St. Goustan*, dem alten Hafen von Auray. Durch die Blätterkronen der Bäume bieten sich traumhafte Ausblicke auf das mittelalterliche Handelszentrum, das zu den am besten erhaltenen Ortskernen der Bretagne zählt und Auray das Prädikat *Ville d'Art et Histoire* eingebracht hat. Eine Brücke verbindet den alten *Hafen* mit der hoch über dem Fluß liegenden sympathischen "Neu"-Stadt, deren Zentrum vor allem von repräsentativen Verwaltungsgebäuden aus dem frühen 19. Jh. und der *Kirche St. Gildas* geprägt ist. Hier, in der Oberstadt, spielt sich heute das Alltags- und Wirtschaftsleben ab. Unauffällig verlieren sich Touristen im geschäftigen Treiben.

- *Telefonvorwahl*: 97
- *Postleitzahl*: 56400
- *Information*: Im Herzen der Stadt in einer kleinen Seitenstraße des Oberstadtzentrums. Reichlich Material über Stadt und Golf von Morbihan in einer herausgeputzten Kapelle, wechselnde Ausstellungen zu bretonischen Themen. Im Sommer täglich (außer Sonn- und Feiertage) ein begleiteter Stadtrundgang. Ganzjährig geöffnet. Montag bis Freitag 9 - 12.30 und 14 - 18.30 Uhr, Samstag nur vormittags. Rue du Lait 20, Tel. 240 975. Im Sommer kleine Filiale in St. Goustan, direkt an der alten Brücke über den Fluß.
- *Markt*: Montag und Freitag vormittag in der Fußgängerzone der Oberstadt.

- *Verbindung*: 3 **Bus**haltestellen. Relativ zentral die Haltestelle am Place Loch (beim Stadion, 200 m südlich des Rathausplatzes). Hauptterminal am Bahnhof. Mehrmals täglich nach Vannes und Lorient. Für Touristen sind die Linien 23 und 24 interessant: Haltestellen an allen wichtigen Orten am Golf von Morbihan bis nach Quiberon/Carnac/Lorient.

Zug: SNCF-Bahnhof am nördlichen Stadtrand; an der Linie Nantes-Brest. Bis zu 7 x täglich in beide Richtungen. Mehrmals täglich direkt nach Quimper oder Pontivy und Redon/Rennes. Im Sommer mehrmals täglich auf die Quiberon-Halbinsel.

Übernachten/Camping

** **Hotel du Loch**: Klingt im Deutschen nicht sehr vertrauenserweckend. Doch das du Loch ist ein gediegenes Quartier am nördlichen Stadtrand; 30 ordentliche Zimmer und weit gelobtes Restaurant, bekannt für extravagante Fisch- und Meeresfrüchtespezialitäten (Menus 30 - 80 DM). DZ 85 - 110 DM, Frühstück 10 - 17 DM. Ganzjährig geöffnet. Quartier Petite Fôret, Tel. 564 833.

** **Le Branhoc**: Etwa 1,5 km außerhalb Aurays an der Straße nach Bono; 28 Zimmer in einem gutbürgerlichen Haus, komfortabel und nett eingerichtet. DZ 83 - 93 DM, Frühstück 8 DM. Ganzjährig geöffnet. Route du Bono, Tel. 564 155.

** **De la Mairie**: Im Stadtzentrum beim Tourismusbüro. Nettes Stadthotel der Logis-de-France-Gruppe mit 21 unterschiedlichen Zimmern. Unter- bis Mittelklassekomfort. Beliebtes Restaurant (Menus ab 20 DM). DZ 48 - 90 DM, Frühstück 10 DM. Geöffnet von November bis 30.9. Place de la République 34, Tel. 240 465.

* **Le Marin**: Das Fachwerkhaus in St. Goustan entführt ins Mittelalter. Authentisches Flair vor den Fenstern. 9 etwas kleine Zimmer mit unterschiedlichen Sanitärs. DZ 53 - 70 DM, Frühstück 8 DM. Ganzjährig geöffnet. Rue du Petit Port 47, Tel. 241 458.

* **Le Martray**: Zentral beim Rathaus. 10 einfache Zimmer. Unterschiedliche Sanitärausstattung, z. T. Etagen-WC. Restaurant. DZ 43 - 60 DM, Frühstück 10 DM. Ganzjährig geöffnet. Place de la République 20, Tel. 240 472.

• *Camping*: ** **les Pommiers**; außerhalb Aurays, oberhalb der großen Kreuzung an der D 165. Einige Apfelbäume, übliches 2-Sterne-Ambiente, großzügig gewürzt mit einigen Extras. Kleiner Laden, Ping-Pong-Platte, Swimmingpool. Erwachsene 5 DM, Kinder 2.,50 DM, Platz 5 DM, Elektrik 4 DM. In der NS Preisreduktion. 100 Stellplätze. Offiziell ganzjährig geöffnet. Branhoc, Tel. 240 148.

* **Ty Coat**: Einfaches Pilger-Camp nahe St. Anne d'Auray (Ortsteil le Treulen). Schattiger Platz mit 30 Stellflächen, der seine großen Stunden während des Pardons erlebt. Lebensmittel, Restaurant und Kinderspielplatz. Geöffnet Juli und August. Etwas billiger als der obige Platz. Le Treulen, Tel. 241 006.

Essen

Neben dem **Restaurant de la Sterne** im Hotel du Loch empfehlen wir für Feinschmecker die **Closerie de Kerdrain** unweit der Kirche St. Gildas. Stilvoll eingerichtete einstige Meierei aus dem 16./17. Jh. mit 3-Bestecke-Küche (Michelin), die auserlesene Gaumenfreuden serviert. Menus 30 - 120 DM, Kindermenu 20 DM. Im Januar geschlossen. Rue L. Billet 14, Tel. 566 127.

Restaurant La Jonquière: Am Rathausplatz, tagsüber der Treffpunkt junger Leute. Lebhafte Atmosphäre zum Mittag- oder Abendessen. Immer wechselnde, doch stets gediegene 4 Menus (23 - 45 DM), daneben Fleisch- und Fischgerichte à la carte. Die freie Auswahl am gut sortierten Vorspeisen- und Nachtischbuffet 20 DM. Place de la République 1, Tel. 240 181.

Sehenswertes

In Auray und Umgebung wurden einige der blutigsten Kapitel der bretonisch-französischen Historie geschrieben. Einige der wenig spektakulär wirkenden Sehenswürdigkeiten erschließen sich erst, wenn Sie die Nerven behalten und sich aufrichtig für deren Geschichte interessieren. Dann hat Auray einiges zu bieten: Die Stadt war Zeugin einer schicksalhaften Schlacht, Schauplatz eines blutrünstigen Prozesses und Geburtsort eines tragisch endenden Idols.

Hafenviertel St. Goustan: Schiefe Fachwerkhäuser (15./16. Jh.) wachsen von den beiden Kais die engen, steilen, kopfsteingepflasterten Gassen den Hügel hinauf, überragt von der Turmspitze der gotischen *Kirche St.*

Sauveur. Der träumerisch an einer Flußschleife des Loch gelegene alte Hafen von Auray war bis zu Beginn dieses Jahrhunderts ein wichtiger Umschlagplatz. Es herrschte buntes Treiben, die schnellen Küstenschiffe, die mit Kolonialwaren, Textilien, Holz und Apfelwein beladen hier ankerten, brachten Wohlstand in die Stadt. Heute liegen am *Quay Franklin* (der amerikanische Unterhändler hielt sich 1776 im Haus Nr. 8 auf, um die für die amerikanische Unabhängigkeit entscheidenden Verhandlungen mit Frankreich zu führen) Boote und Yachten, ganzjährig ergehen sich Touristen in der besonders schönen *Rue du Petit Port* mit ihren restaurierten Häusern und genießen authentisches Mittelalter. Empfehlenswert: ein kleiner Spaziergang auf den beiden alten Treidelwegen an den Flußufern und auf der *Promenade du Loch*, die auf der St. Goustan gegenüberliegenden Flußseite in steilen Stufen in die Oberstadt (*Auray Centre*) führt und herrliche Aussichten auf den alten Hafen bietet.

Kirche St. Gildas: Die Kirche im Oberstadtzentrum ist ein kunterbuntes Gemisch verschiedener Stile. Sie stammt zum größten Teil aus dem 17./18. Jh. und vereinigt Elemente der Gotik, Renaissance und des Barocks zu einem architekturgeschichtlich interessanten Baudenkmal. Im Inneren ein marmorverzierter *Retabel* (1664), die *Kirchenorgel* (1761) und ein holzgeschnitzter *Baldachin* über dem Taufbecken. Bis auf Mittwoch nachmittag jeden Tag von 14 - 19 Uhr geöffnet.

Mausolée de Cadoudal: In einem einfachen, runden Kuppelmausoleum ruhen die Gebeine von Cadoudal, des berühmtesten und letzten Kämpfers der Chouannerie (siehe Geschichtskapitel, Französische Revolution). Freundlicherweise wurde die Grabstätte gegenüber seinem Elternhaus (kleines Museum) in Kerléano errichtet (heute Ortsteil von Auray, am südwestlichen Stadtrand, einen Katzensprung von der D 165).

Der letzte Chouan

1771 wird in Kerléano bei Auray der Bauernsohn GEORGES CADOUDAL geboren, der als "letzter Chouan" in die Geschichte einging. Cadoudal, der sich 1793 der Waldkauzbewegung angeschlossen hat, überlebt die Niederlage von Quiberon und wird 1795 zum Anführer der Chouans im Untergrund. Trotz mehrerer Schlichtungsversuche Napoleons - er trägt dem in der Bretagne fanatisch verehrten Rebellenchef sogar den Generalsrang an - läßt Cadoudal nicht von seinen royalistischen Idealen ab und terrorisiert, teils mit Erfolg, die republikanischen Truppen. 1799, die Chancen für eine Wiedereinsetzung der Monarchie waren mit Napoleons Staatsstreich auf Null gesunken, verfällt Cadoudal auf eine bizarre Idee: Er will den Ersten Konsul entführen, beschließt dann aber, den kleinen Korsen durch ein Attentat zu beseitigen. Dieses mißlingt, Cadoudal wird verhaftet, von Napoleon verurteilt und am 12. Juni 1804 in Paris unter dem frenetischen Jubel einer aufgewiegelten Menge als "letzter Chouan" hingerichtet. Die Leiche des royalistischen Rebellen wird in der anatomischen Abteilung der Pariser Universität von Medizinstudenten seziert. Sein Skelett, von einem Professor auf ein Drahtgerüst gezogen, dient lange Jahre als praktisches Anschauungsmaterial für den Knochenbau des Menschen.

Chartreuse d'Auray: Das mit grausamer Härte geführte Gemetzel, das als "Schlacht von Auray" in die Annalen der Geschichte einging, spielte sich am 29. September 1364 zwei Kilometer nördlich von Auray in den Sümpfen von Kérzo ab und beendete den 23 Jahre währenden bretonischen Erbfolgekrieg. Einzige Erinnerung an das Massenmorden ist die *Grabkapelle* der ehemaligen Kartäuserabtei *Chartreuse d'Auray*, die Jean de Montfort unmittelbar nach seinem Sieg gestiftet hatte, um den im Kampf gefallenen Rivalen und Blutsverwandten Karl von Blois einen christlichen Gefallen zu erweisen (siehe Geschichtskapitel, Erbfolgekrieg). Der historische Gebäudekomplex der Abtei wurde 1968 bei einem Brand fast vollkommen zerstört, dann wieder aufgebaut und als Heim für taubstumme Kinder genutzt. Die Grabkapelle mit den Gebeinen Karls von Blois - ein Wunder? - blieb erhalten.
In einer weiteren Gruft der Grabkapelle ruhen, unter der knappen lateinischen Inschrift "*Für Gott, für den König frevelhaft erschlagen*" lieblos aufeinandergeschichtet, die makabren Reste der auf dem *Champ des Martyrs* gemeuchelten royalistischen Emigranten und Chouans (siehe unten). Sie wurden 1814 exhumiert und aus der Sühnekapelle des *Champ des Martyrs* in die für Karl errichtete Grabkapelle *Chartreuse d'Auray* gebracht.

Champs des Martyrs: Das zweite, nicht minder grausige Ereignis in der Geschichte Aurays fand unweit der Sümpfe statt, in denen schon Karl von Blois sein Leben gelassen hatte. Auf dem Feld der Märtyrer steht eine Sühnekapelle für 952 königstreue Soldaten und Chouans, die im Anschluß an die blutige Schlacht von Quiberon 1795 hier exekutiert wurden. An der etwas heruntergekommenen Fassade des Kirchenvorbaus, einem griechischen Tempel nachempfunden, erinnert eine ganz knappe Inschrift an die Massenhinrichtung: "*Hic deciderunt*" (Hier sind sie gestorben).

Ste. Anne d'Auray

Der von einer mächtigen Basilika überragte Ort 6 km im Norden Aurays wird alljährlich im Juli von mehr als 70.000 Pilgern überschwemmt: Ste. Anne d'Auray ist die wichtigste bretonische Wallfahrtsstätte; nach einem Sprichwort muß sie jeder Bretone "tot oder lebend" aufgesucht haben. Ste. Anne d'Auray spiegelt auf eindrucksvolle Weise bretonisches Selbstverständnis: Es ist nicht nur ein Ort religiöser Verehrung, sondern auch Symbol eingefleischten Nationalbewußtseins, und es wundert nicht, daß der Tag des großen Pardons zu Ehren der Nationalheiligen mit dem bretonischen Nationalfeiertag zusammenfällt. Dementsprechend ist Ste. Anne d'Auray keine einfache Kirche, sondern ein weitausladendes Gebäude- und Denkmal-Ensemble, zu dem neben der *Basilika* ein *Kloster* mit Kreuzgang, die *Schatzkammer*, ein *Volkskundemuseum*, *Wachsfigurenkabinett*, *Gefallenendenkmal*, ein wundertätiger *Brunnen* und eine *Scala Sancta* (Heilige Treppe) gehören.

• *Pardon*: Die Kirchenfestsaison wird Anfang März eröffnet. Zwischen Ostern und Oktober finden (meist mittwochs und sonntags) regelmäßige Wallfahrten statt, bei denen Vertreter der einzelnen Pfarrgemeinden der Bretagne Votivtafeln überbringen und um Segen für ein gutes Jahr flehen. Zentrales Ereignis ist die große Ste.-Annen-Wallfahrt am 25./26. Juli. Sie beginnt um 21.30 Uhr mit dem "Veillée de Ste. Anne" (Erweckung), einer riesigen Lichterprozession, an der Tausende von Pilgern teilnehmen, die Kerzen, Fahnen, Heiligenbilder und natürlich die Figur der Anna mit sich tragen (offizielles Ende 24.00 Uhr). Nach dem Pontifikalamt um 10.30 Uhr des nächsten Tages findet die eigentliche Prozession (Grand Pardon) statt - Zigtausende begleiten den feierlichen Zug.

Sehenswertes

Basilika Ste. Anne: Die nicht nur von außen kühle, protzige und ausladende Basilika, der Hl. Anna, der Mutter Marias, geweiht, wurde 1865 nach Plänen des Pariser Architekten DEPERTHES im Stil der Renaissance errichtet. Ihre Entstehung geht auf ein mysteriöses Ereignis zu Anfang des 17. Jh. zurück, von dem, wie häufig, mehrere Versionen in Umlauf sind. Hier die wahrscheinlichste: Am 25. Juli 1624 erschien unter Mithilfe der Karthäusermönche von Auray dem tiefgläubigen, als etwas tumb bekannten Bauern YVON NICOLAZIC die Heilige Anna und bezeichnete ihm eine Stelle, wo sie eine Kirche gebaut haben wollte. Als man nach eingehender Prüfung der Schilderungen Nicolazics im Beisein der kirchlichen Prominenz im angezeigten Acker zu graben anfing, entdeckte man wundersamerweise eine stark demolierte, unförmige Holzfigur, die der Bischof zweifelsfrei als Annenfigur identifizierte. Sofort wurde eine Kapelle errichtet, und der einträgliche Kult um die Heilige begann. Nach und nach wuchsen ein Kloster (1641), die Heilige Treppe (1660) und mehrere Wohngebäude rund um die Kapelle, Pilger strömten herbei, und die Klingelbeutel klimperten. Dabei ist es bis heute geblieben. Ganzjährig finden sich Gläubige in der Basilika ein. Das Lichtermeer der Kerzen (nach Größe 4 - 6 Francs) vor der vergoldeten Holzfigur, deren Sockel ein Schädelfragment der Heiligen bewahrt, erlischt nie.

- *Öffnungszeiten*: Täglich 7 - 12 und 14 - 19 Uhr.
- *Messe*: 4 mal täglich (7, 9, 11 und 18 Uhr). Um elf die klassische Pilgermesse.

Trésor: Der Kirchenschatz ist in einem der Basilika angeschlossenen Gebäude zu bewundern. Alles dreht sich um die Heilige: Reliquien, Votivtafeln, Gewänder, Schwerter, Schiffsmodelle und Gegenstände aus Konzentrationslagern des Nazireiches. Am kostbarsten der Reliquienschrein, den die österreichische Kaiserin Anna 1638 dem Kloster stiftete - ihr Dank für die Geburt des langersehnten Thronnachfolgers, des späteren Sonnenkönigs Ludwig XIV. In einer Kunstgalerie werden historische Gemälde über die Wallfahrt und Bildnisse prominenter Besucher gezeigt. Interessant das Portrait des Nicolazic und ein Bildnis des "Banditen Gottes" Keriolet, eines von Anna zum Priester geläuterten Verbrechers, der um 1640 die Gegend unsicher machte. Eine Volkskunstgalerie gibt einen Überblick über bretonische Bildhauer- und Steinmetzkunst des 15. und 16. Jh. An das Kirchenschatzmuseum angeschlossen ist ein Souvenirladen, in dem neben Spardosen in Glockenform auch 54-Karten-Pokerblätter erhältlich sind.

- *Öffnungszeiten*: Täglich 10 - 12 und 14 - 18 Uhr. Eintritt 4 DM, Kinder bis 10 Jahre gratis.

Mémorial: Das monumentale Mausoleum im Blumenpark links der Basilika wurde zwischen 1923 und 1932 zum Andenken an die 240.000 gefallenen Bretonen des Ersten Weltkrieges errichtet. Ihre Namen sind, nach Ortschaften (zweisprachig) getrennt, auf zwei langen Mauerreihen aufgelistet. Heute ist das aufrüttelnde Monument eine Gedenkstätte für alle bretonischen Toten der Kriege des 20. Jahrhunderts.

Larmor-Baden / Ile Gavrinis

Der Hafenort mit seinen 800 Einwohnern gegenüber der Mönchsinsel ist umgeben von Austern- und Muschelgärten, die Hafenmole erlaubt den Ausblick auf die vorgelagerten grünen Inselchen. Touristisch interessant wird Larmor-Baden (drei einfache Hotels, vier Campingplätze, mehrere gezeitenabhängige Badestrände) wegen der Übersetzmöglichkeit auf die unbewohnte *Ile Gavrinis*, die das bemerkenswerteste Fürstengrab der Bretagne beherbergt: den *Tumulus de Gavrinis*.

Ein Pfad führt zwischen Brombeerhecken von der Schiffsmole zu einer Hügelterrasse hinauf. Hier erhebt sich seit 4000 v. Chr. der kreisrunde Grabhügel, der mit 6 m Höhe und 50 m Durchmesser die Insel beherrscht. Das mächtige Fürstengrab ist aus Bruchsteinen aufgeschichtet, der Gang ist 13 m lang, gebildet von 23 Tragsteinen und neun Deckplatten. Am Gangende schließt sich die Grabkammer an - mannshoch und fast quadratisch, die sechs Stützsteine von einem wuchtigen Monolithen überdacht. Bemerkenswert ist die - von Neonlichtern effektvoll zur Geltung gebrachte - Ornamentik der Tragsteine: verschlungene Linien, Schlangen, konzentrische Kreise, Tannenzweigmuster und ein mit viel Phantasie als Männergestalt zu identifizierendes, verschlungenes Flachrelief.
Da man bei ersten Ausgrabungsarbeiten 1832 keinerlei Grabbeigaben entdeckte, nimmt man an, daß das Fürstengrab bereits in früherer Zeit ausgeplündert wurde. Interessant ist eine neuzeitliche Entdeckung: Auf der Oberseite der freigelegten Deckplatte der Grabkammer fand man gigantische Gravierungen - ein 2 m langes Rind mit riesigen, gebogenen Hörnern, eine überdimensionale Pflugschar sowie den Rücken und die Hörner eines weiteren Rindes. Verblüffend: Das unvollständige Rind paßte genau zu den Gravuren in der Deckplatte des *Table des Marchands*, die Pflugschar wurde nahtlos von einem im *Dolmen von Er Vinglé* (beide in Locmariaquer) gefundenen Ornament ergänzt. Die Vermessung und geologische Untersuchung der drei Steine beseitigte 1984 den letzten Zweifel. Alle drei sind aus dem gleichen grobkörnigen Granitstück, haarscharf fügen sich die Bruchkanten aneinander und müssen einmal einen einzigen, 14 m hohen, verzierten Menhir gebildet haben. Neue Rätsel, neue Spekulationen: Waren die Neolithiker Grabräuber, versorgten sie sich beim Bau ihrer Nekropolen mit Material aus den Grabstätten unterlegener Sippen, um deren übernatürliche Kräfte zu bannen?

• *Überfahrt*: Überfahrt (15 Minuten) von Larmor-Baden nach Gavrinis retour 10 DM, Kinder 5 DM. Im Sommer halbstündlich Boote, von Oktober bis Mai 1 x (So 2 x) täglich. Juni und September besuchsabhängig, mindestens 2 x täglich. Grabeintritt 10 bzw. 5 DM.

▸ **Arradon**: Der kleine von Wochenend- und Ferienhäusern umdrängte Hafen liegt auf der gleichnamigen Landzunge, direkt gegenüber der Nordspitze der *Ile aux Moines*. Typisches Golfpanorama. Abfahrts-/ Ankunftshafen für die Mönchsinsel (siehe unten). In den Hotels des Orts können sich Gavrinis-Liebhaber häuslich niederlassen.

Übernachten/Camping

** **Hotel Beaurivage**: 18 passable Zimmer mit Dusche/WC direkt an der Pointe d'Arradon. DZ 70 - 80 DM, Frühstück 8 - 10 DM. Tel. 97/440 142.

** **Le Stivell**: 25 ebenfalls passable Zimmer in ähnlicher Ausstattung, doch komfortmäßig breiter gestreut: DZ 65 - 100 DM, Frühstück 8 DM. Tel. 440 315.

• *Camping*: **** **Penboch**; Luxusplatz auf der Landspitze von Arradon. 175 Stellplätze mit komplettem Hotel-plein-aire-Programm. Geöffnet vom 20.4. - 20.9. Tel. 447 129.

** **L'Allée**: Die Monsieur-Dupont-Version des Zeltens. 100 meist schattige Stellplätze in freier Wildbahn. Vorgefertigte Speisen. Geöffnet von Ostern bis 15.10. Tel. 440 198.

Ile aux Moines *(ca. 500 Einwohner)*

Die Insel der Mönche, früher im Besitz des Klosters von St. Gildas, ist mit 6 km Länge und 3 km Breite die größte Insel des Golfs. Trotzdem wirkt - abgesehen von der Anzahl der Ferienhäuser - alles auf der Insel miniaturhaft: Minihügelchen und Minitäler, von Mini-Sträßchen durchzogen, Miniwäldchen, deren Namen aus Feenmärchen stammen, so der *Bois d'Amour* (Liebeswald), *Bois des Soupirs* (Wald der Seufzer) oder der *Bois des Regrets* (Wald des Bedauerns).

Anlegestation ist *Port Lério*. Sehenswert *Bourg* mit den putzigen Gäßchen rund um die Kirche, den ebenerdigen Fischerhäuschen und den einstökkigen Wohnstätten der Kapitäne. Nur ihnen war es erlaubt, höhere Häuser zu bauen. Noch im 19. Jh. regierte auf der Insel eine Art maritimer Aristokratie - den feudalen Kapitäne waren die Familien der Matrosen untergeordnet. Von den zahlreichen Werften, in denen früher 3-Mast-Bricks für die Cap-Horniers gebaut wurden, ist noch eine geblieben. Sie hat sich auf Konstruktion und Restaurierung traditioneller bretonischer Holzboote spezialisiert. Die Bewohner leben heute vom Tourismus, manche verdienen ihr Geld mit Muschel- und Austernzucht.

Die Insel ist - abgesehen vom August - ein ruhiges Feriengebiet mit einem der wenigen Strände des Binnenmeers, an dem man auch bei Ebbe noch die Fluten erreicht (*Plage du Cored* auf der Westseite). Auf der Ostseite das für den Golf typische Wattmeer mit Muschelbänken und Austerngärten. Einiges Prähistorisches (*Chromlech* und *Dolmen*) liegt im Südteil, eine schöne Aussicht auf die Bucht von Arradon und den Golf erlaubt die Nordspitze (*Pointe de Trech*). Von der *Pointe de Brouel* im Osten sieht man die *Ile d'Arz*, die siamesische Schwester der Insel.

• *Verbindung*: Ganzjährig Boote ab Port-Blanc bei Larmor-Baden. Im Sommer jede 1/2 Std. von 7 - 21 Uhr. Fahrtdauer 5 Min., retour 5 DM, Kinder die Hälfte. Mit Vedettes Vertes du Golfe zwischen Ostern und 30.9. 2 - 6 x täglich Überfahrten ab Vannes (23 DM). Außerdem im Sommer Verbindung mit Locmariaquer und Port Navalo.

• *Fahrradverleih*: Beim Restaurant Cap Horn am Hafen vermietet M. Labousse zu gängigen Konditionen Tourenräder und Mountain-Bikes. Tel. 263 112.

Übernachten/Camping/Essen

Hotel San Francisco: Im Hafenbereich, 8 Zimmer, Aussichtsterrasse, Restaurant. DZ 90 - 140 DM, HP 85 - 120 DM, Frühstück 10 DM. Ganzjährig geöffnet. Tel. 263 152.

Hotel de l'Isle: 6 weitere einfache Zimmer und noch ein Restaurant im Inseldorf. Nur HP, pro Person ab 70 DM. Ganzjährig geöffnet. Rue du Commerce, Tel. 263 250.

• *Camping*: ** **Municipal Le Vieux Moulin**, etwa 300 m zum Meer, außerhalb des Ortes Kergonan auf der Westseite der Insel. 44 schattige Stellplätze, einfache Sanitärs, Spielplatz. Geöffnet 15.6. - 15.9. Auskunft über das Rathaus, Tel. 263 261.

Ile d'Arz

Erst eine dramatische Liebesgeschichte trennte die L-förmige Ile d'Arz, früher durch einen schmalen Landarm mit der Mönchsinsel verbunden, von der großen Schwester ab: Ein reicher Kapitänssprößling hatte sich in eine arme Fischerstochter verliebt und wollte sie heiraten. Was nicht sein darf, kann nicht sein: Der Teufel (oder der liebe Gott - je nach Version) schickte eine Sturmflut, der Damm, auf dem sich die beiden Liebenden jeden Abend getroffen hatten, versank in den Wogen. Die Ile d'Arz, etwa 5 km lang und etwas kleiner als die Mönchsinsel, wird von sieben Satelliteninseln umringt. Die ständig wechselnden Strömungen rund um Arz gelten bei Segelexperten als ausgezeichnetes Revier zum Erlernen von schwierigeren Navigationsmanövern. Dies ist auch der Grund für die Existenz von vier Segelschulen, darunter das große *Centre Nautique des Glénans*, das die Tradition der früher in der Handels- und Marineschiffahrt berühmten Arzer Seeleute fortsetzt.

- *Verbindung*: Täglich, im Sommer häufiger, vom Gare Maritime in Vannes (Ile de Conleau) Boote nach Arz. Überfahrt 15 Minuten.
- *Fahrradverleih*: Gleich an der Hafenmole, J. R. Guillot, Tel. 443 183.
- *Wassersport*: Centre Nautique des Glénans; ganzjährig Segelkurse, Kreuzfahrten und andere Wassersportausbildungsprogramme.

Übernachten/Camping

Hotel L'Escale: An der Hafenmole, 12 einfache Zimmer, z. T. mit Blick aufs Meer. Panorama-Restaurant. DZ 57 - 80 DM, HP 60 - 100 DM, Frühstück 9 DM. Geöffnet von Mitte April bis 15.11. Tel. 443 215.

** **Municipal les Tamaris**: Einfache 70 Stellplätze nahe des Weilers Pennero im Nordostteil der Bucht. Stromanschlüsse für Wohnwagen, Kinderspielplatz. Municipalpreise. Geöffnet Juni bis 30.9. Tel. 443 035.

Halbinsel von Rhuys

Die langgestreckte Halbinsel aus Schiefergestein, die den Golf von Morbihan gegen den Atlantik abschirmt, gilt wegen ihres milden Klimas und der mediterranen Vegetation als angenehme Sommerfrische. Der Küstensaum zum Golf hin ist flach und durch eine ununterbrochene Folge von Landzungen und Buchten zerfleddert, auf der Atlantikseite wechseln kleine Steilküstenabschnitte mit weiten Stränden. In den letzten Jahren regt sich die Bautätigkeit besonders auf dem Westzipfel: Ferienhäuser ducken sich in die Kiefernwäldchen entlang der Küste, die Ortschaften wachsen allmählich zusammen, und das touristische Aufkommen während der Sommermonate wächst langsam zum Massenansturm. Im Inneren der Halbinsel versucht das verschlafene Verwaltungs- und Handelsstädtchen *Sarzeau* durch zwei Renaissance-Gebäude Fremdenverkehrskarriere zu machen, entlang der Atlantikküste breitet sich der Badetourismus aus. Von *Port Navalo*, an der äußersten Westspitze der Rhuys-Halbinsel, über *Port de Crouesty* und *Kerjouanno* bis weit hinter *St. Gildas de Rhuys* reihen sich Strände und Badebuchten. Wenige Hotels, meist einfache Campingplätze und eine Unzahl von Ferienimmobilien.

▶ **Château de Suscinio**: Vor Sarzeau auf die D 198 ab, ca. 3 km. Die Burgruine mit ihren sechs Türmen und dem schützenden Wassergraben in einem teilweise sumpfigen Gelände war im Mittelalter Sommerresidenz

der bretonischen Herzöge. In der französisch-bretonischen Geschichte spielte die Burg mehrmals eine bedeutende Rolle, zuletzt am 9. Juli 1795: 3500 Königstreue am Strand von Suscinio gehen an Land, um den Truppen des republikanischen Generals LA HOCHE in den Rücken zu fallen. Doch ein Verräter unterrichtet La Hoche von dem Plan der Konterrevolutionäre, das Unterfangen endet in einer blutigen Katastrophe.
Das Wasserschloß, hinter dessen mächtiger Umfassungsmauer leere Fensterhöhlen und dachlose Wohnbauten die Atmosphäre eines romantischen Ruinenbildes von Caspar David Friedrich ausstrahlen, wurde in den letzten Jahren mit Hilfe von Geldern des Départements vor dem endgültigen Zerfall bewahrt. Es beherbergt heute ein Archäologisches Museum. Anfang August 14tägiges Musik-/Theater- und Poesie-Festival.

• *Öffnungszeiten*: Von April bis Ende September täglich 9.30 - 12 und 14 - 19 Uhr. Von Oktober bis Ende März nur Dienstag/Samstag/Sonn- und Feiertage von 9.30 - 12 und 14 - 17 Uhr. Erwachsene 5 DM, Kinder bis 7 Jahre 3 DM.

▶ **Arzon/Port Navalo/Port de Crouesty/Kerjouanno**: Die Hafen- und Badeorte an der zerklüfteten Westspitze der Halbinsel gehören zur Gemeinde *Arzon* und werden von ihr verwaltet. Kurz vor Arzon, rechts der D 780, erhebt sich der *Tumulus von Tumiac*, der als Hügel Cäsars (*Butte de César*) in die Geschichte eingegangen ist.
Von der Spitze des 15 m hohen Erdhügels, unter dem ein Hünengrab entdeckt wurde (Besichtigung vom 15.6. - 15.9.), soll der Feldherr 56 v. Chr. seine Seetruppen in der entscheidenden Schlacht gegen die Veneter dirigiert haben. Einen Bericht dieser Seeschlacht liefert Cäsar in seinem von Lateinschülern geliebten Buch *De Bello Gallico* (Vom gallischen Krieg): Während die Veneter mit 220 tiefbauchigen Segelschiffen antraten, hatte sich Cäsar für flache Rudergaleeren entschieden. Am Tag der Schlacht herrschte ruhige See und relative Windstille. Die venetische Seglerflotte lag manövrierunfähig in den Fluten, und Cäsars wendige, von Trommelschlägen, Peitschenhieben und Sklavenkraft angetriebenen Galeeren hatten leichtes Spiel, die unbeweglichen Keltenschiffe zu zerstören. Die Folge des Siegs: die Einverleibung Armorikas ins Römische Weltreich und die Verschleppung der überlebenden Veneter in die Sklaverei.

Ein wichtiger Leuchtturm, der Hafen, eine Strandpromenade mit gemütlichen Bänken und Aussichtspunkten, dazu ein paar kleine Hotels, viele Ferienappartementhäuser, Restaurants und Crêperien - *Port Navalo*, Ankunfts- und Abfahrtshafen für die meisten Panoramaschiffe und Fähren auf der Landzunge, bildet zusammen mit Locmariaquer das Tor zum Golf. Das von Kiefernwäldchen umgebene Bade- und Fährhafenörtchen an der schmalen Golfmündung wird in nächster Zeit wohl mit *Port Crouesty* (südöstlich) zusammenwachsen. Auf dem zum Atlantik hin gerichteten Küstensaum liegen zwei schön von Felsen und Kiefernbestand begrenzte Strände, die im Sommer ziemlich belegt sind.
Südöstlich von Port Navalo bilden lose verteilte Weiler und Gehöfteansammlungen auf einer weiteren Landzunge den Ort *Port Crouesty* - ein Eldorado für Yachtbesitzer, 1200 Bootsplätze stehen zur Verfügung. Die rege Bautätigkeit der letzten Jahre hat östlich einen trotz allem behaglichen Retortenort entstehen lassen: *Kerjouanno* mit seinen Ferienhaus-

kolonien, einem etwa 1 km langen Badestrand und einem vielfältigen Freizeitangebot. Weiter östlich schmiegt sich ein 3 km langes Dünengelände mit guten Bademöglichkeiten an die Küste.

• *Information*: Tourismuszentrale in Arzon. Rond Point du Crouesty, Tel. 538 163.

• *Fähre*: Regelmäßige Fährverbindung mit Locmariaquer, siehe dort.

• *Markt*: Wochenmarkt der Region Dienstag und Freitag in Arzon.

Camping

*** **Le Tindio**: Auf der Golf-Seite, 1 km östlich von Arzon beim Weiler Kerners, an einer tiefeingeschnittenen Bucht. Anständig ausgestattet, gepflegte Sanitärs. Erwachsene 5 DM, Kinder 3 DM, Platz 5 DM, Auto 2,50 DM, Motorrad 1,50 DM, Elektrik 4 DM. Geöffnet April bis Ende Oktober.

** **Camping Bilouris**: Exponiert auf einer Landzunge unweit des vorherigen Platzes. 100 z. T. schattige Stellplätze oberhalb des Strandes in der Bucht von Kerners. Lebensmittellädchen, Kinderspielplatz, Snack-Bar. Billiger und einfacher als Le Tindio. Ganzjährig geöffnet. Tel. 537 055.

** **Municipal de Port Navalo**: Südlich des Hafens, an der Bucht zwischen Navalo und Crouesty. Leicht zum Meer abfallendes Areal, nicht unterteilt und von einigen Kiefern beschattet. 2 ordentlich gewartete Sanitärblocks, direkter Zugang zum Strand auf der Atlantikseite. Erwachsene 4 DM, Kinder die Hälfte, Platz 3 DM, Auto 2,50 DM, Elektrik 4 DM. 215 Stellplätze. Geöffnet vom 15.3. - 30.9. Tel. 537 198.

Abélard

PIERRE ABELARD, 1079 bei Nantes geboren, gilt zu seiner Zeit als einer der führenden geistigen Köpfe Frankreichs. Er verfaßt wegweisende philosophisch-theologische Schriften und verdient sich bei reichen Leuten als Privatlehrer seinen Lebensunterhalt. Hierbei unterläuft ihm ein folgenschwerer Fehler, dem die Nachwelt ein berühmtes literarisches Kunstwerk verdankt, doch dem Autor die Manneskraft kostet: Pierre verführt in Paris HELOISE, eine seiner Schülerinnen, ausgerechnet die Nichte eines einflußreichen und nicht zimperlichen Kanonikers. Nach der Entdeckung der leidenschaftlichen Affäre läßt der erboste Oheim den verliebten Theologen von gedungenen Spezialisten entmannen. Mehr als an Ehre verletzt, verschlägt es den gezeichneten Gottesmann in die Bretagne, das "rauhe Land, dessen Sprache ich nicht kenne und dessen Bewohner wild und ungehobelt sind". Im Kloster St. Gildas will er als Abt seines Fleisches Schmach sühnen, doch weh: In einem Briefwechsel schildert er die heillosen Zustände der Benediktiner-Gemeinschaft. Nach seinen Worten leben die Mönche "schlimmer als die Heiden, ihre einzige Regel ist, keine zu haben, ihr Lebenswandel ist barbarisch, das Kloster zu einem wilden Freudenhaus verkommen". Blutige Jagdtrophäen zieren die Pforten der Abtei, und nur das Gebell der Meute und der Klang der Jagdhörner können die geilen Mönche aus den Betten ihrer Konkubinen locken. Wieder gerät der Entmannte in Gefahr: Bestrebt, Zucht und Ordnung in die mönchischen Reihen zu bringen, legt er sich mit seinen Ordensbrüdern an und fällt fast einem Giftanschlag zum Opfer. Nur durch Zufall kann sich Abélard 1132 retten und findet bei einem Edelmann Zuflucht. Hier entsteht seine berühmte "Historica calamitatum mearum" (Geschichte meines Unheils), eine bittere Anklage des Zustands der kirchlichen Institutionen, gewürzt durch wahrscheinlich nie abgesandte, fingierte Briefe des immer noch verliebten Abbés an seine Héloise, in denen er seinen schmerzhaften Verlust beweint.

▸ **St. Gildas-de-Rhuys**: Auf einem Plateau oberhalb der Atlantikküste liegt die von einer mächtigen Kirche überragte Tausend-Seelen-Gemeinde. Hinter der Kirche, die wie eine brütende Glucke inmitten des granitgrauen Ortskerns sitzt, senkt sich das Land zum Hafen hin ab, an der Peripherie schießen Ferienhäuser aus dem Boden. Beiderseits des Ortes liegen zwei lange Strände: westlich der von einem breiten Dünensaum begrenzte *Plage des Govelins* in einer 2 km langen Bucht (Strandeinrichtungen) und 5 km östlich der *Plage de Rohaliguen*, der sich in den letzten Jahren zu einer "modernen Marina" (Werbeprospekt) entwickelt hat.
St. Gildas-de-Rhuys ist eine der ältesten Siedlungen der Halbinsel. Ihre Gründung geht auf St. Gildas zurück, der im frühen 6. Jh. das Land missionierte und durch einige spektakuläre Händel mit dem Teufel etliche Seelen für seinen Gott gewann. Bis zum 12. Jh. blieb St. Gildas-de-Rhuys eine der größten und einflußreichsten Abteien, bekannt auch für ihre losen Sitten und skrupellosen Intrigen (siehe Kasten). Von der *Abteikirche* dieser Zeit ist der romanische Teil des Chors und des Querschiffes erhalten. An der Außenwand des Chors stellt ein verwittertes *Relief* ein Ritterspiel dar: Zwei schwergepanzerte Reiter stürzen sich mit gestreckter Lanze aufeinander. Einer der Recken soll Geoffroi de Plantagenet darstellen, einer der gefürchtetsten Turniergiganten seiner Zeit, der bei einem Lanzenduell durchbohrt wurde. Im Inneren der Kirche verbergen sich unter den Rundbogen und massigen Pfeilern des Chors bemerkenswerte *Totenstätten*: neben den Grabplatten verschiedener Abbés, Adliger und hoher Würdenträger u. a. das Granitgrab von St. Goustan (11. Jh.) mit einem wertvollen Reliquienschrein, in dem die knöchernen Überreste des Heiligen ruhen. Hinter dem barocken Hauptaltar die letzte Ruhestätte des Kirchenpatrons. Sein Totenschädel inklusive Arm- und Beinknochen sind im Kirchenschatz zu bewundern.

• Camping: *** **Le Menhir**; 4 km außerhalb der Ortschaft, unweit der Kreuzung der D 780 mit der D 198 nach St. Gildas. Schattig, hervorragend ausgestattet mit Laden, Tennisplatz, Swimmingpool und Fahrradverleih. 1,5 km zum Strand Les Govelins. 180 Stellflächen. Geöffnet vom 1.6. - 20.9. Tel. 452 288.
** **Les Govelins**: An der D 198, ca. 2 km außerhalb. Sehr einfaches Campingterrain mit 100 z. T. schattigen Stellflächen. Minimalausstattung. 1 km zum Strand. Geöffnet Ostern bis 15.9. Tel. 452 167.

Vannes *(ca. 47.000 Einwohner)*

Als Julius Cäsar vor 2000 Jahren die Bretagne eroberte, war es der Stamm der Veneter, der ihm den heftigsten Widerstand entgegensetzte. Die für ihre Tapferkeit und Lebenslust bekannten Ureinwohner, die den römischen Feldherrn zwar zu Komplimenten hinrissen, ihn aber nicht davon abhielten, sie zu ermorden oder in die Sklaverei zu treiben, gaben Vannes auch ihren Namen.

Vannes ist - wie zu Zeiten Cäsars - die Hauptstadt des Départements Morbihan und wichtigster Verkehrsknotenpunkt der Region. Dazu ist die Stadt auf eiem Hang am Nordufer des Golfs von Morbihan heute eine dynamische Handels - und Industriestadt. An der Peripherie und der Südflanke der Stadt haben sich in den letzten Jahren nationale renommierte Großbetriebe wie Michelin-Reifen angesiedelt, Lagerhallen, Hafenanlagen und Wohnblocks wuchern aus dem Boden. Doch die Szenerie des alten Vannes hat sich kaum verändert.

Vor dem Halbrund repräsentativer Fassaden auf dem quirligen *Place Gambetta* ragen die Masten exklusiver Segelyachten aus dem Hafenbecken, dahinter schließen mächtige Stadtmauern mit dickbauchigen Türmen das Mittelalter ein - heute bewohnt von Boutiquen, luxuriösen Geschäften und stilvollen Restaurants. In den Gassen der zur Fußgängerzone erklärten *Altstadt* mit ihren renovierten Fachwerkfassaden, gekrönt von der gewaltigen *Kathedrale St. Pierre*, verliert sich die Zeit, unter dem weitvorragenden Schieferdach des alten *Waschhauses* an der *Marle* klingt noch das Schwatzen der Waschfrauen. Die Stadt gibt sich viel Mühe, ihre Attraktionen zu fördern; Kultur hat einen hohen Stellenwert, Museen, Parks, Promenaden und das Aquarium sorgen für Kurzweil.

Geschichte

Mit der Besetzung Armorikas durch römische Truppen beginnt die Geschichte der heutigen Stadt. Nachdem die Römer die venetische Oberschicht ermordet und den Großteil der restlichen Bevölkerung auf dem Sklavenmarkt verramscht haben, entsteht auf dem Stadtgebiet ein römisches Verwaltungs- und Verkehrszentrum, das zunächst *Darioritum*, später *Venetis* und heute *Vannes* heißt. Mit der Christianisierungswelle im 5. Jh. verwandelt sich die römische Stadt in eine christliche Enklave. ST. PATERN, ein Mönch aus der Schule des St. Gildas, der durch eifrige Wundertätigkeit noch über seinen Tod hinaus für Staunen sorgte, legt den Grundstein für Vannes' Zukunft als Bischofsstadt. Im 9. Jh. schlägt Vannes' glorreichste historische Stunde: NOMINOE, ein aus biederen Verhältnissen stammender Ellenbogenmensch, wird von Karl dem

Großen zum Grafen von Vannes, später von Ludwig dem Frommen zum ersten Heerführer und Herzog der Bretagne ernannt. Ein Plan reift in Nominoes Kopf. 845 sagt er sich von der fränkischen Oberhoheit los, 851 gründet sein Sohn ERISPOE das Königreich Bretagne mit Vannes als Hauptstadt. Ironie der Geschichte: In der gleichen Stadt, in der die Unabhängigkeit der Bretagne begann, endet sie knapp 800 Jahre später. 1532 tritt CLAUDIA, Tochter der Anne de Bretagne, das Herzogtum an die französische Krone ab. Ihr Gatte FRANZ I. läßt sich diesen Staatsakt, der "die immerwährende Union des Herzogtums Bretagne mit dem Königreich und der Krone Frankreichs" besiegelt, von den Landständen in Vannes bestätigen. Die Bretagne ist wieder, was sie vor Nominoe war: eine ausgebeutete Provinz einer mächtigen Nation.

• *Telefonvorwahl*: 97
• *Postleitzahl*: 56000
• *Information*: Linker Hand vom Hafenkai, auf dem Weg zu Rathaus und Post. Im Juli/ 2 x täglich (10.30 und 15 Uhr) begleitete Führungen (Dauer ca. 90 Minuten, Erwachsene 3 - 6 DM). Im Sommer Montag bis Samstag 9 - 19 Uhr, sonntags 10 - 12 Uhr. Außerhalb der Saison 2-stündige Mittagspause, Schalterschluß 18 Uhr. Rue Thiers 1, Tel. 472 434.

Verbindung

Bahnhof für Bus und Zug im Norden am Boulevard Général Guillaudot. Für **Bus**-Reisende interessant sind die Linien 1 (Auray - Lorient) sowie 23 und 24: bis 7 x täglich (Sommer) zur Halbinsel Quiberon, Stops an allen wichtigen Tourismuszentren (Auray, Locmariaquer, Trinité, Carnac). Mit den Linien 22 und 32 in den Golf von Morbihan zu den Abfahrtshäfen für die Golf-Inseln (Arradon, Port Blanc, Larmor-Baden). Weitere Linien: Nr. 20 4 x täglich über La Roche-Bernard nach Nantes, Nr. 4 und 16 2 x täglich über Josselin oder Malestroit nach Ploërmel. Auskünfte bei CTM am Gare Routière, Place de la Gare, Tel. 476 364.

Zug: Vannes liegt an der TGV-Schnellverbindung Paris - Brest. Über Redon bzw. Quimper mehrmals täglich "tout suite" in beide Richtungen. Zwei schnelle "Bummelzüge" auf der Strecke Redon/Quimper (über Auray, Hennebont, Lorient und Quimperlé). Im Sommer zur Halbinsel Quiberon über eine Stichbahn (Auray - Carnac). Auskünfte und Reservierung im Bahnhof, Boulevard Général Guillaudot, Tel. 425 050 oder 425 010.

Diverses

• *Bootsausflüge*: Gare Maritime auf der südlich gelegenen Halbinsel von Vannes (2 km südlich des Altstadthafenkais, auf der Promenade de la Rabine Richtung Conleau). Die Flotte der Kursschiffe unternimmt von April bis Ende September Bootstouren im Golf und fährt ganzjährig zur Ile d'Arz. Schlemmerrundfahrten im Restaurantschiff zwischen März und September (Näheres im Kapitel Golf von Morbihan). Auskünfte und Reservierungen direkt im Gare Maritime von Conleau bei Navix am Parc du Golfe, Tel. 466 000.

• *Fahrradverleih*: **M. Trébossen** verleiht zu gängigen Konditionen am Boulevard de la Paix 118, **SNCF** hält am Bahnhof Peuggot-Tourenräder bereit, Tel. 472 703.

• *Feste*: Im März starten die Filmtheater das **Festival des Fantastischen Films**. Bunt und lebhaft geht es während des ganzen Julis an den **Journées Historiques** zu, jeden Tag traditionelle Spektakel, abends wird die Stadt illuminiert. Im August finden unter dem Titel **Festival du Jazz** in Clubs und open-air bekannte Jazzer ihr Publikum.

• *Markt*: Wochenmarkt jeden Mittwoch und Samstag vormittag auf dem Place des Lices. Fischmarkt jeden Freitag und Samstag) in den Hallen am Place de la Poissônnerie.

Übernachten/Camping/Essen

Über 30 Hotels der unterschiedlichsten Kategorien (mittlere Oberklasse bis sternloses Nacht-Logis), etwa 800 Hotelzimmer. Eine Auswahl:

*** **Aquarium Hotel**: Im Parc du Golfe etwas außerhalb, Richtung Conleau. Erste Adresse mit gediegenem Wohnkomfort, 48 Zimmer mit erstklassigen Sanitärs, schöne Aussicht. Hotel-Restaurant Le Dauphin mit ausgezeichneter Küche (Menus ab 35 DM). DZ ab 130 DM, Frühstück 14 DM. Ganzjährig geöffnet. Parc du Golfe, Tel. 404 452.

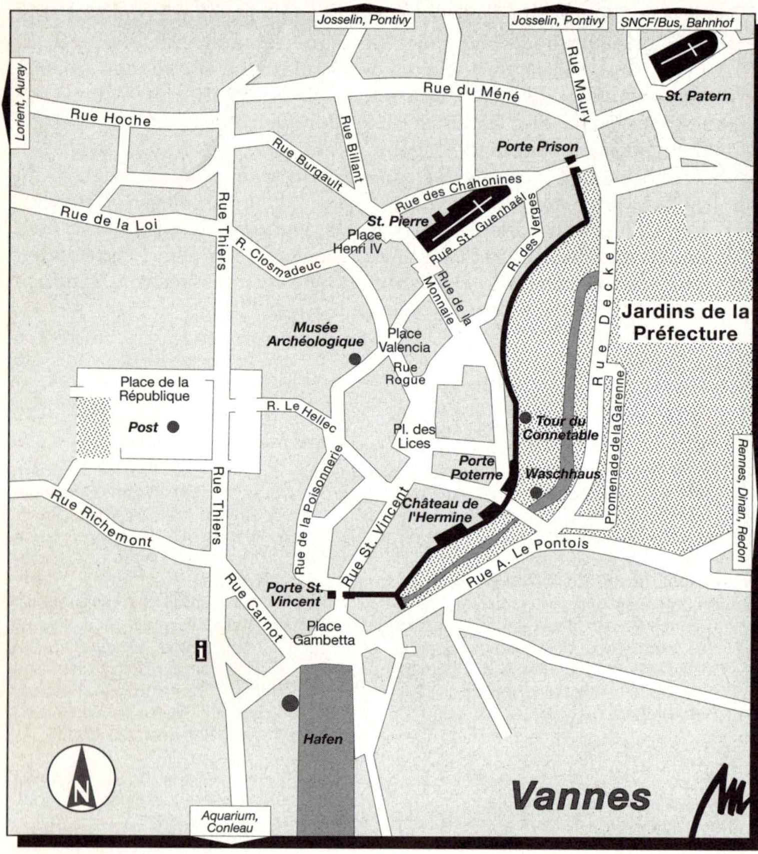

*** **La Marébaudière**: Oberhalb des Promenaden-Parks de La Garenne, unweit des Etang de Duc. Nobel in ruhiger Lage, 41 Zimmer mit entsprechender Einrichtung. Das hochgeschätzte Hotel-Restaurant La Marée Bleue (gleich um die Ecke) gefällt durch seinen Jahrhundertwende-Charme und eine exklusive Speisekarte (Tagesmenu inkl. Getränke ab 23 DM, erlesene Speisefolgen 43 - 90 DM). DZ ab 90 DM, Frühstück 11 DM. Ab 15.12. für 3 Wochen geschlossen. Rue Aristide Briand 4, Tel.473 429.

** **Anne de Bretagne**: Gleich gegenüber dem Bahnhof. Funktionales 20-Zimmer-Hotel mit ordentlichen Räumen und Sanitärkomplexen. Kein Restaurant. DZ 55 - 95 DM, Frühstück 9 DM. Ganzjährig geöffnet. Rue de Clisson 42, 542 219.

** **Image St. Anne**: 500 m westlich des Stadtzentrums an der Straße nach Auray. 35 Zimmer in einem großzügigen Gebäude, unterschiedliche Ausstattung. 2 Speisesäle mit Menus von 23 - 50 DM. DZ 95 - 100 DM, Frühstücksbüffet 11 DM. Ganzjährig geöffnet. Place de la Libération 8, Tel. 632 736.

** **Le Bretagne**: Kleines, nettes Hotel unweit der Kathedrale (Norden). 12 ordentliche Zimmer, unterschiedlich ausgestattet. Z. T. Etagen-WC. Kein Restaurant. DZ 30 - 65 DM, Frühstück 7,50 DM. Ganzjährig geöffnet. Rue Mené 36, Tel. 472 021.

** **de France**: Vor dem neuen Rathauskomplex. Funktionales 25-Zimmer-Hotel. Unterschiedliche Ausstattung, kein Restaurant. DZ 47 - 90 DM. Ganzjährig geöffnet. Avenue Victor Hugo 57, Tel. 472 757.

*** La Chaumière**: Einfaches Garni-Hotel 500 m vom Zentrum an der Hauptstraße nach Auray. 13 Zimmer, etwas laut. Etagen-WC. DZ 53 DM, Frühstück 7,50 DM. Ganzjährig geöffnet. Place de la Libération 12, Tel. 632 851.

*** de Clisson**: Auf dem Weg zum Bahnhof. Kleines, einfaches Hotel mit 12 Zimmern. Z. T. mit Bad/WC, ansonsten Waschbecken/Bidet. DZ 30 - 55 DM, Frühstück 8 DM. Ganzjährig geöffnet. Rue de Clisson 11, Tel. 541 394.

• *Camping*: *** **Municipal de Conleau**; etwas außerhalb der Stadt beim Gare Maritime. Die Uferstraße trennt das leicht abschüssige Rasengelände von der Golfküste. Vereinzelt Pappeln und Kiefern. 1990 waren die Sanitärs unter aller Kanone und wurden bislang nur etwas aufgepäppelt. Kleiner Laden, Scheckkarten-Schlagbaum. Busanschluß ins Zentrum. Erwachsene 5 DM, Kinder bis 7 die Hälfte, Platz 4 - 5 DM, Auto 3 DM, Motorrad 1,70 DM, heiße Dusche 1,70 DM, Elektrik ab 3 DM. 300 Stellplätze. Geöffnet von April bis 30.9. Avenue du Maréchal Juin 188, Tel. 631 388.

• *Essen*: Am Bahnhofsplatz empfängt das edle **Restaurant Régis Mahé** Gourmets mit edlen Gaumenkitzeleien. Bekannt für exzellenten Fisch und Meeresfrüchte. Spezialität Langusten à l'Estragon, Seebarbensalat auf Kräutern und Wolfsbarschragout. Menus 35 - 95 DM. Place de la Gare, Tel. 426 141.

Sehenswertes

Stadtrundgang: Vom *Place Gambetta* am Ende des schlauchförmigen Yachthafenbeckens geleitet die wehrhafte *Porte St. Vincent* in die engen Altstadtgassen, die allesamt fachwerkgesäumt zur Kathedrale hinaufführen. Den *Place des Lices* säumen Bürgerhäuser: Hier wurden früher die Turniere und Schaukämpfe der Ritter ausgetragen. Über die *Rue Rogue* an der nördlichen Spitze des Platzes (interessant das Eckhaus am Ende der Gasse, im Volksmund das "Haus von Vannes und seiner Frau", mit zwei bäuerlich-derben Holzskulpturen an der Giebelseite) und die *Rue des Halles* gelangt man zu den *Markthallen* (*La Cohue*) aus dem 12. Jh., in denen das Museum der schönen Künste untergebracht ist. Zwischen dem *Place St. Pierre* und *Place Henry IV.* (Giebelhäuser aus dem 16. Jh.) erhebt sich die *Kathedrale St. Pierre*. Rechts - am Kirchenschiff entlang - ein weiteres Tor: die *Porte Prison*, das Gefängnistor. Ein massiger Turm, in dem Verdächtige einst auf ihren Haftprüfungstermin warteten, flankiert das Tor. Dahinter rechts in die *Rue F. Decker* außerhalb der Stadtmauern. Im alten Graben unterhalb des 400 Meter langen Stadtwalls erfreut ein barocker Park mit bunten, geometrischen Blumenbeeten, hinter der teils efeuumrankten Schutzwand recken sich die Fachwerkhäuser und die Silhouette der Kathedrale empor. Am Ende des Parks, malerisch am grünveralgten Flüßchen *Marle*, duckt sich das leichtgeschwungene Schieferdach des alten städtischen *Waschhauses*, im stillen Wasser spiegelt sich das Fachwerk. Über das Brücklein am Waschhaus durch die *Porte Poterne* zurück in den Altstadtkern. Tip: Ein besonders eindrucksvolles Panorama über Waschhaus und Stadtwall genießen Sie vom ehemaligen Schloßpark aus, der sich links der Straße über einen Hügel zieht und von einem schönen Spazierweg (*Promenade de la Garenne*) durchschnitten wird.

Kathedrale St. Pierre: Ihre Baugeschichte reicht vom 12. (Romanik) bis zum 19. Jh. (Neugotik), das Ergebnis ist ein bunt zusammengewürfeltes Konglomerat unterschiedlicher Stile und Kunstepochen, mit An- und Vorbauten, einer kreisrunden Kapelle, einem langen Kirchenschiff und zwei monumentalen Türmen. Vom Ursprungsbau ist nur der mit einer

neuen Spitze gekrönte Nordturm erhalten, die aus dem Kirchenschiff herausspringende Kapelle ist eines der seltenen bretonischen Renaissance-Bauwerke. In ihrem lichten Inneren liegen die Reliquien des spanischen Dominikaner-Paters VINZENZ FERRER, den der spanische König Philipp II. quer durch Europa schickte, um den gottlosen Pöbel wieder auf die rechte Bahn zu bringen. Ferrer, ein begnadeter Redner, rastlos in Sachen Gottes- und Königspropaganda unterwegs, lockte mit seinen derben und volkstümlichen Schmähpredigten Tausende von Neugierigen und Gläubigen an. 1417 wird er in die Bretagne beordert und kommt zweimal nach Vannes. Beim ersten Mal predigt er 24 Tage lang vor einer elektrisierten Menge, zwei Jahre später kehrt er als Sterbender zurück - nach einer Reise durch die bretonischen Bistümer stirbt er erschöpft in Vannes. Um seine Gebeine entbrennt ein heftiger Streit. Philipp II. will die sterblichen Überreste seines Starpredigers zurück haben, der Bischof von Vannes widersetzt sich. Über 36 Jahre lang halten die Vanner die Knochen des Bußpredigers versteckt, die vom König gedungenen Einbrecher kommen ohne Reliquie heim.
Das Grab des Heiligen in der Rundkapelle wird gerahmt von einem verblichenen Gobelin (1615), auf dem Leben, Wunder und Heiligsprechung des Vinzenz dargestellt sind. Ein anderes Gemälde zeigt ihn bei der Arbeit: Vinzenz predigt den Bürgern von Granada. Im ehemaligen Kapitelsaal der Kathedrale (rechts hinter dem Chor) die Schatzkammer, wo neben liturgischem Handwerkszeug (Hostienbüchse aus Elfenbein) und Kultgegenständen (Kreuze, Kelche, Bücher), eine bemalte Hochzeitstruhe (12. Jh.) ins Auge sticht.
• *Öffnungszeiten*: Täglich 8 - 12 und 13.30 - 19 Uhr. Trésor von Juli bis 15.9. täglich außer Sonn- und Feiertage 10 - 12 Uhr und 14 - 17 Uhr. Eintritt 3 DM.

La Cohue *(Die "lärmende Versammlung")*: Die Markthallen aus dem 12. und 16. Jh. waren bis 1840 die Domäne der Händler (speziell der Metzger) und während des Ancien Régimes Sitz des Finanzgerichts. Hier entschied der Präsidial über Steuerfragen, und zur Zeit der Revolution fällten die Jakobiner ihre blutigen Urteile. Ein Teil der Hallen ist im romanischen, der andere im Stil des 14. und 16. Jh. gehalten. Zwei Eingänge führen in das älteste, vor einigen Jahren renovierte Gebäude. Es beherbergt heute das *Musée des Beaux Arts* mit seiner Kollektion namhafter Maler besonders des 19. Jh.: Corot, Millet, Delacroix und Goya. Ein Extrasaal widmet sich der Geschichte und Ethnologie des Golfes von Morbihan, wobei vor allem Schiffsmodelle die Entwicklung der Seefahrt illustrieren.
• *Öffnungszeiten*: Täglich außer Sonn- und Feiertagen 10 - 12 und 14 - 18 Uhr. Von 15.6. - 15.9. auch sonntags. Erwachsene 5 DM, Kinder 3 DM.

Musée Archéologique: Das *Château Caillard*, das mit seinem vorgebauten Treppenturm eher an eine Festung als an ein Palais erinnert, war seit 1457 sporadischer Tagungsort des bretonischen Parlaments. Es beherbergt heute - neben Carnac - das interessanteste prähistorische Museum der Bretagne. Der Bogen reicht vom Neolithikum (Grabbeigaben) bis zum späten Mittelalter (Passionskreuze). Schwerpunkt der Sammlung bilden die Exponate der Megalith-Kultur, die von den ersten Ausgrabungen in Locmariaquer und Carnac (besonders Tumulus von St.

Das Waschhaus an der Marle

Michel) stammen: jede Menge Steinzeitschmuck und derbes Arbeitsgerät, Beile, Münzen, Perlen hinter Glasvitrinen.
• Öffnungszeiten: Täglich außer Dienstag und außer sonn- und feiertags 9.30 - 12 und 14 - 18 Uhr. Eintritt 5 DM, ermäßigt 3 DM.

Aquarium: An der Ausfahrt des Yachthafens, etwa 1,5 km vom Zentrum, Richtung Conleau. 1984 wurde das futuristisch anmutende ozeanographische und tropische Aquarium eingeweiht. In über 50 Bassins, verteilt auf drei Ebenen, präsentiert es gut 600 Arten maritimer Fauna von der Nautilusmuschel bis zum Tigerhai. Bemerkenswert: das 35.000-Liter-Becken mit einem tropischen Korallenriff und das Haifischbecken. Skurril: das berühmteste Krokodil Frankreichs, das in den Abwasserkanälen von Paris entdeckt wurde und vor einigen Jahren weltweit Furore machte.
• Öffnungszeiten: Ganzjährig geöffnet. In der Vorsaison 9 - 12 und 13.30 - 18.30 Uhr. Im Juli und August durchgehend von 9 - 19 Uhr. Eintritt 14 DM, Kinder bis 12 Jahre 8 DM, Jugendliche bis 18 Jahre 12 DM.

La Roche-Bernard *(ca. 850 Einwohner)*

La Roche-Bernards beste Tage liegen schon lange zurück. Das Städtchen, das mit seinen Kanonen über einem steilen Felssporn die Ufer der Vilaine und die Ausfahrt zum Ozean bewachte, verlor in den letzten Jahrhunderten immer mehr an Bedeutung und ist auf den Rang einer sympathischen Provinzgemeinde gesunken.

Dabei war früher alles ganz anders. Schon ein Wikingerfürst hatte die strategische Bedeutung des Ortes erkannt und einen imposanten Bergfried errichtet. Der Einfluß seiner Nachkommen, die fleißigst Abgaben kassierten, wuchs, und La Roche-Bernard stieg zum Hauptsitz einer der neun Baronien des Herzogtums auf. Stadt und Hafen blühten, die Herren von La Roche kontrollierten die Flußschiffahrt, verdienten kräftig am Weinhandel und mischten beim Transit des weißen Goldes aus den Salzsümpfen der Guérande-Halbinsel tüchtig mit.

Im 17. Jh. war aus dem einstigen Wikingerhorst die erste protestantische Gemeinde der Bretagne geworden, deren solid geführte Werften hoch im Kurs standen. So hoch, daß Minister Richelieu von seiner sonst üblichen Bestrafung einer umstürzlerischen Stadt absah (Schleifung) und sie sogar mit einem als Staatsgeheimnis gehüteten, einträglichen Auftrag versah. 1629 begannen auf dem Gelände des heutigen Campingplatzes die Bauarbeiten an Frankreichs erstem dreideckigen Kriegsschiff, der in die Schiffsbaugeschichte eingegangenen *La Couronne*. In fünfjähriger Arbeit entstand ein 1200-Tonnen-Riese, 52 m lang, mit 68 Kanonen bestückt, der mit 634 Mann Besatzung 1638 an seiner ersten Seeschlacht teilnahm und noch ein Jahrhundert später als vielkopierter Prototyp französischer Linienschiffe durch die Weltmeere pflügte.

Während der Revolution war La Roche konsequenterweise eine republikanische Hochburg. Beim Angriff vereinigter royalistischer und Chouan-Truppen starb der revolutionäre Bürgermeister SAUVEUR unter den königlichen Bajonetten mit den Worten "Es lebe die Republik!". Zu seinem Gedenken wurde die Stadt nach der republikanischen Rückeroberung für einige Jahre in "La Roche-Sauveur" umbenannt.

Spätestens mit dem Bau der ersten Vilaine-Brücke 1839 begann La Roches Abstieg in die Drittklassigkeit. Der Hafen verödete, die Verkehrsströme und Handelswege führten fortan ohne Stopp vorbei. Die Brücke, die heute den Fluß in 50 m Höhe überspannt und auf der Tag und Nacht die Fernlaster über die Route National brummen, wurde 1960 erbaut. Von ihr werfen die Vorbeirauschenden einen kurzen, entzückten Blick ins Flußtal hinab, wo sich Segelyachten spiegeln und über einem kantigen Felssporn die windschiefen Dächer der Ortschaft zu einem geometrischen Muster zusammenschachteln.

- *Telefonvorwahl*: 99
- *Postleitzahl*: 56130
- *Information*: Am früheren Pranger in der Ortsmitte, im "Kanonenhaus". Von Juni bis 15.9. täglich 9 - 12 und 14 - 18.30 Uhr geöffnet, Sonntag nur vormittags. In der Nebensaison Auskunft im benachbarten Rathaus. Place du Pilori, Tel. 906 798.
- *Verbindung*: Mehrmals täglich (außer Sonn- und Feiertage) mit den Linien 5, 20 und 50 nach Nantes bzw. Vannes und Pont-Château.
- *Bootsausflug*: Diverse Ausflüge auf der Vilaine veranstaltet Vedettes Jaunes. Beispiele: Im Juli und August startet am Nachmittag stündlich ein Boot flußabwärts bis zum Staudamm (12 DM, ermäßigt 8 DM). Die "Anne de Bretagne" oder die "Visiona" fahren vom Frühjahr bis in den September flußaufwärts bis Redon (4 Stunden, 42 km, 28 DM). Beliebt sind auch die ganztägigen Flußkreuzfahrten mit Verköstigungsmöglichkeit im Bordrestaurant (Menu 55 - 80 DM). Information und Buchung in Arzal bei Dréno, Tel. 450 281.
- *Markt*: Donnerstag vormittag.

Übernachten/Camping/Essen

*** **Auberge Bretonne**: Solange und Jacques Thorel haben ihr exklusives Restaurant zum Hotel erweitert. Stilvoll, charmant und luftig wie ihre bekannte Küche. 10 Zimmer in exklusiver, immer anderer detailbesessener Ausstattung. DZ 110 - 280 DM. Im November und Januar geschlossen. Place Duguesclin, Tel. 906 028.

** **Auberge des 2 Magots**: Zentral auf dem Platz vor dem O.T. Schmuckes, langgezogenes 15-Zimmer-Hotel, komfortable, stilvoll eingerichtete Räumlichkeiten mit unterschiedlicher Sanitärausstattung. Im Hotelrestaurant ausgezeichnete Menus 27 - 110 DM. DZ 90 - 150 DM, Frühstück 10 DM. Geöffnet vom 15.1. - 15.9. Place du Bouffay 1, Tel. 906 075.

** **Hotel de Bretagne**: Ein nettes Hotel in der Querstraße hinter der Kirche. 15 wohnliche Räume mit Dusche bzw. Dusche/WC. Kein Restaurant. DZ 80 - 110 DM, Frühstück 9 DM. Geöffnet von Ostern bis November. Rue Crespel de la Touche, Tel. 906 065.

• Camping: *** **Municipal du Patis**; am Ufer der Vilaine. Gut geführter, sanitär sehr ordentlicher Platz. Rasengelände, von Hecken unterteilt. In unmittelbarer Nähe des Platzes zwei Bootshäfen, Tenniscourt und Möglichkeit für Kanu-/Kajak-Fahrten. Erwachsene 4 DM, Kinder die Hälfte, Platz 4 DM, Auto 1,70 DM, Wohnmobil 5 DM, Elektrik 4 DM. In der Vor- und Nachsaison 10 % Ermäßigung. 60 Stellflächen. Ganzjährig geöffnet. Chemin du Patis, Tel. 906 013.

• Essen: **Auberge Bretonne**; Restaurant der gehobenen Mittelklasse mit fabelhafter Küche. Stilvoll eingerichtet am Place Duguesclin (kurz vor der Kreuzung der Hauptstraße des Ortes mit der Route Nationale). Spezialitäten sind die getrüffelten Jakobsmuscheln, die "süßen Wonnen Solanges" und der Hummertopf. Rauschende Weinkarte mit erlesenen Tropfen. Menus 40 - 150 DM. Tel. 906 028.

Sehenswertes

Stadtspaziergang: Bester Startpunkt am Hafen. Gleich oberhalb des alten Zollkais mit seinen alten Lagerhallen und den mit Außentreppen versehenen Häusern (17. Jh.) ragt der *Felsen* empor, eine denkmalgeschützte Anlage, auf der noch zwei alte, funktionsunfähig gemachte Kanonen über die Vilaine wachen. Sie stammen vom Kriegsschiff *Le Juste*, das mit Mann und Maus bei der Schlacht der Kardinäle 1759 vor Croisic auf Grund gelaufen war. Gegenüber diesem Aussichtspunkt führt die *Promenade du Ruicard* oberhalb des Hafens entlang und endet in einem Gewirr kleiner, enger Gäßchen, die steil zum Ortszentrum ansteigen (Häuser aus dem 16./17. Jh.). Am Ende der Promenade das *Château des Basses-Fosses*, ein imposantes fünfstöckiges Gebäude aus dem 16./17. Jh., in dem sich das *Musée Maritime* eingenistet hat. In der *Rue de la Saulnerie* oberhalb der Promenade du Ruicard (Blick auf den alten Hafen) kann man zwischen Kramläden und Werkstätten einige ehemalige Magazine der Baronie entdecken: voluminöse Salzscheunen mit steinmetzverzierten Fenstersimsen, Bullaugen, Doppeltoren und dem traditionellen Schieferdach (besonders schön Haus Nr. 12).

Am zentralen *Place du Bouffay* oder *Place du Pilori* (Pranger), stand während der Revolution die Guillotine. Gegenüber der schönen Fassade der *Auberge des deux Magots* schließt das *Maison du Canon* (Touristinfo) den Platz ab. Das granitene *Renaissance-Herrenhaus* (1599) mit dem rosettenverzierten Spitzdach, den Eselsrückenfenstern und dem kleinen Glockenturm erhielt seinen Namen von dem Artilleriegeschütz, das man 1760 in ein Hauseck einmauerte. Die Kanone stammt vom Kriegsschiff *L'Inflexible*, das wie die *Le Justine* in der Schlacht der Kardinäle gesunken war.

Musée de la Vilaine Maritime: Das Anwesen eines reichen Salzhändlers aus dem 17. Jh. präsentiert in sieben Sälen eine kleine Heimatausstellung, die ein anschauliches Bild über den maritimen Alltag zu Anfang unseres Jahrhunderts liefert. Interessant das zehn Meter lange Modell von Stadt und Hafen, das den Hintergrund einer Diorama-Show bildet und die Zeiten der *Couronne* heraufbeschwört. Englischsprachiger Kommentar.

• Öffnungszeiten: Von Juni bis September täglich 10 - 19 Uhr. In der NS samstags, sonn- und feiertags 10 - 12.30 und 14.30 - 19 Uhr. Eintritt 7 DM, ermäßigt 4 DM.

Côte d'Amour

Guérande *(ca. 9500 Einwohner)*

Die einstige Hauptstadt des Pays Blanc, des weißen Landes, liegt heute im Windschatten La Baules. Das Salz aus den Salzfeldern, über Jahrhunderte Grundlage des Wohlstands, ernährt nur noch selten den Mann/die Frau. Um so willkommener sind die Touristen aus der nahen Seebad-Retorte, die in der mauerumgürteten Altstadt Guérandes "Bretagne typique" suchen.

Die Porte St. Michel

Von einem wehrhaften Mauerring geschützt, hat sich der Charakter der mittelalterlichen Stadt weitgehend erhalten. Sechs Türme überragen den Stadtwall, vier Tore führen in die Gassen der Altstadt, die fast sternförmig am *Platz St. Aubin* vor der Stiftskirche zusammenlaufen. Der Graben, der die Wälle früher umgab, wurde im 18. Jh. zugeschüttet, seitdem führt eine zum schattigen Boulevard gewachsene Ringstraße rund um die Stadtmauer. Wichtigster Zugang zur Altstadt ist das Südosttor, die mächtige *Porte St. Michel*, durch die vor 500 Jahren Anne de Bretagne mit großem Gefolge ritt.

Guérande heute ist eine ländliche Kreisstadt, umgeben von halbmodernen Vororten und über 40 Dörfern und Dörfchen. Der mittelalterliche Glanz ist verblichen, die malerischen Gassen und Winkel der Altstadt lassen aber noch den Wohlstand und die gediegene Saturiertheit der Bürger der einstigen Salzmetropole erahnen. Nicht umsonst hat sich Guérande die deutsche Mittelalter-Perle Dinkelsbühl zur Partnerstadt gewählt.

Guérande war über Jahrhunderte politisches und wirtschaftliches Zentrum der gesamten gleichnamigen Halbinsel. Geographisch umfaßt die *Presqu'île de Guérande* das Gebiet zwischen der *Loire-* und *Vilaine-Mün-*

dung. Ursprünglich war ein Großteil dieser Region vom Meer bedeckt, die heutige *Halbinsel von Le Croisic* oder die *Ile de Fedrun* in der *Grande Brière* ragten als Inseln aus dem Wasser.
Infolge einer relativ jungen tektonischen Verschiebung zweier Erdplatten hob sich der Meeresboden um 15 m und ließ die heutigen Sumpfgebiete entstehen. Der vom Meer abgetrennte Ostteil verwandelte sich in das sumpfige *Pays Noir* (Schwarzes Land, Torfmoor), die 40.000 ha-Fläche der *Grande Brière*. Im Westen entstand das *Pays Blanc*. Die Anschwemmungen der beiden großen Flüsse füllten den Boden des ehemaligen Golfes auf, und das Festland wuchs langsam zu der Insel hinüber, auf der heute La Baule liegt. Die Meeresströmungen sorgten dafür, daß ein kleiner Kanal freiblieb. Durch ihn erfolgte der Wasseraustausch zwischen den flachen, salzigen Sümpfen (*Marais Salants*) und dem Atlantik. Damit waren die natürlichen Voraussetzungen für das Salzgeschäft gegeben.

Geschichte

Guérandes Geschichte ist untrennbar mit dem Salz verbunden. Bereits vor 1000 Jahren gewinnen die Bewohner das weiße Gold aus den Sümpfen südlich der Stadt. Um 900 erhält der Kirchensprengel von Guérande stattliche Privilegien, kurz darauf lockte der blühende Reichtum die verschiedensten Völker und Herrscher. Erst zerstören normannische Truppen die Befestigungen, dann plündern der Spanier Ludwig und seine Söldner. Obwohl Guérande im Erbfolgekrieg auf der richtigen Seite steht, wird die Stadt ein Raub der Flammen. Nach der Schlacht von Auray 1364 dankt MONTFORT für die teuer bezahlte Treue und erhebt die Stadt zu seiner Generalbevollmächtigten. Eine langanhaltende Zeit des Friedens und des Wohlstands bricht an. 1488 erhält Guérande vom Vater der späteren Herzogin Anne seinen Stadtwall, Anne selbst führt von Guérande aus erste Heiratsverhandlungen mit dem König von Frankreich. Nach der erfolgreichen Vermittlung spendet die neue Königin der Stadt eine goldene Blumenkrone, die noch heute bei traditionellen Hochzeiten vor die Heiratskandidatinnen gelegt wird. Zusätzlich erhalten die Salzbauern ein zollrechtliches Privileg: Sie dürfen ihr weißes Gold steuerfrei handeln und transportieren - ein überaus einträgliches Geschäft.

Im März 1793 belagern republikanische Truppen die Stadt. Royalistische Anhänger, die sich hinter den schweren Mauern Guérandes eingeigelt haben, leisten 80 Tage lang Widerstand. Zur Strafe verliert die Salzstadt ihre königlichen Privilegien, der stete Niedergang beginnt. Erst mit der Entwicklung des Tourismus durch die Geburt von La Baule tun sich für die inzwischen von der südfranzösischen Konkurrenz überholten Salzgewerbler neue Einnahmequellen auf. Sie sprudeln, wenn auch lange nicht so reichlich wie in La Baule, bis heute.

- Telefonvorwahl: 40
- Postleitzahl: 44350
- Information: Tourismusbüro gleich rechts der Porte St. Michel. Von Juni bis September durchgehend von 9.30 - 19 Uhr, Sonntag 10 - 13 Uhr. Im Juli und August täglich um 15.30 eine begleitete Führung durch die Ville Clos. Place du Marché du Bois, Tel. 249 671.
- Verbindung: **Busse** der Linie 51 bis zu 5 x täglich nach La Baule. Ebensooft über La Turballe nach Piriac. Haltestelle beim Rathaus in der Rue des Saulniers.

Diverses

• *Ausflug*: Das O.T. veranstaltet im Sommer halbtägige Ausflüge in die Brière inkl. Bootsfahrt auf den Kanälen. Kostenpunkt 43 DM.

• *Einkaufen*: Unbedingt Salz. Garantiert vom Salzbauern vermarktet Groupement des Producteurs du Sel das weiße Gold. Erkennbar an "Sel marin de Guérande".

• *Fahrradverleih*: Cycles Belgrand, Faubourg St. Michel, Tel. 249 144.

• *Feste*: Im Juli und August unter dem Titel "Voix des Orgues" (Orgelstimmen) jeden Freitag abend Konzerte mit der Königin der Instrumente in der Stiftskirche. Platzkarten über das Tourismusbüro.

• *Markt*: Mittwoch und Samstag vormittag auf dem Platz vor der Kirche.

• *Reiten*: Ferme équestre La Champagne, an der Straße nach St. Molf, Tel. 619 520.

Übernachten/Camping

** **Hotel Les Remparts**: Direkt an der Ringstraße um den Stadtwalls. Hübsches 8-Zimmer-Hotel mit gemütlichen Zimmern, entweder mit Dusche oder Bad/WC. Im Hotelrestaurant bretonische Gerichte, gute Speiseadresse (Menus 27 - 80 DM, Kindermenu 20 DM). In den Sommermonaten HP obligatorisch. DZ 75 - 85 DM, HP 90 DM, Frühstück 8 DM. Ganzjährig geöffnet. Boulevard du Nord, Tel. 249 069.

** **Le Roc Maria**: In einer kleinen Gasse bei der Kirche. Pittoreskes Natursteingebäude (15. Jh.), frisch renoviert: 9 Zimmer mit moderner Sanitärausstattung. Kein Restaurant, aber eine gemütliche Crêperie, in der auch gefrühstückt wird. DZ 70 - 80 DM, Frühstück 9 DM. Geöffnet von 15.3. - 15.11., außerdem über Weihnachten/Neujahr. Rue des Halles 1, Tel. 249 051.

** **Les Voyageurs**: Das Eckhaus am Stadtmauerring gehört zur Logis-de-France-Organisation. 12 ordentliche Zimmer, sanitär gut ausgestattet (Dusche/WC oder Bad/WC). Im Hotelrestaurant preisgünstige Tagesmenus ab 20 DM, Kinderteller 12 DM. In der Sommersaison HP erwünscht. DZ 83 - 93 DM, HP 83 - 93 DM, Frühstück 8 DM. Boulevard de l'Abreuvoir, Tel. 249 013.

* **La Porte Vannetaise**: Ein paar Häuser weiter vom obigen Hotel. 9 Zimmer (z. T. einfach, Etagenklo). Restaurant. DZ ab 34 DM. Ganzjährig geöffnet. Boulevard du Nord 13, Tel. 249 048.

• *Camping*: **** **Parc de Léveno**; luxuriöse Anlage im Osten der Stadt (3 km, ausgeschildert), in einem lichten Kiefernwald. Lichtungartiges 5-ha-Wiesengelände, von Hecken- und Ginsterbüschen gegliedert. Riesenspielplatz mit vernünftigen Spielgeräten. Großer beheizter Swimmingpool, 2 Tennisplätze, Reiten, Ping-Pong-Zelt, Fahrradverleih, Fernsehraum, vorgekochte Menus, Laden, Restaurant, Bar, Waschmaschinen, Top-Sanitärs. Im Sommer eine reiche Palette von Animationsprogrammen für jung (Sackhüpfen) und alt (Tanzabend). Pauschalarrangement für 2 Erwachsene inkl. Platz und Auto 35 DM. 200 großzügige Einheiten. Geöffnet von Mai bis 30.9. Léveno, Tel. 247 930.

**** **Parc Ste. Brigitte**: Auf dem Höhenkamm über den Salzsümpfen, rechts der Straße nach La Turballe (D 99) in einem Schloßpark. Wiesengelände mit Hecken, Blumenbeeten und Büschen, schattig unter Bäumen oder sonnig am großen Swimmingpool (mit Planschbecken). Gepflegtes Sanitärgebäude, Waschmaschinen, Trockner. Gemeinschaftsräume in alten, renovierten Gebäuden. TV, Pingpong, Sportprogramme, Animation, im Sommer 1 x wöchentlich Disco. Erwachsene 6 DM, Kinder 4 DM, Auto 4 DM, Platz 7 DM. Pauschale für Wohnmobil- oder Caravanstellplatz (Elektrik, Wasser/Abwasser inkl.) 15 DM. 100 Stellplätze. Bréhet, Route de la Turballe, Tel. 248 891.

*** **Municipal de Bréhadour**: Etwa 1,5 km nordöstlich der Stadt, etwas abseits der Straße nach La Roche Bernard (D 774). Großes heckenunterteiltes Wiesengelände. Spielplatz, 2 Tennisplätze (13 DM/Std.), kleiner Laden. Den Sanitärs würde eine Renovierung gut tun. Erwachsene 5 DM, Kinder die Hälfte, Platz 6 DM, Auto 2,50 DM, Elektrik 4 DM. 271 Stellplätze. Geöffnet von April bis Ende September. Bréhadour, Tel. 249 312.

** **Le Panorama**: In unmittelbarer Nähe vom Camp Parc Ste. Brigitte, hinter dem Ortsteil Clis, links der Straße D 99. Unterhalb des Geländes bei Sonnenuntergang Blick über die Salzsümpfe. Einfaches Wiesenterrain, von einigen Obstbäumen aufgelockert, putziges Sanitärgebäude mit geblümten Plastikvorhängen vor den Waschkabinen. Waschmaschine. Laden im Rezeptionsgebäudchen. Erwachsene und Platz je 5 DM, Kinder 2,50 DM, Auto 3 DM, Elektrik 3 DM. 70 Stellplätze. Geöffnet von April bis 15.10. Clis, Route de la Turballe, Tel. 247 941.

Salz

Ein unter den Salzbauern gebräuchliches Sprichwort sagt alles über die Güte des Guérander Salzes: "Un sel si bon que l'on met dans la conversation" - ein Salz, so gut, daß man es in die Unterhaltung streut.
Die Ex-Meeresbucht im Südwesten Guérandes, die sich vor Jahrtausenden in eine flache Sumpflandschaft verwandelte, wurde von Menschenhand in ein überdimensionales, 1700 Hektar großes Schachbrett verwandelt. Durch ein ausgeklügeltes System von immer flacher werdenden Becken, Kanälen (***étiers***), sich verjüngenden Gräben und Verdunstungspools (***Salinen***) wird hier seit 1000 Jahren aus Meerwasser das weiße Gold gewonnen, das fahrige Köche heute so sorglos verstreuen. Wichtigste natürliche Faktoren der Salzgewinnung sind der Gezeitenunterschied (bei Flut strömt das Meerwasser durch den schmalen Kanal zwischen Le Croisic und dem Festland in die flache Bucht) und die Tatsache, daß das Meerwasser bei Sonneneinstrahlung verdunstet und bei entsprechender Sättigung Salz auskristallisiert, das regelrecht geerntet werden kann.

Mit langen, breiten Rechen (***Las***) stehen die ***Paludiers*** (Salzbauern) auf kleinen Plattformen (***Ladure***) und ziehen vorsichtig die wertvolle, fragile ***Fleur du sel*** (Salzblume), die oberste weiße Schicht, aus den 2 - 5 cm tiefen Salinenbecken (***Fares*** oder ***Adernes***). Bei günstiger Witterung gewinnt man auf diese Weise 3 - 5 kg Spitzensalz (***Sel Menu***) pro Tag und Becken. In den letzten, nur noch knapp 2 cm tiefen Salinen (***Oeillets***) ist die Salzkonzentration durch Verdunstung so hoch, daß ein graues, besonders mineralienreiches Salz (***Sel Gris***) ausflockt. Es wird mit flachen Schaufeln zwischen den Becken in Kegeln aufgehäuft und in der Fabrik gereinigt und verarbeitet. Geerntet wird von Juni bis September. In einem 15 bis 30 Tage währenden Prozeß, der stark von der Witterung abhängig ist, gewinnt man aus den rund 8000 Becken im Jahresdurchschnitt etwa 10.000 Tonnen Salz. Heute leben noch rund 250 Familien in der Region vom Salzhandwerk. Nach einem steten Niedergang des Salzabbaus und der Stillegung vieler Salinen infolge der preisgünstigeren Konkurrenz aus den wetterbegünstigten südfranzösischen Erntegebieten sieht sich die Regierung seit 1972 gezwungen, diesen traditionellen Gewerbezweig der Guérande-Halbinsel durch Subventionen und Gesetze zu retten - mit ihm ein vom Menschen seit Jahrhunderten sinnvoll genutztes Naturreservat.

Sehenswertes

Collégiale St. Aubin: Von der Mitte des 9. Jh. bis zur Revolution wurde der Gottesdienst täglich von einer Versammlung aristokratischer Herren unter der Leitung des Domprobstes abgehalten - deshalb *Collégiale*, Stiftskirche. Erste Fundamente legte der Kirchenheilige Aubin - man fand unter dem Chor Bauteile aus dem 6. Jh. Ansonsten ist die Kirche im Zentrum der Altstadt ein immer wieder umgestaltetes und erweitertes Baukonglomerat, an dem alle Stilarten vom 12. bis zum 17. Jh. ihre Spuren hinterlassen haben. Die mit Glockentürmchen, romanischen Kapitellen und schaurigen Wasserspeiern verzierte Granitfassade besitzt eine gotische *Außenkanzel* (15. Jh). Im Inneren der Kirche fallen die schlichten romanischen *Säulen* auf, die von gotischen Bögen überbrückt werden. Sehenswert sind die *Buntglasfenster* (13. bis 18. Jh.), besonders das *Chorfenster* mit einer Mariendarstellung. In einer dekorierten Stirnwand des Südquerschiffs schaut die *Statue des Heiligen Aubin* (15. Jh.) wohlwollend-mahnend herab.

Porte St. Michel: *Château* nennt der Volksmund das repräsentative Tor in der Stadtmauer, flankiert von zwei mächtigen, spitzhelmigen Türmen. Es wurde Ende des 15. Jh. zusammen mit dem Wall errichtet und diente lange Zeit dem jeweiligen Gouverneur als Wohnung. Heute hat die Stadt hier ein *Heimatkundemuseum* eingerichtet. In den Wachstuben (1. Stock) stehen typische Möbel aus der Brière (gewachst) und den Salzsümpfen (mit Ochsenblut rot bemalt). In den Wohnräumen des Gouverneurs (2. Stock) zieren Gemälde die Wände, feiner Nippes, Fayencen, Waffen und Alltagszierat füllen einige Schaukästen. Im Obergeschoß präsentieren lebensgroße hölzerne Mannequins und Dressmen lokale Trachten, ein alter Webstuhl macht mit dem Konfektionsgeschäft der Zeit, das Modell eines Salzgartens mit den Geheimnissen der Salzgewinnung vertraut.

• Öffnungszeiten: Im Sommer tägl. 9 - 12.30 und 14 - 19 Uhr. Erwachsene 5 DM, Kinder 2 DM.

Guérande / Umgebung

Salz

▸**Marais Salants** (Salzsümpfe): Das als "*Land der Sonne, des Meeres und des Windes, zwischen Himmel und Wasser gepriesene, magische Land, wo der Schrei der Möwen und der schwere Flug der Reiher mit dem Parfum des Salzes und der Blumen verschmilzt*" (Prospekt), entfaltet aus der Vogelperspektive des Batzer Kirchturms seinen größten Reiz: eine kunstvoll vom Menschen gestaltete Kulturlandschaft, durchzogen von kleinen Kanälen, von Dämmen, von rechteckigen, gleichmäßig gereihten Becken, in denen ruhig spiegelnd der Himmel vorüberzieht und weiß die Salzkegel glitzern.

▸**Saillé**: Ein kleines Nest an einem Dammweg (von Guérande auf der D 774 etwa 2 km in Richtung Pouliguen, Le Croisic) mitten in den Salzgärten. Von der Kirche, in der JEAN IV. 1381 die Spanierin Johanna von Navarra

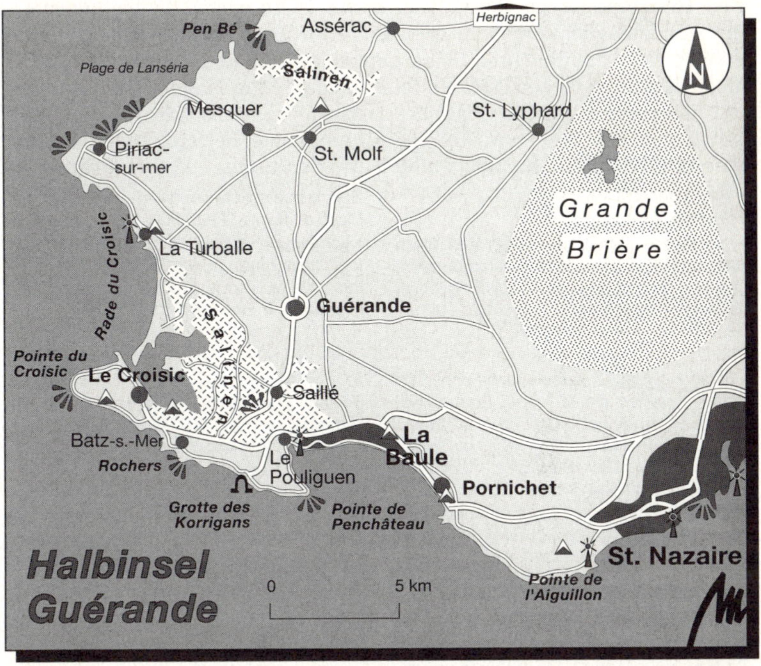

heiratete, ist nichts geblieben außer einer Kapelle, die nunmehr einen profanen Zweck erfüllt: Sie beherbergt das *Maison des Paludiers* (Haus der Salzarbeiter), ein kleines Museum, in dem sich alles ums Salz dreht. Trachten, Arbeitsgeräte, Möbel und eine Diaschau, die sich der Arbeit und Methoden der Salzbauern widmet. Im Juli und August kann man sich bei schönem Wetter täglich um 16.30 Uhr einer begleiteten Führung durch die Salinen anschließen (ca. 2 Stunden).

• Öffnungszeiten: Von Ostern bis Ende Juni und im September und Oktober täglich von 14 - 18 Uhr. Juli/August von 10 - 12.30 und 14.30 - 19 Uhr. Eintritt 5 DM, ermäßigt 2,50 DM.

▶ **La Turballe** *(ca. 3000 Einwohner)*: Das gesichtslose, langgestreckt an die Küste geklotzte Fischereistädtchen ist eines der Badereviere der Halbinsel. Die Gemeinde von La Turballe besteht aus mehreren ehemaligen Fischer- und Salzbauerndörfchen, die sich rund um den früheren, etwas landeinwärts gelegenen Hauptort und Kirchensprengel von *Trescalan* zusammengeschlossen haben. Heute ist der im 19. Jh. ausgebaute Hafen das Zentrum der Gemeinde. Die *Criée* mit ihrer betonierten Fassade verschandelt die asphaltierte Hafenpromenade, doch ein Besuch lohnt. Von einer Gästebalustrade aus genießen Sie - umwölkt von Fischgeruch - den regen Trubel von oben. Lautstark wird der Fang versteigert, den die über 100 Fangboote der Turballer Flotte einfahren: Mit einer Jahrestonnage von knapp 7000 t zählt La Turballe zu den umsatzstärksten Fischereihäfen der Bretagne (25 Mio DM). Von den Fischkonservenfabriken, die früher den Fang verarbeiteten, konnte sich allerdings nur eine halten.

Für Touristen ist La Turballe in erster Linie wegen seiner Quartier- und Bademöglichkeiten interessant. Nördlich schmiegen sich zwei etwas felsige Sandbuchten (*Plage de Ker Elisabeth* und *Plage de la Bastille*) an die Küste, im Süden läuft ein feinsandiger, 4 km langer Dünenstreifen mit mehreren Stränden (*Plage des Bretons, Plage de la Croix*) in die Landspitze von *Pen Bron* aus. Wenige Hotels, viele Ferienimmobilien und eine Handvoll Campingplätze bilden die touristische Infrastruktur.

- *Telefonvorwahl*: 40
- *Postleitzahl*: 44420
- *Information*: Direkt gegenüber der Fischhalle am Hafen. Von Mai bis September werktags zu den üblichen Bürozeiten geöffnet. Juli/August täglich eine 2,5-Stunden-Führung (Fischhalle, Konservenfabrik, Boots- oder Bimmelbahntrip, gemeinsames Mittagessen). Place de Gaulle, Tel. 233 201.
- *Verbindung*: **Busse** der Linie 51 fahren 5 x täglich am Platz vor der Criée in Richtung Piriac bzw. Guérande, La Baule ab. Sonn- und feiertags kein Busverkehr.

- *Bootsausflüge*: Zwischen Juni und September kreuzen die 22- bzw. 28-m-Schiffe "Garcie Ferrande I u. II" (180 bzw. 260 Plätze) zu Ganztagestouren nach Belle-Ile, Houat und Hoedic. Die Rundfahrt kostet für Erwachsene 47 DM, Kinder bis 16 Jahre 30 DM, Fahrradtransport 27 DM. Nur nach Belle Ile und zurück 33 bzw. 23 DM, Fahrrad 15 DM. Auskünfte beim O.T. oder Tel. 234 234.
- *Fahrradverleih*: **Herigault**, in der Nähe des Postamts, vermietet Tourenräder. Rue de Lattre 52, Tel. 233 059. In der Ex-Fischkonservenfabrik etwas oberhalb des Hafenboulevards offeriert **Roue Libre** seine modernen Vehikel. Rue Marcéchal Juin 65.
- *Markt*: Täglich Fischmarkt in der Criée. Wochenmarkt am Samstag auf dem Place E. Moreau oberhalb des Quais.

Übernachten/Camping

** **Hotel les Chants d'Ailes**: Südlich des Hafens (500 m), direkt hinter dem Plage des Bretons mit schönem Meerblick. Komfortables 17-Zimmer-Hotel mit Restaurant (Menus 23 - 60 DM). DZ 75 - 110 DM, HP 100 - 140 DM, Frühstück 10 DM. Ganzjährig geöffnet. Boulevard Bellanger 11, Tel. 234 728.

- *Camping*: *** **les Chardons Bleus**; Gemeindeplatz mit direktem Zugang zum Meer am großen Strand (2 km südlich), im touristischen Neubaugebiet Turballes. Unweit des Platzes die Zone de Loisirs mit Trimmdich-Pfad, Kinderamüsement und Riesenwasserrutsche. 300 schattenlose Stellflächen auf einem ausgedehnten, spärlich bepflanzten Dünenareal. Optimal für Wassersportler (Surfer). Ordentliche Sanitärs, geflieste Einzelkabinen und Warmwasser. Laden und Kochmöglichkeiten. Snackbar. Im Sommer ziemlich voll. Erwachsene 5,30 DM, Kinder die Hälfte, Platz 6 DM, Auto 2,50 DM, Elektrik 4 DM. In der NS 25 % Reduktion. Geöffnet von April bis 30.9. Boulevard de la Grande Falaise, Tel. 628 060.

*** **La Falaise**: Von Piriac kommend, direkt an der Straße vor dem Ortseingang. Oberhalb der Küste mit Zugang zur felsendurchsetzten Sandbucht Ker Elizabeth. 150 Stellflächen, heckenunterteilt, wenig Schatten. Schöner Platz mit ausreichenden Sanitärs. Laden, Geldwechsel. Platzpauschale für 2 Personen samt Zubehör 40 DM. Geöffnet von Mai bis 30.10. Boulevard de Belmont 1, Tel. 233 253.

▶ **Piriac-sur-Mer** *(ca. 1000 Einwohner)*: Die niedrigen, granit- und schiefergrauen Giebel der alten Fischerhäuschen, die sich hinter dem Hafenkai um die Kirche drängen, riegeln das alte Piriac gegen die Neuzeit ab. Vom regen Bau der Ferienhäuser und Appartements, die rund um Piriac die Landzunge mit der *Pointe de Castelli* zersiedeln, spürt man in den abweisend wirkenden Gassen des Ortskerns nur wenig. Alt-Piriac ist ein wahres Labyrinth enger Wege und Sackgassen, oft bleibt nur Platz für einen Passanten. Das Ensemble wind- und wettergepeitschter Fassaden, das den Kirchplatz umrahmt, scheint noch in den Zeiten des Romanciers Emile Zola zu träumen, der, angeregt von der melancholisch-urwüchsigen

Kraft des Ortes, von 1876 bis zu seinem Tod 1902 hier seine Sommerfrische verbrachte. Während in der Saison Tausende von Erholungssuchenden einige Wochen lang hier wohnen und für Leben sorgen, wirken Piriac und seine Umgebung den Rest des Jahres wie ausgestorben.
Wo sie nicht verbaut ist, ist die teils felsige, teils sandige Steilküste von lichten Kiefern- und windzerzausten Pinienwäldchen umgeben. Mehrere unterschiedlich große, teils nette Strände locken die Badegäste: intime kleine Buchten mit Kies rund um die *Pointe de Castelli*, von der man eine schöne Aussicht genießt, der Ortsstrand *Plage St. Michel* oder die flache, 150 m lange *Bucht von Lérat* (Richtung La Turballe), die auch für Bambinis zum Planschen geeignet ist. Für die gastronomische Versorgung sind ein gutes Dutzend Restaurants, einfache Crêperien und Pizzerias zuständig, für die Übernachtung - neben der Unzahl von Ferienimmobilien - vier Hotels und ein Dutzend meist einfacher Campingplätze.

- *Telefonvorwahl*: 40
- *Postleitzahl*: 44420
- *Information*: Vom Hafen aus durch die engen Gassen des alten Ortskerns. Am großen Parkplatz neben der Schule. Übliche Öffnungszeiten zwischen Juni und Oktober. Rue des Cap-Horniers 7, Tel. 235 142.
- *Verbindung*: siehe La Turballe.

- *Fahrradverleih*: Fahrräder kann man auch als Nicht-Gast beim **Camping Le Pouldroit** (an der D 452 nach Mesquer) mieten. Oder bei **Rosalie Location Cycle** gegenüber der Minigolfanlage an der Avenue A. Daudet.
- *Markt*: Im Sommer 3 x wöchentlich am Place Paul Vince (zwischen Post und O.T.). Gleichzeitig findet der Fischmarkt auf dem Kirchplatz statt (Montag, Mittwoch, Samstag). In der NS nur am Dienstag Markt.
- *Wassersport*: Am Quai de Verdun im Hafen versorgt **Cargot** Bedürftige zu gängigen Konditionen mit allen möglichen Wassersportgeräten. Tel. 235 086.

Übernachten/Camping

Das Appartement- und Residenzengeschäft läuft auf Hochtouren. Langzeiturlauber bekommen eine ausführliche Liste der Ferienimmobilien über das O.T.

Im Hotelgewerbe bieten z. B. neben dem guten 3-Sterner **Parc Diotis** und dem soliden 2-Stern-**Hotel de la Poste** noch einige einfache 1-Stern-Häuser familiäre Übernachtungsmöglichkeiten. Die Hotels unterscheiden sich wenig in Preis und Komfort. Für ein DZ mit Waschbecken müssen mindestens 30 DM veranschlagt werden, mit Bad/WC ab 70 DM.

- *Camping*: 12 Campingplätze unterschiedlichster Größe. Die meisten Plätze sind sehr einfach ausgestattet und liegen abseits der Küste im Halbinsel-Inneren. Eine Auswahl:

*** **Camping Le Pouldroit**: Am Ortsrand an der Straße nach Mesquer. 7-ha-Platz mit 276 Stellflächen auf einem ebenen Wiesenterrain. Einige Kiefern- und Laubbäume spenden Schatten, Hecken und Blumenbeete unterteilen das Areal. Ältere, gut gewartete Sanitärblocks. Großzügiges Freizeitangebot: Swimmingpool, Fahradverleih, Tennis. Laden und Snackbar. Ca. 350 m zum nächsten Strand. Erwachsene 8 DM, Kinder bis 17 Jahre 4 DM, Platz 6 DM, Auto 5 DM, Elektrik 5 DM. Geöffnet vom 15.5. - 15.9. Route de Mesquer, Tel. 235 091.

*** **Le Parc de Guibel**: Ruhig und abseits, ein zweigeteiltes, 10 ha großes Wald- und Wiesengelände an der Straße nach Mesquer (3 km nach Piriac). Schön parzelliert, Sanitärs bestens ausgestattet und gewartet. Riesenpalette von Freizeitangeboten und Sportwettbewerben: Tennis, Tischtennis, Swimmingpool, Volleyball etc. Laden, Bar und Restaurant in zentraler Lage. Mietbungalows und Mietcaravans. Erwachsene 6,50 DM, Kinder und Auto je 4 DM, Platz 6 DM, Elektrik ab 5 DM. Geöffnet vom 31.5. - 15.9. Route de Mesquer, Tel. 235 267.

** **Le Razay**: An der D 333 nach Guérande, oberhalb der ausladenden Ferienanlage des Ortsteils St. Sébastien. Wie überall breites Animationsprogramm. Einfache Sanitärs mit Warmduschen. 800 m zum Strand (Bucht von Lérat). Erwachsene 7 DM, Kinder 5 DM, Platz 7 DM, Auto 3 DM, Elektrik 5 DM. Geöffnet von Mai bis Mitte September. Route de Razay, Tel. 235 160.

La Baule *(ca. 15000 Einwohner)*

Sie haben viel Geld. Sie lieben das Bad im Atlantik und das in der Menge. Casino? Disko? Restaurants vom Feinsten? Einkaufsbummel bei Ebbe oder Regenwetter? Dann sind Sie hier richtig: La Baule ist das bretonische Seebad der Superlative.

An der endlos langen Strandpromenade sticht sie schon von weitem ins Auge: Die 1975 futuristisch anmutende Appartementwelle, die nach Vorstellung ihre Architektin die Dünung des Atlantiks symbolisieren sollte. Leider wirkt sie für architektonisch nicht versierte Betrachter eher wie ein augenschmerzendes Betonriff, das über dem Sandstrandbogen grausam in den Himmel ragt. Von den reizenden Ferienvillen im Kolonialstil und den eleganten Grand Hotels der Belle-Epoque, die die Strandpromenade einst säumten, haben sich nur wenige unbeschadet - und meist nur in zweiter und dritter Reihe - über das Jahrhundert gerettet. Die meisten wurden abgerissen, umgebaut oder in viele funktionale und gewinnbringende Ferienparzellen aufgeteilt. Trotzdem, La Baule gehört zu der Reihe von Orten, "*die man (...) einmal versucht haben sollte, nicht so sehr um diese Orte, sondern um sich selbst kennenzulernen*", so der deutsche Bretagnekenner HERMANN SCHREIBER vor 15 Jahren.

La Baule ist eine Retortenschöpfung, 1879 von französischen Bahnbeamten "entdeckt", die bei der Fertigstellung der Bahnlinie St. Nazaire - Croisic die Zukunftsträchtigkeit des von Pinien- und Kiefernwäldchen abgeschirmten, ewig langen Dünen- und Strandstreifens erkannten. Die gewieften Tourismuspioniere kauften großflächige Terrains, parzellierten sie und legten mit Hilfe großzügig gewährter Kredite ein Straßennetz an. Bald gewann La Baule das Aussehen und den Ruf eines mondänen Seebades, die Schlafwägen aus Paris brachten Tausende zivilisationsmüder Gäste an die Sommerfrische, die wegen ihrer lieblichen Wäldchen fix *Côte d'Amour* (Liebesküste) getauft wurde. Der Sturm auf La Baule setzt sich seit dieser Zeit ungebrochen fort: In den Sommerferien halten sich hier mager geschätzte 150.000 Urlauber auf.

Bei diesem ungeheuren Run, an dem sich vor allem französische Urlauber beteiligen, hat das Netz der touristischen Infrastruktur keine Löcher: knapp 7000 Ferienwohnungen, 60 Hotels mit 3500 Betten, 1000 Gästezimmer, Villen, Campingplätze. . . La Baule ist in jeder Hinsicht ein touristischer Superlativ und bezeichnet sich nicht zu unrecht als "*Grande Station Sportive d'Europe*": 40 Sportclubs mit 36 Disziplinen von A (Aikido) bis Y (Yoga) halten rund um die Uhr fit. Klassische Urlaubssportarten wie Tennis, Segeln, Surfen, Tauchen oder Reiten verstehen sich von selbst.

Die Bucht von La Baule ist seit 500 Jahren besiedelt, die Bewohner des damaligen *Escoublac* mußten aber vor der zunehmenden Verdünung hinter den von den atlantischen Winden aufgeworfenen Dünengürtel zurückweichen. Sie gründeten das heute alte Neu-Escoublac. Mitte des

La Baule im Herbst - fast menschenleer

19. Jh. wurde - um ein weiteres Vordringen des Sandes zu verhindern - der Dünensaum mit Pinien und Kiefern bepflanzt, 1879 der Bahndamm darauf errichtet. Seither trennt der inzwischen licht gewordene *Forêt d'Escoublac* oder *Bois d'Amour* (Liebewald) den alten Ortsteil vom modern-mondänen Stadtgebiet.

Das Stadtgebiet La Baules erstreckt sich schlauchförmig entlang des 5 km langen Strandes zwischen dem Hafenbecken von *La Baule-Pouliguen* und dem Tiefwasserhafen von *La Baule-Pornichet*. Mehr oder weniger nahtlos gehen diese beiden Ortsteile ineinander über und werden im Norden vom Bahndamm abgegrenzt. Bei diesen Entfernungen ist das Auto gebräuchliches Verkehrsmittel, im Sommer sind der 4-spurige, von "liegenden Polizisten" verlangsamte Strandboulevard und die Stadtavenuen häufig überlastet. Es lassen sich zwei Stadtzentren ausmachen: *La Baule-Centre* rund um den Place de la Victoire (unterhalb des Bahnhofs La Baule-Escoublac) mit seinen feinen Geschäften, großzügigen Avenuen und dem offenen Marktgelände und *La Baule-les-Pins*, dessen Appartementhäuser zwischen Strand und Pinienwald konzentrisch vom Place des Palmiers zum Bahnhof La Baule-les-Pins hin wachsen.

- Telefonvorwahl: 40
- Postleitzahl: 44500
- Information: Hauptstelle nah am Bahnhof von La Baule-Escoublac. Riesenauswahl an Prospekten, Visitenkarten und Hochglanzinfos. Einschreibemöglichkeiten zu fast allen Sportprogrammen, Organisation von Rundfahrten (Bus/Boot), Veranstaltung unzähliger Feste und Konzertabende in der Saison, Vermittlung von Appartements bzw. Hotelzimmern. Ganzjährig geöffnet. Im Juli/August täglich 9 - 19 Uhr, in der Nebensaison Montag bis Samstag 9 - 12.30 und 14.15 - 18.30 Uhr. Place de la Victoire, Tel. 243 444.

  Im Juli und August öffnet noch eine Zweigstelle zentral im Ortsteil La Baule-les-Pins ihre Pforten täglich 9 - 19 Uhr. Place des Palmiers, 602 213.

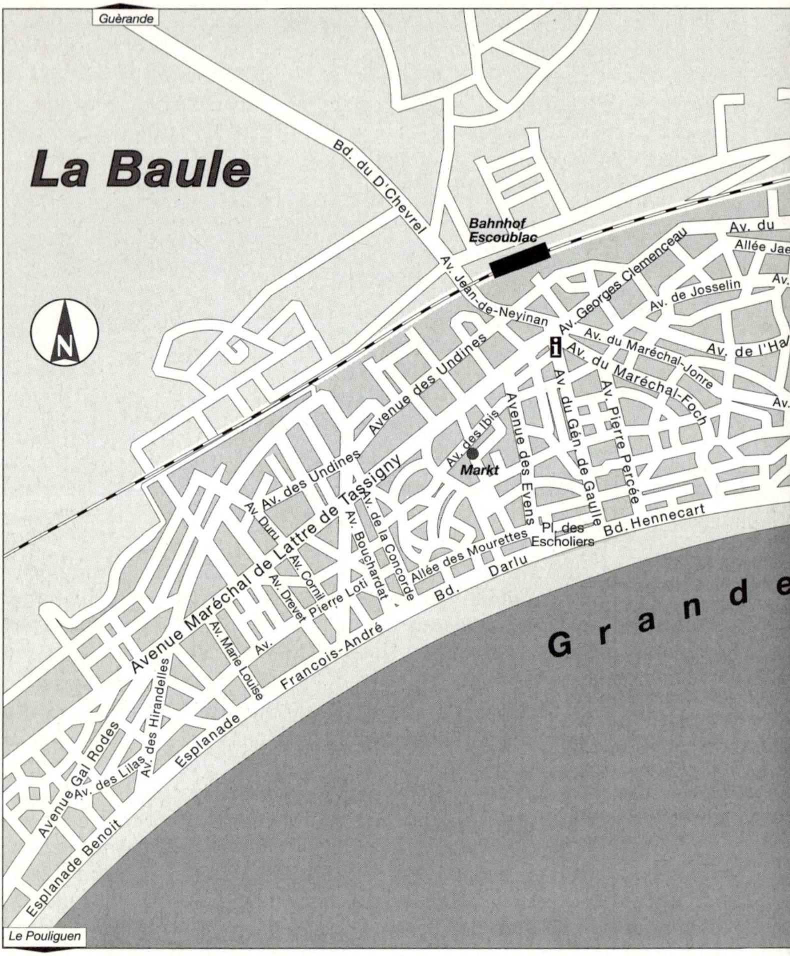

Verbindung

Mehrere **Bus**haltestellen (u. a. an den SNCF-Bahnhöfen) über das ganze Stadtgebiet verteilt. Linie 54 im Sommer im knappen Stundenrhythmus über Pornichet und Batz nach Le Croisic. In entgegengesetzter Richtung bis zu 10 x täglich nach St. Nazaire (im Winter 2 x). Linie 51 bis zu 5 x täglich nach Guérande, La Turballe und Piriac. Täglich um 4.30 Uhr ein Überlandbus direkt nach Paris. Voiture Corail, Gare Routière, Tel. 602 558.

Zug: La Baule verfügt über 2 Bahnhöfe - La Baule-Escoublac (zentral) und La Baule-les-Pins. Sie liegen zwar nicht an der Hauptstrecke, werden aber - besonders im Sommer - ausreichend bedient. In weniger als 3 Stunden donnert der T.G.V. mit bis zu 300 km Geschwindigkeit nach Paris (insgesamt mindestens 3 Direktverbindungen am Tag), 6 x täglich Richtung St. Nazaire und Nantes. Öffnungszeiten der Ticketschalter in der NS von 9 - 12.45 und 14 - 18.30 Uhr; im Sommer durchgehend 9 - 19 Uhr. Auskunft Tel. 665 050; Reservierung Tel. 600 197.

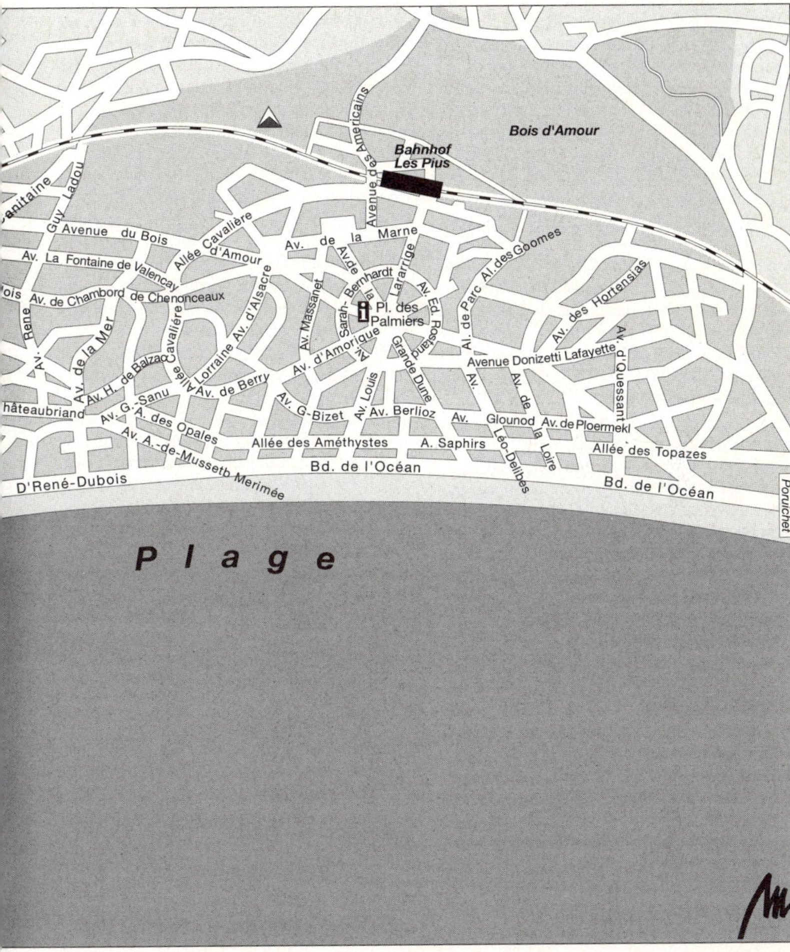

Diverses

- *Autoverleih*: Neben den Büros der großen internationalen Agenturen (z. B. **Avis** am Bahnhof, Tel. 603 628) gibt es eine Handvoll lokaler Anbieter, z. B. **Citer**, Place des Salines, Tel. 602 071 oder **Chaîne Union**, Place Lafayette 4, Tel. 240 606.
- *Casino*: Im Beachcasino beim Thalassozentrum rollt jeden Abend ab 21 Uhr die Glückskugel: Roulette, Boule, Black-Jack und eine kleine Armee einarmiger Banditen. Angeschlossen ist eine Brasserie und die Diskothek "Le Paradise", tagsüber locken Markenboutiquen und exklusive Geschäfte. Esplanade Francois André, Tel. 602 023.
- *Fahrradverleih*: Mehrere Verleiher. Eine große Auswahl an Tourenrädern, Mountainbikes, Tandems und Fun-Zweirädern bietet u. a. **Le Grand Bi**, Avenue Maréchal de Lattre 237, Tel. 602 882; oder **Cycles des Palmiers** in La Baule-les-Pins, Avenue de L'Etoile, Tel. 603 898. Preisbeispiel: Tourenrad halber Tag 13 DM, ganzer Tag je nach

Ausstattung 17 - 30 DM. Langzeitmieter (ab 1 Woche) erhalten günstigere Preise.

• Feste: Höhepunkt der Festsaison sind Juli und August; vom Strandkonzert über Folkloretreffen und Filmfestspiele bis zum Galaabend des russischen Tanzballetts. Interessant die seit 1924 durchgeführte Oldtimerparade Anfang Juni. Einen aktuellen Festkalender erhält man beim O.T.

• Golf: 6 km nordöstlich von La Baule, unweit von St. André-des-Eaux. 6200-m-Parcours mit 18 Löchern (Par 72). Der Tag auf dem netten Gelände in der HS 120 DM, NS die Hälfte. Domaine de St. Denac, Tel. 604 618.

• Markt: Großzügige Markthalle mit über 100 Händlern südwestlich des O. T. auf einem geräumigen Platz rechts der Avenue nach Pouliguen. Ganzjährig geöffnet. Im Sommer durchgehend 9 - 20 Uhr.

• Reiten: Mehrere große Reitställe. Das Angebot reicht vom 1-Wochenkursus für Anfänger bis zur Perfektion des "Pas-de-Deux", Sie können sich einer Pferdepromenade anschließen oder den Gaul frei für eine Stunde zäumen. Z. B. **Manège des Platanes** am äußersten Ostzipfel des Liebeswaldes (Nähe Flugfeld), Rue Antoine Louis, Tel. 603 737, oder das **Centre Equestre de La Baule**, das Reitzentrum im Freizeitpark (hinter der Tennisanlage), an der Avenue nach Pouliguen. Avenue de Rozière, Tel. 603 929.

• Schwimmbad: Modernes, öffentliches Schwimmbad mit 50-m-Freibecken und Schwimmhalle (25-m-Becken) ca. 100 m strandeinwärts zwischen den beiden Ortszentren (Mitte der Bucht). Eine 126 m lange Riesenrutsche macht nicht nur Kindern Spaß. Unter der Woche nur nachmittags und abends (ab 14.30) geöffnet. Sonntags auch vormittags. Erwachsene 7 DM, Kinder und Jugendliche bis 14 Jahren 5 DM. Avenue Honoré de Balzac, Tel. 600 907.

• Tennis: Allein die 3 großen Clubs verfügen über 80 Plätze. Die größte Anlage liegt auf dem Areal des **Country Clubs**, einem großzügigen Parkgelände an der Avenue nach Pouliguen. 24 Courts, gediegene Ausstattung mit Clubräumen, Duschen etc. Eine weitere Anlage unterhalb des Parc des Dryades in La Baule-les-Pins. Squash-Court selbstverständlich, Minigolf nebenan. **Garden Tennis**, Avenue Gabrielle 2, Tel. 602 100.

• Wassersport: Alles ist möglich. Surfbretter und Segelkreuzfahrt, Wasserski und Flaschentauchen; 4 große Strandclubs mit weitgefächertem Animationsprogramm für Kinder und Jugendliche, 4 große Segel-/Surfzentren und eine Riesenauswahl an Verleihern. Einige Großanbieter: Boote gibts im Hafen von La Baule-Pouliguen bei **Petit Breton Nautique** (Tel. 421 014) oder bei **Quéné Marine** im Hafen von Pornichet (Tel. 615 305); Katamaran für 2 Stunden 60 DM. **Cercle Nautique de La Baule** (rechts vor der Brücke nach Pouliguen), Tel. 610 378, oder eine der beiden Segelschulen am Strandboulevard (z. B. **Ecole Yves Pajot**, Tel. 605 787) bieten Segel- und Surfkurse der verschiedensten Qualifikationen und verleihen Bretter sowie Sportausrüstung (Surfbrett halber Tag 50 DM, ganztags 70 DM). Noch eine Adresse: **Holywind**, Verkauf und Verleih diverser Wassersportgeräte von der Taucherbrille bis zur Segelyacht, Boulevard des Océanides 12 in Pornichet, Tel. 612 404.

• Yachthäfen: Der Tiefwasser-Yachthafen von Pornichet bietet Platz für 2000 Boote. 1150 Plätze an den Pontons, maximal 25-m-Yachten, max. 25 to. Technisch wie sanitär erstklassige Ausstattung. Tag und Nacht ist die Aus-/Einfahrt möglich. Capitainerie, Tel. 610 320. Weiterer kleinerer Yachthafen am westlichen Stadtrand vor der Brücke nach Pouliguen. Ruhige Pontons entlang des tief eingeschnittenen Flußufers. Tel. 603 740.

Übernachten

Fast unüberschaubares Hotelangebot, rund 60 Hotels aller Kategorien mit über 3500 Betten. Trotzdem: In der HS kann es knapp werden. Eine ausführliche Hotelliste mit Preisen und Beschreibung erhalten Unentschlossene im O. T. Die Zimmerpreise differieren von 27 - 650 DM die Nacht, in der NS sind Preisermäßigungen von 5 - 35 % üblich (Durchschnitt 15 %). Im Sommer bestehen verschiedene Etablissements auf Halbpension. Die hier angegebenen Preise sind HS-Preise. Eine kleine Auswahl:

**** **Hotel L'Hermitage**: Sie lieben den Luxus und können sich ihn leisten. Oberste Oberkategorie an der französischen Küste. Beste Lage am Strandboulevard, links vom Casino. 228 Zimmer und 9 Appartements mit Topausstattung. Hotelgäste finden natürlich alles im Haus. In der NS 16 - 36 % Ermäßigung. DZ 530 - 650 DM, HP ab 350 DM, Frühstück 25 DM. Geöffnet von 15.4. -15.10. Esplande F. André, Tel. 603 700.

**** **Castel Marie-Louise**: Gleich links vom Casino mit schönem Pinienpark, der den

Lärm vom Hafenboulevard etwas dämpft. Edle Absteige im Landhausstil der Belle-Epoque mit 31 geschmackvoll eingerichteten Zimmern für Leute, die sich das L'Hermitage nicht leisten können. Kein Schwimmbad. In der NS 21 % Rabatt. DZ 450 DM, HP 300 DM, Frühstück 27 DM. Ganzjährig geöffnet. Avenue Andrieu 1, Tel. 243 365.

*** **Manoir du Parc**: In Marktnähe, 250 m zum Strand. Alte, großbürgerliche Ferienvilla, umgeben von Pinien und schönem Garten. 18 Zimmer mit der Klasse entsprechendem Komfort. Im Restaurant wird nur abends serviert. DZ 110 - 160 DM, Frühstück 15 DM. Ganzjährig geöffnet. Allée des Albatros 3, Tel. 602 452.

*** **Flében**: An der Avenue nach Pouliguen, Höhe Casino, etwa 250 m zum Strand. Nettes, renoviertes Hotel aus den späten Gründerjahren, Gartengelände mit Pinien. Die 24 Zimmer sind zum Teil etwas lustlos eingerichtet und sanitär nicht alle auf 3-Sterne-Niveau (Bad bzw. Dusche/WC). Kein Restaurant. In der NS 10 % Reduktion. DZ 70 - 140 DM, Frühstück 13 DM. Geöffnet vom 15.3. - 31.10. Avenue de la Lattre 145, Tel. 602 930.

** **La Mascotte**: Hinter dem Casino. Geschmackvoller Neubau (Neo-Landhaus) mit kleiner Palmenterrasse und gepflegtem Gartenpark, für seine Kategorie ausgezeichnet ausgestattet und eingerichtet. 22 Zimmer, zum Teil mit Gartenbalkon und lichten Fenstern. Restaurant mit Menus ab 30 DM. DZ nach Standard 115 - 140 DM, HP 110 - 130 DM, Frühstück 12 DM. Geöffnet von März bis November. Avenue Marie Louise 26, Tel. 602 655.

** **des Dunes**: Unweit des Zentrums (O.T.), in der Avenue nach Pouliguen. Gepflegtes 38-Zimmer-Hotel mit ordentlicher Einrichtung, sanitär renoviert, alle Zimmer mit Bad bzw. Dusche/WC. Restaurant mit Menus ab 30 DM. DZ 80 - 120 DM, HP 85 DM, Frühstück 11 DM. Ganzjährig geöffnet. Avenue de la Lattre 277, Tel. 245 370.

** **La Palmeraie**: In der Nähe vom Rathaus. Piniengelände mit Blumengarten ca. 50 m vom Meer. Ordentliches, behagliches Hotel, 23 Zimmer mit Bad oder Dusche/WC. Restaurant mit Menus ab 32 DM. Nur Halbpension, pro Person 100 - 110 DM. Geöffnet April bis Ende September. Allée des Cormorans 7, Tel. 602 441.

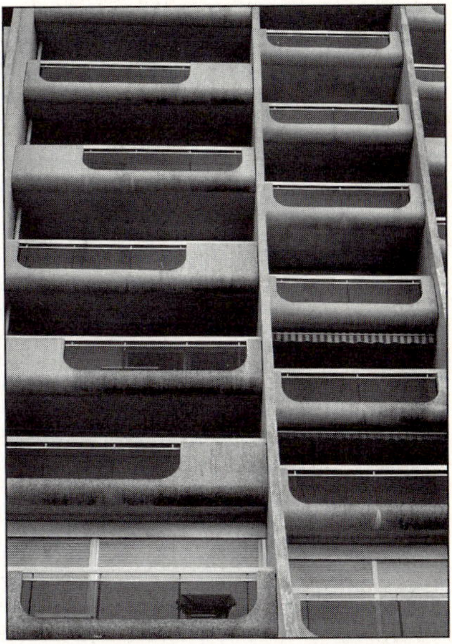

Wohnmaschine

** **Ty Gwenn**: Im Zentrum von La Baule-les-Pins. 18-Zimmer-Hotel, einfach, aber durchaus behaglich eingerichtet. Insgesamt nettes Wohnambiente. Zimmer zum Teil ohne Bad, nur mit Waschbecken oder WC. Kein Restaurant. DZ 55 - 100 DM, Frühstück 9 DM. Ganzjährig geöffnet. Avenue de la Grande Dune 25, Tel. 603 707.

* **Almanzor**: Bei der Markthalle. Ein kleines, einfaches 7-Zimmer-Hotel, das 1992 mit Erfolg frisch hergerichtet wurde. DZ mit Dusche/WC 70 - 90 DM, Frühstück 8 DM. Geöffnet von März bis 30.10. Avenue des Pétrels 17, Tel. 602 893.

* **Violetta**: Vermutlich die billigsten Zimmer in La Baule an einer Straßenecke beim Bahnhof. Einfach, aber ordentlich. DZ mit Waschbecken 30 DM, mit Dusche/WC 70 DM, Frühstück 8 DM. Ganzjährig geöffnet. Avenue Clemenceau 44, Tel. 603 216.

des Tennis: In La Baule-les-Pins, unterhalb des Dryaden-Parks (200 m zum Strand). 13-Zimmer-Garni-Hotel mit unterschiedlicher Sanitärausstattung (vom Waschbecken bis Bad/WC). DZ 50 - 75 DM, JP 60 - 75 DM, Früh stück 8 DM. Geöffnet von April bis Anfang Oktober. Avenue de Lyon 1, Tel. 602 404.

Camping

Campingfreunde haben es in La Baule schwer. Die Hotels und Residenzen lassen für preisgünstige Urlaubsmöglichkeiten nur noch spärlich Platz. Am Strand gibts überhaupt kein Campingrevier, im Sommer sind fast alle Plätze ausgebucht.

**** **La Roseraie**: Im Ortsteil Escoublac, oberhalb der Schnellstraße nach St. Nazaire. Modernes Hotel de Plein air mit zahlreichen Sportmöglichkeiten. Tennis, Billard, Volleyball, Fahrradverleih, Swimmingpool. Extra Abteilung für jugendliche Zeltler. 120 Stellflächen in ebenem, aber wenig beschattetem Wiesenterrain. Sehr gute Sanitäranlagen, Laden, Bar, Restaurant. 2,5 km zum Strand. 2-Personen-Pauschale samt Zubehör ab 40 DM. Geöffnet April bis Ende September. Avenue J. Sohier 20, Tel. 604 666.

**** **Le Pré du Château de Careil**: Die Alternative, 2,5 km nördlich von La Baule unweit der D 92 nach Guérande. Etwas abseits, dafür in ruhiger und zauberhafter Lage: Schloßpark mit alten Bäumen und Blumenbeeten. Rezeption stilecht im Schloß. 50 Parzellen, ordentliche Sanitäranlagen. Selbe Preislage wie la Roseraie. Geöffnet von April bis Ende September. Tel. 602 299.

*** **Municipal**: Zufahrt hinter der Brücke unter den Bahngeleisen auf dem Weg vom Bahnhof La Baule Centre nach Escoublac. Ein großes Gelände entlang der Bahnlinie (tuut-tuut), großzügig unterteilt, sandiger Boden, Schatten durch Pinien. Ordentliche Sanitärs mit nicht regelbarem Heiß(!)-Wasser. Etwa 1 km zum Strand. Für den Caravanplatz Komplettarrangement 30 DM die Nacht, 2 Zeltler 20 DM, ansonsten Erwachsene 6 DM, Kinder 3 DM, Motorrad 1,30. Hund 1,70 DM, Elektrik 4 DM. 350 Stellplätze. Geöffnet von März bis Oktober. Avenue R. Flandin, Tel. 601 148 oder 601 740.

*** **Ajoncs d'Or**: Schattiges Gelände mit heckenunterteilten, teils etwas abschüssigen Rasenflächen am Rand einer Vorortsiedlung nördlich vom Bahndamm. Beheizter Swimmingpool, Laden, Bar, einfaches Speiselokal. Erwachsene 7 DM, Kinder bis 5 die Hälfte, Stellplatz 10 DM, Elektrik 4 DM. 200 Stellflächen. Geöffnet von Ostern bis 15.10. Chemin du Rocher, Tel. 603 329.

*** **Eden**: Im Ortsteil St. Servais, nördlich La Baules, etwas abseits der D 99. 5-ha-Gelände im bäuerlichen Hinterland. Akkurat parzelliertes Park-/Waldterrain, als Attraktion ein idyllisch-romantischer Steinbruchsee. Kinderfreundlich mit Minigolf, beheiztem Swimming-pool und Planschbecken; laut Prospekt reiches "Beseelungsprogramm". Campinggerechter Laden mit vorgekochten Gerichten (Plats cuisiniers). Ordentliche, geflieste Sanitäreinrichtungen mit Warmduschen. Erwachsene 8 DM, Kinder 4 DM, Platz inkl. Auto 11 DM, Elektrik 4 DM. Geöffnet von Ostern bis 31.10. St. Servais, Tel. 600 323.

Baden

Die Strandbucht von La Baule gehört zweifelsohne zu den schönsten Stränden Europas. Sie ist durch die Croisic-Halbinsel gut gegen die von Westen kommenden Atlantikfluten geschützt und hat doch eine für Wassersportler optimale Dünung. Der *Grande Plage* (inkl. der Strandabschnitte von Pouliguen und Pornichet 7 km lang) gleitet feinsandig und flach ins Meer, bei Flut bleiben noch gut 20 m Sand. Im Hochsommer wird schwerpunktmäßig vor dem Casino oder dem Thalassozentrum sonnengegrillt. Die Prachtbucht besitzt selbstredend Toiletten, Umkleide- und Duschkabinen sowie ein breit gefächertes Animier-, Gastronomie-, Lern- und Verleihangebot.

Naturliebhaber mögen Probleme mit dem betonierten Strandboulevard haben, ambitionierte Surfer und Segler fühlen sich hier pudelwohl. Für sie gelten trotzdem einige Regeln, auf die Stadtverwaltung und örtliche Wasserpolizei hinweisen. Faustregel: Die ersten 500 m gehören dem Badegast, für Unfälle und Mißgeschicke, die innerhalb dieser Schutzzone geschehen, ist der Wassersportler verantwortlich. Grundsätzlich gilt Hundeverbot am Strand (sonst Leinenpflicht).

La Baule / Umgebung

▶ **Pornichet** *(ca. 7500 Einwohner)*: In östlicher Richtung scheint die Strandzeile von La Baule nahtlos in Pornichet überzugehen. Doch auf der Landnase hinter dem großen Yachthafen verwandelt sich das Flair des mondänen Seebads langsam zu einem familiäreren Ferienensemble. Statt ausladender, mehrstöckiger Appartementblocks reihen sich niedrige Einfamilien- und Ferienhäuser in die lichten Pinienparks. Pornichet, das bereits zu den Gründerzeiten La Baules existierte und ebenfalls vom Tourismus lebte, besteht aus zwei Ortsteilen: dem Ferienstädtchen *Pornichet-les-Pins* mit den oft nur während der Saison bewohnten Häusern auf der Landzunge und dem alten Kern *Vieux Pornichet*, Verwaltungs- und Geschäftszentrum der Gemeinde. Pornichet besitzt im großen Tiefseehafen mit über 1000 Liegeplätzen noch eine tätige Fischfangflotte, und im weithin bekannten *Hippodrome de la Côte d'Amour* finden mehrmals jährlich gutdotierte Rennen statt.

▶ **Pouliguen** *(ca. 4500 Einwohner)*: Im Westen schließt sich, nur durch die Brücke über den Yachthafen getrennt, das nicht minder mondäne Le Pouliguen an die Prachtavenue von La Baule an. Doch Le Pouliguen hat seinen eigenen Charakter, teilweise wirkt der Ort wegen seiner zur Schau gestellten Gutbürgerlichkeit der Gebäude und Edelvillen noch überheblicher als La Baule. An der Südspitze der Landzunge - ein Spazierweg schließt sich an die Hafenallee an und führt um sie herum - besitzt Pouliguen zwei gutgeschützte, kleinere Strände, oberhalb lockert ein lichtes Pinien- und Kiefernwaldareal die Zersiedelung etwas auf. Westlich von Le Pouliguen wird die Küste steiler und rauher, ab Batz-sur-Mer heißt sie dann zurecht *Côte sauvage* - Wilde Küste.

▶ **St. Nazaire** *(ca. 70.000 Einwohner)*: Die moderne Industrie- und Handelsstadt an der Mündung der Loire stand lange Zeit im Schatten Nantes', aus dem es sich erst Mitte des 19. Jh. löste: Als die höheren Tonnagen nicht mehr die Loire-Mündung bis nach Nantes hinaufgebracht werden konnten, wurde 1856 der Tiefwasserhafen von St. Nazaire eingeweiht. Ein rascher Aufstieg folgte. 1881 wurde das heute noch zu den größten Hafenbecken Europas zählende 22 ha große *Bassin de Penhoet* ausbetoniert, in den riesigen Trockendocks und Werften begann man mit dem Bau von gigantischen Passagier- und Handelsschiffen sowie Panzerkreuzern. Dann kamen tragische Zeiten. Im Ersten Weltkrieg landeten die alliierten Truppen, im Zweiten Weltkrieg setzte sich die deutsche Wehrmacht fest. Mit dem Ausbau eines 300 m langen und 125 m breiten, 2,5 Millionen Kubikmeter Stahlbeton fressenden U-Bootstützpunktes, dessen überdachte Schleuse die Ein- und Ausfahrt der Nazi-U-Boote vor Bombenangriffen schützte, gewann St. Nazaire allererste strategische Bedeutung. Und mußte teuer bezahlen. Während die Stadt von 1944 bis zum Ende des Kriegs tagtäglich von alliierten Bombern heimgesucht und dem Erdboden gleichgemacht wurde, überstand das grauschwarze Stahlbetonmonstrum der Deutschen alle Angriffe unbeschadet. Noch heute arbeiten in dem heruntergekommenen, scheinbar unverwüstlichen Zeugnis menschlichen Zerstörungswahns mehrere Industriebetriebe, auf dem Werftgelände werden noch immer Ozeanriesen gebaut. Ironie der Geschichte: Unweit des düsteren U-Boot-Bunkers erhebt sich auf einem schattigen Platz, der von trostlosen Wohnblocks einer Arbeitersiedlung der Nachkriegszeit umdrängt wird, der *Dolmen du Bois-Savary*: ein Grabmal der Megalithiker, das - neben dem Bunker - als einziges "Bauwerk" der Stadt die schrecklichen Ereignisse ihrer Geschichte unbeschadet überlebt hat.

- *Information*: Tourismusbüro im Stadtzentrum gegenüber dem Rathaus. Übliche Bürozeiten. Place F.-Blancho, Tel. 224 065.
- *Brückenzoll*: Eine riesige 3356 m lange Brücke überspannt die Loire-Mündung. Wer über die D 213 nach St. Brévin aufs gegenüberliegende Ufer oder die Küste entlang Richtung Süden will, muß zahlen. PKW 7 - 12 DM, Auto und Caravan 14 DM, Motorräder 2,80 DM.

Le Croisic *(ca. 5000 Einwohner)*

Bereits um das Jahr 1500 zählte die Stadt 5000 Einwohner und war ein wichtiger Fischerei- und bedeutender Kriegshafen: Die als geschäftstüchtig und risikobereit geltenden Croisicais kontrollierten über Jahrhunderte als Seeräuber, Reeder oder als einfache Wrackplünderer die Einfahrten in die Loire- und Vilaine-Mündungen.

Massive alte Reeder- und Kapitänshäuser aus dem 16. und 17. Jh. säumen die langgezogene Hafenpromenade. Die Fensterfronten und schmiedeeisenverzierten Balkons blicken über die Kais hinweg zur *Grand Traict*, zur großen Bucht der Salzgärten, von einem kuriosen Labyrinth kleiner Kanäle und Salinenbecken durchzogen. Entlang der einen Kilometer langen Kais, die den Hafen in drei Becken teilen und eine Anlandung des Fangs auch bei Flut erlauben, herrscht das Treiben eines lebhaften

Fischerstädtchens: Wie auf magischen Rollen gezogen, weisen im stetigen Wind die bunten Markierungswimpel der Fangboote hinüber zur 1982 errichteten "Kathedrale des Fischfangs", der neuen *Criée*. Hier schlägt jeden Morgen um sechs Uhr die Stunde des Fischs. Von der Balustrade herab kann man seiner aufgeregten, lautstarken Vermarktung zusehen.

In Le Croisic herrscht hemdsärmelige Lässigkeit: Lastwagenchauffeure, Matrosen und urwüchsige Kapitäne mischen sich im Sommer fast unbemerkt unter die Touristenscharen. Der geschäftige Trubel entlang der Hafenpromenade versickert aber schnell in den engen Gassen, die, ausgehend von der ehrwürdigen, ehemaligen Fischhalle, die Kirche *Notre Dame-de-Pitié* einschnüren. Kulturelle Höhepunkte Le Croisics sind neben den alten Häusern aus dem 16./17. Jh. und der Kirche das schmucke Rathaus (*Hotel d'Aiguillion*), in dem ein Schiffahrtsmuseum untergebracht ist, sowie das neue Aquarium.

Kurz vor dem Bahnhof erhebt sich der *Mont Esprit*, ein im 19. Jh. aus dem Ballast der Salzschiffe aufgeworfener Hügel, parkartig bepflanzt mit Krüppelkiefern, Tamarisken und Blumengeometrie: Aussicht über das Mosaik der *Grand Traict* und die vom Festland herüberleckende, flachsandige Landzunge *Pen-Bron*. Noch schöner ist der Blick vom ebenso entstandenen *Mont Lénigo* am oberen Ende des Hafens (West). Der von einer Granitsteinmauer (1759) eingefaßte, langgezogene Promenadenhügel ist Mitte August Schauplatz eines vielbesuchten Festes: Der Pfarrer segnet die einfahrenden Fischerboote und Segelyachten.

- *Telefonvorwahl*: 40
- *Postleitzahl*: 44490
- *Information*: Ein schön renoviertes Häuschen neben dem Bahnhof. In der Saison 9 - 12.15 und 14 - 18 Uhr geöffnet. In der NS gibt man im Hotel de Ville (Bürgermeisteramt) freundliche Auskunft. Place de la Gare, Tel. 230 070.

Verbindung

- *Verbindung*: **Bus**linie 54 täglich im knappen Stundenrhythmus über Batz, Pouliguen, La Baule und Pornichet nach St. Nazaire. Haltestelle zentral beim Hafen, Place Dinan. Tickets im Café Frammery, Tel. 629 226.

Zug: Le Croisic! Endstation! Zwischen 5.14 Uhr und 21.22 Uhr stehen auf dem Sommerfahrplan über 10 Züge täglich, im Winterfahrplan immer noch 8. Über Le Pouliguen, La Baule, Pornichet und St. Nazaire in knapp 1,5 Stunden nach Nantes. SNCF, Place de la Gare, Tel. 230 068.

Diverses

- *Bootsausflüge*: Die "Garcie Ferrande" bietet 180 Passagieren die Möglichkeit, zu einer Kreuzfahrt nach Belle-Ile aufzubrechen. Einzelheiten siehe La Turballe.
- *Fahrradverleih*: SNCF am Gepäckschalter vom Bahnhof, Tel. 230 068 3 private Anbieter, z. B. die Navigationsschule I. Bolzer in der Rue St. Yves (zwischen Place Dinan und Kirche). Halber Tag auf dem einfachen Stahlroß 13 DM, Tel. 232 851.
- *Feste*: Herausragend aus dem reichen Croisicer Veranstaltungsprogramm das **Fête de la Mer** am 15. August: Eine bunte Prozession mit halb religiösem und halb weltlichem Charakter (Schaulustige) zieht von der Kirche zum Mont Lénigo.
- *Fischen*: Von Mai bis Ende September kann man auf der "Tisson d'Or" (40 Plätze) sein Mittagessen fischen. 5-Stunden-Angeltrip (7 - 12 Uhr) auf See 53 DM, Angelroute kann für 10 DM gemietet werden. Um 14.30 startet die Motor-Schaluppe zu einem 1-Stunden-Ausflug entlang der Küste. Erwachsene 13 DM, Kinder/Jugendliche bis 14 Jahre 8 DM. Auskünfte in der Bar de la Criée am Hafen oder bei J. Turbin, Tel. 629 443.
- *Markt*: Zwischen dem Place Dinan und der Kirche. In der Sommersaison Dienstag, Donnerstag, Samstag und Sonntag vormittag. Rue des Cordeliers.
- *Tauchen*: Flaschentauchen an der Côte Sauvage. Der lokale Tauchclub bietet Unter-

wassertrips mit einem alten Segelschoner zum Plateau du Four auf offener See an. Clubhaus und Flaschenfüllstation in der Nähe der Festhalle (200 m südlich von der Kirche). Rue du Pont de Chat, Tel. 629 183.

• *Tennis*: Der örtliche Club besitzt 6 Courts (eine Halle). 2 schön gelegene Plätze auf dem Mont Esprit. Einschreibung/Reservierung bei Bideau, Rue R. Coty, Tel. 231 050.

• *Wassersport*: Die Côte Sauvage ist ein interessantes Segel- und Surfrevier. Mehrere Segelschulen bieten Kurse an, manche verleihen Boote oder Surfausrüstung. Zwei Adressen: **Westclip** (Spezialität: Radarkurs auf einem 13-m-Maracuja-Segler) oberhalb des Strandes von Port-Lin, Avenue Becquerel 40, Tel. 230 138, oder die **Segelschule I. Bolzer**, Rue St. Yves 4, Tel. 232 851.

Übernachten/Camping

Wie überall der Trend zur Ferienimmobilie. Noch bieten 11 Hotels der mittleren bis einfachen Kategorie Quartier. Hotelschwerpunkte sind Port-Lin an der Atlantikseite und der Hafenkai. Eine kleine Auswahl:

*** **Hotel Les Vikings**: Wohnlicher Glas-Beton-Komplex mit kleinen Balkons und Terrassen oberhalb des Strandes von Port-Lin mit Meerespanorama. 24 Zimmer, alle mit Bad/WC, geräumig und hell. Kein Restaurant. DZ 120 - 185 DM, Frühstück 13 DM. Ganzjährig geöffnet. Port-Lin, Tel. 629 003.

** **Les Nids**: 50 m oberhalb des Strandes von Port-Lin. 28 freundliche Zimmer, zum Großteil mit Balkon und moderner Sanitärausstattung, die billigeren nur mit Waschbecken und Bidet. Schöner Garten. Gemütliches Restaurant in einem niedlichen Gebäude mit Turm gleich ums Eck (Menus ab 30 DM). DZ 45 - 110 DM, HP 65 - 100 DM, Frühstück 10 DM. In der NS 25 % Reduktion. Geöffnet von April bis 30.9. Boulevard Leclerc 83, Tel. 230 063.

** **L'Estacade**: Zentral am Hafen, gegenüber der neuen Fischhalle. Familiäres 13-Zimmer-Hotel mit zum Großteil gemütlichen, großen Zimmer, aufgrund der erfolgten Renovierung mit modernen Sanitärs ausgestattet. Einfaches Restaurant mit Menus ab 23 DM. DZ ab 75 DM, HP 70 - 83 DM, Frühstück 10 DM. In der NS 20 % Reduktion. Im Dezember geschlossen. Quai Lénigo 4, Tel. 230 377.

* **Les Jonchères**: Kleines Garnihotel am Fischereihafen. Zimmer sanitär unterschiedlich, die meisten mit Dusche oder Bad. DZ 55 - 100 DM, Frühstück 8,50 DM. Ganzjährig geöffnet. Quai Port Ciguet 16, Tel. 230 126.

Le Nazairien: Direkt am Hafenkai. Im Restaurant Menus ab 22 DM, Hafenatmosphäre gratis. 10 Zimmer mit nicht allzu großem Komfort. DZ je nach Standard 43 - 60 DM. Ganzjährig geöffnet. Place d'Aiguillon, Tel. 230 156.

• *Camping*: *** **de l'Océan**; 200 m oberhalb der flachen Bucht von Castouillet, am Ende der Landzunge. Heckenunterteiltes Wiesengelände ohne Schatten, ordentliche Sanitärblocks. Beheizter Swimmingpool (2 Becken) mit Riesenrutsche, Spielplatz, Tischtennis, Tennis. Bar, vorgekochte Gerichte, Laden. In der NS 30 % Ermäßigung. Erwachsene 6 DM, Kinder 4 DM, Platz 12 DM, Auto 3 DM, Elektrik 4 DM. 400 Stellplätze. Geöffnet von Ostern bis 30.9. Le Pré Brulé, Tel. 230 769.

** **Camping la Pierre Longue**: Oberhalb der Küstenstraße etwas landeinwärts. Ebenes Wiesenareal mit wenigen Bäumchen. Halbwegs ordentliche Sanitärs, Laden, Bar, Tennis. Erwachsene 5 DM, Kinder 4 DM, Platz inkl. Auto 7 DM, Elektrik 5 - 7 DM. In der NS bis zu 30 % Ermäßigung. 180 Stellflächen. Geöffnet von Ostern bis Mitte/Ende September. Baie du Castouillet, Tel. 230 371.

** **Camping du Paradis**: Wiesenareal auf der Landspitze, 300 m zum Strand. Im Vergleich zum Nachbarn etwas schwächer ausgestattet, keine Versorgungsmöglichkeiten auf dem Platz. Gleichees Preise wie Pierre Longue. 100 Stellplätze. Geöffnet von Ostern bis 15.9. Route de la Maison Rouge, Tel. 230 789.

Essen

Hotel-Restaurant L'Océan: Top-Speiseadresse am Strand von Port-Lin. Vom Restaurant aus Panorama auf die Heimat der Tiere, die Sie gerade verspeisen; Meeresbewohner sind in der Küche erste Wahl. Menuzusammenstellung à la carte: 65 - 100 DM. Port-Lin, Tel. 629 003.

Restaurant La Bretagne: Stilvoll mit alten Nußbaummöbeln und mit insgesamt viel Liebe zum Detail haben Herr und Frau Coic ihr bereits mehrfach ausgezeichnetes Speiserestaurant am Hafen eingerichtet. Erlesene Weinkarte und eine reiche Auswahl an Muschel-, Krustentier- und Fischgerichten. Das "einfache" 3-Gang-Gourmetmenu kostet 33 DM, aufwendigere Speisefolgen bis 120 DM. Quai de la Petite Chambre 11, Tel. 230 051.

Sehenswertes

Eglise Notre-Dame-de-Pitié: Die zwischen 1494 und 1528 im gotischen Spitzbogenstil errichtete Kirche zu Ehren der Jungfrau des Erbarmens hat vier Kirchenschiffe und flache Chorhäupter; ein 56 m hoher Glokkenturm mit bauchiger Laternenkuppel überragt den Bau. Im Inneren mehrere *Holzstatuen* aus dem 15. bis 17. Jh., darunter die des gegeißelten Christus und die der windrosetragenden Notre-Dame-des-Vents, die die Fischersfrauen um guten Wind für die wohlbehaltene Heimkehr ihrer Männer anflehten.

Hotel d'Aiguillion: Das repräsentative Rathaus in zweiter Reihe zum Hafen wurde Ende des 17. Jh. während der Hochblüte Le Croisics geschaffen. Es beherbergt neben verschiedenen Behörden ein *Schiffahrtsmuseum*. Auf 200 qm in drei Räumen werden vor allem Schiffsmodelle, alte Stiche, Waffen, Navigationsinstrumente und eine Dioramashow zu den Salzgärten gezeigt. Im Garten des Anwesens ruht die Attraktion der Ausstellung: eine zwei Tonnen schwere Bronzekanone, die 1955 von Tauchern bei Croisic aus 12 m Tiefe gefischt wurde und die zu den wenigen Überresten der legendären Schlacht der Kardinäle gehört. 1759 verlor LUDWIG XV. im Verlauf des Siebenjährigen Krieges gegen die Engländer einen Großteil seiner Flotte in einem blutigen Seegemetzel vor der Stadt. Die bullige Kanone im Rathausgarten, die im Profil ein Portrait Ludwigs XIV. trägt, stammt von der *Soleil Royal*, einem noch vom Sonnenkönig georderten, aber erst 1748 in Bau gegebenen Superkriegsschiffes, das in der Schlacht von 1759 von Kardinal CONFLANS auf Grund gesetzt und angezündet wurde, um die übermächtigen Engländer an der Einfahrt in die Bucht zu hindern.

• Öffnungszeiten: Von Ostern bis Oktober täglich (außer Dienstag) 10 - 12 Uhr und 15 - 19 Uhr. Erwachsene 5 DM.

Aquarium de la Côte d'Amour: 250 Vertreter der verschiedensten Spezies aus allen Weltmeeren. Während 3000 Muscheln sich schamhaft verschließen, blüht die gelborange Dendrophyllia mit ihrem schleirig-eleganten Hofstaat im "Touch-Pool" (Berührbecken) unter Ihrer Berührung auf. Ganz aus der dunklen Tiefe der See glotzt *Coelacanthus*, der 40-Kilo-Quastenflosser aus der Devonzeit in erschreckte Kinderaugen. Pinguine (im Frack) servieren kalte Drinks, Piranhas wetzen die Zähne: Hereinspaziert, viel Spaß!

• Öffnungszeiten: Ganzjährig von 10 - 12 und 14 - 19 Uhr. Im Juli und August durchgehend 10 - 20 Uhr. Eintritt 8 DM. Quai du Port Ciguet 6.

Baden

Abgesehen von einigen kleinen Buchten rund um die Landzunge gibt es zwei größere Strände. Auf der Nordseite den stark von den Gezeiten abhängigen, bei Flut steil in Schwimmtiefe führenden *Plage de St. Coustan* (alle Strandeinrichtungen) und den zum Atlantik gerichteten, 250 m langen *Plage de Port-Lin*, eine nette, von Felsriffen begrenzte Sandbucht, in der sich bevorzugt das Badeleben Le Croisics abspielt.

Le Croisic / Umgebung

▶ **Batz-sur-Mer** *(ca. 2500 Einwohner)*: Unübersehbar überragt der mächtige Glockenturm der Kirche von *St. Guénolé* die alte Salzbauerngemeinde, die bis vor 250 Jahren noch auf einer Insel lag. Batz hat seine ländliche Atmosphäre nicht verloren, die Küste ist nicht mehr mit Residenzklötzen und Spiegelfassaden verbaut. Batz-City liegt auf der schmalsten Stelle der Landzunge von Croisic, etwas landeinwärts zwischen den kultivierten Salzsümpfen und den wildanbrandenden Atlantikwogen. Das Städtchen blickt auf eine tausendjährige Geschichte zurück. Letzte Reste dieser zum Teil glorreichen Zeit finden sich vor der Ortskirche: Die eindrucksvollen Ruinen der *Kapelle Notre Dame du Murié* verleihen dem Ensemble niedriger Häuser, das die mächtige *Kirche St. Guénolé* (1873) umdrängt, historische Patina. Im *Musée des Marais Salants*, einer schon 1887 gegründeten, trotzdem nicht allzu aufregenden Ausstellung über die Regional- und Salzgeschichte finden diesbezüglich Interessierte zaghafte Aufschlüsse (geöffnet von Mai bis Ende September zu den üblichen Öffnungszeiten, Eintritt 5 DM).

An der Küstenstraße reihen sich Ferienhäuschen an die *Côte Sauvage*. Die Küste fällt hier steiler ins Meer, Felsklippen und einige lauschige Sandbuchten wechseln miteinander ab: Auf Felseszinnen spähen Möwen in die Gischt, Surfsegel blähen sich im Wind. Batz ist beim weniger betuchten, oft jugendlichen Publikum beliebt. Der schönste Strand, *Plage Valentin*, liegt auf halbem Weg nach Croisic und ist etwa 600 m lang, ein welliger Dünenstreifen grenzt ihn zum Land hin ab (große Segelschule). Hauptattraktion ist der Aufstieg auf den 60 m hohen Glockenturm der Kirche: Das spiegelnde Mosaik der *Marais Salants* (siehe Guérande) breitet sich zu einem prächtigen Panorama aus (von Mitte Juli bis Mitte September täglich von 10 -12 und von 15 - 18 Uhr, Eintritt 1,70 DM).

Camping

*** **La Govelle**: 1 km außerhalb, direkt an der Küstenstraße nach Le Pouliguen. Kleine Badebucht mit guten Surfbedingungen direkt vor der Zeltwand. Schattenloses Terrain mit 50 Stellflächen. Kleiner Laden, Bar. Simple Sanitärs mit Warmwasserduschen. Tennisplatz (13 DM/Std.), Rad- und Surfbrettverleih. Platzpauschale für 2 Personen/Auto/Zelt in der HS 40 DM, in der NS 23 DM. Ansonsten Erwachsene 6 DM, Kinder und Hunde je 4 DM, Besucher 5 DM, Elektrik 6 DM. Geöffnet von April bis 31.10. La Govelle, Tel. 239 163.

** **Municipal**: Ausgedehntes, schattenloses Terrain an der Straße nach Croisic oberhalb des Plage Valentin. Einfache Sanitärs, 200 m zum Plage. Attraktiv ist der Platz nur auf Grund der Lage. Laden, Bar und Snack-Restaurant, Spielplatz, Radverleih. Municipalpreise. 440 Stellplätze. Geöffnet von Mitte Juni bis 15.9. Route de Croisic, Tel. 239 171.

Grande Brière

Der Parc Naturel Régional de Brière eröffnet sich seinen Besuchern erst richtig, wenn sie die "Route touristique" verlassen und mit einem der Brière-typischen, kiellosen Holzkähne in das Labyrinth verwundener Kanäle, wiegenden Schilfs und glucksender Moore eintauchen: Ein 40.000 Hektar großes Naturreservat, still, melancholisch, märchenhaft verwunschen.

Morgenruhe am Kanal

Das *Pays Noir*, das Schwarze Land der Halbinsel von Guérande ist ein gewaltiges Torfmoorgebiet mit einem Durchmesser von 15 - 20 km. Eine Hebung des Meeresbodens löste um 7500 v. Chr. eine gewaltige Flutkatastrophe aus und verwandelte das Schwemmland aus dem Loire-Becken in gurgelndes Sumpfgebiet (siehe auch Guérande). Schon früh erkannte der Mensch den wirtschaftlichen Nutzen der Sümpfe, begann sie trockenzulegen und nutzte die zu Torf verwitterten Wasserpflanzen und vorzeitlichen Bäume zur Düngung seiner Felder sowie als Heizmaterial; auf den Trockeninseln weideten seine Tiere. Mitte des 15. Jh. begann die kommerzielle Ausbeutung: Per Erlaß des bretonischen Herzogs erhielten die Bewohner den Auftrag und das Privileg, gemeinsam ein besonders torfreiches Gelände zu bewirtschaften - die knapp 7000 Hektar große Fläche der *Grande Brière Mottière* (frz. *Motte* = Torf). Die Ära des Torfabbaus begann und wurde über Jahrhunderte zum wichtigsten Erwerbszweig der Sumpfbewohner. Ein Bild der entbehrungsreichen Arbeit und der trostlosen Abgeschiedenheit der Bewohner gibt ein Klassiker der französischen Heimatliteratur, ALPHONSE DE CHATEAUBRIAND. In seinem Roman *La Brière* (1923) übertünchte er zwar die karge Landschaft mit idyllischen Farben, verschwieg aber die Härte des Brièrer Alltags ehrlicherweise nicht.

Heute befinden sich im Gebiet der Grande Brière 21 Gemeinden, noch immer ist das Moor gemeinschaftlich genutzter Wirtschaftsraum (die Bewohner zahlen eine jährliche Abgabe für Jagd, Fisch- und Weiderechte sowie für das Schneiden von Schilf). Das kommerzielle Torfstechen aber ist zurückgegangen, Jagd (Wildente) und Fischfang (Silberbauchaal) oder Blutegel-Ernten haben sich mittlerweile als einträglicher erwiesen. Bedeutendster Wirtschaftszweig ist jedoch der Tourismus geworden; für die oft in den Fabriken St. Nazaires und Trigniacs arbeitenden Bewohner bringen die zahlreichen natursuchenden Urlaubsgäste, die sich in den flachen Kähnen (*blins*) durch die Sümpfe staken lassen, ein nicht unwesentliches Zubrot.

• *Information*: Tourismuszentrale der Region ist das Fremdenverkehrsbüro von Chapelle-des-Marais, im alten Maison du Sabotier, Tel. 668 501. Zentrale Informationsstelle für das gesamte Gebiet des Naturschutzparkes ist das "Maison du Parc" in St. Joachim, direkt an der Brücke zur Ile de Fedrun, Tel. 884 272 oder 884 239. Auskunftsstellen mit Prospekten und Tourenvorschlägen (auch deutschsprachig) auch in den wichtigen Orten, z. B. St. Lyphard (Place d'Eglise, Tel. 914 134) oder an den entsprechenden Sehenswürdigkeiten. Tourismusbüros im Sommer täglich von 10 - 12 und 14 - 19 Uhr geöffnet. Von Ostern bis Juli und im September meist nur an den Wochenenden.

Diverses

• *Angeln*: Nur mit Angelschein. Erhältlich in den Bürgermeistereien des jeweiligen Reviers oder bei der zentralen Commission Syndicale de Grande Brière Mottière im Rathaus von Donges.

• *Bootsverleih/Exkursionen*: Unzählige Kahnverleiher. Es werden Promenaden (begleitet, bis 30 Personen) angeboten, daneben gibt es auch Boote ohne Führer. Einige Schwerpunkte: **St. Lyphard**, von der D 51 aus Richtung Guérande kurz vor der Ortschaft rechts ab zum Weiler La Pierre Fendue (1,5 km). Im "Hafen" liegen viele blins, flache, kiellose Kähne. Der geführte Gruppenausflug in das Torfmoor dauert gute 2 Stunden (Erwachsene 17 DM, Kinder die Hälfte), ein kleines Boot solo für den ganzen Tag kostet ab 35 DM. Barques et Calèches Riffaud, Port de la Pierre Fendue, Tel. 914 196.

Ein weiteres Zentrum ist die **Ile de Fedrun**. Links und rechts der Straße warten die Kähne in den Kanälen. Preise für Promenaden und Exkursionen wie in St. Lyphard.

Großangebot in **Bréca**, weit vorgeschoben etwa 5 km südlich von St. Lyphard (D 47 bis Le Brunet, dort links ab): Y. Thual (Tel. 913 202) fährt mit Original-Blins, M. Deniaud (Tel. 914 267) vermietet Standardmodelle.

Camping/Essen

*** **Municipal des Brières**: Etwas außerhalb von St. Lyphard an der Straße nach La Chapelle-des-Marais. Rasengelände an einem kleinen Badesee, zum Teil schattig. Sportanlagen (Tennis, Tischtennis), Fahrradverleih. Ordentliche Hygieneblocks, organisierte Kahnfahrten. Erwachsene 5 DM, Kinder die Hälfte, Platz 4 DM, Auto 2 DM, Elektrik 4 DM. 130 Stellplätze. Von Mai bis Ende September geöffnet. Tel. 914 134.

• *Essen*: Eine Spezialität, die Sie probieren sollten: Pimpeneaux, Brière-Aal (mit silbrigem Bauch) über'm Torffeuer gegrillt. Außerdem Rebhuhn, Ente oder Fisch. Eines der gediegensten Restaurants der Gegend ist die **Auberge du Parc** auf der Ile de Fedrun, hier erhalten Sie neben gängiger Küche auch die genannten Gerichte (Menus 27 - 80 DM).

Rundfahrt

Eine Rundfahrt von ca. 80 km führt an allen interessanten touristischen Höhepunkten vorbei. Die Route führt von St. Nazaire aus rund um das Torfmoor. Wie Inseln schwimmen die Ortschaften im Sumpf. Zur richtigen Erkundung ist ein Holzkahn oder Boot unerläßlich (siehe unten) - zahlreiche Bootsanlegestellen liegen auf der Strecke. Von St. Nazaire aus über die N 171 Richtung Nantes, nach 6 km an der Ausfahrt von Motoir de Bretagne auf die D 50 Richtung St. Joachim/Ile de Fedrun abbiegen. In St. Malo-de-Guersac (2 km) beginnt die Grande-Brière-Rundfahrt.

▶ **St.-Malo-de-Guersac** *(ca. 3200 Einwohner)*: Eine stille Ortschaft mit schiefergedeckten Häuschen auf einer etwa 10 - 13 m hohen, aus dem Sumpfgebiet ragenden und von Kanälen umzogenen "Insel". Am Ortsende über-

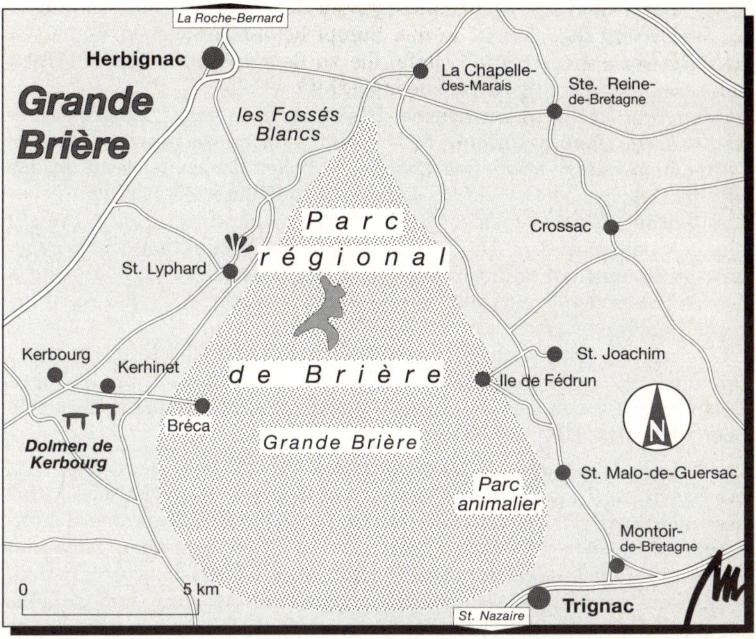

quert man den *Brivet*, einen Flußkanal, auf dem früher die Torf-Lastkähne entlangfuhren. Gleich links der Brücke das *Maison de Garde*. Die Ex-Wach- und Zollbehörde ist nun Tourist-Info und kleines Museum für die hier lebende Vogel- und Fischwelt. Etwas weiter, direkt über den Schleusentoren des Kanals das putzige *Maison de l'Eclusier*, das Wohnhaus des Schleusenwärters, in dem einige magere Dias und Dokumente auf die Entwicklungsgeschichte des Moors hinweisen. Interessanter ist das am Ufer vertäute dickbauchige Lastschiff *Théotiste* - wie die Fühler einer Riesengarnele ragen die weitausladenden Hebearme des ehemaligen Torffrachters aus dem Rumpf. 800 m weiter, auf der anderen Seite des Kanals, führt ein 1 km langer Rundweg um den *Parc Animalier*, ein 26-ha-Freigehege, in dem die Vögel der Brière beobachtet und die botanischen Kenntnisse auf einem Lehrpfad erweitert werden können.

• Öffnungszeiten: Alle drei Einrichtungen können täglich von Ostern bis Ende September besichtigt werden (Freigehege bis Ende Oktober). Eintritt für den Park 4 DM, ermäßigt 2 DM, Schleuse 3/1,50 DM, die Tourist-Info ist kostenlos.

▶ **St. Joachim/Ile de Fedrun** *(ca. 4000 Einwohner)*: Der Ort, auf zwei kleinen Trockeninseln nur wenige Meter über den Sümpfen gelegen, ist durch einen Kanal mit der *Ile de Fedrun* verbunden - der schönsten Insel der Grande Brière. Eine Ringstraße führt am Küstensaum entlang, ein weiteres Sträßchen durchquert die Ortschaft. Niedrige, strohgedeckte Bauernhäuser (*Chaumière Brièronne*) im traditionellen Stil der Brière, weiß getüncht und Blumenschmuck am Fenstersims, reihen sich an den

Weg. Hinter dem Hof und Gemüsegarten liegen die flachen Kähne, die im Bedarfsfall ihre Fracht in den Sumpf befördern - neben Touristen beispielsweise Ziegen und Schafe, die zu den trockenen Weideflächen (*plattières*) im morastigen Torfmoor geschifft werden.

Früher war die Ile de Fedrun bei Brautpaaren in ganz Frankreich bekannt: Zwei Manufakturen in St. Joachim stellten wächserne Orangenblüten her - ein traditionelles, kleinbürgerliches Hochzeitsgeschenk, das um die Jahrhundertwende als Exportschlager bis nach Portugal geliefert wurde und als einziger "Industriezweig" der Brière auch Frauen einen Arbeitsplatz bot. Die Firmen haben die Produktion schon lange eingestellt, eine Sammlung des Brautnippes präsentiert das *Maison de la Mariée* (Haus der Braut) auf der Ile de Fedrun (Nr. 132, von April bis Ende September gratis zu den üblichen Uhrzeiten). Haus Nr. 308 ist eine vom Tourismusbüro renovierte und eingerichtete *Chaumières Brièronne* mit typischen Möbeln und einer Dokumentation der früheren Lebensverhältnisse auf der Insel Fedrun (gleiche Öffnungszeiten wie oben, Eintritt 2 DM).

▶ **La Chapelle-des-Marais** *(ca. 3000 Einwohner)*: Die "Kapelle der Sümpfe" ist ein Provinznest am Nordrand des großen Moors. Das touristische Interesse konzentriert sich auf das *Maison du Sabotier* (Haus des Schuhmachers), in dem mit dem Handwerk der brière-typischen schweren Holzpantoffeln vertraut gemacht wird, sowie das Tourismusbüro, in dem eine heimatgeschichtliche Ausstellung präsentiert wird, und auf das Rathaus. Hier befindet sich eine Treppe, die zum Teil aus einer *Morta* gebaut ist - ein sieben Meter langes Holzstück eines vor über 5000 Jahren im Moor versunkenen Baumstamms. Es wurde 1969 aus dem Torf gefischt und gilt aufgrund seiner Härte als unverwesbar.

▶ **St. Lyphard** *(ca. 2300 Einwohner)*: Die Ortskirche besitzt einen Turm, der mit einer Aussichtsterrasse versehen ist: Über 135 Stufen können Sie sich zu einem schönen Brière-Panorama hocharbeiten. Im schlichten *Café de la Place*, am Fuß des Turms, können Sie gemütlich im Sitzen einen eindrucksvollen Eindruck von den teils verschlossenen, teils von einigen Ballons angeheiterten, aber immer freundlichen Menschen des Sumpfes gewinnen. Für Bootsausflügler interessant ist der Weiler *La Pierre Fendue* außerhalb der Gemeinde.

• *Turmbesteigung*: Zu Ostern und von Juli bis Ende September möglich. Steiggebühr 1,70 DM, Kinder bis 10 Jahre gratis.

▶ **Kerhinet**: Das Dorf 6 km südlich von St. Lyphard ist ein Freilandmuseum, vom Komitee des Naturschutzparkes erworben und im Stil der früheren Brière-Dörfer restauriert. 18 Gebäude, Bauernhäuser, Scheunen und Ställe, vermitteln Einblicke in den ehemaligen Alltag der Bewohner. Es gibt eine ganzjährig geöffnete *Weberwerkstatt*, das unvermeidliche *Haus der Handwerkskunst* und ein kleines Museum (Arbeits- und Hausgeräte, Möbel und Trachten des "Pays Noir"; geöffnet von Juni bis Ende September). Von Kerhinet führt eine schmale Straße nach *Le Brunet* und von dort weiter nach Bréca (ca. 3 km), einer größeren Kahn- und Bootsablegestelle.

Ostbretagne

Von der Südküste nach Vitré

Redon *(ca. 10.000 Einwohner)*

Auf Plakaten wirbt die Stadtverwaltung für ein modernes, dynamisches Redon und setzt ihre Pläne auch tatkräftig um: Vor Rathaus und Kirche durchschneidet eine tiefliegende Eisenbahnbrücke den einst zusammenhängenden Platz zwischen den repräsentativen Bauten. Damit liegt Redon konsequent auf historischem Kurs. Schon früher war das Städtchen am *Vilaine-Ufer* bedeutendes regionales Wirtschafts- und Handelszentrum. Segensreich wirkte die rege Tätigkeit der Klostergemeinschaft der *Kirche von Saint-Sauveur* für das gemütliche Städtchen, die *Fachwerkhäuser* zwischen der Kirche und dem heutigen Hafenbecken bezeugen mittelalterlichen Wohlstand. Musterexemplare dieser Zeit (15. - 18. Jh.) finden sich entlang der Fußgängerzone *Grande Rue* sowie deren Seiten- und Parallelstraßen.

Vor dem Rathaus von Redon

Mit dem Ausbau des *Nantes-Brest-Kanals* zu Beginn des 19. Jh. stieg Redon zum bedeutenden Verkehrsknotenpunkt auf. Im rechten Winkel durchkreuzt der Kanal die *Vilaine*, brachte neuen Aufschwung und prägt seitdem das Bild der Stadt. Zwischen Hafen und Vilaine-Ufer entstand eine großzügige Schleusenanlage mit vier Toren, überspannt von kleinen, blumengeschmückten Brücken und gesäumt von repräsentativen Reedershäusern (*Quai Duguay-Trouin*, hier auch der *Tour Richelieu*, das ehemalige Hotel des Ministers). Dahinter die ausladenden Lagerhallen,

Speicher und Zollgebäude (*Rue du Jeu de Paume*) des alten Hafenviertels. Von der wichtigen Wasserkreuzung zum Eisenbahnknoten war es dann noch ein fünfzigjähriger Schritt.

Mit dem Beginn unseres Jahrhunderts siedelten sich Industrie- und Produktionsbetriebe (u. a. Feuerzeuge) an, die Altstadt wurde zu eng, Fabriken und Arbeitersiedlungen wucherten nördlich des Bahndamms aus. Bis heute ist Redon ein lebhaftes Handels- und Agrikulturzentrum geblieben. Allerdings spielt sich die regste Betriebsamkeit der Neuzeit vorwiegend vor der Stadt ab - im gigantischen Leclerc-Supermarkt von *St. Nicholas-de-Redon*, in dem mehr Trubel herrscht als in der ganzen Altstadt.

• *Telefonvorwahl*: 99

• *Postleitzahl*: 35600

• *Information*: Großzügiges Tourismusbüro gegenüber der Kirche beim Theater. Es organisiert begleitete Führungen (Dauer 1,5 Stunden) durch die Stadt, den alten Hafen und die Abtei. Ganzjährig geöffnet von 9 - 12 und 14 - 18 Uhr. Vom 15.6. - 1.9.gibt es eine Zweigstelle am Yachthafen. Hauptbüro am Place du Parlament, Tel. 710 604.

• *Verbindung*: **Busse** starten und halten am Bahnhofsplatz. Mehrmals täglich nach Nantes, St. Nazaire und La Baule. 3 x täglich Richtung Châteaubriant oder Rennes. Auskünfte/Reservierungen, T.T.O., Tel. 407 288.
Zug: Redon ist ein wichtiger SNCF-Knotenpunkt. Hauptlinien: Paris-Rennes-Redon-Quimper-Brest (ab Rennes mit dem T.G.V. in die Hauptstadt), Bordeaux-Nantes-Redon-Vannes/Rennes-Brest, täglich ca. 10 Anschlüsse in beide Richtungen. Gare SNCF, Avenue de la Gare, Tel. 711 069.

• *Bootsausflüge*: Zwei Zielrichtungen stehen zur Auswahl - der Kanal Nantes-Brest oder die Vilaine. Hier eine der Offerten: 4,5-Stunden-Rundfahrt (inkl. Busrückfahrt) die Vilaine hinunter nach Arzal im Juli/August mehrmals wöchentlich zu den unterschiedlichsten Zeiten; romantische Flußfahrt an Bord der "Visiona" 28 DM. Fahrten auf einem der Restaurantschiffe inkl. Mittagessen oder Dîner nach Gusto 55 - 80 DM. Auskünfte/Reservierungen problemlos beim O.T.

• *Fahrradverleih*: SNCF-Verleih + zwei weitere Anbieter, übliche Bedingungen und Preise. **Chesnais**, Rue des Douves 21 (beim Marktplatz hinter dem O.T.), Tel. 712 917, oder dieselbe Straße ein kleines Stück weiter **Leclerc**, Nr. 48, Tel. 710 917.

• *Feste*: Das wichtigste Marktereignis mit folkloristischem Charakter ist die **Foire Teillouse** am 4. Wochenende im Oktober: bekannt für köstliche heiße Maronen, für die die Region von Redon berühmt ist.

• *Markt*: Montag, Freitag und Samstag in den Hallen beim O.T. Außerdem 14tägiger Wochenmarkt am jedem ersten und dritten Montag des Monats.

Übernachten/Camping

** **Hotel de Bretagne**: Logis de France-Quartier direkt gegenüber dem Bahnhof. 20 unterschiedlich ausgestattete, ordentliche Zimmer. DZ 43 - 85 DM, HP 75 - 100 DM, Frühstück 7 DM. Ganzjährig geöffnet. Place de la Gare, Tel. 710 042.

** **Hotel de France**: Gutbürgerliche Unterkunft in unmittelbarer Nähe der Wasserkreuzung. 20 gemütlich-komfortable Zimmer mit Waschbecken oder Bad/WC. Kein Restaurant. DZ 43 - 80 DM, Frühstück 7 DM. Ganzjährig bis auf Weihnachten und Neujahr geöffnet. Rue Duguesclin 30, Tel. 710 611.

* **Hotel de la Gare**: Oberhalb des zentralen Parkplatzes. 7 Zimmer mit einfacher Ausstattung (Waschbecken, Bidet). Gelegentlich etwas laut wegen durchbrausender Züge. Gutbürgerliches Restaurant mit preiswerten Menus ab 20 DM. DZ 33 - 50 DM, Frühstück 6 DM. Rue de la Gare 10, Tel. 710 204.

* **Hotel de l'Ouest**: Einfaches 12-Zimmer-Hotel gegenüber dem Marktplatz. Restaurant mit Plats du Jour ab 17 DM. DZ 33 - 65 DM, Frühstück 6 DM. Rue des Douves 14, Tel. 711 091.

• *Camping*: ** **Municipal La Goule d'Eau**; an der Straße nach Vannes unterhalb des Hafenbeckens. Schönes, schattiges Wiesengelände am Ufer des Kanals. 46 Stellplätze, ordentliche Sanitäranlagen. Übliche Municipalpreise. Geöffnet von Pfingsten bis Mitte September.

Sehenswertes

Eglise St. Sauveur: Die eindrucksvolle Kirchenanlage neben der Eisenbahnlinie wurde im 11. und 12. Jh. erbaut, über Jahrhunderte lebten fleißige Benediktinergemeinschaften in dem düsteren Gotteshauskomplex. Bis zur Revolution war St. Sauveur (bereits 832 gegründet) ein vielbesuchter Wallfahrtsort. 1780 vernichtete ein Brand das romanische Kirchenschiff, nur der von einer 3-stöckigen Fensterarkade beleuchtete romanische *Vierungsturm* (12. Jh.), der *Chor* (15. Jh.) und ein gotischer *Turm*, der heute getrennt vom Kirchenbau in den Himmel ragt, überstanden das vorrevolutionäre Feuer. Während das Innere des romanischen Kirchenschiffs mit seinen gedrungenen Pfeilern die düstere Atmosphäre einer niedrigen, dunklen Krypta verbreitet, ist der lichtdurchflutete Chor mit seinem bequemen *Chorumgang* und dem *Hochaltar* ein Paradebeispiel gotischer Spiritualität und Helle. Der Altaraufsatz wurde 1636 von Richelieu gestiftet, der als weltlicher Abt die Einnahmen des Klosters auf sein Konto brachte. An die Südflanke der Kirche fügt sich das Kollegiums-Gebäude mit einem Kreuzgang aus dem 17. Jh. und dem barocken Garten an.

Châteaubriant *(ca. 14.400 Einwohner)*

Umgeben von welligem, von Hecken und Wäldern durchschnittenem Agrarland, in dem märchenhafte Teiche und fischreiche kleine Seen eingebettet sind, drängen sich die Schieferdächer der alten Festungsstadt um den Burgberg. Das einstige Sumpfland am Rand der Provinz geriet im 13. Jh. in den Blickwinkel der Mächtigen. Mit dem Ausbau einer uneinnehmbaren Festung sowie der Trockenlegung und Urbarmachung der Sümpfe wuchs das "*Châteaubrianteser Land*" zu einer fruchtbaren Pfründe und die Stadt zu einem militärisch-strategischen Stützpunkt. Die mächtige Schloßanlage gehörte - zusammen mit Vitré und Fougères - zum mittelalterlichen Ostwall des Herzogtums Bretagne und war ein wichtiges Bollwerk gegen französische Machtgelüste. Châteaubriants Bürger hatten darunter oft zu leiden. 1234 und 1488 wird die Stadt belagert, ausgehungert und schließlich geplündert und großteils zerstört.
Ab 1500 beginnt ein neuer Aufschwung. Gegenüber der düsteren Zwingburg läßt JEAN DE LAVAL einen repräsentativen Wohnsitz für seine Gattin bauen, im Umland siedelt er Hüttenbetriebe und Schmieden an, die noch heute einen wesentlichen Wirtschaftszweig der Region bilden.

Nach der Revolution kehren wieder Ruhe und Wohlstand ein. Die Umstrukturierung des französischen Landlebens ab Mitte des 19. Jh. läßt die Stadt über ihre Mauern hinauswachsen, der Wall wird niedergerissen. Durch extensive Urbarmachung verringert sich das Heideland, die metallfördernden und -verarbeitenden Betriebe blühen (die Produktion von Ackergerät bringt Châteaubriant den Ruf der "Hauptstadt der Pflüge" ein), neue Straßen und Schienenwege bilden eine solide Infrastruktur für den Handelsverkehr. Im Zweiten Weltkrieg ist Châteaubriant eines der von den Nazis am meisten gefürchteten Widerstandsnester, die Bestrafung der Freiheitskämpfer ist brutal. Zahlreiche Erinnerungsstätten in der Umgebung, die bekannteste der *Carrière des Fusillés* (Steinbruch der Erschossenen) etwa einen Kilometer außerhalb der Stadt (Richtung Laval), erinnern an die Massenmorde.

• *Telefonvorwahl*: 40

• *Postleitzahl*: 44100

• *Information*: Rechts unterhalb des Schlosses in der Verlängerung der Grande Rue (Fußgängerzone). Ausführlicher Prospekt in Deutsch und Englisch über die Stadt und das "Castelbrianteser Land". Organisation begleiteter Führungen durch Stadt und Schloß im Sommer (siehe unten). Ganzjährig werktags von 9 - 12 und 14 - 18 Uhr geöffnet. Rue de Coueré 22, Tel. 282 090.

Anfahrt/Verbindungen

• *Verbindung*: **Bus**linie 54 fährt 3 x am Vormittag über La Guerche-de-Bretagne nach Vitré. Linie 42 ebensooft über Bain nach Rennes. Haltestelle und Auskunft am Place E. Bréant, Tel. 281 026.

Zug: Châteaubriant liegt an einer Nebenlinie. Werktags 3 x nach Rennes oder Nantes, Sonn- und Feiertage 2 x. Bahnhof, von der Altstadt kommend, links unterhalb des Schlosses; Rue de la Gare, Tel. 810 252.

Übernachten/Camping

** **Hotel Châteaubriant**: Rechtwinkliges Gebäude mit Dachgauben und lichter Fensterfront zentral in der Nähe des Busbahnhofs. 37 Zimmer meist mit Bad oder Dusche/WC, gemütlich und komfortabel. Kein Restaurant. DZ nach Standard 60 - 100 DM, Frühstück 10 DM. Ganzjährig geöffnet. Rue 11. Novembre 30, Tel. 281 414.

** **Hotel Terminus**: Gutes Bahnhofshotel 200 m vom Schloß. 15 ordentliche, sanitär unterschiedliche Zimmer. Kein Restaurant, dafür Eisbar/Café. Ganzjährig geöffnet. DZ ab 47 DM. Rue de la Gare 3, Tel. 281 436.

• *Camping*: ** **Municipal les Briotais**; im Süden der Stadt, von Redon (D 771) kommend, kurz vor der Stadt rechts ab und am Waldgelände von Tugny entlang. 35 Stellplätze in einem teils schattigen Areal nah der Eisenbahn. Einfache, aber ordentliche Sanitärs, Stromanschlüsse. Kinderspielplatz. Übliche Municipalpreise. Geöffnet von Juni bis 15.9. Rue de Tugny, Tel. 811 438.

Sehenswertes

Château: Die mächtige Schloßanlage ist untrennbar mit dem tragischen Schicksal zweier Frauen verbunden (siehe Kasten) und gekennzeichnet von zwei unterschiedlichen architektonischen Prinzipien, die sich aus den wechselnden Funktionen der Anlage erklären. Die *Zwingburg*, heute Ruinen, entstand zwischen dem 11. und 14. Jh. und diente der Verteidigung des für die Herzöge wichtigen strategischen Ortes. Mauerwälle und ein mächtiger Donjon machten die von Sumpfgebiet umgebene Burg von Châteaubriant zu einer fast uneinnehmbaren Festung. Nach der Einverleibung des Herzogtums ins Königreich zu Beginn des 16. Jh. gab der damalige Gouverneur JEAN DE LAVAL eine elegante Wohnanlage in Auftrag, die er gegenüber der Zwingburg errichten ließ: ein beschwingt-fröhliches Renaissance-Schloß mit einem *Palais Seigneural*. Das luxuriöse, dreiflügelige Gebäude-Ensemble, in dem heute das Amtsgericht von Châteaubriant seine Urteile fällt und die Stadtbibliothek Unterkunft fand, ist zum Teil zu besichtigen. Vom parkartigen Ehrenhof führt ein teilweise zerstörter Säulengang über einen reizenden Treppenpavillon zum Repräsentierbalkon. Von ihm aus gelangt man in das unheimliche *Zimmer der Françoise de Foix*, die hier die finstersten Tage ihres Lebens fristete, und zur Betkapelle, in der die Grabplatte der unglücklichen Schloßherrin liegt.

• Öffnungszeiten: 15.6. bis 15.9. täglich, außer Dienstag und Sonntag Vormittag, von 10 - 12 und 14 - 19 Uhr. Ausgangspunkt der kostenlosen Führungen sind die Arkaden im Innenhof.

Arme Françoise

Wir schreiben etwa das Jahr 1500: Im zarten Alter von 12 Jahren wird FRANÇOISE DE FOIX mit dem Grafen von Châteaubriant, JEAN DE LAVAL, vermählt. Der krankhaft eifersüchtige Aristokrat hält das zu einer edlen Dame herangewachsene Mädchen in strengster Klausur. Umsonst. Die Kunde von der atemberaubenden Schönheit und dem Charme der Dame de Châteaubriant erreicht das Ohr des Königs, der erfolgreichste Schürzenjäger seiner Zeit. Trotz verzweifelter Versuche, seine Gattin vor den gefürchteten galanten Nachstellungen seines Vorgesetzten zu schützen, hat Jean das Nachsehen. Mit einer üblen Intrige lockt FRANZ I. die zauberhafte Frau an seinen Hof und spannt sie dem Ehemann aus. Françoise de Foix wird über Jahre hinweg Franzens bevorzugtes Herzblatt, beschenkt mit herrlichem Geschmeide und aller - vergänglichen - königlichen Leidenschaft. Dann erlahmt des Königs Wallung. Eine ebenfalls verheiratete Herzogin erobert sein lüsternes Gemüt, und Francoise wird auf Betreiben der neuen Favoritin zu ihrem Gatten zurückgeschickt. Der Gouverneur, in grausiger Wut entbrannt, straft die gedemütigte Frau auf seine Weise. Über 10 Jahre hinweg sperrt er sie zusammen mit der siebenjährigen Tochter in ein mit schwarzem Tuch ausgeschlagenes Zimmer ein, das zusätzlich in ständiger Dunkelheit gehalten wird. In der Nacht des 16. Oktobers 1537 findet die Pein ein Ende: Der vom Wahn gezeichnete Graf öffnet der inzwischen heillos zerrütteten Frau mit seinem Schwert die Pulsader und läßt sie verbluten.

Kirche von St. Jean-de-Béré: Die Kirche auf einer kleinen Anhöhe am Nordwestrand der Stadt (Ortsteil *Béré*) war die Keimzelle Châteaubriants. Sie wurde im Zuge der Urbarmachung des sumpfigen Landstrichs im frühen 11. Jh. von Benediktinermönchen aus Redon errichtet und blieb bis ins 19. Jh. hinein die zentrale Kirche der Pfarrgemeinde. Aus der Gründungszeit stammen das schiefergedeckte romanische *Kirchenschiff* und der *Chor* aus rotem Sandstein, der *Glockenturm* über dem gedrungenen Querschiff wurde erst im 19. Jh. hinzugefügt. Ein kunstvolles *Portal* aus dem 15. Jh. schmückt die Südfassade. Im Inneren fällt der *Hochaltar* (1665) auf: zum Teil aus wertvollem Marmor gearbeitet, geschmückt von einem schön geschnitzten Barock-Altarblatt. Neben verschiedenen *Heiligenskulpturen* (darunter eine stehende Maria aus dem 15. Jh.) stechen zwei flache *Kalksteinreliefs* ins Auge; sie thematisieren die Verkündigung (14. Jh.) und die Heimsuchung (16. Jh.).

La Guerche-de-Bretagne *(ca. 4000 Einwohner)*

Apfelwein, Pfeilerhäuser und der seit 1121 stattfindende Dienstagsmarkt sind La Guerches profane Attraktionen. Kirchen- und Kunstgeschichtler werden die Basilika besuchen, Megalithfans den gut 10 km entfernten Feen-Felsen *La Roche-aux-Fées*, eines der schönsten prähistorischen Monumente der Bretagne.
La Guerche-de-Bretagne war früher der Landsitz DUGUESCLINS; er residierte, wenn das zeitraubende Kriegsgeschäft es zuließ, in einem Holz-Donjon, der im 15. Jh. durch eine Steinburg ersetzt wurde, die ihrerseits während der Revolution zerstört wurde. Von einem Stadtwall umgeben, entwickelte sich La Guerche vom 16. bis zum 18. Jh. zu einem blühenden Handelsstädtchen. Im Zentrum, rund um den *Rathausplatz* und den *Place de Gaulle*, zeugen die alten, auf Pfeilern ruhenden Fachwerkhäuser vom einstigen Wohlstand. Dicht aneinandergereiht und windschief vorkragend, bilden einige von ihnen Arkadengalerien, unter denen die Zeit stehengeblieben scheint. La Guerche-de-Bretagne, einst mit Sitz und Stimme in der Ständeversammlung vertreten, ist mit der Neuzeit ins historische Abseits geraten: ein gemütlicher Marktflecken, der seit Jahrhunderten jeden Dienstag vormittag zum Leben erwacht. Dann versammeln sich die Händler und Bauern mit ihren Caravans, Lieferwagen und mobilen Ständen im Zentrum, um unter dem Schutz des 75 m hohen Glockenturms der Basilika ihre Geschäfte zu machen.

- *Telefonvorwahl*: 99
- *Postleitzahl*: 35130
- *Information*: Zentral am Place de Gaulle bei der Kirche. Ganzjährig geöffnet. Von Juni bis 30.9. täglich außer Sonntag von 9.30 - 12 und 14.30 - 18 Uhr. In der Vor- und Nachsaison oft nur vor- bzw. nachmittags. Place Charles-de-Gaulle, Tel. 963 078.
- *Verbindung*: Es gibt mehrere **Bus**-Linien. Die Linien 7, 7A, 13 und 20 bis zu 5 x täglich über Châteaugiron nach Rennes bzw. Linie 20 weiter nach Angers. Daneben 1 x werktags (6.30 Uhr) nach Laval und während der Schulzeit 1 x täglich nach Vitré bzw. Châteaubriant. Auskunft/Reservierung bei T.I.V., Rue de Rennes 2, Tel. 962 211.
- *Markt*: Der ländliche Wochenmarkt mit oft über 200 Händlern findet seit dem Jahr 1121 mit Unterbrechungen jeden Dienstag vormittag auf dem Marktplatz statt.

Übernachten/Camping

** **Hotel La Calèche**: Die beste Wohnadresse der Stadt, etwa 300 m nördlich des Zentrums. 13 zum Teil richtig gemütliche Zimmer mit Waschbecken oder separatem Bad/WC. Restaurant und Bar. DZ 73 - 100 DM. Ganzjährig geöffnet. Avenue Leclerc 16, Tel. 962 163.

* **Hotel du Faubourg**: An der Straße nach Angers, wohl 300 m vom Zentrum. Einfaches Hotel mit 10 Zimmern, alle mit TV. Auswahl zwischen Waschbecken, Dusche oder Bad/WC. Restaurant "rapide" mit Tagesgericht für 17 DM. DZ 33 - 55 DM. Ganzjährig geöffnet. Faubourg d'Anjou 35, Tel. 963 009.

Les Tilleuls: 200 m westlich der Basilika in der Nähe des Kreisverkehrs Richtung Rennes. Einfache 7 Zimmer der unteren Kategorie. Alle Zimmer mit Waschbecken, Etagen-WC. Restaurant mit traditioneller bretonischer Küche, Tagesmenu 18 DM. DZ ab 33 DM. Place du Champ de Foire 14, Tel. 962 045.

- *Camping*: ** **Municipal**; im Süden der Stadt an der Straße nach Angers. Zum Teil schattiges Rasengelände, sanitär einfach, Kinderspielplatz. Pauschale für 2 Personen inkl. Auto, Zelt und Platz 13 DM, jede weitere Person 3,50 DM. 46 Stellplätze. Geöffnet vom 15.5. - 15.9. Route d'Angers 46, Tel. 963 078.

Sehenswertes

Basilika de Notre-Dame: Das Gotteshaus wurde 1951 in den Rang einer *Basilique Mineur* erhoben. Haupt- und südliches Seitenschiff sind aus dem 16. Jh., Turm und nördliches Seitenschiff wurden im 19. Jh. errichtet. Vom Ursprungsbau, einer schlichten Kapelle von 1206, ist nur noch der gedrungene, schieferbehelmte Chorturm erhalten. Überragt wird die Kirche vom 75 m hohen Glockenturm - ein schlanker, himmelwärtsstrebender Pfeil im Stil der Neugotik, der an die Originale im Finistère erinnert. Im Inneren der Kirche sind mehrere Raritäten zu bestaunen, z. B. die *Liegefigur* des Kirchengründers aus weißem Tuffstein - im Panzerhemd, das Haupt von Engeln, die eisenbewehrten Füße von einem Hund bewacht. Das *Chorgestühl* (16. Jh.) zählt zu den schönsten der Bretagne. Die Rückenlehnen sind geschmückt mit geschnitzten, blumigen Arabesken, zwischen denen Herkules mit den Genien spielt und sich Zentauren und Greife, Schimären und Kinder verstecken. Mit groteskhintergründigem Humor präsentieren sich die Figuren an den Miserikordien (als Sitzgelegenheit dienender Vorsprung am hochgeklappten Sitz des Gestühls), die vom irdischen Paradies und seinen Sünden erzählen. In den Mosaiken der *Fenster* des Südschiffes (15. - 17. Jh.) sind biblische Szenen mit historischen Personen besetzt, u. a. der beinahe naturalistische Hl. Yves im weißen Hermelin der Advokaten.

La Guerche / Umgebung

▶ **La Roche-aux-Fées**: Das auf einem Hügelchen unter Bäumen gelegene Langgrab wurde nach der Legende von kräftigen Feen gebaut. 42 zum Teil über 40 Tonnen schwere Steine aus rötlich schimmerndem Schiefer bilden eine gewaltige Vorhalle, von der aus ein knapp mannshoher Gang in eine ausladende, mehrfach gegliederte Grabkammer führt. Der Feenfelsen ist Schauplatz eines uralten Brauches. Früher trafen sich hier bei Vollmond künftige Brautpaare, um durch das Zählen der Steine - die Dame links, der Herr rechts um den Dolmen herum - die Feen über die Zukunft zu befragen und sich ihrer intellektuellen Fähigkeiten zu vergewissern. Stimmte die Zahl überein, die sich die beiden nach erfolgter Umrundung gleichzeitig zurufen mußten, war alles in Butter, bestand eine geringe Abweichung (bis 2), war die

Noch immer bei Brautpaaren beliebt

Schulbildung mangelhaft, doch die Verbindung gerettet. Gab es jedoch eine größere Diskrepanz, fiel die Hochzeit besser ins Wasser - der Ehe wurde viel Mißgeschick prophezeit. Heute vollzieht man das traditionelle Vollmond-Ritual sicherheitshalber meist erst nach dem Eheschluß, im Beisein der Hochzeitsgäste, mit Hochzeitsputz und Video.

• *Anfahrt*: Etwa 10 km westlich von La Guerche; über die D 463 Richtung Rennes, nach 5 km in Visseiche links ab auf die D 48 (5 km Richtung Esse), kurz hinter der Ortschaft Marcillé-Robert wieder links (D 107) und noch 1,5 km leicht bergan.

Vitré *(ca. 15.000 Einwohner)*

"Wäre ich nicht König von Frankreich, würde ich Bürger von Vitré werden." Blickt man von den Tertres Noirs über das Tal der Vilaine, versteht man Heinrich IV. (1553 - 1610). Die zauberhafte Silhouette des Schlosses über dem Fluß stammt aus einem Grimmschen Märchen. Hinter den Mauern, Türmen und Zinnen könnte Dornröschen auf den erlösenden Kuß warten.

Vitré gehört zu den architektonischen Perlen der Bretagne. Kaum eine andere Stadt ist so gut erhalten geblieben wie die von einem schweren Mauerkorsett eingeschnürte Altstadt Vitrés. An ihrer Westseite wird die *Ville Clos* vom Stadtschloß beherrscht, im Mittelalter eine der wichtigsten Grenzfesten des bretonischen Herzogtums. Vitré war Zentrum einer der neun Baronien der Bretagne, über Jahrhunderte einer der aktivsten Handels- und Handwerksplätze für Tuch und Webwaren und eine wohlhabende Stadt - wie die idyllischen Gassen und Fachwerkhäuser bezeugen. Hauptattraktion Vitrés ist das *Château*, ein Glanzstück mittelalterlicher Militärarchitektur, das heute die Stadtverwaltung und ein ausgefallenes Museum beherbergt. Überragt wird die Stadt von den spitzen, "pickligen" Türmen und Giebeln der *Eglise Notre-Dame* (Aussichtsplattform), unter der die Schieferdächer und kopfsteingepflasterten Gassen metallisch blinken. Wer sich zu einem gemütlichen Spaziergang entschließt, begibt sich in Vitré in eine mittelalterliche Traumkulisse. *Empfehlung*: Den schönsten Blick auf die Stadt und das Schloß genießt man von den *Tertres Noirs* (Schwarze Hügel) nordöstlich des Zentrums (ausgeschildert, siehe Plan).

Geschichte

Die Glanzzeit Vitrés liegt etwa 500 Jahre zurück. Rund um die strategisch wichtige Festung an der Grenze des Herzogtums ist eine blühende Handels- und Handwerksstadt mit knapp 7000 Seelen gewachsen, die Vitréais frequentieren fremde Länder zu Wasser und zur Erde. Die Bruderschaft der *Marchands d'Outre-Mer* (Überseekaufleute, Vertreter der städtischen Weberzunft) verhökert Vitrés berühmtes Hanfleinen und seine begehrten Wollsocken in der ganzen damals bekannten Welt - von Flandern bis Indien und Amerika reichen die Geschäftsbeziehungen. In den Mauern drängt sich reichverziertes Fachwerk, und die Seigneursfamilien und Herzöge sinds zufrieden. Einen rauschhaften Höhenflug erleben die Vitréais in der Mitte des 15. Jh. - unter Franz II. sorgen die geschickten Winkelzüge eines der Ihren für Vitrés blühenden Reichtum (siehe Kasten nächste Seite).

Zur Zeit der Religionskriege (1562 - 1598) steht Vitré unter dem Schutz des mächtigen Geschlechts der COLIGNYS. Vitré ist eine hugenottische Hochburg, der Stadtherr GASPAR DE COLIGNY einer der berühmtesten französischen Protestantenführer. Da er immer mehr Einfluß auf den noch jugendlichen König KARL IX. gewinnt, zieht er sich die Mißgunst der streng katholischen Königsmutter zu. Zunächst entkommt er einem von ihr angezettelten Anschlag, doch in der Bartholomäusnacht am 24. August 1572 - der ganze hugenottische Adel ist unter Zusicherung freien Geleits anläßlich einer Hochzeit nach Paris gekommen - wird Coligny zusammen mit 3000 Glaubensgenossen niedergemacht. Harte Zeiten brechen über die Stadt herein. 1598 sorgt das Edikt von Nantes für vorübergehende Beruhigung. HEINRICH IV. sichert den Protestanten freie Glaubensbetätigung und uneingeschränkten Handel zu, und die strebsamen Hugenotten Vitrés machen wieder prächtige Geschäfte. Den endgültigen Abstieg Vitrés leitet LUDWIG XIV. ein. Mit der Aufhebung des Ediktes von Nantes 1685 fliehen Tausende von Hugenotten aus der Bretagne, die Textilindustrie verliert ihre wichtigsten Köpfe und Arbeiter, der Hanfanbau um Vitré - wichtigste Quelle des Reichtums - kommt zum Erliegen. Über 200 Jahre schläft Vitré in seinem mittelalterlichen Korsett einen Dornröschenschlaf.

Erst seit der Mitte des 20. Jh. beginnt eine Neubesinnung auf die wohlhabenden vergangenen Zeiten. Ein von der Regierung eingeleitetes Wirtschaftsprogramm zu Beginn der 70er Jahre belebt die traditionelle Kurzwarenfabrikation aufs Neue, Schuhfabriken, Lebensmittelindustrie und Produktionsstätten für Landmaschinen schaffen Arbeitsplätze - ein Prozeß, der bis heute anhält.

Eine tragische Karriere

PIERRE LANDAIS lebt in der Mitte des 15. Jh. als Schneider in Vitré. Seine handwerklichen Fähigkeiten und sein einnehmendes Wesen fallen Herzog FRANZ II., der in der Stadt weilt und sich neu einkleiden will, bei einer Anprobe auf, und er ernennt den flotten Zwirnartisten zu seinem Kammerherrn. Die beiden verstehen sich gut. Statt mit seinem Friseur plaudert Franz am liebsten nun mit Pierre, in Windeseile gewinnt der intellektuelle Schneider des Herzogs Herz. Eine ungewöhnliche Laufbahn beginnt. Pierre Landais, außergewöhnlich gut über die laufenden Geschäfte informiert, steigt zum Schatzmeister und später - einige wohlplazierte Ratschläge haben ihn unentbehrlich gemacht - zum ersten Berater des obersten Herrn der Bretagne auf.

Mit Neid und Argwohn beäugen die ausgestochenen adeligen und geistlichen Mitbewerber den einfachen Emporkömmling, der es zudem wagt, über die unlauteren Vorrechte des Adels und Klerus zu philosophieren. Als Landais auch noch für die Vertretung seiner bürgerlichen Standesgenossen ins Ständeparlament eine Bresche schlagen will, ist das Maß voll. Erfolgreich konspirieren einige Herren am Hof von Versailles und ziehen den französischen König auf ihre Seite. Der, über die schauderhaften Ansichten Landais aufs Höchste erbost, zwingt Franz II., seinen Ratgeber fallenzulassen.
Flugs präpariert man eine infame Anklageschrift, beschuldigt Pierre Landais des Hochverrats und der Steuerhinterziehung und kerkert ihn ein. Unter der Folter in den Verliesen des Nanter Schlosses gesteht der Unglückliche alle gegen ihn vorgebrachten Anschuldigungen. 1485 wird er unter dem Gejohle einer von Traktaten und Bänkelsängern aufgewiegelten Menge auf dem Richtplatz von Nantes gehenkt.

- *Telefonvorwahl*: 99
- *Postleitzahl*: 35500
- *Information*: Unterhalb des Bahnhofs, an der Durchgangsstraße (Stadtmauer). Ausführliche Informationen. Das O.T. veranstaltet im Juli/August täglich 2 begleitete Führungen durch die Altstadt und das Schloß. Ausgangspunkt ist das O.T. (10, 15 Uhr). Geöffnet im Juli/August täglich 10 - 12 und 13.30 - 19 Uhr, Sonntag nur 10 - 12 Uhr. Von April bis Juni und im September gleiche Zeiten außer Samstag nachmittag und Sonntag. Von Oktober bis Ende März 10 - 12 und 14 - 16 Uhr. Promenade St. Yves, Tel. 750 446.

Verbindung

Busbahnhof am Place Général de Gaulle. Nach Fougères werktags 2 - 4 x, Châteaubriant 1 x täglich, Extrabus an Markttagen. Sonntags keine Busse.
Zug: Vitré liegt an der Hauptstrecke Rennes-Paris. Mindestens 5 x täglich in beide Richtungen (Sonn- und Feiertage mindestens 2 Züge). Aber: der TGV hält nicht in Vitré (nächste Station Laval). Rennes etwa 30 Min., Paris 3,5 Stunden. Bahnhof an der Durchgangsstraße am Rand der Altstadt. Place Général de Gaulle.

Diverses

- *Fahrradverleih*: Das O.T. vermittelt Zweiradfans einen fahrbaren Untersatz, außerdem werden am Bahnhof von S.N.C.F. Peugeot-Räder verliehen.
- *Feste*: Im Juli und August in Altstadt und Schloß das **Spectacle Son et Lumière** (Ton- und Lichtspektakel) unter dem Motto "Unsere Monumente erzählen ihre Geschichte".
- *Golf*: Eine der schönsten Golfanlagen der Bretagne liegt unterhalb des Schlosses von Madame Sévigné, etwa 6 km auf der D 88 südöstlich von Vitré. 18 Löcher par 71 in

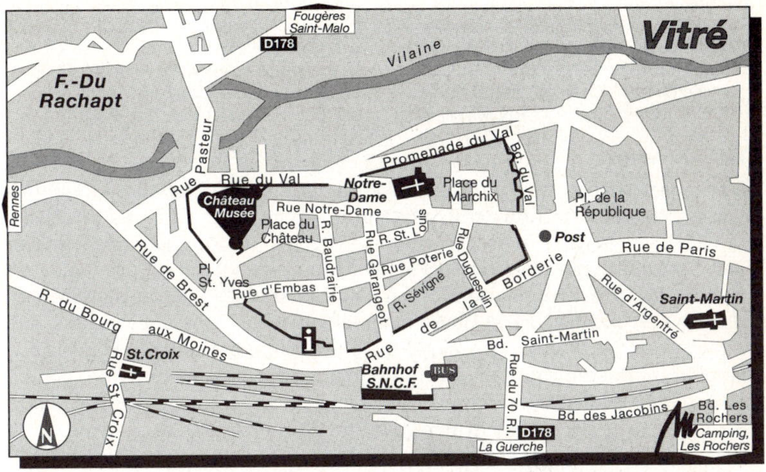

einem weiten, mit Nußbäumen und alten Rotbuchen betandenen Rasenpark entlang des malerischen Flußufers. Partie 44 DM, einfacher Besuch ohne Einlochen 10 DM. Golf des Rochers, Route d'Argentré-du-Plessis, Tel. 965 252.

Übernachten/Camping

** **Hotel le Petit-Billot**: Mittelklassehotel in der Nähe des Bahnhofs. 22 ordentliche Zimmer mit unterschiedlichem Sanitärkomfort. Empfehlenswertes Restaurant, Menus 23 - 35 DM. EZ ab 50 DM, DZ 53 - 83 DM, Frühstück 8 DM. Ganzjährig geöffnet. Place Général Leclerc 5, Tel. 750 210.

** **Hotel du Château**: 15-Zimmer-Hotel am Stadtwall unterhalb des mächtigen Schlosses mit mehreren einfachen und einigen "Grand Confort"-Zimmer (Bad/WC). Zur Straße hin etwas laut (Durchgangsverkehr). Kein Restaurant. EZ ab 40 DM, DZ 43 - 70 DM, Frühstück 8 DM. Ganzjährig geöffnet. Rue Rallon 5, Tel. 745 859.

* **Hotel le Chêne Vert**: An der Durchgangsstraße gegenüber dem Bahnhof. 22 Zimmer, einige zum Teil sehr einfach. Insgesamt ordentlich. Restaurant mit 3 Menus von 23 - 53 DM. EZ 30 - 65 DM, DZ 40 - 90 DM, Frühstück 8 DM. Ende September für einen Monat geschlossen. Place du Général de Gaulle, Tel. 750 058.

* **Hotel Duguesclin**: Eckhaus mit Barbetrieb in der gleichnamigen Straße westlich vom Bahnhof. 17 schlichte Zimmer mit aufregenden Tapeten, kein Restaurant. DZ je nach Sanitärstandard 35 - 70 DM, Frühstück 7 DM. Ganzjährig geöffnet. Rue Duguesclin 27, Tel. 750 296.

• *Camping*: ** **Municipal St. Etienne**; 2 km südöstlich des Zentrums am Ortsendeschild (Richtung Rochers-Sévigné, D 88). Campen passend zur Stadt: gepflegtes Wiesengelände, efeuüberrankte Ruinenreste und Sanitärblock im Natursteinstil (tolles Duschen). Bushaltestelle in Platznähe, Linie 3 vom Zentrum, Linie 4 ins Zentrum. Erwachsene 2,50 DM, Kind die Hälfte, Platz, Auto, Motorrad je 1 DM, Elektrik 3 DM. 50 Stellflächen. Ganzjährig geöffnet. Boulevard des Rochers, Tel. 752 528.

Essen

Vitré wartet mit 2 kulinarischen Spezialitäten auf; "La Roulade Sévigné", eine Rindsroulade nach dem Rezept der gleichnamigen, sparsamen Dame. Zum Nachtisch einen "Petit Vitréais", ein delikater Bisquit mit Honig, Mandeln und karamelisierten Apfelscheiben, den Sie in jeder Pâtisserie erhalten.

Taverne de l'Ecu: In der Straße der früheren Lederzunft speist man gediegen und stilvoll in einem sehr schön restaurierten Fachwerkhaus aus dem 16. Jh. Neben verschiedenen Menus (23, 40 und 50 DM) Erlesenes à la carte. Sonntag abend und Montag geschlossen. Rue Baudrière 12, Tel. 751 109.

Au Vieux Vitré: An einem Haus an der Ecke Rue d'Embas/Rue Baudrière schwingt ein Kneipenschild mit einem pfannenbewehrten Koch: Das Pizzeria-Restaurant im Obergeschoß empfiehlt sich wegen seiner Pizzas (12 - 20 DM), seiner Salate (ab 10 DM), seiner italienischen und französischen Fleischgerichte (Florentiner Medaillons 23 DM, Châteaubriand 25 DM). Im Erdgeschoß erweitert eine Crêperie das kulinarische Angebot. Straßentische laden zum Verweilen. Sonntag Ruhetag. Rue d'Embas 1, Tel. 750 252.

Sehenswertes

Stadtspaziergang: Am interessantesten und eindrucksvollsten ist das Gassenviertel zwischen Schloßplatz und Kirche. Vom Château aus führt die *Rue Notre-Dame* in Vitrés schönste Straße, die *Rue Baudrière*. In den von Satteldächern überragten Fachwerkhäusern wohnten, produzierten und verkauften früher die Meister der Lederzunft (altfranzösisch *baudroyers*) ihre Artikel. Die Gasse mündet im rechten Winkel auf die *Rue d'Embas*, in der weitere, im Zug der Renovierung befindliche Häuser das Kopfsteinpflaster rahmen. Darunter das schlößchenartige *Hotel du Bol d'Or* (Goldene Tasse) und das 1846 zum Teil eingestürzte Stadttor *Porte d'Embas*. In östlicher Richtung geht die Rue d'Embas in die *Rue de la Poterie* über. Nach einer Schleife durch die *Rue Duguesclin* gelangen Sie zum *Tour de la Bridole* (15. Jh.), wo die *Promenade du Val* beginnt. Sie führt, von der Stadtmauer und ihren Türmen begleitet, zu einem Gittertor, hinter dem man die Stadtmauer erklimmt. Eine idyllische Allee mit Aussichtspunkten ins Vilaine-Tal führt zum Tor *Saint-Pierre*, links die Kirche Notre-Dame, rechts gehts zum Schloß.

Château/Museum: Die Burg ist eines der schönsten Denkmäler mittelalterlicher Militärarchitektur Frankreichs. Der gegen Ende des 11. Jh. errichtete Ursprungsbau war eine einfache, palisadenbewehrte Feste auf dem steilen Felshang über der Vilaine - Reste dieser romanischen Burg werden zur Zeit im Burghof ausgebuddelt. Er wurde nach zwei Jahrhunderten abgerissen und Mitte des 13. Jh. neu errichtet. Im 14. und 15. Jh. wurde der Neubau mehrmals erweitert, mit wehrhaften Galerien versehen und schließlich zur repräsentativen und militärischen Residenz ausgebaut. Die Burg besitzt einen dreieckigen Grundriß, eine schwere Zugbrücke führt durch einen von zwei Türmen bewachten Torbau in den Burgfried. Sieben Türme erheben sich im Mauerwall, an der Nordseite ist heute das Rathaus der Stadt.

Ein Teil der Schloßanlage wird als *Museum* genutzt. Verteilt auf drei Türme, durch eine Galerie auf der Burgmauer verbunden, werden hier einige außergewöhnliche Raritäten aufbewahrt. Der *Tour St. Laurent* bietet neben dem Panorama auf die Schieferdächer der Altstadt Skulpturen aus Vitréser Bürgerhäusern, flandrische Gobelins (16. Jh.), Truhen, alte Stadtansichten und, als Höhepunkt, einen Kamin von anno 1583, frisch bemalt und mit dekorativen Musikern, Tänzern und Wappen verziert.

Über die Wehrmauergalerie zum *Tour d'Argenterie*, der seit 1989 das städtische Kuriositätenkabinett beherbergt. Achtung: Die außergewöhnliche Kollektion verrückter Objekte, die AMBROISE MOREL, ein Vitréser Natur- und Heimatkundler, zusammengetragen und der Stadt vermacht hat, ist nichts für schwache Nerven. Neben den naturkundlichen Exponaten (Insekten, Vögel und Muscheln) winden sich im Alkohol

Reptilien, Säugetiere und ein menschlicher Fötus, während am Plafond eine ausgestopfte Boa Constrictor hängt. Ein Leckerbissen für Freunde speziellen Humors ist die Vitrine mit den ausgestopften Fröschen: in teilweise zeitgenössischen Kostümen stellen sie Szenen aus dem aristokratischen Alltag dar; elegant tanzen sie eine Polonaise, sie spielen Karten, humpeln kläglich einbeinig auf Krücken herum oder fechten mit einem gegnerischen Frosch.

Leben hinter Fachwerk

Den Abschluß bildet der *Tour Oratoire*, in dessen angebauter Renaissance-Kapelle sich ein dreiflügeliger Altar (16. Jh.) befindet. 32 wertvolle Emailletafeln aus Limoges (17. Jh.) mit Motiven aus dem Leben Christi und Marias schmücken ihn. Daneben liturgische Gewänder und zwei kunstvolle Monstranzen, im 19. Jh. von Pariser Goldschmieden gefertigt.

• Öffnungszeiten: Von Juli bis 30.9. täglich 10 - 12.30 und 13.30 - 18.30 Uhr. Oktober bis Ende März (außer Dienstag sowie Montag-, Samstag- und Sonntagmorgen) 10 - 12 und 14 - 17.30 Uhr. April bis Juni täglich außer Dienstag gleiche Zeiten. Eintritt 6 DM, Kinder die Hälfte. Das Billett berechtigt gleichzeitig zum Besuch des Schlosses von Mme. Sévigné.

Eglise Notre Dame: Zwischen 1420 und 1550 bauten mehrere Generationen an dem außergewöhnlichen Architekturmonument, ein klassisches Beispiel flammender, spitzbogiger Gotik aus grauem Vitréser Stein. Die Südseite der Kirche mit ihren sieben reichverzierten Giebeln ist der interessante Teil. Hier ist auch die *Außenkanzel*, auf der die protestantischen Prediger während der Religionskriege predigten. Im Inneren gefällt neben den verschiedenen *Altarblättern* das *Chorgestühl*: neogotisches Schnitzwerk aus den Jahren 1850 - 1880.

Vitré / Umgebung

▸ **Château des Rochers Sévigné**: 6 km südöstlich von Vitré, links der D 88, liegt das Schloß der Marquise de Sévigné, umgeben von einem Wald mit hohen Rotbuchen und alten Nußbäumen, in dem die Literatin einst lustwandelte. Vor dem L-förmigen Schloßbau aus dem 15. Jh. öffnet sich der französische Garten, gestaltet von dem berühmten Landschaftsarchitekten Le Notre. Im 17. Jh. wurde der alte Flügel mit einem niedrigeren Wohngebäude erweitert, die Kapelle steht etwas isoliert daneben.

Madame Sévigné

MARIE DE RABUTIN SEVIGNE, Jahrgang 1626, ging in die Literaturgeschichte als eine der bekanntesten Briefschreiberinnen ein. Ihre aus Klatsch, Intrigen und historischen Fakten zusammengesetzten Mitteilungen an verschiedene literarische Koryphäen und an ihre in der Provence lebende Tochter illustrieren geistreich und sprachgewandt den Alltag geplagter Adelskreise im 17. Jh.

Mme. Sévigné, gebürtige Burgunderin, heiratete 1644 den Marquis von Sévigné, der bereits acht Jahre später bei einem Duell getötet wurde. Zunächst lebte die Witwe mit ihren beiden Kindern weiter in Paris, doch das für Adelskreise aufwendige Leben in der Hauptstadt verschlang ungeheuere Summen, und das Erbe schmolz dahin. 1678 zog sich die Familie nach Vitré zurück. Im Stammschloß ihres verstorbenen Mannes führte die Marquise aus Sparsamkeitsgründen ein karges Leben, argwöhnisch und notgedrungen geizig kontrollierte sie ihre Pächter und Handwerker. Nach der Heirat ihrer Tochter Franco-ise-Marguérite begann sie in regelmäßigen Briefen in die Provence über ihren Provinzalltag zu berichten.

In über 1500 Briefen, die sie im Lauf ihres zunächst ereignisreichen (Paris), später eintönigen Lebens (im Schloß des Rochers) schreibt, kommentiert Mme. Sévigné das Alltagsleben der aristokratischen Kreise des 17. Jh. Pointiert erzählt sie von politischen Intrigen und Klatsch am Hof des Sonnenkönigs, in den späten Briefen an ihre Tochter widmet sie sich ganz der Bretagne. Boshaft läßt sie sich über den bretonischen Landadel aus - "es fließt soviel Wein durch die Kehle eines Bretonen, wie Wasser unter der Brücke hindurch" - oder begleitet Sitzungen des Ständeparlaments mit beißendem Spott. Daneben bleibt der Schloßherrin noch Zeit, sich peinlichst genau um die kleinen Dinge des Lebens zu kümmern. Höchst erstaunt wundert sie sich über die von ihr bestellten Dachdecker, die, "man dankt Gott, für 12 Sous eine Arbeit machen, die man für 10.000 Ecu nicht machen würde". In einer Anwandlung von Güte und Mitleid bedauert sie ihre armen Pächter und Bauern, "die kaum Brot haben, auf Stroh schlafen und weinen".
1695 zieht die inzwischen fast 70jährige Frau zu ihrer Tochter in die Provence. Im Schloß Grignan stirbt sie am 17. April 1696.

Die Besichtigung der Schloßanlage beschränkt sich auf die Kapelle und zwei etwas lieblose Zimmer im Nordturm. Während sich in der Kapelle das alte Mobiliar, Sessel für die Damen und niedrige, stoffbespannte Betbänke für die Herren bewundern lassen, ist der Besuch der Schloßräume enttäuschend. Das *Cabinet vert* des Erdgeschosses ziert ein Kamin mit den Initialen Mme. Sévignés, an den Wänden hängen zwei Portraits der Dame: etwas mollig, das Kleid tiefdekolletiert, ganz aristokratischer Zeitgeschmack. In einer Vitrine liegen Handschriften aus - Haushaltsaufzeichnungen und Berichte über die Schloßverwaltung. Im oberen Raum weitere Bilder und spärliches Mobiliar.
Geruhsam und kurzweilig ist ein Spaziergang durch den *Grand parc* (Gelände des Golfclubs), in dem die Wege noch die von Mme. Sévigné

gegebenen Namen tragen: *le mail* (Promenade), *l'infini* (Unendlichkeit) oder *l'humeur de ma fille* (Laune meiner Tochter).

• Öffnungszeiten: Juli bis September täglich 10 - 12 und 14 - 17.30 Uhr. April bis Ende Juni Di geschlossen. Oktober bis 31.3. Sa, So, Mo nur nachmittags, Mi, Do, Frei 14 - 17 Uhr. Eintritt 6 DM, Ermäßigte und Kinder 3 DM. Das Ticket gilt gleichzeitig für das Schloßmuseum von Vitré.

Fougères *(ca. 25.000 Einwohner)*

Die schweren Mauern und Bastionen der Burg tief unten im Tal des Nancon sprechen eine beredte Sprache. Fougères war über Jahrhunderte als mächtigste und heftig umstrittene Feste des bretonischen Ostwalls eine der größten mittelalterlichen Wehranlagen Europas.

Die *Unterstadt* Fougères mit der mächtigen Burganlage, der *Kirche St. Sulpice* und den alten Fachwerkhäusern eng um den *Place du Marchix* ist der von der Geschichte angestaubte Kern der ehemaligen Grenzstadt. Heute spielt sich das Leben Fougères in der jüngeren *Oberstadt* ab, auf den Flanken eines Steilhangs hoch über der Flußschleife des *Nancon*.

Fougères war die nördlichste Grenzfeste des bretonischen Ostwalls. An der Schnittstelle dreier französischer Départements (Bretagne, Maines und Normandie) war die Stadt nicht nur von herausragender strategischer Bedeutung für das bretonische Herzogtum, sondern auch wichtige Handelsstadt - zunächst eine der Topadressen für die Segeltuchproduktion, dann für die Fabrikation von Schuhen (siehe Kasten unten).

Bereits vor, besonders aber nach dem Zweiten Weltkrieg stürzte Fougères in eine tiefe wirtschaftliche Depression. Erst die Pariser Förderprogramme der späten 60er und frühen 70er Jahre brachten neuen ökonomischen Aufschwung. Durch die Ansiedelung moderner Industriebetriebe (Elektronik, Lasertechnik und Chemie) und die systematische Modernisierung des Agrarwesens gewann Fougères einen Teil seiner überregionalen handelspolitischen Bedeutung zurück. Die 6000 - 7000 Tiere fassende Versteigerungshalle im *Parc de l'Aumaillerie*, in der sich jeden Freitag die Viehhändler treffen, ist einer der wichtigsten Umschlagplätze Frankreichs und der EG für Rind- und Hornvieh.

Geschichte

Fougères wechselvolle Geschichte beginnt vor rund 1000 Jahren mit dem Bau einer simplen Holzburg (*motte*) auf einem Felsplateau inmitten des schwer anzugreifenden Sumpfgeländes, das der mäandernde Fluß *Nancon* hier bildet. Zu ihren Füßen entwickelt sich eine kleine Stadt, eine Kirche wird errichtet, eine Mönchsgemeinschaft zieht ein, und vor allem Gerber- und Färberfamilien siedeln sich unter dem Schutz der Barone von Fougères an. Einer der bekanntesten von ihnen ist Raoul II., Vasall des bretonischen Herzogs Conan des Kleinen, der sich 1166 zusammen mit mehreren Adeligen gegen den englischen König stellt. Raoul muß nach einer mehrmonatigen Belagerung aufgeben, seine Burg wird geschleift. Nach dem Abzug der Engländer macht er sich an den Bau eines

Vom Tuch zum Schuh

Im Schatten des Schlosses, entlang der Flußschleife des Nancon, arbeiteten bereits seit dem 12. Jh. die Gerber und Färber der Stadt. Im 13. Jh. galten die Stoffärber von Fougères als Meister ihres Gewerbes, die Tuchweber als beste Textilspezialisten. Mit dem Aufkommen der Segelschiffahrt zu Beginn des 15. Jh. erlebte Fougères einen Wirtschaftsboom. Bretonisches Segeltuch war bei allen Flotten gesucht, und die Fougèrais lieferten.

Als die Dampfschiffahrt das Segeltuch überflüssig machte, stellten sich die Weber/innen schnell auf das Strumpfgeschäft um, und bereits vor der Revolution galt geklöppeltes Fußgarn aus Fougères bei Damen und Herren als erste Wahl. Ab 1800 ging man zur handwerklichen Produktion von Stoffschuhen über, zunächst aus Wolle geflochten, dann aus Filz gewirkt. Mit der Idee, statt der textilen Sohle eine aus Leder an das Fußkleid zu nähen und den Filz schließlich durch einen Lederschaft zu ersetzen, begann Fougères goldene Ära als führende französische (Damen-)Schuhstadt. Bis 1870 wurden die Schuhe ausschließlich handgenäht, dann in industrieller Produktion hergestellt. Vor allem im zweiten Drittel des 19. Jh. boomte das Schuhgeschäft: Von 1874 bis 1890 verdoppelte sich die Zahl der in der Schuhindustrie Beschäftigten, in 27 Fabriken schufteten 11.000 Arbeiter/innen. Mit der Verbesserung der industriellen Techniken sank zwar die Zahl der Schuhproduzenten, doch 1950 verdienten immer noch 5000 Fougèrais ihren Lebensunterhalt in der Schuhfabrik. Eine von nur einem Produkt abhängige Stadt mußte mit der modernen wirtschaftlichen Entwicklung zusammenbrechen. Die ausländische Konkurrenz und die zu späte Modernisierung der Produktionsanlagen brachten Fougères in eine tiefe wirtschaftliche Talsohle. Nur noch wenige der einst berühmten Fougèrer Schuhunternehmen überlebten den neuzeitlichen Konkurrenzkampf.

steinernen Gebäudes, das zukünftigen Attacken nicht mehr so hilflos gegenüberstehen soll. In den folgenden drei Jahrhunderten bauen seine Nachfolger ein gewaltiges Verteidigungsensemble in das sumpfige Land, leiten sogar den Flußlauf um und befestigen die Mauern mit mächtigen Türmen. Die wichtige Lage Fougères erfordert diese Maßnahmen auch. Häufig ist die Burg heftig umstrittener Zankapfel mächtiger Interessen, und trotz ihrer ungeheuren Ausmaße ziehen immer neue Herren mit Gewalt in die Fougèrer Festung ein: Ludwig IX., Duguesclin, der aragonische Hauptmann Surienne und 1488 schließlich Karl VIII., der drei Tage nach der Einnahme Fougères auch die entscheidende Schlacht gegen Franz II. gewinnt und damit den Anfang vom Ende des autonomen Herzogtums der Bretagne einleitet.

Auch zwischen 1793 und 1804 wird Fougères mehrmals zum Schauplatz trauriger Gemetzel. Stadt und Umgebung gelten als Hochburg der Chouannerie, in wechselnder Folge wird Fougères belagert, gestürmt und erobert; mal sind es die Blauen (Republikaner), mal die Roten (Royalisten), die in der Stadt wüten. Ströme von Blut fließen, Bürgermeister werden füsiliert, fast zehn Jahre lang herrschen Hinterhalt, Denunzia-

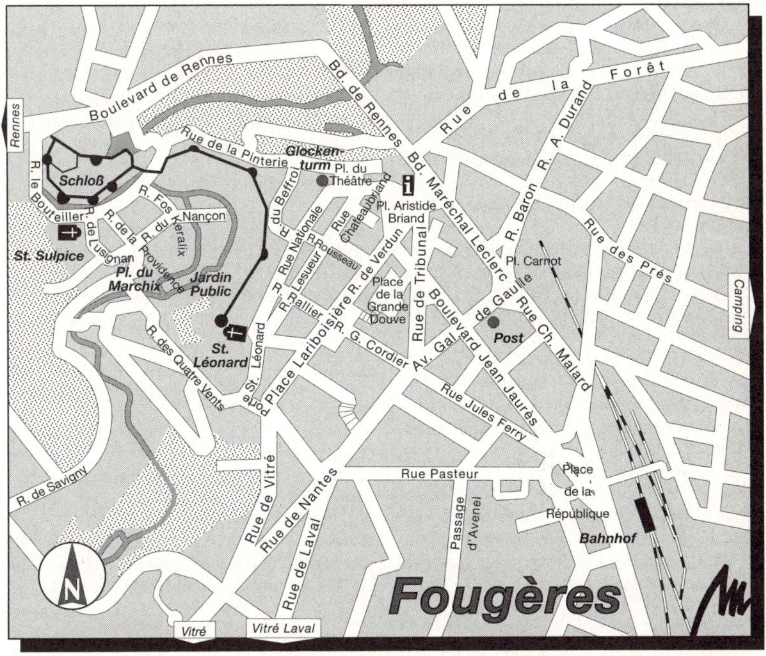

tion, Mord und Totschlag. Danach kehrt Ruhe in Fougères ein - und die Dichter kommen, zuerst HONORE DE BALZAC, dann VICTOR HUGO. Beide auf der Suche nach der Vergangenheit, beide mit dem Vorhaben, über die Zeit der Chouan-Bewegung zu berichten. Balzac gelingt mit seinem in Fougères geschriebenen Roman *Les Chouans* 1829 der literarische Durchbruch. Hugo - er arbeitet nur wenig an seinem erst 1873 erscheinenden Werk *1793* - erlebt in Fougères seine zweite Liebe. Er gewinnt das Herz seiner Geliebten, die ihn verlassen hatte, wieder zurück, und seine Begeisterung für die Stadt macht sich in dem berühmten Ausspruch Luft: "*Gerne würde ich jeden fragen: Haben Sie Fougères gesehen?*"

- *Telefonvorwahl*: 99
- *Postleitzahl*: 35300
- *Information*: Schön gelegen am Hauptplatz im Oberstadtzentrum. Das O.T. organisiert im Sommer begleitete Führungen, besonders Schloßbesichtigungen (siehe unten). Ganzjährig geöffnet von Montag bis Samstag von 9.30 - 12.30 und 14 - 18 Uhr. Im Juli und August werktags bis 19 Uhr, Sonntag von 10 - 12 und 14 - 16 Uhr. Place Aristide Briand 1, Tel. 941 220. Von Juni bis September Nebenstelle beim Schloß, gleiche Öffnungszeiten wie das Hauptbüro. Place P. Simon, Tel. 997 959.
- *Verbindung*: **Bus**bahnhof 300 m südlich des Zentrums. Nach Laval 2 x täglich, Vitré mindestens 3 x werktags, Sonn- und Feiertage 2 x, über St.-Aubin-du-Cormier nach Rennes (bis zu 8 x werktags, Sonn- und Feiertage 2 x). In der Saison zusätzlich mehrmals täglich zum Mt. St. Michel. Gare Routière, Place de la République.
- *Fahrradverleih*: **M. Lorant**, Rue de la Poterie, Tel. 974 290.
- *Kleiner Zug*: Le petit Train rollt ab dem Schloßplatz durch die Ober- und die Unterstadt. Erwachsene 8 DM, Kinder 5 DM.
- *Markt*: Samstag morgen im Zentrum.

Übernachten/Camping

** **Hotel Balzac**: Unweit des Theaters im Zentrum. Gepflegtes Stadthotel, 20 ordentliche Zimmer. Unterschiedliche Sanitäreinrichtung. TV und Telefon. Kein Restaurant. DZ 46 - 85 DM, Frühstück 9 DM. Ganzjährig geöffnet. Rue Nationale 15, Tel. 994 246.

** **Grand Hotel des Voyageurs**: Im Zentrum der Oberstadt beim O.T., an einer verkehrsreichen Kreuzung. Mehrstöckiges 37-Zimmer-Hotel, zum Teil etwas laut. Das Restaurant im Erdgeschoß gehört nicht zum Hotel, bietet aber eine gute Auswahl ausgezeichneter Menus (27 - 55 DM, Kinderteller 15 DM). DZ 48 - 120 DM, Frühstück 9 DM. Weihnachten bis 15.1. geschlossen. Place Gambetta, Tel. 990 820.

* **Hotel le Commerce**: Südlich des Bahnhofs. Nettes Hotel mit 25 meist komfortablen, sanitär unterschiedlichen Zimmern. Gartenterrasse. Im Restaurant preiswerte und gute Menus von 23 - 45 DM (inkl. Wein). Völlig unterschiedliche DZ 30 - 125 DM, Frühstück 8 DM. Weihnachten und Neujahr geschlossen. Place de l'Europe, Tel. 944 040.

* **Hotel Flaubert**: Ein Stück hinter dem Busbahnhof; nicht allzu aufregendes 12-Zimmer-Hotel mit kleiner Bar. Einfache Räume, einige mit Dusche/WC. Im Standard breit gestreute DZ 27 - 75 DM, Frühstück 8 DM. Ganzjährig geöffnet. Rue Flaubert, Tel. 990 043.

A la Boule d'Or: 14-Zimmer-Hotel mit spärlich eingerichteten Räumen. Sanitärs auf der Etage. Restaurant. DZ ab 30 DM, Frühstück 7 DM. Ganzjährig geöffnet. Boulevard Jean-Jaurès 8, Tel. 990 055.

• *Jugendherberge*: Etwa 1,5 km nördlich des Bahnhofs an der Straße nach Caen. 65 Zimmer, Selbstkochermöglichkeiten, Frühstück, Mittag- und Abendessen können geordert werden. Übernachtung 13 DM. Rue Beaumanoir 11, Tel. 992 206.

• *Camping*: *** **Municipal de Paron**; am Rand der Vorstadt Paron, 2,5 km vom Zentrum an der D 77. Gediegenes Rasengelände mit Hecken, Pappeln und viel Grün, umgeben von einem Complexe Sportive. Gute und saubere Sanitärs. Spielplatz, Tennismöglichkeit. Erwachsene 3 DM, Kinder 1,50 DM, Platz 3,50 DM, Auto 2,30 DM, Motorrad 1,50 DM, Elektrik 5,50 - 8 DM. 90 Stellplätze, Ganzjährig geöffnet. Route de la Chapelle Janson, Tel. 994 081.

Sehenswertes

Château: Trotz der Ausmaße seiner monströsen Wehrmauern gehört die Feste von Fougères zu den Burgen, die oft siegreich belagert und eingenommen wurden; die Gründe dafür sind die paradoxe Lage der Burg und die Verbesserung der Feuerkraft der Artillerie im Lauf der Jahrhunderte. Während im frühen Mittelalter das sumpfige Gelände an der Nanconschleife und die nur kurzreichenden Geschütze Gewähr für die Unversehrtheit der Feste boten, erwies sich die Lage im Flußtal in späterer Zeit als schweres Handikap. Vom Felssporn über der Burganlage erreichten die modernen, weitreichenden Kanonengeschosse mühelos das Bollwerk und konnten sturmreife Breschen in den Festungswall schlagen. So gelang es seit dem 14. Jh. vielen Belagerern, in auszehrenden Kanonenduellen die imposante Festung zu knacken (siehe Geschichte).
Ein Rundgang außerhalb der Ringmauer verschafft einen ersten Eindruck der Anlage - die Macht der bis zu sieben Meter dicken Mauern ist überwältigend. Insgesamt verstärkten 13 Türme die Verteidigungsanlage, benannt nach Eroberern oder späteren französischen Gouverneuren. Ins Innere der Anlage gelangt man hinter der Brücke über den Nancon. Von drei Türmen bewacht, öffnet sich das *Vorwerk* - der erste Hof, in dem früher die Eindringlinge von allen Seiten aus beschossen und mit Pech übergossen werden konnten. Eine Brücke über einen weiteren Graben, von Bogenschützen und Pechgießern in den vier Türmen kontrolliert, führt durch die zweite Verteidigungsmauer in den *Innenhof*. Von links nach rechts erheben sich der *Tour Raoul*, der *Surienne-*,

Fougères - eine der größten Befestigungen des Mittelalters

der *Mélusine-*, der *Gobelin-* und der *Coigny-Turm*. Tour Mélusine, der mächtigste, wurde um 1300 von dem Geschlecht der Lusignans gebaut, die ihren Stammbaum auf die keltische Fee Mélusine zurückführen. Der Turm ist 31 m hoch, hat einen Durchmesser von 13 m und eine fast vier Meter dicke Mauer. Seine Plattform erlaubt einen exzellenten Rundblick auf die Burg und die Dächer des Marchix-Viertels.
Der Tour Raoul beherbergt das *Musée de la Chaussure*. Auf drei Stockwerken wird eine Sammlung Fougèrer Schuhmode und Trachten präsentiert, dazu kuriose Fußbekleidungsmodelle der letzten drei Jahrhunderte aus allen Himmelsrichtungen und Ländern: vom zierlichen muselmanischen Bauchtanzpantöffelchen bis zum Reitstiefel.
• Öffnungszeiten: Täglich. 2 Besichtigungsarten; die begleitete 45-Minuten-Führung (englisch/französisch/deutsch), Erwachsene 8 DM, Jugendliche (12 bis 16 Jahre) 6,50 DM. Zwischen Juni und 15.9. können Sie von 9 - 19 Uhr das Schloß für dasselbe Geld unbegleitet besichtigen.

Marchix-Viertel: Das Fachwerk rund um den *Place du Marchix* (früherer Schauplatz des Hornviehmarktes) und dessen anschließenden Gassen ist ein häufig gemaltes/fotografiertes Motiv. Die Häuser stammen vorwiegend aus dem 16. Jh. Besonders romantisch die Ansicht der über dem Flußufer thronenden Fachwerkkonstruktionen (*Rue des Tanneurs*).

Eglise St. Sulpice: Die zwischen dem 15. und 18. Jh. mehrmals umgebaute Kirche im spätgotischen Stil beherbergt die Jesus stillende *Marienfigur Notre-Dame-des-Marais* (Jungfrau der Sümpfe). Englische Plünderer hatten sie 1166 nach der Eroberung der Stadt in die Sümpfe geworfen, wo sie später wunderbarerweise wieder auftauchte. Natürlich ein prächtiger Anlaß, ihr zu Ehren alljährlich einen Pardon zu begehen. Daneben zwei *Altäre*, einer aus Granit (15. Jh.), der andere, in der Gerberkapelle, holzgeschnitzt und mit reichem Figurenschmuck versehen.

Eglise St. Léonard: Im 15./16. Jahrhundert errichtet, ist sie heute die Hauptkirche der Stadt. Die Nordseite des langgezogenen gotischen Kirchenschiffs ist reich mit granitener Steinmetzkunst verziert. Am Fuß der Kirche der *Jardin public* (Stadtpark), der sich terrassenförmig zum Schloß hinunterzieht: ausgezeichnetes Panorama über die Burg und das Marchix-Viertel unten an der Nancon-Schleife. Die Allee des Parks ist dankenswerterweise von hohen Bäumen und niedrigen Bänken gesäumt.

Beffroi: Der unten vier- und oben achteckige Granitturm mit den animalischen Wasserspeiern und der schmalen Flamboyant-Balustrade unterhalb des schiefergedeckten Helms wurde im 14. Jh. gebaut. Hier tagte früher die Ratsversammlung der Stadt. Der Beffroi von Fougères ist, neben dem in Dinan, der einzig erhaltene weltliche Glockenturm der Bretagne - nicht nur Zeichen von Wohlstand, sondern auch Symbol für das frühe Aufbegehren eines durch Handwerk und Handel reichgewordenen, aufstrebenden Bürgertums gegen die aristokratische Allmacht.

Musée de la Villéon: Einem Sohn der Stadt zu Ehren in der Rue Nationale 51 gegründet. Der Impressionist EMMANUEL DE LA VILLEON (1858 - 1944) malte mehr als hundert Bilder, von denen hier beinahe die Hälfte zu sehen ist. Das Museum befindet sich in einem schönen, mit einer Vorhalle versehenen Fachwerkhaus, dessen Anblick und Eindruck die Bilder des Künstlers fast in den Schatten stellt.

• *Öffnungszeiten*: Vom 15.6 - 15.9. täglich 10.30 - 12.30 und 14.30 - 17.30 Uhr. Sonst nur Wochenende 11 - 12.30 und 14.30 - 17 Uhr. Februar/März/November geschlossen. Eintritt 3 DM.

Rennes *(ca. 200.000 Einwohner)*

Ganz unbretonisch-modern präsentiert sich die Hauptstadt der Bretagne. Ursache ist die schwere Feuersbrunst von 1720. Die mittelalterliche Stadt mit den vorkragenden Fachwerkhäusern in den engwinkligen Gassen wurde fast vollständig ein Raub der Flammen, und das Zentrum von Rennes erhielt sein für heute typisches Gesicht: ein am Reißbrett entworfenes, ausladendlichtes Stadtgebilde mit neoklassizistischen Fassaden.

Rennes liegt an der Flußkreuzung von *Ille* und *Vilaine* im Herzen eines geologischen Bassins - eine Lage, die die Stadt seit knapp zwei Jahrtausenden zum Verkehrsknotenpunkt prädestiniert. Anders als andere bretonische Städte war Rennes im Lauf seiner Geschichte weniger in Richtung Monts Arrée als vielmehr in Richtung Osten orientiert. Bretonisch hörte man in der Krönungsstadt der bretonischen Herzöge nur selten, das geschliffene Französisch der Parlamentsaristokratie, der Verwaltungsbeamten und Diplomaten war in der Hauptstadt des Herzogtums an der Tagesordnung.

Rennes, die größte Stadt der Bretagne, ist noch heute ihre Hauptstadt. Seit dem Zweiten Weltkrieg verdoppelte sich die Einwohnerzahl, alle wichtigen Finanz-, Justiz- und Verwaltungsbehörden befinden sich hier. Daneben ist Rennes auch die wichtigste Industrie- und Handelsstadt, an der Peripherie haben sich Elektronikkonzerne (u. a. militärische Pro-

Eines der vielen Gesichter von Rennes

duktion), Automobilindustrie (Citroën), Transportunternehmen und Baufirmen niedergelassen. Mit seinen zwei Universitäten, denen noch mehrere Fachhochschulen angeschlossen sind, ist Rennes auch das Bildungszentrum der Bretagne. 40.000 Studenten und Studentinnen geben der Stadt ein jugendliches, weltoffenes Flair.

Geschichte

Rennes (*Condate*) ist bereits zur Zeit der Römer der zentrale Verkehrsknotenpunkt ihrer Provinz Armorika. Nach seinen Bewohnern nennt sich ein ganzer keltischer Stamm: die Redonen, die sich, im Gegensatz zu den widerspenstigen Venetern, nach dem Sieg Cäsars 56 v. Chr. schnell mit den römischen Machthabern arrangieren und - ganz dem gallorömischen Lebensstil verhaftet - die Stadt schon früh zur Blüte bringen. Rennes geht nach dem Zusammenbruch Roms in die Hände der Goten, später der Franken über. Im 9. Jh. erhält ERISPOE, ein Nachkomme britannischer Kelten, aus der Hand Karls des Kahlen die Unabhängigkeit der Bretagne und mit ihr die Städte Rennes und Nantes - Ursprung einer fast 1000jährigen Rivalität um die Vorherrschaft in der Bretagne. Erst mit der Neugliederung Frankreichs (1790) in Départements entschied Rennes als bestätigte Hauptstadt des Départements Bretagne den politischen Konkurrenzkampf letztlich für sich.

Im frühen Mittelalter ist Rennes eine heftig umstrittene Stadt, im Wechsel mit Nantes Sitz der bretonischen Herzöge, ständig von Briten und Franzosen umbuhlt, gelegentlich belagert und geplündert und so das geeignete Pflaster eines später über die Bretagne hinaus berühmt gewordenen Haudegens und Volkshelden, BERTRAND DUGUESCLIN (siehe

Dinard/Kasten). Einen Schlußstrich unter Rennes erste unruhige Zeiten setzt nach dem Erbfolgekrieg 1365 JEAN DE MONTFORT, der künftige Herzog der Bretagne. Unter ihm und seinen Nachfolgern entwickelt sich Rennes zur mittelalterlichen Hauptstadt des Herzogtums, bis Anfang des 15. Jh. steigt die Einwohnerzahl auf stolze 12.000. Zwar residieren die Machthaber meist im verhaßten, weltoffeneren Nantes, doch gekrönt werden die Herrscher in der Kathedrale von Rennes.

1491 wird diese Regelung der Stadt fast zum Verhängnis: KARL VIII. belagert zwei Wochen lang die bretonische Metropole, um die 12jährige ANNE DE BRETAGNE, die hier auf die Ankunft ihres eigentlichen Gatten Maximilian von Österreich wartet, selbst zu freien (sie Geschichtskapitel, Kasten Anne). Zum Glück für die Stadt entscheidet sich das Kind für den 17jährigen Franzosen. Rennes bleibt heil. Die Krönungszeremonie kann in der Kathedrale ungestört über die Bühne gehen, und die Stadt steht vor einer blühenden Zukunft.

Mit der Eingliederung des Herzogtums an die französische Krone 1532 wächst ihre Bedeutung noch. Da das wirtschaftlich bedeutendere Nantes dem König HEINRICH II. zu unsicher ist, wird Rennes 1554 zum Sitz des bretonischen Parlaments und damit zur politischen Hauptstadt der Bretagne. In Rennes tagen die Stände und die wichtigsten juristischen Entscheidungen fallen hier. Die Stadt boomt. Die im Parlament vertretenen Aristokraten des halbautonomen Herzogtums bauen sich großzügige Quartiere (*Hotels*), in denen sie während der Tagungsperioden residieren, die Geschäfte der Händler und Juristen blühen, Wohlstand anzeigendes Fachwerk sprießt in den engen Gassen. 1675 erschüttert der "Stempelpapier-Krieg" die Stadt. Die Truppen LUDWIGS XIV. ziehen nach Rennes und schicken das Parlament in die Verbannung (siehe gleichnamigen Kasten im Geschichtskapitel).

In der Nacht des 22. Dezembers 1720 findet Rennes über 200 Jahre währender Höhenflug ein plötzliches Ende. Ein Tischler entfacht auf dem Heimweg von der Weinstube im Vollrausch mit seiner Öllampe ein Feuer, das sich zu einer alles verschlingenden Brandkatastrophe auswächst. Fünf Tage lang wütet die Feuersbrunst in der dichtverwinkelten Stadt, fast 1000 Häuser werden ein Raub der Flammen, über 8000 Menschen obdachlos. Rennes ist fast völlig zerstört. Die Pläne für den Neuaufbau entwickelt der Pariser Architekt JEAN GABRIEL, der der Stadt, die jetzt auch die Universität von Nantes übernommen hat, zwischen 1722 und 1756 ihr neues Gesicht gibt: Monumentale Administrationspaläste mit granitenen Erdgeschossen und Säulengängen, die die Stockwerke aus Tuffstein säumen, über die sich geometrisch gemusterte und bleiern schimmernde Schieferdächer legen. Rennes wird eine repräsentativklassizistische Beamtenstadt, geprägt von breiten Avenuen und großzügigen Verwaltungsgebäuden, deren ausladende Wohnhäuser appartementweise an die zahlungskräftigen Bevölkerungsschichten verkauft bzw. vermietet werden - eine Weltneuheit.

Mit dem Zeitalter der Industrialisierug verändert sich Rennes' Aussehen zum dritten Mal. Die Altstadt wird zu klein, die Stadt braucht Platz.

Südlich der *Vilaine*, die bis dahin das Stadtgebiet natürlich abgegrenzt hat und nun kanalisiert wird, wächst in einem trockengelegten Sumpfgelände eine neue Stadt empor. Fabriken, Lagerhallen, Eisenbahn und neue Arbeiterwohnblocks legen sich wie Zwiebelschalen um den Altstadtring, in dessen kühler Eleganz das Beamtentum arbeitet und wohnt. Noch bis in die Mitte unseres Jahrhunderts gilt es in Rennes keineswegs als Empfehlung, von "drüben", aus der proletarischen Südstadt, zu kommen.

1940 wird Rennes bei Fliegerangriffen schwer bombardiert. Über 6000 Menschen sterben, vor allem in der Südstadt richtet der Bombenhagel ungeheure Schäden an. Die Aufbauarbeiten nach dem Zweiten Weltkrieg sind ein relativ geglücktes Beispiel urbanen Bauens, bei dem auch "soziale" Architekten zum Zuge kommen. So präsentiert sich Rennes heute als Stadt mit mindestens drei sympathischen Gesichtern: dem spärlichen mittelalterlichen, dem neuzeitlich-klassizistischen und dem modern-funktionalen des 20. Jahrhunderts.

- *Telefonvorwahl*: 99
- *Postleitzahl*: 35000
- *Information*: Städtischer Tourismuspavillon zentral an einer Vilaine-Brücke. Information über die gesamte Bretagne - speziell über das Département Ille et Vilaine. Stadtprospekte, Hotelliste, Reservierungen, begleitete Stadtführungen (im Sommer täglich ab O.T. 15 und 20 Uhr, Erwachsene 12 DM, ermäßigt 5 DM) etc. Freundliche, mehrsprachige Auskunft. Von Mitte September bis 15. Juni täglich außer Sonntag und Montag morgen 10 - 12.30 und 14 - 18.30 Uhr. Vom 15.6. - 15.9. täglich 9 - 19 Uhr außer Sonntag. Im Juli/August auch am Sonntag. Pont de Nemours, Tel. 790 198.

Verbindung

Busbahnhof einen Steinwurf nördlich des Hauptbahnhofs. Flächendeckende Verbindungen zu allen Nahzielen (z. B. Paimpont, Châteaubriant, Dinan, Ploërmel, Loudéac, Fougères, Vitré, Dol, La Guerche), zu den größeren Städten (Brest, St. Brieuc, Vannes etc.) und zu den Küsten- und Urlaubsorten im Süden (La Baule, Carnac, Quiberon) und Norden (St. Malo/Dinard, St. Michel). Sonntag und feiertags stark reduzierte Fahrpläne. Auskünfte bei T.I.V. Cars 35, Gare Routière, Boulevard Magenta, Tel. 313 431.

Zug: Rennes ist der Zentralbahnhof der Bretagne. Ende 1991 wurde das zur bretonischen Metropole passende Abfertigungszentrum fertiggestellt: Viel Glas, viel Licht, Großrolltreppe und großstädtisches Reisezentrum. Mehrere Hauptlinien schneiden sich hier: Brest/St. Brieuc/Rennes/Paris, Quimper/Rennes/Paris, allein 10 x täglich geht es in 3 Stunden über Laval und Vitré nach Paris (mit dem TGV 3 x täglich in 2 Stunden) und ebenso oft nach Brest. Quimper (über Redon, Vannes, Lorient) erreicht der Zug nach 2,5 Stunden, bis Brest 2 - 3 Stunden. Touristisch interessante Nebenlinien: Rennes-Dol-Pontorson (St. Michel) bis zu 5 x werktags, Sonn- und Feiertage 2 - 3 x, Fahrtdauer eine knappe Stunde. Rennes-Dol-St. Malo/Dinard bis zu 12 x täglich. Um auf die Nord-Süd-achse nach Nantes, Lyon und Bordeaux zu kommen, steigt man in Redon um (über 10 x täglich). Im Süden der Stadt, ca. 800 m vom Zentrum. Place de la Gare, Tel. 655 050.

Flugzeug: Der bretonische Flughafen mit den meisten Anschlüssen 7 km außerhalb in Rennes-St.-Jacques (D 177, südwestlich). Flüge nach Paris (1 Stunde), Lyon, Toulouse, Bordeaux, Marseille, Caen, Le Havre, London, Cork und Dublin. Die Buslinien 57 und 58 halten die Verbindung aufrecht.

Stadtbusse: Rennes hat ein sehr gut ausgebautes öffentliches Verkehrsnetz, 1989 wurden über 35 Millionen zahlende Passagiere befördert. 14 Stadtlinien, 18 Vorstadtverbindungen und 3 Nachtrouten. Busticket für die einfache Stadtfahrt 1,50 DM. Die Stadtbusse verkehren im 5- bis 20-Minuten-Rhythmus von 6.30 - 20.30 Uhr, Nachtservice bis 23.30 Uhr. Interessant für Camping-Touristen ist die Linie 3 (St. Laurent), die vom Place de la République oder vom Rathaus aus zum Campingplatz fährt. Fahrplan z. B. beim Tourist-Info, Kartenverkauf z. B. am Place de la Mairie von Montag bis Samstag 7 - 19 Uhr oder beim Busfahrer.

Diverses

• *Autoverleih*: Alle großen internationalen Anbieter im Bahnhof, einige auch in der Avenue Janvier in der Nähe des Bahnhofs.

• *Feste*: Groß ist die Anzahl kultureller Veranstaltungen und Feste. Das O. T. präsentiert eigens einen jährlichen Festkalender, Schwerpunkt die drei Sommermonate. Das Topereignis in der letzten Juni- bzw. ersten Juliwoche: Das Festival mit dem zweideutigen Titel **Tombées de la Nuit** (Gefallene der Nacht oder Einbruch der Dunkelheit) ist das städtisch gesponsorte Kultur-Großereignis, eine Woche Tanz, Musik, Theater mit bretonischen und internationalen Darstellern auf verschiedenen Open-air-Bühnen oder in den Fest- und Konzertsälen der Stadt.

• *Markt*: Jeden Samstag vormittag rund um den Place des Lices. Wochenmarkt mit reichem Sortiment, frische Lebensmittel, Krimskrams und bunter Blumenmarkt.

• *Parken*: Die Stadtverwaltung rühmt sich ihrer 10.500 Parkplätze, die in den vergangenen Jahren eingerichtet wurden. Trotzdem wird es zum täglichen Berufsverkehr sehr eng. Die größten Parkareale in der Innenstadt entlang der Ufer der Vilaine. Sie sind gebührenpflichtig und für Wohnwagen und Wohnmobile nicht anzufahren (Höhe 2,40 m). 2 Stunden Parken 2 DM, jede weitere Stunde 1,50 DM. Weitere Parkmöglichkeiten sind am Place des Lices rund um die Hallen, 1,50 DM/Stunde.

Übernachten/Camping

50 Hotels mit über 2000 Zimmern. Bis auf die 4-Sterne-Luxus-Kategorie ist alles vertreten, das Schwergewicht liegt auf der einfachen bis leicht gehobenen Mittelklasse. Die meisten Hotels finden sich in der Südstadt, Schwerpunkt Bahnhof.

*** **Hotel Altéa**: Ruhige Seitenstraße in der Südstadt, in der Nähe des Parks von Colombier. 5 Minuten zum Zentrum oder Bahnhof. Der Bettenriese der Stadt: 140 Zimmer mit allem Komfort. Restaurant mit Menus ab 28 DM. DZ 140 - 175 DM, Frühstück 18 DM. Über Weihnachten und Silvester geschlossen. Parc du Colombier, Tel. 297 373.

*** **Hotel Le Président**: Hinter der etwas geschmacklos-nüchternen Neubaufassade an der Straße zum Bahnhof verbergen sich 34 Zimmer im Stil Louis XV./Louis XVI. Alle mit Bad/WC bzw. Dusche/WC. Kein Restaurant. DZ 95 - 115 DM, Frühstück 13 DM. Ganzjährig geöffnet. Avenue Janvier 27, Tel. 654 222.

** **Hotel Garden**: Bei der Fernsehstation FR 3, 100 m vom Quai im Zentrum. Gemütliches Anwesen mit schönem Blumenpatio, zu dem die meisten der 24 Zimmer hinausgehen. Unterschiedlich ausgestattet, die meisten mit Bad/WC oder Dusche/WC. Alle mit Telefon/TV. Wintergarten. Salon, kein Restaurant. DZ 40 - 85 DM, Frühstück 9 DM. Ganzjährig geöffnet. Rue Duhamel 3, Tel. 654 506.

** **Hotel Lanjuinais**: In einer Seitenstraße zwischen dem Place de Bretagne am Ende des Quais und dem Kongreßpalast in dessen Mitte. 33-Zimmer-Hotel mit komfortablen Räumlichkeiten. Alle mit Bad oder Dusche/WC und TV. Kein Restaurant. Frühstücksbar. DZ 65 - 85 DM, Frühstück 9 DM. Ganzjährig geöffnet. Rue Lanjuinais 11, Tel. 790 203.

** **Hotel les Voyageurs**: Einfache Mittelklasse in der Straße zum Bahnhof. 34 sanitär unterschiedliche Zimmer. DZ 45 - 85 DM, Frühstück 8 DM. Weihnachten/Neujahr geschlossen. Avenue Janvier 28, Tel. 317 333.

** **Hotel Nemours**: Jedes Kind in Rennes kennt den schnittigen Monsieur Chappey und seine Mannschaft von der MS Nemours. Der umgängliche Ex-Kapitän heißt Sie persönlich willkommen an Bord des Hotels. 26 Kabinen erster Klasse im ersten Stock mit Telefon, Fax, Minitel und Video. Bad/WC. Kein Restaurant, aber Kombüse für kleine Gerichte. DZ 65 - 85 DM, Frühstück 10 DM. Ganzjährig geöffnet. In der Nähe der neuen Markthallen, hinter dem Place de la République, Rue de Nemours 5, Tel. 782 626.

** **Hotel de Bretagne**: Gegenüber dem Bahnhof. Außen etwas ungemütlich, innen frisch renoviert. 43 Zimmer mit unterschiedlicher Sanitärausstattung (Dusche oder Bad/WC), zum Platz hin etwas laut. Im Erdgeschoß hinter langer Glasfassade Restaurant-Brasserie mit Kunstledermobiliar und nervöser Tapete. Bar. DZ 63 - 83 DM, Frühstück 9 DM. Ganzjährig geöffnet. Place de la Gare 7, Tel. 314 848.

* **Hotel St. Brieuc**: In der Straße zum Bahnhof. Sympathisches 24-Zimmer-Hotel mit hellen Räumen, zur Straße hin etwas laut. Telefon/TV. Garage, Lift. Bistro-Restaurant mit traditioneller Küche. DZ je nach Sanitärstandard 40 - 60 DM, Frühstück 7 DM. Ganzjährig geöffnet. Avenue Janvier 35, Tel. 316 911.

Rocher de Cancale: Kleines Hotel in einem putzigen Fachwerkhaus mitten im Herzen der Altstadt. In der Nachbarschaft Bars und Pubs, Musikkneipen, in denen sich die Szene

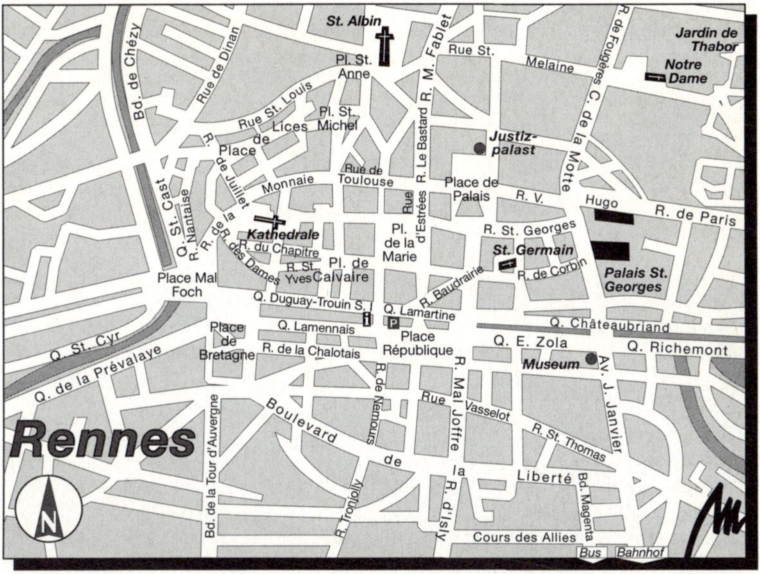

abends trifft. Fünf kleine Zimmer mit Bad oder Dusche/WC. Im Restaurant gibt es ausgezeichnete Meeresfrüchte und Fisch, Menus 27 - 50 DM. DZ ab 70 DM, Frühstück 8 DM. Ganzjährig geöffnet. Rue St. Michel 10, Tel. 792 083.

• _Jugendherberge_: Ein gutes Stück nördlich der Altstadt (ca. 1,5 km) am Kanal (Buslinie 20 und 22, Haltestelle Rue St. Malo). 102 Schlafplätze in 40 Zimmern. Übernachtung inkl. Frühstück 20 - 30 DM. Canal St. Martin 10 - 12, Tel. 332 233.

• _Camping_: ** **Municipal des Gayeulles**; am nordöstlichen Stadtrand im Naherholungspark von Gayeulles (3 km zum Altstadtzentrum). Unter der Verwaltung des Gartenbauamtes, großes, ansprechendes Rasenareal, Kleinzeltbesitzer wohnen schattig unter Bäumen, Wohnwagen und -mobile parken in großzügig unterteilten Parzellen. Ordentliche Sanitärpavillons, Warmduschen bis 10.30 Uhr und 17 - 20 Uhr. Großzügiger Spielplatz. Erwachsene 4 DM, Kinder bis 7 Jahre die Hälfte, Auto 2 DM, Motorrad 1,50 DM, Zelt 3 DM, Caravan/Wohnmobil 4 DM, Hunde 1,80 DM, Elektrik ab 4 DM. In der NS 10 % Reduktion. 100 Stellplätze. Geöffnet April bis Anfang Oktober. Parc des Bois, Tel. 369 122.

Essen

Über 200 Restaurants, 4 mit "Caractère", Crêperien, die Küchen der Stadt bieten nahezu alle Gaumenfreuden: exotisch, bretonisch, italienisch, bajuwarisch.

Restaurant du Palais: 150 m östlich des Rathausplatzes, einer der "Freßtempel mit Charakter". Saisonabhängige Spezialitäten: Taschenkrebs-Lasagne mit frischen Kräutern oder gebratener Steinbutt. Menus 40 - 60 DM. Sonn- und Montag Ruhetag. Place Parlament de Bretagne 7, Tel. 194 501.

Ti Koz: Gediegen speisen in mittelalterlichem Ambiente. Stilecht eingerichtetes Restaurant mit Kamin und windschiefem Fachwerk im früheren Wohnhaus Duguesclins, an sich schon eine Sehenswürdigkeit. Klein aber fein. Spezialitäten sind Meeresfrüchte und gegrillter Hummer (55 DM). Empfehlung: Echt bretonisch, in der Pfanne gebratener Lachs auf Kräuterkaramel (30 DM) oder Seebarbe auf Safran (43 DM). Menus 26, 30, 50 DM. Rue St. Guillaume 3, Tel. 793 389.

Für Altstadtbummler: Internationales Restaurant-Eck am Place Rallier du Baly unterhalb des Place des Lices. Eß-Tour durch die internationale Küche in einfachen Speiselokalen. Hintereinander folgen:

L'Assiette Kabyle: Der einfache, doch nicht schlechte Marokkaner. Spieße oder Hühnchen-Couscous für 15 DM, Salate ab 12 DM.

Le Shanghai: Kleines chinesisches Speiselokal mit familiärer Note. 8 Tische, Straßenterrasse. Chinesisches Schnellmenu (mit Wein) 16 DM, Portion Pekingente 13 DM.

La Lupa: Der Italiener. Mittelklasse-Pizzas 10 - 18 DM, Pasta 10 - 14 DM, Fleischgerichte 12 - 19 DM. Salate 10 - 13 DM.

La Brasserie Munichoise: Wie Gott in Frankreich Urlaub machen, aber auf die Weißwürscht nicht verzichten müssen. Etwas gekünsteltes Lederhosen-Ambiente beim "absoluten deutschen Wurstspezialisten". 1 Weißwurst 6 DM, 3 Nürnberger Bratwürste 6 DM, Fleischkäs 8 DM, Sauerkraut und Blutwurst 20 DM, Schweinshaxe 23 DM, "Leberwurst avec Schnaps" 10 DM. Die Halbe 8 DM, die echte bayrische Maß (im Literkrug) 16 DM.

La Crêperie: Wir sind wieder in Frankreich. Übliche Crêpes ab 4 DM, Gourmet-Variante: (wenig) Lachs, (viel) Crême fraîche und Zitrone 12 DM.

Sehenswertes

Altstadt: Für einen Stadtspaziergang empfehlen wir als Ausgangspunkt die *Porte Mordelaise*. Von hier aus erschließt sich Rennes' Geschichte anhand seiner Architektur. Im Mittelalter mußten die bretonischen Herzöge das heute verwahrlost wirkende, von Resten der Stadtbefestigung flankierte Tor durchschreiten, ehe sie in der *Kathedrale St. Pierre* gekrönt wurden. An dieser vorbei führt die *Rue de la Monnaie* zum *Place des Lices* hinauf - der frühere Turnierplatz ist Schauplatz des Wochenmarktes geworden. Östlich und nördlich des *Place des Lices* säumen windschiefe, reich mit Skulpturen geschmückte Fachwerkhäuser die engen Gassen; besonders schön das mittelalterliche Ensemble am *Place Ste. Anne*, die von Restaurants, Bars und Pubs in Beschlag genommene *Rue St. Michel* und die *Rue Raillier du Bally* mit ihrer Butzenscheibenromantik. Das schönste Haus dieser Epoche liegt in der *Rue St. Guillaume* (rechte Seitenstraße hinter der Kathedrale): das *Ti Koz*, ein von Holzskulpturen bewachtes Fachwerkhäuschen (16. Jh.), in dessen Vorläufergebäude Duguesclin gelebt haben soll. Heute ist es ein kleines, vorzügliches Speiselokal. Unterhalb der Kathedrale, entlang der *Rue du*

Chapitre, finden sich einige interessante Beispiele für die Wohnpracht der oberen Stände früherer Zeiten, u. a. das aufwendige, protzige *Hotel de Brie* (Nr. 8) aus dem 17. Jh. und das ausladende Renaissance-Ensemble des *Hotels de Blossac*.

Östlich dieses Gebäudes verändert sich das Altstadtbild drastisch: Statt kleinbürgerlicher Fachwerk-Romantik beherrscht Sachlichkeit die breiter werdenden Straßen. Auf dem Rathausplatz erhebt sich repräsentativ das *Rathaus* mit seinen beiden bauchigen Pavillons und dem liebevoll *Le Gros* (der Dicke) genannten, gedrungenen Glockenturm - monumentales, barockes Architekturdenkmal und Austragungsort politischer Scharmützel: In der großen Nische unter dem Turm befand sich seit 1764 eine bronzene Figurengruppe, die Ludwig XV. huldigte. Sie wurde 1911 auf Druck der französischen Regierung beseitigt und durch eine wenig einfühlsame allegorische Darstellung der Vereinigung der Bretagne mit Frankreich ersetzt; 1932 sprengten bretonische Separatisten das verhaßte Symbol in die Luft. Seither ist die Nische leer.

Der *Rathausplatz*, eingerahmt vom Hotel de Ville und dem neoklassizistischen Rundbau des *Theaters* (1831), ist Flanier- und Kulturzentrum der Stadt, Fußgängerzone und Hort der sommerlichen Animation. Gleich um die Ecke das *Palais de Justice* (siehe unten). Ein Stück weiter in nordöstlicher Richtung, rechts der *Avenue Guillaudot*, breitet sich hinter der *Kirche Notre-Dame-en-St.-Mélanie* der *Jardin du Thabor* aus. Der frühere Klostergarten wurde gegen Ende des letzten Jahrhunderts zu einem elf Hektar großen öffentlichen Park umgewandelt. Zwischen Blumenbeeten und französisch gestutzten Bäumen und Hecken kann man sich hier von den Strapazen des Stadtrundganges erholen. Ein Botanischer Garten mit Palmen und seltenen oder typischen Pflanzen, ein berühmtes Rosarium, ein Tiergehege und eine ostasiatisch anmutende Taubenschlag-Pagode sorgen für Kurzweil (täglich 7.15 bis 21.30 Uhr geöffnet).

Palais de Justice: Der Justizpalast ist das wichtigste historische Bauwerk der Stadt, 1615 von der parlamentarischen Aristokratie in Auftrag gegeben und durch eine Wein- und Cidre-Steuer finanziert. Neben dem obersten bretonischen Gerichtshof sollte er das Parlament beherbergen und insgesamt monumentaler Ausdruck des parlamentarischen Willens der Aristokratie gegen das absolute Königtum sein.
Ein erster Architekt macht sich 1615 ans Werk, ein rigoroser Vertreter des französischen Manierismus. Drei Jahren später holt man einen neuen Mann, denn die Entwürfe lassen in ihrer gekünstelten Verspieltheit die politischen Absichten der Auftraggeber kaum erkennen. SALOMON DE BROSSE, dessen ausladende Renaissancepaläste in Paris für Aufsehen sorgen, schafft schließlich, was die Herren Parlamentarier wollen: ein unübersehbares, herausforderndes Monument und Symbol bretonischer Autonomie. 1665 ist das Glanzstück im Stil der Florentiner Renaissance fertiggestellt. In der *Grande Chambre*, der 20 m langen, 10 m breiten und 7 m hohen Großen Kammer tritt zum ersten Mal das bretonische Parlament zusammen. Die üppige Pracht, in der die Sitzungen des Obersten Gerichtshofes und die Parlamentsversammlungen stattfanden, ist noch

zu spüren. Die mit prunkvollen Gemälden dekorierte Kassettendecke, vergoldete Täfelungen und mit zierlichem Schnitzwerk dekorierte Logen, in denen Beobachter den öffentlichen Sitzungen folgen konnten, sprechen vom Selbstbewußtsein ihrer Auftraggeber. Wertvolle Gobelins (Anfang 20. Jh.) erzählen stolz die Geschichte der Bretagne (besonders eindrucksvoll der Wandteppich mit der Krönung Anne de Bretagnes). Weiterhin interessant: der *Salle des Gros Pilliers*, der Saal der dicken Pfeiler (erster Saal), in dem bis in die Mitte des letzten Jahrhunderts Schriftkundige und mobile Juristen ihre Dienste anboten, oder der *Salle du Pas Perdu* (Saal des verlorenen Schritts), die Wandelhalle, in der nervöse Delinquenten und hoffnungsvolle Verteidiger auf das Urteil warteten.

• *Öffnungszeiten*: Anmeldung zu Führungen bei der Hausmeisterloge rechts am Gangende. Täglich außer Dienstag von 10 - 11 und 15 - 16 Uhr.

Kathedrale St. Pierre: Ein heidnischer Tempel aus dem 4. Jh. wurde 200 Jahre später von einem christlichen Gotteshaus überbaut. Doch von der Kathedrale, in der einst die bretonischen Herzöge gekrönt wurden, blieb nur die Erinnerung. Der alle Spielarten der Gotik präsentierende Kirchenbau, im 12. Jh. begonnen und bis ins 18. Jh. verändert, stürzte nach dem Brand ein. Nur die beiden amputierten Türme überstanden die Flammen und den Zahn der Zeit. Mit dem Bau der heutigen Kathedrale wurde 1787 begonnen; von der Revolution unterbrochen dauerten die Arbeiten bis 1844. Ergebnis: ein neoklassizistischer Kolossalbau, dessen von Tonnen überwölbter Innenraum trotz allen vergoldeten Stucks düster und melancholisch wirkt. Größter Schatz ist ein gewaltiger flandrischer *Altar*: ausladendes, vergoldetes Schnitzwerk (16. Jh.), das vom Leben der Heiligen Jungfrau Maria erzählt - in seiner Art wohl eines der schönsten Kunstwerke der Bretagne.

• *Öffnungszeiten*: Täglich 8.30 - 12 Uhr und 14 - 17 Uhr. Sonntag nachmittag 1 Stunde länger.

Hotel de Blossac: Ein typisches Gebäude des Architekten JAQUES-ANGE GABRIEL für ein aristokratisches Parlamentsmitglied. Das stattliche Anwesen hinter der Kathedrale mit Ställen, Wirtschaftsgebäuden und dem ausschweifenden Wohnpalais wurde nach dem Brand von 1720 errichtet. Interessant die Empfangshalle mit der geschwungenen Treppe, flankiert von Marmorsäulen und Arkaden, die einen authentischen Eindruck des fast florentinischen Zeitgeschmacks vermitteln. Über der gelb-weiß gehaltenen Eingangsfassade prunkt noch das Wappen des ersten Hausbesitzers, Herrn Blossac. Die Stadt Rennes kümmert sich gegenwärtig mit ganzer Kraft um die Restaurierung des für die Stadtgeschichte so typischen Baudenkmals.

Musée de Bretagne: Das *heimatkundliche Museum* ist zusammen mit dem *Musée des Beaux Arts* im Palais des Musées auf der linken Seite des Quai Emile Zola untergebracht. Zwischen 1849 und 1856 als Teil der Universität gebaut, war es lange Zeit Sitz der Fakultäten und wurde von Anfang an als Museum genutzt. Raum genug bietet das ausladende Gebäude und ermöglicht so eine in der Bretagne einmalige Präsentation der Exponate - übersichtlich, gut kommentiert (nur französisch) und wohl bestückt. Das Erdgeschoß widmet sich der bretonischen Geschichte. In sechs sinnvoll gegliederten Perioden spannt sich der Bogen von den Grabrunen der Megalithiker bis zu den Spitzenhauben und Trachten des frühen 20. Jh. Im ersten Saal die *Ur-, Vor-* und *Frühgeschichte*: Grabbeigaben aus Hügelgräbern, Armreifen aus massivem Gold, Schalen, Vasen, Krüge und keltisches Ackerbau- und Schlachtwerkzeug aus der Bronzezeit dokumentieren - unterstützt von Archivbildern und Plänen der Ausgrabungsarbeiten - prähistorischen Alltag. Direkt anschließend die *gallo-römische Epoche*, die mit der Seeschlacht der Veneter gegen Cäsar 57 v. Chr. beginnt und mit der Invasion britannischer Mönche im späten 5. Jh. endet. Aus der Unzahl römischer Münzen, Armreifen, Stempel, Keramiksiegel, Wegsteine, Gedenk- und Ehrentafeln sticht die "Göttin des Menez-Hom" (1. Jh.) heraus: ein zierlich gearbeitetes Bronzeköpfchen mit toten Augenhöhlen, herunterhängenden Mundwinkeln und einem von einer phantastischen Gans gekrönten Helm.

In der Museums-Abteilung "Die moderne Bretagne"

Die folgenden Abteilungen gliedern sich in vier weitere Epochen: die *Bretagne vom 5. bis zum 16. Jh.* mit bildhauerischer Sakralkunst, Kapitellen und Steinmetz-Zierat aus dem 12. Jh. und Objekten aus der *Zeit der unabhängigen bretonischen Herzöge* (u. a. ein erlesenes Portrait der Herzogin Anne), die *Epoche des Ancien Regime* (1532 - 1789) und die "*moderne Bretagne*" (1789 -1914), die mit typisch bretonischem Mobiliar (*Lit-Clos*) und einer außergewöhnlichen Sammlung gut erhaltener Trachten aufwartet. Zum Abschluß bietet eine Dia-Ton-Show in einem verdunkelten, mit Bänken und Hockern ausgestatteten Raum in mehrminütigen, selbstwählbaren Sequenzen Hintergrundinformationen zu Themen wie Calvaires in der Bretagne, Handschriften und Gebetbücher, bretonische Gesänge aus dem Mittelalter u. a.

Musée des Beaux Arts: Der zweite Stock des *Palais des Musées* gehört den "Schönen Künsten", eine mit dem 14. Jh. beginnende, reichhaltige Sammlung von Gemälden, Zeichnungen und bretonischer Keramik, ergänzt von einer ägyptologischen und antiken Abteilung. Die Säle sind nach Jahrhunderten und Schulen geordnet, die bedeutendsten Vertre-

ter der italienischen Renaissance des 16. Jh. (*Tintoretto*; *Veronese*: der kraftstrotzende Perseus befreit die pralle Andromeda aus den Fängen eines geflügelten Meerungeheuers), die niederländische (*Rembrandt*) und flämische Schule (*Rubens*) des 17. Jh. sind vertreten: makaber und düster-bizarr der "Marsch des Todes" des süddeutschen Malers *Hans Baldung Grien*, eines Meistergesellen Dürers (Zeichnungen).
Unter den Franzosen des 17. Jh. fallen *Claude Vignons* "Selbstmord Kleopatras" und *Le Bruns* monumentale "Kreuzabnahme Christi" auf. *Gaugin* (Stilleben mit Orangen), *Emile Bernard* (Der gelbe Baum) und *Sérusier* (Einsamkeit) bilden den Schwerpunkt der Künstler von Pont-Aven. Ein Raum ist den Malern bretonischer Motive gewidmet: der Annen-Pardon in Ste. Anne-Palud, die Bucht von Erquy im Jahr 1876, oder *Delaunays* "Volksfest auf dem Land". Die Malerei des 19. Jh. geizt nicht mit klassischen Motiven oder Schlachtengemälden (*Alex Chantron*, *Mélingue*). In der Abteilung des 20. Jh. (der letzte Saal) hängen Gemälde von *Picasso*, *Utrillo*, *Vlaminck* und *Delaunay*.

• Öffnungszeiten: Am Dienstag und an Feiertagen geschlossen. Ansonsten 10 - 12 und 14 - 18 Uhr. Eintritt für ein Museum 5 DM, Ermäßigte die Hälfte.

Ökomuseum: Im Süden von Rennes, an der Straße nach Chatillon-sur-Seiche. Eine Art Freilandmuseum rund um das Gut von Binitais, lange Zeit eines der größten Landwirtschaftsgüter des Renner Landes. Erst kürzlich restauriert, präsentiert sich hier bäuerliches Alltagsleben aus den letzten fünf Jahrhunderten.

• Öffnungszeiten: Von Mai bis Mitte Oktober täglich außer Dienstag und Feiertage von 14 - 19 Uhr. Sonst 14 - 18 Uhr. 15.12. - 15.1. geschlossen. Eintritt 7 DM, Kinder 3 DM. Das Ticket gilt für eines der Museen von Rennes.

Argoat

Fôret de Paimpont *(Wald von Paimpont)*

Als König Artus und seine Ritter der Tafelrunde noch gegen das Böse auf der Erde fochten, hieß der Wald Broceliande und war der zauberdurchwobene Schauplatz von tödlichen Kämpfen, galanten Abenteuern und schicksalhaften Tragödien.

Unter seinem damals unendlichen Blätterdach bestrickte VIVIANE den rasend verliebten MERLIN, die Fee MORGANE lockte ihre Liebhaber auf Nimmerwiedersehen ins Tal ohne Wiederkehr und der Löwenritter IWEIN beschützte nach seinem Sieg über den Schwarzen Ritter das Reich der "Dame von der Quelle". Und da, wo es den Wald in seiner ursprünglichen Gestalt noch gibt, wächst wie seit Artus' Zeiten hüfthoher Farn unter Eichen, Buchen und Kastanien, gedeihen Efeu und Fingerhut in

dem quell- und wasserreichen hellen Laubwald, in dem der Mittel- mit dem Laubspecht um die Wette klopft.

Broceliande, der früher fast die ganze innere Bretagne bedeckte, ist mit nunmehr etwa 6300 ha der größte Wald der Bretagne. Bis auf seinen auch schon gelichteten Rest wurde er bis zum Ende des 19. Jh. systematisch gerodet und verfeuert: Sein Holz diente der Herstellung von Stahl, und Bauern auf der Suche nach mehr Ackerfläche rodeten den Wald für ihre Zwecke. Systematische Aufforstungen werden seit der Jahrhundertwende vorangetrieben - doch aus Wirtschaftsgründen meist mit schnellwachsenden Kiefern ohne jeden Broceliande-Charakter.

Und jetzt der Reihe nach die richtig schlechten Nachrichten: Das Waldgebiet ist überhaupt nicht zusammenhängend. Immer wieder bilden Heide- oder Ackerflächen riesige Lichtungen, so daß der Sturm, der 1987 über die Bretagne tobte, noch schlimmer als in geschlossenen Waldgebieten wüten konnte und verheerende Schäden anrichtete, die bis 1992 nur zum Teil beseitigt waren. Am 8. September 1990 erscheint die Ouest-France mit der Schlagzeile "Der Zauberwald brennt". Im Tal ohne Wiederkehr war, vermutlich durch Brandstiftung, Feuer ausgebrochen und hatte 200 ha des ausgetrockneten Waldes abgebrannt. In den Tagen danach - es ist der zweite trockene Sommer in Frankreich - lodert das Feuer immer wieder auf und kann nicht unter Kontrolle gebracht werden. "Broceliande stirbt" stellt drei Tage später eine weitere Zeitungsüberschrift fest und übertreibt nicht: Von den 7000 ha des größten Forstgebietes der Bretagne waren 10 % im wohl schönsten Teil des Waldes eingeäschert worden - das Tal ohne Wiederkehr, Heimat der Fee Morgane, gab es erst einmal nicht mehr.

1992 gibt es Erfreuliches zu vermelden. Die zur Aufforstung des Hochwalds gepflanzten amerikanischen Eichen gedeihen aufgrund des reichlich fließenden Regens prächtig. Selbst in den am stärksten betroffenen

Die Artussage

Jede Sage rankt sich normalerweise um den berühmten wahren Kern. Momentan favorisiert in der Artus-Forschung ist die These von GEOFFREY ACE, das historische Vorbild des Vorsitzenden der Tafelrunde könne der Keltenkönig RIOTHAMUS aus dem 5. Jh. sein, der die Sachsen nicht nur auf britischem Boden erfolgreich zurückschlug, sondern sie mit seinem Heer auch in Frankreich belästigte. Nach Ace besiegt er die Sachsen in Gallien zwar, wird aber in der folgenden Schlacht von den Westgoten vernichtend geschlagen, woraufhin er sich nach Burgund zurückzieht, wo er vermutlich stirbt.

Doch sein Name wird nicht vergessen werden, denn den Kelten (Briten und Bretonen) gelang es, ihre historische Niederlage in die vielleichst schönste, umfangreichste und tiefgründigste Geschichte des christlichen Kulturkreises zu umzudichten. Die ursprünglich keltische Regionalsage von Kampf und Niederlage gegen die übermächtigen Sachsen wurde in den Aristokratenkreisen Englands, Frankreichs und Deutschlands zu einem immer weiter wachsenden höfischen Epos gestaltet, in dem - mehr oder weniger elegant - alle keltisch-heidnischen Elemente durch christliche ersetzt sind und Ritter ohne Fehl und Tadel phantastische Abenteuer in ihrem täglichen Kampf gegen das Böse auf der Welt erleben.

Der erste, der den unbedeutenden Lokalherrscher Artus zum glanzvollen Monarchen hochstilisiert, ist GEOFFREY VON MONMOUTH um 1135 in seiner "Historia Regum Britanniae". Der normannische Dichter WACE übersetzt das Werk des Engländers in seinem Sinne ins Französische und fügt ihm zahlreiche eigene Motive hinzu, die wiederum vermutlich auf bretonisches Erzählgut zurückgehen. Die so weitergesponnene Artussage wird für die höfischen Dichter des Mittelalters immer interessanter, in ihr finden sie den Rahmen, eigene Geschichten weiterzuspinnen oder bislang eigenständige Sagen zu integrieren. CHRETIEN DE TROYES (1135 - 1190) schließlich führt den Sagenkreis um König Artus zu seiner Vollendung. Spätere Dichter wie WOLFRAM V. ESCHENBACH (um 1200) verändern nur noch Nuancen, und der Kern der Sage liest sich so:

Mit Hilfe des Magiers MERLIN besteigt der junge ARTUS, Sohn des Königs UTHER, den englischen Thron. Als einzigem der vielen Thronanwärter des zerrissenen, von äußeren Feinden bedrohten Landes gelingt es ihm als rechtmäßigem Königskind, das Zauberschwert Excalibur aus einem Amboß zu ziehen. Artus zieht gegen die Angreifer los, und nicht zuletzt durch Excalibur erlebt England darauf eine Zeit des friedlichen Aufschwungs. Von Merlin, Drahtzieher der Geschicke und Ratgeber des Königs, erhält Artus einen Tisch für 40 Personen, kreisrund als Symbol der Gleichheit. Hier soll er 39 würdige Ritter um sich versammeln, die ihm im Kampf gegen das Unrecht und das Böse helfen sollen. Artus regiert als anerkannter Hochkönig auf Camelot, ist glücklich mit GUINEVRA verheiratet und versammelt bald 38 Recken um sich, darunter so bekannte Namen wie GAWEIN, LANCELOT, ERIC, IWEIN oder PARZIVAL. In den zahllosen Abenteuern der "Ritter der Tafelrunde" retten sie Jungfrauen, erschlagen ehrlose Ritter und feuerspeiende Drachen oder

kämpfen mit ihrer eigenen Tugend. Nebenbei suchen die Helden erfolglos die Gralsburg, in der der Gral, Sinnbild der letzten Erfüllung einer reinen Seele, aufbewahrt wird. Der Platz neben dem König, der "gefährliche Platz", bleibt lange leer. Er ist dem reinsten Ritter aller Zeiten bestimmt, und von Merlin weiß man, daß das Ende der Tafelrunde nah ist, wenn Artus einen neuen Tischnachbarn hat. So kommt es auch. GALAHAD, der später den Gral finden wird, stößt als letzter Ritter zur Runde und die Ereignisse eskalieren: Lancelot, im unlösbaren Konflikt zwischen seiner Liebe zu Guinevra, seiner Treue zu seinem Herrn und seiner ritterlichen Tugend, setzt sich ab, die Gemeinschaft beginnt zu zerfallen. Während eines Feldzugs des Königs, der weiteren Tafelrittern das Leben kostet, bemächtigt sich sein widerlicher Neffe MORDRED mit Hilfe der eigensüchtigen Herzöge Englands seines Throns und seiner Frau. König Artus und sein angeschlagenes Heer kehren in Eilmärschen zurück und stellen sich trotzig einer weit überlegenen Streitmacht. Die ritterlichen Beschützer einer Zeit, die sich unwiderruflich dem Ende zuneigt, schlagen ihre letzte Schlacht.
Das Chaos siegt am Ende, ein Hoffnungsschimmer bleibt: der sterbende Artus wird auf die Insel Avalon gebracht. Unter den Apfelbäumen der Insel der Seligen darf er solange sorglos und glücklich verweilen, bis die Zeit gekommen ist, in der er wieder auf die Welt zurückkehrt, um endgültig Ordnung zu schaffen.

Im Zauberwald von Paimpont

Gebieten um Tréhorenteuc grünt es wieder zaghaft - zumindest unten am Fluß im Tal ohne Wiederkehr. Natürlich soll der Wald von Paimpont wieder völlig aufgeforstet werden. Doch wird es wohl 15 bis 20 Jahre dauern, bis die schlimmsten Narben zugewachsen sind. Die einstige Anmut dieses Fleckchens Erde dürfte jedoch endgültig gestorben sein - wo einst der Baumbestand in den Himmel ragte, wuchert nun die Heide. Wer die Artussagen schätzt und mit einer immer noch waldreichen, aber ansonsten unspektakulären Region mit einigen Anziehungspunkten vorliebnimmt, kommt durchaus auf seine Kosten. Touristischer Hauptstützpunkt, aber immer noch ruhig, ist der Ort *Paimpont*, einige weitere im *Fôret de Paimpont* verstreute einfache Hotels und einfache Campingplätze bieten Unterkunft in völliger Ruhe.

Circuit de Broceliande

Abgesehen von längeren Aufenthalten mit längeren Wanderungen oder einfachen Spaziergängen (der Wald ist mit einem Netz von markierten Wegen versehen), können Sie sich auf den 62 km langen *Circuit de Broceliande* begeben, auf dem Sie im Verlauf eines Tages die interessantesten Ziele ansteuern. Zu einigen Anlaufpunkten müssen Sie für das letzte Wegstück die Füße einsetzen.

▶ **Paimpont**: Stille Schieferhäuser aus einem Musketierfilm, eine Abtei, ein kleiner See - der mit etwa 1500 Bewohnern größte Ort an einer gelichteten Stelle im Waldgebiet strahlt die Ruhe des Alters in einer romantischen Umgebung aus. Die erste *Abtei*, um die sich der Ort ansiedelte, wurde im 7. Jh. von König JUDICAEL gegründet, Herrscher über die nördliche Bretagne und später einfacher Mönch. Während der französischen Revolution wurden die im Lauf der Jahrhunderte kontinuierlich veränderten und auch neu errichteten Gebäude zerstört und nur zum Teil restauriert: Arkaden verfallen melancholisch vor dem See.

Im ehemaligen Abteigebäude residiert der Bürgermeister, die einschiffige *Kirche* nebenan, ursprünglich aus dem 13. Jh. und bis in die Neuzeit umgebaut, blieb das Haus des Herrn. Im Inneren erwähnenswert sind die kunstvolle *Täfelung* mit ihren Friesen, einige *Skulpturen*, wie der Judicael aus buntbemaltem Stein oder der geschnitzte Hl. Méen, sowie der *Kirchenschatz* in der Sakristei: u. a. eine Reliquie des Judicael in Form eines Silberarms, eine Statue der Hl. Anna, die ihre Tochter Maria und ihren Enkel trägt (ein seltenes Motiv aus dem 15. Jh.), und ein filigran geschnitzter Elfenbein-Jesus aus dem 17. Jh. als handwerklich-künstlerischer Höhepunkt.

- *Postleitzahl*: 35380
- *Telefonvorwahl*: 99
- *Information*: Syndicat d'Initiative de Broceliande in einer Ex-Scheune der Abtei. Zusätzlich zu Prospektmaterial und mündlichen Auskünften wechselnde Klein-Ausstellungen. Vom 1.7. - 31.8 jeden Donnerstag geführte Waldspaziergänge. Treffpunkt 14 Uhr vor dem S.I. Erwachsene 7 DM, Kinder nichts. Offen vom 1.6. - 30.9. Juli/August täglich 10 - 12 und 14 - 18 Uhr, Juni und September Di, Do, Fr nur nachmittags, von Oktober bis Ende Mai nur Mo und Mi 10 - 12 und 14 - 16 Uhr. Paimpont le Bourg, Tel. 078 127.

Diverses

- *Bootsverleih*: Ab 14 Uhr werden vom späten Frühjahr bis zum frühen Herbst 10 Tretboote mit je 4 Plätzen und Kajaks/Kanus verliehen. Am Weiherrand oder gleich im Nautique Club neben der S.I. 1 Stunde Kajak 7 DM, 1 Stunde Kanu 10 DM, halber Tag 20 DM, Tag 30 DM. 1 Stunde Tretboottreten 12 DM.
- *Fahrradverleih*: Im Ortsteil Trudeau, 3 km im Nordosten von le Bourg an der D 40, vermietet Herr **Grosset** Fahrräder. Vormittag 10 DM, Nachmittag 13 DM, ganzer Tag 17 DM, 1 Woche 80 DM. Kaution 200 DM. In der NS Kontakt nur nachmittags 14 - 19.30 Uhr. Tel. 078 140. Mountainbikes verleiht auch die **Bar "Le Brécilien"** in Paimpont Bourg an der Hauptstraße. Halber Tag 20 DM, ganzer Tag 30 DM. Tel. 078 113.
- *Wandern*: 19 markierte Rundwanderwege

Vor dem Marienaltar der Kirche in Paimpont

(die beiden längsten 14 km), die große Broceliande-Tour (160 km) und ein Teil des G.R. 37 erschließen den Wald für Fußgänger/innen. Material ist bei den Auskunftsstellen in Paimpont und Plelan erhältlich, Routenbeschreibungen finden Sie in den Topo Guides.

Übernachten/Camping/Essen

Manoir du Tertre: Herrschaftliches Landhaus mit gepflegtem Garten an einem Hügel 4 km von Paimpont an der Straße nach Beignon (beschildert). Fazit: wundervoll. 8 schöne Zimmer, Restaurant mit zwei Michelin-Löffeln, Menus 33 - 90 DM. DZ 110 - 170 DM, Frühstück 12 DM, HP 100 - 200 DM. Im Februar geschlossen. Le Cannée, Tel. 078 102.

** **Relais de Broceliande**; Natursteinfassade vis a vis vom Stadttor in Grau, mit Tiefrot, Ocker und Efeu belebt. Garten, Restaurant, 24 Zimmer. DZ vom Normalraum bis zum Studio 55 - 85 DM. HP pro Person ab 55 DM. Tel. 078 107.

• *Jugendherberge*: Zwischen Paimpont und Concoret; 28 Betten, pro Kopf 13 DM. Geöffnet vom 1.4. bis 30.9. Tel. 227 675.

• *Camping*: * **Municipal Broceliande**; ein nur auf Funktion ausgerichtetes schattenloses Wiesengelande am Weiher mit einem kleinen funktionalen Sanitärneubau. Erwachsene 2 DM, Kinder 1 DM, Platz 1 DM, Auto 1,50 DM, Elektrik 3 - 5 DM, heiße Dusche 2 DM. 33 Stellplätze. Geöffnet von März bis Mitte November. Tel. 078 425.

Ferme A. N. Camping Trudeau: Im Ortsteil Trudeau, etwa 3 km östlich von Paimpont an der D 40; schattenloses Wiesenareal neben dem Sträßchen. Zum Ambiente gehören ein altes Backhaus und ein efeuumrankter Bauernhof. Erwachsene 3 DM, Kind 1,50 DM, Platz 3 DM, Cidre 3 DM, Frühstück aus der Landproduktion 7 DM. Daneben werden im Bauernhof Zimmer in ländlicher Idylle und Fahrräder vermietet: letztere für 20 DM pro Tag und 90 DM die Woche. 25 Stellplätze. Geöffnet vom 1.6. - 30.9. Tel. 078 140.

• *Essen*: Das Restaurant des **Relais de Broceliande** hatte 1990 neben à-la-carte-Gerichten Menus von 18, 30, 40 und 48 DM auf der Speisekarte. Unsere Empfehlung: Margret de Canard aux Morilles, 34 DM für 2 Personen, oder Tournedos Rossini, à la carte für 32 DM (pro Person).

▶ **Les Forges**: Spaziergänger ziehen ihre Kreise um den Teich, um den bis zur Mitte des letzten Jahrhunderts in einigen Hüttenwerken ein Stahl hergestellt wurde, der wegen seiner Härte einen guten Namen hatte. Einige kümmerliche Ruinen und Schornsteine erzählen nur wenig von

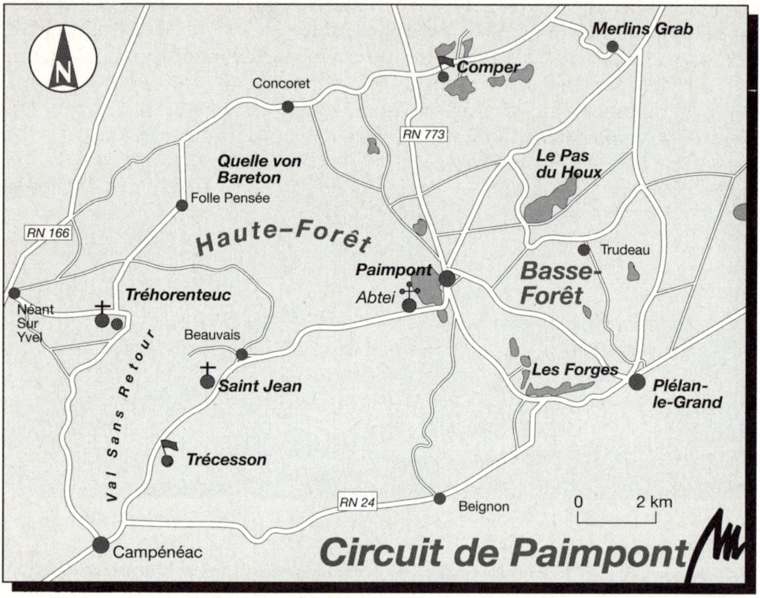

ihrer Geschichte, was bleibt, ist ein Spaziergang in frischer Luft und die Einkehr in ein Ausflugsrestaurant an der Nationalstraße. Vielleicht läßt sich die Idylle an einem nebligen Novembertag hier blicken, während der Saison einfach unnötig voll.

• *Weg*: Von Paimpont die D 773 bis kurz vor die Kreuzung der N 24.

▶ **Plélan-le-Grand**: Entlang der N 24 zieht sich die größte Gemeinde des Waldgebiets links und rechts der Straße hin, vom Wald ist in der näheren Umgebung so gut wie nichts geblieben. Der Ort, an dessen südlichem Ortsrand (Richtung Gue) sich auch ein Supermarkt niedergelassen hat, bietet die besten Einkaufsmöglichkeiten der Gegend, eine Kirche aus dem 19. und eine romanische Kapelle aus dem 12. Jh. Zum Bleiben trotz einiger einfacher Hotels weniger empfehlenswert.

• *Information*: O.T. im Rathaus. Von Montag bis Freitag ganzjährig geöffnet. Plélan-le-Grand, Mairie, Tel. 99/068 607.

• *Fahrradverleih*: M. **Collin**, Avenue de la Libération 57, Tel. 99/068 303. Halber Tag 13 DM, ganzer Tag 17 DM. Kaution 200 DM.

• *Markt*: Am Sonntag vormittag.

▶ **Le Pas du Houx**: Von den 14 größeren und kleineren Wasserflächen des Waldes der mit Abstand größte Weiher Broceliandes - rundum hohe Bäume, dazwischen 86 ha sanft gekräuselte Wasserfläche, Schilf und zwei einsame Schlösser an den Ufern: zu Beginn des 20. Jh. ließen betuchte Auftraggeber das neonormannische *Château Broceliande* und das *Schlößchen Le Pas du Houx* am Weiherrand errichten (beide immer noch privat und nicht zugänglich). Achtung, Füße: Spazierwege am Ufer und im Wald stehen zu eurer Verfügung.

• *Weg*: Von Plélan-Le-Grand der Circuit-Beschilderung links ab folgen; über den Weiler Trédeal auf die D 40, dann rechts ab zu den Weihern.

▸ **Merlins Grab**: Ein Steinkreis, aufgerichtete Felsbrocken und ein mistelgeschmückter Baum am Rande eines kleinen Felds. Merlin ist hier, aber er ist nicht tot, er ist nur in einer anderen Dimension - neun magische Kreise trennen den unsterblichen Zauberer von Ihnen. So ist mit den Augen allein wenig anzufangen; Sie müssen andere Sinne einsetzen, um hinter dem mickrigen Grab die Anwesenheit Merlins zu spüren.

• *Weg*: Nach den Weihern links ab auf die D 71; bei der nächsten Kreuzung der Beschilderung Richtung Comper in Nordostrichtung folgen. Ein Schild am Straßenrand macht auf Merlins Grab aufmerksam.

Merlin

Der unsterbliche, nichtalternde Meistermagier Merlin stammt aus der Vereinigung des Teufels (böse) mit einer Jungfrau (gut, aber leichtsinnig). Gottlob wurde das Baby gleich nach der Geburt christlich getauft und Merlins Seele somit gerettet. Seine vom Vater ererbten übernatürlichen Eigenschaften wie Reisen in der Zeit, Bewußtseinsübertragungen oder Schaffen von Materie setzte er als erwachsener Zauberer ausschließlich für die Sache des Guten ein.

Neben seinen unschätzbaren Hilfeleistungen für Artus und dessen Ritter und seinen eigentlichen Arbeiten und Forschungen, über die im Menschengeschlecht wenig bekannt ist, hatte Merlin natürlich auch ein Privatleben. Und dieses sollte ihm zum Verhängnis werden. Viviane hieß seine große Liebe, die blonde Tochter des reichen Schloßherrn am Comper-See. An der Quelle von Barenton eroberte er ihr Herz im Sturm, und fortan war er ihr völlig verfallen. Viviane profitierte gut von dieser Beziehung: mit seinen magischen Kräften schuf er ihren künftigen Lieblingsort, ein Schloß auf dem Grund des Comper-Sees, und die Zauber, die er ihr verriet, machten Viviane zu einer mächtigen, allseits respektierten Fee. Auch die bezaubernde Viviane liebte ihren Merlin, solange er ihr fleißig alle Geheimnisse zum Mitschreiben anvertraute. Nur seinen letzten, größten Zauber wollte er lieber für sich behalten. Viviane drängte und drängte, bis der haltlos verliebte Mann nachgab und damit sein Ende auf dieser Realitätsebene besiegelte: Viviane sprach den großen Bann. Gefangen in einem neunfach gestaffelten Kreis aus Luft wartet nun der Unsterbliche auf das Ende der Zeit.

Anmerkung: Es gibt mehrere Versionen; nach einer war auch Viviane in Merlin verliebt, bis ihre Liebe in Besitzsucht umschlug - nur so war ihr der vielbeschäftigte Merlin für immer sicher. Auch die Schlüsse unterscheiden sich; in einer Fassung könnte Merlin sich sehr wohl befreien, tut es aber aus Rücksichtnahme auf die immer noch geliebte Viviane nicht, um ihr die Illusion der Allmacht zu lassen. Ein ganz versöhnlicher Schluß aber weiß zu berichten, Viviane sei mit Merlin zusammen hinter dem Bannkreis, und es gehe ihnen gut.

▸ **Château Comper**: Anmutig spiegelt sich das Schloß im Weiher des Schloßparks. Doch nur wer bereit ist, einen Obulus zu entrichten, kommt in den Genuß dieses stimmungsvollen Bildes - hohe Mauern schirmen den umfangreichen Besitz vor den Blicken Neugieriger ab. Der Schloßherr, erlauchtes Mitglied der König-Artus-Gesellschaft, zeichnet auch verantwortlich für die Ausstellung und Diaporamashow "*Arturus Rex*", die in einigen Räumen des Schlosses gezeigt wird. Die Wehrmauern samt Türmen und Toren, im 14. Jh. errichtet, wurden von HEINRICH IV. zum Großteil zerstört, das Wohngebäude aus dem 16. Jh. während der Revolution in Brand gesetzt. Die angenagten Ruinen des Burgwalls verwittern weiter, der Wohntrakt aber wurde im 19. Jh. restauriert.

Mystik-Tratsch: Am und im kleinen See von Comper passierten die seltsamsten Sachen. So wohnte in einem Schloß auf dem Seegrund die Dame du Lac VIVIANE, Geliebte des Zauberers MERLIN. Hier unten widmete sie sich acht Jahre der Erziehung eines ausgesetzten Königsprinzen, der später als Ritter LANCELOT VOM SEE verzweifelt gegen seinen Sexualtrieb kämpfte. GUY XIV. DE LAVAL, der unter JEANNE D'ARC gegen die Engländer focht, wohnte zwar wieder ganz normal neben dem Weiher, war aber als recht guter Magier bekannt. Damit nicht genug, erzählen ganz einfallsreiche Bretonen, daß im 9. Jh. das Schloß die Residenz des weisesten Königs aller Zeiten, SALOMON, war.

- *Öffnungszeiten*: Von April bis Oktober täglich außer Dienstag von 10 - 19 Uhr. Eintritt für Ausstellung + Park 7 DM, nur Park 3 DM.
- *Fischen* im See: Lizenz für 8 DM im Schloß erhältlich. Achtung: maximal 3 Leinen.
- *Weg*: Von Merlins Grab der Straße folgen und bei der nächsten Kreuzung links ab auf die D 31 nach Comper.

▶ **Château Rox**: Ein Blick im Vorbeifahren. Wenn Sie der Circuit-Beschilderung folgen, liegt das efeuüberwachsene Anwesen mondän und trotz des Grüns kühl auf der linken Straßenseite. Privatbesitz, keine Besichtigung.

- *Weg*: Der Beschilderung nach, die bei Concoret von der D 31 auf ein Sträßchen links ab führt.

▶ **Quelle von Barenton**: Mitten im abgeschiedensten Hochwald rinnt spärlich etwas Wasser in Normaltemperatur aus der robust eingefaßten Quelle, um sich sacht in einem Bachlauf zu verlieren. Als MERLIN hier, am "Ort der Freuden", zum ersten Mal der liebreizenden VIVIANE begegnete, schäumte noch kochendes Wasser aus dem Erdreich hervor und übertönte die Geräusche das Waldes.

So wird an der legendären Quelle nichts mehr so heiß gegessen, wie es gekocht wurde, doch ist ihre Anziehungskraft - besonders zu Zeiten von Trockenheit - ungebrochen. Im Herbst 1990 fanden wir folgende drei Gegenstände auf einer Steinplatte neben der Umfassung: einen Keks, einen Becher Wein und ein unruhig flackerndes Totenlicht. PS: Die Quelle von Barenton ist eine Wunderquelle. Einige Tropfen Wasser, auf einen Stein nah der Quelle gegossen, wirken sturmauslösend bzw. bringen zumindest Regen. Welcher Stein, sei aus Sicherheitsgründen verschwiegen.

- *Weg*: Ab dem Château der Beschilderung nach und bei La Saudrais links ab auf die D 141. Wenig später weist ein Schild nach links. Spätestens vor dem Wald parken. Dann der spärlichen Beschilderung folgen, einen großen Waldweg überqueren, weitere 5 Min. hangaufwärts und einen (1990 unbeschilderten) Pfad links ab. Bald hören Sie ein leises Gluckern.

- *Camping*: **A.N. Le Relais de Barenton**; von der D 141 leiten beim Weiler Folle-Pensée die Schilder hinauf zu dem komfortlosen Platz in der Einsamkeit des Waldes. 19 Stellplätze um einen Kleinstweiher, ein rudimentärer Sanitärbereich aus grob getünchtem Beton, aber: heißes Wasser, ein provisorisches Snack-Café und eine freundliche Platzfamilie. Billig. Geöffnet Mai bis Ende Oktober. Folle-Pensée/Paimpont, Tel. 97/226 887 u. 226 472.

Der Gral erscheint der Tafelrunde - Fensterbild in Tréhorenteuc

▶ **Tréhorenteuc**: Tréhorenteuc läßt sich gerne "Tor zum Tal ohne Wiederkehr" nennen und untertreibt damit unseres Erachtens. Denn die *Dorfkirche* der Hl. ONENNE, Schwester von König Judicael, die hier auch beigesetzt war, enthält einen der größten Schätze der Broceliande: kunstvoll und bilderreich widmet sich die Ausschmückung des Kirchleins der Tafelrunde von König Artus. 1945 wandte sich der damalige Ortspfarrer und Artus-Liebhaber Abbé GILLARD an das französische Militär und beantragte zwei deutsche Kriegsgefangene, die ihn bei der künstlerischen Ausstattung der renovierungsbedürftigen Kirche fachkundig unterstützen sollten. Nach seinen Ideen fertigten der Maler KARL REZABECK und der Tischler PETER WISDORF im Verlauf zweier Jahre *Bilder*, *Altäre* und einen *Kreuzweg*, in deren biblischen Motiven Elemente der Artussage eingewoben sind - so steht die Fee Morgane an der 9. Kreuzwegstation für die Wollust, der Hirsch am Ende des Langhauses versinnbildlicht den Leib Christi im Rahmen der Artuslegende: der Hirsch, den Galahad jagt, verwandelt sich in Jesus und die vier Evangelisten. Tréhorenteuc und das *Val sans Retour* als Schauplatz der Artus-Sage

liefern auf den meisten Stationen des Kreuzwegs konsequentermaßen auch den Hintergrund der mit der Sage verwobenen Passionsgeschichte. Schon 1943 waren die Geschichten auf den *Fenstern* zu beiden Seiten des Altars vollendet: "Die Erscheinung des Grals" und "Das Letzte Abendmahl". 1951 wurde das Chorfenster fertiggestellt, und seitdem bringt die Sonne das gleißende Licht des Grals über dem hell lodernden Dornbusch so zur Geltung, wie es sich Abbé Gillard wohl vorgestellt hat.
Die Verquickung von Legende und Katholizismus brachte dem Geistlichen in einem eher konservativen Teil der christlichen Welt nicht nur Freunde - seine letzten Jahre verbrachte er in einem anonymen Altersheim in der Großstadt. Nach seinem Tod 1979 wurde Abbé Gillard am Ort seines Lebenswerk beigesetzt, das nunmehr auch kirchlicherseits von jedem heidnischen Makel befreit ist und unbefangen genossen werden darf.
Um die Kirche finden sich die Erfrischungs- und Souvenirstationen: T-Shirts mit dem Kirchenaufdruck, billige Kaugummis oder für 22 DM das große Buch über die Kirche. Ist die Kirche abgeschlossen, wird der Schlüssel in der Taverne *Morgane* gleich ums Eck verwahrt.

- Weg: Von Barenton zurück zur D 141, links und direkt nach Tréhorenteuc.

Der Gral

Der Gral, altfranzösisch graal, das Gefäß, taucht in der höfischen Literatur des Mittelalters auf und wirkt bis heute auf die Phantasie europäischer Schriftsteller und Opernregisseure. Die älteste bekannte Gralsdichtung verfaßt CHRETIEN DU TROYES mit "Perceval", im 19. Jh. verhilft der Komponist WAGNER dem Gral zu einem anhaltendem Comeback.

Der Gral ist ein geheimnisvoller, verschieden beschriebener sakraler Gegenstand: ein Kelch, eine Schale, ein Stein, der zusammen mit einer ständig blutenden Lanze vom Gralskönig und den Gralsrittern in einer - für Normalbürger unsichtbaren - Burg bewacht wird. Immer wirkt der Gral Wunder: er spendet Glück, ewige Jugend, Heilung und gutes Essen in Hülle und Fülle. In der christlichen Version wurde der Gral, der das Blut Jesu enthält, zusammen mit der Lanze, die dem Gekreuzigten in die Rippen stach, von JOSEPH VON ARIMATHEA vom Morgenland nach Westeuropa gebracht (Symbolik des Abendmahls und der Messe). In der keltischen Erzähltradition, die ebenfalls einen Gral kennt, ist das Gefäß der magische Kelch des Überflusses und der Kraft. Psychologisch versierten Mythenforschern gilt der Gral als religionsunabhängiges Fruchtbarkeitssymbol, wobei der Kelch der Schoß der Frau und die Lanze das Glied des Mannes sein soll.
Die Gralsuche ist ein wesentliches Element der Artussage. Nur dem seelisch reinsten aller Ritter ist es bestimmt, die Burg Montsalvatsch zu finden und Gralskönig zu werden. Und einmal kommt der Gral sogar auf die Burg Camelot: Als mit dem Erscheinen GALAHADS die Tafelrunde das erste und einzige Mal vollständig versammelt ist, taucht aus dem Nichts das wundertätige Gefäß auf und speist die versammelten Ritter. Abbé Gillard sah hier das Abendmahlmotiv und ließ danach das vielleicht schönste Fenster gestalten, in dem der Gral vor der Tafelrunde erscheint.

▶ **Val sans retour** *(Tal ohne Wiederkehr)*: So sah es einmal aus: Tief eingeschnitten zwischen schroffen Felshängen gediehen Farn und Heidekraut im Talgrund, die Blätter der Bäume flüsterten im Wind und warfen ihren Schatten auf den tiefklaren Feenspiegel-Teich (*Miroir des Fées*). Heute: Auf nacktem grauen Fels ragen die Skelette verbrannter Bäume trostlos in den Himmel, mühsam werden die Hänge wieder aufgeforstet. Der Zauber des Tals ist seit dem Waldbrand im September 1990 dahin. Es heißt, MERLIN hält seine schützende Hand über den Wald von Paimpont. Wenn dem so ist - hat er eine Niederlage in einem magischen Kampf erlitten? Oder wie konnte es passieren, daß ausgerechnet das Tal ohne Wiederkehr so zerstört wurde?

• *Weg*: Durch Tréhorenteuc bis zu einem großen Parkplatz linkerhand. Den Schildern nach auf einem bequemen Waldweg leicht bergauf, nach etwa 15 Minuten stehen Sie über der Schlucht. Felsstufen führen hinab, ein Weg schlängelt sich durch den Talgrund.

Morgane

An dieser Fee aus dem Sagenkreis der Tafelrunde entzweien sich die Geschichtenerzähler völlig. Einig sind sich alle darin, daß Morgane eine heilkundige Halbschwester von König ARTUS war. Aber war sie gut oder böse? Einmal dient sie aufopfernd den Mächten des Lichts und geleitet Artus nach Avalon, der Insel der Seligen. Ein andermal wieder gilt sie als ebenbürtige Feindin des großen Zauberers Merlin. Warum ist diese Gestalt, in der Mythenforscher die keltische Göttin Modron sehen, gar so widersprüchlich? Hat die katholische Kirche bei einer eventuellen Verwandlung der Urfigur einer keltisch-heidnischen Priesterin in eine unchristliche Hexe die Hand im Spiel gehabt? Ihre letzte Ehrenrettung unternahm Frau Marion Zimmer-Bradley in ihrem Buch "Nebel von Avalon", in dem Morgane als weise Frau mit einem grundehrlichen Charakter geschildert wird.

Im Val sans Retour, raunt eine der vielen Legenden jedenfalls, sei die (jetzt wieder böse) Fee zu Hause gewesen. Verbittert und nach Rache lechzend, nachdem sie von ihrem Liebhaber betrogen worden war, belegte sie das Tal mit einem Bann. Jeder Ritter, der hier vorbeikam und mindestens einen Seitensprung auf dem Kerbholz hatte, kam aus dem Tal nicht mehr heraus. Männer! Natürlich hatte jeder Blaublütler, der durch Broceliande streifte, Dreck am Stecken, und bald waren 40 willenlose Ritter zusammen, mit denen sich Morgane angenehm die Zeit vertrieb. Erst LANCELOT VOM SEE beendete den Zauber. Ohnmächtig mußte Morgane zusehen, wie der edle Ritter, der noch nie an eine andere Frau gedacht hatte als an GUINEVRA, Gattin seines Königs, die vierzig erleichterten Gefangenen aus dem Tal herausholte.

▶ **Château Trécesson**: Noch immer führt der Weg ins Schloß über die Zugbrücke und durch ein mehr abweisendes als einladendes Tor - doch das Bilderbuchschloß (15. Jh.) in Privatbesitz ist sowieso nur von außen zu bestaunen. Spielt auch noch das Wetter mit, präsentiert sich das wehrhafte Mauerwerk mit seinen Türmchen und schwarzen Dächern hinter dem Weiher ganz in Rot und ergibt mit seinem Spiegelbild im Wasser das am häufigsten abgelichtete Motiv des Fôret de Paimpont.

• *Weg*: Von Tréhorenteuc über die Abbaye la Joie-Notre-Dame nach Campénéac an der N 24. Links ab und die D 312 gleich wieder links. Das Schloß liegt links der Straße.

▶ **Kapelle St. Jean**: Auf der einen Straßenseite ein verbotenes Militärgelände, gegenüber die hingeduckte, dunkle Kapelle des Johanniterordens in einem kleinen Ensemble verfallener Schieferhäuser. Risikoloser Kurzbesuch eines vor langer Zeit verlassenen Weilers.

• Weg: Von Trécesson der D 141 folgen.

▶ **Beauvais**: Wir erwähnen den Ort wegen seiner Nähe zur höchsten Erhebung des Fôret du Paimpont (*Côte de Beauvais*, 256 m), und weil das *Biologische Institut* der Universität Rennes (der große Bau ist sofort zu identifizieren) hier seine ausgedehnten Forschungen betreibt. Bei guter Sicht ist von der Hügelspitze aus Rennes in der Ferne zu sehen.

Ploërmel *(ca. 7500 Einwohner)*

Die Zeit läuft anders in Ploërmel: Wenn vierzehn Generationen vergangen sind, hat der schwarze Zeiger der Astronomischen Uhr gerade eine Umdrehung hinter sich. Um die Spiralen und Federn eines ausgeklügelten Uhrwerks hinter dem schützenden Glas einer Vitrine spiegelt sich Vergänglichkeit.

Ploërmel, lange Zeit eine ernstzunehmende Rivalin des nahen Josselins, steht nunmehr wirtschaftlich wie touristisch ganz im Schatten des dreimal kleineren Nachbarn. Ein Bummel durch das übersichtliche, lichte Provinzstädtchen wird kaum jemanden überanstrengen, so bleibt Zeit und Konzentration, die beiden Hauptattraktionen Ploërmels ausgiebig zu genießen: Die *Kirche des Hl. Armel* und die *Astronomische Uhr* im frei zugänglichen Innenhof eines katholischen Instituts verdienen mehr als nur einen flüchtigen Blick. Von Ploërmel aus sind die Städtchen *Malestroit* und *Rochefort-en-Terre* gut erreichbar - beide Orte zählen zu den Ausflugszielen im Argoat, die aufgrund ihrer wenig veränderten Architektur in einer ruhigen, grünen Umgebung beliebte Anlaufpunkte für einen Kurzbesuch darstellen.

Geschichte

St. Armel selbst, einer der verehrten Gründer-Heiligen Klein-Britanniens, legt mit seiner Einsiedelei im 6. Jh. den Grundstein der nach ihm benannten Stadt. Weltpolitisch gesehen, hatten die Bewohner Ploërmels im ersten Drittel ihrer Stadtgeschichte Ruhe. Die Herzöge der Bretagne ernennen die Stadt zur Residenz, in der auch einige Male die Stände tagen. Im 12. Jh. erwähnen die Chronisten die erste Gründung eines Kameliterklosters auf bretonischem Boden, und das Jahr 1351 geht in die lokale Geschichte ein, als während des bretonischen Erbfolgekriegs vom besetzten Ploërmel aus ein Teil der englischen Besatzungsmacht in die legendäre "Schlacht der Dreißig" auszieht, um sich blutige Köpfe zu holen (siehe Kasten "Schlacht der Dreißig" bei Josselin). Die größte Katastrophe erlebt Ploërmel im 17. Jh. Ebenfalls englische Truppen brennen nach zähen Belagerungen die eroberte Stadt nieder - der Grund für die spärliche alte Bausubstanz. Während der Revolution, wo alles anders werden sollte, ist Ploërmel kurzfristig Provinzhauptstadt, und kurz darauf wird einer der bedeutendsten Söhne der Stadt geboren: Dr. med. GUERIN, der Erfinder des gepolsterten Watteverbands. Zum ersten Mal und mit viel Erfolg wird der wundfreundliche Verband beim Deutsch-Französischen Krieg 1870/71 en gros bei französischen Verwundeten eingesetzt.

• *Postleitzahl*: 56800
• *Telefonvorwahl*: 97
şInformation: OTSI in einem soliden öffentlichen Gebäude am Place Lammenais. Geöffnet vom 25.6. - 30.9. von Mo - Sa 10 - 12.30 und 14.30 - 19.30 Uhr, Sonntag 10 - 12 Uhr. Tel. 74 02 70. Zwischen Juni und 13.9. informiert zusätzlich eine Zweigstelle am Ortseingang an der Straße nach Rennes.
• *Verbindung*: Zentrale **Bus**haltestelle am Place Lamennais. Anschlüsse Richtung Rennes - Pontivy 3 - 4 x täglich, Rennes - Guer - Vannes 2 x täglich. 1 Stunde nach Rennes, 50 Minuten nach Pontivy, 15 Minuten nach Josselin.
Zug: Der Bahnhof ist im Stadtnorden.

• *Fahrradverleih*: Die Agentur **Challenge One** verleiht ihr Material an der Straße Richtung Dinan. Mountainbikes halber Tag 17 DM, ganzer Tag 23 DM. Rue du Val 93, Tel. 740 750.
• *Parken*: Die verschiedenen Plätze des Städtchens sind als Parkzonen ausgewiesen, die durch einige Abstellflächen vor dem Zentrum ergänzt werden.
• *Zeitansage*: Tel. 3699

Übernachten/Camping

** **Hotel du Commerce**: Gutbürgerliches Haus auf dem Weg ins Zentrum. 19 Zimmer, unterschiedlich ausgestattet und möbliert. Restaurant, Menus 22 - 57 DM, Kindermenu 12 DM. DZ 40 - 80 DM, HP 65 - 90 DM. Frühstück 9 DM. Rue de la Gare 70, Tel. 740 532.

Hotel Les Arcades: Unweit vom Commerce; 8 Zimmer mit unterschiedlichstem Sanitärkomfort, Restaurant mit Menus von 15 - 30 DM. DZ 45 - 60 DM, HP 47 DM, Frühstück 6,50 DM, Rue de la Gare 76, Tel. 740 105.
• *Camping*: Siehe Umgebung/Lac au Duc.

Sehenswertes

Kirche St. Armel: Optischer und geographischer Mittelpunkt des Städtchens. Das Schiff aus dem 15. und 16. Jh. streckt sich dem Himmel entgegen, während der Turm, im 18. Jh. hinzugefügt, stumpf und ohne Spitze mit seiner Balustrade endet. Das *Nordportal* aus der Übergangszeit von der Spätgotik zur Frührenaissance ist der liebevollst gestaltete Teil der Fassade. Wer den wahren Genuß will, benötigt ein Fernglas: In Überfülle ranken sich aus dem Granit gemeißelte Skulpturen und Ornamente rund um das Portal, verwitternde Figurengruppen erzählen kleine Grotesken, in denen ein lustiges Schwein den Dudelsack spielt oder ein Gatte mit Nadel und Zwirn die Lippen seiner Gattin vernäht. Das große *Tor* selbst schmücken würdig die schön aus dem Holz herausgearbeiteten Apostel unter der Darstellung der Verkündigung.
Der schönste Schmuck des Inneren sind die restaurierten *Fenster* aus dem späten 16. Jh. Eines zeigt die Wurzel Jesse, acht Fenster des linken Querschiffs sind dem Kirchenpatron gewidmet. Bunt und bilderreich erzählen sie einige nichtalltägliche Situationen aus dem Leben des HL. ARMEL, in aller Ausführlichkeit natürlich seine unvergessene Drachendressur auf der Insel Batz, als er eines dieser Biester durch bloßes Umlegen seines Schals zähmte (siehe Kasten Batz). Des weiteren stehen unter der *Holztonnendecke* mit den fein gearbeiteten Simsen seit vielen Jahrhunderten die *Grabmäler* und *-statuen* einiger bretonischer Herzöge: JEAN II. und JEAN III. fanden wie PHILIPP DE MONTAUBAN und dessen Frau in der Kirche des St. Armel ihre letzte Ruhe.

Alte Häuser: Im Altstadtkern im Norden der Kirche blieben in der *Rue Beaumanoir* wie in der *Rue des Francs-Bourgeois* einige Wohnhäuser aus dem 16. Jh. bei der Zerstörung Ploërmels verschont und erfreuen heute durch ihr zuckrig-heruntergekommenes Design. Das auffälligste Anwesen in der Rue Beaumanoir 7 heißt *Maison des Marmousets*, steht auf der anderen Straßenseite vom sog. *Haus der Herzöge*, stammt aus dem Jahr 1585 und besticht durch die Schnitzereien im Balkenwerk.

Lamennais-Institut: Das katholische Institut in der Rue du General Dubreton wurde 1817 als Mönchsstift von JEAN-MARIE DE LAMENNAIS gegründet. Die Brüder der Abtei machten es sich zur Aufgabe, den Küstenbewohnern etwas Grundschulwissen beizubringen und zogen - nach einer soliden Ausbildung - von der Zentrale aus Ploërmel auf die Dörfer. Das mehrflügelige Gebäude im klassizierenden Stil des 19. Jh. sowie das kleine Museum der Brüder-Gemeinde sind für verwöhnte Bretagne-Reisende nicht so interessant, doch sei ein Besuch wegen der Astronomischen Uhr (Ausgeschildert *l'horloge*) empfohlen, denn so etwas haben Sie noch nicht gesehen.

Hinter Glas: L'horloge und das Portrait ihres Schöpfers

Astronomische Uhr (L'horloge): Eine Jules-Verne-Adaption in einer Glasvitrine im Innenhof des Instituts. Ein auch nach dem siebten Blick undurchschaubares Gewirr aus Zahnrädern, Gewichten, Schrauben und Stäben endet dann doch glasklar durchdacht an zehn Zifferblättern, an denen Sie die verschiedensten Zeiten und Konstellationen ablesen können: u. a. die profane Ortszeit, die absolute Erd-Durchschnittszeit, natürlich den jeweiligen Tag und Monat, die Sonnenuhrweltzeiten, das aktuelle Tierkreiszeichen oder den augenblicklichen Stand des Himmels über Ploërmel. Zifferblatt 10 zeigt den Sonnenstand im jeweiligen Tierkreiszeichen und ist zum Zuschauen am langweiligsten: Der weiße Zeiger dreht sich alle hundert Jahre einmal ganz herum, der schwarze benötigt für eine Umdrehung tausend Jahre. Bruder BERNARDIN, mit bürgerlichem Namen GABRIEL MORIN, schuf in dreijähriger Filigranarbeit das ungewöhnliche Unikat, das ab 1855 den Unterricht für angehende Brüder bereicherte. Auf Wunsch hören Sie auf einer Kassette Ihrer Sprachwahl eine ausführliche Erläuterung des kleinen Meisterwerks. Trinkgeld wird gern gesehen, ein Behälter für Ihren Obulus steht bereit.

Ploërmel / Umgebung

▶ **Lac au Duc**: Aus dem ehemaligen *Etang au Duc* (Fürstenweiher) etwa 3 km im Norden Ploërmels ist auf den Hinweisschildern ein See geworden - die Grundfläche des beförderten Binnengewässers beträgt jedoch weiterhin 250 ha, die sich auf acht Kilometer eher in die Länge ziehen und ihr Wasser zuverlässig vom *Yvel-Fluß* erhalten. In eine stille, unspektakuläre Hügellandschaft eingebettet, dient die Wasserfläche den feuchten Sportarten: Surfer und Segelboote tummeln sich auf dem glitzernden Blau, und ein von Menschenhand geschaffener Strand ermöglicht Schwimmern/innen einen bequemen Zugang ins Naß. Die anderen, nichtkünstlichen Uferzonen sollten Sie unberührt lassen - es dankt Ihr Bund Naturschutz. Wassersporteinrichtungen (wie Surfbrettverleih), Campingplatz und Restaurant am Nordwestende des Sees.

• Camping: **Les Belles Rives**; ein mittelgroßer Platz am Nordostufer des Sees neben dem künstlichen Strand; schattige Stellplätze unter hohen Bäumen am Seeufer - eine Art Garten-Waldgelände mit durchschnittlichen Sanitärs. Erwachsene 3 DM, Kind 1,50 DM, Platz und Auto 5 DM, Elektrik 3 DM, Hund 1 DM. Tel. 740 122.

▶ **Malestroit** *(ca. 2500 Einwohner)*: Das Städtchen, malerisch am Ufer des hier eingefaßten, von alten Brücken überspannten *Oust* gelegen, taucht in der Geschichte zum ersten Mal während der Kreuzzüge auf. Im 12. Jh. zogen Malestroiter Ritter erfolgreich in den Heiligen Krieg und brachten reiche Schätze zurück. Seither zeigt das Stadtwappen einen Rachen mit neun byzantinischen Goldmünzen. Malestroit muß ein wohlhabendes Städtchen gewesen sein, bereits im 14. Jh. entsandte die Stadt einen Deputierten in die Provinzverwaltung, 1462 erhielt sie einen Umfassungswall und zählte zu den neun befestigten Baronien der Bretagne. Der Niedergang begann mit den Religionskriegen im 16. Jh. An deren Ende lag das Städtchen ruiniert darnieder, die Mühlen am Ufer des Oust waren zerstört, eine Pestepidemie tat den Rest. Malestroit verschwand aus den Annalen der

An einer Straßenecke in Malestroit

Geschichte und ist heute eine kleine Provinzstadt, deren alte Fachwerkhäuser rund um Kirche und *Place du Bouffay* durch humorvolle Holzskulpturen auffallen: ein geschnitzter Pelikan, eine Muttersau, ein Hase spielt neben einem betrunkenen Seemann den Dudelsack. Wichtigstes Bauwerk ist die *Kirche Saint-Gilles* mit zwei Kirchenschiffen aus verschiedenen Zeiten (12. Jh. und 16. Jh.) - ein erstaunliches Exempel für die romanisch-gotische Stilvermischung. Kurios das Figurenensemble über/neben dem Seitenportal: Punkt 15.00 Uhr (Sonnenschein vorausgesetzt) projezieren die vier Evangelistensymbole, die zusammen mit dem Ochsen des Heiligen Hervé das Portal flankieren, ein Schattenbild an die Kirchwand, das dem Profil Voltaires sehr ähnelt. Empfehlenswert: ein gemütlicher Spaziergang durch das Städtchen und am Ufer des Oust entlang. Weitere touristische Daten: Malestroit besitzt ein einfaches 10-Zimmer-Hotel, möblierte Zimmer bei einheimischen Familien, drei Crêperien/Pizzerias und drei Restaurants.

Etwa 1 km außerhalb, im Ortsteil *St. Marcel*, widmet sich ein 6-ha-Park dem französischen Widerstand während des 2. Weltkriegs (*Musée de la Résistance*). Lebensnahe Präsentation von typischen Kriegssituationen - inkl. Bunkerleben, besetzte Straße und martialische Panzerspähwägen auf dem Vormarsch.

• *Postleitzahl*: 56140
• *Telefonvorwahl*: 97
• *Information*: Auf der einen Seite der D 776 ist die Altstadt, auf der anderen das O.T. (Parkplatz). Führungen Juli/August täglich 10 und 15 Uhr (Treffpunkt vor der Information), das Restjahr auf Anfrage. Geöffnet vom 15.6. - bis 31. 8. täglich außer Sonntag 10 - 12 und 15 - 18 Uhr. Boulevard du Pont Neuf, Tel. 751 457 und 752 022.
şVerbindung: Malestroit liegt an der Buslinie Ploërmel - Vannes. Werktags mindestens 2 x in beide Richtungen.
şÖffnungszeiten des Musée de la Résistance: Vom 15.6. - 15.9. 10 - 18 Uhr. Den Rest des Jahres außer Dienstag 10 - 12 und 14 - 18 Uhr. Erwachsene 8 DM, ermäßigt 5 DM, Kinder bis 12 Jahre gratis.
• *Veranstaltung*: Im Juli **Historienspektakel** Die großen Stunden Malestroits. Am 3. Augustmontag die **Fête du lundi des courses**: bretonische Tänze, Preisfischen, Picknick.
• *Camping*: ** **Municipal la Daufresne**; schattig in Stadtnähe neben dem Schwimmbad. Kajak- und Kanuverleih. Erwachsene 2 DM, Kind 1 DM, Auto, Platz und Zelt je 1,60 DM, Elektrik 3 DM. 35 Stellplätze. Geöffnet vom 1.5 - 15.9. Tel. 751 333.

▶ **Rochefort-en-Terre** *(ca. 600 Einwohner)*: Das auf einem Schieferfelsen über zwei tiefen Flußtälern gelegene Städtchen ist das älteste *village fleuri* (Blumendorf) Frankreichs. Geraniengeschmückt reihen sich die grauen Schiefer- und Granitsteinhäuser die *Grande Rue* entlang - Rochefort ist eines der authentischsten bretonischen (Dorf)-Städtchen im Argoat. Dank seiner günstigen verkehrspolitischen Lage auf einem Felssporn über dem *Gueuzon-Tal*, dem einzigen natürlichen Durchstich des Schieferkamms zwischen Malestroit und La Roche-Bernard, erhielt Rochefort schon im 11. Jh. eine Wehrburg, von der aus im Lauf der Zeit mehrere große Geschlechter den Handel im Landesinneren kontrollierten. Nach wiederholten Verwüstungen und stetem Wiederaufbau raffte die Revolution fast den gesamten Schloßkomplex hinweg, nur ein befestigtes Tor, ein paar Wirtschaftsgebäude und die Kellergewölbe blieben relativ unversehrt. Anfang dieses Jahrhunderts verliebte sich der wohlhabende amerikanische Maler M. KLOTS in das verschlafene

Nest und begann mit der Restaurierung der verfallenen Schloßruinen. Er schuf ein halb mittelalterliches, halb im Renaissance-Stil gehaltenes architektonisches Konglomerat, in dem heute ein efeuüberwuchertes *Museum* döst - etwas Volkskunde und Bilder der Künstlerfamilie.
Am zentralen *Place du Puits* mit Brunnen und altem Justizgebäude ragt über einem Calvaire die *Kirche Notre-Dame-de-la-Tronchaye* in den Himmel, seit dem 12. Jh. Ziel von Wallfahrtspilgern und mehrmals umgebaut. Der größte Teil der Pfarrkirche stammt aus dem 16. Jh. Im rechten Querschiff steht hinter einem kunstvoll verzierten Schmiedeeisengitter die bis heute hochverehrte *Marienfigur Notre-Dame-de-la-Tronchaye*; hinter dem Chor, in einer vergitterten Nische, der *Kirchenschatz*. Auf der gegenüberliegenden Seite der *Renaissance-Altar*, der ursprünglich am Eingang des Chors aufgerichtet war und die acht Stiftsherren, die bis zur Revolution täglich die Messe sangen, vom gemeinen Kirchenvolk trennte.

- *Postleitzahl*: 56220 Malansac
- *Telefonvorwahl*: 97
- *Information*: Office de Tourisme an der Hauptstraße modern hinter Glas. Auf Nachfrage Führungen. Geöffnet April, Juni und September von 13.30 - 17.30 Uhr, Juli/August 8 - 12 und 13.30 - 17.30 Uhr. Place des Halles, Tel. 433 357.

- *Pardon*: Am 3. Augustsonntag die große Wallfahrt Notre-Dame-de-la-Tronchaye.
- *Parken*: Extra für touristische Stadtbesuche wurde ein großdimensionierter Parkplatz am nordöstlichen Ortsausgang eingerichtet.
- *Öffnungszeiten* des Museums: Vom 1.4. - 31.5. Samstag, Sonn- und Feiertage 10.30 - 12 und 14 - 18.30 Uhr. Vom 1.8. - 30.9. täglich (gleiche Zeiten). Das dazugehörige Heimatmuseum hat im April/Mai noch geschlossen.
- *Camping*: ** **Municipal**; am Ortsrand Richtung La Roche-Bernard. Wiesengelände mit schattigen Bäumen, magere Sanitärs, doch heiße Dusche. Idylle: Etwa 1 km vom Camping entfernt lockt ein kleiner Badesee mit Bootsverleih und Strand. Erwachsene 3 DM, Kinder die Hälfte, Platz und Auto je 1,50 DM, Elektrik 3 DM. Geöffnet vom 15.4. - 15.10. Tel. 433 281.

Josselin *(ca. 2500 Einwohner)*

Das Schloß: Abends spiegelt sich die trutzig-kahle Außenseite mit den drei verbliebenen Rundtürmen im ruhigen Wasser des Oust, morgens leuchtet die Sonne die reich ornamentierte Prunkfassade des Fürstensitzes aus. Das hier so geglückte Zusammenspiel von Architekt, Auftraggeber und Geld-spielt-keine-Rolle schuf eines der schönsten Schlösser der Bretagne.

Das *Château* derer von Rohan ist die unbedingte Attraktion des Kleinststädtchens. Doch in der Saison ergießen sich die Besuchermassen genauso hingerissen durch die stimmungsvollen Gäßchen, strömen in die *Kirche Notre Dame du Roncier* und sitzen dann zufrieden vor den Cafés auf dem Kirchenplatz, wo sie Erfrischungen und die himmelwärts strebende Eleganz der Kathedrale inmitten der anheimelnden Fachwerkhäuschen genießen. Josselin an den Ufern des *Oust* ist ein Juwel und einer der meistbesuchten Orte der inneren Bretagne - auch die Hausbootbesatzungen legen hier einen Stopp ein.

Neben dem Sommertourismus tragen einige kleine, modern produzierende Fabriken am Ortsrand ganzjährig zum Gedeihen des weltoffenen Josselin bei. Pappkartons und Fleischkonserven aus Josselin sind aus der gallischen Verpackungs- bzw. Dosenbranche nicht mehr wegzudenken.

Geschichte

Die Geschichte des Orts ist die Geschichte seiner Kirche (siehe Sehenswertes/Kirche *Notre-Dame-du Roncier*) und der Burg (siehe hier). Die Jungfrau vom Dornbusch wird schon 200 Jahre verehrt, als sich Vicomte GUETHONEC 1008 auf einem Felsen über dem Oust eine Burg bauen läßt, die auch dem unbedeutenden Dorf nebenan ihren Namen gibt: Josselin, genau wie der Sohn des Vicomte.

1168 läßt der englische König HEINRICH II. PLANTAGENET im Verlauf einer größeren Fehde die Burg erobern und schleifen, doch der jetzige Besitzer Vicomte EUDES II. krempelt die Ärmel hoch und baut aus den Ruinen ein neues, stärker befestigtes Josselin. 1370 wechselt das Schloß friedlich seinen Besitzer: OLIVIER DE CLISSON, Feldmarschall und einer der Mächtigen Frankreichs, erwirbt das Schloß, verstärkt es durch weitere Mauern und neun wuchtige Rundtürme und vererbt es 1407 an seinen Schwiegersohn ALAIN VIII. aus dem Geschlecht der Rohan.

Josselin - die Wehrfassade

1488 wird Josselin zum zweiten Mal zerstört. Der bretonische Herzog JEAN II. will durch die - unter Schloßbesitzern übliche - Strafaktion den franzosenfreundlichen Rohans eine Lektion erteilen, die sie nicht so schnell vergessen sollen. Der Herzog stirbt, und seine Tochter ANNE, Herzogin der Bretagne und Gemahlin des Königs von Frankreich, durchkreuzt die Pläne ihres toten Vaters. Auf ihre Fürsprache hin versieht KARL VIII. den Chef des Rohan-Clans, JEAN II., mit großzügigen Geldmitteln für den Wiederaufbau. Der Fürst nutzt die Gunst der Stunde: Zwischen 1490 und 1510 erhält Josselin seine einmalige Prunkfassade.

Im 16. und 17. Jh. stehen die Rohans als Hugenottenanhänger und Teilnehmer eines Putschversuchs wieder einmal auf der falschen Seite. 1629 muß das Schloß mit dem Verlust von sechs Türmen und seines Wehrfrieds wieder für seine Besitzer büßen und gibt den Anlaß für ein schönes Beispiel höfischer Gemeinheit: "*Monsieur, ich habe eben einen schönen Treffer in Eurem Kegelspiel getan*", teilt Kardinal RICHELIEU, der eifrigste Beamte des französischen Königshauses, dem nichtsahnenden Herzog Henri von

Rohan bei einem Empfang im Louvre von Paris mit. Dieser muß sich unter seiner Perücke große Mühe geben, nicht die Fassung zu verlieren.

Im 18. Jh. kümmern sich die Rohans nicht mehr um Josselin. Das Schloß beginnt zu verfallen, wird während der Revolutionsjahre als Tribunal, Getreidespeicher und Gefängnis für Aristokraten genutzt und kommt immer mehr herunter. Im vergangenen Jahrhundert erinnert sich die Familie Rohan an das Château und veranlaßt aufwendige Renovierungen. Seitdem wird Josselin wieder von den Rohans bewohnt und gepflegt. Die Rolle des spendablen Königs haben in der Republik Frankreich die Touristen übernommen - durch den Kauf eines Billetts finanzieren sie den Erhalt Josselins.

- *Postleitzahl*: 56120
- *Telefonvorwahl*: 97
- *Information*: Syndicat d'Initiative, stilvoll im lieben Fachwerkhaus beim Schloßeingang gleich neben der Hauptstraße Rue des Trente. Stadtführungen auf Anfrage. Geöffnet vom 1. 6. - 15. 9. von 9 - 12 und 14 - 18 Uhr. In den Monaten davor und danach Auskünfte und übriggebliebenes Prospektmaterial im Rathaus bei der Kathedrale. Place de la Congregation, Tel. 222 417.
- *Verbindung*: Mehrmals täglich **Busse** über Ploërmel nach Rennes, in die Gegenrichtung nach Vannes, außerdem Busse nach Pontivy.

Diverses

- *Bootsverleih*: **Leray Loisirs**, am Kai gegenüber vom Schloß. 4-Personen-Schiff nach Saison 180 - 280 DM/Tag, pro Woche 1200 - 1900 DM. Rue de Caradec 14, Tel 223 643.
- *Fahrradverleih*: Ebenfalls bei **Leray Loisirs**. Ein Tag 17 DM.
- *Pardon*: Anfang September die überregional bekannte Wallfahrt "Pardon des aboyeuses" zur Notre Dame du Roncier. 1832 heilte "Unsere Frau vom Dornbusch" drei Kinder, die während ihrer epileptischen Anfälle bellende Laute ausstießen, von der "Fallsucht" (= Epilepsie). Seitdem ist der Pardon noch berühmter und heißt "Wallfahrt der bellenden Mädchen".
- *Parken*: Einige beschilderte Großparkplätze in Schloßnähe. Wer sie benutzt, entlastet sich und den Ort.
- *Post*: In der Nähe der Kathedrale, Rue Olivier de Clisson.
- *Veranstaltungen*: Vom 13. bis 15. August sommerliche Theaterfestspiele.

Übernachten/Camping

4 Hotels, fast alle mit eigenem Restaurant, stehen zur Verfügung - Sie können vom 2-Zimmer- bis zum 36-Zimmer-Etablissement wählen.

** **Hotel du Château**: Genau gegenüber der Burg, am anderen Ufer des Oust; die größte Herberge Josselins. Eigene Garage und Parkplatz, Restaurant mit Menus von 23 - 65 DM. Sanitärstandard vom zimmereigenen Bad über die Dusche hinab zum Waschbecken mit fließend heiß + kalt Wasser. Dementsprechende Preisstaffelung von 40 - 90 DM pro DZ, Frühstück 9 DM. Montag und von Dezember bis Januar geschlossen. Rue Général de Gaulle 1, Tel. 222 011.

** **Hotel du Commerce**: Oberhalb des Kanals in einem Häuschen an der Durchgangsstraße nach Schloß und Kirchenplatz. Nicht ungemütlich. Mit 5 Zimmern ein ganz kleines Hotel, Reservation ist ratsam. Restaurant mit Menus von 30 - 75 DM. 3 Zimmer mit Bad, 2 mit Dusche. DZ 60 - 80 DM. Frühstück 10 DM. Ganzjährig geöffnet. Rue Glatinier 9, Tel. 222 208.

** **Hotel France**: Zentral und schnuckelig am Kirchenplatz; 20 Zimmer alle mit Bad/WC oder zumindest mit Dusche. Das Restaurant ist für seine Küche bekannt, Menus 24 - 90 DM. DZ 70 - 90 DM, Frühstück 10 DM. Place Notre-Dame, Tel. 222 306.

- *Privatzimmer*: Hier hilft auf Anfrage das Syndicat mit einer vollständigen Liste weiter. Zwei Adressen seien genannt:

Madame Le Goff vermietet in ihrem stilvollem Anwesen unweit von Kathedrale und Rathaus einige Zimmer inkl. Frühstück. DZ 60 DM. Rue St. Michel 14, Tel. 223 744.

Monsier und Madame Guyot bieten nicht weit von der Kapelle St. Croix 5 Zimmer mit Frühstück an. DZ mit Bad/WC 70 DM. Butte St. Laurent, Tel. 222 209.

- *Camping*: *** **du Bas de la Lande**; terrassenartig ansteigendes Gelände oberhalb des Kanals in der Nähe der Nationalstraße nach

Lorient (beschildert) - die Camper verlieren sich mehr und mehr in der Höhe. Gut geführt. Von der Stimmung sympathisch, mit partiellem Schatten und ordentlichem Sanitärblock. Brotverkauf, kleiner Kinderspielplatz. Erwachsene 2,50 DM, Kind 1,40 DM, Auto 1,80 DM, Zelt 1,60 DM, Wohnmobil 3 DM, Elektrik 3 DM. 70 Stellplätze. Ganzjährig geöffnet. Route de Lorient, Guegon, Tel. 222 220.

Essen

8 Restaurants, 2 Crêperien, 2 Grill-Crêperien und 1 Pizzeria sind für die Freuden des Gaumens zuständig.

Die Restaurants der Hotels **du Château** und **de France** gelten - in der oberen Menupreisklasse - als die örtlichen Gourmet-Treffs. Neben Menüs auch à-la-Carte-Gerichte. Preise und Adressen unter Übernachten.

Preislich günstig bietet **Les Routiers** rustikale Hausmannskost ohne touristisches Flair - hier stillen die Werktätigen ihren täglichen Hunger. Menus von 15 - 25 DM. Rue Glatinier 128, Tel. 222 729.

Pizzeria du Château: Das Lokal in der Hauptstraße ist der Speisetreffpunkt eines hauptsächlich jugendlichen Publikums, dazwischen lassen sich auch ältere bis alte Semester im Gastraum oder im kleinen Hofgarten die italienischen Spezialitäten schmecken. Fazit: gehobenes Pizza- und Nudelteigniveau. Rechnen Sie mit Wein, Salat und Nachtisch 28 - 35 DM pro Person. Rue des Trente 6, Tel. 759 640.

Die Schlacht der Dreißig

Wir schreiben das Jahr 1351. In der Bretagne tobt seit 10 Jahren der Erbfolgekrieg (siehe Geschichtskapitel). Josselin steht unter der Herrschaft von JEAN DE BEAUMANOIR, einem Parteigänger KARLS VON BLOIS, der mit Unterstützung des französischen Königs die bretonische Herzogskrone anstrebt. Die Nachbarstadt Ploërmel wird von SIR BEMBOROUGH gehalten. Der englische Ritter hilft mit seinen Truppen wie sein König zu JEAN DE MONTFORT, der Bruder des verstorbenen Jean III.

Die Dörfer und Felder um Josselin und Ploërmel sind durch die Raubzüge beider Parteien mittlerweilen verwüstet, die ständigen Kleingefechte haben auf jeder Seite viel Blut gekostet, und weder die Bretonen noch die Engländer konnten bisher einen entscheidenden Vorteil erringen. Patt. Und nun beginnt die Geschichte, die unter Kennern der höfischen Ethik als ein doppelt schönes Beispiel für ritterliches Verhalten gilt.

Jean de Beaumanoir und der Feldhauptmann Bemborough vereinbaren, das ausufernde und irgendwie sinnlose Blutvergießen zu beenden, ein letzter Kampf - dreißig Ritter gegen dreißig Ritter - soll über Sieg oder Niederlage entscheiden (erstes ritterliches Verhalten).

Am 27. März treffen auf der Heide von Mi-Voie, 5 km im Osten Josselins, 30 Bretonen auf 20 Engländer, 6 Deutsche und 4 Bretonen. Den ganzen Tag hauen und stechen sie nach allen Regeln der Fechtkunst aufeinander ein und gegen Abend sind die Engländer besiegt. Neun von ihnen, darunter Bemborough, erleben den Sonnenuntergang nicht mehr.

Ein in der Tat bemerkenswerter Satz eines Mitstreiters hat als wörtliches Zitat die Zeiten überdauert. Feldmarschall de Beaumanoir, nach einigen Stunden harter Kriegsarbeit verschwitzt und aus mehreren Wunden blutend, macht aus seinem schrecklichen Durst kein Hehl. Und was bekommt er von seinem Kampfgefährten GEOFFROY DU BLOIS zur Antwort?: "Sauf dein Blut, Beaumanoir, und dein Durst vergeht!" (zweites ritterliches Verhalten).

Josselin - die Prunkfassade

Sehenswertes

Château Josselin: Die zwei Gesichter des Schlosses könnten nicht verschiedener sein; die abweisende, kompakt abfallende Wehrseite mit den drei wuchtigen Wehrtürmen auf den Felsen über dem Blavet läßt nicht ahnen, daß die granitgraue Wohnfassade die schönste aller bretonischen Château-Hauswände ist. Nach dem Kassenhäuschen führt eine Zugbrücke über einem harmlosen Steinlöwen im alten Wassergraben hinüber zu den Kugelbüschen des kleinen Parks und die Pracht Josselins entfaltet sich mit einem Schlag: Lang und verspielt streckt sich das Schloßgebäude am Rand des Plateaus und läßt das bullige Gesicht der anderen Seite mit einem Schlag vergessen. Könner ihres Fachs meißelten filigrane Ornamente, hauchdünne Spitzen und dämonische Wasserspeier aus dem dunklen Granit, die dem harten Stein Hohn zu sprechen scheinen. Der Gesamteindruck der Fassade ist am besten vom alleinstehenden *Tour Prison* am hinteren Ende des Schloßparks zu erfassen, die Vielfalt der Details ist nur aus der Nähe zu erkennen - wobei die obere Fassadenhälfte mit ihren hohen Giebeln und dem zierlichen Steingitterwerk den Erdgeschoßschmuck noch übertrumpft. Schauen, staunen und auf erste Zeichen von Genickstarre achten. Immer wieder taucht ein "A" im Schmuckwerk auf - dauerhafter Dank der Rohans an die Herzogin Anne, die den französischen König dazu gebracht hatte, seine Schatulle für die bretonischen Fürsten weit zu öffnen.

Ein Teil des Erdgeschoßes ist zur Innenbesichtigung freigegeben. So können auch einmal Normalbürger im Rahmen eines kleinen Rundgangs den Wert der Einrichtungsgegenstände einer Behausung des Hochadels kurz überschlagen. Höhepunkte sind der filmreife Speisesaal, der edel eingerichtete Salon und die behagliche Bibliothek mit ihren 3000 Bänden, von denen sich etliche der Geschichte des eigenen Geschlechts widmen. Nett am Rande: Das auch im Inneren wiederauftauchende Motiv des "A" erinnerte die Rohans auch am Feierabend im Kreise der Familie an die Frau, die das wunderschöne Zuhause der Fürsten erst möglich machte. Einige Porträts vervollständigen den Eindruck.

• *Öffnungszeiten*: Im Juli/August täglich 10 - 12 und 14 - 18 Uhr; im Juni/September täglich 14 - 18 Uhr; im April/Mai am Mittwoch sowie an Sonn- und Feiertagen 14 - 18 Uhr. Eintritt 8 DM, ermäßigt 6,50 DM. In Kombination mit dem Puppenmuseumsbesuch 15 bzw. 12 DM.

• *Fototip*: Morgens im Schloßpark die Wohnfassade des Châteaus, abends von der Brücke über den Oust die Wehrseite.

Puppenmuseum (Musee des Poupées): Schwelgen in der Welt der Puppen. Von den vielen Museen der Bretagne eines derjenigen, deren Besuch eine wirkliche Bereicherung des Urlaubsalltags darstellt und in dem auch Kindern nicht gleich langweilig wird. Ein begeisterter Eintrag aus dem Gästebuch: "*Es war wunderschön, so viele Puppen zu sehen. Vielleicht kommen wir einmal wieder. Tschüßle*." (Namen der Redaktion bekannt).

LA DUCHESSE DE ROHAN, die Großmutter des heutigen Schloßherrn, legte gegen Ende des 19. Jh. den Grundstock für die Sammlung von Puppen, Puppenzubehör (wie Puppenküchen) und etablierten Gesellschaftsspielen (z. B. Scrabble). Auf zwei Stockwerken tummeln sich Puppen aus allen Ländern dieser Erde - die letzten 1989 eingekauft, die ältesten aus dem frühen 19. Jh.: Porzellanpuppen zum Spielen und Lernen für Aristokratenkinder, Barbiepuppen und der Elefantenkönig Babar, Bären zum Liebhaben mit dem Knopf im Ohr, exotische kleine Indianer- und Eskimobuben, ein kuscheliger Plüschsnoopy, Kleinstpüppchen und und und. Die ergreifendste Szene der Ausstellung: Sanft streichelt eine Puppe einen kühlen Roboter.

• *Öffnungszeiten*: Von März bis Mai und von Oktober bis 15.11. am Mittwoch, den Wochenenden und schulfreien Tagen 14 - 18 Uhr; von Juni bis September täglich 10 - 12 und 14 - 18 Uhr. Eintritt 8 DM, ermäßigt 6,50 DM. In Kombination mit dem Schloßbesuch 15 bzw. 12 DM.

Kirche Notre Dame du Roncier: Am Anfang der Kirche "Unserer Dame vom Dornbusch" steht eine Legende. 800 und noch einige Jahre nach Christi Geburt entfernte ein Bauer fleißig Unkraut und Dornbüsche von seinem verwahrlosten Acker und fand in einem der Stachelgewächse eine Marienstatue. Natürlich nahm er sie mit, doch am nächsten Tag fand sich die Figur wieder auf ihrem alten Platz in den Dornbüschen. Dieser unerklärliche Vorgang wiederholte sich einige Tage, bis der bretonische Dickschädel nachgab. Aha, lautete die Interpretation des Wunders, hier will die Jungfrau eine Kirche haben. So entstand am Fundort der Statue das erste Bethaus, bald ersetzt durch eine romanische Kapelle, die 1186 in Flammen aufging.

Die heutige Kathedrale, im 11. Jh. begonnen und im Prinzip erst 1949 mit dem Chorturm vollendet, ist im wesentlichen ein Werk der späten bretonischen Gotik, geprägt vom Flamboyant - leichtfüßig strebt das Gotteshaus in den Himmel. Im großzügigen, dezent ausgestatteten Innenraum herrscht die Weltläufigkeit einer vielbesuchten Wallfahrts- und Besichtigungskirche. Die Holzstatue der Jungfrau vom Dornbusch wurde ein Opfer der Revolution, nur ein kleines Stück konnte aus dem

Scheiterhaufen gerettet werden - ein *Reliquienschrein* links vom Chor beherbergt es. Auch die Schäden am *Marmor-Grabmal des Olivier de Clisson* und seiner zweiten Frau in der *Kapelle Sainte-Marguerite* (rechts vom Chor) verursachten die Republikaner während ihrer Schändungsaktion 1793. Heil bleib die schmiedeeiserne *Kanzel*, die ein einheimischer Kunstschmied im 18. Jh. schuf.

Kapelle Ste. Croix: Das Schönste an der einfachen Kapelle ist die Hanglage mit Blick auf Fluß und Schloß, das Bemerkenswerteste ihr Alter: Der romanische Bau aus dem 11. und 13. Jh. ist das älteste Stück Architektur der Region. Auch unter französischen Tourismusfachleuten gilt die Kapelle - ohne große Posaunentöne - als "*trés simple, sans ornementation*".

Ensemble im Pfarrbezirk von Guehenno

Josselin / Umgebung

▸ **Gedenksäule**: Neben der Durchgangsstraße im Dörfchen *La Croix-Helléan*, 5 km östlich von Josselin, erinnert dieser 15 m hohe Obelisk an die Schlacht der Dreißig, die hier stattfand (siehe Kasten). Zuerst diente eine Eiche als Orientierungspunkt, später ein zweimal zerstörtes Kreuz. Den heutigen Obelisken ließ Ludwig XVIII. zu seinem Ruhm aufstellen: "*Lang lebe der König - die Bourbonen immer.*" Die Bronzetafel gibt weitere Auskünfte über die Schlacht und die Baugeschichte des Denkmals.

▸ **Guehenno**: Das Dorf 10 km im Südwesten Josselins besitzt den östlichsten umfriedeten Pfarrbezirk der Bretagne, der sich vor seinen Kollegen im Westen nicht verstecken muß. Innerhalb der Einfriedung finden sich neben *Kirche* und *Friedhof* ein *Beinhaus*, ein *Calvaire* und eine *Säule* - die Marterwerkzeuge sind am Schaft eingemeißelt, an der Spitze blickt ein Granithahn, Symbol für den Verrat des Petrus, stumm nach Osten. Auch das Beinhaus erzählt die Passionsgeschichte: Vor dem figurengeschmückten Ossuaire trauern Maria und Magdalena um Jesus, dessen Leichnam, bewacht von zwei Soldaten aus Stein, in der mittleren Grabkammer ruht. Der Calvaire, um 1550 geschaffen und damit einer der ältesten überhaupt, ist in seiner harmonischen Ganzheit auch einer der ausdrucksstärksten. 1793 während der Revolution eingerissen, wurde er Mitte des 19. Jh. mit den sorgsam aufbewahrten Statuen und Reliefs wiederaufgebaut und hat von seiner künstlerischen Kraft nichts verloren - die Gesichter und Körper der Figuren des Calvaires sind zeitlos verewigte Momentaufnahmen eines flüchtigen Augenblicks.

• *Anfahrt*: Ab Josselin 5 km auf der N 24 Richtung Lorient, dann weitere 5 km auf der D 778.

Pontivy *(ca. 15.000 Einwohner)*

Die Fürsten der Familie Rohan bescherten der Stadt ein Schloß, Napoleon aber ließ neben den verwinkelten Gassen des Mittelalters eine neue Planstadt hochziehen: Großzügige Avenues kreuzen sich exakt im rechten Winkel, klotzige Verwaltungsgebäude rahmen den Place A. Briand und können doch nicht verhindern, was Napoleon nicht ahnen konnte: Aus dem einstigen Paradeplatz wurde ein seelenloser, gebührenpflichtiger Großparkplatz.

Dagegen hat sich die anheimelnde Enge des alten Pontivy rund um den *Place du Martray* über die Zeiten gerettet. Fachwerk und heller Granit gruppieren sich seit alters her unterhalb der massiven Familienburg, nur das Angebot in den Läden hat sich unserer Zeit angepaßt. Die *Rue Nationale* ist die gerade gezogene Hauptachse der Stadt, ab dem *Place Aristide Briand* schließen sich ihr nahtlos die einfachen Häuserzeilen des frühen 19. Jh. an - für aufwendige Fassadengestaltung blieb bei dem mehr militärisch ausgerichteten Projekt kein Geld übrig.

Hausbootbesatzungen legen gerne in Pontivy an. Die Stadt, am Durchstich des *Nantes-Brest-Kanals* in den hier begradigten *Blavet* gelegen, bietet neben ihren Einkaufsmöglichkeiten eben auch Sightseeing aus zwei Epochen. Und rund um Pontivy laden etliche Ziele zu Ausflügen ein, die Sie zu ganz individuellen Circuits zusammenstellen können. Denn die alte Herzogsstadt ist immer noch Mittelpunkt eines anmutigen und kulturreichen Umlands, das von seiner Lage im Kernland des Fürstengeschlechts profitierte.

Geschichte

Pontivy ist die Brücke des Yves. Einfallsreich, typisch bretonisch, und die städtischen Geschichtsschreiber bestehen darauf: Im Verlauf der Einwanderungswelle von England in den abgelegenen Zipfel Frankreichs läßt St. Yves im 6. Jh. am menschenleeren Ufer des Blavet ein Kloster und eine der damals seltenen Brücken über den Fluß errichten - die Keimzelle der gedeihenden Siedlung Pontivy. Einige hundert Jahre später - Pontivy ist inzwischen ein Lehen der Ducs de Rohan - entdeckt das Fürstengeschlecht aus dem Weiler Rohan in der Nähe Pontivys sein Herz für die

Stadt. Herzog JEAN II. beginnt 1485 mit dem Bau einer so schützenden wie repräsentativen Burg, die der Stadt in diesen unsicheren Zeiten zu einem bedeutendem Aufschwung verhilft. Als Pontivy gegen 1600 gar Hauptstadt der mächtigen Herzöge wird, kommt es zur Blüte der Stadt.

1790 schlagen sich Rat und Bewohner der Stadt einträchtig auf die Seite der Revolution: Pontivy empfängt die Revolutionsräte von 203 Städten, die 318 Delegierten der "*Federation militaire et civile bretonne-angevine*" werden mit frenetischem Jubel begrüßt. Bald wird Pontivy - inmitten eines königsfreundlichen Umlands, das sich mit den städtischen Republikanern blutige Gefechte liefert - die Bastion der Republik gegen die hartnäckig kämpfende Chouannerie.

Bei soviel Loyalität wird NAPOLEON auf die Stadt aufmerksam. Mit einigen weitreichenden Befehlen schlägt der geniale Stratege mehrere Fliegen mit einer Klappe: Die englische Flotte vor der eigenen Küste macht französische Schiffsbewegungen immer riskanter, ein Kanal von Nantes nach Brest würde dieses Problem elegant lösen. Pontivy am Blavet-Fluß, genau in der Streckenmitte, wird zur repräsentativen Garnisonsstadt hochgerüstet. Im Süden der Altstadt wird ab dem 12. August 1807 im Zeitraum von 23 Jahren eine neue Stadt aus dem Boden gestampft. Als erstes eine Kaserne, dann der Gerichtshof, Mairie, ein 300-Betten-Hospital und ein Gefängnis (das städtische Lyceum wird erst zwei Jahre später genehmigt).

Am Stadtrand von Pontivy

Die Truppen, offiziell nur für den Bau des Kanals zuständig, erfüllen nach den Plänen des Korsen auch eine innenpolitische Funktion: Sie sollen die dickschädeligen bretonischen Bauern in Schach halten, die dem neuen Frankreich nach wie vor sehr distanziert gegenüberstehen.

Pontivy dankt dem Konsul schon drei Jahre vor Beginn der Bauarbeiten an der neuen Stadt und nennt sich bis 1870 *Napoleonville*. Doch noch während Napoleon auf St. Helena schmachtet, verliert zusammen mit dem Nantes-Brest-Kanal auch Pontivy an Bedeutung und wird wieder das, was es vor dem Einzug der Rohans war: eine bedeutungslose Provinzstadt. Erst in den letzten Jahrzehnten dieses Jahrhunderts entstehen vor der Stadt mit den zwei Gesichtern kleine Industrie- und Handelsviertel - der staatlich gelenkte Versuch, dem Zentrum einer wirtschaftlich unterentwickelten Region zu einem entwicklungsfähigen Standbein zu verhelfen.

• *Postleitzahl*: 56300

• *Telefonvorwahl*: 97

• *Information*: O.T am Schloß vorbei stadtauswärts die Hauptstraße entlang. Auf der Châteauseite in einem Häuschen schräg gegenüber vom Rathaus. Tonnenweise Prospekte und freundliche wie kompetente Auskunft. Auch Privatzimmervermittlung. Juni bis September täglich 10 - 18 Uhr, den Rest des Jahres mit Mittagspause und Sonntagsruhe. Rue du Général de Gaulle 61, Tel. 250 410.

• *Verbindung*: Pontivy ist auf Straße und Schiene das Verkehrszentrum der Region. Gute Anbindungen in alle Windrichtungen.

Diverses

• *Bootsausflug und -verleih*: An der Kreuzung Blavet/Nantes-Brest-Kanal, am Bassin des Récollets residiert die Base Nautique de Toulboulouv. Ausflüge (wahlweise ganztags, übers Wochenende oder auch länger) nach z. B. Lac de Guerlédan oder auf dem Nantes-Brest-Kanal. Verliehen werden Kajaks und Kanus. Tel. 250 951.

• *Fahrradverleih*: Herr Lamouric vermietet in seinem Geschäft **MBK** Zweiräder; z. B. das Vélo ordinaire für 13 DM (Tag) oder 60 DM (Woche). Quai de d'Arcole 39, Tel. 250 346.

• *Markt*: Am Montag bis in den Nachmittag. In der Innenstadt in den Gassen zwischen Place Martray und dem Château.

• *Pardon*: Am 2. Sonntag im September zu Ehren Unserer Frau zur Freude.

• *Parken*: Zentralste Möglichkeit ohne großes Heckmeck auf der geräumigen Place Aristide Briand. Auf ein Auto mehr oder weniger kommt es hier nicht mehr an. Oder unterhalb vom Schloß in Rathausnähe.

Übernachten/Camping

** **Hotel de L'Europe**: An der Ecke Place A. Briand/Rue Nationale. Elegant-stilvolles Haus aus dem 19. Jh., 20 lärmisolierte Zimmer mit meist schöner Möblierung und eigenem Badezimmer. Gartenanlage nach hinten raus. Gediegen eingerichtetes Restaurant mit guten Menus ab 23 DM, inkl. Tischwein. DZ 75 - 105 DM, Frühstück 10 DM. Ganzjährig geöffnet. Rue de la Mairie 12, Tel. 251 114.

** **Friedland**: Garni-Hotel zwischen Post und Kirche. 17 Zimmer, die meisten mit eigenem Bad. DZ mit Waschbecken/WC 60 DM, mit Bad/WC 87 DM, Frühstück 9 DM. Ganzjährig geöffnet. Rue Friedland 12, Tel. 252 711.

** **Le Porhoet**: 100 m unterhalb vom Schloß an der Straße nach St. Brieuc. 28 Zimmer, die zur Straße hin etwas laut. Unterschiedliche Sanitärausstattung. Kein Restaurant. DZ 55 - 70 DM, Frühstück 8 DM. Ganzjährig geöffnet. Rue de Gaulle 41, Tel. 253 488.

* **Le Robic**: In der Südstadt, am anderen Ufer von Napoléonville (D 2 Richtung Quimperlé). 25 Zimmer mit sehr unterschiedlicher Größe und Sanitärkomfort (vom Waschbecken/Bidet bis zum eigenem Hygieneblock). Empfehlenswertes Restaurant mit preisgünstigen Menus und Tagesgerichten (14 - 40 DM, à la carte 40 - 60 DM). DZ 30 - 53 DM, Appartement 70 DM, Frühstück 8 DM. Ganzjährig geöffnet. Rue Jean Jaurès 2 - 4, Tel. 251 180.

• *Jugendherberge*: 25 Betten auf der Ile de Récollets, an der Kreuzung der Wasserstraßen; 1 Bett 13 DM. Tel. 255 827.

• *Camping*: ** **Municipal le Douric**; anspruchsloser Platz am Blavet an der nordöstlichen Ausfallstraße nach Stival/Guingamp etc. Das kleine Areal mit nur 35 Stellplätzen muß in der Hochsaison auch schon mal mehr Campingeinheiten aufnehmen, und dann wird es lauschig. Erwachsene und Platz je 2,70 DM, Kind und Auto je 1,70 DM, Elektrik 3 DM. Geöffnet vom 1.4. - 30.9., Tel. 259 220.

Sehenswertes

Château du Rohan: Standesgemäß residierten die Rohan-Herzöge ab dem Ende des 15. Jh. hinter dem Graben und den Mauern der Wehrburg. Der Turm, der die 20 m hohe, schnörkellose Außenfassade links flankiert, ist noch gewaltiger und dicker als sein rechter Bruder und das beliebteste Einzelmotiv der fürstlichen Wohnstatt. Das Schloß wurde aufwendig restauriert und ist seitdem Anziehungpunkt zahlloser Château-Fans.

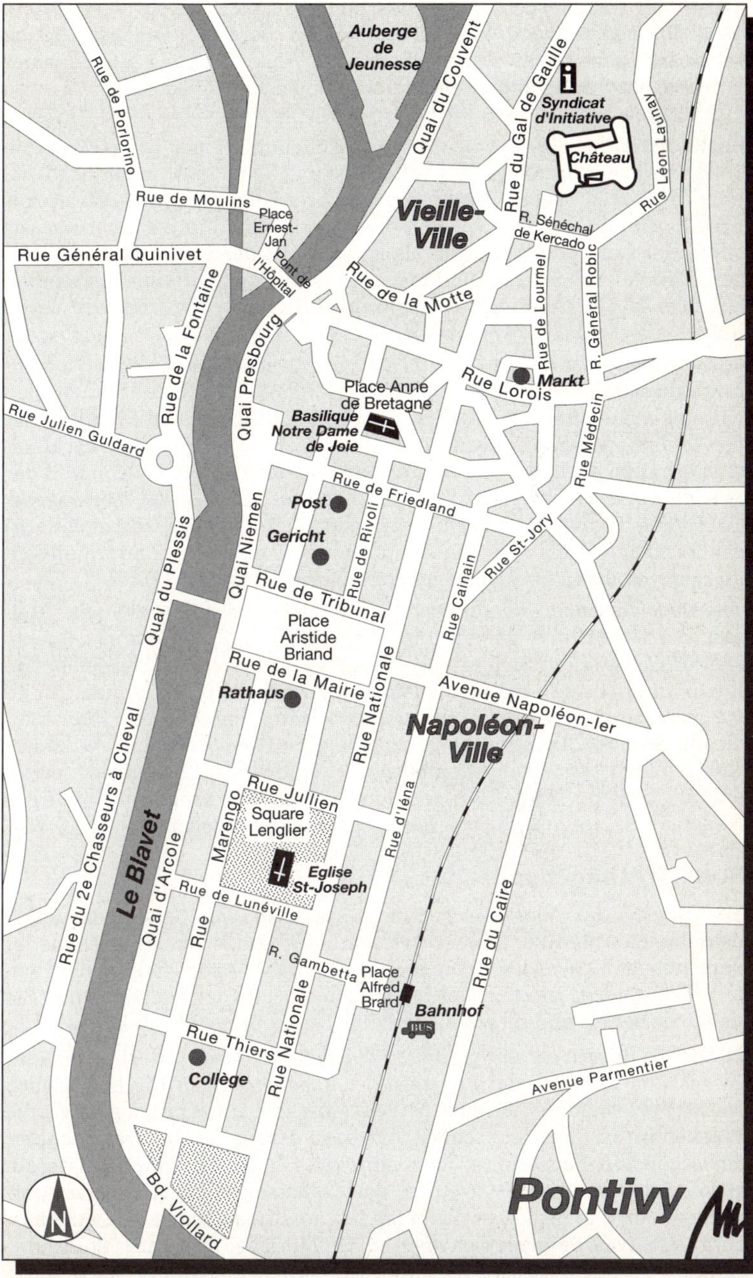
Pontivy
Auberge de Jeunesse
Syndicat d'Initiative
Château
Vieille-Ville
Napoléon-Ville
Le Blavet
Rue de Porlorino
Rue de Moulins
Place Ernest-Jan
Rue Général Quinivet
Pont de l'Hôpital
Quai du Couvent
Rue du Gal de Gaulle
Rue Léon Launay
R. Sénéchal de Kercado
Rue de la Motte
Rue de Lourmel
R. Général Robic
Rue de la Fontaine
Quai Presbourg
Place Anne de Bretagne
Basilique Notre Dame de Joie
Rue Lorois
Markt
Rue Julien Guldard
Rue Médecin
Rue de Friedland
Post
Gericht
Quai Niemen
Rue de Rivoli
Rue St-Jory
Rue Cainain
Quai du Plessis
Rue de Tribunal
Place Aristide Briand
Rue de la Mairie
Rathaus
Rue Nationale
Avenue Napoléon-Ier
Rue du 2e Chasseurs à Cheval
Rue Jullien
Square Lenglier
Marengo
Rue d'Iéna
Quai d'Arcole
Eglise St-Joseph
Rue de Lunéville
Rue
R. Gambetta
Place Alfred Brard
Bahnhof
BUS
Rue du Caire
Rue Thiers
Rue Nationale
Collège
Avenue Parmentier
Bd. Viollard
N

Jedes Jahr finden wechselnde Ausstellungen statt, Thema 1990: Hexen. 1992: Die wundersame Welt der Automaten. Bei der Innenbesichtigung sehen Sie dann noch u. a. eine grazile Wendeltreppe, den Saal der Wachen, das Schlafzimmer der Herzöge und die Schloßkapelle.

• Öffnungszeiten: Das ganze Jahr von 10.30 - 19 Uhr. Erwachsene 8 DM, Kinder die Hälfte.

Kirche Notre Dame de la Joie: Auf dem Höhepunkt einer Ruhr-Epidemie 1696 wurde der bisherige Kirchenheilige und Schutzpatron der Stadt St. Yves entlassen, seine Nachfolgerin wurde die Jungfrau Maria zur Freude. Am 11. September 1696 überbrachte ihr die Bevölkerung das erste Mal wertvolle Weihegeschenke - dies ist der Ursprung des heutigen Pardons. Schmucklos und nüchtern ist der spätgotische Kirchenbau aus dem 16. Jh. So besuchen nur wenige Reisende die Kirche, in deren linker Seitenkapelle die Statue der Notre-Dame-de-la-Joie verehrt wird.

Altstadt: Der *Place du Martray* und die umliegenden Gassen geben mit ihren Häusern aus dem 16. und 17. Jh. noch immer ein lebendiges Beispiel, wie eine mittelalterliche Stadt ausgesehen hat. Den besten Eindruck von den typischen engen Gassen mit zum Teil vorkragenden Fachwerkhäusern erhalten Sie in der *Rue du Pont*, der *Rue du Doctuer-Guépin* und der *Rue du Fil*. Das herrschaftliche Eckhaus an der *Rue du Générale-de-Gaulle/Rue Lorois* mit seinen Ecktürmchen und Pilastern (Wandpfeilern) gehörte den Rohans und diente repräsentativen Zwecken: So trafen sich hier die von ihnen geladenen Jagdteilnehmer nach dem Halali.

Ville Napoléonienne: Die aufwendigsten Gebäude der neuen Stadt - Heimat von Militär und Verwaltung - liegen rund um den *Place A.-Briand*. Die klassizistischen Säulen und Dreiecksgiebel der klein ausgefallenen Renommierbauten sind, dem damaligen Zeitgeschmack gemäß, Anleihen aus der Antike. Den zweistöckigen Bürgerhäusern der Planstadt, die die geraden Straßen und den begradigten Blavet säumen, wurde aus Geldgründen nur wenig architektonischer Schmuck gestattet - etwas eintönig ziehen sich die Häuserzeilen Napoleonvilles hin. Die Kirche der Neustadt, St. Joseph, wurde erst im späten 19. Jh. gebaut.

Pontivy / Umgebung

Von Pontivy aus lassen sich eine ganze Reihe von Ausflügen unternehmen: Sakrale Kunst, innerbretonische Ortsbilder und immer wieder unglaubliche Geschichten. Die sogenannte *Blavet-Rundfahrt*, die um Pontivy herumführt, ist einer der lohnenden Circuits der Bretagne, den Sie sich je nach Zeit und Interesse individuell zusammenstellen können.

▶ **Stival**: Der Besuch gilt der gotischen *Kirche St. Mériadec* (16. Jh.), genauer gesagt, den Fresken und Fenstern der kapellenartigen Kirche. Ähnlich wie St. Yves widmete sich auch St. Mériadec den Unterprivilegierten; die Fresken im Kirchenchor schildern Szenen seines Lebens. Der Schöpfer des schönsten Fensters ist ausnahmsweise bekannt: 1552 fertigte ein gewisser Jehan Le Flammant u. a. das Renaissancefenster mit der Darstellung der Wurzel Jesse. Wenn Sie Zeit und Interesse haben: Am Ortsausgang Stivals befindet sich noch ein St. Mériadec geweihter *Brunnen*.

• Anfahrt: Etwa 3,5 km nordwestlich von Pontivy an der D 764.

...pelle Ste. Noyale: Eine religiöse Gruselgeschichte ist der Ursprung der einsam gelegenen Kapelle mit dem eigenartig geschwungenen, leicht chinesischen Glockenturm. Nach dem Motto "*Wenn ich Dich nicht haben kann, soll Dich auch kein anderer haben,*" enthauptete ein verschmähter Liebhaber die spätere Heilige, die ihren Kopf vom Boden aufhob und nach Pontivy trug, um sich dort beisetzen zu lassen. Zum Kapellenensemble aus dem 15. Jh. gehören neben der Betkapelle, in der einige Lebensstationen der Noyale aufgemalt sind, ein einfacher *Calvaire* und ein alter heiliger *Brunnen* auf der anderen Straßenseite vor dem Waldrand: Die bunt angemalte, kopflose Märtyrerin hält vor dem grauen Gemäuer ihr blutiges Haupt in der Hand, aus dem Hals sprudelt tiefrotes Blut.

- *Anfahrt*: Ab Pontivy auf der D 2 7 km nach Noyal-Pontivy. Bei der Kirche in Noyal-Pontivy auf das "Ste. Noyale" beschilderte Sträßchen (leicht zu übersehen) und 2,5 km nach Nordwesten.

▶ **Rohan**: Wir laden Sie ein zu einem Pernod in Rohan. Hier entstand im Kleinen große Geschichte: Aus dem unscheinbaren Ort am Nantes-Brest-Kanal stammt das Geschlecht der Rohans, das die Geschicke dieses Teils der Bretagne über Jahrhunderte lenkte. 1104 erhob ALAIN, der erste Herzog der Rohans, den Weiler zur Stadt, doch zeigt sich die 600-Seelen-Gemeinde heute ländlich, der kleine Platz um das Rathaus in der Ortsmitte kommt durch seine ausgeprägte gemütliche Provinzialität zur Geltung; die Kirche wächst ausnahmsweise abseits der Ortsmitte neben dem Kanal in die Höhe, dessen Schleuse und kleiner Vergnügungshafen ein zusätzlich beruhigendes Bildelement spenden. Als Zugabe laden die Uferwege des Kanals zu Spaziergängen ein, auf denen Sie über Sinn und Unsinn des Treidelns sinnieren können.

- *Anfahrt*: Über Noyal-Pontivy 17 km auf der D 2 nach Osten.
- *Camping*: ** **Municipal du Val d'Oust**; direkt am Kanal mit wenig hübschen, doch ordentlichen Sanitärs. Übersichtliches Gelände für 65 Stellplätze, Stromblocks, immer wieder Bäume auf dem Rasen. Erwachsene 2,30 DM, Kinder die Hälfte, Platz 1,30 DM, Auto 1,50 DM, Elektrik 2,50 DM. Offen von 1.6. - 15.9., Tel. 97/515 033.

▶ **Quelven**: Ein Granitdörfchen vom Feinsten in der Megapampa Morbihans, auf ihrem Hügel ist die Kapelle mit dem riesigen Turm ausnahmsweise weithin sichtbar. Auch bei strahlendstem Sonnenschein ist der Ort, der im lockeren Haufen die Heilige Treppe und die Wallfahrtskapelle an ihrem großen Pardonplatz umrahmt, düster und bei jedem Wetter mittags völlig ausgestorben. Die *Kapelle Notre-Dame-de-Quelven* (Ende 15. Jh.) in den Ausmaßen einer Kirche besticht vor allem außen. 70 m ragt ragt der Turm hoch, Höhepunkt der Fassadengestaltung ist die Vorhalle an der Südseite. Kostbarstes Stück des Kirchenschatzes ist eine seltene *Statue Ouvrante*, eine aufklappbare Marienfigur, in deren Inneren auf zwölf Reliefs Lebensstationen ihres göttlichen Sohnes festgehalten sind. Die Statue ist normalerweise weggeschlossen, nur zu den großen Festtagen wird sie der Gemeinde gezeigt.

- *Anfahrt*: Pontivy südöstlich Richtung Bubry auf der D 2 verlassen. Nach etwa 7 km rechts ab auf die D 2B nach Quelven.
- *Pardon*: Am 15. August gutbesuchte Wallfahrt zu Ehren der Jungfrau Maria von Quelven. Nach der Prozession entfacht ein Engel das traditionelle Freudenfeuer. Die Feierlichkeiten beginnen schon am Vorabend.

▶ **Melrand** *(ca. 1700 Einwohner)*: Das ungewöhnlichste Detail des stillen Orts aus grauem Granit ist der *Calvaire* am Ortsausgang nach Bubry. Statt der Queräste ragen in Melrand zwölf Apostelköpfe aus der Säule, die das Kreuz trägt; ganz oben am Kreuz eine Dreieinigkeitsgruppe - über Christus thront sein göttlicher Vater mit der Taube des Heiligen Geistes auf dem Bauch.

• Anfahrt: Von Quelven zurück auf die D 2, Richtung Bubry. Melrand liegt an der D 2.

Der heilige Brunnen von St. Nicodème

▶ **St. Nicodème**: Unterhalb der Straße duckt sich die riesige Kapelle (16. Jh.) in eine Mulde - doch der gewaltige Turm zeigt schon von weitem ein ungewöhnliches Architekturstück an. Späte ausgefeilte Gotik vereinigte sich mit früher, noch schüchterner Renaissance, die dem Gotteshaus ebenfalls ihren Stempel aufdrückte. Innen sind die Schnitzereien am Gesims und das Holzgewölbe die Glanzpunkte der Ausstattung.
Vor der Kirche ein spätgotischer *Brunnen* (1608), seine drei üppigst verzierten Spitzgiebel über den drei Becken machen ihn zu einem der schönsten Exemplare seiner Art.

• Anfahrt: Kürzeste Strecke ab Pontivy auf der D 768 nach Süden Richtung Baud, bach etwa 12 km rechts ab auf die D 1, dann noch 2 km.

▶ **Casténnec**: Hier war einst die befestigte römische Stadt *Sulim*, um deren Statue es so viel Hin und Her gab (siehe unten, Quinipily). Von dem Oppidum an der Kreuzung zweier Römerstraßen ist nichts mehr zu sehen. Auf einem Grat hoch über dem Blavet erlaubt ein Aussichtstürmelein weitschweifende Blicke auf das Tal samt Fluß, Eisenbahn und Spielzeughäuser. Das verträumte Dörfchen unterhalb heißt *St. Nicolas des Eaux* und besitzt einen romantischen Yachthafen sowie einen kleinen 2-Stern-Camping.

• Anfahrt: Ab St. Nicodème der Straße folgen, durch St. Nicolas, links halten und der Flußschleife nach auf den gegenüberliegenden Hügel hinauf.

▶ **Baud** *(ca. 5000 Einwohner)*: Sogar etwas Wald gibt es in der Heide von Lanvaux, wo die Bretagne fruchtbar und lieblich ist. Die Bewohner der Gemeinde leben in der Mehrzahl in der malerisch zusammengedrängten alten Oberstadt, auf dem Hügelzug über dem Evel-Tal am Nordufer des Flusses. Die *Kapelle Notre-Dame-de-la-Clarté*, an die Ortskirche angebaut, beherbergt eine Marienstatue der Jungfrau zur Klarsicht, deren Fürbitte Augenleiden beenden kann. Ihr Pardon ist am ersten Julisonntag.

- *Anfahrt*: Ab Pontivy auf der D 768 24 km nach Süden.

▶ **Quinipily**: Es geht einzig und allein um die geheimnisumwitterte *Venus von Quinipily*. Im früheren Park des kaputten Schlosses Quinipily, 2 km südwestlich von Baud, führt die einst angebetete, umkämpfte, umgesiedelte und verunstaltete Statue auf ihrem Granitsockel an einem monumentalen Brunnenbau heute ein beschauliches Leben. Das war nicht immer so. Bis 1660 war die Figur am Aussichtspunkt von Castennec zu Hause, wo wahrscheinlich die Legionäre der römischen Garnisonsstadt *Sulim* ihren Kult gepflegt haben: Die Venus von Quinipily soll in ihrer Jugend - eine der malerischsten Theorien - die ägyptische Göttin Isis gewesen sein, der ein in der Antike beliebter Potenz- und Fruchtbarkeitskult gewidmet war. Als die Römer weg waren, übernahmen die örtlichen Bretonen die Verehrung der liebesfördernden Statue mit den ausgeprägt weiblichen Formen. Überliefert ist, daß Frauen, die ein Kind wollten, inbrünstig ihren Körper an der Venus von Quinipily rieben, um schwanger zu werden. Der Bischof von Vannes konnte dem heidnischen Treiben nicht tatenlos zusehen: dreimal wurde die Figur auf seine Anordnung hin in den Blavet geworfen, dreimal wurde sie wieder herausgefischt und aufgestellt. 1669 dann wurde sie nach Quinipily geschafft, von der Kirche gedungene Steinmetze meißelten an der nackten Statue herum und versahen sie notdürftig mit steinerner Kleidung. Schöner wurde sie durch die kirchliche Zensur nicht. Doch die anrüchige Plastik wurde so wirkungsvoll entschärft, daß der Zulauf zu ihr nachließ und der Bischof sich beruhigt anderen Aufgaben zuwenden konnte. Reibefälle wurden keine mehr bekannt.

- *Öffnungszeiten*: In der Saison vor- und nachmittags. Erwachsene 3 DM.
- *Anfahrt*: Von Baud Richtung Hennebont, in Coet Vin links und 500 m zum Parkplatz.

Lac de Guerlédan *(See von Guerlédan)*

Alle zehn Jahre wird der künstlich geschaffene See abgelassen. Dann taucht auch das versunkene Dorf der Schieferarbeiter wieder auf. In den langen Jahren dazwischen bedeckt das gestaute Wasser des Blavet-Flusses fjordähnlich die einstigen schmalen Täler einer spärlich besiedelten, von dichtem Grün bedeckten Hügellandschaft.

Noch in den ersten Jahrzehnten unseres Jahrhunderts war die Bretagne, verglichen mit Frankreich, ein Drittweltland. Der See von Guerlédan war ein zentrales Projekt zur Förderung der Halbinsel. 1929 wurde der Staudamm gebaut, und seit 1931 versorgt das Wasserkraftwerk der Anlage die Bretagne mit Strom. Dafür mußten nicht nur einige Familien weichen: durch die Überflutung des Blavettals wurde auch der Lauf des Nantes-Brest-Kanals unterbrochen. Auf einer Fläche von 10 qkm breiten sich die Wasser des Lac du Guerlédan am buchtenreichen Ufer aus und dienen neben der Energiegewinnung der Freizeitgestaltung eines wasserbegeisterten, hauptsächlich französischen Publikums.

Circuit de Lac de Guerlédan

Die um den See angebotene Rundfahrt gehört zu den weniger spektakulären bretonischen Circuits. Die Ziele, die zum Ansteuern empfohlen werden, entpuppen sich vor Ort als höchstens charmant, im schlechtesten Fall als ein Flop. Angemerkt sei auch, daß die Rundfahrtstrecke nur sehr partielle Blickkontakte zum See erlaubt - meist schlängelt sich das schmale Asphaltband in einigem Abstand an dem versteckten See vorbei, nur einige Stichstraßen leiten gelegentlich an die Uferzone. Aber: Wer läuft, kannn den stillen Guerlédan-See richtig genießen; direkt um die Wasserfläche, gleich unterhalb der unmittelbar aufsteigenden Hügel führen abgasarme Wander- und Promenadenwege um den verlockend glitzernden Lac du Guerlédan. Hauptanziehungspunkt am Seeufer ist *Beau Rivage* - ein erschlossenes Uferstück, das sich ganz dem Badetourismus widmet.

▶ **St. Aignan**: Ein möglicher Startpunkt ist das 600-Seelen-Dorf am Blavetufer, etwa 3 km vor See und Staudamm an der D 31. In der *Kirche* aus dem 12. Jh. können Sie sich noch eine geschnitzte Wurzel Jesse und eine Darstellung der Dreifaltigkeit ansehen, bevor Sie sich auf den (ausgeschilderten) Weg zum Staudamm (*barrage*) machen.

• *Übernachten*: **Hotel-Restaurant Les Pecheris**; einige einfache Zimmer, angeschlossen sind Bäcker, Metzger und der Tabac - Zentrum, Mittelpunkt und Nabel von St. Aignan. DZ ab 43 DM. Tel. 97/275 012.

▶ **Barrage de Guerlédan (Staudamm)**: Das letzte Stück der Straße führt kurvenreich und zügig hinauf zu einem Parkplatz. Hoch oben auf einer Aussichtplattform blicken Sie in das Blavet-Tal hinab oder Sie konzen-

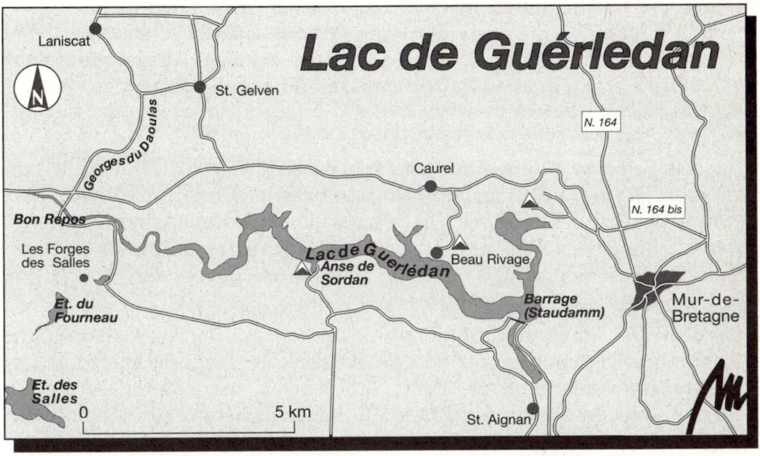

trieren sich auf den riesigen Staudamm, der die Fluten des Blavet zurückhält. Einige Zahlen: 45 m hoch, an der Basis über 33 m dick, 206 m lang, staut er seit 1929 an einer Engstelle der einstigen Blavet-Schlucht 55 Millionen cbm Wasser auf 400 ha, sein Kraftwerk liefert jährlich 23 Millionen kWh Strom.

▶ **Bucht von Sordan (Anse de Sordan)**: Eine kleine Bucht mit Zugang ins Wasser (Badegäste/Boote), einer Anlegestelle der Seerundfahrtschiffe, Parkplätzen, einem Snackbargrill-Restaurant und einem Municipal-Campingplatz. Mit einem Wort - ein Zentrum der aktiven Freizeitgestalter am See.

• Camping: ** **Municipal Anse de Sordan**; seenah, mit schattigen Stellplätzen und aufgefrischten Sanitärs. Günstiger Strombezug vom Staudamm. Erwachsene 3 DM, Kinder die Hälfte, Platz und Auto je 1,70 DM, Elektrik 2,20 DM. Tel. 97/275 378.

▶ **Les Forges des Salles**: Das Dörfchen mit Schloß in einem Wiesental im 2500 ha großen *Fôret de Quénécan* abseits vom See lebte einmal von seinen Schmieden, die bis ins 19. Jh. hartes Qualitätseisen herstellten. Heute lebt es - abseits der Stahlproduktion - ruhig am Rande des Hochwalds vor sich hin. Von hier aus ist ein kurzer Abstecher zum verschwiegenen *Etang des Salles*, dem Saalweiher, und dem verfallenen *Schloß Les Salles* möglich, dessen Wohntrakt nun ein abseits gelegener Bauernhof am Weiherrand ist.

• Weg: Zum Château Les Salles von Les Forges des Salles knapp 2 km Richtung St. Brigitte, rechts auf einen unscheinbaren Fahrweg, nach knapp 1 km parken und zu Fuß etwa 15 Min. auf dem linken Weg zu Schloß und Weiher.

▶ **Bon Repos**: Die Straße führt direkt an dem Ensemble vorbei: eine intakte *Schleuse*, das *Haus des Wärters* und die blinde Fassade eines während der Revolution zerstörten *Klosters* bilden die Zugaben zu einer alten *Steinbrücke*, die den Verkehr über den Nantes-Brest-Kanal leitet. Der Kanal, hier identisch mit dem Blavet, erlaubt kleinen Booten die

Fahrt von Châteaulin zum Lac de Guerlédan. Die mächtigen Klosterruinen neben der nostalgischen Wasserstraße dienen schon seit vielen Jahren als stimmungsvolle Fassade eines lokalen Ausflugszentrums samt Restaurant, Souvenirladen und Mineralienausstellung.

• *Übernachten*: ** **Hôtellerie de l'Abbaye**; im alten Klostergemäuer hat sich stilvoll ein Logis-de France-Ableger eingenistet. Restaurantbetrieb. DZ 70 DM. Tel. 96/249 838.

▶ **Daoulas-Schlucht (Gorges du Daoulas)**: Wasser, Felsen, Heidekraut und Ginster. Die Bezeichnung Schlucht ist etwas hochgegriffen für das kurvenreiche Tal, das sich vor Ort als harmloses Schlüchtchen entpuppt: schnell fließendes Wasser hat sich ein tief eingeschnittenes Bett im Schiefer geschaffen und einigen Felsen im Laufe der Äonen ein seltsames Aussehen verschafft.

▶ **Laniscat**: Das Glockenrad in der Pfarrkirche lockt immer wieder Touristen in das Dörfchen hinter dem Guerlédan-See. Der Zug eines mittlerweile abgenommenen Seils brachte ein Rad von einem Meter Durchmesser zum Drehen, an dem klingende Glöckchen befestigt sind, die eine kleine Melodie klingelten. Das Glockenrad, nur in geringen Stückzahlen im 17. und 18. Jh. hergestellt, wurde zur akustischen Untermalung der Kommunion eingesetzt und gilt als die christliche Fortsetzung der keltischen Sonnenräder, die zum Deuten der Zukunft eingesetzt wurden. Heute gibt es in der Bretagne nur noch fünf derartige Exemplare. Wer bimmelt, darf sich etwas wünschen und der Himmel erfüllt diesen Wunsch.

• *Übernachten*: **Auberge de Daoulas**; nicht nur Hotel- und Restaurantbetrieb, sondern mit dem angeschlossenen Bar-Tabac Treffpunkt, Wettbüro und Meinungsbörse der männlichen Bevölkerung. Einfache DZ 33 DM, HP 60 - 80 DM. Tel. 96/369 464.

▶ **Beau Rivage**: Besonders lustig sind die vor sich hinrostenden Eisenmonster beim Bootsverleih, besonders schön die Fußwege am Seeufer. Unter abfallenden Hügeln auf einer Landzunge ist Beau Rivage die unangefochtene Urlauber-Zentrale am Guerlédan-See, hier geht es ab: Bar, Restaurant, Hotel, Campingplatz, Minigolf, Telefonzellen, Sandstrand, Anlegestelle, Bootsverleih - es ist alles da und wird in der Hochsaison auch voll genutzt. Ab September schon zieht wieder Ruhe ein und die Einrichtungen schließen so langsam . . .

• *Schiffsrundfahrt*: Die "Duc de Guerlédan" I und II sorgen während der Saison für die Personenbeförderung rund um den See. An verschiedenen Haltestellen kann zu- und ausgestiegen werden.

• *Bootsverleih*: An der Anlegestelle liegen bereit: Tretboot (1/2 Std. 6 DM, 1 Std. 12 DM; Ruderboot für 5 Personen (1 Std. 40 DM); Kajak-Einsitzer (1 Std. 10 DM); Kanu-Zweisitzer (Std. 12 DM).

Übernachten/Camping/Essen

** **Hotel-Restaurant Le Beau Rivage**: Das nüchterne Etablissement von Logis de France am Seeufer hat nur während der Hochsaison geöffnet. 8 Zimmer, das Restaurant ist auf ein zahlreiches Ausflugspublikum eingestellt. Menus knapp 30 bis über 80 DM. DZ 75 - 100 DM, HP 140 - 170 DM. Caurel, Tel. 96 285 215.

• *Camping*: **** **Nautic**; abgelegen mitten in der menschenleeren Pampa hoch über dem See, und gestalterisch der grünüberwucherten Landschaft angepaßt (Anfahrt beschildert). Ein angenehmer Aufenthalt ist hier gut möglich. Optischer Mittelpunkt der terrassenförmig abfallenden Anlage ist der Swimmingpool, wo Sie die Schwimmer/innen wie im Aquarium beobachten können. Die Sanitärs sehen Wohnbungalows zum Verwechseln ähnlich. Erwachsener 7 DM, Kind und Auto je 3 DM, Platz 8 DM,

Elektrik 4 DM. 80 Stellplätze. Geöffnet vom 1.4. - 15.10. Tel. 96/285 794.

** **Les Pines**: Direkt hinter der Anlegestelle von Beau Rivage; ein angenehmes Rasengelände mit Birken und Apfelbäumen, für das im Sommer unbedingt Reservierung nötig ist. Wasserskizentrum, kleiner Lebensmittelladen. Erwachsene 4,50 DM, Kinder 2,20 DM, Platz 3 DM, Auto 1,70 DM, Elektrik knapp 3 DM. 60 Stellplätze. Geöffnet vom 1.4. - 30.9. Tel. 96/285 222.

Camping les Pommiers: Ein Stück nach dem Beau-Rivage-Platz, Apfelbäume im Rasen, über die Straße geht es zum See. Anspruchslos. Erwachsene 4 DM, Kinder die Hälfte, Platz 5 DM, Auto 1,30 DM, Elektrik 3 DM. In der NS bis 50 % Reduktion.

• Essen: Gleich neben dem hier konkurrenzlosen **Restaurant Le Beau Rivage** stillt die **Crêperie 4 Saisons** unter dem Schieferdach einer modernen Kurzpyramide mit viel Glas den kleineren Hunger.

▶ **Mur-de-Bretagne** *(ca. 2200 Einwohner)*: Ein freundlich-harmloses Bretonenstädtchen, das sich unauffällig durch die Jahrhunderte schmuggelte. Neben seinem Feinschmecker-Restaurant (siehe Essen) erwähnenswert sind nur noch der stimmungsvolle *Kirchenplatz* mit einigen alten Häusern und die *Ste.-Suzan-Kapelle* am höhergelegenen westlichen Ortsrand, in der ein sichtlich geplagter Teufel die Kanzel tragen muß. Bei der Kapelle steht der vielleicht jüngste Cromlech der Bretagne: Erst 1958 richteten einige starke Männer der Stadt zwölf etwa ein Meter lange Steine zu einem Dolmen um eine Steinplatte auf. Rätselhaft.

• Postleitzahl: 22530

• Telefonvorwahl: 96

• Information: Im science-fiction-artigen Pavillon du Tourisme neben der Kirche. Hier ist man für den ganzen Guerlédan-See zuständig und hier spricht man auch deutsch. Place de l'Eglise, Tel. 285 141.

• Verbindung: Mur de Bretagne liegt verkehrstechnisch günstig dirrekt an der gut befahrenen **Bus**linie Carhaix - Loudeac. Werktags mindestens 5 Busse in beide Richtungen, im Sommer bedeutend mehr. Haltestellen am Lac de Guerlédan sind Caurel, St. Gelven und Bon Repos.

Diverses

• Bootsverleih: Einige Kilometer westlich beim städtischen Campingplatz residiert am Gestade einer kleinen Bucht die hiesige Base Nautique. Zu ihren vielfältigen Aufgaben zählt die Vermietung von allerlei Wassersportzubehör. Beispiele: Kajak und Kanu pro Stunde 10 DM, Surfbrett 20 DM.

• Fahrradverleih: Gegenüber dem Rathaus bei Cycles P. Macé. Tel. 260 534.

• Minigolf: Im öffentlichen Park beim Rathaus. Spielregel: Wer die Kugel mit den wenigsten Schlägen in die vorgesehenen Löcher versenkt, hat gewonnen.

Übernachten/Camping/Essen

** **Auberge Grande Maison**: Stilvolles Anwesen unterhalb vom Kirchenplatz mit Verdienstplaketten geschmücktem Entrée, Gourmets ist das "Große Haus" ein Begriff. Die Vermietung der 12 Zimmer - vom DZ mit Dusche/WC bis zum Chambre de Luxe - ist neben dem Geschäft mit dem Gaumenkitzel fast nebensächlich. Vier wechselnde Menus, das günstigte 50 DM, das teuerste 100 DM. Spezialitäten sind z. B. Entenpastete, Kartoffelgalettes oder "Hummer in fünf Akkorden" für 110 DM. DZ 80 - 180 DM, Halbpension pro Person 120 - 170 DM, Frühstück 15 DM. Tel. 285 110.

• Camping: ** **Municipal Rond Point du Lac**; neben einem Jugendferienlager in schöner Lage über dem See (Anfahrt von Mur-de-Bretagne nach Westen zum See, beschildert). Terrassenförmige, von Heckenwällen eingefaßte Wiesenplätze ziehen sich steil hangwärts über dem See hinter einer kleinen Staumauer hinauf. Die Sanitärs sind in der Hochsaison ordentlich ausgelastet. Campeur 3 DM, Kind 2,20 DM, Auto 1,10 DM, Campingcar 1,50 DM, Motorrad 0,50 DM, Platz/Zelt/Caravan 1 DM, Elektrik 2 DM. 133 Stellplätze. Geöffnet von 15.6. - 15.9. Tel. 260 190.

• Essen: Siehe Übernachten. Die exzellente Küche der **Auberge Grand Maison** findet selbst im strengen Micheline anerkennende, ja lobende Aufmerksamkeit.

Guingamp *(ca. 9000 Einwohner)*

Zwischen den Strumpfgeschäften, Spezereiläden und Boutiquen der Fußgängerzone öffnet sich das prächtige Portal der Kathedralvorhalle: Hausfrauen unterbrechen ihren Einkaufsbummel, um in der Ruhe des kerzenerleuchteten Vorbaus der Schwarzen Madonna eine Kerze anzuzünden.

Der Kult um die seltene Marienfigur ist das kulturell-religiöse Ereignis im Leben Guingamps. Der alljährliche Pardon zu ihren Ehren lockt Tausende von Pilgern aus der ganzen Bretagne in die Stadt am *Trieux*. Dann ist der medaillonförmige Platz im Zentrum der Altstadt, von mittelalterlichem Fachwerk eingerahmt und von der Kathedrale bewacht, Schauplatz ausgelassener Festlichkeiten. Den Rest des Jahres mischen sich nur Touristen in den geschäftigen Alltag der Stadt.

Guingamp, der alte Verkehrsknotenpunkt zwischen Armor und Argoat, in dessen Altstadt die Zeit stehengeblieben zu sein scheint, hat sich nach dem Zweiten Weltkrieg zu einem lebhaften landwirtschaftlichen Zentrum entwickelt. Die Ansiedlung der französischen Telefongesellschaft Cit-Alca-Tel in den 60ern setzte auch industrielle Impulse: Die neuen Industriezonen am Stadtrand haben Arbeitsplätze geschaffen. In der französischen Sportöffentlichkeit gilt Guingamp als unkalkulierbare Größe. Die in der zweiten Liga kickende Fußballmannschaft *En Avant de Guingamp* (Vorwärts Guingamp) hat durch außergewöhnliche Siege über klare Favoriten mehrmals für Furore gesorgt.

Geschichte

Guingamp ist ein Derivat aus dem Bretonischen *Gwen* (weiß) und *Camp* (Lager). Bereits in römischer Zeit war der Ort ein wichtiger Verkehrsknotenpunkt und diente als Garnison. Nach der Invasion der Normannen taucht der Name im 11./12. Jh. erstmals in Karten und auf Münzen auf. Rund um die Burg hoch über dem Trieux-Fluß wuchs langsam ein mittelalterlicher Stadtkern heran, der im 13. Jh. mit einer Stadtmauer umschlossen wurde. Bereits zu dieser Zeit war Guingamp ein bekannter Wallfahrtsort für die Schwarze Madonna. Es entwickelte sich zu einem aktiven Handelsplatz und wurde, mit einer soliden Garnison ausgestattet, Verwaltungszentrum der Grafschaft Goëllo und später des Herzogtums Penthièvre. Nachdem ein großer Teil des Ortes während des bretonischen Erbfolgekrieges schwer beschädigt wurde, kam Mitte des 15. Jh. frischer Wind in die Stadt: PIERRE II., Herzog der Bretagne, zog ins renovierte Schloß ein und brachte die Stadt auf Vordermann. Neue Wälle, Wachtürme und vier Stadttore garantierten trotz unruhiger Zeiten einen prosperierenden Aufschwung für die fleißigen Bürger, die in ihrem Handwerk, der Baumwollweberei, den besten Ruf genossen.

Jäh im Frühling 1626 endete Guingamps erstes goldenes Zeitalter: Im Zuge seiner absolutistischen Politik, die dem König die aristokratischen Widersacher vom Leib halten sollte, ließ RICHELIEU das Schloß schleifen. Ein neuer Aufschwung folgte gegen Ende des 17. Jh. mit dem Einzug der Ursulinerinnen und Augustinerinnen. Sie errichteten ein Kloster und Wirtschaftsgebäude und verhalfen der Stadt zu neuer Blüte. Mehrgeschossige noble Bürgerhäuser umringten die Kathedrale, am Stadtrand, durch keine Mauern mehr beengt, entstanden nahtlos neue Viertel.

Von 1800 - 1914 verdoppelte sich die Bevölkerung auf ihren heutigen Stand von 9000 Einwohnern. Mit dem Bau der Bahnlinie Paris - Brest zu Anfang des Jahrhunderts entwickelte sich Guingamp zu einem lebhaften Handelszentrum und stieg nach dem Krieg zur zweiten Unterpräfektur des Departments Côtes-du-Nord auf. Während des Zweiten Weltkrieges war Guingamp ein bedeutendes Widerstandszentrum. Am 7. August 1944, dem Tag der Befreiung von den deutschen Truppen, wurde der 60 m hohe Turm der Basilika von einer Bombe getroffen und fast vollständig zerstört (wiederaufgebaut 1955).

- *Postleitzahl*: 22200
- *Telefonvorwahl*: 96
- *Information*: Tourismusbüro auf dem Platz gegenüber dem Rathaus. Im Juli und August organisieren die Mitarbeiter begleitete Führungen durch die Stadt und die Basilika. Außer Sonntag täglich geöffnet von 10 -12 und 14 - 18 Uhr. Place du Vally, Tel. 437 689. Eine Zweigstelle des O.T. in einem kleinen Holzpavillon im Altstadtzentrum: touristische Schnellinformation im Vorbeigehen auf dem Place du Centre.

Verbindung

Busse starten und halten am Bahnhofsvorplatz. Regelmäßige Verbindungen mit Paimpol, Lannion und St. Brieuc.

Zug: Guingamp liegt an der Hauptstrecke Paris - Brest. Mindestens 4 x täglich superschnell mit dem TGV nach Brest (1 Stunde) und über Rennes (umsteigen) nach Paris (3 Stunden). Regionalzüge gehen 3 - 4 x täglich nach Paimpol oder Lannion, bis zu 6 x täglich nach St. Brieuc und Morlaix. Bahnhof im Südosten der Stadt. Boulevard Clemenceau, Tel. 437 053.

Diverses

- *Feste*: Die große Festwoche der bretonischen Tänze, die **Fêtes du Saint Loup** wird Mitte August begangen. Über die ganze Stadt verteilt bieten mehrere Bühnen bretonische Folklore. Ein Tanzwettbewerb mit vielen Volkstanz- und Trachtengruppen mit anschließendem Fest-Noz auf dem Place du Centre krönt am Samstag abend die Festwoche. Ihren Ausklang findet sie bei einem großem Defilee der Teilnehmer am Sonntag nachmittag. Dabei wird auch die "Dérobée" getanzt, ein altertümlicher Volkstanz, bei dem die Männer versuchen, einander die Mädchen zu stehlen.
- *Markt*: Freitag und Samstag vormittag auf dem Place du Vally gegenüber dem Rathaus.
- *Pardon*: Am ersten Samstag im Juli wird der Pardon für "Notre Dame de Bon Secours" gefeiert. Ab 21.30 Uhr wird die Schwarze Jungfrau in einer Lichterprozession durch die Stadt getragen. Im Beisein des Bischofs wird am Brunnen auf dem Place du Centre die Segnung vorgenommen. Anschließend werden Freudenfeuer entzündet, und das Fest endet in ausgelassener Heiterkeit (siehe Kasten "Die sündige Nacht der Vergebung").
- *Parken*: Am problemlosesten auf den Parkplätzen nur einen Katzensprung außerhalb des Zentrums am Place du Vally vor dem Touristenbüro.

Übernachten/Camping

*** **Le Relais du Roy**: Durch das Renaissance-Portal im Seitenhof des schönen Fachwerkhauses soll einst der König geschritten sein. Seither gilt das Relais als erste Übernachtungsadresse Guingamps. Nicht zu Unrecht: Neben dem Blick aufs Altstadtgeschehen bieten alle 7 Zimmer mit ihren furchtbaren Tapeten und schönen Möbeln Bad/WC/TV. Ein gediegenes Restaurant, in dem der Hotelbesitzer selbst kocht, vervollständigt das königliche Ambiente; Menus 40 - 115 DM. DZ ab 130 DM. Bis auf die Weihnachtsferien ganzjährig geöffnet; Restaurant in der NS sonntags geschlossen. Place du Centre 42, Tel. 437 662.

** **Hotel d'Armor**: 23-Zimmer-Hotel an der Straße, die zum Bahnhof führt. Alle Zimmer mit Dusche bzw. Bad und WC. Außerdem buntes Kabelprogramm im TV. Im Nebengebäude einfachere Zimmer mit Waschbecken und WC auf der Etage. DZ 43 - 83 DM, Boulevard Clemenceau 44. Tel. 437 616.

** **Hotel le Terminus**: Bahnhofshotel, direkt gegenüber den Bahnsteigen. 20 ordentliche Zimmer mit Dusche/WC oder Waschbecken/WC. Farb-TV in allen Zimmern. Kein Restaurant, Bar im Erdgeschoß. DZ 53 - 73 DM. Boulevard Clemenceau 19, Tel. 437 019.

** **Hotel L'Hermine**: Natursteinhaus mit spiegelverglastem Vorbau im Erdgeschoß. 12 durchschnittliche Zimmer,lle mit Dusche bzw. Bad/WC ausgestattet. Billard-Bar mit Cafébetrieb, Restaurant, Menu mit 2 Gängen ab 22 DM, 3 Gänge 30 DM. DZ 43 - 60 DM. Boulevard Clemenceau 7, Tel. 210 256.

* **Hotel L'Escale**: Roter Klinkerbau mit granitgerahmten Fenstern, ordentliches 1-Stern-Hotel. Der Glasvorbau im Erdgeschoß dient als Speisesaal, angeboten werden mehrere Menus von 16 - 41 DM. 17 Zimmer mit unterschiedlicher Sanitärausstattung (Waschbecken oder Dusche/WC). DZ 30 - 55 DM, HP ab 50 DM, Frühstück 7 DM. Boulevard Clemenceau 26, Tel. 437 219.

Hotel de Bretagne: Kleines Billighotel gegenüber der Post, 10 sehr kleine, einfachst ausgestattete Schlafräume. Im Untergeschoß Bar mit Schnellimbiß und Spielautomaten. Nur Etagenklo und -dusche (3 DM). EZ 30 - 40 DM, DZ 50 DM. Rue St. Nicholas, Tel. 437 308.

Hotel au Petit Montparnasse: Kleinsthotel mit Pensionsatmosphäre auf dem Weg zum Bahnhof, verrät auch durch seine Ausstattung den leichten Hang der Herbergsmutter Marie für Plastiknippes aus dem Schaustellermilieu. Kunststoffmobiliar und Wachsrosen im Bar- und Restaurantabteil des Erdgeschosses, Tagesgericht und Menu ab 15 DM. Sehr einfache Zimmer mit Waschbecken und

Etagenklo. DZ ab 30 DM, Frühstück 7 DM. Boulevard Clemenceau 32, Tel. 437 217.

• _Camping_: ** **Camping Municipal**; 3 km außerhalb der Stadt, im Ortsteil Pabu an der D 787 links ab und den Schildern folgen. Der Weg führt in einen idyllischen Talkessel des Trieux-Flusses, an dessen Ufer sich der Zeltplatz ausbreitet. Wiesenterrain ohne direkten Schatten, schöne Stellplätze und absolute Ruhe. Erstklassig gepflegte Sanitärs mit fließend heißem Wasser. Erwachsene 3 DM, Kinder bis 7 Jahre 1,50 DM, Platz 1,40 DM, Auto 1 DM, Zweirad 0,70 DM, Elektrik 2 DM. Milin Kerhre, Tel. 437 668.

Sehenswertes

Kirche Notre-Dame-de-Bon-Secour: Der Baugrund der imposanten Basilika im Zentrum der Altstadt war bereits im 11. Jh. ein beliebtes bretonisches Wallfahrtsziel. Damals stand hier die romanische Kapelle der ersten Guingamper Burg, die der Heiligen Jungfrau geweiht war und

Die sündige Nacht der Vergebung

Die Geschichte des Pardons zu Ehren der Schwarzen Madonna reicht bis ins 13. Jh. zurück. Kreuzritter sollen die Marienskulptur aus dem Osten mitgebracht haben, und schon bald war die seltene Figur Mittelpunkt religiöser Verehrung. Manche Forscher vermuten einen heidnischen Brauch als Ursprung der Feier. Nach ihrer Meinung soll in grauer Vorzeit an dieser Stelle die keltische Erdgöttin angebetet worden sein, was, wie so oft, dazu führte, daß heidnische Rituale sich nahtlos mit katholischen Zeremonien verbanden. Mit diesem Hinweis versucht die Wissenschaft auch die orgiastischen Ausschreitungen zu erklären, die den Pardon bis in die Mitte des 19. Jh. begleiteten.

Nachdem die letzten liturgischen Gesänge vor dem Springbrunnen verklungen und die Freudenfeuer entzündet waren, ging es deftig her auf dem Place du Centre. Ein Chronist aus dem 19. Jh. berichtet über die Nacht der Vergebung, in der alles erlaubt war: "Die Menge der Büßer versammelte sich auf dem Platz, und alle lagen durcheinander auf der nackten Erde. Wenn es am nächsten Morgen hell wird, kehren viele junge Mädchen errötend und beschämt zu ihren Müttern zurück und haben dem Pfarrer eine Sünde mehr zu beichten." Kein Wunder also, daß der Bischof, der die Feierlichkeiten anführte, versucht war, die Wallfahrt zu untersagen. Doch der Druck der lebenslustigen Pilger war zu groß. So blieb die Anrufung der "Muttergottes-zur-guten-Hilfe" bis heute ein von den Bretonen freudig gefeiertes Heiligenfest, und alljährlich am Vorabend des ersten Julisonntags wird die schwarze Marienfigur vom Altarsockel geholt und in einem Fackelzug durch die Altstadt getragen. Die Ausschweifungen, die den Bischof früher so erzürnten, sind heute auf die Entzündung der drei Freudenfeuer reduziert und finden - jedenfalls öffentlich - nicht mehr statt.

schon früh viele Pilger anlockte. Die Kapelle wurde im 13. Jh. zum ersten Mal grundlegend renoviert bzw. gotisch umgestaltet. Das einträgliche Geschäft mit dem Glauben zog immer neue, prächtigere Vergrößerungen nach sich, und bis zum Ende des 15. Jh. war eine aufsehenerregende Kathedrale entstanden, deren drei Türme die Dächer der Stadt überragten und weithin sichtbar von der Gottgefälligkeit der Gemeinde kündeten. Bei den vielen, oft eilig ausgeführten Bauarbeiten muß einmal ein Fehler unterlaufen sein. Im Herbst 1535 stürzt der mittlere Turm der Westfassade ein und begräbt das halbe Kirchenschiff. Die Ausschreibung für den Neubau gewinnt der junge bretonische Architekt LE MOAL. Sein Entwurf im bis dahin in seiner Heimat unbekannten Renaissance-Stil kann sich gegen den Vorschlag des renommierten Hochgotikers BEAUMANOIR durchsetzen. Die Arbeiten werden 1580 beendet und hinterlassen die zwitterhafte Basilika, die sich über den Dächern der Fußgängerzone erhebt: Eine eindrucksvolle Melange aus Gotik (links) und Renaissance (rechts).

Von der Rue Notre Dame aus betritt man die Kirche durch eine Vorhalle. Hinter einem flackernden Meer von Kerzen thront die kleine, in der ganzen Bretagne einzigartige *Figur der Schwarzen Madonna* mit Je-

Detail am Place du Centre

suskind, bis heute Ziel zahlloser Pilger und Mittelpunkt des alljährlich stattfindenden großen Pardon von Guingamp. Von der Andachtskapelle führt eine gelegentlich klemmende Tür ins Kirchenschiff: ein Wald von Pfeilern und Säulen. Direkt unter dem Glockenturm der *Hauptaltar*, an den Seiten des Schiffes ruhen verschiedene Bischöfe und kanonisches Personal in ihren *Grabmälern* (zum Teil aus dem 14. Jh.). Bemerkenswert auch das *Fenster* über der Porte St. Jeanne, das in vier Glasbildern Episoden aus dem Leben einer großen Gönnerin der Stadt erzählt, der Ehefrau des Herzogs Pierre II., FRANCOISE D'AMBOISE, die starken Anteil am blühenden Aufschwung Guingamps im Mittelalter und am Ausbau der Kathedrale hatte.

La Plomée: Der erste, einfache Brunnen, den die Stadtverwaltung bauen ließ, stand ursprünglich weiter unten am Ende des spitzzulaufenden Place du Centre. Er wurde 1588 durch einen neuen Brunnen ersetzt und an seinen heutigen Platz verwiesen. Dort plätscherte er ungestört über 150 Jahre lang, bis 1743 der Magistrat den Wasserspender ganz neu und repräsentativer gestalten ließ. Für 1500 Livres wurde der Skulpteur YVES CORLAY beauftragt, sein außergewöhnliches Modell zu realisieren: einen in Blei gefaßten Granit-Springbrunnen, der auf geglückte Weise Renaissance-Elemente mit dem Louis-XV.-Stil vereinte. Der Springbrunnen oder "die Pumpe" (*la Pompe*), wie er im Volksmund genannt wird, gilt seither als Rarität in der Bretagne. Der Drei-Schalen-Brunnen, der konisch nach oben strebt, ist reichverziert mit Fabelwesen aus der antiken Mythologie, am unteren Becken starren vier Widderköpfe auf den Durstigen, darüber thronen weitschwingende Greife mit Pferdeköpfen und Löwengestalten. Auf dem oberen Becken spritzen geflügelte Nymphen aus schweren Brüsten Wasser; sie werden gekrönt von einer bleiernen Jungfrau, die mit ihrem zierlichen Fuß eine Schlange niederhält und aus dem Kopf Wasser sprüht.

Alte Häuser: Um den *Place du Centre* stehen 400 Jahre Stadtgeschichte - alte Bürgerhäuser in schwerem Granit und schönem Holzfachwerk. Hervorzuheben sind die Hausnummern 31 und 48, wo vormals die Garnisonskommandanten des 15. und 16. Jh. lebten, und das Haus Nr. 52, das der als "erster Grenadier der Republik" bekannt gewordene Hauptmann LA TOUR D'AUVERGNE zeitweilig bewohnte (siehe Kasten Carhaix). Im Seitenhof von Nr. 42 (*Hotel le Relais du Roy*) kann man ein Renaissance-Portal mit bauchigen Säulen bewundern.

Guingamp / Umgebung

▶ **Graces**: Ein kleines Dörfchen 3 km westlich von Guingamp, etwas abseits der vierspurigen Nationalstraße. Das Ortszentrum wird überragt vom Turm der Kapelle Notre Dame, von der Herzogin Anna anläßlich ihres Besuches von Guingamp gestiftet und zwischen 1506 und 1508 erbaut; über dem Eingangsportal ist ihr Wappen noch gut zu erkennen. Im Inneren gilt die Aufmerksamkeit einem *Reliquienschrein* mit den kärglichen Überresten des Feldherrn und Herzogs Karl von Blois und den eindrucksvoll-deftigen Holzschnitzereien auf den Deckenquerbalken und den Sabliéres. Sie dienten auch in Graces als pädagogisch-praktisches Anschauungsmaterial, mit dem der Pfarrer seine Predigten plastisch untermalte, um den schwarzen Schafen der Gemeinde drastisch die Auswirkungen ihrer Völler-, Saufer- und Hurerei vor Augen zu führen.

▶ **Châtelaudren** *(973 Einwohner)*: 14 km östlich von Guingamp auf halbem Weg nach St. Brieuc. Das Städtchen am Ufer des *Leff* wurde 1148 mit den Stadtrechten ausgezeichnet und darf seit 1985 das Prädikat "Kleine Stadt mit Charakter" tragen. Der Fluß, am Ortsrand zu einem kleinen See aufgestaut und gerühmt wegen seiner Forellen, brachte auch eine böse Überraschung: Nach einem Dammbruch überschwemmten 1773 seine Wassermassen die Stadt und forderten 50 Menschenleben.
Heute ist Châtelaudren ein verschlafener Marktflecken, der nur am montäglichen Markttag zu Leben erwacht. Auf einem Hügel oberhalb des Stadtplatzes steht die *Kapelle Notre-Dame-du-Tertre* (13./14. Jh.), in der Kunstgeschichte auch als "rote Kapelle" bekannt. Die *Holzdecke* des Chors, im 15. Jh. bemalt und seitdem mehrmals restauriert, zeigt auf rotem und goldenem Grund 96 ausdrucksstarke Bildminiaturen mit biblischen Motiven - die Hauptfiguren verraten interessante Details über mittelalterliche Konfektionsware. Über dem Altar des Nebenschiffes Szenen aus dem Leben der Hl. Marguerita und ein bildlicher Lebenslauf des Hl. Fiacre, beginnend mit der Missionsfahrt des irischen Königssohnes auf den Kontinent. Außerdem sehenswert eine *Alabastermadonna* (15. Jh.), die die Kirchenpatronin darstellt.

- *Information*: Im Rathaus, Rue de la Mairie 6, Tel. 741 038.
- *Fest*: München hat Konkurrenz bekommen: Am Montag, der dem 3. Dienstag im Oktober folgt, feiert Châtelaudren sein Oktoberfest.

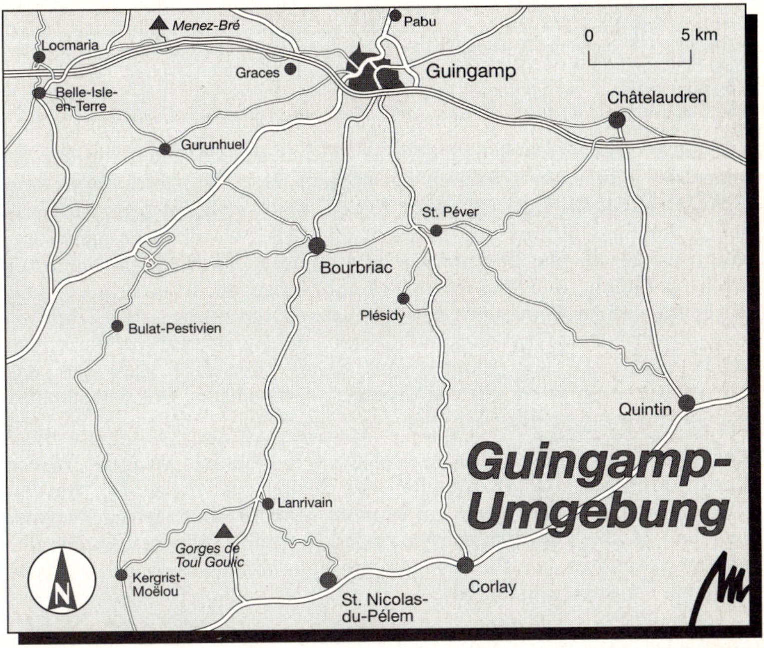

▸ **Menez-Bré**: Der höchste Berg der Gegend ist mit seinen 302 m Höhe ein beliebtes Naherholungsziel. Auf seinem Gipfel mit der kleinen *Kapelle St. Hervé* genießt man eine schöne Aussicht über das fruchtbare, hügelige Ackerland. Der Berg liegt etwa 10 km westlich von Guingamp an der RN 12 und die Auffahrt zum Gipfel überrascht mit satten 18 % Steigung.

▸ **Belle-Isle-en-Terre**: Etwa 15 km westlich von Guingamp, an der Nationalstraße RN 12. In Frankreich werden Ortschaften, die nahe am Zusammenfluß zweier Flußläufe liegen, oft *Ile* genannt. Den Namen unseres Städtchens jedoch brachten Mönche aus Belle-Isle-en-Mer mit, die hier im Mittelalter eine Filiale ihres Stammklosters eröffneten. Im Bretonischen - in Belle-Isle auf der Straße noch sehr gebräuchlich - heißt der Ort *Benec'h*, was soviel wie Erhebung bedeutet und sich auf den 18 m hohen, felsigen Hügel im Ortszentrum bezieht. Bereits im 10. Jahrhundert war das Städtchen bekannt: Es nahm zahllose vor den Normannen flüchtende Bewohner aus dem heutigen Le Yaudet auf und gewährte ihnen Asyl. Lange Zeit war Belle-Isle offizielles Nachtquartier und Lager für königliche Boten auf der Etappe Rennes-Brest. In der Umgebung wurden bis in die Neuzeit Blei, Eisen und Nickel gefördert und trugen zum relativen Wohlstand der Bewohner bei. Heute ist es still in Belle-Isle: Leise gluckert ein Flüßchen, das Schlößchen *Castel-Mond* wirkt neben dem schnuckelig-protzigen Rathausneubau etwas verkommen, und die örtliche Feuerwehr ist bemerkenswerterweise in einer alten Kapelle untergebracht.

• *Information*: Auskünfte gibt es im Rathaus zu den üblichen Geschäftszeiten (Mittagspause von 12 - 14 Uhr), Tel. 433 038.

• *Camping*: ** **Camping Municipal Les Forges**; ca. 3 km außerhalb kurz vor Loc-Envel. Wiesengelände auf einer sonnigen Lichtung im Stadtwald Coat-an-Noz, unweit des gleichnamigen Schlosses, von Oleanderbüschen in Parzellen unterteilt. 70 Stellplätze. Municipal-Preise. Vom 15.6. - 15.9. geöffnet. Route de Loc-Envel, Tel. 433 038.

▸ **Loc-Envel**: Die 100-Seelen-Gemeinde 3,5 km südlich von Belle-Isle ist eines der schönsten Dörfchen der Region. Der Ort steht unter dem Schutz des St. Guenael - genannt Envel - und war lange Zeit ein Pfarrlehen der Benediktiner von St.-Jacut-de-la-Mer. Unter ihrer Ägide entstand im 16. Jh. die heutige Kirche zu Ehren des Heiligen, auf einer leichten Anhöhe und von einem Friedhof umgeben. Interessant ist das Kirchenmobiliar: Teile eines über 400 Jahre alten spätgotischen *Lettners*, ein eingefriedeter *Taufstein*, ein *Chorpult* und eine reichverzierte, bemalte *Holzdecke*. Am Eingang des Chors über dem Altarblatt des Hauptaltars segnet ein gütiger Christus die Besucher. Das Chorfenster schildert das Leben des Hl. Envel.

▸ **Locmaria**: Der einen Kilometer nördlich von Belle-Isle gelegene Weiler besitzt eine der ältesten Kapellen der Region, die im 14. Jh. von den Templern ausgebaut wurde. Im Inneren besticht ein prächtiger *Lettner* aus dem 16. Jh. Eine Prunktreppe mit 110 Stufen führt zur Quelle der Heiligen Jungfrau von Pendreo, die bretonischen Müttern als bewährte Helferin bei Keuchhusten gilt.

▸ **Bulat-Pestivien** *(ca. 650 Einwohner)*: In einem der ärmsten Gebiete der Bretagne liegt die Gemeinde mit dem höchsten Kirchturm des Départements. Der 66 m hohe Kreisker, das älteste Renaissance-Monument der Bretagne, wurde gegen 1530 begonnen und 1865 durch einen neuen Helm erhöht. Er kann über eine Innentreppe bestiegen werden (139 Stufen) und erlaubt einen schönen Blick über die hügelige Bocagelandschaft der inneren Bretagne. Die mächtige Kirche (ihre Ursprünge reichen ins 12. Jh. zurück), deren Proportionen gar nicht in das schläfrige Dörfchen passen, war im Mittelalter ein stark frequentiertes Wallfahrtsziel. Heute ist der heilige Rummel verloschen.

Interessant die *Vorhalle* mit dem Flamboyant-Portal, hinter dessen feingezierter Rosette die zwölf Apostel mit ihren sinnträchtigen Attributen vollzählig versammelt sind. Das ausladende Innere der Kirche birgt neben einem 5 m langen *Opfertisch* aus Stein (1583), einer schön verzierten *Renaissance-Kanzel* und einem originellen *Lesepult* auch eine ominöse Loggia, das *Zimmer der Eingeschlossenen*. Hier ließen sich nach Fertigstellung der Kirche zwei Mönche einmauern, die zuvor beim Bau der Sakristei mitgeholfen hatten, um möglichst nah am Heiligtum zu sein. Durch zwei kleine Fenster konnten die beiden versorgt werden und an der Messe teilnehmen, ohne ihre Einsiedelei über der Sakristei zu verlassen. Unter der Loggia befindet sich ein verwitterter Totentanzfries aus dem Jahr 1552. Einen Kilometer außerhalb, im Ortsteil *Pestivien*, können kunstgeschichtlich Interessierte den ziemlich verwüsteten Calvaire (16. Jh.) der Ortskapelle in Augenschein nehmen.

• *Pardon*: Am Sonntag nach dem 8. September Pardon für die Heilige Jungfrau von Bulat. Dabei wird die "Vierge d'Argent", eine wertvolle Marienfigur aus massivem Silber gezeigt, die den Rest des Jahres an einem sicheren Ort verwahrt wird.

• *Anfahrt*: Von Guingamp über die D 787 Richtung Carhaix. Nach 15 km rechts auf die D 31; noch 5 km nach Bulat.

▶ **St.-Nicholas-du-Pelem**: Die "grüne Ferienstation" und Kantonshauptstadt abseits der Nationalstraße wirbt mit einem 50 km langen Wanderwegenetz um Urlauber. Naturliebhaber mit gutem Schuhwerk können aus zehn Circuits ihren Favoriten auswählen: Die Wälder-, Landhäuser-, Kapellen-, Tumulus- oder Menhir-Tour. Ansonsten bietet die abseits gelegene 2000-Einwohner-Gemeinde ihren Gästen ein nicht allzu aufregendes Tourismusprogramm. Kulturfreunde werden die *Ortskirche* aus dem 15. Jh. besuchen, in der zwei Buntglasfenster frisch renoviert die Passionsgeschichte erzählen.

• *Camping*: Das Areal neben dem Schwimmbad ist nicht mehr als eine kahle Abstellfläche mit Stromblocks und Sanitäranlagen. Die 100 Stellplätze stehen unter behördlicher Verwaltung und liegen an der Straße nach Plouvenez. Übliche Municipal-Preise, Tel. 295 127.

▶ **Kergrist-Moëlou**: Wer sich als Fremder hierher verirrt, kommt nur wegen der Kirche. Der *Calvaire* im Pfarrbezirk (15. Jh.) wurde von republikanischen Plünderern während der Revolution in Trümmer gehauen. Als wieder ruhigere Zeiten anbrachen, bastelte man die annähernd 100 Heiligenfiguren aus Kersantoner Granit auf dem heilgebliebenen achteckigen Sockel planlos zusammen und schuf ein kunterbuntes Sammelsurium beschädigter, in einer falschen Geschichte umherirrender Heiliger. Im Inneren der idyllisch von alten Bäumen umstandenen *Kirche* entdeckt man im Tonnengewölbe des Längsschiffs eine schön bemalte Holzdecke. Arabeskenverzierte Medallions zeigen die Konterfeis der französischen Bischöfe, die 1870 am vatikanischen Konzil teilgenommen hatten. Im Querschiff betrachten rechts weibliche Heilige sanftmütig den Besucher, links runzeln weißbärtige Propheten die Stirn.

• *Anfahrt*: Z. B. von St.-Nicholas-du-Pelem über die D 787 Richtung Carhaix; nach ca. 5 km rechts ab, ausgeschildert auf einer schmalen Landstraße 9 km westlich.

▶ **Gurunhuel**: Die auf einer Anhöhe über der Bocage-Landschaft des Argoat gelegene Ortschaft vermittelt tiefe Provinz. Eindeutiges Zentrum ist ein niedriges Granitsteinhaus in der Ortsmitte, in dem alle Fäden der 440-Seelen-Gemeinde zusammenlaufen: Es ist Lebensmittelladen, Bäckerei, Haushalts- und Kurzwarengeschäft, gelegentlich Restaurant, immer Café und natürlich Tratsch- und Meinungsbörse. Für Touristen, die es hierher verschlagen hat, bietet Gurunhuel neben einem authentischen Stück bretonischer Provinz die mit Wehrturm versehene *Ortskirche Notre-Dame* (16. Jh.), die *Kapelle St. Fiacre* (15. Jh.) und einen in Fachkreisen bekannten *Calvaire*, dessen zentrale Figurengruppe den Sohn Gottes und das Schicksal der beiden Schächer darstellt. Der Gute wird von einem Engel ins Himmelreich begleitet, hinter dem Uneinsichtigen lauert schon das Böse.

• *Anfahrt*: Von Guingamp 6,5 km südwestlich über die D 787; in Mousterou Ortsmitte zeigt ein Wegweiser nach Gurunhuel (6 km).

▶ **Bourbriac**: Die 2567 Einwohner der Kommune haben viel Platz; Bourbriac ist flächenmäßig die drittgrößte Gemeinde des Départements. In der Ortsmitte überrascht die mächtige *Kirche*, die mit ihrem 64 m hohen Turm die wenigen Geschäfte und die Mairie auf dem Dorfplatz erdückt. Der Turm gilt als schönes Beispiel vom Übergang der Gotik in die bretonische Renaissance. Die Kirche ist dem heiligen Briak geweiht, der im 6. Jahrhundert als Psychiater und Geistheiler wirkte. Interessant ist die Krypta der Kirche, die Teile aus dem 10. Jh. enthält. Im Innenraum stehen Grab und Sarkophag des Heiligen.

Bourbriac, von 800 Hektar Wald, 32 km fischreichen Flußläufen und zwei Weihern umgeben, ist ein netter Wanderstützpunkt. Dolmen, Menhire und Tumuli aus der Vorgeschichte bezeugen, daß die nähere und weitere Umgebung von Bourbriac bereits seit der Bronzezeit Siedlungsland war. Das brachte die findige Kantonsverwaltung auf die Idee, einen Circuit touristique zusammenzustellen. Ergebnis: Die *Tour des Vieilles Pierres* (Tour der Alten Steine), eine 80 Monumente umfassende Rundfahrt, die in erster Linie Experten der Frühgeschichte aufregen könnte. Die Eingliederung zahlloser Kapellen, Brunnen, Beinhäuser, Calvaires und alter Häuser in den Rundweg ist etwas wahllos geschehen und macht die Strecke oft nur länger.

• *Anfahrt*: 10 km südlich von Guingamp an der D 8.

▶ **Lanrivain**: Das kleine Dörfchen auf einer leichten Anhöhe war schon in der Bronzezeit besiedelt. Der umfriedete Pfarrbezirk der *Ortskirche St. Grégoire* (19. Jh.) besitzt einen *Friedhof* mit *Beinhaus* (15. Jh.) und - als gestalterischen Höhepunkt - einen ansehnlichen *Calvaire* aus dem 16. Jh. Auffallend sind seine großen Heiligenfiguren, die sich trotz Restaurierung von den erlittenen Revolutionsschäden nicht mehr völlig erholt haben. Ein uralter Baum neben dem Calvaire blickt auf eine königliche Abstammung zurück: HEINRICH IV. soll ihn gegen Ende des 16. Jh. eigenhändig gepflanzt haben.

Einen Kilometer nördlich von Lanrivain findet sich im Weiler *Ciaudet* die schmucke Kapelle der gleichnamigen Jungfrau. Sie ist ein bis heute beliebter Wallfahrtsort und beherbergt ein Kuriosum: Einem ansässigen Bauern war vor 300 Jahren die Heilige Jungfrau im Kindbett erschienen. Im Inneren der Kirche am prächtigen Altar ist seither Maria mit Gotteskind in liegender Position zu sehen, und der Weiler bekam seinen Namen: "Yaudet" - bretonisch für Kindbett.

• *Anfahrt*: 25 km südlich von Guingamp über die D 8, bis Bourbriac noch ganz gut ausgebaute Straße, danach schmale, gewundene Landstraße mit teilweise schöner Aussicht über die wellige Landschaft.

▶ **Gorges de Toul Goulic**: Der Weg zur idyllischen Schlucht ist ausgiebigst ausgeschildert und führt, an Wegkreuzen und Marterln vorbei, 2 km außerhalb von Lanrivain auf einen Parkplatz. Nun in einem 15-Minuten Spaziergang ins *Blavet-Tal* hinab. Zwischen rundgewaschenen Granitblöcken im Wald schlängelt sich das Flüßchen durch ein schmales Tal und verschwindet teilweise unter dem bizzaren Gestein. Nicht das große Naturerlebnis, doch ein netter Ausflug ins Grüne.

Le Faouët *(ca. 3000 Einwohner)*

Umgeben vom hügeligen Wald- und fruchtbaren Ackerland der Montagne Noirs liegt Le Faouët in einer Landidylle. Im klaren Wasser der grünen Bachtäler tummeln sich Forellen und Lachse und allerorts erheben sich die Türmchen und Türme der Wallfahrtskapellen aus den Buchenwäldern.

Le Faouët (bret. Buchenwald) ist ein typisches Provinzstädtchen des Argoat, verschlafen und weit ab vom Schuß. Hier werden die Gehsteige schon am frühen Abend hochgeklappt. Für Touristen ist Le Faouët als Ausgangspunkt für Wanderungen durch das *Ellé-Tal* interessant. Stille Spazierwege führen durch schattige Wälder zu einigen außergewöhnlichen Kulturschätzen, wie die eindrucksvoll gelegene *Kapelle Ste.-Barbe* oder die *Kapelle des Hl. Fiacre* mit ihrem seltenen Holzlettner.

Das Städtchen selbst bietet als Attraktion eine *Markthalle* (16. Jh.), unter deren weit heruntergezogenem Schieferdach ein Phantom umgeht: Die Seele der Straßenräuberin und Volksheldin MARION DE FAOUËT, die im 18. Jh. Edelleute, Geizkrägen und Händler plünderte und die Armen beschenkte, wurde zum Spuken verdammt und hat nun hier ihren Erstwohnsitz. Daneben wird die 19 Meter breite und 53 Meter lange Halle, die den Grande Place beherrscht, immer noch für den Wochenmarkt und zu Festveranstaltungen genutzt. Zwei Spitzgiebel aus Holzfachwerk ruhen auf granitenen Säulen und grenzen das Dach seitlich ab, in der Mitte erhebt sich ein schieferbehelmter, achteckiger Glockenturm. Vor der Halle erinnert ein ungewöhnliches *Denkmal* an den in Le Faouët geborenen CORENTIN CARRÉ: Der jüngste Soldat Frankreichs hatte sich 1915 mit 15 Jahren freiwillig für den Ersten Weltkrieg gemeldet und war 1918 kurz vor Ende des Krieges bei einem Luftangriff auf dem "Feld der Ehre" gefallen.

- *Telefonvorwahl*: 97
- *Postleitzahl*: 56320
- *Information*: Im Ursulinerinnenkloster, nur im Sommer geöffnet. Dem O.T. ist ein kleines Museum angeschlossen, Werke verschiedener bretonischer Maler (Juli/August). Ansonsten Auskunft im Rathaus. Tel. 232 323.
- *Verbindung*: 3 - 6 **Busse** täglich nach Lorient (Linie 15 a und 15 b). Haltestelle bei den Markthallen. 2 bzw. 3 x täglich nach Plouray oder Gourin. Sonntags kein Busverkehr. Place des Halles, Tel. 342 091.
- *Fischen*: Angelscheine und -marken gibts bei M. Limbour, im Maison de la Presse bei den Markthallen.
- *Markt*: Mittwoch vormittag in der Markthalle und rundherum.

Übernachten/Camping

Eine Handvoll einfacher Hotels. Zentral gegenüber der Markthalle bietet das ** **Hotel la Croix d'Or** 12 Zimmer mit guter Sanitärausstattung. Solides Hotelrestaurant mit preiswerten Gerichten (Menus ab 17 DM). DZ 70 - 75 DM, HP 90 DM. Place Bellanger, Tel. 230 733.

- *Camping*: *** **Municipal Beg er Roch**; die Gemeinde hat sich Mühe gegeben; 3-ha-Areal entlang eines ruhig plätschernden Forellenbaches im Talgrund, unterhalb einer alten Mühle (Wald und Wiese). Verschiedene sportliche Angebote (Spielsaal für groß und klein), 18-Loch-Minigolfplatz. Kleiner Lebensmittelbazar, Eis und frische Getränke. Mobilhome- und Caravan-Vermietung. Erwachsene und Platz je 4 DM, Kind und Auto je 2 DM, Elektrik 3 DM. 65 Stellplätze. Geöffnet von März bis Mitte September. Route de Lorient, Tel. 231 511.

Le Faouët / Umgebung

Knapper Baugrund für Ste. Barbe

▶ **Kapelle Ste.-Barbe**: 3 km nordöstlich von Le Faouët (ausgeschildert). Direkt unterhalb eines Aussichtsplateaus, in einer Felshöhlung über dem *Ellé-Tal*, duckt sich die von Lage und Architektur reizvolle Kapelle. Sie wurde 1498 von einem einheimischen Landedelmann in Auftrag gegeben, der hier durch ein Wunder der Hl. Barbara vor schwerem Steinschlag gerettet worden war. Die enge Schlucht 100 m über dem Ellé-Tal nötigte Architekten und Handwerkern eine Meisterleistung ab. Das Baumaterial mußte mühsam vom Rand des Plateaus abgeseilt oder vom Talgrund heraufgezogen werden. Der Platz reichte nur für ein Schiff mit Apsis, aus dem obligaten Glockenturm wurde ein einfacher Glockenpavillon am Plateaurand. 1512 war das Kirchlein in flammender Hochgotik vollendet und wurde schnell zum Wallfahrtsort für die gütige Barbara (letzter Junisonntag und 4. Dezember). Am Ende des 17. Jh. errichtete man für die zahlreichen Pilger eine ausladende *Renaissance-Treppe*, die vom Plateau aus bequem hinunter zur Kirche führt. Im Inneren (Schlüssel in dem kleinen Gasthaus auf dem Aussichtsplateau, falls geöffnet) mehrere fein geschnitzte *Tafelbilder* sowie *Renaissancefenster* aus dem 16. Jh., die bunt die Lebensgeschichte der Kirchenheiligen erzählen. Ein Stück unterhalb der Kapelle sprudelt eine eingefaßte, geweihte *Quelle*.

▶ **St. Fiacre**: Der Weiler etwa 2,5 Kilometer südlich von Le Faouët, abseits der Straße nach Quimperlé, ist ein vielbesuchter Flecken. Die *Kapelle St. Fiacre* im typischen Flamboyantstil des 15. Jh. am Ortsrand beherbergt ein 500 Jahre altes Meisterwerk hochgotischer Schnitzkunst - den 1986 hervorragend restaurierten farbenfrohen *Lettner*, der das Schiff vom Chor trennt. Gekrönt wird er von einem gekreuzigten Christus, anschauliche Szenen zeigen Profanes und Paradiesisches, menschliche Schwächen und Laster. Während Adam und Eva, der Gemeinde zugewandt, sich schamhaft mit einem Feigenblatt bedecken, spielt sich auf der Rückseite - für den Klerus gut zu studieren - wildestes Leben ab:

Ein glasig glotzender Trunkenbold mit Faß erbricht einen ganzen Fuchs, ein Dieb versteckt sich im Apfelbaum, der musikalische Faulpelz gibt sich ganz dem Dudelsack hin und ein harmloses Pärchen verkörpert - wenig ersichtlich - angeblich die Wollust.

Ein verschmitzter Großvater mit Bambusstöckchen, vermutlich dem Lettner entstiegen, erklärte 1990 in gebrochenem Kriegsdeutsch liebevoll die Figuren. Gegen ein Trinkgeld hatte er nichts einzuwenden.

• *Öffnungszeiten*: Zumindest von Juli bis in den September von 9 - 12 und 14 - 19 Uhr.

▶ **Kernascléden**: Die 450-Seelen-Gemeinde 12 km östlich von Le Faouët (D 782) besitzt eine der bemerkenswertesten Kirchen der Bretagne. Das 1453 geweihte Gotteshaus wurde von der Familie der Rohans gestiftet, und die Legende weiß zu berichten, daß himmlische Transporteure den Bau der Pfarrkirche beschleunigten. Engel brachten jeden Tag Handwerker und Handwerkszeug nach Kernascléden.

Totentanz in Kernascléden

Die harmonische Kirche ist ein gotisches Meisterwerk, geprägt vom schlanken Turm, den großen Fensterrosen und zwei Vorhallen. Das Innere überwölbt ein freskenverziertes *Spitztonnengewölbe*. 24 Bilder schildern das Leben Marias, sieben Episoden erzählen die Leidensgeschichte Jesu (Auferstehung inklusive), eine achte zeigt die Himmelfahrt - Jesus unter engelhaften Sängern und Musikanten. Höhepunkt der Kirchenausschmückung sind die bei Restaurierungsarbeiten freigelegten Fragmente eines *Totentanzes* und die *Darstellung der Hölle*. In einer makabren Prozession ziehen Kaiser, König, Kardinal vorbei, begleitet von einem Skelett, das die Trompete des Jüngsten Gerichtes bläst. Der Tod kennt keine Klassenunterschiede - alle müssen sterben. Rechts daneben, fast über die ganze Wand freigelegt, die Höllentorturen: Sichtlich vergnügte Teufel sieden böse Seelen in riesigen Töpfen, ein langhorniger Folterknecht piesackt die Verdammten mit dem Dreizack, in einem bauchigen Faß ertrinken die von den Martern Gequälten. Sehr anschauliche Schilderung des Höllenpfuhls.

• *Öffnungszeiten*: Zumindest im Sommer zuverlässig täglich von 9 - 19 Uhr.

Huelgoat *(ca. 2.000 Einwohner)*

Huelgoat heißt Hochwald. Unter seinem schattigen Blätterdach sollen Tristan und Isolde händchenhaltend spazieren gegangen sein, Feen sollen gezaubert haben und eine keltische Siedlung ist nach dem Sagenkönig Artus benannt. 1987 knickte ein Orkan große Teile des vielgepriesenen Märchenwaldes. Die klangvollen Stationen haben viel von ihrem Zauber verloren.

Der Wald war ursprünglich ein Teil der *Brocéliande*, dem ausgedehnten Waldgebiet, das einst das Innere der Bretagne bedeckte. Von ihm ist wenig geblieben. Der Wald von Huelgoat (1987 600 ha) wurde wie der *Fôret de Paimpont* durch die Trockenheit und die Waldbrände der letzten Jahre grausam dezimiert. Wiederaufforstungsprogramme laufen, aber es wird noch Jahrzehnte dauern, bis Fotografen die romantischen Motive wiederfinden, mit denen die Tourismusprospekte noch werben.

Das *Städtchen Huelgoat*, dessen niedrige Häuser sich friedvoll um den See legen, war früher ein Bergbauort. In den Minen wurde bis Ende des 19. Jh. silberhaltiges Blei ausgebeutet, daneben lebte Huelgoat von Holzgewinnung und dem Pantoffelgewerbe. Im ersten Drittel unseres Jahrhunderts entdeckten englische Touristen den Ort, 175 m ü.d.M., als gutdurchlüftete Sommerfrische in den "Bergen" und Huelgoat wurde ein innerbretonisches Muß. Die im Wald versteckten und durch Erosion entstandenen Felsenmeere reizten die Phantasie der Besucher und verlockten die Einheimischen zu unzähligen Legenden, die sie bei einigen Ballons Rouge in einem der Cafés auf dem Marktplatz gerne erzählen.

Seit der Sturmkatastrophe 1987 hat sich dies geändert; nur ungern geben die im Tourismusgewerbe Beschäftigten Auskunft über die üblen Verwüstungen, die ihre Einkünfte wesentlich schmälerten.

- *Telefonvorwahl*: 98
- *Postleitzahl*: 29690
- *Information*: Über Ostern und von Juni bis September werktags von 10 - 12 und 14 - 18 Uhr. In der Nebensaison im Rathaus. Place de la Mairie, Tel. 997 232.
- *Verbindung*: 2 **Busse** täglich (Sonntags 1 Bus) nach Carhaix oder nach Morlaix.

Übernachten/Camping

* **Hotel An Triskell**: An der Straße nach Pleyben. Nettes 10-Zimmer-Hotel. Unterschiedliche sanitäre Ausstattung. Gartenterrasse, kein Restaurant. DZ mit Dusche/WC 45, mit Bad/WC 53 DM, Frühstück 8 DM. Vom 15.11. - 15.12. geschlossen. Route de Pleyben, Tel. 997 232.

* **Hotel de Bretagne**: Ganz zentral am Marktgeviert, einfaches Hotel mit Restaurant. DZ mit WC 40 DM, mit Dusche 53 DM, mit Bad/WC 70 DM, Frühstück 8 DM. Place A. Briand, Tel. 997 113.

Hotel d'Armorique: Einfaches Hotel, ebenfalls am Markt. Simple Sanitärs und Möblierung. DZ ab 27 DM, Frühstück 8 DM. Place Aristide Briand 1, Tel.997 124.

- *Camping*: ** **Municipal du Lac**; eine Straße trennt den Platz. 100 heckenunterteilte Stellplätze zum Teil am See, zum Teil am kleinen Bach. Einige Kiefern und Büsche spenden Schatten. Spitzgiebeliger ordentlicher Naturstein-Sanitärblock. Kinderspielplatz, Tretbootverleih. Gleich daneben das Sportzentrum Huelgoats (Tennis, Schwimmbad). Komplettarrangement für 2 Personen 12 DM. Ansonsten Erwachsene 4 DM, Kinder 2 DM, heiß Duschen 1,20 DM, Elektrik 4 DM. In der NS 15 % Reduktion. Geöffnet vom 15.6. bis Mitte September. Rue du Lac, Tel. 997 880.

** **La Rivière d'Argent**: 2 km außerhalb, rechts der Straße nach Carhaix (D 769 A).

Am Silberfluß unter hohen, schattigen Bäumen, Hecken teilen die Rasenflächen. Direkter Anschluß an den Wanderweg. Baden, Volleyball, Petanque oder Fischen. Kleiner Lebensmittelhandel, Snackbar. Erwachsene und Platz je 4 DM, Kinder 2,30 DM, Elektrik 3 DM. 50 Stellplätze. Geöffnet vom 15.5. - 15.9. Tel. 997 250.

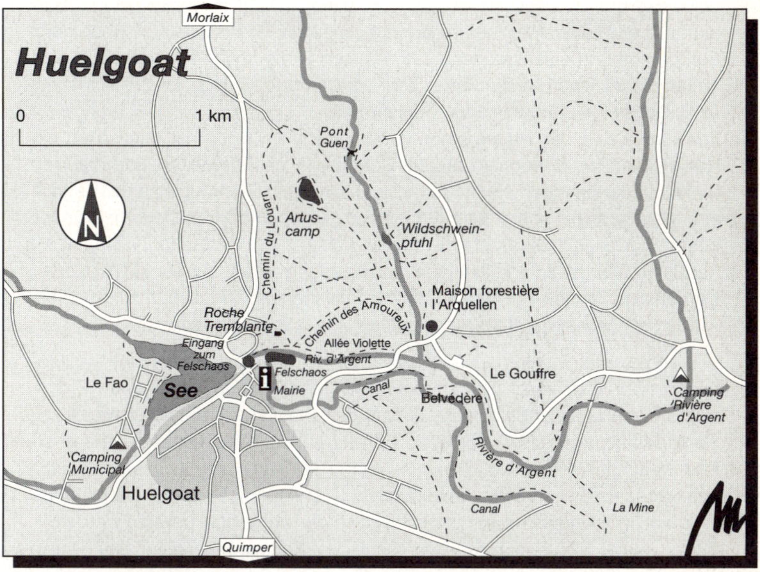

Rundwanderung

Etwa 3,5 Stunden reine Laufzeit, Markierung gelb bzw. gelb-weiß. Ausgangspunkt eines etwa 8 km langen Rundwanderwegs ist die *Brücke* am Ausgang des Sees. Gleich zu Beginn ein Höhepunkt: Hinter der alten *Mühle* (ab 1993 ein Heimatmuseum) am Silberfluß, der vom See gespeist wird, breitet sich das imposante Felsenlabyrinth *Chaos du Moulin* aus. Eine glitschige Leiter führt zwischen riesigen Granitblöcken hinab in die gurgelnde Teufelsgrotte (*Grotte du Diable*), in der das Flußwasser in einem düsteren Schlund verschwindet und Gottes prominentester Gegenpart der Legende nach einen sagenhaften Schatz bewacht.

Der klammen Unterwelt entstiegen, folgt man dem Felschaos, das der Fluß im Lauf von Jahrmillionen geschaffen hat. Wie die Ränge eines steinernen Theaters reihen sich die Blöcke auf dem gegenüberliegenden Flußufer zum Halbrund. Hier, im *Théâtre de Verdure* (Freilufttheater) finden im Sommer folkloristische Veranstaltungen statt. Ein kleiner Wegweiser zeigt links den Weg zum *Roche Tremblante* (steil aufwärts und dann am Geländer entlang hinunter). Der schwankende Felsen ist ein über 100 Tonnen schwerer Granitblock, durch eine Laune der Natur so gelagert, daß er durch einfache menschliche Muskelkraft zum Zittern gebracht werden kann - zwei unscheinbare Vertiefungen im Stein zeigen die richtige Stelle für den Einsatz Ihrer Kräfte an.

Tristan und Isolde

Die ursprünglich keltische Geschichte über eine aussichtslose, schicksalhafte Liebe zweier sympathischer Menschen breitete sich im Mittelalter von der Bretagne über Frankreich zuerst nach Deutschland und schließlich über ganz Europa aus und belebt wegen ihres zeitlosen Stoffs noch heute den Spielplan renommierter Opernhäuser oder dient als Drehbuchvorlage für Zelluloidkunst (z. B. Der ewige Bann von Jean Cocteau).
Zumindest eine der Hauptpersonen hat gelebt: Im 5. Jh. ist tatsächlich ein König MARC'H, Herrscher über die Cornouaille, nachgewiesen, und natürlich haben so die Bretonen einen stichhaltigen Grund, die Schauplätze der Sage in ihrer Heimat anzusiedeln: Beim Strand von Ris, oberhalb von Douarnenez, soll besagter König Marke (Marc'h) residiert haben, Hand in Hand sind TRISTAN und ISOLDE im Wald von Huelgoat spazierengegangen, auf der Ile Tristan vor Douarnenez landete Tristan bei seinem versuchten Todessprung, bei Brest wurde das Liebespaar beigesetzt, und so traurig fing alles schon an:

Seine Eltern hat Tristan (der Traurige), Prinz der Landschaft Léon, nie kennengelernt. Der Vater stirbt einige Monate vor dem Eintreffen des neuen Erdenbürgers, die Mutter überlebt die Geburt des Stammhalters nicht. Sein Onkel, König Marke, holt den Jüngling zu sich, und bald entwickelt sich sein geist- und waffengewandter Neffe zu einer unverzichtbaren Stütze seines Reichs, das gerade eine schwere Zeit durchlebt: Die Cornouaille ist Irland tributpflichtig, 300 Jungfrauen müssen jährlich an die grüne Insel geliefert werden.
Tristan bietet sich an, dieser Schmach ein Ende zu bereiten. Der Recke MOROLD, Schwager und Schwertarm des Irenkönigs, erwartet keine Schwierigkeiten, als er wie üblich die Ladung unberührter Mädchen abholen will. Doch Tristan übernimmt die Verantwortung, verweigert den Tribut und stellt sich auf der Samsoninsel in der Bucht von Douarnenez zum Kampf. Mit einem Hieb, so mächtig, daß ein Splitter seiner Klinge in der klaffenden Wunde steckenbleibt, spaltet er Morold den Schädel, doch auch Tristan wird auf den Tod verwundet - die einzige, die ihn retten könnte, ist peinlicherweise die heilkundige Schwester des Gefallenen, die Königin von Irland.
Verkleidet als TANTRIS, der Spielmann, läßt er sich nach Irland übersetzen, wo alles nach Wunsch verläuft. Nach einigen Wochen exzellenter Behandlung und Pflege durch die Königin, assistiert von ihrer hinreißenden Tochter Isolde, kann Tantris vom Krankenlager aufstehen. Doch bevor sich unter den jungen Leuten eventuell etwas anbahnen könnte, muß Tristan fluchtartig das Land verlassen. Isolde, die messerscharf Tristans beschädigtes Schwert mit dem Splitter im Kopf Morolds in Zusammenhang bringt, rät dem Mörder ihres Onkels aufgebracht - "Und dich haben wir gesund gepflegt!" - schleunigst zu verschwinden, bevor sie die Wachen ruft.

König Marke, seit dem Sieg Tristans dem irischen Kollegen gegenüber im Vorteil, will die Prinzessin, von der ihm der Neffe nach seiner glücklichen Heimkehr so viel erzählt hat, freien. Der überhaupt nicht begeisterte Tristan soll die Formalitäten regeln. Ebensowenig begeistert ist Isolde, doch aus Gründen der Staatsraison muß der Antrag vom irischen Königshaus angenommen werden.

Auf der Schiffsreise zur bretonischen Küste ereilt die beiden das Verhängnis: Der magische Liebestrank, den die Mutter ihrer Tochter mitgab, um ihre Ehe mit dem alten Mann erträglicher zu machen, wird Tristan und Isolde kredenzt und richtet verheerende Verwirrungen in ihrem Gefühlsleben an - sie können nicht anders, untrennbar sind sie fortan durch die Liebe miteinander verbunden und ihr Martyrium beginnt. Lustlos heiratet Isolde König Marke. Sie kann ihm keine gute Gattin sein, und Tristan hintergeht seinen Onkel. So oft wie möglich müssen die hemmungslos Liebenden sich treffen, um heimlich Zärtlichkeiten und immer neue Liebesschwüre auszutauschen. Das kann auf Dauer nicht gut gehen, und wir kommen zum Schluß.
Die Vielfalt, mit der die unterschiedlichen Erzähler das Liebespaar leiden lassen und schließlich töten, ist enorm. Beschränken wir uns auf dieses unkomplizierte Ende: König Marke entdeckt den schändlichen Betrug und ist tödlich beleidigt. Gemeinsam läßt er das Paar noch auf dem Scheiterhaufen sterben, doch ihre Gräber werden links und rechts einer Kapelle geschaufelt - geweihte Erde soll sie im Tode trennen. Seine Bemühungen indes sind vergeblich. Aus den Herzen der beiden entsprießen ein Rosen- (Isolde) und ein Weinstock (Tristan). Schon am Tag nach der Bestattung wuchern Rosen und Wein eng umschlungen über dem Dach des Gotteshauses zusammen.

Zurück zur Abzweigung, auf dem Hauptweg am Silberfluß weiter. Nach kurzer Zeit geht es rechts aufwärts zur *Ménage de la Vierge*, dem Haushalt der Jungfrau, dessen steinerne Ausstattung (Töpfe, Buttermaschine, Kopfkissen und Ruhesessel) für die Autoren trotz mühsam erklommener Blickwinkel nicht zu erkennen war. Etwa 50 m weiter gabelt sich der Hauptweg - rechts folgt die schattige *Allée Violette* dem Fluß, links führt der *Sentiers des Amoureux* bergauf. Natürlich auf den Pfad der Liebenden wechseln. Zunächst noch vom grünen Blätterdach beschattet leicht bergan auf den Spuren Tristans und Isoldes, bis nach 800 m ein Wegkreuz jäh aus romantischen Träumen reißt: Der Wald ist seit dem Orkan 1987 plattgewalzt, wie Streichhölzer spreizen sich noch einzelne Stümpfe und Stämme aus der aufgewühlten Erde. Gnädig verdeckt Heidekraut die schlimmsten Narben.

Der Weg hinauf zum *Camp d'Artus* (links bergauf, ca. 15 Minuten) führt durch das Szenario eines teils vom Sturm gefällten, teils vom Feuer vernichteten Waldgebietes. Das Lager des Großkönigs Artus ist eine rechteckige Fläche, von einem mit Brombeerbüschen und Unterholz überwucherten ovalen Wall eingefaßt. Ein Rundgang auf dem Erdwall verschafft Einblicke. Seit 1938 Hausfundamente und Feuerstellen entdeckt wurden, weiß die Wissenschaft Bescheid: Beim Camp d'Artus handelt es sich aller Wahrscheinlichkeit nach um ein keltisches Oppidum, eine nicht nur militärisch genutzte Höhensiedlung. Der Eingang in die "Stadt" wurde durch eine 18 m hohe, aus Steinen und Holzbohlen aufgeschichtete und später von Grünpflanzen überwucherte "Burg" kontrolliert. Am Fuß dieser Befestigung erklärt eine Schautafel französischsprechenden Interessenten die Anlage, erläutert das Bauprinzip, informiert über die Forschungsgeschichte und zitiert Cäsar.

Am Wildschweinpfuhl

Denselben Weg vom Artus-Camp zurück, nach ca. 500 m den kleinen Pfad links ab und vom Bergkamm steil hinunter zum *Mare aux Sangliers*, dem Wildschweinpfuhl am *Clair-Ruisseau* (Klarer Bach). Auch hier die Spuren der Zerstörung. In engen, meterhohen Plastikröhren kämpfen sich die durstigen Setzlinge des Wiederaufforstungsprogramms rund um den einst so malerischen Tümpel in eine neue Zukunft; rundgeschliffene, bauchige und von zartem Moos überzogene Felsblöcke suhlen sich wie Wildschweine im spärlichen Wasser.

Hinter dem Mare aux Sangliers folgt der Wanderpfad dem Bachlauf und mündet nach etwa 1 km auf die Straße nach Carhaix (D 769 A). Der Straße nach links folgen, nach ca. 200 m öffnet sich *Le Gouffre*, ein tiefer Felsschlund, in den das Wasser des Flusses hinabstürzt. In dieses glitschige, gischtumspritzte Felsloch soll die böse Fee DAHUD nach der Legende ihre ausgelaugten Liebhaber am frühen Morgen hinabgestoßen haben. Seither darben die Seelen der erschöpften Unglücklichen am Grund des Schlunds und warten darauf, daß ein beherzter Mann den Zauber der Fee bricht.

Ein kleiner Kletterpfad führt hinter der Gouffre-Brücke steil gewunden zum *Belvédère*, einem Aussichtspunkt auf einem Felssporn mit Blick über das Silberflußtal. Wieder zur Brücke hinab. Ein schmaler Wanderpfad auf der linken Flußseite (ausgeschildert *La Mine*) führt in das sich verbreiternde Tal, wo nach 1 km aufgegebene alte Blei- und Silberminen auftauchen. Den Fluß überqueren und den bewaldeten Bergrücken steil nach oben. Überall zwischen den Bäumen liegen kleine Gruben und Schächte, am Ende des Hohlpfades ist eine stillgelegte *Wasserkraftanlage* erreicht, die einst eine Gesteinszerkleinerungsmaschine betrieb. Dahinter windet sich ein schmaler Kanal (*Le Canal*) -

in ihm wurde das Erz ausgewaschen - durch den Wald. Über seine "Promenade" nach Huelgoat zurück (ca. 3 km).
Kurz vor der Ortschaft biegt links ein Pfad ab, hinauf zum *Roche Cintrée* (gewölbter Felsen) mit Panorama über die *Monts d'Arrée* und *die Montagnes Noires*. Zu Ihren Füßen liegt rings um den See verstreut Huelgoat.

Carhaix-Plouguer *(ca. 9100 Einwohner)*

Der bullige Stier im Stadtwappen weist auf Carhaix' wichtigsten Wirtschaftszweig hin. Umgeben von saftig-grünem Weideland, auf dem gemusterte Milchkühe gelangweilt wiederkäuen, widmen sich die Carhaisiens besonders der Aufzucht von kräftigen Hornviehvätern.

Carhaix war in römischer Zeit ein wichtiger Verkehrsknotenpunkt. In *Vorganium* trafen sich sieben römische Straßen, und der Ort, bis dahin Hauptstadt der keltischen Ossimer, erblühte unter der gallo-römischen Kultur. Im 6. Jh. war Carhaix die Hauptstadt der Grafschaft Poher. Im Mittelalter kam Carhaix durch den Abbau von silberhaltigem Blei zu einigem Wohlstand, doch mit dem 18. Jh. begann ein unaufhaltsamer Niedergang. Viele Bewohner verließen die Stadt, verdingten sich als Dienstboten in Paris oder wanderten aus. Erst in jüngster Zeit erlebte Carhaix wieder eine Aufwärtsentwicklung. Durch die Agrarförderprogramme wurde Carhaix zu einem Landwirtschaftszentrum ausgebaut, dessen Spezialität die Hornviehaufzucht und die Milcherzeugung ist.
Auffallend für Carhaix, seit 1956 mit dem Ortsteil *Plouguer* verwaltungstechnisch zusammengefaßt, sind die vielen großzügigen Plätze und die für die Bretagne untypische, lockere Bebauung. Touristisch ist Carhaix nicht allzu aufregend. Liebhaber französischer Geschichte und keltischer Sprache können die Bronzestatue und das Geburtshaus des "ersten Grenadiers der Republik" auf dem *Place de la Tour d'Auvergne* besichtigen, Interessenten blutrünstiger Legenden die *Kirche des heiligen Trémeur*. Aus den wenigen verbliebenen Fachwerkhäusern des Mittelalters sticht das *Maison du Sénéchal* heraus, in dem sich das Tourismusbüro und das kleine Heimatkundemuseum eingerichtet haben.

- Telefonvorwahl: 98
- Postleitzahl: 29270
- Information: O.T. in einer Seitenstraße links der Hauptstraße. Übliche Öffnungszeiten. In den oberen Stockwerken kleines Heimatkundemuseum. Rue Brizeux 3, Tel. 930 442.

- Verbindung: 3 **Bus**haltestellen; am Bahnhofsplatz, im Zentrum und bei der Kirche St. Trémeur. Mindestens 2 x täglich über Huelgoat nach Morlaix (So 1 x). Einmal werktags nach St. Brieuc. 3 x täglich nach Rosporden. Außerdem mindestens 2 x (So 1 x) über Châteauneuf nach Châteaulin. 2 x werktags über Mur-de-Bretagne nach Loudéac.
Zug: Carhaix liegt an einer Stichlinie. Nächster Umsteigebahnhof Richtung Brest oder Rennes/Paris ist Guingamp. Mehrmals täglich Anschlüsse nach Guingamp. Bahnhof im Osten der Stadt, 300 m vom Zentrum. Place de la Gare, Tel. 930 001.

- Fahrradverleih: **Cycles Le Cam** vermietet Tourenräder (20 DM pro Tag) und Mountainbikes (27 DM pro Tag), Avenue Victor-Hugo 24, Tel. 930 750.
- Feste: Am vorletzten Junisonntag Folklorefestival zu Ehren des "Tour d'Auvergne", Theophile Malo-Corret (siehe Kasten/Der erste Grenadier).

Der erste Grenadier der Republik

THEOPHILE MALO-CORRET, 1743 in Carhaix geboren, begeistert sich früh für die bretonische Sprache und das Kriegshandwerk. Er tritt in die königliche Amee ein, erklimmt als Bürgerlicher aber nur langsam die Karriereleiter. Mit 46 Jahren hat es Théophile, dessen Spezialität das Werfen von Handgranaten ist, gerade zum stellvertretenden Hauptmann gebracht. Mit dem Ausbruch der Revolution - er ist ihr begeisterter Anhänger - zeigt Théophile seine Qualitäten. Die Revolutionskriege führen ihn mit seiner Kompanie durch ganz Frankreich. Er erwirbt sich durch seine Kühnheit die Gunst seiner Grenadier-Soldaten und den Beinamen La Tour d'Auvergne, der zu einem gefürchteten Markenzeichen wird. Wo er auftaucht, zittern die Gegner. So auch bei der Belagerung von San Sebastian, als die Bewohner der Stadt dem anrückenden Hauptmann die Stadtschlüssel freiwillig übergeben. Nach dieser Bravourleistung werden dem Helden hohe militärische Posten angedient, doch La Tour lehnt dankend ab. Er beendet seine Militärzeit lieber bei seinen ihm treu ergebenen Soldaten und widmet sich nach seiner Pensionierung 1793 ganz seiner zweiten Leidenschaft, der bretonischen Sprache. Sein besonderes Augenmerk gilt der Erstellung einer keltischen Grammatik und der Frage, ob Adam und Eva im Paradies nicht bretonisch parliert haben, als sie ihren verhängnisvollen Fehler begingen (siehe Wissenswertes/Heilige). 1797 werden La Tours Studien unterbrochen. Der letzte Sohn seines Freundes BRIGANT - drei waren bereits für Napoleon gefallen - soll zum Militärdienst eingezogen werden. Der inzwischen 54jährige Haudegen und Sprachforscher meldet sich freiwillig an dessen Stelle. Natürlich werden dem prominenten Grenadier ungefährliche Posten in der Etappe angeboten, doch La Tour bleibt seinen ehernen Grundsätzen treu. Der Hauptmann a. D. will in vorderster Front bei der Truppe bleiben, tritt als einfacher Soldat ins 46. Regiment ein und zieht knapp 3 Jahre lang wieder durch Europa. Am 27. Juni

1800 streckt ihn die Lanze eines österreichischen Ulanen in der Schlacht bei Oberhausen nieder. Als Napoleon vom tragischen Ende des Ideal-Soldaten erfährt, ernennt er ihn posthum zum "ersten Grenadier der Republik" und läßt seinen Sarg mit dem Ehrensäbel schmücken. Am Tag der Beerdigung trägt die gesamte napoleonische Armee Trauer.

Übernachten/Camping

*** **Hotel Le Gradlon**: Komfortables Mittelklassehotel an der D 764 im Stadtzentrum. 45 Zimmer mit Bad/Dusche/WC und Lärmschutzfenster. Restaurant mit Menus ab 25 DM. EZ 75 DM, DZ 90 DM, Frühstück 10 DM. Geschlossen vom 15.12. - 15.1. Boulevard de la République 12, Tel. 931 522.

** **Hotel d'Ahès**: Im Zentrum an der Hauptstraße. 10 Zimmer mit gutem Sanitärkomfort (Bad oder Dusche/WC). Bar. DZ 63 - 75 DM, Frühstück 8 DM. Ganzjährig geöffnet. Rue Ferdinand Lancien 1 - 3, Tel. 930 009.

Hotel de Bretagne: Einfaches 11-Zimmer-Hotel am Ende der Hauptstraße. Sanitärs meist auf der Etage, nur 4 Zimmer mit eigenem Hygienebereich. Bar, Restaurant mit traditioneller Küche, Menus 18 - 65 DM, Tagesgericht 12 DM. EZ 27 DM, DZ 33 - 65 DM, Dreibettzimmer ab 43 DM, Extrabett 8 DM, Frühstück 6,50. Ganzjährig geöffnet. Rue des Martyrs 29, Tel. 930 022.

• *Camping*: ** **Municipal**; im Vallée de l'Hyère, etwa 2 km außerhalb (Richtung Brest über die D 764, ausgeschildert), ein nettes Freizeitgelände und Naherholungsgebiet. Großflächiges, lichtes Rasenterrain mit vielen kleinen Bäumen und Blumenbeeten direkt am Fluß. 5 Weiher umgeben den Platz. Kinderspielplatz, Tennis- und Boulegelände, Kanufahrten. Sehr gepflegte Sanitärs (6 Warmwasserduschen). Erwachsene 2 DM, Kinder bis 7 Jahre 1,20 DM, Platz und Auto je 2,50 DM, Wohnmobil 2,50 DM, Motorrad 1 DM, Elektrik 3 DM. Geöffnet vom 15.6. - 15.9. Vallée de l'Hyère, Route de Kerniguez, Tel. 930 013.

Sehenswertes

Kirche St. Trémeur: Spektakulär ist die Kirche keineswegs. Doch das im 19. Jh. nach einem Brand im Stil der Gotik wiederaufgebaute Gotteshaus aus dem 16. Jh. ist dem Hl. TRÉMEUR geweiht, dessen Statue über dem Portal zu erkennen ist. Sein Leben war wahrlich aufregend. Trémeur war der Sohn des legendären Grafen und Frauenschlächters COMORRE, die bretonische Variante des Ritters Blaubart. Nach der Legende - eine Variation des Ödipus-Stoffes - wurde Comorre geweissagt, daß ihn ein männlicher Nachkomme meucheln werde. Comorre behalf sich. Als seine Ehefrau schwanger wurde, erwürgte er sie. Auf diese Weise hatte er bereits vier Frauen ins Jenseits befördert, als Tréphine, seine fünfte Gemahlin, heimlich einen Sohn gebar. Nach der Geburt kam ihr Blaubart hinter die Schliche und schlug ihr den Kopf ab, doch konnte der Hl. Gildas den Säugling aus der Burg schmuggeln. Im Wald von Carnoet versteckt, wuchs Trémeur unter den Anleitungen des Heiligen wie sein Ziehvater zum gottesfürchtigen Mann heran. Als Comorre bei einem Jagdausflug Trémeur begegnete und ihm die verblüffende Ähnlichkeit des jungen Mannes mit Tréphine auffiel, verlor auch Trémeur seinen Kopf: Mit einem wohlplazierten Schwerthieb enthauptete der Vater den eigenen Sohn. Doch der Torso hob den Kopf auf, setzte ihn wieder an den Hals und lief dem vor Angst schlotternden, in die Burg fliehenden Comorre gemütlich hinterher. Am Tor der väterlichen Burg angelangt, schleuderte er eine Handvoll Erde gegen die Mauern, die daraufhin barsten und Comorre unter sich begruben.

Maison du Sénéchal: In dem schieferverkleideten, mit schönen Statuen geschmückten Gebäude (16. Jh.) in der *Rue Bizeux* wohnte und urteilte der Seneschall, der Beamte der französischen Krone und damit wichtigster Mann vor Ort. Im Erdgeschoß hat sich heute das O. T. niedergelassen, im ersten Stock wird eine kleine heimatkundliche Ausstellung gratis gezeigt: Carhaixer Trachten, Kupferstiche (u. a. die Enthauptung des Räubers La Fontenelle) und Dokumente über Carhaix' berühmtesten Sohn, LA TOUR D'AUVERGNE.

Carhaix / Umgebung

▶ **Châteauneuf-du-Faou** *(ca. 4000 Einwohner)*: Das Städtchen auf einem steilen Höhenkamm über der *Aulne* gehört zur Kategorie *Station Verte de Vacances*. Bekannt sind Ort und Umgebung als Anglerparadies, in dem Flüßchen fängt man Hechte und Lachse oder man fährt einfach Boot. Kunstfreunde suchen in Châteauneuf die Pfarrkirche auf, deren Taufkapelle 1919 von PAUL SÉRUSIER mit Motiven aus dem Christusleben ausgemalt wurde. Weitere Urlauberfreuden: Bootsfahrten auf der Aulne, ausgedehnte Radtouren und/oder Spaziergänge im Grünen.

- *Telefonvorwahl*: 98
- *Postleitzahl*: 29520
- *Information*: O.T. in der Rue de la Mairie unweit der Kirche. Nur in der Sommerzeit zu amtsüblichen Zeiten geöffnet. Tel. 818 390.
- *Verbindung*: **Bus**haltestelle im Ortszentrum. Mindestens 2 x werktags nach Carhaix oder Châteaulin (Sonntag 1 x).

Camping

** **Municipal**: Der städtische "Complexe touristique" liegt etwas außerhalb, direkt am Ufer der Aulne. Sport- und Freizeitzentrum für die ganze Familie. Terrassenförmig angelegt und von Hecken unterteilt. Die Sanitärs könnten wieder einmal renoviert werden, morgens Warmwasser. Im Rezeptionsensemble direkt neben der Brücke kann man Fahrräder (17 DM/Halbtag), Kanus (30 DM/Halbtag), Tretboote oder Barken (60 DM/Halbtag) mieten. Erwachsene 3 DM, Kinder die Hälfte, Auto 1,50 DM, Zelt 2 DM, Wohnmobil 4,50 DM. Geöffnet von April bis 30.9. Penn-ar-Pont, Tel. 818 125.

Calvaire-Tour - Umfriedete Pfarrbezirke

Ehre sei Gott in der Höh: Wie kein anderer Landstrich in der Bretagne protzen die umfriedeten Pfarrbezirke im Elorn-Tal und den Monts d'Arrée mit Triumphtoren, Beinhäusern, vielfigurigen Calvaires und verschwenderisch-kunstvollen Kirchenausstattungen.

Den *Enclos paroissial* (siehe Kapitel Wissenswertes) gibt es nur in der Bretagne, und die schönsten und aufwendigsten versammeln sich in einem kleinen, ländlichen Gebiet, von dem Reisende ohne Vorwissen oder Reiseführer vermuten würden, daß sich hier Fuchs und Hase Gute Nacht sagen und das Platzen einer Kaldaunenwurst Anlaß für ein Fest Noz ist. Dies stimmt so nicht. Bis Mitte des 17. Jh. war der Landstrich

Im kleinen Pfarrbezirk von Lampaul-Guimiliau

zwischen *Elorn* und *Aulne* an der Grenze von Léon und Cornouaille durch seinen großflächigen Flachsanbau und das florierende Gewerbe der (Segel-)Tuchmacherei eine wohlhabende Region, in der für Landesverhältnisse überdurchschnittlich viel Geld zirkulierte. Und daß ein Teil dieses Geldes in aufwendige klerikale Bauvorhaben und Kirchenausstattungen investiert wurde, hatte einen triftigen Grund.

Gegen Ende des 16. Jh. sah die katholische Kirche ihre bretonischen Schäflein in Gefahr: Ein Teil hatte sich den ketzerischen Hugenotten (französische Form des Protestantismus) zugewandt, während andere, meist bäuerliche Kirchenmitglieder, sich ungenierter denn je um die heidnischen Götzen der Vorzeit versammelten.

Die *Gegenreformation* setzte ein, eine hundertjährige Kampagne mit dem Ziel, die verlorengegangene Attraktivität der heiligen römischen Kirche wiederherzustellen. Die Mittel waren vielfältig: Ketzerprozesse, Hinrichtungen oder Vertreibung waren die Knute, als Zucker wurden die geweihten Stätten des einzig wahren Gottes zu prachtvollen Heiligtümern ausgebaut.

Pompöse Eingangspforten in den heiligen Bezirk, vielfigurige Calvaires und bildergeschmückte, barocke Prunk-Altäre gehörten etwa hundert Jahre lang zum künslerischen Repertoire der Gegenreformation. Das unwissende, emotionale und in Bildern verhaftete bretonische Publikum sollte ein Spektakel erleben, das einen nachhaltigen Eindruck auf das einfache Gemüt hinterlassen mußte. Wer in die Kirche ging, wurde gemahnt, abgeschreckt und gleichzeitig auf die Wonne des Christenhimmels hingewiesen. Die Figuren waren eindeutig und drastisch, die Bilder dramatisch und für jeden verständlich, die Altäre eine irdische

Der Krieg der Gemeinden

1581: "Es begann damit, daß Guimiliau seinen Kalvarienberg erbaute und gleichzeitig St. Thégonnec seine monumentale Eingangspforte. Durfte St. Thégonnec, der größere Marktflecken, von dem kleineren Guimiliau sich überbieten lassen? Nein! Mit einem Musterstück von Beinhaus wollte es seine Überlegenheit beweisen. Und die Kirche! Sie sollte einen Turm bekommen, einen weithin sichtbaren, mit einer eleganten Ballustrade um die Plattform, aus der die alles überragende Kuppellaterne, umgeben von vier kleineren Ecklaternen, in den Himmel stößt. Guimiliau wußte die Schlappe sofort auszuwetzen, indem es seiner Kirche eine geradezu pompös ausgestattete Portalvorhalle anfügte. Bevor aber noch dieses Werk vollendet war, parierte St. Thégonnec den Schlag mit einem Calvaire, der zwar weniger Figuren als der zu Guimiliau aufwies, dafür aber mit seinen drei Kreuzen das Geschehen auf Golgatha wahrheitsgetreuer wiedergab.

Nach einem kurzen Waffenstillstand hob der friedliche Wettstreit von neuem an. Diesmal ließ Guimiliau kein neues Bauwerk erstellen, sondern gab 1675 einen hölzernen Baldachin zur Krönung des Taufbeckens in Auftrag, vor dem das Nachbardorf staunend stehen sollte. Gab es denn weit und breit einen Baldachin, der auf acht von Lorbeer und Wein umrankten Säulen ruht? Auf ihm waren die Taufe Jesu, die Heilige Dreifaltigkeit, die Mutter Gottes und Szenen aus dem Leben der Heiligen in geradezu virtuoser Arbeit dargestellt. Von dem Erfolg beflügelt, bestellte man zugleich noch eine dem Taufbecken würdige Kanzel, geschmückt mit den vier Haupttugenden und den vier Sibyllen. Um den Sieg vollständig zu machen, ließ man von denselben Meistern noch eine Orgeltribüne errichten.

Inzwischen trat in St. Thégonnec der Gemeindevorstand unter dem Vorsitz des Pfarrers nach altem Brauch in der prunkvollen Vorhalle der Kirche zusammen und beratschlagte, wie man den Vorsprung des Nachbarorts wieder aufholen könnte. Im Jahre 1683 bestellte man bei den Brüdern Lérel eine Kanzel, gegen die jene von Guimiliau wie das Werk eines Stümpers wirken mußte, gibt es an diesem Meisterwerk doch die Kardinaltugenden, die Evangelisten und die vier großen Kirchenväter zu bewundern. Hinter dem Kanzelwerk stützen zwei geflügelte Barockengel mit erhobenen Armen den Kanzeldeckel, während auf einem Relief Moses die Gesetzestafeln empfängt. Damit nicht genug! Den Kanzeldeckel zieren Blütenranken, Ornamente und Engelsköpfchen. Lebensfrohe Putten umspielen ihn. Von der Spitze dieses prunkenden Werkes läßt ein himmlischer Herold als Künder des Glaubens seine Siegesfanfare erschallen. Ihr Ton mag die Leute von Guimiliau sehr geschmerzt haben, zumal St. Thégonnec noch für die Krypta seines Beinhauses von Meister Jacques Lepaignol aus Morlaix eine holzgeschnitzte, farbig gefaßte Grablegungsszene schaffen ließ, mit ausdrucksstarken lebensgroßen Figuren, deren schönste wohl die sich in edler Trauer neigende Magdalena sein dürfte.

Noch einmal raffte sich Guimiliau auf und schmückte seine Kirche mit kunstvoll geschnitzten Beichtstühlen. Dann waren die Helden müde geworden. Der Krieg, der in diesem Falle nicht zerstörte, sondern die Bretagne mit einmaligen

Kostbarkeiten beschenkte, war zu Ende." (Max Rieple, Geheimnisvolle Bretagne, Bern 1965, S. 155 ff).

Wir ergänzen: Auch Lampaul-Guimiliau war am Krieg um den schönsten Bezirk beteiligt. St. Thégonnec war nicht der eigentliche Konkurrent, man wollte nur den unmittelbaren Nachbarn Guimiliau ausstechen. Ergebnis: Beinhaus und Triumphtor geben je einen Zähler für Lampaul-Guimiliau, Guimiliau punktet mit seinem Calvaire.

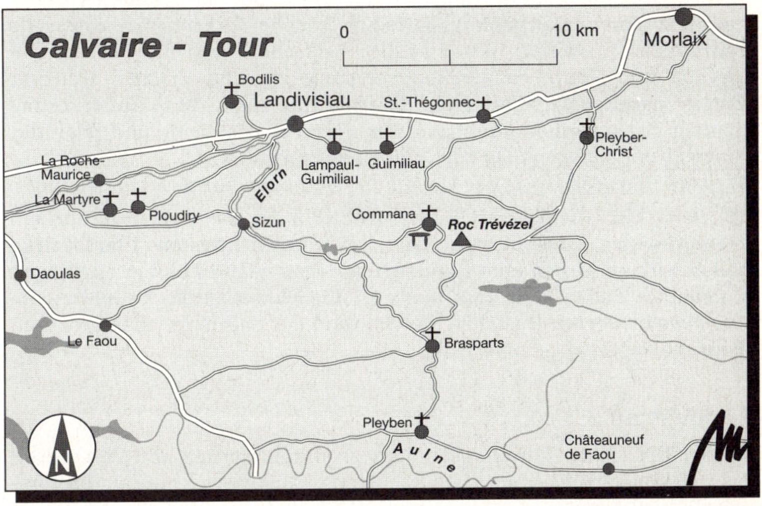

Vorwegnahme der paradiesischen Pracht. Während Kinder die Taufe unter den himmlischen Baldachinen der Taufbecken empfingen, spiegelte sich der Tod im Weihwasserbecken und auf Deckenbalken kämpfte die Tugend gegen das unausrottbare Laster. Die goldverzierten Statuen der Märtyrer und wundertätigen Heiligen aus Kupfer, Holz, Gips oder Stein, plastisch und bunt, bildeten weitere Zutaten einer wohlbedachten Mixtur, um Ketzertum und Aberglauben zu vertreiben und die Zweifelnden auf den rechten Weg zurückzuführen.
Als die Reformierten trotz angelaufener kirchlicher Gegenmaßnahmen weiterhin gefährlichen Zulauf bekamen, wurden innerhalb weniger Jahre die größten Summen in die belehrend-aufwendige Kulisse des wahren Glaubens investiert, um den Bretonen, widerspenstigen Mitgliedern einer verunsicherten Gesellschaft, einen eindrucksvollen spirituellen Hintergrund gegen neue Ideen und uralte Mythen anzubieten.

Das Ziel der Gegenreformation wurde erreicht; Heiden oder Hugenotten sind in der Bretagne bis heute eine vernachlässigbare Minderheit. Was der Nachwelt blieb, sind die geschlossenen Pfarrbezirke, die in dieser Zeit miteinander wetteifernd errichtet wurden. Die Gemeinden, die dafür früher Unsummen locker machen konnten, sind heute unscheinbare Dorfgemeinschaften, ihre Pfarrbezirke einzig sichtbares Relikt vergangenen Wohlstands, den die Tuchmacherei einst brachte. Kleine Ironie der Geschichte: Mit dem Exodus der in der Mehrzahl hugenottischen Tuchmacher, die sich von katholischem Eifertum verfolgt fühlten, war es auch endgültig aus mit den wirtschaftlich guten Zeiten für die Region.

Die berühmtesten *Enclos paroissiaux* liegen eng zusammen in drei kleinen Flecken um Landivisiau: *Guimiliau*, *Lampaul-Guimiliau* und *St. Thégonnec*, die über hundert Jahre am eifrigsten um den schönsten Pfarrbezirk konkurrierten, um das jeweilige Nachbardorf in seine kulturelle Schranken zu weisen; weiter südlich bestechen noch die Bezirke von *Pleyben* und *Sizun*, dazwischen verstreut ist eine Vielzahl weiterer Enclos paroissiaux, Calvaires, Triumphtore usw. Zur Auflockerung können Sie zwischendurch den *Roc Trevezel* besteigen und/oder das *Langgrab von Mougau-Bian* bei Commana inspizieren.
Weitere Pfarrbezirke in der Umgebung siehe Landerneau/Umgebung.

Hinweis: Mit öffentlichen Verkehrsmitteln ist die Calvaire-Tour ein zermürbendes Unterfangen. Wer nur die wichtigsten Pfarrbezirke sehen will, kann sich eine Radtour überlegen oder zu einem eintägigen Fußmarsch aufbrechen. Eine weitere Möglichkeit ist die Teilnahme an einer organisierten Busfahrt, die während der Saison an allen größeren Touristenorten angeboten wird.

Landivisiau *(ca. 8000 Einwohner)*

An der RN 12, der Direktverbindung zwischen Morlaix und Brest, breitet sich das harmlose Marktstädtchen aus. Einst war es ein rein bretonisches Zentrum für Pferdezucht und Lederverarbeitung, heute gehört der *Rindermarkt* nicht nur zu den größten der Bretagne - Ochs und Kuh aus ganz Frankreich werden hier verhökert. Für Reisende ohne eigenen Hornviehbestand ist Landivisiau Versorgungs- und Stützpunktzentrum einer ausgedehnteren Calvaire-Tour, hier kann auch Angelzubehör erstanden werden.
Kulturell steht die Kleinstadt im Abseits. Die *Kirche* von Landivisiau, erbaut im 15./16. Jh., 1865 bis auf Turm und Vorhalle völlig umgestaltet, kann sich mit den Pfarrbezirken im Umland nicht messen, auch das von der Kirche versetzte und gänzlich restaurierte Beinhaus im heutigen Friedhof ist nur ein matter Abglanz der umliegenden Ossuaires in den Pfarrbezirken rund um Landivisiau.

- *Postleitzahl*: 29400
- *Telefonvorwahl*: 98
- *Information*: Das Hauptbüro der gesamten Gegend; Office de Tourisme du Pays de Landi, ein kleines Büro in Rathausnähe an der Ausfallstraße Richtung Morlaix. Rue Maréchal Foch 14, Tel. 680 350.
- *Verbindung*: **Bus**bahnhof am Bahnhof (siehe unten).

Zug: Landivisiau liegt auf der Strecke Morlaix - Brest. Werktags mindestens drei Anschlüsse in beide Richtungen. Nächste Haltestelle nach Landivisiau Richtung Morlaix ist Guimiliau, übernächste St. Thégonnec. Bahnhof im Süden der Stadt in Elorn-Nähe, an der Rue de la Gare. Der TGV hält hier nicht.

- *Fahrradverleih*: Peron Cycles, Rue Mangin 1, Tel. 681 293.

Übernachten/Camping

** **Hotel Le Relais du Vern**: Ein neues Glied der Inter-Hotel-Kette hat 1990 vor den Toren der Stadt (an der Ausfahrt der N 12 Landivisiau Ost Richtung Roscoff) seine Pforten eröffnet. 52 gut ausgestattete Zimmer (TV, Telefon), wahlweise mit Bad oder Dusche, aber immer mit WC. Restaurant (120 Gedecke, Menu 20 - 40 DM), Freizeiteinrichtungen (z. B. Tennis, Reiten, Kinderspielplatz). Der Betrieb ist auf Behinderte eingestellt. DZ 85 - 100 DM, HP pro Person 85 DM, Frühstück 10 DM. Ganzjährig geöffnet. Zone du Vern, Tel. 244 242.

** **Hotel L'Etendard**: Zentraler, schlichter und kleiner als das oben genannte Urlaubsdomizil. Im Zentrum Landivisiaus, 23 Zimmer mit Bad/Dusche und TV, die meisten mit eigenem WC. Ordentliches Restaurant. DZ 50 - 80 DM, Halbpension pro Person 65 DM. Ganzjährig geöffnet. Rue Général-de-Gaulle 8, Tel. 680 660.

* **Hotel de l'Avenue**: Simples Stadthotel etwas südlich vom Zentrum, 25 ganz unterschiedliche Zimmer, 4 davon mit integriertem Sanitärbereich, Restaurant, Menu ab 22 DM. DZ 27 - 70 DM, HP pro Person 47 - 63 DM. Ganzjährig geöffnet. Avenue de Coatmeur 16, Tel. 681 167.

* **Hotel le Terminus**: Routier-Hotel an der Straße nach Morlaix. 24 Zimmer mit einfacher Sanitärausstattung, 8 Zimmer mit eigenem Bad. Restaurant mit Fernfahrermenus ab 17 DM inkl. Wein. DZ 33 - 47 DM. Im August geschlossen. Route de Morlaix, Tel. 680 200.

• *Camping*: ** **Municipal Tiez Nevez**; bei Schwimmbad und Stadion am nördlichen Ortsende kurz vor dem Highway. Phantastisch: Das Kleinareal für 25 Stellplätze besitzt sage und schreibe 14 Warmwasserduschen und 17 Urinoirs. Municipalpreise. Geöffnet vom 15.6. - 15.9. Rue Châteaubriand, Tel. 681 165.

Landivisiau / Umgebung

▶ **Bodilis**: Kein Mensch ist auf der Straße. Einsam herrscht der Bürgermeister in einem alleinstehenden Häuschen hinter der Kirche über seine kleine Gemeinde von 1500 Seelen. Im abgeschiedenen Bodilis, an einer Sackgasse am Rand der Calvaire-Tour, ist nur die Dorfbar neben der Kirche - besonders bei Regen - gut besucht. Und doch kennt die Welt das Dorf.

In Pferdekreisen ist Bodilis durch seine guten Zuchterfolge bekannt, Kunstfreunde kommen wegen der *Ortskirche*, eine Art "Schatzkammer bretonischer Skulptur". Die südliche *Vorhalle* beginnt mit dem Kunstreigen - und dann innen: *Balkenschnitzereien* in Überfülle, *Ornamente* im Wechsel mit biblischen und bäuerlich-bretonischen Szenen, farbige *Holzaltäre* mit Schnitzwerk und vergoldete *Altarretabel*, die weitere Akzente setzen. Unter dem *Glockenturm* vor der Kirche, wegen des nahen Militärflugplatzes nachts an der Spitze beleuchtet, kann man hindurchlaufen - Portale durchbrechen seine drei freien Seiten - und zur skulpturen- und nischengeschmückten *Sakristei* (17. Jh.) an der Nordseite der Kirche gelangen.

• *Anfahrt*: Landivisiau in Richtung Lesneven auf der D 32 verlassen; ein kurzes Stück hinter der Autobahn rechts ab (beschildert).

Guimiliau *(ca. 800 Einwohner)*

MILIAU, ein Abkömmling des bretonischen Königshauses von NOMINOE (Sohn eines Königs der Cornouaille?), der 530 (647? 792? - die Jahreszahlen der Legende widersprechen sich entschieden) von seinem machthungrigen Bruder RIVOS enthauptet wurde, gab dem Ort nicht nur seinen Namen, als Heiliger ist er seit alters her für die Heilung von Geschwüren und Rheuma zuständig. Heute ist Guimiliau der kleinste der Pfarr-

Jesus und die Häscher am Calvaire von Guimiliau

bezirksorte, sein *Enclos* aber der vollkommenste, und der *Calvaire* vor der Kirche im Rückblick das bestechendste Detail des Pfarr-Ensembles.

Das *Triumphtor* (17. Jh.) mit einem weit geschwungenen Bogen wird von zwei Reitern bewacht. Das *Beinhaus* von 1648, links der Vorhalle, wurde in eine Kapelle verwandelt, auf Reliefs werden einige Ereignisse aus dem Leben Christi erzählt, doch diese Aufgabe hat der *Calvaire* viel spektakulärer gelöst. Von 1581 bis 1588 dauerten die Arbeiten am Passionsspektakel, dann war der zweitgrößte bretonische Calvaire zur Zufriedenheit von Auftraggeber und Kunsthandwerkern beendet: An und auf dem achteckigen Sockel mit Blendarkaden spielen etwa 200 Figuren in den insgesamt 25 Szenen, eingerahmt von den vier Evangelisten an den Pfeilern des Sockels. Nur eine mächtige Säule mit einem kurzen Querbalken (Maria, Petrus, Johannes und St. Yves lehnen paarweise Rücken an Rücken) steigt in der Mitte des Calvaires hinauf, ganz oben leidet Christus am Kreuz. Darunter tummeln sich in der Tracht der Zeit Heinrichs III. die Mitspieler/innen einer schwelgend-genüßlichen Inszenierung der immergleichen Vorlage der Passionsgeschichte (17 Szenen) - behaglich und detailreich wird der Stoff ausgeschmückt.

Die Deftigkeit eines sprühenden Lebens, die Brutalität und Grobschlächtigkeit einer Soldateska, die die erhaltenen Befehle auf ihre Weise vollstreckt, spirituelle Versenkung, rührende Trauer oder Sensationslust - eine Vielzahl von zeitlosen, weil immergleichen Gefühlen ist in den Granit eingemeißelt, auch der Humor fehlt nicht. Z. B. beim berühmten *Abendmahl*: Am gut gedeckten Tisch herrscht beste Stimmung, Petrus wäscht soeben Jesus die Füße, die restlichen elf Apostel sind beim Tafeln - noch liegt in einer unmöglichen Perspektive das

Katel Gollet - die verfluchte Katharina

Die Szene, in der die Katel Gollet vom Teufel und seinen Helfern in die Hölle gezogen wird, ist ein Standardthema der bretonischen Großcalvaires, das natürlich nicht ohne Sinn in den christlichen Bilderreigen aufgenommen wurde.

Geschichten über die sündige Katel, die selbst noch im Beichtstuhl log und gar dem Teufel eine Hostie besorgte, werden in vielen Variationen erzählt. Doch das schreckliche Ende ist immer gleich und - jetzt nehmen wir jede Spannung - wohl als unmißverständlicher Hinweis an junge Mädchen zu verstehen, sich der Koketterie und Hurerei zu enthalten, andernfalls werden sie vom Teufel höchstpersönlich aufs Kreuz gelegt und fallen der ewigen Verdammnis anheim. Im Hintergrund steht die Mahnung an beide Geschlechter, die Sünde (die im Rahmen der lustfeindlichen Herrenreligion gern als begehrenswerte Frau dargestellt wurde) und den Rückfall in das Heidentum auf jeden Fall zu meiden. Hier eine Fassung ohne Hostie und Beichtstuhl:

Katel, verzogene Tochter eines harmlosen Landadeligen, schön wie die Sünde, gemein, voller Leidenschaft und doch unnahbar wie ein Eisberg, wollte nur denjenigen heiraten, der zwölf Stunden mit ihr, der begeisterten Tänzerin, durchtanzte. Nicht genug, daß sie alle Combos der Umgebung verschliß und zahllose Bewerber hechelnd und erschöpft vorzeitig die Tanzstatt verließen - etliche heiratswillige junge Männer waren in das begehrenswerte Konditionswunder so maßlos vernarrt, daß sie auf körperliche Alarmsignale nicht achteten und einen unrühmlichen Tanztod starben.

Langsam aber begann das Volk zu murren. Dem Wunsch der Bevölkerung folgend, die allmählich um ihren männlichen Nachwuchs fürchtete, wurde Katel schließlich von ihrem Vater im Schloßturm eingesperrt, den sie bis zu ihrer Hochzeit nicht mehr verlassen sollte. Doch der nächste Pardon kam und mit ihm das große Tanzfest, das Katel keinesfalls versäumen mochte. Es fiel ihr leicht, einen unerfahrenen Pagen dazu zu bringen, sie zu befreien und zum Fest zu begleiten.

"Was wollt ihr? Ich tanze nur mit meinem Verlobten", könnte Katel den erstaunten Gästen gesagt haben, bevor sie den Unglücklichen auf die Tanzfläche zog, die er nicht mehr lebend verließ. Als er tot zu Boden ging, erstarb auch die Musik, und Katel regte sich in der plötzlichen Stille maßlos auf: "Zum Teufel! Gibt es hier keine Musikanten und keine Tänzer, die meiner würdig sind?"

Es gab. Zwei Fremde in einem roten und einem schwarzen Wams waren auf einmal da, der Rote spielte den Dudelsack, der Schwarze forderte Katel zum Tanz. Unter den verstörten Blicken der Festgemeinde nahm der Fremde Katel in die Arme, und zu den Klängen einer unsagbar fremden, teuflisch-anziehenden Musik tanzte Katel ihren letzten Tanz.
Der Schwarzbewamste hielt wahrscheinlich schon eine Tote umschlungen, als es wie im Theater donnerte, rauchte und bestialisch stank. Als sich die Schwaden verzogen hatten, fehlten die beiden Fremden und auch die Katel Gollet.

(gebratene?) Osterlamm unangeknabbert auf einer Platte. Gleich über dem Abendmahl aber, als einer der Höhepunkte des Schreckens, die *Höllenfahrt der Katel Collet*: Kleine widerliche Teufel zerren und schieben das unglückliche Mädchen, das wohl soeben begreift, daß es jetzt für seine Sünden zahlen muß, in den Schlund der Hölle: ein mit großen Granitzähnen versehenes Dämonenmaul.

Die *Kirche*, im 16. Jh. errichtet, wurde im 17. Jh. völlig umgebaut und präsentiert sich deshalb in einem Gotik-Renaissance-Gemisch, allein der *Turm* von 1530 blieb unangetastet spätgotisch. Der Prunk der Fassade ist das *Südportal* (1606 - 1617), gekrönt von einem Türmchen, das nach hinten zu kippen droht, der Eingang umrahmt von drei mit Figuren verzierten Bogenläufen (Archivolte); die kleinen, filigran aus dem Granit herausgehauenen Gestalten der drei Bögen erzählen Geschichten aus der Bibel: Adam ackert, während sich Eva um den ersten Nachwuchs kümmert (linke Seite), Kain tötet Abel in einem zeitgenössischen Kostüm, aus der putzigen Arche Noah lugen einträchtig Mensch und Tier (rechte Seite), und viele Szenen mehr sind zu bestaunen. In der *Vorhalle* stehen die alten, bemerkenswert gearbeiteten Apostelfiguren (15. Jh.), auf einem Fries (linke Seite) wird unter anderem soeben Eva erschaffen.
Innen, vor dem Hintergrund eines schlichten Gemäuers mit niedrigen, weißgekalkten Wänden die Pracht bretonischer Renaissance: Gleich am Eingang das granitene *Taufbecken* mit dem berühmten eichengeschnitzten *Holzbaldachin* von 1675 auf acht kunstvoll gedrechselten Säulen - Wein und Lorbeer ranken sich spielerisch zur hohen Dachkonstruktion, auf der zahlreiche Figuren aus ihren Nischen blicken und Jesus gerade getauft wird (siehe auch Kasten/Krieg der Gemeinden). Ausladende *Barockaltäre* wie der Altar des St. Miliau oder der des Hl. Joseph mit Medaillons, Putten, Blumen, Früchten und Vögelchen sorgen für weiteren Glanz. In der Mitte des *Miliau-Altars* stützt dessen Gattin den schon toten Miliau, der seinen abgeschlagenen Kopf in der Hand hält; am *Joseph-Altar* hat der Tischler Joseph sein Ziehkind Jesus an die Hand genommen. Die üppig geschmückte *Kanzel* (1677) wird von dicklichen Engeln getragen, auf Medaillons die personifizierten Kardinaltugenden: Klugheit, Gerechtigkeit, Mäßigkeit und Tapferkeit.
Der auf Säulen ruhende und reich mit Schnitzereien versehene *Orgelprospekt* von 1677 wurde 1989 zum Teil restauriert (helle Eiche), die Arbeiten dauerten 1992 noch an. Auf dem Prospekt ist - eine Anbiederung an LUDWIG XIV. - neben Reliefs mit christlichen Motiven der ganz weltliche Siegeszug des Eroberers Alexander dargestellt.

• *Essen*: Gleich mehrere Bars/Crêperies/Pizzerias/Restaurants in dem winzigen Ort können anscheinend von dem umfriedeten Pfarrbezirk leben.

Lampaul-Guimiliau *(ca. 2000 Einwohner)*

Ein wahrhaft göttlicher Bezirk hinter der symbolisch-niedrigen Umfassungsmauer - Kreuze, Tore, und dann, als hiesiger Höhepunkt, das Innere der Kirche: Selten schuf die westliche Christenheit so farbenfrohe Kunst - Gold herrscht vor, dazwischen Buntes in allen Abstufungen der Farbpalette. Unter den großen Drei wird Lampaul-Guimiliau, das auf eine Klostergründung des St. Pol zurückgeht, an letzter Stelle genannt, hier wurde sichtbar das wenigste Geld investiert, doch die liebevolle und in sich abgerundete Kirchenausstattung kann sich getrost mit der Konkurrenz messen.

Durch die *Triumphpforte* von 1668 - auf der Ballustrade die drei Kreuze von Golgatha - geht es in den kleinen heiligen Bezirk. Der karge *Calvaire* im ehemaligen Friedhof besteht aus nur einem Stamm, der sich oben in drei Kreuze verästelt: Neben Jesus, dessen Blut von zwei Engeln aufgefangen wird, hängen die beiden Schächer. Gleich neben der Pforte das unwesentlich ältere *Beinhaus* (1667), aus dem später eine Grabkapelle wurde. An der Fassade trotzt das eingemeißelte "Memento Mori" (Gedenke der Toten) unbeachtet den Zeiten, im Beinhaus drinnen werden unter den Augen von St. Rochus und St. Sebastian Karten, Bücher und Souvenirdudelsäcke an quicklebendige Besucher verkauft, dazu läuft der Klein-TV mit höchst irdischen Programmen.

Die *Kirche* stammt in wesentlichen Teilen aus dem 17. Jh., der *Turm*, einst einer der höchsten des Finistère, 1573 nach dem Vorbild des Kreiskers von St.-Pol-Léon hochgezogen, verlor 1809 durch Blitzschlag die obersten 18 Meter und hat damit seine einstige Eleganz eingebüßt. Im *Südportal*, 1533 ausnahmsweise im Westen errichtet, stehen stumm die Apostel in ihren Nischen an den Seitenwänden, über dem Eingang Maria und Kind, zwischen den Zwillingstoren das *Weihwasserbecken*.

Das Innere unter dem lichtblau bemalten Holztonnengewölbe ist gottlob beleuchtet. Ein farbenprächtiger *Triumphbalken* (16. Jh.) mit dem übermannsgroßen gekreuzigten Jesus, betrauert von Maria und Johannes, trennt den Gemeinderaum vom Chor. Im Balken eingeschnitzt sind winzige bunte Passionsszenen (zur Gemeinde hin), auf der anderen Seite konnten sich Klerus und Landadel an den zwölf Sibyllen (weissagende Frauen des Altertums, die die Geburt Jesu vorhergesagt hatten und deshalb von christlichen Künstlern gern als Motiv verwendet wurden) und der Verkündigungsgruppe erfreuen.
Die aus einem Stück geschnitzte *Pietà* (1533) über der Tür zur Sakristei ist ergreifend gestaltet und noch immer bunt bemalt, fünf Figuren trauern, jede auf ihre Weise, um den toten Jesus. Ebenso bunt und vielfach mit Figuren aufgelockert ist der Holzbaldachin des *Taufbeckens*, getragen von acht Säulen; oben, am turmähnlichen Abschluß, die Apostel und, passend zum Baptisterium (Taufbecken), die Taufe des Herrn. Im rechten Seitenschiff das "*Weihwasserbecken der Teufel*": Ein nacktes Menschenpaar krümmt sich am Beckenrand, zwei arme Teufel mit Natternschwänzen versuchen am Grunde des Beckens, vor dem gottgeweihten Naß zu fliehen.
Von den *Altären* des Kirchenraums zählen zwei zu den wohl gelungensten Beispielen des bretonischen Barocks (17. Jh.). Noch mehr wie am Triumphbalken erfordern die künstlerische Liebe zum Detail und die zahlreichen kleinen Figuren, die die Altaraufsätze bevölkern, etwas Zeit, um die Feinheiten hinter der blendenden Pracht zu entdecken.

Der *Passionsaltar* (linke Chorseite) mit seinen phantasievollen Bildern in Goldschmuck ist der schönste seiner Art in der Bretagne, in seinem Rahmen tummeln sich eine Überfülle von Personen. Die rechte Seite ist dem Hl. Miliau gewidmet; vom eigenen Bruder hingemeuchelt, hält er seinen Kopf etwas ratlos in der Hand, aus dem Hals springt das tiefrote Blut, während der Mörder das Schwert verstaut. Rechts unten wird Maria nach ihrer Geburt gewaschen, vom Himmelbett aus schaut Anna, die erschöpfte Mutter, zu. Am gelungensten ist das vielfigurige Mittelteil des Altars, die Passion, ganz in Gold mit einigen roten und blauen Farbtupfern: unten die goldgekleideten Teilnehmer des letzten Abendmahls am weißgedeckten Tisch, in der Mitte die Kreuztragung mit rotgewandetem Jesus, der im Kasten darüber standhaft die Kreuzigung erträgt, während sich die Körper der Schächer im Todeskampf verrenken.

Der fast ebenso prächtige *Altar für Johannes den Täufer* aus derselben Werkstatt (rechts im Chor) ist hauptsächlich mit Episoden aus dessem Leben geschmückt: Johannes und Jesus als Kinder, Christi Taufe, die Enthauptung des Täufers. Links oben besiegt ein riesiger Erzengel Michael den Teufel, auf dem unteren linken Altarretabel sind gefallene und gute Engel im schrecklichen Kampf verstrickt - Rubens lieferte hierzu das Vorbild.

Grablegung in Lampaul-Guimiliau

Die mannsgroße *Grablegung Christi* im hinteren Kirchenschiff ist weniger beachtet und weniger ausgeleuchtet als die Altarwände, doch die lebensechte Figurengruppe ist die vielleicht beeindruckendste Darstellung in Lampaul-Guimiliau: 1676 meißelte der Seefahrer und Bildhauer ANTHOINE aus weichem Kalktuff die acht Trauernden, die um den Leichnam des Herrn versammelt ihren fassungslosen Schmerz zeigen. Joseph von Arimathäa hinter dem Haupt des steinweißen Leichnams zeigt die größte Erschütterung, Johannes hat noch die Kraft, die inbrünstig betende Maria zu stützen.

Öffnungszeiten: Täglich 8 - 19 Uhr; kleine Spenden sind willkommen.

• Übernachten: ** **Hotel de l'Enclos**; das gutbürgerliche Pfarrbezirkshotel lebt, wie der Name sagt, ganz vom Geschäft mit dem Enclos. 36 vollausgestattete Zimmer (TV, Telefon) mit eigenem Sanitärbereich inkl. WC. Hunde erlaubt. Restaurant, Menu 22 - 55 DM. DZ 70 - 80 DM, jedes Haustier 7 DM, HP 75 DM, VP 93 DM, Frühstück 10 DM. Ganzjährig geöffnet. 29400 Landivisiau/ Lampaul-Guimiliau, Le Bourg, Tel. 98 687 708.

Jesus und die Häscher am Calvaire von St. Thégonnec

St. Thégonnec *(ca. 2150 Einwohner)*

Der Ortsheilige St. Thégonnec bekehrte im 5. Jh. die hiesigen Heiden und schaffte nach der Überlieferung eigenhändig die Steine für den Bau seiner Kirche auf seinem Ochsenkarren heran. Er blickt vom Paradies aus sicher verzückt auf den *Enclos Paroissial* herab, der nach und nach das erste, bescheidene Kirchlein ersetzte: In reinster Renaissance ohne gotische Rückbesinnung, doch in bretonischer Eigenwilligkeit, prunkt der monumentalste Pfarrbezirk der armorikanischen Halbinsel. Im Mittelpunkt der Besichtigung steht der Enclos paroissial als Ganzes, in St. Thégonnec wurde im "Krieg der Gemeinden" auf die bauliche Geschlossenheit und Pracht der Gesamtanlage am meisten Wert gelegt. Übrigens ist der heilige Bezirk die letzte größere Bautätigkeit, bevor die Bretonen den Schlösser- und Kirchenbau so gut wie ganz aufgaben.

Die Anlage ist von zwei Seiten zugänglich; einmal führen ausgetretene Stufen von der unterhalb gelegenen Straße zu einem schlichten Einlaß, doch erst beim Prunkeingang am höher gelegenen Platz des Ortes vor dem Ensemble zeigt sich die Monumentalität St. Thégonnecs. Eines der aufwendigsten und prächtigsten Renaissance-*Triumphtore* (1587) der Bretagne führt in das irdische Reich Gottes: Zinnen, Kuppeln und luftige Türmchen auf vier Pfeilern; die beiden mittleren, durch einen Bogen verbunden, bilden den Eingang. Man sieht dem Tor sein Alter an: wuchtiger und gedrungener als die später entstandenen Teile, ist es der am wenigsten elegante Teil des Enclos.

Requiescant in pace (sie mögen in Frieden ruhen) verkünden große Lettern auf dem Spruchband: Das *Beinhaus* (1676 - 1681) schloß die Arbeiten am Enclos paroissial ab. Üppigste bretonische Renaissance schuf das schönste Ossuaire der Bretagne dieser Zeit - ein überdimensionales, reich geschmücktes, steinernes Reliquiar, die zweistöckige Fassade gegliedert von den typischen Säulchen, schmalen, hohen Bogenfenstern und den mittlerweile leeren Nischen darüber. Weitere Schmuckelemente sind das umlaufende Spruchband über den Fenstern, die Wasserbecken mit Kleindächern und die vielen Ornamentverzierungen. Ungewöhnlich sind das Türmchen und, im Inneren, die hell erleuchtete *Krypta*, über der sommers das Geschäft mit Andenken aus St. Thégonnec auf Hochtouren läuft. Unten in der Krypta herrscht weltabgewandte Trauer. Von 1699 bis 1702 arbeitete der Kunstschnitzer JACQUES LESPAIGNOL (der auch für den Rosenkranzaltar in der Kirche verantwortlich zeichnet) an seiner eichenen, bemalten und mannsgroßen *Grablegungsszene* mit Schweißtuch Jesu. Apropos Geschäft: sie kostete 1500 Livres.

1610 war der *Calvaire* nach elfjähriger Bauzeit beendet: Drei Kreuze ragen vom Sockel in den Himmel, die beiden Schächerkreuze schlank und einfach, die Mittelsäule knorrig mit zwei Querbalken in Höhe der Schächer. Auf dem oberen Balken zwei römische Reiter, unten Apostel, zweimal die Maria und St. Yves. Nicht nur die beiden Schächer hängen in Pluderhosen am Kreuz, alle Figuren des Calvaires, der sich ausschließlich mit der Passionsgeschichte beschäftigt, sind in den zeitgenössischen Kostümen des 17. Jh. gekleidet. Überrealistisch gestaltet sind ebenso die etwa 40 Figuren auf dem Sockel, die sich ohne ausschmückende oder abschweifende Elemente auf das Wesentliche konzentrieren: die Guten entrückt, traurig, die Bösen boshaft, grimassierend oder einfach ignorant. Jesus muß auf seinen Kreuzwegstationen unendlich leiden, er wird geschlagen und getreten, und daß ihm verächtlich die Zunge herausgestreckt wird, ist noch der harmloseste Spaß, den die Söldner mit ihm treiben. Ein Spaß des Bildhauers: In der Schüssel, in der sich Pontius Pilatus seit über 380 Jahren die Hände wäscht, könnte sich das schuldlösende Wasser keine Sekunde halten, schief wie sie ist.

Von 1599 bis 1714 wurde an der *Kirche* gebaut, verändert, vergrößert und wieder umgebaut, bis sie stilistisch mit dem Gesamtbezirk völlig verschmolzen war. Der wuchtige *Viereckturm* - nach dem Vorbild des Renaissance-Turms von Pleyben zwischen 1599 und 1610 hochgezogen - läßt den älteren *Glockenturm* in seinem Schatten verblassen, fünf Laternen über dem Balkon verschnörkeln und beschließen ihn. Im *Südportal* die verbliebenen Statuen von vier Aposteln, an den Außenwänden des Portals die Verkündigung, in einer Wandnische über der Vorhallenpforte der Ortsheilige St. Thégonnec. Das barock ausgestattete Kircheninnere wirkt etwas überladen: holzverkleideter Chor und Querhaus, ein Triumphkreuz, Altäre, davon im linken Querschiff der *Rosenkranzaltar* (1697 - 1727): In 15 Medaillons werden Rosenkranzmysterien gezeigt, Szenen der Schöpfungsgeschichte oder St. Pol, der den Drachen besiegt hat. Prunkstück ist die holzgeschnitzte rotbraune *Kanzel* aus dem Jahr 1683, die erst 1722 ihren vergoldeten Deckel bekam. Weitere Informationen zu Turm und Kanzel siehe Kasten/Der Krieg der Gemeinden. Im Sommer ist der Pfarrbezirk inkl. Calvaire nachts ausgeleuchtet.

- *Pardon*: Wallfahrt zu Ehren St. Thégonnecs am zweiten Septembersonntag.
- *Übernachten*: ** **Auberge St. Thégonnec**; 1990 ganz nah am Pfarrensemble neu eröffnet; 15 Zimmer mit TV, Telefon und eigenen Sanitärs, fast alle mit Bad/WC. Restaurant, Menu 28 - 60 DM. DZ 60 - 105 DM, HP pro Person 115 DM, Frühstück 12 DM. Geschlossen vom 1.1. - 15.2. 29410 St. Thégonnec, Place de la Mairie 6, Tel. 98 796 118.

St. Thégonnec / Umgebung

▶ **Pleyber-Christ** *(ca. 2800 Einwohner)*: Der Ort war und ist größer als St. Thégonnec, doch kirchenarchitektonisch kann er nicht im geringsten mithalten. Am *Beinhaus* des kleinen Ensembles in der Ortsmitte ist eine umfassende Renovierung vorgesehen und bereits begonnen - die Buntglasfenster werden auf absehbare Zeit hinter Plastikfolien verborgen sein. Das "*Triumphtor*" von 1921 ist ein Kriegerdenkmal für die Gefallenen des Ersten Weltkriegs. Die *Kirche* besteht aus fünf beidseitig angeordneten Querschiffen, im Portal Apostelstatuen, innen u. a. verzierte Balken, das Original-Chorgestühl und ein Abendmahlrelief am Altar.

Sizun *(ca. 1200 Einwohner)*

Besonders auf das *Triumphtor* des Pfarrbezirks sind die Bewohner des stattlichen Dorfes stolz. Schließlich steht ein Nachbau der monumentalen Eingangspforte in den heiligen Bezirk Sizuns im Centre Pompidou in der Weltstadt Paris. Nach römischem Vorbild wurde am Ende des 16. Jh. (Bauzeit von 1588 - 1590) der *Arc de Triomphe* hingestellt: Drei säulenflankierte klassische Bögen tragen die Ballustrade mit einem Altar und den Kreuzen des Calvaires.

Gleich neben dem Tor das *Beinhaus* (1585 - 1588) mit seiner schreinartigen, zweigeschossigen Fassade, das Erdgeschoß bis über die Fenster verspielt gestaltet und reich verziert, über den Rundbogenfenstern in einfachen Nischen die gestrengen Apostel mit ihren Namen auf langen Spruchbändern. Im hiesigen Ossuaire werden von den geschäftstüchtigen Damen der Beinhausboutique nicht nur Mitbringsel verkauft, sie beantworten auch gern Fragen, die sich auf einige ausgestellte weltliche und kirchliche Objekte beziehen. "*Pardon, was kostet diese alte Bratpfanne?*" "*Monsieur, die gehört zum Museum und ist nicht verkäuflich.*"

Der quadratische Glockenturm mit achteckiger Spitze über der Vorhalle der *Kirche* wird umrahmt von vier Zusatzglockentürmchen, über dem Portal speit eine Sirene Regenwasser. Das Kircheninnere ist geschmückt von etwa zwanzig Altären aus dem 17. Jh. und dem verzierten Deckengebälk, auf dem inmitten des Zierrats und vielen anderen Darstellungen einige Engel die Marterwerkzeuge der Passion in ihren Händchen halten.

Übernachten/Camping

Hotel-Restaurant Le clos des 4 Saisons: Ländliches Familienhotel, schlicht, doch nicht ungemütlich, 21 Zimmer mit TV und Telefon, zum Großteil mit Bad. Restaurant (auch 15 km hinter dem Meer Spezialität Meeresprodukte), kleiner Garten, Terrasse, Aufenthaltsraum. DZ 33 - 75 DM. Rue de la Paix 2, Tel. 98 688 019.

* **Hotel des Voyageurs**: Die simple Alternative; 28 vorwiegend einfache Zimmer. DZ je nach Sanitärstandard 30 - 70 DM. Ganzjährig geöffnet. Tel. 98 688 035.

• *Camping*: ** **Municipal Gollen**; die sehr freundliche Madame Capp leitet den angenehm-familiären Wiesenplatz (Anfahrt beschildert) am Elorn-Fluß. Gute Sanitärausstattung, Aufenthaltsraum. Fußballgelände, Tennis-, Volleyball- und Bouleplatz direkt am Ufer, das Schwimmbad von Sizun gleich in der Nachbarschaft. Erwachsene 3,50 DM, Kind + Platz je 1,70 DM, Auto 1,50 DM, Elektrik 3 DM. 29 Stellplätze. Geöffnet vom 15.4. - 30.9. Route de St. Cadou, Tel. 98 688 013.

Sizun / Umgebung

▶ **Commana** *(ca. 1200 Einwohner)*: Exakt 260 m über dem Meer liegt der höchstgelegene *Enclos paroissial* der Welt, der Turm der Kirche ist weitere 60 m hoch. Ein wuchtiges, festungsartiges *Triumphtor*, ein *Beinhaus* von 1668 im Renaissancestil, zwei *Calvaire*-Kreuze, an denen Magdalena in Gestalt einer bretonischen Landfrau granitene Tränen um Jesus weint, das gelungene *Südportal* (1645 - 1653), und schließlich das Kircheninnere, das man hier so nicht erwartet hätte.
Im Stil des bretonischen Bauernbarocks des 17. Jh. protzt die reiche Ausstattung, wild wuchernd, feist und golden-bunt die beiden Altarwände: Am *Rosenkranzaltar* rechts vom Annenaltar blutet Jesus, von Engeln getröstet, aus fünf Wunden. Der Zierrat um ihn herum versucht mit dem des Hauptaltars zu konkurrieren, doch vergeblich. Der prunkvolle, fast überladene *Annenaltar* aus dem Jahr 1682 mit Säulchen, Girlanden, pausbackigen Engeln und farbenfrohen Medaillons gilt als ein Meisterwerk. In der Mitte Anna und Maria, zwischen den beiden erteilt das Jesuskind mit der Weltenkugel in der Linken seinen Segen, darüber sein göttlicher Vater, und über allem die Dreifaltigkeit. Auf einem blumenumrahmte Medaillon St. Yves, der das Geld des im Geschmack der Zeit perückentragenden Reichen zurückweist. Die Adler über dem Erzengel Gabriel und der Mutter Gottes symbolisieren zwei Aspekte katholischen Selbstverständnisses: immer wachsam und konkurrenzlos stark wie der König der Lüfte.

▶ **Mougau-Bian**: Mitten in der bretonischsten Provinz grasen hinter einem kleinen Weiler neben der D 764 fette Milchkühe bei der Grabstätte eines Fürsten eines kriegerischen Keltenstamms, der seinerzeit vom Plündern der Küstendörfer lebte. 14 m lang streckt sich sein *Langgrab* seit 3000 v. Chr. unterhalb des *Roc Trevezels* dem Berg entgegen, die Erde, die einst das Grab verhüllte, durch Erosion und Auswaschung abgetragen. Das Grundgerüst der von Nord nach Süd ausgerichteten *Allée Couverte* blieb: Granitquader bedecken die parallelen Steinlinien und auch die Ritzungen im Inneren haben die Jahrtausende überstanden: Deutlich und kunstvoll sind ein krummes Schwert, vier Blutstropfen und einige Lanzenspitzen in den Stein der fünftausend Jahre alten Grabkammer gemeißelt.

▶ **Roc Trevezel**: Kein Baum weit und breit, nur endlose Heide. 364 m über dem Meer, in der einsamen, weitläufigen Berglandschaft der *Monts d'Arrée*, markieren graue Sandstein/Quarzzacken einen der höchsten Punkte der Bretagne mitten im Naturschutzpark Armorique.
Eilige finden an der unterhalb des Gipfels vorbeilaufenden D 785 einen Parkplatz, von da ist es nach ganz oben nur ein Katzensprung. Der Rundblick bei entsprechenden Sichtverhältnissen ist weit und umfassend: Im Norden das Elorn-Tal und die Kirchtürme Léons, westlich der Menez-Hom und die Rade de Brest, nordöstlich die Bucht von Lannion. Der See unterhalb bei Brennilis (*Réservoir de St. Michel*) wurde für das Atomkraftwerk gestaut, die karge Heidegegend im Osten ist das legendenbehaftete Moor von *Yeuz-Elen* (Höllensumpf), wo sich der bretonische Eingang zur Welt der Toten befindet (mehr dazu siehe Umgebung Pleyben/Brennilis). Etwa 8 km weiter auf der D 785 folgt der nur vier Meter niedrigere *Montagne St. Michel*, statt von Schieferplatten von einer Kapelle gekrönt. Ähnliches Panorama.

Pleyben *(ca. 3900 Einwohner)*

Das Städtchen drei Kilometer nördlich der Aulne trägt die untrüglichen Zeichen einer überregionalen Wallfahrtsstätte: An einen großzügigen Platz in der Ortsmitte grenzt der ausladende Enclos. In einem für das kleine Pleyben überdimensionierten Gelände zeugen Calvaire, Beinhaus, Sakristei und die Kirche mit dem schönsten bretonischen Renaissanceturm von vergangenem Wohlstand und gutem Geschmack.

Pleybens Blüte war von 1550 bis etwa 1660, als die Stadt Zentrum einer Art halbautonomen Agrarrepublik war. In dieser Zeit entstand auch der größte Teil der heutigen Anlage, stilvoll-elegant, weit und mächtig. Kirche, Handel und weltliche Obrigkeit gingen im Pfarrbezirk eine nicht untypische Verbindung ein: An dem einsam aufragenden schlichten Kreuz im Pfarrbezirk verkauften die Salzhändler der Guérande ihr Gewürz, und dort stellte sich auch der öffentliche Ausrufer in Positur, um die neuesten Verordnungen und Bekanntmachungen zu verbreiten. Heute sind es die Touristen, die vor allem wegen des eleganten Calvaires über den grasbewachsenen Ex-Friedhof ausschwärmen, um das Kreuz kümmert sich niemand mehr.

Gehörnt, geflügelt, klein und böse: Bald hat das Teufelchen eine neue Seele zum Quälen

Ab 1555 wurde etwa 200 Jahre am *Calvaire* herumgebastelt, und es entstand die wohl künstlerisch wertvollste Bibelgeschichte aus Stein. Die ältesten Skulpturen waren noch auf einem kleineren Podest zuhause, das nah der später errichteten Vorhalle stand. 1738 wurde der Calvaire, mit weiteren Figuren bestückt und völlig neu konzipiert, an den heutigen Standort am Rand des Bezirks verlegt.

Der hohe Sockel übernimmt die Funktion des in Pleyben fehlenden Triumphtores, durch die Bögen, deren Pfeiler die Plattform tragen, kann man mühelos durchgehen. Die Plattform ist nicht rechteckig, sondern weitet sich mit den Stützpfeilern an den Seitenenden aus, um mehr Platz zu schaffen, hoch über den Köpfen der Betrachter sind die Figuren des Calvaires postiert. Die Granitskulpturen auf dem umlaufenden Fries wirken schon aus der Nähe fern, die Plastiken auf der Plattform darüber sind noch entrückter, die Kreuze schweben im Himmel. Geduldig wartet das Gute am Kreuz des bekehrten Barabas, ein gehörnter Teufel hat sich die verdammte Seele des ungläubigen Sünders reserviert, der im Todeskampf die Zunge herausstreckt. Engel umgeben den gekreuzigten Christus, fangen mit Kelchen das Blut aus seiner Brustwunde auf. Zwei Reiter umrahmen die Auferstehung, geharnischte Soldaten zu Füßen des Kreuzes dösen oder schlafen fest. Im Gegensatz zu den figuren-

reichen Calvaires von Guimiliau oder Plougastel, die in buntem, schwelgerischem Durcheinander die Passionsgeschichte erzählen und immer wieder vom Thema des Kreuzwegs abschweifen, beschränkt sich der Calvaire von Pleyben - ähnlich wie der zu St. Thégonnec - auf relativ wenige steinerne Darsteller, die von der Verkündigung bis zur Passion Jesu die etwa 30 Szenen wirkungsvoll gestalten. Wert wurde weniger auf Dramatik oder kühle Distanz gelegt, die Künstler setzten auf ruhige Ausgewogenheit und die logische Reihenfolge der Geschichten. An der Südwestecke des Sockels beginnt die Szenenfolge mit der Verkündigung, gegen den Uhrzeigersinn endet sie mit der Auferstehung.
Die abschreckende Katel-Gollet-Szene wird in Pleyben durch den im Grunde hoffnungsvollen "Abstieg Christi in die Vorhölle" ersetzt: Am Eingang des feuerumrahmten Höllenschlundes wartet der wiederauferstandene Christus, noch ins Leichentuch gehüllt, auf die Schar der Verstorbenen, angeführt von Adam und Eva, über die am Tag des Jüngsten Gerichts geurteilt werden soll. Ein grimmer Höllenbewohner will sie - umsonst - am Verlassen der Vorhölle hindern. Während der Frühjahrsstürme 1990 wurde das große Zentralkreuz geknickt, aber postwendend wieder aufgerichtet. Die Bruchstelle ist kaum mehr zu sehen.

Das *Beinhaus* aus dem Jahr 1550 hat eine wechselvolle Geschichte hinter sich: Nach seiner Restaurierung 1733 wurde es eine Kapelle, nach der Revolution eine Dorfschule, 1850 dann ein Postamt; heute wird es im Sommer für kleine Ausstellungen genutzt. Die *Sakristei*, ein viergeteilter Rundbau mit schiefergedeckten Kuppeln (1719) ist als eigenständiges Werk der Kirche vorgebaut, von der Ostseite der Apsis aus ist sie zugänglich.

"*Drei Generationen, jede nach ihrem Geschmack, doch ohne Mißklang*" arbeiteten an dem Gotteshaus. Die Inschriften über dem Eingang der Sakristei geben Auskunft über die Baugeschichte des Gotteshauses, das St. Germain von Auxerre geweiht ist: 1564 wurde die Kirche erbaut, von 1857 bis 1860 komplett renoviert, wie die Wandtafel weiß. Gleich drei Türme überragen das Dach. Der schlanke gotische *Glockenturm* mit seiner hohen Steinspitze ist durch eine Galerie mit einem kleineren *Treppentürmchen* verbunden. Zu diesen gesellte sich später der *Turm St. Germain* und stahl ihnen die Schau: Mit seinen knapp 50 Metern Höhe wurde der klobige neue Renaissance-Turm über der Vorhalle an der Westseite der Fassade Vorbild für diverse Nachfolgetürme (St. Thégonnec, Bodilis und etliche mehr). Ende des 16. Jh. wurde mit den Arbeiten begonnen, 1642 waren sie beendet.

Der *Innenraum* der Pfarrkirche ist fröhlich-bunt, doch nur wenig Licht erhellt die phantastisch bemalte und geschnitzte *Deckenkonstruktion* aus dem Jahr 1571. Mehr als nur einen Blick wert sind besonders die Querstreben im Seitenschiff mit aztekisch anmutenden farbenprächtigen Meeresungeheuern und Drachen, die die Balken je nach Interpretation ausspeien oder verschlingen. Ringsum Deckenkonsolen mit bunten Holzfiguren, die neben der Lebensgeschichte Jesu tausend weitere Geschichten und Legenden erzählen, darüber ein mit goldenen Sternen verzierter dunkelblauer Nachthimmel. Medaillons, Rankenwerk und Figuren an den *Altären* (alle 17. Jh.), der gelungenste der grellbunte Rosenkranzaltar, und die *Altarfenster* (1590) mit der Leidensgeschichte setzen die weiteren Akzente. 1992 waren Restaurationsarbeiten im Orgelbereich, an der Innenausschalung der Kirchendecke und an verschiedenen Figuren noch voll in Gang. Bald wird wieder der tiefblaue Sternenhimmel leuchten.

- *Postleitzahl*: 29190
- *Telefonvorwahl*: 98
- *Information*: S.I. am zentralen Platz des Städtchens; auch Zimmervermittlung. Nur in der Saison geöffnet, Montag bis Samstag 10 - 12.30 und 14.30 - 18 Uhr. Place Charles-de-Gaulle, Tel. 266 811.
- *Verbindung*: Pleyben liegt an den **Bus**strecken Chateulin - Carhaix (werktags mindestens drei Anschlüsse - morgens, mittags, spätnachmittags - in beide Richtungen) und Quimper - Roscoff (täglich 1 x).
- *Einkaufen*: Die eingedosten Galettes de Pleyben haben in der ganzen Bretagne einen guten Ruf als Kaffegebäck.
- *Pardon*: Am ersten Augustsonntag.

Übernachten/Camping

Hotel de Croix Blanche: Ein alteingesessener Gastronomiebetrieb zentral am Marktplatz. Restaurant, Menu 17 - 30 DM (Jakobsmuschel à la Safrane 16 DM). Zimmer mit unterschiedlichster Sanitärausstattung. DZ 30 - 65 DM, HP 47 - 70 DM, Frühstück 8 DM.

* **Auberge du Poisson Blanc**: In Coblant, 4 km südlich an der D 785. Kleine, schnuckelige 7-Zimmer-Herberge an der Aulne, die meisten sehr einfach ausgestattet. Blick über den Fluß. Gemütliches Restaurant. DZ 33 - 80 DM. Ganzjährig geöffnet. Tel. 733 476.

- *Camping*: ** **Municipal Pont Coblant**; am Ufer der Aulne 4 km außerhalb Richtung Brest (Anfahrt beschildert). Passabler, ruhiger, städtischer Platz mit Warmwasserduschen, Spielplatz usw. Einige Bäume am Ufer, Fischen, Kanu, kleines Nautikzentrum (Bootsverleih). Versorgungs- und Essensmöglichkeiten 100 m nebenan. Erwachsene 3 DM, Kind + Platz je 1 DM, Auto 0,70 DM, Elektrik 2 DM. 80 Stellplätze. Geöffnet vom 1.6. - 30.9. Im Hochsommer Tel. 733 122, ansonsten im Rathaus, Tel. 266 881.

Pleyben / Umgebung

▶ **Brasparts**: Etwa zehn Kilometer nördlich von Pleyben an der D 758. Eine ruhige Pfarrgemeinde im heidebedeckten "Bergland" unter wildgezackten Felsgipfeln. Der kleine Pfarrbezirk bewahrt zwei Pietás, eine aus Stein am spärlichen Calvaire, die andere aus Holz in der Kirche von 1551. Am *Beinhaus* lauern sensenbewehrte Knochenmänner an den Ecken, am *Renaissanceportal* thronen Christus und die teils lädierten zwölf Apostel. Unter dem Apostel Jakob die seltene Granitskulptur einer Teufelin mit Hörnern und entblößten Brüsten. Innen: Eine schwarz-silberne *Totenbahre* am barocken Altar mit Totenkopf, bunte *Chorfenster* aus dem 16. Jh., die *Pietà* aus Holz. Die Statuen der vier Evangelisten an der Kanzel sind verschwunden (Diebstahl), das aufgestellte Klassenzimmermobiliar verleiht dem Inneren des Gotteshauses einen etwas unpassenden dörflichen Schulhauscharakter.

▶ **Brennilis**: Um den Ort treffen sich keltische Mythen und das Atomzeitalter. Einige Menhire, ein kleiner umfriedeter Pfarrbezirk, ein 800-Hektar-Stausee und, am Ostufer neben Brennilis, das dazugehörige Atomkraftwerk, als erstes französisches 1966 in Betrieb genommen und 1987 wegen veralteter Technik und zu geringer Leistung wieder stillgelegt.
Unbeabsichtigt von den Planern, aber höchst passend, wurde das Kraftwerk in eine verwunschene Gegend gestellt: Nordwestlich von Brennilis hinter dem Stausee liegt das Moor *Yeun Elez* (Teufelsmoor).

Hier ist *Youdis*, der Eingang in das altbretonische Totenreich, das man sich nebelumwallt, fahl, eisekalt und trostlos vorstellen kann. Im Moor treiben sich deshalb jede Menge Geister herum, die aufgrund ihres ruchlosen Lebens keinen Frieden in der Welt der Toten finden können. Uralte Sagen und Legenden (doch noch keine über das Kraftwerk) und praktiziertes Druidentum: Im Sommer findet hier der *Gorsedd digor* statt, die große öffentliche Generalversammlung der Bruderschaft der bretonischen Druiden.

Hinweis: Mit den zahlreichen Spukgestalten und unheimlichen Wesen, die hier im Moor leben, ist nicht gut Kirschen essen. Wer nachts von den Nachtwäscherinnen angehalten wird, ihre tropfnassen Tücher auszuwringen und nach der falschen Seite wringt, stirbt einen qualvollen Tod (selbstverständlich auch ausländische Reisende).

Bei diesem Buch haben sich die Balken vor Lachen gebogen

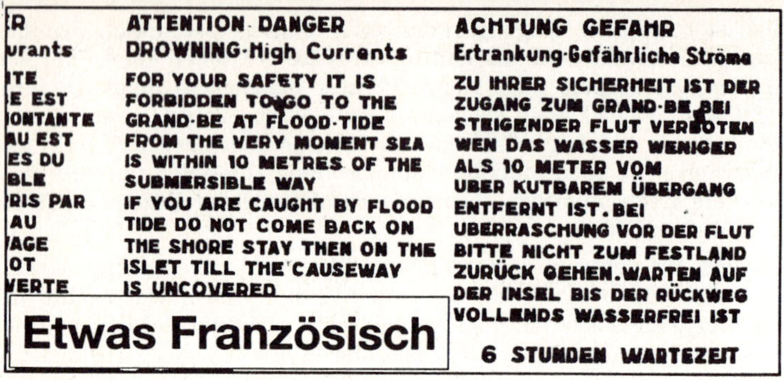

Etwas Französisch

Grüße

guten Tag	bonjour
guten Abend	bonsoir
gute Nacht	bonne nuit
auf Wiedersehen	au revoir
bis bald	à bientôt
bis gleich	à toute à l'heure

Gespräch

Wie geht es dir? Comment vas-tu?
Wie geht es Ihnen? Comment allez-vous?
danke merci
Mir geht es gut, und dir (Ihnen)? Je vais bien, et toi (vous)?
Wie heißen Sie? Quel est votre nom?
Wie heißt das auf Französisch? Comment cela se dit en français?
Ich bin Je suis
... Deutscher... Allemand/Allemande
... Österreicher ... Autrichien/Autrichienne
... Schweizer ... Suisse/Suissesse
Entschuldigung pardon
Deutschland/deutsch l'Allemagne/allemand (allemande)
Sprechen Sie Deutsch Parlez-vous allemand
(Englisch, Italienisch)? (anglais, italien)?
Kennen Sie ...? Connaissez-vous ...?
Ich habe nicht verstanden. Je n'ai pas compris.
Ich weiß (es) nicht. Je ne (le) sais pas.
Ich suche ... Je cherche ...
Geben Sie mir ..., bitte! Donnez-moi ..., s'il vous plaît!
einverstanden! o.k.! d'accord!

Minimalwortschatz

ja	oui
nein	non
vielleicht	peut-être
und	et
oder	ou
schön	beau (bel, belle)
groß	grand (grande)
klein	petit (petite)
viel / wenig	beaucoup / peu de
es gibt	il y a
es gibt nicht	il n'y a pas
wo?	où?
wann?	quand?
wieviel? wieviele?	combien?
warum?	pourquoi?
..., bitte! (Aufforderung)	..., s'il vous plaît!

Unterwegs

Ich suche ...	Je cherche ...
Wo ist ... ?	Où est ...?
Ich möchte ...	Je voudrais ...
Ich möchte nach ... gehen	Je voudrais aller à ...
Wann kommt ... an?	A quelle heure arrive ... ?
Wann fährt / fliegt ein ... nach ... ?	A quelle heure il y a un (une) ... pour ... ?
Um wieviel Uhr ?	à quelle heure ?
Um (4) Uhr	à (quatre) heures
Straße	la rue
(Überland)straße	la route
Autobahn	l'autoroute
Kreuzung	le carrefour
Ampel	les feux, le feu rouge
geradeaus	tout droit
abbiegen	tourner
Information	l'information
Fahrkarte	le billet
einfach/hin und zurück	aller simple/aller et retour
Abfahrt, Abflug	le départ
Ankunft	l'arrivée
links	à gauche
rechts	à droite
Flughafen	l'aéroport
Flugzeug	l'avion
Hafen	le port
Schiff	le bateau
Fährschiff	le ferry-boat
Bahnhof	la gare
Zug	le train
Busbahnhof	la gare routiére

Rund ums Auto

Ich möchte mieten (für 1 Tag)	Je voudrais louer (pour un jour)
Wieviel kostet das (pro Tag)?	combien cela coûte (par jour)?
Voll, bitte!	Le plein, s'il vous plaît!
Ich habe eine Panne.	Je suis tombé en panne.
(der Anlasser) geht nicht mehr.	(le démarreur) ne marche plus.
Auto	la voiture
Führerschein	le permis de conduire
Tankstelle	la station d'essence
Benzin	(de) l'essence
Diesel	(du) gas-oil / gazole
Öl	(de) l'huile
Unfall	l'accident
Abschleppdienst	le dépannage
Autowerkstatt	le garage
Anlasser	le démarreur
Auspuff	l'échappement
Batterie	la batterie
Blinker	le clignotant
Bremsen	les freins
Bremslichter	les feux de stop
Gang	la vitesse
Kupplung	l'embrayage
Kühler	le radiateur
Lichtmaschine	le dynamo
Motor	le moteur
Reifen	le pneu
Rückwärtsgang	la marche arrière
Stoßdämpfer	l'amortisseur
Wasser (destilliert)	l'eau distillée
Vergaser	le carburateur
Zündkerzen	les bougies

Unterkunft

Haben Sie ...? Est-ce que vous avez ... ?
Wieviel kostet das? Ça coûte combien?
Ich möchte mieten (für eine Nacht) Je voudrais louer (pour une nuit)
Wir würden gerne 3 Tage bleiben. Nous voudrions bien rester 3 jours.
Das ist zu teuer. C'est trop cher.
billiger moins cher
ein Zimmer reservieren réserver une chambre
voll (alle Zimmer belegt) complet

Ich nehme es Je le prends
Zimmer la chambre
ein Zimmer mit Dusche/mit Bad une chambre avec douche/avec salle de bain
Vollpension pension complète
Halbpension demi-pension
Frühstück le petit déjeuner
Zeltplatz le camp, le terrain de camping
Zelt la tente
Dusche la douche
im Schatten à l'ombre
Küche la cuisine

Essen & Trinken

Kellner! Garçon!
essen manger
die Speisekarte, bitte la carte, s'il vous plaît
Ich hätte gerne ... Je voudrais bien ...
Haben Sie ...? Est-ce que vous avez ....?
Die Rechnung, bitte l'addition, s'il vous plaît
Da ist ein Fehler. Il y a une faute.

Gabel la fourchette
Messer le couteau
Löffel la cuiller
Teller l'assiette
Glas le verre
Aschenbecher le cendrier
Brot (du) pain
Tagesgericht le plat du jour
Vorspeise l'hors-d'oeuvre
Nachspeise le dessert

Kuchen (du) gâteau
Speiseeis (des) glaces
Fleisch (de) la viande
Schweinefleisch (du) porc
Rindfleisch (du) boeuf
Kalbfleisch (du) veau
Lammfleisch (de) l'agneau
Hase le lapin
Hühnchen le poulet
Fisch le poisson

Wasser (de) l'eau
Mineralwasser (de) l'eau minérale
Eis (nur Kühleis) (des) glaçons
Bier la bière
Rotwein/Weißwein le (vin) rouge/blanc
süß/trocken doux/sec
Limonade la limonade
Kaffee/Tee le café/le thé
Milch le lait

Bank/Post

offen ouvert
geschlossen fermé
Ich möchte ... Je voudrais ...
... DM (SFr., ÖSch.) wechseln.
... changer des deutschemarks (des francs suisses, des schillings autrichiens).
... ein Telegramm aufgeben
... envoyer un télégramme
Wechselstube le (bureau de) change
Bank la banque
Geldwechsel le change
Wechselkurs le cours

Briefmarke le timbre
Brief la lettre
Telefon-Card la télécarte
Ansichtskarte la carte postale
Luftpost par avion
Eilpost exprès
Einschreiben recommandée
Ferngespräch la communication interurbaine

Einkaufen

Haben Sie ...?
Est-ce que vous avez de ...?
Ich hätte gern ... bitte
Je voudrais ... s'il vous plaît
Wieviel kostet das?
Ça coûte combien?
Das ist zu teuer. C'est trop cher.
billiger moins cher
Das gefällt mir nicht.
Ça ne me plaît pas.

1 Pfund/Kilo une livre/un kilo de
100 Gramm cent grammes
groß/klein grand/petit

Apfel le pomme
Apotheke la pharmacie
Bäckerei la boulangerie
Briefumschlag l'enveloppe
Brot le pain
Buch le livre
Buchhandlung la librairie
Butter le beurre
Ei l'oeuf
Essig le vinaigre
Honig le miel
Käse le fromage
Klopapier le papier de toilette
Lebensmittelgeschäft l'alimentation
Marmelade la confiture
Metzgerei la boucherie
Milch le lait
Öl l'huile
Orange l'orange
Pfeffer le poivre
Salz le sel
Schreibwarenhandlung la papeterie
Seife le savon
Shampoo le shampooing
Sonnenöl l'huile solaire
Streichhölzer des allumettes
Tomaten des tomates
Wurst de la charcuterie
Wurstwarenhandlung la charcuterie
Zeitung le journal
Zucker le sucre

Sehenswertes / Geographische Begriffe

Wo ist der/die/das ...?	Où est le/la ...?
Wo ist der Weg/die Straße zum ...?	Où est le chemin au/ à la
rechts/links	à droite / à gauche
hier/dort	ici / là
Berg	le mont
Burg	le château
Brücke	le pont
Bucht	la baie
Dorf	le village
Fluß	la rivière
Gipfel	le sommet
Hafen	le port
Insel	l'île
Kirche	l'église
kleine Bucht	l'anse
kleine Landnase, Berggipfel	la pointe
Kloster	le couvent
Leuchtturm	le phare
Museum	le musée
Naturhafen	le port
Paß	col
Platz	la place
Schlucht	les gorges
Schutzhütte	le refuge
See	le lac
Stadt	la ville
Staudamm	le barrage
Strand	la plage
Turm	la tour
Wald	la forêt
Wasserfall	la cascade

Hilfe / Krankheit

Können Sie mir bitte helfen?	Est-ce que vous pouvez m'aider, s'il vous plaît?
Wo ist ein Arzt/eine Apotheke?	Où est un docteur/une pharmacie?
Wann hat der Arzt Sprechstunde?	A quelle heure le cabinet est ouvert?
Ich habe (hier) Schmerzen	J'ai des douleurs (ici)
Ich bin allergisch gegen ...	J'ai une allergie contre ...
Konsulat	le consulat
Arzt	le docteur
Krankenhaus	l'hôpital
Polizei	le police
Unfall	l'accident
Zahnarzt	le dentiste
Ich brauche ...	J'ai besoin de ...
Heftpflaster	le sparadrap
Schmerzen	des douleurs
krank	malade
erkältet	enrhumé
Husten	la toux
Durchfall	la diarrhée, la colique
Entzündung	l'inflammation
Ich habe ...	J'ai ...
... Kopfschmerzen	... mal à la tête
... Halsschmerzen ...	mal à la gorge
... Zahnschmerzen ...	mal aux dents
Insektenstich	la piqûre d'insecte
Auge/die Augen	l'oeil/les yeux
Ohr	l'oreille
Magen	l'estomac
Rücken	le dos

Allgemeine Zeitbegriffe

gestern	hier	*Woche*	la semaine
vorgestern	avant-hier	*Monat*	le mois
heute	aujourd'hui	*Jahr*	l'an, l'année
morgen	demain	*danach*	après
übermorgen	après-demain	*Wieviel Uhr ist es?*	Quelle heure est-il?
Stunde	l'heure	*Um wieviel Uhr?*	A quelle heure?
Tag	le jour	*Wann?*	Quand?

Tageszeiten / Tage / Monate / Jahreszeiten

Morgen	le matin	*April*	avril
Nachmittag	l'après-midi	*Mai*	mai
Abend	le soir	*Juni*	juin
Nacht	la nuit	*Juli*	juillet
Montag	lundi	*August*	août
Dienstag	mardi	*Septembre*	septembre
Mittwoch	mercredi	*Oktober*	octobre
Donnerstag	jeudi	*November*	novembre
Freitag	vendredi	*Dezember*	décembre
Samstag	samedi		
Sonntag	dimanche	*Frühjahr*	le printemps
Januar	janvier	*Sommer*	l'été
Februar	février	*Herbst*	l'automne
März	mars	*Winter*	l'hiver

Zahlen

1	un	*16*	seize
2	deux	*17*	dix-sept
3	trois	*18*	dix-huit
4	quatre	*19*	dix-neuf
5	cinq	*20*	vingt
6	six	*21*	vingt et un
7	sept	*22*	vingt-deux
8	huit	*30*	trente
9	neuf	*40*	quarante
10	dix	*50*	cinquante
11	onze	*60*	soixante
12	douze	*70*	soixante-dix
13	treize	*80*	quatre-vingt
14	quatorze	*90*	quatre-vingt-dix
15	quinze	*100*	cent

200	deux cents
1000	mille
1993	mille neuf cents quatre-vingt-treize
einmal	une fois
zweimal	deux fois
der erste	le premier (la première)
der zweite	le deuxième
die Hälfte von ...	la moitié de ...
ein Drittel	un tiers
ein Viertel	un quart
ein Paar ...	un pair de ...

Verlagsprogramm

INTERRAIL

In drei Bänden von Eberhard Fohrer:

Interrail / Gesamt

Ein maßgeschneidertes Buch für Interrailer (bereits in zwei Sprachen übersetzt)! 20 europäische Länder, zusätzlich Marokko, Türkei und - brandneu - Polen. Die schönsten Bahnlinien, Städte, Jugendherbergen, Sehenswürdigkeiten, Routen vom Nordkap bis Marrakesch , von Helsinki bis Ankara. Ein Muß für jeden Interrailer.

Die Zeit: "Birst geradezu vor Informationen"

724 Seiten, ISBN 3-923278-59-4

Europa Mitte / Süd

Das Spezialbuch für Bahnreisende in Mittel- und Südeuropa, Marokko und der Türkei. Alle Tips für unterwegs - die interessantesten Routen, Sehenswürdigkeiten, preiswert Übernachten, günstig und gut Essen u. v. m. Detailliert wie kaum ein zweites Buch zu diesem Thema.

670 Seiten, ISBN 3-923278-02-0

Europa Mitte / Nord

Das derzeit einzige Handbuch zum Bahnfahren in Mittel- und Nordeuropa - Skandinavien, Großbritannien, Irland, Benelux, Nordfrankreich, incl. BR Deutschland. Elementar für jeden Bahnfahrer: Routen, Städte, Landschaften, viele Wander- und Ausflugstips. Eine Anschaffung, die sich gerade im teuren Norden schnell rentiert.

394 Seiten, ISBN 3-923278-64-0

GROSSBRITANIEN

Zeutschner, Michael:

England

Hohe Kliffs bei Dover, endlose Sandstrände im Süden. Im Inland wechseln sanfte Hügel und Täler mit weiten Weide- und Heideflächen, dazwischen zwängen sich kleine, urige Dörfer mit schlichten Steinkirchen und alten Fachwerkhäusern. Im Süden Cornwall - die englische Riviera mit subtropischer Pflanzenwelt, zerklüfteter Steilküste und pittoresken Hafenstädten. London: europäische Metropole und ethischer Schmelztiegel, Parks und Paläste, Kirchen und Museen, die roten Doppeldeckerbusse - und ein vielfältiges Kultur- und Nachtleben.

472 Seiten, ISBN 3-923278-23-3

NORDAFRIKA

Grashäuser / Schäffer:

Marokko

Palmen, Lehmburgen und die Wellen des Atlantiks - jede Menge handfester Tips und viele Hintergrundinformationen. Ein islamisches Völkergemisch mit einer fremden Kultur. Die Exotik der Landschaften und Menschen verstehen und in die morgenländische Welt des Maghreb el Akhzem eindringen. Touren durch die Königsstädte, in den Hohen Atlas und die Oasen der Sahara.

440 Seiten. ISBN 3-923278-24-1

TÜRKEI

Weber u. a.:

Türkei - Gesamt

Verlockung des Orients - gut erhaltene Ausgrabungsstätten, einsame Sandstrände und - preiswertestes Urlaubsland am Rande Europas. Türkei komplett: Istanbul, gesamte Ägäis- und Mittelmeerküste, nneranatolien, Kappadokien, Schwarzmeer, Van-See, Ararat und Nemrut-Dagi. Tausende von Adressen und Tips, aktuell und gründlich recherchiert.

888 Seiten, ISBN 3-923278-70-5

Grashäuser / Weber:

Türkei-Mittelmeerküste, Kappadokien, Istanbul

Alles Wissenswerte zur "türkischen Riviera" - Übernachten, Essen, Sehenswertes . . . Badeurlaub im Schatten von Kreuzritterburgen und Minaretten. Im Hinterland Ausgrabungen von Weltrang: Ephesus, Troja, Milet. Kleinode in Inneranatolien, Istanbul, an der Südküste.

636 Seiten, ISBN 3-923278-29-2

Grashäuser / Schmid:

Türkei - der Osten und Schwarzmeerküste incl. Istanbul

Vom großen Tourismus unberührt: Anatolien mit der unendlichen Weite seines Hochlands und der tiefgrünen Küste des Schwarzen Meeres. Der bergumrahmte Vansee, Erzurum, die orthodoxe Metropole des Ostens, der Bibelberg Ararat, oder Trabzon, die alte Kaiserhauptstadt Trapezunt, locken zu einer Entdeckungsreise. Ein zuverlässiger und unterhaltsamer Reisebegleiter.

574 Seiten, ISBN 3-923278-44-6

Weber u. a.:

Turkey

The traveller's guide gives comprehensive information about the entire Aegean and Mediterranean coast, Sea of Marmara, West Anatolia, Cappadocia, Konya, Ankara and Istanbul. All you need to know about Antalya, Bodrum, Amamur - where you swim in the shadow of mediaeval castles and minarets - and Troy, Ephesus, Pergamon and Milet.

533 pages, ISBN 3-923278-39-X

SPANIEN

Neu *Schröder, Thomas:*

Spanien

Ein faszinierendes Reiseland mit vielen Gesichtern: Endlose Atlantikstrände und hochalpine Bergwelt, gotische Kathedralen und maurische Burgen, Paella in Valencia oder Austern in Vigo. Zahllose wertvolle Tips zu Badeplätzen, Verkehrsmitteln und Tapa-Bars, zu Paradores, Hostals und Campingplätzen, zu urbanen Abenteuern in Barcelona und Madrid; dazu detaillierte Infos über Sehenswürdigkeiten und Hintergründe. Von der Costa Brava bis Galizien: ganz Spanien im Griff.

684 Seiten, ISBN 3-923278-28-4

Neu *Schröder, Thomas:*

Andalusien

Flamenco und Stierkampf, Sonne am Meer und Schnee auf der Sierra, menschenleere Wüsten und weiße Dörfer. Orient in Sevilla, Cordoba und Granada. Schloßquartiere und Landgasthöfe, Landrovertour am Guadalquivir und Streifzug durch die Alhambra, Gazpacho in Ronda und Sherry in Jerez: detaillierte Tips zu Hotels, Camping, Restaurants und Verkehrsmittel; zuverlässige Infos über die einsamsten Badeplätze, die reizvollsten Wanderungen und Autotouren, zu Sehenswürdigkeiten und Geschichte.

Ca. 400 Seiten, ISBN 3-923278-33-0

Schröder, Thomas:

Katalonien

Eine selbstbewußte Nation im Nordosten Spaniens, mit eigener Sprache und Kultur. Die schönsten Winkel der Costa Dorada, Wandern in den Pyrenäen, Entdeckungstouren im unberührten Ebro-Delta; griechische und römische Ausgrabungsstätten, romanische Kirchen und gotische Klöster. Und natürlich die schillernde Metropole Barcelona: Sightseeing, Nachtleben und die Highlights der Umgebung, ausführlich vorgestellt auf über 70 Seiten.

288 Seiten, ISBN 3-923278-26-8

KANARISCHE INSELN

Zeutschner / Burghold / Igel:

Gomera

Das immergrüne Paradies vor der Küste Afrikas - Lorbeerwälder und bizarre Schluchten! Niveauvoller Winterurlaub neben Palmen und Bananenhainen auf der abwechlungsreichsten Kanarischen Insel. Die schönsten Wanderungen, die preiswertesten Residencias, die besten Bars und Strände. Zuverlässig, umfassend und aktuell!

250 Seiten, ISBN 3-923278-09-8

Neu *Koch, Hans-Peter / Börjes, Irene:*

La Palma

"La Isla Verde", die grüne Insel! Bislang vom Massentourismus übersehen gilt La Palma, drittkleinste und westlichste der Kanarischen Inseln, als Geheimtip für Wanderer und Individualreisende. Höchste Zeit also für einen trip zu den Lorbeerurwäldern und einem der größten Vulkankrater; an menschenleere, vulkansandige Badebuchten und in noch gesunde Pinienwälder. Garantiert Informationen aus erster Hand: Der Autor, H.-P. Koch lebt und arbeitet seit Jahren auf La Palma.

300 Seiten, ISBN 3-923278-31-4

Niederlande

Sievers, Dirk:

Niederlande

Wasser ist das dominierende Element - unzählige Kanäle, Flüsse und Wasserläufe durchkreuzen die weiten Ebenen. Im Sommer wird auf jeder Wasserfläche gesurft, gesegelt oder gerudert. Die Badestrände am Meer reichen von der belgischen bis zur deutschen Grenze. Aber auch die Städte, allen voran Amsterdam sind ein Muß - entlang der zahllosen Grachten ziehen sich lange Reihen von bilderbuchreifen Patrizierhäusern aus dem 17. und 18. Jh.

310 Seiten, ISBN 3-923278-18-7

Neu *Dunford / Holland:*

Amsterdam

Ein detaillierter Führer durch sämtliche Viertel der jugendlichsten Hauptstadt Europas mit einer Fülle praktischer Tips: Grachten und Märkte, Museen und Galerien, Hotels und Restaurants, Theater, Konzertsäle, Discos, Bars . . . Alles über die holländische Kultur von Hieronymus Bosch bis zum Jenever, dem holländischen Gin.

244 Seiten, ISBN 3-923278-94-2

ITALIEN

Fohrer, Eberhard:

Italien

Gelato, Cappuccino, Campari . . . Viele praktische Tips für jeden, der den Stiefel bereist, ausführlich und aktuell: Kneipen, Ristoranti, Übernachtungsmöglichkeiten, Camping, Sehenswürdigkeiten, Badeurlaub - vom hektischen Mailand bis zum faszinierenden Palermo, Surfen am Gardasee, Camping am Gargano, endlose Sandstrände an Adria und Tyrrrhenischem Meer und Mittelalter in der Toscana.

742 Seiten, ISBN 3-923278-20-9

Fohrer, Eberhard:

Oberitalien

Südtirol, die oberitalienischen Seen, die historischen Städte der Poebene, Riviera, Adria und Venedig. Jede Menge handfester Tips: Wandern in Cinque Terre, Bummeln in Venedig, Mode in Mailand, Surfen am Gardasee, Opernfestspiele in Verona, Schlemmen in Bologna...
Ein praktisches Reisehandbuch für das Land zwischen Alpen und Mittelmeer.

384 Seiten, ISBN 3-923278-13-6

Müller, Michael:

Toscana

Toscana, Umbrien, Elba - ein nützliches Reisebuch zur vielfältigsten Region Italiens. Zahllose praktische Tips zu Unterkunft, Ristorantes, Sehenswertes, Kunst und Kultur . . . Florenz, Siena, Perugia - Chianti kosten in Castellina, Filetto im Chiana-Tal, Michelangelo und die Medici-Gräber.

540 Seiten, ISBN 3-923278-06-3

Hemmie, Hagen:

Rom

Umfassender Reiseführer über die Weltstadt und ihre Provinz (Latium) - zahlreiche Tips zu Sehenswürdigkeiten aus der ganzen Geschichte bis heute. Außerdem Café Greco, Eis bei "Giolitti", die Gärten von Tivoli . . . Restaurants / Hotels / Nachtleben, Bekanntes und Verstecktes, kleine Orte wie vor 100 Jahren . . .

488 Seiten, ISBN 3-923278-30-6

Fohrer, Eberhard:

Sardinien

Eine Insel zum Entdecken - kilometerlange Sandstrände, meerumspülte Felsbuchten, uralte Korkeichenwälder, winzige Bergnester . . . Eine Fülle praktischer Hinweise zu Übernachten, Essen, Baden, Sehenswertes, außerdem viele Hintergrundinformationen, Geschichte und Geschichten u.v.m.

580 Seiten, ISBN 3-923278-11-X

Neu

Machatschek, Michael

Apulien

Ein detaillierter Führer zum äußersten Südosten des Stiefels. Abwechslungsreich die Landschaft von der Ebene der Tavoliere um Foggia bis hin zum felsigen - im Innern über 1000 m hohen - Gargano, dem Sporn des Stiefels, oder der langgezogenen Stiefelferse, dem Salento, weithin flach und steinig, trotzdem ungewöhnlich und keinesfalls uninteressant.. Badeurlaub vom Feinsten an den weißen Sandstränden des Gargano, bummeln in Lecce und viel Geschichte in Castel del Monte.

Ca. 300 Seiten, ISBN 3-923278-

Schröder, Thomas:

Sizilien

Italiens südlichste Ecke - Sommer von April bis November! Griechische Tempel und normannische Kathedralen, lange Strände und malerische Schluchten. Wertvolle Tips zu Camping, Hotels, Restaurants und Fortbewegung, reichlich Infos zu Geschichte und Sehenswürdigkeiten. Sightseeing in Palermo, Vulkanbesteigung auf Stromboli, Baden im Nationalpark Zingaro. Unentbehrlich für Sizilien-Entdecker.

448 Seiten, ISBN 3-923278-74-8

OSTEUROPA

Neu *Marenbach, Claudia*

Baltische Länder

Jahrelang versteckt hinter dem Eisernen Vorhang, eröffnet sich nun ein völlig neues und abenteuerliches Reiseziel, in dem es noch viel zu entdecken gibt.
Das Baltikum - menschenleere Strände entlang der Bernsteinküste. Mystischen Höhlen, dichten Wäldern und glasklaren Seen stehen alte Ordensburgen und die wiederaufblühenden baltischen Metropolen gegenüber. Ein gelungener Wechsel zwischen wilder nordischer Natur und einer Reise in das Zeitalter der Hanse und Kreuzritter.

Ca. 400 Seiten, ISBN 3-923278-48-9

M. Salter / G. McLachlan:

Polen

Die hohen Gipfel der Tatra, die beschaulichen Masurischen Seen und die urwüchsige Bialowiezer Heide lohnen einen Besuch, und abseits der ausgetretenen Pfade birgt Polen noch viele Überraschungen.
Am Kreuzungspunkt zwischen Ost und West war Polen oft das turbulente Kernland Europas. Jahrhunderte von Invasionen und Auswanderung haben ihre Spuren hinterlassen, aber trotz der Schrecken der jüngsten Vergangenheit hat Polen seinen Sinn fürs Feiern und seine traditionelle Gastfreundschaft bewahrt.

506 Seiten, ISBN 3-923278-08-X

Zeutschner, Heiko:

Ungarn

Alles über Land und Leute - nicht nur Budapest und Plattensee. Für den Reisenden akribisch recherchiert und detailliert: Übernachten, Essen, Sehenswertes, Shopping, Kultur, Camping, Wandern, Heilbaden, Reiten usw. Dazu viele Hintergrundstorys zu Interessantem und Kuriosem: Tokajer Weine, Pferdezucht, Donaukraftwerk, Pußtaausflüge...

480 Seiten, ISBN 3-923278-80-2

Humphreys, R:

Tschechische u. Slowakische Republik

Brandaktuell und ausführlich: das Handbuch zu den beiden Staaten im Herzen Europas. Die "sanfte Revolution" 1989 und die Teilung 1993 hat hier vieles verändert; das Buch ist auf dem neuesten Stand: sogar die in jüngster Zeit geänderten Straßennamen sind schon verzeichnet. Ein nützlicher und unentbehrlicher Begleiter: ob in Prag, Bratislava oder Olomouc . . .

552 Seiten, ISBN 3-923278-98-5

FRANKREICH

Grashäuser / Schäffer:

Bretagne

Meerumspülte und sagenumwobene Granit-Halbinsel, die man für das Ende der Welt hielt - Hinkelsteine, Kirchenkunst und 4000 km Küste. Wo einst die Druiden ihre Zaubertränke brauten, locken heute moderne Badeorte und kilometerlange Strände. Rund 500 Seiten prall gefüllt mit handfesten Informationen und wunderschönen Geschichten über Dolmen und Menhire, Kirchen, Kapellen und Calvaires von Mont St. Michel bis La Paule . . .

624 Seiten, ISBN 3-923278-79-9

Schmid, M. X.:

Korsika

Die "Insel der Schönheit": von traumhaften Badebuchten hinauf zu entlegenen Hochtälern. Kastanienwälder, Korkeichen und eine wild duftende Maccia. Geschichte und Geschichten von der Menhir-Kultur bis zur Gegenwart. Vorschläge zu aufregend schönen Wanderungen - und natürlich eine Fülle praktischer Tips: Hotels, Campingplätze, Restaurants etc.

356 Seiten, ISBN 3-923278-84-5

Neu *Schmid, M. X.:*

Südwestfrankreich

Atlantikküste und Pyrenäen -
Skifahren auf der höchsten Düne Europas, endlose Sandstrände, kleine Städte mit großer Geschichte. La Rochelle, Bordeaux, Biarritz- und das Baskenland. Viele Ausflüge ins Hinterland und die Pyrenäen.

Ca. 350 Seiten, ISBN 3-923278-14-4

DEUTSCHLAND

Siebenhaar / Müller:

Fränkische Schweiz

Ursprüngliche Mittelgebirgslandschaft in Oberfranken. Üppiger Mischwald an den Talhängen, dazwischen helle Kalksteinfelsen, versteckte Dörfer, Tropfsteinhöhlen, Burgen, Mühlen und 100 Privatbrauereien (!). Viele Tips zu urigen Kneipen, Wanderungen, Kultur zwischen Heinrich II. und Wagner . .

280 Seiten, ISBN 3-923278-15-2

Schrenk, Johann:

Altmühltal und Fränkisches Seenland

Ein praktisches Reisehandbuch mit vielen Hinweisen über Kultur und Geschichte des Altmühltals. Tips zum Segeln, Surfen, Wandern, Radeln und Bootfahren. Viele aktuelle Übernachtungstips und Restaurantadressen.

342 Seiten, ISBN 3-923278-49-7

Loose, Stefan u.a.:

Berlin

Das Handbuch zur Weltstadt - für Neuentdecker und Fortgeschrittene. Prall gefüllt mit praktischen Informationen aus Ost und West. Ausführlich, aktuell und unentbehrlich - für Einheimische und Zugereiste.

396 Seiten, ISBN 3-923278-85-3

Zeutschner, Heiko:

Sauerland

"Heiko Zeutschner (...) geht ausführlich (...) ans Werk und geht dabei die Details so dicht an, daß er mit seiner interessanten, praktischen und unterhaltsamen Darstellung (...) die Grenzen eines gängigen Reiseführers (...) überschreitet."
Frankfurter Allgemeine Zeitung

"Der zur Zeit beste Urlaubsführer durch die Region..." Einkaufszentrale für öffentliche Bibliotheken

428 Seiten, ISBN 3-923278-55-1

Siebenhaar, H.-P.:

Bodensee

Alles über den Bodensee - von Meersburg bis Lindau, von Bregenz bis Konstanz. Die schönsten Wandergebiete, Baden, Camping, Sport, Einkaufen, gute Restaurants, preiswert Übernachten (aber auch mit mehr Komfort) uvm. Einsame Plätze und Touristenrummel; Hermann Hesse und Graf Zeppelin auf der Spur. . .

350 Seiten, ISBN 3-923278-40-3

Bestellung

☐ Ich möchte gerne unverbindlich das aktuelle Verlagsprogramm mit den Neuerscheinungen übersandt haben.

Alle unsere Titel sind im Buchhandel lieferbar, bitte bestellen Sie dort. Falls sich kein Buchladen in Ihrer Nähe befindet, liefern wir auch direkt.

Bitte schicken Sie mir

... Altmühltal 29.80 DM
... Amsterdam 26.80 DM
... Andalusien ca. 34.80 DM
... Apulien 29,80 DM
... Baltische Länder ca. 39,80 DM
... Berlin 29.80 DM
... Bodensee 29.80 DM
... Bretagne 36.80 DM
... England 36.80 DM
... Fränkische Schweiz 29.80 DM
... Gomera 24.80 DM
... Griechenland/Gesamt 39.80 DM
... Griechische Inseln 39.80 DM
... Inter-Rail-1-Gesamt 29.80 DM
... Inter-Rail-2-Süd 29.80 DM
... Inter-Rail-3-Nord 26.80 DM
... Italien 42 DM
... Katalonien 26.80 DM
... Korfu + Ionische Inseln 24.80 DM
... Korsika 29.80 DM
... Kreta 39.80 DM
... Kykladen 34.80 DM
... La Palma 29.80 DM
... Marokko 29.80 DM
... Niederlande 29.80 DM
... Nord/Mittelgriechenland 34.80 DM
... Oberitalien 32.80 DM
... Peloponnes 32.80 DM
... Polen 36.80 DM
... Rhodos & Dodekanes 32.80 DM
... Rom/Latium 32.80 DM
... Sardinien 32.80 DM
... Sauerland 29.80 DM
... Sizilien 32.80 DM
... Spanien 39.80 DM
... Südwestfrankreich ca. 32,80 DM
... Toscana 36.80 DM
... Tschechische und Slowakische Republik 39.80 DM
... Türkei-Gesamt 39.80 DM
... Türkei-Mittelmeerküste 36.80 DM
... Türkei-der Osten 34.80 DM
... Ungarn ca. 34,80 DM
... Zypern 32,80 DM

Ausschneiden, auf Postkarte kleben oder in einen Briefumschlag stecken und ab geht die Post (Absender nicht vergessen)! Zustellung postwendend und portofrei, gegen Rechnung.

Michael Müller Verlag

Gerberei 19
8520 Erlangen

Index